U0608076

浙江大学校史编写组

总主编 田正平

成　员 （以姓氏笔画为序）

马景娣　王　东　刘正伟　许高渝　李杭春

肖如平　汪　辉　汪林茂　沈　弘　沈文华

张　凯　张卓群　张焕敏　张淑锵　赵卫平

徐立望　徐雪英　傅天珍　蓝　蕾

田正平　总主编

浙江大学史料

第一卷
（1897—1927）

上

汪林茂　主　编
张焕敏　副主编

ZHEJIANG UNIVERSITY PRESS
浙江大学出版社

图书在版编目(CIP)数据

浙江大学史料. 第一卷，1897—1927 / 田正平主编 ；汪林茂本册主编 ；张焕敏副主编. — 杭州 ：浙江大学出版社，2022.5

ISBN 978-7-308-22493-2

Ⅰ. ①浙… Ⅱ. ①田… ②汪… ③张… Ⅲ. ①浙江大学—校史—史料—1897—1927 Ⅳ. ①G649.285.51

中国版本图书馆 CIP 数据核字(2022)第 057885 号

浙江大学史料·第一卷(1897—1927)

汪林茂 主　编

张焕敏 副主编

责任编辑	吕倩岚
责任校对	蔡　帆
封面设计	周　灵
出版发行	浙江大学出版社 (杭州市天目山路 148 号　邮政编码 310007) (网址:http://www.zjupress.com)
排　　版	杭州朝曦图文设计有限公司
印　　刷	杭州宏雅印刷有限公司
开　　本	787mm×1092mm　1/16
印　　张	71.5
字　　数	1696 千
版 印 次	2022 年 5 月第 1 版　2022 年 5 月第 1 次印刷
书　　号	ISBN 978-7-308-22493-2
定　　价	658.00 元(全二册)

版权所有　翻印必究　印装差错　负责调换

浙江大学出版社市场运营中心联系方式:0571－88925591;http://zjdxcbs.tmall.com

历任校长

求是书院首任总办林启
(1897 年 2 月—1900 年 5 月)

求是书院末任、浙江大学堂首任总理劳乃宣
(1901 年 8 月—1904 年 2 月)

浙江高等学堂监督吴震春
(1906 年 5 月—1910 年 3 月)

浙江高等学堂监督孙智敏
(1910 年 3 月—1911 年冬)

浙江高等学校校长邵裴子
（1912 年 2 月—7 月）

浙江高等学校校长陈大齐
（1912 年 7 月—1913 年）

浙江省立中等工业学堂首任监督、
公立中等工业学校、省立工业专门学校校长许炳堃
（1910 年 11 月—1924 年 1 月）

浙江工业专门学校校长李熙谋
（1927 年 4 月—7 月）

浙江省中等农业学校校长吴崃
（1913 年 1 月—7 月）

浙江省甲种农业学校校长陈嵘
（1913 年 7 月—1915 年 7 月）

浙江省甲种农业学校校长黄勋
（1915 年 7 月—1916 年 8 月）

浙江省甲种农业学校校长周清
（1916 年 8 月—1921 年 6 月）

浙江省甲种农业学校校长陆海望
（1921 年 7 月—11 月）

浙江省甲种农业学校校长高维魏
（1921 年 12 月—1923 年 12 月 6 日，1925 年 1 月—11 月）

浙江公立农业专门学校校长许璇
（1924 年 1 月—12 月）

浙江公立农业专门学校校长钱天鹤
（1925 年 11 月—1927 年 3 月）

求是书院

該衙門知道

浙江巡抚廖寿丰关于成立求是书院的奏折及清光绪皇帝的朱批

求是书院旧址

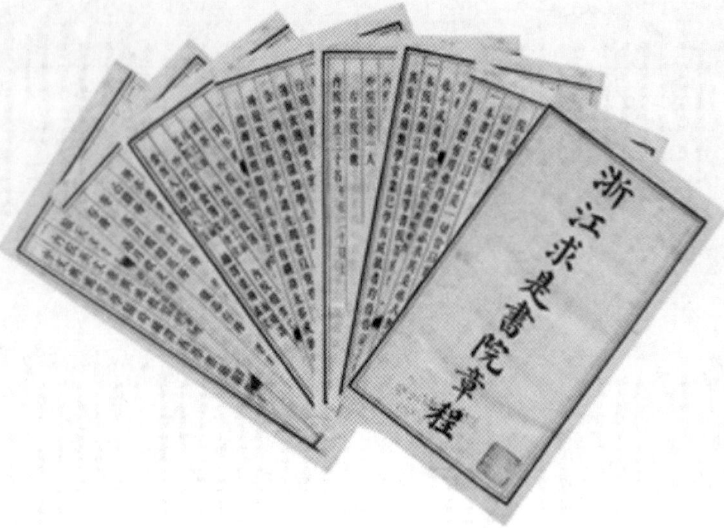

求是书院章程(1899 年)

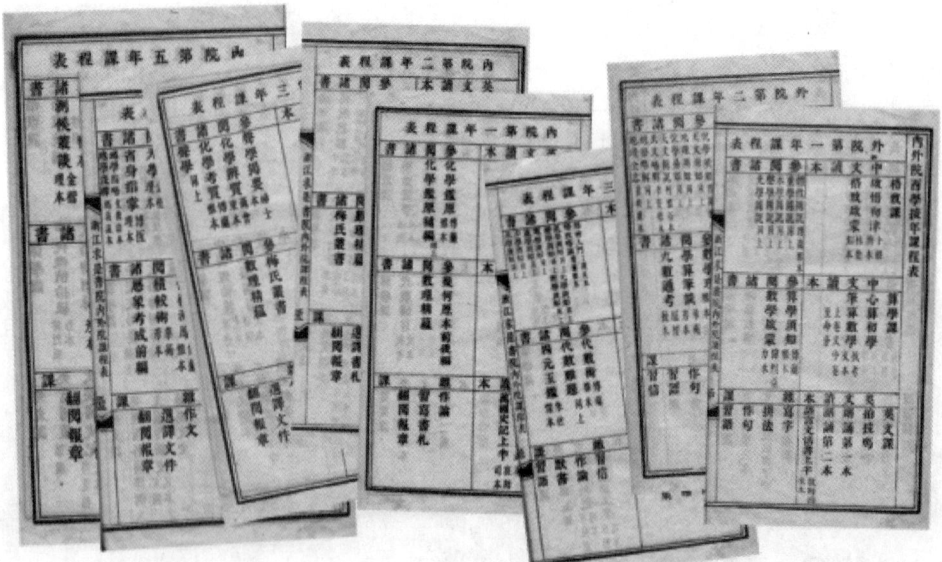

求是书院课程表(1898 年)

求是书院首任正教习王令赓
（1897 年 2 月—1898 年 2 月）

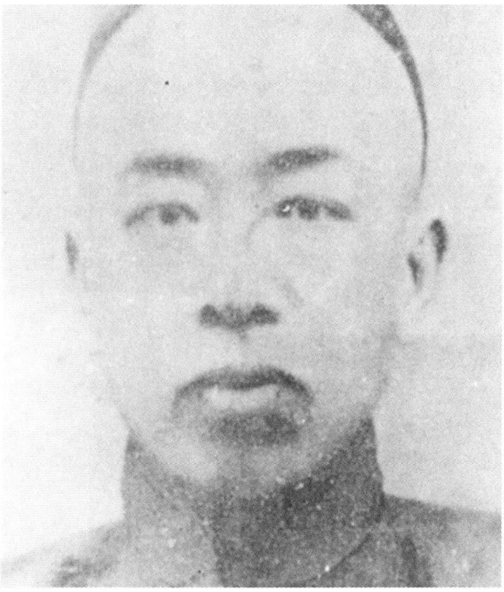

求是书院中学正教习宋恕
（1897 年 11 月—1901 年 7 月）

求是书院西学正教习胡濬康

求是书院中学教习来裕恂

求是书院学生何燏时

求是书院学生陈榥

求是书院学生蒋百里

求是书院学生钱均夫

求是书院学生许寿裳

165

求是书院学生蒋尊簋

求是书院学生夏元瑮

求是书院学生体操课后合影

浙江大学堂与浙江高等学堂

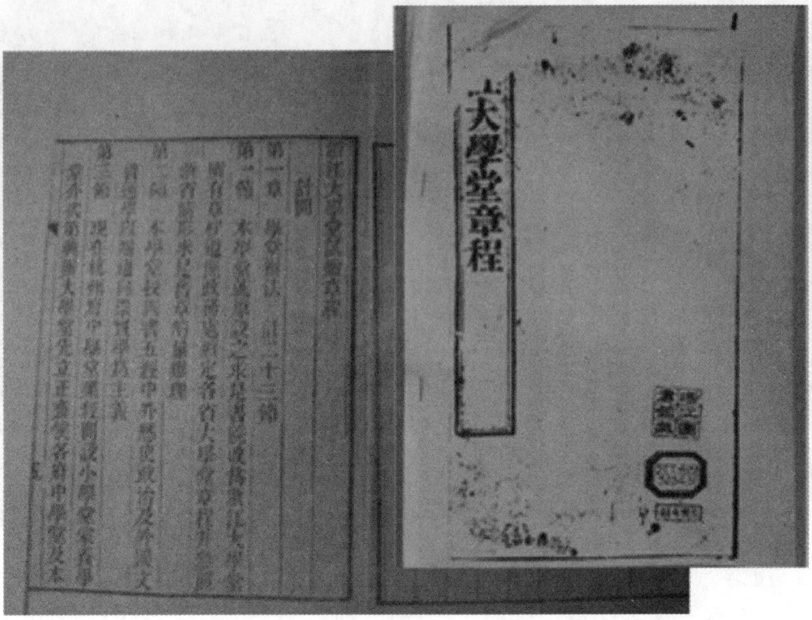

浙江大学堂章程

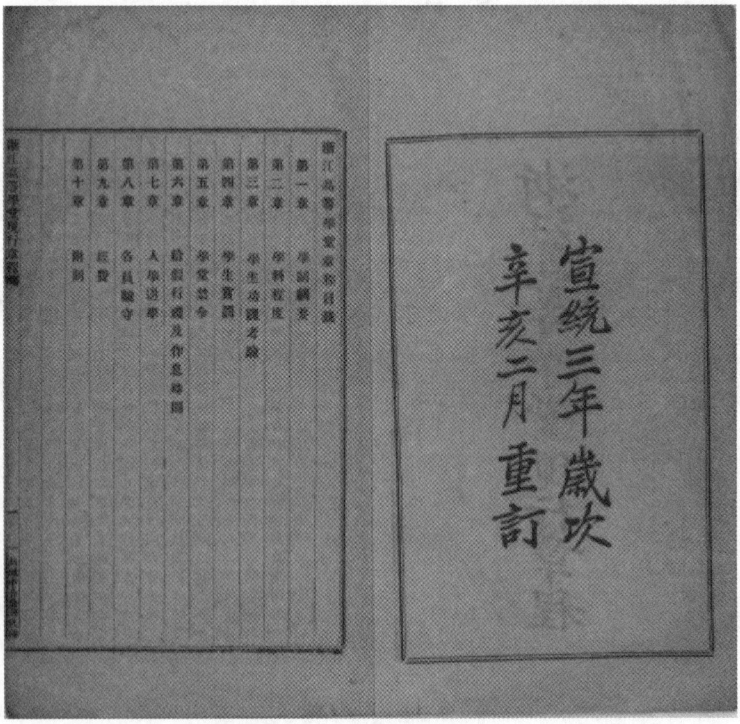

浙江高等学堂章程

浙江高等学堂校舍

浙江高等学堂植物园

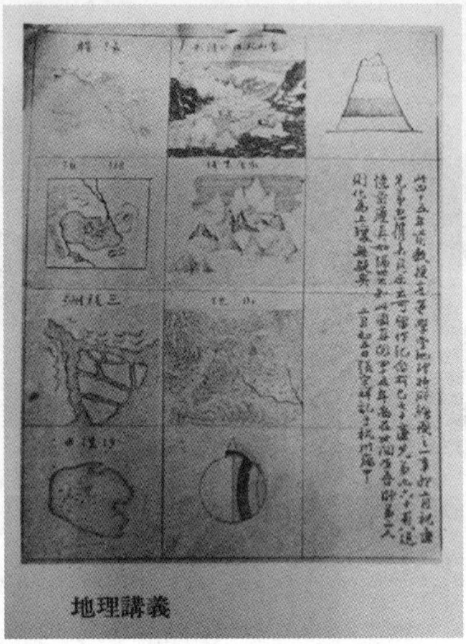

张宗祥在浙江高等学堂教学时的
手绘地理课讲义(1907 年)

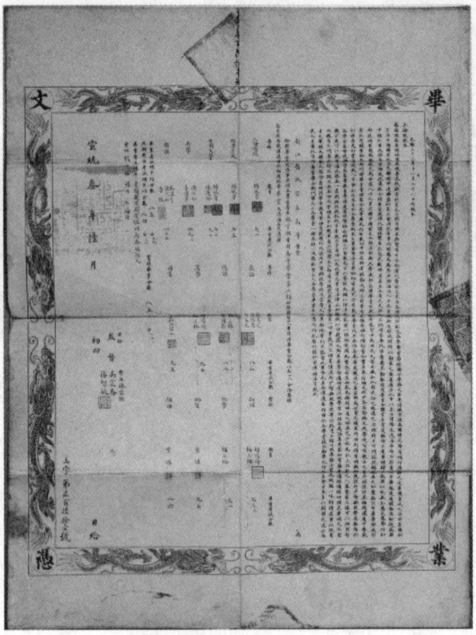

浙江高等学堂第一届高等正科第二类
毕业生林宗强毕业文凭

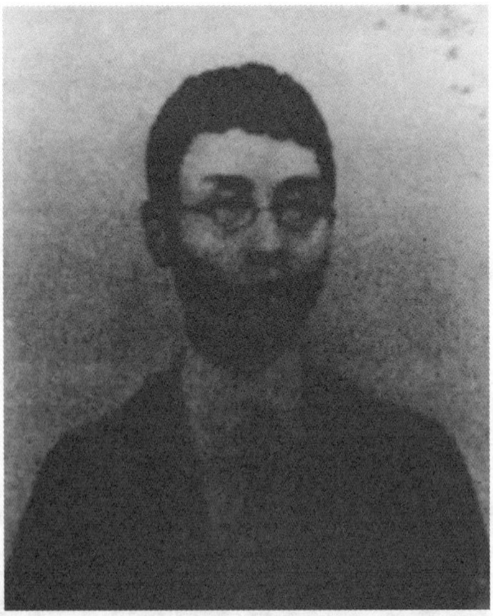

教务长兼日文教员王嘉榘

国文教员马叙伦

地理教员张宗祥

国文、地理教员陈去病

美籍历史、地理、辨学、法文教员亨培克

日籍教育学兼博物教员铃木珪寿

国文教员沈尹默

浙江大学堂学生马宗汉

高等学堂学生邵飘萍

高等学堂学生何炳松

高等学堂学生蒋梦麟

高等学堂学生郑宗海(晓沧)

浙江大学堂学生陈布雷

浙江高等学校旅沪同学合影(1927年)

浙江高等学堂留杭同学合影（1951 年 4 月）

浙江公立工业专门学校

浙江中等工业学堂(在报国寺旧址建立)

浙江公立工业专门学校校外风景(1926 年)

浙江公立工业专门学校礼堂

浙江公立工业专门学校图书室

浙江公立工业专门学校教室之一

浙江公立工业专门学校纺织工场

浙江公立工业专门学校金工场

浙江公立工业专门学校电机实验室

浙江公立工业专门学校化学分析室

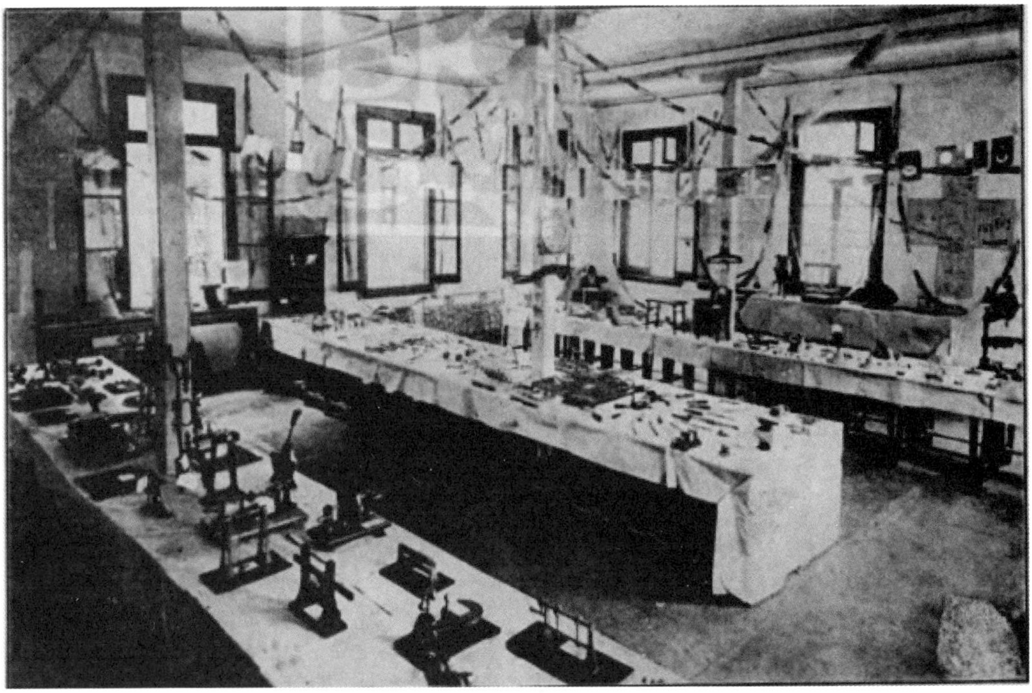

浙江公立工业专门学校举办十五周年成绩展览会展室之一(1926 年)

浙江公立工业专门学校学生自治会成立时的合影(1926 年)

浙江省立甲种工业学校成立报国工业会发行之《报国工业会会刊》

浙江公立工业专门学校化学教员蔡镇瀛

浙江公立工业专门学校电机工程教师恽震

浙江公立工业专门学校国文教师程宗裕

浙江公立工业专门学校化学教师王琎

浙江公立工业专门学校物理教师吴文伟(欣奇)

浙江公立工业专门学校数学教师陈建功

浙江公立工业专门学校电机机械教师钱昌祚

浙江甲种工业学校学生杨开渠

浙江省立甲种工业学校学生沈西苓

浙江省立甲种工业学校学生常书鸿

浙江省立甲种工业学校学生沈乃熙(夏衍)

浙江省立甲种工业学校学生都锦生

甲种工业学校学生陈之佛(陈之伟)(1916 年)

浙江公立工业专门学校学生王国松

畢業證書

學生虞自强係本省嘉興縣人現年十九歲在本校染色科修業期滿考查成績及格准予畢業此證

浙江省立甲種工業學校校長許炳堃

中華民國七年七月　日

浙江甲种工业学校毕业证书

浙江公立农业专门学校

浙江公立农业专门学校(位于杭州笕桥)

农校校歌（农校十周纪念歌）

浙江省立甲种农业学校的养蚕室

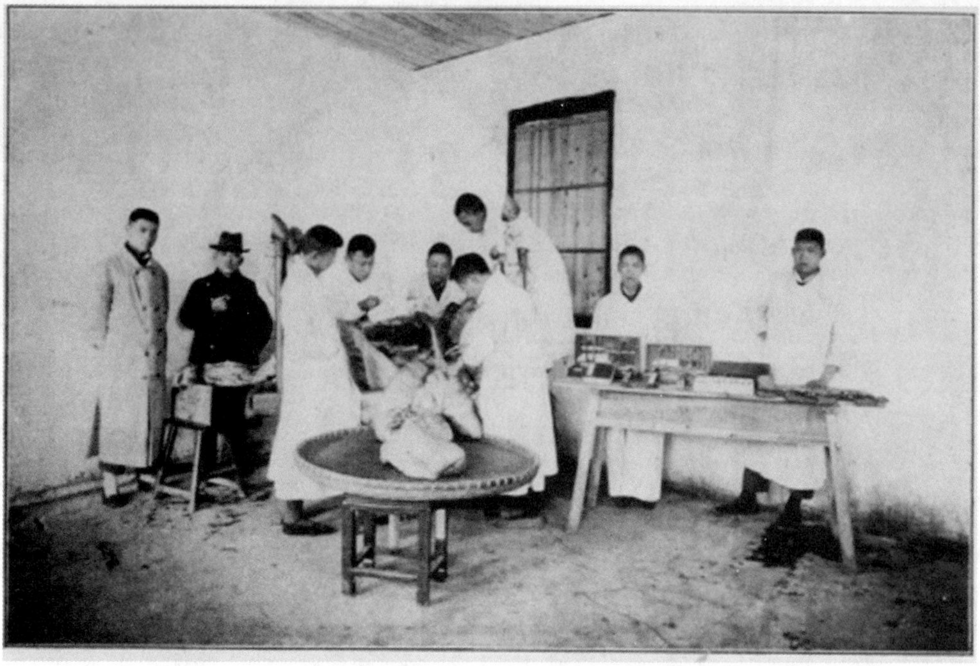

浙江省立甲种农业学校学生在做病畜解剖

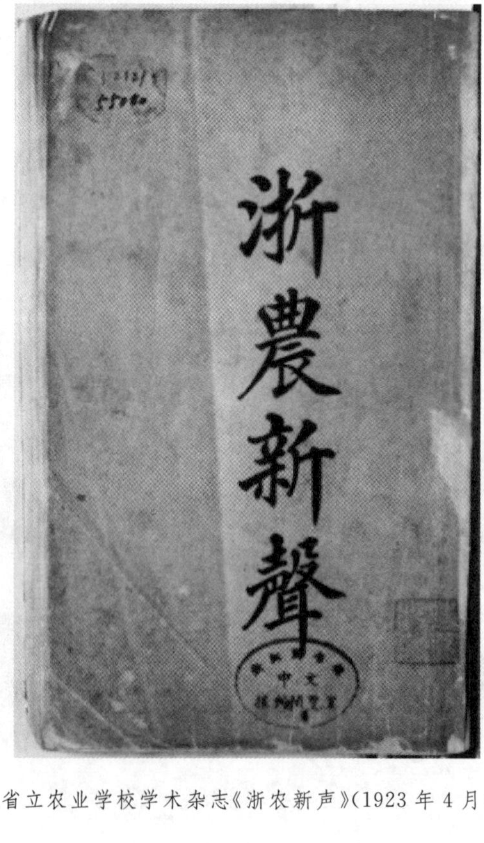

浙江省立农业学校学术杂志《浙农新声》(1923 年 4 月创刊)

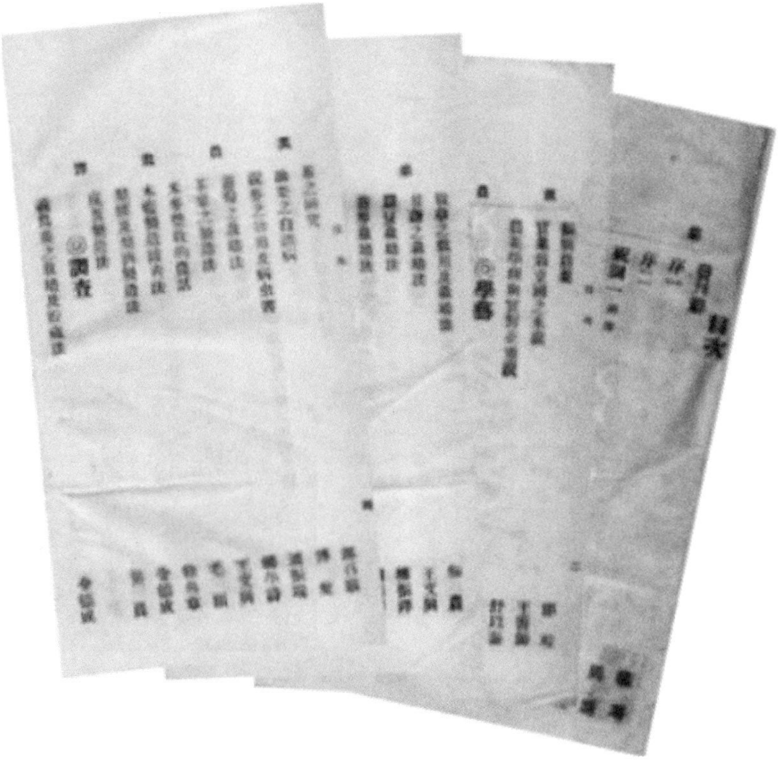

浙江甲种农业学校学生创办学术刊物《翼农丛谭》

农校教员童玉民

农校数学教员孙从周

农校学监兼教员陈振椒

浙江省公立农业专门学校教师卢守耕

国文兼植物学教员何绍韩

浙江省立甲种农业学校学生沈宗瀚

浙江省立甲种农业
学校学生周汝沆

浙江省立甲种农业
学校学生吴觉农

浙江省立甲种农业
学校学生张松荫

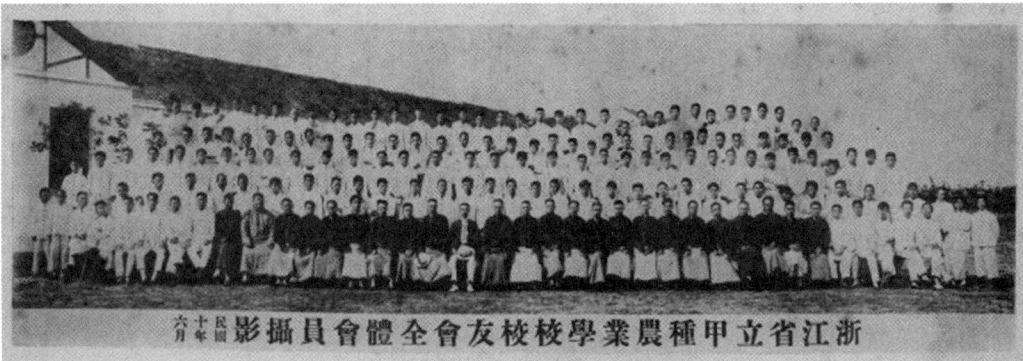

1921 年浙江甲种农业学校校友会会员合影

前　言

作为国内最早创办的现代高等教育机构之一，浙江大学的前身是1897年在杭州成立的求是书院。一个多世纪以来，浙江大学的发展经历了晚清、民国和中华人民共和国三个时期，由一所地方性高等学校成长为在海内外具有一定影响力的中国著名高等学府，她的成长与中华民族近代以来追求民族独立、国家富强的不懈努力紧紧地交织在一起，在中国现代高等教育的发展历史上留下了浓墨重彩的一页。

2017年11月，浙江大学120周年校庆后不久，学校成立了《浙江大学史》编写工作领导小组，由学校党委书记和校长任组长，决定正式启动《浙江大学史》编纂与研究项目，组建浙江大学校史研究中心，在多年来校史研究的基础上，对浙江大学的办学历程进行系统梳理与科学总结。为了编写一部能经受住历史检验的《浙江大学史》，为了给海内外各界人士了解和研究浙江大学校史、研究中国现代高等教育史以及中国近现代科技文化史提供基础性的文献和史料，收集、整理、编辑出版一部较为全面、翔实的《浙江大学史料》具有重要的意义。

在现代中国高等教育的格局中，浙江大学的历史脉络可能是一种特殊形态。从1897年求是书院创办到1949年中华人民共和国成立的52年间，学校名称尽管发生过多次变更，但始终是一个主体。1952年的全国高等学校院系调整，将浙江大学一分为四：以原浙江大学工学院各系科为主，沿用了浙江大学的校名，由一所多科性工科大学，逐渐发展为一所以理、工科为主的综合性大学；以原浙江大学文学院、理学院和之江大学文理学院相关系科为基础，组建成立浙江师范学院，之后又与其他学校一起合并组成以文理学科为主的综合性大学——杭州大学；原浙江大学农学院独立出来成为浙江农学院，后发展成为浙江农业大学；原浙江大学医学院则与浙江省立医学院合并，组成浙江医学院，后发展成为浙江医科大学。浙江大学虽然根据国家建设的需要一分为四，但是，同处一城的四所大学，在努力培养人才为国家建设服务并形成自己特色的同时，由于历史的根脉和现实的需要，四校之间的密切交往从未间断，这种状态延续了近半个世纪。

世纪之交，在世界高等教育发生深刻变革和国家“科教兴国”战略引领和驱动下，中国高等教育的发展进入一个新的历史时期，即在继续推进大众化的同时，聚焦更高水平发展，由此，开启了新一轮的院校调整和结构优化。根据中央的战略部署，原浙江大学、杭州大学、浙江农业大学、浙江医科大学合并，组建成立新浙江大学。1998年9月新浙大宣告成立，四所同根同源的学校顺应时代潮流重新融为一体，肩负起为实现中华民族的伟大复兴而创建世界一流大学的重要历史使命。正是基于上述历史事实，《浙江大学史料》分为七卷：第一卷（1897—1927）2册，包括求是书院、浙江大学堂、浙江高等学堂和浙江省立工专、农专；第二卷（1927—1949）2册，包括第三中山大学和国立浙江大学；第三卷（1949—1998）2册，四校合并前的浙江大学;第四卷(1952—1998)2 册,原杭州大学;第五卷(1952—1998)2 册,原浙江农业大学;第六卷(1952—1998)2 册,原浙江医科大学;第七卷(1998—2017)2 册,四校合并后的新浙江大学。

《浙江大学史料》在整个编纂过程中自始至终得到浙江大学党委和学校领导的关心和指导。在纪念浙江大学成立 125 周年之际首先和读者见面的是《浙江大学史料》第一卷(2 册)和第二卷(2 册),以后各卷将陆续出版。由于我们的水平所限,在史料收集、整理、分类、校核过程中肯定有不少疏误之处,恳请广大读者赐教指正。

浙江大学校史编写组

2022 年 5 月

编辑说明

本书是《浙江大学史料》的第一卷，为浙江大学创办时期，即1897年至1927年间的求是书院、浙江大学堂、浙江高等学堂（校）、浙江省公立工业专门学校（包括浙江中等工业学堂[校]、浙江省立甲种工业学校）、浙江省公立农业专门学校（包括浙江农业教员讲习所、浙江中等农业学堂、浙江省立甲种农业学校）创建和发展时期的历史资料。

这段历史距今已较为久远，加之战争破坏和档案制度的不完善等，本时期的相关原始文书档案大多已不复存在，本书只能从以下途径获取相关史料：

1. 各级档案馆、图书馆保藏的原始档案或档案复印件；
2. 历届政府（包括教育行政机关）公报中的相关文献；
3. 当时各家报刊的相关报道；
4. 已编纂出版的档案资料；
5. 当事人、当时人的书信、文集、日记等文献中的相关资料；
6. 地方志和文史资料；
7. 本校师生所写的回忆文等。

本书选编的资料尽量保留其原貌，一般都是原文照录，除了没有标点的重新加以标点并分段外，一般不加增删改动，只有以下极少数情况例外：为便于查阅，对少数标题与文义完全相异的报刊报道（如《吴山立马》之类）会重拟标题，但另有注释说明；对过于冗长的资料只节录其中的相关部分，并另拟标题，加注释说明；对数量过大并包含多项内容的资料，拆散后作分类编纂处理；遇有缺漏或漫漶不清处，以相等数量的“□”号替代；凡删节处均以“……”号或“（略）”标明。

本书资料的编辑，均按该文献资料的内容所属事类分类目，按文献产生的时间（无产生时间的，按发表时间）先后顺序排列；每篇资料均注明作者、产生（或发表）的时间和出处，并对部分资料（主要是报刊）作简要题解。

本书编辑工作的分工，我负责提供相关资料的线索，并承担资料文档的整理、编纂工作；跑各档案馆和图书馆索取资料及组织文字录入的工作，均由张焕敏老师承担。也因此，本书编辑中所有的粗疏错谬之处，均应由我负主要责任。本书的编成，浙江图书馆古籍部、浙江省档案馆，尤其是浙江大学档案馆的马景娣、张卓群、张淑锵等各位老师都给了我们很大的帮助，在此特表示衷心的感谢！

汪林茂

2021年3月

目　录

一、创办与沿革

（一）求是书院的创办

浙江巡抚廖寿丰为遵旨开办求是书院兼课中西实学事奏折[①]

（1897年7月16日）

头品顶戴、浙江巡抚臣廖寿丰跪奏，为浙江省城专设书院，兼课中西实学，恭折奏明立案，仰祈圣鉴事。

窃臣于上年二月间遵旨议复臣工条奏时务折内陈明设学堂一条，谨当随时劝导举行。嗣经中外诸臣请将书院变通推广，先后奉旨通行，各省遵办。窃维居今日而图治，以培养人材为第一义；居今日而育才，以讲求实学为第一义。而讲求实学，要必先正其志趣，以精其术业。《大学》格致诚正、修齐治平之道，合古今中外而不能易者也。欧美诸邦学堂各千百计，自髫龀入小学，以次而中学而大学，犹是家塾、党庠、州序、国学之制也；若船学、若矿务、若种植、若制造，犹是讲武、训农、通商、惠工之政也。苟事事物物务求其实，朝考夕稽，弗得弗措，何学之不成，亦何事之不举？乃积习相仍，时变日亟，病词章帖括之不足恃，而群慕西学，窃恐规摹形似，剽窃绪余，借一二西语、西文以行其罔利梯荣之故智，不独西学无成，而我中国圣人之教，且变而愈忘其本。此臣之所大惧也。

查浙江杭州省城旧有敷文、崇文、紫阳、学海、诂经、东城书院六所，今方以制艺取士，势难骤为更张，另设则无此经费。唯有酌筹改并，因势倡导，择庠序有志之士，奖进而培植之，庶趋向端而成就易。泰西各学，门径甚多，要以兵、农、工、商、化验、制造诸务为切于时用，而算学则其阶梯，语言文字乃从入之门，循序以精，蕲有心得，非博通格致不得谓之学成。屏一切模糊影响之谈，而课其实事，庶他日分布传习愈精，而成材亦愈众。臣叠与司道筹议，并饬杭州府知府会商绅董，就普慈寺后现有群屋，量加修治，专设一院，名曰求是书院。即委该府知府林启为总办，延一西人为正教习，教授各种西学；华教习二人副之，一授算学，一授西文。委监院一人，管理院中一应事宜，一面购置仪器、图籍。由地方绅士保送年二十以内之举、贡、生、监，饬据该总办考取复试，接见询问，择其行谊笃实、文理优长，并平日究心时务而无嗜好习气者，于本年四月二十日送院肄业，但予奖赏，不给膏火，学以五年为限。并明定规约，妥立课程。每日肄习之暇，令浏览经史语录、国朝掌故及中外报纸，务期明体达用。一以孔、孟、程、朱为宗旨，将有得之处撰为日记，按旬汇送查考。每月教习以朔日课西学，总办以望日课中学，年终由臣通校各艺，分别等第，勤者奖，惰者罚，不率教者斥，优异者存记。另选翻译二人，译述各种有用之书，为振兴学校之助。所有常年经费，如教习、翻译、监院及司事

---

① 廖寿丰（1836—1901），上海嘉定人，字谷似，又字暗斋，晚年自号止斋。同治进士，历任国史馆编修、浙江粮储道、贵州按察使、福建布政使、河南布政使与护理巡抚。1893年任浙江巡抚。甲午后推行新政，1897年主持创办求是书院，1899年2月引疾回乡。

人等薪修工资并奖赏、伙食,每年需银五千余两。此外,尚有随时购置仪器、图籍暨学生纸笔一切杂用不在此数。除将东城书院每年膏火银一千余两全数拨用外,于各书院奖赏存典生息项下岁提息洋三千元有奇,及各局裁省减并共洋四千元有奇,合之数不及万,均未动支正项。当此开办之始,规制不敢过侈,俟经费稍充再图展拓省外。各府属经臣分札饬办,如宁波、绍兴、金华、湖州、台州、严州、温州、海宁等属,或就书院加课,或设学堂专课,各视经费多寡议章开办,亦均未请动公帑。

臣当随时督查,冀收实效,将来该书院学生学业成就,如有才能超异者,由臣咨送总理衙门考试,以备器使。各府属学生有可用之才,由该府禀请调省考验,一体咨送,以广出身而资鼓励。

除咨总理衙门及礼部外,所有浙省专设书院兼课中西实学缘由,谨会同杭州将军臣济禄恭折具奏,伏乞皇上圣鉴。谨奏。

奉朱批:该衙门知道。

光绪二十三年六月十七日

中国第一历史档案馆藏,全宗号:04-01-38

浙江巡抚廖寿丰为请奖嘉善县绅士朱采捐资求是书院事片[①]

(1898年2月28日)

再,浙江省城设立求是书院,兼课中西实学,所需经费撙节提拨,均未动支正项,前经臣奏明在案。兹据嘉善县在籍绅士、前广东雷琼道朱采,以该书院规模已立,经费未充,捐洋五千元,解交藩库备用,声明不敢邀请奖叙,等情前来。

臣查该绅朱采捐助求是书院经费,虽据声称不敢邀奖,惟当此筹款维艰,慨输巨资,洵足为振兴学校讲求时务之助。可否恳恩传旨嘉奖,俾昭激劝之处,出自逾格鸿施。谨附片陈请,伏乞圣鉴训示。谨奏。

朱批:朱采着传旨嘉奖。

浙江巡抚廖寿丰
光绪二十四年二月初八日

中国第一历史档案馆藏,全宗号:04-01-38

① 朱采(1833—1901),字亮生,号云亭,嘉善县人,优贡生。曾任山西汾州知府、广东雷琼道台,著有《清芬阁集》。

浙江巡抚廖寿丰为书院开设经济特科请饬妥议章程事奏折

(1898年4月6日)

头品顶戴、浙江巡抚臣廖寿丰跪奏,为经济特科为人才所出,请饬妥议章程,以收实效,恭折仰祈圣鉴事。

窃总理衙门咨以贵州学政严修请设专科一折,经会同礼部分别议复,先将大概办法具奏。奉上谕:现在时事多艰,需才孔亟。自降旨以后,该大臣等如有平素所深知者,出具切实考语,陆续咨送,奏请定期举行特科。至岁举既定年限,各该督抚、学政,务将各书院、学堂切实经理,随时督饬院长、教习认真训迪,用副朝廷旁求俊乂至意。等因。钦此。

窃维古之教者,家必有塾,州长党正岁时读法,而书其德行道艺,乡大夫三年大比,兴贤能而献之于王。此周官立法学校与选举相维之精意,所以士敦实行,野无遗贤也。隋唐以来,皆以词章取士,政与教既判为两途,仕与学遂各为一事。故历宋元迄今,科目非无英俊,而怀才抱道之士,或不见用于时,无他,上不以实求、下不以实应也。

近来欧美诸邦艺学日新,其事虽经传所罕言,其取士立法无蹈虚之弊,用能自成风气。今我皇上转念时艰,旁求俊乂,采泰西之新法,培海内之英才,此诚千古一时之盛举。臣愚以为,图治必先防弊,立法要在救时。总理衙门议奏,以内政、外交、理财、经武、格致、考工六事先特科,而后岁举,固已简明允当。惟此六事中,平日留心掌故,讨论时务,如内政、外交二者当不乏人。若理财以下诸学,殆非设学培养数年之久,难期成就。且内政、外交及理财之农桑、格致之算学,或可命题以试,此外各学,非呈验器艺,不足觇其实诣。今欲凭文字为去取,作者依题敷衍,阅者糊名摸索,无论干托夤缘,滥登荐牍,绝无瞻徇,所得仍词章之士耳,于经济何与!臣愚拟请饬中外荐举时,无论已仕未仕,按以上六事,遵照原奏声明,何所专长,并其人心地操守有无嗜好,出具切实考语,奏请谕旨。各就所学分别器使,或令在总署当差,或充教习、翻译,或分发各省税关、水师、陆军、船政、制造、矿冶、纺织、铁路、电报各局差遣委用,或交出使大臣带赴外洋游历练习,务使各尽其才。试有实效,再由各该管切实保奏,董予升擢。将来人才既众,或酌量举行特科,以副皇上十年二十年一举之谕旨。其向来出洋及内地电报等项,三年一保之例,概行停止。若非学堂出身及此项保举人员,概不准派随同出洋差使。此后考试总署章京,一以外交各条命题,不限篇幅晷刻,不拘楷法工整,一经破除积习,人才自必奋兴。至岁举之科,则不必试四书文,亦无庸附乡会试。

夫所谓四书文者,本孔孟之语,而体之于身,衍之为文,原期通经致用。无如沿袭既久,庸滥浮伪,徒摭拾糟粕为干禄之资,一旦莅官,案牍茫然,用非所习。况复捐班杂处,补署无期,宦海沉沦,猝难表见。而近年科举怀挟枪替,陋习日滋,防不胜防,以云造就人才,亦只见其弊矣。今既名之曰经济常科,似莫若按照特科六事,径由学堂选举。如各府县有小学堂,该学生所习何项?学艺有无进境、旷废?按月由教习监院注明,报由地方官甄别存记,届举岁之期,即由地方官会同教习考试,择尤录送省学,试列优等者,准其作为生员留省学堂肄业三年。平日课业登记,亦如小学之式,届期再由督抚会考,择尤拔取,准其作为举人汇送京师大学堂考试。再列优等,准作贡士,由总理衙门会同礼部带领引见,赐以进士出身,量以授职,分发中外试用。其举人生员之未经中式者,分别给予凭照,准充学堂教习。惟无论何项学堂,必以修身明理、绘图知算为根本。学堂书籍固宜购储宏富,而各有专门,亦难兼通赅贯。无论何项艺术,必以圣谕广训及孝经、四书、朱子、小学为入门。考试时专就各门校阅外,仍以此书酌量命题,使作解文一篇、图算一则,以文义通畅、理解澄澈为合式。而向来例举之乡会试、岁科试,即不能骤停,亟须认真整顿。所有中额学额必应核实裁减,随时酌量与经济科互相消息。其各省会及府厅州县向课制艺之书院,亦应逐渐酌改。将现有之经费抱彼注兹,以资学堂膏奖。庶风气转移,学者知所趋向,一面停止捐输,核保举,塞侥幸之门。开贤才之路,计莫先于此矣。

夫今之所少者人才耳,当此百务待举之期,皇上特下求贤之诏,若非权衡至当,图治本原,恐法愈变而弊愈滋,有不得不慎于始者。可否饬下总理衙门会同礼部,将臣所拟各节,汇入严修等前奏,一并妥议,厘定章程,以拔真才而收实效。除俟访察得人另行荐举外,愚昧之见是否有当,谨缮折缕陈,伏乞皇上圣鉴。谨奏。

光绪二十四年三月三十日奉朱批:该衙门议奏。钦此。

中国第一历史档案馆编《光宣年间浙江兴办新式学堂史料》,载《历史档案》2004年第2期

《申报》中的求是书院创办史料①
(1895年7月—1898年7月)

恶僧失势
(1895年7月15日)

杭州普安街蒲菖巷,内有普慈寺焉,琳宫贝阙,屡历沧桑。方丈名文达者,幼年出家,在普陀披剃后,因朝山来杭,拜武林门外莲生庵中道老和尚为师。道老见其朴诚,遂传衣钵。文达自住持莲生庵后,终日宣诵佛经,足不出户,附近愚民咸啧啧称道,谓其是净业中人。居久之,渐与地方绅富往来,共谈佛典,清词奥旨,汩汩其来,如听瑶琴,恍闻仙乐。又能以慈悲性格,结广大因缘。凡绅富之佞佛者,无不与之订方外交,互相传述,谓有此高僧,非极大丛林不足以驻锡。于是将普慈旧址翦除荆莽,重建殿庭,不事募化,而富家大族乐助钱财者,盈千累百,数年之间,集成巨万。斯寺落成后,即延文达为方丈。近年以来,复辟地造屋,营建戒坛及水陆道场,其间回廊曲室,精巧绝伦,而文达之名愈盛,文达之势亦愈张,愿为努目金刚,不作低眉菩萨矣。上年五十生辰,男妇之皈依座下者,齐来顶礼,祝大和尚生生世世永登净界,和南诵偈而至者,不下百余人,类皆豪富之家,所送平金洒花寿幛十余挂,其余若宁绸湖绉之属,不计其数,有为世家大族所不及者,大和尚真有福哉!特不知几世修成耳。神通既广,形迹都消,凡妇女之欲领禅宗法旨者,时或于伽蓝说法之时,作天女散花之会,邻里知之,畏其佛法无边,不敢捋猛虎须。僧亦自恃与官绅往来,以为有大护法在,何恤乎人言。前月有某宦之戚某姓妇入寺拈香,僧引之入内,欲与谈欢喜禅,妇大怒,立乘舆回,即至宦家告

① 《申报》,1872年4月30日,由寓沪英国商人安纳斯托·美查创办,后经席子佩、史量才、史咏庚、潘公展、陈景韩(陈冷)等人接手,主笔先后有蒋芷湘、钱昕伯、黄协埙、陈冷等。1949年5月27日停刊。是近代中国史上发行时间最久、具有广泛社会影响的报纸。

以贼秃无礼状。某宦亦怒不可遏，旋将此事面陈于廖中丞。中丞委员察访，果有不端之事，即命仁和县出差，将僧锁提到案，不由分说，重责数百，收入狱中。旋在寺中搜出闺房所用粉奁镜屉等物，遂将全寺僧人尽行驱逐，发下锁封，将寺封闭。若此僧者，虽仅遭驱逐，未受官刑，然使象教有灵，当堕入泥犁狱中，历百千万劫永不得出。

《申报》1895 年 7 月 15 日

佛寺免封

(1895 年 7 月 18 日)

前报云杭州普慈寺僧文达，因不守清规，为县主访拿发封寺院一节，兹悉该僧到案后，经邑尊伍芝荪大令研鞫数次，坚不承认。至所云当时搜出闺房什物，实系传闻之误。缘邑尊方出差时，该僧早已得信，已将衣箱重物运出，寄顿他处，故无赃证。惟享用过丰，有违佛门法律，本拟从严惩办，后经绅士代为缓颊，改作递解回籍，勒令还俗，其寺本由绅富捐资重造，并请免封，邑尊亦准如所请，即由本处绅士另行公举戒僧住持。若诸绅士者，非所称该僧之护法！或亦与该僧另有香火姻缘耶？

《申报》1895 年 7 月 18 日

普慈概行入官①

(1895 年 7 月 24 日)

普慈寺被封后，旋有绅士向县主说情，请其仅办寺僧，免封寺院。县主虽允如所请，然事历多日，尚未启封。或云此案由抚宪发下，应封与否，须请抚宪定夺。或云现在各大宪拟在省城创设中西学塾，即将此寺改建，所塑偶像，则一概移置他寺。又谓寺基甚广，寺屋颇宽，拟留一殿供奉偶像，以存普慈之名，余屋概行入官。然孰是孰非，未能臆断。

《申报》1895 年 7 月 24 日

学堂罢议

(1895 年 8 月 30 日)

前报纪杭州大吏拟将普慈寺改建中西学堂，兹接访事人续函云，此事倡议者为汪穰卿太史。康年太史精于西学，欲以此席自任，而另延陆勉斋、高厚栽两孝廉襄理其事。前月谒见中丞，细陈一切。中丞告以现当款项支绌，深恐后难为继，且万一委任不得其人，仍属有名无实，太史乃废然而出，托某绅代为进言。适两江总督张香帅发电相招，太史遂附舟赴白下，而

---

① 原标题《武林各述》，现标题为编者另拟。

中西学堂之举遂无人提倡其间矣。

《申报》1895 年 8 月 30 日

西学将兴

(1895 年 12 月 30 日)

杭州采访友人云:钱塘汪穰卿太史康年,前在梓乡与同志者,议就因案发封之普慈寺,建设中西学塾。嗣因南洋大臣张香帅电招前往,事遂中止。刻下陆孝廉懋勋、高孝廉尔夔、丁孝廉立中,及时下各名流,复赁屋某处,公请教习某君授以欧西诸学,特不知果有人焉愿入塾肄习否也。

《申报》1895 年 12 月 30 日

普慈寺改为洋务公廨①

(1896 年 2 月 28 日)

蒲菖巷普慈寺奸僧文达被拿后,地方官将寺发封。现在日本国来此开辟租界,各国亦须一律通商,时有交涉事件,拟将寺屋改为洋务公廨,刻已移所塑佛像至他寺矣。

《申报》1896 年 2 月 28 日

日商购地

(1896 年 3 月 5 日)

杭州采访友人云,此间所设通商口岸租界已粗定规模,日本总领事官珍田君现往重庆,尚未到杭,而日本商人已纷纷来此购买地基,其人皆住蒲菖巷普慈寺中。缘普慈寺自地方官查封后,已改作洋务局也。

《申报》1896 年 3 月 5 日

洋商频来

(1896 年 3 月 9 日)

日人在杭通商,划界已定,日商遂纷纷来杭购买基地。省中大宪于褫封之普慈寺改为洋务局,以便商人居住。刻下又有英美两国商人先后戾止,亦假寓于此,将来商务之兴,定见日

① 原标题《西湖佳话》,现标题为编者另拟。

有起色也。

《申报》1896 年 3 月 9 日

膏火核减未免向隅[1]

(1896 年 10 月 1 日)

浙省前拟创设中西书院,因经费无着,欲于各书院中提拨一成,以作膏火。而诸生童以杭地各书院膏火本属无多,若再核减,未免向隅者,多不若将各书院饭食资提归中西书院,因联名禀请府宪林太守定夺,未知能邀准否。

《申报》1896 年 10 月 1 日

杭垣西学大兴

(1896 年 12 月 4 日)

杭州访事人函云:杭垣西学大兴,绅富之家,不惜重资延请西儒,教习子弟。其无力者,咸向西塾就学,现已日盛一日。前者汪太史康年与某孝廉等,拟请抚宪开设中西学堂,旋因湖广总督张香涛制军电招,太史赴鄂,事遂中止,而某孝廉等终以不克振兴为憾,遂浼请在籍巨绅转禀抚宪,又以经费无出而止。复由某大僚拟在三书院内改设一院,专课西学,当奉抚宪札委各监院会议。而监院拟在各书院膏火内提拨一成,以作经费。惟为数无多,亦不能兴办。刻下某绅上一条陈,请在积谷仓卖陈买新余款项下,拨动若干,加以书院所划一成,约计有二千余金之谱。先设膏火二十名,俟款项充足,再行加增,未识上宪能允准否。

《申报》1896 年 12 月 4 日

振兴西学

(1897 年 1 月 24 日)

杭州访事人云:东城讲舍为本府生监肄业之所,前由绅士等禀请府宪,改作西学书院。林太守以讲舍系阖府书院,未允所请。绅士复请诸抚宪廖中丞,因振兴西学为当时之急务,业已批饬准行。其监院一差,拟委陆冕侪孝廉懋勋办理。盖孝廉素精西学,前者汪穰卿进士欲于普慈寺改作中西学堂,禀请孝廉为董事,抚宪亦深重其才,故特委任之也。

《申报》1897 年 1 月 24 日

---

① 原标题《武林宦辙》,现标题为编者另拟。

西学振兴

(1897 年 2 月 11 日)

杭州访事人云:浙省增设中西学堂,现已议定章程,在普慈寺内开设西塾,教习语言文字及格致、算学、化学等事。其经费由东城讲舍朔望膏火,及书院朔课例奖内拨用,额设塾生二十名,入堂肄业,每月优给膏火洋十二元,凡欲进塾者,先行报名,考取在前者,准其补入堂中。总理已委定张燕孙孝廉荫椿,监院则委陆冕侪孝廉懋勋充当。盖陆、张二君,皆系精通西学,熟习英文者。至东城书院,由各生自行备卷投考,仍请府县尊轮流校阅,列前茅者给予奖洋,其膏火则已一例裁撤矣。

《申报》1897 年 2 月 11 日

膏火拨用归咎陆君①

(1897 年 2 月 25 日)

杭州访事人云:浙省举办中西学堂,其经费系由各书院朔课例奖,及东城讲舍膏火拨用,尚有不敷,再行裁减采访局、官书局、盐法局等经费以补之,每年约计有洋银七千余元。堂中事务,由陆冕侪孝廉经理。省中士子及各局绅董,不无缺望,咸归咎于陆君,以致怨声载道。陆以裁减一切改拨此用,皆由上宪主持,初非出自己意。并历言西学之善,寓书于诸乡老之前。有某绅答之曰:此事非君作俑,而未经举办以前,屡次谒见上宪,外间因以为瓜李之嫌,君子所以宜慎也。为今之计,莫如翛然远去,则人言可以渐息矣。未知陆君能听从否也。

《申报》1897 年 2 月 25 日

中西学堂恐难举办②

(1897 年 3 月 2 日)

杭地拟设中西学堂,现因所筹款项尚不敷用,而陆君冕侪又以人言藉藉,不愿管理此事,故一时恐难举办也。

《申报》1897 年 3 月 2 日

---

① 原标题《之江近事》,现标题为编者另拟。

② 原标题《葛岭朝暾》,现标题为编者另拟。

中西学塾未能即日举行[①]

(1897年3月5日)

上年官宪拟将崇文、正蒙两义塾改设西学，培植孤寒子弟。后因经费无着，不得已作为罢论。至普慈寺所设中西学塾，虽有改弦更张之议，而筹款亦尚不足，故未能即日举行，殊可惜也。

《申报》1897年3月5日

书院择日开院[②]

(1897年3月29日)

浙省设立格致书院，在于城东之普慈寺，现举行在即，由藩宪札委杭府林太守为总办，再行择日开院。

《申报》1897年3月29日

新设中西书院出示招考[③]

(1897年4月11日)

杭州访事人云，浙省拟设中西书院，已筹集巨款，由抚宪札委杭府林太守为总办，延请教习，考取生徒，住院肄业，名曰求是书院。教习业已抵杭。由林太守出示招考。爰将示文照录于后：

为晓谕事。现奉抚宪设立求是书院，特请教习来杭传授化、算、图绘等学及外国语言文字。无论举贡生监，年在三十以内，素无嗜好、无习染，愿住院习学者，务于三月初五日前，开具姓名、住址、年貌，邀同公正绅士作保加结，赴院填册。如有稍通化、算、图绘、外国语言文字者，均于册上注明，由监院造册呈送。示期先试以经史、策论，录取若干，再会同教习复试。额取三十名，每名按月给饭食洋三元，杂费洋二元。每月朔课考试化、算等学，望课考试经史、策论，分别优给奖洋。定以五年为限。不准托故辞覆出院。常时除假期外，均须常川住院，不得私自出外。其额外诸人，仍照原取名次列册，以便挨补。为此谕令诸生人等知悉，如愿报名赴院肄业，赶即填册，听候扃试，无负大宪培植人才之意。至详细章程，可于填册时至院观看。各宜凛遵毋违。特示。

《申报》1897年4月11日

---

① 原标题《望湖楼弦诗记》，现标题为编者另拟。

② 原标题《吴山立马》，现标题为编者另拟。

③ 原标题《俞楼经说》，现标题为编者另拟。

求是书院报名

(1897年4月15日)

浙省设立求是书院,延请西文教习,传授化、算诸学及外国语言文学,选择生徒,住院肄习。由首府林迪臣太守出示招考,定于三月初五日以前报名造册,听候扃试,已列前报。兹悉书院即设于菖蒲巷洋务局旁,报名者计有七十余人,其中能通西学者不过十分之一二。现将报考各人详细造册,由监院呈送府署,再候示期考试。所有院中需用床、榻、桌、椅等件,业已雇工制办齐全,内外房屋俱已油漆一新,极为清洁。

《申报》1897年4月15日

考试西学

(1897年4月15日)

杭地新设求是书院,前由首府林迪臣太守出示招考,由监院造册呈送府署。兹奉太守示谕:凡报名诸生,定于三月十二日黎明,备带笔砚,赴辕听候扃试策论,俟录取后再行会同教习考试西学。

《申报》1897年4月19日

求是书院扃试西学

(1897年4月20日)

省中求是书院,为教育西学而设。前由杭州府林太守出示招考,现太守又牌示,定于本月十二日在署扃试。届时各考生俱衣冠整齐,随带笔砚赴署,祗候点名给卷,鱼贯而入,至晚放牌。闻到者共七十四人。

《申报》1897年4月20日

招考试题

(1897年4月28日)

十二日杭府林太守考试求是书院,报名各生在署扃试,到者共有七十四人。题目附后:讲西学先究心术论,王荆公变法论。

《申报》1897年4月28日

求是复试发案

(1897 年 5 月 9 日)

省垣新设求是书院,由杭州府林太守出示招考,三月十二日在署扃试诸生策论,现已发案,共取四十四名。示期二十八日,会同西学教习复试,照章录取三十名,令住院肄业,所余十四名作为备卷,编定甲乙,以便挨次序补。

《申报》1897 年 5 月 9 日

无须兼攻举业

(1897 年 5 月 25 日)

浙省振兴西学,特设求是书院,考选生徒三十名送院肄习,延请教习指授。每名月给饭食杂用洋五元。朔、望两试,优给花红,俾得专心致志,储为有用之才。上宪恐诸生若博而不专,未免徒劳无益,拟命勤加学习,以期精益求精,无须兼攻举业,以免分心。倘能造就有成,则从此进身有阶,较科目更为捷矣。

《申报》1897 年 5 月 25 日

书院条例

(1897 年 6 月 19 日)

求是书院课试西学,大吏将录取之三十名送院肄业,其条例大约谓在院诸生仍以尊奉孔圣为先,不准诽谤圣贤,每月给假四日,非逢假期不得出外,月试二次,朔课由杭州府以策论各一,望课由教习专试西学。

《申报》1897 年 6 月 19 日

书院汇记

(1897 年 6 月 21 日)

杭州访事友人来函云:浙省新设求是书院,延请教习三人教授西学,由抚宪委首府林太守为总办,甄别、录取七十四名,再会同教习复考,取列三十名。进院之日,林太守亲临,率令诸生先谒至圣先师,后请教习升堂,命诸生行师生礼,诸生复在府宪前行礼,然后各归房舍。正取三十名,内有四名未到,即以备取前列者补之。院中定章,每天以六点钟起身,晚上十点钟就寝。每月给假四天,以示休息。非值假期间,不准出外。如有喧哗、妄谈一切者,小则立予记过,大则出院。每人给发日记簿一本,将所作功课及院中所闻所见均令登记,按旬呈送府宪考核。其课程语言文字为根基,俟纯熟后再行习学格致、化学、算等事,庶免躐等之弊。

《申报》1897 年 6 月 21 日

西塾请考

(1897 年 12 月 30 日)

杭州采访友人云:美国教士裘君度地省垣上皮市,创建育英书塾,已二十余年,华人子弟之贫不能读书者,果系身家清白,准由人荐保入塾肄习中西文字。塾课分上、中、下三等,上者课以格致、化学、算法,中者命作诗文,其下一等惟读书识字而已。迩者中国一洗因循,大兴西学,裘君因就普慈寺另设求是书院。上月二十九日,特请杭州府林太守命题考试,计算学题有:圆尖锥高五尺,底径得高三十二分之三,问积若干?甲乙丙三角形,已知甲角三十度,甲乙边四十二丈,甲丙边三十丈,问余角余边及垂线各几何?杭州北极出地三十度十七分,问冬至日日出时方向,并午正立竖表八尺,卧表五尺,其影长各几何?论题:政在养民,论四书文题,其为人也好善。限当日缴卷。计塾生五六十人,除年幼不能应考之十余人外,共缴进课卷四十六本。是夜裘君即打迭成包,饬人送入府署。

《申报》1897 年 12 月 30 日

会考西学

(1898 年 1 月 12 日)

浙省自振兴西学,由抚宪廖中丞筹款,在普慈寺设立求是书院,额定生徒三十名,委杭府林太守为总办,另延中西教习,传授各学。肄业诸生,按月各给饭食零用洋五元,月试二课,优给奖赏。现届年终,由监院禀请抚宪甄别,以定优绌。廖中丞于初十日委林太守亲赴书院,会同教习考试,试毕即将试卷交太守带回,送抚署校阅。

《申报》1898 年 1 月 12 日

求是书院开塾

(1898 年 2 月 21 日)

去年浙省新设求是书院,以林太守为总办,考取生徒三十名,住院肄业,每人月给饭食洋五元,朔、望二课,按照名次给奖。自封印日散馆后,正教习黄君暂假育英书院度岁,副教习卢君则回湖州珂里。刻下,卢君已到杭,诣抚院禀见中丞,并拜谒杭州府林太守,择于正月二十二日开塾。监院陆勉斋孝廉传谕诸生,令于二十一日到院,届时由太守率同谒至圣先师,礼毕,随请两教习登堂,命诸生行礼。

《申报》1898 年 2 月 21 日

求是加增塾额

（1898 年 7 月 23 日）

杭州访事友来函云：浙省为人文渊薮，不乏明礼达用之才，惜多墨守陈编，罔知通变。现在钦奉上谕，停止八股，改试策论，有志之士，无不思舍旧谋新。无如贫寒之家，延请教习力有难胜，因思上年抚宪特设求是书院，招集生童，由杭府宪林太守扃试，考取三十名，送院肄业。一年以来，造就有成者已不乏人，是以某绅等请于抚宪，禀恳加增塾额三十名，其经费由绅等捐助，已邀允准。时报名者竟有一百余名之多，由杭府林太守示期上月二十八日，在署考试，择尤录取若干名，再会同教习覆考，照额取定，送入院中学习。又闻抚宪传谕各监院云，省中书院，统定于七月朔课为始，一律改试策论。监院奉谕后，随即传知书斗，转告各生童一体遵照。

《申报》1898 年 7 月 23 日

振兴西学

（1898 年 7 月 28 日）

杭州访事人云：浙省奉到电传上谕，一切考试改八股为策论。廖中丞即钦遵谕旨，通饬各属一体遵行，并传知各书院监院，以七月朔课为始，概试策论，晓谕肄业诸生童，以便周知。因是省中家塾生徒，以旧习八股为无用，咸思舍旧更新，或向西塾就业，或往求是书院报名请补。并闻某大绅禀请加额，广收学生，俾有志西法者不致抱向隅之憾。府尊林太守言经费不敷，难期加广，而向学者均愿自备资斧，并出修羊，以求收录。太守遂俯如所请。从此西学之兴，益当蒸蒸日上矣。

《申报》1898 年 7 月 28 日

《新闻报》、《集成报》等报刊中的求是书院创办史料[①]

(1895 年 3 月—1897 年 7 月)

浙省学堂教习名单

(1897 年 3 月 6 日)

杭城新设浙省学堂,择地横河桥普慈寺内,所有房屋现已兴造,惟开书塾之期,大约当在三月左右。兹将学塾名单录左:

总办杭州府林启,正教习美国人王令根,副教习卢葆宸、陆康华,东文翻译瞿昂来、张国珍,监院陆懋勋。

《新闻报》1897 年 3 月 6 日

求是甄别

(1897 年 4 月 21 日)

杭垣之东城讲舍,由陆冕侪孝廉禀请抚宪改为格致书院,廖谷帅准之,即更其名曰“求是”。日前由杭州府出示招考各节,前已迭纪本报。兹林迪臣太守示期十二日开课甄别。是日黎明,报考者均纷纷至府署,按名听点,到者不过七十余人。太守命题扃试,题目录下:

讲新法先辨心术说;

王荆公论。

作一篇者听。诸生以题目甚易,故完卷极早,至午后钟鸣三下,已一律缴卷出场矣。闻太守评定甲乙后,尚须复试一次,以定弃取云。

《字林沪报》1897 年 4 月 21 日

求是开考

(1897 年 4 月 24 日)

浙省创设书院,讲习西学。林太守招考学生,定于十二日,准报名考生取具真实保结,赴辕考试。是日黎明,赴考各生计九十四名,临场不到有十余人。点名给卷后,限酉刻缴齐。太守备有点心二道,使各考生不致有枵腹之虞。兹将试题录左:

---

① 《新闻报》,1893 年 2 月 17 日由英商丹福士等与华商张叔和、袁春洲等人合资创办,是近代上海最著名的四大报纸之一(其他三家报纸是《申报》、《时报》、《时事新报》)。1949 年 5 月停刊改组,由《新闻日报》继承,至 1960 年 5 月 31 日停刊。《集成报》,我国最早的文摘性刊物,1897 年 5 月 6 日在上海创办,旬刊,由陈念萱主办,上海集成报社编辑发行,内容包括政治、军事、工业、农业、商业、外交等方面。约 1902 年停刊。

讲新法先辨心术说；

王荆公论。

出案之后，尚须至抚辕复试，试以西文、算学也。

《新闻报》1897 年 4 月 24 日

求是书院复试课题

(1897 年 5 月 7 日)

杭省求是书院，上月廿八日为各考生复试之期。是日，林太尊命驾至院，点名给卷。学洋文者，每人给卷两本；习算学者，每人亦给卷两本。共计考生五十六人。太守在院午膳，陪坐者为副教习以及董事诸人。各考生亦给午餐，不致枵腹云。兹将试题录左：

问：欧洲各国共进富强，其实养民、利民之政，不外藏富于民，别无古藏之积，且不无国债累累，及于戎车之兴，兵食兼筹，万民踊跃，是果何道以致之？

我孔氏之论政，曰足食，曰足兵，曰民信。当日所谓足兵、足食者若何？所谓民信者若何？必有实理实效之存，能畅发其旨与究竟。

欧、美二洲其有合于孔氏之旨者若何？勿惊海外之奇，而忘圣人之道。其各条举核实以对。

息借商款议。

算学题：每日十二时，当天度三百六十度，每时八刻，每刻十五分。问：三刻三分当天度若干？

今有轮船，每一小时，即一点钟行三十里，自甲开驶至丙，自丙回甲，共十二日，中间两处停轮半日，又经过乙处，又停轮半日，其自甲至乙，得甲、丙三分之二。问：甲至乙、甲至丙、乙至丙各得若干里？

考试洋文，各生由副教习陆君面试，翻译英文，并翻译华文。迨各卷汇齐，仍送太尊评阅云。

《新闻报》1897 年 5 月 7 日

杭州求是书院正取备取诸姓名

(1897 年 5 月 23 日)

杭州求是书院复试诸卷，经杭州府林太尊评定甲乙后，复呈浙抚廖大中丞一律鉴定。甫于本月初十发案，计正取三十名、备取十五名。正取诸生于本月十七日进学堂肄业，备取诸生俟日后缺额补进。正取、备取诸姓名抄录于左：

正取：邵孝义、戴克敦、赵秉良、项藻馨、钟枚生、陈槐、罗贤、张桐孙、王若渊、汪熙、钱承鋕、罗椿、何庆时、连文澂、高惟序、汪然、朱忠科、吴林翰、汪增福、周钜基、陆世芬、俞结熙、许以清、王国芳、陆震、赵文衡、王瑾、魏汝谐、傅玉瑨、顾梓养。

备取十五名:徐树勋、方锡畴、陆世芳、查忠翰、吴关名、施行泽、沈秉钧、文光、陈宗华、许关名、高清璟、王崇礼、胡时亮、陈鹏、徐鑫。

《新闻报》1897年5月23日

浙兴西学

(1897年6月24日)

(录《苏报》)浙江各大宪以振兴人才为念,业已创设求是书院武备学堂,均详前报。近闻抚宪前派委员,往上海购办各种西学格致诸书,现已运到省垣,计每种五十部,由监院陆冕侪孝廉禀请提调林迪臣太守,转领到院,分给诸生,朝考夕究,以求实学,藉开风气之先。并悉两院肄业各生,除月给膏火五元外,按照三书院成例,由各大宪每月轮考一次,以觇学业,并分等奖给银两,以资津贴,而示鼓舞,亦可见培植士林有加无已矣。

《集成报》第六册,光绪二十三年五月二十五日

购书发院

(1897年7月4日)

(录《博闻报》)浙江廖中丞购到师船表五十部,札发求是书院、武备学堂,俾肄业诸生籍资观摩云。又杭垣求是书院各生,现奉徐季和文宗饬传,提调林太守造册呈学,概免乡试,使其专心格致之学,毋沾沾于八股八韵之中,以期造就云。

《集成报》第七册,光绪二十三年六月初五日

阅报章程

(1897年7月24日)

(录《苏海汇报》六月初七日)求是书院现定阅报章程,院中学生三十人,计分三班,房间分七处,所有各日报,每晚九点钟十人一班,共阅至十点钟止,再轮十人。以此递推,至十二点归寝。所有旬报,礼拜一归第一号房间阅,礼拜二归第二号,轮至第七号止,下次旬报再由第七号逆数至第一号止。

《集成报》第九册,光绪二十三年六月二十五日

求是书院诸生上总办林迪臣太守书[①]

(1897年10月24日)

求是书院肄业生邵孝义等谨上：伏念孝义等进院已数月矣，院中利弊，粗有所知，谨贡左右，以资采择。今育才以学堂为要，国家求才孔亟，学堂必选中学已通之士，入院肄业，冀求速效，然年已稍长，学不专门，则成才匪易。且西学门类繁多，以中国小成之士，补西国童时之学，皮毛徒袭，务博不精，将来名为兼习，实必至无一能通。十年以后，人才不出，反咎学堂之设为无益，岂学堂之咎哉！考泰西学堂，幼年虽各门兼习，及长各有专门向往，故其收效于学堂者甚伟。中国绳才之格，病在求备，人之气禀各异，或近乎此，或近乎彼，资性既不能强齐，精力又未遑并顾，以专而精，以杂而荒，其大较矣。此学堂之宜分专门者一也。近来膏粱子弟，半无意于学业，其能苦心攻艺者，悉皆寒素。学堂膏奖不优，无力者不能久留。未进学堂，犹可谋生，及入院，而事畜之资俱无所给，心神憧扰，遑言学乎！今日之筹经费、延教习、设理事，其命意咸为学生。及学堂立，而所薄待者，独在学生，是不啻以学生之虚名，供众人之位置，其于国家育才之意，不已左乎？此学堂之宜优膏奖者一也。今院中诸生，坐此两端，未臻尽善，遂大半有进退维谷之势。

今祇明定规例，学分专门，有余力者，准其兼习，优给膏奖；常旷课者，援例扣除。自某日以后为始，凡肄业院中者，定以年限，或三年或五年，限内专门学业未成，不得率行告退。如是则学堂一日设立，即可收一日之效，不至等于具文，蹈同文、方言之覆辙，而院内诸生亦无所借口，以涉怠玩。侧闻大君子有陈请抚院变通书院章程之意，用敢冒昧直陈，伏希采纳，诸生幸甚！

《萃报》编者按：中日事已，各行省中西学堂继起，浙中遂创设求是书院。侧闻规模远大，期望殷挚，盖培才劝学之意至盛。院生凡三十名，右稿寄本报属登报末，冀备大府尽善之采择。心历身受之言，殆非局外悬拟者可比。惟"以学生虚名，供众人位置"二语，立辞未免偏激。今科举法既未得遽变，诸新学堂之消长，系中国人才全局之进退，一省学生之进退，又系中国新学堂全局之消长。近宗室寿君伯福创知耻学会于京师，昌言耻义，以责天下。耻非独存其志，盖存于其学。求是诸君子并浙中知耻贤俊，大府必徐有以慰诸君子意，愿诸君子有进无退，努力以底于成，无所谓维谷，则庶能知耻者乎！本馆附识。

《萃报》第10册，光绪二十三年九月二十九日[②]

---

① 本文作者邵孝义(1874—1918)，字仲威，号蕙孙，后更名为邵羲，浙江杭州人，法学家，廪贡生，求是书院第一届学生，肄业后留学日本法政大学，回国任上海南洋公学译书院东文译员，1910年当选资政院议员。林迪臣即林启(1839—1900)，字迪臣，福建侯官(今福州)人，曾任翰林院庶吉士、编修、陕西学政、衢州知府。1896年调任杭州知府，次年参与筹建求是书院，被任命为总办。

② 《萃报》是时政类文摘刊物，1897年8月由嘉兴人朱强父(克柔)在上海创刊，并担任主笔，七日刊，不定期发行。从第21册起移至武昌出版。1898年停刊。

与林迪臣太守书

(1897年)

梁启超

顷阅各报,知浙中学堂已有成议,大吏委公总司厥事,无任忭喜。军事既定,庙谟谆谆,野议缤缤,则咸以振兴学校为第一义,各省州县颇有提倡,而省会未或闻焉。浙中此举,实他日群学之权舆也。启超窃以为此后之中国,风气渐开,议论渐变,非西学不兴之为患,而中学将亡之为患;至其存亡绝续之权,则在于学校。昔之蔽也,在中学与西学分而为二,学者一身不能相兼。彼三十年来之同文馆、方言馆、武备学堂等,其创立之意,非不欲储非常之才以为国用也,然其收效乃仅若是。今之抵掌鼓舌以言学校者,则莫不知前此诸馆之法之未为善矣,而要彼今日之所立法,其他日成就有以异于前此诸馆之为乎?则非启超之所敢言也。

启超谓今日之学校,当以政学为主义,以艺学为附庸;政学之成较易,艺学之成较难;政学之用较广,艺学之用较狭。使其国有政才而无艺才也,则行政之人振兴艺事,直易易耳;即不尔,而借材异地,用客卿而操纵之,无所不可也。使其国有艺才而无政才也,则绝技虽多,执政者不知所以用之,其终也必为他人所用。今之中国,其习专门之业稍有成就者固不乏人,独其讲求古今中外治天下之道,深知其意者,盖不多见,此所以虽有一二艺才而卒无用也。

中国旧学,考据、掌故、词章,为三大宗;启超窃尝见侪辈之中,同一旧学也,其偏重于考据、词章者,则其变而维新也极难;其偏重于掌故者,则其变而维新也极易。盖其人既以掌故为学,必其素有治天下之心,于历代治乱兴亡、沿革得失所以然之故,日往来于胸中;既遍思旧法何者可以治今日之天下,何者不可以治今日之天下。抉择既熟,图穷匕见,乃幡然知泰西之法确有可采,故其转圜之间廓如也。

彼夫西人之著书为我借箸者,与今世所谓洋务中人,介于达官市侩之间,而日日攘臂谈新法者,其于西政非不少有所知也;而于吾中国之情势政俗未尝通习,则其言也必窒碍不可行:非不可行也,行之而不知其本,不以其道也。于是有志经世者,或取其言而试行之,一行而不效,则反以为新法之罪,近今之大局未始不坏于此也。故今日欲储人才,必以通习中国掌故之学,知其所以然之故,而参合之于西政以求致用者,为第一等。

泰西诸国,首重政治学院。其为学也,以公理、公法为经,以希腊、罗马古史为纬,以近政、近事为用。其学成者授之以政,此为立国基第一义。日本效之,变法则独先学校,学校则独重政治,此所以不三十年而崛起于东瀛也。

启超自顷入鄂,则请南皮易两湖书院专课政学,以六经诸子为经,而以西人公理、公法之书辅之,以求治天下之道;以历朝掌故为纬,而以希腊、罗马古史辅之,以求古人治天下之法;以按切当今时势为用,而以各国近政、近事辅之,以求治今日之天下所当有事。苟由此道,得师而教之,五年之间可以大成,则真国家有用之才也。今以为浙中学堂宜仿此意,即未能专示以所重,亦当中西兼举、政艺并进,然后本末体用之间不至有所偏丧。

彼乎同文、方言诸馆者,其中亦未尝无中学教习也,未尝不课以诵经书作策论也,而其学生皆如未尝受中学然者,彼其教习固半属此间至庸极陋之学究,于中学之书原一无所闻,其将以何术传诸其徒也?学生既于中学精深通达之处未尝少有所受,则其所诵经书只能谓之认字，其所课策论只能谓之习文法，而绝不能谓之中学，故其成就一无可观也。故今日欲兴学校，苟不力矫此弊，则虽糜巨万之经费，只为洋人广蓄买办之才，十余年后，必有达识之士以学堂为诟病者，此不可不慎也。

为今之计，能聘一通古今、达中西之大儒为总教习，驻院教授，此上策也。其不能也，则窃见尊拟章程中有诸生各设日课部一条，苟能以《周礼》、《公羊》、《孟子》、《管子》、《史记》、《文献通考》全史书志等，及近译西人政学略精之书数种，列为定课，使诸生日必读若干叶，以今日新法证群书古义，而详论其变通之由与推行之道，其有议论，悉札识于日课中，而请通人评骘之。或每月更设月课，其题多用策问体，常举政学之理法以叩之，俾启其心思，广其才识，则其所得亦庶几也。浙中此举，为提倡实学之先声，一切章程，他日诸省所借以损益也，惟公留意焉。

启超稚龄寡学，于一切门径条理岂有所知！顾承见爱，相待逾恒，故不避唐突，薄有所见，辄贡之于左右，想公达人，必不诃其多言也。

《饮冰室合集·文集》之三，第2—4页，中华书局1989年版

《汪穰卿先生传记》中的求是书院创办史料[①]

（1938年）

汪穰卿先生传记，卷三，年谱二

光绪二十一年乙未，西历一千八百九十五年

是年，先生又以故乡尚无讲求实学之校舍，会闻某僧寺以事没入官，乃冒暑回杭，亲谒各绅，议改某寺为学堂，命名崇实，草拟章程。事为某某二绅所尼，不果行。然先生不为所阻，仍时时游说于官绅间，其后巡抚廖谷似中丞（寿丰）、杭府林迪臣太守（启）韪其议，二十三年丁酉，遂有求是书院之设，延聘英文、算术诸名流为教习。杭州有讲求实学之所，盖自此始。时当局之意，欲以管理之事相属，先生力辞不就，荐某君以自代。其功成不居如此。是院设立未久，二十七年更名求是大学堂，后又改为浙江高等学堂。数年之间，人材之出于此中者颇不少。及民国成立，部令废除省立高等学校，此校遂裁去，校舍亦改为官署，人咸惜之。

附录廖中丞奏折（略，该奏折见前文《浙江巡抚廖寿丰为遵旨开办求是书院兼课中西实学事奏折》）

附录廖中丞来书：

杭州建设学堂一事，屡于佩葱（谓吴品珩）、冕侪（谓陆懋勋）书中得闻竑论，诸荷助予，感佩感佩。延师筹款，现幸差有端倪。浙为才薮，时局需贤，百年树人，固为先务。若译印西学各种图籍，可使有志之士省却言语文字一层功夫，获益较宏，观成差速，此邦人士持此议者颇多。拟于其中附设翻书处一所，俟译述有成，次第刊布，卓见当以为然也。

---

① 《汪穰卿先生传记》为汪康年弟汪诒年编纂，1938年杭州汪氏铸版印行。汪康年（1860—1911），初名灏年，后改名康年，字穰卿。中年号毅伯，晚年号恢伯，浙江钱塘人，光绪二十年进士，清末维新派，报刊出版家，1896年与黄遵宪等人创办《时务报》，此后又创办《时务日报》、《京报》、《刍言报》等，宣传维新思想。

又书：

尊论小学堂各节，具谛一一。东瀛学制原本西洋，伦理、汉文独仍旧贯，历史、舆地本国为先，得要从宜，可谓善变。综其大指，不外由浅而深、由近而远二语，与古人循序渐进之旨脗合。今拟广设小学，为振起人材始基。首当遵奉此次明发，以四书五经为范围。日本地属同洲，其课程、课书大可以备参考。所示代译一层，自较核实，容即饬筹议，乞将译书章程先寄一观。

汪诒年纂《汪穰卿先生遗文》，民国二十七年印行

《汪康年师友书札》中的求是书院创办史料①

(1895—1900)

叶瀚致汪康年函②

(1895年)

穰兄如见：

得与穗卿书，知尊驾尚在杭兴发书院，此事现有成否？甚念。弟谓书院若成，宜分院、塾两层，院延通材为山长；塾延专门教习，招幼童十五岁以下，专习西文、算学，按日督课。宜多立院董，一操财帛出入之权，一操稽督塾课之柄，余董仿西法按期会议，务期同心合意，厘弊生利。塾章宜先参西学定章，按之本地情势，酌中定制。请款由官，官必操权，则此院只为自强之别子，而翰詹科部大老，又得一休闲之禄，似乎事无实际。如由民捐，恐杭地瘠人散，又难立集。窃考西国有唐棣会法，以人年纪分股，分之大小，按年七厘归息，以人死为止，概不归本，而利实逾其原本。似此办法约杭地人，可分三限：年十岁以下，每分以五元起至十元止；冠后入学有馆者，薰脩大小以十元起至十五元止；身家殷实者，以三十元起，按股为多少，不拘定例。此系招股，无与招徒，不得以既出股分便可安置子弟。塾师以西塾向用之师为准，须要精干切实，不求通人。向例西塾课师至优十六元，我用己人，宜倍洋人，方合公理，可责实效。此皆初创，要(以下原缺)

《汪康年师友书札》(三)第2522—2523页

① 《汪康年师友书札》共4册，上海图书馆编，上海古籍出版社1986年出版，是甲午以后汪康年师友写给他的函件之汇集。

② 叶瀚(1861—1936)，字浩吾，清末维新派，浙江仁和人，上海格致书院肄业，1897年与汪康年创立蒙学公会，民国后任北京大学历史系教授兼研究所国学门导师，晚年返里任浙江大学教授。

叶瀚致汪诒年函[①]

(1895 年 7 月 3 日)

颂谷老弟如见:

前得手书,欣悉一切。辱责言谋出穗卿,兄不与,冤哉!又此次乙丈寄来致贵本家子周丈处婚帖并托仲虞函,仍寄沪托弟代寄粤。以后通告往返,由粤达沪,求弟通邮,不必转鄂,多一周折,尊意何如?弟及仲兄均以糖舅爷拌酸梅子,是为甜蜜蜜热伙伙中有点酸溜溜也。近日吾弟算学若何精进?兄地窘心乱,向业多浮慕,至今思之,卅三年曾无一得,每辄恨恨,发渐斑矣,方图自新,何其晚也。愿弟早进耳。

穰卿在杭,又图创建崇实书院,杭人助者若子虞,若又鲁,其次若勉斋诸同志,又有老成若雪翁,若夔翁,事当得成。然断之者若和尚、丁拐、张和尚,又有不与谋者若子脩、左泉、同伯,各有情状,亦不便详数。惟穰兄既立此愿,有稚夔与乃翁愿封禅院为书院。事由主者,初基已定,未定之局,只有谋款一节。闻穰兄已刻章程,如何拟法?乞详示一二。兄揣其大致,似乎以民房官款、官民同主之局,则与向章杭地建书院同例。既由官权,必由官主,则崇实即自强之别支,本地多一闲场,翰林显官多一养闲之所。著启蒙书为通行之房书,将来多一种洋务课艺,为市名之要书,兄以为未得也。此书院当存书院之名,有书塾之实。

一、筹民款以十五元为中股,以三十元为大股,以五元为小股。中股筹之既冠有馆之人,大股筹之京官同乡少有力之人,小股筹之诸家十五岁以下之子女;按年与利,不归本,以其人年甲现岁为起数,以人死为止数,则其利必大于本。此仿英国唐棣会,其法以千分为止,然后逐年加推广。此筹款由民,可以民主,则事齐易举,一也。

一、宜立书塾,招幼童十五岁以下,学习西文、算数,只须延请精熟之中人为师,西塾有此种可用人甚多,大约月以二十元、十六元请之可矣。此种人西人延脩如下注,中国用之宜重加倍,方肯为我用。此日本维新之法可师者也。按时功课,由塾主稽查切实,不必立山长诸名目,任科目为优重。一有科目,即自居通人,既不能详问虚心,或自以空中有得,以为学未尝不可自得,以为人则太高无用。一勺小水,何可容此大物,故塾章宜先申明此层,庶虚声者无从滥厕,而初学者有所遵循矣。至于当地孝廉、秀才通西学诸名公,欲请试所长,则仿格致书院,别请海关道或杭省抚司道设课,由塾主请题,由官加奖优给,不必与塾章羼杂,二也。

一、既立西书院,凡事照西章,不可任意设拟,当详考西国条例,揆察本地情势。吾弟今年上半年曾抄有此间学校各章,先将其小学校设立定章详查与穰兄,然后设章,方不致始疏终棼,三也。

一、中国一切学问,师法未真,教理甚富,不得以师传之误,视为教门之衰。此系最上之语,学人当知,亦非人人能知,故此次设立书院,宜除论教一层,专以考究西法为事。其一切格致简器,俱宜照西塾小学定章购备使用。至于格致书,如算学、化学各书,俱已略备,沾溉已属有余,只须实事讲求,有书能解,有解能证,已属不易。其故因西儒既入中国,凡译书必取便用赅备之书,故大致略具。至于专门精深之诣,非学子能通西文、亲读西书不可,非初次

---

① 汪诒年(1866—?),字颂谷、颂阁,浙江钱塘人,汪康年胞弟,协助经营管理汪康年所创办的《时务报》、《昌言报》和《中外日报》等报纸。

成法能限,又岂初次成书能尽。盖立此书院为成就将来人材,不为我辈中年人设法。凡事后起者胜。吾学已成,犹畏后生,何况吾辈于西学皮毛未具,遂欲著书训后,自顾失笑。故书院定章,宜切实令读西书,不必别以我见立法绳之。如虑西书散漫,则中人如徐雪村者,早有西学专目,见《格致汇编》中,或及他书,考之自见。按部进功,已有头绪,可照定一书单,分门购备,存院备读足矣,无劳他议也,四也。

一、书院初立,定章宜博采群议。是者备著,宜多立公正董士,参酌情事,随时增法改法。不必立总理人,只须董事有靠得经手银钱之人,住院经理,又得一少知学规,督率生徒,余董半年一会课,一年一大会课。大课之时,宜求明通之人主政,中国恐无此材,宜延西儒老成如傅兰雅者,届时备款公请其考课,杭州求德生亦可。宜严无滥,宜公无私,五也。

依此五法加详焉,则纲举而目张,非此五法多费焉,犹名夸而实亡。兄何人斯,敢与斯议?不过同乡有此开化之局,穰兄与诸同人有此力图开化之盛心,议而不成可惜,成而无益尤为可惜。兄又非于此中图未来之利,有意阻挠,亦非与诸人较量见地长短,惟心中于立学之事蓄之已久,所遇非地,遂已不言,今与穰兄无不可尽言者,故以此告。事苟允洽,兄曾与穰兄有约,舍家相助,要之过重,则计之不得不周,请函告一切。有关罪诸人处,宜略勿云,切祷切祷。此上,即颂綦祺。小兄瀚顿首。闰月十一日。

《汪康年师友书札》(三)第 2523—2526 页

叶瀚致汪康年函(节录)

(1896 年 2 月 19 日)

穰兄如见:

……勉侪见过一次,言及官设学堂一事,系聂仲芳廉访主持,如下有创议承办之举,渠便力主。至于筹款,共有两宗:一为日本租地之费,此款得否难必;一为已丑水灾赈余项下,共有百万,为拐老靡用,仅存廿九万,现已提回,发当生息,约得年利九千元之谱,果开办,亦允归堂支用。此系勉侪与仲华私谒伍芝生大令所言。渠云:廉使惜崇实学堂之不成,决可主持。抚藩不过附和,然亦不致阻挠,尤望众志必行,不使上居其名,事则易办。此去年之云然者如此。勉兄北洋之行,不能过迟,仲华亦欲晋京,无人主理,日望兄来此承创一切,不过兄鄂席未暖,一切需亲为措置,能否来此,祈即电复。弟学章即寄为盼,一面再与勉、仲两兄详议一切再行布告也。如此局成,则弟可谋一席地,省得远出,否则下月中旬到鄂,约辜老太译书,以了残局,只得以心海、念劬两公之言为归著也。……此布,敬请年安,并颂姻嫂夫人近祺。弟瀚顿首。正月七日。

《汪康年师友书札》(三),第 2527 页

叶瀚致汪康年函

(1896年2月21日)

穰兄如见：

初八寄一书，亮望后达览矣。子仁昨来长谈，云及沅帆图事，渠愿代为包印，不必付款。渠可代为兜销百分，即以付印工各价，余仍归原主，但须立约，照九成算，每百付九十，千付九百。此一百作为付工价与经手赢利算，在沅兄不必筹款支绌，在渠又不虞款项无着。又言交渠之图，须照股价减成发售，方能利销。又云印图发售外，此百分外须备图三十分，作为交好经手酬劳之用，属弟致函沅兄，商量允否，订约举办。弟细量其意，每股作九成算，此系明立在约上者，股利送份，此又欲于成利外图二分利也，合之共得利四成奇，未免存心太恶，虽允为致函，弟却不愿与闻，请沅兄酌定，自己能筹款最妙，否则或送图不折价，或折价九五成，余俱不论，方可定约，否则别觅经手为妥。兄函已送阅，渠亦怏然。闻传言云，上海译报，系兄主持，不知已奉到明文否？

今日杭垣情形，众情似欲束手待死，弟何人斯，而能力返众志，逆天行事？只得自了余生，救我家人妇子而已，无论鄂、沪，皆仗知己者为谋一席。香帅何日到任？一切情形乞从速详示。杭垣县试已定二月初二，清漪宜亟带生徒来，方来得及，作函与之促行，乞即转寄。德安如已过鄂，乞交其带回书板、学章。私开蒙塾，前书已详，不备述已。官学昨与勉兄、仲兄商议，约不多牵涉人，仅书愿与名人，如吴子修，张子虞等。廖老幕中有宁人陈星赓，号钧侯，请其道地于谷帅，一面具禀仁和伍大令，请其申详。如此办法，似为直捷周至，俟有把握，再行电告兄来主持。因老帅回任伊迩，吾兄如不告先去，似乎未便，然否？勉斋、仲华约今日来，然自九点起至三点止，尚不见到，太迂缓矣。勉兄见极明切，而气馁阅历少。仲兄虽较先开化，然迂见拙气，终不脱除，此由天限，亦书生之过也。弟向在外谓天下无办事之人，乃至乡里，而觉鄂胜于沪，沪胜于浙，故不欲弃向来之成局，别创新图，亦以孤立之危、可怵之甚也。洋务书限自初十后杜门了商务一门。所望鸿铭返鄂践约，而念老提调学堂，则事有把握矣。弟遗在沪地尊处之法文官制书，兄曾否带回鄂中？抑系交颂弟存之？乞示知，以便弟到沪面询也。余容面谈。此问近禧。弟瀚顿首。正月初九日。

《汪康年师友书札》(三)第2529—2530页

邵孝义致汪康年函(节录)

(约1896年夏)

穰卿仁兄先生有道：

……弟今岁家居，亦未处馆，终日闭门，惟日以读有用之书，求经世之学为急务。偶有所得，即抒己见撰为论说，惜无如阁下之精深，可以就正也。此间人士，皆为八股所迷，可与谈者卒鲜。鄙人在杭，毁誉各半，类而不类，无群可人。现在各省皆有中西学堂之设，而吾杭独无人议及此者，何不幸如是耶！处此死地，而更无救生之人，天殆欲使吾浙之人，终其身而不知变矣！今春旋里后，即与子镏约，欲继兴阁下未成之志，创兴里塾，不支公款，因无经费，学生之束脩略大,而各生皆裹足不前,复有乡学究创荒唐不经之论以毁之,竟欲置弟等为教民,物议沸腾,卒为所阻,甚可慨也。其大略已登于《指南报》中,想阁下已早见之矣。弟郁郁家居,苦无同志之人,共相砥砺。仲夏间承友人荐为某报馆之执笔,而未成议。故弟刻拟欲在沪上谋一席以栖身,或竟入各学堂学习专门之学,以成己志,惟须不出修脯者,始可从之,未识阁下能就所拟而援之否?

……

《汪康年师友书札》(二)第1215—1216页

吴庆坻致汪康年函①

(1896年9月4日)

穰卿吾兄同年渊世大人侍史:

前奉手札,以卧病经旬,迟未作答。顷又得第二书,诵悉种种。学堂之事,群议未谐而罢,良为可惜。近已奉中旨令各省举行,事机所凑,风气必开,吾兄创议苦心,人所共谅,有志竟成,它日请諭。此事必援慕韩为助必得力。昨与子虞前辈谈,渠已戒行李,未暇及此。弟孤立无能为,普寺有主之者,骎骎乎将还彼秃陀,此语曾于紫阳前力争之,谓即不作学堂,亦不得再为浮屠所据,以免贻笑外人。矧现已有各省设立学堂之谕旨,则今日不即开,异日势在必开,何妨留此一片土为吾鄙讲习地乎。斯言也,雪老亦尝言之矣。夔老处,弟冬初北行必见,见必力言,但恐此公亦未必遥制耳。比意绪甚恶,匆匆布颂纂安。晤浩吾兄同此致念。七月廿七日,弟庆坻顿首。

《汪康年师友书札》(一)第376页

陆懋勋致汪康年函②

(1896年9月21日)

穰兄同年大人阁下:

久未修简,深以为念。前日得颂兄信,知文从即须回沪,想日来定可安抵春申矣。前承寄《征倭大事表》,已收到。近来杭地学堂事颇有萌动之机,因上宪见天津已成,江苏将成,而杭地独可成而不成,未免有惋惜之意,故允为筹款(聂方伯之意居多),而似乎仍欲下具禀以开其端。此意近尚无行迹,惟弟等已面探之。迩来杭地同志,惟弟与仲华两人,他无可谋者。仲恕以局事无暇及此,区区两人,势难包举一切,且弟与仲华明岁均有北洋之行,即使怂恿其

---

① 吴庆坻(1848—1924),字子修,又字敬疆,号补松老人,浙江钱塘人,光绪进士,授翰林院编修,历任四川学政,湖南提学使,政务处总办,资政院硕学通儒议员。辛亥后返杭家居,参与《杭州府志》编纂。

② 陆懋勋(1869—?),字勉侪,号潜庐,浙江仁和人。光绪进士。翰林院编修,先后担任求是书院总理、浙江高等学堂监督。民国后任浙江巡按使署秘书、江苏审判厅厅长。

成，亦恐不能留杭办理，故此事只有吾兄可任其责，伏望即日拨冗至杭一行，面商一切。如年内确无暇日，则开正初十后到杭亦可，一切现以秘密为要，恐再蹈前车也。惟仲玙不妨与之一商耳。寥寥短简，不尽欲言。匆肃，即请撰安。弟懋勋顿首。十五日。

《汪康年师友书札》(三)第 2138 页

陆懋勋致汪康年函

(1896 年 10 月 21 日)

穰兄同年大人左右：

迩来碌碌，笺问殊疏，罪甚。前日示逮，敬悉一是。吾兄盛业流传，颇有四方响应之象，快慰无似。撰述译录无一不佳，众口交赞，惟同人之中，颇有嫌极好事迹，每以"未完"二字截然中止，令人作十日思，殊不耐烦。然局中人殆亦限于篇幅耳。杭学堂事，颇有萌动之机，但究竟如何办理，尚无端倪。前所言之款，据彼中人云，已为倭防用罄，现在中峰沈毅为之，筹款当亦尚易，不似去年自下而上，动多窒碍也。一有确闻，再行奉告。仲愚常见否？弟亦久不与通信矣。杭地有姓孔者，禀请开设浙报馆，闻可邀准。故乡僻陋，藉可点缀，特未知主笔如何耳。匆肃奉复，即请撰安。弟懋勋顿首。十五日。

《汪康年师友书札》(三)第 2142 页

吴品珩致汪康年函[①]

(1896 年 11 月 3 日)

穰卿仁兄大人阁下：

夏初情话，忽忽秋残。私企鸿才，令人渴想。敬维起居曼福，凡百如意，符颂为慰。历读大作，崇论闳议，洵足匡时。昨登参用民权一篇，尤为透彻，痛下针砭，佩服佩服。梁卓翁苦心苦口，慷慨而谈，暮鼓晨钟，唤醒梦梦不少，诸公用意可谓至矣尽矣。第不识当局者之若何也。《西学书目表》，屡向购报处索售，据云总无寄到，计已出书，急欲快睹，特附洋三角，乞即赐寄一部为盼。报中体例，固已尽善，惟所登上谕，似不可以新闻纸上之电音为凭，即如第七本所登砀山县知县陈守晸之"晸"误"卓"字，知县罗宗美落一"罗"字，李绂藻转补翰读学，"李绂"二字误"梼琇"二字，诸如此类，屡次不免。鄙意以为此报不比新闻纸，必须核实，方为完善，何妨专候京中报到，再行刊登。谨献刍荛，用备采择。弟奉讳遄归乡园株守，七月间承廖谷帅函召入幕，襄理中外交涉事宜。自以才疏，敷陈乏策，一枝聊借，徒愧素餐。仰慕槃才，何以教我。

---

① 吴品珩(1857—1921)字佩葱，号逸园，浙江东阳人，光绪十二年进士，时为浙抚廖寿丰幕僚，历任刑部主事，总理各国事务衙门章京，外务部员外郎，安徽按察使、布政使，浙江政务厅厅长等职。辛亥革命后任浙江政务厅厅长。

省垣书院，中丞极拟改章，弟亦竭力赞助，而贵乡守旧诸君，颇有不甚惬意者，以此章程迄尚未定。大约葵巷之敷文讲庐，当可改为中西学舍，但经费支绌，万不能如北洋之学堂规模宏备，而省垣书院亦不可以苟简。中丞之意，拟欲取各处章程加以斟酌。东洋学堂今日最盛，并拟求古城氏开示大学、小学章程，以资采用，其书籍仪器之应购者，并乞箸详示，有所遵循，固知培植梓桑，尝不至吝教也。专肃，敬请箸安。小弟制吴品珩顿首。九月廿八日。

馆中诸公均此道候。仲玙想常见，乞代致念。

《汪康年师友书札》(一)第341—342页

陆懋勋致汪康年函

(1896年12月1日)

穰兄同年惠察：

昨午后接诵手书，敬悉一切。兰生为弟之旧徒，当即往询。伊即商之堂上，颇允其远出，惟馆是否新设？是否与《申》、《新》各报一式？馆中同事共有几人？每月作论几篇？以及章程、体例若何？务乞详细示知。至月薪若干，亦请斟酌示知。以上皆兰生嘱转询者，务求速复。顺德师讣，厚栽已寄多处，惟有几府，实苦无熟人可托，径寄又恐不能到，是以踌躇万分。现在厚栽有事他往，俟其归来，即当促其设法。已收分金，大约不过三四十元，或令其先寄亦可。

杭学堂事，今日尚无的确办法，外间所云尚难尽信，惟中峰之意，拟先从西学书院入手(教中文已成者，课其语言文字，及化学、图算等等，给以膏奖，以三十人为额)，而不从小学堂入手，未免躐等。而施幕中东阳公亦主持其间，但愿意既美而法更良，则吾浙之幸也。仲谷兄寄来卷一包，已照收，弟不另复矣。弟明年决意不作北行，仍在杭地，墨耨笔耕，较为安便。报馆中或有作论席面，可以按日寄申，不必常住上海，或偶然要到者，尚望代为留意，至祷至恳。友人所办硝事，无甚沾润，现仅不至亏本，已将知难而退矣。蓝丈处当转达，惟祈随时有件则寄，预寄画件至申，恐非所愿也。此请撰安。弟懋勋顿首。廿七。

《汪康年师友书札》(三)第2142—2143页

吴品珩致汪康年函

(1896年12月6日)

穰卿仁兄大人阁下：

前奉还云，聆悉种种。诸承详示，感不可言。敬维起居曼福，如颂为慰。

筹议书院各节，曾将尊札送居停阅看，现在办法，拟另设一中西学堂，每年筹款总须一万数千元，各书院之贴奖准可提出，每年可有准款四千数百元，余尚待筹。鄙意拟于五书院膏火中酌提三成，归学堂应用，而贵乡先生多有不愿，恐此款未免托之空言。居停主人于此事总期有成，前曾特拜朱茗翁面商是事，闻茗翁肯任其劳，代为筹议，大约此事或不致成画饼也。义塾改小学堂之议，亦曾商之贵乡搢绅。据云宗文义塾可筹设一学堂，正蒙则以为未便。去年尊议崇实学堂章程，曾由金篯孙处取到，已送与居停，惟小学堂由义塾主持，此间不闻若何设施耳。

《时务报》居停亦极思通行各府州县，以仿鄂省办法，筹费维艰，先购送一季与各府县，令就近各自行继购。札已交刷，共计一百卅四份。上月中旬特札防军局向贵馆购到送院，以备随札发出，此变通之法，只能如此也。《时务报》想必畅行，未审按期可销几千本？吾兄此举实为中国之功臣，但渴睡汉唤之不醒，奈何！童也韩诸君欲在杭开一报馆，弟亦力赞其成，未卜能否。此布，敬请箸安。小弟制吴品珩顿首。十一月初二。

《汪康年师友书札》(一)第342—343页

林启致汪康年函

(1896年12月13日)

穰卿仁兄先生足下：

得赐书，以江生金之故，极为系心，此真全局命脉，感谢感谢！蚕学之设，由于康发达一书，农学会诸君，既为觅书，又为代觅江姓，此间始有创局之议。既信康氏之书，即不能不用江姓，且康书极称江姓，尚只如此，其他可知，故续有东洋派人之议。若以江姓而言，分方验种，尚为合用。此局以验种为最要，故明年决归江姓主之。究竟办事之难，用人之难，弟知之二十年矣，不可知其难而不慎，又不能因其难而不办。蚕屋之建，虽江姓有言，实因官屋甚少。

书院则主者为难，禅寺则和尚难驱(地大可用者，寺僧皆百数十人)。故起造比修造虽多数千，不能不用，其中经弟与幕友商量核实，节省已近数千。此间用人断不为其把持挟制，不独江姓为然。尊书刚柔互用云云，实如我心之所同然，谨当遵守。孙实甫先生英英向义，于人情物理又甚有理会，我辈读书人愧之，便中为道念。此间箸安。诸惟惠照百益。弟林启顿首。

农会诸君子统此问安，即以此函呈鉴为恳。(十一月初九到)

《汪康年师友书札》(二)第1161—1162页

陆懋勋致汪康年函

(1896年12月19日)

穰兄同年惠鉴：

初八日由欧荻处交到复函，敬悉。初九日吴季清大令来舍，又交到手书，并致吴佩葱及戟临两信，已即日饬仆人分投不误。弟抱病旬余，日来才痊，是以旬日内未曾作函奉寄，所言条例于后：

一、邀兰生主笔，来函(第一信)并未说及取伊文稿寄阅，及弟接第二次手书，乃向其取寄，伊允日内交来(因需录出，前日又为书院课期，故伊约十五六交来)，俟交来后再行奉上。卓如出洋果否？如令兰生接卓如手，恐极盛难继也(或姑试之)。

一、李师分所收不多,徐君一节,竟是口上富贵(大约四金,前途多说一字耳),可笑。厚斋至苏,一切无从核计,弟待之久矣,只能俟其归杭,核清奉闻。

一、吴大令嘱请教读,弟已荐仲华年内暂权,束脩每月十二元,如主宾师生均相契合,再议明年,兄以为何如?弟已与吴大令面谈,日内即可到馆。

一、蓝丈画件从缓再寄。

一、所询任逢辛所言,恐未必有,弟亦无从探听。

一、杭地学堂大约必开,经费尽宽,特未知何日开办耳。

一、上海报馆中如有作论席面,可以按期寄者,尚望明年留意。此请撰安。弟懋勋顿首。十五日。

《汪康年师友书札》(三)第2143—2144页

叶瀚致汪康年函(节录)

(1897年1月28日)

穰兄足下:

别后廿五到鄂,一切尚未定论,兹将所应言者列后:

……

杭学堂译人瞿君允来否?亦乞速托张、钟设法复告冕侪,以免悬悬。又杭中延化学师洋人已订定否?此间枪炮厂撤去一闽人□姓者,弟见其人朴练此艺,现已为西商订雇,月修八十元,系出于不得已,如杭中能出百元,或百廿元,则可得之,请即致函告冕侪设法。

……弟瀚顿首。十二月廿六日。

《汪康年师友书札》(三)第2578页

陆懋勋致汪康年函

(1897年1月31日)

穰兄同年惠察:

十六日奉寄一缄,谅蒙鉴及。久未得手书,至以为念。兰生文日前交来近作一篇,伊因惮于誊抄,故不多奉。欲观伊文,《格致课艺》中甚多,可一观也。究请与否,尚祈示知,以慰悬悬。浩吾回杭,业已畅叙。吴大令处,仲华已经到馆矣。浩吾谈及洞庭湖沙地新涨,湘抚招人购买,有三十千一亩之说,未知究竟何处出卖?尚乞详示。浩吾所撰《读西书法》,如印好后望寄下一部,该价若干,即当奉缴。杭学堂事规模粗定,惟详细办法尚未尽知。东阳公已回里一行矣。前见兄处日记本式样甚便,某客来,某人托某事,皆分斜格,可否赐我一张,以便照刻为感。专此,即请撰安。弟懋勋顿首。

《汪康年师友书札》(三)第2145页

陆懋勋致汪康年函

(1897 年 2 月 7 日)

穰兄同年惠察：

去腊下旬接诵手书，敬悉一是。献岁以来，敬维凡百吉祥为颂。杭学堂事大致已定，惟尚未行文，因教习未能订定也。有陆之翰者，闻算学极好，未识吾兄曾谂其人否？务求详细探听速示。再，吾兄意中有无精熟图算语言文字、可胜副教习之任者，每月大约五六十金，速保荐二三人，开明学问、何等擅长、以前履历一切，以备延请（并须探明的确能来者，以免周折）。又英文翻译极好者（须能翻工艺、农学者，法文亦可，每月六十金），亦求速保一二人，以便采择。诸希从速，愈速愈妙。因此地迫不及待，不胜鹄俟之至。专此奉托，敬贺新禧，即请撰安。弟懋勋顿首。正月初六日。

颂、社两兄同此道贺。

《汪康年师友书札》（三）第 2149—2150 页

陆懋勋致汪康年函

(约 1897 年 2 月中旬)

穰兄同年惠察：

初六日寄奉一函，谅蒙台察。杭地学堂事已大定，惟副教习两人尚未请到（每月拟五十金），须能图算而精通英文者，吾兄意中如有可保举者，务乞飞函示知。因廿外必须订定，二月间即拟开塾也。前浩吾所说瞿昂来（号鹤汀）者，中丞极欲请为英文翻译，浩吾临行时托张少塘、钟鹤生两君函至嘉定聘请，未知能就杭地一席否？（每月六十金，如欲多，稍增亦可。）务乞兄再三劝驾，期其必来，至祷至祷。此外如有精于翻译者，亦求速示一二人，千乞俟覆。

昨日由项兰生交到（因寻常投递，号房不肯送进，必须熟识者方可直送也）兄致廖中丞信，弟开函一观，其中称大公祖未免不合，是以未敢代呈。因己丑科中丞为提调，尊卷上明明刻定世伯某某夫子，今忽改称大公祖，得毋嫌矛盾否？兹将原信奉还，似应改写，仍旧夫子受业之称为妥。尊兄以为何如？此信到后，翻译究竟有无瞿君？究竟来否？均求即日赐复。敬请撰安。弟懋勋顿首。

《汪康年师友书札》（三）第 2147—2148 页

陆懋勋致汪康年函

(1897 年 2 月 19 日)

穰兄同年惠察：

数日以来，连接一号（初八发，十七才到，此信延搁最久）、二号（十四到）、三号（亦十七

到)、四号(十八到)手书备悉。敬将应答各语,条列于下:

一、瞿鹤汀既肯来,甚好,惟中丞嘱迟五六日再行作复订聘(薪水大约每月五十金,或教习,或翻译,未定),是以数日内弟未便复函,兄便中或将此意致之。

一、张国珍,弟已极力保荐,据云,尚拟打听,容弟有确信,再行奉闻。此外专门算学者,大约皆未合宜,因算学与语言文字须兼也。所说诸公,只可作罢论矣。此外可不必留心矣。

一、前求少塘兄转抄硝书,已蒙抄到,感甚感甚。抄费自当即赵,一面请兄暂行垫付,究竟实数若干?即祈速示。一面弟即转致友人,寄费奉还不致迟误。现在硝厂业已停办,无待急用,务祈请少塘兄将所抄到原册,先行寄杭一阅,如果合用,再求少塘兄细译,不胜盼望。少塘兄务乞代为道谢不尽。

一、属交吴大令函,年内一函(交仲华转交其世兄带至山阴)、新年两函(第二号十四到,十六寄绍;第三号十七到,十八寄绍)、徐仲凡一函(十七才到,十八寄绍)、章枚叔一简(十七到,十八饬仆人送去,据其家人云,已至申)。又高信、钱简、夏条,因雪后地滑,准于明早饬人分送,请勿念。

一、弟欲求代购外国剃头保险刀一把(连刀布,要精好者,大约价以三元为度)。其物如蒙购就,即请寄下,其洋与抄硝书费,一并即行送赵不误。费神之至,感极感极。

一、钟鹤生所刻《小学堂章程》,及《训蒙新法》等一册,可否代向乞得一本,至感至感。又《广方言馆全集》刻本,弟在抚院见过,甚详备,未知沪上能觅得否?并求代探之,费神费神。

一、附致浩吾一函,敬祈转寄(此信匆促未写,再行奉寄)。意中欲言,约略如右,余再续罄。即请撰安。弟懋勋顿首。正月十八夜。

《汪康年师友书札》(三)第2146—2147页

陆懋勋致汪康年函

(1897年2月24日)

穰兄同年惠察:

二十日(接十七发)、廿二日(接十八发)两接手书,敬悉,弟一切已详答。十九所发一函(第三号),所委转交各信件已一一转交。徐仲凡信(第二封二十到,即日寄第一封,十八寄)、叔文条(十九送)、高条(十九送。据云已知再复)、夏条(十九送。据云洋已收到)、章条(十八送)、廖信(今日即送),均请弗念。瞿昂来处,弟已有信径复,即行订定,缓日函告动身可耳。张石如,弟已向中峰切实言之,大约尚须探听(颇有意,未知翻译是否极精?乞再速示明)。所说黄达夫、张兼三两人,容便中再说,大约恐无须延致也。硝书能即寄最妙。敬请撰安。弟懋顿首。廿三日晨。

剃刀亦望即寄杭地。新开浣花斋笺纸铺拟代销尊报,未知于溥泉不关碍否?乞速示。

《汪康年师友书札》(三)第2148—2149页

陆懋勋致汪康年函
(1897年3月2日)

穰兄同年惠察：

十九、廿三连发两信，并未得复，至以为念。张石如，弟竭意推毂，顷得中峰回信，嘱为订定，每月薪火五十两，请作翻译(与瞿鹤汀同事，薪水亦同，鹤汀处弟已径订得覆矣)，并须于译书中应绘之图一律兼绘，至要至要。一切务请代订速复(张君能否绘图？尤望示明。至祷至祷)。如张君订定后，再由弟专函奉闻再行启行，因此地房屋正在修理，早来不免亵渎也。前函所恳所询之事，乞速复。敬请撰安。弟懋勋顿首。廿九日。

《汪康年师友书札》(三)第2149页

陆懋勋致汪康年函
(1897年3月7日)

穰兄同年惠察：

前日奉复一椷，谅蒙察收。黄达夫如何试验，甚念。已将此意转禀中峰，惟望速示复音为荷。瞿鹤汀处，弟前月两次函催，促其来杭，未得一字复音，又未见到，殊不可解(伊前嘱寄信由法大马路万隆酱园鲍理甫转交，想必无误，不知何以不复不来)，可否代为询问？至祷至感。(是否别有缘故，或因病耶?)书院大致楚楚，日内已招考，惟投考者仅百余人(人尚未齐，大约总不过二百人)，殊减色耳。此请撰安。弟懋顿首。二月初五日。

以后寄信望寄蒲场巷求是书院。

《汪康年师友书札》(三)第2150页

陆懋勋致汪康年函
(1897年3月9日)

穰兄同年惠察：

连接廿八(初三到)、初四(初七到)两次惠函，谨悉。筱公信已于初四转寄山阴。张石如忽然变计，不肯来杭，怅甚怅甚。中丞前殊难答复耳。黄达夫(何名？广东何县人?)究竟能否胜翻译之任？(较瞿鹤汀如何?)能否代绘各图(译书中所有器具之图，非舆图也)？薪水五十金(库平银)，是否不吃洋烟否？弟已先转致中丞，唯望详细飞示。以上所询各节，果能一一合宜，务请信到即赐福音，以便将来函呈明中丞即可定见。因此地事机甚迫，愈速愈妙也。敬请台安。弟懋勋顿首。二月初七午后。

《汪康年师友书札》(三)第2151页

陆懋勋致汪康年函

(1897 年 3 月 17 日)

穰兄同年惠鉴：

十一(接第八号信并《广方言馆全案》)、十二(接第九号信)、十三(接第十号信)连奉手书，欣悉黄达夫品学俱佳，已转达中峰(翻译，非教习也)。但未知黄君愿至杭否？五十金不嫌菲否？(此二层可否先求问明，以免周折。)甚为盼念。中峰如定见订请，当即转致也。外国剃刀既无从买，尽可不必。前嘱交张处一信，已于十二饬人送去，请弗念。《广方全案》承代乞，谢谢。此地开设者名为求是书院，现在房屋略略修整，大约月初可以开办。中峰虽檄弟为监院，而事关开创，动多棘手。弟任劳任怨，亦劳亦怨，惟此等事确系我辈所应为。认清题目，踏稳脚步，悠悠之口，亦只能悍然不顾矣。惟近来事绪交迫，动心忍性，措置二三月或能稍有准绳。甚矣，举事之难也！章程略定，尚未宣布，一有明示，即当钞寄。现在院中各事中丞定意，而杭府总其纲也。即请撰安。弟懋顿首。二月十五日。

《汪康年师友书札》(三)第 2151—2152 页

陆懋勋致汪康年函

(1897 年 3 月 22 日)

穰兄同年左右：

十七日奉寄一缄，谅蒙察及。黄达夫翻译一席，中丞甚有延订，惟黄公究愿就否？薪水五十两不嫌菲否？务求询问明确，速即飞函示知，以便转达中峰，即行札委。一面即可由弟专函请其登程，不胜切盼之至。慕韩得招商局差，报中曾见载及，未知确否？颂瑜常常见否？见时乞代致候，弟因无事，未与通信也。此请撰安。弟懋勋顿首。二月廿日。

再启者：

厚栽之弟(名培新，年二十四五)，人极英敏，且甚老成，文亦斐然。厚栽去年曾作函至尊处(在厚栽亦有万不得已之故)，为其于报馆中求一位置，而兄答以当为后图。昨厚栽又来属弟转商于兄，可否推彼此之情，于馆中校对及收发等司事中位置一席，不啻感同身受，用特附陈奉商，伏求收录为幸。浣花主人，弟之至好，可靠之至，唯伊亦嫌太烦，作为罢论可也。弟二十三所发函中尚有未蒙赐复者，便中只详复为荷。再请撰安。弟懋又顿首。

《汪康年师友书札》(三)第 2152—2153 页

陆懋勋致汪康年函

(1897 年 4 月 15 日)

穰兄同年惠察：

十二日接诵手书，敬悉。翻译已转达中峰，望于精通切实者随时速保，再行定夺。鹤汀已得覆书，大约月望左右到杭。《时务报》前有凡开学堂处皆送一分不收资之例，今求是书院将开，理应乞送一分（自一号至近来为止），或须送费若干，乞速示，速令经理处送至院中，至感至祷（《知新报》能否照此例，求转问）。白叔先生大抵月底月初起行。吴、徐二信已分寄。此复，即请撰安。弟懋顿首。三月十四日。

《汪康年师友书札》（三）第 2153 页

廖寿丰致汪康年函

（约 1897 年 4 月）

穰兄仁弟大人阁下：

契阔玉度，延跂为劳，昨展惠言，快如握晤。杭州建设学堂一事，屡于佩葱、冕侪书中得闻竑论，诸荷助予，感佩感佩。延师筹款，现庆差有端倪。浙为才薮，时局需贤，百年树人，固为先务。若译印西学各种图籍，可使有志之士，省却语言文字一层功夫，获益较宏，观成差速。此邦人士，持此议者颇多，拟于其中附设翻译处一所，俟译述有成，次第刊布，卓见当以为然也。时务报章，切实有用，半年以来，风行日远。昨经檄行属吏，令其按时购阅，冀能共扩建闻，各图振起，借以上副盛怀，反老齿及，愧赧尤深。耑泐奉复，祇请著安不尽。愚兄廖寿丰顿首。

《汪康年师友书札》（三）第 2832 页

陆懋勋致汪康年函

（1897 年 4 月 27 日）

穰兄同年惠察：

两奉手书，碌碌迟答为歉。瞿君已到院，中丞拟先令翻译，此外再请一人，或乞向香港大学堂中求之，尚祈从速留意。附上一单，中丞属探听，未知有无可延请者，乞详探之。前考译各纸，请鹤汀看过，亦云无可取者，特寄还，乞收。李信两纸，亦附还。前属交仲华一函，已转送矣。此请撰安。弟懋顿首。三月廿六日。

《汪康年师友书札》（三）第 2160 页

陆懋勋致汪康年函

（1897 年 5 月 19 日）

穰兄同年惠察：

初七、初十两函，敬悉。承探译人单，已呈中丞。中丞询单上何人最好？弟亦不敢臆断，此事仍请兄徐探之，至祷（兼办贴费一层，中丞似不甚许可）。前委转送履平、欧获、高啸桐各函，已一一送去，请弗念。求是二十开院，所取三十人中，高才尚多，或易收效也。余容续布。

敬请撰安。弟懋顿首。四月十八日。

《汪康年师友书札》(三)第2161页

金兆蕃致汪康年函[①]

(1897年5月28日)

穰卿仁兄同年大人阁下:

久不通问,每见与佩葱、冕侪往返书牍,论议风采,如相酬接。敬承动定胜常,深慰跂注。《译报》之议,闳愿克酬,闿神州风气,诇列邦情势,流布愈广,裨益愈大。去年闻已售至八千份,近复益若干也?报中所刊扬子江筹防刍议,殊为详确,但不见其图,阅之终不了了。尊处未得是图,或得之而不遽印入,甚愿得睹也。娄谢子方先生弟尝从受业,昨日秘鲁还书,言传读尊报,殊甚企仰,命为代致拳拳,兼致墨银二十元,敬乞察入是荷。

求是书院大致均用崇实旧规,已于二十日开院。杭州风气渐开,当有二三俊杰,宛宛乘时。冕侪经理此事,井如秩如,不避劳怨,深可佩也。弟频年客寄,碌碌无所短长,索性庸暗,不敢妄议时事,但杞人之忧,自不能已。到家杂事纷错,草草,肃请台安。年小弟金兆蕃顿首。四月廿七日。

《汪康年师友书札》(二)第1168页

陆懋勋致汪康年函

(1897年7月3日)

穰兄同年阁下:

久未通函,甚念。昨得初一手书,欣悉。一、译人现尚悬悬,瞿鹤汀已译成《吸铁学》一种,现在中丞之意,欲多翻水师行船诸事书也。兄所言总译一层,恐限于经费,未必谓然。盖现悬定一人之薪水只五十金,若再筹款,恐亦未必也。所说张听帆,大约亦非五十金所能延致,或请兄徐探之。邹印地图已出第一批,现在求是书院中欲购一分,又中丞幕府中欲购一分,均望通融补给股票,并望代留第一批两分,弟当于本月下旬持洋取图。(Δ分是否须缴洋四十五元?)费神之至,感感。并望速即示复。弟办书院事处处脚踏实地,毁誉本置之不闻,而学生中刻实用功者甚不乏人(大约有二十余人),而恃才倨傲者亦有三四人(毫无闲检,意在多事),弟方笼络之不暇,亦何敢有丝毫苛求。至所说拆信等语(原定章程,有学生请假,必须家中有信到院,方可允许云云,近来亦不拘拘于此也),皆若辈附会毁谤之词耳。可恨。此请撰安。弟懋顿首。六月初四日。(初六到)

《汪康年师友书札》(三)第2154页

---

① 金兆蕃(1869—1951),原名义襄,字篯孙,号药梦老人,浙江秀水(今嘉兴)人,举人,曾任内阁中书,辛亥革命后任职北京政府财政部佥事、会计司司长、赋税司司长、财政善后委员会委员等。

陆懋勋致汪康年函

(1897年7月14日)

穰兄同年惠察：

初六日奉上一缄，竟久未得复音，深念深念。地图弟处须购两分，求照原价缴银给票，未知究蒙允否？务祈速示（因一分系抚署中购，屡来问及也）。温州《算学报》闻寄尊处发售，务请寄下两份（从第一号起），千乞千乞。石印《地球图》便中亦求寄掷二分（望勿郁皱），价即示知。此请撰安。弟懋勋顿首。六月十五日。（十七到）

《汪康年师友书札》（三）第2155页

陆懋勋致汪康年函

(1897年7月20日)

穰兄同年惠鉴：

两旬来弟连发两书，为购地图两分，急思复示，盼望日久，竟未得复，不解何故？地图务乞代为设法，照原价售票（弟致兄信在初四、五，而前途托弟实在前月也），至祷至祷。《算学报》望寄下五分，应价若干？即寄缴也。费神，感感。此请撰安。弟懋勋顿首。六月廿一日午刻。（廿三到）

《汪康年师友书札》（三）第2155页

汪曾唯致汪康年函①

(1897年7月25日)

穰卿大侄足下：

前月幼珊表阮赴申，托其带去一函，想早已青及矣。仲华仍就吴小春之馆，授其子读，则真陋矣。勉斋孝廉谋到求是书院监院进款，却多为诸生排挤，未免太苦，亦划不来。杨太史为同年计，代阅课卷，殊失身分。《申报》屡次载曰代理崇文山长杨某某，令人可笑，杭人之所作为如是可叹！信局寄物颇为不便，兹有寄广东信件，望即觅便速寄为要。乡试在即，吾族入场者寥寥。颂侄何日回籍，盼盼。此间侍佳。独翁白。廿六日。（卅到）

《汪康年师友书札》（四）第3800页

① 汪曾唯（1829—1898），浙江钱塘人，字子用，号梦师，汪康年伯父，附贡生，历官湖北咸丰、石首知县。

叶尔璟致汪康年函[①]

(1897年8月11日)

穰卿、颂阁我兄大人足下：

在申把晤，一披羁绪，第匆匆数面，总觉未罄所里，至今犹以为慊。辰下炎天埃郁，遥祝絇述罄宜，履綦休畅，定符下祝。弟于前月廿五展轮，次日傍晚始抵杭垣，初主仲彬家，现移寓木场巷。征衫甫卸，酬应纷如，碌碌终日，迄鲜暇晷，日来始获一亲图史，秋风伊迩，不能不亟抱佛脚，豚蹄之祝，未卜能偿篝东之愿否耳？

属转致冕兄一节，弟已一一面达，据云并无其事。功课系中丞所订，渠不过奉行而已。至拆阅家书，尤属荒谬不经，此皆院中不自爱惜学生所捏造，冀图搅局。崇伯与冕兄近不协，又谓确有其事，不知究竟何如耳？杭人小涉固陋犹昔，万难振刷，除冕兄而外，不满意于执事者，比比皆是。或谓报馆之设，足下囊橐已不下数万金，弟具述贤昆仲脩羊之菲，负累之深。人云：然则舍菀集枯何意？弟谓：吾兄原不以家事为念，财之一字尤轻，凡其举动，皆以开通风气为主，故家中十分拮据，亦不暇过问，此兼爱之学也。人云：既如此，则此款何在？弟云：现已购农学田二百余顷。又拟农学会非兄主政，弟云兼司其事。纷纷议论，不一而足。弟力为剖悉，不啻家喻户晓，其如口众我寡何？此辈夏虫井蛙，不值一哂。至谓《时务报》章程，皆兄手订，其中言将来如销场踊跃，或五日一报，或七日一报，倘售上四千余分，诸君已交之款，概行退还，今分上一万余分，均付子虚乌有。译书亦不克践其言，除两篇议论外，无一足观者。弟云：《时务报》未观全豹，以上二事始末，不甚知道，然设身处地，即我辈亦万做不到。至译书一层，现在清漪亦与其役，已译得不少……其意则甚佳，其举则实谬。欧荻兄走谒两次，未荷赐见，故至今仍未侔面也。昨接仲房四家兄来书，据言，前寄信一函，考篮一个，内盛《续经解》、《成均八集》各一，托章子相见寄交贵馆，想已收到。考篮一时乏便寄杭，请先将家信寄下，是为至感。《续经解》既由京带来，前奉数单内，请将此笔勾除。《邹徵君遗书》如有，请代购乙部更好，否则务恳惠假一用，是祷。此颂偕安。弟璟空首。

年姻伯母大人尊前祈叱叩。(七月十四到)

《汪康年师友书札》(三)第2513页

陆懋勋致汪康年函

(1897年8月20日)

穰兄同年惠察：

春申小住，畅叙离悰，何快如之。屡饫盛餐，尤感愧也。弟归途饱受风热，小病数日，迟迟未发函，职是故耳。廿一晨中丞嘱发电与兄，询问傅兰雅行止，盖因求是正教习明岁未能兼带(本系美教士，在育英义塾教书者，今年原说暂教，明年因其义塾中事冗，不能兼顾此处

---

① 叶尔璟，生卒年不详，浙江仁和人，字西平，监生，曾充光绪癸巳科顺天乡试荐卷。

也),故急欲询傅,拟以重金聘傅,但发电之后,又探得傅已回英,未必遽来。即来,制局亦不能舍伊,则又悔此电之孟浪也。但未知兄探听何似,望即函示。兄意中有无外国人精通英文、化学,侨居上海,肯来就正教习者?如或有之,务请保举一二人,缘中丞意甚殷殷也。又附上名单一纸,皆系他人保焉,能否代探确实示知,至托至祷,亦中丞命也。前浩吾所说葛胜芳者,是否在沪?尤望一探,种种奉托,不胜翘企之至。敬请撰安。卓、颂两兄均此。卓兄嘱转交筱翁《格物质学》三本,早经交去,求转致。弟懋勋顿首。七月廿三日。(廿五)

《汪康年师友书札》(三)第2155—2156页

吴品珩致汪康年函

(1897年8月27日)

穰卿仁兄大人阁下:

久违音问,思慕良深。敬维起居安好,如颂为慰。宁波某君用华机纺织东洋布一事,业转达中丞,告由陆勉兄转函奉闻,计应已到。顷中丞又询华机织布人工成本不知比洋机何如,倘华机用人工多而出布匹又少,则价值以成本大而未能便宜,畅销恐难。既已拟纠一公司,谅已预为和盘逐细核算,此中操胜之权,有无把握,请示知为中丞慰。华茶日颓,此江河之势,深为可虑。中丞拟劝办用机器制茶,以冀挽回利益,而商人亦以无征不信,恐涉踌躇。闻闽商已有先声,今岁且获利甚厚,不审果否?究系是何商号,此等机器价值若干,其焙制是否雇佣洋匠,商情萃于上海,即乞细探示知,借保梓桑之利。近来廿五六日《申报》告白,载有谦泰洋行出卖制茶机器名西乐果者,据云随地可以安放,且可无须洋匠,人皆能用此种机器,究不知合用与否?价值若何?并乞查询示下为幸。

执事前致勉兄函内,为求是书院荐及容揆,此君是否与我兄相识?品与学究竟若何?以何者为最长?中丞属附询及,并希示知。闻汤蛰仙病在沪上,甚念,不审已否痊愈?其寓处又不知,乞代道候,并示病情。此请箸安。小弟制吴品珩顿首,七月三十日。

《汪康年师友书札》(一)第343—344页

陆懋勋致汪康年函

(1897年8月29日)

穰兄同年左右:

前月奉寄一缄,内有名单,求兄探听,谅蒙察及。前日由欧荻处交到手札,并布样六种,当即禀明中丞。中丞大加奖许,谓此事必可收回利权,如到此递禀,必能批准,若能推广,著有成效,将来还可拟奖创办之人云云。弟意如果真能新意创造,务将廿余种样式一并交下,并将如何办法,如何设立公司(宁波人,何姓名?务乞示知),详细示我,(将来是否在杭设厂?)以便随时禀商。若一一妥洽,即可措手,兄以为何如?前示容揆足当教习之任,容公究竟擅长何种学问?人品如何?其履历、年岁、籍贯,尤望详细示知,以便定夺,亦中丞命询也。

敬请撰安。弟懋勋顿首。(八月初二到)

卓如闻已来杭,确否?

《汪康年师友书札》(三)第2156—2157页

陆懋勋致汪康年函

(1897年9月30日)

穰兄同年左右:

旬余未通问,弟病甚方愈,前日接馆中所寄《光绪会计录》两部照收。价洋六角寄呈,乞察收销帐〔账〕为幸。茶机事昨中丞之意甚淡,盖因电询闽督,得覆电谓不甚得利也。华机织布事,中丞异常拳拳,屡经问及,务乞确询前途,究竟有无把握?如该创造之人能请其至杭面陈尤好,若果有把握,成本浩大,不难一呼而集也。此事祈速询详复。敬请撰安。弟懋勋顿首。九月初五。

浩吾是否仍拟回杭?清漪同回否?复函中乞示知。

《汪康年师友书札》(三)第2158页

陆懋勋致汪康年函

(1897年10月20日)

穰卿、颂谷两兄左右:

前日弟发一函,专询机器织布,未得复音,甚盼甚盼。中丞之意甚亟亟也。地图款共一百一十元(求是书院一分四十五元,钱心垞一分四十五元,廖中丞一分第二次交款二十元,合洋一百一十元),今由锦云绸庄锁舍亲处汇付,伏求如数检收登账,并付收示。廖中丞处股票,弟已将所付洋数,所收图张,细细代登,加盖图章,惟求是书院一分及钱心垞一分均未取股份票,务乞速将股票填明交下,以便交楚也。前信所询,尤望速复。敬请著安。弟陆懋勋顿首。九月廿五日。(九月廿八到)

《汪康年师友书札》(三)第2158—2159页

高尔伊致汪康年函[①]

(1898年8月15日)

穰兄大人阁下:

沪滨一别月余矣。贵馆改官报,仍是粤人与执事为难者主谋,至派督办,乃总署调虎离

---

① 高尔伊(1872—1950),字子衡,浙江仁和人,在杭州开设高义泰绸庄,创办宝昌矿业公司。

山之计。康之为人，弟与接谈一次，即知其诈而险，将来接手，必苦留创始之人，兄勿受其愚。如去岁弟以梁不满意相告，兄犹为坦白无他也。闻执事将另设报馆，亦甚善。恐筹经费较前更拮据耳，是不待知者决也。朝政方殷殷商务，当道又孳孳于保甲，仿湘章方伯屡延雪老不就。二者均无眉目，执事何不归为桑梓之谋，似强于报馆多矣，筹费亦较易也。保甲本有经费，且可加拨。矿事似可成，闻致中丞书，早经邮寄，复书作何语？务请录示，至盼至盼！

省垣学堂尚无规模，将购刘吉园蒲塘巷之宅，为之祠宇，其屹然不改矣。不知分设学堂更购何处旷居？廷旨有各处学堂，须官绅合办，此事亦贤于报馆也。不入耳之言，尚望贤者深思而熟察之，或亦有千虑一得也。秋暑逼人，宜加珍卫，时盼惠书，不尽拳拳。敬承道绥。小弟尔伊顿首。六月二十八。（七月初二到）

《汪康年师友书札》（二）第1584页

陈汉弟致汪康年函[①]

（1898年11月1日）

穰卿我兄师事：

大局已敝，惟留此一二孤行，而不肯稍移素志，痛心痛心。久欲作函奉候，而此心如碎，不能举笔已有月余矣。顷奉手示，敬悉一切。速成归日相一语却亦闻及，而致函求是，则无其事。可见传言从无实在，现在亦并无其说，可无查究也。速成一事，弟屡函致浩吾调杭办理，即有不敷，可由求是津贴，而浩吾仍欲捐助，及中峰加脩两层，以冀支持，可谓固执。弟禀请添设之外课，所垫之款，至今不发，云归院垫付，何况他处。今之大人先生徒好其名，而均非切实扶持全局之人也。可叹可叹！此请台安。弟汉顿首。九月十八。（菊廿二到）

晤浩吾时乞转致弟无能为力，弟之外课情形，亦乞告之。

《汪康年师友书札》（二）第2048页

陆懋勋致汪康年函

（1898年11月23日）

穰卿我兄同年阁下：

沪上盘桓甚快，回杭忽忽已将两月，时念音尘，只以碌碌未作书耳。闻兄痛抱鼓盆，曷深惊恻，尚望保重自卫，毋深悼为幸。时局如此，贵报尚能跕足否？杭地所闻各异，想能守得数月，即可守到久远，盍将近日情形略示一一乎？浩吾速成，竟毅然持之，但未识究能持久否？中丞欲将浙派生全行遣回，而浩吾坚留八生，欲仍请月送四十番。此事太守已达中丞，意似未可。而太守及弟未尝不欲为浩吾斡旋，但又恐浩吾实不能支，则现在虽勉留八人，一二月

① 陈汉弟（1874—1949），字仲恕，号伏庐，浙江仁和人，翰林。参与创办求是书院，任监院。后留学日本，回国后在东三省、湖北、四川任职，辛亥革命后任总统府秘书、国务院秘书长、清史馆提调等。

后仍须散去,则此刻亦何须勉强?且到彼时更难为情。弟等均与浩吾至好,处处为浩吾筹备。若果能支持一年,则弟等或再与中丞一商,姑留八人,但亦未知果做得到否也。昨晤太守,弟与商及,因属弟切询浩吾,弟思如问浩吾,必云能支。而吾兄与浩吾亦至好,且亦为大局计,用敢将能否支持一年情形奉询,务乞惠告,以便斟酌,千乞速复为荷。敬请台安。小弟懋勋顿首。十月初十。(十月十二到,当日复)

《汪康年师友书札》(三)第 2162 页

陈汉弟致汪康年函

(1898 年 11 月 26 日)

穰卿先生师事:

前奉上一书,想已察阅。日昨接浩吾信,云官派八生仍欲留学。此事中峰别无他意,因浩公竭力为此,不免亏损,在堂各生均有归志。故改计以冀两全,否则断无中变之理。现在速成究竟能否终局,能否支持,在堂各生究竟能否久留,有无游移,乞先生细察。堂中收支情形,及各学生是否坚志不动,如堂中经费支绌,将来总难望久设。学生志气不定,总难望卒业,与其以后散闲,不如此时借此而罢。况速成倘果能久远,亦不计此八人,敬乞密查详细,示知为叩。至浩公血诚沈毅为此,弟等皆同志,亦可设法维持。专候复音,以便代达中峰面陈太尊酌办也。时局日亟,适为败事者浸润而成颓局,可叹可痛!匆匆肃此。敬承起居安善,小弟汉第顿首。(十月十三到,当日复)

《汪康年师友书札》(二)第 2049 页

陆懋勋致汪康年函

(1898 年 12 月 15 日)

穰兄同年左右:

昨奉手示,敬悉。速成留生八人,弟与杭府再三说项,中丞方允给每月四十元。此款由府领到发下转寄,一俟交下,即寄不误。至具请回杭一节,弟毫无所闻。得手书,词语侵人,弟大为诧异,因遍询,方知沈、吴、王三生前却有禀寄杭,请为转递,当由仲恕劝慰不递,大约来示即指此事。总之,浩吾若能支持,则此四十元弟等总当为之维系,弟等皆属同志,岂有不帮助之理。现在浩吾惟求自己站得久,此种多疑多怪之心,似不必漫施诸人也。药石之箴,兄以为何如?匆复,敬请撰安。弟懋勋顿首。(十一月初三到)

《汪康年师友书札》(三)第 2163 页

陆懋勋致汪康年函

(1899 年 7 月 9 日)

穰卿吾兄同年左右：

数月来以无事迄未通问，但时念文从不置，每向欧获询及，略知一一。近维起居，康胜为颂。报馆事有替人否？各处收款尚有头绪否？闻另拟办幡书事，能已有款否？均系念之甚。

弟原拟作汗漫之游，道出申浦，必可畅叙，只以为求是所羁绊，又为尘俗所分糅，终日栗碌，诚觉无谓。惟今年办求是外院，中西并课，整肃有效，差可惬心耳。顷有恳者，有友人唐君开济，名兆元。去年由徐仲可同年处得晤谈一切，于算学、格致尤为专门，人品亦端方可敬，渠向在美国人所开学堂中出身，功夫约有十年左右，于西学各种均甚深造，年满出堂，至天津入武备学堂学习两年，于兵学亦均谙练，乃由当路调入定武及新建各军教习，颇为胡京兆、王筦生观察诸君所赏识。去秋因家事回南，即在杭州武备学堂为教习，近因武备易人，管理情形不同，是以决意辞退，欲择枝栖(以家在杭，甚惮远游)。唐君之学，洵为当今所共需，惟需才者不得其人，负才者不得其遇，广交如吾兄，当必有以推毂，俾长材不至无可展也。用特切恳，伏求推爱为祷。感甚感甚。余再续布。敬请撰安。弟懋勋顿首。六月初二日。(己六月十一收)

《汪康年师友书札》(三)第 2164—2165 页

陈汉弟致汪康年函

(1899 年 9 月 28 日)

穰卿我兄师事：

遭伯氏痛，至今犹昏昏未能凝思。卧病两旬，尤觉困惫。如此时局，飘然而逝，未始非福，所耿耿者，贻两代高年忧也。弟勉支危厦，每每多不快意事，幸生徒均能知办事者苦心，聊以遣怀。官开学堂承办者独垫巨资，且有余存之项，使人未能请领，尤觉不解。浩公屡来促脩，非弟故事迁延，实以院中经费添入外院，左支右绌，速成脩膳催领，至今未奉批发。求是支发各款弟已挪至数百金，速成实确兼顾，俟略可筹垫，再行寄奉。此时真无以应之。心绪恶劣，复无暇致书，尚乞便时代达，并致歉忱，至祷至祷。顷奉上章程一本，亟欲石印，分致同院及各处函询者，草草写就，务求颂公或我兄细校，赶赴石印，早日寄下。另奉上细单一纸，又奉一纸请存查。格式大小样乙纸，缩照板样大小长短，纸样阔狭，均照此样，天地头亦照此样，兄详细切嘱，千万不可差错。如价值或有不敷，每石略加一二角未为不可，请兄酌定示知，以便将价洋寄奉。此事舍兄无可托者，故明知贤劳而不得不奉渎左右，顿首顿首。匆匆专布，敬请著安。学弟陈功汉顿首。八月廿四日。(己八月廿八收)

颂谷兄均此奉候不另肃函。浩公前千乞致声，并代达一二，冕兄嘱附笔致候，因感疟不克奉书。

章程共计三十九张，面子一张，签条一张，须用十石，约五十元。每石开四，印五百张，每石约五元之数。章程印好不要订,捆寄至杭再订。本子大小照《时务报》,格式大小另寄样子一张。《许氏家传》乞转付石印时,切嘱一一照样。弟功汉拜恳。

《汪康年师友书札》(二)第2049—2050页

陈汉弟致汪康年函

(1900年1月18日)

穰卿先生大人著席:

日前托欧兄寄呈浩吾先生处脩洋三十元,并信一封,想已蒙转致。顷读手札,敬悉种种,此时大局溃散,无一定宗旨。局外揣摩,亦仅得其表,恐有中伤也。岘帅前奉召时,必为人言而发,今仍镇江南,亦恐不久,为一时定人心之计耳。子健本年冬季津贴洋二十四元,甫于今日午后奉发,今特托欧兄代寄尊处,即乞转交。弟亦知其难,因院款无可垫发而止,天下事往往不能遂愿,亦惟求人谅也。浩公官派脩弟勉垫一年之久,何独不然,事冗,不及详布。即请撰安。陈功汉顿首。十二月十八日三鼓。(已十二月廿收)

《汪康年师友书札》(二)第2051—2052页

陈汉弟致汪康年函

(1900年3月24日)

穰卿先生大人著席:

阅各报,近日情事均备悉。党祸之兴,或五年、十年而未已,捕之愈密,纵者愈多,徒失体面。浙抚查访多人,恐亦不确(藩台被参多款,交浙抚查办,恐难回护,闻有贿卖差缺等事,不知此中有无冤屈)。杭城亦本有乡愿之名,视劳之轻重为去从,无所谓党。处今之世,惟绝口不谈时事,否则为相忌者阴为株连,更觉无谓耳。杭地求是,当时系将各局(书局、采访局、盐法志局)经费抽提一成,月得五百余元,又将书院(三书院及东城书院)存典生息,官课奖洋拨归求是(惟东城经费官课、师课奖洋均提),年可得八九千元(连各局款在内)。去岁又添设外院招生六十人,添延中西学教习八人,弟复详请将各州县丁漕平余一项提拨三千余元(以一年计。廖中丞任内奏明将此款拨归求是,数目颇多,约二万余串,此时又为他处支用公款,全视□官意之所重为之)。此时勉强支持,月计不足,岁计尚不致十分支绌(月领款甚少,季款居多,而书院内外统计,教习薪水已须六百元一月,方可敷用。此外僮仆、工员、学生伙食及馆僮工资,均须垫付一年,综核仅足敷衍)。然欲添造斋舍及置办仪器,尚无所着,姑尽力为之,以维持未定之局。养正教习薪资既少,又无西文教习,年共提八千串(即各州县丁平余一款,本系廖中丞奏明拨归求是,为养正捷足而得)。以目前论,养正较求是充裕,且款项均系先给,无垫支竭蹶情形(又不似求是零星提拨,领款较易)。如弟接办,必须延西文教习以培其基,大约年款年用必能周转。廖中丞创此两院,既得林太尊为之主持,尚无大碍,后来者恐有中变。中国政府无论士民,均以不教而责其各成其材，安有如许天纵之资，又安有如许不怕饥、不怕寒之人，枵腹从事。学堂一停，即有志读书者，断无此巨资游学，士民之苦难谁能上闻，各逞其私，酿成不仁、不义、不礼之局，可长叹也。

颂谷、浩吾均在念中，近日起居如何？浩吾前次来函为派送东洋一事，求是愿去者已人浮于额，恐难副诸生之意，俟冕侪归再商，乞便中转告为荷。敬请撰安。弟陈汉顿首。（庚二月廿四日到）

《汪康年师友书札》（二）第2052—2053页

陈汉弟致汪康年函

（1900年6月21日）

穰卿先生尊鉴：

顷在舍，忽在门首检得四月廿一所发手书（以后赐示，务乞寄蒲场巷求是书院，不致耽误，至祷至祷）。阍人竟延搁不交，可恨可恨。委代领子健春季安家费，弟处已于四月十一由全盛局寄沪胡公馆，向来由胡处转交子健。至今未识到否？乞转询示知，以便查追。信局近来往往误事，真恼人也。迪臣公去后，士民感戴，同声一哭。现在集资设一会于孤山，太守卒日一致祭焉。遗爱仅此，亦殊可叹。速成官派生，弟处报送已两月，而不得抚宪批示，究系何日传考，亦未可必，不得不在杭候期，而杨、许两生，均以久旷，未便为辞，拟暂肄业日本东亚学堂，俟考后再行到沪。脩膳一款，即在每生膳资划抵，冕公以为可行，早已送入。王生病而回里，尚未得消息，且如来省，亦拟一并送去，故膳资皆留存弟处。所有官派生脩敬卅三元，附呈请单，即乞转交速成，即日归复为感。事冗不及详陈，敬请道安。弟陈汉顿首。五月十五日。（庚五月廿六到）

《汪康年师友书札》（二）第2053—2054页

《忘山庐日记》中的求是书院史料

（1897、1901年）

孙宝瑄[①]

（丁酉四月）十六日，雨。

观《游览日记》。过午，诣陆勉斋创中西学堂，题曰“求是书院”。天文、格致、图画、仪器悉备，屋宇峻朗，前为普陀寺也。与勉斋纵谈。归访章枚叔于横河桥北，板屋数椽，亦雅洁。枚叔读书其中，殊静。予小坐片时，檐溜正急。旋诣春柳，即还。夜，观《万国近政考

---

① 孙宝瑄（1874—1924），字仲玙、仲愚，浙江钱塘人，先后在清朝工部、邮传部、大理院等任职。虽功名不显，但是学问涉猎甚为广泛，交游多当代名流。其《忘山庐日记》为晚清著名日记，日记起自1893年，止于1908年，1983年上海古籍出版社整理出版，是研究晚清历史的重要史料。

略·风俗门》。

（上册第 108 页）

（丁酉十月）初五日，雨。

勉斋招饮于求是书院，持蟹螯对酒，乐甚。俄观重学仪器，有西文全体图，皆纸剪，揭视脏腑剖面，各具精绝。又偕至书院墙左偏闲步，菜畦平旷。时雨微止，路滑。晚归，观书。

（上册第 156 页）

（辛丑七月）十五日，晴。

晨，秉庵偕刘永春及于石卿、范序东过，日中去。晡，童亦韩来访，自云：甫由杭州来，求是书院勉斋已辞，同志议举足下充总理，子其有意乎？余曰：鄙人不才无学，深惧不克担此重任。亦韩曰：求是书院关浙江一省人才之消长，每年费公款一万余金，若一时无人肩其事，则已成之局势将堕废，良可惜也。书院之存亡在足下，今日允诺与否。余曰：鄙人素喜谈理，从未作事，故不敢自信。但扶持桑梓，亦分内事，如诸公不弃，必欲某出而典领之，所不敢辞。姑先试办数月，如舆论不符，仍当循例告退也。又曰：鄙人生平无他长，惟虚心二字尚能自信，将来事事求诸公匡我不逮。且天下之事，断非一人聪明才智所能理，必合众人之力而后有济也。亦韩曰然。

（上册第 385—386 页）

（辛丑十月）二日，晴。

仲恕来谈，燕生亦踵至，纵论时事，夜深始去。

余无新旧之见，惟以学问之进境为新旧。何以知其学之进，则以其善变也。善变者，日新月新；不变者，谓之守旧可也。上海同志诸人，惟余之议论见识最善变，故惟余可无愧为新党。

李希圣《政务处条议明辨》谓：变法虽搜括无害，不变法虽不搜括，民不免于坐困。余谓其言近是，而有语病。盖外国取财于民，非搜括也。民自公举一人，敛合众人之财，以待官家之取，故无骚扰之弊。今谓变法则可以搜括，此王安石之变法也，民受其殃矣。

王安石变法，尚专制，不取决于公议，病根在此。《条议》短之，甚是。而李希圣祖安石，余所不服也。

杭州诸老，以争俄约病余，故于求是书院事，肆其阻力。及汤蛰仙致书蓝舟丈，以余所约三章告之，于是诸老始大悔，而劳玉初已就求是，无及矣。三章云何？一章程公议，一年月出入款项贴出示众，一试办数月，如舆论不合，即行告退。

（上册第 421 页）

（辛丑十月）三日，阴。晡，雨。

观吕新吾先生《呻吟语》。

吕先生云，一则见性，两则生情。故知情生于对待者也。

理自理，性自性，宋儒谓性即理，因有义理之性之名，不通之论也。性岂能混理而言之？又气质亦与性有别，宋儒亦混而为一之，故又有气质之性之名，皆辨之不细也。要之，性无善恶，其顺义理而行则无不善，任气质而行不免于恶。

俗云：养兵千日，用兵一时。余谓集义千日，用义一时。

吕先生谓：童心最难除，凡炎热念、骄矜念、华美念、欲速念、浮薄念、声名念，皆童心也。至论。

先生甚爱万籁无声，萧然一室之趣。余谓：其人非于静中有得者，不能。

薄暮，有求是书院学生二人来访：一许姓，一沈姓，皆出色特班生。各手日记一册示众。余且读，且与剖析名理，两君议论皆精，颇有与余合者。

（上册第 421—422 页）

蔡元培日记中的求是书院史料[①]

（1897—1901）

（光绪二十三年七月）五日壬辰，雨，即晴。

阅邸抄廖中丞折，已于杭州普慈寺后设一求是书院，以一西人为总教习，华人二副之，一授算学，一授西文。又于其西偏设武备学堂。（第 136 页）

（光绪二十五年三月）十有三日庚寅，阴，午后雨。

偕童、沈至忠清里东亚学堂，晤日本人松江笙洲（贤哲），见贻学约一纸。冒雨至求是书院，晤胡教习浚康，字可庄，导观化学房及藏书室，八星仪及三百倍显微镜，皆佳，闻购之美人，各费银八十两，如日本所制，其值损半云。（第 218 页）

（光绪二十七年六月）七日。

陆勉斋因吾等呈请办师范学堂二牍，有"求是书院有无成效，道路皆知"语，大愤，驰书中丞，历叙维持书院之苦心，乃言人言藉藉，至蔡某亦以有何成效见责，今特辞去，请即以蔡某接办，使略尝甘苦，借观成效云云。适因答谒戴懋斋，遇勉斋，遂与畅言必不接办之理。考庵、拜庚来，言求是监院陈汉弟、总教习宋恕创议诸教习、诸学生各联名递禀留总理。案：州县官去任，向有不肖绅士揑造耆民公禀以留之者，此等陋习，传为笑柄，乃于学堂演之，真异闻也。闻头班学生愿留之者只一人，班长史久庚（师谭）尤激烈。宋怒，竭半日半夜之力劝

---

① 蔡元培，1968 年 1 月 11 日生，字鹤卿，号孑民，浙江绍兴人。光绪进士，授翰林院庶吉士，甲午后参与维新，提倡新学，先后任绍兴中西学堂监督、上海南洋公学教习。1904 年与龚宝铨等创建光复会，任会长，次年加入同盟会。民国元年任南京临时政府教育总长，1916 年任北京大学校长，支持新文化运动。民国十六年后担任国民政府常务委员、大学院院长、中央研究院院长等职。本书所摘录的蔡元培日记，原载中国蔡元培研究会编《蔡元培全集》第 15 卷（日记），浙江教育出版社 1998 年出版。

之,终不从云。(第346页)

《蔡元培全集》第15卷(日记),浙江教育出版社1998年版

浙江新教育的产生与求是书院[①]

(1933年6月18日)

钱均夫先生讲,陈孝赓笔记

当甲午战后一年,浙江便有注意创设新教育的贤长官,即廖巡抚寿丰、林太守启是。不到五年,开办了三个学校,一即求是书院,校址在现在的浙大文理学院,及浙大秘书处之一部,好像现在的中学校一样。求是书院成立后,又创办养正书塾及其前已办之蚕学馆。校址后者在西湖金沙港,即现在的杭州市立初中地方;前者在新民路,即今日之省立民众教育实验学校。在戊戌那一年,兄弟便考入求是书院读书。记得林太守当离任出行前,曾赠送我们同学每人一本《求己录》做纪念。《求己录》这本书里,引证中国古今所受外祸压迫的事迹,及其所以失败的原因,对于宋代一朝之灭亡,尤为详细讲到。其大意是说凡人做事都靠自己努力,国事亦然,敦嘱三校学生,必须自新,为国效力。逮林太守离杭后,求是同学认为有设小学之必要,遂着手组织一个小学校,所有开办经常各费,均由同学节省点心费而来,完全是求是书院的学生创办的,叫做新民书塾,校址在现在的板儿巷,赞助者多系求是高级学生,当时决定找头脑最清楚的塾师任教。后来找到板儿巷蔡先生头脑最清楚,我们便决定改用教科书,请院中教员汪曼锋先生为导师,并担任编辑新教科书,不收学费,每月由我们供给脩金洋五元。在这时候,国人才知世界各国有中学小学的学制,浙江才打算培植师范生,因为要办理师范学校,不能不先造就师范人才,最初派十五人到日本指定学习师范教育,养正书院五人,求是书院十人,兄弟也是其中之一。我们十五人,到了日本后,觉得要救国家,要做的事业很多:有的说要革命,需学制造军械,须学陆军;有的说先要救人,须学医学;有的说要振兴实业,须学工业。这样一来十五人中已有十一人改学他业。我当时也是要改学的,监督先生对我说:"你要学什么呢?"我说:"我要学医。"他说:"什么都可以救国,救国的需要甚多,你要知道我实在为难,十五人出来,指定学教育的,现在只剩四个了,这四个如再改学,便没有人学教育了,叫我怎样回国覆命呢。"我听了先生的话,就决心不改。因此十五人中有四个人仍学师范。其中许寿裳先生和我是回到故乡服务的,一个中道而废,一个是不回本省服务。

《浙江教育行政周刊》第4卷第42号,民国二十二年六月十八日

---

① 本文是从钱均夫先生在浙江省立高级中学成立四周年纪念会上的讲演《浙江新教育的产生与省立高级中学的校史》中节录的一部分。钱均夫(1880—1969),名家治,后以字行,祖籍杭州,1899年考入求是书院,1902年赴日本留学,曾在民国政府教育部任职多年。1956年被任命为中央文史馆馆员。子钱学森。本文载《浙江教育行政周刊》,1929年9月创刊于浙江杭州,周刊,由浙江省教育厅编审委员会编辑,浙江省教育厅第四科发行,停刊时间不详。

求是书院掌故[①]

(1940 年 9 月 28 日)

史寿白

求是书院约在戊戌政变之前，光绪二十二年间成立。书院名称自宋始，元、明、清三朝皆沿用之。该院分内外两院，内院程度较高，外院较低。内院课程注意英语，以为出国留洋准备，但因当时经费关系，学生卒业后，大多派至上海圣约翰大学继续研习。课程除英语外，亦研习数理化等，而以汉文为主修科，入学考试仍为旧式，而学生于各项功课之学习，咸能认真。规定三年卒业，然高材生可提早若干时间，天资较劣者留院四五年不等，颇有伸缩余地。院内设有奖学金，以为奖励，而高材学生且能免费。实者当时所纳学膳等费，月仅三五元而已。书院之经费由地方负担，院长称总办，教务长称监督，教师称先生，含有敬重之意，不若今日滥称先生可比也。总办、监督由地方绅士推荐，而经政府决定之。

求是书院中人物与革命有关者颇多。光绪二十六年革命思潮澎湃，一日千里，以西太后之专权擅政，光绪帝之抑郁被禁，共知保皇之不可期，遂激而倡导革命，以转变之主因，半由时事所致，而梁启超所给予之影响极大。戊戌政变既失败，梁氏赴日创办《清议报》、《新民丛报》，其后有《国闻报》，痛论朝政，鼓吹革命，于是求是书院中，革命空气益为浓厚。

教师中与革命有关者，一为孙耦耕先生，提倡革命，不遗余力，已故。一为袁毓麟先生，感化亦深。其后又有宋承礼先生，名恕，浙江平阳人，字燕生，别号平子，著有《六斋卑议》一书，学问丰富，喜谈曾、李，自言受李鸿章影响极大。时邀学生讨论政事，认为中国非革命不可。学生道德之陶冶，陈汉第先生之影响亦甚大，先生为监督，即教务长，才干颇为学生所敬受，时谈曾、李故事，而以血气之勇为戒。陆勉斋先生出身翰林，曾为总办，即今之校长，聪明虽不如陈，但爱护学生尤至。一日，余只身赴余杭，访章太炎先生，归后招余训勉曰："对政府措置有所不满，正可贡献善策，徐图改革，切勿误入歧途，祸身祸国，慎之慎之。"言辞委婉诚恳，感人至深。

学生中如蒋尊簋、蒋百里、周承菼等，与余均为革命同志。辛亥年，周任浙江都督，余在南京任江浙联军参谋长。初革命失利，而周以一弹之力下杭州。南京之下，以浙江兵力为最多，此因周先生与余交好，而求是出身军人较负时誉故也。至同学丁伯华之革命未成，赍志而殁，田溓之文章才华，脍炙同辈，皆足使吾人追念。而秋瑾同谋者竺某，实与丁君关系密切，宜在牵连得书之列。时贤如项兰生、陈叔莘、吴荩忱、许季黻、蒋梦麟诸先生，及已故黄膺白、汪曼余二先生，亦均出身于求是书院。

孙、袁二先生未到求是前，尚有一韩靖庵先生，邃于旧学，新知识亦甚丰富，最赏识亡友

---

① 作者史久光(1882—1972)，字寿白，号皋斋。江苏溧阳人，1899 年就读于求是书院，后留学日本，回国参加辛亥革命，民国将领，时任陆军大学中国国防史及军事哲学教官。1949 年去台湾，1972 年病逝。本文载《国立浙江大学校刊》，1930 年 2 月创刊于杭州，浙江大学秘书处编辑并发行，周刊，1936 年 4 月由周刊改为日刊。1937 年 6 月因学校西迁停刊，1938 年 12 月 5 日复刊。1940 年 6 月浙江大学迁至贵州遵义等地，以周刊形式出版到 1941 年 7 月 4 日第 99 期，1941 年 10 月 10 日至 1948 年 5 月 17 日以月刊形式出版了第 100 期至 182 期。1948 年 6 月 7 日，又恢复为日刊。至 1950 年 2 月停刊。

蒋百里。百里在同辈中最为知名,提倡革命最早,余受其影响亦极大。当唐佛尘[①]先生就义武汉,蒋先生曾予以七律诗,末联为"君为苍生流血去,我从君后唱歌来",此两句传诵一时。先生当年甫十九,余年十六,先生弟之,指示余读严又陵先生译赫胥黎《天演论》及《宋元学案》与康南海《中西门径书七种》;同时大众竞读黄黎洲《明夷待访录》,此书在求是当时影响极大,盖梁卓如先生所提倡,而求是读之者极众,由是民权思想普遍全校。

清光绪二十七年,蒋先生与余相继离校赴日。蒋先生为求是提倡出洋第一人,余则以文字狱继踵逃亡赴日,亦因蒋先生在日故也。至日后,余等即与蔡松坡[②]先生等结成一团体。盖蔡先生可代表当日湖南之时务学堂,而蒋先生可代表当日之求是书院。而求是高材生赴日者多习军事,与余之习军事,实由蒋先生促成之。因余初入日本大学习教育,蒋先生不谓然,卒于第三年从蒋先生之意,改习军事。今日滥厕军事先进之中,实则无所表现,辜负亡友多矣。

又韩靖庵先生为文豪夏曾佑先生之挚友,夏先生历史哲学之眼光,亦影响于求是当时思想,韩先生之功也。故地质学专家丁文江先生,其初留学日本,与求是同人往还独多,其思想在最初殆与吾辈同化,先生赴英,实缘吾辈之习陆军,先生以英国海军著名,故毅然前往,其后以所志不遂,改习地质,中间详细关系,不甚记得矣。丁先生为余妹倩,其后与蒋先生恒从任公[③]奔走国事。在日本时,其初又与余等同隶任公先生名下,后与仲恕先生为忘年交。故丁先生精神生活,实受求是影响,余可断言。今两先生皆作古人,低徊往事,钦仰前贤,不觉百感交集也。

求是同学留学日本习军事者最多,在留日士官第四期中,除余外,今只有周赤忱、施调梅二君,周君即周承菼,现充任福建省政府高等顾问,施君现充成都电报局长,两君皆有道德,能文章,善用兵。逝者以李斐然、李烈军二君才行敏惠,天不假年,为最可惜。蒋百里先生为三期,与蒋先生同期者有绍兴李辰身君,今不知消息矣。后期有嘉定夏君清馥,忘其名,皆出身求是,有功于辛亥革命者也。余待考。

宋、陈、袁、孙诸先生,于余等赴日后,相继游学日本,诸师勤学孳孳,唯曰不足,可佩也。未几宋先生归道山,弥留时犹以挽狂澜作柱相勖。入民国后,孙先生一充国会议员而殁,陈先生两次任国务院秘书长,袁先生长甘肃财政,两先生皆矍铄。至其踪迹,大约一隐金台一避海上矣。只有陈榥及何燏时二君,一兵工专门,一化学专门,皆学术优良,为全院所推重,惜陈君已于十余年前归道山矣。

当时求是书院之革命精神颇为高涨,同学中以革命为志者更不乏人,故健身场上,以锻炼强壮体魄相勉励,饭厅之内,以吃得粗饭陋羹为能事,盖取"苦其心志,劳其筋骨"之旨。当时革命精神之特色,则在革命中不破坏旧道德,吸收新文化而不打倒旧文化,上下一心,努力以赴,同时虽有湖南之时务学堂及浙江之养正书院,然皆不及求是之蓬勃热烈。

今浙大承求是之后,开未来之业,求是既与辛亥革命有极大之关系,则浙大与抗战建国自有无限之贡献也。

《国立浙江大学校刊》复刊第61期,民国二十九年九月二十八日

---

① 原注:唐佛尘,即唐才常。

② 原注:蔡松坡,即蔡锷。

③ 原注:任公,即梁启超。

史寿白致书竺校长对求是书院掌故有所补充

（1940年10月19日）

陆军大学军事哲学及中国国防史教官史寿白先生，卒业于本校前身求是书院，前承告以求是书院掌故，殊为感谢。该文刊载本刊第六十一期，史先生于月中复致函竺校长，对求是书院掌故一文有所补充，兹摘录如下：

（上略）日前承贵校送到同学会会刊，仆以菲材，竟得滥窃老前辈之称遇，蒙□怀殊抱不安。前者承询求是旧友，上次两沈君见访，匆匆叙述若干人。兹又忆及钱君均夫者，久在教育界，今不知其现居何处。钱君交蒋百里君最早，在求是时同处一室。百里以才气称，钱君以德行著，其后钱君留日教育专门毕业，君年长于弟两岁，故亦承以弟视之。抗战前，君与陈君布雷相处极久，弟不识陈君，未能冒昧向其叩询钱君踪迹，如先生处得之，幸即赐示为感。又义乌陈榥，字乐书，绍兴何燏时，均系求是内院高材生，一留日兵工毕业，一留日化学毕业，皆有声于时。今陈君殁十余年，何君大约老于故乡会稽或诸暨，不得而知矣，特附陈，以供贵校编纂校史尚友一门之参考。（下略）

编者按：钱均夫先生名家治，曾任浙江省教育厅主任秘书，及首席督学，现闻息影浙东，其通讯处可由浙江丽水教育厅郑子□君转。

《国立浙江大学校刊》复刊第64期，民国二十九年十月十九日

浙江大学之回顾

（1941年10月10日）

祝文白[①]

今之浙江大学，虽成立于民国十六年，而厥基所肇，实远自清季。按清季杭城有所谓六书院者，曰敷文书院、崇文书院、紫阳书院、诂经书院、东城讲舍、暨海学堂是也。自中日甲午一役，朝廷怵惕于来日之大难，咸知非变法不足以图强。而两浙人文夙盛，爱国之士，尤皇皇若不可终日。光绪廿三年，浙抚廖寿丰者，有鉴于此，因奏设求是中西学院，于敷文等六书院奖赏存典生息项下，酌提银两，以充当年经费，就蒲场巷籍没之普慈寺改建黉舍，暂定学额三十名，招举贡生监年二十以上者肄业其间，延一美国人课理化、英文，以本国教员授算学及经史。总其事者为杭州府知府林迪臣启，以陆懋勋为监院，旋升任总理。至二十七年，改称浙省求是大学堂，定学额为一百名。嗣陆因供职词林入京，以劳乃宣继其任，改总理为监督。二十八年，去求是名称为浙江大学堂。翌年，复遵学部奏定章程，改称浙江高等学堂。三十年陶葆廉任监督，旋因学潮辞职，由巡抚聂缉椝奏调陆懋勋为监督，扩充学额为二百名，分高等预备科一百四十名、师范完全科六十名，延日人过安弥主称文科，铃木龟寿主称理科，元桥义敦课音乐，富长德藏课体操，舌人即由求是学生之留东归国者

---

① 祝文白（1884—1968），字廉先，衢县城关（今柯城区）人。1908年毕业于浙江高等学堂。曾任燕京大学教授、浙江大学中文系教授，1949年后仍任浙江大学教授，兼任浙江文史研究馆馆员。

任之。其教授国文、经史、数学、舆地诸科者，多当时国内名儒，各科中尤以国文程度之高，著声杭垣，各种新思潮勃发，而绌荀申孟之风，亦未稍艾(先是仁和龚定庵氏治今文学，有声于时，及夏穗卿氏承其余绪，与新会梁卓如、浏阳谭壮飞讲学，最称莫逆，咸谓孔学自春秋以后，衍为荀、孟两大派，至汉代经师，不问为今文家古文家，皆出荀师，自孟学绝，孔学遂衰，于是专以绌荀申孟相号召)。求是中受影响最早亦最深者，莫如蒋君方震，以气类相推毂。经年余，陆仍回京，荐吴震春自代，于卅四年开办正科，分第一第二两类，即文科与理科也(原拟继办第三期医科，嗣以费绌中止)。聘□美国教授二人，任文科诸课者为亨培克，任理科者为梅立茄，均直接听讲，学生英文程度稍逊者，颇感困难，以致终日绝无暇晷，往往至漏尽，犹见各自修室中灯影幢幢，微闻窸窣如春蚕食叶声者，多伏案缮录目闻听讲之笔记本也。时监督吴氏，邃于理学，律己甚严，在任又最久，故学生受其感化亦最深。至宣统元年，孙智敏任监督，萧规曹随，无所更革。入民国后，改称校长，邵长光首任是职。时高等学堂为省政府所借用。乃暂迁贡院旧址浙江两级师范校舍之后部，自此不复招生焉。民国二年，陈大齐、胡壮猷相继为校长。至三年夏，所有在校之最后两班学生毕业，而浙江高等学堂遂于是告终。洎民国十年，有建设杭州大学之议，由浙教厅聘请蒋梦麟、陈大齐诸人为筹备员，中间几经波折。至十六年，设大学堂区制，以蒋梦麟为浙江大学校长，校舍则仍就蒲场巷高等学堂故址，改报国寺旧有之浙江工业专门学校为工学院，笕桥农业专门学校为劳农院，旋又改名农学院。十七年，文理学院成立，因于院门外建求是桥，以与工学院相衔接。自二十年后，邵长光、程天放、郭任远，先后长浙大。至二十五年春，郭因事去职，今校长竺公可桢继之。甫经年，而卢沟变起，抗战军兴。廿六年秋，以杭城危急，始迁一年级生于浙西之天目山，继迁二、三、四年级于浙东之建德。是年冬，全校集中建德，溯江入赣，以结束上期学业。故逗留于吉安者两阅月，继迁至泰和之上田村，开始授课，历一学期。会寇迫九江，乃于廿七年七月，经湘入桂，设教于宜山。是时适奉部令增设师范学院，四方学子来者日益多。又虑浙中子弟，年来毕业于高中者，来桂升学之不易，翌年秋，暂设分校于浙东之龙泉，专收一年级生。□去年冬，邕甯沦陷，宜山空袭频繁，不得已复西迁，止于黔北之遵义。先后设分校于青岩永兴，□农理两院更东移湄潭，作久远之计焉。综计此三年之中，□流五省，□关万里，当局之焦神苦思，师生之流离颠沛，虽历尽险阻艰难，而仍不稍馁其教学之志，不特皮藏依然，弦歌不辍，抑且规模弥广，造就弥宏。良以创办求是之动机，实缘中日甲午之一役，固将赖以陶铸群材，恢宏学术，储国力，雪国耻，清华夏而戢寇氛，举于是乎在，故虽处播迁之中，犹倦倦不忘揭“求是”二字以为校训，是足觇浙大精神之所寄。凡我新旧校友，允宜共喻而力行之者也。

《国立浙江大学校刊》复刊第 100 期，民国三十年十月十日

时贤回忆录

史久光

(1945年6月15日)

余年六十有一,往事历历。因于病中,就与时贤接应琐事,分段记之,就正有道,或不亦无可取之处。作者志。

(一)求是书院与宋承礼先生

余十四岁时,随叔父之安庆,不逾一季,又至平湖、杭州二处。在安庆时,先三叔适在招商局差次,来往过客中,余曾晤及李仲轩[①]总督。仲帅为文忠之胞侄,惜当时未多听取经验!邻近地方,有一寒士,寄身僧寮,写经为活,继以鬻文。余于此种情况,愿而乐之,又于贫民颇寄同情,上人偶有赐与,辄以施之,至今幸未腐化,或由习与性成也。既而随六叔于平湖县署任次,从黄锡珍先生习制艺,徐□升先生习策论。余于制艺颇苦束缚,而于古文则笃好之,盖此□□□《东莱博议》与《古文释义》。在天津时,即喜诵范文正先忧后乐论,此时颇自命不凡,实则羌无故实,惟已读《策学统宗》等书,略通历史经学绪余。新议宋棵成姻丈于县署。宋先生实一经学家,与徐先生皆为名孝廉,于余颇多樊□焉。到杭州后,矢志欲进一新式学堂,乃访得城内蒲场巷有一求是书院,居然考入,此书院即浙江大学前手也。由是从东瓯宋承礼燕生先生学,兼问业于孙耦庚、袁文薮、汪曼锋、陈仲恕、项兰生诸先生。宋先生殆为有清一代,顾、黄以后最大文豪,虽王壬秋、章太炎不如也。太炎之名,过于先生,先生反觉湮没不彰。孙、袁、汪、陈、项诸先生亦当时名士,至今不能表章吾诸师,是余之过也夫!宋先生之学,淹贯三教九流,兼通自于科学,以四十余岁归道山。其在求是书院年仅三十九岁,至今不解先生天才工夫,何以发达至此?先生与任公及谭、唐两浏阳,皆有至交,多疾病而不废学。见知于李文忠,文忠惜其才,谓:前朝决不能收容。暂屈以北洋天津水师学堂汉文教习,与同事严几道意见不合,拂袖而去。其实严、宋皆大才,不过宋之学更精于严,而世人至今犹仅称道严,而少及于宋。盖几道《天演论》之译文,为全球所称道,英人谓其□过赫胥黎原文。其实严先生东方主张,含而未发;而宋先生目击天下滔滔,预言非革命无以救中国。余与松坡、百里二公,由保皇一变而为革命,任公言革命反后于余等,其在于余实发蒙于宋先生也。忆定庵有题《水调歌头》词,下书:"风雨竟昼。检视败簏中严江宋先生遗墨,满眼凄然,赋此解。风雨飒然至,竟日作清寒。我思芳草不见,忽忽感华年。忆昔追随日久,正把心魂相守,灯火四更天。高唱夜乌起,当作古人看。一枝榻,一炉茗,宛当前。几声草草休送,万古遂茫然。仙字蟫饥不食,故纸蝇钻不出,陈迹太辛酸。一掬大招泪,洒向暮云间。"噫!宋先生已矣!定庵之宋先生,又一宋先生也。人异感同,言之能无慨然!

(二)蔡藿青(孑民)先生

余在求是又新识蔡藿青先生。先生后易其号为孑民,亦当时保皇党,而与余等同时变计革命者。先生当时,由沪役于杭,住求是书院间壁之三忠祠。三忠祠者,许景澄、袁爽秋、立山三公之祠也。袁公爽秋,为余父执,惜未见之,后读先公遗墨而知公。蔡先生心平气和,至

---

① 即李经羲,李鸿章之侄,字仲山,又字仲仙、仲轩等,光绪中任福建、云南布政使,1901年后任广西等省巡抚,1909年后任云贵总督。

老不变。惟嫌人太忠厚,刻意求新,而于俗之情伪,不如宋师之明察。宋先生之文,骈散俱精,骈文具见《六斋卑议》,散文散见《经世报》,惜其著述不多,不爱沽名,为世遗忘。世有知者,觅此书于大图书馆中一浏览之,当有以知先生之理义明,而文章达,决非当年名流,及近今浅学所能望其肩背。惟不知何处图书馆中可以得之?或者先生故里永嘉,必有□□而传诸后人者?先生于文,颇推重太炎,谓其直追两汉,并驾昌黎,而于太炎之作一读之,实有以信其必然。痛哉二公!人琴俱亡矣。太炎之谈革命独早,然自许革命之才,惟其鼓吹之方良多。平心论之,其功尚不若任公表章黄梨洲《明夷待访录》力量之大。余与松坡、百里,实首得力于《明夷待访录》。此书之博,未必及《日知录》,然《原君》、《原臣》、《原法》三篇,鼓吹民权与法治,实为千古卓绝之论,可以救当时空疏庸陋之失。

(三)留东同学单

余因私课同学罪辨文一案逃亡海外,先至上海,寓蒋自由先生家。同时藿青先生、林畏庐先生亦在上海,以余逃亡,爱护尤切!自由先生并嘱当时苏报馆主笔陈梦坡先生,于《苏报》中力为揄扬。同学翁振伯坚欲伴余游于海外未成,随即追踪东土,良可感也!到日本横滨后,亡友百里及江西熊慕遽先生到海滨相迓,旋入任公所办之东亚商业学校肄业,并练习日语。蒋、熊皆同校,故余等实任公弟子。然任公不常到校,因任公当时先后办《清议报》、《新民丛报》于横滨,余等去访,必勖勉备至,由此获益不少耳。

余至日本后,本未决定学习何种科目,因范君静生与余同居一室。范君专攻教育,并未入大学,余乃决定学习教育。入广应义塾专攻日语后,即入东京三崎町日本法律学校教育科。同时涉猎教育专家言论集颇多。余于日语不过费三月之力,听诵皆能大体不误。学习教育两年,人文之学,已得要领。为革命计,必须学习陆军,于一般社会科学,幸不失为门外汉。然一则得力于范君静生,一则得力于蒋君百里。百里早在求是同学,与余极相得。余之读《天演论》与《明夷待访录》,及宋、元、明儒学案,皆百里所声劝也。既而同学求是者,来东愈多,于是湘省时务学堂、浙江求是书院人才,颇轰动一时,此两学堂谈革命为最烈。于时湘省有蔡君松坡,李君炳寰,陈君国祥,秦君力山,周君伯勋;浙江则有蒋君百里,王君伟人,周君赤诚,李君斐然,施君调梅,丁君伯华,汤君尔和等;江苏则有翁君振伯,李君立元,成君谷来,丁君在君,李君伯瑜,顾君甸青及余。丁君伯华与绍兴秋瑾女士同谋革命未遂,七窍流血而死。汤君后翱翔于教育界,虽晚节传闻异词,当时固一铮铮者。振伯不幸于抗战后无疾而终,赤诚隐为鱼贩,二李早夭,调梅、谷材犹健,两君皆好拳术。成又极喜声律,深得养生之道。在君为余妹婿,与余最相得,留日未久,赴英学习海军未成,改习地质,中文素养极优,卒于抗战前赴湘采矿,死于煤矿。其见知任公,较晚于余,而于中年以后过从甚少。其事为外间所知,不更续述。李君伯瑜刚毅木讷,今不知何往!顾君甸青,年少多才,以家庭关系,不克游于外洋,弱冠早夭,玉折兰摧,为在君所痛惜。百里最初为唐佛尘先生信徒,以考试当时杭州东城学舍,论文为杭州知府林公及其幕府高啸桐先生所赏识。入求是后,隶头班,其言论丰采,受影响者,以余为最。百里仅长余三岁,论交谊实在师友之间。百里投笔后甫半岁,余乃以文字狱追踪赴日本。今百里已作古矣!追思往事,历历如昨。大抵百里之长,在读书能见其大,文论学定庵,得其精髓,其高者虽任公却步焉。惟百里有魏晋之风,研求哲理成癖,故知人论世,有时与余相异。然西安事变,临大节而不屈,卒能随委座于患难之中,相与终始,亦可见文章自有真价矣。王君伟人与嘉兴金君继冲最相得，金君为稚辉先生弟子，肄业上海南洋公学。该处亦得风气之先声，而王君亦吾求是高材学生，与百里同时出洋，今亦归道山矣。当时同门，隶湘籍者，蔡君既享大名，李君至今无消息，陈君不幸以肺病死于日本，秦君愤慨时事，侘傺以死。周君于宪法独具心得，今亦鸿飞冥冥。

余在日本习教育者两年，专攻物理者一期，后乃致力于军事，振武学校、世田谷炮兵联队、士官学校及炮工专门学校，皆余旧游地也。炮工之毕业，乃在回国任职以后，被派前往，毕业于辛亥前，计所得实以联队为最多。余所最不能忘者，即日本之将校团，知此事实为军国兴废存亡关键，解释此理必须以军事哲理明之。委座之着眼于军事哲学，良有以也！百里之着眼者为征兵，然二者皆为当务之急。炮工专门之学，与陆大异者，除政治、经济等科目不讲，其要目实以高等军事学为经，自然科学为纬。谈野战须求之陆大，谈要塞与阵地攻防须求之炮工。余之入此校，实由熟读□江保《拿破仑传》而起。盖拿破仑乃炮兵出身，法国至今特重炮兵专门学校，设此校于□天不老，实纪念拿破仑而欲昌大其学，以保存其军国国粹之所寄。然卒以重视要塞与阵地攻防，过信马其诺防线，为德所摧败。继又以过信野战万能，不能于军事哲理推求其远大者，致出英美下。可知用兵之学至难，法与德皆不免赵括之失也。十年之中，余曾一度至山东鼓吹革命，盖陈君汉生于假期中，介绍回祖国，在济南高等学堂教授历史地理，虽执教鞭匝月，复返东瀛，在事期间，下课后辄谈革命。当时学生多半年长余，有刘君冠三，及李秀卿者，最喜饫闻余之议论，谓山东首倡革命者为余。辛亥年革命，至欲推举余为都督，余不敢自信，重让于人，迄于今幸未腐化，此一让殆有力焉。士官毕业后，余与周君赤诚同经朝鲜，过沈阳，入旧都，循海道南下。赤诚事前文多未及此，此有守有为，而性过刚直。辛亥革命被推为浙江总司令，卒以落落难合辞职。今闻蛰居海上，鱼贩为生，亦可悲已！南下后到粤，承前辈孙少江先生介绍，入江北提督徐老之幕，缘是兼任江北陆军学堂监督。军训部谭和甫、陆大童芾卿，皆当时高材生。谭、童犹健，老而好学，不伎不求，可喜也！既而人都应试，得与髫龄时故旧金君益卿，及当时大学堂监督刘幼云表姑丈，及故人陈榥、何燏时相见，略睹北京文物之盛。试毕留京，供职陆军部科员、科长者一岁。亲送今参谋总长何公、渝市长贺公、甘肃军政当局谷、朱二公至日本，入士官学校。余亦不久入炮工专门学校，毕业后而大革命起矣。

《前线》民国三十四年第五期①

① 《前线》，1938 年 4 月 11 日创刊于绍兴，绍兴抗日自卫委员会负责编辑和发行，创刊时为周刊，亦称《前线周刊》，1939 年 2 月第 2 卷起改为旬刊，又名《前线旬刊》

求是书院创办始末
(1947年4月1日)

陈仲恕[①]

编者按:本文作者陈仲恕先生为求是书院创始人,此次遍逢求是学府五十周年,先生以贵躬违和,未克亲临盛典。然先生犹派钱家治先生代表参与大庆,并属笔为此文,以志其创办始末。先生已七十四岁高龄,关心一手培植成长之求是学府,尚不减当年。先生之热心教育,爱护后辈可知也。本文对求是书院之详述,可为李絜非先生《浙江大学沿革述略》之作补遗,用特恭录,以飨读者。

清光绪二十年(甲午)中日之役,余与同里汪君穰卿(讳康年),鉴于国势日衰,宜振兴实学,以图自强,拟创办崇实学堂。各方奔走,官绅梗阻,久久不得行。直至光绪二十三(丁酉)侯官林迪臣(讳启)知杭州府事,查封普慈寺,充办学堂(时林公幕友高啸桐赞助之力为多,现配祀林社,以志不忘)。虑杭绅或又中阻,定名为求是书院。详请抚院廖谷士(讳寿丰)招生三十人,延请英文、算学、化学教习,分科讲授,悉仿学堂规制。抚院派林公为总办,陆冕侪(讳懋勋)为监院。余应冕侪之约,任文牍斋务,仅支军夫费十元,伙食三元。光绪二十四年(戊戌),陆应礼部试,余代监院,并由林公嘱选派学生留学日本,当即商定陈乐书、何燮侯、钱念慈、陆仲芳四人,为各省派往游日之首倡。其时正值康有为提倡新学云云(原编者按:这是仲恕记错的,陈、何、钱、陆之出国,在戊戌十月,已属政变后二月,林公之为杭垣学界所崇拜者在此)。时康有为任总理各国事务衙门行走,与军机章京上行走,杨锐、刘光第、林旭、谭嗣同参预新政,迭奉上谕,催各省于各府县开办学堂,限期綦严,抚院遂以求是书院为筹设学堂总汇之所,余应付几穷。一面收买院后空地,建设讲堂斋舍,添招肄业生六十人,以原有之三十人为内院生,新招生为外院生(内院生伙食纸张由院支付,外院生酌收膳费)。甫于秋间开学,突遇政变,太后训政,又奉旨,各省学堂已办者,即行收缩,未办者即行停办。外院工程及一切设备之费,因急促先行挪借,林公以无法拨款为虑(林公兼防军局提调,原商定由防军局拨款)。适学使唐春卿来堂参观,颇为奖许,林公遂告以余垫款兴学,抚院因奉谕旨,碍难饬拨,苦无从另筹。唐使允向抚院商洽。越日,抚院嘱拟一奏,拨防军局款归入奏销稿,但须自圆其说,不违背谕旨。余(时年二十四岁)即执一稿,前叙历次催办各府县学堂,并扩充省城学堂之谕旨,拟就求是书院先行扩充,招生二百名,正出示招考,复奉已办学堂即行收缩谕旨,现拟减收为六十名,暂行开课,未兴工程,即行停止,已建设讲堂及教员学生宿舍各项设备,已支用六千余元,即饬司由防军局支给,归入动用正项,并案奏销,所有遵奉先后谕旨,扩充省城学堂及现收缩情形,理合奏明。廖抚院即行具奏。是年陆冕侪通籍返里,抚院聘为总理,林公仍为总办,派余为监院。其时外院生蒋百里方震有吊唐才常诗,陆总理虑株连,贻累全院,力主开除。余请于林总办,派百里赴日留学。百里习军事学,自此求是生陆续游日者大都由成城、招武(皆学校名)入士官学校。辛亥浙省光复,周赤忱(即承菼)首发其难,任总司令,亦求是外院生也。光

① 作者陈汉弟(1874—1949),字仲恕,号伏庐,浙江仁和人,翰林。参与创办求是书院,任监院。后留学日本,回国先后在东三省、湖北、四川任职,辛亥革命后任总统府秘书、国务院秘书长、清史馆提调等。

绪二十七年(庚子)秋,[1]陆总理入京供职,抚院任筱元(讳道镕)改求是书院为浙江大学堂,聘劳玉初(讳乃宣,时为吏部文选司主事)为总理,派余(时年二十六岁)与候补知府萧姓为监督。劳总理草拟章程就商,余对以浙省无中学毕业生,大学堂即无生可招,应先定名为浙江大学预备科,俟预科及各府中学有毕业生,再议办大学。劳总理仍主原议,余即辞去,并请裁去监督,以免叠床架屋,事权不一。抚院遂裁去监督(萧知府改为提调)。明年预定派许季弗、沈启芳、钱均夫、周赤忱、寿拜唐、韩治士、厉绥之、施雨若、陈拜言等赴日本,分习专门,交劳总理呈抚院给资。劳总理以病辞,抚院聘陶拙存(讳葆廉,终其任薪水悉充学生添菜)为总理,改大学堂为高等学堂。陶辞去,由陆冕侪接事,旋以改官,推荐吴雷川(讳震春)继其任。

《求是周报》第3期(校庆二十周年纪念特刊),民国三十六年四月一日[2]

求是书院之创设与其学风及学生活动情形

(1947年5月12日)

钱均夫先生讲,赵昭昞笔记

此次浙大校庆,因沪杭车辆旅客拥挤,未能及时购得车票来杭参与盛典,深为抱歉。忆三月二十二日,余往谒陈师仲恕,师适在手写求是书院创办之历史,并谓病后体气未复原,复以年高惮于行役,嘱余代表参加讲述求是历史,兹就其文中所未叙及之学生生活情形及当时之时代背景,分别报告之。

第一,林迪臣太守兴学之动机。甲午一役,刺激人心甚深,日本为蕞尔小国,中国向抱轻视之态度,自经此役后,朝野有识人士,深知国势日拙,国难严重,欲谋振兴中国,非从兴学与储才两方面着手不可。林迪臣来守杭州以后,推行新政,约有三端可举:一为策论试士,二为兴办学堂,三为派遣留学。盖因鉴于八股束缚文教,影响学子智能发展,故就所掌管之东城讲舍,首先以策论试士。当时原有敷文、紫阳、崇文、诂经精舍及东城讲舍五书院,惟所学均属八股文。并创办蚕学馆,以振兴蚕业。林太守复与当时讲行新政之士绅,筹谋兴办学堂。适普慈禅寺因案被封,遂以此为校舍,成立求是书院。一面并在今树范中学——原为浙江省立一中之旧址——设立养正书塾,其设施程度,则仿佛中小学兼而有之;求是书院仿佛中学,复与日后为大学预科之高等学堂相等,而蚕学馆则仿佛今日之职业学校也。

求是书院、蚕学馆及养正书塾成立以后,林太守尚嫌人才不敷应付,乃以省费选派优秀学生赴上海与日本留学,开各省派遣学生留学风气之先。此辈学生,在当时因为一时之选,而其后影响于国事颇巨。

第二,求是书院设施概况。求是书院初办时,招收已就学之秀才,入学者膳食费全免,并有三五元之膏火费。学生共三十名,戊戌新政时,推广而分设内外两院。招收外院学生,以有志于讲求新学者为合格,一时应试者极为踊跃。政变后,退学者甚众,留学者不过十之一

---

① 按,光绪二十七年(1901)应是辛丑年。

② 《求是周报》,国立浙江大学学生创办的校园刊物。1947年3月创刊于杭州,周刊,由国立浙江大学学生自治会编辑、出版和发行,主编为陈业荣,社址在浙江大学内。停刊时间及原因不详,是《浙大周报》的前身。

二,故陈师尝谓此辈不退学者诚为认识国事、力求新学之学生。

庚子以后,办学之议又起,适各省有设大学之拟,当局拟将求是书院改为大学堂。壬寅年,名确立,仲恕师已离校,由劳乃宣先生继任,未及一年,又由陶拙存先生继任。学部鉴于大学堂成立以后,学生颇成问题,乃在北京创办京师大学堂,而将各省初办之大学堂改为高等学堂,以原任求是书院总理之陆冕侪先生为监督,以后继任者为吴雷川、孙廑才、邵裴子、陈大齐诸先生。

民元以后,高等学堂停招新生,在校学生毕业后,遂告停办。直至国民政府成立,始复设大学招生。中间相距十五年,浙江文化因此亦迟缓十五年之发展,此种损失,殆难以言语形容者。

第三,教课与教学。当时之课程远无今日之完备。国、英、数为必修课,学生专心于国文者最多,英文教师有时兼授理化生理卫生。学生无实验,均由教授行之。国文不是由教授直讲,而由学生自行研阅,疑则发问,教师解答,往往有一句钟内,教师未发一言者。然学生必须日作札记,每晚呈缴,由教师批改。文课则头班生每逢朔望试作,二班生于朔望与头班生合课外,复于初八日、二十三日加课试作。教授国文者,多为博学学士,如己丑年求是书院聘请宋燕生(平子,平阳人)先生主讲,养正书塾聘请陈介石先生主讲。宋先生学问德望为海内冠,读书能过目不忘,并谓不独尽阅中国书籍,即大藏经典,亦皆过目。年事虽高,而思想甚新,著有《宋平子卑议》,学生有询以既有卑议,则必有高议,能假阅否。师谓之有,然斯时尚不许尔辈假阅也。并曾游说李鸿章、张子洞等,欲为国事有所画策,不为所采,退为主讲。某次,见一学生方阅红楼梦,问其阅至何处,答云已至某某回,随命其背诵芙蓉诔,生不能对,宋先生即自始而终背诵之,一字不乱。并告诫同学曰:"尔辈读书,遇有佳文,须熟记之,则他日行文,方有进境。"又一次,询一生时读《经世文编》,问其每日阅几本,答曰十余篇,师喟然曰:"如此则全书正续两编共有四十八册,若干年后,始能阅完,中国书籍,即以全书所载者,浩如烟海,尔辈何时方能读毕。"有某生转问师日必须阅读若干,乃答曰日必读三四本,且抽取若干精读之文,而指讲之,一篇不乱,其记忆力之坚强也如此。故宋先生在校未到一年,学生受益甚多,而校风顿变。师所教学,纯为启蒙式教育,非斤斤于占毕者所可比拟也。

第四,学风。董仲舒有言:"正其谊,不谋其利,明其道,不计其功。"求是学风,窃欲引用斯二语表明之。盖吾国向有立己立人之说,"正其谊"、"明其道",纯为立己方面着想。而"不谋其利"、"不计其功",乃为立人方面,应尽一己职责,发扬为人之道,不应沾之于贪取功利为满足也。回忆往昔在校时,各同学孜孜为学,互以敦品励行相勉,如其有功利之说进者,常自笑之,而不以为意。斯时人人必读之书有四种,即林太守颁发陶拙存先生所编之《求己录》、《明夷待访录》、《天演论》、《曾胡文集》等书。盖其意即在激发志气,养成民族意识,进而灌输欧西新思想,以谋自力更生。学生中有曾受曾、胡、李三公影响者颇不少,如蒋方震同学,其在武汉《大公报》上所写《日本与日本人》一文中,论及中国抗战必须坚持到底,不可中途妥协一节,则与李鸿章于甲午战败单衔请勿与和,授以全权继续作战之奏议所述者不谋而合,由此亦可知蒋氏受李公影响之深。

辛亥革命中,江北提督之参谋长史寿白,提兵攻取南京,浙江克复时之总司令周赤忱,均为求是学生,彼等于功成之后,相率退职。又如同学王维忱,后为高等学堂教务主任多年,亦曾参加国父孙中山先生所领导之十大革命战役中之萍乡一役,光复后,乃缄口不言其事,此种光明磊落之态度，只知为人群服务为己任，正与董仲舒立言之一意相吻合，故敢以斯二语表明求是之学风。

第五，求是学生在庚子、壬寅二年间之活动情形。庚子八国联军攻陷北京，清廷败绩求和，所订辱国条约，创巨痛深，吾辈学生极为愤慨，乃在校内组织励志社，从事学问修养之功夫。其工作分对内对外二种，大别有二：(一)举办读书会，规定每周必读完一书，周六晚餐后，向同学讲述，借以交换智识；(二)扶助低年级同学求学兴趣之发展。当时校内共分六班，头、二班学生对五、六班同学，每周有讲演会及文课竞作。所谓“罪辫文”案，即由此而生，主其课者为史寿白同学，幸经劳乃宣、陈仲恕二师之斡旋，消弭于无形，不使康乾年间之文字狱重兴，而史君亦于事前由同学之资助赴日留学。至于励志社在校外之工作约有三种。第一，响应白话报运动。时校内外有志提倡开通民智之士绅，创办《杭州白话报》，其立论浅近，唤醒民众，打破旧习，同学认为可仿照分送善书例，乃向同学捐款协购分送。第二，并在附近茶馆如太平门外及菜市桥一带地方讲解白话报。凡同学于每星期日有被抽签举往讲解者，均须前往，不得辞谢。余亦曾被举往讲述“世界地理与人种”一题，记得曾持地球仪及世界人种图指画说明，听者莫不惊异有黑人、红人之说。第三，改革私塾。先就板儿巷蔡姓私塾，认其教师有新思想，与其立约，改为新民小学，并发给自编教本，以代替《百家姓》与《千字文》，私塾学生概不收费，教师薪金全由同学集资供给，主其事者为汪曼峰先生。

最近期内，本人阅报见载有华盛顿总统诞辰纪念日，驻华美大使司徒雷登先生发表忠告之言云：“中国之敌人为文盲、贫穷、疾病与自私自利四种，首须打倒，方足以资建设”。斯言也，足为吾国现实情形写照。求是同学，曾就此四种敌人之文盲一种，举全力欲扑灭之，而五十年来，文盲依然未见减少，其他亦然。而自私自利之风气，恐今犹比昔为甚，诸同学亦必比余更为明白。希哲苏格拉底斯有言曰：“无智为罪恶之母。”希望诸同学，继余等之后，继续努力，扫除文盲，更继以消灭其他三种敌人。余今日讲述求是故事，仿佛有白头宫女话天宝遗事之象征，语语不足以动听，徒费诸同学宝贵之光阴，惟期望于诸同学者，将浙大之学风，继求是之后，发扬而光大之。来日方长，任重道远，愿与诸同学共勉之。

《国立浙江大学校刊》复刊第151期，民国三十六年五月十二日

求是书院史略

(1947年6月2日)

赵继昌东侯[①]

求是书院创办于光绪二十四年，创办人为杭州知府林迪臣太守。当时为科举时代，士子只知攻研八股文章，以猎取功名，不知其他。林太守鉴于欧美文化日渐进步，实有仿效之必要，思设法采取，灌输吾国青年，乃建议浙江巡抚廖寿丰中丞，设立书院，招致学生，即蒙批准，定名为求是书院，拨银二万两为开办费，并将普慈寺作为院址，即将该僧驱逐出境。其时地方士绅尤向林太守关说，终不允。自该僧驱逐出境后，将所有佛像移之城内各庙宇，以普

① 赵继昌，字东侯，浙江钱塘人，约1899年入求是书院学习。

寺为院址，聘清太史公陆懋勋勉斋先生为总理，招生分班教授，共八班，学生不及百人。头二班学生，大都系贡生、附生，国文已有相当根柢，科学分中文、英文、算学、历史、地理、物理、化学，均为必修之科，尚有日文一科，可自由选读。当时教科书甚少，算学取材于《笔算数学》、《代数备旨》、《形学备旨》、《八线备旨》等，以国文之优劣定班次，故往往头班学生而英、算入较低班次者，又有低班学生而英、算入较高班次者，教课时间之分配颇感困难。学生缴费甚少，除膳费外，其余学杂各费均免。膳费每月二元四角，尚有二荤二素一汤，星期例假均扣除，月均二元足矣，但星期例假仍供膳，学生可以免费用膳。书院尚有奖金，每月月考赏给学生，高材生可月得三四元，应用纸张尚可向院内领用。后加体操一课，呢制服一套，亦由院内发给，现时之公费生尚不及此。学生在院肄业，无休业年限，故从未办过毕业，至相当程度时，任学生自由退学，仅有一次，保送学生十人赴日本留学。陆总理辞职后，由劳乃宣玉初先生继任，光绪三十一年改为浙江大学堂，广招学生，整理班次。光绪三十二年又改为浙江高等学堂。当时风气未开，林太守见识远大，本百年树人之计，一手创办求是书院。院内藏书楼、物理仪器、化学实验室均具备，在五十年前确为可贵之学府。如林太守者，我侪先后同学理宜馨香拜祷者也。

原载《国立浙江大学校刊》复刊第 155 期，民国三十六年六月二日

重建林社记

(1951 年)

张宗祥①

清光绪二十三年丙申，浙江衢州府知府林公启调知杭州。当是时，上距甲午之役二年，海军尽歼，订约马关，爱国之士，皆思所以振弱雪耻之道，扫积弊，求实学；然科举未废，学校未设，终无以启发民智，转移风尚也。公至杭，以兴学为急务。丙申，驱普慈寺不法僧众，设求是书院于蒲场巷，厥后递嬗为浙江大学堂、浙江高等学堂，即今浙江大学之始基也。设蚕学馆于金沙港，省立蚕丝职业学校，实由此馆演变以成。戊戌驱圆通寺不法僧众，设养正书塾于大方伯，后改为杭州府中学堂，又改省立第一中学，今校址为树范中学，而省立高级中学、初级中学两校，实权舆于养正。其创求是书院、养正书塾也，普慈寺僧，结浙省京官，欲以阻之，公为不动。圆通寺地居市中，西人觊觎之，扬言将达总署，必得此地，公以去就争，更不为动。延名师讲致用之学，避学校之名，而有其实，盖虑遭忌，不得行其志，故委曲以迁就之也。其创蚕馆也，公以为蚕丝为浙大利，而蚕种、缫制均不知法，出口日减，乃聘日本专家任教师，讲授研讨，又分俸厚其膏火，以助诸生。不一二年，苏、皖、赣、闽争购新种，相与效法。自公创此三学，名人辈出，迄于今，两浙文化循流溯源，此为星宿积石矣。戊戌政变后，西后

---

① 张宗祥(1882—1965)，原名思曾，字阆声，号冷僧，浙江海宁人。1907 年应聘至浙江高等学堂任教，后任教浙江两级师范。1910 年赴北京，任大理院推事。民国后任教育部视学、京师图书馆主任。新中国成立后历任浙江图书馆馆长、浙江省文史研究馆副馆长、中国美术家协会浙江分会副主席、西泠印社第三任社长，并任浙江省人大代表、政协常委等。

秉政，时事日亟，公遂郁郁以殁，杭人士相率乞留葬公骸于西湖孤山西麓，墓前建平屋三楹以祀公，而以啸桐高先生配享。啸桐先生者，佐公兴学者也。抗战军兴，十余年来，祀宇倾圮。治蚕丝者佥曰：此不独吾浙蚕丝之先哲，实为全国蚕丝赖以革新之元勋，曷可以不祀？职教育者佥曰：此吾浙教育开山之祖也，曷可以不祀？然数集资，而数遇挫折。公元一九五一年春，始卒其工，为楼三楹，宏于旧宇；经费蚕丝各业为多，而祭扫之职，则年以公私立学校各一承之。宗祥未冠，受公及高先生之知最深，今五十余年矣，报国之愿，愧不如欧阳文忠，可以告元献于地下，犹幸白首得随诸君子之后，归拜墓下，又获睹新祀之落成，安敢不纪？方今人民政府尊重工农，崇尚科学，缫织蚕桑之利，将日进而无穷，公之灵亦可慰矣！公讳启，福建侯官人，丙子进士，改庶吉士，散馆授编修，为陕西督学，转御史，出守衢州。其卒于杭也，年六十有二。高先生讳凤岐，福建长乐人，壬午举人，后以荐举权广西梧州府知府，又荐御史，不用，卒年五十有二。门生海宁张宗祥记。公元一九五一年。

政协浙江省委员会文史委编《浙江文史资料选辑》第1辑，浙江人民出版社1962年版

项兰生自订年谱(节选)[①]

(1953年)

项藻馨撰，宣刚整理

原整理者按：项兰生先生是近代著名爱国民主人士、教育家、银行家，名藻馨，字兰生，晚年自号苿叜。1873年生于浙江杭州，1957年在上海去世，享年85岁。他曾在杭州参与创办《白话报》、安定学堂(现为杭州第七中学)、浙江兴业银行等企事业，并在浙江高等学堂(现为浙江大学)、大清银行、中国银行、浙江兴业银行、汉冶萍公司等处先后担任要职。1947年参与了国统区反内战运动中著名的“十老上书”事件。1953年被聘为上海市文史研究馆馆员。

项兰生先生一生经历见闻甚多，他于1953年开始自订年谱，记述格式为先本人，次家属，再次亲友及社会关系，最后分述国内外大事，但直至去世前其自订年谱尚未定稿。后由项兰生先生之四子项吉士先生增补校订完稿，并附有序、例言、世系简述、简历、跋和参考资料，使其体例更加完备。项兰生自订年谱内容非常丰富，它不仅是一本个人年谱，也是一段项氏家族发展史，还是一部长达80余年的近代国内外大事记，因此很有参考价值。该年谱现经项兰生先生家属许可，由项兰生先生之五孙项湜伍先生提供给本刊予以发表。另外特别感谢宋路霞女士的协助。年谱原有标点符号及注释基本保留，整理者酌加修订补注。

---

① 本年谱为项藻馨先生自订，上海市档案馆编研人员宣刚整理，连续刊载于《上海档案史料研究》的第九至第十二辑。本书节选了其中的相关部分(1895—1905)。项藻馨(1873—1957)，字兰生，浙江钱塘人，附贡生，1897年入求是书院就读，1899年改任求是助教，创办《杭州白话报》，任浙江高等学堂副理。后转事银行工作，担任浙江兴业银行秘书、大清银行秘书长等。《上海档案史料研究》是不定期出版的史料丛刊，上海市档案馆编辑，上海三联书店出版。

公元一八九五年,光绪二十一年,岁次乙未,廿三岁。

三月廿四日即阴历二月廿八日未时,叶夫人产一男,取名稣勋,排行华,行一,字麟阁。

五月日[①]《马关条约》签订后,吾杭高白叔世丈,聘沪人曹让之课子侄子周、子白攻读英文,吾往商请附读,许之。即于五月为始,每日赴双陈巷高宅专习英文,同学高子周、高子白、高子韶、戴劼哉等。与曹气味不相投,遂向高家托词赴沪,不再继续。六月与劼哉等改延蒋月亭弘伟,课读于官书局,同学为戴懋哉、劼哉弟兄,金和孙、程祖川等。蒋基督教人,根底甚浅,亦不能满学者意。十一月更易闽人罗步韩(宜菱)课授。罗向在电报局任事,讲解明晰,惟发音较差,讲初步文法,能尽其所知,从者颇众。初在余官巷金和孙家中,日二小时,继移豆腐巷钟家,吾与懋哉照旧,继来者有张峄才、钱念慈、金云孙、叶星池(浩吾之弟)、俞普孙等,颇极一时之盛。七月始识陈仲恕汉第于官书局。

岁阑于酬应中遇闽人陆叔英康华,询知在小狮子巷盛大令鸿焘家课其子英文,语言较罗步韩流利,惟闽音极多,不易明了,其历史如何,却不之知。

是年与日议和,四月廿七日订立《马关条约》。专使李鸿章被狙受辱。割让台湾,外有澎湖、辽东半岛,赔款二万万,及增辟商埠,准日人自由居住营业,凡外国人享有一切权利,日人亦利益均沾,丧权辱国,达于极点。俄、德、法继迫日归还辽东半岛。台湾宣布独立。中国循法意改订中越界约。张之洞创自强新军。汉阳铁厂成立。日、英、德各设纱厂于上海。袁世凯小站练兵。孙中山起事于广州失败。

是年伦琴发明X光线。义(今译意大利)出兵阿比西尼亚(今译埃塞俄比亚)。六月十一日布尔加宁诞生。八月五日恩格斯逝世。九月廿八日法生物学家巴斯德逝世。十一月廿五日米高扬诞生。十二月九日西共伊巴露丽诞生。

公元一八九六年,光绪二十二年,岁次丙申,廿四岁。

仍读英文。二月往访陆康华于小狮子巷盛宅,适遇卢子纯葆桢,系由抚署派往访陆者。卢湖州人,向在舆图局服务,不通英文,对笔算亦茫然不知,仅略通筹算。此时见卢与陆谈话,一如考试,不久,吾即离座先行,不知卢、陆二人如何应付,实为不可思议之事。

二月各书院里甄别,诂经精舍时务论,余膺首选,题为"浙省海防"及现在时事。紫阳八股文题为"弟子入则孝"两章,列第三,卷名姚丙熙(文刊入紫阳八集)。其余各处,亦取两名。

五月杭州府林公迪臣启在任观风,东城讲舍试八股外,加试地方风俗习惯,嘱条陈应兴应革,尽言无隐,吾代徐之生作一文,分列各端,如赌博、私娼、私钱、庵观、尼院、衙役恶习,一一详列,揭晓后列入首选。关于庵观即分别派员彻查,衙役已将松毛鬣鬍在拘押,并于上、中、下城三重要市区立石十方,永远禁除。私钱亦在严缉,赌局以绅方有关,已饬县严密取缔,此皆为意料所不及者。

十二月杭府林太尊又试东城时务策论,以前观风卷知为吾作,特嘱吾以本名应试,题仍以时事为主,遂投一卷,前列者为邵伯絅、仲威昆仲,吾亦得列前茅,此外有汪叔明希及褚某等。前列八人订期在有美堂盛馔延见,由高啸桐先生招待,饭后分先后与林太尊相见,接谈许久而退。

先父本年五旬诞辰,长男麟阁亦逢周晬,同时举行庆贺于旧历正月间,家中略备酒面,戚

① 此处未记具体日期。按,《马关条约》签订日期应是1895年4月17日,下文云"四月廿七日",误。

好咸集，堂上颇为欣悦。

七月（阴历六月）气候甚寒。先父患疟，不数日即愈。

七月卅一日起烈日当空，昼夜酷热。麟阁又感不适，次日八月一日发热，似属中暑，叶夫人日夜抚育，体不甚好，至二日三日亦似感暑。四日（旧历六月廿五日）早似已发痧，午后吃西瓜解暑，不意四时后即手颤。家中储药仅红灵辟瘟之类，即往同巷姚家乞药，谓十滴水已送罄，姚钦甫言王夔石家亦有此，即往索之，亦告罄矣。归适儿科董畹香诊麟阁疾来，便请带诊叶氏脉，骇呼痧闭甚急，须速觅急治医药。一时忙乱不堪，仅以红灵丹取纸筒吹于鼻际，亦不能受。一转瞬间，竟于戌时脉停气闭身亡，近年有霍乱之说，造即此乎。奇祸突来，小孩无乳维持，逾四日，即八月七日（阴历六月廿八日，亦戌时）麟阁亦即夭殇。母子均属热症，仓促经此，束手无策，堂上遭此不测，无法劝解，此为有生以来未遇之祸也。[①] 数月中高堂时感郁塞，吾亦万念俱灰，益以贫莫能为，终日书空咄咄，无可奈何。

冬，周芗圃丈为吾作伐，议续娶诸暨陈遹声字蓉曙公第三女蔼真并订婚（陈公丙戌翰林，署松江府知府，四川川东兵备道）。

嘉定廖谷似中丞寿丰抚浙，提倡新政，主设求是书院，曾商之王令赓教士，次年正式奏准设立。

汪穰卿康年创办时务报社于上海，秉笔者为梁启超，文章俊逸，风行一时，气象为之一新。杭州经销者为汪溥泉表兄，与伯唐为连襟，惜溥泉太无常识，不久即分手。

是年始设邮政。孙中山被拘伦敦使馆。中俄订喀西尼[②]条约。张之洞设强学会。《时务报》创刊。李鸿章至俄签订密约。

是年意大利侵阿比西尼亚失败。法占马达加斯加岛。十一月廿三日捷克总统高德华[③]生。英法协商瓜分印度支那半岛。

公元一八九七年，光绪廿三年，岁次丁酉，廿五岁。

浙江巡抚廖谷似寿丰，以发封之普慈寺址，创设求是中西书院（以讲求实学为旨，故定名求是），委派杭州府知府林迪臣启兼任总办，陆冕侪师懋勋为监院，下设事务二人，一掌文牍为陈仲恕，一司会计为俞吉斋，并聘美教士王令赓课格致、化学、英文，卢子纯葆桢课算学，陆叔英康华课英文。招收二十岁以上之举贡生监三十名，由杭州府考试，察看录取，月给膏伙，优者随时给予奖金。五月廿一日（阴历四月二十日）开学。吾得陆冕师函林太尊，指名嘱往应试，录取榜首后即到校上课。同榜十人，有汪叔明、张峄材、钟璞岑等。

六月（阴历五月）王强园师病故沪寓。吾以初到学校，未能告假往吊，衷心歉仄。

九月（旧历八月）应乡试，临时病作，未终场。

十一月（阴历十月）与继配陈蔼真结婚。林太守创蚕学馆于西湖，须选派赴日留学生，由邵伯䌹来征同意，吾母以老病时作，且因乡试后，体未复元，不愿吾离国，谢却之，改由湖州人嵇慕陶伟赴日。

---

① 原注：吉士（即项兰生先生之四子项吉士，下同）谨按，先父生平每以炎暑酷热视为畏途，盖即种因于此。

② 原注：喀西尼时为俄国驻华公使。

③ 原注：高德华今译哥特瓦尔德。

是年康有为上书变法。中英订约,许英筑路通滇。德占胶州湾,俄占旅大,后均订租约。

是年朝鲜改国号为韩。日本采用金本位币制。希土之战。马可尼发明无线电。

公元一八九八年,光绪廿四年,岁次戊戌,廿六岁。

九江海关甬人王显理介绍往上海《格致新报》任编辑,月薪卅元,待遇虽高,家贫颇思对付,然以馆中皆天主教徒,臭味不合,终不可居,敷衍两月,决然舍去。归杭回求是攻读。家用仍赖吾母以女红所入补贴,陈夫人亦于处理家务外,从事小手工劳动为助。

求是选派留日学生四人,初定钱念慈承志、陈乐书榥、何燮侯燏时及吾,惟以先母多病,坚持不允,遂改以陆仲芳世芬继之。前后两次留日良机,俱因母病失之,亦无可奈何事也。陆冕侪师入京会试,中式进士,入词馆,原任求是监院,由文牍陈仲恕代理,陆改任总理。总教习王令赓以基督教中不允兼外职,改聘甬人胡可庄濬康任理化教课。胡为约翰毕业,学问切实,讲解亦佳,远胜王教士。仲恕向林太尊条陈扩充办法,以后面余地建筑旧式平屋若干间,定额增加四十八人,名曰求是书院外院,岁纳脩金廿四元,膳费自给,为内院升补之预备生。八月新屋落成,屋为义塾式,光线声浪均不适合,事属创举,不足责也。

十月(阴历九月),新生金翰笙(云孙之弟)因事被监院除名。某日午后吾往仲恕办公室,适见云孙与仲恕挥拳,仲恕正持长旱烟管欲回击之,急为劝解而止。正排解间,忽闻内院学生不满于算学卢教习子纯之教授法,各班一致罢课。两事并作。时头班生陆震、汪希、张桐孙等十数人均已星散,冕师亦无办法。相持数日,遂会商办法,卢暂先告假,请山东人某君代理,此人亦为教徒,算学程度较高,各班均复课。

始识陈叔通敬第。政变后与叔通同往张苍水祠,公祭戊戌六君子。

冬,陈夫人产一女,临产甚不易。

外祖舅高年逝世,亲往枫桥吊奠。杭城水星阁火药局于某夜忽然轰炸,居民大事惊恐,墙坍壁倒,重伤及毙命者不可数计。时吾在枫,虽未闻其声,亦感震动。归里已事过境迁,城中房屋受震濒危者不少。

是年京师大学堂开办。德租胶州湾,俄租旅大,英租九龙、威海卫。

七月廿九日(阴历六月十一日)光绪变法,康派施行太急,旧党组织推翻之策,巨奸袁世凯告密,十一月十一日(九月廿八日)谭嗣同等六君子被戮,新政取消,慈禧复政,囚光绪于瀛台。通商银行设立。孙中山确定三民主义。设经济特科,是科陆冕师得录取。

是年朝鲜大院君[①]、德俾斯麦卒。美西战争菲列宾[②]、关岛、波多利谷[③]均归美,夏威夷与美合并。三月十三日俄社会民主工党第一次党代表大会。

公元一八九九年,光绪廿五年,岁次己亥,廿七岁。

上年卢子纯以教课太旧不满同学之望,最后自请辞职。内院头班同学,大致改转他校,或辞去学业,另有高就者,如汪叔明、张逸才、魏伸吾、陆听秋等,均陆续离去,同班之中,仅有戴懋哉、许孟廉及吾等数人,已不成班,不能继续。总理陆冕师乃将原有组织从事变更,以许、戴及吾三人改任助教。其余或转学沪约翰中西书院,或就业他处。吾以母老且病,不可

① 原注:大院君是朝鲜国王高宗李载晃的父亲李昰应的封号。

② 原注:菲列宾今译菲律宾。

③ 原注:波多利谷今译波多黎各。

一日离，遂就任助教事。月薪十六元，外加膳食，变学生为助教，暂顾目前再图进退。

陈夫人携女孩归宁省亲。先母旧疾时作，至夏秋之际，更感衰弱，延鲍筱香诊治。鲍年已老，精神极好，与吾颇相得，三两日必来视疾。八月间（旧历七月）函促陈氏由枫返，不意到后，女孩以感风不治，未数日即夭殇，虽当时物价尚低，赤手空拳开支不足，穷愁无聊，极为不堪。

始识陶七彪在宽及朱剑芝。春赴沪见陶，寓盆汤衖某旅馆。

是年山东义和团起事，倡言扶清灭洋。法租广州湾。

是年英南非战。美发表中国门户开放宣言。第一次万国和平会议于海牙。德、美瓜分萨摩亚岛。西班牙放弃古巴。

公元一九〇〇年，光绪廿六年，岁次庚子，廿八岁。

仍在求是助教。首任总办林太尊病故任所。

春，得二伯父织云公函，从弟锡善中煤毒不治身亡，隔三日其子润官继之夭折，又四日二从弟炳善及其岳母王太夫人（即剑宫之外祖母）适来视疾，亦同遭不测。先后一周间，弟兄子侄与戚属四人均死于非命，闻讯骇愕，未可言喻，亦大不幸也。

六月廿九日（旧历六月初三日亥时），长女浩生，排行华。

五月后，北方因义和团事，谣传纷纷，无日不在惊涛骇浪中。九月京师陷。先是大伯父薇垣公同寿任南城兵马司使，任满，已奉明令截取同知，此时尚未交卸，十月十二日（闰八月十九日），联军大队抵京，大伯父即于是日殉难任所。二伯父及两弟妇均临时他避，后二月，二伯父亦去世。其时南北消息不通，至年终始由同乡及同年辗转传来噩耗，双亲以太平天国后，吾家已甚式微，今又迭遭非常之厄，难堪已极。

冬葬元配叶夫人、胞妹瑞芝及麟阁于二龙山。

是年义和团入京，八国联军陷京师，慈禧挟光绪帝奔西安。

九月唐才常[①]在西湖起事，汤觉顿[②]为财政委员，唐被捕，下狱死，汤临时走避，得免于难。孙中山惠州起事失败。始铸铜元。

是年美采金本位币制。

公元一九〇一年，光绪廿七年，岁次辛丑，廿九岁。

二月（阴历正月），随先父及翁姨丈至沪，并访严芝楣丈。

四月（阴历三月），徐少梅师任求是监学，院内紊乱，徐师举措不合时宜，恐新旧之争难免，吾遂中途脱离。暑假时，求是发生罪辩文案。[③] 冬更名浙江求是大学堂，陆辞总理，劳玉初乃宣继任.改称监督。

六月（旧历五月）创办《杭州白话报》，发起者陈叔通、汪叔明、孙江东、袁文槲、林琴南、汪秋泉等。时杭州尚无活字印刷机关，决用木刻，暂在吾家举行。款由同人捐集，每月出二册，每年售一元，吾总其事。其宗旨以开通风气，宣扬中外大势，提倡新政学业为主。

---

① 原注：唐才常，字伯平，号佛尘。

② 原注：汤睿，字觉顿。

③ 原注：吉士谨按，有关求是书院罪辩文一案，先父曾另草一文，原件移存上海历史图书馆。

十月,胡趾祥乃麟自鄂回浙,欲有所嘉惠于桑梓,捐款六万元拟办学校,其子藻青[①]、仲均秉命而行,叔通、伯絅力主交吾总其成,遂订合同,全权由吾主持,一面由杨雪渔文莹向巡抚任筱沅道镕陈述,并请拨葵巷敷文讲庐作校基之用,任抚允之。旋即奏准开办,定名安定中学堂。冬接收敷文屋,开始计划筹备。同时南浔庞清臣[②]捐办浔臣中学,聘叶浩吾主其事。

是年二月立大阿哥,两宫回銮。九月七日辛丑和约订立。下诏变法废八股,命各省办学堂。李鸿章卒。改总理各国事务衙门为外务部。梁启超创办《新民丛报》于东京。

是年摩洛哥归法领。海牙国际法庭成立。澳大利亚联邦成立。十二月廿四日苏名作家法捷耶夫诞生。

公元一九〇二年,光绪廿八年,岁次壬寅,三十岁。

春至上海一行。

安定学堂建屋由李阜通营造厂承包。阜通名阿虎,工程进行中照所包尺寸有偷工减料处,议罚赔偿,阿虎不允,乃请张宁奎耶教牧师(葆庆之父)作公证。张以偷减已成事实,创办学校为当前新政,不应有此不道德行为,力主照合同认偿,李折服(李亦为耶教中人)。夏工程全部完成,延师招生,于七月廿四日正式开学,吾亦就任监督。

秋张学使亨嘉来访,并商办藏书楼事(藏书楼即今之图书馆前身)。

浙江求是大学堂改称浙江大学堂。

十二月十六日(阴历十一月十七日午时)长子仲雍生,先母命名永年。

是年清政府颁学堂章程。

是年西伯利亚铁道完成。日英同盟。古巴共和国成立。法名作家佐拉逝世。

公元一九〇三年,光绪廿九年,岁次癸卯,三十一岁。

仍任安定学堂监督,新正奉母至安校参观。

二月后半月即阴历正月下浣母病,延至五月十七日(阴历四月廿一日子时)病殁。

求是又改称浙江高等学堂,劳玉初辞,由陶葆廉拙存继任。

安定中学自今年起,遵部令改为五年制。

母命仲雍继承诸氏,永以诸项氏为姓。

是年上海发生苏报案。设商部。设练兵处。

是年日俄宣战。[③] 巴拿马共和国成立。

公元一九〇四年,光绪三十年,岁次甲辰,三十二岁。

三月偕陈叔通赴京师,谒张锡钧监督谈保送安定学生事,请其协助提倡,以安定毕业生作为预科毕业,直接升入京师大学堂(北京大学前身),即商准,五月南旋。张学使时任京师大学堂监督,遂于秋后照章办理第一届毕业生事,并保送京师大学堂肄业。本届毕业生共十人,其名单为:(1)吴孔怀友蘧;(2)孙虹庼信;(3)钱天任云鹏(原名治汉字雨耕,即安婿之兄,后留学英国,海中游泳遇巨浪被淹毙);(4)方吉甫祖成;(5)杨茂五崇英;(6)王嘘和兆鋆(为王曜夫永炅之叔,永炅平时功课最好,惜中途辍学未毕业,闽侯人);(7)高孟征维魏;(8)喻哲

---

① 原注:胡焕,字藻青。

② 原注:庞元澄,字清臣,后改字青城,号渊如。

③ 原注:此误,日俄系于1904年宣战。

文实干(原名舜浚);(9)俞倔如㚇;(10)钱浩如家瀚。吴友蘧确为案首,其余先后次序已记不清,原稿校中已毁失,胡家亦不存稿,后经陆缵何代为查明各人名次如上。

高等学堂陶葆廉辞职,浙抚聂仲芳缉槼奏调陆冕师回任监督,冕师来洽,邀吾为臂助,以安定监督兼任高等学堂副理勉允之,约定明年就任,仍偏重于安定本校。

十一月十九日(旧历十月十三日戌时)次子叔翔生,遵父命继承同寿公长子锡善。

是年黄兴(原名轸)、宋教仁等组华兴会。

是年日俄正式开战,俄败。英订藏约。居礼[①]夫妇发明镭锭。

公元一九〇五年,光绪卅一年,岁次乙巳,三十三岁。

全年任安定学堂监督。春应陆冕师约,兼任高等学堂副理,协议停课四月,加以整顿。至六月(阴历五月)重行开学,扩充学额,添设小学。冬,吾于陆师未去前辞高校兼职,仍专力于安定。

旧历正月初一日戌时立春,为岁朝春。

是年同盟会成立。派载泽等五大臣考察各国宪政,将行,保定高校生吴樾投炸弹于车站,伤载泽、绍英,临时中止出发。次月改派二人,仍为五大臣出国。停科举,兴学校。与日订满州(洲)条约。设学部及巡警部。美颁禁华工条例,东南各省抵制美货。

是年日韩协约,日置总监于韩。俄日订朴次茅斯和约。挪威脱离瑞典独立。十二月廿二日莫斯科工人举行十月武装起义,十二月廿五日全俄布党[②]第一次代表会议在芬兰开幕,列宁、斯大林在会上初次会面。

宣刚(上海市档案馆编研人员)整理,载《上海档案史研究》第九、十辑,2010年、2011年出版

省垣各学校之沿革、变迁及大事(节录)[③]

(1954年)

钟毓龙

(一)求是中西书院

创始于清光绪二十三年正月,为浙省有省立学堂之始。当时风气初开,规制未备,故犹沿袭书院之名。地址在蒲场巷,就因事没收之普慈寺改建之。主其事者为杭州知府林启,赞助其事者,在籍侍郎朱智也。

朱智,字茗笙,住元宝街,曾捐巨款修理江干之江塘及六和塔。

聘陆懋勋孝廉为监院。

---

① 原注:居礼,今译居里。

② 原注:布党即俄国社会民主工党布尔什维克派(意即多数派)。

③ 本篇节录自钟毓龙著《说杭州》第九章"说学校"中的第二节。该书始撰于抗战时期,撰成于1954年,2016年浙江古籍出版社出版。作者钟毓龙(1880—1970),字郁云,号庸翁,浙江杭州人。曾在浙江高等学堂任国文、历史教员。著有《中国神话史》、《说杭州》、《浙江地理考》等。

陆懋勋,字冕侪,杭人,宗文义塾出身,后受业于朱绅甫师之门。师八十大庆时曾为作寿序,与余先后同门也。后入翰林,官松江府知府。屈映光为浙江巡按使时,陆任秘书长。监院者,昔时书院管理人之名称。

延闽人陆康华、湖州人卢保纯及美国学士王令根分授英文、算学、化学、格致等科。

陆康华,字叔英。余曾与之为同事,且从之学英文。格致科后改名物理。

暂定学额三十名,招收举人、贡生、监生年二十以上,文理通畅者充之。人给月饩银五元。月试、年试优者更奖以银。盖当时惟恐学生之不来也。次年,资送高材生陈榥、钱承志、何燏时、陆仲芳等至日本留学,分习各种专门之学,是为我国学生留学日本之始。是年,陆监院以成进士,入词林,遂升任总理。延陈汉第为监院。

陈汉第,杭人,字仲恕。民国初,曾为袁世凯秘书,因反对帝制而归。

以原有之学生为内院生,而增招学生四十八人,名曰外院生,为升入内院之预备。各人岁缴二十四元,名曰修金,此即以后之所谓学费也。膳费则自给。

光绪二十五年,扩充外院生额为六十名,多录取未冠者。二十六年,又选送内院生十人于京师大学堂。又资送高材生蒋方震、蒋尊簋、王家驹等十八人去日本。时当戊戌政变之后,清廷亲贵顽固辈用事,深恶外国人。浙江巡抚虑遭驳斥,不敢奏闻。杭州府林启力争,愿以身家性命为保,于是始得资送。杭人于此益敬佩林之为人矣。然是时革命之心理实已萌芽。有某国文教师以"罪辫"二字命题,闻者大哗。幸当事者不欲兴文字之狱,讽某教师去,乃已。二十七年,扩充学额为一百名,免外院生之修金。陆总理辞职,劳乃宣继之。

劳乃宣,桐乡人,字玉初,吏部主事,首先提倡注音字母。

其时,奉旨将各省书院皆改为大学堂。于是,改称求是大学堂,改总理之名曰监督。二十八年,又去求是二字,称浙江大学堂,展学额为一百二十名。又派高材生许寿裳、钱家治、寿拜庚、厉家福、周赤忱、韩强士、施霖等赴日本,分习教育、医学、军事等科。二十九年,遵照奏定章程,改名浙江高等学堂。盖自开办至此,名称凡四易矣。三十年,劳乃宣去职,陶葆廉继之。

陶葆廉,秀水人,字拙存,新疆巡抚陶模之子,劳乃宣之女夫。旧学极深博,著有《辛卯侍行记》,于新疆省之地理颇多叙述。中日战争失败以后,又著《求己录》一书,极言主战者之非。二书皆传诵一时。陶平时不甚与教师相见,学生亦不甚重视之。暑假时,陶避暑居湖上,有登报嘲之者。中有仿《诗经》之句曰:"学堂暑消,拙存陶陶,湖上乎逍遥。"陶亦登报以自解曰"葆廉不敏,亦尝东浮渤海,西到天山。区区西湖一勺之水,何足系恋"云云。说者谓嘲之者为学生。此为学生登报攻击校长教师之萌芽。

是年冬,陶辞职。陆懋勋复来任监督,延聘项藻馨为副总理。

项字兰生,杭人,上海格致书院高材生。其后安定学堂创办,一切规划多出其手,富有教育经验。

三十一年,扩充学额为二百名。其中高等预备科一百四十名,师范完全科六十名。又于学堂之东部设师范传习所,定额一百四十名。盖以师资为教育之根本,而其时两级师范学堂尚未成立也。又附设高等小学堂一所于田家园,额五十名。又于城内外分设初等小学堂十所,额共二百名。于是学生都五百九十名矣。

三十二年,陆再辞职,吴震春继之。

吴字雷川，杭人，翰林也。后曾为三善堂总董。忽发念，思皈依一宗教，而以基督教为优，惟仍须祀祖拜祖。外国牧师以中国之翰林亦居然肯入其教，不可多得，特许之。故雷川虽为基督教徒，而仍行祭祖之礼，特殊者也。每当会食之时，必先俯首念经数语，殆为其教中之仪式。其后为北京燕京大学校长以终。燕京盖教会学校也。

是年，始设立正科，分文实两部。宣统二年，吴辞职，孙智敏继之。

孙字廑才，杭人，亦翰林也。民国后，任诸暨、建德两县县长。后居上海以殁。

三年冬，杭州光复，校舍为财政厅所借用，将图书仪器等重要之物悉迁于两级师范学堂之中，而借其后进之一部分为校舍。民国元年，孙辞职，邵长光继之。

邵字裴子，杭人，英国留学毕业生，然于旧学亦有根底，藏书甚多。一度为文理学院院长，代理浙大校长。

民国二年，部令废止高等学堂，停止招生。于是邵辞职，陈大齐继之，胡壮猷又继之。至四年，原有学生悉数毕业，斯校遂告结束。综计此校首尾仅十五年。此十五年中，人才辈出，皆有事业贡献于社会，洵乎学术之先河，而人才之渊薮也。

（八）省立中等工业学堂

清宣统二年，提学使袁家谷请假三月，回云南石屏县省亲，由巡抚增韫以温处道郭则沄代理。郭为闽县人，见其乡先辈林太守启在杭创立求是、养正、蚕学三校，深为杭人所爱戴，心羡之，亦思创办一校以永留纪念，商之于湖州人许炳堃。许为日本工学院机织科毕业生，时在提学使署学务公所任专门科科长，兼实业科科长，又兼劝业道署劝业公所科长，乃建议设立工业学堂。

郭代理之期仅三月，欲于此期间成立一学校殊非易事。其时，巡抚增韫正责成劝业道董元亮办理劝工场，已觅得蒲场巷已停办之铜元局旧址。其中房屋一切均可利用。且铜元库中犹贮有铜元二十余万枚，可为开办、修理种种之用。惟以藩司颜钟骥耄而贪，靳不与，故事处于停顿。许炳堃深知其情形，乃建议郭撇开藩司，与劝业道会函巡抚，由巡抚立即据以奏请。时郭之父方为军机大臣，有势力。故清廷亦不循交学部、户部议复之向例，下旨照准。自来设立学校之批准，未有如此速且易者。藩司于此虽无可如何，然开办之费仅给二万元。其余铜元库之铜元悉入私囊。贪婪如此，可慨也。

学堂成立，定名曰浙江省立中等工业学堂，即聘许为监督，于次年正月正式开学。许以杭州丝绸业自光绪中叶后一落千丈，为挽回振兴计，乃先设机械、机织、染色三科，并附设艺徒班。此艺徒班，其后改称乙种工业及初级工科，分金工、木工、铸工、锻工、原动、手织、力织、准备图案、意匠、染练、印花等部门。又为培养教师计，附设中等工业教员养成所，分金工、木工、机织、染色四班。

开学不过数月，而革命军起，学堂亦为军队所驻。至次年四月始复课，改名为浙江甲种工业学校，又改称高级工科。增设一年制之补习班，后改名预科。又增设电机、化工两科。教员养成所则毕业一期即停止。其时，民政部长褚辅成以绸商顽固把持，不肯改进，遂没收其会馆储金二十余万元，以一万五千元交工校办机织传习所。二三年之后，又招生货织机工，为期长短不等。又招布机织工，先后毕业者达二千人。

民国十八年，改名工业专门学校。后浙江大学成立，原工专部分改为浙江大学工学院。

许炳堃任职二十一年，毕业生散布各地，各有树立。最著者为铁工厂、绢纺厂及都锦生丝织厂。

都锦生[①]，西湖茅家埠人，自幼即醉心于纺织，旁立注观不倦。入工校后，家贫，有徐青甫者恒接济之。毕业后，更助其设厂于艮山门。所出风景织件销行外国，名誉大著。真人杰也。

校中传习所之毕业生尤受人欢迎。始则纬成、虎林两公司及各绸厂，继而绍兴、嘉兴、湖州、盛泽、苏州等地亦用此等毕业生矣。又首创改用提花机，甚至日本绸缎向用一色边者，至是亦仿我国改用五色边，成效可谓大著矣。

许炳堃，字缄甫，湖州人。民国初曾为议员。宗文中学申请补助费，深得其力，故延为校董。尝发起联合各校教职员组织生明会，于每月第一个星期六之晚间聚会，轮流作东，宴集讨论，取“哉生明”之意。极盛时每至六七十人。某年，缄甫大病，养病于城外之梵天寺。一日，耳中闻梵呗之声，抑扬宛转，病霍然愈。于是皈依净土，制钟磬袈裟而诵佛经焉。其甥女病久不愈。对之诵《地藏经》一遍而即愈。因刻《地藏经》以分人。解放后，居上海拉多路。余往访之，则所有钟磬袈裟等悉已捐入寺院，而日研究马列之说。谓孔子、释迦之道早已过时，不如马列之说之有用也。

(九)中等农业学校

清宣统三年设立，名曰农事试验场，在横河桥大河下之地，以土桥沿城河一带为其试验，监督为姚作霖汉章。民国后改为学校，迁于笕桥镇。高维魏、陆水范、许叔玑、谭熙鸿等相继为校长，又改名浙江省农业专门学校。二十二年，以地近飞机场，乃迁于太平门外之华家池，为浙江大学农学院之前身。华家池为明初华兴祖所有。除此池外，尚有荡三百六十余，诚豪富也。池仿西湖，建筑宏丽。某权贵见而欲之，华吝不与。权贵乃奏闻于朝，谓其有反意。明太祖乃命籍没之。今池在农业大学校园内，尚有小苏堤等遗迹留存。

钟毓龙《说杭州》，浙江古籍出版社 2016 年版

---

① 都锦生(1897—1943)，号鲁滨，浙江杭州人。1919 年毕业于浙江甲种工业学校机织专业，留校任教。1922 年 5 月在杭州茅家埠创建“都锦生丝织厂”，以首创丝织风景工艺而著名。

戊戌前后浙江兴学纪要与林启对教育的贡献
(1962 年 1 月)

郑晓沧[①]

一、导言

中国自清季甲午战役(公元一八九四)失败,国势危如累卵。朝野人士欲挽此危局,以为非变法不足以图存;而启发民智,培养人才,实为根本要图。马关条约甫订,即引起康有为等联合十八省举人一千三百余人"公车上书"的抗议;一二年后,梁启超、谭嗣同等在长沙,经湖南主要官吏如巡抚陈宝箴、学政徐仁铸、按察黄遵宪等的合作,设立南学会,创办时务学堂,讲求与传播新知识。在北京,则有康有为所主持的强学会,上海则有强学分会,浙江自亦受其影响。例如当时以新闻事业著名之杭人汪康年(穰卿),对于本省兴学,亦曾寄以甚大的兴趣;据闻曾专程回浙,对高级官吏表示,愿早见学校之建立。其他如陈汉第及致仕京官朱智,对浙省建立学校,均有推进与维护之功。而其时与浙江兴学建校关系最切的,实为杭州知府林启。他兴办了三个教育机构,即是:

第一、求是书院,是浙江大学的远源;第二,养正书塾,是浙江省立杭州一中,也即浙省普通中等教育的先河;第三,蚕学馆,后来为蚕桑学校。这三个学校,于二十世纪前半,在浙江文教与经济上各起了一种酵素作用,其影响也不限于一省。

蚕学馆的设立,完全出于林启自动积极的主张。养正也在他的直接管辖权限之内。求是书院规程体制较大,当时是禀承了浙江巡抚廖寿丰建立起来的;但实际上,林是最重要的筹办人,成立以后,他还是一直寄以精神上的支持的。[②]

三校成立之初,虽为"西艺"思想所支配,但求是、养正毕竟仍以"中学"为重。养正初期设有"小学"(文字训诂)一门科目。求是初期,各主持人颇趋向宋明理学,但不为学生所喜;师资中有不少数学教师对学生留下甚深的印象;文史方面颇多名师,而尤以初期之宋恕与陈黻宸为最著。

求是与养正均起过风潮。养正风潮起于几个学生在用膳时,未能遵守孔子"食不语"的条规,事极微细,"犯过"学生竟被除名。总教习陈黻宸因而辞职,马夷初先生等"师范生"六人亦因要求恢复被除名者而同被除名。

求是在浙江大学堂时代,也曾闹过风潮。事因学生失窃,失主怒责学校职员而起。[③] 一部分学生(包括周子豪、蒋梦麐等)离校而另组学校于小粉墙,但未能持久。求是还酝酿滋育

---

① 郑晓沧(1892—1979),名宗海,字晓沧,浙江海宁人。1912 年毕业于浙江高等学堂,1918 年留美回国,历任南京高师教授、第四中山大学教育学院院长。1929 年起在浙江大学任教授,创办教育系,任系主任、教务长、师范学院院长、龙泉分校主任、研究院院长和代理校长等职。1952 年院系调整后先后任浙江师范学院、杭州大学教育系教授。1962 年任浙江师范学院院长,1964 年任杭州大学顾问。

② 原注:《经世报》十六期,章炳麟等执笔,刊于上海(丁酉年,一八九七),曾登载蚕校创始情况,并有求是书院招生启事。

③ 原注:劳乃宣,《韧盦自订年谱》。

了民族革命思想,一九〇六—七年间拒绝铁路借款事,曾一度成为波澜壮阔的运动。

当然,那时候的学校规模,不能与现在共产党领导下新中国教育事业的飞跃进展相比,不过从当时的历史条件来看,这三个学校的创立,并不容易,对后来曾发生一定的影响;把这一些事实做一次较有系统的记述,是有意义的。

二、林启的一生

林启字迪臣,福建侯官人。生于清道光十九年己亥八月廿二日(一八三九年九月二十九日),卒于光绪二十六年庚子四月廿四日(一九〇〇年五月二十二日),享寿六十二岁。家世寒素,先代少闻达。父庆墀(讯吾),廪贡生,候选训导,以教读为生。[①]

启为同治甲子科举人(一八六四),光绪丙子科进士,翰林院庶吉士(一八七六)。散馆后,授编修,放陕西学政。历己卯科顺天乡试同考官(一八七九),己丑科翻译内监试,浙江道监察御史(一八八九)。旋以直言触忤,外放浙江衢州府知府;丙申二月调补杭州府知府(一八九六—一九〇〇),叠保两浙循良第一。宦浙五年,卒于杭州任所,《福建通志》列入《循吏传》。[②]

他的福建先辈中,如林则徐(一七八五—一八五〇),曾焚烧烟土,和英帝国主义作不屈的斗争;林则徐之子婿沈葆桢(一八二〇—一八七〇),发扬蹈厉,与贪污玩愒作斗争,亲手创设马尾船政局,附设船政学堂(原称求是堂艺局),严复曾肄业于此。林启之治杭,杭州士民称为"守正不阿,精明笃实"。按诸事实,至为的当。窃以为他治事的精神与方策,似有得于其闽中先辈之启发。

林是清朝官吏,其政治主张,自不过做到"变法"为止。吾师张阆声(宗祥)先生为诸生时,曾为林所契拔。某次林于无意中笑问张师:"你不属于保皇党的吗? 我们都是的。"师则以"群而不党"答之,其时尚有他的幕僚高凤岐在座。林、高二人确是同情于光绪帝而深恶痛疾西太后那拉氏的。

名金石家陈伯衡先生(锡钧)曾对我说,他在江苏应童子试时,草率乱填圣谕广训,为学政某所发觉,要予严惩,几遭不测,幸赖淮安知府沈瑜庆(霭苍,沈葆桢之子)为之缓颊,方得保全。他曾听沈说"也不久了"的话,意谓不久清朝也快完了! 可见那时知识分子对清廷的腐败无能,深恶痛疾的一斑。林启也是这样,他要求改革政治——包括培养人材在内——的思想是很殷切的。

以下述林在从政期间的举措或主张。

林任陕西学政时,很注重"学风",有两件事他曾悬为厉禁,并一直坚持,即:(一)勿染烟癖(鸦片),(二)勿包揽词讼。

他在京(任御史时)曾应诏建言四端:(一)简文法以核实政;(二)汰冗员以清仕途,具体主张停捐保;(三)崇风尚以挽士风;(四)开利源以培民命——特别着重水利与植棉。于第(三)项尤不可不予以讲述。他要求废止以制义词赋小楷取士,主张乡试考五经,会试考诸

---

① 原注:生卒年与家世,系承福州郑贞文(心南)先生向林公亲族调查所得见告,郑先生并代查明阴阳历月日,意至可感。

② 原注:见民国廿七年(1938)陈衍纂辑之《福建通志》,谓系根据杭州陈豪(蓝洲)等士民所述。

史，廷试考时务。揭晓后仍须查其平日品行。倘劣迹昭著，仍须除名。这些都可见他一贯注重实学，不尚虚文，并于经济学问之外还须察其行谊。不过林对童子试，以为不妨仍用时文(即八股)，但命题须博大昌明，凡一切搭题之类务从摒绝。这里他的主张好象不够彻底。为什么在小试还保留时文？是否以为积重难返，暂仍其旧？抑以为这些文章格式，有某项思想训练的价值？不过我们看他主张试经义与策论，距离后来实行还早十余年，可见他的主张，在当时还是进步的。

他任御史时，曾抗疏谏请西太后停止颐和园之役以苏民困，因此左迁入浙。[①]

守衢不到两年，他的政治措施有六端可纪：(一)整顿谷仓，年荒时因多全活；(二)劝种桑植棉，自己捐廉一千元助购桑苗，使夫人儿妇养蚕以为倡导，前县官欧姓者曾有《蚕桑辑要》一书，他命蔡向荣广为传布；(三)为毛凤英被姑烫死事雪冤；(四)孔某干法，执法治之，或以圣人后为言者，则曰"此吾所以报孔氏也"；(五)整顿正谊书院，内课生必须在院读书，加给伙食，加厚膏火，充实图书；(六)立义塾十二处，"既以裨寒士，又以益童子"。这六端内(一)(二)所以兴民利，(三)(四)所以除民害，(五)(六)是兴教育。可以见到他的仁爱刚直与其重视生产、教育的大要。

他调任杭州知府后，杜绝一切官场"陋规"，勒石以俾民共晓。上面说到他"守正不阿，精明笃实"，前者见于其对胥吏，对邪慝，对弄刀笔之士，对外国侨民之不正当要求的刚正廉明，勤于治理，勇于赴事；他的精神是为人所畏惮的。后者见于其提倡农桑，兴立学校，提倡笃实之士风。"先生治杭得其政，养士得其教，为匹夫匹妇得其利……守杭三年，政平人和，而萧然恒若无与……"[②]林纾这些话，我想还是适当的评价。

以下专就他在兴学方面事迹分三点叙述，首蚕学馆，次求是书院，而以养正书塾为殿。

于此亦欲一叙其贤僚佐高凤岐之一生，因高对林任内新政之施行多所协赞。浙人之感高公，和感林公是一样的。

高字啸桐(一八五八—一九〇九)，号媿室，福建长乐人，徙居省会。幼读书，颇迟钝，但甚勤。十岁后忽若有悟，大异群儿。乙亥(一八七五)入郡痒，壬午(一八八二)领乡荐，以课徒自给。诲人重信义。丙申起佐林启于杭州知府任(一八九六—一九〇〇)。林用其言，政绩有声。林卒后，又佐方县令家澍于桐乡及秀水。壬寅(一九〇二)任浙江大学堂讲席。癸卯(一九〇三)岑春煊督两广，聘入幕。翌年(一九〇四)甲辰以知县需次于浙。又翌年乙巳(一九〇五)任两广学务提调，擢知府，权梧州。居梧八月，清义仓，立工厂，兴蚕学，办农林，整学规。惫甚，谢病去。旋应考御史戊申补试，得第一，因素有直言之名，抑不见用，蹭蹬于海上。己酉(一九〇九)病卒沪寓，年仅五十二。

高小于林十九岁。但两人合作无间，如鱼得水。林之设施，高实左右之。

三、创办蚕学馆经过及其影响

林启任御史时，曾奏请提倡植棉；及任衢州知府，尤竭力提倡桑蚕。光绪二十二年二月，

---

① 原注：据林纾所述行谊，见《林社二十五周年纪念册》。

② 原注：《畏卢文集·迪臣太守孤山补杂记》。

既调杭州知府,鉴于蚕丝生产的衰退,浙省农民养蚕连年歉收,曾条陈整顿。[①] 先是十余年,浙海关税务司康发达曾上蚕丝条陈于总署。内言法国验中国蚕子重八两者收丝茧二十五斤,自择种后,可收七十斤,最多者竟达一百斤。日本改进育蚕,收效甚著,中国丝价昂,出口日减,日本丝价廉,出口日增。以前八年计算,中国每年出口丝比前减少二百万斤,民间每年应短银五百八十万两,海关每年因此也短少二十万两,八年合计两共短少五千万两。倘使设局以资改进,只需三年,可睹成效,每年经费以银三万余两计,只需十万两,已可挽回大利等语。康并派宁波江生金赴法国巴斯铎学院肄习选种,并参观意大利、日本蚕丝事业。林采其意,于二十三年禀立蚕学馆,"为各省开风气之先,为国家裕无穷之帑",大旨在除微粒子病,制造佳种,精求饲育,兼讲植桑,传授学生,推广民间。先请试办三年,经费由布政司拨银三万六千两,并以金沙港一带地三十余亩为馆址。七月得抚署批准,九月动工建筑,用银连监工薪等凡一万另三百两,购器用银三千两,即于翌年(一八九八)戊戌三月十一日开办。[②]

课程设理化、动植、蚕体生理、病理、解剖、气候、土壤、显微镜、饲育、植桑、缫丝、采种等科,均连实习。二年毕业。

总办由林自兼。"馆正"初聘邵章,邵辞,改沈铭。"馆副"聘林贻珊。总教习初聘江生金(康发达派留法学蚕工头),旋聘日本轰木长,其后为前岛次郎。教习西原德太郎等。

所取学生以秀才为多,[③]学额定三十名,实到二十五名,不限省份,供给伙食,又另用费三元。另有额外生八名,则自贴伙食。[④] 实际毕业者第一届只十二名,二届十四名,三届八名。[⑤] 籍贯遍布十八行省。自蚕学馆成立,直到一九四三年止(以后未详),在这一系统的历届毕业生共为一一六四人。

继此以后,闽设蚕桑局,粤设蚕业学堂,四川(涪州)、南京等地,均设蚕桑学堂,湖北农务学堂添设蚕桑科,师资大都取给于此。[⑥] 惜此等学堂均未长久,其绵延勿替者实只浙江之蚕学机构。

林又用罗振玉、孙淦之议,派嵇伟等赴日习蚕业。数年后又派毕业生朱显邦、方志澄赴日研究制丝等科技。

蚕学馆尝总结经验广为介绍,传布佳种于民间,全国各地均来争购;又曾编译微粒子病肉眼检验法等书,介绍泰西饲蚕新法。

后拟在诸暨与嘉兴乌镇设分馆,拟未实行。又设试验场二处,一在杭州城内,一在湖州。民国十四年(一九二五)后,又在四乡及长安镇设改良养蚕场。翌年复增设推广部。

世界养蚕植桑源于我国。《禹贡》兖州"桑土既蚕",《孟子》"五亩之宅树之以桑,五十者可以衣帛矣",《豳风》中有"蚕月条桑"等句。降及唐代,李白诗尚有"秦地罗敷女,采桑绿水边"之句。林启请设立蚕学馆一文中述及此端,并谓今吴越以外蚕事久废,本巴斯铎蚕瘟受

---

① 原注:《农学报》第十期(光绪二十三年,1897年8月份)。

② 原注:《农学报》第四十一期(光绪二十四年,1898年7月份)。

③ 原注:峰村喜藏《清国蚕丝大观》。

④ 原注:《农学报》第十期(光绪二十三年,1897年8月份)。

⑤ 原注:《农学报》第四十一期(光绪二十四年,1898年7月份)。以上资料均承蚕学馆早期毕业生王武烈先生惠予供给。

⑥ 原注:钱天鹤、万国鼎:《发展蚕业刍议》(金大丝业丛刊1920年)。

菌性遗传之说，盖因蚕瘟而蚕种渐渐消替，黄河以北之蚕竟已绝种。浙江蚕丝之利，几百年来为全国冠。林启关怀国利民福，创设蚕学馆，期于起衰救废，此事遂为各方所注目。[①] 而我国当时各地蚕业确亦受其激扬，[②]绵泽直至于今。解放后，四川、广东、安徽、山东、新疆等省区，在人民政府策励下，年来奋起经营蚕丝，至为可观。江浙两省，虽在抗日战争期间，桑树砍伐损失不可胜计；但解放后，党对蚕桑事业，加强指导，积极发展，我省蚕茧生产，仍为全国第一，此后自必更益光大。林启当日重视蚕学，设馆树人之功，是不可泯灭的。（蚕校沿革表略）

四、求是书院

马关订约（一八九五）后，开埠纳款，丧地失权。中国朝野上下，以为欲图自强，在兴教育。其后一二年中，汪康年曾回籍鼓吹，与陈汉第（仲恕）等向各方奔走，拟创办崇实学堂，官绅梗阻，久久未遂。丙申（一八九六）廖寿丰（谷士）来任浙江巡抚，颇重储才崇实。杭州知府林启从衢州调来，曾受命查办普慈寺（在蒲场巷）案件，予以籍没，因详请廖抚利用寺屋兴建学校，在籍老京官朱智亦力赞其成。[③] 翌年丁酉（一八九七）正月即就寺设学，名曰求是书院，廖命林任总办。确定章程，延聘师资，招生三十名，四月二十日开学，由廖抚专折奏明。兹摘录折中要语以见其旨趣与办法：

“居今日而图治，以培养人才为第一义。居今日而育材，以讲求实学为第一义。……而要必先正其志趣，以精其术业……事事物物，务求其实……徒慕西学，愈忘其本。……杭州旧有书院六所，酌筹改并，因势倡导，择庠序有志之士，奖进而培植之，庶趋向端而成就易。……

“泰西各学，门径甚多，而算学则其所阶梯，语言文字乃从入之门；循序以进，渐有心得，非博通格致，不得谓之学成；摒一切模糊影响之谈而课其实事，庶他日分布传习愈精，而成材亦愈众。……

“迭与司道筹议，并饬杭州府知府会商绅董，就普慈寺后现有群屋……专设一院，名曰求是书院，即委知府林启为总办。延一西人为正教习，教授各种西学，华教习二人副之，一授西文，一授算学。委监院一人，管理院中一切事务，一面购置仪器图籍。……

“由地方绅士保送年二十以内之举贡生监，总办考取复试接见询问，择行谊笃实、文理优长、平日究心时务而无嗜好习气者，于本年四月二十日送院肄业。但予奖赏，不给膏火。

“学以五年为限，明定规约，妥立课程。每日肄业之暇，令泛览经史，国朝掌故及中外报纸，务期明体达用，以孔孟程朱为宗旨；将有得之处撰为日记，按旬汇送查考。每月教习以朔日课西学，总办以望日课中学。年终由巡抚通校各艺，分别等第，勤者奖，惰者罚，不率教者斥，优异者存记。另选翻译三人，译述各种有用之书，为振兴学校之助。……

---

① 原注：浙江蚕学馆成立时，东西洋杂志亦载此项消息。

② 原注：例如江苏桑蚕教育之堡垒，浒墅关蚕业学校，校长郑辟疆，主持校务殆四十年，今年八十余，亦为浙江蚕学馆之早期毕业生。郑先生并从日文译示蚕校课程等资料给本文作者参考。

③ 原注：朱智字敏士，曾任工部刑部侍郎，在京发起建造杭州会馆于虎坊桥，致仕后，修六和塔，又对本省水利，亦有贡献。《杭州府志》（民国十三年印）曾志其行谊大略（卷一百四十三、人物义行三）。朱赞助求是建立，亦见府志（在学校求是书院条下）。

“所有常年经费,并教习、翻译、监院及司事人等薪修工资并奖赏火食费等,每年需银五千余两。此外尚有购办仪器图书暨学生纸笔一切杂用,不在此数。除将东城书院每年膏火银一千余两全数拨用外,于各书院奖赏、存典生息项下岁提息银三千元有奇,及各局[①]裁省减并共银四千元有奇,合计尚不及万,均未动支正项。……

“俟经费稍充,再图展拓。抚臣当随时督察,冀收实效。将来该书院学生学业成就,如有才能超异者,由(抚)臣资送总理衙门考试,以备任使。”旋奉朱批:“该衙门知道,钦此。”

以上我把廖寿丰的原奏,几乎全部摘录了。据我所知,后来求是——在宗旨、课程、招生、教职员及经费各方面——确是如此的。这原是开办后的报告文件。执笔或起稿者可能即是林启,其中只有译书与择尤送总理衙门考用两端,未能证实,其余全部是照做了的。

名称是“求是书院”。[②] 查《经世文续编》所载,那时兴办的学校都标有“求是”、“崇实”等名称,而尤以“求是”为多。按“求是”一词,源出《汉书》“河间献王修学好古,实事求是”一语,颜师古注:“务得事实,每求真是也。”至近代之以此名学校,似始于沈葆桢在福建马尾所办之“求是堂艺局”(即船政学堂),时为同治六年(一八六七)。这一学校首标技术与科学,以别于时文诗赋。学习西艺,为当时普遍要求;但要进窥西艺的门径,又不得不懂西文,求是堂艺局其始也不得不肄习英法文字(当时东南几省所学习的主要外语是英语与日语,其次则为法语),主要目标还在西艺。求是书院的开办,在马尾兴学二十年之后,其时“中学为体,西学为用”的观念已渐渐形成,张之洞不过在《劝学篇》(一八九八年五月印行)中表而出之而已。而“求是”又可与清代之“朴学”传统相联系,所謂“经明行修”者是也。换言之,求是有双关的意义:(1)务求实学,(2)存是去非。

但这一教育机关,何以不称为学堂呢?这是因为那时一面要求科学,一面仍有保守思想。那时离科举停止(一九〇六)尚有十年,社会人士对“学堂"犹有歧视,保守的人对它简直“敌视”,或者“抗拒”。监院陆懋勋(勉侪)后来记述其事谓“草昧权舆,流俗骇诟”,可见其时风气的一斑。为了免去保守者的反对,林启所兴办的三个教育机关,都不称学堂,而是袭用书院的旧名,这也可见当时外间对学堂(彷佛和对教堂一般)的阻力,和其用心之苦了。陈汉第(仲恕)于一九四七年为浙大校庆撰文追述彼时情形,也明白说“虑官绅或又梗阻,定名为求是书院”。

但何以称为书院呢?我国自宋以后,书院有极光荣的历史。[③] 它对于学术的讨究与学者的培养,均曾起过重大作用。除图书馆库(我国人过去庋藏书籍的风气是极可贵的,例如天一阁、海源阁等)外,书院可视为学问之渊薮。那时杭州有书院六所,即敷文、紫阳、崇文、东城(讲舍)、诂经(精舍)、学海(堂)。前三者,凡未入学者均可应考;诂经、东城程度较高,学海则为举人肄业之所。这些书院的历史,也是值得研究的。例如王阳明曾讲学敷文,袁枚曾在敷文(也即万松)受业于苏州杨绳武(文叔),王国维曾肄业于崇文(或紫阳),孙衣言曾教授于紫阳。这些书院,后来虽只是举行月课,命题阅卷评甲乙,颁奖赏,但即此也能鼓励人去读书作文,犹有一定的作用。当时杭州最有名之书院为学海堂与诂经精舍,尤其是后者。这两个

① 原注:官书局、采访局、续纂盐法志局,见民初印《杭州府志》卷十七学校四。

② 原注:府志本条有“中西求是书院”云云,查奏折无“中西”二字,又据钟、邵诸先生回忆亦均无。

③ 原注:盛朗西《中国书院史》。

书院都经始于仪征阮元(一七六四——八四九)。阮先后宦浙十二年,立诂经精舍(一八〇一),聘学术巨子王昶、孙星衍主讲,提倡汉学,崇许(慎)、郑(玄),培植学人,纂辑雕印,其所贡献,至为彪炳。后来俞樾(一八二一——九〇七)主诂经精舍(一八六七年以后)三十多年。俞对诸经与诸子考证发明之功也是很大的。浙中后来三大学者,孙诒让(一八四八——九〇八)、王国维(一八七七——九二七)与章炳麟(一八六八——九三六)间接殆亦得到阮氏学风之启发。阮氏于经史外,并注意数学,曾作《畴人传》。他在广州所立之学海堂(一八二〇),学术范围不限于我国固有的学问,可以说到了十九世纪九十年代,书院也已渐渐递变而扩大其所研究的范围了。①

当时西人办学,也袭用书院之名,例如在杭州有育英书院,嘉兴有秀州书院。

求是初办时,外国文与算学等科,原系初学,程度之浅,自可想见。但进去的学生,已是举贡生监,年事以在二十岁以上者为多,对中国经史略已入门。首批所招学生,第一名为章炳麟(闻陈衍[石遗]曾以其名闻于林),但章后来并未入学。

师资除林启兼任总办,每望日课中学,命题阅卷外,并派举人陆懋勋为监院。贡生陈汉第任文牍斋务,实则等于副监院,内外擘划以至庶务琐屑,均须管到,而每月仅支夫马费十元与伙食费三元,日矢精勤,不辞劳瘁,其精神亦至足令人佩仰。所聘总教习为美国人王令赓(Dr. E. L. Mattox)。(我在纽约哥伦比亚教师学院肄业时,记得他于一九一七——八年也在那里进修,看去大概要长我四十岁,所以他在求是时,大概已是四十五六岁了。)那时他执教于育英书院(之江的前身)。他在育英与之江均教化学,在求是也教化学一类,好象也教英文,当然是从初步开始。可能除中国文史外,对一般教科,也有所指导,所以称为正教习,等于后来的总教习或教务长。另外又有闽人陆康华与湖州卢保仁,分任英算等科的教授。

第一班学生三十人中,在我初草本篇时(一九五七年五月)尚存三人,即何燏时(夔侯)、项藻馨(兰生)与钟丰玉(璞岑),年龄均在八十上下。但四年中,项、何先后去世,现只存钟先生一人了。

廖抚奏折中,有"择优送总理衙门应试"一语,则办理此校又似为储备外交人才;但其实只在培植一般通才以提高省内一般文化,所谓"庶他日分布传习愈精,而成材愈众",与同文馆、广方言馆或译学馆稍异其趣;但课程上无大异,不过未若那些学校之注重外国语文罢了。

翌年四月(戊戌),即资送高才生四名——何燏时(夔侯,习冶金)、陈榥(乐书,习兵工)、陆世芬(仲芳,习商)、钱承志(念慈,习法)赴日留学,是为我国派赴留学东洋之开始,亦为各省派往游日之首创。林培材心切,且认日本国情与中国为近,又在维新变法后不过二十年,已一跃而为强盛之国家;其地离我国近,费用可省,派赴西洋一人之费,可供派赴东洋十人之用;故林谓如派遣学生到西洋去,不如留学日本,所以派遣留日是林的主张。林卒后,一九零一年春又派遣蒋尊簋(伯器)、蒋方震(百里)、王维忱等十八人赴日留学。翌年(一九〇二)又资送许寿裳(季茀)、钱家治(均夫)、周承菼(赤忱)、厉家福(绥之)、沈启芳、寿昌言(拜庚)、韩永康(强士)、施霖(雨若)、陈其善(拜言)、李祖虞(梦驺)等赴日本留学,其中如二蒋及周,后均在军界任职,许、钱、王均从事教育。又闻一九零一年也曾选送内院生十人至京师大学堂肄业,但其情形不明。

---

① 原注:参考谢国桢《近代书院变迁考》(张菊生先生七十生辰纪念册)。

戊戌(一八九八)七月,因监院陆懋勋春闱报捷,入词林,故改名义为总理(林则兼任总办如故),而升文牍陈汉第为监院(陈在陆应礼部试时代监院)。时康梁柄政,迭奉谕催开办学堂,陈因计划扩充学额,以原有学生为内院生,另增外院生六十名,每年各生除自缴膳费外,尚须缴纳修金(即学费)二十四元。陈监院又不得不收买土地,增筑校舍。至八月,突遇政变,诏命收缩。监院本先借垫建筑与设备费六千余元,费尽周章方得归垫。① 政变以后,退学者甚众,留者不过十之一二,②皆是具有定识而经过考验的人。

庚子(一九〇〇)后办学之议又起,适各省有设大学之议,当局拟将求是书院改为大学堂,辛丑(一九〇一)曾改称浙江省求是大学堂。壬寅(一九〇二)改称浙江大学堂,去"求是"二字,扩充学额,至一百二十人。时陆已入京,陈亦辞去,由劳乃宣(玉初)③总持校务。又翌年,因学部鉴于各省成立大学后,学生来源与程度尚存问题,因在北京设京师大学堂,而将各省城之大学改为高等学堂,实为入大学之预备学校。且开始尚只办高等预科,定期三年毕业。一九零五年规定预科一百四十名,另设师范科六十名,与师范传习所;并设高小与初等小学十所,以供见习(不久即分别停办、归并与另属)。

一九零八年预科第一班毕业,方设正科,正科生也收省内其他中学毕业生,内设第一类(文)与第二类(理)。第一类毕业预备升入大学文法等科,第二类则预备升入大学理工。原高等学堂章程尚可设第三类,重生物,本以预备升入大学医、农的,浙高等则从缺未设。高等正科毕业四次。至民国成立后,因学制变更,废各省高等,将大学预科集中京师办理,各省高等学堂均办至最后一班毕业为止。浙江高等学堂至一九一四年六月完全停办。自求是创办至此,凡十八年。当其鼎盛,邻居尚有武备学堂(武备停办后,原址设陆军小学),其中所培植之军事人才亦殊不少。所以当时杭城蒲场巷里萃聚了浙江两个最高学府。自高等学校停办以后,师资星散,文化上顿失重心,人才之损失很重。一九二三年左右,省教育厅长张宗祥(阆声)谋建设大学一所,曾聘阮性存(荀伯)、许炳堃(缄甫)、徐崇简(守桢)、蒋梦麟、赵迺传(述庭)、汤兆丰(书年)、郑宗海(晓沧),及省内当时有关官吏如民政财政厅长等,议定章程及预算,名称定为杭州大学,地址勘定万松岭上之敷文书院一带,西连凤凰山,以蒋之议,着重研究,均经立案,终以省议会不予通过经费,遂致流产。

一九二〇年,原有甲种工业学校已升格为工业专门学校。一九二四年,甲种农业学校亦改为农业专门学校。一九二七年,当时省政府委员蔡元培(孑民)、蒋梦麟(时任教育厅长)与许炳堃先生等重议建设浙江学府,着重科学研究,先合农工两专校,组成国立第三中山大学。时正仿效法国,推行大学区制,大学兼管本省教育行政。后于一九二八年添办文理学院。一九二九年改称国立浙江大学,距高等学校停闭已有十余年了。浙大决定以四月一日为校庆纪念,即因求是书院系于一八九八年四月二十日(农历)开始之故(浙大同学录后来也上溯至求是),一九四七年四月一日曾举办创立五十周年纪念。

浙大初办时,三院大都各自为政。工学院学生最众。文理学院着重数、理、化、生等系,

---

① 原注:见陈仲恕《求是书院成立经过》(浙大同学会会刊)。

② 原注:见钱均夫先生讲《求是书院之创设与其学风及学生活动情形》。

③ 原注:桐乡县人,曾著有《古筹算考释》与《合声简字谱》,近见其《告学生语》,以今观之,殊为保守,但亦反映了当时学生的风气与当时办学的困难,《韧盦年谱》中并述风潮(18 页)及其办学方针(17 页)。

对文科不甚注重。约自一九三二年起，行政始集中，经费亦设法尽由国库支出。

一九三七年后，因日寇压迫西迁，由建德而泰和而宜山而遵义。至宜山后，文理分院并添设师范学院，又在浙东龙泉添设分校，也发展为八个系与两个学年。一九四六年复员返杭后，添设法学院，翌年又添设医学院，直到解放为止。所以浙大在抗战期间反大为扩展。图书仪器，虽不免有损失遗弃，但尚多保存，而师生好学的风气始终贯彻，[①]虽历艰难，流风不泯。

以上求是一系统的沿革情形，也即是解放前浙江高等教育的历史大概。以下再述求是的班级编制及课程和学风。

按编制学生分三类：

1. 内院生。开始招一班，计三十人，经派送出洋与退学者外，不过二十人。其后未续招。此班待遇最优，免学费修金与膳费外，朔课、望课成绩优者，可得奖金。

2. 外院生。

甲、经生——亦为举贡生监出身的，不过二十人。资格与内院生同，但待遇已不及前者，所以称为外院生，或由于此。只招了一班。如石门吴乃琛为外院学生。后未再招。

乙、蒙生——己亥（一八九九年）开始招收，取文理粗通而无出身的。又因国文程度分二、三班，至于一班则故意虚着，以备升入。其后蒙生年年续招，夏元瑮、邵裴子、许寿裳、蒋方震等都是蒙生。

课程以国文、英文、数学、理化为必修科。后来又加日文，可自由选读。实则国文程度均不甚相远。而所谓西学，也都是开始学习。

英文教本为《英文初阶》至《进阶》等，并读文法。算学自心算至代数，取材于《笔算数学》、《代数备旨》、《形学备旨》、《八线备旨》等。物理、化学所用教本，多译自英国中学教本。各人先以国文程度定班次。但英算等则可各按实际能力定其受课之班次。“故往往头班生而英算有入较低班次者，又有低班生而英算入较高班次者。”教课时间之排列，亦颇费周章。[②]

国文不重口讲，但由学生自阅。疑则发问，教师解答，往往有上课一小时而教师未发一言的。学生必须日作札记，每晚呈缴，教师批改。文课则各班每逢朔望试作。但外院之蒙生于此以外，尚有“加课”（初八、廿三）。教授国文者多为博学之士，如己亥年（一八九九）曾聘平阳宋恕（燕生，又号平子）主讲国文，宋先生博学强记，涉猎大藏，读《经世文编》，日三四本，且年事虽高而思想甚新。教学重启发，不为占哔。到校未一年而校风顿变。当时学生专心于国文者最多。国文课重自修，此等情形，至一九零六—八年而犹然。[③]

这里必然说到的，就是所谓“中学为体”的意见。我上面说“诂经精舍”对浙江学风影响宏远，但它最尚汉学。在这点上，求是书院却说不到。林启似颇重经济之学，但也注重修身正心，陆则常常叮咛“宋五子之书不可不读”，[④]特别要学生修习明朝理学家吕坤（省吾）所著

---

① 原注：一九四三年冬天李约瑟（Joseph Needham）来黔参观浙大，著文论述浙大各部所进行之科研工作，登载于著名之 Nature 杂志，盛称当时浙大之研究精钟，谓与剑桥等大学不相上下云。

② 原注：见赵继昌（东侯）《述求是书院史略》，浙大同学会会刊(1947)。

③ 原注：见钱均夫先生（家治）《求是书院之创设与其学风》，浙大同学会会刊(1947)。

④ 原注：此根据邵裴子先生所说。所谓五子是指周敦颐、邵雍、张载、二程。

之《呻吟语》。某君(内院生)不耐读此,在日记反映这种情绪,并批评学校政策,竟被除名。内院生中当时被除名者三人。

一九〇〇年林读芦泾遯士(即陶葆廉,字拙存)《求己录》而善之,广印累百帙,将以饷诸生,乃不久即病殁;书院继其遗志,将陶著广发学生诵习,为当时(按当已在庚子之后)"四种人人必读书"之一。其余三种为黄宗羲《明夷待访录》,严复所译赫胥黎《天演论》与曾胡文集。[①]

以言学风,当时学生敦品励行,在甲午与庚子之后,爱国热忱极度高涨。邵裴子先生说:"其时科举未废,若干举贡生监,及尚未预试之学子,舍此利禄必由之途而入学堂,习西学,此显然为后来接受革命思想之张本。"[②]庚壬之间(一九〇〇——一九〇二)校内曾组织励志社,[③]互相切砺。其具体工作为:(1)举办读书会,每周各人必读完一书,周六晚餐后相互报告,对低年级同学作讲演并举办文课。对外则认捐协购《白话报》,分送省市内外。(2)每星期日向附近茶馆讲解《白话报》,用抽签法推定,不得推诿。或且携带直观教具如地球仪、人种图等以资说明。(3)约附近私塾,劝用新式教本,免私塾学生缴学费,教薪则由社友集资供给,主其事者为汪嵚(曼峰)先生云。

邵先生分析求是创设之特点时,曾说求是"为浙江革命思想重要源泉之一。求是书院建立不过三年,而校内革命思想已蓬勃发展,后来参加革命的亦颇有其人,成为本省及全国革命史上不可磨灭之一部分"[④]。案庚子以后,章炳麟等在日本东京创刊《民报》、《复报》,鼓动革命。《訄书》与《浙江潮》亦于此时与世相见,对浙江人影响尤深。[⑤]

有两件事具体足纪者为:(1)蒋百里吊唐才常诗(一九〇〇唐在武汉谋起义不成殉难)与(2)史寿白之"罪辫文"[⑥],即上面说的励志社文课之一(应在一九〇一或一九〇二)。两事几兴大狱,幸赖监院等的斡旋,二人中蒋方震被派遣留学日本(为官费生,由陈请而由林决定),史则由同学集资助其出国,其事遂得以消弭于无形。

浙省光复时,周承菼任总司令,其后浙军攻克南京天堡城,史寿白时任江北提督参谋长,提兵来援。史、周均为求是学生,功成后相率退职。又如另一求是学生王嘉榘(维忱),曾参加一九〇六年萍浏革命之役,光复后缄口不言其事,此种态度,诚为难能。倘亦求是学风培养之功。

求是与高等历年负责人除林启、陆懋勋、陈汉第、劳乃宣已在上面说到外,自一九〇三年起,先后为陶葆廉(拙存,一九〇三)、陆懋勋(一九〇四)、项藻馨(兰生,一九〇五)、吴震春(雷川,一九〇六)、孙智敏(廑才,一九一〇)、邵裴子(一九一二)、陈大齐(柏年,一九一三)、胡壮猷(愚若,一九一四)。各期教师,国文有宋恕、张相、马叙伦、蒋麟振(再堂)、陈训正(屺怀)、魏仲车(友枋)、杨敏曾(逊斋)、陈去病(佩忍)、沈士远、沈尹默、沈祖绵等;历史有褚传诰

---

① 原注:见钱均夫《求是书院之创设与其学风》,浙大同学会会刊(1947)。

② 原注:此根据邵裴子先生所说。

③ 原注:此"励志社"与后来国民党所办的,名义偶然相同,不能混为一谈。

④ 原注:见钱均夫《求是书院之创设与其学风》,浙大同学会会刊(1947)。

⑤ 原注:项士元《杭州府中学堂之文献》。

⑥ 原注:钱均夫《杭州求是书院"罪辫文案"始末记略》,《近代史资料》1957年第1期。马叙伦《关于辛亥革命浙江省城光复记事的补充资料》,《近代史资料》1957年第1期,48—50页。

（九霄）、章嵚（菊绅）、鲁宗泰（朴臣）等；地理有张宗祥（阆声），心理有钱家治（均夫），数理有范振亚、谢成麟、胡□东等。西籍教师，除王令赓外，有亨培克（西史）、梅立卡、克伦德（理化）等；日籍教师，有铃木龟寿（博物）、辻安弥（外国史地）、元桥义敦（音乐）、富长德臧（体操）等。

学生中社会上知名的，除上述陈榥、何燏时、蒋方震、蒋尊簋等人外，有汤兆丰（书年）、李垕身、赵迺传（述庭）、朱其煇（内光）、邵振青（飘萍）、邵元冲、许祖谦（行彬）、堵福诜（申甫）、黄学龙（慈斋）、陈训恩（彦及、布雷）、张行简（稚鹤）、程万里（远帆）、邹铨（亚云）、何敬煌（西生）、徐永祚（玉书）、何炳松（柏丞）、徐守桢（崇简）、杨景桢（次廉）、朱起蛰（春洛）、郑宗海（晓沧）、祝文白（廉先）、冯贻箴（柳堂）、潘渊（企莘）、马公愚、陈仲陶、蒋絅裳（幸盦）、赵廷炳（丹若）等。

五、养正书塾

清光绪二十五年（一八九九），林启以圆通寺僧不守清规，为舆情指摘，乃逐去寺僧，就其寺改为养正书塾。因寺近英人梅藤更所办之广济医院，梅蓄意欲得之，扬言欲以情上达总署（总理衙门），务求遂愿。林说："夺佛以予耶稣，我所不为。"并以去就相争，养正书塾赖以创建。

时维新派方失败，反动势力高涨，清廷正令各省停止办学，故此校不得不用"书塾"之名，实际上完全是一个普通教育性质的学校。

校名虽曰"养正"（取《易经》"蒙以养正圣功也"之义），实为中等程度。那时一般人办理教育，一贯主张"中学为体，西学为用"，养正自不例外。

所设学科目为国文、小学（说文）、经学、修身、算术、历史、地理（主要讲《水经注》）；其后添格致、体操、英文、音乐。"小学"一科，旋不专立。初聘杨文莹（雪渔）任总理（校长），瑞安名宿陈黻宸（介石）为总教习。钟毓龙先生谓陈博学宏辩，学生翕然爱戴。曾因开除学生，杨、陈之间互有意见；陈说"总教习有一定职权"，杨则曰"总理自有权衡，教习无权干预"。陈以此辞职，师范生六人要求挽陈，并收回开除学生成命，不得，校内遂掀起风潮，此六人亦离校，中一人为马叙伦（夷初）先生。马退学后，遂往上海参加编辑杂志等工作。陈既去，杨亦向当道力辞，且剪去辫发，誓不复出。当时教员中尚有陈敬第（叔通）、汪希（叔明）、魏易等人。[1] 陈、汪任国文；魏即常为林纾口译英文小说的，任教英文。

一九〇一年十一月，养正改称杭州府中学堂。翌年浙江第一所私立中学——安定学堂成立，[2]又不久而"宗文义塾"改为宗文中学，可见养正在浙江的中等教育方面是具有开山之功的。

当时养正的程度与求是无多差别，因求是初办时，只设预科，是中等学校性质。惟求是内院生都为举贡生监。壬寅（一九〇二），求是（其时已改名浙江大学堂）派赴日本留学者十人，养正亦派五人，即陈蔗清、韩士弘、王凯旋、石铎与章某（名已佚，富阳籍）。二校科目既相同，师资亦多相通。

---

① 原注：节录钟稿《说杭州》教育一段，并见马叙伦《关于辛亥革命浙江省城光复记事的补充资料》，《近代史资料》(1957)第一期，50页。

② 原注：《杭州府志》(第十七学校四)。

后以政治和学制方面的各种变革，这校的体制也有复杂的变化，名称屡经变易，校舍一再迁移。一九〇一年(辛丑)改杭州府中学堂后，辛亥以后又改称浙江省立第一中学校。一九二三年，因学制改订，省立第一中学分为高初中两级，并行中师合校制，和省立第一师范学校(设在贡院)合并。师范专办后三年，程度同高中。一九二七年起高初中各独立设置，高中称省立杭州高级中学，设师范科，男女同学；初中设省立杭州初级中学，分男子部女子部。

一九三一年师范和女中仍各独立设置。省立杭州高级中学，设在贡院师范旧址，省立杭州初级中学设在河坊街，均兼收女生。一九三七年抗战军兴，冬间学校后撤，杭高、杭初均停办。翌年杭高、杭初与嘉、湖省中合组为联合中学，设在丽水之碧湖。

后联中又分设为联高与联初两校，直到抗战结束。一九四五年复员回杭，联高、联初结束，仍设杭高、杭初于原址，直到解放为止。至浙江省立一中的原校舍，一九二九年曾为民众教育实验学校所用，嗣又为私立树范中学所用，杭州沦陷期间，树范内迁，复员后，树范迁回原址，现改为杭州第九中学。

这一学校系统中所养成之人才是很多的。毕业生中再经深造而著名者，初期有姜立夫(数学)、金兆梓(文史)、项士元(文史)、蒋起龙(伯潜)、郑以真、徐志摩(原名章垿)、金秉时(润农)、张乃燕(君谋)、邱崇光(化学)等；后期有柴德赓(历史)、钟学椝(航工)、程裕琪(地质)、沈善坰(生物)、孙增爵(数学)、斯何晚(物理)。师资中除上述外，如张相(献之)在文史方面的造就，声闻全国；陈纯(柏园)教数学亦至精到，为门下所永久思念。[①]

六、追思

林启任杭州太守自丙申二月(一八九六)至庚子四月(一九〇〇)计凡四年。兴利除弊、维恐不及，尤以兴办三个重要教育机关为其最大政绩。林在世时，曾为孤山补植梅树百株。庚子春与某人作诗钟，有“为我名山留一席，看人宦海渡云帆”之句，知林启之对孤山，生前固曾欣赏。卒后，其家属本拟运柩归福州，杭人为纪念其功绩，商于诸孤留葬杭州。此事经年不决，后卒获谅解，留葬孤山。

杭人士为永其思念，陈汉第与邵章曾建议组织林社。立社公牍，由诸以观，樊嘉璋等领衔，项藻馨、蒋方震等亦列名，内称“社基四分六厘后面尚有空地六分七厘，并非民产，堪作佳城，因商诸林氏诸孤，共欲卜窀前山以妥先魄……”。其留葬之牍，则由樊嘉璋领衔，邵章、陈汉第、陈敬第、何燏时、许寿裳、马叙伦等均列名。社中列林神象，并刻其贤僚佐长乐高啸桐先生象附祀。

民十四年(一九二五)，印有《林社二十五周年纪念册》。内除刊有各种纪念文字三百篇外，并有林公遗象与不少大幅摄影。

每年四月二十日(农历)即林公忌辰，为社祭日。向由各校轮值，杭州高中、杭州初中、杭女中、蚕校、安定、宗文、树范等校均参加。其盛时到者或四五百人(连学生)。高等学校停办后，这一系统中久久无人参加。一九三六年本文编者曾应邀前往，稍申景慕，曾赋五律三首以纪(附录二)。当时蚕校陈石民校长曾向丝绸业方面募款，将以重建林社。会日寇犯境，停

---

① 原注：养正资料殊不多。除《杭州府志》与项士元《杭州府中学堂》等文献外，曾向北京马夷初先生函问，并托陈青士先生转向陈叔通先生查询，参证补充。又曾向斯何晚先生询问毕业生情形。

顿十年。复员后因通货膨胀，庀材施工，两均不易，至一九四八年重建工程方渐次观成。

解放后，张阆声（宗祥）先生任浙江图书馆长，张先生曾受知于林公，林社因请其作记，预备刻碑，但尚未果。

附录一　资料来源

这只是把六十年前浙江兴学史的一节——却也是主要的一节——留下一种比较系统的记录。虽距离现在为时不长，但中经八年抗日战争，文献损失殆尽，有许多事已不易查明。我从家乡来省会进浙江高等学堂肄业时（一九〇六年），离求是书院创办不过九年，遗闻佚事，得之口耳相传的，还有一些。本篇资料多须求之六十以上甚至七八十岁之耆旧，除浙江图书馆尚有《林公兴学纪念二十五周年纪念册》及《林公遗稿》抄本一册外，其余资料，多得自函询或面询，已分别在注中说明。本会陈训慈委员示以《浙江高等学堂校友会丁未（一九〇七）报告书》（内载浙高师生当时抗议清廷的浙路借款事殊详）及癸卯（一九〇三）六月劳乃宣《告学生语》均为难得史料，两种均存浙江文物管理委员会。关于蚕学馆部分资料，承朱新予委员多所是正。

稿成后，适家叔啸谷老人自家乡来杭，请其审阅一次。老人博闻强记，尤熟知清代掌故，年届古稀，明辨犹昔，阅后颇有所是正，并承其告知石门桐乡兴学事之一斑，以是有所增益，欣感至深。

附录二　孤山林公迪臣社祭赋五律三首(1936)

其一

为念民生事，蚕桑裕后昆。经纶拓黉宇，知识到荒村。
多士传衣远，千家挟纩温。茧丝流泽溥，何日绣平原？

其二

黄海熸师后，神州多难时。谋邦资卓识，兴学启新知。
求是悬标峻，呈功乐育滋。三山降霖雨，两浙仰人师。

其三

林社年年祭，星霜数十周。名山留一席，[1]大业著千秋。
裙屐来孤屿，香花供画楼。暮春当此日，追思满杭州。

《浙江文史资料选辑》编者按：本文是郑晓沧委员于一九五九年在杭大所写的科研论文，并于省政协举办建国十周年庆祝会上向党献礼，本选辑这次选登，曾略予删节。

政协浙江省委员会文史委编《浙江文史资料选辑》第1辑，浙江人民出版社1962年版

① 原注：即用林公语，故事见上“追思”。

(二)浙江大学堂与高等学堂

大学堂仿照山东省章程

(1901 年 12 月 25 日)

各省开办学堂,已有上谕严催,从速办理。至大学堂章程,山东袁抚台拟的,合着政务处的意思,又有上谕着各省一概仿照山东。山东的章程,大略是分三斋:一唤专斋,学专门的学问;一唤正斋,学高等普通的学问;一唤备斋,学寻常普通的学问。初开时没有专斋,只有正斋、备斋,等正斋学生学成,再立专斋。

《杭州白话报》第 20 期,光绪二十七年十一月十五日[①]

浙江巡抚任道镕为报全省书院遵旨改设学堂办理情形事奏折

(1902 年 1 月 22 日)

任道镕[②]

头品顶戴、浙江巡抚臣任道镕跪奏,为遵旨改设学堂,谨将办理大概情形恭折具陈,仰祈圣鉴事。

窃照光绪二十七年八月初二日内阁奉上谕:作育人才,端在修明学术,除京师已设大学堂应行切实整顿外,各省所有书院于省城均改设大学堂,各府、厅、直隶州均设中学堂,各州县均设小学堂,并多设蒙养学堂。其教法当以四书五经、纲常大义为主,以历代史鉴及中外政治为辅,务使文行交修,讲求实用。着各该督抚、学政切实通筹,认真举办,等因。钦此。仰见圣朝兴学育才,殷殷图治。跪诵之下,钦服莫名。伏维国势之强弱存乎人,人才之兴替视乎学。古昔盛时,州序党庠莫不以学为重。近日东西各国亦务广建学舍,以励群材,盖非预储于平时,必难收效于异日,方今急务莫先于此。

臣查浙江省垣前已奏设求是书院及增设养正书院,均系中西并课,粗具规模。臣督同司道筹议,即以求是书院改为省城大学堂,养正书院改为杭州府中学堂,又以崇文、紫阳两书院改设钱塘、仁和两县小学堂,整旧从新,另立规制。现因经费支绌,学生额数,大学堂先定一百二十名、中学堂一百名、小学堂五十名,均取自身家清白、年岁合格者,由地方绅董保送、考验、选充,定于来年正月间一律开办。又拟于省垣分设蒙养学堂,为幼童就学之地。其绅富有捐建者,并准随时禀明兴办,此改设省城学堂之大概情形也。

---

① 《杭州白话报》是综合性刊物,1901 年 5 月由项兰生在杭州创刊,主持编务者先后有林獬、孙翼中、陈叔通等。初为月刊,依次改为旬刊、周刊、三日刊,最后发展成日报。1904 年 1 月停刊。

② 任道镕(1823—1906),字筱沅,号寄鸥,江苏宜兴人,拔贡,历任当阳知县、顺德知府、开归陈许道、江西按察使、浙江布政使、山东巡抚、河道总督。1901 年调浙江巡抚,次年 1 月奏改求是书院为浙江大学堂。1902 年乞病归。

学堂既设，应议办法。查各学生由小学而入中学，由中学而入大学，有一定之阶级，即有一定之课程。小学堂习初级浅近学，中学堂习溥通学，大学堂习专门学，各按年限，依次毕业，循序递升。惟专门之学，因各学生造诣尚浅，无所取材，故大学先设正斋，未设专斋。各堂均延聘总理一人，分设中西学各教习，中教习课经史、政治等学，西教习课天算、地舆、测绘、格致、方言、体操等学。其大学堂事体较重，派委正监督一员，凡堂中一应事宜，皆以总理董其成。而监督亦随同稽察，并督率员司等经理银钱收支等事。务期条理精密，约束整齐，其余一切条规略仿山东章程。惟东省大学堂兼包中小两学，浙省则系各堂分设，情事稍异，不得不量加变通。此酌定学堂办法之大概情形也。

办法既定，应筹经费。查学堂经费较之书院应增至数倍，原有支款为数无多，现值库储奇绌，正项无可动支。查有各州县丁漕平余项下，经前抚臣廖寿丰奏明，提拨学堂经费钱五万串。旋因学堂未经开办，州县报解寥寥，兹已饬司实力催缴，为常年额支之需。而置备书籍、仪器，增建房屋工作，设立蒙养学堂与夫一切活支需费亦巨，难以预计，拟随时设法另筹。此办理学堂经费之大概情形也。

以上各端大致已有就绪，即当实力经营。至省外各府厅州县应建学堂，均饬就地筹款，次第举行，以广造就。窃谓居今日而言，学术必以中学为体，西学为用，明体达用，斯为成材。恭绎圣谕，以文行交修，讲求实用，淳淳垂训，实已揭教学之全规。今当立法之初，尤必预防流弊。凡有官师之责者，皆当勖勉诸生，共励躬行，原本忠孝，由是精研道艺，储为有用之才。若但知浮慕而趋向不端，剽取西学之皮毛以为逢时长技，偭规佚矩，贻患正多，此尤宜杜渐防微，力持于风俗波靡之会者也。

总理大学堂前吏部稽勋司主事劳乃宣、总理中学堂前贵州学政杨文莹，声望素孚，品学纯正，皆能本身作则，培植初基。现政务处核议学堂选举鼓励章程，业经奉旨允准，负笈之士益当争自磨濯，日新月异，以自奋于功名。臣当督同官绅等奉宣明诏，提倡士风，务求实学，以期仰副圣朝造士作人之至意。

所有浙省改设学堂办理大概缘由，除分咨政务处、礼部查照外，理合会同闽浙总督臣许应骙恭折具奏，伏乞皇太后、皇上圣鉴训示。

再，浙江学政由臣兼理，毋庸会衔。合并陈明。谨奏。

朱批：着照所拟章程切实办理，仍随时考核，期收得人之效。

光绪二十七年十二月十三日

中国第一历史档案馆编《光绪朝朱批奏折》第105辑第471—474页，中华书局1996年版

书院改设大学堂

（1902年2月19日）

杭州访事人云：浙江抚宪任筱沅中丞，钦遵谕旨，设立学堂，业将求是书院改作省城大学堂，由总理劳主政乃宣出示招考，已兆前报。嗣又通饬各属，将各府书院改为中学堂，各县书院改为小学堂，其向无书院者，另由县筹款兴办。杭州府宗子材太守奉札后，即将养正书塾改作本府中学堂，于去腊十二月二十四日出示招考，额取生徒一百名，一切规模均

如大学堂之式。仁、钱两邑尊亦拟将崇文、紫阳二书院改为小学堂。省城各书院除改设外,学海堂归孝廉肄业,诂经、敷文二书院仍照旧章,归诸生童考试,俾免寒士向隅。

《申报》1902 年 2 月 19 日

省设大学

(1902 年 2 月下旬)

求是学堂已改为省中大学堂,由任中丞请劳玉初主政为监理,委萧明府文绍为督办,立有招考章程,惟考期尚未择定。

《浙江五日报》第 1 期,光绪二十八年正月中浣[①]

浙江大学堂

(1903 年 10 月 10 日)

定名	浙江大学堂原名求是书院,继改为大学堂
地址	蒲场巷
建设人	官立,前浙江巡抚廖寿丰创设
管理人	劳乃宣,桐乡人
驻堂办事人数	提调一(官),副办一(绅),收支一(官),副收支一,文案一,书记一,总司书一,副司书一,监舍一,庶务一
教习人数	中文四,英文三,日文正一副一,算学正一副一,理化一,体操一,督课一
学级	高等豫备科
建立年月	丁酉四月求是书院开学,辛丑十月更名大学堂
每年经费	二万七千两
学费	不收
膳金	每月两元四角由学生自缴

① 《浙江五日报》为浙江地方刊物,1902 年 2 月在杭州创刊,五日刊,浙报馆编辑、发行,1902 年 4 月更名为《浙江新政交儆报》,栏目有谕旨、交涉、新闻、论说、奏议等。

续 表

学额	定额一二十人，现未开学，能否足额未详
仆人	三十余人

《浙江潮》第八期《调查会稿》，癸卯年八月二十日①

项藻馨致汪康年函（节选）
（1905 年 2 月 6 日）

穰卿先生大人阁下：

……

安定学生，去年十月毕业给凭时，自中丞以下均到堂，且为演说，甚是热闹。本年正月廿二，将由学台会同复试，给予出身，想先生亦闻而欣然也。弟合同已于去年九月期满，今年高等学堂大更章，弟允暂为帮忙半年，而安定事仍兼摄，惟两边均不订合同耳。

高等学堂今年停办两月，旧时之教习、学生一概不留，章程现须一律更易，拟先办初级师范及预备科两种；此外于省城试设初级小学堂十所。款项本甚充裕，惟中国旧习，好铺门面，不肯脚踏实地。其实小学、中学未齐，何处收高等之学生，况乎并教习且无从延聘邪？此意中丞却甚赞成，故现在决意停办高等科，如果办有成效，两年以后，庶有豸乎？

现在冕侪先生任监督之职，弟任副办之职，事烦任重，把握全无，惟以桑梓间事负得一分力，便做得一分事，冒险图之，斯已耳。

官办学堂较私办学堂，其难处奚啻十倍：（一）地大屋散，太不合学校管理法，废弃不可，敷衍又甚难；（二）款项充足，人人皆知之，人人皆议论及之，迨一入学堂，人人皆有应享利益之思想，至上课之钟点，尤以愈少为妙；（三）高等负腐败名久矣，外人之谈论者，一闻高等即加唾骂，故将来障碍亦正不少。以上情形，此刻必须事事更易，怨声当不可限量矣。

先生今年南旋否？都中拟干何事，便乞赐示。惟望同志中于都城渐握教权，庶吾辈素愿，或有可纾之一日耶？学务处既属官办，一无所为，他省尚延参议等人入赞学务，吾浙并此而无之，虽然即聘参议，于事亦决其必无济也，风便尚乞时惠箴言，感盼无极。专此，敬请道安，并贺新禧。弟制项藻馨顿首。新正初三日。

《汪康年师友书札》（三）第 2247—2248 页

① 《浙江潮》为社会综合性刊物，1903 年 3 月浙江留日同乡会在东京创刊，月刊，约在 1903 年底停刊，由孙翼中、蒋方震、王嘉榘、蒋智由、许寿裳等编辑，栏目有社说、论说、学术、大事、时评、杂录、文苑、记事、小说、调查会稿、学术、大势等。

呜呼！浙江高等学堂之怪现状

(1905 年 5 月 28 日)

浙江高等学堂,初名求是书院,易名为大学堂,去春始变而为高等学堂。总理陶某,人甚开通,惜乏治事之才,故规模虽具,而内容未备。于是更陆勉斋为总理。陆系求是之创始人,且尝鸣于人曰:吾不为高等学堂之总理则已,否则必力图改良,以达吾志。故陆为总理,浙人莫不崇拜欢迎,以为浙之学界必大有可观。且以浙人办浙事,更无隔膜之虑。庸讵知数月以来,崇拜者忽变而为痛恶,欢迎者忽变而为怨望。推原其故,盖陆之所行与所言,竟成为一反比例矣。夫学堂以学生为主人,以总理为公仆。易总理易,而易学生难,因学生乃学堂之根本也。故办一学堂,求总理易,求学生难,而求有成效之学生更难。然则,浙江高等学堂之总理虽易,而学生固可无恙也,孰知天下事竟有大谬不然者,陆某以旧生程度尚高,难于压制,借词甄别,一概斥除,吾不信,百余人中竟无一可取之材。吾又不信,数年来所教育学生,竟无一可用之材。况其所取之新生苟优于旧生,尤有说也,而其所取者,大都宽袍阔袖,腐气俨然,甘受呼叱,毫无敢怨。呜呼！是奴隶也而已矣,何学生之有哉！所谓改良者其在是。呜呼！吾痛浙江年费数万金之巨矣,而徒设一制造奴隶厂而已。他若修房屋而壮形色,减教习修金而为节费,收用私人而保名誉,种种作为,无非禁固学生之知识,保存一己之私利而已。呜呼！是市侩也,浙江何不幸而有此市侩,浙江之高等学堂何不幸而有市侩之总理！况今暑假将届,而高等学堂尚无开课之期,远道就学者,旅费既尽,质衣度日。呜呼！是陷阱也,浙江何不幸而有陷阱之学堂。或曰陆某本一庸人,学问既无,知识又陋,操纵左右而为其主动力者,乃安定学堂之总理,高等学堂之总教习项兰生也。呜呼！是木偶也。浙江何不幸而有此木偶之总经理？嗟乎陆某吾不足责,所可怪者,浙中之表表者,始则执公议以詈陆,继则为陆所利用,且从而附和之。呜呼！是帮闲客也,浙江何不幸而有此帮闲客。种种原因,结成此果,人何不幸而生浙江？何不幸而为浙江高等学堂之学生？呜呼！予欲无言。

《大陆》第三卷第 6 期,光绪三十一年四月二十五日[①]

禀请推广高等学堂

(1905 年 10 月 31 日)

浙省高等学堂监督陆太史懋勋,邀集士绅具禀抚院,拟以该学堂移入贡院,推广正额至五百名,并师范传习所、高等初等小学堂,均拟增额至一千名以上,开支款项,即在原有之科场经费项下提拨等情,求请代奏,未知能允准否也。

《申报》1905 年 10 月 31 日

---

① 《大陆》是晚清宣传革命的报刊,1902 年 12 月由归国留日学生戢翼翚、秦力山、杨廷栋等在上海创办,作新社图书局出版。第一、二卷为月刊,从第三卷起改为半月刊。约 1906 年 1 月停刊。

浙江高等学堂丁未年第一学期综计表

(1907年12月15日)

总表

校地 坐落何地 校舍若干	本堂坐落省城内仁和县境东里上四图,地名蒲场巷,所有校舍,计头门三间,礼堂五间,讲堂十座,会食堂两处,事务室二间,监督、教员、办事员住室二十八间,学生自习室二十二间,学生寝室三十五间,图书仪器室十四间,养病室十间,浴室八间,其余各室共计五十间,总共一百九十五间,又有体操场二所
沿革 何时开学 现几学期	本堂原为求是书院,于光绪二十三年四月创设,至二十七年十月改称浙江大学堂,二十九年十一月改称浙江高等学堂,三十一年二月分设师范完全科、高等预备科,均自六月留学期满后起算,定为三年六学期毕业。又于是年四月附设师范简易科,定为一年两学期毕业。现在师范完全科、高等预备科二年生均届第四学期,预备科一年生届第二学期,师范简易科第三班现届第二学期,应于本年四月毕业
职任 管理何人 教员几人	监督一人,教务长一人,各教务员十七人,办事员十人
学额 原定几人 现有几人	原定四百名,现有三百零二名,四月间师范简易科第三班生五十五名,毕业后拟再添招预备科新班生一百二十名
选录 或系招考 或由升送	前因各府中学堂尚无毕业升送之人,高等正科势难躐等办理。因仿照京师大学堂之例,分设高等预备科,系照中学程度;师范完全科,系照初级师范程度。所有学生多系原在本堂肄业之人,嗣后陆续招考,并行文各府升送,均取其普通科学已有门径,或在中学有一二年程度者,俟明年预备科第一级毕业,彼时各府中学堂应亦有毕业升送之人,即当开办正科,停招预科
学级 甲、乙等班 各有几人	师范完全科、高等预备科均分三级,以两学期为一年级。现在完全科有二年级一班,计三十八名;预备科二年级甲班五十名,乙班四十八名;一年级甲班六十名,乙班五十名;师范简易科第三班五十五名
经费 入数若干 出数若干	每年于藩库领取常年经费银三万九千二百元,除发付两等小学一万元外,实归本堂二万九千二百元,计每学期一万四千六百元,每学期额活支一万四千二百七十元零四角,但如修理校舍、添置教育用品等,均不在内

职员教员表

姓名	籍贯	职任	出身
吴震春	浙江杭州府钱塘县人	监督	戊戌科进士,翰林院庶吉士
王嘉榘	浙江嘉兴府秀水县人	教务长兼日文教员	附生,日本早稻田大学留学生
魏友枋	浙江宁波府慈溪县人	国文兼经学修身教员	癸卯科举人
沈毅	浙江湖州府归安县人	国文经学教员	附生
陈棠	浙江杭州府钱塘县人	国文经学教员	庚子辛丑恩正并科举人
范耀雯	浙江杭州府仁和县人	历史教员兼监学	癸卯科举人

续 表

姓名	籍贯	职任	出身
张宗祥	浙江杭州府海宁州人	地理教员	癸卯科举人
铃木珪寿	日本国人	教育学兼博物教员	日本高等师范学校毕业生
寿昌田	浙江绍兴府山阴县人	通译助教员	日本振武学校毕业生
辻安弥	日本国人	教育学兼外国史地理教员	日本高等师范学校毕业生
韩永康	浙江杭州府仁和县人	通译助教员	日本高等师范学校毕业生
郦寅道	浙江绍兴府会稽县人	化学兼算学教员	杭州育英书院毕业生
丁文芑	江苏苏州府吴江县人	算学教员	附生
马渭清	浙江绍兴府会稽县人	算学教员	杭州育英书院毕业生
孙显惠	浙江杭州府仁和县人	英文教员	上海约翰书院毕业生
包敦善	浙江湖州府归安县人	图画教员	附生
吴昌言	江苏江宁府上元县人	图画兼体操教员	浙江武备学堂毕业生
富长德藏	日本国人	体操教员	日本体操学校毕业生
元桥义敦	日本国人	音乐教员	日本音乐学校毕业生
王鸿度	浙江杭州府富阳县人	教务兼监学员	生员,求是书院学生,候选县丞
韩传鼎	浙江杭州府钱塘县人	庶务员	生员
张大钧	江苏太仓州嘉定县人	文案员	廪生
郑履征	浙江杭州府仁和县人	会计员	生员
杨际青	浙江杭州府钱塘县人	书记员	生员
张景星	浙江杭州府钱塘县人	掌书兼书记员	生员
陆永清	浙江杭州府仁和县人	师范科检察员	生员
陈开第	浙江杭州府仁和县人	预备科检察员	生员
郑衔华	浙江嘉兴府桐乡县人	预备科检察员	廪生
喻汝敬	浙江湖州府乌程县人	师范简易科检察员	生员

学生表

姓名	年龄	籍贯	学级	学年	分数
李福年	二十岁	浙江富阳县	师范完全科	第二年	八五.二一
何敬煌	二十三岁	浙江山阴县	同上	同上	八一.三五
黄寿曾	二十二岁	浙江钱塘县	同上	同上	七九.九二
陆左升	二十二岁	浙江余姚县	同上	同上	七九.四二
金殿华	二十岁	浙江宁海县	同上	同上	七八.五七

续 表

姓名	年龄	籍贯	学级	学年	分数
王凝	二十二岁	浙江瑞安县	同上	同上	七七.五七
陶赞峣	二十四岁	浙江永嘉县	同上	同上	七五.七一
蔡锡侯	二十二岁	浙江海盐县	同上	同上	七五.七一
裘嗣芬	二十五岁	浙江嵊县	同上	同上	七五.七一
张德海	二十二岁	浙江余姚县	同上	同上	七三.五七
孙献琛	二十一岁	浙江富阳县	同上	同上	七二.三五
楼凤仪	二十二岁	浙江永康县	同上	同上	七一.四三
江布瀛	二十四岁	浙江永嘉县	同上	同上	七一.二一
程祥芝	二十二岁	浙江西安县	同上	同上	七一.〇〇
席鸿	二十二岁	浙江钱塘县	同上	同上	七〇.七一
陈景銮	二十七岁	浙江浦江县	同上	同上	七〇.二一
徐浩然	二十一岁	浙江常山县	同上	同上	六九.三五
徐桂森	二十岁	浙江太平县	同上	同上	六九.〇七
李钟鹏	二十五岁	浙江东阳县	同上	同上	六八.四二
周冕	二十四岁	浙江平阳县	同上	同上	六八.三二
胡绪昌	二十一岁	浙江永康县	同上	同上	六七.五〇
孙鹏	二十一岁	浙江富阳县	同上	同上	六七.四二
堵福诜	二十三岁	浙江会稽县	同上	同上	六七.二八
金学俨	二十三岁	浙江安吉县	同上	同上	六七.二一
胡立	二十三岁	浙江富阳县	同上	同上	六七.〇七
王会云	二十六岁	浙江东阳县	同上	同上	六六.〇七
周锡飞	二十三岁	浙江钱塘县	同上	同上	六六.〇〇
范宗成	二十二岁	浙江乌程县	同上	同上	六五.七一
王景韶	二十六岁	浙江海宁州	同上	同上	六五.六四
李寿鹤	二十二岁	浙江临海县	同上	同上	六四.九二
徐祖谦	二十七岁	浙江海宁州	同上	同上	六四.九二
朱凤岐	二十六岁	浙江青田县	同上	同上	六四.五〇
朱善芳	二十四岁	浙江上虞县	同上	同上	六四.一四
徐霖	二十二岁	浙江西安县	同上	同上	六三.〇〇
徐伦选	二十五岁	浙江永康县	同上	同上	六二.七一
刘沅	二十二岁	浙江仁和县	同上	同上	六一.七一

续 表

姓名	年龄	籍贯	学级	学年	分数
吴光明	二十七岁	浙江诸暨县	同上	同上	六一.二八
史纶	二十二岁	浙江富阳县	同上	同上	五八.二一
朱其煇	二十三岁	浙江山阴县	高等预备科二年级甲班	第二年	五七.一四
祝文白	二十岁	浙江西安县	同上	同上	八三.四八
邵家驹	十八岁	浙江钱塘县	同上	同上	七九.八三
汪润	二十岁	浙江兰溪县	同上	同上	七八.八三
傅典祖	十八岁	浙江义乌县	同上	同上	七八.〇八
徐诵明	二十岁	浙江新昌县	同上	同上	七七.五〇
傅典徽	二十岁	浙江义乌县	同上	同上	七七.四一
赵迺传	十七岁	浙江钱塘县	同上	同上	七七.〇〇
邱合璞	二十岁	浙江归安县	同上	同上	七七.〇〇
郑钧	十九岁	浙江归安县	同上	同上	七五.八三
邵锡濂	二十一岁	浙江东阳县	同上	同上	七五.八三
孙乃澍	十九岁	浙江石门县	同上	同上	七五.五〇
刘庆棠	十九岁	浙江金华县	同上	同上	七四.六六
林宗强	二十岁	浙江泰顺县	同上	同上	七四.七七
陈中	二十岁	浙江山阴县	同上	同上	七四.五〇
朱德熙	二十岁	浙江归安县	同上	同上	七四.八三
陆朝儁	二十岁	浙江富阳县	同上	同上	七四.〇〇
何寿棨	二十岁	浙江山阴县	同上	同上	七三.九一
龚炳鸿	二十岁	浙江义乌县	同上	同上	七三.五〇
毛云鹄	二十岁	浙江江山县	同上	同上	七三.五〇
蔡煜	二十岁	江苏无锡县	同上	同上	七二.八三
郑锡纯	十九岁	浙江平阳县	同上	同上	七二.一六
郭衡	二十岁	浙江瑞安县	同上	同上	七二.一六
郭宗礼	十九岁	浙江钱塘县	同上	同上	七二.〇八
张景豪	二十岁	浙江龙游县	同上	同上	七一.四一
莫善诚	二十岁	浙江德清县	同上	同上	七〇.六六
黄征祥	十七岁	浙江桐乡县	同上	同上	七〇.四一
金三品	十八岁	浙江仁和县	同上	同上	七〇.〇八
张行简	二十二岁	浙江钱塘县	同上	同上	六九.八三

续　表

姓名	年龄	籍贯	学级	学年	分数
管豹清	二十岁	浙江西安县	同上	同上	六九．二五
恩良	二十岁	浙江驻防	同上	同上	六八．三三
王黼裳	十八岁	浙江钱塘县	同上	同上	六八．八三
周承闳	二十岁	浙江海宁州	同上	同上	六七．八三
沈鲁	二十一岁	河南固始县	同上	同上	六七．七五
汪德钧	十七岁	安徽休宁县	同上	同上	六七．七五
郑斌	十七岁	浙江嘉善县	同上	同上	六七．七五
范保瑞	二十岁	浙江鄞县	同上	同上	六七．三三
连煦	二十岁	浙江驻防	同上	同上	六六．〇八
项沅源	十九岁	浙江瑞安县	同上	同上	六六．八三
陆承辂	二十岁	浙江山阴县	同上	同上	六六．三三
沈昌言	十八岁	浙江余姚县	同上	同上	六六．〇八
方谦	二十岁	浙江平阳县	同上	同上	六五．三五
王镇雄	二十岁	浙江仙居县	同上	同上	六四．七〇
韩华	二十岁	浙江奉化县	同上	同上	六三．九一
王宝銮	十九岁	浙江青田县	同上	同上	六一．八三
柯国璋	十九岁	浙江太平县	同上	同上	五七．一二
仇同	二十一岁	浙江瑞安县	同上	同上	
孙士琦	二十岁	浙江仁和县	同上	同上	
施仁荣	十七岁	浙江余姚县	同上	同上	
王子让	十七岁	浙江奉化县	同上	同上	
程凤鸣	二十一岁	浙江德清县	高等预备科二年级乙班	第二年	七四．七五
陈训恩	十八岁	浙江归安县	同上	同上	七四．五八
叶正荣	十九岁	浙江仁和县	同上	同上	七四．〇八
张家福	十七岁	浙江仙居县	同上	同上	七二．六六
高克潜	二十岁	浙江仁和县	同上	同上	七一．五〇
胡静澜	二十岁	浙江德清县	同上	同上	七〇．〇八
傅迺谦	二十岁	浙江山阴县	同上	同上	六九．七五
陈表	二十岁	浙江天台县	同上	同上	六九．三三
迎福	十九岁	浙江驻防	同上	同上	六九．〇〇
胡自南	二十岁	浙江汤溪县	同上	同上	六八．五〇

续 表

姓名	年龄	籍贯	学级	学年	分数
秦崇诚	二十岁	湖北汉川县	同上	同上	六七.五〇
朱国辅	二十岁	浙江海宁州	同上	同上	六七.四一
陈赞襄	十六岁	浙江诸暨县	同上	同上	六七.二五
俞馥	十九岁	浙江新昌县	同上	同上	六六.一六
楼钟泽	二十岁	浙江永康县	同上	同上	六五.八三
胡经	二十岁	浙江瑞安县	同上	同上	六四.五八
张文藻	二十岁	浙江仁和县	同上	同上	六四.一七
蒋灏	十八岁	浙江寿昌县	同上	同上	六四.〇〇
江汉声	十八岁	浙江奉化县	同上	同上	六三.五八
张逢源	十九岁	浙江仙居县	同上	同上	六二.八三
吕安良	十七岁	浙江新昌县	同上	同上	六二.五〇
胡善偁	二十岁	安徽歙县	同上	同上	六二.三三
叶良玺	十八岁	浙江仁和县	同上	同上	六二.〇〇
朱鸿儒	十八岁	安徽歙县	同上	同上	六一.八三
孙崇华	二十一岁	浙江诸暨县	同上	同上	六一.七五
孙增雯	二十岁	浙江富阳县	同上	同上	六一.五〇
朱鸿达	十九岁	安徽歙县	同上	同上	六一.七七
许思重	二十岁	浙江天台县	同上	同上	六一.八三
徐卓天	二十岁	浙江镇海县	同上	同上	六〇.八三
姚文治	十六岁	浙江德清县	同上	同上	六〇.五〇
钟善继	二十三岁	江苏江都县	同上	同上	五九.三三
徐藩	十八岁	浙江富阳县	同上	同上	五七.七七
盛际唐	十九岁	浙江仁和县	同上	同上	五八.七七
王庆槐	二十岁	浙江汤溪县	同上	同上	五八.三三
胡勤昌	十九岁	浙江江山县	同上	同上	五六.一七
姚涞	十九岁	浙江仁和县	同上	同上	五五.六六
吴福保	十九岁	浙江仁和县	同上	同上	五五.四一
吕应惠	十九岁	江苏阳湖县	同上	同上	五五.〇〇
陈其绪	十八岁	浙江石门县	同上	同上	五二.四一
虞振韶	二十岁	浙江镇海县	同上	同上	五一.五〇
侯文鳞	十九岁	浙江仁和县	同上	同上	五〇.〇〇

续 表

姓名	年龄	籍贯	学级	学年	分数
陈昂	二十岁	浙江钱塘县	同上	同上	四八.四一
应保岐	十八岁	浙江缙云县	同上	同上	四六.〇〇
马如飞	十九岁	浙江余姚县	同上	同上	四五.五〇
陈赞尧	二十岁	浙江诸暨县	同上	同上	三六.八三
朱鸣銮	十七岁	安徽休宁县	同上	同上	
汤存伯	二十一岁	浙江归安县	同上	同上	
冯家枏	十九岁	浙江余姚县	同上	同上	
徐守桢	十七岁	浙江归安县	高等预备科一年级甲班	第一年	八〇.三二
程万里	十九岁	浙江山阴县	同上	同上	七八.九一
胡时铎	十八岁	浙江兰溪县	同上	同上	七八.三三
应治良	十五岁	浙江嵊县	同上	同上	七八.四一
洪学范	二十岁	浙江新城县	同上	同上	七八.三一
丁宝华	二十岁	江苏武进县	同上	同上	七八.〇〇
郑宗海	十五岁	浙江海宁州	同上	同上	七八.〇〇
邵憇	十八岁	浙江山阴县	同上	同上	七七.六六
张世禄	十九岁	浙江桐庐县	同上	同上	七六.五八
邵骥	十八岁	浙江山阴县	同上	同上	七五.八三
方钟	十八岁	浙江於潜县	同上	同上	七五.六六
卢宗孚	十七岁	浙江海盐县	同上	同上	七五.二五
叶广梁	二十岁	浙江仁和县	同上	同上	七五.一六
谢成	十九岁	浙江山阴县	同上	同上	七四.四一
来复泰	十八岁	浙江萧山县	同上	同上	七三.五〇
喻进修	十九岁	浙江嵊县	同上	同上	七三.三三
朱起蛰	十六岁	浙江钱塘县	同上	同上	七二.二五
周维磊	十八岁	浙江诸暨县	同上	同上	七二.一六
许森鑅	十七岁	浙江海宁州	同上	同上	七一.八三
胡岳	二十岁	浙江会稽县	同上	同上	七一.七五
唐世潍	十八岁	浙江仁和县	同上	同上	七一.四一
唐溢声	十七岁	浙江兰溪县	同上	同上	七一.一六
陆钟骏	十八岁	浙江钱塘县	同上	同上	七一.〇八
孙瑸	十八岁	浙江黄岩县	同上	同上	七〇.七五

续 表

姓名	年龄	籍贯	学级	学年	分数
傅相高	十八岁	浙江萧山县	同上	同上	七〇.二五
毛鳞	十八岁	浙江永嘉县	同上	同上	七〇.〇八
长宝	十九岁	浙江驻防	同上	同上	六九.六六
聂登颐	二十岁	浙江常山县	同上	同上	六九.五〇
楼永锦	二十岁	浙江嵊县	同上	同上	六九.五〇
俞曹沧	十七岁	浙江海宁州	同上	同上	六九.二五
陈绍先	十九岁	浙江萧山县	同上	同上	六九.〇八
谢迺绩	二十岁	浙江山阴县	同上	同上	六九
毛作孚	二十一岁	四川华阳县	同上	同上	六八.九二
沈养之	十八岁	浙江会稽县	同上	同上	六八.九一
张泰昌	十九岁	浙江钱塘县	同上	同上	六八.八三
尤希文	十九岁	浙江黄岩县	同上	同上	六八.七五
陈元豫	十六岁	浙江会稽县	同上	同上	六八.五〇
沈沛恩	十九岁	浙江会稽县	同上	同上	六八.九一
喻邦卿	十九岁	浙江嵊县	同上	同上	六七.九一
顾绍曾	十八岁	江苏镇洋县	同上	同上	六七.九一
沈尔昌	十九岁	浙江山阴县	同上	同上	六七.五八
俞溥田	二十岁	浙江山阴县	同上	同上	六七.五〇
富杰	十七岁	浙江青田县	同上	同上	六六.七五
陆□	十六岁	浙江仁和县	同上	同上	六六.三三
贾嶷	十八岁	浙江瑞安县	同上	同上	六四.五八
裕康	十九岁	浙江驻防	同上	同上	六三.五八
施垓	二十一岁	浙江乐清县	同上	同上	六三.三三
贾凯	十九岁	浙江瑞安县	同上	同上	六二.九一
沈孟养	十五岁	浙江萧山县	同上	同上	六一.五〇
陈文鼎	二十岁	浙江缙云县	同上	同上	六〇.八三
牟震中	十六岁	浙江黄岩县	同上	同上	六〇.七五
赵萃铨	十九岁	浙江萧山县	同上	同上	五八.四一
李学濬	十九岁	浙江仁和县	同上	同上	五三.八三
罗向辰	二十岁	浙江乌程县	同上	同上	五三.五八
枣懋修	十七岁	浙江黄岩县	同上	同上	五二.八三

续　表

姓名	年龄	籍贯	学级	学年	分数
锡瓒	十八岁	浙江驻防	同上	同上	四九.〇〇
陶钧	十九岁	江苏上元县	同上	同上	四六.五〇
渭熊	二十岁	浙江驻防	同上	同上	四六.〇〇
查征辙	十七岁	浙江海宁州	同上	同上	一五.七五
孙承诰	十八岁	浙江富阳县	同上	同上	〇八.七五
叶宗寅	十九岁	浙江余姚县	高等预备科一年级乙班	第一年	
袁作佩	十八岁	浙江奉化县	同上	同上	
陈芳瑞	十八岁	浙江鄞县	同上	同上	
丁绍桓	十九岁	浙江金华县	同上	同上	
何炳松	十七岁	浙江金华县	同上	同上	
杨景桢	十九岁	浙江秀水县	同上	同上	
寿景伟	十七岁	浙江诸暨县	同上	同上	
俞景镂	十八岁	浙江嵊县	同上	同上	
顾振常	十九岁	浙江海宁州	同上	同上	
严彭龄	二十岁	浙江奉化县	同上	同上	
蒋庚先	十八岁	浙江富阳县	同上	同上	
俞定	二十岁	浙江诸暨县	同上	同上	
周大昕	二十一岁	浙江上虞县	同上	同上	
潘忠甲	十八岁	浙江海宁州	同上	同上	
章恒性	二十岁	浙江富阳县	同上	同上	
潘荣	十八岁	浙江于潜县	同上	同上	
冯寿梅	二十岁	浙江上虞县	同上	同上	
邢澍南	十九岁	浙江嵊县	同上	同上	
岳昌烈	十八岁	浙江嘉兴县	同上	同上	
梅昌祚	二十岁	浙江秀水县	同上	同上	
牟秉秀	二十一岁	浙江黄岩县	同上	同上	
冯步青	二十五岁	浙江上虞县	同上	同上	
陈济	十八岁	浙江萧山县	同上	同上	
王思敬	十八岁	浙江归安县	同上	同上	
符恺生	十八岁	浙江余姚县	同上	同上	
黄维中	二十一岁	浙江瑞安县	同上	同上	

续 表

姓名	年龄	籍贯	学级	学年	分数
汪秋亭	十八岁	江苏宜兴县	同上	同上	
邢寿民	十九岁	浙江嵊县	同上	同上	
张鳞书	十七岁	浙江东阳县	同上	同上	
孙从元	十九岁	浙江奉化县	同上	同上	
凌昌炎	十九岁	安徽怀远县	同上	同上	
王时应	十九岁	浙江余姚县	同上	同上	
周观颜	十七岁	浙江嵊县	同上	同上	
徐瞻淇	十九岁	浙江江山县	同上	同上	
毛宝玺	十七岁	浙江桐乡县	同上	同上	
范煜泰	十九岁	浙江钱塘县	同上	同上	
严祖荣	二十岁	浙江海盐县	同上	同上	
吕惠	二十岁	浙江丽水县	同上	同上	
杜文治	十七岁	浙江余姚县	同上	同上	
马义新	十七岁	浙江石门县	同上	同上	
裘守慈	二十岁	浙江奉化县	同上	同上	
陶家骏	二十岁	浙江秀水县	同上	同上	
郑思济	十九岁	浙江嘉兴县	同上	同上	
蔡文彪	十八岁	浙江石门县	同上	同上	
王绍谷	二十岁	安徽歙县	同上	同上	
熙耀	二十岁	浙江驻防	同上	同上	
张受均	二十岁	浙江嘉善县	同上	同上	
阮凯	十七岁	浙江山阴县	同上	同上	
李尧栋	二十二岁	浙江定海县	同上	同上	
孙绳武	十九岁	浙江富阳县	同上	同上	
王维熊	二十七岁	浙江钱塘县	师范简易科	第一年	八〇.一八
朱鄂基	二十六岁	浙江余姚县	同上	同上	八〇.一二
陆兆麟	二十六岁	浙江萧山县	同上	同上	七九.六六
谢廷干	二十岁	浙江会稽县	同上	同上	七九.〇〇
徐毅	十八岁	浙江黄岩县	同上	同上	七八.四〇
吴嵘	二十四岁	浙江秀水县	同上	同上	七七.二〇
葛敬常	二十五岁	浙江秀水县	同上	同上	七六.六〇

续 表

姓名	年龄	籍贯	学级	学年	分数
楼启愚	二十二岁	浙江诸暨县	同上	同上	七五.九三
顾华钟	二十二岁	浙江武义县	同上	同上	七五.二〇
徐楚善	二十八岁	浙江德清县	同上	同上	七五.〇〇
蔡祖培	二十九岁	浙江德清县	同上	同上	七三.九三
陈泳涛	十七岁	浙江秀水县	同上	同上	七三.八六
韩鸿逵	二十六岁	浙江萧山县	同上	同上	七三.八六
张绍周	十八岁	浙江秀水县	同上	同上	七一.八六
孟宗邹	二十岁	浙江义乌县	同上	同上	七一.八二
管之楫	十九岁	浙江黄岩县	同上	同上	七一.六六
秦衡	二十六岁	浙江临海县	同上	同上	七一.六〇
王必达	二十岁	浙江汤溪县	同上	同上	七一.六〇
冯毓桑	十九岁	浙江临海县	同上	同上	七一.四六
胡绍瑗	二十一岁	浙江仙居县	同上	同上	七一.四〇
傅葆荫	十九岁	浙江萧山县	同上	同上	七一.二六
何锡章	二十五岁	浙江江山县	同上	同上	七〇.七三
周棠	二十五岁	浙江西安县	同上	同上	七〇.六六
应澄清	二十七岁	浙江永康县	同上	同上	七〇.三三
袁锵金	十八岁	浙江天台县	同上	同上	七〇.〇〇
程致远	十九岁	浙江遂昌县	同上	同上	六九.九三
沈壬林	二十一岁	浙江乌程县	同上	同上	六九.九三
黄盱球	二十六岁	浙江会稽县	同上	同上	六九.八六
胡侯锡	二十二岁	浙江永康县	同上	同上	六九.四六
郑祖康	二十四岁	浙江丽水县	同上	同上	六九.一三
项宗	二十九岁	浙江缙云县	同上	同上	六九.〇〇
周朝昌	二十五岁	浙江永康县	同上	同上	六八.七三
潘清	二十五岁	浙江新昌县	同上	同上	六八.五三
谢绍封	十九岁	浙江临海县	同上	同上	六八.〇〇
田嘉禾	二十五岁	浙江山阴县	同上	同上	六七.六〇
卢振雍	二十一岁	浙江永康县	同上	同上	六七.四〇
陈臯	二十五岁	浙江东阳县	同上	同上	六七.四〇
应亮	三十岁	浙江缙云县	同上	同上	六七.四〇

续 表

姓名	年龄	籍贯	学级	学年	分数
沈启熙	二十四岁	浙江桐乡县	同上	同上	六七.二六
周仲钧	二十三岁	浙江秀水县	同上	同上	六五.八六
王时迈	二十一岁	浙江诸暨县	同上	同上	六五.七三
林同	二十岁	浙江瑞安县	同上	同上	六五.二六
孙宗奭	二十三岁	浙江武义县	同上	同上	六五.二〇
夏廷荣	二十一岁	浙江钱塘县	同上	同上	六四.八六
陈强	二十四岁	浙江永嘉县	同上	同上	六四.一三
来之翰	二十三岁	浙江萧山县	同上	同上	六三.二六
陈瑛	二十三岁	浙江永嘉县	同上	同上	六二.四六
胡起岐	十九岁	浙江东阳县	同上	同上	六二.四〇
胡嘉镐	二十三岁	浙江镇海县	同上	同上	六〇.五三
唐世荣	二十岁	浙江仁和县	同上	同上	五九.九三
金玉章	二十八岁	浙江嘉兴县	同上	同上	五九.五三
刘焕	二十岁	浙江青田县	同上	同上	五九.五三
周培均	二十岁	浙江青田县	同上	同上	四九.二六
孔宪祖	十七岁	浙江萧山县	同上	同上	
王瑞骅	十九岁	浙江平阳县	同上	同上	

备考:以上各生分数,均照上年冬季考试分数填写,内仇同、朱鸣銮、孔宪祖、王瑞骅四人,均因病假未与考。又孙士琦、施仁荣、王子让、汤存伯、冯家枬五人及叶宗寅以下五十人,均系上年冬间考取插班生,未经学期考试,故皆无分数。

高等预备科二年级生课程表

科目	程度(用何课本,或旧有本或自编,须注明)	每星期钟点
修身	由教员编辑讲义	一
国文	选读名人著作,并讲授文法及练习各体文字	三
经学	讲读《周礼》	三
历史	本国史至元代,由教员编辑讲义;外国史至中古,由教员口授,学生笔记	三
地理	本国至湖北省,外国至欧罗巴洲,均由教员编辑讲义	三
外国语	《世纪读本》第四,纳司斐《文法》第三	七
算学	谢洪赉《几何学》平面部,陈榥《初等代数学》	六
理化	谢洪赉《物理学》,何燏时《化学教科书》	三
博物	动物以普及书局《动物学教科书》为课本	二

续　表

科目	程度(用何课本,或旧有本或自编,须注明)	每星期钟点
图画	用器画	二
体操	普通兵式	三
音乐	复音唱歌	此为随意科目,每周学习一二小时,不在所定钟点之内

高等预备科二年级甲班课程时间表

日	时					
	一时间	二时间	三时间	四时间	五时间	六时间
星期一日	英文	算学	历史	经学	英文	博物
星期二日	英文	算学	地理	理化	国文	体操
星期三日	英文	算学	历史	经学	修身	图画
星期四日	英文	算学	地理	理化	国文	体操
星期五日	英文	算学	历史	经学	博物	图画
星期六日	英文	算学	地理	理化	国文	体操

入款决算表

旧有款(分填各项数目后另行再加填总数)	**新增款**(分填各项数目后另行再加填总数)
上学期存银四千三百六十二元八角五分八厘五毫,此款系历年积存之款,但内除购存未用之教科书价计二千数百元,长垫小学堂校舍押租计一千元,两共三千数百元,实存不及一千元	本学期应由藩库领银一万四千六百元

出款决算表

额支(须在格内先填某项名目,再分填每月若干,一学期共若干,逐一填完之后,另行填总数若干)	**活支**(某项用若干须详细注明逐一填完之后另行填总数若干)
甲、职员修金,以月计 监督一人　一百五十元 教务长兼日文教员一人　一百二十元 修身兼国文经学教员一人　九十元 国文经学教员二人　一百二十元 历史兼监学教员一人　八十元 地理教员一人　五十元 算学教员二人　一百元 算学兼理化教员一人　九十元 教育学兼博物教员一人　二百元 教育学兼西史地理教员一人　一百七十元 翻译助教员二人　一百六十元	

续　表

英文教员一人一百四十元		灯油茶水	约五十元
体操教员一人五十元		各种簿册讲义纸试卷等	约五十元
体操兼图画教员一人四十元		石印及誊写板印刷材料	约十元
图画教员一人二十元		零星杂用	约二十元
音乐教员一人八十元		以上每月约共一百三十元，每学期以六个月计算，约共七百八十元	
教务员兼监学一人四十元			
庶教员一人三十元		此外如修理校舍、添置校具及教育用品，需费多寡难以预计，但总计常年收入经费，除额活支用外，以所余为修理添置之费，实有不敷	
文案员一人三十元			
会计员一人三十元			
书记员一人二十元			
掌书兼书记员一人二十元			
检察院四人七十六元			
以上共一千九百零六元			
乙、仆役匠人工资			
伺候职员仆役十人	二十元		
伺候学生仆役十一人	二十二元		
司阍四人	八元		
司钟、司更、送信杂差六人	十二元		
石印匠人二人	十三元		
植物院匠人二人	六元五角		
厨役十六人	三十二元		
以上共一百十三元五角			
丙、膳资			
职员二十五人	七十五元		
日本教员四人	十七元		
石印匠二人	六元		
植物院匠二人	四元		
仆役三十一人	六十二元		
厨役十六人	三十二元		
以上共一百九十六元			
丁、杂费			
原派学生一人，肄业上海中西书院，学费十二元			
各种日、月报及西文报费十四元九角			
接送教员舆金六元			
以上共三十二元九角			
以上每月共二千二百四十八元四角，每学期以六个月算，共一万三千四百九十元零四角			

《学部官报》第42期，光绪三十三年十一月十一日[①]

① 《学部官报》是清末学部创办的教育行政公报，1906年8月在北京创刊，第1—2期为月刊，第3期后改为旬刊，清廷学部编辑及发行，至1911年停刊，共出版160期。

浙江巡抚增韫为条陈教育事宜事奏折[①]

(1910年11月2日)

浙江巡抚臣增韫跪奏,为条陈教育事宜,恭折仰祈圣鉴事。

窃维教育为立国之根本,人群之文野、国度之强弱胥视乎此。今我国竟言教育矣,各省官立公立私立之学校岁增月益,而热心任事者且日言推广,日言扩充,务以教育普及为目的。使方针定而方法良也,则扩充与推广诚教育前途之福,否则利未见而害先形,多一学堂,民间即多一累,其究竟必至厌恶仇视,群思毁学不止,此大可虑也。谨就臣管见所及,为我皇上缕晰陈之。

一、宜明定教育宗旨也。查教育分国民教育、高等教育二种,不可偏废。然欲举国人民合于立宪资格,非注重国民教育不可。国民教育其精神在使人人有普通知识,非仅造就一二人才供国家之驱用也。其要点又注重于日用生活,不必为高尚学科徒虚廓而无当也。大抵全国人民成年以后,凡不入学堂者,必渐习或农或工或商之事业,以图自立。乃以推广教育而令人人入学,其自初级小学以至中学毕业,必须十余年。此十余年中,既夺其习农习工习商之时间,而所学课程又不适当于日用生活之所需,是欲以教育谋国民进步者,转恐以教育而误国民生计。故今日教育宗旨,一在注重现在适用之教科,一在筹及将来谋生之出路,庶人民不至以入学堂而失所业,官府乃可以不入学堂而行强迫,而教育自能普及矣。

一、各学堂奖励宜停止也。自罢科举而办学堂,又以昔日之生员、举贡、进士等名目移为学堂之奖励,于是天下之士视学堂之科学无异科举时之八股试帖,其视学堂所得之生员、举贡、进士无异科举时所得之生员、举贡、进士,同一为得官之门径,遂使求学之心皆受驱策于求官之心,而学问终无发达之一日。是以科举之害皆递嬗于学堂,百留而不一去。学堂之益皆剥夺于奖励,百求而不一得。且科举有定额,学堂无定额,臣恐数年之后,高等以上皆官,中等以上皆生员,国家欲求为农为工为商之人而不可得,危险孰大于是!臣愚以为宜敕下学部,自明年始一律停止奖励,将生员、举贡、进士等名目全行除去,第于大学及通儒院别定两种学位,其余只称为毕业生,务使登用、养成截然划为二途,而学务庶有起色矣。

一、宜专办优级师范也。查师范学堂向分初级、优级两等,而初级又分简易、完全二科。简易科之贻害固不待言,即完全科亦宜及早停止而专办优级。近年以来,师范教育之多缺点,实为教育界一大阻力。盖师范毕业生为教员者造诣甚浅,不足餍人民求学之心。其踊跃而来者,继乃废然而返也。且高等小学堂程度与中学程度阶级既不相同,则造就亦当分为两等,若以优级师范学生为备小学及中学教员之用,此大误也。盖课程有高下之分,将迁就中学乎,而非小学之所能领悟;将迁就小学乎,则有高等小学毕业升入中学者,其所教授仍从前之课程,将视中学为疣赘,其有害于教育一也。故欲二者分获实利,则宜分设优级师范班,庶相需相成而无过不及之弊矣。

一、宜限定高等以上之学校也。大凡学堂无论何种阶级,其学额必有一定,而在高等小学以上尤为重要。查从前所设学堂,往往有岁费数千金或万余金,而毕业不过一二十人,且

---

① 增韫(1869—?),字子固,蒙古镶黄旗人,清朝最后一任浙江巡抚。附生,历官顺天府尹,湖北、直隶按察使,直隶布政使等。1908年擢浙江巡抚,辛亥革命后回到东北。

有不及十人者,其所习课程又至简单,虚糜金钱而所造就者不过如此,甚无谓也。今宜永定限制,凡学额不满章程所定者,不得许其成立。又虽满定额而学堂额支、活支又必有一定之标准,如此则省一学堂之费,可办数十简易学塾。一转移间化无用为有用,严加限制者正所以力求推广也。

一、学堂中宜力求俭约,俾贫民易于求学也。我国举行新政,成效未睹而浮华日增,学界尤甚,其流弊所极不止有妨教育也。夫一国之民贫多而富少,而人才又往往富绌于贫。今以学堂造就人才,其得有官吏之资格,必在高等及大学堂毕业以后。然自初级小学以至大学毕业为时须经二十年之久,一人所费至少亦需千余金。中产之家供给一子弟,尚恐不逮,而贫者无论矣。故中产以下之子弟其求学既难,极其量皆限于中学毕业而止。而高等以上学堂尽为豪富及显宦之子弟所据,将来操政权者亦皆生于此,其于政治前途所患方大。且富贵子弟其在学堂竟以奢侈相尚,贫贱子弟效之,则益致其贫,不效则相顾减色,其能卓然自立者盖鲜矣。欲救此弊,宜由学部严定学堂管理法,教科务求完全,规模务求俭朴,学生用度务宜力加撙节。学部以此为训令,教习以此为讲演,职员以此为管理,学生以此为美尚,如此则一人岁省数十金,或十余金,庶贫者尚可勉入大学,此又不止教育一部分之利也。

一、宜编定完善之教科书也。教科书者学生之指南也,其完善与否,影响于教育界者极大。我国现有之教科书,非失之高远,即涉于泛滥。甚有袭取他国成本,装易面目,全无当于本国之情事者。今欲整顿教育,必先有完全之教科书。故宜于每届毕业一次,征集教科书一次,使其逐次增高,乃为有益。盖其中之浅深得失,惟身亲教育者体验较确切,著作较完善。故须悬重价以购之,然后汇集编订,择善而从,所费无多而所利无穷。此又不可不注重者也。

以上六者端系举其大者言之,造端似微而关系至巨,诚未可置为缓图。

又,近今最流行之说为强迫教育一事,此于理论上非不正当,但以我国现势观之,非但不能行,亦不可行。盖今日教育之缺点甚多,遽欲行强迫教育,举国人民既未必就我范围。即使勉就范围,而以种种不完全之教育,施之于举国人民,其实际有何利益,且恐适以害之也。果能及时改良,俾日有进步,人民闻风兴起,而后再言强迫,固事半而功倍矣。

臣于教育管见如此,是否有当,恭候圣裁。所有条陈教育事宜,谨恭折具奏,伏乞皇上圣鉴,敕部核议施行。谨奏。

宣统二年十月初一日

中国第一历史档案馆编《光宣年间浙江兴办新式学堂史料》,载《历史档案》2004 年第 3 期

浙江高等学堂缘起记

(1911 年 6 月)

陆懋勋

光绪甲午,朝廷以朝鲜之役受东邻侮,士大夫撄心发愤,以求自强之道。知列雄之养其力,韬其锋,一试而不可御者,实惟其教育之周于国民,自普通以逮专门。精密而竺挚万众一心,弗得弗措。盖国民之精神成于社会之智识,基诸学校之教育。教育者,图强之嚆矢也。吾浙人民,爱国之心向郁勃不可以遏,秀颖之士,尝胆习苦,冥求西文、西学,以蕲尺寸之效。

其时风气閟窒，艰于师资，墨守旧习者复诋诽之，摈击之，有志者皇皇无所托。

二十二年丙申，嘉定廖中丞抚浙，卓识远见，筹强国之策，曰先储才。知彼知此，通中西之邮，以求实学，而济时用，庶乎其可也。乃以二十三年丁酉正月，就因事籍没之普慈寺，改建黉舍，名曰"求是书院"，延美国学士王令赓，授英文、格致、化学，以中教员授算学及经史，暂定学额三十名，招举贡生监年二十以上文理通畅者考充之，人给月饩五元，月试、年试，更奖以银。岁筹常费九千贯，二月开学，专折奏明。时则朱侍郎智力赞成之，杭州府林太守启总办其事。中丞以懋勋粗有知识，饬膺监院之任，草昧权舆，流俗骇诟，表里荆棘，撍拄为难，而学风喁喁之进步綦迅。二十四年，资送高才生陈榥等五人于日本肄习专门学，是为中国学生留学东洋之始。懋勋改任总理，陈上舍汉第为监院，添筑外院学舍，增额四十八名，为内院升补之豫备，人输岁修银二十四元，膳资自给。二十五年，改外院额为六十名，多录未冠者。西学而外，兼课经史、文字，以固根基。二十六年，选送内院学生十人于京师大学堂，又资送蒋尊簋等高才生十八人于日本，分习科学。二十七年定学额为一百名，免外院生脩金。

是年，懋勋以供职词馆，谢事入京，由监院代理，劳吏部乃宣接充总理。时奉诏，将省城书院改设大学堂，十月改求是书院为浙省求是大学堂，改总理为监督，任抚部道镕专折入告。二十八年，去求是名称为浙江大学堂，额定百二十名，时岁费达三万元有奇。二十九年，遵奏定章程，凡省会所设学堂，定名曰高等学堂，即于是月改称浙江高等学堂，聂抚部缉椝陈奏更正。三十年，陶部郎葆廉接任监督，部郎延唐广文咏裳为助，整饬学风，力趋纯正。广文办学湖州，部郎辞任，聂抚部复奏调懋勋承乏。三十一年，扩充学额为二百名，分高等豫备科百四十名，师范完全科六十名。又于校东设师范传习所，定额一百四十名。其时附设师范者，以教育基于小学，欲广兴小学，必多储教材，而一省尚无师范学校，高等内院生年长蕲速化，因时因人，鼓之舞之，变而通之，不得已也。是年，又设高等小学堂一所于田家园，额五十名。会城内外分设初等小学十所，额共二百名，累年经费已筹定，年额银元三万有奇。是时懋勋与项副理藻馨殚力精画，事求其备，用主乎节，凡为教育大局计，非仅仅为一校计。而岁费则以一校所夙有者酌剂支给，无滥无匮，盖自此校内外学额已达五百九十名矣。

三十二年，吴庶常震春赓理其事，懋勋于是综计先后，谬膺斯任六年于兹矣。浙中山川秀灵，人才钟毓，而学术一新，翘材负异者蹑屩而入扶桑之域，继且游学欧美，肩项相望。迄今成名发业，内而理财经武，培拥国力，外而佐折冲于坛坫之间者，皆震烁人目，则咸溯源于求是教育之验。独懋勋以不材之木，浮沉仕路，渺无树立，学问之大，亦不克有尺寸之成就，能无恧然！纪其端委，如梦如寤，敢质诸曩时同事、同学者。时宣统三年五月也。

民国《杭州府志》卷十七学校四，民国十一年铅印本

浙江军政府都督公布学制统系议决案

（1912 年 2 月 29 日）

第三十四号

学制统系议决案，经临时省议会议决，由本都督于本年二月廿九号公布。

学制统系议决案：

一、初等小学修学年限定为四年。

一、高等小学分为第一、第二两部。

（一）第一部修学年限定为三年，其课程与中学相联络，其毕业生得升入中学校及中等程度之各学校。

（二）第二部修学年限定为四年，其第一、第二两学年课程与第一部等，自第三学年应就地方情形，加授初等实业教课，其毕业生可不升学，或可升入中等实业学校，惟不得升入中学。

一、中学校分第一、第二两部。

（一）第一部修学年限定为五年，概不分科，其课程与大学相联络，其毕业生得升入大学及高等程度之各学校。

（二）第二部修学年限亦为五年，其第一学年至第二学年课程与第一部等，自第三学年应就地方情形，更授中等实业，其毕业生可不升学，或可升入高等实业学校，惟不得升入大学。

一、高等学堂应即废止。

一、大学修学年限拟定为五年，预科两年，本科三年。

其分科应就地方情形而定。

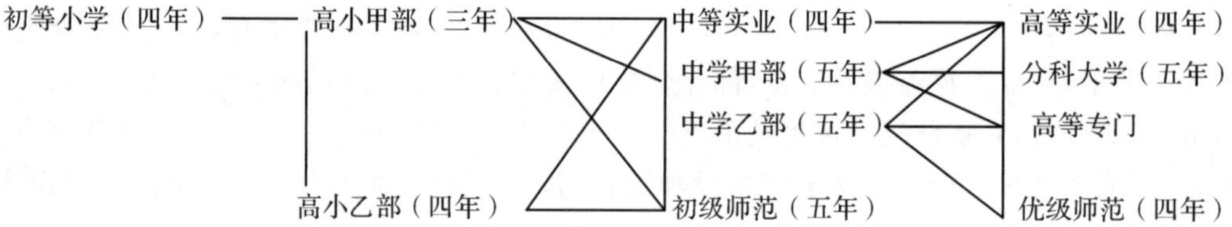

学校统系图

《浙江军政府公报》1912 年 3 月 3 日①

高等学校好消息

（1913 年 6 月 8 日）

浙省光复后，高等学校停办者，几越半载。兹虽继续开办，而经费实属困难，且因停办问题发生，目前尤有岌岌可危之势。昨闻教育部电致民政长，略称：贵省现经续办之高等学校，可暂用国家经费维持，至各班毕业为止。如是，则肄业各生，不致功亏一篑矣。

《教育周报（杭州）》第 9 期，民国二年六月八日②

① 《浙江军政府公报》于 1912 年 1 月 22 日创刊，是政务刊物，日刊，发布政府各文件及批牍、批示等，1912 年 2 月改刊名为《浙江公报》。

② 《教育周报》属于教育刊物，周刊，1913 年 4 月创刊于杭州，浙江省教育会编辑并发行，1919 年 4 月更名为《教育潮》。

省议员何绍韩提出建议案[①]

(1919年5月13日)

省议员何绍韩,以省长公署房屋,系前高等学校旧址,本属地方公产,昨特提出建议案,请省长发还,仍归地方所有,闻预备为省教育会长陈请创设之浙江大学之用。

《时报》1919年5月13日[②]

同学会讨论归还高校旧址方法

(1919年9月28日)

浙江高等学校同学会,以省长公署房屋,原系高校旧址,自应归还地方,以重公产,特予昨日下午假座太平坊粹芳茶店开茶话会,讨论对付方法。

《时报》1919年9月28日

浙江高等学堂

(1922年)

浙江高等学堂在仁和县东里上四图蒲场巷,光绪二十三年巡抚廖寿丰创办求是书院,由杭州府知府林启及翰林院编修陆懋勋总理其事,经费于各书院膏火奖赏及官书局、采访局、续纂盐法志局经费内提拨约银九千元充用。二十七年改称浙江大学堂,二十九年改称今名,三十四年始办正科。经费岁收藩库解款二万二千八百六十六元,学生纳费一千二十二元,学级分文科、理科两类,每类三级,学生三十七名。高等预备科学生一百八十四名。

民国《杭州府志》卷十七学校四,民国十一年铅印本

官立高等学堂

(1924年)

校名:官立高等学堂。

校址:仁和县境东里上四图蒲场巷基地三十八亩,合二十二万八千方尺,讲堂十二处,食

---

① 何绍韩(1882—1962),又名茂生,浙江东阳人,毕业于浙江省两级师范学堂。早年参加辛亥革命,民国时曾任浙江甲种农业学校国文教员,后两度当选省参议会议员,与章太炎等共同组织浙江省教育学会。后退出政坛,致力于实业救国,先后在全省各地开设矿井20余处。1950年将企业全部资产无偿献给国家。

② 《时报》,1904年6月12日狄楚青等人在上海创刊,日报,是康、梁在国内的喉舌,狄楚青和罗普分任该报经理和主笔,曾与"申"、"新"一起并称沪上三大报。1939年9月1日停刊。

堂二处,屋一百七十九间,室内室外操场各一。

建置年月:光绪二十九年十一月,杭州府林启创办,原系求是书院,二十七年改称大学堂,是年改称高等学堂。

经费:藩库岁拨银三万九千二百元,遇闰加三千二百六十余元,田租杂项岁入数十元。

沈曾植纂《续浙江通志稿》学校五学堂表卷一

教育厅厅长陈布雷在三周年纪念会上的致辞[①]

(1930 年 9 月 20 日)

校长、教职员、同学:

今天为国立浙江大学三周年纪念,又为校长及教职员宣誓典礼,蒋部长委本人前来监誓;本来近在咫尺,亦当来此观礼,今得躬与盛典,不胜荣幸!浙江大学现在校址最早为求是书院,曾一度改称浙江大学堂,虽则彼时之浙江大学堂与现在之浙江大学不同,但在彼时亦足当大学之称而无愧。其后改称浙江高等学堂,兄弟即为当时高等学堂学生之一。辛亥革命以后,高等学堂(即浙江大学堂所改称)旋即停办,关心文化者惜之,于是社会办省立大学之呼声甚盛。民国八九年已有办大学之提议,至十一二年动议创办杭州大学,勘定校址,聘请董事,终以经费关系,事又中止。国民革命军底定浙江后,大家咸以为在文化上应有一番新建设,于极困难的环境中,经蔡先生、蒋部长等之苦心擘画,乃有第三中山大学之实现。以旧有之工专、农专两校为基本,复添设文理学院,旋又改称为浙江大学,至今已三年于兹。此三年之中,不过如甫脱襁褓之婴孩,但此婴孩长育极好。就教授言,浙大已有荣幸聘得许多名教授,就学生言,亦较其他大学无逊色,此则可以自豪而自慰者。

邵校长对于浙大之创始、经费极有贡献,本人在高等学堂时即为亲承邵校长教训之一人。其办事之谨严,注意之周切,爱护青年之恳挚,本人亲承诲迪,虽距今已二十年,而回忆旧时情景,恍如昨日。诸位同学得来此求学,亲承训导,实可庆幸。

浙大物质方面,有待于扩充者甚多;但此种种缺点,掩不了其他的长处。浙大之历史的地理的环境与众不同:浙江于经济较其他各省充裕,地理方面则风俗优美,历史上名人辈出,无论关于砥砺气节或研究学术,皆代有闻人。晚明以来,浙江学者大师对于学术之贡献尤多,往往能领袖一时,转移全国之风气,吾侪欲承继此种文化历史之光辉,责任綦重,而学者涵泳于此等环境中,于修省研究,自有为他大学所不及处,则灼然可见者也。

大学于造就专门人才外,当有研究与扩充二方面。学术研究之鹄的,就浙大论,则求是书院之"求是"两字,极为合适。大学之责在研究学术,而研究之鹄的,求是而已。以浙大之精神充实,深信必可达到此种鹄的。李石曾先生论学术思想,常说:"勿守东西旧,须求世界

---

① 陈布雷(1890—1948),名训恩,字彦及,笔名布雷、畏垒,浙江慈溪人。1907 年入浙江高等学堂就学,1911 年毕业。先后在上海《天铎报》、商务印书馆工作。1927 年从政,历任浙江省政府秘书长、国民党中央党部秘书长、国民党中央宣传部副部长等职。1929 年 8 月任浙江省教育厅厅长,其后相继任蒋介石侍从室第二处主任、国策顾问,1948 年在南京自杀。

新。”戴季陶先生广之曰：“弗迷新与旧，但辨是和非。”盖亦求其是而已矣。余以为对于浙大有历史的意义而足以悬为学术研究之鹄的者，此“求是”两字极好。

其次，余以教育行政人员之资格，有所希望于大学者，顾大学不限于本校发展，而以余力开发社会文化，使社会与大学互受合作之益。社会以材料提供大学研究，大学以研究结果发展社会，此本人所望于大学者之第一点。

最后，先哲有言：“士先器识而后文艺。”虽属陈言，而意义常新。处现社会一切未上轨道之时，学者应以力求器识宏远为第一义。大学生之地位身份上本不应有傲岸矜夸之概，而胸襟志趣却应与众人不同，要有“振衣千仞岗，濯足万里流”的气度，而后鄙吝、浅狭之念自消，则所学方能致用于社会而不为社会害。此则希望学生方面注意，并望学校之训育当局留意焉。

以上所言，皆为本人管窥蠡测之所见，但自信所言或不致与蒋部长之意相背驰，谨代表致辞如上。敬祝大学进步！校长、教授健康！

《国立浙江大学校刊》第二十三期，民国十九年九月二十日

三十年在教育界之感想

——燕大校长吴雷川在该校演讲①

(1932年12月3日)

女部师生联合会昨举行。燕京大学女部师生联合会，已于昨日（二日）上午八时四十分，在该校适楼举行。昨晨演讲者，为吴雷川校长，题目为“三十年在教育界之感想”，到会者约百余人。吴校长首述其错过两次受学校教育之机会，戊戌（一八九八）政变时，北平有通义学校之设立，校址即在顺治门外现圣公会会址。该校注重外国文学与科学，但本人因须考科举，故未能入该校肄业。政变以后，进士馆产生，采用新科目，本人又因家务纷纭，未克参加。至一九〇五年，本人服务于江苏之江北高等学校，而教学生活，遂始于此。江北高等学校乃官办学校，由一总办及二监督所组织而成。本人在该学，除为一绅士式监督外，又兼教国文。回想当日课室情形，甚属可笑。该校课室中设一讲台，台上置一方桌及一椅，而桌上则陈列茶壶、茶杯及水烟袋等物，教员讲书时可随意吸饮，而学生则分坐两旁静听。当时学生不用交学费及膳宿等费，因自有官费供给。但官派之监督常于学生之膳费中营利，学生告假，为彼等营利之最好机会。因学生不在校用膳，即能多饱私囊也，甚至有怪学生不告假者。举此一端，可见当时办学者之以营利为目的。

本人继执鞭于浙江高等学堂，该校学生共有三四百人之多，学校秩序，亦极严谨。学生亦不须缴交膳费，而平日吃饭，则师生一堂。而学生中间亦有因饭食不佳者，而起风潮者。彼等抵抗学校之武器，则为罢食。经学校当局改良饭食后，风潮旋即冰释。后因毕业试验时，学生要求题目范围，本学因不满意，遂辞去教职。

---

① 演讲者吴雷川（1870—1944），名震春，字雷川，光绪进士，后授翰林院编修。1906年任浙江高等学堂监督，1926年后历任燕京大学教授、副校长，国民政府教育部常任次长，1929年出任燕京大学校长。

民国前二年,本人在浙江女子学校为监督,至民国四五年时,在崇本学校为义务教员,最后乃来燕京。在此三十年中,本人皆在教育界中奔走,可将感想分为以下几点:

(一)自己因未受学校教育,实不应办学校。

(二)现在学校之设备,较以前完善,然学生因社会之复杂,顾虑甚多,故求学之志趣,不及以前学生之专一。

(三)以前官立学校,志在营利,远不及私办之学校。但今之私立学校,然不免以谋利为目的,殊堪叹也。

(四)外国人所办之学校,规律谨严,而学生亦能享受自由,深望同学莫因优美环境,而养成怠惰与骄傲之习惯。

(五)今日兴办学校,已无国界之分,但仍望各人,为国家争人格,幸勿贻笑外人也。

《燕京报》1932 年 12 月 3 日

浙江高等学堂同学回忆录

(1935 年)

执笔者姓名(以收到先后为序):

盛叔衡　陈训恩　汪　润　戴景槐　盛雨田　徐寄庼　陆　希
潘用和　杨　在　何炳松　刘孔钧　潘忠甲　施仁荣　陆朝儁
许祖谦　洪学范　冯铁生　余冠周　李垕身　冯柳堂　傅壮民
朱宗良　孟树铭　姚　瑾　郑家相　张受均　吴国昌　郑允恭
马公愚　徐永祚

缘起

回忆,是从现在想已往的事;想望,是从现在想未来的事:这二者虽一则想当初,一则想将来,同是一种想,同有一种深刻的趣味。

人心无厌足,常不以现在所有者为满足;故从物欲上说,往往是贪得无厌;但从进化上说,人类所以有进步,正为他不以现在所有的为满足之故,如儿童想做大人的好,贫困想得富裕的好……都是这类作用,也可说是希望。及达到了他所想望的境界,做大人的有时感觉不如做儿童时候的真是"逍遥在天尊";有钱的倒不如无钱的时候,不必惊心吊胆,防盗劫,防绑票,出入自由,门户不禁。但是儿童总想着做大人好,穷人总想着做富翁好。

回忆的事情,不论困苦快乐,都有意味,所以也成为"回味"。既然有滋味之可言,那末味之中,不外甜酸苦辣,究竟那一种回味最多呢? 当然是"甜","酸苦辣"虽有,敢说是少数。人,谁不思舒服快活;苦痛,是人所欲避免不遑的。故快乐的事情,把他回想转来犹觉甘美芬芳,津津有味;至于艰难困苦的事,刺激甚深,论理固不易磨灭,但是人心往往不愿把艰难困苦的事情,重在脑筋中搬演一下,而加深了他心坎儿上的创痛;故除了"安不忘危"之外,大都是"乐以忘忧",从快乐方面去搜索,少从忧患方面去着想。

尤其是儿童时候的事情,正在脑筋发育之时候,印象比后来的更深。又为他率性而行,得天之真,到后头回想前去,常有说不出的乐趣兴味。"回忆录"也是这样意思,将我们各同学求学时代的生活，常常在脑筋中盘桓着的，笔录出来，必多是可喜可乐，有趣有味，够我们大众的欣赏的。即在英语中，好像也有 My good old days 一句话。old days 还要加上 good，可见得回想当年是最妙不过的了。但是未来的黄金时代，仍在我们追求中，再过了相当年月，我们再来各做一首“出校以后的回忆录”，那是更妙不过，诸位学长有兴，不妨从早预备起来啊！

廿四年一月一五日，柳堂于上海

一、盛叔衡

接到同学会的信说是冯柳堂主张要编报告册，并且征求《回忆录》的资料；最凶的是“每人总得有一篇交卷”这句话，令人要想规避亦不准规避。老冯□吃编辑饭，装熟车头，自然下笔千言，写他一二百篇，亦满不在乎。像区区却大糟其糕，横竖不管他，胡乱写些出来。写得不好，总勿见得留级，到底比交白卷客气一些罢了！下文是我回想到求学时代的几件小事情。

（一）谢谢

吴江陈佩忍先生，去年作古了。当宣统二、三年间，当国文教员，风趣最好，论文字不拘谨格，庄谐并录，因此同学作文，颇觉自由。有一次，作文题目是《赵衰如冬日之可爱论》，作者行文草率，向来不肯细心润色，所以论文字的优劣，准考背榜，坐红椅子，论快慢却不作第二人想。你想文课一篇，别人终是斟酌尽善，化一二小时甚至三四小时去做好，去誊清；我却拿来二三十分钟交了卷，那些作品，当然是潦草非凡、不堪入目的了。因此常给陈先生批了“欠斟酌”，“尚未精细”，“惜未圆满”，“发挥尚欠透辟”等评语，有一次，竟批了个“参野狐禅”，你想坍台不坍台？不料有一位同学叫裘守慈，他本来喜欢同我开玩笑，这回刚看到发下来文课本子上我的好批语“参野狐禅”，又正是文课的日期，他和我在一间自修室里做这文课。不多一刻，他正在仔细考量这赵衰和冬天的太阳，却还勿曾落笔，猛抬头看见我又要交卷去了。他计上心来，对我说：“你将文课本子交给我，停一会我给你带去一起交罢。”我想省得自己跑路，就托他代交也好，那里防到他在我篇末，添写了“谢谢”二字，代我交了卷。陈先生一看，莫明其妙，无法之法，把这两个字勾了。可是这一次的批语，更其可想而知了。

（二）一块牛肉五更鸡

廿几年前，物价低廉，早起赶不着粥碗的同学，常常叫校役买一块三角饼，和些白切羊肉或是白糖来充饥，这要算我们最普遍的早点了。有一位同学叫裕康，他是驻防旗人，尤其无日不如此。有一天他家里担来一盂的红烧牛肉，几顿一吃，将次吃完了，硕果仅存，还剩一块，却有好些汤汁未曾吃掉。他想弃之可惜，于是问别的同学借了一只五更鸡（灯炉）拿余剩的一块牛肉和汤汁倾入小锅子，烧煮起来，香闻邻座。旁的同学要想染指呢！可是他只此一块，并无分设，难道叫他礼让一下，自己饿肚不成，只好不转他念头。小可旁观多时，眉头一皱，赶快裁纸挥毫，替他题了一副对联，悄悄的（地）贴在他的书架子上；现在写出来，给大家好好笑笑，联语是“十钱白糖三角饼，一块牛肉五更鸡”。

此外还要附带声明一句，上面所写者：对同学直呼其姓名，是依照求学时代的旧习惯，没有“学长”、“学兄”等尊称，请原谅。

二、陈训恩(布雷)

(一)邵飘萍与《西厢记》

邵飘萍君清才逸调,在同级中为最不守绳墨之一人。为人书立联,辄以“事乖不遂男儿愿,才高难入俗人机”为赠,恃才傲睨,每为谨愿者所不喜。一日上国文课,飘萍不听讲,而自以朱墨批《西厢记》。同级某君起而检举曰:“先生,邵锡康在上课时阅小说!”时主讲者魏师仲车,故短视,徐下其目镜,命飘萍将所看之小说呈上,飘萍离席捧呈,则朱书署签,赫然为《中国文法教科书》也,揭而视之,实为《西厢记》。魏先生面赤微愠,已而逐页谛视,良久色霁,又反复审视,卒以书归飘萍而诏诸生曰:“邵生能以研究文学史之眼光,批注《西厢记》,用力之勤无可非,虽然愿诸生之勿效之也。”语未竟而下课之铃铛铛然响矣,诸同学欣然退课,谓这一课是邵锡康上的《西厢记》也。

(二)陆舍监与火腿炒蛋

学校的膳食,大都不甚高明。我们的舍监先生在一个星期内总有三四餐是开到私室内用膳的。陆舍监混名“小辫儿”,尤受厨子优待,每食必以其所嗜之火腿蛋进。同学垂涎而无可如何。会岁暮,同学嗜酒者咸于放假之前一夕趋校外之“陈春记”酒家大饮,冯君威博度(今效实中学校长)烂醉如泥而归,归时适于斋舍前遇陆舍监,醉中兴趣勃发,睨陆舍监作憨笑,陆大骇,返奔,冯君愈得意,狂追于其后,陆奔避愈疾,而冯之追亦愈速,诸同学尾随以观其究竟。行行重行行,达于监督公舍前,监督吴先生闻声出视,陆舍监乃趋前而诉于监督,监督诃诸同学而止之,且责冯君不应泥醉无礼如此。诸同学且退且低声言曰:只许小辫儿享受火腿蛋乎?语为监督所闻,遂往诇陆之私室,则陈酒一壶,炒蛋一碟,方陈于陆之案上也。监督笑谓陆曰:“夜深矣,足下之火腿蛋似乎也可以撤去了。”同学在窗外窃听者,咸大笑,而陆舍监之脸,不醉而酡然赤矣。

(三)某外籍教员与黑板画

教博物之某外籍教员,其名曰龟寿。一日在上课前,忽有善画之某同学画一“蔡,大龟也”于黑板上,曳尾泥涂,写生殊妙肖。某教员上课见之大不悦,叽咕数声,忽然拂袖下课。同学于是请教务长王先生伟忱至,王先生往为解说。已而外籍教员偕翻译登坛,朗声语诸同学,谓:“顷据王先生言,诸生画龟于黑板,并无恶意,只以龟为长寿百年之物,然在贵国一般流行之意义上,则龟之命意太不雅,对师长应讲敬意,后勿复尔。”同学大呼“龟寿先生万岁!”某外籍教授学作华语曰“顽皮哉!”相与大笑而罢。

(四)为国丧放假大请愿

那拉后及光绪之丧,在专制时代称之曰“两宫宾驭”,罢乐服丧,视为一件大事。其时我校与陆军小学邻,校中在未接学部电报以前,陆小已接军部电饬放假十四天,校中以为同为官立学校,想应一律办理,亦以给假二星期揭示,诸同学家近杭州者遂纷纷束装归去。下午京电至,则学部饬放假三天,校中揭示更改,诸同学大失所望。遂每级推代表二人向监督吴先生请愿收回第二命令而维持放假十四天之原揭示,余亦被推为代表之一。吴先生庄容出见,询诸生何事请求。同学咸诡言:“皇上皇太后同时崩御,诸生哀动五中,无心读书,半月假期必不可少。”吴先生问:“诸生对师长应不作诳言,无心读书这句话,确然出于至诚乎?”同级某君谓:“先生且莫问诸生,诸生稍习诗书,尚知普天率土,同此悲哀,先生身受国恩,每日依例哭临,恐亦无心再理校务?”吴先生睨予,如欲有言。予乃继言谓:“丧不嫌戚,本校为全省官立学校表率，假期与其短也毋宁稍长，杭州同城有将军驻扎，亦使知本校同学忠爱逾恒，于先生无何不便也。”吴先生招余令前，谓：“陈生尔亦作是言乎？尔试抚尔之发，脑后蓄二寸余长，是大清制度吗？欲放假则多放几日耳，须知弟子不应欺其师！”其时诸同学遂嗷然应曰：“先生已答应我辈之请矣！谨代表已离校之同学敬谢先生。”吴先生为之莞然。诸代表退之斋舍，则梨儿、栗子，慰劳之品盈桌矣。

（五）远足会中军乐队

我校每年依例举行远足会，或至嘉兴，或至海宁，或至苏州、南京。远足会作行军式，前导以乐队。乐队服装较普通为鲜丽，周番绛带，缀以流苏，一阕悠扬，踏歌联臂而过于衢市，每为途中人所注目。其时掌大鼓者为徐汉卿君藩，身躯魁伟，挺腹前趋。司鼓最擅长者潘君更生（忠甲），渊渊冬冬，作金石声。掌号者似有号称小胖之冯柳堂君，胀破两颊，苹果殷然。而最惹人注目者，则为傅壮民医师，小笛一枝，持以丰肥之小手，两头摇摆，帝帝大大，美妙之清声，既引途人之歆羡。而十六七年华之少男美，更使街坊妇女，倾城出观，盖老者恨不得此人为“女婿”，而少者又莫不欲得此君而“夫婿”之也。壮民阅吾此言，预料其将否认，然诸同学必能证明吾言为非妄（编者按：我愿宣誓作证），即壮民虽将口头斥吾为造谣，但其心坎中寄怀笛韵，必有一段惘惘无尽之思耳。

三、汪润

前阅报端，欣悉诸学长有旅沪同学会之组织。顷又接奉通告，阅知会中将有回忆录之刊行，征及于润，润自逊清末年离校，荏苒光阴，不觉已二十余年矣。回忆当时聚首一堂，连床共话，情如手足，是一件何等快乐事！今则散处一方，各作衣食之奔走，会晤既不易，音问亦久疏，一别数年，或十余年甚至离校后不获以见一面者，多年契阔，形容有改旧观，邂逅途中，竟有相见不相识，盖畴昔均系少年，今则半成老大矣。而人事之变迁，局势又非昔比，诚有“转瞬少年成老大，不堪回首话沧桑”之感。爰书此借作班荆道故，未知诸学长亦以润之言为然否？

四、戴景槐

（一）

母校招考新生，予与同乡陈君，共同应试，陈君于英文一门，不甚高明，嘱予随机帮忙，予应之，故试验英文各科时，陈君投纸片有所问，予必照书答案还掷之。翌日，试中国历史，题为：明郑和出使海外前后七次，试述其历次经过之途程，及其所得之成绩。（下段记不十分清楚，大意如此。）予不知所对，乃亟投纸片问陈君，不料陈君还掷纸片，只有“在明万历年间”六字。予心中大不以为然，盖即使是在万历年间，仅此六字，何能下笔。况陈君在中学时代，与予同学甚久，其人居心颇悉；予于中学毕业试验时，即为其所给，少做一个试题（陈与全体同学约定少做一题而暗中彼与其他同学并不少做，少做者仅予一人，实则忌予常首列也），故疑其所掷纸片，含有恶意。于是力加思索，忆在永乐年间，然于郑和之前后出使，仍无头绪。乃大做空论，洋洋者数千言，自谓但求满卷塞责，文不对题，已所不计。出场后，陈君握予手曰：“君于此题如何做法？”予曰：“不知事实，只可空论。”陈君曰：“万历年间误矣，是永乐年间也。”予曰：“然则君何不再掷纸片，予以更正。”陈君曰：“但见君纵笔疾书，更正何及。”予于深恶痛绝之下，即整装回籍，自问落第无疑，孰知榜发竟列第一（予投试第一类，各类分别发榜），陈君名次远在数十名以后，抑亦奇矣。

（二）

予进母校第一学期之初，已逾开课日期甚久。到校后，即有同级某君告予曰："老兄你好运气，你真漂亮，你未进校之先，已记大过一次了，哈哈！"予瞠目不知所对，问之，则曰："为全级同学反对某英文教员，以罢课要挟撤换，故全体记过也。"当时予拟即往见教务长，说明缘由，撤销处分。竟有许多同学，笑予懦弱无能，谓："君畏记过耶？记过而亦值得申辩耶！君如以记过为辱，然则吾辈全体皆无耻之徒矣，君如此多事，毋乃太不漂亮乎？"予迫于众议，遂默尔而息。足见少年时代，徒逞血气，不求真理，一方以拖泥落水为快，一方以舍己从人为乐。

（三）

予在母校第一学期春季试验，因初读法文，开学后为首数星期，又未到校听讲，颇以试验不及格为虑。有同级曾君伯猷与予席次比邻，授予二寸见方薄纸片数张，教以如何摘抄，如何夹带。予如法炮制。迨试验时，予将摘抄纸片，握于左手，某法文教员巡视过予席次时，予握手不动，及其巡至他处，则即出纸片疾书，某教员监视素严，而竟莫能察知吾辈之作弊也。试验后。予得分数在九十分以上，曾君大约亦不相上下。谓有上级同学裘君，平日与某教员过从甚密，谈及此次试验成绩，某教员谓有一年级生戴某、曾某，成绩甚好，裘君大笑，即告以作弊情形，某教员谓容于下次试验时，特别注意；然对于此次作弊，则以裘君之请，亦并未予以扣分。裘君退而语予及曾君，恐吓之后，加以宽慰，乃各大笑。即晚又同至小酒馆饮酒取乐，亦可见当时之风趣矣。

（四）

人生意气，当然以在少年时代为最盛，尤其是青年学生，类多自命不凡。回忆予在母校时，正值革命思潮，风起云涌，自以为他日学成，必当有惊天动地之功绩，供给于国家社会，彼华盛顿、拿破仑者，何足多哉！当时闻有同学谈生计问题、家庭问题，辄嗤之以鼻，自谓若辈者皆不足道。此种思想，虽属好高骛远，不切实际，但其一种奋发勇敢之精神，自亦未可厚非。孰知数十年来，万事蹉跎，日夕奔走，无非生计问题，于国家社会，有何裨益。发白齿脱，意气销沉，回首当年，曷胜感叹！

（五）

母校某日开某纪念会，设有灯谜，射中者得领奖品。予射中二三题后，某国文教员指一谜语而问予曰："汝知此乎？"谜为"轻狂子弟下乡多"，射《诗经》二句。予答："不知。"某教员密语予曰："佻兮达兮，在城阙兮。"命予射之，领得折扇一柄，藏在箧中，作为纪念，今已为儿辈撕毁，而其余奖品尚存；足见此扇本非予所应有，得而不能保存，辜负某教员多矣。惜哉！

五、盛雨田

"哈哈！二十多年的阔别，今日幸而会面，差不多相见不相识了！"这几句话，是在开第一次同学会，与诸学长握手时所说的，虽然有些寒暄的意思，却含着无穷的感想。记得杜诗中所说的："人生不相见，动如参与商。今夕复何夕，共此灯烛光。"实为我们那日会中的感怀。在我们离校后的过程中，已如此之久，物换星移，经过不少变迁，何况在此过程以前的事呢！追溯已往，更觉情绪无边了。此次冯柳堂兄提议，征求回忆录一事，实获我心，不但是一种有趣味的事，据我看来，也可以使各人略知自己所想不到的故事，比将来做行述铭志等，自己不能看见，要好得多呢。而且旧事重提，更能互为勉勖，颜氏四箴，曾子三省，未始不是此次增刊回忆录的用意,不仅可以作谈笑之资呀!但是我所能追忆的不多,现在把我觉得最有感触的,分列四则,写在下面。

(一)伟像失踪的回忆

当民国前五六七年间,我们在本校肄业的时候,正是孙中山先生运动革命最烈的当儿。那时崇拜孙先生的,在浙江方面,要算学生最多;学生中,要算是我们学校为最早。曾记得有一次,我下课到自修室去,有不少同学,围着争着看一张肖像,我亦过去仔细一看,见上面印着"孙逸先生肖像"几个字,原来就是当代革命的伟人,我也不觉肃然的起敬起来。大家就把他挂在一边墙上,并且说:"我们应当效法于他,才算不负我们今日所学呢!"另有几位说:"能说不能做,不是大丈夫。"正在议论纷纷的时候,有位监察先生跑来,劝我们不要挂,我们不听,他也就去了。那知第二天早上,到自修室一看,这张肖像竟不翼而飞了。于是大家各处搜索,再也找不出半个影儿来,甚至组织了侦探队,全校侦查。又有几位同学,连课也不上,饭也不吃,终日寻觅,结果在一处墙角下,发现了一些字纸灰。究竟这灰从那里来的?因为别的缘因,也就不去追求,然而这像的下落,至今还令人寻思呢!我现在要追忆到这件事的原因,实因现在这张像片,无处不悬,遍地皆见,甚至于残缺不全的到处抛弃,比较那时我们在校时的那样珍贵,真所谓废寝忘食的去追寻踪迹,这样前后不同的情形,不得不使我发生感触。

(二)文章评语的回忆

我们同学的功课,所学各有所长,独国文一课,甚努力。同班次而同自修室的几位,每在课卷批改以后,必彼此传观,借作借镜。尤其是长于国文的几位,如沈尔昌、陈训恩、邵锡康、高克潜诸位的课作,更为注意。那时校长为吴雷川先生,国文教席为范耀雯先生,所批各同学的批语,虽各有不同,也并无特别警惕的话。独于邵锡康兄的批语后,往往加有"……惜乎尖刻",或者是"……恐招怨尤"等语。后又听范耀雯先生说,他的文章虽好,惜乎太露而过放纵,那时我们听了,亦不觉得有何关系。后来我在北京(约民国十四五年间)与几位老同学见面,晓得他亦在北京办理《北京日报》,仍旧是舆论界首屈一指的人物。后值奉直战争,奉军到京,我在沈阳接得友人的信,说邵君已因文字而罹难了。我骤得此信,黯然若失,那时就想到范耀雯先生的话,同批语上屡次警戒的用意,难道说文章果有关乎终身祸福吗?我并非为我们长于国文的几位同学欣幸,实为邵君可惜;古人有文章憎命薄的感慨,独于邵兄,可说命运憎文章了。

(三)绰号同改名的感想

我想要好朋友的互加绰号,是不期然而然的,何况朝夕聚首一处的同学呢!实在这绰号的赐加,是一件有趣的韵事。趁此记述回忆录的时候,将所记得起与我有感想的,拿来叙述一下吧。曾记得陈训恩兄在校的时候,是一个团团面孔,矮矮身材,同学中多以面包团做他的绰号,他亦领受不辞。又王黼裳兄,面白唇红,口齿伶俐,身才活泼,故多以王美人为他的绰号。而我自己呢,那时确系面庞瘦削,身体细长,文质彬彬的样儿,他们多以盛姑娘为我的绰号。但是我们两人,都拒绝不敢当。我并且在离高等学校后,进上海复旦大学肄业的时候,已将际唐的原名,改为雷了,用意所在,无非要想一鸣惊人罢了。后来革命成功,政府南迁,报纸上常有陈布雷的名字,忽隐忽现,我和几位朋友说此人的名字,比我多一"布"字,当然名布全国,我的名字,有"雷"而无"布",当然是一鸣不鸣了。后来我到南京才知道这陈布雷先生,就是我们的老同学陈训恩兄。我又问几位老同学,这“布雷”两字的意思。他们说:布雷是英文 Bread 的切音,Bread 就是面包,他改此名,想是不忘根本的意思。我始恍然,无怪他要同面包一样的发酵起来了。前年得见王黼裳兄,依然翩翩自若,不减当年风韵,正不知有何驻颜妙术。至于我自已拿以前照相一比,已早判若两人,面圆身胖,一变从前态度,竟不愧为伟丈夫了。人事沧桑,不可言喻,质之诸兄,作何感想。

(四)杀蛇解厄的回忆

有一夏天,为研究植物的缘故,在校后一大树林中,搜寻植物标本。同往的,是侯文麟兄,同一位教植物的日本教席,叫做铃木先生。正在林中寻觅的时候,忽然一条大蛇,从树后扑将过来,足有四尺多长,拦住我们的路。这一惊非同小可,独有这位侯文麟兄,胆量很大,看见一块大石板,却巧在他的脚边,他就抱起这块石板,连人带石的,也扑将过去,果然把蛇的上部压住,但是蛇的尾部,还很活动,他就用自已的手,拼命把它揿住,于是我们大家又去取了大石,再把尾部压住,侯文麟兄马上拿出他取植物用的一柄刀,手起刀落,把它斫为两断。我们大家方始庆幸,尤其是这位铃木先生,格外的佩服侯文麟兄。后来到了晚间,这位侯文麟兄,不知从何处把这张蛇皮取到校内,他真是恶作剧,把它盘在一条走廊的柱子上,被监察某先生看见,几乎吓得要死。第二天校长晓得,就把他记上一过。这是我们很抱歉的,至今我还念念不忘,放在心上的感激他。相必我们的同学中,总有晓得这事的,不得不称赞侯兄的胆量与热心!

六、徐寄庼

予二十三岁,即光绪二十九年秋,由海道赴杭应秋试,风檐寸晷中,雨冷风潇潇,三场试毕,不但不中,大病而归,懊丧无已。翌年二十四岁,即光绪三十年正月,立志赴杭投考浙江高等学堂,此为大学堂奉令改组之第一高等学堂。当时监督为秀水陶拙存先生。所试题目,均已忘却。惟填写志愿书,极为郑重,彼所问者,无一不答。盖尔时舍科举而入学堂,无论任何条件,均可接受。入校半年,精神甚为愉快。地理教习汪曼锋先生,其时年龄与予相若,上课时不及编写讲义,即以日文参考书挟至教堂,在黑板上随译随写。予适在丁班之上列,汪师黑板告罄,予亦已抄毕,并代为增补缺漏,及改订错误,汪师下堂大悦,教乙、丙班者,即以予之抄稿带去。当时同乡有陶君祝尧、江君蓬仙、王君冰素,同班有云南之吕君铁仲、武进之吴君稼农,余皆不记忆。班次高于予者,只记得汤君兆丰一人,当时人最短,年最少,班次最高,即今之汤君书年之大医师也。每遇星期日天晴时,偕同学四人,徒步至涌金门外,每人出资二角,共八角,以二角雇一小舟,游湖竟日,以六角赴楼外楼叙餐。天雨时则闭门读书,寸步不出。是年九月,得先君患病电,匆匆返里,而先君已不及见,奔丧千里,痛不欲生。次年夏,即自备资斧东渡,入商业学校求学矣。回国后在乡办学。宣统二年入川任幕。民国元年在沪办报。三年春,仍在杭任省公署科长秘书半年,当时遍索老同学不得。自三年以至今日,由兰溪九江中国银行而上海浙江兴业银行,在沪二十余年,始知后乎予者之同学,为数亦不少。朝夕相见者,有徐君永祚会计师、潘君用和之同行同事,又有二十年之老世叔沈君季宣、二十年之老同事陈君朵如,均与予同业。频频相见者,有陈君布雷、冯君柳堂、潘君更生、唐君伯耆、何君柏丞、孟君望渠、傅君壮民、马君公愚、姚君抱真、查君仲坚等数十人。其中年龄在四十以上者不少,而予已逾半百,马齿徒增,不堪回忆。至汪师曼锋、陶君祝尧、吴君铁仲、马君孟容、董君仲佳,则墓木均已拱矣。不知十年二十年后同学少年,为国家为社会建功立业者几何？此则予所深望者也。

七、陆希(学名钟骏)

我是十八岁进高等学堂。上一年考取了秀才，父母因为只有我一个儿子，非常欢喜。当时给我做了一件枣红色宁绸瓦当花纹袍子，那时我心中感觉到异常愉快。在投考高等学堂时，我就穿了这件可爱的袍子去。我那时尚有发辫，前面分了三四分长的一圈短发。虽侥幸录取，但是被校长陆冕斋先生，批了一个“浮”字，后来我晓得了，从此就不再穿鲜艳的衣裳。

有一次在金衙庄举行各校运动会，我因身体瘦弱，有许多节目，多不能参加，我只加入手上拿一木盘，盘中放一鸡蛋的比赛(此项比赛，叫何名目，已记不起)。同赛者有十余人，一声令下，我就起步急急前进，果然被我第一个到达终点，但是盘中之鸡蛋，不知在何时已逃走了。

在我们同学之中，有一位喻进修寸皋兄，猜拳称为圣手，没有人胜得他过。校中是不准吃酒的，常以食物代替。我有一次同他比拳，以点心馒头作东道，一连败了十次，馒头多被他吃光，我竟饿了一顿。

有一次举行远足会，计四队出发，第一队师范班，第二队甲、乙两班，第三队丙、丁两班，第四队传习班，每队有一队长，我就被举为第三队队长。校中编有歌词，走至大街上，要队长先唱，我就唱“行行行行出凰山门，秋高日永，一队踏歌声”，其余由大家同唱，不独步伐整齐，且极快活，走了许多路，一些不觉得疲倦，回想起来，犹有余乐。

有一年在冬天，记得是礼拜六，天下大雪，大家多不出来。到下午五六句钟时，约了几个同学，到体操场、植物园，去看雪景。园中有一个锄，是用木头做的，两面有齿，是扒谷用的。同学四五人中，有一个大家多叫他 Pig，他亦时常答应。我那时就同他开玩笑说：“你能将此锄放在肩上，负至自习室，那你真成为猪八戒了。”他竟拿起锄，负在肩上就走，我们随在后面走的，有洪学范、丁宝华、陆恢诸同学。那里晓得走至学生会客室门口，校长吴雷川先生，适从里面出来，对面碰到，大家多有些急慌，但是 Pig 同学，竟像不看见一样，仍就大方步的前进，我们亦只有跟着进去。幸这一天是礼拜六，休息期间，否则是要记过的。现在想起来，不能不佩服 Pig 同学之大胆啊！

八、潘用和(原名延贵)

鄙人进浙江高等学校在辛亥革命以前，校舍在蒲场巷，颇为闳畅，风景亦佳。同伴入校者，为安定同学汪宝珊、冯宝恒、程绍伊、周邦直诸君。彼此以老同学关系，起居饮食，自然团结，与其他同学，不免形迹较疏。现在汪、冯、程、周诸君，散居各处，或难得一叙，或从未晤面。其他同学更无论矣。间有斐声社会者，则辄于报章中见之，同学会亦不过极少数人如浮萍之偶遇而已，欲再全数欢聚一堂，已为事实所不许。回首前情，能无怅然。忆辛亥革命以后，校舍迁居师范学校之后，校门前，适一石桥，过桥，有市集焉。课余饭后，每与汪、冯、程、周诸老同学集资往购水果，分而食之。程君绍兴籍，精算术，有博士之誉，俭朴异常。吾等恒强攫其钱袋，购水果，程君含旱烟筒作苦笑，以示无可奈何状，此景此情，宛在目前。校址原为贡院，其时至公堂巍然犹存，堂之侧多空地，辟为网球场，有宁波人杨君，绰号阿富，善击球，又名球大王，当者无不披靡，但遇西教员亨排克辄败绩，于以见中西人之体育悬殊。又有陆春荣君，亦善此技，有副大王之誉，陆君面微麻，英语极流利。七八年前曾邂逅球大王于南京路，副大王出校后，似从未晤面，殊深系念。鄙人文弱无能，不善运动，有潘姑娘之雅号，又有“忧国忧民”之称。现在潘姑娘已垂垂老矣,身体甚健,体育家或叹不如。儿子两人,长者已在大学三年级,幼者亦已高中三年级。女儿嫁后,已有外孙二人。(潘老姑娘真好福气!已做外婆了。)至于国家现在颇具革新精进之象,但内忧外患,相迫益切,诚所谓危急存亡之秋。吾国人有两种恶习,一自私自利,一喜用洋货,有一于此,均足以亡国而有余。愿吾侪同学,无论在何界办事,无论地位大小,概须戒除此两种恶习,免得逼人再“忧国忧民”,此鄙人所希望于诸位同学者也。

九、杨在(再耕)

怀同学柬会员诸君

簪裾讲舍萃材贤,弹指驹光岁屡迁。近岸天低黄埔树,长空雁带白门烟(清末肄业江南高等商业学校)。

鹏图共展翔云路(同学诸君多蜚声社会),蠖屈枯耘守砚田(频年在各机关办理文牍,仍是书生本色)。回忆诵纮萦旧梦,青灯有味是年华。

十、何炳松

我们的母校,创办于前清光绪末年,停办于民国的初年,为期虽短,成绩尚佳。当时徒因政府少数教育当局的糊涂,随便主张停办了,弄到如今各省还没有遍设相当的高等教育机关。现在冯柳堂学长叫我们记述一些求学时代的趣事。我们一面抱沧桑之感,一面亦抱母校不存之痛,对于那时昏聩的当局,不能不表示遗憾。

我在预科中和程远帆、邵元冲、郑晓沧三位学长,始终同一个自修室和寝室。他们三位都比我用功,但各有各的特色。远帆学长每晚必倒一面盆的冷水,放在床下。每天拂晓,大家还在梦乡,他就起床把面盆中冷水在全身揩擦一番,然后穿好衣服,拿了英文读本下楼到操场上去朗诵起来,直到吃早饭为止。无间冬夏,天天如此,结果他果然提先投考清华赴美留学去了。古人说:“有志者事竟成。”远帆学长就是一个实例。

元冲学长那时最欢喜读古今人有革命性的文字,往往当夜间自习,大家正在埋头温习时,他忽然手拿一柄裁纸刀,面红耳赤的,站起来用力在桌上一拍,吓得大家为之一跳。我们知道他又读到什么郑所南或文天祥的佳句了,所以要表演一下拔剑起舞的故事。我当时就暗暗佩服他那革命的大志。

晓沧学长在我们班中,年纪最轻,身材最小。但亦是一个最有儒者气象的人。他的态度总是那样严肃,又那样温和。他真是一个手不释卷的人:就在和大家谈天时,总是手中拿了一本书或一份讲义。他的勤学,我知道他到今还是如此。

我们同班中有一位理学大家,就是余姚的叶宗寅学长。那时他因为有肠胃病,所以终年住在病房中,自己烧饭吃。他怕见生人。终日读的是古人的文集和佛经。星期中必到城外西湖上各名刹中去和老和尚谈天。国文根底极深,静坐工夫亦极好,我现在推想他是一个阳明学派中人。只可惜他毕业预科后,不久就去世了。他倘使不短命,一定可以成为一个王学的中兴名将的。这个人同学中知道的人总还很多,想不致以我所说的为过于夸大。

我们这一班的自修室,后来移到东斋,和高一班的同学相对。我对那一班同学的印象,好像是郑允恭、汪伯诚、孙理堂三位学长读英文的声音最高;陈布雷、邵飘萍两位学长对于团体的运动最是热心,而且最有计画;龚文凯学长最肯动笔译书。

潘更生学长最初和我们同班,而且同一自修室。后来不久好像他就生了一场大病而请假多时，所以回校时不能不退下一级。但他的英文和国文程度之高，和风度的倜傥，到如今还印在我的脑里。

胡心猷学长亦是和我同班。当浙江大闹铁路拒款的风潮时，我们全校师生于某日下午在大礼堂上开一大会。我记得他竟于王伟人、张冷僧诸老师演说之后，亦大踏步的上台讲演，声色俱厉。我坐在台下，暗暗的钦佩他的勇敢，并羡慕他的风头。

杨逊斋老师授人伦道德课时，坐在讲台上，两手必随身的前后摇动而摩擦两腿。当时冯铁生学长最能模仿这种动作，往往在课堂上教师未到时表演一回，引得大家哄堂。有一次杨老师已走进课堂，立在台旁笑看他的表演。铁生学长还没有知道，大家亦故意不使他知道。后来他自己看见老师早到旁边了，急抱头下台归座，但已满面通红了。

我们升入正科时，英文会话的程度原很不够。所以当美国老师亨培克先生上课时，最初几个星期，大家都等于聋子和哑子。大家上他的课时，心中无不惊惶失措。记得有一次他叫大家画一张地图，明天要交去。那时大家都不懂得他的意思。亨培克老师写的一手字原是带有德国式的意味，苍老难认。所以当他把那句话 Please draw a map and hand in tomorrow 写在黑板上时，大家还是瞠目不知所云。有的去临时查字典，又因为字体古怪，似是而非，无从下手。后来幸有一位新进的宁波同学，曾在上海读过英文多年，站起来解了我们的围。我们那时真弄得羞惭无地。

沈季宣学长和我同班的时间很短。但我记得他那时穿上素服，态度非常老诚(成)持重。民国六年，他任浙江省长公署政务厅长时，他的态度没有变。今年在上海见面了亦还是如此，真可佩服。我在正科中读书时和他的介弟，斌父学长相交最厚。但从民国元年到如今二十三年了，我们两人竟未常(尝)通过一次信，真可谓奇事。

求学时代值得回味的事还是很多。我想留待下届柳堂学长再来一个提议再行续写。现在对不起，暂时中止于此。

十一、刘孔钧

岁月不居，时节如流，四十至年，忽焉已至。回忆昔日高校读书之情景，宛然如昨，而人事变迁，万物改观，及今追记，有如白头宫女，话天宝故事。固不胜沧桑之感也。

余入高校在前清宣统二年之春，时沪杭通轨未久，车站设清泰门外，系以竹木编成，因陋就简，聊蔽风雨。城内附郭一带，民居寥落，野草丛生，荒冢累累若列星。羊市街之清泰第二旅馆甫经落成开幕，余以该处距提学使署较近，为便利复试计，寓焉。是时杭垣尚无人力车及路灯之设备，一日自高校应试归，行经马坡巷口，暮色已深，四顾苍茫，阒无人迹，但闻荒野犬吠之声，自远而近，须臾众犬皆吠，而乱石梗吾足，擿埴索涂，胆战心惊，同人面面相睹，大有行不得也哥哥之概！

高校为求是书院、浙江大学堂之蜕化，校舍由蒲场巷普寺改建，规模宏大，分东西二斋，东斋为高级生之宿舍，西斋则为新进生居焉。东斋之南有院落，由大门内之右端进，回廊曲折，竹径通幽，矗立洋式楼房一所，乃特建以居西籍教授者。其东有厢房十余间，窗明几净，一尘不染。南面有园临河，占地颇广，缭以短垣，园中遍植花木。春之时，煦日融和，百卉竞放，嫣红骇紫，芬芳扑鼻，则宜赏花。夏之时，绿阴交错，草木条畅，南窗寄傲，好风徐来，则宜纳凉。时届秋也，银潢皎洁，蟾光入户，则宜玩月。时届冬也，瑶雪初霁，启窗远瞩，一望辽阔，对岸人家，如玉琢琼砌，则宜看雪。故各同学于焚膏继晷之余暇，辄联袂来园休息，或谈艺,或质疑,或班荆道故,压谐杂陈,逸趣横生,盖不啻调剂身心之安乐窝也。

高校美教授亨培克博士(Dr. S. Hornbeck)宏才硕学,所任历史、地理、经济、政治、论理等课,讲解详明,有条不紊。课本而外,复口述其梗概"outline",由同学笔录以资参考,而便记忆,提要钩元,了如指掌。亦有另编讲义者,则以无善本可采也。授课时常常举行临时试验,用作考核成绩之张本,惟并不预告试期,且限令若干分钟交卷,逾时无效,不稍通融,其毅力热肠,求之今世拥皋比者,殊不数数觏,可敬也。亨博士归国后,尝随威尔逊总统出席巴黎和会,旋任国务院东方部部长,多所建树,其亦日本人之所谓"中国通"欤!

吴江陈去病先生,以文章名海内,而于网罗文献,保存国粹,尤具慧心。其主讲高校时,循循善诱,同校莫不翕服,如坐春风化雨中也。先生淡于荣利,隐居求志,以著述自娱,著有百尺楼丛书二十一种,同人年前为之发起刊行,以公诸世,讵未及成,而先生遽归道山,虽名山事业,自有千秋,然老成凋谢,宁非吾国学术届之不幸欤。

前清末年,吾国物价低廉,人民安居乐业。余所能记忆者,沪杭火车之票价,仅有今之半(当时上海至杭州三等客票售洋一元五角六分),而其车辆设备,则较之今日有过之无不及也。同人之自温州负笈来杭求学者,每年所费不过百余金,已绰有余裕,今虽倍之,犹虞未足也。证以上海之物价指数,则自民国二年之一〇〇,涨至民国十六年之一七二,若以民国十九年之指数,与十五年较,所增又为百分之二六、七,此岂吾国经济复兴之朕兆欤!识者有以知其必不然矣。本年之指数,虽有逐渐降低之趋势,但推其原因,实由农村衰落,人民购买力薄弱,且受美国白银政策及外货倾销之影响,以致银价提高,物价低落,盖一畸形之发展也。比来政府实行通货膨胀政策之说,甚嚣尘上,人心惶惶不可终日,幸当道一再辟谣,始知传之非其真,否则物价势将随通货膨胀以飞涨,结果恐非酿成币制崩溃经济恐慌不止,其流弊可胜言哉!

十二、潘忠甲

离校二十余年。往事如烟,都不复能省记。惟态有特殊,才有特长,或性有特好者,印像往往特深。漫志数则如次,用博一粲。

同学多绰号,如山阴谢君印三号为抚台,嘉兴赵君丹若群呼博士,暨阳俞君松笠称为大表先生。其最著者为 Bread,今 Bread 之名满天下矣。

范公煜泰(霅士)同学中第一妙人也。胖胖的身材,矮矮的个子,细细的辫儿,长着带笑的脸儿,满不在乎的性儿。清泰门当炉有女,公艳之,而窘于赀;乃敛份儿助妆,每人两金,竟量珠去。十年前值于故都广德楼,已绿叶成荫矣。

台州某某两君特工夹带。平时预置豆腐干式小白纸簿若干册,每上一课,辄用蝇头细字,按类密书其上,视为自修之日常工作。予尝微窥而窃怪之,以为如此用功,何须乞灵此物?顾怀挟之术,仍推范公。某次大礼堂会考,学生例由东侧门历阶升堂,教职员即于门次分发试卷。时方溽暑,公体胖,畏热,仅披洋纱大衫一袭;而所考适为化学、物理,其课本皆洋装一厚册。公平居疏略,又不能如某某二君之勤劬。计无复之,乃于腹背裤带间各庋一巨册。方升阶时,则伛偻而上;教职员瞻之在前,无从窥其腹间藏有十万甲兵也。及接卷趋入,则又如蠖之伸,挺腹而前,忽焉在后,亦复平贴无痕矣。

文坛健者,时推陈君布雷、邵君飘萍、沈君季宣、叶君栋丞、莫君存之。诗词则数邵君元冲、陈君仲陶,时见其负手长吟,别具风格。书法之佳者有俞君行修、丁君邵桓、谢君印三、阮君伯康，同学所持纸笔，多半为此数君所书。永嘉马公愚、孟容昆季，以书画蜚声海内，此时尚未露头角也。施君少明(仁荣)雅擅英文，周君晓楼(大昕)最精数学，慈溪叶君(或是余姚，已忘其名)岸然道貌，甬东冯君度好酒使气；并为时人所属目。

颀而长者，推盛君亮夫、陶君毅僧，每会操，龙头总属此二君。肥而胖者，推冯君步青(教职员中以魏仲车、王景向二先生称最)，挟册踽踽，恍如愚公移山；以视范公，大巫见小巫矣。

长跑健将，有胡君道南。全省运动会中，曾获锦标，名乃大噪。湖州姚君，温州项君(并忘其名)，亦称此中能手。唐小澜、邱玉璞诸君特嗜网球。时见其霸占球场，高呼"卵袋"、"咬煞"也。

许君行彬(祖谦)以憨直著称。某次考地理，君心有所弗慊，大书其卷面曰"君子其有所不知，盖阙如也"，曳白竟去。

汤君执中放言高论，颇形狂诞；邵君振青(飘萍)目无余子，标劲亦足：而均不得善终，可为一叹。

赵君廷炳(丹若)每试辄冠其曹。曾自谓自小学至高校未尝名列第二，同学因戏以博士呼之。闻入北大后亦然。后复负笈国外，竟掇博士归，未知其曾破例否。

健饭善啖，无过德文教员某先生。先生鲁人也。每餐，须尽面包可五寸许，方吃饭；吃饭须五六碗，方果腹，见者愕眙。

浙路潮起，师生皆愤慨，踊跃认股。青年力薄，人只一二股，嵊县裘君独认十股(每股百元)，一时为之倾动。

徐君玉书好整洁，衣履文具，皆秩然有序，书案间净无纤尘，洋装"薄克"，历一二年犹鲜洁如刀之新出于硎，无怪其为大会计师矣。

娇小玲珑，时得三人焉。郭沈君小寅(坚)、蒋君清熙、傅君壮民(振绪)其选也。傅君年可十五余，长不满三尺，顶际拢小辫，杂军乐队中，横短笛，狂吹之，其声呴呴然。不虞其今日提青囊，驱摩托，驰骋洋场中为名医生，奇哉！

校中理发师，东西斋各三数人。月给小银币四枚，则伺课余，于书斋频呼某少爷，日为梳辫。凡好为少爷者，皆乐就之。海盐卢君宗孚风致翩翩，其辫尤光洁可鉴人。闻君久官三晋，为老州县；潘令丰度，不知憔悴几许？

台州尤君伯和(希文)，其西名不知如何拼法。一日，洋教员检籍呼之，其音乃如"有便壶"，闻者哄堂。

朱君绳先(宗良)，冲穆寡言笑，市花生豆腐干数十文，杂坐饮高粱，则议论风生，沛然莫之能御。君好刮脚垢，恒探手书案下，脱袜摩挲，津津若有余味。今贵为御史，旧习不改。闻其夫人云，官愈高，刮乃愈力云。

普安街有酒肆，不知其肆名，肆中有老头儿，因以为号也。当炉亦有女，徐娘兼罗敷矣。有刘伶癖者争趋之，予亦其一也。甬东冯君，大言炎炎，自诩酒量无敌。予独心服四川毛君子信(作孚)，君饮愈多，则性愈豪，谈愈健，饭量亦愈好。不似吾曹二美难并，醉后便玉山欲颓也。某次毕业，校中宴会。予剧饮可三斤许，已沉醉矣。复为人嬲往"老头儿"又强饮斤许，遂不知如何归，如何睡；自此知充予量，不能过四斤。

同舍唐君性耿直，表里如一。某次，暑假还，检其日记，中有"晚与□□游"、"夜与□□戏"等句，几于每日皆然。询以□□何人，但笑不言，始恍然悟。因笑谓此事何乃入册！君夷然曰:此事何不可入册?噫!与老妻敦伦一次,谁谓古今人不相及哉!

附记:信笔写来,颇多开罪老同学处。如兴师问罪,请向小胖子冯君柳堂进攻,渠乃此次聚众胡调之造意人也。笔者已承老牌大胖子冯步青、新牌大胖子吴国昌两君为常年义务律师,不能负妨碍名誉之责,特此声明。

十三、施仁荣

仁荣自十七岁到杭,投考高校预科,宣统三年毕业正科以来,忽忽已二十三载于兹矣。在此二十三载中,滥竽教育界,日夜与粉笔黑板为伴,乏善足述,愧对故人。正科第一班毕业共十三人,平日散居四方,少有联络。今幸旅沪学长有高校旅沪同学会之设立,俾旧日同学得有聚首之机会,且将有旅沪同学录之付印,并由各同学笔述个人回忆,以资观摩,意至善也。今试述仁荣个人之回忆及感想,以博诸学长之一粲。

杭州为浙江省会,东南名胜之区,实为青年求学最佳之地。忆当年课余之暇,每偕理堂、允恭两学长徜徉于六桥三竺之间,饱尝醋鱼醉虾之风味,兴尽乘舆而归,烂醉如泥,亦人生快事也。校之东,有花园,园外有河,当夕阳西下之时,凉风拂拂。西教授片舟一叶,飞渡而来,与之略谈爱皮西地,殊足耐人寻味。回忆旧事,不过如是而已。尚有一种感想,与诸位学长一谈:

同学中毕业于理科者较少,而此少数之同学,其能从事实业,卓然有所建树者,亦不多见。仁荣深愿诸学长之子弟,如性近实科,不妨令其研究应用化学、土木工程及机械等科,同时注重实习,俾将来对于工商业有所贡献,以符科学救国之旨,是则区区之微意也。拉杂书此,望诸学长有以教正之。

十四、陆朝儁(仲雄)

二十三年之大除夕,展诵旅沪浙江高等学校同学会来函,征求各会员自述生平涯略,刊在会录,以志永远,俾垂垂绝之同学会于不朽,其辞庄谐,其意深长,其味隽永,虽不文如余,因与我最亲爱之母校,其关系较任何同学为切,是以不甘藏拙,拉杂琐碎,滥竽充数。更愿以最大敬意,用最庄严之口号,欢呼于诸会员之前曰:中华民国万岁,我浙江高等学校同学会万岁!

余家世富阳,卜居田间,载耕载读,书香罔替。先父因洪杨乱,避难沪上,日与西人物质技巧接触,激动科学思想,乱定返乡,困读之余,精研算术,旋复旁及测绘、理化、机械、摄影诸学,因此得官成名;先叔父亦精算术,余得随习在侧,尽毕所学。光绪二十七年春,先叔父受聘担任浙江大学堂算学教习之职,余亦同时应考入学,此余与浙江高等学堂发生关系之始。夫一旧式乡间小子,一旦转到学校生活,竟得风气之先;虽因时会使然,要亦吾先父叔之环境有以造成,故余在未述自己之前,不得不略叙先父叔身世,时余年已十六。

清廷怵于庚子之变,国势日蹙,知非普及教育,启发民智,不足以挽阽危之局。浙江大学堂者,乃吾浙疆吏奉旨创办,就前求是书院旧址改组而成者也。第一任监督为桐乡劳乃宣主事。初办学堂,一切设施,均衙署化,有知府衔之提调,知县衔之收支。学级编制,尚存书院旧习,随个人各科之程度高低而分甲乙丙班。有英文在甲班,而国文在乙班者;亦有国文在丙班,而算术在甲班者。其英算在甲班诸生,则均属求是老生,如钱家治、韩永康、寿昌田、陈其善、李祖虞等等。余各科均在丙班受课,惟算术则在甲班。此外尚有附班,以授程度较底、年龄较幼诸生。

求是老生，以先进之资格，得被选送日本留学者凡八人。即前述之钱、韩等诸君。现任浙江财政厅长徐青甫先生教授预备日语，此为吾浙派遣外国留学之嚆矢。

翌年正月开学之日，吾浙大吏照例齐集大成殿，率领举行开学仪式。抚宪所乘之暖轿，内幔狐裘。有一附班生名赵继昌者，偶至轿前揭帘窥看，竟被舆夫假威辱骂，遂激动全体公愤，环请严惩。时抚宪为苏人任道镕，以朝廷方在重视学生之际，汹汹之势，知不可遏，乃允杖责以儆。一场风波，轻易过去。而此赵继昌君，旋又因宕秋千扑地气绝，急救送治得活，以一人而发生两回事件，斯为值得注意之事。但赵君人至诚实，后在路校毕业，在水利局服务有年，今固尚健在也。

山雨欲来风满楼，舆夫事件为大雨之预兆，然舆夫事件与后此风潮绝不相关，不过舆夫事件之胜利，适足以启激烈派学生好事之心。时学堂大权操诸监学戴戟哉、舍监戴蔚哉昆仲之手，众矢所的，而舍监杜宽夫尤不惬于众意。一日，某某数生因故被揭示斥退，群情惶骇，要求收回成命不遂，先罢课，后散学，学堂当局不稍假借，遂成绝大风潮。结果，全体出堂，戴、杜三人亦连带去职。

出堂诸生，与被斥退诸生，在外合组所谓励志社者，以图继续学业。然人心不同，经费无着，犹如昙花一现，瞬息灭没。在学堂方面，自然另招新生补充。凡旧生中之被认为无积极参加嫌疑者，仍得回复学籍，余即其中之一也。劳监督无意恋栈，改由其婿秀水陶拙存进士接充。陶监督性温和，仅监学唐咏裳先生较为严谨。然学生嚣张之气，似有种子流传，时予监督以难堪。陶亦不能久安于位。当道乃乘部颁新章改组之际，改聘陆懋勋太史继任。

光绪三十一年夏，照新颁钦定学堂章程编制，改浙江大学堂为浙江高等学堂，先设预科。陆监督诇知旧生积习太深，解散全体，重行招考，旧生仍得与试，不过任凭选剔而已。余亦照例应试入学，再下冯妇，至此又再。三朝元老之雅号，自不能让人专美于前，此吾所谓与母校关系较任何同学为切者，其故在此。陆监督另设完全师范科暨师范传习所两部。收年龄较长，国文较优，不及研读西文，而堪为速成师资者而教育之，日后各属小学教师，无虞缺乏，不可谓非陆监督热心办学之功。

陆监督办事整饬，项教务长兰生先生尤为严厉，学风乃戢。然不当之禁例，终觉难堪。如东西两斋，非经许可，不得擅自往来。同一天井之自修室，有舍监监视走动。自修室内，干涉谈话。其他种种钳制，不胜枚举。假使继续不已，恐必有反动之一日。所幸项先生高升安定学堂监督，继任王伟人先生，平易近人，空气缓和，不必有久蛰思起之观念矣。

余初入预科一年级，为乙班班长，其副即现在驰名南北之北大校长蒋梦龄（麟）君也。斯时民族思想勃兴，反满之心，浸淫于学生脑海之中，每过课题，无论其为历史为时事，普遍心理，必假借发挥痛骂之而无余。但头脑冷静之国文教师，见必抑之，此无他，时代与地位之观念不同耳。其时有一同学，初未尝为人注意，孰知不数年后，安庆刺恩之案发生，被难之中，有一马烈士者，其名赫然，其初即无人注意之同学马宗汉君也。

溯自求是书院而递嬗至浙江高等学堂，驻杭满将军每年必就驻防军子弟中之稍能读书者，选择数人，资遣入学，以驻防杭州之用意，而驻防学堂。若辈思想简单，读书无多，常川请假，上课仅如应卯而已。故每年更番替换，此来彼去，绝少成才。然其以潢胄自居，傲慢之心，迄不稍敛。今为说一故事：时堂中延二日籍教习，聘前派留日生韩永康、寿昌田两君任翻译。两君新自海外归来，当然挟有学堂设备知识与俱。陆监督循其建议，筑一寝室，统间不分,铺如列营,每夜挂灯已上,寝钟未鸣之候,嬉笑角逐,在所难免。某夜,有一白面截发汉生,与一满生驰逐于列铺夹道之间,两人竟互抱偶倒于邻铺杨乃康君身上。杨君怒而斥责,不料另一满生闻而参加争议。杨君急不择言,即报之以恶声曰:"不要汝满洲人多管。"此满生乃反唇相骂曰:"今皇帝系我满人,我不管汝,其谁管耶!"翌日,全体满生假归。不久有抚署巡捕官来,谓循将军之请,须将该杨生斥退,否则满生誓不返校,大有不达不休之势。但陆监督初亦不弱,坚持不允,终以不敌压迫,密许暑假除名,始寝其事。然则吾汉生当时何无动作?曰:其情则知之,其办法未前知也,故无所措其手足也。

陆监督得官,听鼓苏州,继任者为吴震春太史。吴太史萧规曹随,无所更张。其时浙路拒款风潮,弥漫全城,而我高等学堂为人才、思想集中之地,负领导舆论之责,开会集议,攘扰多时。但以政府国策所在,当然不允收回成命,最后结果,不过在社会史上多一资料而已。

光绪三十四年之夏,预科修学期满,毕业考试,由提学使派委监场,国文亦由学使命题。余得考列优等,多数同学预备就近升入正科肄业,间有志趣不同,投考北京高等师范者。今在首都为立法院委员之赵迺传君,即其一也。

正科照章分文理两科,余违志入文科,其故因惧遇考试时算术难题,有使我焦急之痛苦,故预避之。两科主要科目,延两美籍教师教授,功课繁重,绝难偷闲。斯时余等年龄已富,除埋头外,不骛他事。故终毕业之年,并无显著事故发生。

在正科成立之明年,吴太史就官北去,由孙智敏太史继任。教务长王伟人先生亦相继北上,由汤尔和先生继任。但汤先生亦不久北上,继之者则为邵裴子先生。此数年间,学堂既无意外动作可言,自无事实可纪。但有一点,值得注意,此时革命声势,汹涌全国,杭州满人,似已为之慑服,昔日气焰万丈之势,仿佛今如爝火自熄。同学满人仅三数人,入正科者只两人,①而又分入两科,与余同科者,即前杨案中之言满帝者。凡人不能孤立无与,亦不能终日哑口不言,矧在学校,尤重切磋,此两满生,为欲解除此种困难,不得不易其前倨而为后恭,以靳与我汉人接近,强弩之末,清势之衰,于此可见。

宣统三年夏,正科学程完毕,毕业考试,国文仍由学使命题,余仍列优等,与我最亲爱之母校,从兹长别。综计在学期间,凡八年有半。余较其余同学多两年半,即为陆监督所牺牲者。但此两年半在名义上得到一种书面奖品,即一永不兑现之优贡文凭是也。何敬煌君,亦以断续在学年限并计而得到拔贡文凭云。毕业之后,例须至学部覆试,试期例定九月,讵知霹雳一声,武昌首义,清社为屋,而余等前程,亦起各个不同之变化矣。

民国肇新,百制更张,浙江高等学堂之"堂"字易为"校"字,其程度与现制普通高中相埒,是以余等非驴非马之分科文凭,竟无若何美满效用,政府亦无相当考试,以消纳余辈之需求。除一二具有卓识,升学深造,与夫另辟途径,以遂其愿望之外,其余大半沉沦于初中教师之一途。更外又有经数年而不能得到一工作者,余亦当然不能例外。今余有一感觉,为诸会员告,吾高校之同学,素少爱力,毕业而后,分道扬镳,自利心重,而互助之心见浅,旧日之监督、校长、教师亦然,非得其人交情素厚,有相当之渊源,绝不予以援手,此吾一人所感之痛苦如此。但吾同学之中,颇有飞黄腾达者,而附骥之同学亦大有人在,是不可以一概论也。且余亦常得张行简君绍介,转辗服务于省立第六、第九中学、高级蚕桑科中学者凡数年,此为余之

---

① 手写眉注:文科满籍学生名恩良,宣统三年文科毕业生十四人中考列第十名。

鲍叔，当终身不忘者，是知热心援助，又非绝无其人也。

余今适当六八之岁，年已落伍，学校生活，后起有人，政治机关，与我无缘，食指繁多，家境渐窘，大有今不如昔之慨。然而社会日在演进，家务不能消极，爰本《易经》穷变通久之义，另觅生活途径，欲求于化学工业中，为人所未为，而为社会需要所不能缺者，择一进行。欲达此愿，必须研究。研究结果，居然得到两种成功。(一)“秋蚕种浸酸纸”(中国不能自制，向用日货)；(二)“复写纸油墨”(中国尚无自制之复写纸。此种化学工业，已有外人发明在前，本不足异。但我并无书籍方法依据，仅凭自己从化学原理推想研究成功，亦足自豪)。但浸酸纸日货低廉，非自己兼营纸厂，难与竞争；复写纸机器昂贵，又非独立所能经营。当我研究成功之时，欢天喜地。及到精密调查之后，知皆非巨资不办，则又嗒然若丧。经年研究，隶属泡影，原来理想，总是幻想，其欲有助于我解决家用问题者则渺乎不可得也。然则余今后之生活，又将如何乎？事实已完，从此搁笔，文字冗长，不堪卒读，会员诸君，得无嗤之以鼻。

十五、许祖谦(行彬)

我在杭州数十年了，虽然自署是个西湖闲人，但实在每天没有什么工夫，来做自道生平的文字。今天接到同学会的函，说要我提起笔来，写一篇从前在高校里经过的事实，叫人家看看，我不便拒却，就随随便便，写几句如下：

(一)高校的同学，我的年纪最大，有人给我一个“族长”的头衔，我很觉得惭愧。到了三十几岁的年纪，还与十七八岁的青年，同在一起儿上课，宁非可羞的事吗？同学陈君景銮说道：“大器从来是晚成的，阮文达公五十几岁，才能够名列胶庠，后来做到浙江巡抚，我们何必老大自伤呢?”盖这位陈君，除了我，就算他的年纪是最大了，他于前年逝世，我还在此担任许多社会事业。我想，我同学们，年纪轻的人，似这位陈君的，幽明异路的已不少。我忝做“族长”，倒还健健康康，眼见族中人，一日少一日，那得不伤心，这一回忆而有无限的感慨者一。

(二)我在高校的时候，有一天接到一封家书，拆阅一下，是家中报告生了一个儿子。我正在满心的欢喜，被同学们知道了，说今天却好是个星期，要我请请客，我答允了。五六个同学，就拉我出校，到万安桥边一家小酒店里去喝酒；买了几包花生，拣了几块牛肉，作下酒的物，大家吃得酩酊大醉，不过花了八个小角子。我这个儿子，教养到十六七岁，很肯读书，在那宗文学校将次毕业，忽染了肺病，东奔西走的医治，一年多仍然没效，人孰无情，我只有这个儿子，那能学东门吴子的不哭呢？正在丧明的期内，我几个同学，送了挽诗来，还提起万安桥吃酒的故事，我格外要泪涔涔下了。这一回忆而有无限的感慨者二。

(三)我这一支秃笔，是最贾祸的东西。大家知道袁世凯的拿办我，为了要求浙江独立这几封书。孙传芳的拿办我，为了登载两省易长这一件事。而于杭州各学校，第一次在梅东高桥大营里，开运动大会，夺优胜旗的事情，都忘记了，我曾受一回的教训。那时有位善走的同学胡君自南得到这优胜旗，我同学们，非常高兴，但是各学校相形见绌了，大大不舒服，在那运动场上，就发生了冲突。各回各校后，上海的报纸上，有侮辱我高校的记载，我就做了一篇驳议，登在《时报》上。仁和小学的朱校长，很佩服我的笔墨，说道这篇驳议，只有高校的学生做得出，我便得意起来了。不料某某等几个中学的校长，见了这篇驳议，大发脾气，竟来要求我们这位吴监督非斥退我不可。我那时还一点儿不晓得，校中好几位教员，代我担忧。一天我见我的国文里，有什么现今不可多得之人才，有教育之责者，宜如何爱惜的批，不觉诧异起来，就向这位教员去一问，才知这个缘故。我同学们，认这篇驳议，是为高校争体面，不是犯了校中的规则，一齐向吴监督去说话，总算没有处分。从此我抱着笔尖儿横扫千人军的气概，顾忌两字，漫不在心里，几几乎闹出杀身的惨祸来，这一回忆而有无限的感慨者三。

(四)我到了三十几岁，还要进学校里去读书，这是什么原因？我是个前清的秀才，性情极戆，遇着不平的事，就好出来替人奋斗。我一个好朋友姓张的被匪掳赎，那位州牧郑翰生不肯上紧去破案。我觉得这种官吏，是个糊涂虫，就把他告了一状。他恨极我了，详革了我的衣衿，还要捉拿我。我没奈何，逃到杭州考入高校里肄业。校中同学们，见过了我的状词，说道我的刀笔很好，我却不敢当。但其实尚没有挂牌的律师，富阳有位姓俞的，为了一桩抢米的案子，押在监牢里好几个月，要想释出去，没有法子。由同学胡君立向我来商议，我替他做一求呈，到抚台衙门去递了，居然照准。那姓俞的出狱后，送一只鸡到校里来，同学们都相视而笑，要吃这只鸡。晚间厨子已离校了，没人煮烧，我就把这只鸡，叫斋夫杀却，用两个洗脸的洋铁盆，放在火油灯上煮熟了，供给同学们一嚼。鸡的滋味，比较厨子烧来更好。同学们说这只鸡，是拿秀才本领去换来的，鸡的滋味虽好，秀才却早丢掉了。唉！状词可以救人的，偏偏害了自己，这一回忆而有无限的感慨者四。

(五)有义务然后有权利，这是不易的公例。我高校添聘了日本教员后，讲堂上不分给讲义，纯由助教员口头传授，学生各个的笔录，错误是在所难免了。同学们深以为苦，想出一个办法，凡日本教员所讲的学科，公推一人担任编讲义。我被推心理学一科，天天于原有功课外，要编一篇心理学讲义，供给同学们，很觉得自己的牺牲太大。但是毕业出来，各处师范学堂，要寻一个心理学教员，竟没地方去聘请。同学们说起了我，尽过这项义务，温州师范的黄监督，就拍电托人来请我；我到温州，做了半年的心理学教员；暑假回杭，杭州的初级师范，又要我担任这一科，我就舍远就近了。我在高校的生活，完全是靠着心理学三个字。当初高校的心理学讲义，虽则是我编的，还有一位缮写付印的同学姜君登钰，差不多屈做我的司书生。民国三年夏天，我到北京去，路过山东车站，遇见这位姜君，与他作片刻谈，非常亲热，近来听到这位姜君，早归道山去了。心理学讲义中，写的人与编的人，已长别了，这一回忆而有无限的感慨者五。

(六)英文算学，为高校注重的科目，我偏偏对于这两科，性所不喜。我少年时，自命不凡，抱一种为国为民的大志，以为英文算学，纵使造诣极深，也不过一技之长。况且年龄的关系，脑力一层，大的不及少的，我就是埋头用功，也比不上这十七八岁的同学，因此更加灰心。上英文课的讲堂，有时带了《汉书》去看，被英文教员看见，报告了教务长。教务长问我，为什么英文不肯注意。我把自己的志愿及艰苦的情形回答他，并说同学中，与我同病相怜的人也不少。教务长就把英文作为随意科，我就此不读英文了。外国文专读日文，表同情于我的，约有二十余人。到了毕业考试时，我替某同学做日文答案，与他交换算学。算学试题，为几何学，我竟是一个门外汉，等待某同学递到一稿，我就钞上试卷；与我同坐这两位同学，也依样画葫芦。那知递到的稿，是个鬼草稿，文不对题，教员评卷，分数列在下等。我的素性，事事要争胜的，照章有一下等分数，毕业连优等也办不到了。我得到了消息，愤极了跑到讲堂上，用白粉笔，写了几句，自道尚非漫无一长之人，这回考试，不乏连锁竞走的恶习，应请重行逐一考试，以见真相。同学们大起恐慌，都来劝我，说学堂里的名誉攸关，不应该以一个人累多数人。我心还不甘，邀我同坐的两位同学直向算学教员房中去查试卷，果然下等，就把全体算学试卷，夺取出房。那算学教员着急起来，口口声声，说好商量，便把下等改做优等分数。我见算学教员桌上，摆着围棋一盘，就拿回自修室来。哈哈！这种举动，踧扈达于极点了，说起来正是我的不是处，亦是我的极丑处。我同学中的算学，首推黄君寿曾，某同学向来依赖黄君考试的，传递的稿子，假托是黄君的，所以与我同坐这两位同学也上了这个当儿。黄君极聪明，所谓才不载福，早同颜子的短命。此外英算优胜的同学，在现今社会上，亦干不出什么事来，这一回忆而有无限的感慨者六。

以上六个回忆，我于百忙里，写给我同学们看看，字句都没有斟酌，事实却并不弄错，赤子的心，如是而已，一笑。

十六、洪学范(印湖)

一月四日得旅沪同学会征求会员回忆录，因拉杂录寄如左：

余肄业之岁，为光绪卅二年，监督为陆勉斋太史，时当迭次风潮之后，管理严格，东西两斋学生不得往来，半年来除同班外，十中不识七八，王伟成长教务，始稍弛其禁焉。

好事者喜以诨名称人，若者为姑娘，若者为面包，若者为小姐，若者为山芋(英语从略)，人亦从而姑娘、小姐、面包、山芋之，今者于思于思，皆无复当时丰采，质之本人，恐亦不胜今昔之感矣。

日籍音乐教师元桥者，自命不凡。教务处徇其请，某年秋开音乐会于本校礼堂，遍请外界参观。开会节目，压轴钢琴独奏，为元桥君。当时元桥上台，例有谦辞，并询来宾如有爱好或擅长者，请先一奏。不意来宾中有某君者，昂然上台就坐奏乐，其声滃滃，其韵锵锵，其音琤琤，听者神往而不欲其休也，戛然而止。元桥君自叹不如，则拍掌称善，则草草奏乐毕事。散会后，同学聚谈，有不知手之舞之足之蹈之者，既又相顾而笑曰，是诚何心哉！

上体操班，区区常为殿军，与余或前或后者，为郑君晓沧、邵君伯琴也。

陈去病先生，以文章名，有同学邹君从之习诗词，课余咿唔不止，虽如厕亦不释卷，得意之际，黄物共吟声齐出，是则厕所中之一段韵事也。

某年秋，某君获蛇一，剥洗煮之，并邀同志共尝异味，结果，染指者仅一二人而已。

廿四·一·七，于武林

十七、冯铁生

这是我在青年时代和同学们一道哄起来的一场热闹，现在回想起来，当日的情景，都历历在目，好像是新近的事；可是屈指一数，却已有二十六年之久了。

这事是这样的：当时教我们英文的孙显惠先生，是一位学问深湛、教授热心的良教师。但是这位孙先生有几种很特别的脾气，其中为我们所最不赞成的——这也许是做学生时代的普通心理——有下列两种。第一，孙先生从开学到放假，没一天不按时来授课，从来不曾告一小时的假；就是遇到身体有点不舒服，也一定勉强来上课，只有讲解的声音比平常轻些罢了。第二，孙先生每小时上课，在退课钟鼓敲过以后，还提高着喉咙讲解，直到第二课上课钟敲了，才肯退课。这样一来，所有十分钟休息时间，全被他侵占了去，我们连吃茶和小便的工夫都没有了。

孙先生的人格，是我们所敬服的；孙先生的学问，更是我们所倾倒的。不过因为他有了上面两种脾气，我们难免要在背后窃窃私议他——不告假和迟退课。

一天晚上，大家很平静地正在自修室自修，突然有一位同学探刺着孙先生结婚的日期，气喘喘地跑进我们的自修室,高声宣布道:"好消息来了! 好消息来了! 某月某日孙先生结婚了! 到那时,他怕还不告假么?"话还未完,就有一位同学提议说:"告假当然不成问题,我还主张在孙先生大喜的日子,大家前去贺贺喜呢!"另一位同学说:"孙先生平常非常俭朴,不肯妄费一文;我们全体同学,既然去贺喜,孙先生当然不好不请我们喝喜酒,这是有意使孙先生大破其钞的绝好机会,我首先附议。"接着,有的说"空手去贺喜,喝喜酒,到底有点不好意思",有的说"要喝喜酒,不论厚薄,必须送点礼才行",你一句,我一句,议论很是庞杂。

不一会,旁的自修室的同学们都纷纷赶过来,起初不过探听消息,后来居然也加入议论,一时人声鼎沸起来,意见更加纷歧,主张也更不一致。末了,大家议决下列各端:(1)甲乙两组同学,各出小洋一角,作贺喜的分金;(2)所收八十多角小洋——甲乙两组同学约八十余人——购办大红喜幛两幅,届期送到孙先生府上;(3)推举两级级长担任收款、购办,和着工人致送等事项。议毕,自修时间早过了。在上寝室去的当儿,同学们口里还咕噜咕噜地谈论着这件事;在各人的心里,都热望着孙先生的喜期快到——目的在孙先生的告假,和喝孙先生的喜酒去。

孙先生结婚的日期到了,喜期的前一天,我们两幅用全体具名的大红喜幛送去了,孙先生派人送来的两个写着诸位少爷的请酒帖,我们大家都看过了,大家都静候着孙先生告一二天假。不料孙先生在洞房花烛的一天,依然如无其事地按时来上课,同学们都目瞪口呆,不禁的(地)喊:"打算不着! 打算不着!"但是还希望明天是喜期的正日,万万不容他不告假。哪晓得到了第二天,孙先生仍旧不告假,仍旧照常来上课。这真使我们哑子吃黄莲,有口不能言,又不禁大喊:"打算不着! 打算不着!"

这天的申刻,是孙先生订定请我们去喝酒的时间。下午四点多钟下课后,同学中有的早打定主意,去一快朵颐,换好衣服;有的却还有点怕羞涩似地(的)在旁观望。不一会,孙先生派工人过来,传达他的意思说:"请诸位少爷们早点过去。"这一声邀,才打动我们全体出发的动向,连那些迟疑不决的同学,也顿时加入队伍。于是八十多人,排成一个长蛇阵,由那工人引导,大家欢天喜地地往孙府贺喜去,喝孙先生的喜酒去了。

约莫步行了几十分钟,已到了孙府,我们的孙先生早在门口笑容可掬地迎接着。我们暂时在天井里站定,等那礼堂上铺好了红毡毯,再分着队前进,先向孙先生的封翁贺喜,用一跪三叩礼。既毕,又向孙先生和新师母贺喜,也用一跪三叩礼。礼毕,马上摆起筵席来,大家入席,一共十多桌。坐定后,孙先生对我们说几句客气话,大致是诸位不要拘束,多喝几杯等,于是我们毫不客气地大吃而特吃起来。隔了一会,杯盘狼藉,酒酣耳熟,居然大猜其拳:七巧八马,高声狂呼,甚至这一桌的赶到那一桌去战,那一桌的也赶到这一桌来战,闹得天翻地覆。在这兴高采烈的当儿,谁也不记得在先生家里吃喜酒,应该守些本分呢! 有几位还要彼此使个眼色,或咬着耳朵,互相怂恿,故意闹得夜更深点,或许明天孙先生赶不上第一课,所以时间越延长了。

十点多钟了,闹也闹够了,只得散席了。孙先生笑嘻嘻地对我们说:"大家要到新房里去看看么?"我们说:"要的要的。"于是分队上楼去参观新房,新师母且亲手分喜果给我们,每人一袋。等各队都参观过了,各人都拿到喜果,才算兴尽告辞,仍旧排着长蛇阵返校,这时已钟鸣十二下了。我和同学们哄出来的一场热闹,于此才告结束。

第二天第一小时,是甲组的英文文法课。预备钟敲过后,同学们都手里拿着书,在课堂外徘徊，口里不约而同的(地)说："距上课不过几分钟了，这一课孙先生一定赶不上了。"那知上课钟声敲过不到二分钟，孙先生手拿着书，面庞上现着绯色，笑盈盈地大踏步进来了。

十八、余冠周

记得在宣统二年，鄙人肄业高校时，值寒假无所事事，同学黄君直民，亦以假期故，出校寓羊市街鼎陞客栈。黄君知该栈老板(忘其名，大家称之曰绍兴老)酷好围棋，即介绍予与彼对弈。首让两子，每局彩五角，彼连负二局。又让三子，每局彩一元，彼又负二局。继让四子，每局彩一元五角，又负二局。再让五子，每局彩二元，胜负各半。最可笑者，自午至夜，轮流棋战，彻夜不眠，而予友黄君，亦喜作壁上观，陪坐一宿。盖绍兴老围棋本不甚工，惟好胜独甚，非得一局胜利，不肯罢休。至末局胜利，天已大明，而彼犹余勇可贾，老当益壮，甚可佩也。更可佩者，至受五子时，彼全家老少，闻讯均来参观，因其妻与孙亦能围棋，惟技亚于绍兴老耳。对局谈心，夜以继日，亦在校时之一段趣闻也。

十九、李屋身

多年没有提笔写什么东西了，对于咬文嚼字，在我真是一件苦事。而且要回想约三十年以前的情形，像我这样健忘的人，几乎没有办法来应付这"回忆录"的征求。这是不可以凭空捏造的；所以有一天晚上，特地屏除了家人，静坐在一小小的书房里，向脑筋中极力搜索，幸亏记得以下几则的故事，想借此来塞责，不晓得诸位学长看了，觉得有否趣味，有否登载的价值，现在我且不管，写出来罢！

现在在社会上大家闻名钦仰的汤先生，当时担任师范科的历史教员兼预科及师范科的音乐教员。汤先生对于国事，非常关念，对于革命，非常热心。这时候满清政府派铁良向南方来，声势汹汹。汤先生曾作铁良南下歌，一时学生传诵，深深印入我们的脑筋里，所以我现在还背得出来："东亚风云惊，睡狮还未醒；日日言维新，维新徒画饼。联兵入北京，筹饷来南省，几把我膏腴收括尽。他安享太平，食肉更衣锦；我民不聊生，呼天天不应。"这首歌一出来，听说在杭州城的满洲将军，就要干涉，几乎闹出事情来。又一次汤先生讲演历史，到满清入关，意气非常愤慨。满清入关，规定满汉不准通婚。汤先生大声疾呼的(地)说："不通婚顶好，那个要他！"当时有满洲人学生在座，当即变更脸色，汤先生依然讲演。在异族专制政府的底下，汤先生有这样的胆量，这样的精神，敢发这种言论，到现在回忆起来，可晓得当时一般人士的气概了。

大约十年以前，在北京办报被奉派当局所枪毙的邵飘萍君，听说就是我们的同学邵锡康君。邵君在学校的时候，他的自修室内的桌子，同我的桌子，不在前后，就在旁边，他的寝室内的床铺，亦是这样。邵君人极聪明，文笔亦清通畅达，在学生的里面，可算是第一流的人才。教植物学及西洋历史的日籍教员，口授讲演，经翻译译讲后，还要由几个学生来编出讲义，石印分送，邵君同我当时都被选到担任这个义务，因此互相接触的机会尤多。当时学生通行穿竹布长衫，蓝色的居多数；记得邵君常常辫子梳得油光，穿月白色的长衫，钮扣上挂一表练(链)，喜欢打扮得漂亮。有一次我买得一双橡皮靴，代替雨鞋的用场，崭新没有着过，放在床下。邵君并不通知，着了出去，一两天不回来，到回来的时候，鞋底已经有了裂缝，不能再在落雨天穿着。这时候的橡皮靴，市面上不大找得出，不比现在的橡皮鞋，价钱低廉，人人着用，邵君因为着上漂亮，即随便使用，不管其他。诸如此类，是他的习惯。后来在民国七年，我由美国回来初到北京的时候，遇见邵君，并到过他的家中，看见四面壁上，挂着北京大老送他的肖像多张。听说当时颇出风头,以后就没有通讯。不料他得了这样的结果,回想起来,真觉得惋惜万分。

记得起初进学校的时候,全体预科学生,都寄宿在一新造的西式楼房,四面临空,畅亮得很。我住在楼上的大间内,各人的铺上都挂着白色帐子,盖着白色被单,清洁整齐,亦尚可观。晚钟一响,各人都由自修室归到宿舍,虽然脚步杂沓,同时歌声大作,随便应和,这是我们每日不断的最快乐的时候。其中有一位身材高大的同学(已忘却他的姓名)和一位矮小的同学何君,常在一起,都是绍兴口音,唱歌尤为起劲,每夜一定可以听见他们俩的歌声。各首歌词之中,尤其是《春雨歌》,唱得时候最多,想诸位学长,现在还可以记得。几时在聚会的时候,可以共唱一遍,回忆从前的兴趣。

二十、冯柳堂(学名贻箴)

考学堂幸得录取 我是与玉书(徐永祚)同自海宁达材高等小学投考浙江高等学堂预科的。达材第一届毕业投考浙高预科的有胡岳(柟斋)、郑宗海(晓沧)、许森鑅(文彬)、查征辙(绍伯),盖是"一榜皆及第";继之而往投考者有潘忠甲(更生)、顾振常(思九),亦皆录取;我与玉书去投考,在达材已是第三批了。未考之前,我们两人常常盘算着,不要我们去坍台,一个不取或者只取一个,那也没有意义了。这一次投考约有四五百人,所以初试分两天考试,我们又是轮着第二天。到第一天开考的时候,我们先去看情形,但见学堂门外,人头挤挤,伸长头颈,提起两耳,向内注意;只听得门内一声声唱名,即有一人应声而出,手中托了笔砚,直进大门,对证照片,领取试卷,经过回廊,走进试场。我们看见这样排场,好不威风,更加有些害怕。到了第二天,轮着我们去考了,我们也照样经过这番手续,心中自不免胆寒,所以一步挨一步走进了试场,勉强完卷,静待揭晓。初试揭晓的那一天,正是中午吃饭的时候。我们耽搁在普安街一家人家,有人来报说"出榜了",一听之后,饭也不想再吃,放下碗筷,立刻跑到蒲场巷。看榜的人已挤成一大堆,我们站在后面,从末一名坐红椅子(凡榜上末一位名例用朱笔一勾,俗称坐红椅子)的倒看上去,看到约莫在十余行(每行五名)光景,我与玉书的大名先后发见,这一喜非同小可,总算是有了一半希望。但是我正站在"门槛边",因为录取的名额定一百名,复试还要剔去三分之一人数,如其复试之后,跌进不成问题,跌出那就糟了,故不免又深危惧。幸而居然考取了,我们两人觅保缴费,总算进了高等学堂的门。

为名字险闯大祸 啊哟!险些儿又闯祸,这祸不是我闯,乃是玉书先生自己闯的。玉书,他进了达材之后,接受了新洗礼,脑筋中充满了"排满光汉"的思想。其时的《国粹学报》偏有一位经史大家仪征刘光汉先生的史论,做得议论风发,声调铿锵,引得一般小学生十分爱读,因此又动了他的歆羡;加之他的贵同宗革命老前辈徐锡麟先生又把安徽巡抚恩铭刺死了,更加使他有"闻鸡起舞"的思想。他就毫不犹豫,把他带有几分帝王封建思想的大名——永祚,毅然决然,宣告废止,而大书特书为徐光汉了。

话又说回来,我们去投考浙高预科,距我们达材高小的毕业,还有一个学期,这是我们堂长朱东湖先生特许我们先去升学,再考毕业的,所以到了学期末,我们仍旧请假回去考毕业。那时候高小毕业考,由当地州县监考,考试的卷子都要送到浙江提学使审核后,还有一个出身给你。高小毕业的出身,最优等是奖给廪膳生,优等奖给增广生,中等奖给附学生,这项出身,由提学使发给朱色印照为凭。不料正在这个当儿,险些儿闹出事来。

为的这次毕业考试,修身题目,论的是三纲五常,不料这位徐玉书先生,大发议论,除了父为子纲一目外，余的君为臣纲、夫为妻纲的两目，指摘得体无完肤，虽然不是十分明目张胆地说，可是尽够人家的震骇了。

这批试卷，由海宁州知州上详浙江提学使衙门，打开一看，“徐光汉”三字已觉刺目，及看到试卷内容，不看则已，一看之后，嚇得几位幕府先生，立刻拿了卷子，去见提学使。这位学使姓支名恒荣，乃是一位老翰林，是浙江第一任的提学使，好比现在的教育厅长。支学使架起了玳瑁眼镜，拿卷子仔细看了一遍，两目一睁，两眉一竖，短短的须髭，上下一移动，一副赫然震怒的面孔，连说：“还当了得！小小的年纪，就这样目无君上，将来不得了，假使不惩戒他一番，被御史知道，风闻一本，连老夫的前程，要为他牺牲了。”幸亏这位支学使一怒之后，也知道时势犯就，不必多事，只将这本试卷注销，仍旧准他毕业。不过好好哩考列最优等的徐光汉，一个筋斗跌入中等去了。自从这个风声传播开去，上海的《中外日报》首先揭载，他的标题，约略记得“竟有废止三纲的小学生”，其实他要废止的只两纲，不是三纲，而照现在看来，他所要废除的实只“君为臣纲”的一纲罢了。

沪杭报上，有了这一段记载，浙高的教职员看见了，啊哟，要想废止三纲的学生，原来在我们学堂里；看看他的名字，依然是徐光汉。一想这可不好，现在官厅算是过去了，将来设或旧事重提，那不是玩的。其时一位地理教员，也是海宁人，姓张，名宗祥，字阆声，这位张先生是乙榜出身，他就出来以师长兼同乡前辈的资格招呼进去，劝导一番，叫他取销光汉，仍旧永祚，他听了师长的一番劝导，遂回复徐永祚的原名。经此一番变迁，我们“汉族”后来毕竟是“光”复了；清“祚”经他这样一搅，终归不是“永”了；不料他又回复了原名，所以闹出今日之下，日本人一手造成的“伪国”来了：徐先生的大名，与中国大局有这样深远而且密切的关系，恐是人人所想不到的。只有我与他同学之时间最久，所以能道人所不知道，如今再经我一番叙述，焉知将来不为人采入笔记中去？如此，玉书还该特别向我称谢一声。为了要得玉书称谢，不妨再把他称扬一番。

谈谈辫子的故事　老古话说“三岁知音，七岁知老”，从小可以看到大的时候成就。即如布雷老兄，他的文学在学堂里已早负盛名，他的辫子，得风气之先，亦早已光复，所以他代表要求光绪、慈禧丧假的时候，吴监督据以反诘，他就无言可对，正为这个缘故。其时我们学堂里，有校友会的组织。这校友会的会员，先生、学生，一概在内，不过我们学生是普通会员罢了。校友会是学堂所御用的，而且当时的学生，对于师长，以服从为天职，凡事谁敢道一不字，那里及得现在的学生会，有声有色有精彩。除了每一年级得推一人为会正外，开会的时候，往往看到布雷兄高高立在台上，用那尖利清悦的声调报告会务。我第一次到会看见他，我问旁边的同学说：“这位面如满月、眉似秋水的同学是谁？”他回道：“这就是吴监督最得意的学生，三年级的陈训恩啊！”

还有一根小辫子，说起了，不但我注意，人人也都记得的，就是现在的傅医师壮民。他在高小，已将小辫子剪了；及进浙高念书，他又装了一假辫子，上半段是自己生成的头发，下半截乃是假发添接，看上去上半段是特别的粗，下半段是特别的细，截然两节，煞是好看。假使这辫子还留存着，大可参加今年（廿四年）十一月中在伦敦举行的中国艺术展览会。

讲到辫子，在这时候大家都想剪，而有所不敢。惟有几位满蒙驻防军的同学，认为“国脉”所系，不敢存丝毫变动之心，我们学堂中本有雇就的剃头司务，他们的发辫，天天梳打得精光净亮。

提起辫子,我又想到一位教师来了,就是教国文历史的范耀雯先生。范先生是一位教授很认真的先生。他授课的时候,一手执讲义,一手执辫发(不是常常如此),他一面讲,一面将手中的辫发,绝自然地在挥动着,他越讲得起劲,越挥得团团转,我们也越听得有味;但是在台下望去,好似范先生用辫发作圆规,不停地画那三百六十度的圆周,来了一个又一个。

讲讲会食的苦痛 在学堂一日三餐,规矩是六人一桌,人齐动箸,先蔬食而后荤食,饭毕,不得先离,须六人齐毕,乃得离座。食时不准短服,闻钟声始至食堂。可是春秋冬都不成问题,独有夏天那就糟,长衫小衫,穿着整齐,始赴食堂,吃得大汗淋漓,长衫湿透,还要等待同学吃毕才离座,这十几分钟吃饭工夫,真是哭笑不得。

这时候,学生不敢闹风潮,至多是饭菜不好闹饭,闹饭可以说是甘地的先导,就是与厨子不合作,不合作方法,亦就是大家不吃饭。可是闹的结果,添了一碗炒蛋,一场闹饭风潮,可顿时消灭得干干净净,大家狼吞虎嚼去吃了。

学堂中不许喝酒,可是有几位同学喜欢吃酒的,到了冬天,偷偷地叫斋夫(即是茶房)买了一壶酒,几个铜板落花生,白切羊肉,在那自修室中围坐共食,这是绝端秘密的。独有毕业的时候一顿酒吃,那是当官大路,猜拳行令,个个要吃得酩酊大醉,尽欢而散,这可说是最开心了。

印象中的教师 浙高正预两科的教员,当然不少,外籍的也有。英文教师要推孙显惠先生了,英文中生字,他大都知道的,据说他将一本字典熟读在肚里,可是他的说话声调,中国文也是英语化,骤听之下,简直听不出他说的还是中国语,还是英国语,都变成 A、B、C、D……调调儿了。后来又有一位英文教员,被学生问急了,他就说:"I am not a dictionary."再有人问问他,他又说:"知之为知之,不知为不知。"可是这位教师,英文是很好的,不过没有孙先生那样熟是真的。往往先生本领是好的,他的教法,或许不足。记得我们教数学的马先生,他曾经演算过不少难题,然而有时在黑板演算或许也要"顿头呆",一时会算不出来。此外大有传教风味的教师,要算教理化的邓敬斋先生了,他讲书用很轻微很和婉,好似那耶教中传教这副神气,一句一句讲下去,除了学生十分激怒了他,绝无疾言厉色的神气。他尝说:"我们中国人吃的水烟最合卫生,因为烟中所含毒质尼可青,经过了水,有一部分溶解于水中了,纸烟旱烟,所有烟毒,都直冲入喉咙,容易成病。"所以他要改良旱烟筒,使烟毒不直接冲入咽喉口腔中去作祟。

学堂中跛一足的先生有两位,一位是教史地的美国教师 Bible,行路非扶杖不可;一位是陈佩忍先生(去病),一足微跛。缺一足的有位授数理的胡先生,他在房中休息的时候,假足除去了,但见一只裤管正在飘呀飘。讲到足的方面,记得几位外国教员到了冬天,常喜欢穿中国棉鞋,铃木龟寿先生每到冬天,穿的是绒靴,美国亨培克、梅利加两先生穿的是元绒蚌壳式红皮底的棉鞋,我想,可见皮鞋没有中国棉鞋的轻而暖,简而便。

我自己的回忆 说来惭愧,我是每个学期总得请几天假,所以每次大考终了,我的总平均分数,总得扣去四五分不等,最多一回,扣去八九分。因此,我的功课,常常脱去一大段,到学期末要大考了,临时抱佛脚,日夜温习起来,以求一试。

一次考动物,这位铃木先生所出的题目中,有一题是:"蛙何以行皮呼吸?"(大概是如此)啊呀?我想奇了,书本中没有这句话。我转思一想,我就答:"因为蛙的气管,散布皮上,所以能行呼吸。"等到动物试分揭晓,我还是八十五分,后来问同学,他说:"这是他教课时所讲的,书本中是没有。”可是被我胡乱一想，居然猜中了。

我幼时生得胖胖的，布兄回忆录中描写我的情形，大概有些像，不过军号好像我没有吹奏过。写到这里，接着布兄来信，他说：“回忆录忙中偷闲的写成，误记的地方当不少，老兄胖胖的面颊，再满满的(地)鼓吹起来而吹奏军号，实在是好看之至。如果当时事实不是这样，也请借我一用罢了！须知弟之脑中，确实留有如此一段的迹象。或者说是幻觉，但此幻觉是美妙的。”

布兄：

你的话真有意思，我也常常在这样想，想的是：

美妙地(的)，我们的回忆！

亲爱地(的)，我们的同学！

提起了少年时，

忘却了老将至。

来啊！来啊！

我们再来一个迷藏戏！

哈哈！这不是诗，也不是词，乃是我一时兴会所至的随口曲，诸位看去不像腔，也可打个大哈哈。

二一、傅壮民

逊清光绪末年，余时肄业于杭州高等学堂，同班中有蒋君清熙、沈君玉书，均籍吴兴，为人倜傥风流，貌姣好如女子，同学咸以女性目之。会有绍兴沈家璠君字伯年(好像是叫伯岩?呼之为“年伯”，不是卷帘而且谐声么?)貌老成，性持重，居恒好学不倦，颇具长者风。因是人戏以蒋、沈二君为其爱女，而呼之为“年伯”，久之，沈君亦俨然以长者自居。一日戏指蒋、沈二君谓余曰：“吾将以爱女妻若，汝为吾婿，此后当视我如岳。”余笑颔之，因亦戏呼其为“年伯”，一时“年伯”之名大噪，几掩其原名。其时陈君布雷寓东斋，余等寓西斋，朝夕相见，陈君好谐谑，亦常呼沈为“年伯”，谓陈君殆亦有坦腹之意，同学中一时传为佳话。曾几何时，旧日同学咸各散处四方，为政为商，各行其是。余以习医故，亦终日碌碌，迄无暇晷。回忆前事，恍如目前，而童稚之气，又不禁盎然于眉宇间矣。

二二、朱宗良

我在母校读书时，颇有酒癖。记得出蒲场巷校门，朝北走不多路，折入西边的一条什么街，没有多远的所在，有一家小酒店，它的店号记不起了。店主是一个老头儿，他有一个媳妇，帮他做菜，兼做堂倌。他们的拿手好菜，是红烧蹄子、香蕉羹、白鸡等，咸泡饭也做得不差。我们高等同学，是他的大主顾，我就是大主顾的一份子。每星期六晚上或星期日中午，我和潘更生兄等，常到这老头儿那边去小酌的；要吃红烧蹄子，须早一天通告，那末次日去吃，包你火功到家，又酥又香，其味极美。其时陈佩忍先生任母校国文教员，他的酒兴极好，也常到老头儿那边小酌，红烧蹄子，他也极欢喜的。我和陈先生不时在这小酒店碰头。他生性豪放，不拘形迹，见了我们学生，并不板起先生面孔，很随俗的(地)交谈，所以不久彼此便成了酒肉朋友。有时我们请他，有时他请我们，不以为奇。我个人在校时，要以这件事最快乐；至今思之，犹觉津津有味。到现在隔了二十多年，不晓得这小酒店还存在没有？更可惜我们的老师陈佩忍先生前年已归道山，再也不能和他话旧了！

我肄业嘉兴府中学堂时，地理一课，是张阆声先生教的。这一门我很来得，每考，张先生总是要给我一百分，至少也有九十多分，那末不能不说我是张先生的高足了。后来我到高等，张先生也在高等做国文教员，我又上他的课，师生之间自然要分外亲近一点；他看见我，总是笑嘻嘻的表示欣慰之意，我呢，当然也觉得愉快，那末我应该十二分的感激他了。可是惭愧得很，自从出了母校，从未向张先生通过一信，请过一安。一直到距今四五年(年份已记不清)以前，有一次我到上海，会见徐玉书兄，玉书兄邀我到他家里吃饭，说是请张阆声先生，要我陪席，这一回总算向老师行了个敬礼，于心稍慰。他的言论丰采，还是雅隽漂亮，不减当年，这是很值得钦佩的。

我读的是第二类，但是我的个性，近乎第一类，所以入第二类者，因当时中学堂里同班毕业同入高等的同学，均进第二类，大家感情甚好，我一个人势不能单独行动，否则岂不是孤零零的成了一只失群之雁吗！我对于这类课程，物理、化学尚可应付。图画是投影画，可怜我这一门根本不行，用的仪器又是最坏的，想买过一副新的好的，终究没有去买，便马马虎虎混过去。每逢考图画，总是窘得不堪言状，越是窘，越是画不好，要弄糟。记得有一次大考，全堂均已交卷，只剩了我一个人没有弄好，看看时间到了，急得真要哭出来，一阵头晕眼花；手指一抖一条直线变了一条出轨的曲线了。因为时间已到，不能不交卷，结果考了一个倒数第一名。

其次，我所害怕的是算学。我在中学时，算学的底子就没有打好，一到高等，学的是大代数解析几何以至微积分及最小二乘法，其中不少是囫囵吞枣的。教师是胡衍濬先生，他只有一只腿，一只是假的，装上去的，而胡先生行动却仍灵活，精神并且是异常饱满的。胡先生是一个有名的算学家，授课监考，都很认真，我很钦佩他而又很畏惧他。我每上算学课，听到他喼咽喼咽的一种特殊的脚步声走将过来，心房常常要止不住的跳几跳。他每每叫学生们就课堂内黑板上(算学课堂四边悬有好多块黑板)演习算题，派到我演习时，我十回有七八回窘得要命的。他监视得很严，你休想掉枪花，出后门；幸亏他诲人不倦，循循善诱，你做不出或是做错了，他会当场做给你看，替你改正的。所以像我这样算学顶蹩脚的学生，考试分数倒是回回及格的，这是不能不感激胡老师了。可是从此脑筋里受了很深的刺激，二十余年来，一年之中，总有几夜要做考算学考不出急得惊醒的乱梦，到现在还是要做这种梦的，这真是够苦了。

我对于第二类功课，既乏兴味，又读不好，便抱了一个得过且过的态度，索性不用功了。却喜欢看报纸，谈时事；我每天在阅报室的功夫，恐怕比任何同学来得多，谈到时局，自以为最称熟悉。当时《神州日报》的报屁股有“花花絮絮”一门，我在后半期的学业过程中，常常写几句去投稿，倒有十之七八登了出来。那时投这些零零碎碎的东西，并无稿费可得，我呢，也并不希望有报酬，只要能登载就很高兴了。我不埋头研究正当功课，却欢喜玩这一套，未始非自得其乐之一道也。

母校校舍，有东斋、西斋两部分；班次高的住在东斋，低的住在西斋。我的房间在西斋楼上，一日下午课毕，我到房内，躺在自己铺上休息，忽觉铺架子摇动，我以为是那一位同学同我开玩笑，但举首一望，并不见人，亦听之而已。岂知越动越利害，渐渐连棕绷都扛起来了。我诧异之极。再抬头一看，则看见铺下有一白狐，像普通一只狗那么，心里晓得这大约就是所谓“大仙”之类。那时胆气颇壮，并不害怕，急取铺内帐竿，一跃而下，要与这东西一决雌雄。那狐见我下床，夺门而出，飞也似的向没有楼梯无路可逃的一边逃去，我追上去，一霎之间，已逃得无影无迹。这是我亲身遭遇的一桩怪事。

二三、孟树铭

髫龆学校生活，距今已垂三十年矣。白云苍狗，多半不复省记。马二先生，童心未躅，有征集回忆录之举；爰就当年印象较深者，追溯一二，系以小诗四绝，不计工拙，聊资莞尔。

一帆风顺到杭州，景色湖山美不收。二十八年追忆去，曷胜桑海话从头。

余负笈武林，年才十五。塾师马绪卿夫子，亲自送考高校。童蒙眼界，初领湖山胜地，不觉一扩襟怀，回溯当年，情景历历，仿佛似昨。

大史文章动江海，龙门百尺许攀登。执经枉侍诸生后，桃李芬芳愧未能。

吴公雷川，孙公廑才，先后监督是校。每于集会讲演时，诲人娓娓。

绛帐春风怀我师，童蒙初豁倍系思。功名无命志难夺，敢负当年亲炙时。

孩提之年，对于学业之探求，亦鲜正确认识，惟于经史子集，尚能稍加涉猎者，实有赖于慈溪魏师仲车、归安沈师士远、吴江陈师佩忍、同邑张师阆声之殷殷启迪也。

荀陆翩翩各有声，佯狂往事记分明。光阴石火良辰短，珍重前途万里程。

同学沈君玉书、蒋君清熙、李君振夏、唐君世潍、傅君振绪、郭沈君坚，均秀外慧中，风度翩翩，一时有美男子之誉。

二四、姚瑾

光阴真快，记得我在浙江高等学校里读书的时候，到如今忽然间差不多已经三十年了。现在我已老大风尘，一点建树也没有，可是同学当中，在政学商各界，到处都有，并且很有声望，对他们真觉得有些惭愧呢！

这次旅沪同学会开会，老同学冯柳堂兄提议征求各同学的回忆录，编入报告册内，做一小小的纪念，因此我也随意写一点，聊充篇幅吧！

过去的事，是值得回忆的，好像吃橄榄一般，初头味道并不觉得怎样，等到回味的时候，真是有说不出的好处。人生事情，大都如此。尤其是我们从前在学校里的生活，可说是黄金时代，师长们亦庄亦谐的态度，和同学们滑稽突梯的形状，快快乐乐，精神上安慰极了。

学堂地址，设在杭州蒲场巷，本来是一个寺院改造的，地方是很广大的。附近还有陆军小学（武备学堂）、安定中学、法政学校等等，一到假期，蒲场巷里来来往往，都是这班学生，非常有趣。

是民国纪元前六年的时候，我从乡村一口气跑到杭州投考，山川远隔，经过迢迢的水道，到了上海，还要从苏州河趁着戴生昌小火轮，到了杭州，我拖着一根辫子发，留起刘海发，土衣布鞋的打扮，像煞土气十足的。

学堂里管教非常严肃。监督吴雷川先生和教务长王维忱先生都是提倡节俭，他们自己身上所穿的，没有一样不是土布做的，看他好像道貌岸然，威严得很；但和我们讨论的时候，总是带着和蔼可亲的态度。我们当中,虽然也有显宦子弟,比较的阔气,然因为习尚的关系,大家也很简朴,专心向学问上努力。

那时生活程度,比较以前,已算逐步高涨了,统计每人全年用费不过一百二十元左右就够,所以我们宿舍里布置,是非常简单化。我的卧具呢,自然也不例外:在冬天来到,屋外雨雪霏霏的时候,我蜷伏在床上,盖的是一条薄棉被,垫的是一条破棕荐,却怡然自乐,一点不觉得寒冷,酣梦很畅,其实也是受那时我们的环境和精神两方面影响到的。

黄金时代一天一天的向后逝了,直到辛亥革命那年,我们的学校改为都督府。校内同学,只余文理科两班,人数不复增加了,才迁到贡院浙江两级师范学校最后的一排洋房内。虽然我们迁了地方,但是我们同学的习尚,仍旧是一样,校址虽然狭窄,可是我们的精神,依然是团结着;我们这班同学毕业后,我们的母校也就停办,这是民国元年下半年的事情。

回忆到三十年以前数百位的同学聚首一堂,风雨鸡鸣,规摩学业,作息都具天趣;到了现在,各同学处境固然各有各的不同,但我以为在这国家多忧患、社会不景气的时候,想各位同学意气总也不能像从前在校时的景象吧!本来三十年算做一世,那末再过了三十年,倘然国运进展,社会安定,到那时候,我希望这位老同学冯柳堂兄再来提议征求一个回忆现时的回忆录,我想各同学要追叙各个人现在时候的生活状况,当另有一番情景了。

二五、郑家相

人生如白驹过隙,转瞬将老,回忆过去,最有兴趣者,其惟求学时代乎?既无家计以相累,又有同学与之共,其乐为何如耶!一入社会,百役营营,劳心劳力,与世浮沉,欲再求如求学时代之兴趣,不可得矣,回想当时,能无慨然。

予忆自前清宣统元年毕业于宁波府中,应省复试后,考入浙江高等学校。时省无大学,以高等为省之最高学府。开办正科,当系二期,期分文理两科,科分甲乙两组。予入二期文科乙组,同组数十人,朝听教授之演讲,暮与同学相温习,无所虑,无所累,一心一志,惟学是求,洵可乐也。

予于诸课之中,尤喜听陈去病夫子之演讲,时以种族革命相勖勉。在此满人专制时代,而陈夫子于其淫威之下,以大无畏之精神,提倡民族主义,演讲革命学说,一般学子,咸相感动,夫子以先觉觉后觉,其有功党国,岂浅鲜哉!予又于课余之暇,好作小游。每逢星期,辄偕二三同学,或叙饮于城站小肆,品酒选肴,畅谈各人怀抱,以一解数日劳顿;或买棹于西子湖畔,荡桨湖中,饱看山明水秀,以一吸新鲜空气。正如西谚所谓,当工作时兮工作,应优游时兮优游,此时乐趣无穷,今日回忆,尚津津有余味焉!

今我旅沪浙江高等学校同学会征集同学回忆录,予以离校已二十余年,当日之事,大半多忘,偶忆求学时之乐,略写数语,尚望我同学弗以其记忆力薄弱而见笑。

二六、张受均(恺敷)

我进浙江高等学堂,在光绪三十三年一月,宣统元年预科毕业,民国元年正科毕业。历时五年有半,以时间而论,不可谓不久。且当时(指我进校之时)母校分为预科、师范科,均三年毕业。光绪三十四年开办正科。预科毕业,升入正科。共计预科生毕业三次,正科生毕业四次(或系五次,已记不清楚)。我初进高等学堂系入一年级之插班生(当时为一年级乙班,其老一年级生为一年级甲班)。其时,预科只有二年级一年级,尚无三年级(到光绪三十三年秋,预科始三级招全)。故我所居之班次,在预科为第二级(即二年级),依次升入正科,亦为第二级，不先不后，差不多均在中间，所以前后同学，认识的也较多。说起来我在高等学堂，也可算承上启下，是一个中坚分子。但是到了今朝，因为自己不要好，中坚分子，已变为无声无臭，寓居杭州，虽十有五年，可是本性懒惰，许多老学长兄处，都不去拜访话旧，而诸位老学长也无事不肯莅临敝寓。

我在高等学堂，虽可分预科及正科两时期，至今回想起来，觉得在预科之时同学多而兴味好，兹先述在预科时期。

高等学堂之预科生，自光绪三十三年秋，又招一年级新生后，共为三级，每级分甲乙两班，每班约同学五十人，共计预科同学约三百人。加以完全师范科一班约四十人，全校约共同学三百四十人。做学生总要讲讲考的名次及各科程度。凭我所能记忆者，在师范科，李福年（字望之）兄常常考第一名，何敬煌（酉生）兄考第二名。预科方面，三年级朱其辉（内光）兄常常考第一名，祝文白（莲仙）兄考第二名；二年级程万里（远帆）兄常考第一名，第二名似为徐守桢（崇简）兄。国文最好者，在三年级则推汪德钧、邵锡康（振青，又字飘萍）、陈训恩（彦及）、莫善诚（存之）等诸位，在二年级则推邵骧（翼如）、沈尔昌（季宣）、叶广梁（栋丞）、尤希文（伯和）等诸位。英文最好者在三年级则推施仁荣（少明）兄，在二年级中似为查征辙（绍伯）兄。我的英文虽至今还是不通，当时在二年级中也算还好的。口才最好当时能登台演说者，三年级为陈训恩兄、邵锡康兄，二年级为胡时铎（心猷）兄、张世禄（子钦，后改名张维）兄。至一年级诸同学，何人常考第一，何人国文最好，我均记不清楚，好在冯柳堂及徐永祚两位学兄之班次，当时排在一年级，他们之回忆录中或有详细之记述。

我在预科二年半，共旅行三次。第一次到海宁，第二次到硖石，第三次到嘉兴。记得第一次到海宁旅行，系分坐十多只民船去的，到海宁已傍晚，即宿于船中。翌晨进城，为时尚早，约七点钟光景，而海宁所有各小学学生，均早已在城门口排一字长蛇队守候（编者按，我是当时一字长蛇队中一分子），他们之体操教员兼总指挥某某，拔出指挥刀，恭恭敬敬欢迎我们。而我们之体操教员吴禹门穿了全副军装，威风凛凛（的确神气），率领我们队伍，浩浩荡荡，在军乐悠扬中，踏进海宁城，受该地各界之欢迎。学校学生出发旅游，固一极寻常之事，然在当时，我们年纪轻，兴致好，殊觉高兴万分。次年我们旅行到硖石，该地各学校约定在某寺中行相见礼。我们队伍到了某寺行相见礼后，即散队各自游玩。唯我所异者，此番硖石率领学校学生之体操教员兼总指挥的面貌，颇似与上年海宁之总指挥相像。及后始知这位总指挥就是查人伟（仲坚）先生（按他也是浙江大学的学生），上年在海宁当体操教员，下年在硖石当体操教员，我们旅行之时期及目的地虽不同，而该地率领学生欢迎我们之总指挥则一也。

预科毕业，国文一门，照章应由提学使命题。第一次毕业，国文试题为"以五声听狱讼论"。第二次（即我们级）毕业，国文试题为"不愤不启，不悱不发论"。第三次已忘记了。

关于第二次毕业考试，尚有一事说起来我们全级同学尚能记忆者，即当时学务公所所派之英文监试委员戴瑶廷无理取闹。按预科英文，大都为孙显惠先生所授，孙系圣约翰大学毕业（孙在校教书时，已考取浙江第一次欧美官费生，到我们这级预科毕业后，即留学美国哥伦比亚大学矿科毕业），戴亦系圣约翰大学毕业。我们高等学堂之正科，开办于光绪三十四年秋，分一二两类。凡正科生须读第二外国语，当时第二类学生应读德文为第二外国语。戴瑶廷托人谋充德文教员一席，闻监督吴震春（雷川）已有聘意。以戴与孙显惠先生均系圣约翰毕业,故询孙究竟戴之德文程度若何?孙答:“我们是同学,彼之德文程度,与我相同,他能教德文,我也可教德文。”结果德文教员一席,不聘戴而聘一南洋公学毕业之张炯伯先生任之。因此戴怀恨于孙,以为德文教员之谋不成功,实由孙之一言丧位,常思报复之方。同先生争意气,我们学生晦气。我们英文毕业考试,这位戴先生刚是学务公所派他充监试委员。报复之时机已到,于是这位戴委员首将孙显惠所拟之题目大部改过(照当时章程,各科毕业考试,除国文外,统由本校教员拟送学务公所看过,再由学务公所委员带来当场发表。为尊重教员之故,当场发表之题目,即本校教员所拟之题目),使得我们做不出,英文成绩考得坏,以失孙显惠之面子。彼一到试场,铁青面孔,吴监督同他说话,他不睬;教务长王嘉榘(维忱)同他说话,也不睬;孙显惠同他说话,更不睬。跑来跑去,如一不羁之马,想寻我们漏洞,捉我们的毛病。我们根本上虽没有什么毛病,可是因为题目不是教员所出,做起来大家不合胃口,莫不云苦。我想严密监试,固委员应有之职,然以对于所授科目之教员有宿怨,遂擅改题目,以公济私,借学生之毕业考试,为报复之工具,打一句官话,真所谓“殊属不合”。至十二点钟,各同学统统交卷后,在膳厅中吃中饭。记得有一位同学大声曰:“我们同级八十八人,将来那一位得发,必定要想法使这位戴委员吃些小苦头。”到今朝想起来,我们这八十八人中,后来留学美国者,计有程万里、朱起蛰、何炳松(柏丞)、徐守桢、郑宗海(小沧,后改晓沧)、寿景伟(毅成)等六位(恐怕还遗漏一二位想不出了)。我们一级人材,不可谓不多。但是“将来要想法使这位戴委员吃些小苦头”,当时不过是一句话,说说而已,各同学早已忘记,即使记得,已经事过境迁,何必认真呢。我今日要做回忆录,就脑筋中一再搜索,偶然记起,遂写此一段故事。且闻这位戴委员,真似乎怕我们要使他吃苦的样子,早已作古,彼地下有知,亦必懊悔曰:“当时何苦如此呢!”

讲到教职员个人方面,觉得监督吴雷川先生,一无官气,对于学生,和蔼可亲,我未见其有怒容。教务长王维忱先生,循循善诱,毫无脾气。学生如有事情,推代表去见他,王先生总详为解释,恳切指导,使学生中心悦服。英文教员孙显惠先生笃信耶教,吃饭前必须先做祷告,我们尚能记忆。其英文的确很好,生字又多,黑板上所写之直体草字,其快如飞,一无错误。教务员王鸿度先生、舍监陈开第(琥笙)先生,待学生均颇客气,且陈常为学生医病。还有一位舍监陆先生(已忘其名号,仅记得大家叫他陆小辮子),人也很好。

又在预科之时,共有四位日本教员。一为铃木珪寿,教博物;一为过安弥,教外国史地;由寿拜耕、韩强士两先生分别担任翻译。一为元桥敦义,教音乐。一为富长德藏,教柔软体操。音乐体操,不用翻译。因教授音乐,所用语言甚少,只要学“你一个唱”、“你们大家唱”、“这排唱”、“那排唱”四句中语,就可应付。而体操虽用日本口令,如说“口屋知开”、“阿四梅”,我们虽然不懂,然一见其动作,就可照做,所以毋须乎翻译。

讲到同学个人方面,我初进去时,见同级之沈尔昌兄,人品敦笃,口操京语,且当时彼年龄也稍长,同学中有呼之曰“老爷”者,他也不发脾气,笑笑而已。岂知我们所称为“老爷”者,真名副其实,在民国五六年左右,已任简任官。陈训恩兄后来改名布雷,其出典凡我高等同学,莫不皆知,不必详说。又我对于高等同学,脑筋中只有一位同学的邵骥兄,仅记得他面貌清瘦,辮子甚大,每逢星期六下午作文,他不声不响,二个钟头,可写近十张交卷。至于总理遗嘱上签名的那位邵元冲,则不知其为何许人,直到民国十五六年,才知道胖胖的邵元冲同志,就是从前清瘦之同学邵骥兄。曾劭勋(伯猷),同学中有呼之为“小老头儿”者,这位小老头儿，的确有老之价值，他穿起法官制服，南面而坐，当事人北面而立，已有七八九年。

高等学堂正科，开办于光绪三十四年，分第一第二两类。当时第一类之重要教员为张镜人先生。第二类重要教员为胡濬济（允东）先生。我们班次为第二级，故于宣统元年秋升入正科。斯时正科一二两类，已各有两级，遂请了两位美国教员分别担任重要教科。并在植物园内造了一座红砖洋房，为两位美国教员居住。又出三十元一月工资能操洋泾浜的阿怀做他们的当差。担任第一类重要教科的这位美国教员为亨培克 Hornbeck（他的名字似乎是 S. H. K.）。担任第二类重要教科的一位为梅里格 Merica（他的名字已忘记）。这两位美国教员教书，非常热心。在我们这一级，亨培克先生所教的科目为外国历史、外国地理、论理学、法理学等各科，尤以教史地为更认真。常常要小考所谓 set paper 一语，几乎每星期总要考到一次。何谓 set paper 不必详为解释，总之我们听到他说 set paper 就预备下次带了纸张去考好了。所以受过他教育的同学，对于外国史地，都有些根底。即如现在之历史专家何炳松兄，他的历史，虽在美国吃面包时及归国后当北高师教授时再行研究，始有今日之成绩，我想他研究历史之基础，不能不说在高等学堂所学的。

又我们母校所请两位美国教员，闻当时所订合同，系每月华币二百元，每周授课钟点，以二十四小时为度，有效期间为三年，膳不供给自办。如此计算，教授一小时，约合二元一角（比现在高级中学教员薪水标准为低），而且学问均很好，教授也热心（如亨培克先生，后来随同威尔逊总统到欧洲参议世界政事，现在美国国务院任远东司司长，足见母校当局聘请外国教员之审慎不错）。这位亨培克先生教了一年，暑假期中到北京游历，知道了京师大学所请外国教员的待遇，听说他非常懊悔，但约订三年，无可如何。归杭后对教务长说："京师大学的外国教员，学问均未见得比我好，他们每月薪水六百元，每周教授钟点仅为十四小时，薪水大三倍，钟点差不多少一半，太觉吃亏云云。"当局会意，遂每月加薪五十元，以资补贴云。

宣统三年秋，武昌起义，浙江光复，各学堂散学，大家归家。至民国元年春开学，浙江高等学堂，已改名浙江高等学校。监督孙智敏（廑才）先生已辞职，由教务长邵长光（裴子）担任校长。而蒲场巷之校舍，已为都督署占去，我们在贡院前师范学校后面房屋开学，并知道我们高等学校嗣后停招新生，因当时教育总长蔡元培（孑民）先生主张全国分四个大学区，每区设一大学，各附设预科，预科即高等学校程度，是各省高等学校再无设立之必要，所以停止招生。但是后来高等学校因停止招生而至于停办，而设立四个大学之主张，当时并未实现。讲到蔡孑民先生，也是我后来所进学校之校长，他的学问道德及教育方针，是非常佩服的，但对于停办各省高等学校一案，总觉得有所不满意。且当时贡院校舍，仅有两埭房屋，一部分同学又住在外面寄宿舍，半壁天下，求学兴趣，万不及昔年之在预科时代。

是年夏，我们这一级同学毕业。国文由教育司司长沈钧儒（衡山）命题，题为"孟子严义利之辨说"。我们第一类毕业，第一名为何炳松兄，第二名为郑宗海兄。他们第二类第一名为徐守桢兄，第二名为杨景桢兄（次廉），当某日上午行毕业式后，正在吃中饭，忽接嘉善急报，悉我妻孙文灿因发痧子病重，促即刻返籍，我即匆匆收拾行李，向我们高等学校作别。是晚本校备有毕业酒，我未曾吃着，至今思之，尤有余憾。

我们高等学堂当时之学风如何？各同学之程度如何？所有预科、正科、师范科，以及从前之师范简易科出来的肄业生或毕业生，对于本省之教育界曾有如何之关系？如何之贡献？

负过何种之使命？当然皆有深切之影像，此地无详说之必要。

我在高等学堂五年半，在预科时代交往最密切者为孙琸(叔轩)、查征辙、枣懋修(驽轩)、郑思济(傅舟)、尤希文(伯和)、阮凯(伯康)、卢宗谦(仲模)、丁宝华(仲篪)、牟秉修(思补)等几位学兄。在正科时代为陶家骏(毅僧)、郑宗海、杨景桢、卢宗孚(伯雄)、李振夏(子翰)、郑斌(允恭)、盛思补(衮甫)、盛敬明(亮夫)、潘忠甲(荩臣，后改更生)、赵廷炳(丹若)、潘荣(少馨)、方钟(秀夫)等几位学兄。现在我们的同学，统计起来，年龄均在四十以上、五十以下，有的已经五十多岁了，有的已经作古了，有的正在忙着娶媳妇嫁女儿，有的为生活所压，还在埋头苦干。欲求再同从前之在植物园内东一堆同学嘻嘻哈哈，西一堆同学嘻嘻哈哈，此种情形不可多得。我是无能为也，希望诸位老同学兄努力加餐！老当益壮！

再老同学稽惟怀(季菊)兄见我草此录时，特地对我说："我也接到同学会的信，因一天到晚，忙于公牍，想做总是没有功夫，实在非常抱歉。"嘱笔敬颂诸同学兄康健！

二七、吴国昌

我今年四十五岁，是前清光绪十六年庚寅年的虎。俗云，虎直视前行，而我却喜欢回忆往事，尤其是幼年时代的情景，所以我常想把我这时代的情景，记述成书，拟他一个名字叫"我的童年时代"，但为俗务所牵缠，终于没有实行。这回接读冯同学柳堂大哥的信，征求在学时代的回忆录，却配我的胃口。我想这的确是我的童年时代的一部分，值得记述，值得助兴的，不过我的记述技艺，没有像柳堂大哥的精巧(不要客气)，弄出来七不搭八，怕要贻笑大方。最后我想横竖这作品的目的，依来函所说，是供欣赏助兴趣的。那末诸同学看了我的回忆录，会"开口笑"，会"发一噱"，甚至会引起"再来一个"(诚然诚然)的呼声，也不失冯大哥征求回忆录的本旨。哈哈！

闲文少说，书归正传，开始述我在浙江高等学堂肄业时的情形。我入学时在清光绪卅三年丁未下学期。那时学堂分两科，"预备科"、"师范科"(正科还未开设)。我在预备科肄业。和我同时入学的同乡，有严庆龄、史久良、谷宗海、邵挺豪诸兄。其先我入学者，有施仁荣、沈昌言、王时应、陆左升、张德海、陆乘辂、叶宗寅、杜文治诸乡学长。这是我素所相识，且多属旧同学，所谓他乡遇故知，自然更相亲昵。至今陆乘辂、叶宗寅二学兄，作古多年。陆的家乡和我相隔三四十里，他的后裔怎样，我全不知道。叶和我隔村相处，他的家世我当然明白些。他只有一个儿子，名常青，曾留法习文学，现在上海主办《时事汇报》。还有一个女儿名琴心，去年在上海一品香与现任立法委员赵文炳君结婚，邀我做女属主婚人，这是难得碰着的事情，所谓"外快生意经"(怕不是做律师的好处)。我当时在主婚席上这样的声明，惹得宾客哄堂大笑，我厚着脸儿也不禁大笑起来。现在话愈讲愈远了，似乎越出范围，快让我收回来吧。先谈谈当年在学校时与陆、叶二兄西窗剪烛，巴山夜雨的话吧。

陆的性情柔和，爱讲儿女情话，若和他谈起男女恋爱的事实来，他马上会顿起精神，觉得个中滋味，有不可思议者。我因那年正月在家享受新婚之乐，看其唐伯虎《三笑姻缘》的说本。所以关于唐伯虎的卖身点秋香等情形，祝枝山、周文彬的书春联扮美女等活剧，一一罗列在胸。赴杭途中，偶然提出来谈谈作消遣的资料，不意却投陆所好。我故意卖关子，他特别来牵求，一路讲下去，讲到进校，还未讲完。第二日夜里他再邀我到他宿舍读讲这三笑，而且还邀了许多和我不相识的同学环坐而听，我因为听的人多，讲得特别卖力，形容尽致，自己也觉到津津有味起来。(老兄倒是夏荷生的前辈，失敬失敬！)他呢自然是格外起劲，听到性的趣味浓厚的时候，只见他的眼睛迷呵呵的成一条直线。等到寝铃摇过，我要告别，他还舍不得告一段落，反怪时光过去的这么快，他的乐趣可想而知了。回忆往事，恍若隔宵，而陆的墓木已可拱了。谈三笑的我，还保留着当年的态度，多谢阎王，总算长寿。（笑能长寿，可见这是善说三笑之功。）

叶的性情慈悲，且岸然道貌，平时只谈正经，不讲趣话，像上面这等三笑故事，他绝对不谈。那一天我和陆左升兄同到他宿舍里看他，遇到正经朋友，自然我也讲些哲学大道。我提出阳明学说“致良知”三字与大学“在明明德”，佛家说“观自在菩萨”，皆是异曲同工。曰“致”曰“明”、曰“观”，其着手工夫一样。曰“良知”、曰“明德”、曰“自在菩萨”，其所指的实质并无二致。他听到我这话，便摇摇摆摆的一想，说道不错。就引起他的因果谈来。把《阴骘文》中“我一十七世为士大夫身”的一句，旁征博引，说得天花乱坠，竟有其事。又说飞禽走兽，果能一心修行，也能成正果，所以佛家说“鸟吐莲花”并非虚话。他说的时候和我谈三笑的神气差不多，不过我听的程度和那位陆兄听三笑大相径庭了。一直谈到夜深，才归舍就寝。这位叶兄平时在家，焚香趺坐，口念阿弥，午夜闻邻舍杀猪哀鸣声，就起而念佛，替他解脱苦海，其慈悲有如此。不料老天不仁，竟使这位慈悲的叶兄，于辛亥年的秋季患急性伤寒症在杭州法校学舍而长逝了。遗有《血性论》一篇，痛陈满清恶政，鼓吹革命。当我在乡校为他开追悼会时，正武昌起义，江浙两省潜谋独立，叶兄虽在九泉，亦当含笑。好了好了，唠唠叨叨说了一大堆，全关人家的事情，把自己所遭逢的景况，有可引为终身的痛事，有可称为毕生的奇遇，却忘记说了，让我慢慢的道来。

我本是农家子，靠祖父梦兰公的辛劳勤俭，才得家成小康。在日除栽种棉花、经营酒米业外，喜读《古文观止》及《三国志》等书。又好子平学。平生以未入庠为恨。当我母亲临盆的那一天，他老人家实验其子平学，装好八字等候，谓某时出生怎样，某时出生可出人头地等等。今日等到明日，明日等到后日，一直等到四日四夜，我才出世。装好的八字不知有多少，都归无用，偏凑巧得了一个壬癸辛三奇格，他老人家喜得发狂，且说得此八字，定能飞黄腾达。爱护我到六岁，选了一个文昌日子，斋戒沐浴，五更早起，拜天地祀文昌，为我行开学礼。把鲤鱼一尾，放入大江，谓跳龙门得中状元。每遇到读书的秀才先生们，必谆谆把我的前程相托。那年我九岁时，村中书馆停开。他老人家正患重病，不忍我荒废学业，犹凭几教我读《千家诗》、《唐诗》、《大学》、《中庸》等书。平时爱我备至，遇到我不能背诵所读的时候，辄厉色呵斥，甚或掌击扑责，不稍姑息。临终前一日，尚倚枕教我读《论语》。最后对我说：“我真无力了，你暂且自读，待我病好，再来教你。”说时含着眼泪注视着我。我当时年纪虽少，亦知道他说这话的悲痛，感泣不止。呜呼！祖父竟于戊戌九月廿三日弃我而长逝了。此后我因感受祖父深刻的遗教，自己刻苦勤学，后虽因家业中落，双亲令辍学就商，我坚决不从。十五六岁时，自己到云柯学堂就学。着末场的道考，保师断定我必取，结果一炮弹出，哭得我两眼红肿。十七岁我考入县学堂肄业，旋擢为算术领班生，得免学膳费。从此家虽不给我学费，亦得遂我志。翌年每月且得津贴银八元，于是更足自给了。但我心犹未足，至四月赴浙，投考浙江高等学堂预备科，获正取第卅二名。暑假期内，筹措学费，置备被帐衣服等，冒暑奔走，煞费苦心。师友有劝我仍在县校为领班生，我不听。双亲以家道艰难不如辍学经商相告，我亦不从。开学日期到了，我冒着烈日赶赴城中，与诸同学同船赴杭。途经百官，过塘行欺侮生客，被他故意匿船抬价，因此弄得即时不能启程。日当午，彷徨街头，热不可当，购食凉粉一碗,聊以解暑,不料乍热乍寒,伏暑顿被凉粉包住。入夜在船中,我体即发大热,翌日上船,坐轿到校,体已舒适。惟隔两宵,又发寒热,从此来复不已,即患三阴疟疾,俗云四日两头。带病上课,两月后觉不能再支,乃假归医治。不久病愈,身体复原,再到校销假,上课补课。孜孜不休,不到一月,因力亏而旧病复发。好容易挣扎到年假将近,无如精力已损,大病垂危,经友送回故里,幸保贱命一条。那前世的冤孽今生的对头的疟鬼,到底不肯放我过关,仿佛我把书丢去了,它就离我他去;倘我把书本拿起,它却又来了,弄得我不能读书思索。至此我的心痛极了,我的气也少馁些了。爆竹一声,万户更新,不觉我的病也脱体了。正想起程赴杭,那知这冤家疟鬼又来光顾,而且喉咙似火烧般竟起白喉症来了,痛不可当。等到病愈,已是杏花怒放桃蕊含苞的时候了。功名休想,学业难成。我是这样自恨自叹,而我与浙江高等学堂就此分手,永为我梦游之地了。至今学识浅陋,未能副祖父的期望于万一,都是这万恶的疟鬼阶之厉。这段疟疾史,确是阻止我的前程不少,终身抱痛。我不禁学着阳明先生的腔调说:"乃使我有无穷之怆也。"讲过去的苦境,不但增自己的伤感,而且要把人家的兴趣扫净。这是有违冯大哥征求回忆录的原意哩。我至此才觉悟,无如"言出于口驷不及舌"吧了! 我再讲我的一段奇遇吧,聊博诸君一笑。

我那年入高等学堂,正十八岁,身体非常肥胖,皮色又黑又粗,所以我坐轿进杭城,惹得两边的妇女们都对我发笑,弄得我怪难为情的。我现在虽仍是一个大胖子,也未见得出色,住在牯岭路,每晚遇到芳邻的妓院姐妹们,从未受过他们的垂青,来拉我一把,瞅我一眼。(那末,如其有人怕野鸡拉扯,可用老兄的小照,挂在胸头,定可拒之于三十步之外,倒是律师之外一种生意哩!)不过对镜自顾,比当年十八岁的我,倒裱子得多哩,还漂亮得不少呢。因此那时我无论到什么地方,方不敢胡思乱想,所谓"自关肚肠门,免得讨没趣",这就是我的自知之明,上海人说还算"识相"。那知奇遇的来,真是莫明其土地堂。有某同学者,年华二八,身材娇小,面貌秀丽,有子房的态度,具潘安的风采。因此引起全堂同学的注目羡慕,有宣诸口头,有咏诸诗歌,大捧而特捧,捧得这位小弟弟,不知怎么似的,现在旅沪同学中正不乏此中过来人,我不必明言,个人自己肚里明白。恰巧这位同学和我同房,定章一房卧三人,还有一位同房的同学,不知为着何事,从开学起只管不来,那末房里除了他只有我了。毕竟惹得旁人眼热,白天在自修室里,他的位置又和我对面,我有时放了书本看他时,他总报我一笑,这真是我毕生的奇遇。在二十余年后还津津与各位乐道其详,哈哈完了。(不妨,"再来一个",再则有人写你做他常年义务法律顾问,如其是假冒的话,你该具状送院究办,或者登报声明。)

二八、郑允恭

旅沪浙江高等学校同学会来信征求回忆录,忙里偷闲,写出一两段来。不过二十五六年以前的事,记忆不十分清楚,或许有不正确的地方,请读者原谅。

我记得在校的时候,功课完毕后,常出校饮酒,同饮的是孙士燮、郭宗礼、朱鸿儒诸兄,合共四人。孙、朱、郭三兄好动,而且神通广大,我沉默寡言,却乐于和三兄同伴,同学们便给我们上了绰号:孙兄是孙行者,朱兄猪八戒,郭兄沙和尚,我就叫唐僧。我们每出必饮,每饮必大杯,但是从没有大醉过,这是因为有节制的缘故。

这种时常小饮,酒量越练越大,我无意间得到了一个"能酒"的虚名,到酒魔王堵福先耳朵里去,他不大服气,便想用妖法来打倒我。他特地来请我到聚丰园去午餐,我贪了杯,不知不觉饮了绍兴五六斤，大有醉意，差幸没有醉倒，还可勉强支撑场面。第一关虽然被我打过了，第二关却没有这样容易。

我还校时候，路上又遇到了一位酒魔王——姓名忘了。他说：我们去吃野味，好吗？我信以为真，便和他到菜市桥下一爿野味店里去。他说：简单吃野味，不喝酒，是没有意思的，所以我也陪了他喝酒。这回喝的是高粱，性质没有绍兴那样和平，所以只喝了四两光景。但是两次喝酒的结果，我的力量已尽，不够支撑了，临走时候，觉得头重脚轻，酒保替我雇了一乘轿才得安稳地还校。

我进了学校宿舍之后，横在床上，不多几时，酒性发作起来了。这时坐也不好，卧也不好，难过得不堪形容，客观的说，或许是比枪毙还难过。幸亏同宿舍的同学们用种种方法给我解酒，闹到天亮，才睡熟了。这大醉的一夜之中，有一件笑话，在这里附带的说一说。温州同学某从家乡带来瓯柑几篓，送过了礼，还剩了一篓，打算自己享用的。我糊里糊涂地把这一篓瓯柑吃个精光，朝上醒来，才知道有这一回事，真抱歉得很。

唐僧自己没有什么法力，没有保镖——孙行者、猪八戒、沙和尚同行，那里会不吃亏呢？我不怪徒弟保护我不周到，只怪自己太过于大胆，独自行动。从此之后，我便十分警戒了。

二九、马公愚

离母校忽忽二十余年矣，而校中一切景象，尚依稀在目。母校环境之清幽，为求学最适宜之地；图书之富，设备之周，教师之良，当时全国学府，无出其右。在校数年，朝夕同室者，多同邑而且为中小学时代之总角同学，相处如家人，尤不易得。就中陈叔平与仲陶，陈君檄与越民，先兄与愚，皆为同胞昆弟，一时传为佳话。董仲佳、刘复中皆恂恂君子，为全班中之最用功者。王伯超温文好学，拘谨如处女，同学戏呼为王氏娘。倪悟真朴讷寡言，博览群书，腹笥最富，愚每就而请教，当称为老师。林佛性性敦厚，笃于朋友，伯超尝患病，佛性旦夕不离左右者逾月，卒赖其调护之力以护痊。陈仲陶诗才卓越，有神童之称，虽临大考，人皆急抱课本，而仲陶吟咏自若，比榜发而名前列，莫不叹服。陈君檄老成持重，解医理，同学中有小剧，咸向问药，辄有奇效。先兄技巧出于天性，每当老师登台点名，辄以铅笔描其面目，点名毕而画成，无不神形俱肖。犹忆一日秋高气爽，适值休沐之暇，先兄偕仲佳、伯超及愚四人，持数百钱，市蟹十余，同至西子湖畔酒家畅饮，饮罢复泛舟湖上，憩于湖心亭。忽大雨骤至，匆遽归。虽衣履尽湿，而是日游兴为平生第一。不期数年之间，伯超、仲佳、先兄先后归道山。回忆昔日同游之乐，永不可复得，奚胜人琴之感耶！

三十、徐永祚

高校西斋有教室一座，层楼高峙，遥对宝石山，保俶塔矗立其上，尖锐如笔，其北则远山起伏，云烟迷漫，吾人常以之占晴雨。

某次忽传官厅特遣人至校中查抄，谓匿有革命党人，一时风声鹤唳，舍监传令如有读革命书报，一律检出，以便代存，事后发还，学生中所有《民报》、《复报》(复字系反手写)、《訄书》、《心史》、《革命军》……等等画报，舍监室内堆成一大堆。此外还有胡琴、箫笛之属，亦一齐检出。却不料等候几天，毫无动静，原来是一场虚惊。

我性喜晏睡，而校中休息有定时。晚九时三十分，钟声铛铛，整叠书本入寝室。其时斋夫手提玻璃西瓜灯数盏，每房一盏。十时钟声又作，则息睡矣，斋夫又将所悬之灯收去，室中黯然。少顷一灯莹莹，履声橐橐，自远而近，则为舍监前来查夜。如见有燃火未寝者加以警告,促其立睡,所以防火患,用意至周。但余不能睡,乃俟查夜过后一灯相对,浏览书本,明晨则非至上课之时将届,例不起身,故朝粥权利,什九放弃。

体操教员吴禹门先生,风韵飘逸,虽“托枪数一、二、三、四……”但不脱儒将风范,居尝笑颜常开。冬季体操,学生中有穿棉衣裤,外罩操衣,臃肿其躯。一手执枪,跪卧起立,厥状可笑,吴先生常呼之为“老爷操”而不责。

因为事务栗碌,欲搜索一番,多写几句有所不能。柳堂又屡次来催,印刷所中人站在前面等稿,只得胡乱写几句,聊以塞责,珠玉在前,未免汗颜,一笑!

书后

编者按:这一次征集回忆录,意想不到能得着这许多篇数。而且各人写的,都能将在学堂内情形,真实不虚地赤裸裸的,运用那生花之笔,写得生龙活虎,有声有色,小团脾气,跃然纸上,真是难能可贵了。我敢说,看见了这回忆录,他脑筋中必立刻反映出二十余年前在高校读书的印象来,他必忘记了现在的环境,好像仍是一二十岁的青年一般;这样能有“返老还童”催眠作用的,只可让回忆录独具神秘了。

陆仲熊与张恺敷两学长的回忆录,真不愧为“三朝元老”,“承上启下”,既可作浙江学制变迁看,亦可作高校掌故看。还有号称“族长”的许行彬学长,他亦洋洋洒洒写了一大篇,老将毕竟不凡,余勇可贾。此外如此时的学风,与青年的思想,亦可以窥测一斑。

科举时代的秋闱,魁首的解元公与压榜的举人老爷,都是一样的好文章。为的是第一名固佳,第末名亦佳,使人看见了,以为一榜中所取的都是能文饱学之士。此次回忆录的第一名是盛叔衡学长,他在学堂内本是老作家,题目到手,笔不停挥一大篇,总是他第一名交卷。这一次征求函发出了不到两天,他就寄到了,独占鳌头,恭喜恭喜。坐红椅子做殿军的要推徐永祚学长了,实在他的事情忙,只得如此。而与盛叔衡学长后先争辉,好极好极。

大概是有才能,较活动,或胆大,或敢为,或貌如处子,都易得人记念,回忆录中就不乏此例。有不少叙述不期然而相同之人物,然所叙之事实,又不期然而竟得不相同,斯亦可谓奇矣!巧矣!

蒲场巷是最清冷不过的地方,当时高校南邻为武备学堂(后改陆军小学),西面即是他们的大操场,后面为太平门直街上一座朱天君庙,此外都是住家。后来普安街上有一家陈老头儿酒店(亦称陈春记),颇能投学生之好,遂为同学闲时买醉之所。这风声传播开去,别个学堂,都来光顾,生涯称盛,小酒店居然成为大酒馆,而在此回忆录中又屡见提及,深深记念,可见君子不忘其旧,那末,何况我们老同学。

清末在各省开办的高等学堂,不止浙江一省。浙江高等学堂停办,距今亦二十余年了,人事变迁又这样剧烈,而我浙江高等学堂六个大字,还常能映入人家的眼帘,提起在我们的口边;尤可自慰的,我同学的友谊,不以年久而疏淡,反而倍加亲热,愈见团结,真正不是一件易事。敦厚笃实,不尚空谈,或许也是浙人的习性,我们应该更加奋勉啊!

旅沪浙江高等学校同学会编印《旅沪浙江高等学校同学会会刊》,民国廿四年春

浙江大学档案馆藏

陈布雷回忆录(节选)[①]

(1939年)

光绪三十二年丙午(一九〇六)　十七岁

奉父命转入宁波府中学堂肄业。

宁波府中学堂旧名储材学堂，去年改今名，喻庶三先生锐意改革，以刷新教育为己任，本年改聘关来卿先生为监督，充实学科，扩充学额，去年冬招考，慈溪县中学生应考者十一人，全部录取，且均列前茅，其后诸同学以县中续办，不愿转入府中，唯余及三弟奉父命向县中退学转入肄业。余父之意，盖欲令余兄弟稍广交游以长见识，且庶三先生向余父言，必欲余兄弟入府中，余父不欲拂其意也。

府中学科完备，本年添聘俞仲鲁(鸿梴)先生为学监，王艺卿(绍翰)先生授经学，魏仲车(支枋)先生授国文，凌公锐先生授史地，叶德之表兄授算学，胡可庄先生授英文，石井信五郎先生授博物、理化、图画、体操。教师人才亦颇整齐，唯较之县中，各科间互有短长，而旧学生之风纪精神，则较县中大有逊色焉。

余入府中后受知于凌公锐先生最深，凌先生常勉予专习史地，谓有此基础，泽以文字，可望深造也。先生长于口辩，故又鼓励予学为演说，每值同学会开会，必登坛练习，初时觉发言艰涩，稍久亦习之。同学中过从较密者为鄞县卓葆亭、蔡增佑，镇海沈养厚、刘宗镐，余姚毛汶泉，同邑洪承祁、沈炳延、赵西官(之倧)诸君。

入校后二月，以言动不谨，激起学校风潮，不得已自动退学，记其概略如下：

府中学本年录取新生约卅余人，与旧生之数略相等，校中为管理便利，以旧生居西楼，新生居东楼，遂以居处之分隔，伏相互歧视之恶因。旧生大抵皆二十岁以上之人，新生之平均年龄则在十六七之间，以旧学及英文成绩言，则旧生优于新生(甲班同学十一人旧生居其十人，杨菊庭、戴轩臣、罗惠杰皆同班也)，但新生多出身于学校，所受之新教育，较旧生为完全，故旧生常蔑视新生为未冠之童子，而新生则以为此学校也，非科举之场，仅能习英文国文者，岂得为完全之学生乎。至以生活言，则旧生中确有习染甚深而不足为训者，如群居谈论，好为风月戏谑之谈，而夜间私出赌博为狭邪游者亦有之。学监俞先生婉言劝导，辄受其辱，故新生益不平。盖知旧生方恋恋于以前主校之某君，又常以不根之词谋离间教职员(怂恿胡可庄、石井二先生联合以对抗新聘之教师，且讽示关来卿师使知难而退)，而使学校改革不彻底也。会新生同学中有好事者发起图书展览会，邀集西楼诸同学来参观，谓吾东楼之书架上，有世界史、世界地理、代数、几何、动植、矿物、理化、社会学、图画、音乐诸科书籍，以较君等所有，孰为美富乎？西楼同学渐沮而隐恨之。某日同学会开大会，新学生相约以学生新道德为题，纠正同学生活之腐化，余亦为演说者之一，旧同学始集矢于余矣，顾余尚不知已为旧生侦伺猜防之目的物也。其时洪君苓西就学于复旦公学，一日贻书抵予，询府中学自关师来后改革之状况何如，余则覆一长函，备言旧同学之腐败，英文每周八小时，尚欲请求增加，只准备作洋奴耳，石井教法滑稽而无条理，学校前途极悲观云云。书成，刘君宗镐索观之，余以事他

---

① 本书为陈布雷自订年谱体回忆录，纪事至民国二十八年，2009年东方出版社出版。本书选取与浙江高等学堂有关的六年(1906—1911)。

往,嘱刘君勿为旧学生见也。刘君短视甚,适旧生某君来余室,自其后尽窥之,以告西楼诸同学,下午遂私开投信柜,取余书而诉诸监督,要求将予即日斥退,否则旧生全体退学。顾新生又为余抱不平,联名二十人,上书监督,谓如斥退陈某,则我等亦全体退学。关先生乃召集全校学生,以余轻动笔墨,破坏同学名誉,牌示记大过两次。公锐先生等均为予不平,君木师尤愤愤,谓今日世界乃有破坏书信秘密自由之举,且处罚过当,为吾甬教育之羞。而旧生犹坚持非将予除名不可,盛省传先生又从而助之,势汹汹将不利于余,德之表兄劝余出居育德学校暂避之。如是相持者数日,教育会会长张让三先生召余往,劝自动告退,以保全学校,然教育会之其他评议员如赵林士先生等,则谓如此处理,太觉偏颇。时旧生势益张,见关先生亦不为礼,喻庶三先生知此为新旧势力之争,非断然处置,则将扰攘无休,遂突往学校,召集旧生,宣布旧生亦各记大过二次,谓陈生对不起同学,已服其罪,诸生对不起学校,亦应处罚,如不服者,退学可也。余至是始悟以余一人,将使全校解体,遂即日自请退学,而风潮始平。

退学后无所归,寄寓育德小学者凡三月,入师范学校简易科,作选科生,从钟宪鬯先生学博物,顾麟士先生学日文及图画,夜与冯孝同君同宿于育德小学,间亦为育德诸教师代课焉。

余自府中学潮后,深感失学闲居之痛苦,每值三弟休沐日来访,辄相告语,谓此后必当慎言慎行,力戒轻妄之举动。实则三弟厚重沉默,少时已若成人,无待余之规勉也。

自今年入府中后,喜阅新出译本之小说,或恋爱、或侦探冒险、或历史小说,每出过书肆,必购三五册以归,寝馈于斯,若甚有至味者,退学闲居后尤沉溺之,大哥尝切戒之而未能改也。暇时辄焦虑于转学问题,以县中不能再回校,师范又程度不合,踌躇无所出。六月某日,邂逅范秉琳君,其兄均之(承祜),大哥之友也,予二人因亦缔交焉。秉琳方肄业于浙江高等学校之预科,与予之程度适相合,力劝予前往同学,顾高校不招插班生,非请求特许不可。辗转谋之林士、均之诸先生,事为张葆灵(世杓)先生所闻,力以介绍人自任,为作书三通,分致高校教务长王伟人(维忱)先生,及教员韩强士、寿拜庚(昌田)二先生,求破例插班,愿受试验。遂返家请于父,父许之,命随族父安甫伯(赴杭经商)往杭州,临行送至于门,族之父老有询予何往者,吾父笑曰:如游僧托钵,贫人求佣,何方栖止,难自定耳。临歧闻此言,触动愁绪,为之泪下。

抵杭州寓长铨宗老处,彼方执业于下城张同泰药铺也。往访秉琳,介见王教务长及韩、寿二先生,韩(强士)、寿(拜庚)二人竟谓张世杓何人?已不甚能忆之矣。王教务长出见,意极诚恳,但谓本校不招生,破例插班,事实上所不许可。予恳请再四,谓愿受严格试验,如程度不及,不敢强求,否则远道来此,求学无所,想先生主持省校,亦不忍使一无告青年流浪失所。王先生谓且商之监督,明日再来见。次日再往,则监督吴雷川先生(震春,中国近代著名的教育家和中国基督教激进思想家,中国本色神学的开拓者之一)亲自延见,询所学及府中退学原因,余直陈无隐,吴先生似感动,谓且先试国文英文,观汝之程度何如,遂命题授纸,凡二时许缴卷。午餐后吴先生令人传言,明日再来授试算学理科及史地,余始觉有一线之希望。既归寓,张同泰之肆友邀游西湖,从容问予:汝来就学乎?余告以能在杭读书否,须视试验结果而定。中有一徐姓者突然问予:既读书之处未定,携书箧及衣物如许何为者,如不录取则又尽携以归乎?窘甚,几不知所答。翌日往受试,知尚有海宁同学郑晓沧(宗海)亦申请插班而入学者。午后校中牌示,准予插入预科二年级乙组肄业,急驰书告父,半年来流荡不定之生活,至此得有归宿,深感葆灵先生介绍之力及吴、王二先生成余志愿之惠。盖清季革命思潮之波及学界者，为南洋公学之墨水壶风潮，舆论赞美，成为极时髦之举动，当时之青年以能发动学潮为荣，吾郡吾邑亦不能免，余虽非主动人物，亦几为学潮下之牺牲者，事后思之有余惕焉。

入高等学校后，余之生活又为一变。二年级之教师授经学者鲁朴存先生，授国文历史者范效文（耀雯）先生，授地理者姚汉章先生，授英文者孙显惠先生，授理化者郦敬斋先生，授数学者谢伯诗先生，均以勤学率导诸生，同学亦勤奋向学，余在此半年中，颇觉读书之可乐。友朋中最相契者为陈君哲（中）、祝廉先（文白）、毛志远（云鹄）、汪达人（德光）及镇海虞梅洲（振韶）、徐圃云与秉琳等数人，而梅洲、圃云视余犹弟，其扶助匡掖之益尤多。

是年冬，庶妣罗孺人来归。

光绪三十三年丁未（一九〇七）　十八岁

肄业浙江高等学校预科。

校内教师大概仍去年之旧，唯数学改聘嘉兴丁先生，丁先生授几何，口讷音微，演示算式则极敏捷，其精熟与谢伯诗先生相等，而教法则不及谢先生之详尽。盖丁先生天分高，专以自悟望同学也。其他科目，有日籍教师四人，一为辻安弥，授西史西地，岸然道貌，笃嗜汉学。二为铃木龟寿，授博物，精力弥满，而性情躁急。三为元桥义敦，授音乐，先授歌谱，令学生讽诵玩习，其歌词则指定学生之文字优美者自撰之，学生既于歌谱脱口成诵，又歌唱同学自制之歌词，弥感兴趣，故音乐课为当时甚受欢迎之一课。四为宫长德藏，授普通体操，其人粗犷无文，蓄野狗数头，出入以相随，同学咸鄙恶之。兵式操及器械操，则吴禹门、陆麟书二先生任之，对学生极放任。

高校斯时有一极不良之风气，即所谓“逃班”。逃班云者，对于自己所不感兴趣或认为不难补习之学科，即自动逃课是也。此风倡于三四天资秀异者，中材生亦渐渐效之，余平均每日中有一小时逃班，以在室中或操场空地上自己读书为乐，所读书以文学史地方面之笔记小册为多，泛滥涉猎，无计划、无统系，学问基础之薄弱，不能不深悔少年时之自误也。同学来者益多，久而相习，以学问才华相慕重者，则有歙县之黄念耘（素曾）（国文、外国文、算学皆冠绝全校），休宁之汪达人（德光），金华之邵振青（锡濂），德清之莫存之（善诚），绍兴之朱内光（其辉），永嘉之林智敏，绍兴之邵翼如诸君。以性情气谊相投合者，则为绍兴之沈柏严（家璠），吴县之邹亚云（铨），兰溪之胡心猷（时铎）诸君。常以民族革命之义相勉，而陈君君哲尤激昂，时时以鼓吹种族革命之刊物假阅焉。是年秋，校中聘沈士远先生（著名学者，庄子专家，陕西汉阴人。曾任北京大学预科乙部教授、庶务部主任、燕京大学教授等，后任浙江省政府秘书长、湖北省教育厅长等。二弟沈尹默，开风气之先，首倡白话诗，三弟沈兼士，文字、训诂学泰斗。“一门三杰士”，在中国现代文化、教育史上具有重大影响）来主国文课，张泠僧（宗祥）先生来教地理，两先生乐与学生接近，同学时时往其室谈话，沈先生常以《复报》、《民报》及海外出版之《新世纪报》等，密示同学，故诸同学于国文课艺中，往往倡言光复汉物，驱逐胡虏，毫无顾忌，唯有时以□□字样代之而已。

吾校教育方针重自治自觉，管理不甚严而考试甚勤，自监督教职员以至于学生，皆重在情感之陶冶而不重形式，全校融化于一种和易之空气中，亦自然孚洽，鲜有自暴自弃或嚣张乖戾越出常轨者。有校友会，以监督、教务长任正副会长，每级举会正一，书记、会计、庶务各一人，作种种课外活动及练习学生自治能力。余两次被举为本级之书记，会正则汪达人（德光)任之。又因史地博物均日籍教师教授,不用课本,而用表示讲解,故各级均由学生自编讲义,举二三人为编辑,缮印、装订、分配均同学任之,余尝被推编辑生理学讲义之后半部,故于消化系统等理解较详确。

是年春蒋百器(尊簋,浙江督军,与蒋百里一同被章太炎誉为“浙之二蒋,倾国倾城”)自日本学陆军归,成立新军二标,蒋为标统,二标之官兵皆征自民间,多识字受教育者,亦有塾师投笔应征,甚为当时所重视,二标成立之日,杭州各学校学生齐往梅东高桥举行盛大之欢祝会。

秋,参加浙路拒款会充学生代表,先后二月,奔走之日多,受课之时少,于学业损失甚大。浙路拒款运动者,以当时汪大燮任邮传部长主铁道国有,将以沪杭甬铁路借英款建筑,浙人群起反对,以力保主权为号召,自耆老绅士学界商界均有组织团体宣传请愿之举,省城各校均派代表参加,予被推为本校代表之一,时时开会,或集队请愿,其时校中正授几何第三、四卷,予完全未上课,自此以后,数学成绩大退步。

是年六月,六弟训悆(叔兑)生。

光绪三十四年戊申(一九〇八)　十九岁

肄业高等学校预科。夏毕业入正科。

是年校中课程及教师无甚变动,唯余对于数学理化之兴趣日减,丁先生授几何三角,疾如奔驰之马,余既以去年参加学生运动,脱节甚多,益觉追赶不上,唯三角觉尚简易耳。郦先生授理化,讲解不清晰,实验亦不常做,同级中除特有自然科学倾向者十余人外,皆未获益也。故余此半年中,仍以涉猎文集书报等为多,于海上之《神州日报》、《国粹学报》等尤喜阅之。

四月杭州各校举行联合运动会于梅东高桥运动场,到者三千人,金华胡丽卿(自南)君得长跑第一,夺得锦标,全校以为荣。余在会场任会场新闻编辑,以油印分送观众,图画教师包蝶仙先生指导之,是为余练习新闻事业之始。

夏,修毕预科学程,同级卒业者凡五十余人,余成绩列第五,毕业典礼之夕,学校治酒食飨同学,监督吴先生为两级同学每人尽一杯,其饮量真不可及。

下学期升入本科第一类肄业。按当时学制,高等学校为中学与大学间之中间学校,与日本学制相同,高等学校分三类:第一类志愿习文哲法政者入之,第二类志愿习理工者入之,第三类注重生物等志愿习医及博物等科者入之。余在中学时之志愿,本欲习农业(当时极希望到日本入札幌农学校,即今东北帝大,以其在北海道农区,且校内课程亦完备),屡与陈君哲诸君等相约必达此志愿。是年请于吾父,不许出国。校中教师同学,均以余于理科非所擅长,高校特设一、二两类,可入第一类肄业,此为余后来为学做事之分歧点,若在中学时代不以学生运动而抛荒数学及理化,则当时必入第二类也。

第一类第一学年之课程注重外国文及历史地理,而国文经学等,所占课时亦多。时任英文者为邵裴子先生(长光),任法文及外国史地者为张镜人先生(文定),而国文经学则外舅逊斋先生任之。同级仅十五六人,课程简单集中,练习机会亦多,此半年中以同学皆沉着好学,获益不少,而友朋之乐,亦更视昔为胜,盖贞柯、威博自慈湖中学来,轩臣自宁波中学来,志尚自奉化中学来,正科两类同学二十八九人吾郡占其六人,一时称盛焉。

在高校预科时,有满洲籍同学六七人,盖暗寓监视学生之性质者,汉籍生均不与交通,此六七人乃别室以居(自修室每室可容十二人,但满生之室,无有愿与同住者),自为风气。然亦有沉着苦学之士,有名迎福者,为学最勤,课业亦佳。及预科毕业后,仅二人升入正科,一名恩良入第一类,一名连煦入第二类。同学至此始有与通谈者,彼辈以势孤,亦乐与汉生交接,闻初入预科时其势焰张甚,同学杨春时君,即彼辈所排斥退学者也。

是年清光绪帝及慈禧后同时逝世,溥仪嗣帝位,明年改号宣统。

冬十一月,三弟勉甫(训懋)殁于家。三弟少余两岁,而厚重笃实,自幼言动若成人,资性敏慧,尤有治事才,以遗传之性格言,酷类余父,故父母手足均笃爱之。性尤纯厚,自去年起,悯父之勤劬,即以辍学助父理家族事为请,余父常语人,谓恩儿(指余)阔疏好务外,异日继余志者,其为次儿乎?去年吾父游江西。弟请假理家事,井然有条理,族人某相助司会计,偶有情弊,弟辄发其覆,人不敢欺焉。去年突患冬温症,自校请假归家,乡间无良医,误于药,遽于十一月初五日殇,阖家痛悼。吾父初不令予知之,已知不可隐,始函告吾同学嘱为告余,然威博、志尚等恐伤余心,亦不以告,同学有奉化江汉声者,有憨直名,某日在盥洗室睨予而笑。坚询之,谓君自有可笑者,君弟已夭逝,而尚欢乐如常乎?威博等乃举以语余,盖距弟之丧已二旬余矣。大哥寄余诗曰:“朔风生道路,吾弟近何如。为寄数行泪,相怜一尺书。意将依汝老,迹渐与人疏。无限穷居况,萧条逼岁除。”

年假归里,日与四姊(若娟)、五妹(若希)、六妹(若华)等谈三弟往事,忍泪相对,戚戚无欢。

宣统元年己酉(一九〇九)　二十岁

肄业浙江高等学校。

本年上半年教员多仍旧,余以志尚、威博等怂恿,兼习德文,一月后觉同时兼习德法两国文字,必至一无所成,遂放弃德文,专以法文为第二外国语,然法文教师为张文定先生,其所采课本太陈旧,发音多英美音,故进步殊少。

自入正科后,甬籍教师人数增加,甬籍同学亦占同学总数五分之一,同学间渐渐学作甬语,成为一时风尚。其时甬籍教师,除外舅及仲车先生外,尚有胡沇东先生授数学,胡可庄先生授英文,赵志游先生授法文,而大哥及申之先生等均以谘议局议员留省,休沐日过从游宴,一时称盛。

此半年中读英文文学名著,觉最有兴趣,但对于英文作文练习,则用力甚少,不及贞柯等远矣。

下半年聘美国惠斯康辛大学教授洪培克先生(Stanley K. Hornbeck)为本级主科教员,授历史地理及论理学,陈佩忍先生授中国地理,沈尹默先生(原名君默,字中,号秋明、瓠瓜,学者、诗人、书法家)授掌故史(掌故史之名义甚奇特,其内容盖文化史也)。

秋初饮食不慎,致患痢甚剧,先由秉琳患此病,同学传染三四人,均不久即愈,独余为最剧,入广济医院治疗一星期未愈,院医医术浅薄,态度傲慢而疏忽,院中设备及卫生均恶劣,臭虫满床席间。诘之尚不自承,愤极出院,迁居上城四明颐养庐。秉琳亦未愈,来同寓,最后请大哥之友江山聂先生(亦谘议局议员)投中药数剂始愈,然已形销骨立矣。向学校请假归里养病,与朱清奇兄同舟归,以食燕栗过多,归家又复发,又旬日而痊愈,予之不谙卫生知识有如此者。在家养病匝月,索居读书,暇辄游田野间,生活闲适,病亦遂痊,侍予疾者五妹为最勤,而四姊调护饭食,尤尽心焉。

是年吾家改建新居，九月落成，吾父夏间患足疾甚剧，鸠工庀材，终日无休，既成，问余等新居何如？余兄妹等各举种种应改进之点以告，吾父莞尔曰："是已费尽吾不少之心血矣，尔等尚求全耶？"因举大舅父营新居过奢卒耗其资产，为余等儆焉。

九月二十四日宏农君(陈布雷原配夫人，十岁订婚，二十岁完婚，慈溪杨氏，书香门第。其父杨敏曾，字逊斋，其曾祖杨九畹，是嘉庆二十四年榜眼)来归，外舅留杭未回，由三叔舅代为主持婚礼。

十月中旬赴杭州销假入校，校课脱落殊多，补习几无从入手，每夜延长自修一小时，尚苦不及，第一日上历史课，洪培克先生问此新来之学生何故迟到？同学答以因结婚请假，先生谓年未二十，且尚在就学期，乃早婚耶？盖先生已卅四岁，犹独身也。

年假返里，昼夜补课，赖贞柯等假予课室笔录为参考，然对于论理学，终以自修之故，不能领悟彻透也。

宣统二年庚戌(一九一〇)　二十一岁

肄业浙江高等学校。

春初赴杭入学，经上海，时大哥及洪佛矢、胡飘瓦先生均在沪主《天铎报》，寄寓数日，闻见渐恢廓，对记者生活，颇歆羡之。

学校生活与上年无异，同学为学渐趋切实，本年由洪培克先生授十九世纪史及外交史、世界地理等，法文亦由洪先生任之，以SEINGUBO著《近代文明史》为教本，而英文课中选用麦考莱(Thomas Babington Macaulay，英国历史学家，自由党人。著有《英国史》、《古罗马叙事诗》等)之历史名著，全部学程，均以史地为中心焉。余以兴趣所在，对国际时事尤所喜习，盖在慈湖中学时，习外国史地已有相当基础，皆蔡芝卿先生之教也。

为铁道国有问题，致杨哲子(度)一书，寄洪佛矢先生教正，佛矢先生为刊入《天铎报》，覆函称许，勖以课暇常作文字投寄，余倾向新闻事业之心益坚。

是夏浙江议选官费生十名赴欧美，同学中如孙士燮(理堂)、施仁荣(少明)及志尚、仰厚、贞柯、威博均往应试，余得外舅之许可，亦往报名，将中学时代之理化生物数学等，均搬出补习，试期既近，则与诸同乡迁往得升堂客寓。甫试国文英文数学三场，而余父书来，谓三弟已夭逝，家中弟妹众多而幼小，不愿余出国远行，遂止。会试场中发现某项谣言(以主试者有杭州中学教师事前泄题于杭中学生)，诸同学亦试未终场而罢。榜发，吾郡翁君文灏(咏霓，浙江鄞县人，著名学者，中国最早期的地质学家)居首。

下半年课程加紧，有法制通义、经济学及经济地理等课程，法文则赵志游先生授之，用文学名著二种为教本，同学颇苦其艰深，历史已授毕十九世纪史，改授宪法史，兼及政治学与比较宪法等，皆洪培克先生研究有得之学科也，尽心教导，每日需阅参考书五六十页，课暇几无余时。然休沐之日，仍相约游览湖山，盖吾校同学受地理环境之影响甚深，其学风可以"平易"二字包括之，学习与游息不偏废也。

仲秋某日，与张褧伯君及志尚、秉琳、威博等数人游西湖。张君任教于陆军小学，与吾校为邻，兼授吾校德文课，其时已截发去辫而不穿西装，予等均慕之。张君谓胡运将终，君等奈何犹留此可耻之纪念物于脑后，遂由志尚倡议，返校时即唤理发匠剪去之。甬籍同学六七人及何君西生均与焉，然恐家人切责，皆匿不以告，且嘱理发匠制假辫以备用焉。

是年二月七弟(训惠)生。

四姊(若娟)自丧母以后戚戚无欢，某日以赴厨下治膳，天雨失足倾跌，遂患足疾，一足微跛。

宣统三年辛亥(一九一一)　二十二岁

肄业浙江高等学校，夏卒业。秋冬留沪任《天铎报》撰述。

春赴杭过沪，寓天铎报社旬日，以戴君季陶结婚向报馆请假，嘱余代其事，每日撰短评二则，间亦代撰论说，馆中同人皆与余善，马志千、徐筱泉、林聊青暇时常偕余出游，筱泉以余短评中喜用《水浒传》等小说中语，称余为小说迷。

此半年中校课更紧，洪培克老师尽心教授加重速度，予等几如逐车后而驰。师某日语余等曰："尔等之程度，殆可入美国大学二年级而无愧，然余望汝等不以此为止境，终须以所学为尔祖国效用，须知中国方在开始一前所未有之改革期也。"外舅于课暇亦常招余往谈，询以为学心得，并指示学问门径，外舅不望余为文士，而以顾亭林等期余等，其授《宋元学案》，亦往往以学问须为世用相勖焉。

夏举行卒业试验，身体受气候影响颇不支。大哥甚忧之，贻书吾父，谓二弟此次考试，不作第二人想，校中教师亦谓其课业优异，足为吾家门楣光，然体弱如此，恐试毕将大病耳，结果以请假扣分列第四名。毕业之日，一二三名均由学校特颁之奖品，唱名至余，独空无所有，同学咸为余不平，谓就本届试验成绩言，至少亦应有名誉奖状也。监督孙先生、教务长邵先生招余往，慰勉甚至，谓教师及学校均以远大期尔，勿介介于等第名次而自馁。邵先生且谓余亦不利于考试者，然学问贵有真实之造诣，尔天资不居人下，而沉潜不足，宜随时自策，无负诸师之望。邵师平日遇余最严，在同级中对余最不假以辞色者，至是乃知其望余之切，终身感之不能忘。

毕业典礼后，即离杭返家，小住旬日，应《天铎报》之聘，任撰述记者。

《陈布雷回忆录》，东方出版社 2009 年版

清末浙江高等学堂之学风
——和风篇呈吾师张阆声先生
(1941 年 11 月 1 日)

陈布雷

自逊清季年改学制设学校，而吾国教育界始竞言学风。有一时代一区域之学风焉，有一学校之学风焉。黉舍林起，学风之别乃万殊，吾浙江高等学校承求是书院之旧址以设学，其学风乃独以和易著。旷乎其大，渊乎其静，窈乎若莫得而名，学于其中者，从容乎夷犹乎，与规条节文相忘，而无或稍有畔越。盖吾师监督吴雷川先生所规制，吾师教务长王伟人先生为之纲纪，而吾师张阆声先生与伟人先生最相友善，实左右而翊成之。吾校设校几十载，卒学者先后数百人，著籍遍浙东西，成就各有大小，然未有一人焉以傲岸嚣竞，见讥于当世，或辱身以败行者，此殆童时之薰习然也。余年十七，始入吾校，从张先生习本国地理，地理固为艰枯难治之学，张先生以俊爽之文字，自编为讲义，面目乃迥乎不同。其述疆域沿革、人物盛衰，则讲历史也；考山川制度、郡县因废，则讲政治也；言历朝兵争胜败进退，则讲军事也；究

食货盐铁、产物分布，则讲经济也；又益之以胜迹、名贤、著述、题咏，俾发思古之幽情，则授文学与音乐也。学者目追神逐于先生之讲论，餍乎其心，有味乎其所学。下课之钟一鸣，乃始收视返听，自悟其为授地理焉，而先生之言则曰：吾兹乃一知半解焉尔，而犹未得以尽授于诸生也。学海渊深之度，自非吾侪当时所能窥，然庶几能知为渊深而慕之好之乐之，矜张者自惭，沉潜者相勉以奋，学课之授受，乃影响于德性之修养，则神焉哉！先生之教也。课罢谒先生，问业请益，辄见先生危座群书中，丹铅杂施，一目数行下，劬而不瘁，学焉而有节，充乎内而愉乎其外，怡容霁色，常进诸弟子而询其所业，询其家世，询其好尚，又教之学问，教之德行，乃至教之以游艺，小叩大叩，靡不应之以当。吾校教务处，白屋五楹，不施髹漆，先生与嘉兴丁先生、吴兴沈先生及吾同邑魏先生，各居其楼之一室。此数室者，吾同学皆视为乐园，而先生之室，尤为诸同学朝觐会同之所必至，恒流连至夜午，而先生不以为扰。有时先生方倦读，则见先生就魏先生索酒以饮，就丁先生为围棋，就沈先生纵横谈论，或相与为笑谑，其亲爱和洽若弟昆。酒酣兴至，即跳浪驰逐相往返，而其端常发于先生。当是时，先生不避群弟子，群弟子习见焉而不以为异，然未尝敢稍萌轻狎之志，此乐此境，不知他学舍亦有之否，而吾诸同学，乃日夕沉浸游泳于此雍容和煦之气象中，而以成以长，如鸢之飞，如鱼之跃，当其涵濡呼吸，曾不知江河与天宇之惠为无限也。先生既罢教浙学，历游南北，主持文教者垂二十年，箪瓢屡空，一无所措意，而唯学术教化之是念。其为文澜阁补钞四库全书，及他所为征存文献考订著作，皆有称于时，有传于后世，而吾独深慕乎先生无施不可之教与风度之和悦闲雅，亘三十年不能忘。今先生年六十矣，童颜童心，犹不改乎武林从游时，高致轩举，若壮生所谓与之为婴倪，上寿百年，曾何足为先生颂。故援识小之义，追记童年所受熏陶于先生者，以献之先生，亦俾世之为教育史者，觇吾浙江高等学校学风之梗概焉。

《思想与时代》第4期，1941年11月1日[①]

校史讲述
(1947年5月29日)

邵裴子[②]

(一)求是书院

昨日(四月一日)为浙大成立之二十周年纪念，同时亦为浙江最早之新式学校求是书院

---

① 《思想与时代》是浙江大学在抗战内迁贵州时期(1941年8月1日)创办的理论性刊物，月刊，社址在遵义水硐街三号，核心撰稿人有钱穆、张其昀、张荫麟、贺麟等著名学者，思想与时代社编辑并发行。约1948年停刊。

② 邵裴子(1884—1968)，原名闻泰，又名长光，杭州人。曾入求是书院外院就读，后赴美国斯坦福大学攻读经济学。1909年返国，历任浙江省高等学堂英文教习、教务长，1912年任校长，次年去北京。后返杭任浙江大学教授、文理学院院长，1928年11月任副校长，主持校务。1930年任校长。1950年7月受命组建浙江省文物管理委员会，出任首任主任。曾任民革浙江省主委、省文史研究馆副馆长、全国人大代表、全国政协委员。

之五十周年纪念。以现在浙大一部分之校址实为求是书院旧址,故特邀请自求是以来与各时期有关之人作校史演讲。鄙人在求是书院时代为学生,惟在校时间不长,故只能就所闻所见作一不完全之报告。先说求是书院与浙大之关系。

求是书院自前清光绪二十三年创办,嗣后曾一度短期改成浙江大学堂,接续改为浙江高等学堂。至辛亥革命,暂时停顿。于民元复校,改称浙江高等学校(与旧名一字之差,以其时所有学堂均改学校也)。旋因学制变更,停止招生,至民三全部毕业,遂行结束。虽有十八年之历史,自萌芽递演,而成一程度略等于美国大学前一二年级之高等学校,遂因吾国人之喜变更制度而告中断。

五十年前求是书院之创设,有四点足纪,可以为今日纪念之资。第一,其时尚在戊戌维新之前一年,实为中国自办之新式普通学校之第一个。其前有上海制造局附设之广方言馆,再前有北京之同文馆,但此两者均为外国语学校,专以造就办理交涉之辅助人才者。第二,其时科举未废(戊戌时曾暂废,政变后即恢复),而有若干举贡生及尚未预试之学子,舍此利禄必由之途而入学堂,学西学,此显然为一种学术救国之自觉及牺牲利禄之精神,亦即为后来接受革命思想之张本。第三,为浙江革命思想重要源泉之一。求是书院成立不过三年,而校内革命思想已属蓬勃而且几乎普遍,且后来直接参加革命者,亦颇有其人,成为本身及全国革命史上不可磨灭之一部分。第四,人才之众多。由求是直接造成之人才无之,此由于当时师资设备之不足。然而求是出去,再受国外之专门教育者(间亦有未出国者),类多成材,如理科方面已故之夏元瑮;工科方面,如已故之陈榥,现存之何燏时;军事方面最多,如已故之蒋方震、蒋尊簋,现存之史久光、周承菼、施承志等。前校长蒋梦麟则为求是后期进入大学堂时期之学生。(再后高等学堂时期,成材亦众,另详后文。)以上第四点与第二点颇有关系,以其志在学术,故成就多者也,以其时舍此无由取得新学术之初步根基,故相率而出此校耳(同时稍后尚有养正书塾,为今日省立高中前身,以不涉本题范围,故不及之)。

这些总评式的叙述以后,应该讲到一点当时求是书院之组织及课程等具体事项,其课程不特不能与今日之大学比,其初期即比一现在之高中,或尚有不逮。求是书院初办之时,仅有内院。翌年戊戌,乃增外院之经生。学生皆招收有出身者,所谓"举贡生监"是也。己亥年又增外院之蒙生,则皆无出身、文理稍通之青年,课程有国文、英文、算学、理化,后来又加日文,除蒙生于西文西学均系初学,其程度更浅外,其国文程度,则不甚相远。内院生依旧式书院住院生例,有"膏火"外(膏火为一律之普遍津贴),尚有依考试优劣而异其多少之"奖洋"(劣者无,较优者有之,其多少视代表成绩之名次先后);外院只有奖洋。蒙生于月考外尚有二次"加课",只考国文,其考试限于作文,当时所谓策论也。英文自初学至读本第三、四册外,更读文法。算学自心算至代数。物理化学所用教本为其时美国中学教本之课本。班级之制颇不分明,内院及外院之经生,各只一班,年年如此,蒙生则分二、三两班,而以入学考试之国文成绩(只考国文)为分班之根据,较优者入二班,次则三班,其一班则虚以待以下各班优等生之升入,实则并未实行,故始入某班者,始终为某班也。(其后只蒙生每年招生,内院及外院之经生,初招一班外,均未续招,蒙生之班次,则递有增加,其最高级之头班,亦非虚设矣。)学校之办理人,则为总理(予入校为在籍翰林陆冕侪先生懋勋)及监院(陈仲恕先生汉第),内院则最高之教员为总教习,初为美国人,译名万令赓,后为育英书院[①](教会办,设立在前,即今之江大学之前身)之校长,民二十年前后尚在之江,后为胡可庄先生濬康,为约翰书院(后改称大学)之第一届之唯一毕业生,胡先生于高等学校时期复任英文教员。内院理化由总教习任之,别有英文教员,内院无国文教员,只有月考。外院初办二年间有国文教员三人,英文教员一人,算学物理教员一人。学生人数,内院记约 20 人,外院经生数略等,蒙生则一年约有 20 余人,后来则或不止此数耳。

(二)浙江高等学堂

(民元改堂为校字)

求是书院,至后曾短期改名为浙江大学堂,主持人初仍为陆冕侪先生,旋改聘桐乡劳玉初先生乃宣。不久再改为浙江高等学堂,主持人称监督。初仍为陆冕侪,嗣后为吴雷川先生震春与孙鉴才先生智敏。民元改称校长,首任者裴子,继之者为陈百年先生大齐及胡愚若先生壮猷。监督之下设教务长,始任者为嘉兴王伟人先生嘉榘。(王先生为求是内院生,原名家驹,号渭臣,亦作维忱,长高等教务时用伟人二字也。)在大学堂时代,曾增设师范班,聘有日籍教员。现在文理学院大门内,为当时之植物园,所辟以辅助师范班博物课程之教授者也。

高等先设预科,三年毕业,升入正科。正科分第一、第二两类。第一类为文科,以备升入大学文法等科者也,第二类为理科,以备升入理工农医各科者也,皆三年毕业。课程均照奏定章程,外国文有英法德三种,法文为文科第二外国文,德文为理科第二外国文。文科历史有中国典制史、西洋近代史,及法学通论、经济学等科。理科算学至微积分,有矿物学,其论理学、心理学,及伦理学(民前为"人伦道德"),则为两类通习科目,凡此均见其学程之超越后来高中范围。自正科一年级第一类之政治地理,及第二类之化学起,学生均用英文课本及直接听讲(时文、理两部各有美籍教员一人);从前之日籍教员,则用翻译助其讲授也。一言以蔽之,若将一部分课程之内容再稍加充实,即可等于美国大学之一、二年级。惜乎正科毕业只有三班。其第二班未毕业前,即已奉部令停止招生。

光复以后,向为高校之求是旧址,为蒋伯器占作都督府。伯器名尊簋,求是内院生也。民国之高等学校,系借其时之两级师范(今高中)后面余屋继续开办。求是旧址,迪为公署。直至民国十六年夏间,始得收回为大学秘书处及逾年成立之文理学院之用焉。

高等正科,虽只有五年之历史(其后两年已无新生,学生实只有三班),然成材颇众。较知名者,如已故之邵元冲(预科毕业后未入正科)、何炳松、前高工校长徐守桢,及现存之陈布雷、赵迺传(预科毕业后未入正科)、程远帆、林彬及驻浙监察使朱宗良,现本校代校长郑宗海,教授潘渊、祝文白,前教授赵廷炳等。此外,如法官、律师、会计师、中西医师,及宗教家、书画家,均有超越之代表。其他尚多,一时不及备数。虽其中间有预科毕业后向他处升学,未入本科者(如前举之邵、赵二君),然其学业之奠基于高等则一也。于此有一事可以特提

---

① 美国教会北长老会于 1845 年在宁波设立了信义塾,1867 年迁来杭州,改名育英义塾,1897 年改名育英书院,1911 年改称之江学堂,1914 年又改名之江大学,1931 年报教育部立案时奉令改名为之江文理学院,1940 年恢复之江大学。

者，即高等学生升学他校者，类都成绩列在前茅，此为其后来成就之见端，盖其注重学业，习成风气，直至于今之浙大，历史虽曾中断，而此风则后先相续。此亦精神相贯之一征乎。

原载《国立浙江大学校刊》复刊第 154 期，民国三十六年五月二十九日

浙大前身之回忆

(1956 年)

朱宗良[①]

一九五六年四月二日，国立浙江大学校友会假中山堂举行母校五十周年校庆纪念大会。此所谓五十周年，乃连浙大的前身上溯至求是书院计算在内。笔者于清季肄业浙江高等学堂，经过其前身的一节，虽距今将近五十年，而于其历史，犹能记忆。兹就其值得纪念者拉杂书之，以资谈助。在高校停办以后浙大成立以前的校史，所知极少，恕我不能追记。

求是书院在清季早期兴学过程中，为吾浙一有名的学府，其创设的确期已不可考，大约在光绪二十五六年间。求是云者，含有“实事求是”及“寻求真理，崇尚正义”的意思。此一标榜，汇合儒家为学做人的道理，即以现在教育宗旨言，亦不相谬剌，故当时该学院学生大都为品学兼优之士，如钱家治、韩永康、寿昌田、陈其善、李祖虞等，其后皆被选送日本留学。

至光绪二十七年，清廷怵于庚子之变，国势日蹙，知非设立学堂，普及教育，不足以挽回危局。吾浙乃有浙江大学堂之创办，即就求是书院旧址改组而成，第一任监督(清季学校称学堂校长称监督)为曾任学部侍郎之桐乡劳乃宣氏。初办学堂，一切设施均衙门化，有知府衔的提调，知县衔的会计。学级编制尚存书院旧习，随学生各科程度之高低而分甲、乙、丙班，有英文在甲班而国文在乙班者，亦有国文在丙班而数学在甲班者。此外尚有附班，以授程度较低、年龄较幼诸生。以校龄言，从求是到现在，实不止五十年了。

劳监督任事经年，以用人不当，大权旁落于监学舍等之手，为学生所不满，以致发生风潮，旋即辞职，改由其婿秀水进士陶拙存接任。陶性温和，而措施难以如意，亦不能久安于位，当道乃乘部颁新章改组之际，改聘陆懋勋(字勉侪)太史继任。浙江大学堂于光绪三十一年夏，照新颁“钦定学堂章程”编制，改为浙江高等学堂，先设预科，另设完全师范科及师范传习所两部，收年龄较长、国文较优、不及研读西文而堪为速成师资者而教育之，日后各城小学教师，多取材于此，不可谓非陆氏热心办学之功也。其后浙江大学第一任校长蒋梦麟先生，即为当年入浙江高等学堂预科肄业的学生。

陆监督办事认真，整饬学风，不遗余力，然亦有使人难堪的禁例。当时校舍分东西两斋，当局规定两斋的学生非经许可不得擅自往来。同一天井的自修室，有舍监监视走动，自修室内干涉谈话，其他种种钳制，不胜枚举。假使继续下去，颇有激起运动的可能。幸后来教务长王伟人先生，平易近人，禁例渐弛，如弭风潮于无形。其后陆监督辞职，继任者为吴震春

① 朱宗良(1891—1970)，字尘仙、绳仙，号无射。1911 年毕业于浙江高等学堂，协助于右任编辑《民立报》，任《民国日报》主编。此后担任过代理南京国民政府秘书、第一届监察院监察委员等。后去台湾。本文 1956 年写于台北。

(字雷川)太史。吴氏萧规曹随,极为谨慎,其教育方针重自治自觉,自监督、教职员以至于学生,皆能以情感相孚,而不拘泥于形式上的严格管理,全校融化于一种和易之空气中。至光绪三十三年秋,浙路拒款风潮,弥漫全城,各界组织团体,开会集议,反对浙路之收归国有及借英款建筑,高等学堂学生推举陈训恩(即陈布雷先生)为代表,参加会议与集队请愿。事虽未成,而当时这一社会运动,发扬民意,颇为各方面所重视。

清季各省设立高等学堂的制度,系仿自日本。高等为中学与大学间的中间学校,预科以外设正科,各三年毕业,正科学生以预科毕业者升入。预科不分系,正科则分第一、第二两类,第一类志愿习文哲法政者入之,第二类志愿习理工者入之。光绪三十四年夏,预科三年级修学期满,举行毕业考试。秋季开学即成立正科,两类各主要课程教师,除延聘两美籍教授外,均系一时知名之士,如杨敏曾先生之理学、经学,陈去病、张宗祥两先生之国文,邵长光、孙显惠两先生之英文,屠开泰先生之德文,张文定、赵志游两先生之法文,胡衍濬先生之数学,皆为一时之选。两美籍教师,一为担任第一类重要课程的亨培克先生(Stanley K. Hornbeck),授外国历史、地理、法学、经济学;一为担任第二类重要课的梅里加先生(他的名字已忘记),授物理、化学。两位宏才硕学,热心授课,学生得益不浅。亨培克回国后,尝随威尔逊总统出席第一次世界大战后之巴黎和会,旋任美国国务院远东司司长,有"中国通"之目,颇多建树。

说到这里,我愿将高等学堂校舍的情景提一提,以见校方优待这两位西籍教授的一斑。按高等校舍,即求是书院、浙江大学堂的旧址,地在蒲场巷,即今之大学路,由一寺院改建,规模宏大,分东西两斋。东斋为高级生的课堂与宿舍,西斋则新生居之。东斋之南有院落,由大门内之右端进,回廊曲折,竹径通幽,耸立洋楼一栋,乃特建以供美籍教授居住者。南面有园临河,占地颇广,绕以短垣,园中遍植花木,四时之景不同。春天则百卉齐放,嫣红姹紫,芬芳扑鼻;夏季则绿荫交错,好风徐来,最宜纳凉;秋夜则银汉皎洁,蟾光入户,富于诗意;冬令则瑶雪初霁,遥望对岸人家,如玉琢琼砌,一尘不染,如服一帖清凉剂。河滨并备一小游艇,供其玩乐,这是两位美籍教授特殊的享受。惟各同学于焚膏继晷之除,亦辄联袂来园休息,或谈艺,或质疑,或班荆道故,庄谐杂陈,逸趣横生,也分享了调剂身心的一份清福。杭州为浙江省会,东南名胜之区,实为青年求学最佳之地。忆当年每逢假日,与同学二三辈,出涌金门,或放棹西湖,或徜徉于六桥三竺之间,怡情适性,逸兴遄飞,岂仅饱尝校园风景之乐而已哉。

在正科成立之翌年,吴监督雷川就官北去,由孙智敏(字廑才)太史继任。教务长王伟人先生亦相继北上,由汤尔和先生继任,但汤亦不久去职,由邵长光(字裴子)先生继其后。此数年间,学风纯良,多所造就。时革命声势已风起云涌,弥漫全国,高等师生已有公然鼓吹革命者,当局以尚未肇事端,不加干涉。至宣统三年夏,正科三年级毕业(即正科第一期毕业)。秋季武昌起义,浙江光复,各学堂散学,大家回家。民国元年春,大局已定,各校开学,浙江高等学堂已改名浙江高等学校,监督孙智敏先生已辞职,由教务长邵长光先生担任校长。蒲场巷的校舍已为都督署占用,高校乃借贡院前全浙师范学校后面房屋开学。房屋系二层洋楼,仅有两栋,局促不堪,一部分同学只得住在外面寄宿舍,半壁天下,寄人篱下,求学兴趣,远不及光复以前之在蒲场巷时代矣。最后一任校长为现任台湾政治大学校长陈大齐先生。高校民元以后,即停招新生,正科共毕业四期,办完第四期毕业,即停办。此因当时教育总长蔡元培先生主张全国分四个大学区，每区设一大学，各附设预科。预科即高等学校程度，各省高等学校再无设立之必要，所以停招新生，待旧生毕业完竣即行停办也。

今吾浙高校出身或奠定学业基础的人才，有足称述者，学问事功可垂不朽者，为陈布雷、邵元冲(学名骥)两先生。文坛健者，时推邵飘萍(学名锡康)、沈尔昌、莫善诚、陈闳慧诸先生。邵飘萍以锋芒太露，在北平办京报时，因文字而为奉军所杀害。其他如何炳松先生以史学名，李垕身先生以工程名，周大昕先生以数学名，程远帆先生以财政名，郑宗海先生以教育名，延炳先生以化学名，马孟客、公愚昆仲以书画名。类此者不胜枚举。惜乎同辈诸君，先后归道山，墓木已拱者已不少。幸来台健在者，除老师陈大齐先生及兼有师生两种资格之蒋梦麟先生外，尚有林佛性兄彬、吴景直兄钦烈、曾伯猷兄劭勋、潘更生兄忠甲及笔者等五人。大家尘事卒卒，亦少聚晤之机。言念及此，不禁感慨系之矣。

原载台北市国立浙江大学校友会编印《国立浙江大学》，1985年印行

浙江高等学堂年谱[①]

(1957年12月)

蒋絅裳

清光绪二十三年丁酉(公元一八九七年)春正月，浙江巡抚廖寿丰创设求是中西书院。派杭州府知府林启为总办，举人陆懋勋为监院。

先是，光绪二十年甲午，清军败于日本，割地偿金，民气激昂，不可遏抑。杭人汪穰卿(康年)、陆勉侪(懋勋)、陈仲恕(汉第)等，亟谋振兴实学，策励自强，拟办崇实学堂，久不得遂。至是，侯官林迪臣(启)知杭州府事，颇以兴学育才为己任。适因案查封东城普慈寺产，在籍侍郎朱茗生(智)及府幕长乐高啸桐(凤岐)，议即寺宇改建学堂，详请抚院嘉定廖谷士(寿丰)，奏准设立。就敷文、崇文、紫阳三书院，诂经精舍、东城讲舍、学海堂等基金项下，拨银二万元为开办费。招收学生三十名，以年在二十内外，行谊笃实，文理优长之举、贡、生、监为合格，供给膳宿，并月支膏火。派林为总办，陆为监院。延聘美籍教士王令赓(原名默特奥克司)为正教习，侯官陆叔英(康华)、湖州卢子纯(保仁)分任英、算各科。谓之"求是中西书院"，于夏四月二十日开学。浙江之有高等教育机构自此始。

光绪二十四年戊戌(一八九八)夏四月，资送陈榥等高材生四人，赴日本肄习专门学。

四人者，陈乐书(榥)、何燮侯(燏时)、钱念慈(承志)、陆仲芳(世芬)。是为浙省派遣国外留学之始。同时出国者，尚有蚕学馆所派留日回国、声请改习法政之汪子健(有龄)。林总办命其同行照料，故又有资送五人之传说。

秋七月，任陆懋勋为总理，陈汉第为监院。扩充学额，分设内、外二院。

陆初以举人任监院，至是举进士入词林，乃改任总理。升文牍陈仲恕为监院，以原有学额三十名为内院，增收外院生四十八人。外院生酌收脩金及膳费。

光绪二十五年己亥(一八九九)春，增外院生名额，并选内院生之优秀者任助教。

---

① 作者蒋絅裳，字幸庵，浙江钱塘人，1910年入浙江高等学堂就读。

外院生额,增为六十名。初,杭人项兰生(藻馨),于开办招生应试时,名列第一,至是选任助教。

光绪二十六年庚子(一九〇〇),选送内院生十人于京师大学堂。

或谓选送二名于上海圣约翰书院,一去一不去,但姓名均待考。

冬,学生组织"励志社",砥砺品学,促进维新。

时八国联军占据北京,清帝出奔西安。唐才常起义武汉,不克被杀。外院第一、二两班同学,倡议组织"励志社",并取材《杭州白话报》,分头演讲。院生海宁蒋百里(方震)有吊唐才常诗,几酿大狱。旋以陈仲恕斡旋,令蒋出国乃已。

是年,林总办病故杭州府知府任所。

光绪二十七年辛丑(一九〇一)春,蒋尊簋、蒋方震、王家驹自费赴日留学,由院酌给津贴。

尊簋字百器,家驹字伟人(后改名嘉榘,字维忱)。

倡议改良私塾,编制课本,以板儿巷蔡氏塾舍为新民书塾。

在院员生,日以变法自强为己任,即从废除旧时私塾教法入手,由杭人汪曼锋(嵚)编著课本,代替蒙经。板儿巷塾师蔡绶章,具有远见,首先接受,乃改为新民书塾,仍以蔡为塾师。杭州之改良私塾自此始。

夏,有"罪辫文"之案。

教员杭人孙耦耕(翼中),以"罪辫文"为课题,意示汉装束发,满清垂辫,被发左衽,实一辫之罪也。其时学生中,已多印有民族革命思想,对此课题,正好发挥,因此大干时忌。满籍学生告密旗营将军,转知巡抚查办。时抚院为宜兴任筱沅(道镕),微服莅查,从容处置,并传谕府县,禀复将军寝事。孙乃改字江东,赴日避祸。

冬十月,更名浙江求是大学堂。陆懋勋辞职,劳乃宣继任,改称监督,重订学额。

是年,清廷诏各省书院,改设大学堂,总理改称监督,扩充学额一百名,免除外院生脩金。劳字玉初,桐乡人,官吏部文选司主事。

光绪二十八年壬寅(一九〇二),春,改称浙江大学堂,复增学额。

去"求是"二字,并额定学生一百二十人,岁费银二万元有奇。

秋八月,资派许寿裳、沈祚延等十人,赴日本留学。

是岁,派赴日本留学者,为许季黼(寿裳)、沈芑芳(祚延)、周赤忱(承菼)、施雨若(霖)、钱均夫(家治)、寿拜庚(昌田)、韩强士(永康)、陈拜言(其善)、厉绥之(家福)、李梦驺(祖虞),合之养正书塾(后改名杭州府中学堂)所派,共为十五人。

光绪二十九年癸卯(一九〇三),春,改称浙江高等学堂。夏,劳乃宣辞,陶葆廉继之。

时学部奏定《学堂章程》,凡省会所设大学,均改高等学堂。陶字拙存,秀水人。

光绪三十年甲辰(一九〇四),春,陶葆廉辞职。夏,浙抚奏调前总理陆懋勋继任监督。

初,陶拟延杭人唐健伯广文咏裳相助为理,整饬学风。唐以办学湖州未到,陶因有退意请辞。时巡抚为衡阳聂仲芳(缉椝),奏请调勉侪继任。

光绪三十一年乙巳(一九〇五),春,项藻馨任副理。

上年冬,勉侪以项主持安定,颇著声誉,呈请抚院引为臂助,今春就任。停课四月,大加整饬,校风为之一变。

夏，设高等豫科及师范完全科，分订学额有差。

额定高等豫科一百四十名；师范完全科六十名；校东设师范传习所，额一百四十名；模范高等小学，额五十名；城内、外初小十所，额二百名。共计约收六百名。

光绪三十二年丙午（一九〇六），陆懋勋辞职，吴震春继任监督，以王嘉榘为教务长。

吴字雷川，杭州人，翰林院庶吉士。嗣以在籍办学，著有成绩，授职编修。王，秀水人。

光绪三十三年丁未（一九〇七）夏，参加联合运动会，获得总锦标。

是年五月，杭城各中学于梅东高桥教场举行体育竞赛，设置锦标，奖励武勇，本学堂名列冠军。是为联合运动会之创始。

添聘日籍教师，分任史地、博物等科。

先是开办时，延聘育英书院美教士王令赓为正教习，担任英文、理化等科。旋因兼课为难辞职，改聘圣约翰毕业宁波胡可庄（浚康）继之。至是，先后增聘日籍教师什安弥任外国史地，铃木龟寿任博物，元桥义敦任音乐，富长德藏任体育。舌人则由求是学生之留东归国者任之。同时国文、经史、数学诸科教员，亦多延聘国内名儒，尤以国文程度之高，著声全浙。各种新思想勃发，亦于此时兆其端倪。

光绪三十四年戊申（一九〇八）夏，第一班高等预科及师范科毕业。师范科停办，设文、理两正科。

前此，仅有预科六班；至是，乃设正科。分第一类文科，第二类理科，亦六班。第三类医科，因费绌缓办。

宣统元年己酉年（一九〇九），添聘美籍教师，主讲文、理两科。

上年既筹设正科，于是添聘美籍教师亨培克主任文科，梅立嘉主任理科，学生皆直接听讲。

宣统二年庚戌（一九一〇），监督吴震春去任，孙智敏继之，以汤櫆为教务长。汤去，继以邵长光。

孙字廑才，官翰林院编修。汤字尔和，邵字裴子，均杭州人。是年浙江谘议局成立，实行预算制度。

宣统三年辛亥（一九一一），夏六月，第一班正科毕业，停招预科新生。

高等学堂遵照奏定章程办理，停招预科；旧生暑期毕业，升入正科。班级经费均遵预算，前后不能衔接，颇有赖于挪垫云。

秋九月，浙军起义，师生星散。冬，校舍假作都督府，监督孙智敏去职。

时继任都督为诸暨蒋百器，亦求是生也。借用校舍，原约保留办公室、藏书楼、实验室三处，迨迁入后，均为占用。陈仲恕仗义力争，不得，孙乃将钤印缴送督府，去职。

民国元年壬子（一九一二），改学堂为学校，监督为校长，以前教务长邵长光充任。

时蔡孑民（元培）任教育总长，变更学制，废止高等一级，由大学自办预科。浙校停止招生，而旧校舍已被借用，乃就贡院师范学校后进房屋作临时斋舍。

秋七月，校长邵长光辞职，陈大齐继之，以胡以鲁为教务长。

陈字百年，海盐人；胡字仰曾，定海人。

民国二年癸丑（一九一三），校长陈大齐辞职，胡壮猷继之。

胡字愚若，无锡人。

民国三年甲寅(一九一四),夏六月,停办。

旧生次第毕业,乃全部结束。自丁酉至此,首尾凡一十八年。师友间,经文纬武,成名立业之士,指不胜屈;裨益于国计民生,至深且巨。由求是而高等,而大学,启后承先,渊源有自。高等停办后六年,庚申(一九二〇)始有工业专门学校;又三年,癸亥(一九二三)始有农业专门学校;又四年,丁卯(一九二七)乃有国立第三中山大学。浙省综合性之高等教育机构中断者,凡十三年,自后应译《浙江大学校史》,此不赘述。

邵师裴子于一九四七年求是五十周年纪念席次曾云:"浙江高等学堂有三特点。求是创办,尚在戊戌维新之前一年。其时北京虽有同文馆,上海虽有广方言馆,但均侧重外国语言,以造就交涉人才为主旨,未若本院之具有普通学校规模也。本校实开新学之先河,此其一。当是时,科举未废,功名之士,决不舍彼而就此,在院诸生,德性坚定,怀抱革故鼎新之志,养成学术救国之风,一转移间,遂为东南革命策源地,此其二。近数十年来,政治、军事、学术、文艺各方面,成业知名之士,出于斯校之师生间者甚多,颇无逊于他校,此其三。"吾师之言,诚为笃论。絅裳无似,庚戌冬,毕业杭州安定中学,考入浙江高等理科。壬子秋,由浙督保送晋京,改习农政。自此由农(中央农事试验场)而政(农商部)、而商(浙江兴业银行)、而工(启新水泥工厂),未获以一艺之长,见诸当世,有愧于良师益友者多矣!缅怀母校前身创始之年,迄今适届花甲一周。念岁时之奄忽,感人事之沧桑,低回三叹,不能自已。抑絅裳二十而远游,六十而归里。四十年客居北地,故乡事物,泰半模糊;今草此篇,尤惭疏朗。承诸师友,或以轶事相遗,或以鸿文润色,俾得完成此帙。虽不免墨漏舛误,有特增改,而诸公考订修饰之盛意,已感深肺腑,难以言宣矣!再,絅裳在乡,资学最浅,文内诸公,非亲即长,按俗应各加称谓;今于纲则名,于目则字,亦临文不讳义也。

公元一九五七年丁酉冬日,泉唐蒋絅裳谨识

浙江图书馆藏

布雷先生与浙江高等学堂

(1985年)

阮毅成[①]

两周以前,接到传记文学社来函,邀请参加今天举行的陈布雷先生专题座谈,就将布雷先生自著的《回忆录》与徐咏平兄所写的《陈布雷先生传》,又重读了一遍。对这位素所钦敬的长者,觉其声音笑貌,不仅萦回脑际,且完全如在目前。

关于先君荀伯(性存)公与布雷先生的长兄屺怀先生,在清朝末年,同任浙江省谘议局议员,及北伐以后,同任浙江省政府委员,两次同事,暨我与布雷先生昆仲交往的情形,我曾在《传记文学》月刊写过一篇记陈训恩先生的专文,并已辑入传记文学社出版我所著的《彼岸》

① 阮毅成(1905—1988),字静生,号思宁,浙江余姚临山人,法学家。1927年毕业于中国公学,赴法国留学,回国后担任中央大学法学院教授。抗战胜利后参与筹建浙江大学法学院,任院长。1949年赴台湾。

一书，不思复述。惟布雷先生于清末，在浙江高等学堂肄业，良师益友，使其奠定日后学术与文章的基础，愿就此补充说明之。

浙江高等学堂之筹设

清朝末年，提倡新学，各省纷设书院。光绪二十三年（一八九七年）农历四月，杭州设求是书院。光绪二十七年（一九〇一年）十月，浙江巡抚廖寿丰，就求是创设官立大学堂，以浙江省石门县（后改名桐乡县）人劳乃宣为监督。校址在蒲场巷，经费每年银二万七千两。校舍为新建的当时所谓二楼砖造洋房，学级为高等预备科，学额为一百二十人。不收学费，膳费每人每月两元四角，由学生自缴。后再改名为浙江高等学堂，由吴雷川（震春）先生任监督。吴，杭州人，世居学官巷，北伐统一以后，任北平燕京大学校长。

张葆灵推介陈布雷应考

布雷先生于清光绪三十二年（一九〇六年），自宁波府中学退学，拟投考高等学堂预科，但该校不收插班生，须请求特许，方能应考。事为张葆灵（世杓）先生所闻，为作书分致该校教务长等推介，经雷川先生亲自延见，命题授试，获得录取。布雷先生在其回忆录中谓："半年来流荡不定之生活，至此得有归宿，深感葆灵先生介绍之力。"张，宁波人，民国十六年（一九二七年）元月，国民革命军初入浙，组设浙江省财政委员会，五月，改为政务委员会。张与先君皆奉派为两委员会委员。故我于趋庭时，得获拜见。七月，成立正式省政府，先君留任，张解职，返至故乡种桔。我读布雷先生回忆录后，始知其与张先生之渊源，但张却从未提及往事。我每次谒见布雷先生，他必以张之近况如何为询，至为关切。我最后一次见到张先生，已在民国三十七年（一九四八年）五月二十三日晚，我因公到石浦。他闻我至，特至十里外，步行而来，年已逾七十矣。对我谈地方建设与民间疾苦，至午夜二时。我转述布雷先生关怀之意，张谓："他忙于国事，我无事扰他。只为言老夫犹能健步，乡居尚安，即可矣。"

布雷先生两任浙江教育厅长

布雷先生在浙江高等学堂肄业时，教师阵容，达一时之盛。如范效文（耀雯）、陈佩忍、沈士远、沈尹默、张阆声（宗祥）先生等，皆为饱学之士，并乐与学生接近，且常以鼓吹革命之刊物，密示同学。故学生往往倡言光复汉物，驱逐胡虏，毫无顾忌。范，杭州人，民国初年，任杭县劝学所所长，在水亭址孔庙办公。我小学毕业时，各校在劝学所联合举行典礼，由范授凭。张，一字冷僧，海宁人，北京政府任为浙江省教育厅厅长。浙人误以为五四运动时被打倒之卖国贼章宗祥，通电拒绝，后知为同名之误，又再去电欢迎。布雷先生于国民政府统一全国后，曾两长浙省教育厅，遂与乃师有先后同官之雅。至陈、沈三先生文名之广，毋庸多介。

对其恩师邵裴子终身不忘

布雷先生在浙江高等学堂肄业时，所受影响最大之教师，为邵裴子（长光）先生。邵初授英文，继任教务长。布雷先生于清宣统三年（一九一一年）在高等学堂正科毕业，以请病假扣分，只得第四名，未有学校特颁之奖品，同学咸为不平。布雷先生在回忆录中谓："邵先生招余往，慰勉备至。谓教师及学校，均以远大期尔，勿介介于等第名次而自馁。邵先生且谓余非不利于考试者,然学问贵有真实之造诣,尔天资不居人下,而沉潜不足,宜随时自策,无负诸师之望。邵师平日遇余最严,在同级中对余最不假以辞色。至是,乃知其望余之切,终身感之不能忘。”布雷先生对邵先生,确属终身不忘,每次见到我,必嘱我回浙后,代为问候。如有来信,亦必书“裴子师前叱名问安”。但邵先生与我来往虽多,抗战时期,几每周必见,却从未提及布雷先生。我每告以布雷先生问候之意,他总是微笑地说:“他太客气了。”

民国二十八年(一九三九),浙江省在全国中首先成立省临时参议会,参议员由省政府遴选,报请行政院核定,国民政府公布。我提名邵先生担任,并多次当选驻会委员。我又商浙省财政厅聘邵为浙江地方银行董事,邵先生事先均未知也。战时省府,播迁不遑,邵始终随同迁徙,多所献替。胜利以后,省参议员改由各县市参议会选举,地方银行改为省银行,董监事由省参议会选举,邵无法蝉联,生活不继。旅沪之浙省某前辈函我,谓:“贤者饥渴,有司之责也。”邵先生不得已,乃将其多年所藏英文书籍,出售于国立浙江大学,借以换米。此批书籍,购于清末,历经大战,在英美已多绝版,而战时存于杭州,幸未被劫。及布雷先生逝世,邵先生来我处,老泪纵横,谓:“他一死,国事前途可知矣。”

布雷先生浙高的同学

布雷先生在浙江高等学堂,颇得交友之乐,在其回忆录中,多有记载。当其得特许考插班时,郑晓沧(宗海)先生亦同时经申请插班入学。郑,海宁人,为我国名教育家,首将《小妇人》一书译成中文,风行宇内。曾任浙江省立女子师范学校校长、浙江大学教务长、龙泉分校主任。布雷先生第一次任浙江省教育厅厅长,约其任秘书兼第一科科长。我与郑先生来往颇多,抗战初期,郑防空袭,我招待其住缙云县仙都乡。我所创办之卫生所成立,为乡间第一次有科学医药设备。我请其参加开幕典礼,他撰联为贺:“欲共斯民登寿域,始知此地是仙都。”我来台后,承杨忠道君见告,谓:“民国三十一年秋,自永嘉赴龙泉,入浙江大学分校。因战时交通阻梗,以致注册时间已过,当谒见郑先生,特准补办。今日得略有成就,皆郑先生当年之赐也。“杨现为“中研院”院士,为国际间知名之数学家。郑先生当年以特许插班受惠,转而嘉惠下一代青年,为国家造就人才,与布雷先生平时乐于提携后进,皆为能不忘其本者。抗战胜利后,郑先生访美返杭,张书旗兄托其带赠我自绘花卉一幅,极佳。他卜居西湖罗苑,推窗而望,全湖在目。我常去访谒,作竟夕之谈。我在京在沪,布雷先生每嘱回杭后,代候郑先生。布雷先生在回忆录中,亦提及清宣统二年,浙江考选官费生十名,赴欧美留学,其中有施少明(仁荣)先生。施,余姚县人,后为我夫妇之英文业师。他已考取留美,因家人不愿其远行作罢。他历在杭州各中等以上学校教课,我初习法文,亦施所授。抗战期间,逝于皖南,方在中年。布雷先生曾多次与我谈及其在高等学堂时之同学,对郑先生之毕生从事教育,至表敬佩;对施先生之放弃官费留学机会,则每表惋惜。

由浙高到浙大

民国成立,浙江高等学堂停办。蒲场巷校址先后为浙江巡按使署及浙江省长公署使用。迨民国十六年,浙江省政府成立,改设于杭州梅花碑之清代织造衙门,蒲场巷高等学堂原址,乃为国立第三中山大学所在地,此为国民政府当时采取大学区制之措施,兼司全省教育行政。由蒋梦麟先生以省府委员兼任校长,刘大白先生任秘书长,聘邵裴子到校任教。自民元以来，浙省高等教育，至此已中断十六年之久，始得在省内有国立大学。民国十七年，国府废大学区制，将省教育行政交还省府，复设教育厅，布雷先生任首任厅长。蒋(梦麟)先生亦曾在浙江高等学堂肄业，与布雷先生亦为同学。大学区制既废，第三中山大学乃改为国立浙江大学，仍由蒋先生任校长，不久由程天放继任，邵先生继续任教。杭州市政府将蒲场巷改名为大学路，南自清泰路起，北延长至报国寺。凡大学路以东地区，直至城墙，咸划为浙大范围，为杭州市内之大学城。浙江省立图书馆，后亦设于大学路，而将原有西湖庋藏四库全书之文澜阁馆址改为分馆。抗战前一年，省立图书馆举办浙江全省文物展览，盛极一时。任馆长并主持展览者为陈叔谅(训慈)兄，布雷先生之介弟也。

原载台北市国立浙江大学校友会编印《国立浙江大学》，1985年印行

(三)工业学校和农业学校

呈请改设工业学堂

(1907年3月14日)

杭省工艺传习所于去冬毕业后，因经济困难暂行停办。兹由在籍绅士陆春江中丞等，以工艺为富强当务之急，复议改为工业学堂，因公同联名咨呈张筱帅察核。兹将咨呈录后：

(前略)以浙省论，襟山负海，素称东南沃区。水陆所产材料丰富，浙西一带之蚕丝，浙东一带之海品，为出产大宗。其他果实、竹林、牲畜、皮毛之类，亦不可胜数，只以制作、运输之法素未讲求，遂致出口土产大都生货。年来丝绸滞销，市面之坏，生计之蹙，日甚一日，若不亟行设法奖励工业，影响所及，何堪设想！光绪三十一年四月，前抚宪聂钦奉迭次谕旨，并商部通行奏准，在省城设立工艺传习所，延聘教员，教授染织、罐诘诸科，所屋赁自龙兴寺，并购地添造讲堂、修业实习等室，容学生一百六十人。常年经费于盐觔帑课项下，每年拨给一万□千两，遇闰加拨一千两。开办一年有余，渐著成效，举办毕业两次，计染织、罐诘等科毕业生数十人。上年八月，因奉运司文开：帑课业经改正，此款因于八月分截止，该所总理禀由农工商矿总局详请贵抚部院另拨的款，奉批：据详已悉，仰移商藩运二司、粮道分筹拨济，详候察夺毋延，切切。等因在案。仰见贵抚部院注重工业，力与维持之至意。惟是欲求工业进步，学理、技能两者，均须研究。现办之工艺传习所，专尚技术，造就有限，工艺发达，不知何日。拟请从本年起，即现办之工艺传习所改设浙江工业学堂，照奏定中等工业学堂章程，分为完全、简易二科，完全科授以工业必需之知识、技能，各科科目初办时择要教授。完全科拟办染色、机织、金工、木工、漆工、制纸六科，简易科拟办罐诘、鞣革、模型、印刷四科。学额先定三百名，所需经费撙节估计，常年约须洋银二万四千元，与工艺传习所原定之数所增无几，而裨益工业实非浅鲜。所难者，原有所屋过形狭隘，万不敷用，亟须另行设法添造，或改拨他屋开办，经费亦须酌量拨给。再，传习所前设总理三员，现拟遵照奏定章程，改设监督一员，其应聘任妥员办理之处，俟经费拨定，由绅等公同定

议后，再行开单呈请酌派。(元)

《申报》1907 年 3 月 14 日

饬筹工业学堂经费
(1907 年 3 月 18 日)

浙绅陆中丞元鼎等呈请改工艺传习所为工艺中学堂一案，奉浙抚张中丞批云：办理学堂，职业之与普通原应并重。浙省普通各学日渐增益，惟实业一项，就省城论，除蚕学馆外仅一工艺传习所，论其资格，不过徒弟学堂之类，实不足以振兴工艺，开拓利源。据呈，诸绅会商拟就原有传习所改为中等工业学堂，照章令学生贴补学费，本堂概不住宿，远来寄居者，仍遵缴膳宿等费。所拟办法较之原有之传习所增费无多，而名额大加于前，程度远出其上，办理实为得宜。核阅章程，亦颇详备，佩慰何已。惟经费一项，原有之每年一万二千两，自帑课改正，即已无着，曾经批局移商藩运二司暨粮道，分筹拨济在案，今改设中等学堂，又须加拨。当此财计支绌，诚难筹措。第实业关系重要，此次创办中等学堂，又为合省之模范，无论如何为难，均应设法维持。仰提学司会同藩运二司暨粮道，从速筹议详夺。缴，折存。

《新闻报》1907 年 3 月 18 日

浙抚饬司道筹办中等工业学堂
(1907 年 3 月 20 日)

杭绅陆春江中丞等，以龙兴寺内之工艺传习所未便半途中辍，议改为中等工业学堂，咨呈抚宪，当奉张筱帅照准。惟原拨之款已归正课，现已饬学藩运三司、粮道合议办法矣。

《时报》1907 年 3 月 20 日

同乡京官催办高等农学校
(1909 年 9 月 14 日)

浙省原有西湖蚕学馆一所，因与奏定章程不符，迭经农工商部行查，拟改为高等农业学堂，附设蚕学一科，以符定制，而节经费。兹闻抚院增中丞近又接准同乡京官劳京卿、吴学士等来函，请组织高等农业学堂，仍将蚕学馆保存，或请改为中等科学。惟该馆原有经费岁支奇绌，若续办农业，又须预筹大宗款项，自非合力通筹不可。昨闻中丞已专札提学司，所有创办高等农业学堂应需常年开办经费，仰即会同藩、运、粮、厘各司道妥筹商办详复。

《申报》1909 年 9 月 14 日

高等农校经费有着

(1910年6月13日)

浙江藩司具详抚院，谓：高等农业学堂急需开办，其常年经费指动何款，由何处筹拨，详请咨部示遵等由。刻奉批云：查此案现准度支部咨覆，高等农业学校应需开办，及堂年经费应即准其立案，由藩司暨宁关道库筹拨应用，作正开销。至动拨何款，及常年开办各经费开支数目，应分造清册报部等因，即经分行司关遵照办理在案。兹据详称：蚕桑学堂照常存留，则前年所议添筹经费，由铜元项下拨给建筑费，宁关各小口常税项下拨给常年增加费，纵能照办，亦只可备抵推广省城中等蚕桑学堂之用等语。查上年原拟将蚕桑学堂归并高等农业学堂之内，故前学司支详请增加经费，系属一并统计，现仍照常存留，其蚕桑学堂原有经费仍可由该堂照旧支领，即须推广，每年增加之数亦必无多，所有前议添筹铜元项下拨给建筑费，及宁关小口常税项下拨给常年增加费，自可酌拨高等农校开办及常年之用。惟原筹款项是否足敷农校之用，蚕桑学堂推广之项是否即在此项均拨，每年酌计若干，应再分别议拟办法，以清界限。仰即移会学司查明，另请核夺。

《申报》1910年6月13日

浙江巡抚增韫奏浙省附郭设立高等农业学堂经费作正开销恭折

(1910年6月17日)

奏为省城附郭之地设立高等农业学堂，经费作正开销，恭折仰祈圣鉴事。窃据署提学使袁嘉谷详称：查浙省高等学堂，前经翰林院侍读吴士鉴奏改西湖蚕桑学堂为高等蚕桑学堂，宣统元年三月复经学部议奏，改设高等农校，蚕学专科附设其中，奉旨允准。嗣以蚕桑虽仅农业中一科目，究为浙中大利，业经奉饬，高等农校另筹专款建设，蚕桑学堂照常存留。又浙省会议九年筹备学务事宜咨部案内开，宣统元年设立省城高等农业学堂，宣统二年设立实业教员讲习所，是高等农校曾经奏准，暨咨部有案，亟宜照办。至实业教员讲习所，现在学务公所并无空屋可以附设。查奏定章程，实业教员讲习所应附设于农工商大学，或高等农工业学堂内，或暂行特设一所，原因场屋、图书、器具利于通用，是浙省创办高等学校，而附设农业教员讲习所，本系以类相从。且上年三月，学部议覆闽浙督臣松寿奏请筹办实业学堂折内开，两年内每府应设中等实业学堂一所，每州县应设初等实业学堂一所等语，奉旨允准通行。又学部九年筹备事宜单内载，宣统元年各省中等实业学堂，或农或工或商，可随宜先设其一。部臣以今日财政日绌，漏卮日甚，非振兴实业教育以奖励输出、限制输入，万不足以救时艰而维国脉，是以限期设立，催促再三。浙省实业学堂已成立者，据本年统计，农校十一，计中等一，初等十，工业七，商业二，皆初等，其科目，农业仅蚕业科，工业仅染织科。蚕业、染织二科所以有教员者，实前此蚕业学堂及工艺传习所之留遗，外此别无养成之教员。欲兴实业，先裕师资，是实业教员讲习所遵限设立，万难再缓。拟即于省垣附郭之地勘定基址，计建筑地及试验场约二百亩。建筑不求宏大，但求合用，限于宣统二年六月以前竣工，以便下学期招生开办。计购地建筑及图书器具等开办费，约需洋三万元，常年费计聘用各教员及职员俸给、工役薪膳、种苗、购买肥料家畜、一切实验费、消耗费等,约需洋二万元。设学额一百八十名,划分三班,两年毕业,派充各府厅州县中等以下实业学堂教员,如此方于部定九年筹备事宜,或可勉应急需。一面再筹巨款,设备高等农业学堂,即就讲习所基址扩充规模,似属一举两得。至于经费,前蚕桑学堂改办高等案内,奏请由藩司暨宁关道库筹拨应用,作正开销。经度支部议覆,所需各经费不得动用正款,应在外销闲杂款内动支。又经藩司颜钟骥移复,声称司库竭蹶万分,实无外销之款可拨等语。此次遵限筹办实业教员讲习所,及兼筹高等农校,应请迅饬藩司暨宁关道,先行筹拨应用,仍准作正开销,具详请奏前来。奴才覆查无异,除咨度支部立案,邮传部、学部查照,并饬藩司、宁关道筹款拨解开办,暨学司妥拟章程另行办理外,谨恭折具陈,伏乞皇上圣鉴训示。谨奏。

宣统二年二月初八日奉朱批:该部知道。钦此。

《学部官报》第123期,宣统二年五月十一日

本署司郭详抚宪省城设立中等工业学堂大概情形并乞饬司拨款奏请立案文[①]

(1910年11月19日)

为详请事。窃照实业学堂迭奉部札催办,浙省生丝、绸缎素称输出大宗,棉麻产数亦属丰富。互市以来,出口之货日益劣败,盖因无学术以精研,又无新颖之变化,以致相形见绌,销路日衰,若不急图改良,恐工商经济将困败而莫可救药。署司有鉴于此,思从整理实业教育入手,非伊旦夕。明知帑藏奇绌,挹注无方,然教育不施,实业无由发达,即社会生计永无充裕之时。开源之策,较胜节流,生产有资,略拯消费。谨与议长、议绅公同筹议,拟于省城设中等工业学堂一所,先开机械、染织两科。现今中学毕业生人数尚少,创设高等学校则招生为难,且高等毕业生非大工厂不能罗致,即能组织大工厂,亦少数人之利益,不能普及。中等工业招取高等小学毕业生人数较多,易于招集,毕业之后,已具担任小工厂之能力,逐渐扩充,可由小工厂而成大工厂。小工厂资本不多,易于普及。染织一科,用以改良丝绸、棉布,而各种工业,皆不能离乎机械,此中等工业学堂急宜筹设之本旨也。查工校屋舍首宜宽敞,又必设引擎、锅炉等项,以利机器之用。城内旧有报国寺铜元局基址,前为劝业道详请拨办商品陈列所,因地僻改移他处。该局引擎、锅炉尚可修理应用,若任其废弃,不免可惜。且测绘学堂不久并入陆军小学,工场、校舍兼而有之,余地甚多,他年虽扩至十数科,升改学堂为高等,亦属绰有余裕。且离火车站近,搬运机械原料及煤炭等项,场栈便利。开办之始,添筑讲堂,修缮工厂及整理机械等,约需银五千两,购染织科用机械约银五千两,添机械科机器约银二千两,购理化器具约银千两,购书籍、图画约银千两,添日用器具约银千两,共计开办费银一万五千两。其常年经费,每班学生五十人之教习束脩及实习损耗,每年银三千两,两科年共银六千两,三年级办齐,共须银一万八千两。办事人薪水、仆役工食及一切杂用,每年约银四千两,共计银二万二千两。迭经核实筹计,委属无可再节。此中等工业学堂先行筹设两科之大概也。署司

① 呈请者郭则沄(1882—1946),字蛰云、养云,号啸麓,祖籍福建侯官,生于浙江台州。光绪进士,署理浙江署提学使。

接任伊始,详察省城教育虽已粗具规模,而急于扩充,莫如工业学堂。用敢征集众议,缕晰上陈。抑署司更有请者:工业学堂毕业生,其造诣周备工厂中技师技手之选,而直接操作者,则职工也。职工不良,虽配合至精,难收成效。拟俟工业学堂成立后,即于该学堂内筹设附属工艺厂一所,教育贫民子弟,造就职工,庶梁栋榱题,各适其用。为此呈请宪台俯赐照详,饬藩司如数筹拨,追加宣统三年预算,并先予奏请立案,俾得克期开办,实为公便。须至详者。

宣统二年十月十八日

《浙江教育官报》第47期,宣统二年十一月①

浙江巡抚增韫为报省城开办中等工业学堂情形事奏折

(1910年12月27日)

浙江巡抚臣增韫跪奏,为省城设立中等工业学堂拨款开办情形,恭折仰祈圣鉴事。

窃据署提学使郭则沄详称:实业学堂叠奉部札催办,浙省生丝、绸缎素称输出大宗,棉、麻产额亦属丰富。互市以来,出口之货日益劣败,盖因无学术以精研,又无新颖之变化,以致相形见绌,销路日衰。若不急图改良,恐工商经济将困败而莫可救药。署司有鉴于此,思从整理实业教育入手,已非旦夕。明知帑藏奇绌,挹注无方,然教育不施,实业无由发达,即社会生计永无充裕之时。开源之策较胜节流,生产有资,略拯消费。谨与议长、议绅公同筹议,拟于省城设中等工业学堂一所,先开机械、染织两科。现今中学毕业生人数尚少,创设高等学校则招生为难。且高等毕业生非大工厂不能罗致,即能组织大工厂,亦少数人之利益,不能溥及。中等工业招取高等小学毕业生,人数较多,易于召集。毕业之后已具担任小工厂之能力,逐渐扩充,可由小工厂而成大工厂。小工厂资本不多,易于溥及。染织一科,用以改良丝绸、棉布,而各种工业皆不能离乎机械,此中等工业学堂急宜筹设之本旨也。

查工校屋舍首宜宽敞,又必设引擎、锅炉等项,以利机器之用。城内旧有报国寺铜元局基址,前为劝业道详请拨办商品陈列所,因地僻改移他处,该局引擎、锅炉尚可修理应用。且测绘学堂不久并入陆军小学,工场、校舍兼而有之,余地甚多,他年虽扩至十数科,升改学堂为高等,亦属绰有裕余。开办之始,添筑讲堂、修缮工厂及整理机械等,约需银五千两;购染织科用机械,约银五千两;添机械科机器,约银二千两;购理化器具,约银千两;购书籍、图画,约银千两;添日用器具,约银千两,共计开办费银一万五千两。其常年经费,每班学生五十人之教习束脩及实习损耗,每年银三千两,两科年共银六千两,三年级办齐共需银一万八千两;办事人等薪工杂用,每年约银四千两,共计银二万二千两。迭经核实筹计,委属无可再节。此中等工业学堂先行筹设两科之大概也。署司接任伊始,详察省城教育,虽已粗具规模,而急宜扩充者莫如工业学堂,用敢征集众议,缕晰上陈。抑署司更有请者,工业学堂毕业生,其造诣用备工厂中技师、技手之选,而直接操作者则职工也。职工不良,虽配合至精,难收成效。拟俟工业学堂成立后,即于该学堂内筹设附属工艺厂一所,教育贫民子弟,造就职工,庶

① 《浙江教育官报》,浙江省的教育行政公报,1908年8月创刊于杭州。初为月刊,第22期起改为五日刊,由浙江学务公所发行,1911年(宣统三年)停刊。

梁栋榱题,各适其用。请饬藩司如数筹拨,追加宣统三年预算,并先予奏请立案,俾得克期开办,等情前来。

臣复查无异,除饬藩司筹拨办理外。理合恭折具奏,伏乞皇上圣鉴训示。谨奏。

宣统二年十一月二十六日

宣统二年十二月十二日奉朱批:该部知道。钦此。

中国第一历史档案馆编《光宣年间浙江兴办新式学堂史料》,载《历史档案》2004 年第 3 期

中等工业学堂行将开办

(1911 年 1 月 2 日)

浙提学司移请藩司吴方伯云:省城设立中等工业学堂,先办机械、染织两科,为实业初行之进步。所有开办经费一万五千元,应请勉为筹解。铜元局旧有房屋,原定为工业学堂基址,并请札行管理铜元局委员,所有机器等件,从速料理点交,俾得预备一切。

《申报》1911 年 1 月 2 日

续筹农业教育费之为难

(1911 年 2 月 8 日)

浙省创办农业教员讲习所,为筹备宪政进行必要之手续,迭经提学司禀商中座,电咨大部,要求作正开销,饬由藩司两次挪借洋万四千元在案。旧腊袁文宗回任,以此项教育筹备逾期,万难再有贻误,禀详饬司如数筹解,即日札司核议去后,日前吴方伯二次详复,略称:此案前据提学司原估,该所常年经费万难核准裁减,并奉大部核准,业已由司两次筹动洋一万四千元,系在筹防丝捐款内借支,原请大部指拨的款,再行归还,现奉部复,自行切实筹措,俟筹有的款,再行办理等情。如果库储尚充,自当设法移解,亦何至一再诿延。惟迩来司库奇绌,年内出入相衡,短逾百万。新年应解京协防新各饷,以及新旧赔款数巨期迫,文电交催,正虑不能应付,委无余力堪以筹解,即经移复提学司在案矣。

《申报》1911 年 2 月 8 日

工业学堂开办之布置

(1911 年 2 月 16 日)

中等工业学堂于去冬由提学司详准增抚,拨款兴办,并派许君缄甫为该堂监督一节,已志各报。近闻许君筹画一切,渐有端倪。近请教员、职员,修改校舍,制作校具,不久当出示招考,定期开课,即以报国寺铜元局旧址为校舍,已派定朱君梅卿为主任教员云。

《时报》1911 年 2 月 16 日

中等工业学堂金工染织两科应照所指各条改正并将职员学生履历报部文
(1911 年 6 月 26 日)

咨复浙抚中等工业学堂金工染织两科应照所指各条改正并将职员学生履历报部文(宣统三年四月十九日)

为咨复事。准咨开:据提学使袁嘉谷详称:案照浙省设立中等工业学堂一案,前经拟章,详奉抚院奏咨,并请拨用报国寺铜元局屋舍、器物开办,暨照会内阁中书许绅炳堃充当监督各在案。兹据监督禀称:拟由二十一日举行甄别,赶于二月内开课,暨查照前定章程,拟具课程表,请详咨学部立案,并请颁发钤记,等情前来。查所禀进行次第,思虑周密,除批令更正,并颁发钤记启用外,合将送到课程表详候咨送学部,查核立案,等因到部。查该堂所拟金工、染织两科,科目、钟点大致尚属相符。惟金工科之重要制造用机器一门,力织机、纺绩、制纸等科,与金工科无甚关系,应改授压榨机、刨床、钻床及其他有关金工之各项科目。染织科之分析一门,在第三年教授为时过迟,应提前教授,略增钟点,仍以一年为期。除该堂课程应照前指各条改正报部外,并应将该堂职员、学生履历清册,一并造表送部,以凭稽核。相应咨复贵抚查照,转饬提学使司饬遵可也。须至咨者。

《学部官报》第 157 期,宣统三年六月初一日

民政长朱瑞令知各该校改为浙江公立甲种名称由①
(1913 年 5 月)

浙江行政公署训令第一千四百五十三号

令知各该校改为浙江公立甲种名称由。

令浙江中等商业、农业、工业、蚕桑学校:

案查教育部令,实业学校分为甲、乙两种,该校程度核与甲种相当,而名称尚未更正,为此令仰该校长即将该校名称改为浙江公立甲种商业、农业、工业、蚕桑学校,随即改刊钤记,并将改就钤文呈署备核。此令。

中华民国二年五月　日

民政长朱瑞

《浙江公报》第 464 册,民国二年六月一日

---

① 朱瑞(1883—1916),字介人,浙江海盐人,清末加入光复会,1911 年率革命军光复杭州,1912 年任陆军第五军军长。8 月被任命为浙江都督兼民政长。本文刊载《浙江公报》,浙江省政务刊物,日刊,1912 年 2 月由《浙江军政府公报》更名,浙江都督府印铸局发行,发布政府各文件及批牍、批示等。

实业学校改名之训令

(1913 年 6 月 8 日)

朱省长昨令农、工、商、蚕各中等学校文云:案查教育部令,实业学校分为甲、乙两种,该校程度,核与甲种相当,而名称尚未更正,为此令仰该校长,即将该校名称改为浙江公立甲种农、工、商、蚕桑四学校,随即发刊钤记,并将改就钤文呈署备核等语。想各该校长定能如令改名矣。

《教育周报(杭州)》第 9 期,民国二年六月八日

视察学务总报告(节录)

(1914 年 8 月)

浙江省

(乙)学校教育状况

(四)实业:浙省实业学校,属省立者四,视察均已遍历。曰甲种工业学校,曰甲种农业学校,二校经画阔大,设置完备,校长皆各具专门学识,故办理悉当;而出品优良,校风纯朴,尤推工校为胜。曰甲种商业学校,曰蚕桑学校,二校教法及实习成绩各可节取,惟商校规模稍隘耳。属县立者,视察一所,曰嘉禾乙种商业学校,布置尚合,训育亦勤,再加扩充,当更善也。

《教育公报》第 1 年第 3 册,民国三年八月

拟设浙江大学

(1918 年 12 月 25 日)

省长拟设浙江大学,省议会准省长交议浙江高等教育计划案云:浙江各项中等教育,岁有增加,独是高等教育,尚仅专门二所,甚非平均发达之道。兹将计划条具于左,提请议决:(一)本省设省立浙江大学,并附设高等专门部;(一)法、医、农、工、商各分科,以现设之法、医两专门,及甲种农、工、商各校为基础,其农、工、商各科并仍附设甲种部云。

《申报》1918 年 12 月 25 日

杭州快信
（1919 年 5 月 19 日）

省立甲种工业学校校长徐炳堃①，拟将本校改组为工业专门学校。

《时报》1919 年 5 月 19 日

省立甲种工业学校之沿革（附表）
（1919 年 11 月）

朱苍许②

工校在杭垣报国寺，寺故南宋丛林，后渐衰歇。清光绪时，浙省鼓铸钱币，乃增购民地，设铜元局于此，未久而停，工厂机械废置者数年。代理提学司郭啸麓先生，鉴于外洋丝织物之灌输内地，而吾国染织业之势将失败也，为呈请浙抚增子固中丞，专案奏准，以废置之铜元局全部房舍、机器等物，拨为浙江中等工业学堂基本金，另拨现金一万五千两，为开办费。宣统二年十月，照会现校长许炳堃君，着手筹备。于是修葺房舍，改制机械，至宣统三年二月二十七日正式开学，是为工校成立之纪念日。

是时学生，分机械、染织二班，班各五十人，另招艺徒，数亦相等。学生自受课外，并入各工场实习，其时工场之设备完全者，为染织项下之手织、力织、意匠、捻丝、染色各工场，及机械项下之原动室、锅炉室、木铸、锻、修理各工场。一切机械，虽多从日本及欧美诸国选购而来，然由校内工场自行制造者，亦什二三。至于装置手续，全由工校人员自任。其教授方面，则于专任教员内，每科设正副主任，以综其成。至七月间，又附设工业教员讲习所，分机织、染色、金工三班，以备推广工业学校教员之用。校务进行，日有增益。无何，浙江光复，受兵事之影响，九月而后，经费断绝，遂闭校者数月。至民国元年三月十五日重新开学，改称浙江公立中等工业学校。修葺黉舍，补置器械，除招集各班生徒归校外，并将工业教员讲习所改为讲习科，并染织为一班。五月间附设机械传习所，以为旧时织工习用新式机械之地。九月间，招一年级新生一百人，分为机械、染织二科。鉴于前此所招高小毕业之程度未能一致也，乃由教员团发起，组织补习科。又续招新生二班，期以一年，是为设置预科之嚆矢。至二年九月，招收新生，遂实行预科制。租水香阁民房以为分校，迨十二月二十五日，举行讲习科毕业礼，并开第一次展览会，计期三日，入场观览者逾二万人。其讲习科毕业诸生，多有留校练习工作，实地研究者。从此每届毕业，均有留校研究生若干人，以一学年为修业期，或由学校派往各工厂，为实地之练习焉。民国三年七月，本科第一班毕业。是年秋季，分染织科为机织、染色二科。尔后染、织二科学生，在各年级中始终分离者，亘延四年之久。其时新生人数逾额，乃添筑教室洋楼二座，并添置平房宿舍若干间。木工及丝织工场，从新建筑，锻铸工场十二间，亦一并改造也。民国四年七月，本科第二班将毕业，而部章已定为四年，乃延长一

---

① 原文如此，应为许炳堃之误。

② 朱苍许，生卒年不详，字慧生，曾在浙江甲种工业学校、公立工业专门学校任国文教员。

年,至五年七月与第三班同时毕业。先是,工校名称已改为浙江公立甲种工业学校,至是,又奉令改公立为省立。其时学生艺徒,来者益众,教室宿舍不能容,遂于民国六年,新筑二层楼洋房二座。工场机件,亦有增加。山西、广西等省皆以官费选派生徒来校肄业,预科新生,亦增为四班,每班四十人,盖预为应化预科设立之准备焉。校中事务,益益推广,乃遵部制,分五部以掌理之,曰教务部,曰监督部,曰工务部,曰庶务部,曰图书部,教授、训练、实习、管理及校中庶务,始为统系的管辖。惟推广事务部,则因时而定,不能常设也。是年,于第四班毕业后,因新生及艺徒传习生人数增多,乃改造宿舍、厨房平屋四十七间,手织准备工场十二间。至七年七月,第五班毕业后,遂于原有三科之外,增设应化科,并扩充分析室二倍,以为学生练习场所。是时预科久已增至四班,水香阁校舍不敷,乃改租刀茅巷私立法政校舍为分校。适晋省委员于七年五月间来购铜元局遗存机器,校中得价银十一万二千八百余元,遂新筑礼堂、教室二层大洋房一座,宿舍、自修室三层楼洋房五座,应化、电机工场二层楼洋房二座。余如盥漱室、理发室、茶房、浴室、食井、帮岸等项,亦皆先后建筑,并增置制药、制纸、制革、电机各机械。迄民国八年,工事始成,益以上年新筑雨操场六间,事务所六间,工校规模,厘然大备。乃拟添设电气机械科,又为撙节经费计,拟在本科一、二年级内,仍并为机械、染织、应化三科,至三年级,则析为机械、电气机械、染色、机织、应化五科。各科教员,以一人兼主任外,其工场主任,并以专科教员兼理之,所以求学理、技术之一贯也。先是民国七年,曾请资深教员数人出洋练习,本年秋季,复派毕业生之服务本校年久者,先后赴日,以考求工业上最新之艺术。又于三月间,附设夜校补习班,续于五月、九月,各添招补习生一次,所以谋工业智识普及于社会焉。十年,本科第六班毕业后,新招预科人数溢额,虽分校校舍甚宽,然尚不能容纳,不得已,暂租民房以资寄宿。至十月间,复商请租主添筑校舍焉。计工校开办九年,而现时在校生徒,综计七百余人,历次毕业者,几一千五百人,艺徒未毕业而为各工厂商请而去、或自营本业者,亦数百人,不预于此数也。附列表式如下:

各班生徒毕业及修业终了者人数表

类别	毕业次数	毕业人数	修业终了者	人数合计
讲习班	1	17	8	25
本科	6	244	21	265
研究生	6		72	72
艺徒讲习班	2	11		11
艺徒实习班	5	64	10	75
夜班补习生	2	72		72
传习生	1	979		979
合计		1387	111	1498

现时在校生徒人数表

类别	三年级	二年级	一年级	合计
机械本科	22	22	24	68

续 表

<table>
<tr><th>类别</th><th>三年级</th><th>二年级</th><th>一年级</th><th>合计</th></tr>
<tr><td>机织本科</td><td>38</td><td>22</td><td rowspan="2">41</td><td rowspan="2">60
41
10</td></tr>
<tr><td>染色本科</td><td>7</td><td>3</td></tr>
<tr><td>染织选料</td><td>5</td><td>2</td><td>3</td><td>10</td></tr>
<tr><td>应化本科</td><td></td><td>30</td><td>25</td><td>55</td></tr>
<tr><td>预科甲乙丙丁四组</td><td></td><td></td><td>202</td><td>202</td></tr>
<tr><td>研究生</td><td></td><td></td><td>35</td><td>35</td></tr>
<tr><td>艺徒讲习生</td><td>16</td><td>16</td><td>81</td><td>113</td></tr>
<tr><td>艺徒实习生</td><td>29</td><td>13</td><td>25</td><td>67</td></tr>
<tr><td>夜班</td><td></td><td></td><td>86</td><td>86</td></tr>
<tr><td>传习生</td><td></td><td></td><td>96</td><td>96</td></tr>
<tr><td>合计</td><td>117</td><td>108</td><td>618</td><td>743</td></tr>
</table>

讲习班及本科毕业生与现时甲种本科学生之籍贯别

地别类别	讲习班	本科毕业人数						合计	在校学生人数				合计	总计
		第一班	第二班	第三班	第四班	第五班	第六班		三年级	二年级	一年级	预科		
旧杭属	6	4	4	5	8	7	6	40	7	18	25	34	84	124
旧嘉属			2		1	2	5	10	14	7	15	17	53	63
旧湖属	2	1	2	5	3	4	8	25	6	11	6	16	39	64
旧宁属			1		1	1	1	4	3	2	4	9	9	13
旧绍属	5	10	6	25	14	21	21	102	13	14	15	73	114	216
旧台属			1	2	2	4	5	14	3	6	3	4	16	30
旧金属	2	1	5	10	15	6	5	44	6	8	7	18	39	83
旧衢属									6	2	3	4	15	15
旧严属						1		1	1	1	2	4	8	9
旧温属	1	1	1	1	3	1	3	11	3	3	5	5	16	27
旧处属											2	5	7	7
外省	1				4	3	2	10	5	5	3	22	35	45
并计	17	17	22	48	51	50	56	261	67	77	90	202	436	697

《报国工业会会刊》第 1 期，民国八年十一月[1]

---

[1] 《报国工业会会刊》，1919 年 8 月由浙江甲种工业学校同人组织的报国工业会创刊，年刊，报国工业会编辑、发行，主要栏目有本会纪事、论说、研究、译述、调查、记载、讲演、文苑等。1925 年 6 月停刊。

公布省议会筹设浙江公立工业专门学校办法案
(1919年12月5日)

浙江省长公署公布第十五号

准省议会议决筹设浙江公立工业专门学校办法一案由。

省议会议决筹设浙江公立工业专门学校办法案,兹照省议会暂行法第二十七条公布之,特此公布。

中华民国八年十二月五日

省长　齐耀珊

附原咨及办法:

浙江省议会为咨行事。吾国工艺发达本早,徒以囿于前人之已得者为自足,艺事不加精,学术不讲习,上无诱掖奖进之方,下无研究利导之法,因循谫陋,泥守陈规,将何以竞存于今之世。年来外货充斥,漏卮日多,金融恐慌,民力日匮,竟以贫弱著称,颠踬于经济政策,莫以自能,亦实业之未振兴耳。环顾本省实业教育,并一工业专门学校亦阙然而未设备,提倡之谓何故?非速办高等工业专门学校,培养专门人材,从根本上补救不可。况本省中等学校几二十处,学生纵欲攻求实业者不乏其人,第以升学无门,讲习无地,虽有颖异之材居诸坐废,俊秀之乂蹉跎游惰。夫岂聪明才力之不能深造欤?盖劝工之典未备也。爰议浙江公立工业专门学校一所,并拟定条款,经由大会三读通过,相应备文,咨送省长,请烦查照公布施行。此咨

贵省长齐。

计咨送筹设公立工业专门学校办法一扣。

浙江省议会议长　周继潆

中华民国八年十二月　日

附　筹设公立工业专门学校办法案

第一条　浙江公立工业专门学校就公立甲种工业学校改设,其甲种工业学校暂附属之。

第二条　改设办法由省长提案交议。

《遂安教育公报》第2卷第1期,民国九年一月①

---

①《遂安教育公报》,1920年1月创刊于浙江遂安,前身为《遂安教育月报》,月刊,遂安县劝学所编辑发行,属地方教育行政刊物。

省议会议决设立浙江公立工业专门学校仰拟具改设办法议案呈候核交由

（1919 年 12 月 20 日）

浙江省长公署训令第二四八六号

令教育厅：

案准省议会咨开：吾国工业发达本早，徒以囿于前人之已得者为自足，艺事不加精，学术不讲习，上无诱掖奖进之方，下无研究利道之法，因循谫陋，泥守成规，将何以竞存于今之世！年来外货充斥，漏卮日多，金融恐慌，民力日匮，竟以贫弱著称，颠踬于经济政策莫以自解，亦实业之未振兴耳。环顾本省实业教育，并一工业专门学校亦阙然而未设备，提倡之谓何故？非速办高等工业专门学校，培养专门人材，从根本上补救不可。况本省中等学校几二十处，学生毕业后欲攻求实业者不乏其人，第以升学无门，讲习无地，虽有颖异之材居诸坐废，俊秀之乂蹉跎游惰。夫岂聪明才力之不能深造欤？盖劝工之典未备也。爰议设浙江公立工业专门学校一所，并拟定条款，经由大会三读通过，相应备文，咨请查照公布施行，等由。准此，除公布外，合行抄同办法，令知该厅，并按照办法第二条，拟具改设办法议案，呈候核交。此令。

计抄发办法一件。

附　筹设公立工业专门学校办法案

第一条　浙江公立工业专门学校就公立甲种工业学校改设，其甲种工业学校暂附属之。

第二条　改设办法，由省长提案交议。

《浙江教育月刊》第 2 卷第 12 期，民国八年十二月二十日[1]

本校的概况

（1920 年 1 月）

蔡经铭[2]

一、沿革

本校成立在前清宣统三年三月的时候，名称是浙江中等工业学堂，只分染织、机械二班。后来因为革命事起，受兵事的影响，停办了几个月。到民国元年三月十五日，重新开校，改称浙江公立中等工业学校。到二年九月，添设预科，后来由中等工业改为甲种工业，一直到了民国五年七月奉部章，改为浙江省立甲种工业学校。因为经过这许多改革。才产生这样的一个学校。所以真真的浙江省立甲种工业学校，只有四岁的样子。

---

① 《浙江教育月刊》，浙江省教育公报，1918 年 1 月在杭州创刊，浙江教育厅编辑并发行，刊布教育法令，登载各项文牍，兼采录演讲稿件，浙江省教育状况计划报告书及实施的教育方法，1925 年 12 月停刊。

② 蔡经铭(1902—1986)，字延伯，号友三。1920 年毕业于浙江甲种工业学校，赴日本留学，回国后在浙江大学农学院执教。

二、校舍

本校校舍,就是铜元局的旧址。开办之先,不过将旧房子修饰,后来因为人数增多,原有的房子不够住,于是添筑教室二所,宿舍若干间,木工,丝织,及锻铸工场,都从新改筑。到民国六年,再添筑二层宿舍二间,并且改造厨房、宿舍平屋四十七间,手织准备工场十二间。到民国七年五月,添筑大礼堂、教室二层楼大洋房一所,宿舍、自修室三层楼洋房五所,应用化学、电气、机械工场二层楼洋房二所,并盥漱室、理发室、茶房、浴室、食井、帮岸等,这就是本校校舍的大改革。

本校校舍的设置,单就现在而言:三层楼的洋房,下层是饭厅,中层是自修室和教职员宿舍,上层是学生寝室。教室有十六间,工场有十五处,并且有乙种工业和机织传习所的宿舍饭厅等。所以本校校舍,很是宽敞的。

至于各种设备,我且分作几段说在下面:

(一)教室　原有教室二所,一所是民国三年七月建筑的,一所是民国七年五月建筑的,连同新筑的共有教室十六间,学生听讲授课等固然够用,不过教室里的桌子和凳子,不大讲究,只是经费不够底缘故。

(二)自修室和寝室　自修室是七人一间,由各科中自行组合的。寝室二十八人一间,由四间自修室组成的。自修室的锁钥,是归学生掌管的。寝室除夜间睡眠以外,自上午七时至下午九时止,都是关闭的。所以学生要在寝室取携物件,须有许多手续。

(三)工场　工场共总有十五处,机械科有六所,是木工场、锻工场、铸工场、修理工场、原动、锅炉室。染色科有二所,是染色工场和分析室。机织科有六所,是手织第一工场、手织第二工场、整备工厂、纹工场、捻丝工场、力织工场。应化科,因为机械没有到,所以只有制药工场和分析室。电气机械科的工场,还没有设备。至于各工场中的机械、药品等,到也还能够用。学生不是实习时间,是不准到工场里去的。

(四)阅报室及图书室　阅报室和图书室,是在一处的。阅报室里,除各种报纸外,还有中文、日文、英文的杂志。图书室里,中西文的书籍俱有,分专门科学类、经史子集类、字书字典类、论议类、共同科学类五种。因为书是学校所有的,所以学生要看,是要向图书部借的。

(六)运动　运动有足球、网球、台球三种,足球场是在校外的。基余的课外运动,还有跳高、跳远、撑竿跳等。赛跑和跳栏,因为没有相当地点,所以设备很不完全。

三、学制及课程

本校开办之初,只有机械、染织二科。后来渐渐增加,到现在有机械、染色、机织、应用化学四科。下半年,又须添设电气机械科。因为经费关系,把染色科和机织科并为染织科,到了三年级再行分开。所以本校一、二年级只有四科,到了三年级才分五科。本校又鉴于高小毕业生的程度,同本科的课程不合。所以又添设预科,一年卒业,再升入本科。在预科的时候,是不分科的,到了卒业的时候,才分别各科。现在把预科和本科各科的课程列表如下。

预科的课程是:

化学　物理学　代数学　几何学(到第二学期才教)　铅笔画　几何画　修身　国文　英文　算术　体操　随意科(国技)

本科一年级

机械科	染织科	应用化学科
工作法	机织法	有机化学
力学	解剖	矿物
三角	解剖	矿物
几何	同上①	同上
代数	同上	同上
投影画	同上	同上
英文	同上	同上
国文	同上	同上
体操	同上	同上
修身	同上	同上
	原料	分析
	水彩画	
物理	同上	同上
化学	同上	同上
实习	同上	同上

随意科:国技

本科二年级

机械科	染色科	机织科	应化科
工作法	染色学	机织法	颜料
水力学	有机化学	解剖	制革
机构学	机械学	解剖	制革
机械制图	同上	同上	同上
英文	同上	同上	同上
国文	同上	同上	同上
修身	同上	同上	同上
体操	同上	同上	同上
板金	图案	同上	酸碱

① 底本表格原为竖排,现改为横排,“同上”当作“同左”解,下同。

续 表

机械科	染色科	机织科	应化科
		纹织	燃料
数学	水彩画	同上	冶金
实习	实习	同上	合成
			理论化学
			瓦斯
			实习

随意科:国技、日文

本科三年级

机械科	染色科	机织科
汽罐	捺染	棉纺
汽机	色素化学	毛纺
制造机械	整理	丝纺
内燃		麻纺
	染色机械	同上
设计		力织
棉纺	配色及混合色	解剖
机关车	交织物	意匠
	浸染	
英文	英文	同上
国文	国文	同上
修身	修身	同上
	发动	同上
体操	体操	同上
实习	实习	实习

随意科:法文、日文、国技

上面的表是单就现在的课程而立的。至于下半年怎样的改革,我却不得而知了。

四、校内的团体

校内已经成立的团体,最大的就是本会。本会的组织怎样,诸君大约多已晓得,无容我来赘述。本会以外还有报国工业会、甲种工业学校学生会二个。现在把这二个会的组织,略述如下:

(1)报国工业会　这会自由本校教职员和毕业生组织的。会长以下,分总务、编辑、调查、研究四部。总务部分会计、庶务、文牍、交际四股;研究部分机械、染色、机织、应化四股;调查部分产销、学术、国内外调查三股;编辑部分编纂、校对、缮写三股。每年开常会一次,会务也还发达。至于他的章程和会务,可以参观《报国工业会会刊》第一期的附录栏。

(2)甲种工业学校学生会　该会分评议、干事二部。评议员和干事的产生，和本会差不多一样。不过本会的评议员，是各级分别选出的；学生会的评议员，是由各自修室选出，这点儿不同。该会干事部分作七股：教育、总务、文牍、调查、出版、会计、实业等。总务股的股长，就是干事长。至于各种事宜，是各科分别办理，干事长不过是开会时候的一个主席罢了。

五、结论

我这篇文字，本来想详详细细的把本校情形写出来。因为考试将近，没有功夫，所以潦潦草草的乱写一下，说得非常简单，漏脱的地方也很多。读者诸君！假使能够来稿矫正，我是非常欢迎的。

《浙江省立甲种工业学校校友会年刊》第一期，民国九年一月[①]

省议会议决改设浙江公立工业专门学校办法案

(1920年6月17日)

浙江省长公署公布第四号

准省议会议决，改设浙江公立工业专门学校办法一案由。

省议会议决，改设浙江公立工业专门学校办法案，兹照省议会暂行法第三十七条公布之，特此公布。

中华民国九年六月十七日

省长 齐耀珊

附原案：

浙江省议会为咨送事。案准省长咨送改设公立工业专门学校办法案一件，并附预算书，交议到会，当经提付大会讨论审查，佥谓筹设公立工业专门学校，由本会于去年常会期内议决原案规定改设办法，由省长提案交议。兹查交议办法第二条设科次第，依本省财力及地方需要状况定之，并未明定应办何科之先后，而预算书内说明先行设立电气机械科、机织科、应用化学科，同时设立，恐财力有不及之虞。且机织一科，甲种程度已足应用，似无设立专门之必要，爰将原定办法略加修正，业由大会三读通过，相应缮同清折，备文咨送省长，请烦查照公布施行。此咨

浙江省长齐。

计咨送浙江公立工业专门学校办法案一件，浙江公立工业专门学校预算书一份。

浙江省议会议长　周继潆

中华民国九年六月十六日

附　浙江公立工业专门学校办法案

第一条　工业专门学校就省立甲种工业学校改设之。

第二条　工业专门学校先设左列两科：

① 《浙江省立甲种工业学校校友会年刊》，1920年6月刊行，浙江省立甲种工业学校校友会编辑和发行，刊登本会会员机械、染织、应用化学等方面的学术研究文章，以及言论、调查、记述、小说等。

(一)电气机械科;

(二)应用化学科。

第三条　工业专门学校之学科修业期限及入学资格,悉遵部颁规程办理。

第四条　工业专门学校校长、教员之任用,悉遵部颁规程办理。

第五条　原有之省立甲种工业学校,仍附属于工业专门学校,遵照实业学校令第九条之规定,改称甲种工业讲习科,由工业专门学校校长兼辖之。

第六条　工业专门学校经费,另以预算表定之。

第七条　工业专门学校于民国九年度学年开始时开办。

浙江省公立工业专门学校第一年岁入预算书

科目	预算数	备考
第　款 浙江公立工业专门学校	一二〇〇	第一年拟先招预科二班,每班三十人,每人年缴二十元,合如上数

浙江公立工业专门学校第一年岁出经常费预算书

科目	预算数	备考
第　款 浙江公立工业专门学校	一五七八二	
第一项　俸给	一〇四四〇	
第一目　薪修	一〇四四〇	
第一节　职员薪水	五一六〇	校长一人,月支一百五十元;学监一人,月支五十元;舍监一人,庶务一人,会计一人,月各支三十元;制图二人,管仪器标本一人,书记一人,月各支二十元;助手二人,月各支十五元;校医一人,月支三十元。每月共支四百三十元。年计银元如上数
第二节　教员薪水	五二八〇	预科二班,每班二百四十元,十一月计算应列银元如上数
第二项　办公费	五〇四二	晒图腊纸八卷,每六元,四十八元;晒图蓝纸一千六百张,每八分,一百二十八元;图画纸八百张,每一角,八十元;腊纸十二打,每二十四元,一百八十八元;洋纸试卷一万张,每三分一厘,三百二十元;白金纸十五张,每四角,六元;大号西洋滤纸四百张,每一角八分,七十一元。预科用中外图画杂志
第一目　文具	九四二	
第二目　购置	五〇〇	
第三目　消耗	三六〇〇	学生测试消耗计六十人,每星期约二元,作三十星期算
第三项　杂费	三〇〇	
第一目　调查旅费	三〇〇	每年一次,每人每次五元,六十人计算

说明:查本省工业专门学校应设科目,自以本省所急需者先行设立。查各国现在均有以电力代换蒸汽之现象,浙东地高水急,凡湍流所经之处,均可利用水力发动电机,此电气机械科之急应设备者。近日化学进步日新月异,如造纸、制革、酿造、颜料等项,均须设法改良,此应用化学科之急应设备者。故拟先设立电气机械、应用化学二科,第一年即先招预科二班,以备次年升入本科。

浙江公立工业专门学校第一年岁出临时费预算书

科目	预算数	备考
第　款 浙江公立工业专门学校	五〇〇〇〇	
第一项　工场设备费	三八〇〇〇	
第一目　电机工场	三〇〇〇〇	电机工场除该校可以利用机械科原有各工场外，尚须添设直流电气机械实验室一所，交流电气机械实验室一所，弱电流机械实验室一所，光度测定室一所，高压实压实验室一所，附属机件各色。据现在外国机械店估价，统计洋三万元
第二目　物理实验室	八〇〇〇	物理实验室为物理工业各专科共同试验原理之处，凡中外各国专门学校之中都设备完善。该校利用原有物理仪器外，尚须添置，约计八千元
第二项　建筑费	一二〇〇〇	
第一目 事务室改建费学生休息室建筑费	一二〇〇〇	专门学校学生不寄宿者居多，故在授课时间外非设休息室不可。又本校事务室、库房室窒隘异常。非改建二层楼房，则设立专门时尚不敷办公之用。今估价统计一万二千元

说明：查工业专门学校既拟先设二科，所有应需之电机工场、物理实验室、事务室、学生休息室，分别添置建筑以应需用，计共银五万元。

《浙江公报》第2941号，民国九年六月二十一日

改设实业专门学校之提议

（1921年1月18日）

杭州西湖甲种蚕业学校桥、甲种农业学校、贡院甲种商业学校，均系省款设立，历届毕业学生因本省无专门学校，须赴京师转学，深感不便。现各校长会议，以浙省文化素著，且为蚕桑出产之地，交通便利，商业繁盛，此项专门人才尤为社会所必需，公决各该甲种实业学校应改设为专门学校。即推李维岩、朱显邦、周清在教育行政研究会提出议案，共同讨论，再呈请官厅执行云。

《民国日报》1921年1月18日[①]

三校合组高等学校

（1921年1月20日）

省立甲种农业、商业、蚕业各校将改设专门学校一节，已志本报，兹悉各校长筹商，以三

① 《民国日报》，1916年1月22日，中华革命党总务部长陈其美为反袁斗争而在上海创办，日报，1924年后成为国民党机关报，主编先后为叶楚伧、邵力子等，1947年1月终刊。

校同时请改专门,经费既嫌太多,且恐省议会不能一律通过,拟三校合组为一校,定名为"浙江公立高等实业学校附设甲种实业学校",内部分三大科:(一)农科,(二)商科,(三)蚕科。所有经、临各费,均由省税支出,各科设置地点,仍在原有各校址,惟蒲场巷高等学校遗址,须请官厅拨还应用云。

《新闻报》1921 年 1 月 20 日

浙教育行政研究会

(1921 年 2 月 21 日)

浙江教育行政研究会,今日(二十)上午九时在省教育会行开会式,会员到八十八人,教育厅夏厅长亦莅席。十时振铃开会,首由许缄甫会长报告,谓:本会系私人性质集合而成,备教育厅长之咨询,故对外并不柬请各长官莅会。次由夏厅长陈述,对于全省教育之计划,并盼本会前途之发展。复经许君演说甲种实业学校之合并改设专门学校,并由各专门校合设大学,拟将南京高师校移设杭州,并于省会组一高师筹备会,立设分会于北京,务达南京高师移设杭州之目的。众皆称善。(下略)

《申报》1921 年 2 月 21 日

浙江公立工业专门学校一览

(1921 年 3 月中旬)

绪言

乌呼!崇台九层,基于累土,岂不信哉!炳堃承乏浙江省工校,忽忽十稔。追维创始以来,名称五易,程度既由中等而进于专门,性质亦由单一而趋于繁复。此外,科目之分晰,校舍之拓建,暨经费、学生、教职员数之统计,均视前有加,譬彼崇台,愈筑愈高,是皆由我贤长官、士绅,与夫新旧诸同人敦督、邪许,以有今日。炳堃只一始终在事之役夫耳,何足言劳,惟是历年既久,甘苦备尝,此中因革损益之故,外间有不必尽知者,则夫诠次其要,以告大众,而贻来者,亦炳堃之责也。于是排比类目,觇举事实,撰列图表,汇为一览,以公诸世。愿吾校同学,念复篑之綦艰,知为山之有待,孟晋不已,层累益加,以无负十年来官绅社会殷殷期望之苦心,则幸甚!

中华民国十年三月　德清许炳堃

学校沿革

工校在杭垣报国寺。寺故南宋丛林,后渐荒废。清光绪间,浙省鼓铸铜元,设局于此,未久而停,工厂、机械废置者数年。代理提学司郭啸麓先生,鉴于外洋丝织物之灌输内地,兼以我国工业之势将失败也,为呈请浙抚增子固中丞,专案奏准,以废置之铜元局全部房舍、机械,拨为浙江中等工业学堂基本金,另拨现金一万五千两为开办费。宣统二年十月,照会现校长许炳堃君着手筹备,于是修葺房屋,增置机械,至宣统三年二月二十七日正式开学,是为工校成立之纪念日。

是时,校内设机械、染织二科,每科设正、副主任,以综其成,均以专任教员兼任之。新招学生百人,亦分隶二科。另招艺徒数亦相等。学生除授课外,并入工场实习,入机械科者分习原动室、锅炉室、木、铸、锻、修理各工场;入染织科者,分习手织、力织、意匠、捻丝、染色各工场。一切机械,虽多从日本及欧美各国选购而来,然由校内工场自行制造者,亦什二三。装置手续,均由教职员自任之。至七月间,又添设工业教员养成所,分为金工、机织、染色三班,以为推广工业教员之用。校务进行,日有起色。无何,浙江光复,受兵事之影响,九月而后经费断绝,遂闭校者数月。

民国元年三月十五日重新开学,改称浙江公立中等工业学校,修缮黉舍,补置器具,除招集各班生徒归校外,并改教员养成所为讲习班,并染织为一班。五月间,又奉省令附设机织传习所,以为旧时织工习用新式机械之地。九月间招收第二班新生百人,仍分隶机械、染织二科。鉴于前此所招高小毕业之程度未能一致也,由教员团发起组织补习科,并同时添招新生二班,使补习一年,再入本科,是为设立预科之嚆矢。至二年九月,再招新生,遂实行预科制,租水香阁民房为分校焉。是年十二月二十五日,举行讲习科毕业礼,并开第一次展览会,计期三日,入会观览者逾二万人。其讲习科毕业诸生,多有留校练习工作、实地研究者,从此每届毕业多有留校研究生若干人,以一学年为修业期,或由学校派往各处工厂,行实地之练习焉。

民国三年七月,本科第一班毕业。是年秋季,分染织科为机织、染色二科。自后染、织二科学生,在各年级中始终分离者亘四年之久。是时科级益多,人数愈众,乃添筑教室洋楼二座,其锻、木、铸及第二手织各工场亦一并改造也。民国四年七月,本科第二班将毕业,而部章已定为四年,乃延长一年,至五年七月与第三班同时毕业。此第三班即同时招收,而先入补习科一年者也。先是,工校名称已改为浙江公立甲种工业学校,至是又奉令改公立为省立。山西、广西等省,皆以官费选派生徒来校肄业,预科新生亦增为四班,每班四十人,盖预为应化科设立之准备也。校中事务亦益推广,乃分五部以掌理之,曰教务部,曰监督部,曰工务部,曰庶务部,曰图书部,各设主任一人,皆以专任教员兼任之,惟推广事务部,因时而定,不能常设也。

是时各科班数逐年增益,遂于六年七月第四班毕业后,新筑二层楼洋房二座,以为宿舍、调养室之用,并改造厨房及艺徒宿舍、自修室等,共四十七间。至七年七月,第五班毕业后,改租刀茅巷前私立法政校舍为分校,以处预科生,并于本校原有三科之外,增设应化科。又扩充分析室二倍,校舍又有不敷之感,适晋省委员于七年五月间来购铜元局遗存机器,校中得银十一万二千八百余元,遂新筑礼堂、教室大洋楼一座,宿舍、自修室三层楼洋房五座,应化工场二层楼电机洋房二座,余如盥漱室、浴室、理发室、食井、帮岸等项,亦皆先后建筑。至九年秋季,而制革、制纸、油脂各工场亦一并成立,益以前年新筑雨操场六间、事务室六间,工校规模厘然大备,并于此二年中添置各工场机械若干,图画、书籍亦复增加数倍,于是官厅议会均有改组专门之议。

先是,八年七月第六班毕业后,决议增设电气机械科,于是预科新生增至二百人,因限于经费,将染、织二科在一、二年级时仍并为一科,至三年级则分为电机、机械、机织、染色、应化五科。至九年七月第七班毕业后,奉省令升本校为浙江公立工业专门学校,遂于是年秋季始业时,招收电机、应化二预科专门生一百人,其新招之甲种新生,则遵令改为甲种讲习班,仍四年毕业。艺徒则厘正为乙种讲习生,分春秋两次招收,寒暑二假毕业。至机织传习所,仍附设于校内也。

自学校升级,而校中职务分配亦因时改组:设总务部以综辖校务,凡管理、训练及各股事务系属也;设教务部以主持教授,各科主任及各教员系属也;甲种预科远在分校,则另设预科学监以主持之。自宣统三年成立以来,教育事务岁有扩充,如选派资深教员暨毕业生之服务年久者出洋练习工艺,则自七年秋季始;夜校补习生之设备,则自八年三月始;报国工业会及校友会之组织,则自八年五月、九月始。此次本校成立纪念为第十周之纪念日,成绩展览会则第二次也。

浙江公立工业专门学校编印《浙江公立工业专门学校一览》,1921 年 3 月中旬

杭州工校十周纪念会

(1921 年 4 月 1 日)

杭州访函云:上月廿八日,为公立工业专门学校十周升级纪念。展览会之第一日,上午九时行开会式,督军、师长、厅长均亲莅观礼。省长因手疾未愈,不可以风,委政务厅长代表。江苏省立第一工校、宁波甲种工校,亦均有代表来会。放汽管三声,奏军乐开会,先由许校长报告,略谓:本校于宣统三年春间开课,当时学生仅有两班,人数只百人,嗣后逐渐扩充,现在在校生徒有七百七十六人,已经毕业学生,共有一千七百零五人,在校教职员八十一人。供给社会之成绩,以机织科为最有成效,本省各县以及苏省,凡用新式机者,大都皆与本校有关系。此项新机,现共有一万张,江西、安徽、陕西等省,皆有请本校毕业生办新式机织工业者。机械科亦有新设事业,如武林铁工厂所出之机器,不下于日本。染色科成效较少。应用化学科系新办,故尚无所表见。深望各官长来宾批评赐教云云。次由学生唱校歌。次卢督军及省长代表冯仲贤演说。次由钱塘道尹、实业厅长、杭县知事、广济医校先后致颂词。次由来宾孙宋卿、王卓夫演说。次由陈廉斋代表警务处长夏处长致词。均深致期望勉励之意。旋由许校长答谢,复在校门河岸全体摄影,并观自由机船下水式,由该校教员陆郁斋君与学生某君各驾一舟,行驶河中,观者咸赞美不置云。下午一时,即开展览会,持券来观者达万人以上,洵极一时之盛云。

《益世报》1921 年 4 月 1 日[①]

① 《益世报》,日报,1915 年 10 月 10 日由天津教区副主教比利时人雷鸣远创办于天津,是中国近代具有广泛影响的重要报纸,1949 年闭馆停刊。

本校十周升级纪念展览会报告绪言

(1921年6月)

民国成立于今十稔,政潮迭起,各省学校每有因此而停办者,独本省学校荷军民长官热心维持,从无停滞之一日。而本校承蒙官厅议会之协力同心,社会各界人士之赞助,自清季以迄于今,绵历十载,相沿不坠,且得由中等而进于专门,本校以有此两层欣幸,不可无大规模的展览会以资纪念,故特于十年三月二十七日开会展览,名曰十周升级纪念展览会,志实也。而适于此时,本校机械科主任教员陆郁斋君有自由机船草创告成,遂于开会日举行下水式,以助来宾兴趣。会期原定三日,嗣复展期一日,更于第五日开运动会,综计开会五日,来宾达六万人,可谓盛矣。本会之设,固为纪念起见,亦借以灌输社会之常识,酬答各界之雅意,而又借此以贡献成绩,开放校舍,冀得各方面切实批评,为校务进行标准。开会数日,饫闻谠言,凡所经过,幸无陨越,爰将各种情形分类记录于下,以志一时之鸿爪,而备他年之考镜。

《浙江公立工业专门学校校友会年刊》第二期[①],民国十年六月

本校十周升级纪念展览会筹备会记事

(1921年6月)

本会之开,发起已久,校长于开全体教职员会议时,屡言及之,故平日本有预备。迨民国九年九月间,以日期渐近,非确定主干人员,不足以专责任而利进行,爰由校长与诸教职员推定陈黼章君为陈列部主干,汪季清君为庶务部主干,程光甫君为文牍部主干,陈震三君为出版部主干,关振然君为贩卖部主干(后改名经售部),吴仲相君为卫生部主干,施雨若君为招待部主干,蔡禹泽君为纠察部主干(后此部临时取消,归并招待部办理,蔡君即为招待部副主干,惟章程及细则均仍其旧,未经修改),陆郁斋君为收发部主干(后陈黼章君、汪季清两君另有他就,辞职,改推程培甫、汤拥伯君继任,详见后)。先于九月十五日开第一次主干会,到者陈黼章、陈震三、汪季清、施雨若、程光甫、吴仲相、关振然、陆郁斋,议决在校内设立筹备处,请校长指定地点以便办事(旋指定在仁斋楼下),刊刻图章,以便通信(文曰浙江公立工业专门学校十周升级纪念展览会筹备处),由庶务部印刷信笺、信封,由文牍部函致在外各会员,并登报通告,征集出品。又函致本校各工场主任,预备贩卖品及陈列品,以期多多益善。

十月十六日开第二次主干会,到者陈黼章、汪季清、程光甫、陈震三、关振然、吴仲相、施雨若、蔡禹泽、陆郁斋,讨论会章,逐条修正公决。会长一人,以本校校长任之;副会长二人,本校总务部长、教务部长任之;总主干一人,由本会各部主干互推之。当即互推陈黼章君为总主干(后陈君因赴鲁辞职,以陆郁斋君继任)。并议决,嗣后开主干会,应请会长、副会长出席,以便接洽一切。

---

① 《浙江公立工业专门学校校友会年刊》,浙江公立工业专门学校校友会编辑和发行,实为《浙江省立甲种工业学校校友会年刊》的续刊,故为第二期,1921年6月出版。

十月二十三日开第三次主干会,到者施雨若、蔡禹泽、陈黼章、许缄甫、程光甫、关振然、汪季清、陈震三、吴仲相、莫存之、金鹤侪,公决凡本校暨分校各教职员,均为本会干事,由在席各人共同商酌,分别推定其职务,即由文牍部备函敦请就职。并议决,各部细则须另订,由各主干草拟各本部之细则,于下届会议时议定之。

十月三十日开第四次主干会,到者陈黼章、陈震三、施雨若、程光甫、关振然、陆郁斋、阮季侯(本会干事)、莫存之、蔡禹泽,讨论各部细则,逐条修正通过。

十年三月一日上午十时,开第五次主干会,到者许缄甫、陈震三、关振然、施雨若、蔡禹泽、汤拥伯、陶平叔、阮季侯(以上三君均本会干事)、莫存之、金鹤侪、陆郁哉、程光甫。(一)会长提议,审查会应否特设,公决不必特设,但有送来出品者,均应致送感谢状。(二)筹办展览,停课时间不限定,苟不妨碍,上课者仍须上课,至廿七日、廿八、廿九日开会后再依事实,酌定休息日期。(三)陈黼章君就职津浦铁路,所遗总干事一职,公推陆郁斋君继任,其陈列部主干一职,公推程培甫君继任。又汪季清君就职浙江兴业银行,所遗庶务部主干一职,公推汤拥伯君继任。(四)贩卖部名称改为经售部。

三月四日下午一时开第六次主干会,到者金鹤侪、陈震三、关振然、施雨若、莫存之、陆郁斋、程光甫、程培甫、阮季侯、汤拥伯。议决事件如下:(一)贩卖食物归校友会组织。(二)洋桥外对大门处扎彩牌楼一座,并树匾联。(三)入口、出口处在教务处通路口,分扎彩牌,以别出入。(四)大门口悬国旗两面,二门口旁树两面国旗,上悬两面校旗。(五)各工场门口一律用匾。(六)烟囱上面升大旗,用工校展览会字样(旋改在大门外操场)。(七)陈列室用第一、第二等数目字标明。(八)本年新聘之各教职员补具书函,请其为各部干事。(九)学生职务如下:(1)工场说明及实习;(2)陈列室管理及说明;(3)文牍部帮助抄写;(4)童子军任纠察外,更另选学生辅助之;(5)甲种预科学生专任招待事务。

《浙江公立工业专门学校校友会年刊》第二期,民国十年六月

本校十周升级纪念式记事

(1921年6月)

民国十年三月二十一日上午九时,开十周升级纪念会于本校大礼堂。先鸣汽笛三声,奏乐,开会。是日,天气晴明,先期柬请各官长、各团体来会参观,届时到会者,卢子嘉督军、冯仲贤厅长(省长代表)、陈乐山师长,云海秋厅长、夏剑丞厅长,暨军、警、政、绅、商各界来宾甚多,不及备录。校长许缄甫君肃官长来宾入席就座,全体教职员、生徒均出席,济济一堂,几无隙地。程光甫君为临时记录。

校长述开会词,略谓:今日开会,蒙督军、省长及各官长、各来宾莅会,无任欢忭。本校创始于宣统三年,其时开课之日为二月二十七,以阳历计之,适值三月二十七,故每年定以是日为开校纪念日。今日恰届十周,又本校新由甲种而升为专门,故特开纪念展览会,以资纪念。本校校址,当时由增子固中丞奏定,以铜元局全部基地房屋、机器拨充本校之用,惟中经军队借用,不无损失,至今犹由一部分地址为军营所借用。至学生班次,初开时,只有两班百人,后添教员讲习所三班一百二十人,光复时暂行停止。民国元年四月一日,继续开课,是年五

月以后，逐渐添设，以有今日。现计在校生徒七百七十六人，已经毕业学生一千七百零五人，在校教职员八十三人。供给社会之成绩，以机织科为最有效验。本省各县以及苏省，凡用新式机之织绸厂，皆与本校有关系。此项新机约有一万张，江苏、江西、山西、广西、安徽、陕西皆有请本校毕业生去办新式机织工业者。机械科亦有新设事业，如武林铁工厂，其最著者，该厂经理，即本校教员；其余职员、工师，亦多系本校毕业生。染色科成绩较少，应用化学科系属新办，故无多表见。应请官长来宾批评赐教。

次学生唱校歌，由学生金民熙君奏琴，全体唱歌。次卢督军演说，略谓：今日本另有事，拟不来，继思工业为今日最要之事，此校又成绩最著，故抽一点功夫来参观。国家最要者工商，先有工而后有商。对于工业，我向来最注意。中国地大物博，而出产不能销至外洋，为中国最大缺点，假使工业发达，则中国必可富强，民富而后国富。今日市面所售物品，大都来自外洋，我们大家应该时时刻刻想着这件事体。不过现在有些人多想着政治，我想不必专讲政治，只要工业发达，一样可使国家振兴。况专门之学如能研究有得，不但可以利己，并且可以利人。我很希望诸生专心致志，精益求精，将来可以出其所长，为社会师表，此鄙人所最盼望者也。次省长代表冯厅长演说，略谓：省长因手上病尚未愈，不可以风，故委兄弟代表。十周升级、自由机船进水，本是两事，而在同一日举行，心理上觉得此两种仪式有联络之观念。因这两种观念，联合发生一种特别思想，此思想即工业自由。故今日之纪念，亦可谓工业自由的纪念。工业如何能自由？要自己国中有自己制造的出品，件件都能自制，不要仰仗外国，使外国不能倚其工业出品之多，用封锁政策来压迫中国，此即工业自由。但自由必须有真实力量。今日看见自由机船，即可以比方，此机船何以能自由，必其内部有一种力量，然后能旋转。自由工业上之学问，就是工业上之力量，此力量可以谓之研究力，常人所谓研究心。但有研究心必须有研究力以副之，步步研究，事事实践，由小而大，由浅而深，自然能够自己制造物品。人人如此，自可不求人矣。故今日可谓工业自由开创之纪念日。再过几年，我们中国可为工业自由完成之纪念日，我们有无限希望，即诸位有无穷之责任，无穷之荣誉。次钱塘道尹致颂词，由校长宣读。次实业厅长致颂词，由该厅科长唐雨亭君宣读。次教育厅夏厅长致辞。次广济医校全体同人致颂词，由该校教员阮其煜君宣读。次杭县知事王蔼南君致颂词，由县署教育主任唐小澜君宣读（均另录）。次省议会议员孙宋卿君演说，略谓：英国曼掘斯忒，法国里昂、马赛，意大利之密兰，均不过小小一都会，而因工业之发达，遂为世界之大市镇。浙江亦可如此发展。浙江之地位不独上海交通便利，将赣浙、闽浙道路开通，其原料灌输日多，则浙省与邻省之工艺更可发达。杭州工厂本甚有限，自贵校开办后，而铁工厂与织绸公司等相继设立，逐渐推广。如纬成公司，欧美人亦多知其名，是皆由许校长之热心毅力有此成绩。诸生就学于此，尤须努力进步，以副社会之厚望。次体育学校校长王卓夫君演说，略谓：今日看到会场门首，有报国工业会字样，想到报国二字。夫报国工业会之所以得名，由地址在报国寺而来。报国寺本系僧徒有报国之名，而无报国之实。今日诸君在此读书，如能使工业发达，则真可报国。军人以生命报国，教员以精神报国，学生应以学问报国。工与兵有关系，外国能制巨量之炮，其炮亦由工业而来；外国有许多飞艇，其飞艇亦由工业而来。工与商有关系，去年美国参观团来杭，杭州工业界在绸业会馆欢迎，即商业与工业联络之一端。工与农有关系，中国往往货弃于地，因工业衰败，而农业亦不进步。现在一般人只晓得做官，读书之后，去应文官考试，兄弟不赞成。中国多政党，兄弟希望有工党，非含有无政府意味之工党,乃研究工业之工党。又须有公党,以公利为主,不以私利为主。尤不可动辄罢工,须要成工,罢工乃自杀,不是救国。罢课亦然,诸君须时时记得报国二字,并希望官厅、议会对于实业教育格外扶助。有些人到法国去勤工俭学,苦得了不得,我以为不必到外国去方可成功,果能实行勤工俭学主义,则即在本地亦可成功。我将改杜少陵之诗以为诸君祝,曰:安得工厂千万间,大庇中国学生尽欢颜。次省会警察厅勤务督察长陈廉斋君代表夏警务处长演说,略谓:以本省而论,贵校成绩洵为优胜。若以世界工业之眼光观之,则尚属幼稚。即如此地旧铜元局之机器,虽已用旧,尚可变卖重价,此机器是外国来的,故余希望贵校将来也同世界各国之大工厂一样,不但能造小机器,并且能造大机器,不但能销于本国并且能销于外国。至以艺徒论,中国学校中学成之艺徒,恐止可比外国之普通工人。好在今日为升级纪念,我们应极力上进。对于今日之会场,非快意满足之时,乃正当勉励之时也。

次由校长登台致谢官长来宾之盛意,并谓:以后十年中本校之事业甚多,如金、衢、严、处之纸、革,绍兴之酒,皆在应用化学范围之内。又今日世界工业,已由手工业进于电气工业,对于电器机械事业之发展亦属无穷。本校同人此后十年以内,当极力自勉,以期再后十年之纪念展览会,或有几多新贡献云云。旋导引官长、来宾参观各工场、各陈列室,复在校门河岸全体摄影,并观自由机船下水式,由设计者本校机械科主任教员陆郁斋君与甲种电机科一年级学生常廷芳君各驾一舟行驶,一时观者咸赞美不置。摄影既毕,礼成散会。

《浙江公立工业专门学校校友会年刊》第二期,民国十年六月

工专十周年升级纪念展览会陈列品录中的历年学校获奖获赠品名录[①]

(1921年6月)

甲、礼堂(陈列室)

大总统题奖"卿云黼黻"四字匾一悬。

教育总长特奖"琢磨道德"四字匾一悬。

美国巴拿马赛会本校成绩品奖状一张。

农商部美国巴拿马赛会展览会本校成绩品二等奖凭一张。

农商部一等奖金牌一块。

农商部国货展览会本校丝织大总统像一等奖凭一张。

浙江实业厅物产审查会本校捺染标本丝织照片特等奖证一张。

浙江实业厅物产审查会本校纹剪轧剪拉手窗销特等奖证一张。

浙江实业厅物产审查会本校棉织标本梯椅机械工业品一等奖证一张。

浙江实业厅物产审查会本校浸染标本丝质标本各种工业品二等奖证一张。

浙江实业厅物产审查会本校红木斜角尺三等奖证一张。

---

① 1921年3月21日,浙江公立工业专门学校举行十周年升级纪念会,并举办纪念展览会,学校历年所获奖品、赠品为该展览会的内容之一。

浙江教育厅全省学校成绩展览会本校成绩品特等奖状一张。

全浙中等学校第一次联合运动会本校三年级排教练成绩二等奖状一张。

全浙中等学校第一次联合运动会本校二年级徒手排教练成绩二等奖状一张。

全浙中等学校第一次联合运动会本校一年级兵式徒手成绩二等奖状一张。

全浙中等学校第一次联合运动会本校预科连续徒手成绩二等奖状一张。

浙江中等学校第二次联合运动会本校运动成绩乙等运动成绩证一张。

浙江省会中等以上学校联合运动会第一次纪念蓝色缎旗一面。

浙江省会中等以上学校联合运动会第二次纪念黄色缎旗一面。

卢督军颂词朱砂立轴一幅。

郭成九先生颂词泥金立轴一幅。

陈之伟先生颂词泥金笺一悬。

江苏省立第一工业学校赠绸额一幅。

杭州基督教青年会赠挂额一悬。

葛叔谦先生赠泥金联一副。

周季纶先生赠泥金联一副。

陆水范、周幼山两先生赠泥金联一副。

李维岩先生赠泥金联一副。

陈黼章先生祝电一悬。

沈文孙先生赠织物图案一张。

宣统三年二月就职之职员许炳堃、施霖、阮性咸、陆永年、沈慰贞等五人摄影一张。

本会纪念题名银牌一块，上刻：

本校商议员朱光焘、永濑久七、蔡经贤、佐藤真、蔡继曾、戚元朋、汪鸿桢、陈其文等八人。

本校任职十年之职员许炳堃、施霖、阮性咸、陆永年、沈慰贞、吴宗濬、龚俊、程宗植、莫善诚、林璧、关鹏南等十一人。

又本会各部主干陆守忠、程宗植、汤贻湘、关鹏南、施霖、蔡德强、吴纬、程宗裕、陈维遵等九人姓名。

五年以上职员题名录一悬：许炳堃、施霖、阮性咸、陆永年、林璧、关鹏南、沈慰贞、莫善诚、陆守忠、吴宗濬、程宗裕、程宗植、吴友蘧、龚俊、柴锡荣、许德煇、戴道骝、蔡德强、金培元、陆鸿耀、张云瑞、吴乃琢、吴纬等二十三人姓名。

上幅水彩画本校校门，系本校毕业生陈杰绘赠。

本校十周年升级纪念及自由机船入水式摄影一张。

《浙江公立工业专门学校校友会年刊》第二期，民国十年六月

浙江省立甲种农业学校沿革

(1921 年 7 月)

清宣统二年夏,浙抚增韫奏请设立农业教员讲习所,所址在省垣马坡巷,委陆家鼎为所长,招生百名,学膳费均由公家支出。旋陆所长去职,由任寿鹏暂代一月,提学使袁嘉谷委金兆棪接充。嗣因校舍不敷,迁于横河桥南岸。是年冬金所长辞职,姚汉章继之,于附近土桥地方租地二十余亩,开辟农场。翌年由本省谘议局议决,设中等农业学堂,开办费三万元,拟建设于杭州艮山门外笕桥地方。宣统三年秋,武汉起义,浙江光复。民国元年夏,姚所长辞职,教育司长沈钧儒委屠世韩接充,屠力辞,改委叶芸代理。是年冬,农业教育讲习所[①]毕业计八十八人。先时,教育司委吴峸筹备浙江农业学校建筑事宜,择地笕桥,并附近建设农场。旋奉部令,改称甲种农业学校,以吴峸为校长。二年春,招农本科生百名。是时新校舍尚未落成,仍暂设于横河桥农业教员讲习所旧址。春假后,迁入笕桥。夏,吴峸去职,陈嵘继任。秋,添设林本科生一班。三年春,奉部令添设预科,定四年毕业。秋,添招预科,由是每年录取新生。四年夏陈嵘去职,黄勋继之。当时原有之农林本科,因特设研究科,各展限一年。五年夏,黄勋去职,继任者为现任周清。是年冬,农研究科毕业计四十四人。六年夏,林研究科毕业计十七人。七年夏,农科生毕业计二十四人。是年添设兽医科,并建造化学实验室、博物实验室、蚕室暨农场事务所等。八年夏,农科生毕业计二十五人。大礼堂于是年落成。其他林场事务所、雨天操场、农林产制造场、兽医实验室、标本仪器室、药室等相继建造。九年夏,农科生毕业计十八人,林科生毕业计十三人。并建造兽医院事务所、解剖室、细菌实验室、诊断室、寝室等。十年夏,农科生毕业计二十二人,林科毕业计九人,兽医科生毕业计十六人。全校农、林、兽医暨预科共分十一级,学生逐年增加,内部设置亦渐完备。自清宣统二年迄今民国十年经过情形,大略如此。

《浙农杂志》第 1 号,民国十年七月[②]

归并学校案大起冲突 浙江省议会议事记(十七)

(1921 年 11 月 21 日)

浙江省议会十一月十九日下午二时开第十八次大会,由沈钧业主席,变更议事日程,先议第十三条筹办杭州大学案。郑迈云:本案当然成立,惟一方关系财政,一方关系庶政,应付特务审查,遂付特务审查。由主席指定潘世焘、任凤冈等三十一人为特务审查员。次议第十四案:归并浙江省立专门学校及师范学校,改设两浙大学案。郑迈说明提案理由。查人伟云:大学固应设立,专门学校及师范学校,各有人才上关系,不能归并。朱章实云:先定大学基础,再将专门学校归并为分科大学。至归并师范学校,因师资上关系,殊不赞成。毛云鹄力主师范学校不能归并。许祖谦主张并付审查。郑迈云:本席对于专门教育及师范教育,亦

---

① 原件有误,应是"农业教员讲习所"。

② 《浙农杂志》,浙江省立甲种农业学校校友会编辑,1921 年 7 月创刊。

均认为需要，并以为归并后学生并无出入，不过教职员减少，毛、朱两议员幸勿因曾任校长致有误会。于是毛翚、毛云鹄、朱章实拍案顿足，初言其违法，继且骂声四起。朱章实与郑迈方欲互斗，经众劝解。毛翚乃由第四组赶至第一组助朱攻郑，其时议场秩序大乱，主席宣告中止议事，旁厅席学生百余人，因郑、朱两议员不能平心讨论，互相用武，欲入场干涉。当由议员沈定一率同守卫，向学生婉言劝解，始回入旁厅席，一面继续开会，全场只三十余人，以人数不足，隔日再行解决，遂振铃散会。

《民国日报》1921 年 11 月 21 日

浙议会与学生

（1921 年 11 月 24 日）

第三届浙江省议会第一次常会自十月五日开幕后，迄今已将五十天，内除选举会、星期饮燕、延会等日，实行开议不过三十天左右，不独人民之请愿未暇提议，即最重要之决算案，亦未经过再读、三读，本届议会之无良好结果，已可逆料。日前，该会提出收归大有利电汽公司改由官办案，激动工界公愤，幸有人从中斡旋，不致演成怪剧。该会近日又因提出归并省立师范、专门各校改设两浙大学案，引起学生注意，日必联合二三百人莅会旁听。十九日正在讨论此案，议员朱章宝反对郑说，唇枪舌剑，两不相下，双方咸欲以武力解决。旁听席中之学生齐声鼓噪，有拍桌喊打者，有顿足叫骂者。毛翚、毛云鹄助朱，越席奔至郑前，各以老拳奉敬，郑尚不肯退让，学生忍无可忍，遂一拥而入议场，欲得郑甘心。议长沈钧业见势不佳，早已逸出，遁入警厅，要求派队弹压。幸议员沈定一，先时已将学生劝散，议员亦纷纷离会。次日星期休息，各派议员有假菜馆联合会议者，有假娼寮秘密商榷者，纷扰情形，殊为可笑。至二十一日续会，提案十六起，仍以归并大学案列第一起。学生等余怒未息，往旁听者更甚于前。未及开会，沈议长已请求警厅加派警队到会守卫。向用旁听券系白纸黑字，不列号数，是日起一律改为白纸蓝字，并须编号，致该学生等被阻不得入，甚为愤慨。时议场签到议员已达八十余人，可以开会，讵沈议长骤闻人声鼎沸，即已不知去向，当由沈定一、许祖谦、任凤冈等，出与学生接洽，慰以好言，相率散去，而各议员则已大半离会，不足法定人数，遂宣告延会。二十二日上午，为拒绝学生旁听计，开谈话会，议无结果，仅电教育厅调查何校学生，传谕禁止。该厅署拍电各校查询，甚为忙碌，然亦无头绪。下午一时开会，议长沈钧业因联合商界及各银行主任，在西湖块荫山庄公燕梁士诒及各官厅，请假不到，而学生到者不下五百余人，声势汹汹，各议员已如惊弓之鸟，不敢出席，喧扰逾时，一哄而散。呜呼！江浙议会诚兄弟也。

《申报》1921 年 11 月 24 日

浙江职业教育之一斑

（1922 年 3 月 25 日）

杭州浙江省立甲种农业学校，预科一年，农科、林科、兽医科各三年毕业，设备如博物实验室、化学实验室、夏季作物场、蚕室、温室、农林制造场、林舍、畜舍、兽医实验室等，应有尽有。农作实习地共三百亩，惟演习林三十亩在临平地方。农场制造有葡萄酒、桑黮酒、枇杷酒、玫瑰酱、梅酱、桂花姜、皮蛋、熏腿等，可运销远地。

《申报》1922年3月25日

调查浙江省职业与教育报告书
(1922年5月31日)

浙江公立工业专门学校

是校就杭垣报国寺故址之铜元局改建。开办以来，已届十一载，各种毕业生已达一千七百另五人，校长许炳堃君。专门分电机、应化两门，预科一年、本科三年毕业。现有学生一百十人。甲种讲习科分电机、应化、机械、染织四门，预科一年、本科三年毕业。现有学生二百四十人。乙种讲习科分机械机织应化染色四门，均三年毕业。每日实习八时，晚间授课两时。以养成职工为前提，与专门生甲种生之偏重学理者不同。现有学生一百八十人。分校在刀茅巷，有预科生一百九十人，经常费每月八千九百五十元。工场设备属于电机者有电机工场，属于应化者有制药工场、制革工场、制纸工场、油脂工场，属于机械者有木工场、铸工场、锻工场、修机工场，属于染织者有力织工场、力织准备工场、捻丝工场、纹工场、手织第一工场、手织准备工场、手织第二第三工场、手织纺纱工场、染色工场。其为原动工场者，有第一、第二原动室，有第一、第二锅炉室。校内设营业部，发卖皂烛、机织、金属物品，售者颇多。其尚在木工场制造中，如西湖游船等件，全用机械，比较手划为便，价一百五十元。机织西湖风景片，亦合西人装饰室内之用。学生组织自治会，办理亦有精彩。

浙江省立甲种农业学校

是校在浙江省笕桥地方，开办以来，已届十载。校长周清，北京大学农科毕业。编制预科一年，农科、林科、兽医科均三年毕业。学生共一百七十人，常年费三万二千元，设备如博物实验室、化学实验室、夏季作物场、蚕室、温室、农林制造场、林舍、畜舍、兽医实验室等，应有尽有。农作实习地共三百亩，惟演习林三十亩，在临平地方。农产制造有葡萄酒、桑葚酒、枇杷酒、玫瑰酱、梅酱、桂花姜、皮蛋、熏腿等，可运销远地。教务方面，以教授日程与学生出席表联续为一，检查颇便。

《教育与职业》第三卷第三十六期，民国十一年五月三十一日[①]

---

① 《教育与职业》，职业教育刊物，1917年10月创刊于昆明，由中华职业教育社编辑并发行，双月刊，后改为月刊、季刊。1939年后相继迁往昆明、重庆、上海，1949年12月停刊。

浙江中等工业学校

（1922 年）

浙江中等工业学校在报国寺，以旧铜圆局址奏准拨给，宣统三年正月开办，经费岁收公款二万六千一百八十六元，学生学费洋二百余元。学级分机械、染织两科，计本科一年级两班，二年级两班，教员讲习班两班，艺徒两班，学生一百零九名。

民国《杭州府志》卷十七学校四，民国十一年铅印本

浙江中等农业学校

（1922 年）

中等农业学校在横河桥，宣统二年八月赁民屋开办，附试验场在横河桥土桥头，经费由提学司给发，每月一千六百九十四元。学级农业教员讲习班一班，学额一百名。

民国《杭州府志》卷十七学校四，民国十一年铅印本

浙江工专改办大学之先声

（1923 年 4 月 18 日）

浙江公立工业专门学校，自十二年度实行新学制以来，年限增长，程度提高，毕业后分别给予学士学位，故其一切办法，均与大学相同，该校学生，因此组织委员会，运动改办工科大学，以符名实，闻已请求该校校长，共同积极进行，一方向官厅请愿，以期早日达到目的云。

《时报》1923 年 4 月 18 日

拟改组工科大学

（1923 年 4 月 19 日）

浙江工业学校校长许炳堃，出洋考察已历多月，昨由瑞士函致该校，详订内部改革办法，闻将拟改组工科大学。

《申报》1923 年 4 月 19 日

浙省甲种农校十周纪念

（1923 年 4 月 27 日）

浙省甲种农业学校，现届十周纪念，定于四月二十九日行纪念礼，三十日开运动会，五月

一日化装讲演,并将本校成绩品,开展览会三天。已有校长高维魏筹设完备,柬邀各界人士届时莅临云。

《新闻报》1923年4月27日

浙省农校十周纪念会参观记

(1923年4月)

一农来稿

农校开十周纪念会之声浪,传播遐迩。记者出身田亩,对于农事特具情感。数年前曾往该校参观一次,虽未能尽如人意,亦有可资参考者。缘于纪念日,特乘车至笕,为精密之考察。车中人极拥挤,均往该校者。据车中办事人云,已特添客车二辆。下车,见该校学生持旗欢迎,因随之前进。一入该校区域,气象迥然不同。道路修洁,行道树已绿叶成荫。先经兽医院、林场,至果树园门首,见纪念石柱,巍然峙立,为教育厅张君手笔,正面书"十周纪念"四字。园临河堤,垂杨夹道,风景宜人。过桥即校门,为省长题额,始知校门已改成北向,气象轩昂,迥非昔比。入门,即由学生分送该校印刷品多种,由招待员导入休息室小憩。随闻铃声开会,随众至大礼堂。壁悬历任校长肖像,及各界赠送之对联甚夥。最足注目者,为该校毕业生赠送之大钟,及美术学校赠送之油画。入座后,先奏国歌,次由校长致开会辞,继由各长官致训辞,计督办代表陈鲸量、省长代表教育科长冯季铭、教育厅长代表第三科科长沈蒲舟、警厅督察长陈廉斋、杭县知事代表谢印三。次来宾演说,为省农会会长方仲友等。记者本拟登台有所贡献,嗣以来宾众多,且时已近午,因而不果。随唱校歌、纪念歌,奏乐,摄影,散会。

午餐后,先至学校成绩展览部参观。第一室为农艺,陈列者为稻、粟、豆、麦、棉、麻、茶、桑、蚕茧、蚕丝等。第二室为园艺,陈列者为各种果树、花卉、蔬菜,并病虫害各种标本、图画。第三室为农产制造品,陈列者为该校创制之各种酒类、花露、罐头、酱油,以及纤维、肉脯、果酱等,多至二百余种。第四室为森林,陈列者为木材标本、竹类标本,及临平山学习林地质标本等。第五室为林产制造,陈列者为樟脑、木醋、木炭等,及各种制造用器械,并测量器具。第六室为畜产,陈列者为孵卵器、保姆器、各种鸡种,及各种家畜之图画、模型。第七室为兽医,陈列者为细菌培养器、解剖模型、病菌标本、寄生虫标本、酒精渍病体实物标本,以及药品暨手术用各种器械。第八室为行政,壁悬各种图表,凡历年学校之经费、建筑、设备、学生之毕业人数、社会服务状况等,尽萃于此。尤新颖者为该校教职员所制作之新农村模型。全村假定为三十六方里,每方里划为一区。以中央二区为公有地,凡公共建筑物,如村行政所、农村学校、会堂、通俗图书馆、医院、合作社、消防所、邮电局、村农事试验场、长途汽车停车场、公园、公众运动场、村社、植物园、风致林等,均应有尽有。村民住宅则围绕公区,以便儿童之就学。此外,河道分天然河、人工河二种,及排水、蓄水之设置。道路分县道、村道、农道三种。沿河两岸及行道上均栽树木。村之西北有山,山下为公共放牧场,山上遍栽森林,为全村水源涵养之地。游览一周,恍若身入其境,如世外之桃源焉。壁间悬有新农村详细说明书、各种组织规划及办法咸备,洋洋千言,不及备载。总观各室,陈列丰富,均由学生分任说明,有询及者,均娓娓陈说,毫无倦容,故虽不识字之农夫村妇,亦获益不浅也。承该校厚谊,遂下榻于是。

第二日为运动会。晨由招待员导至运动场。场位于校舍之南。广二十余亩,作长方形。中心为国技运动区,跑道绕之,供田径赛运动,环其外者,为来宾席。场之北,依校舍而建司令台,与大礼堂后壁通焉。是日天气晴朗,观者甚众,万国旗飘扬空际。运动节目循序而进,各运动员均精神百倍,争夺锦标。虽烈日当空,而观者亦无厌倦之色焉。午膳后,余以昨日参观未尽,央指导员导观学生展览部。指导员告余曰:本校学生部采用村自治制,每室为一村居,村民十人;村有长,公选之,以总理村务;东首各村合而为东乡,西首为西乡。值此十周纪念,两乡举行春社。各村自出意匠,制作关于历史、学术、国际、社会等有益于通俗教育之实物表演,以为改良农村赛会之模范。余逐村观览,如共和村之神农祠,柏叶蔽体之神农像,璘丽堂皇,深符农家报本之意。大同村之古代博物陈列所,罗列各种模型,若没字碑、大人迹、孔子麟、羊公鹤、陆郎桔、邵平爪之类,含有历史上之兴味,亦庄亦谐。其联语云:“开辟千五载乾坤,凭临一瞬;搜罗廿四朝人物,纪念十周。”超脱可喜。正谊村之“二十一条”,以纵横大地之雄狮而为二十一条绳索所束缚,非经济绝交之利刃,将无以自救;恭俭村之胜棋亭,局势险恶,存亡之机系于一着:是皆足以引起观者之国际观念也。精勤村之害虫驱除,纯洁村之森林防水,尤足以唤起农民之注意。其他如忠恕、廉明、互助、合群、博爱、仁让等村,均勾心斗角,各有所长,农民能采取斯意,以为娱乐,当获益非鲜也。

第三日晨,由招待员引观校外各部。先至农场,场在校之东北,广约百四十亩,分作物、园艺、桑园三部,各部分经济、试验、实习、标本等区。道路沟洫,位置井然。场之北为事务所,陈列农场各项产品,壁间图表多至数百件,应有尽有。事务室之前为花卉园,中植草本、木本花卉,不下一千余种。园之东为温室,迤南为雨天作业场,场之东为农夫宿舍。综览全局,规模之大,他处罕有匹焉。次至林场。场在校之西北,广约二十余亩,分播种苗圃、移植苗圃、竹园三部。场中为事务所,林产制造室、林学研究室属焉。前为植物标本园,广植本地木本植物,为认别树种之资。东为白蜡虫、五倍子培养区,其北倚池筑炭灶一座,为实习烧炭之需。闻演习林场尚有一千五百亩在临平,距校约二十余里,火车、水道均可通。上分四林班,学生以时上山实习,树种以松、杉为主。第四林班为天然林,一、二班均已造就,第三林班方着手进行。夫该场面积既大,交通亦便,又以科学方法经营之,将来材木长成,浙江之模范森林,舍此其谁属哉!林场之西为兽医院,解剖室、药品室、诊断室属焉。前为牧草地,后为畜舍。该院成立虽仅三载,而一切设备已具基础。

午后,学生扮演新剧,予膳后往观。剧名《市虎》,为校中自编之剧本。剧中描写乡村恶霸绰号王老虎者,欺压农民,巧取强夺,无所不至,致有破家荡产出奔他乡者。赖有令子,半工半读,学农有成,复归故里。适恶霸谩藏海盗,自杀其身。而农子乃得用其所学,改良社会,卒成模范农村。假优孟之衣冠,写农民之疾苦,惩世劝学,用意良深,洵不背化装讲演之本旨。台前悬有剧目,并附有美术画之斑烂猛虎,及题词若干首。特录三首:

(一)悲世难将涕泪收,任他蛮触斗神州。抽毫窃取阳秋意,为写农民万斛愁。

(二)盗钩盗国太纵横,大好山河满刺荆。独具阮生双白眼,玄黄血里看分明。

(三)市井群歌猛虎行,更无郑侠画流氓。现身说法氍毹上,聊为齐民诉不平。

诵其诗亦可以见是剧之旨趣矣。

余于演剧毕趁车入城,亟出笔录,匆促成篇。方拟修润,适该校某君过访,阅稿,谓该校将有《浙农新声》之发刊,请以之充篇幅,因以畀之。稿虽不文,亦记实之作,未与斯会者,读此当能得其大略也。

《浙农新声》第1期,民国十二年四月[①]

浙省各实业学校改组

(1923年7月26日)

浙江公立工业专门学校兼甲种工业校长金培元,省立甲种农业校长高维魏,省立甲种商业校长李涵真,省立甲种蚕业校长朱显邦,联衔呈教育厅云:窃查施行新学制案内,拟将属校等各实业学校改名为浙江工业学校、农业学校、商业学校、蚕业学校云云。校长等思,本省各实业学校向有甲种、乙种之分,甲种系高级,乙种系初级,程度不同,名称亦异,倘混称之曰某业学校,则程度之高下未能明了,求学者或因此而有所误会。兹校长等斟酌讨论,拟将旧称之各甲种实业学校,一例改为浙江省立高级某业学校,如甲工则改为附设高级工业学校,甲农则改为浙江省立高级农业学校,商业、蚕业以此例推,庶几对于各乙种初级程度有所分别。名称定后,并请钧厅改颁钤记,以资遵守。所有属校等拟定名称缘由,理合会同备文呈请,仰祈厅长察核,是否有当,仍候指令祗遵,实为公便。

《申报》1923年7月26日

学校调查:浙江公立工业专门学校

(1923年10月1日)

李存厚[②]

(一)学校情形

1.校址:杭州报国寺。

2.学科:

(专门)本科分电气机械、应用化学两科。三年毕业。预科一年毕业,试验及格,得入本科。

(甲种)本科分机械、电气机械、应用化学、染织四科。三年毕业。预科一年毕业。试验及格,得入本科。

(乙种)分科与甲种同,三年毕业。

3.费用:

(专门)每年学费二十元,膳费四十元,讲义费临时约定,书籍费自备。

---

① 《浙农新声》,1923年4月创刊,浙江省立农业学校学生自治会编辑出版,设有论著、研究、译述、调查、记事、小说等栏目。

② 李存厚,四川巴县人,当时为浙江公立工业专门学校学生。

(甲种)每年学费十二元,讲义费十元,膳费四十元。

(乙种)每年膳费四十元,讲义费六元,学费无。

4. 设备如次列各项:

A. 教室:各级专用教室十二,专门预科教室二,乙种教室二,图画教室二,公共教室二。

B. 宿舍:三层楼房六座,分为六斋,第三层为寝室,第二层为自修室,下层为会食、音乐、台球等室。

C. 图书室:图书阅览室一,阅报室一。

D. 实验室:物理实验室一,电气机械实验室一,化学实验室二。

E. 洗室四。

F. 下调养室二。

G. 沐浴室一。

H. 诊察室一。

I. 理发室一。

J. 工场二十一:

木工场:圆形、带形锯木机各一台,车床五台,木工用具及大小模型若干。

铸工场:熔铁炉四,反射炉一,扇风机二,捣臼一,万力一台,型框二百只,坩埚五,工具若干,五吨起重机一台,

锻工场:蒸汽锥一台,锻冶炉七,送风箱七,万力铁锥二台,工具若干。

修机工厂:万能旋削机一,研磨机一,折动平削机一,纵削机一,铁丝拔直机一,火石机一,水石机一,钻孔机一,平削机四,手动钻孔机一,钳床三十台,车床二十台,工具若干。

力织工场:提花机四台,普通织机七台,脚踏机一台,脚踏毛巾二台。

准备工场:络纱、整经、络丝、再操、摇纬等机均备。

捻丝工场:络丝、合丝、制线等机,并有丝类检查器、捻类检查器四百回,织度器、强伸力器等。

纹工场:一千三百口纵踏轧式花机、横踏式轧花机各一台,九百口及四百口纵踏式轧花机四台。

手织一工场:本工场注重丝织,出有华丝葛、花缎、宝地纱、照相风景等织物,共提花机二十二台,线毯机一台。

手织二工场:本工场注重棉织,有提花机十台。

手织三工场:普通织机七台,特别机一台,大小毛巾各一台。

染色工场:浸染、印花、制丝、光纱等机均备。

制革工场:裹磨机、出光机各一。

制纸工场:纤维分离机、纸糟、蒸纸锅、干燥器等均备。

油脂工场:咸化锅、模型、干燥箱等均备。

普通分析室:为普通金属及无机酸类等定性定量分析之处。

工业分析室:为分析各种有机物及煤炭、瓦斯、糖、橡皮、油脂等各种制品之处。

第一原动室:有蒸汽引擎一,计六十马力,专为发电之用,发电二台,各为二十马力,借应代(化)各工场及电机工场之用。

第二原动室:有瓦斯引擎一,计三十二马力,借修机及捻丝力织各工场之用。

第一锅炉室:有双门横型锅炉一,单门锅炉一,专供第一原动发电之用。

第二锅炉室:有直立式小锅炉一,专供染色工场之用。

(二)入学手续

A. 专门预科生须受入学考试,按成绩分为甲、乙两组,乙组两年毕业,资格须中学毕业,或中学同等之学校毕业,始得投考。入学试验科目,有国文、英文、几何、代数、物理、化学、几何画等。专门本科须预科毕业,或有同学等学历之证明书,经试验合格者。

B. 甲种预科入学资格,具有高小毕业,或高小同等程度学校毕业者始得投考。试验科目,有国文、英文、算数。甲种本科,须预科毕业,或经试验认为有同等学历者,考试科目,有国文、英文、算数、代数、几何、物理、化学、图画等。

C. 乙种入学资格,须国民学校毕业,考试科目,有国文,算数等。

D. 凡愿受入学考试者,无论何级,均应缴四寸半身像片一张,试验费一元,方得与试。

E. 各级投考录取,应填入学愿书,并邀同保人填具保证书,同时缴第一学期之各种费用。

F. 专门、甲种均秋季始业,惟乙种每年招生两次。

按:杭州公立工业专门学校,设备完美,成效卓著,为吾国职业学校之最有声誉者,英人罗素(Bertrinde Russul)教授及美人孟禄(Dr. Monore)博士,皆称道不置。现吾县留学该校者,有张先辉、徐商、李存厚三君。该校地居杭州,有西湖之绝佳风景,且气候温和,生活不高,诚读书之地也,吾县工业幼稚,深望有志者多多赴杭入该校肄业,则将来裨益吾县工业,非浅鲜也。

《渝声季刊》创刊号,民国十二年十月[①]

浙江农业学校沿革纪要

(1923年)

本校成立之日,为民国二年一月二十一日,是时城外笕桥新校方在建筑,乃沿用城内横河桥南河下前清官立农业教员养成所旧址开始授业。及春假后,新校舍落成,遂迁至笕桥,时为四月二十一日,故定是日为本校纪念日。顾成立以来已满十周,兹特就经过之状况,撮记其大要。

(一)校长之更替

民国元年七月,教育司沈钧儒,委奉化吴峸筹备浙江农业学校建筑事宜,旋奉部令,改称省立甲种农业学校。二年一月,任吴峸为校长,七月去职。任安吉陈嵘为校长,四年七月辞职。任江苏崇明黄勋为校长,五年七月去职。任绍兴周清为校长,十一年七月辞职。任余姚陆海望为校长,十二月辞职。继任校长者为现任杭县高维魏。

按本校系由前清官立农业教员讲习所改。先是,清宣统二年夏,浙抚增韫奏设立农业教

---

① 《渝声季刊》,1923年10月创刊的四川巴县社团刊物,季刊,栏目有论著、小说、学校调查、乡村调查等。

员养成所，所址租赁省垣马坡巷，委江苏崇明陆家鼐[①]为所长。旋陆家鼐去职，由海盐任寿鹏暂代一月，继委金华金兆棪任所长。因校舍不敷，迁横河桥南河下。是年冬，金兆棪辞职，委仁和姚汉章任所长。及武汉起义，浙江光复，民国纪元，改名公立浙江中等农业学校。姚汉章辞职，由教育司委嘉兴屠师韩继任。屠辞不就，改委黄岩叶芸代理。是年冬，农业教员讲习所学生毕业，本校乃继之而成立。

（二）学科之设置

民国二年春，招农学本科学生一百名，分甲、乙两班。秋，招森林本科学生一班，均定三年毕业。民国四年春，奉部令，定预科一年，本科三年，修业期凡四年。于是原有之农林本科三班，特设研究科，展期一年，以符部令，而每年秋亦准照部令招预科生两班。民国七年夏，由省议会议决，添设兽医科，合前设之农学、森林，分科凡三矣。民国十一年夏，省议会对于兽医科为无办法之裁撤，本校以兽医科本省仅一，而邻省亦无设置者，今突被裁撤，一、二年两级乃无从就学，遂商同教员，尽力维持，故迄至本年，本校学生计农学本科三班，森林本科三班，兽医本科二班，预科二班，共十班。

（三）校舍之扩充

本校校舍在民国二年春，由吴前校长落成者，计南首教室二十六间，西首自修室十八间，寝室十七间，调养室六间，浴室两间，盥洗处一所，膳厅一所，舍监室两间，校长室、应接室各一间，教员寝室八间，门房一间，厨房五间，厕所两所，农场事务室五间，农具室四间，贮藏室五间。三年夏，由陈前校长添设者，计东首自修室十八间，寝室五间，并开垦临平山演习林林场三百亩。七年春，由周前校长添设者，计化学实验室、博物实验室、养蚕室各一所，并推广临平山演习林至一千五百亩。八年夏，建大礼堂一所，东西教职员寝室二十间。其他林场事务所、农林产制造场、兽医实验室、标本仪器室、雨天操场、雨天作业场暨东首学生寝室等相继建造。九年夏，复添设兽医院事务所、解剖室、细菌实验室、诊断室、寝室等十二间。今年春，高校长接任，即将校舍大加修整，改建大礼堂于南首中央，而以旧礼堂为讲堂，并以从前大门在校舍之南，出入须经运动场，殊觉散漫，故移大门于北，建筑门楼为出入必经之道，以资整一。

浙江省立农业学校编印《浙江省农业学校十周纪念刊》，1923 年

改组浙江省立农业专门学校案

（1924 年 7 月 21 日）

浙江省长公署公布第五号

省议会议决改组浙江省立农业专门学校案，兹照省议会暂行法第三十七条公布之，特此公布。

中华民国十三年七月二十一日

省长 张载阳

---

① 此处陆家鼐应是陆家鼎之误，下同。

改组浙江省立农业专门学校案

第一条　省立农业专门学校就省立农业学校、森林学校改组之。

第二条　省立农业专门学校先设农业科、林学科，其余应设各科，或合并分校，另案定之。

第三条　校长、教员之任用，学科修业之年限及入学资格，依照新制规定办理。

第四条　原有农业学校、森林学校各级学生，依旧制办至毕业为止，自本年度起不再招生。

第五条　自本年度起，农业专门学校教员薪金额支出预计、设备支出预计，另以预计表定之。

第六条　农业专门学校招新生，非至三十人不得开班。

第七条　本案自公布日施行。

第一年教员薪金，二五〇五六元。

专门预科二班，以上二班月支二四〇元，计年支五七六〇元。

旧制农本科三年级一班(此班系农校所独有)，

旧制林本科三年级一班(此班系将农校及林校三年级合并为一)，

旧制农本科三年级一班(此班为林校所独有)，

旧制林本科二年级一班(此班为林校所独有)，

新制三年级二班(此二班分为农、林两科，系农校所独有)，

以上六班每班月支二二四元，计年支一六一二八元。

新制二年级二班(农校原有新制二年级二班，林校原有一班，现合为两班)，以上二班每班月支一三二元，计年支三一六八元。

柔术教员薪金系另支，故逐年均未列入。

第二年教员薪金，三〇〇〇〇元。

专门本科二班，以上二班每班月支四五〇元，计年支一〇八〇〇元。

专门预科二班，以上二班每班月支二四〇元，计年支五七六〇元。

旧制林本科三年级一班，

新制四年级二班，

新制三年级二班，

以上五班每班月支二二四元，计年支一三四四〇元。

第三年教员薪金，三八一一二元。

专门本科一年级二班，二年级二班，以上四班每班月支四五〇元，计年支二一六〇〇元。

专门预科二班，以上二班每班月支二四〇元，计年支五七六〇元。

新制五年级二班，新制四年级二班，以上四班每班月支二二四元，计年支一〇七五二元。

第四年教员薪金，四三五三六元。

专门本科一年级二班，二年级二班，三年级二班，以上六班每班月支四五〇元，计年支三二四〇〇元。

专门预科二班，以上二班每班月支二四〇元，计年支五七六〇元。

新制五年级二班，以上二班每班月支二二四元，计年支五三七六元。

第一年专门预科设备预算，计三六二五元。

一、植物实验器具二七二五元：

显微镜二〇〇〇元，拟购二十架，每架估计一百元，计如上数；

放大镜六〇〇元，拟购二十架，每架估计三十元，计如上数；

植物生长器三〇元，拟购一架，每架估计三十元，计如上数；

根压试验器二〇元，拟购一架，估计二十元，计如上数；

解剖器七五元，拟购十五付，每付五元，计如上数。

二、气象器具二〇〇元。

三、矿物及岩石标本二〇〇元。

四、图书三〇〇元，经常费内本有图书一项，惟为数无多，兹因改设专门伊始，需用专科书籍较多，故本年度增列三百元。

五、动物标本二〇〇元。

第二年设备费预算，计三八七五元。

一、甲农科本科一年一八〇〇元：

(一)作物实验器具五〇〇元；

(二)图艺实验器具二〇〇元；

(三)农艺化学实验器具八〇〇元；

(四)农艺物理器具三〇〇元。

二、乙林科本科一年二〇七五元：

(一)测量仪器一九一七元；

(二)造林器具一五八元。

第三年设备费预算，计二九一七.五元。

一、甲农科本科二年一四〇〇元：

(一)养蚕器具一〇〇元；

(二)酪农器具五〇〇元；

(三)农产制造器具八〇〇元。

二、乙林科本科二年一五一七.五元①

(一)测树仪器三八三.五元；

(二)利用器具二八〇元；

(三)林产与制造器具四二七元。

第四年设备费预算，计二〇八〇元。

一、甲农科本科二年八〇〇元：

(一)新式农具五〇〇元；

(二)孵卵器二〇〇元；

---

① “乙林科本科二年”下的各设备类目数字可能有误，但原文如此，照录，存疑。

(三)养蜂器具一〇〇元。

二、乙林科本科三年一二八〇元:

(一)猎枪八〇元;

(二)林产制造室三〇〇元;

(三)演习林寄宿舍九〇〇元。

《浙江公报》第4368期,民国十三年七月二十一日

浙江筹备改组农专之省令
(1924年7月29日)

浙江教育厅昨奉省公署训令云:查省议会议决改组浙江省立农业专门学校一案,业经本公署分别公布令遵在案。依照原议决案第五条,及同时议决之筹设省立第一模范造林场案第一条各规定,是此项农业专门学校,应即于本年度照案改组成立。转瞬学年开始,自应由厅迅即遵照筹办。惟关于该校经费预算事项,查原议决仅有教员修金及设备预算,其余应需各费,均未规定,应暂由厅核实拟编概算,呈候核定,一面仍由厅编制全年度预算书,俟下届省议会开会时,呈候交议议决。至另案饬知之农业、森林两校十三年度预算书,应截至七月分本学年度终了时为止,并由厅按照预算及各该校七月分情形,核定支付数,令饬该两校遵照,并咨行财政厅查照,嗣后各月即行停支。合行令仰该厅,分别遵照办理。此令。

《新闻报》1924年7月29日

浙省改组农专咨教部文
(1924年8月18日)

浙江省长公署昨咨行教育部云:

案查前据教育厅呈,以本省森林学校学生稀少,扩充为难,拟与省垣农业学校合并,改组为农业专门学校,备具议案,呈请咨交省议会议决等情,当经□咨交议,嗣准省议会咨送《改组浙江公立农业专门学校议决案》,复经照案公布□□各在案。兹据教育厅呈请委托许璇为该校校长,并呈送履历前来。除令准委任外,相应检同履历并抄同议决案,备文咨请大部查照。此咨。

《新闻报》1924年8月18日

浙江工专亦谋改大

(1925年3月1日)

杭讯:浙江工业专门学校,自十二年度实行新学制以来,年限增长,程度提高,毕业后分别给予学生学位,故其一切办法均与大学相同。该校学生,因此组织委员会,从事改办工科大学,以符名实。闻已请来该校校长,共同积极进行,一方面官厅请愿,以期早日达到目的云。

《民国日报》1925年3月1日

工校改组浙江工科大学案

(1925年4月1日)

浙江教育行政会议第一次会议,浙江公立工业专门学校提出

富国裕民,端赖工业之发展;而振兴工业,尤恃夫学识完备之人才。我浙虽有工专之设立,尚无工大之拟议。以言文化,江浙本兄弟也,江苏工科大学岁有增立,而我浙独付阙如,则两浙文化之谓何?且本省子弟欲求深造,往往负笈京、津、沪、宁等地,而清贫子弟,惟有望洋兴叹。但浙库窘迫,兴办为难,今若将工专之设备稍事扩充,工专之课程略再提高,改组单科大学,造就工业全材,则费省而效弘,事半而功倍,内可以副学子之望,外可以扬文化之光。又考我国现行学制,专门学校年限与大学相同者,其待遇亦同,工专本科四年,毕业程度本与大学相仿,而北京各专门学校又均已先后改组单科大学,前例具在,我浙自宜取法,凡此皆本案提出之理由。是否有当,敬希公决。

大纲

第一条　本大学以养成工业完全人才为目的。

第二条　本大学由浙江公立工业专门学校,内分电机工程、化学工程两科,故名浙江工科大学。

第三条　本大学毕业年限,本科四年,预科二年,共计六学年,每科每级至多三十人。

第四条　本大学附设省立工业学校,分五年期、三年期工科二类,仍照现行章程办理。

第五条　入学程度,本大学预科招收中学毕业生,本科一年级招收新制高中毕业生,均以竞争试验录取之。

第六条　入学年龄,依照部章办理。

第七条　学费,本科每年四十元,预科每年二十元。

第八条　本大学入学试验规则另定之。

第九条　本大学考试规则另定之。

第十条　本大学本科毕业生成绩,各科及格者给予学士学位。

第十一条　各科教授科目规定如左:

电机工程科之学科

预一:国文　英文　立体几何　三角　高等代数　物理及实验　化学及实验　地理　几何画

预二:国文　英文　高等代数　解析几何　历史　高等化学及实验　投影画

本一:国文　英文　微积　高等物理及实验　机械画　定性分析　力学

本二:德文　微分方程　水力学　电气测定及实验　材料强弱　机械运动　磁电路　工程材料　水力机　机械设计　直流电机及实验　热力学　机工实习

本三:德文　机械设计　热机关及实验　工业分析　工业经济　机工实习　电信及实验　电机设计　交流电机及实验

本四:德文　交流电机及实验　电灯照明及实验　发电所　电机设计　电话及实验　簿记学　工厂法规　电力铁道　电力输送　工业卫生　无线电及实验工场建筑　论文

化学工程科之学科

预一:国文　英文　立体几何　三角　高等代数　物理及实验　化学及实验　地理　几何画

预二:国文　英文　高等代数　解析几何　历史　高等化学及实验　投影画

本一:国文　英文　微积　高等物理　物理实验　定性分析　定量分析

本二:德文　机械运动　力学　材料强弱　机械画　矿物学　有机化学　有机实习　定量分析　热力学及热机关实习

本三:德文　工业经济　物理化学　冶金　油脂　物化实验　工业分析　工业化学　油脂实习　电机大要　电机实习

本四:德文　工场建筑　工业卫生　簿记学　制纸　工场法规　制革(演讲实习)　电化　工业化学　染料　酿造　化学工程　论文

第十二条　其余规则,遵照部章办理。

第十三条　本大学自民国十四年起成立。

附　浙江工科大学自十四年度起至十六年度概算书

经常门

十四年度

(本年度招大学预科生二班,依照专门所需经费,从俭酌加,预算如左)

第一项　俸给,职员薪水仍依专门时支给。

本年度预科一年级二班,其教员修金规定如左:

国文科修金月支一百六十元,

英文科修金月支二百元,

数学科修金月支二百元,

物理科修金月支一百八十元,

化学科修金月支一百六十元,

合计银九百元,比较专门预科时增四百二十元。

第二项　办公费、图书增列四百元,余照专门原定预算开支。

第三项　杂费、调查费增列二百元。

第四项　实习场所用费增列四千元,余照专门原定预算办理。

十五年度

第一项　俸给,本年度专门、本科毕业二班,大学预科增列二年级二班。

国文科修金月支一百六十元，
英文科修金支二百元，
数学科修月支三百元，
化学科修月支二百四十元，
合计银元九百元，与上年度支出相同。
第二项　办公费、图书比照上年度增列四百元，余照专门预算开支。
第三项　杂费、调查费比照上年度增列二百元。
第四项　实习场所用费比照上年度增列六千元。

十六年度

第一项　俸给，本年度专门、本科毕业二班，大学增列本科一年级二班。
国文科修金支一百六十元，
英文科修金支二百元，
数学科修金月支二百四十元，
物理科修金支三百二十元，
化学科修金支三百四十元，
机械科修金支一百四十元，
合计银一千四百元，比照上年度增列五百元。
第二项　办公费、图书比照上年度增列六百元。
第四项　实习场所用费比照上年度增列八千元。
说明：右列概算为最小限度，至于详细预算及年功加俸制，俟成立时再行编定。

临时门

十四年度

电机工程科本年度起逐年扩充，本年度列入预算如左：
电话及电报实验室因单独成立，添置设备需银四千元，
无线电实验室扩充设备需银二千元，
直、交流电气机械实验室扩充设备需银四千元，
电气光度测定室扩充设备需银二千元，
共计需银一万二千元。
化学工程科本年度起逐年扩充，本年度列入预算如左：
制纸工场扩充设备需银五千元，
制革工场扩充设备需银三千元，
添置各种化学机械模型需银五千元，
共计需银一万三千元。

《浙江教育月刊》第8卷第7期（教育行政会议特刊），民国十四年七月二十日

工校预科招生及三年期工科改组办法案

(1925年4月1日)

浙江教育行政会议第一次会议,浙江公立工业专门学校提出

一、理由

窃维图治之道,厚生为要。教育之方,应变尤急。本校依斯二义,默察环境,以为十四年度开始之际,专门部非添招预科新生两班,职业部非将三年期工科改组为初中职业科,并规定其修业年限为三年,恐不足以广社会之需,而宏造士之端。爰特撮举理由,详述如左。

伏查新学制现行办法,在高级中学尚未遍设以前,专门学校仍得设立预科,收受旧制中学及初中毕业生,其修业年限在四年制,毕业者一年;在三年制,毕业者二年。省自浙新学制实施以来,合全浙十一旧府属仅有高中一处,在学人数自不能多。今虽分道增设,而其毕业最早之期,亦必须待至民国十七年暑假之时。而旧制中学之有毕业生,已截至十四年为止,设非于十四年度开始之际,遵照教育厅令第一零二四号预行添招预科两班,收受初中毕业生,延长修业期限为二年,并原有预科于十四年度再行招收旧制中学卒业生两班,则将来旧者循年卒业,而新者不复踵至,青黄不接,广舍虚存,固非地方长官提倡专门教育之意。而为节省国民经济起见,与新制中学生多辟一求学之机,旧制中学生多加一回旋之地,抑亦教育者所当预为筹及者,此则本校不得不改组预科办法,添招两班之理由也。

夫专门预科之不得不添招既已如上述矣,而初中职业科不得不办,与其修业年限不得不定为三年之理由,请一再略述之。

环顾中国,清贫者多,富有者少,而年来生活程度之高又日增月盛,靡知所止,若责为父兄者以必入高中之资,以造成一全智全识之人才,其势固有所难能。而子弟之毕业高小与初中者,即欲责以出而问世,恐亦有不能发挥如意之苦。又形上形下之观念深中于中国士夫之心,牢固而不可拔,以故赤贫者之子弟或得入工厂为学徒,以自适其生活,而清贫者则以耻为形下之事,势不得不激而勉入初中。及其终也,不入高中则势固不可以已,而欲入高中职业科,则父兄又力有所难能,已如上之所述。假令及今之时设立初中职业科,并提高程度,而规定其修业期限为三年,务以比敌于中等之教育,而又细析其门类,自成其段落,俾得进可升学以得全智全才,而大其与物为竞之能,退可自守以专一技一艺,而开其自谋生活之机,此则清贫者所亟欲问也,其不得不与普通初中分道而扬镳也,又何待言乎?但浙库窘迫,加费为难,既已彰彰于人人之耳目,抑亦为本校所当深谅。而初中职业科之不得不办,又上已尽言之,势成两难,调剂不易。本校为图救此项缺陷起见,以为不如将三年期学生停招,即以其费移办初中职业科,则所费不多,而社会之受益固无穷矣。此又本校不得不就三年期学生改组初中职业科之理由也。

本校根据上述情形,用特详具理由,陈请改组,是否有当,敬希公决。

二、办法

(一)本校专门预科,自十四年度起每年添招新生两班,俟将来高中毕业生足供本校专门一年生之人数,而后废止之。

(二)本校原有之三年期工科,自十四年度起即行改组为初中职业科。

（三）初中职业科分机织科、机械电机科、应用化学科三科。机械电机科又分电机、原动、修机、木模、锻铸五组；应用化学科分制纸、制革、油脂、染色四组；机织科分力织、手织、纹工三组。

（四）初中职业科得依学科之种类以为分合，机械电机科合五组为一班，应用化学科合四组为一班，机织科合三组为一班。

（五）添办之专门预科，招收新制初中毕业生，两年毕业。初中职业科招收高级小学毕业生，三年毕业。

（六）本校原有之专门预科，十四年度仍招新生两班，以便旧制中学卒业生升学，自十五年度起即行停止。其原有之三年期学生，自十四年度起，即行停止招考。

（七）初中职业科之一年级学生，自十四年度起即行停止招考。

（八）本校每科每班，于每年度开始之时，招收一年级新生三十名，但初中职业科得依实验场室状况，酌为增减。

（九）本校专门预科，每一学年学费定为二十四元，初中职业科十二元，均分两期缴纳。

（十）新添预科，每班每月之薪修数目，拟仍照历届成案，定为二百四十元。初中职业科拟暂定为一百三十二元。

附教授科目

专门预科

第一年

国文　英文　代数　三角　几何　物理　化学　用器画

第二年

国文　英文　立体几何　三角　高等代数　无机化学及实验　几何画及投影画

前期职业科（教室与工场时间各占二分之一）

机械电机科

第一年

教室：图文　英文　工业数学　机械画　实用物理

工场：修机组：钳床工作法　车床工作法

　　　水模组：木工用工具使用法

　　　锻铸组：简易铸型工作法

　　　原动组：汽机管理法　汽罐管理法

　　　电机组：简易电机使用法　机工实习

第二年

教室：国文　英文　工业数学　机械学　机械画　实用化学

工场：修机组：钻床刨床洗床等之工作法　工具修正法　锻工实习

　　　木模组：模型制作法　铸工实习

　　　锻铸组：复杂铸型工作法　铸工用机械使用法　熔铁炉装置及修缮

　　　原动组：内燃机管理法

　　　电机组：简易电器制造法　机工实业

第三年

教室:国文　英文　工业数学　原动机　机械材料　应用工作机械

工场:修机组:机械装配及修缮

木模组:实用模型制造

锻铸组:锻工工作法　机械工场用工具制作法　锻工用机械使用法及修缮

原动组:电机管理法　原动机装置及修缮

电机组:发电机及电键板实习　简易电机接线及修理

应用化学科

第一年

教室:国文　英文　工业数学　机械画　实用化学

工场:制革组:原料皮之选择及保存

制纸组:纸浆之制造

油脂组:洗衣皂之制造

染色组:棉纱棉布精练及漂白　棉纱棉布染法

第二年

教室:国文　英文　工业数学　实用物理　机械学　分析

工场:制革组:皮革之制造

制纸组:手工纸及机器纸　干燥法

油脂组:香皂及药水皂之制造　制烛法

染色组:丝织品精练及漂白　丝织物染法

第三年

教室:国文　英文　工业数学　机织学　原动机　分析

工场:制革组:鞣皮法　染色及加光

制纸组:制纸原料之检验

油脂组:油脂之检验

染色组:棉布及丝织印花法　丝光纱练习

机织科

第一年

教室:国文　英文　工业数学　铅画　水彩画　实用物理

工场:纹工组:变化组织　配色　轧四百日以下纹纸

力织组:捻丝工程　力织准备工作

手织组:棉织品准备工程　织平布机及简单提花机　练习穿目板　植纹栓

第二年

教室:国文　英文　工业数学　实用化学　机械画　机械学　水彩画

工场:纹工组:普通纹织物意匠　二方四方连续图案　轧九百口以下纹纸

力织组:简单织棉布机 脚踏力织机　织布　拆机　装机

手织组:装置棉布提花机　织提花布　拆装提花机龙头

第三年

教室：国文　英文　工业数学　原动机　原料

工场：纹工组：特殊纹织物意匠　连缀模样　轧各种纹纸

　　力织组：棉布提花力织机　丝力织机　织布与绸　修机装置

　　手织机：丝织准备工程　装置丝织物提花机　织丝织品　修理提花机

《浙江教育月刊》第8卷第7期（教育行政会议特刊），民国十四年七月二十日

改组农科大学理由书案

（1925年4月1日）

浙江教育行政会议第一次会议，浙江公立农业专门学校提出

浙江人文所聚，自昔称盛。当兹潮流激荡，学术精进之时，自应设置最高学府，引发展文化为己任，以为全国倡，庶可不坠昔誉，而大有造邦家也。吾浙杭州大学之筹备，洵属要图，然已成之专门学校，在事实上实有不能不改组单科大学者。在农言农，试略陈之。

（一）按教育部学校系统改革案，专门与大学原属同等，招收同等之学生，修业期限亦相同，或仅缩短一年，是专门、大学已无区别，特名称之异耳。

（二）按学校系统改革案，因学科及地方特别情形，得设专门学校，其意为绍兴产酒得设酿造专门学校，杭州产茶得设制茶专门学校，因地制宜，以期活动，而学科范围较狭，故不萃于大学之列。今农专设农、林两科，无特别情形之可言，是不宜设专门，而当改组大学也。

（三）近来私人办学，每揭大学之旗帜。即就沪上一地，已难编数，鱼龙混杂，莫可究诘。学子骛名轻实，歧途堪虞。为青年学业计，公家办理之学校，其正名岂容缓哉！

（四）设备费之增加，为改办大学之难点，然按学制，大学、专门既已同等，大学所当设备者，专门岂能减省哉！

（五）教职员薪金之增，亦为延揽人才计，而有不得不然者。大学、专门原为同等，其教职员初无等级之可别。近来生活程度增高，而浙省专门所规定之薪额实觉不敷，欲罗致专家，殊属不易，且恐已在浙者，亦将为他方所引去。近北京农大、广东农大，均向浙农延揽教职员，事已见端，亟须绸缪，欲使安心任教，不能不增进其待遇，庶可精选师资，萃集人才，故改大学须增加薪金，而仍为专门，亦须增加薪金也。

综上理由，农专之改办农大，实为当然之事。且既销金甲，应事春农，故政府有开拓农垦之令，而时彦发农村立国之谈，皆欲以稼穑教民，用奠国本。政在得人，时正需才，吾浙农大之设置，诚为当务之急也。是否有当，敬请公决。

《浙江教育月刊》第8卷第7期（教育行政会议特刊），民国十四年七月二十日

浙教育行政会议第四日大会续纪

(1925 年 4 月 6 日)

浙江教育行政会议在省教育会开会，四日上午情形已志昨报。兹将是日下午情形续纪如下(昨日星期休会)：

下午三时开会，会员出席十六人，较上午少一人(葛允成未到)。首由计主席介绍副主席冯季铭代表罗赓兵，旋即开议。……次议农专所提创设农村师范讲习所案。赵述庭云：经费上如何？如充裕，不妨试办，否则可送师范讲习所参考。计仰先云：经费的确很困难，决定送交师范讲习所参考。……次议工专所提工校改组浙江大学案，由提案人吴泽普说明理由。赵述庭云：先看经费，再论其他。众查经费，计仰先云：要改大学，加万余元并不算加。赵述庭云：大学与专门，在中国有分别，在西洋实一样，不必从名上争。陈有年云：办学名实要相符，名不符实，不大好，宁可先实后名，不可先名后实。目下应先充实内容，进一步再谋扩充。现在应做筹备大学那一步工夫。众是其说。次议农专所提改组农科大学案，计仰先云：工校成绩较优，尚不必改，农校去年初改，尚无成效可睹，更志不到，于是决定农、工校仍办专门，俟内容充实后，再改组单科大学。时已五筹，主席遂宣告散会。

《申报》1925 年 4 月 6 日

浙江教育行政会议第五日大会纪

(1925 年 4 月 7 日)

浙江教育行政会议昨日(六日)上午九时开第五次大会，会员出席沈复生等十三人，计教厅长主席，依照日程开议。

(一)工校预科招生及三年期工科改组办法等(工专提出)。罗扬伯云：还是依现状为佳。徐崇简申明改组之理由。公决付中等教育组审查。次变更日程，先议中学及同等学校修业期满，由教育厅组织委员会覆试案。提案人汤尔和说明旨趣，在促进中学学生之学业，惟外县学生集于省垣，恐父兄担任经费为难。但为学生学业计，使父兄不致白费数年学费，白费许多苦心，则最后一度之担任，为父兄者亦所难免。又青年经过路程许多艰难，聚居省垣，亦多未便，惟现在交通比前便利，且借此外出，长些阅历。或规定由教师带来，自可不甚困难。杨效苏云：就八中事实论，学生每到校甚迟，又中间往往旅行，届时自然毕业，故为促进学业计，应有一种办法。至经费一层，可毋庸顾虑，譬如出外旅行，学生往往自己出费。赵述庭云：本案事实上自属需要，或加一条：覆试分数在七十分以上，考入专门学校，免其考试，如此庶寓奖励于覆试之中，容易施行。陈鹤琴云：本案甚表赞成。或与外省大学接洽，如覆试分数最佳者，亦准其免入学试验。赵述庭云：本来大学招生应有两种办法，一考试一保送。美国原有此种办法，若某校保送之学生不及格者太多，则应取消某校保送之权利。至经费一层，将来推行无碍之后，多聘几人到各道去覆试。沈溯明云：补充办法，初中亦应覆试与保送免试，惟入何科，应加以审核。钱均夫云：亦赞成本案，惟保送一层，程度应从严规定。赵述庭云：为求学机会及奖励计，应仍以七十分以上为是，覆试七十分以上已不容易。郑晓沧云：

程度高低问题且稍缓，本案精神最关重要，亦狠赞成，惟可否先定标准。又体育、音乐等，在考试时应另定办法，初中毕业生是否亦一样考试，为一问题。鄙意应先定旧制中学考起，将来高中亦到省考试，初中似可不必。主席云：旧制中学今年均已毕业，已无从补救，不如考初中。沈溯明云：初中必须覆试，否则无甚效果。汤尔和云：覆试制度并非复古，为促进学业成绩，不得不然。至旧时防弊方法，尽可采取。朱文园云：覆试不及格者是否回校补习？陈百年主张作留级论，赵述庭主张仍回原校，或转入他校自行补习。钱均夫云：补习者只须于不及格之学科补习，将来再试时，亦只须再补习之，各科不必全部再试。议至此，时已中午，即将本案付审查。下午停开大会，二时开审查会，四时应省教育会之茶话会。

《申报》1925 年 4 月 7 日

浙江省立农校之进行
(1925 年 8 月 5 日)

浙江省立农校，设立已逾十载，成绩颇著。去年许璇长校，即合并森林学校，改组专门，规模益大，故因许璇改任北京农大校长，由高维魏接任。高君声誉素著，专精农学，对于校务，积极改进，各科研究室已次第成立，并募得巨款，建造图书馆。建筑业已完工，本学期扩充班次，专门部设一年期预科及二年期预科，中等部设高中预科，以便旧制中学毕业、初中毕业及高小毕业者，均得按程度而升学云。

《新闻报》1925 年 8 月 5 日

浙江职业学校名称之协商
(1926 年 5 月 12 日)

浙江省立各职业学校，自奉教育厅训令，转奉教育部令，嗣后各职业学校一律依其性质，改设某科，以符新学制之规定。现农专校长钱天鹤、工专校长徐守桢、蚕业校长朱文园、商业校长利瓦伊宕，以各校改称为科，则原有校长名义是否改称科长，抑系另定名称之处，特于昨日齐集省教育会，协商后赴教育厅谒见计厅长，商议相当办法云。

《申报》1926 年 5 月 12 日

浙江公立工业专门学校十五周纪念演说辞稿①
(1926年5月21日)

原编者按:五月二日,浙江公立工业专门学校十五周纪念大会,该校徐校长特请凌校长于是日上午十时,在沪假开洛公司无线电发音机致演说辞,传达杭城。演辞甚有意义,兹录原稿于左。

今天贵校举行十五周纪念会,鄙人不能亲到,非常抱歉。承徐先生不弃,嘱于数百里外在无线电话中致演说辞,鄙人不善于辞令,今日演说只可作科学试验观。但得此机会,觉得非常荣幸,很愿说几句祝颂词的话。

今天的会鄙人虽不能目观盛况,但在那湖山秀丽人才蔚起的杭州,今日此时,在贵校礼堂上聚着许多实业巨子、工程专家、贵客上宾、师生校友,共同祝贺此前程无量的浙江工专十五周的诞辰,那是很容易想像得之的。所以鄙人第一句很肫挚的遥祝的话,便是浙江工业专门学校万岁!第二句遥祝的话,也便是浙江工业专门学校万岁!

今天鄙人对于贵校纪念会,有三种极深的感想,也便是三种极大的希望和祝颂。第一种是对于贵校纺织科而言,第二种是对于贵校全体各科而言,第三种是因贵校的纪念想及国内其他各工业学校而发。

第一,贵校的良好的成绩,久已昭著,无人不知。尤其使人钦佩的,是纺织科。杭州的丝织品,中外闻名。而杭州各大丝织厂都有贵校毕业同学在内任事,有极好的成绩,这一点很值得我们注意。因为我们知道,全世界纺织业最发达的,要算英国。去年上海发生五卅惨案,国人群起抵制英货,这样一来,英国纺织厂有许许多多的货品无处可销,许许多多的工人无工可做,结果英国政府便大起恐慌。假使我们一年来能坚持抵制,他所表示让步的,恐怕不止退还庚款,以及在上海工部局增加华董而已。从积极一方面说,我们假使能于丝织、棉织两大事业极力整顿,以求发展,使得国内纺织厂林立,有数十处城市都像上海、杭州一样。那么什么外交事件,如关税会议、法权会议等,也都容易办了。而这个发展的责任,贵校的纺织科实负有极大的一部分。这是鄙人第一种感想,第一种希望,第一种祝颂。

第二,贵校的学制系统,可说最合于理想的了。鄙人和美国工程专家瓦戴尔博士很熟识,他对于工程教育的主张,是在视乎学者的才具和旨趣,分成三种。他的意思,工程学校可分为三级。最低一级是在养成熟练实际的工程人员。第二级是在养成受教育的工程师。最高级是在培植少数之工程专家,以为工程界之领袖。这个理想的学制,虽是就工程而言,但也可以应用于工业。现在贵校的学制,是把他实现了。因为专门科便是高级,甲种工业学校可以说便是中级,乙种工业学校便是低级。这样的组织,将来必定能收到极大的效果。假使所有贵校的专门科、甲、乙种工业学校,都能自成系统而又互相联络,则理想学制能在贵校完全实现,国内各工业学校将群起仿行。这是第二种感想,第二种希望,第二种祝颂。

第三,当此国家多故、民生凋敝之秋,国内各学校或因经费枯竭,或因学潮屡起,弦歌辍响,无形停课的很多,实为国家重大损失。但是贵校独能在今天开此盛会,表示贵校精神之

---

① 演说稿作者凌鸿勋(1894—1981),字竹铭,广东番禺人。著名的土木工程学家和教育家。1924年担任南洋大学校长。

坚苦卓越，这是很难能可贵的。而且贵校在今天举行十五周纪念，敝校南洋大学也将在今年十月初举行三十周纪念，我们可以说是两个很好的弟兄：一个住在杭州，能抵挡钱塘江的怒潮；一个住在上海，不怕扬子江的风波，都是从挣扎努力中得来。两校的关系可说是很密切的了。但是假使我们想组织一个国内高等工业学校的大家庭，那么这大家庭里的弟兄，一共有几个呢？经得起风浪的又能有几个呢？那是可叹得很。国内著名的工业学校，除贵校与敝校南洋大学以外，要算唐山大学、北洋大学、同济大学、北京工业大学、河海工科大学、南洋工专等，是很难得的几位弟兄。这几位弟兄，分处南北，境遇不同。因为各谋自立的缘故，联络反而很少，这不能不说是一种缺憾。所以鄙人在此贵校纪念的机会，便想到我们应从速团结手足之谊，巩固我们姓"工"的大家庭，以谋种种合作改进的方法。这是鄙人第三种感想，第三种希望，第三种祝颂。（下略）

《南洋旬刊》第二卷第八期，民国十五年五月廿一日①

浙江工专校务革新记
（1927 年 4 月 14 日）

浙江公立工业专门学校，自去岁发生风潮以来，即有校务改进会之组织。后因受战事影响，会务无形停顿。本年革命军肃清浙江，政局一新，该会即继续进行，曾向省政府请愿数次，结果颇为圆满。现新校长已由省方委任李振吾，前南洋大学教授、广东无线电筹备厅长。并委定张贻志、寿毅成、王季梁、路季讷、杨贤江、程干云、金瀚七人为委员，负责处理校务。现该会学生方面，以各委员多寓沪上，消息或有隔膜。前日特派代表方朝梁、余瑞生等来沪欢迎，并面陈学校近况，以便各委员即日莅杭，筹备开课。顷闻沪上诸委员，均系科学专家，热心教育之士，于该代表等晋谒后，咸表示克日就职。从此该校可庆得人，革新有望矣。又闻该会以原有教职员，大半须更动，故尤须请诸委员留意于沪上预聘教授，以便开课迅速云。

《新闻报》1927 年 4 月 14 日

浙江工专校务之停顿
（1927 年 4 月 24 日）

杭州各学校，前以军事停课，业均陆续开校。惟浙江工业专门学校学生有回籍者，约占小半数，因之不能开课，校务亦致停顿。校长李徵（振）吾，系由全体学生公举，专门、中等两部教职员，本有八十余人，亦由学生推定，被淘汰者计三十余人，现李校长尚留沪渎，开校尚无日期，须俟李君莅杭，加以整顿云。

《新闻报》1927 年 4 月 24 日

---

① 《南洋旬刊》，1925 年 11 月上海南洋大学出版部创刊的大学刊物，报道校务活动及言论、校闻、同学会和校友消息等。

浙江工专学务改进会来函

(1927 年 4 月 30 日)

主笔先生大鉴:敬启者。读二十三日贵报“教育新闻”栏载有浙江工专校务停顿一则,查本校学生只有络续来校,未有络续回籍者;且被淘汰之教职员亦非三十余人以上。两点略与事实不符,合请更正,尚祈登入来函栏内,以符真相。

浙江公立工专学校校务改进会谨启

四月二十五日

《新闻报》1927 年 4 月 30 日

农专校之新消息

(1927 年 6 月 7 日)

新任农专校长谭熙鸿,曾任北京农大教务主任及北大教授。此次接办浙农专,筹备一星期,即行开学,上星期(即开学后之第一星期)已开会议决从速进行者。

一、学生委员会,已组织成立,由委员计划并监理关于领料、膳食、宿舍、浴室、厕所等事。

二、农村经济调查,由教授徐宝璜(前任北大经济教授)主持,从附近村落入手调查。

三、农民学校仿照平民学校办法,惟加课初浅农业,已定笕桥、丁桥、宣家埠先行设立。

以上各项,均师生合作,至他关于学校本身及农民方面之进展,正在积极计划中。

《时报》1927 年 6 月 3 日

浙江工专学生会组织改大委员会

(1927 年 6 月 7 日)

浙江工专学校,规模宏大,设备完全,向为各界所称道。故该校学生,于前年曾有改大委员会之组织。奈尔时适处于军学阀压迫之下,遇事掣肘,一无成效,该校学生,莫不痛惜。本学期自新校长李振吾氏就职以来,热心任事,校务大加刷新,罗致大学有名教授担任教职,一切课程编制,悉依大学校条例办理。故该校学生为名实相符及提高工业教育起见,于前日开学生会时,重行提出成立改组工业大学委员会,当推定余绍芝为主席,姚卓文、朱学曾等十人为文书、交际各职。其进行手续,为向省政府请愿,准将该校内容状况公告社会,以求赞助云。

《民国日报》1927 年 6 月 7 日

浙江省务委员会会议纪

(1927 年 7 月 27 日)

公专、农专改为第三中山大学工学院、农学院。

通过航政局暂行组织大纲及预算案。

浙江省务委员会七月二十日开第三十七次会议,出席委员:蒋梦麟、马叙伦、颜大组、陈希豪、周凤岐(叶焕华代)、蒋伯诚、程振钧、阮性存、陈屺怀、邵元冲。主席蒋伯诚。

主席恭读总理遗嘱。

(甲)秘书长报告文件:一、上次会议录。

(乙)议案:

一、《浙江省防军剿匪官兵恤偿暂行简章草案》(军事厅提议)。议决:通过。

二、代理浙江邮务长呈请《增订检查邮件章程二条通令各县照办案》(民政厅提案)。议决:通过,应通令各县知照。

(丙)临时报告:秘书长报告,省党部改组委员会来函,请转令□□军事、司法、行政各机关,遇有攻击该属农民协会诉讼事件,应审慎办理。议决:通令所属,关于诉讼事件,应一律秉公办理,并函复省党部改组委员会查照。

(丁)临时提案:

一、蒋教育厅长提议,自八月一日起,公立工业专门学校改组为国立第三中山大学工学院,公立农业专门学校改为国立第三中山大学劳农学院。议决:照办。

二、蒋教育厅长提议,前浙江高等学堂房屋,前已拨给中山大学,请定一确期,将所驻各项军队,同时搬出,以便克日修理。议决:定本月底,将各项军队移出。

三、蒋教育局长提议,桐乡县拟征收置产捐及商铺住户学捐,以厚教师待遇案。议决:交财政厅审查。

四、蒋教育厅长提议,吴兴县请于绸绉项下带征附捐,以补充学费案。议决:缓办。

五、蒋教育厅长提议,水产学校应由本厅会同建设厅接改组案。议决:通过。

六、马民政厅长提议,县长□察所长存记,应自即日起,一律截止。所有本日已付审查人员,不在此限。议决:通过。

七、颜财政厅长提出,请任命何君廉、王迈常、周稽萱为本厅秘书。议决:通过。

八、阮委员性存提出《修正考试任用人员规则》第十二条为"第三试以委员三人以上之出席,各应试人所试之科目口试之,兼讯问三民主义、五权宪法、建国方略及建国大纲"。议决:通过。

九、马民政厅长提出,修正《县政府组织暂行条例》第六条为"科长科员由县长遴员,呈请政府组织核委"。议决:通过,送政治会议浙江分会核示。

十、程建设厅长提出,修正《浙江省航政局暂行组织大纲》,及该局预算案。议决:修正通过,将应设立之查验所,及航政局每年收入概算数,俟建设厅规定后付议。

十一、阮司法厅长提出,任命傅观华为新昌县承审员,并请审查该员资格。议决:通过。

十二、马民政厅长提出,王维翰、沈江、丁仁班以县长存记,何守仁堪以警所长存记。议决:通过。

《时报》1927 年 7 月 27 日

十八年来之工学院

(1928年6月)

前清宣统二年。浙抚增韫徇提学司郭啸麓之请,专案奏准以久经停废之铜元局全部房屋机械,拨为浙江中等工业学堂基金,另拨开办费一万五千两,照会许缄甫为筹备员,旋复委为校长,于宣统三年二月二十七日正式开学。设染织机械两科,招高小毕业生一百名,又艺徒一百名,均以三年为毕业期。暑假内又添设工业教员养成所,招生一百名,以二年为毕业期。大辂椎轮,肇于此已。昔铜元局之经始也,费四十万,一校收其余沈,所得尚不薄,故能于短时间成立锻木、铸金、手织、力织、纹工、染色、捻丝各工场,铜炉原动诸室尤完备。其时膳宿诸舍,亦多以工场改为之,学校颇有工厂化。而后此艺术之得有进展,亦借乎于此矣。

是年九月十五,浙江光复,校舍为军队所占,经费亦断绝。至民国元年三月十五日,始重新开学,改称为公立中等工校,并教员养成所为讲习班。校舍迤南一部分讫未收回,然进行颇不懈,于五月中附设机织传习所,专收机坊工匠,教以铁机丝织法,修业期限自两月至六月,所以谋手工织业之改良。同年九月招新生二百人,以百人先入补习班,为设置预科之嚆矢,所以谋课程学术之深遂。至二年春季,改校名为甲种,秋季招生,遂增设一年制之预科,租水香阁为分校。十二月二十五日,讲习班毕业,计染织十六人,机械九人。开第一次展览会,会期三日,参观者几二万人,工校名誉,遂流传于社会。但其成绩固不在乎校门之内也。先是前清之季,外国花缎灌输内地,杭垣机户,已有必败之趋势,而狃于积习,莫肯改良。工校之设立染织科也,实抱此革新宏愿,颇致力于实际上之下层工作,帮机小工亦可入传习所学习两月。同时教员朱谋先、蔡谅友,皆集股开办工厂,经营丝织,以实行之。阮、吴二教员则设立铁工厂,仿造钢扣提花机等,以助其成。此后数年中,不但杭垣织业大盛,吴兴、濮院、王江泾、绍兴等织业区域,亦具有革新振作之气象。甲种学生,毕业多有工厂相当位置。艺徒传习生,未毕业辄受工厂要请以去。外洋绸缎,不抵制而裹足,盖杭州工校之得有微名,实成于民初四五年之中。与许校长同心努力为严格的训练者,教员朱谋先、蔡定武、莫诚之等均有功,而工场方面,则客教员永濑久七、佐藤真之劳绩,亦未可湮没焉。

是时,讲习科虽毕业,而各生以技术未精,志愿再习一年,校中为设研究班,专在工场实习。嗣后各届毕业均有之,办至七期而止。都君锦生,亦研究生之一人也。三年七月,甲种第一班毕业,计染织十五人,机械九人,视入校时减四分之三以上,虽因辛亥兵事,亦学校管训严肃,除名者多之故也。四年七月,第二班期满,以部章故留校补习一年,遂于五年八月,与第三班同毕业。是时浙局平稳,得有临时费添造楼房四座,改造平房数十间。六年七月秋季招生,一致增加名额,为添设应化科、电机科之准备。七年冬季,并议定资助教员出洋练习、学校资助半薪之办法。同时教育厅亦以金磅盈余,拨充实业毕业生留日经费,工校同学陈之伟、莫继之、来壮潮诸人,首预其选而东渡焉。盖在此平稳时代中,校务亦常为平稳的进步。甲种毕业生在沪杭工界服务者,亦日见增加,工校名誉亦日著。山西、广西诸省,均以官费派人来作讲习生者,原由艺徒改名实习生,嗣又更此名者也。是时毕业艺徒,往往自设翻砂厂,而渐成为小规模之铁工厂。习意匠者,自设纹工园,递相传授,尤为发达。传习生展转传授,旧式木机遂绝迹,而利及于家庭工业之小机坊,此又工校初愿所不料者。同时晋省委员来购铜元局遗存机器,校中得价十一万八千余元,储为添筑校舍及电化各工场之用。设备渐臻完善，遂有升组专门之动机。且谋工业知识之普及，开夜校补习班，以三个月毕业，嗣无成效。三期而止。顾此七八年中，固甲种工业全盛之时代焉。

八年五月八日，全体学生天未明即出校，参加杭州中校以上五四运动。连日演讲宣传，是为工校发生加入爱国运动之第一声。全校教职员事前一无所知，天明而起，阒不见一生，互相骇问，工校八九年之严格管理，从此摇动矣。结果乃提早暑假，顾八年秋季开学后，学运之进行愈烈，推举工校方兆镐为杭州学生会会长。校中乃组织报国工业会，以团体毕业生徒及传习生。又设置校友会，以期在校师生之联络。顾其时学潮迭起，九年春季，又以官厅解散第一师范，各校学生起而反抗，工校亦卷入旋涡焉。惟物质上之建设，仍有进步，即以铜元售款建筑礼堂、各宿舍、电化各工场，并添置仪器、药品、书籍若干，学校规模，灿然大备。遂于九年秋季开学时，升组专门，招中学毕业生一百人，分电机、化学两科，预科一年，本科三年。其原有之甲种，改称甲种讲习班，而艺徒则升为乙种讲习班，自是而后，势不能注意技术而入于研究之地位矣。十年三月二十七日，十周纪念，开第二次展览会，会期五日，参观者五万人。与工校有关系之各商厂，皆出品陈列，销售极盛。艺术方面之成绩，确已传布社会而食其果，盖第一次展览会，犹如朝暾初上，而此次则顶之方中时候也。

十一年春季。许校长以观成堂经费赴欧美各国，考察教育实业，为请教员金培元代理校长。时省议会与许校长已有隙，此后遂事事为难，预算减而再减，机织传习所被裁，工场丝织品，遂减少什八九，艺徒改乙种生，技术亦渐趋懈弛，专门、甲种两部，又常失和。至废校友会而组学生会，卒至学生会亦分离而为二。且甲种改称讲习班，又常惴惴于毕业后资格之低下。专门部学生，又以经济公开事酿成罢课风潮。盖此一年余之时日，只汲汲于维持现状而已。十二年五月。许校长回国复职，更改章程，专门本科增为四年，预科仍分甲、乙组，课程与大学相同，毕业优等授学士位。其甲、乙种讲习班，亦改称为五年期及三年期职业学校，更设董事会为最高议事机关。乃改革甫就绪，而许校长以病辞，教员徐守桢长校，萧规曹随，校务渐平静。而十三年九月，卢齐之战，经费停发，至十月中旬开学，十二月战事又作，寒假提早。而十四年春季开学，亦多迟到也。又以交流电机课程事罢课，至六月间，为上海五卅惨案，各生出外宣传，钱启忠至蹈江死，其激昂奋发如此，势不能以闭户读书责望之，亦从可知已。九月，孙传芳出兵驱奉，交通断绝，开学复迟。十五年五月一日，开十五周纪念，第三次展览会，出品视第二次减少。盖在此数年中，学科程度逐渐增高，而技术之进步甚鲜也。兼以省议会掣肘，预算不能增，临时费历年无着，兵事屡起，烽火频惊，尤不能安心于学业。专门第一班入校时百人，而毕业时尚有三十九人，至第四班毕业，则原招诸生已尽去，仅插班生十二人，损失之巨可知也。运逢多事之秋，人有不平之气，卒成十月十八之大风潮。无何，夏超败没，继续开学，而专门高年级生，均不返上课，一月而隔江战争作，仓卒散学。十六年春，国民革命军入浙，政局一新，董事会无形消灭，校长未有人，延不能开学。至四月底，新校长李熙谋至，始于五月初复课，召集生徒，仅四百人，视最盛时半数而已。七月，专门第四班毕业，计甲种已毕业十三次，乙种及三年期已毕业廿五次，而改组大学之议起，工校乃另入一新纪元。

十六年八月，国府令本校与农业专校合改为国立第三中山大学，并任蒋梦麟为校长。蒋校长则委李熙谋为工学院院长，谭熙鸿为劳农学院院长。本院编制，则为国立第三中山大学之一部，除电机、化学两工程科外，并添设土木工程科，其原有附设之甲种、乙种学校，亦改为浙江省立高级工科、初级工科职业学校。至于有事对外行文,由大学校长署名,本院院长连署。至内部一切事务,悉由院长负责主持,全院行政事务,于院长下分设教务、训育、事务三部。十七年四月一日,奉令改称为中华民国大学院浙江大学工学院。六月一日,又奉令改称为国立浙江大学工学院,高级工科改称为高中工科,初级工科仍改为工场艺徒班,以期循名责实,实行劳动化。六月三十日,举行第一届大学毕业式,此实浙省学府第一次之新纪元也。

《国立浙江大学第一届毕业纪念刊》,民国十七年六月

本级级史级友录(1928)
(1928年6月30日)

赵陈风①

吾级自民国十二年八月间入校时,同学达八十余人,除本省外,自四川、陕西、江西、湖南及南方各省远道来者亦颇多。异乡异音,济济一堂,极称一时之盛!迨半年后,或以品行见斥,或以不胜其苦而去,未几何时即寥若晨星矣。至正科而愈减,总数不达二十;届兹毕业,电机科十三人,化学科四人耳。夫人少而情愈密,行励而学愈固,故吾级同学中,感情颇为融洽,良以此夫。

预科时,同学辈均居校外之大同宿舍,盖学校指定也。其地颇近,与学校仅隔一土山,但风雨霜雪,昕夕往来颇感不便,然亦无可如何也。其时功课颇繁,益之规矩森然,故各伏案攻苦,孜孜矻矻不为倦;又组织自治会,互相戒谨,极为学校所许。如是者约三年余,一年级时同学辈仍居是处,而相守亦如故。是年齐卢战起,开学展至十月,影响于功课者二月余。后虽省局蜩螗,但仍继续上课,而无辍学之累。十五年秋九月间,浙省起义,同学辈久受学校之压迫,遂乘机发生驱长风潮,一时风起云涌,一呼百应,内外翕然。事果谐,但不久而浙败,逆兵旦夕临城,遂星散归,学校仍由旧校长召集复课。旋因革军临浙,战云密布,在此学期内,遂不复返校矣。此三年级上期事也。至十六年春三月,革军到杭,青天白日之旗帜,遍地飘扬;旧校长匿不到校,如是而荒废学业又几二月。后得李振吾先生来校主持,然后照常复课;而同学辈亦均进寓校内,无风雨霜雪朝夕往返之苦矣。而学校方面,亦百事刷新,规模大振。是时有欢迎大会请求改大及收回军用借地之发起,同事辈即当其首焉。后专门果改大学,乃举行游艺大会庆祝之,而军用借地亦于庆祝声中得到收回消息,同学莫不雀跃无既。此后学校扩充甚大,校誉因之更振,全校同学咸称快焉,亦未尝非吾级奋斗之结果也。

四年上学期开学时,即有吴兴生、楼兆绵二君插入本级。吴君系化学科,楼君系电机科,皆卓卓有为之士,遇事迎及而解,得其助力不少。

吾校学生会,向与高初级工科合组而成,为一二少数分子所把持,会务腐败日甚,于吾校同学毫无裨益。十七年度上学期开学后,学生会改选成立,面目依然,一无改革。吾级有激于此,遂发起分裂。当召集全体大会,解决一切。时虽备受攻击,然毅力过人,卒能达到目

---

① 赵陈风(1904—1993),字肖甫,浙江天台人,浙江公立工业专门学校学生,新中国成立后曾任国防部民用工程司副司长。

的，而臻学生会于完善之地。此后会务之进行，同学辈亦竭其全力焉。

同学张君钟玥于是年冬间，以故被捕，同学间殊深惋惜。张君闲静寡言，为人和蔼可亲，攻化学工程，读书极勤，同学四年，一旦离索，诚有无限之感！其时虽派代表请愿，终不得释放复课，惟馈物慰问，聊表同学情感耳。今张君之事已大白，于月前出狱，下期允其来校补习，亦幸甚矣！

四年级下学期四月四日，全体同学，东渡日本，考察实业，约三星期后返。此事在上学期即曾极力进行，至此期仍继续不息，终得学校之助，出巨费二千余，与吾人作一壮观，所得诚非浅鲜！彼国教育、交通、人情风俗，洵有足述之处，而实业尤为发达，吾人曾驻东京七天，日必参观二三工厂，课本上所未得者，观之了然胸中矣。返国后仍继续上课，至六月杪始考试毕业。在毕业之前，举办毕业纪念刊一册，颇悴心力。凡本级同学、各级同学、学校诸先生及其他一切学校概况，莫不留鸿爪于其中，所以作将来之纪念云尔。一十七年六月三十日。

附　级友录

姓名	字	学位	通信处
方朝梁	任叔	电机工程科学士	嘉兴马库汇
王瑞龙	宝章	化学工程科学士	龙游湖镇
方寿钜	大年	电机工程科学士	诸暨延寿堂转陡□
沈宗基	树人	电机工程科学士	嘉兴油车港丰泰米行
吴兴生	克白	化学工程科学士	江苏无锡转和桥镇
陈昌华	昌华	电机工程科学士	绍兴东皋镇转塘里陈
陈建启	伯卿	化学工程科学士	浙江天台城东
许国光	文瑾	电机工程科学士	诸暨安华乾昌号转球山
陈瑞炘	烈忱	电机工程科学士	瑞安大东门外航船埠
张绳良	绳良	电机工程科学士	诸暨贫儿院
汤兆恒	兆恒	电机工程科学士	诸暨枫桥汤村
汤兆裕	兆裕	化学工程科学士	浙江诸暨枫桥汤村
杨道锭	静夫	电机工程科学士	宁海南乡亭防镇
孙潮洲	企韩	电机工程科学士	杭城运司河下四十号
赵陈风	肖甫	电机工程科学士	天台文明巷百岁坊
裘献尊	兰生	电机工程科学士	兰溪游埠裕大号转
楼兆绵	兆绵	电机工程科学士	杭州王马巷十八号

《国立浙江大学第一届毕业纪念刊》，民国十七年六月

工学院略史

(1929年6月)

工学院胎儿的产生,远在十九年以前,在清朝宣统二年的辰光,浙抚增韫徇和提学司郭啸麓的请求,用专案奏准,把停废很久的铜元局全部房屋机械,拨给浙江中等工业学堂做基金,再拨发开办费一万五千两,照会许缄甫先生做筹备员,后来委任为校长,就在宣统三年二月二十七日这天正式开学,招收高小毕业生一百名,又艺徒一百名。那时仅设染织、机械两科,都是三年毕业的。在暑假期内,再添办工业教员养成所,招收学生一百名,二年毕业的。大辂椎轮,可说是开端在这个时期。从前铜元局开办的时候,经费有四十万,那时校里虽则收他的残余之物,实在倒也不少,所以在短时间内,把各种工场都成立起来,像锻木、铸金、手织、力织、纹工、染色、捻丝各工场,还有锅炉原动诸室,都是那时的产物。

这年九月十五,浙江光复,校舍被军队所占,经费也断绝。到了民国元年三月十五,才重新开学,就改称公立中等工校,同时把教员养成所改为讲习班。校舍南面一部分的军营借地,那时不能收回,不过仍是进行着。在五月的时候,附设了机织传习所,专收机坊工匠,教他铁机丝织法,所以谋手工织业的改良的。修业期限自两个月到六个月。同年九月,招了新生两百名,把百名先入补习班,目的在于把课程学术进点深邃。到二年春天,校名就改称甲种,秋季招生,添设一年制的预科,租了水香阁做分校。十二月二十五日,讲习班毕业,染织十六人,机械九人。开第一次展览会,开了三天,参观者近二万人,工校的名誉,就流传到社会里了。可是成绩的佳好,不是单在学校里,像前清的时候,外国的花缎,输销到内地,杭州的机户,都有必败的趋势,再加起来狃于积习,不肯改良。幸亏本校的毕业生,努力下层工作,把他挽救转来。同时教员朱谋先、蔡谅友都集股开办工厂,经营丝织。阮、吴二教员则设立铁工厂,仿造钢扣提花机等,同道努力于机织方面。所以后来的几年当中,不但杭垣的织业大盛,就是吴兴、濮院、王江泾、绍兴等织业区域,也具有革新振作的气象。甲种学生,毕业大多有相当工厂位置。艺徒传习生,在没有毕业之先,工厂已经来预定了。因此,外洋绸缎,不抵制也要自己裹足呢。杭州工校之得有微名,实在成于民国四五年。那时同许校长同心努力,为严格的训练者,教员朱谋先、蔡定武、莫诚之等,都是有功的。那工场方面,日本教员永濑久七、佐籐真的劳绩,也不可湮没的。

这时,讲习班虽则毕业,有的因为技术未精,志愿再习一年,校中就添设研究班,专在工场实习。后来各界毕业生都有,办到七期就停止。都君锦生,也是研究生里的一个。三年七月,甲种第一班毕业,计染织十五人,机械九人,同入校时比较一下,正在减少四分之三以上。虽则因为辛亥兵事,也是因为学校管训严肃,除名多的原故。四年七月,第二班期满,依部章故,再留校补习一年,就于五年八月,同第三班一起毕业。这时浙局平稳,得到临时费,添造楼房四座,改造平房数十间。六年七月秋季招生,一律增加名额,做添设应化科、电机科的准备。七年冬季,议定了资助教员出洋练习,学校资助半薪的办法。同时教育厅也因金磅盈余,可拨充实业毕业生留日做经费。工校同学陈之伟、莫继之、来壮潮诸位首先当选,居然东渡了。大概在那时平稳时代中,校务也是平稳的进步。甲种毕业生在沪杭工界服务的,也年年的增加,工校的名誉,也就天天的著显,山西、广西诸省,都有官费派人来做讲习生的。原来从艺徒改名为实习生,后来再改名为这个。那时艺徒毕业生,往往自设翻砂厂，渐渐底变成小规模的铁工厂。学习意匠的，自设纹工场，互相传授，很是发达。传习生的展转传授，把旧式木机就消灭绝迹，利及于家庭工业的小机坊，真又是工校初愿所想不到的。同时晋省委员来浙购买铜元局遗存的机器，校中得价十一万八千余元，储为添筑校舍和电化各工场的用途。设备渐渐是完善了，就有升组专门的动机，再要谋工业智识的普及，开夜校补习班，以三个月毕业，不过没有什么成效，三期就停止。在这七八年当中，可说是甲种工业全盛的时代。

八年五月八日，全体学生天未明就出校门，去参加杭州中校以上的五四运动，天天演讲宣传，这是工校发生加入爱国运动的第一声。全校教职员，事前一点不知道，到了天明，起阂不见到一个学生，大家都是骇问着，从此工校八九年的严格管理，根本动摇了。结果就提早放暑假，可是八年秋季开学之后，学运的进行愈烈，推举工校方兆镐做杭州学生会会长。校中后来组织报国工业会，去团结毕业生徒和那传习生，再设置校友会，希望在校师生的联络。那时学潮发生的很多，到了九年春，再因官厅解散第一师范，各校学生起而反抗，工校也卷入漩涡了！不过物质上的建设，仍有进步，将铜元局的售款，建筑大礼堂、各斋舍、各电化工场，并添办仪器、药品、书籍很多，学校规模，灿然大备了。就在九年秋季开学的时候，升组专门，招中学毕业生一百名，分化学、电机两科，预科一年，本科三年，原有的甲种，改称甲种讲习班，那艺徒也升为乙种讲习班。从此之后，技术固然注意，那研究的性质，也进于重要了。十年三月二十七日，十周纪念，开第二次的展览会，会期五天，参观者有五万多的光景，同工校有关系的工厂，都有出品陈列，销售很盛。艺术方面的成绩，确已传布社会，食伊果子了，大概可说第一次展览会，好像朝暾初升，但这次却是阳光四射的时候了。

十一年春天，许校长因观成堂经费的资助，赴欧美各国，考察教育实业，荐请教员金培元代理校长。那时省议会和许校长有点宿怨，后来就事事为难，预算减而再减，机械传习所因之被裁，工场丝织品也减少了十之八九，艺徒改为乙种生，技术也渐趋懈弛，专门甲种再常时失和，把校友会废除，另外组织学生会。后来学生会，再分开为二。再甲种改称讲习班，往往觉得毕业后资格的低下，专门部学生，又以经济公开的事情，酿成罢课风潮。在这一年多的当中，实在只能维持现状而已。十二年五月，许校长回国复职，更改章程，把专门本科增加为四年，预科仍是分甲、乙组，课程与大学完全相同，毕业优等的，授学士位。其甲、乙种讲习班，也改名叫做五年期及三年期职业学校。再设校董会，做最高议事机关。可是改革刚才就绪，许校长因病辞职，教员徐守桢长校，萧规曹随，校务也渐形平静。十三年九月，因齐卢之战，经费停发，到十月中旬才开学。十二月战事再起，寒假提早。十四年六月间，上海五卅惨案发生，各生出外宣传，同学钱启忠君跳钱江而死，这是多么激昂奋发的一回事！九月孙传芳出兵驱奉，交通断绝，开学又迟。十五年五月一日，开十五周年纪念会，开第三次展览会，出品似乎比第二次少些。这因为这几年当中，科学程度逐渐提高的原故。再加起省议会为难，预算没有增加，临时费年年无着，兵事屡起，烽火频繁，弄得不能安心于学业。专门第一班入校时百人，可是毕业时只有三十九人，到了第四班毕业，那原招诸生都已他去，仅插班生十二人。这种损失，多么大吓。终于十月十八日，发生驱长风潮，不久，夏超败没，继续开学，那专门部高年级学生，都不返校上课。一月之后，隔江战争又起，就立刻散学。十六年春，国民革命军到了浙江，政局一新，董事会无形消减，校长没有人，不能开学。直到四月底，新校长李熙谋来校，才于五月初开学，召集生徒，只有四百光景，不过最盛时的半数而已。七月，专门部第四班毕业,统计甲种已毕业十三次,乙种及三年期已毕业二十五次。那时改组大学的议起来了,工校就另入一新纪元。

十六年八月,国府令本校与农业专校合改为国立第三中山大学,并任蒋梦麟为校长。蒋校长就委李熙谋为工学院院长,谭熙鸿为劳农学院院长。本院编制,就是国立第三中山大学的一部,除化学、电机两工程科外,再添设土木工程科,那原有附设之甲种、乙种学校,也改为浙江省立高级工科、初级工科职业学校。至于有事对外行文,都由大学校长署名,本院院长连署的。至内部一切事务,都由院长负责主持,全院行政事务,在院长下分设教务、训育、事务三部。十七年四月一日,奉令改称为中华民国大学院浙江大学工学院。六月一日,又奉令改称为国立浙江大学工学院,高级工科改为高中工科,初级工科仍改为工场艺徒班。六月三十日,举行第一届大学毕业式,开了浙省学府第一次的新纪元。十八年七月举行第二届毕业式,教授顾毓琇介绍第一届毕业生汤兆恒、第二届毕业生潘炳天、朱缵祖,分赴英德实习,这也算是学校派学生到西洋实习的第一声。

《国立浙江大学第二届毕业纪念刊》,民国十八年六月

本级级史级友录(1929)

(1929年6月10日)

光阴荏苒,余等已届卒业矣。值此出纪念刊之际,谨将五载之学校生活简述如后,以作级史,借留纪念。

民国十三年秋,考入本校预科,同学六七十人,早夕相聚,切磋也,研究也,意趣横生。各地皆有来归,如四川、陕西、甘肃、广西、江西诸省。是年秋,适有齐卢之战,校中开学,无形迟缓,荒废学业,一月有奇,可惜殊甚,嗣后不竟一载,同学中或因体格不全,成因意志相背,甚或因功课见难,先后离校他就者甚多,相沿至今,仅为余等十四人而已(化科六人,电科八人)。当时校中同学众多,斋舍不敷分配,因之,宿食于校外之大同宿舍。早往夕返,凡越三载。该舍位于土桥头,地处幽静,前有河流横贯,后则土山相依,其他花卉果树,园植舍旁,诚余等自修之所也。离校亦不远,仅隔一土山,往返必经过之,登山越岭,有补运动,洵足多焉。

翌年秋,升人正科,斯时正科仅设化学工程、电机工程两科,不若现今之又有土木工程科也,于是同学择其志之相近者而就之。当时计入化科者十人,电科约三倍之,由是分科愈细,研究愈力,秉路光以继日,尝有闻焉。对于团体事业亦复努力,曾于大同宿舍中组织自治会,及各种研究会等,并于本校开十五周纪念时,得本级级友之帮助,亦复不少,此第一学年事也。

当时学校当局,办学无进展,管理取压制,同学辈遂起而发起改进校务运动,卒于十五年十月十八日,即前省长夏超氏就国军十八军军长之期,霹雳一声,全校响应,虽迭经挫折,终抵于成,未始非本级赞同及努力之效也。其间为期数月,学业上精神上之牺牲,已不可胜计,又因夏败孙传芳返浙,开除同学四十余人,本级竟居其三分之二,复抱分飞之痛。迨翌年三月,国民军莅浙,徐前校长辞职,李振吾先生长校,学校复课,虽飞函驰邀,乃开学已届,近者固可按时返校,远道者徒兴望洋之叹,由是而后,本级级友,愈形稀少。忾今追昔,可慨孰甚。

是年下学期，本级奉学校之命，搬入校内义斋，于是早往夕返之劳，登山越岭之苦，于此告一结束，此第二学年事也。

十六年八月，本校奉国府令改为国立第三中山大学，乃由本级发起应祝大会，并举行游艺会于前省教育会，以表庆忭。讵于兴高采烈之中，校旁之军用借地，归还又见闻，自是而后，校内一切，日趋完善，校誉因之更振，同学咸称快焉。亦未始非本级奋斗及努力之结晶也。

三年级上下学期，有同学闵任、裘桂元、陈毓麟、朱学祖诸君，先后转入本级，攻化学工程，朱缵祖、冯宗蔚两君为电机工程。诸君皆勤勉好学之士，办事能力，亦复驾人之上，本级得以增色不少。

四年级上学期，组织"民一八级友会"，取其民国十八年毕业之意义也，并先后设立两委员会，分别办理：(一)赴国外视察工业；(二)筹备毕业纪念刊。至于第一项，迨今年四月，蒙庚子赔款一千五百元之津贴，及学校亦以同样之巨款相补助，得东渡日本，视察工业，计在日时间，约三周有奇。回国后，又赴沿沪宁路线各埠，参观工厂，冀知国内工业发展之现状。于五月初，始行返校。此次所见，殊觉国外工厂之伟大，资本之雄厚，为吾国现时所不能及。其他如教育、路政、军事等，亦足令人钦仰。兹将详情，另开篇幅，供诸同好。六月中旬，本级可行毕业，嗣后各分东西，玩阅级史，不知级友作何感想也。

十八年六月十日徐幼初记述

附　级友录

姓名	字	学位	通信处
方巽山	岑楼	电机工程科学士	桐庐窄溪镇同泰木行转石阜村
王朝陛	阶平	电机工程科学士	宁海齐物园
朱学祖	叔时	化学工程科学士	嘉兴濮院南横街
朱瓒祖	禹声	电机工程科学士	嘉兴濮院南横街
余瑞生	绍芝	电机工程科学士	泰兴黄桥余复成交
徐幼初	冠雄	化学工程科学士	诸暨城中上大街
倪镇澜	定波	电机工程科学士	东阳横店转荷叶塘
陈毓麟	同素	化学工程科学士	苏州封门内望星桥十七号
冯宗蔚	九霞	电机工程科学士	江苏昆山真义镇
闵任	任之	化学工程科学士	上海法租界吕班路陶尔斐司路三十五号
张钟玥	涤砄	化学工程科学士	四川成都少城过街楼 134 号
裘桂元	宏达	化学工程科学士	苏州仓街三官衖
潘炳天	伯超	电机工程科学士	诸暨枫桥育婴堂转
钱高信	光沂	电机工程科学士	嵊县长乐镇

《国立浙江大学第二届毕业纪念刊》，民国十九年六月

在甲种工业学校

(1939年5月)

汪馥泉[①]

我进的中学是杭州的“甲种工业学校”(现在浙江大学工学院的前身)。那时的编制,是预科一年,本科三年;我因为在小学里喜欢算学,所以小学毕业还缺少一个学期的时候,就越级考入本科一年级。

我在中学里学习的学科,与我现在研究的学术及吃饭的行当,全无关系;但是我相信我现在有一点科学的头脑,是靠了中学里学习的学科,尤其是算学的。

中学里的教职员及同学,因为“行当”不同,很少请益交接的机会。

同学中始终保持着友谊的,只有褚保时。我们一同到日本;从日本回来,我在南方,他在北方,总通着信;他自北方南来,又常常交谈了。他在财政部所属机关做研究工作,还译著了些书(如《银与中国》等,在商务出版)。他去年逝世了,那时我在香港,不能诀别,遗憾万千!

教职员中有几位还有着深刻的印象:

校长徐堃炳[②](缄甫)先生,记得那时已是五十许的老人,他在学校里是吃旱烟的。他开除过我一次(真实的原因是因为我发起为了国事发传单之类;表面的原因是和一个职员冲突)。但他破例地收回了他的成命。报载,他现在任浙江省参议员。

国文教员戴道骝先生,记得,是主张桐城派的,满口不离姚鼐;此外他喜欢教我们的是汉赋之类。最近在沈尹默先生府上看到他留着的一张卡片,戴先生大概在上海吧。

另一位国文教员,顽皮的同学们给起了个绰号叫“唔看”(他每讲书讲话总是“唔看”,“唔看”的),他教我们的是袁枚之流的平易的文章,至少,我个人得益非浅。四五年前吧,我到杭州去,还去拜访了他,他在研究文字学,还给了我一篇油印的研究假借的文章。我也喜欢弄弄文字学,但在老师面前,不敢信口雌黄。

一位教中国伦理学史的叶瀚(浩吾)先生,记得用的蔡元培先生的大著。他教得很好,他启发了我的思想,但只教了一个学期左右吧,便到北大去任课了。

一高兴写得太多了。糟蹋纸张,罪过罪过!

《中学生活》第1卷第5期,1939年5月[③]

---

① 汪馥泉(1900—1959),字浚,杭州人。1917年就读于杭州甲种工业学校。1922年日本留学回国,从事进步作品翻译工作,先后在上海公学、复旦大学任教,新中国成立后任浙江省公安厅参事、东北人民大学中文系教授兼图书馆馆长。

② 原文如此,应为许炳堃之误。

③ 《中学生活》,教育专刊。1939年创刊,中学生活社发行,刊登读书、家庭、升学问题等方面的文章。主要撰稿人有茅盾、周谷城、周建人、许广平、陈望道等。

工学院创办之经过①

——许潜夫先生致王院长书

(1947年3月30日)

劲夫老弟:

昨深夜奉电,至感盛意。杭工复校卅五周年,残念尚存,本拟努力参预,无如久病早衰,力有难胜,内子小女,交相谏阻,遂而中止。昨震悟偕商英、鸣时均已行,德纪事阻留宁,存俊亦已先行赴杭,随乃翁回里。兄行动需人,未能应召,甚以为憾,请仿效仲恕先生,以笔代舌,略陈梗概,请缵何先生代表补充。缵何于宣统三年正月廿七日到校上课以来,三十六年中,未尝离校,当知一二。十六年后,振吾先生为手创工院之人,此二十年,请弟与李师合作如何?

逊清宣统元年冬,提学使石屏袁树五先生(嘉谷)乞假三月,归里省亲,调瓯海道闽侯郭啸麓先生(则云)代理。宣统二年春,郭使莅杭,兼抚署总文案,堃适宣统元年经仲恕陈先生(汉第)之介,由浙抚增子固先生(韫)奏调留资办理本省教育及实业。维时劝业道为闽侯董季侯先生(之亮),任堃为劝业公所工艺科长兼矿务科长,同时兼学务公所专门科长及实业科长,故郭使于晤谈间,述欲留永久纪念于浙省,盖有羡于闽侯林迪臣先生于杭府任内创求是、养正、蚕学馆,派学生出国留学,得享盛名,甚至杭人与其子长民先生(宗孟)争柩经年,卒获谅解,不返原籍而葬孤山,每年太阴历四月廿四日,全城公私立各学校,一律放假,虽小学亦全校至孤山祭扫,盖是日为林公生日也。堃学工者,当时浙省有农、商教育,而无工业教育,或因设备费较巨,当局者惮于着手,乃以为言,即席商定以报国寺铜元局为校址,库中剩余铜元为开办费,所有局地房屋、机械悉归工校应用。铜元局与银元局一街之隔,三面环河,河外两面土山,一面城墙,占地百余亩,连山河并计,则二百余亩也。有楼屋数十栋,充学生教职员之宿舍,有工厂数十栋,充实习场所,有物料库等数十栋,分充办事处工场及材料制品储藏处。变售铜元及铜元局机械之一部分压印机,增建讲堂、图书仪器室及工厂宿舍等,又数十栋。

先是,抚署设劝工场于保佑坊,派劝业公所验收,因其屋小于舟,请改为商品陈列馆,而别设劝工场于铜元局。因铜元局停办已久,满局蒿莱,甚至物料库中,草长数尺,瓦砾堆三,为三小丘,高各数丈,围各数十丈也。派工匠、夫役、卫兵守,月糜多重,而藩司粤东颜公靳而不与,至是密拟提学使、劝业道,会呈院奏拨铜元局办中等工业学堂稿,在郭使私室缮签,由堃亲送董公会印,仍交郭使面呈增抚,具折入奏,并由郭使分向军机处、度支部、学部函洽,故经年不决之案,未及三月,已奉奏准。袁使未回,聘函已下,设机械、染织两科,继设工业教员讲习所,分金工、木工、机织、染色。鼎革后改为讲习班,合并为机械、染织二班,二年毕业,不

---

① 许潜夫即许炳堃,王院长即当时浙大工学院院长王国松。许炳堃(1878—1965),字蜓甫,号缄甫,别号潜夫,浙江德清人。1903年留学日本,1907年回国,任浙江劝业所科长,创建浙江省立中等工业学堂,任监督(校长)。民国时期,先后任教育部秘书、教育部上海特派员、公署辅导委员会委员、上海市教育局顾问等职。解放后为浙江省第一届各界人民代表会议特邀代表、浙江文史研究馆馆员、政协浙江省委员会特邀委员、政协上海市委员会委员等。

再续办。同时附设艺徒班,为初级职业程度,亦三年毕业。鼎革以后,校名屡易,初改中等工业学校,旋改甲种工业,五年期工科,高级职业工科等。艺徒班亦屡改为乙种班,三年期工科,初级职业等,并附设机织传习所。科目则增应化、电机等,初级亦增机械、模型、钳工、锻工、铸工、手织、力织、意匠、图案、制版、油脂、制纸、化妆品、制革、浸染、印染等等。民国九年增设工业专门学院,仍附设高初级及传习所,工专先设电机、应化两系,中学毕业之高材生入正科,四年学业。中材入预科一年,再升正科,成绩较逊者,入二年之预科。正科毕业者,其程度不在今之称学士者下也,每周时数多而假期缺少也。

兹有附记者三事,其重要更甚于前,非敢阿私所好:(一)鼎革后复校之速,校中房屋、图画、仪器、校具、机械之毫无损失,此实是杭市黄文林先生(元秀)之力。文林现住涌金门外三雅图旧址。(二)教职员学生之努力。全体同人均视校事如己事,虽日籍永濑久七先生等,亦能以身率教,造成杭工风气。上海纱厂革除工头制,制品与舶来品竞胜,机械保全安善。光、宣间日绸奇货可居,至民初日货冒纬成牌号,边丝改从中国式。提花机、力织机、缫丝机、烘茧机、煮茧机、捻丝机、机织机、牵经机及一切准备机,乃至纺机,均能自造,价廉物美,可与日本产者竞胜,此毕业诸生之成绩也。(三)第三中山大学成立,使工专、杭工未毕业诸生,咸得继续求学,杭工附设,且得延长至十年之久,此蒋梦麟、李振吾两先生之大德。堃老矣,记忆力已失,其详情请诸同仁补之,匆匆不尽。敬颂

浙大万岁!工学院万岁!报国工业会万岁!

兄堃拜手
卅六年三月卅日上午

《国立浙江大学校刊》复刊第152期,民国三十六年五月十九日

省立甲种农业学校历史

(1947年6月9日)

高维魏[①]

农校一部分历史,追溯至清宣统二年,时官方设农业教员讲习所,地址在马坡巷。一年后,有人发起拟办中等农业学校,旋武汉起义浙江光复,教部令改为甲种农业学校,派吴崍为校长,在今清华中学地址,建设校舍。同年4月21日,迁校舍至笕桥,农校前身正式成立。科目先有农业与森林二科。六年,浙省驻有军队,内有马匹,当即添办兽医科,聘日本教师为医官。七年,余入农校执教,十一年下半年,改任校长。时第三届省议会以学兽医者太少,议决停办,而转学困难,余力主维持现状,虽经费无着,余自愿垫补。并向省议会请愿。次年,学生亦前往请愿,省议会遂通过发半费之议,此辈毕业学生,以后均为各部队所聘用,且有供不应求之趋势,今英大教授项廷萱即为其中之一。十二年改为农业专门学校,十四年由钱大鹤先生继任。改为劳农学院,李德义先生一度任校长。其历史大致如此。

---

① 高维魏(1888—1969),字孟征,浙江杭州人。日本东京帝国大学毕业,1921年12月至1923年12月、1925年1月至11月期间担任浙江甲种农业专门学校校长。

余以为农学院应增设畜牧、兽医二系，血清制造亦包括在内，森林系亦颇为重要，盖浙东多为山林地带，森林之保养与生产，颇为重要也。

赵昭昞记

《国立浙江大学校刊》复刊第156期，三十六年六月九日

浙江省立中等工业学堂创办经过及其影响

（附机织传习所）

（1962年1月）

许炳堃

一九一〇年夏，浙江提学使袁嘉谷请假三月，回云南石屏县省亲，由温处道福建闽侯人郭则沄代理。郭以闽侯林启在杭州知府任内殁后，杭人与其家属争柩，留葬孤山，并在墓侧建立林社，供奉神象和神主，每年四月二十日（林的死日），全城学校师生追念林办学功绩，均往孤山祭奠，[①]弥切羡慕；乃商之学务公所（提学司的办公机构）的专门科长兼实业科长许炳堃，冀在代理期间亦为自身办一永留纪念之事。商讨结果，遂办一杭州前所未有的工业学堂。因许本人系学工科出身，企图用其所学，故代郭如此筹划；同时也由于还有其他有利的条件；否则要在郭代理期内建立一所工业学堂，谈何容易。先此，劝业道董元亮因验收王道（伯恭）建筑劝工场事得罪巡抚增韫，增责成董办劝工场（觅得蒲场巷场官弄报国寺已停办的铜元局充场址；房屋、动力和金工、木工、铸工、锻工各工场俱全；原铜元局办公处及职员宿舍，可以利用；铜元库中又贮有铜元廿余万元，可充修缮和开办费及经常费；但藩司颜某靳而不予），至董所兼抚署总文案一职，因郭父是军机大臣，即委郭接替。董与郭既为前后任的总文案，又是同乡，于是许（时兼劝业公所——劝业道的办公机构——科长）即以验收劝工场建筑及旧铜元局事详细告郭。郭与董洽商后，即会衔呈请抚署，避开征求藩司意见的手续；增抚立即据以奏请；清廷亦未交户部和学部议复，下皆照准。若照通常途径，至快须半年始克办妥，迟则延搁经年或竟烟消云散。抚署奉朱批后，即分行藩、学两司，并聘定许为浙江省立中等工业学堂（以下简称杭工）的监督，负责筹建，定翌年正月开课。藩司奉行知后，即将铜元库的铜元变价，拨给开办费银二万两，合银元三万二千元；直到开学后九个月杭州光复时为止，未续拨分文。原定开办费四万两，经常费九千数百两，情同赖帐。尤其是将奉旨拨归学堂的铜元，擅自拨给钱庄变价后吞没，更属胆大妄为。

杭工的建设与当时地方经济情况亦有关系。一则杭州绸业，由在同（治）光（绪）间胜过南京夺得市场的优势，转为光绪中叶市场被苏州绸业夺去之劣势（到光绪末年，杭州熟货——精练染色后织成者——织机仅剩四百余台，生货——织成后再付练染者——织机亦仅剩七百余台），浙人有复兴绸业的需求；二则当时机械修配工业尚未萌芽，不能适应生产、

---

① 原注：林启办学事，见本辑郑晓沧所著一文。戊戌政变后，为防革命党人潜伏，全国新学，一律禁止，浙抚张曾敭力主停办各校，林采纳其僚佐高凤岐的建议，力争续办，愿以全家生命担保各校无革命党人，张为之动容，据以奏闻，各校得如前发展。

生活上的需要,如小火轮的推进器损坏,乃至配一螺丝,亦须赴上海购办,更使人要求能在本省有修配机械的工厂与人材。所以杭工计划先设机械、机织、染色三科,并附设艺徒班(后称乙种工业和初级工科),计分金工、木工、铸工、锻工、原动、手织、力织、准备、图案、意匠、染练、印花等部门。又为培养教师计,并附设"浙江省立中等工业教员养成所"(光复后第一期毕业即停办),分金工、木工、机织、染色四班。

杭州于一九一一年九月十五日光复,杭工上课到十四日下午四时,学生请假者仅五人,员工无请假者。这天是星期六,课后师生一部分回家,翌日始全部星散。黄元秀所率学兵营进驻杭工校舍,屡经交涉,至翌年三月始撤至他处,杭工于四月复课。邻近各校,图书仪器损失殆尽,但杭工仅少餐桌数张,条凳十余条,窗上玻璃和仪器室玻璃仪器被击碎而已;损失总计不及千元。

光复后,杭工改称浙江甲种工业学校,又改称高级工科,一九二〇年升格为浙江省工业专门学校,仍附设高级工科和初级工科;至一九二七年改为第三中山大学的工学院,后为浙江大学的工学院。

光复后,杭工增设一年制补习班,后又正名为预科,并增设电机、化工两科。工专预科一年,本科三年(后改为四年)毕业,有电机和化工两科,用大学教程。工专毕业了四届,共八十九人。其余各班毕业生截至一九二四年止,甲工和高级工科,不到千人;艺徒、乙种和初级工科数百人。

杭工初办时鉴于中国机械学者有的甚至不认识扳手(紧螺丝的手工具),挥不动鎯头(不说十二磅以上的,即六磅八磅的亦咸困难),即学机织的监督许炳堃,对扎综絖和吊龙头线等也搞不好,经丝开口不平,制提花机的纹板不能与提花机枕头针孔相符;又当时工厂行工头制,极不合理;故办学方针,定为养成手脑并用的中等技术人员,和改进工头制的管理方式。学科定每周廿四小时(体操、图画在内),实习定每周十八小时,实习成绩与课本知识并重。又因那时高小毕业生年龄较大,国文基础较好,数学有的学过小代数,并有学过英文的,为欲与日本的中等技术学校争短长,数学竟教至微积分和大代数,青年实不胜学习上的重负。又由于工校监督不但少办学经验,又有封建思想,学生毕业成绩,分操行、学科、体育三项来评定,有一不及格时,虽平均分数及格,毕业时只给予修业完毕证书(不同于毕业证书),同时给学生在就业和工作上许多困难。当时评定操行的标准,只是一些封建道德;所谓体育,只是军国主义式的体操;而杭工以此衡量学生业绩,及今回顾,洵属错误,故教学效率不高。因功课繁重,学生身体不支者有之,因他故中途退学者有之,加以光复时辍学者过半,本科第一班的一百五十人,毕业时仅得廿五人,教员养成所二百人,毕业亦仅廿五人。后来对规章制度、教学科目、课程与评定业绩方法逐步改进,但直到一九二三年许辞职为止,仍未能适应社会和学生的需要。

但对工业生产方面,杭工倒起了一定的推进作用。如机械科毕业生在杭州组织了几所前所未有的铁工厂,仿制了提花机及各种机械配件;以武林铁工厂为最著(该厂并会仿制铜扣)。杭州各机织手工业工厂之发展,可说均属在杭工学生任管理员之下取得的;主力军则是机织传习生。

在上海的毕业生除铁工外,首先改棉纺厂的工头制为管理员制;又创立并发展了丝织物工厂。嘉兴和上海的四个绢纺厂,为中国前所未有之工业,自建设至生产,均出自杭工毕业生之手。丝织物图案意匠等的进步,多赖杭工毕业生;丝织风景、照相、美术图画等,始于工校,成于都锦生。至染色和应用化学两科,未有显著成就;虽试办了制革和肥皂等厂,未能起推广的作用。

附 杭工附设机织传习所略记

光(绪)宣(统)之际,浙江绸业,已衰退至不易复振的地步。因工具陈旧,生产率低,每机每日只能织锻四五尺,绸七八尺,一机须三人合作,其助手二人只有极不良的饭食而无工资。机纺均为家庭工业,每户一机,夫妻儿女共同生产。家庭人手少的收受学徒。光复后民政部长褚辅成为了复兴绸业,在没收自绸业会馆之二十余万元资金中,拨出一万五千元交杭工办机织传习所。以前机织绸缎花纹,须有人挽花,传习所改用日本仿自法国式的提花机,每日可织绸一丈数尺到二三丈,花纹精细,并省挽工一人,织工工资可增到每月三十元以至九十元。因求速成,先招收熟货机的织工来学习,四十日便可上机工作。他们的劳动强度减轻,而工资可增五六倍以至十数倍,成品精美而用丝反可减少,每尺售价由数角或一元增至二三元。三年以后,招收生货机织工,每学期为两个月;后并招布机织工,学习三个月以至一年。每期均在杭、绍、嘉、湖四处分招。毕业者前后约二千人。

清末劝业所曾提倡提花机,但观成堂(绸业会馆)的董事们不肯使用;直至传习所毕业生出校,首先是纬成公司,后来虎林公司及各绸庄竞设机织工场,雇佣传习生。继而绍兴(下方桥)、湖州、嘉兴(王江泾)乃至盛泽、苏州等处均用提花机。杭、湖两地新式机增到万台以上,绍兴亦增至五六千台,起了推进生产的作用。甚至日本绸缎向用一色边的,亦改为中国式的五彩边,且有冒用中国绸厂牌号的。

但传习所学生也有起过坏作用的。如某年杭州蒋广昌绸庄职工罢工,管理员倪克终(杭工乙种—初级工科—毕业)竟在厂内诱惑工人复工,未成,又到传习所邀去练习生三人,替厂内开梭,次日即有工人被劝诱复工,破坏了工人阶级的团结而使罢工失败。其他绸厂,也有类似破坏罢工的行动。

政协浙江省委员会文史委编《浙江文史资料选辑》第1辑,浙江人民出版社1962年版

浙江公立工业专门学校校史纪要

(1963年5月1日)

王国松①

浙江的工业教育开始在1910年,即清宣统二年,由巡抚增韫专案奏准,并聘许炳堃为监督,在杭州蒲场巷(现称大学路)报国寺,就已经停办的铜元局房屋和机器,筹建浙江中等工业学堂。1911年3月正式开课,设机械、染织(以后分为机织、染色)二科,并附设艺徒班。这

① 王国松(1903—1983),字劲夫,浙江温州人。1925年毕业于浙江公立工业专门学校,1930年赴美国康耐尔大学公费留学,先后获电机工程硕士、哲学博士学位。回国后,历任浙江大学副教授、教授、电机系系主任、工学院院长。1950年任浙江大学副校长、代校长。

年11月5日杭州光复,学校停课数月,至翌年4月复课。1913年学校改称浙江公立(以后改省立)甲种工业学校。几年内陆续添建校舍,增加图书设备,办理认真,管教很严,颇得社会人士的好评。这在旧社会当然是以纯技术观点来评价的。对于工业生产,如机械制造、机织等,起了一定的推动作用。1918年增设应用化学科,第二年又增设电气机械科。这时政府与省议会都有把它改组为专门学校之议。以上情况,许炳堃先生写有《浙江省立中等工业学堂创办经过及其影响》一文,登载在本刊第一辑中。

浙江教育比较发达,每年中学毕业生很多。在1915年全国掀起反对袁世凯与日本签订“二十一条”卖国条约及抵制日货运动以后,社会上不断提出“提倡实业”、“工业救国”等口号;而各校部分学生也认为学习实科,将来比较有出路,因此志愿学习工科的逐渐增多;而当时浙江的高等学校只有法政和医专(浙江医科大学的前身)两校,故中学毕业生想学习工科,近则须至上海、南京,远则至天津、北京或东渡日本,各方面都感到有添办工业专门学校的迫切需要。浙江省议会部分议员,以浙江省立甲种工业学校开办以来,成绩较好,校誉亦佳,因此建议将此校升格为浙江公立工业专门学校;原有甲种工业学校改由工专附设,新招甲种学生,改称甲种讲习班,艺徒改为乙种讲习生;并拟具办法及预算,经省议会通过后咨请政府照案执行。至1920年秋实行升格,设电气机械科和应用化学科(以后改称电机工程科和化学工程科),学制定为四年,预科一年,本科三年。工校既稍有声誉,这年暑假又值直皖战争,去北方投考的学生,一到天津、北京,即行南返,因此投考浙江工专的学生比较多,志愿电机科的更多。结果两科共录取一百人,另加备取十余人,都是男生。作者就是这年入学的。第二年起将预科分为两种,以入学考试的数学分数为分班的标准:四十分以上的入一年制的预科,不到四十分的入二年制的预科。

1921年3月27日是工校创办十周年纪念,亦即工专成立后的第一年,举行第二次展览会(按:第一次展览会在1913年12月22至27日举行,观众在二万人以上),会期五日,参观者每天约计万人。本校各工场出品,和与学校有关系的各厂家的出品,都拿到会场陈列,销售很广,使一般观众了解工业教育的重要,以及逐渐改进的趋向。1926年5月1日举行十五周年纪念,开第三次展览会。

工专课程设置,与国内其他高等工科学校相仿,主要依照美国工科学院的制度。预科的主要课程有国文、英文、高等代数、解析几何、微分、物理、化学、投影画等课;电机科本科主要课程有德文、积分、物理、制图、机构制造法、应用力学、材料力学、机构学、机构材料、电磁学、热力学、锅炉和蒸汽机、蒸汽涡轮、内燃机、水力学及水力机、机械设计、交流理论、电力机械、电报、电话、无线电、电灯照明、电力输送、电气铁道、电机设计、发电厂设计等课;应化科本科课程主要的有德文、积分、物理、制图、材料及力学、水力学、机构学、有机化学、矿物、物理化学、化工原理、工业化学、电工学、电气化学、化工机械、发动机冶金、应用化学、工艺设计、燃料及工业炉、分析等课。所用课本都是英文原本,在一个省立专门学校内全用外文课本,实不合理,且使英文基础差的学生学习上感到困难,但学生们是比较勤学的,学风也较为踏实。

学校开办初期,师资缺乏,教师中电机科主任严观涛和应化科主任吴钦烈是留美的,其余一部分是留日的。设备除原有机械工厂基础较好外,电机和化工设备是不足的。第二年起,师资陆续增加,徐守桢来校教英文、力学等课,陈建功自日本回国来校教数学,杨耀德亦回国来校任教。又着手购置电磁测定仪器和电力机械设备,把这两个实验室逐步装置起来,开出实验课程。化工方面利用原有实验室和肥皂、造纸、制革等雏形工场，作为实验之用。为了充实学校图书，学生们曾发起与教师一起组织图书募捐委员会，向校内外募得图书一批。还组织购书委员会，直接向国外购买书籍，得到优待折扣。

工专沿用"诚朴"二字为校训，学生生活比较勤俭朴素，穿着斜纹布的制服，冬天室温不降到4℃，不准穿便服。记得一个冬天早晨，天气很冷，我们到金工场实习，手足冻僵，后来室内温度降至4℃，学校才出布告准穿便服，大家听到这个好消息，齐声欢呼，足见当时管训较为严格。学校膳食由同学自办，组织膳食委员会管理之。

工专学生除小部分是甲种工业学校毕业生投考升学的以外，其余大部分来自各地中学。他们在"五四"运动(1919)时，正在中学(旧制)三四年级肄业，受了新思潮的影响，来工专后，对校中墨守成规、用办甲种工校那一套作风来办工专，不甚满意。1922年，许校长出国赴欧美考察，并物色教师，校务由教务主任金培元代理。不久，校中发生风潮，同学要求增聘优良教师，改进教学方法，增加实习设备，提高理论知识。当时浙江教育厅厅长马叙伦曾来校调解，经过相当长的时间，学潮平息，始行复课。1923年5月，许校长回国，以考察欧美高等学校的制度和方法所得的经验，提出办学计划，将本科改为四年制，毕业生优等的授学士学位。对于前三届同学，校中规定凡各科成绩均在七十五分以上，总平均分数在九十分上的也授学士学位；当然合于这个条件的人数是极少的。又将甲、乙种工业讲习班改称五年期、三年期职业学校。邀请校内外有关人士为董事，组织董事会，为全校最高议事机构。许又本其推崇欧美的思想，谓对于师资方面，均将聘欧美留学生来校任教。大家听了上述种种措施非常高兴，满以为学校前途发展很有希望；不料自这年十月开始，许一病数月，且至垂危，后虽幸有转机，终以健康关系，辞去校长职务。他从筹备浙江中等工业学堂开始，到辞去浙江公立工业专门学校校长职务止，先后三十年。此时，浙江工业教育有了一定基础，也培养出一批人才，并对工业生产起了一定的推进作用。

当时继任校长人选，是学生们最关心的问题，经过几次讨论，学生们提出了新任校长应具备的三个条件：1.品德高尚；2.学问渊博的欧美留学生；3.在社会上有活动能力的。并派代表去见教育厅厅长张宗祥，陈述对于新校长人选的意见。许在辞呈中就教师中推荐继任人选，有"或兼顾为难，或风裁太峻，或崖岸自高，或资望较浅"等语；最后推荐了徐守桢(字崇简，浙江省高等学校毕业，派赴美国学习冶金)，因徐任汉冶萍公司高炉工程师时，每日登铁桥高空作业，从未间断，许校长对他很为钦佩。结果浙江省政当局发表徐崇简继任校长。此后设备逐渐增加，教师也陆续聘到，王琎曾来校任化工科主任一年，电机科教师如鲍国宝、褚凤章不仅教课很好，而且能为学生找实习机会和出路，均为学生所敬仰。部分功课还请上海、南京学校教师如徐名材、徐佩璜、杨杏佛等来校兼课。工专同学对于教师的要求较高，既要有学问，还要教法好，以后一直到工学院，成为传统。

1924年7月，工专第一班学生毕业。因历年功课繁重，有的跟不上，故学生人数逐渐减少，到毕业时电机科只有十九人，化工科只有十人。工专既系新办学校，与北洋、南洋(交通大学的前身)等著有声誉的工业学校相比，历史浅得多，毕业生出路几乎全靠私人介绍，主要是本校教师；而当时政府各部门和私人企业，门户之见很深，有的单位只肯用某一个学校的毕业生；至于在同一单位，对不同高等学校出来的学生待遇不同是常见之事。学生毕了业，一部分先行回家等候介绍，职业问题常迟迟不能解决，大有毕业即失业之感；而且就业以后，待遇往往很差。例如到上海几个公司、厂家去实习,每日只有津贴银币四角;有的工厂所给的工资,除供给膳食外,每月只有十到二十元。虽然环境如此,待遇很差,而毕业同学还能脚踏实地去做,自己动手操作和修理机器,取得人家的信任。也正是由于这样的锻炼,使他们以后成为能自己动手、有实际经验的工程师以至总工程师。至于在高等教育机关以及其他单位工作的毕业生,也大都能踏实工作,得到各方面的好评,认为"浙江工专毕业的学生,比较朴实耐劳",因此逐渐受到同著名工业学校毕业生的同样待遇,并使学校在社会上的地位提高。以后毕业生组织了毕业生同学会,互相联络,以帮助介绍职业。这种为同学们谋职业,在工程事业方面求发展,为学校名誉地位而组织同学会的作风,带有严重宗派主义的色彩,是旧社会旧制度必然的产物。

1924年9月,江浙地区发生齐卢战争,学校经费停发,至10月中旬才开学。当时国内军阀战争频繁,给国家和人民造成很大的损失;而帝国主义的经济和文化侵略,又咄咄逼人,导致了1925年5月上海发生反对英、日帝国主义的"五卅"惨案。自"五四"运动以后,学生们对于时事,特别是国家大事,颇为重视;校内此时已有中国共产党和共产主义青年团的地下组织;因此在反对帝国主义、反对军阀的历次学生运动中,全校大多数学生能站在杭州学生群众的最前线。这次惨案发生,学生们非常愤慨,自动停课,参加杭州市学生会,担任主席团;参加公团联合会,而为其组织成员之一。又组织话剧团,出外宣传反对帝国主义,抵制日货,募捐支援罢工工人;对此等爱国反帝活动,全体同学都热烈参加。高工学生钱启忠参加宣传队,于6月间乘轮船赴绍兴途中,竟激昂悲愤蹈江而死,全校师生不胜痛悼。后来虽受反动统治压迫,有个别学生被捕,但学生们毫不畏怯,仍是继续进行着英勇的斗争。惟学校行政当局态度保守。1926年10月间,学生们为了配合响应北伐军的到来,反对军阀孙传芳,支援当时浙江省长夏超的起义独立,于10月18日参加市民大会时,发起了名为"革新校务"的政治性风潮,反对校长和许多教职员,封闭学校各处所,工校历年风潮,以这次为最大。因为当时夏超态度动摇,有些举棋不定,校中几位进步学生就把国民革命军第十八军的招牌去挂在省长衙门前面,以求坚定夏超的态度。不料夏超起义以后,其军队在嘉兴一战就被孙传芳军队所击溃,孙部宋梅村又回到杭州。学校继续开学,反动行政当局竟开除闹风潮的学生四十余人,专门部高年级生就都不回校上课。不到一月,北伐军将到杭州,钱塘江南岸各地发生战事,学校又复散学。1927年初,国民革命军到达浙江后,校长徐守桢辞职,校务无人负责,由在校同学组织复课促进会,以谋学校之恢复。4月底,新任校长李熙谋(字振吾,在美国留学时已由许炳堃约聘,回国后又受交大之聘,兼浙江工专教授和训育主任,以后离职)到校,5月初,始行复课,被开除的同学回校,进步力量更加发展,全校成立学生会,此后在杭州反帝、反封建的各项学生运动中,都起着很大作用。

1927年5月,国民党浙江省务委员会通过设立浙江大学研究院计划案,并议决设浙江大学研究院筹备委员会及筹备处。后来因研究院规模较大,需费较多,由筹备委员会议决暂缓设立,提议先筹办大学。同时国民党中央决定浙江试行大学区制,并定名为第三中山大学。七月任蒋梦麟为校长。八月一日改组浙江公立工业专门学校为第三中山大学工学院,聘李熙谋为院长,在原有电机工程科和化学工程科外,增设土木工程科及预科。原有附设的五年期、三年期职业学校改为附设高级工科及初级工科职业学校。1928年4月,第三中山大学改名为浙江大学,七月一日加"国立"二字。这年暑假即有大学工学院第一届毕业生。1930年改科称学系，即现在浙江大学的电机、化工等系。

浙江工专自1920年成立，至1927年改组为第三中山大学工学院，共有七年的历史，其作用不仅使浙江的工业教育提高了一步，同时使浙江的高等教育更有生气，电机工程科在国内是较早设立的一个，化学工程科是国内最早的一个。以后改组为浙江大学工学院，加以扩充，以至解放后经过院系调整成为多科性的工业大学；1957年为适应社会主义建设发展的需要，又增设理科专业，成为多科性理工的浙江大学，更加扩大和充实。工专同学毕业了四届，计电机科六十人，化工科二十四人，共计八十四人。

至于附设高级工科职业学校，自1928年6月起，改名为附设高级工科中学，增设土木科；附设初级工科职业学校，则改为工场艺徒班。1929年7月高工应化科停办，其余电机、机械、土木、染织四科仍继续办理。大学本部以附设高级工科（同时还附设农科）中学，需费不少，有碍大学本身的发展，拟于1930年起将其全部停办，当时浙江省教育厅以本省实业教育本不发达，并无省立工科中学，如新设一校，工场和实验室设备也不是一时所能办得起来，认为浙大有继续附设高级工科中学的必要，因决定将附设高工，改为省立，仍委托浙江大学代办，定名为“国立浙江大学代办浙江省立高级工科中学”，继续招生。1935年8月起又改称“国立浙江大学代办浙江省立杭州高级工业职业学校”。1937年抗日战争发生，杭州处在战争前线，高工迁至萧山的浙大湘湖农场上课，至十一月战事形势逼近杭州，高工随大学自湘湖迁至建德，正在筹划复课之际，教育厅以经费困难，命将高工遣散，以后就此停办了。自1911年浙江开办中等工业学堂以来，至高工停办止，共有二十六年多的历史，中间虽经多次更改名称和隶属，但仍保持工校的原有传统，统称为杭工，培养出不少的中等工业技术人材。

一九六三年五月一日于浙江大学

政协浙江省委员会文史委编《浙江文史资料选辑》第10辑，浙江人民出版社1978年版

在甲种工业学校的日子里

（1994年）

常书鸿[①]

我在高小毕业后（大约在1918年），父亲强调要我投考工业学校。我在犹豫不决时，忽然听说中学的一个教员要去考留法勤工俭学。那时我才15岁，怀着一种好胜的心情，悄悄地向老师问明报名的种种办法，便背着父母报上了名。但这次因为不会法文，没有被录取。不得已，我只好遵照父亲的旨意，投考浙江省立甲种工业学校的电机科。虽然被录取了，但因为数学考试成绩不好，第二个学期我根据自己的意愿，改选了染织科，因为在染织科里有染织图案和染色等科，总算还有一点绘画造型的意趣。

---

① 常书鸿（1904—1994），别名廷芳，满族，生于浙江杭州，1918年入省立甲种工业学校染织科学习，毕业后留校任教，1927年去法国学习油画，毕业回国后任北平艺专教授、教育部美术教育委员会委员，1943年任国立敦煌艺术研究所所长。1949年后历任敦煌文物研究所所长、国家文物局顾问、全国人大代表、全国政协委员等。

当我转到染织科的时候,碰到一个和我意趣相同的同学,他的名字叫沈西苓,是沈兹九先生的弟弟,他的父亲是浙江规模最大的“伟成”丝织公司的负责人之一。当时沈兹九先生已在日本帝国美术大学留学,沈西苓也是非常喜欢绘画的,但他父亲为了让儿子继承父业,一定要他学染织,这样一来我俩在染织科成了志同道合的好朋友。我们常常去看染织图案,对好看的各种染色绸布进行研究、讨论。我们从染织图案的纹样造型和色彩,联系到西洋画坛上的各种流派;从绸布浸染的色彩变化,议论到当时法国印象主义画家高更在塔伊底土人服装色彩的启发下创造的象征主义画派。我们还悄悄地参加了由名画家丰子恺、周天初等人组织的西湖画会,这个画会里有不少青年学生和业余美术工作者。我们每逢星期日或假日,一同到西子湖畔去写生,孤山的红梅与平湖秋月的莲花,都是我们画笔写生的对象。我们还把写生作品在茶馆或饭店陈列展览,听取意见,互相批评,以资改进。我特别爱好人物,从各种画刊杂志中搜集国内外名家的彩色画片,在家临摹。为了减轻日渐衰落的家庭负担,我还抽出时间用木炭画象。

1923年,我们已学完浙江省立甲种工业学校的课程。按照这个学校的制度,每年要收留各专业成绩优秀的毕业生,在学校里做教学工作。在毕业典礼上,我被宣布留在母校,担任染织科纹工场管理和预科的美术教员。沈西苓则由他父亲决定去日本自费留学,在离别前,我们依依不舍,希望能够共同再走上新的学习岗位。尽管西苓和他父亲愿意资助我去日本学习,但由于我家庭困难,还是未能同舟共行。当时,我还有一个更高的奢望——去法国,我认为学洋画去日本不如去巴黎。

是年秋季,我开始走上母校给我安排的新岗位,先去纹工场报到。这个工场原来的管理员叫都锦生,就是后来杭州很有名的“都锦生丝织厂”的创办人。纹工场是设计制作丝织物纹样图案、意匠的工场,从事制图、意匠、纹板轧制等一系列准备工序,使丝织物通过提花机,生产漂亮的杭州特产丝绸和华丝葛,此外还可以制织各种风景、肖像和人物。这个工场里,既有美术的图案绘画,也有机械的工业制造。都锦生是我的老同学,那时他已在自己家中弄了一个小作坊,利用纹工场设备,开始生产织锦和西湖风景等,因此他希望早一点离开纹工场,专门从事他自己经营的小工厂,但苦于没有适当的人来接替。当他知道我去纹工场时,便感激地将工场和十余个艺徒都交给我管理,说:“由于你的帮助,我可以放手从事都锦生丝织厂的发展,我将来一定会报答你的。”

原载常书鸿《九十春秋——敦煌五十年》,浙江大学出版社1994年版

许炳堃先生年谱(节选)[①]

(1997年)

蔡剑飞

许炳堃,字蜓甫,号缄甫,别字潜夫,谱名普培,法名圆照。浙江省德清县人。许氏祖籍

① 该年谱为德清乡土文化研究学者蔡剑飞先生所著,1997年发表于《德清文史资料》第6辑,本书节选了许炳堃创办及主持工业学堂(校)的章节(1908—1927)。

句容县(今属江苏省)。宋靖康二年(1127)知枢密院事许份,随从宋高宗南迁,因直谏,左迁安吉县令,即在安吉县赤坞安家。传至明初,第七世许柔(字叔刚)始迁居德清县乌牛山南麓,为许氏德清始祖(一世)。后裔分为六支,先生为第六支第十五世。父许士英,字菊人,少年训蒙,中年行医。母蔡坤生,勾垒到宿兜人。

先生任浙江省立工校校长13年,培育了大批工业技术人员(工专毕业四届,共89人,甲工毕业生近千人,乙工几百人),促进了浙江工业的发展,并为巩固和提高工业教育,为以后发展成浙江大学工学院奠定了基础。

工校的校训是"诚朴",要求学生戒欺、戒妄、戒虚、戒浮、戒骄、戒惰。毕业生工作踏实、主动,刻苦耐劳,不计较环境、博得各方面的好评。工校所形成的这种艰苦朴素和理论结合实践的校风,在改组为第三中山大学和浙大工学院后,得以继承和发扬,成为浙江教育界的优良传统。

为求复兴绸业兼谋工校与传习所毕业生的实习和出路,先生提倡并筹划了长时期的厂校合作。先后合股(小股)创办杭州纬成和虎林丝织公司,在这影响下,浙江各地及上海、苏州纷纷开设绸厂,不下数百家,大都由工校供应技术资料,输送技术人员。例如上海美亚绸厂的技术主持人童辛伯,工校乙种毕业;宝华绸厂主持人钱伯熙,传习所毕业。先生又发起创办了武林铁工厂,生产提花机、力织机以及机械配件,在推动浙、沪丝绸业方面起了重大作用.在这些厂内,改进了不合理的工厂管理制度,变工头制为管理员制。毕业生都锦生继承了工校的集体创作,创建了都锦生丝织厂,为发展丝织工艺美术作出了贡献。嘉兴和上海的四个绢纺厂,为当时我国前所未有,都由工校毕业生筹建。

当时,毕业生的工作要靠校长和教师推荐,先生借助厂校合作关系及宾它社会渠道,为毕业生就业作了大量工作。优秀毕业生留校工作者,数年后多有通过浙江官费或其它关系,推荐出国深造,德清人留学日本的很多,其中不少即由先生介绍。

由于先生为发展教育、兴办实业成绩卓著,1917至1920年,曾先后获三、四、五等嘉禾勋章。

中华人民共和国成立以后,先生虚心学习,努力追求进步,直至88岁高龄在写给挚友施刚翼先生信中,仍坚定表示"不甘虚度此生,仍在努力学习。"1950年,以特邀代表出席浙江省第一届各界人民代表会议,省政府聘任为省文史研究馆馆员。1955年,特邀为中国人民政治协商会议浙江省第一届委员会委员。1964年9月任政协上海市第四届委员会委员,积极参政议政,关心家乡各方面建设事业。

光绪二十九年癸卯(1903),26岁

1月,由友人集资,赴日本留学,务本学塾改聘邑人黄开甲(苒园)接任,塾址迁西邻戴侯庙真身楼(今粮机厂后部)。

4月,入日本东京小石川区清华学校补习。

光绪三十年甲辰(1904),27岁

3月,清华学校结业,考取东京高等工业学校机织选科。

7月,补南洋官费空额。

光绪三十二年丙午(1906),29岁

在日本学习。3月26日,长子德约(守真)生。

暑假归里。九月初,陪同蔡焕文、吴玉、蔡经贤赴日留学。

光绪三十三年丁未(1907),30岁

7月,东京高等工业学校机织选科结业。

9月,入麻布区日清纺织株式会社纺纱工场实习。

光绪三十四年戊申(1908),31岁

1月,又到京都捻丝再整会社捻丝工场实习。6月15日,次子德纪(葆真)生。9月,从日本回国,应清廷留学生考试,考取优等,给工科举人。是年,应邀为预备立宪公会会员。

宣统元年己酉(1909),32岁

春,应清廷殿试,考取一等,以内阁中书任用,在北京候补。夏,由浙江巡抚增韫奏调回浙,办理教育和实业。出任浙江省劝业公所(劝业道的办公机构)科长兼第一手艺传习所所长,又兼浙江清理财政局议绅。

宣统二年庚戌(1910),33岁

11月26日,巡抚增韫专案奏准创办浙江省立中等工业学堂,聘先生为监督(校长),负责筹建。校址设杭州蒲场巷(今大学路)场官弄报国寺已停办的铜元局内。

宣统三年辛亥(1911),34岁

3月27日,浙江中等工业学堂开学,设机械、染织二科,修业期限三年。附设艺徒班,亦三年毕业。为培养师资,又设浙江省立中等工业教员养成所,二年毕业。

11月4日中午,抚署电话通知于午后召集官绅紧急会议,讨论宣布独立问题,先生出席。5日,杭州光复。是月,先生出任浙江省盐政局秘书,因政策方面意见不合而辞职,任职仅7天。

民国元年壬子(1912),35岁

1月,任浙江省民政部实业科科长。同月,浙江省设临时省议会,每县推举1人组成。先生被推举为临时省议会议员。同时,与朱光焘集资2万元,筹备纬成丝织厂,为学校毕业生安排就业。

3月15日,浙江中等工业学堂复课,改名浙江公立中等工业学校,先生仍任校长,兼机织传习所所长。5月,机织传习所开学。秋,当选浙江省第一届省议员,兼任四省(冀鲁江浙)公立河海工程专门学校(校址在天津)校董。

民国二年癸丑(1913),36岁

浙江公立中等工业学校改名浙江省立甲种工业学校,修业期限改为四年制,另设一年制预科;艺徒班改称乙种工业学校。租马坡巷水香阁为分校。纬成丝织股份有限公司正式成立,任董事,增资4万元。向来由人工挽花的木机机坊至此开始改革为应用提花机的绸厂。

12月25日,工校举办展览会三天,参观市民达2万人次。

民国三年甲寅(1914),37岁

2月10日,先生和浙江省议会议员18人联名致函浙江省都督,要他宣布独立。袁世凯命令都督查办。

7月,甲种工业学校第一班毕业,计染织科15人,机械科9人。

是年,杭州虎林丝织公司创办,任董事。杭州武林铁工厂创立。纬成公司增设制丝部,有日式小篗座缫丝车100台。先生和族侄许德修等请德清县知事拨县税公款,修固烙铁兜及浚治县河。

民国四年乙卯(1915)**,38 岁**

是年,先生考察浙西水利地貌,写出《浙西水利刍议》小册子,分送省议会议员。

民国五年丙辰(1916)**,39 岁**

8 月,甲工第二班修业期满,留校补习一年,与第三班同时毕业。

民国六年丁巳(1917)**,40 岁**

由于先生办理实业教育卓有成绩,新任省长呈请总统授与三等嘉禾勋章。

武林铁工厂仿造提花机成功。虎林公司开始收茧缫丝。

民国七年戊午(1918)**,41 岁**

工校增设应用化学科,设置制纸、制革、油脂工场。

民国八年己未(1919)**,42 岁**

工校增设电机科和电机实验室。

5 月 8 日,全校学生参加杭州中等以上学校"五四"运动集会。6 月下旬,杭州成立学生联合会,推举工校学生方兆镐为会长。校中组织校友会,团结校内师生进行斗争。又组织报国工业会,由先生任会长,团结毕业校友及传习生,支援学生运动。9 月,工校学生沈乃熙(夏衍)及毕业生汪霞泉等,与省立一中、第一师范学生共 27 人。合办一个以提倡新文学、鼓吹新思想为旨的半月刊《双十》,于 10 月 10 日创刊。11 月 1 日改名为《浙江新潮》。由于发表《非孝》一文而被军阀政府查禁,编辑者被省警察厅列入黑名单。而工校参与的学生仅受到校长许先生的一番温语有加的训诫,没有被开除,也没有受处分。11 月始发《报国工业会会刊》,由先生署名发表《发刊词》。至民国十四年共出版 6 期。

民国九年庚申(1920)**43 岁**

春,浙江省当局解散省立第一师范,工校学生联合杭州各校学生起而反抗,进行英勇斗争。6 月,新任省长聘任先生为省长公署顾问兼省实业厅咨议,并呈请总统授与四等嘉禾勋章。

秋,工校升格为浙江公立工业专门学校,四年制,设电气机械科、应用化学科,仍附设高级工科(甲种工校)和初级工科(乙种工校),先生续任校长。冬,先生当选为浙江省教育会会长。

民国十年辛酉(1921)**,44 岁**

3 月 27 日,工校为创校 10 周年纪念,举办大型展览会,展品有学校各工场出品和与学校有关系的各厂产品,会期 5 天,参观者日达万人,展品销售大半。

是年,先生向省长建议办理土地陈报,丈量全省田亩,以改进浙江田赋工作,并得德清县知事的同意,在德清作试点推行。但因主事者吴某为吸鸦片被人告发入狱,试点无结果。

民国十一年壬戌(1922)**,45 岁**

春,浙江省长公署派先生赴欧美考察教育和实业,并受浙江丝绸业委托,考察丝绸业的发展方向。教育方面,考察高等教育制度,物色工专教育人才。

是年,工校学生为省议会削减工校预算并强迫停办机织传习所,进行罢课斗争。

民国十二年癸亥(1923)**,46 岁**

4 月,先生回国。工专改为本科四年,预科一年。对前三届优秀毕业生也授予学士学位。附设的甲种、乙种工业学校改为五年、三年制的职业学校。邀请校内外有关人士任校董,组成校董会。

8月,杭州安定中学成立校董会,推选先生和陈叔通、朱谋先、蔡谅友等29人为校董。

是年,先生与郑晓沧等教育界人士拟议筹建大学,校址勘定万松岭敷文书院,未果。

10月11日,浙江省长公署令机织传习所结束.先后11年,毕业2000余人。传习所招收杭、嘉、湖、绍四地失业旧职工,学习40天便可上机操作。使用日本仿法国式提花机操作,速度快而成品精美,用丝少,劳动强度轻而工资多。后一阶段还招收布机织工,学习期为2—7个月。

民国十三年甲子(1924),47岁

1月,大病后尽辞本兼备职。是年,在杭州市郊寺院休养,取别号潜夫,以明退隐之志。

民国十四年乙丑(1925),48岁

先生取法名圆照,信佛茹素。此后研究佛经,常与佛教界人士往来。曾耗资向日本购置南传佛经一整套(国内仅此一部,后由北京佛教协会收藏),并译出其日文序文,由浙大王国松教授收藏,"文革"后转辗寄北京赵朴初,与原佛经收藏一起。

民国十五年丙寅(1926),49岁

6月1日,工校创校15周年纪念,举办第三次展览会。

民国十六年丁卯(1927),50岁

先生参加国立第三中山大学筹备会。大学于8月1日成立,改组工专为工学院,设电机工程、化学工程、土木工程三科,仍附设高、初级工科职业学校。

德清县政协文史与宗教委员会编印《德清文史资料》第6辑,1997年12月

懒寻旧梦录(节选)①

(2006年)

夏衍(沈乃熙)

一九一五年九月,我进了浙江公立甲种工业学校,校址在蒲场巷场官衖报国寺。这个地方原来叫铜元局,停铸铜元之后,改为"劝工场"。由于这个历史原因,学校里附设有动力、金工、木工、铸工、锻工,以及染练设备。校长许炳堃,字缄甫,也是德清人,是清末最早派到日本去学工的留学生之一。他是一个"实业救国主义"者,对事业有抱负,处事严格,我记得入学那一天,这位校长就对我们讲了一通办学救国之道,反复讲了"甲工"的校训"诚朴"二字的意义。他主张"手脑并用",强调学工的人不仅要懂得理论,而且要亲手会做。为了要达到这

① 《懒寻旧梦录》(增补本),作者夏衍,三联书店2006年出版,自传体回忆录,作者84岁高龄开始撰写。本书节选了《懒寻旧梦录》(增补本)第二章"从辛亥到五四"中的相关部分。夏衍(1900—1995),原名沈乃熙,字端先,浙江杭州人,现代著名作家和革命文艺活动的领导人。1915年9月进入浙江公立甲种工业学校,1920年毕业。新中国成立后历任上海市委宣传部部长、文化部副部长、中国文联副主席、全国政协常委等职。

个目的，一般说来，“甲工”的功课要比一般中学（如安定中学、宗文中学）多一点，深一点。学制是预科一年，本科四年。我在学当时，一共有机械、纺织、染色、化学等科。由于许校长坚持了手脑并用，“实习不合格就不能毕业”的方针，所以这个学校的毕业生分布在江浙上海等地，对江南一带的纺织、机械工业的发展，应该说是起了一定的作用的。

“铜元局”是个好地方，三面环河，河边有一座小土山，土山外面就是靠庆春门的城墙，有供学校用的办公楼、学生宿舍、附属工厂、实验室、操场、图书馆，占地约二百多亩。

我在这个学校整整呆了五年（一九一五至一九二〇），对我说来，作为一个工科学生，应该说是一个打基础的时期。最初两年，我对外很少接触，后来（主要是一九一九年以后），我才知道在省城里，“甲工”不论在学业上还是管理上，都是办理得最严格的学校。许先生不止一次说过，他要培养的是“有见解有技术的工业人才”，对学生的要求是“有坚强的体质，健全的道德，正确的知识，果毅的精神，敏活的动作，娴熟的技能”。除此之外，大概这位许校长青年时期受过佛教思想的影响，所以除了“诚朴”之外，他还给学生订了“七戒”，这就是：戒欺、戒妄、戒虚、戒浮、戒骄、戒侈、戒惰。他对学生严，对聘请的教师，在当时的杭州也可以说是“一时之选”，我记得起名字的，就有：陈建功、徐守桢、谢迺绩、关振然、恽震、钱昌祚等；杨杏佛也是兼课教师，可惜我没有听过他的课。入校第一年，顺利地过去，两次考试都“名列前茅”。可是到第二年，就紧张了，譬如数学，一般中学只教代数、三角、几何，“甲工”这三门的进度特快，因为三年级就要教微积分和解析几何；英文的进度也比较快，因为这两门都是我的弱点，就必须加倍用功。起初，一直为数学跟不上而苦恼，不久，得到一位机械科的同学盛祖钧的帮助，也就渐渐赶了上去，可以拿八十分了。其次是英文，我每天清晨一定要硬记五至十个英文生字，也是从二年级那时开始的。在小学时期，我作文的成绩比较好，进了“甲工”，又碰上了一位最好的老师谢迺绩先生，他是绍兴人，留学过日本，他不仅学问渊博，诲人不倦，而且思想先进。当时每周作文一篇，他几乎对我的每篇作文都仔细评改，并作贴切的批语。民国五、六年，正是复辟、反复辟和军阀混战时期。当时有一种风气，一到两派军阀打仗，双方都先要发表一篇洋洋洒洒的讨伐宣言，每个军阀都有一批幕客，这类檄文骈四骊六，写得颇有声色，加上那时国事日非，民生艰苦，于是，我们这些中学生写作文，就难免也要受到这种“文风”的影响。学校图书馆里，是看不到“小说”（不论新旧）的，但在同学手里，我也看到过四六体写的言情小说，可是这些东西无病呻吟，和当时的生活离得太远，即使觉得有些句子写得很好，也不会去模仿，但是那些军阀幕僚们写的檄文，我却不知不觉地受了不少影响。一九一六年冬，黄兴、蔡锷相继去世，杭州举行了隆重的联合追悼大会，全市学生都去参加；事后我在作文中写了一篇表面上是追悼黄、蔡，实际上是反对专制政治的作文，感情激动，自己还以为写得很痛快。后来谢老师看了，在文章上加了好几处双圈，但加的批语却是“冰雪聪明，惜锋芒太露”这九个大字。起先，我还不懂得这个批语的意思，谢老师却来找我谈话了。他没有和我谈那篇锋芒太露的作文，却问：“你除了学校里教的书之外，还看些什么书？”起初我不敢回答，因为有“七戒”，明明看了又不说，不也是“妄”吗？于是我说在家里看过《三国演义》，老师点点头，没有反应。我胆大了，说：“最近还看过一本《玉梨魂》。”他摇了摇头，也没有反对的表情。接着又问：“《古文观止》里的那几篇‘列传’，例如《伯夷列传》、《屈原列传》之类，都能读下去了吗？”我点点头说：“有些地方还得问人或者查字典。”他高兴地笑了，然后加重了语气说：

“要用功读这一类文章。好好体会，然后运用他们的长处，叙事清楚，行文简洁。”教师休息室里人很多，我不便多留，站起来告辞了。他摆摆手叫我坐下，问：“你常常看报吧？”我点了点头，他说：“我的批语，主要是说，你受了报上那些坏文章的影响。”我红着脸承认了，又补充了一句：“此外，我还看过《东莱博议》。”谢老师听了之后说：“这本书也不是不可以看，但现在，在你们作文打底子的时候，看了没有好处。”

这一席话，距今已经六十多年了，但我还一直记得很清楚，他的教诲，后来在抗战时期，解放战争时期，我也不止一次忘记过、违反过，写过一些剑拔弩张的文章，但是总的来说，这位恩师的话，我还是常常想起，引以为戒的。

从童年到少年，在“甲工”这几年，可以说是我比较幸福的时期。有良师益友，有宽敞的校舍，有图书馆，还有操场，《学生准则》里有“有坚强的体魄”这一条，所以我也练长跑、踢足球。校址靠近庆春门，所以回家也不远，大约走四五十分钟就可以到家了。1916年，大哥借了一点钱，在靠后门的厢房安装了两架织机，织“杭纺”，为了织绸的原料，每年的春蚕也养的比以前多了。我的嫂嫂是德清城里人，开始见了蚕就怕，因此每逢头蚕、二蚕“三眠”以后，总得临时雇两个短工，采桑叶、换蚕匾……家里的生活似乎好一点了，但是也发生了新的家庭纠纷——这是我星期六回家的晚上，母亲偷偷的告诉我的，概括一句，就是婆媳关系不好，儿子偏袒媳妇，对母亲态度粗暴。对这类事，我当然没有发言权，加上，听邻居讲，我的那位嫂嫂一般说来对婆婆还是比较恭顺的。当然，母亲有她自己的看法。她对我说：你进中学，应该说是一件大事，可假如没有李家干娘把幼甫旧衣服送给你，你像个小叫化子，能上学？他们(指哥嫂)现在宽裕了，你进中学连伙食、书籍零杂费……只不过是四五块钱，都不肯出，这像做长兄的样子吗？……这些看来都是真话，当时学校规定，住读生的学、膳、书籍费，都得在开学后半个月内缴齐，过了期，会计处就在墙上贴榜，写明某某学生欠缴膳费或书籍费若干元，并规定必须于某月某日之前交齐等等。这笔钱我大哥也负担过，例如春蚕收成好，茧价高，那么秋季入学时他是会出钱的；但是除此之外，那就得由我母亲向樊、李两家姑妈和嫁到徐家的大姊和袁家的二姊去想办法。写到这些事，也还有点感到心酸，这倒不单是说明那个时候一个穷孩子读书不容易，而主要是每次会计处贴出的通知上，我榜上有名，在同学面前实在感到难受。穷、苦，这难道是命中注定的吗？我个子小，但身体不比别人差，我从小没有按部就班地上学，可是学业上每次考试都不在第三名之下。那时候学校里是可以向校役订买点心的，如条头糕、麻酥糖之类，这一切我想也不敢想，好朋友分一点给我，我也不敢尝……当时，当然还不知道“均贫富”这种大道理，连康有为的《大同书》也看不懂，所以总觉得穷人总是低人一等，抬不起头来。因此，从小时候起，我就有自卑感，家里来了客人，我不敢见，到亲戚家里去，尽可能躲在角落里，我母亲一直叫我“洞里猫”。但是尽管在这种情况下，我并不服输，“舜何人也，予何人也，有为者亦若是”，这几句话我一直记在心头。不能比贫富，那就比成绩吧，我就凭这点精神——或者说志气，挺起身来，在校五年，除唱歌外，没有一门不在八十分以上。我们染色科人少，大概只有十二个人，我每次考试不是第一就是第二。有一年，我还参加过浙江省运动会，我跑八百码得了个第三。当然，穷还是紧紧地缠着我，杭州多雨水，特别是黄梅天，可是直到二十岁毕业，我始终买不起一双“钉鞋”(当时还没有皮鞋，更没有胶鞋，下雨的时候，除了赤脚，就穿钉鞋，这是牛皮做成而在脚底上有铁钉的雨具)。因此，每逢下雨，布底鞋总是浸透，又没有换替，要一直穿到它自我干燥为止。这种又湿又冷的滋味是十分难受的。大概这件事对我印象太深，所以直到老年(到十年浩劫时)，每逢伤风感冒，或者别的毛病发高烧的时候，我总是反复地做同一个梦，就是穿着湿透了的鞋子在泥泞里走路。

1917年，是一个风云诡变的年头。像走马灯一般的军阀混战，和连绵不断的灾荒，我记得这一年初夏，还发生过一场“浙江独立”的事变。7月，张勋率辫子军入京，拥废帝宣统复辟。当时正是欧战最剧烈的时期，英国人在上海出版了一份印得很漂亮的画报，名叫《诚报》，实际上是英国和联军的宣传品，因此，我们已经知道有飞机这种新式武器，可是飞机第一次在中国内战中出现，却是讨逆军的飞机从北京南苑起飞，向故宫投了一颗炸弹，这就成了轰动全国的特大新闻。按“甲工”的校规，学生“凡学业以外之事，概不预闻”的，但在这时候，这种清规戒律也不知不觉地被打破了，先是学生在“修身”课堂上提问题，后来个别老师也主动和学生谈时事了。特别在这一年11月，俄国发生了十月革命，看报看杂志的学生增加了，当时报刊上都把俄国革命党叫做“过激党”或者“赤党”，英国人办的《诚报》上更不断地登出“赤党”“杀人放火”的照片，这时《诚报》上登的是列宁在演讲的照片——我记得大约是在1918年才看到的，形象实在被歪曲得太可怕了。可是事情也很奇怪，青年人却对这种“可怕的”人和事特别感到兴趣。学校图书室里，除了《之江日报》、《浙江民报》之外，只有一份上海《申报》，可是集体宿舍里，我们却常常可以看到上海的《时事新报》和《民国日报》，因为这两张报上都有一种副刊，不断介绍各种新思潮——乃至报道俄国革命真相的文章。尽管那些文章很难懂，对各种新思潮(如无政府主义、共产主义、工团主义等等)的看法也不一致，但是我们还是生吞活剥地阅读，似懂非懂地议论。到1918年暑假，我从本校毕业生汪馥泉、褚保时那里看到了《新青年》和《解放与改造》，我知道李大钊、陈独秀、胡适之这些新文化领导人的名字，是从这个时候开始的。说也奇怪，我那时正在用功读古文，同时还在背诵《唐诗三百首》等等，可是看了《新青年》这类杂志之后，学古文、看旧书的劲头就消失了。大概从1918年的冬季起，汪馥泉就经常约我和蔡经铭(同班同学)谈话，谈话的地方经常是附属在浙江省立第一师范学校里的浙江省教育会，参加谈话的人，三五个到六七个不等，谈的问题主要是反对中日军事密约，要求废止蓝辛-石井协定，当然也利用聚会交换些时事消息，总的说来，反日爱国是当时讨论的主题。当然，我还记得有一次谈话中，褚保时表示要到北京去，我们问他是否去考大学，他却似乎很秘密地告诉我们，有一位朋友要他去参加工作。这种不定期集会继续了三五次，就停止了，停止的原因也不知道，可能是因为第一次世界大战结束(11月11日)，人们估计时局会发生变化。通过这种谈话，我认识了第一师范的俞秀松、宣中华、施存统，第一中学的查猛济、阮毅成等，并从他们手里，看到了许多报上登过的或者手抄的文章。

跨进1919年，国内外形势都发生了剧烈的变化。1月18日巴黎和会开幕，北京政府派出陆征祥、顾维钧、施肇基等为出席和会的全权代表。一星期后，中国代表在巴黎和会上提出了关于山东问题的说帖，并在全国人民的压力下，顾维钧等在巴黎公布了中日之间缔结的各项密约:二十一条、蓝辛-石井协定、巴黎和会上三国会议解决了山东问题的方案……这就一下子把全中国老百姓激怒了，这年5月4日北京爆发了震惊世界的五四运动。

像闪电，像惊雷，火烧赵家楼的“大快人心事”立即传到了杭州。5月8日杭州中学以上学校学生举行了第一次游行示威。军阀和学校当局似乎没有准备，这次游行没有受到阻碍，学生们贴的标语和喊的口号，也还只是“拒签合约”、“反对曹章陆卖国贼”等等。“甲工”同学大部分参加了游行，据说也只是事先接到了一个从安定中学学生会打来的电话。可是这次示威之后，情势就变了，5月12日的那次规模更大的示威，则是事先有了组织，也就是10日晚间在“一师”举行了一次各校学生代表的集会。我记得，“甲工”的代表是我们公推的机械科的班长方兆镐。由于北京、上海的学生运动已经流了血、捕了人，所以这一次的游行，就决定了要到督军公署、省长公署和省议会去请愿，同时还喊出了“不怕流血”的口号。游行队伍到督军、省长公署的时候，都大门紧闭，上了刺刀的警察站满了岗，无法进去。省议会比较开明，让我们推出五六位代表进去，听取了学生的意见，但也只是表示同情，不作实质性的回答。大家回校之后，连夜开会，商定了两件大事：一是杭市中等以上学校每校选出正式代表二人，筹备正式成立杭州学生联合会；二是以全市各校学生会名义，函请杭州总商会，即日起停止出售日货，并表示，于5月29日起，全市罢课，检查日货。

据我回忆和可以查到的材料，大约在6月初，北京派来了一个北京学生联合会的代表团，团长叫什么名字，我记不起了，高个子，很能讲话，是参加了火烧赵家楼的北京大学学生。为了欢迎这个代表团，杭州几千学生在湖滨公园的公共体育场开了一次大会，北大代表作了报告，然后宣布正式成立浙江中等以上学校学生联合会，并推出方兆镐为会长。大会决定，打电报、发宣言、支援京沪学生的义举，其中最激动人心的，是抵制和搜查日货。首先各校学生分别组成六七人一组的检查队，到贩卖日货的商店去演说、劝告，对于不听劝告的，就进行搜查，把查到日货集中到湖滨的公共运动场去烧毁。这件事触动了商人，当然也激怒了官府，当时的浙江督军杨善德立即训令警务处，查禁学生结社集会，并张贴布告：“如有违抗，当即依法逮惩，切切毋违”。但是，不仅学生没有屈服，意外的是各校校长也分成了两派：一派是第一师范为代表的进步派，一派是“甲工”和体育专门学校为代表的保守派。我们校长许炳堃是一个典型的实业救国主义者，从来就主张学生专心读书，不得干预政治。那位体育学校的校长记得是台州人，以顽固著称，一向反对第一师范经亨颐的教育改革，所以当省长齐耀珊严令各校禁止学生集会游行之后，在校长们之间就发生了尖锐的对立。在这种场合，许校长站在保守这一边是肯定的，但是，杭州学生联合会的会长方兆镐是“甲工”学生，每次游行和检查日货，“甲工”的学生参加者最多，因此，我们很快就听到了“甲工”要被解散，方兆镐要被开除的传说。果然，有一天晚上(记得那时已经是秋天了)，许校长召集了二十几个人开会，方兆镐、倪维雄、孙敬文和我都在内。许校长态度很冷静，先讲了一些国家大事，然后告诫我们一定要以大局为重，行事不可过火等等，讲到抵制日货时，他还说了一些颇出我们意外的话。他的大意是说，我许炳堃从日本留学回来，不做官、不经商，办了这么一个工业学校，为什么？为的就是抵制日货，这和你们的目的一样，因为只有有了国货，才能不用日货；因此，最根本的抵制，就是好好学习，自己制造国货。在当时，这些话我们当然是听不进去的，但是他态度温和，而且根本不提惩处学生和解散学生会的问题，我们就已经感到很高兴了。

1919年夏天，由于教育厅下令提前放假，同时，我又受了《浙江新潮》号召的第四种旨趣的影响：“对于现在的学生界、劳动界，加以调查、批评和指导”，所以我就利用这段时期，得到学校的同意，到我过去当过学徒的泰兴染坊去进行了一个月的调查。当时我已经学了两年染色,调查的目的,除了进一步"了解劳动界的生活"之外,更想知道的是旧式染坊的做法,和新式染色(也就是我正在学习的染色工艺)的差别。这时我已经是一个中专的高年生了,所以不仅一般工友,连老板、管事也对我特别客气,而且不让我干重活脏活了。不过很奇怪,好像是老板交代了的,单单不让我去接触那几口旧式的"靛青缸",他们每天一早就要在靛青缸里加石灰水,然后搅拌,可是当我走过去,他们就把竹叶编的缸盖子盖上了。直到后来,才有一个小伙计告诉我,他们认为现在新式染坊行时,旧式染坊就要关门了,惟一"洋人"不会干的,就是中国最古老的"元靛",因此老板吩咐,只有这一门,不能让"洋学生"知道。上了年纪的人也许会知道,第一次世界大战之前,中国用的外来染料绝大部分是德国货,欧战中,德国染料断绝了来源,这才使一部分囤积德货的商行大发洋财。由于当时"阴丹士林"还不流行,绝大部分农民还是喜欢不褪色的土靛,于是"土靛染法保密",就成了旧式染坊苟延生命的"秘方"。这一个月的调查,我写了一份《泰兴染坊底调查》,发表在1920年的《浙江甲种工业学校校友会刊》上。事隔六十二年,最近在"浙大"八十五周年校庆时看到,真有不胜今昔之感,这篇两千字左右的文章,可以说是我一生中写的第一篇"报告文学",当然,"文学性"是谈不到的。

1920年夏,我该在"甲工"毕业了,考试的成绩是好的,在染色科我还是名列第一,可是由于参加了学生运动,特别是在《浙江新潮》上写文章,因此"品行"不及格。这一件事在教务会议上似乎有过争论,因为"品行"列入"丁"等,是不能毕业的,但是这一关终于勉强通过了。据说由于当时学生运动还未平息,恐怕为了不让一个成绩优良只是参加了运动的学生留级,又会引起风波;同时,也有人说,像这样"不安分"的学生,还是早点送走为好,所以我还是顺利拿到了毕业文凭。

夏衍《懒寻旧梦录》(增补本),三联书店2006年版

浙江农工两学院正式成立

(1927年11月5日)

浙江公立工业专门学校改为工学院,农业专门学校改为劳农学院,早经筹备改组,业于本月一日正式成立第三中山大学。蒋校长任命李熙谋为劳农学院院长,谭熙鸿为工学院院长。①

《申报》1927年11月5日

① 误,应为:李熙谋为工学院院长,谭熙鸿为劳农学院院长。

二、章制演变

(一)求是书院

求是书院章程

(1897 年 8 月)

一、总办

总办一人,综核事务,随时稽查。

二、监院

监院一人,管理院中一切事宜,收发款目,参稽课程。司事二人,一簿记账目,给发纸笔及收掌书籍、仪器;一查记学生出入告假,并料理伙食一切杂事。以上司事二人,责成监院选择办事不苟、诚实可靠之人充当。

三、教习

正教习一人,教授化学及各种西学,兼课图算、语言文字;副教习二人,一教授各种算学及测绘、舆图、占验、天文等事,一教授外洋语言文字及翻译书籍、报章等事。

四、学生

以三十人为额,一行诣笃实,一文理通畅,一资质敏悟,一精神充足。无论举贡生监,凡年在三十岁以内愿学者,由父兄或族长邀同公正绅士出具保结,先期到院报名,不取卷费,由监院汇送总办,定期开考。其有已通西学及语言文字者,另期会同教习,认真考验,能如上开四项,无嗜好、无习气者为合格,录取六十名,先行传到三十名,留学两个月,期满由教习各出切实考语,送请抚宪面试,其有缺额,随时挨名传补。新补之人,仍俟两月期满,再行出考送试。

学生住院,概以五年为限,必须恪守院规,认真学习。限内如有不守院规及任意旷废者,即时遣出。每年除现定放学之期,并因病、考试、婚丧诸正事准其请假外,不得无故辍学。惟限内如有试隽入官者,应准告退,其愿留竟学者听。又限内学业有专门成就者,亦可酌准告退,其愿接习他学者,并此外倘有必不得已之故,则须临时查议酌办。

以上各等,须于到院报名时,令其详看章程,如愿遵守,方准应考。

五、课程

逐日学生课程及作息时刻,由教习会同监院妥呈,由总办详定。

凡值心、危、毕、张、箕、壁、参、轸、亢、牛、娄、鬼诸星日:

九点至十点,第一班地理,第二班英文;

十点至十一点,第二班算学,第一班英文;

十一点至十二点,第三班英文;

一点半至两点半，第一班算学；

两点半至三点半，第二班地理；

三点半至四点半，各班练字。

凡值尾、室、觜、翼、角、斗、奎、井、氐、女、胃、柳诸星日：

九点至十点，第二班地理，第一班英文；

十点至十一点，第一班算学，第二班英文；

十一点至十二点，第三班英文；

一点半至两点半，第二班算学；

两点半至三点半，第一班地理；

三点半至四点半，各班练字。

凡值房、虚、昴、星诸星日休沐。

学生汉文宜加温习，时务尤当留心。每日晚闲及休沐之日，不定功课，应自流览经史、古文，并中外各种报纸，各随性情所近，志趣所向，讲求一切有用之书，将心得之处，撰为日记，至少以一百余字为率。其西学心得，亦应随时附记，按旬汇送监院，呈总办查考。

每月朔课后，由教习造就学问分数清册，由监院覆核，汇呈总办，详请抚宪核夺。

六、考校

以讲求实际为主，每月朔日课西学，是为月课，由教习分别等第；每月望日考汉文，或经义、或史论、或时务策，不定篇数，是为加课；由总办分别等第；每年冬间由抚宪督同总办、监院、教习通校各艺，分别等第，是为会课。除按额给奖外，更有可取者，仍许格外给奖。其名数、银数，临时酌定，再比较一年中月课、加课历考第一名至五次以上者，酌议按月优加膏火。若其学识精进，践履笃实，可期远大之器，并请抚宪择尤存记，以备保荐。其列课均历下等者，由教习、监院察看平日是否用功，议请办理。

附奖格：

每月月课，化学一名，奖银二两；二、三名，奖银一两五钱；四、五名，一两。算学奖银与化学同。语言文字一名，奖银一两五钱；二、三名，一两；四、五名，五钱。每月加课三十名，合考经史、策论，一名，奖银二两；二至五名，各一两五钱；六、七名，各一两；八至十名，各五钱。各季会课，化学一名，奖银四两；二、三名，三两；四、五名，各二两；六至十一名，一两；十二至三十名，各五钱。

七、经费

总办由杭州府兼充，不另开支薪水。

正教习薪水，每月一百两，每年计银一千二百两；副教习薪水，计二员，每月各五十两，每年共计银一千二百两。

监院薪水，计一员，每月四十两，每年共计银四百八十两。

司事薪水，计二人，每月各八两，每年共计银一百九十二两。

月课赏计十次，每次十八两五钱，共计银一百八十五两。

加课赏计十次，每次十一两五钱，共计银一百十五两。

会课赏计一次，共计银八十二两。

正教习舆马杂费,每月二十元,不送火食,每年计洋二百四十元。

火食,副教习二人,每月六元;监院一人,每月三元;司事二人,每月三元;学生三十人,每月三元,每年共计洋一千三百三十二元。

僮仆工食,学生馆童三人,公用听差三人,司阍一人,更夫二人,司厨二人,水火夫一人,计十一名,每名工一元四角,火食二元,每年共计洋四百四十八元八角。

油烛杂费等项,教习二人,各四元;监院、司事各二元;学生三十人,各二元;厅堂、门灶、走廊、夹弄,每月六元,每年共计洋九百六十元。

八、筹款

一、东城讲舍原有膏火,拟全数并入,每年计银一千两,钱五百四十千文。

一、书院赏仍照旧,由官自给,所有存典贴奖六万元,内拟提四万二千元,每月息七厘,每年提息洋共三千五百二十八元。

一、书局经费,每年拟抽提一成,计洋二千五百二十元。

一、采访局经费,每月拟抽提一成,计银二百七十七两,零洋一百三十二元,钱九十九千六百文。

一、续纂盐法志局经费,每年拟抽提二成,计银一千九两九钱零。

九、书籍仪器

院中择一高敞之处,庋藏书籍仪器,由监院率同司事不时查点,与夏冬时分别曝晾,以期经久。学生如需取阅书籍、实验仪器,收发章程由监院另行妥拟,附入规条。

十、条约

院中一切规约,应由监院会同教习,详细妥拟,呈由总办详请抚宪核定。

《经世报》第2期学政第三,丁酉七月中[①]

浙江求是书院章程

(1899年)

浙江求是书院章程

一、浙江省城求是书院之设,光绪二十三年夏四月,由廖中丞专折奏定。初定学额三十名,招举贡生监年在二十以上、文理通畅者考充之。二十四年八月添设外院,增额四十八名,仍招已冠各生。二十五年正月,改外院额为六十名,多招蒙生,延中学教习,兼经史文字之学。于是内外院定学生九十名之额,以后尚拟随时扩充,期于勿操切、勿狭隘。

一、本书院名曰"求是",一切皆以实事求是为主。学无论中西,有体有用,弗得弗措,必求其是也。人无论多寡,必诚必敬,毋怠毋荒,必求其是也。顾名思义,循名责实,其敢忽诸!

一、院中以孔孟、程朱之学为主,以泰西各种有用之学为辅。内院各生中学多有成就,导

---

① 《经世报》,综合性刊物,1897年8月由章炳麟、童学琦等在杭州创刊,旬刊,停刊于1898年。主编有章炳麟、陈虬、宋恕等,是杭州第一份新闻报刊,主要刊载国内外大事,介绍新学术、新知识等。

以经史、性理、政治、掌故之学，博古以植其基，通今以致其用。西学都为五门，曰算学、曰舆地、曰格致、曰化学、曰英文，锲而弗舍，期于大成。外院蒙养为先，中学根基宜厚，自朝至暮，五小时研究经史、文字，三小时旁及图算、方言，本末轻重，至兢兢也。小成而后，徐达内院，躐等之讥，不根之患，庶乎免矣。

一、本院为浙江通省高等书院，各府县生均得报考肄业。其有于府县学堂已学有成就者，均得咨送入院，验其期满文凭，考其平时功课，先留外院试读，如其中西学问均能精进，合较各门分数足以提升内院，自当于年终详请升补。此外有籍隶他省者，亦准一律入学，内外院统计十名为额，借以示教育英才不限方隅之意。

右立院缘起。

总办一人　　总理一人　　监院一人

内院中学正教习一人　　内院英文、格致、化学、算学正教习一人

内院算学兼格致教习一人　　内院英文兼舆地教习一人

外院中学教习二人　　外院中学教习一人　　外院中学教习一人

外院算学兼格致教习一人　　外院英文兼舆地教习一人　　外院西学帮教习二人

内院监舍一人　　外院监舍一人

右在院员数。

内院学生三十名（年在二十以上）　　外院学生六十名（年在十六以下）

右学生名额。

一、总办综核院中课程、款目事务，随时稽查一切，考察学生勤惰循扰，分别去留惩劝，按月考试内院生经史、策论一次，按季考试外院生经史、策论一次。

一、总理主持院中教育事宜，商定教授课程，稽查诸生学行，随时劝勉约束，月终就各教习到班分数册及请假簿、饭食簿，稽查出入簿，详计综核，汇为内、外院综核表各一册，俾得深知学生功课之勤惰，出入之多寡。将此册发监院榜示，令诸生阅看，以资愧奋。另缮一分移送总办查照，如学生中果有旷功太多，或故违院章者，商酌斥退。凡总理每月应综核各簿册，列目于下：

内院中学正教习处到班分数册　　西学格致化学正教习处到班分数册

算学格致教习处到班分数册　　英文舆地教习处到班分数册

外院中学教习二人处到班分数册　　中学教习处到班分数册

中学教习处到班分数册　　西学帮教习二人处到班分数册

以上由内外院各教习交。

外院日记簿　　课稿簿问答册　　识字簿　　史事册

以上由外院教习交。

内院朔望课卷　　外院朔望课卷　　内院扣奖簿　　内外院功过簿

以上由监院交。

内院朔望卷课卷　　外院朔望卷课卷　　内院扣奖簿　　内外院功过簿

以上由监院交。

内院请假簿　　外院请假簿　　内院饭食簿　　外院饭食簿

以上由监舍交。

内院稽查出入簿	外院稽查出入簿

以上由阍人呈。

翻译稿册

由翻译处交。

一、监院监理内外院一切事务，收发款目，逐月造册报销。并参订教则，稽查学生功课勤惰，随时劝导。其出入告假者，逐一询问，分别允否。学生中有功过者，商由教习记注于册，其有任意旷废，不遵院章者，皆得随时详请斥退。院中诸事，商请总理，率同监舍，妥为办理。凡有申详公件，随时先陈总理，再详总办核行。其应存宗卷，除总理每月总核各册，核毕发还收存外，其余备查各册，亦应齐集存储。目列下：

公牍册	申详底册	学生名册	课题册
逐月课卷	逐月报销底册	仪器存册	书籍存册
杂物存册	逐月收支簿		

一、内院中学正教习，教授内院生经史、性理、政治、掌故之学，按时讲肄，每月除总办考试望课外，凡学生每日日记、每旬课作，均归评削，兼编辑内外院各种经史教科书。

一、内院西学正教习，教授格致、化学及各种西学，兼课图、算、语言文字，并内外院体操学，商订内院西学课程，兼管外院西学教授事宜，并翻译西学各种书籍。

一、内院算学兼格致教习，专授各种算学及测绘、舆图、占验、天文等学，并兼教格致各门。

一、内院英文兼舆地教习，专事授外洋语言文字，兼授英文、中文、舆地等学，随时翻译西学书籍、新闻报章。

一、外院中学教习二人，分授外院头、二班经书、史学、古文，三、四班史略、故事、识字、讲义，每日按时课授，每月分改头、二班策论四次，三、四班问答四次，评阅头、二班每日日记。

一、外院中学教习一人，教授三班经书、习字，每日监四班读书一小时，每月评改三、四班问答三次，兼督东斋各生在斋舍中举止一切。

一、外院中学教习一人，教授四班经书、习字，每日监四班读英文一小时，每月评改三、四班问答一次，兼督西斋生在斋舍中举止一切。

一、外院算学兼格致教习一人，教授各种算学及格致等学。

一、外院英文兼舆地教习一人，教授各班英文及舆地等学，并教体操学。

一、外院西学帮教习二人，分授外院三、四班英文、算学，每日每人三小时，由内院头班学生兼充。

一、内院监舍一人，专司内院学生请假簿、伙食簿，收发内院仪器、书籍，管记零星账目，照料内院生斋舍，兼理外院生修膳、书价款项，并给发外院生读本、书籍，随时帮同监院稽查内院僮仆等勤惰，商定进退等事。除专管内院之请假簿、伙食簿，按月送至总理综核外，尚有备查各簿，亦应存储。目列下：

给发内院生读本书籍簿

收发藏书处书籍簿

购备外院生书籍收款发书总簿

一、外院监舍一人，专司外院学生请假出院，领给对牌，随时详悉簿记。又管理外院生伙食簿，并于学生退班后，或在斋舍饭堂时，梭巡稽查，监督学生游息，照料学生疾病。晚间督视学生吹灭斋房火烛，清晨督率斋夫打扫斋房污秽，随时帮同监院稽察外院僮仆等勤惰，商定进退等事，按月将专管之请假簿、伙食簿送呈总理综核。

一、内外院中西学各教习，除按时授业、按月考课外，平时学生功课之勤惰，品行之优劣，亦须随时察看，约束训诲，有不守院章、不遵师训者，随时记过；功夫猛进、品行端方者，按季记功，均知会监院，注入功过簿。其有屡次记过不悛者，由教习会商总理、监院，由总理转商总办，分别斥退。

一、各教习每日分班教授，凡学生到班与否，或到班已迟，均由各教习详记到班簿上。学生中西各门学业深浅，由各教习按日登记，星期总结，注明分数簿上，月终由中西正教习将中西学分数簿汇核，并将月课分数核定注明，统由各教习交与总理综核列表。

一、各教习增减学生功课之处，应随时商明总理，告知监院，务期不分畛域，厘订妥协。总办、总理或有参订功课等事，亦随时与各教习商妥施行。

右任事权限。

一、院中务当人人实力，事事实心，毋惮劳，毋避怨，勤勤恳恳，力戒因循，有益相成，有弊相去，和衷共济，易于程功，凡在同侪，咸存斯志。

一、各教习必须常年住院，不得兼教他处，亦不得携带院外学生，每日按班讲授，如遇疾病或家中有疾病必须照料者，及紧要大事在十日以内，请院中各教习中一人兼授，以免旷班；在十日以外，院中教习势难久代，应另延品学兼优堪以胜任者权摄。

一、总理常川到院，稽核一切，事繁则留宿院中。监院须常年住院，除因公出外及有紧要大事托人兼摄外，每月星期例假四日，有事离院不过五次，以重职守。

一、监舍二人均须常年住院。内院监舍每月于星期日给假，外院监舍每月于星期五给假，平时非有公事不得离院，其给假之日离院之时，均须互相兼理。歇夏及年终，亦仍当轮流在院，以重公务。若本身疾病或家中有疾病必须照料者，或有紧要大事，准其酌量日期请假，惟不得过一月，且自请假之日起均须托人兼摄，庶几无旷所司。

一、院中厉禁，首在洋烟，凡世俗所趋，有乖品行，在院人等儆惕同深，倘蹈愆瑕，绝无瞻徇。

右阁院约章。

求是书院内院规例

一、院中供奉至圣先师，每月朔望清晨，教习、监院率诸生齐集，拈香分班，行三跪九叩礼，毋得参差不齐及托过不到。至开学、散学两期，总办、总理均到院行谒圣礼。礼毕，中西各教习西向，总办、总理、监院东向，行付托礼。毕，诸生北面鹄立，先谒教习，行一跪三叩礼。次谒总办、总理、监院，亦如之。教习等皆西向答拜。

一、师长首宜敬重。内院诸生，年龄稍长，院中约束较宽，诸生益当自爱，礼仪、规矩，当较约束者尤严，慎勿放诞不羁，傲慢无忌，致贻口实，致被屏除，固为本院之瑕，抑亦诸生之辱。

一、诸生中拔取品行端方者二人为斋长，分统诸生，随时劝勉、掖导诸生，有事上达，或不守院章，屡旷功课及有种种习气者，均由斋长申达总理、监院，分别办理。斋长知而不举，惟斋长是问。诸生平时在房，亦毋得喧呶歌唱，狂笑疾呼，以示整肃。讲堂黑板及各处板壁，均不得任意涂抹,违者由斋长查明申达,分别记过。

一、诸生每日上讲堂,或因事见总理、教习等,即酷暑亦宜着长衫,教习、总理、监院遇公事见诸生亦然。诸生每日至饭堂,俟闻钟鱼贯徐行,坐定后务宜肃静,炎夏亦不得袒裼,以昭体制。

一、诸生讲堂听讲,心思务宜专一,不得左右絮语,当教习指授时,尤当潜心听受,或有疑义,择要请益,毋支毋赘。

一、院中崇尚朴实,痛绝浮嚣。凡学生中服饰奇异,及嗜博、酗酒,沾染一切嗜好者,无论在院出院时,一经觉察,即行屏斥,以肃院章而清流品。

右礼仪例。

一、本院以中学为体,西学为用,每日自上午八下钟至下午六下钟,其中除午膳一小时外,尚余九小时,以四小时习西学,以三小时习中学,余二小时合之晚间二小时,诵习每日所讲各书,为时甚促,各宜分阴是惜,无怠无荒。课程由各教习酌定,毋得渎请减损。惟当炎夏,亭午、灯畔,未便研读,或呈请教习略于减少。

一、内院西学课程五年为限,每班所读各书,均须按时读毕,以便递升。若学年已满,应读之书未毕,及平时学少进境者,分别办理。

一、内院中学课程,随时由内院中学正教习酌定,每日以三小时讲肄史学、掌故、性理及西国政艺各书,专门研习,毋得泛骛,有疑义则至教习处叩问。每日就所阅书卷记注于册,有心得者详记之,不限字数,按星期呈缴。教习批削毋得涂抹塞责,亦毋得迁延不缴(现在中学教习尚未延定,诸生日记按旬由监院汇呈总办评阅)。

一、近人议论,多病宋学为独善其身,不知宋贤有学问者无不怀抱经世之业。诸生于四子书、五经、四史,随时各宜温习外,其研习各门学问,尤当以性理之学为主。盖西学必以中学为本,中学尤以理学为本。心术端,血气平,复济以中外古今之学,期为通儒,斯为真才,诸生勉之。

一、业精于勤,荒于嬉。诸生来院肄业,均期有所成就,倘非实有事故请假出院者,不得上班不到,致旷课程。此外,或非游息时闲玩聚谈,尤为人己两误,务宜互相痛戒,毋蹈荒嬉。

一、每月朔课,由教习考察上月功课,限定时刻在讲堂面试,以定分数。诸生不得离坐交谈,回顾斜视,尤不得携带书册,有此等情形,虽佳卷亦附于末,过时缴者不阅,以定实际而杜弊端。

一、每月望日,由总办课中文一次,或经义,或史论,或时务策,不定篇数,是为加课。每年年终,由抚宪会课一次,通校各艺,分别等第,并详核通年功课以定去留。

一、学生所读书籍,由院中给发,此外设一藏书处,购置中西日本各国图籍,悬大白漆板二方,将书名、本数标列,以便诸生持借书据领阅。限十日缴换,由管书监舍载明底册。如有缺少伤损,查明向领书者赔偿。且院中经费有限,各书不能广备,诸生宜分日分部通融取读,或自行院外商借,以辅不足。

右课程例。

一、凡值万寿日、至圣诞日、清明、立夏、端午、中秋、重阳、冬至诸节,每月房、虚、星、昴四星期,例应休沐之日,均照章给假。每年放学二次,歇夏一月,自六月十一日起至七月十一日止。过年一月,自封印日起至开印日止。凡给假放学期内,均可出院(休沐日、令节日,家居本城者，以一日一晚为率；外邑者，当晚仍须到院，不归则以犯规论。歇夏、过年愿留住院中者，亦如之）。此外，有疾病及紧要大事，准其至监院处申明事故，约定时日，至监舍处在请假簿上当面盖上请假时刻小戳，注明日期，方可出院。回院时，仍至监舍处销假，当面加盖销假时刻小戳。倘不请假而离院旷班，及假满不续不到者，分别记过。平时无得擅自出入。诸生在院首贵专精。本城者宜杜家事，外邑者宜寡交游，方能有益。每日课毕后，有体操场可以游息。如果有事，斯时必须出门，亦当告明监舍，限晚膳前到院，每月不得逾四次，逾者记过（家居本城者，当晚若不到院，仍须请假）。此已曲体人情，量于优待，诸生务宜互相检束，勿致越闲。

一、诸生读书，心思最忌纷扰。每日自上午七下钟起至下午五下钟止，如有戚友探视，无论伺人，阍人不得通报。即有要事，亦须俟鸣钟退班后，方准立谈片刻，否则，必须五下钟后来院，方可晤谈，违者分别记过。惟家中有紧急事，不在此例。

右出入例。

一、院中清晨七点鸣钟一次，院中人闻钟皆起。七点二刻早餐，十二点一刻午餐，上灯晚餐。其间上班、换班、退班，皆鸣钟为号，应击几下，另有定章，俾闻者即知。晚间十点钟鸣钟一次，院中人闻钟皆卧，均勿逾迟。

一、学生每日三餐，均聚集饭厅，俟人齐方可下箸，不得喧哗。除有病外，不得携饭独食。若有亲友到院，更不得留饭住宿，以肃院章。

一、斋房最宜洁净，每日可令馆僮打扫，身体、衣服、物件，尤当各自整理清洁，以资卫生。

一、火烛最宜谨慎，诸生临卧时，所有洋油灯火，均须一律息灭，以防贻患。只准点香油灯一盏安置案头，仍宜小心。

右住宿例。

一、学生到班之勤惰，出入之多寡，均有到班、分数簿及请假簿、饭食簿稽查，出入簿可以连环互查，万难遗遁。每月终，各将簿册交与总理综核，汇为一表，由监院榜示，以资愧励。若功课勤、出门少者，分别加奖，旷班多出者，扣资记过。

一、诸生每月除休沐四日外，凡请假者，每日应扣饭食、杂费各壹角充公（外省者，饭食自给，即在加奖上扣算）。月终计算，绝不请假及请假最少者，照数分别核奖，即将应扣、应奖数目人名开单榜示，以昭惩劝而示大公。

一、每月朔望课奖赏原有定数，若优绌无甚悬殊，仍照原额给奖外，倘课卷多系草率浅陋，难足奖额，由阅卷者标明卷面减给若干，即以所减之银存储，待佳卷多时额外加奖，庶免滥竽而励群修。

一、诸生凡旷课违章，由总理、教习、监院注入过册后，即饬斋长传谕本生，勖其痛改，免予标示，以寓优容。若屡记不悛，是该生自甘暴弃，量加屏斥，亦本院不得已之情也。惟诸生谅之。

右劝惩例。

求是书院外院规例

一、院中每月朔望，由教习率领诸生诣至圣先师前，照派定班次，行三跪九叩礼，不得紊乱，尤不准有嬉笑侮慢情形，以昭敬重。开学、散学礼节视内院例。

一、中、西教习，总理、监院，皆有教育之任，诸生均当致恭致敬，师事如仪，毋蹈放荡小羁之习。

一、诸生与同学诸人,皆当彼此敬爱,以道义相切磋,以学问相策励,毋得妄言妄动,致有玩狎争竞之弊。

一、诸生中拔取品行端正、性情诚实者为班长,分统诸生,按名派定,随时随地劝勉约束,诸生亦当听其掖导,毋得故违。若诸生有过及有事,或有种种习气,班长均须申达教习,斟酌办理。班长不举发者,以徇庇论。倘屡次徇庇,或不能表率同学自犯院章,即当撤去班长,分别记过,另择他生接允。

一、诸生每日上班、退班及至饭堂,于闻击号钟后,先由班长站立斋房门首,诸生依派定名次,鱼贯而行,不得或先或后。至每餐坐定后尤宜肃静,慎勿轻浮纵肆,任意喧呶。

一、诸生于上班时间闻击号钟,即须将应读各书及纸笔等件携带齐集,先以次行至讲堂,按逐日所坐位次坐定,俟教习上堂,均起立致敬。讲毕,教习退堂,亦起立致敬。上班后非奉教习之命不得离坐,不得于上班坐定后再至斋房携取物件。

一、诸生上讲堂读书听讲,习字作文,心思务宜专一,不得左右絮语,教习指问,起立乃对,疑义就正,语毕乃坐。

一、诸生每日上讲堂,即炎夏亦须着长衫,至饭堂虽盛暑亦不得袒裼,凡出斋舍皆然,以昭体制。

一、本院总以崇实为主,诸生于外间一切嗜好,务宜屏除净尽,如有服饰奇异,举止轻浮,甚或嗜博酗酒,沾染一切习气者,一经觉察,立即斥退。

右礼仪例。

一、院中中西学兼课,中学各门曰:经、史、文、字;西学各门曰:格致、算学、舆地、英文。每日自上午八下钟至下午五下钟,其中除一小时午膳,以五小时习中学,三小时习西学,五下钟后游息。晚间一小时习中学,一小时习西学。期于中西兼进,修息适宜。

一、院中中学教法,专以讲解为主,深则讲义理,浅则识文字,按班分授,因材而施。头班讲习经史(及时务诸书),习散文(每月朔望,合二班课策论二次),作日记(每日参阅理学、掌故、政治各书,记明于册,有心得者,详记之)。二班读经(合班先讲,后读,随背,五日理背),习《史记》、散文(除朔望与头班合课外,每月初八、二十三加课策论二次),作日记。三班读经(每日讲读兼理背),习史略,听讲字义(将虚字、实字、活字分类解释,明字体之本义及假借通用之法,每人抄录于册),作问答(逢星期二、五课,每月八次,即就经史中命题,令其演说,不拘字之多少,以明白通顺为主),默书(经书、史事、字义三种)。四班读经(每日讲读兼理背),习史事(每日采取诸史中故事有关心性者,大书板上,逐字逐句,旁证曲引,令每人钞录于册,以资记省),听讲字义、拼句(逢星期二、五,与三班合课,不限字数,期于通顺,为作散文、问答之始基),默书(与三班同)。西学各班,均习英文、算学、舆地三门,惟头二班添习格致一门。

一、每月学生功课分数,中学头班分日记、作论、讲问三门,二班分日记、作论、讲书、背书四门,三、四班分问答、默书、讲书、背书四门。分三门者,每门分数以三十三分为上,二十二分为中,十一分为下。分四门者,每门分数以二十五分为上,十六分为中,八分为下。每星期合校各门,以满百分为上,七十分为中,四十分为下,不及格者不记。能合四星期分数屡至四百分者升班,屡至一百六十分以下者降班。

一、诸生每日中西学课程,每班自应一律,所读各书,不得稍有参差。如有要事请假,假满上班，所有未读各书只能于课毕时自补，未便于上班时补授。

一、头二班诸生于每日所阅书籍均且随笔日记，三四班另给问答纸，于讲书时所问各字当堂注明呈问，随问随注，统于星期五呈缴教习处，以便抽问，考校分数。如诸生每日听讲时未能洞晓，或常课外所看书籍间有疑义，亦准其另记问答簿中，呈请教习批解，随时发还。所有问答各条仍须随时抽问，余暇翻阅，不得遗忘。

一、二三四班各生，每日所听讲经书自应熟读，其已读各书亦须按日认定章数，温熟报明教习，次日上班时，生书、理书一齐送背，庶便稽查，而免旷废。

一、每月朔望，头二班合课策论，每月初八、二十三，二班加课策论。逢星期二、星期五，三四班课问答、拼句，均在讲章面课，限时呈缴，逾者不阅。课毕，即照定时上班肄业各课。逢星期六，头班抽问已看各书，二班温理已读各书，并抽问回讲。三四班回讲后默史事，或默字默书。通考五日内各班功课，由教习记明分数，月终送总理合校，评定甲乙，列表榜示。每季由总办大课一次，年终由抚宪会课一次，以定优劣而资奋兴。

一、考课最重，诸生在讲堂面课时，若有离坐交谈，回顾斜视及携带书籍，私相授受各弊窦，未曾完卷，立即扶去，既经完卷，附置卷末，仍须分别记过。

一、教习各有到班、分数簿一册，将所授各生，所课各门标列于上，除四星期外，到者盖“到”字戳，请假者盖“假”字，迟到者盖“迟”字，不请假、不到班者盖“不到”字，分别记过。诸生功课之优拙，各记分数，一星期小结，四星期大结，月终将此册交总理汇核。

一、歇夏及年终放假时，仍须温习半年所读中西各书。假满到院，先须查考已读各书是否温习已熟，再行开课。

右课程例。

一、外院因额多屋少，定晨到晚归者十名，其余学生均须常年住院。凡遇万寿、圣诞、清明、立夏、端午、中秋、重阳、冬至各令节，及每月星期照章给假（星期出外，凡家居本城者，以一日一夜为率，逾者记过；外邑者，当晚仍须到院。不归则以犯规论，从重记过。歇夏、过年愿留住院中者，亦如之），平时按日有一定课程，非有疾病婚丧大事，不得请假旷班，并不得擅自出入。必持假牌方可出门，另给对牌二方，一存监舍处（一牌存学生家中，无论休沐或有事故来召时，皆须持此为凭，若无对牌送到，即休沐日亦不得出门，只能在操场游玩，以畅天机）。诸生除休沐外，有要事请假者，须由学生父兄写信申明事故，约定时日，学生将信至教习、监院处呈明，允准给与请假条一纸，填明日期，由教习、监院各加小印。学生持此假条至监舍处登簿，更易假牌，交与阍人，方可出院（如不遵此例者，从重记过）。监舍不见假条，不给假牌；阍人不见假牌，不得放行（若无牌者，阍人放行，着阍人追回，阍人屡次疏忽者，斥出）。该生回院，仍由门房取假牌，至监舍处销假登簿，以便稽核而杜擅离（凡请假者，以本日请假时算起，至次日此时作一假，逾此时两点钟即作两假论，以此递推）。

一、院中课程均有一定时刻，每日自上午八点钟至下午五点钟，诸生如有家人亲友来院看视，阍人一概代复。惟五点钟后来院者，准其延至学生会客厅上小坐，通知学生出见，不得擅入斋舍，更不得留饭住宿。若该生家中仆人携取物件或有信来，只准在门房守候，由阍人传递，毋得进入，以免混杂。

一、诸生每日除上班外，均须各归斋房，认真自课。惟下午六点钟至八点钟，准其同聚讲堂问难，或至体操场游息（仍由东西斋教习监督），或至教习房晤谈请益，惟不得至内院至门首,漫无闲限,以紊院章。

右出入例。

一、外院因人多屋少,一房居住三人,惟班长房住二人。每房卧榻、桌凳等物均有定数,不得擅占及任意污损,私自携取。

一、斋房尤以清洁为主,每日可令馆僮打扫,一切物件均须各自整理,不得紊乱。

一、衣服、身体均当洁净,并须留心卫生,以免疾病。

一、火烛最宜谨慎,诸生临卧时,所有洋油灯火均须一律息灭,以防贻患,只准点香油灯盏,三人轮用,按日递推。

一、馆僮照料各房人数较多,未便时时他出,如诸生有须买各件,先写名目条送监舍处,并记每日两期,统交馆僮一齐照买,不得零星差遣。倘馆僮有侮慢玩怠情形,亦准随时禀明监院,酌办更换。

右住宿例。

一、诸生中如有人品纯静,恪守定章,通校中西各课均能苦志力学,功夫猛进者,每季择优记功。平时不守定章及功课全无进境者,分别记过。每年终比较,凡每门分数多在百分左右,每季记功共在六次以上者,依序升补,屡次记过降班者黜退。

一、凡续招诸生另立附班,不在头二三四班之列,俟留学一月。察其性质、学业果堪造就,应归何班,由教习酌量补入。若现在头二三四班中,或终涉怠荒,或限于材质,或因事抗废至一二月者,势难仍归原班,应降入附班再读一月。果能刻苦猛进,仍由教习分班拔取。否则,一月期满,中西各科全无进境者,即当一律除名。

一、诸生每日中西课程时刻,列表悬示,均当应时上班,不得旷误。除疾病请假外(至十日不销假,院中饬人往视,真病准其续假,伪托者督同至院,从重记过),上班迟到者记一过,怠惰旷班者记二过,在院故意旷班者记三过,逢课托故不考者记五过,不领牌、不请假出院者记五过,假满不续不到者记三过(星期后不请假不到院者同)。此外,涂抹板壁、刻画书桌,糟蹋字纸及歌唱喧笑、争闹狎侮、时出斋房,种种犯规等事,均随时量其轻重,分别记过。

一、诸生行止,无论何时何地,均由各教习督察,监舍亦从旁稽查(外院总门出入,及斋房夜间火烛是监舍之责),如或违章,即加训导。训导不遵者,由教习酌量记过,屡记不悛者斥退。

一、诸生每日早七点钟起,晚十点钟卧,以及上班时刻,均须遵照定章,不得逾越,逾越者记过。不住院各生八点钟上班,六点钟出院,亦须按定时刻,不得稍逾,逾者记过。

一、诸生有过,随时标示,若已在十次以上,即须屏斥,无庸销除外,凡在五次以内,准其于星期六五点钟后在大讲堂面圣静坐销过。监舍监之,不准瞑目回头言语,须静坐三十分钟者,准销一过,以此递推,庶几不恶而严,以生其悔过自新之意。

右劝惩例。

求是书院外院招考章程

一、求是书院内院学额三十名,向由举贡生监年在三十以内者考试充补。自添设外院以来,定外院学额六十名。凡内院学生缺额,皆于每年年终,由外院比较学生通年功课,择其中西学问猛进、平时品行端方、每门分数皆在百分左右、每季记功共在六次以上者,依序升补,如出额多,及格少,任缺毋滥。

一、外院每年定正月、七月招考两次(平时准其报名注册,惟不能零星考补),无论本省、外省(内外院以十名为额),凡年在十二岁以上十六岁以下,身家清白,器宇沉静,资质敏悟,气体充实者,由该生父兄或族长亲同该生至院,开明姓名、年岁、三代、籍贯、住址,呈报注册,取具绅士切实保结(绅士不限达官、举贡,有品学者均可),听候传考。考之日,辰刻到院,由总理、教习、监院督课,并逐一察看行止。能文者作策论一篇,初作文者作答问二条,不能文者默经书百余字(已习西学、西文者兼试之)。均各写姓名、履历一纸,附缴核对。午刻齐退,由总理会同教习详阅,评定甲乙。除应补各额列为正取外,复列备取若干名,以便按次递传,传到后暂归附班,俟试读一月,期满分别去留。

一、本书院中西学兼课,中学各门曰:经、史、文、字;西学各门曰:格致、算学、舆地、英文。每日自上午八下钟至下午五下钟,其中除一小时午膳,以五小时习中学,三小时习西学,五下钟后游息。晚间一小时习中学,一小时习西学。期于中西兼进,修息适宜。

一、本书院中中学教法,专以讲解为主,深则讲义理,浅则识文字,按班分授,因材而施。头班讲习经史(及时务诸书),习散文(每月朔望,合二班课策论二次),作日记(每日参阅理学、掌故、政治各书,记明于册,有心得者详记之)。二班读经(合班先讲,后读,随背,兼理背),习史学、散文(除朔望与头班合课外,每月初八、二十三加策论二次),作日记。三班读经(讲、读兼理背),习史略,听讲字义(将虚字、实字、活字分类解释,明字体之本义及假借通用之法,每人钞录于册),作问答(逢星期二、五课,每月八次,即就经史中命题,令其演说,不拘字之多少,以明白通顺为主。在讲堂面课,限二小时缴),默书(经书、史事、字义三种)。四班读经(讲、读兼理背),习史事(每日采取诸史中故事有关心性者,大书板上,逐字逐句,旁证曲引,解释详明,令每人钞录于册,以资记省),听讲字义、拼句(逢星期二、五与三班合课,不限字数,期于通顺,为作散文、问答之始基),默书(与三班同)。西学各班均习英文、算学、舆地三门,惟头二班添习格致一门。

一、本书院学生,中西均分为四班,每星期由教习记明分数,月终由总理综核,分别甲乙,列表榜示。有违院章者随时标示记过,品学可嘉者每季榜示记功,以示惩劝。每课策论、问答、拼句各卷,由教习评改后,标定甲乙,合订成册,任其传观,庶几相观而善,进功倍易(传毕仍存院中备查)。每季由总办大课一次,年终由抚宪会课一次,以定优劣而资奋兴。

一、外院共分四班,约以每年升一班为度,升至头班,品学均优者升补内院。然用功果勤,堪以升班者,亦不限以年月。若始勤终怠,学少进境者,随时降班,其降班及不能升班,已过应升之限一年者除名。

一、升至内院以五年为限,期满业成,给予执照,或奏予出身,或保送总理衙门考试,或派往东、西洋游学,或留派本省学堂充当教习,临时酌夺办理。

一、本院学生每人每月由院中给与伙食洋叁元,杂费洋两元(外省人不给),每月朔望课及年终会课另有奖赏。外院学生修膳,向由自备,每月修洋两元,每日膳洋捌分,束脩每年正月二十一日及七月十一日两期预缴,掣给联单为凭,方准进院。此外,油烛杂用诸费,均由该生自备。外院月课、季课、会课,由院中另给奖赏。

一、内院学生读本书籍,由院中给发,至外院应用书籍等件,由院中提款总购,准诸生缴还原价,随时领用。其应购各书由教习酌示后,各班均须一律购齐,免致上班参差。若院中刊印之书每生分赠一帙,无庸缴价。其余斋舍中床架桌凳,院中均有,不须该生自携。

一、本书院崇尚实学，痛绝浮嚣。凡学生中举止轻躁，服饰奇异及染各种习气，赴考时已见者不录，到院后始知者斥退。诸生来学必须恪守课程规条，潜心向学，期于大成，慎勿放荡无常，致遭屏斥。

一、外院因额多屋少，定晨到晚归者十名，其余学生均须常年住院。凡遇万寿日、至圣诞日、盛暑、年终及各令节例行放假外，每月逢星期给假一日(只准一日一晚)，此外逐日皆有课程，非有疾病婚丧大事，不得请假旷班，平时无得擅自出入。外院生加给对牌(家中来召时，持对牌为凭)，除休沐例假外，平时请假，先至教习、监院处领请假条一纸，申明事故，若经允准，各加小印，由学生持条至监舍处易假牌，方可出门(年在十四以下者，休沐日亦须家中来召，方准出门)，一切细章详载规例。

求是书院鸣钟定章

清晨七点钟，催起，急击七下，缓击七下。

七点二刻，早餐，急击三下，缓击三下。

八点钟，到班，缓击八下(休沐日不击)。

九点钟，换班，缓击九下(休沐日不击)。

十点钟，换班，缓击十下(休沐日不击)。

十一点钟，换班，缓击十一下(休沐日不击)。

十二点钟，下班，缓击十二下(休沐日不击)。

十二点一刻，午餐，急击三下，缓击三下。

午后一点钟，上班，缓击一下(休沐日不击)。

两点钟，换班，缓击二下(休沐日不击)。

三点钟，换班，缓击三下(休沐日不击)。

四点钟，换班，缓击四下(休沐日不击)。

五点钟，课毕，缓击五下(休沐日不击)。

上灯，晚餐，急击三下，缓击三下。

十点钟，催卧，急击十下。

浙江求是书院谕司阍

一、司阍二人，一司稽查出入簿、收发假牌、填盖时刻戳印；一司递送信件，通报宾客。

一、院中自上午八点钟起，至下午五点钟止，教习、学生皆有一定功课，无论何人过访，阍人皆不得通报，惟登号备查。即有要事，亦只能延入客座，俟鸣钟退班后通知出见。否则必须五下钟后方可见客。学生之客不得导入讲堂、斋舍，以免纷扰。惟信件则随到随送，不拘时刻。

一、总理、监院、监舍处，如有客来，非真有公事者，一概谢绝。五下钟后，准其通报，仍须延入客厅会晤。不得导人住室。

一、院中总理、教习、监院、监舍、学生等，出入时刻均宜登入簿中，不得遗误。逐日呈总理、监院处察核。外院学生凭牌放行，如无牌出门者，着阍人追回，仍记大过一次(记大过四次，斥退)。

一、内外院学生家中有人携送物件或有信来，所来之人只准在门房守候，由阍人转递，毋得径入，违者阍人记大过一次。

一、院中学生如有买酒唤肴,拥保出入,馆僮与阍人各记大过二次。

一、院中无论上下人等,皆不得留人住宿。如有晚饭后未出者,准阍人报明监院、监舍处查问。倘阍人知而不言,即将阍人斥出。

一、院中黎明开门,晚间九点钟关门上锁,非有公事,不得开锁。违者记大过二次。

浙江求是书院谕司庖

一、总理、教习、监院、监舍伙食,每日洋壹角,茶水每月洋壹角。

一、内院学生伙食,每日洋壹角,茶水每月洋壹角。外院学生伙食,每日洋捌分,茶水每月洋捌分(内外院下人每日饭钱五分,不另备茶,每月壹元五角,不得扣算)。

一、总理、教习、监院、监舍分两桌(每桌八人),内院学生分五桌(每桌六人),外院学生分八桌(七桌八人,一桌四人)。饭菜均当一律丰洁,不得低昂。

一、每日一粥两饭,早粥每桌小菜四样,用五寸盘(内院六人一桌,外院八人一桌,菜同)。午饭、晚饭,八人一桌六大碗(用二号大碗,六荤),七人一桌六大碗(用三品大碗,五荤一素),六人一桌五大碗(四荤一素),五人一桌四大碗(四荤),四人一桌四大碗(三荤一素),三人一桌四中碗(用高脚碗,三荤一素),两人一桌三中碗(二荤一素),一人二中碗(一荤一素)。凡有汤,抵一素。以上皆就内院计。外院八人(伙食费少),抵内院六人,人数、桌数,照此比较。

一、厨房盥汤、茶水,必须周到。茶炉黎明开火,晚间十点钟息火,煮水必熟,随时应用。如或不遵,即当斥换。

一、一日内,或有仅午饭一餐、仅晚饭一餐者,伙食仍照全日算给,厨房菜品亦仍就全数照开(如午饭一桌六人,晚饭少一人,菜品仍照六人开;午饭一桌五人,晚饭多一人,菜品亦照六人,不得缺少,以此递推)。休沐前一日,晚饭人数即少,亦须照午饭桌数开。

一、休沐日在院开饭者,伙食照算(无论一餐、两餐,均照全日算)。如吃早粥即出,并不在院午餐、晚餐者,准其不给伙食。

一、每日开饭人数,由内外院监舍于上午十点钟开条写明人数,给与厨役,即凭此条开饭,无得临时添补,以致肴馔减薄。

一、学生于先一日请假者,伙食扣算。如当日早间告假,厨房业已备菜,本日伙食仍应照给,须于次日扣起,以示体恤(监舍开条亦仍将此人算入,菜照开)。

一、学生不得加设客饭,不得私自添菜,不得沽酒使暖,非有疾病,不得携饭菜至房。如有此等情弊,除将馆僮从重记过外,厨役亦记大过一次。

一、每日七点二刻早粥,十二点一刻午饭,上灯晚饭,皆有一定时刻,不得任意迟早。

一、米须上白,肴须加丰。倘饭菜不堪适口,随时由总理、监院、监舍训斥,令其更改(肴馔必须丰满而味真)。倘屡次训斥不悛,即行斥出。

求是书院谕斋夫

一、外院东西斋斋夫四人,每人分管斋房六间。每日清晨打扫污秽,晚间各斋房上灯,随时照料火烛。日间除下午买各学生点食,及学生中确有要事急须送往,陈明外院监舍,准其出院外,余时皆须在院伺应茶水一切,不得擅自出入,违者监舍记过一次。

一、清晨八点钟至下午五点钟,各学生按时上班,不能离坐。斋夫中宜于东、西斋门首每面常坐一人,按日轮替,以便照料上班学生茶水,不得彼此推诿,违者由监舍记过一次。

一、各斋夫清晨六点钟即起,以便打扫各斋,晚间须俟所伺候学生均已安睡,方可就卧。

若有迟起早眠者,由监舍记大过两次。

一、学生平时上班不在斋房,休沐例假及有事请假不在院中,各斋房均须归各斋夫随时照料,巡察门首,已谕阍人闲杂人等,不准领入斋舍,尤易看管。如斋房中有失去物件,不论大小,均须责令该房斋夫赔偿,仍由监舍记大过两次。

一、各斋夫平时或有故意偷懒,不应学生呼唤者,准学生将事故陈明外院监舍,商明监院,分别轻重,酌夺办理。

一、斋夫无事不得至门房、厨房游玩、闲谈,违者记过一次。

一、各斋夫记过册,按月由外院监舍总核,如记过五次以上者,立即斥出,另行更换。若所犯之过在此数条外者,由监院、监舍分别轻重,随时酌夺更换。

《浙江求是书院章程》,光绪二十五年刊印,浙江大学档案馆藏复制件

(二)浙江大学堂

浙江大学堂试办章程[①]

(1902年5月)

计开:

第一章　学堂办法(计二十三节)

第一节　本学堂就原设之求是书院改为浙江大学堂,所有章程遵照政务处颁定各省大学堂章程,并参照浙省情形、求是旧章,酌量办理。

第二节　本学堂授四书五经、中外历史、政治及外国文、普通学,以端趋向、崇实学为主义。

第三节　现在杭州府中学堂业经开设,小学堂、蒙养学堂亦次第兴办,大学堂先立正斋,俟各府中学堂及本堂正斋有毕业学生,再立专斋。

第四节　本学堂暂设总理一员,监督一员,收支一员,帮收支二员,监察一员,监舍一员,文案一员,杂务缮写一员(此系目下暂设员数,俟开办后应否增改,随时查酌核议)。

第五节　本学堂暂设汉文教习四员,舆地、测绘教习一员,算学教习二员,格致、化学教习一员,日文教习一员,英文教习二员,法文教习一员,体操教习一员,算学、英文帮教习二员(此系目下暂设员数俟开办后应否增改随时查酌核议)。

第六节　总理总掌学堂一切应办事务,所有学堂中教习、学生、委员、司事及夫役人等,概归管辖,择聘进退概归主持,课程规约概归稽核。

第七节　监督会同总理、教习,督饬生徒恪守规约,稽核款目,造办报销,并约束夫役人等,随时商请总理核行。

---

① 该章程卷首原刊有巡抚任道镕奏报办理书院改设学堂办理情形折,前已收录(录自中国第一历史档案馆编《光绪朝朱批奏折》),此处略。

第八节　收支综理堂中款项，凡出入事宜，商请总理核办，帮收支帮同办理。

第九节　监察专管堂中学生出入，核准学生请假，接见来堂宾客，查察学生上班人数，在斋一切规则，簿记功过，随时会同监督，商承总理核办。

第十节　监舍稽察照料学生出入起居，专司学生请假出堂，领给对牌，随时簿记，并稽察仆役勤惰等事。

第十一节　文案办理堂中公牍，收管卷宗、簿册、课卷、报章等件。

第十二节　杂务誊写，帮同办理堂中庶务，誊写公牍等件。

第十三节　各门教习分授各门课程，并会同总理商订教则，帮教习帮同教授。

第十四节　本学堂学生定额一百二十名，本籍九十名，客籍二十名，旗籍十名，除旧有学生详加甄别留堂肄业外，所有缺额，另定章程出示招考，录取传补。

第十五节　考取后，本生各具甘结，本省籍取具绅士保结，客籍取具同乡官保结，旗籍由驻防旗营取结咨送。

第十六节　学生考取入堂后，先由教习考察材质、学业、品行，于一月后会同总理酌量去留。

第十七节　学生皆自备膳资，其寒畯力学，学业优长者，应量予津贴膏火，至多以二十名为度。

第十八节　学生卒业，由总理会同教习考验给凭，或升入专斋，或调升京师大学堂，或咨送出洋接习专门，或派充各府县中小学堂教习，其有才识过人、学业超众者，由抚部院随时奏请破格优奖。

第十九节　堂中一切公牍，均由总理判发，应用大学堂图记以壹事权。

第二十节　堂中设藏书楼、仪器室、工艺房各一所，购存中国及东西洋书籍，并各种标本模范，以资考证(藏书楼、仪器室、工艺房章程另订)。

第二十一节　学生出洋游学，已另有的款一万元留备，随时资遣，每年先定额十名，以后应派卒业生或逾名额，再行筹款加派。

第二十二节　本堂应附设之师范学堂及译书局两项，此时暂行缓办，俟学生学业有成，堪以任师范、译书之选，再行酌量添设。

第二十三节　本学堂应办事宜，除列入章程照办外，所有行变通之处，由总理会集监督、教习各员，公同酌议，以昭公允。

第二章　学堂课程(计十一节)

第一节　本学堂所有课程，应授以中国义理、经济等学，外国方言、普通等学，以备将来认习专门。

第二节　正斋学生定四年卒业，其有学问优长者，学年未满，亦得由教习会同总理考校，准其升入专斋，或资遣出洋游学。其有资质较钝，于本班学业未能合格者，亦由教习会同总理，酌量或留班学习，或即予除名，以示惩劝。

第三节　各项课程科目如左：

经学　讲求群经大义，先各专习一经，一经既毕，再习他经

史学　先中国，次东洋，次西洋

政治　中国政治，外国政治

舆地　先中国,次外国

算学　数学、代数、几何、微积、天文

格致

化学

图画

外国文　日文、英文、法文

体操　先柔软,次器械,次兵式

第四节　各项课程分班传习,每班人数,俟考选后,由教习会同总理、监督酌定。

第五节　课程表随时由各门教习分别酌定。

第六节　每日课程共九点钟,五点钟上班,四点钟自习,间日加习体操一点钟,其起止时刻,按照季节,随时酌定。

第七节　每月汉文考课二次,其余各项课程,由各教习随时考校。

第八节　学堂考核功课,用积分法,另立专册,每月由各班教习填注,由总理总稽中西学分数榜示,以验勤惰。

第九节　学生每月各项课程分数,以百分为率,八十分以上者给奖,六十分以上者记功,四十分以下者记过或降班。

第十节　每年夏季、冬季,由总理会同教习甄别两次,年终由抚部院会考一次。

第十一节　学堂设阅报处一所,存储各种学问报、月报、旬报、日报,派人经理,每日学生功课下班时,准其前往披览,以广见闻,惟不得携入私室,又,凡议论不甚纯正、记载类多失实之报,概不存储,责成经理人随时留心甄择。

第三章　学堂规约(计三十二节)

第一节　本学堂恭祀至圣先师孔子于正殿,浙省诸先儒于两旁,每月朔、望,由总理、监督、教习等员,率领各班学生行三跪九叩首礼。

第二节　每年恭逢至圣先师诞日、万寿日,由总理、监督、教习等员,率领学生斋班,行三跪九叩首礼。

第三节　每逢开馆日,抚院率司道、府县临堂,会同谒圣。分两班,抚院、司道、首府、监督、首县先行礼,总理、教习率诸生次行礼,皆三跪九叩首。礼毕,抚院以下向总理行付托礼,总理答拜;总理向教习行付托礼,教习答拜。诸生北面鹄立,谒抚院、司道、首府、监督、首县,一跪三叩,各官西向答揖;谒总理、教习,一跪三叩,总理以下西向答揖。如抚院不亲临,委司道代为行礼,随时候示办理。

第四节　每年以正月二十前后为开学日期,六月中至七月中给暑假一月,十二月十五前后给年假。

第五节　每年恭逢万寿日、至圣先师孔子诞日,及清明、立夏、端午、中秋、重阳、冬至各节令,均给假一日。

第六节　每月逢房、虚、昴、星日期给假一日。

第七节　堂中除应给例假外,婚嫁一月,三年丧假一百日,葬假一月,期服假一月,葬假十日,功服假七日。如假期已满,实有事未了,必须续请者,须具函陈明定期。

第八节　堂中各员均须常川驻堂,不得旷职,如非例假期内确有要事必须请假者,须请人代理，方得出堂。教习必以教习代，收支必以收支代，监察、监舍、文案、杂务互相代。

第九节　堂中留监舍一人，平时例假先二日给假，例假期内必须住堂，照料一切，不得出堂。暑假、年假亦留一人住堂，另加津贴。如监舍有事，即请堂中办事人代理，监督亦须时常到堂查察。

第十节　学生除例假外，不得无故告假，如有紧要事件，应由学生家中或保人具函陈明，由监察发给假单，注明期限，向监舍领牌，方准出堂，逾期应再由家中函告缘由，准其续假。其休息时刻暂时请假，亦须给条领牌，不告假、不续假擅自离堂者，遇休沐日留堂补课。

第十一节　学生逢例假，先一日必须课毕后出堂，后一日必须上班前到堂，违者照前条例。

第十二节　学生在堂，非有病不得无故旷班。

第十三节　学生每日在堂，寝与食、息及上班、换班，均有定时，届时鸣钟为号，其时刻各按季节另行详定。

第十四节　学生按照定时，就寝一律熄灯，不得逾时。

第十五节　学生在讲堂受业考课，将应读各书及纸笔携带齐集，不得吸烟，不得笑谈，不得另治他事，不得退至斋舍。

第十六节　学生在讲堂听讲，如有疑义，须俟教习讲毕，方准问难。

第十七节　上讲堂时，即盛暑亦须着长衫，到堂后亦不得袒裼。

第十八节　学生在斋自习时，不得至别斋纷扰，不得任意出堂。

第十九节　堂中无论何人，不得酗酒、赌博、吸食洋烟，如有犯此项禁令，立即摒斥。

第二十节　学生在堂内犯章，屡戒不悛者，或在堂外沾染恶习，经办事各员查明者，均由监督、教习、监察告知总理，立即标示除名。

第二十一节　学生不得在各处涂抹字迹，斋舍中亦宜整理，不得任意污秽。

第二十二节　学生每班立班长一人，凡一切上堂在斋约章，由班长详察，随时劝导。

第二十三节　学生平日举止另立功过册，存监察处，由监督、监察、监舍随时查察，商承总理，秉公注册，按季榜示，功多者季课外酌量加奖，过多者酌扣季课奖赏。

第二十四节　学生各门功课积分，及在院时日并功过等，按月汇记，另印一表，分送各生父兄或保人存查，外省外府可按时函取。

第二十五节　堂中人出入，均由司阍记明时刻，按日呈总理、监督处查核。

第二十六节　堂中另设浴室，备堂中人随时沐浴。

第二十七节　堂中人有病即须至养病房调治，愿回家者听。

第二十八节　堂中来客，教习上班时不得通报，监督等员办理堂中紧要公事时不得接见，如确有要事须面谈者，由司阍先告监察出见，再行通报。

第二十九节　学生有亲友来堂，均引至会客所，惟上班时不得通报，须俟退班后接见，如有紧要事件，先由监察出见，查明情形，再行通报。

第三十节　学生来客，不得留饭、留宿。

第三十一节　堂中置备木牌、条列、规约、课程等件。

第三十二节　本学堂课程、规约等件，如有应行增减更改之处，堂中人均可商酌，俟总理许可，即行标示，但未经标示之前，仍须遵守旧章。

第四章 学堂经费(计七节)

第一节 学堂经费,由总理督同收支经理,并由监督随时稽核。

第二节 本堂常年经费,暂以二万七千余元为办理正斋之用,以一万元为本堂及中学堂资遣学生出洋之用,嗣后如有扩充,再行酌量添拨,至开办专斋经费,应俟另议。

第三节 本堂常年经费,均于季首请领,以二万七千余元计,春夏秋三季,每季应领七千元,至冬季领六千余元,合二万七千余元。

第四节 本堂经费应分额支、活支两项,如各员束脩、薪水,夫役工食,学生奖赏及火食、日用杂费等项向有定额者,为额支,由收支照章按期给发;其购买书籍、仪器、应用器物、修补房屋、添购工艺房材料等项,一切并无定额者,为活支,由收支处开单呈总理核定批准,查照给发。

第五节 本堂常年经费除撙节动用外,如有赢余,尽数另储,留备活支拨用。

第六节 堂中收发款项,收支处于每年六月、十二月清结两次,分造四柱清册,连同原簿,呈总理、监督核查,由监督造册报销,仍汇列一表榜示,以昭公允。

第七节 学生读本、书籍、器具等,由堂垫款置备,缴价领取,其书值较昂者,可照价存交发书处,领书借读,读毕缴书,将价给还,书如损坏,扣价购补。

右章程四章,系按照政务处颁发山东章程,参酌本省情形办理,恐有遗漏变更,随时再行增改,年终汇报一次,以备查考,合并声明。

浙江藏书楼仪器室工艺房章程

计开:

一、藏书楼专购置经史、掌故、理学及各译书,各报、各图,并东文、英文书籍,以备堂中人查考。

一、藏书楼购备图书,凡非关于政治、法律、经济、时事及普通学必须参考者,概从缓置。

一、仪器室先购各种标本、模范,余从缓办。

一、工艺房专制小种仪器,除本堂领取应用外,凡中小学堂购置,但取材料价,不给工资。

一、借书例有二:(一)自往翻阅者,向管理人领取,阅毕立即缴还;(一)假阅者须注明姓名、册数、期限,凭条照发。

一、翻阅书籍有一定坐处,不得喧哗,非翻阅书籍者不得擅入。

一、借书人不得污损,缴时由收发处查明,如有损坏,即令借书人照赔。

一、借阅书每人但借一种,每种先借二本,期限以五日为度。

一、图书有污损、遗失,由管书者偿还。

一、堂外人不得商借书籍。

一、仪器室所储仪器、标本、模范,但准考验,不得揣带出外。

一、仪器、标本、模范,考验时如有伤损,即行陈明,随时修补,倘有遗失,责令管理人购还。

一、工艺房堂中人不得将零件饬修,如有定造等件,须由监督或收支处给条,方准代制。

一、工艺房材料,堂中人不得任意取用。

一、收发书籍及考验仪器等件,每日八点钟起,五点钟止,逾时须俟次日。

一、工艺房每日八点钟开工,五点钟停工,不得旷废。

一、工艺房设匠师一人，管理材料、工作等件，学徒一人，帮制小件。

一、藏书楼司书、工艺房匠师、学徒等，均须照堂中约章，一律遵守。

一、藏书楼、仪器室、工艺房一切未尽事宜，随时增订，另行标示。

钦命二品衔两浙江南等处都转盐运使司盐运使黄，为札饬事。光绪二十八年三月三十日，奉抚宪任批，本司会同藩司详覆核议大学堂试办章程一案缘由，奉批：据详已悉，仰即移会劳总理查照，先行试办，一面由司速将大学堂章程、折二件，饬匠刊刷成本，奏亦一并刊入，通颁各属遵守，并另备五十本，呈院核咨毋延，切切此缴。等因奉此，查学堂系地方公事，合将原奏朱批及章程折二扣札发，札到该局，即便查照，札内粘抄，立即饬匠刊刻，磨对无讹，刷印一千二百本，装订送司，以便分别申送移行，一体遵守，勿稍延误，切速。特札。

计粘抄原奏、朱批及章程折二扣。

光绪二十八年四月　日札

光绪二十八年刊印，上海图书馆藏

（三）浙江高等学堂

浙江高等学堂现行章程

（1909 年 2 月）

浙江高等学堂现行章程总目

第一章　学制纲要

第二章　职员职守

第三章　学生规约

第一章　学制纲要

第一节　本堂原为求是书院，创始于光绪二十三年四月，至二十七年十月改称浙江大学堂，二十九年十一月改称浙江高等学堂。时以各府中学无毕业之学生，正科势难遽办，因仿照京师大学堂办法，分设高等预备科及师范完全科，嗣后陆续添招，共有师范生一班，预科生三级六班。至三十四年六月，师范生预科三年生第一次毕业，遂于七月开办正科，是为本堂正科成立之始。

第二节　本堂正科生，定为每年七月间添设新班，先于每年四月间招考，除本堂预科生得照章升入外，凡得过中学毕业文凭，及他省高等预科毕业文凭者，无论本籍、客籍，皆得投考。

第三节　本堂分设预科之始，选录学生多系原在堂肄业之人，此后逐年招补，亦均行文各府选送，取其普通科学已有门径，或在中学有一二年程度者。自光绪三十四年夏间，学部通饬各省高等学堂不准设立预科，本堂即遵于是年七月起停招预科新班，惟已有之预科，悉仍其旧，俟庚戌年夏间预科第三次毕业后，所有预科名称即当消灭。

第四节　本堂所设之师范完全科，于光绪三十四年毕业，一次计共三十八人。又于光绪三十一年七月，附设一年毕业之师范简易科，陆续召集学生三班，先后毕业者一百十五人，嗣因两级师范学堂成立，所有本堂师范完全科，及附设之简易师范，即行停办。又本堂前曾分设两等小学，自本年起亦移归师范学堂办理。

第五节　本堂正科遵章先办第一类、第二类，均三年毕业。所有学科时间列表如左：

高等正科第二类学科时间表

学科	第一学年	每周时间	第二学年	每周时间	第三学年	每周时间
人伦道德	摘讲宋元明国朝诸儒学案	一	同上	一	同上	一
经学大义	摘讲御纂七经	二	同上	二	同上	二
中国文学	练习各体文字	三	同上	二	同上	三
算学	代数、三角、解析几何	七	代数、解析几何、微积分	五	微积分	五
图画	用器画、射影图画	二	同上，阴影法、远近法	三	阴影法、用器画、远近法、机器图	四
英语	讲读、文法、翻译、作文	九	同上	七	同上	四
德语	讲读、文法、翻译、作文	七	同上	六	同上	六
兵学			外国军制学、战术学大意	二	各国战史大要	二
物理	力学、物性学、声学、热学	三	光学、电气学、磁气学	三		
化学			化学总论、无机化学	三	有机化学	五
地质及矿物					地质学大意、矿物种类形状及化验	二
体操	普通兵式体操	二	同上	二	同上	二
合计		三六		三六		三六

第六节　本堂预备科学科，系按照中学程度，酌定所有学科时间。列表如左：

高等预备科学科时间表

学科	第一学年	每周时间	第二学年	每周时间	第三学年	每周时间
修身	人伦道德之要旨	一	同上	一	同上	一
经学	春秋左传	三	同上	二	周礼	二
国文	文义、文法、作文	五	同上	三	同上	二

续 表

学科	第一学年	每周时间	第二学年	每周时间	第三学年	每周时间
历史	中国史	三	同上	三	外国史	三
地理	总论、中国地理	三	中国地理、外国地理	三	外国地理	二
外国语	读法、讲解、会话、文法、作文、习字	六	同上	七	同上	九
数学	算术、代数	六	代数、平面几何	七	平面几何、立体几何、平三角	七
理化	无机化学	二	有机化学、物理	三	物理	三
博物	植物	二	生理、动物	二	动物、矿物	二
法制理财					法制理财大意	二
图画	自在画	二	用器画	二	同上	一
体操	普通兵式	三	同上	三	同上	二
合计		三六		三六		三六

第七节　本堂考验学生功课，参照各学堂管理通则，暨学部修改学堂考试章程办理。条录如左：

一、凡学生以端饬品行为第一要义，监督、教员各员，当随时稽察学行、品行，详记分数，以定劝惩。

二、凡考试，以通计各门分数，满百分者为极则，满八十分以上为最优等，满七十分以上为优等，满六十分以上为中等，不满六十分为下等，不满五十分为最下等。

三、凡考试分五种：

甲、临时考试，每月一次，或间月一次，由各教员以所讲授之科学，验学生学力之等差，以定其分数。

乙、学期考试，每半年一次，由监督会通各教员，将临时考试所记分数，与学期考试平均计算，除各科平均不满二十分者令其出学外，凡在二十分以上者，俟学年考试时并计办理。

丙、学年考试每一年一次，由监督会同各教员，将学期考试平均分数，与学年考试平均分数平均计算，平均分数在最优等、优等、中等者均升级，下等者留原级，不满二十分者出学。

丁、毕业考试，先期由本堂将毕业学生履历册、功课分数册、请假旷课册、各教员科学讲义所用教科书籍、学生笔记成绩(如日记、课卷、算草、书稿、图稿之类)汇具齐全，呈送提学使司，定期考试。仍将毕业考试平均分数，与该学生在本堂历期历年考试之平均分数相加而平均之，为该学生毕业分数，以定等差，按照分数等第，由本堂发给文凭，并由提学使司详请督抚，咨明学部奏请奖励。如分数有两科不满六十分，或一科不满五十分者，不得列最优等；有两科不满五十分，或一科不满四十分者，不得列优等。凡列最优等、优等、中等者，照章分别给奖；列下等者，给及格文凭；列最下等者，给修业文凭。给修业文凭者，不得与升学考试。

戊、升学考试，概由所升入之学堂考试，分别去取。惟毕业生及升入本学堂高等学级者

(如大学预备科毕业升入大学之类),其升学考试即由本学堂办理。

四、凡学年考试时,学生如有因父母之丧,或真实重病不能与考,而所旷功课钟点,按本学期所有功课钟点不过四分之一者,准其补考。其旷课过多,及因他项事故未与考者,不准补考应留级归入下次汇考。其虽经与考而平日旷课过多者,除父母之丧例准给假(假期限见第三章第十一节)无庸扣算外,每旷百小时,减本学期总平均分数五分。至临时考试及学期考试,皆准补考,惟须由本堂指定日期,如定期仍因事未能与考,即不得再补,应俟学期或学年考试时,将所得各科分数以十分之八计算。

五、凡学期、学年考试,于修身科或人伦道德科分数,应与平日所记学生品行分数平均计算,不另立品行一门。然如平日所记品行分数不满二十分者,则无论各科学分数多寡,皆令出学,以示注重品行之意。

第八节　本堂赏罚学生,遵照各学管理通则,由教务处或教员、监学、检察等摘出,商明监督办理。其条目如左:

一、凡赏分三种:

甲、语言奖励。监督教员各员,对各学生提出以温语奖励之,或特班传见,以勖勉之。其应得语言奖励者略如左:

(一)各门功课皆及格;

(二)对各员无失礼,在各处无犯规条事;

(三)对同学有敬让,无猜忌交恶诸失德;

(四)于例假外无多请假。

乙、名誉奖励。以讲堂坐位置前座,或特飧该生,皆是其应得名誉。奖励者略如左:

(一)各学科中有一科出色者;

(二)温习功课格外勤奋者;

(三)能恪守堂中规条,并能匡正同学者;

(四)立志坚定,不为外物所诱者;

(五)用功勤苦,骤见进境者。

丙、实物奖励。由堂中购图书、文具、暨诸学科应用物器,以奖励之。其应得实物奖励者略如左:

(一)各学科中有二三科以上出色者;

(二)能就各科研究学理者;

(三)品行最优有确据,为众推服者;

(四)得名誉奖励数次者。

二、凡罚分三种:

甲、记过记名于簿,以俟改悔,或将所记之过随时揭示。其记过之事略如左:

(一)讲堂功课不勤;

(二)于各处小有犯规事;

(三)对各员有失礼事;

(四)与同学有交恶事;

(五)假出逾限;

(六)詈骂夫役人等,不顾行检。

乙、禁假,于数日内无论何假不准出堂,或三日、或五日、或十日,由监督判定,监学执行。其禁假之事略如左:

(一)志气昏颓,讲堂功课潦草塞责者;

(二)于各处犯规不服训诲者;

(三)对各教员傲惰不服训诲者;

(四)詈骂同学,好勇斗狠者;

(五)假出后在外滋事者。

丙、出堂,由监督核其罪过相当,万无可恕,斥出本堂。其出堂之事略如左:

(一)嬉玩功课,借端侮辱教员,屡戒不悛者;

(二)性情骄纵,行为悖谬,不堪教训者;

(三)行事有伤学堂名誉者;

(四)犯禁假之惩罚,数次不悛者。

第九节　本堂行礼日期分为二类:一为皇太后、皇上万寿圣节,至圣先师孔子诞日,春秋上丁释奠日;二为开学、散学、毕业。凡庆祝日及丁祭日,堂中各员整齐衣冠,率学生至万岁牌前,或圣人位前行三跪九叩礼,礼毕,放假一日。开学、散学日,堂中各员整齐衣冠,率学生至圣人位前,行三跪九叩礼,礼毕,各员西向立,学生向各员行三揖礼,各退。毕业给凭日,监督率毕业生至圣人位前,行三跪九叩礼,礼毕,监督及各员西向立,学生北向行三揖礼,监督请官长、来宾至礼堂监视给凭,并向各毕业生施训勉语,乃退。

第十节　本堂放假分为三类:

一、暑假(自夏至后五日至处暑前五日)、年假(自十二月二十五日至正月十六日);

一、庆祝日、丁祭日,及端午、中秋令节;

一、房、星、虚、昴日。

第十一节　本堂每日作息有定时,各以鸣钟为号,如左表:

催起	夏日上午六时 冬日上午六时三十分	鸣钟十八下
早粥	夏日上午七时 冬日上午七时三十分	鸣钟八下
上班	上午八时至下午四时	鸣钟六下
退班	上午八时五十分至下午四时五十分	鸣钟四下
午餐	午正十二时	鸣钟八下
晚餐	夏日下午六时三十分 冬日下午六时	鸣钟八下
自习	下午七时	鸣钟十下
催寝	下午九时三十分	鸣钟十八下
息灯	下午十时	鸣钟十下

第十二节　本堂经费,每年由藩库支领三万九千二百元,所有收支款项按季造册,呈送藩、学两司,并榜示堂外,以昭核实。

第十三节　本堂正科生每学期收学费八元;预科生在丁未年考取者,每学期收学费六元;其在丁未以前入学者免收,但如预科毕业升入正科后,即当照正科学费数目征收,以符定制。

第十四节　本堂一切编制,均查照奏定学堂章程,并参酌地方情形,详细订定,堂中无论何人,均当遵守。

第十五节　光绪三十二年正月初一日谕旨:学部奏请,将教育宗旨宣示天下,所陈忠君、尊孔与尚公、尚武、尚实五端,尚为握要。总之君民一体,爱国即以保家。正学昌明,翼教乃以扶世。人人有合群之心力,而公德以昭。人人有振武之精神,而自强可恃。务讲求农工商各科实业,物无弃材,地无遗利,期有益于国计民生。庶几风俗纯厚,人才众多,何患不日臻上理。所有京师及各省学堂师长生徒,尤宜正本清源,辨明义利,不视为功名禄利之路,而以为修齐治平之规,于国家勤学育材之意,方为无负。钦此。本堂中无论何人,均当切实钦遵。

第二章　各员职守

第一节　本堂遵照定章,设监督一员,教务长一员,教员若干员,教务员一员,掌书一员,庶务一员,文案一员,书记二员,监学二员,检察二员。

第二节　监督统辖各员,主持全堂事务,凡一切兴革改变之事,均归裁制。

第三节　教务长审量教法,修饬学规,稽查教员勤惰,考验学生优劣,有整理教务之实权,规定职任如左:

一、每学期与教员商定授课方法并撰授课时间表。

二、每届大考,总计各科分数平均、次序,由监督核定,榜示于堂。

三、各教员告假长暂,或请代,或堂中代,为请代,应商明监督办理。

四、学生无故出二门以外,及任意往来者,随时禁止,非例假日因故请假者,斟酌准驳,如有假满不到,及家非省城至晚不归者,均随时查明酌办。

五、堂中有关系内外之事,及二门内出入之人,皆得随时觉察。

第四节　教务员佐教务长整理学制,规定职任如左:

一、教员因事请假,随时登册并标示讲堂。

二、学生出入对牌,均归收发,凡准假者随时将事由、时刻注明告假册上,销假时仍将时刻注明。

三、所有课卷册籍及学生证凭、愿书、履历、相片与重要学务各件,均归收管。

第五节　各教员分教各种科学,规定职任如左:

一、按照教务处所定时刻上堂讲授。

二、每学期开课前,须作该学期内授业预定表,并开列教授书籍名目,送交教务处转商监督审定。每学期既毕,所有该学期内已定事项,宜作授业报告书,送交教务处,转告监督。

三、学生到班与否,或到班过迟,须于到班册内登记,月终交教务处稽核。若学生应记过者,可将应得之过及事由记明,交教务处登列总册。

四、每届考试须将题目及学生分数名次列单并课卷汇交教务处。

五、非假期内,因事或疾病请假,须先知照教务处揭示各生,若假期在七日以外,无论自行请人权代，或堂中请人权代，薪水应归权代之人。

第六节　掌书员掌一切图书仪器等项，规定职任如左：

一、书籍每册第一页及图画每幅，均盖印本堂藏书戳记，分别门类，编成总表，注明册数及购置价值、撰著人姓名，照次庋藏，并将橱柜编列字号，标明存放书目。

二、每岁暑假时，将图书摊晒一次，平时遇晴燥之日，将书楼窗户洞开，以通风气，所藏各书有无污损及虫鼠伤蚀，随时察看修补。

三、堂中各员及学生借阅图书，均需填明借据，如期交还，届期不交，应即收取。每届暑、年假前三日，无论何人，无论何书，均须一律收齐。

四、除教员因所任功课广资参考，借阅图书不限册幅外，此外无论何人，不得每分全借，只可前后易换。

第七节　庶务员掌理堂中一切庶务，规定职任如左：

一、管辖全堂仆役，凡派定执事，随时督率整顿，如有违犯禁令者，应即斥逐。

二、堂中内外各处，每日督饬人役打扫洁净，布置整齐，浴堂、厕所尤宜注意，不得任令污秽，有妨卫生。

三、每日课毕，责成仆役揩扫各讲堂，及倒换痰盂，核对钟刻等事。每晚息灯后，稽查内外火烛一次。

四、仆役送信、购物，定时遣发，均归主持，并须按时查验。

五、堂中一切器具，应立册详记，遇有增损，随时登注。

第八节　文案员掌理一切文报、公牍，规定职任如左：

一、堂中公文函件，随时拟稿，呈由监督核定缮发，仍将原稿依类存案。

二、立发文册一，收文册一，交件分类汇查册一，所有收发文件，均须摘录事由，分类登入各册，注明日月。

三、管理堂中存查册籍、教员所编讲义，及各类报章。

第九节　书记员缮写堂中一切公件，规定职任如左：

一、各教员讲义交到后，随即缮写，交印字房发印，以便按日分发。

二、凡考试题目及榜示，均归缮写。

第十节　会计员专司银钱出入，规定职任如左：

一、所领常年经费存在庄号，务须稳妥，每月额支款项按数支取，活支款项随时商由监督核准支领。

二、发款均有定期，火食每十日一发，各员薪水每月初十日致送，仆役工资每月月终给发，均不得预领挪借。

三、堂中房屋墙垣、器具，应随时查察，商由监督核准修葺添补，凡遇建修工程，应另立簿册，核实记录，并随时认真查验。

四、堂中火食，应饬厨役整洁，设备如有不洁，即饬更换。

五、全堂仆役、厨丁人等，如有不守规则及滋事者，应与庶务员商酌办理。

第十一节　监学员掌考察学生功课勤惰，规定职任如左：

一、管理学生遵行学规，并稽查学生出入起居。

二、每届学生自修时间，各学生曾否入自修室，及自修室内有有无违乱规则，均须随时考查。

第十二节　检察员以监视学生饮食起居为专责,规定职任如左:

一、每日学生上课后,查察自修室、寝室,以收拾清洁为要。

二、学生所缴膳费,由会计处存储银行,即将银行存据及支票,划归经管,应即立收支簿登记,并饬厨役立火食簿,每十日将各生膳费结算一次。

三、会食宜有秩序,应按照规则监察一切肴菜,每届开粥饭前,查验肴菜一次,如有不洁,应饬厨役更换。

四、晚间鸣钟催寝后,即饬学生一一就寝,至息灯时一律息灯,并周视火烛一次。

五、禁止学生无论何时不得有角斗喧哗之事,学生于各项规则如有违乱,得将应记之过及事由,交教务处登列总册。

六、学生因事请假,应询明事由,给发假条,交该生持呈教务处,核准后给与对牌。

第十三节　各员均有一定职守,务须按照所定职任,认真办理。其有与他职守相连者,当协同商酌办理。每日以上午七时五十分起至下午五时止,为办公时刻,除教员、文案、监学、检察外,自监督以下各员,于办公时刻内均须齐集事务处办公,不得退处私室。如有疾病及要事必须回家者,或摄或代,亦须付托有人,以免旷废公务。

第十四节　办事各员例假,每月定期四次,每次以一日一夜为率,虽年、暑假及星期日,亦应有人轮值,不得相率出堂。

第十五节　每日饭时,自监督以次齐赴会食堂会食,不得独饭他所。

第十六节　无论何人,概不得留外客在堂住宿,并不得将堂中一切器具借给外人。

第三章　学生规约

第一节　通守规约。

一、光绪三十二年九月学部文开:凡为学生者,当各知自爱,以身为社会之楷模,苟不自爱,一人足为全体之累,一事足为学界之羞。不惟学堂章程所载,皆当确遵,即为规则所不详,亦当各知自治等语。特历举学生所宜猛省者如左:

(一)毋以不遵约束为伸张自由;

(二)毋以聚众滋事为能结团体;

(三)毋以攻讦教习为程度高尚;

(四)毋以破坏道德为思想文明;

(五)毋借口卫生而滋哄于饮食;

(六)毋吝惜脑力而腾议于学科;

(七)毋自狃于偏浅之智识而侮慢老成;

(八)毋自倚于学堂之声势而横行市井;

(九)衣饰宜俭朴,毋华服奇制以自炫;

(十)言语宜谨饬,毋朋饮冶游以自荒;

(十一)宜求实学,毋怀挟应考以自欺;

(十二)宜惜光阴,毋借端请假以自悦。

二、管理通则所垂为禁令,凡学生所易蹈者,谨录悬禁如左:

(一)学生在学堂以专心学业为主,凡不干己事,一概不准预闻;

（二）学生不准干预国家政治及本学堂事务，妄上条陈；

（三）学生不准离经畔道，妄发狂言怪论，以及著书妄谈，刊布报章；

（四）学生不准私充报馆主笔及访事人；

（五）学生不准私自购阅稗官小说、谬报逆书，凡非学科内应用之参考书，均不得携带入堂；

（六）学生凡有向学堂陈诉事情，应告知班长学生，或每学期值日学生，代陈本学堂管理员，不准聚众要求，借端挟制停课、罢学等事；

（七）学生不准联盟纠众，立会演说，及潜附他人党会；

（八）学生不准干预地方词讼，及抗粮阻捐等事；

（九）学生不准逾闲荡检，故犯有伤礼教之事；

（十）学生遇有本学堂增添规则，新施禁令，不准任意阻挠，抗不遵行。

三、学生出入起居及交际上必当注意者，规定如左：

（一）学生无论在堂内堂外，见监督及各职员，均宜正立致敬。对他人来参观学堂者，亦行正立致敬礼；

（二）在堂出入宜有秩序，衣履亦须整洁，虽酷暑勿得裸体跣足，上课及出外，除酷暑时均须穿着校服；

（三）讲堂黑板时间表及临时揭示等，不得擅自涂抹；

（四）除游息时准在游息处憩息外，无论何地何时，一概不得喧哗扰乱；

（五）公共物件无论巨细，不得毁坏，亦不得任意移易处所，违者一经查实，除分别记过外，仍责令赔偿；

（六）自习室、寝室之书架、床铺，应自行收拾清洁齐整，墙屋窗户切戒任意涂抹，室内均置痰盂，不得随意咳吐。除便溺处外，不得随意便溺，废纸及他破坏之物，均有受储之所，宜逐一投入，不得随处抛散；

（七）自带银钱衣物，宜谨密收藏，如有疏忽，堂中不担责任。其赃证确凿者，许陈明核办（家不在省携银过多者，准其寄存会计处）；

（八）梳剃设有专所，购点寄信皆有专足，除定时外不得任意紊章；

（九）功课毕后，遇有父兄亲友来堂者，均至应接所接见，不得延之他处，其欲入内观览者，须先告知事务处，领有参观凭证，方得导入，仍不得在自习室高谈，妨人功课；

（十）客至不可围绕观看，事务处及职员室前有人言事，不得在外窥伺；

（十一）堂中夫役不得强以不应为之事夫役非礼可告知检察或庶务处斥罚不可径与争论自亵身分；

（十二）水旱纸烟及一切不合卫生之食物，一律禁购；

（十三）晚间息火后，无论何室，不准再燃灯火及洋烛之类，违者各职员及班长、值日生皆得强制之；

（十四）关于体操及唱歌之器具，准于游息时随意练习，惟不得携入自习室及寝室。

第二节　讲堂规约。

一、讲堂功课各依所定时刻，每次上课，闻钟即齐集讲堂，不得延迟。

二、上下讲堂鸣钟为号，均由班长率领，鱼贯而行，不得争先恐后，致乱秩序。

三、教员到堂时,必须起立致敬。教员发问,须起立致答,学生质问时亦当起立。

四、讲堂座位按照派定名次就坐,勿得擅自更易。

五、在讲堂内不得离位偶语,回头言笑,不得互相问难,亦不准携功课外一切书籍,须一意倾听教员之讲授。

六、讲堂内不准随意嚏唾,纸片、粉笔等不得任意抛弃。

七、甲科学生在讲堂听讲时,乙科学生不得在外窥伺。

八、非上课时不得逗留讲堂。

九、上课时须一律穿着校服。

十、上课时,凡遇来堂参观人,非教员使令起立致敬,一概不必招呼。

第三节　自习室规约。

一、自习室房间坐位,于每学期始以次排定,不得任意迁移。

二、每自习室由检察员编定每星期值日生一人。

三、每日非上课、非游散、非就寝时,皆在自习室温课,不得随意往来。

四、同室诸生宜静默用功,不得高声谈笑及一切粗暴举动,凡有碍他人之自修者,均应禁戒。

五、书桌须收拾整齐,书籍笔墨不得任意抛散,尤不得侵占他人之位置。

六、在自习室中衣履亦宜整洁,虽在盛暑亦不得袒裼裸裎。

七、自习室内以清洁为主,凡随时须翻阅之参考书等,可庋置坐位后之阁板上,操帽、操衣裤可挂置坐位后之阁板下,每间均置痰盂,不得随意咳吐,废纸等不得随地抛弃,凡不应用之物件,均不得置诸室内。

八、凡遇假日,在堂学生不得翻阅回家诸生之物件。

九、因事告假耽误学业者,应于自习时补习。

十、学生戚友不得导入自习室中。

十一、每日午后九时三十分,自习室毕课须一律息灯。

第四节　操场规约。

一、体操为养成武健精神始基,一切规则自应整齐严肃,不得稍存玩视。

二、每届定时,预早五分钟更换操衣,鸣钟齐集操场,按次排列,不得参差错乱。

三、赴操时,一切须遵教员命令,不得随意谈笑。

四、在操场时,即有要事,非经教员特许,不得擅离行列。

五、赴操时,操帽衣裤务须一律,不得错杂无序。

六、学生在堂患病未能赴操时,亦须得有假条,方准免予上课。

七、操毕后,铁枪须按次存置原架,木球棒棍之类,亦须存置原处,不得任意放置。

八、非体操时,不得穿操衣操裤。

第五节　会食堂规约。

一、会食时,学生按照次序就坐(座位均黏定姓名),不得任意更易,自监督以次,每席任坐一位监膳。

二、会食时,每桌须坐齐举箸,不得谈笑,亦不得任意狼藉。

三、赴会食堂时,虽在盛暑亦着短衣。

四、临食不到者，概不等候，亦不另开。

五、膳品若遇不洁，当告知检察员，会同会计员或庶务员，将该厨役或罚或斥，学生不得喧哄斥言。

六、除有疾病在病室就餐外，均赴会食堂会食。

七、除本堂职员及学生外，他人不得入会食堂会食。

第六节　寝室规约。

一、寝室内，每星期轮派值日生一人，督率同室生注意整洁。

二、息灯后不得自备灯火，并不得谈笑，致妨他人安睡。

三、寝室内凡洋火、纸烟及养生违宜之物，均禁携带。

四、每早一闻钟声，着衣速起，整叠被褥，上覆被单（挂帐折被均宜一律整齐），不得过迟。

五、衣箱网篮等件，均宜安置床下，不得任意乱堆。

六、衣服等件须随换随洗，不得留存，洗过之件，须存置箱内。

七、他处桌椅不得任意搬至寝室内。

八寝室内，每间均置痰盂，不得随地咳吐。

九、寝室内备有废物存贮箱，由仆人间日一倾弃，一切废弃之物，均须倾置箱内，不得随地抛弃。

十、寝室内每日一扫除，如见某室内有痰痕或弃物满地者，由检察员查明，责令该生更改。

十一、寝室规定启闭时刻，其总门锁钥，由检察员掌管，各房间锁钥由值日生掌管，非时不准入内。

十二、凡患病者宜迁住调养室，不得在寝室内卧病。

第七节　浴室规约。

一、暑月澡身为卫生要务，自夏至起至处暑止，除假期外，每日自四时至六时，分定班次，由庶务处临时揭示，届时摇铃为号，毋得搀越。

二、每班周而复始，临班不愿浴者听，愿浴凉水者听。

三、伺候盆汤等事，由庶务处派役轮流照料，该役毋许擅离。

第八节　调养室规约。

一、学生在讲堂、操场发病者，申告教员，在自习室及寝室发病者，申告检察员，分别轻重，移住调养室内，不得迁延不移，致妨同学。

二、入调养室后，病情较重者，由堂中将病状函告该生家长或保证人，领回医治。

三、学生如遇花瘖、肺病、时疫及一切易于传染之病，由堂中即时通报该生家长或保证人，领回医治，不得久留堂中，以防传染。

四、调养室内设有便桶，患病者即就桶中便溺，不得至寻常厕所，以免传染。

五、学生既入调养室内，即不得擅出室门。

六、学生在堂养病，其父兄自愿由堂代延医生医治者，医药费须由本人自给，学堂概不资助。

第九节　学生应接所规约。

一、学生家属及戚友有来探访者须于午后四时功课毕后始准在应接所晤面惟接谈时间不得过久。

二、学生上课时,家属遇有不得已之事必须来晤者,先通报事务处,转告检察员或庶务员接见,再行代达。学生有病家属特来看视者,亦须先通报事务处,再行派人导入调养室。

三、学生亲友不得径行引入应接所以外堂室,如欲参观学制者,须先由该生陈明事务处,领有参观证,方准引入。

四、午后六时三十分后,谢绝会晤,如有事件,只能由司阍人陈明事务处,代为转达。

第十节　游息规约。

一、每日以午膳后一刻,及午后课毕起至七时,为游息时刻,余时不得任意游戏,致荒正课。

二、游息均有定所,在操场欢呼、奔跃、拍球、跳舞,为舒畅筋骨等事者不禁,惟不准抛掷砖石,忿斗戏谑,及各种危险之事。

三、在阅报处游息者,只准默坐,不得喧笑。

四、在植物园游息者,不得攀折花木。

五、游息时如合群唱歌,以教员所教授者为限,其余俚俗歌词不准歌唱。

六、游息时仍须受管理员之督察,若管理员认为不适当者,须即时禁止之。

七、游息时遇外来宾客,避坐、避道,不得围观。

八、游息所非游息时不得前往。

第十一节　送信购物规约。

一、检查室外设有受信筒及代购点物筒,务须按照定章投纳,不得紊乱。

二、学生有信,每日限午前八时至午后一时投入信筒,由庶务员检查后,饬役按时照送。其本城信,近在一里以内者,准其乘便代送,远则黏贴一分邮票,令邮局代递,不得擅自差遣。若遇要事或须守取物件者,须由该生面交检察员,声明所取何物,是否必需之品,再行转交庶务处饬送。

三、学生有外来信局函件,门房另立信件受储处,每日午前十一时三十分、午后五时,由门役分送。

四、购买点物,每日以午前九时、午后三时为定,诸生需用何物,用纸包钱,注明姓名、物名,纳入筒内,届时由检察饬役收取,并饬仆人登簿照购、照送,其非必需之物,及有害卫生者,仍当检还止购。

五、投函购点,如不按照定章私交仆役者,查出后学生记过,仆役斥退。

第十二节　告假规约。

一、暑假、年假,诸生均须于散学日行礼后回家,开学前一日到堂,不得迟误。

二、凡星期及令节、例假,家在省城者,准于放假前一日功课毕后,向教务处换取名筹,交付门房出堂,次日限午后六时回堂,仍向门房取回名筹,缴还教务处销假。如家不在省城者,出入均照此例,惟不得在外住宿。

三、星期三午后三时起六时止、星期六午后三时起九时止,特给外出假,入时仍须向教务处换取名筹,如须早出,或逾限不归者,以请假论。

四、星期三、星期六午后三时,或遇功课未毕,给假时刻须更动者,由教务处临时揭示。

五、学生除例假外,非重大事故,不得告假,即在堂患病,亦须陈明管理员,给有假条,移入病室，转知教员，方准免予上课，若援应酬买物诸小事告假者不准。

六、假期已满，如果必须续假，须本人或该生父兄、或保证人致函声明事故，登记假簿。

七、遇考验日不得告假，将近考验时亦不得告假。

八、每学期内，除例假及父母丧假（父母丧假在城生准给一月，不在城生计程酌给，但不得过四十日）外，无论何事告假，均须核计时日，照第一章第七节第四条办理，于考验平均分数内照扣分数。

九、年假为日无几，如远道诸生情愿留堂者，须预先陈明管理员，转陈监督核准，方准留堂。

第十三节　退学规约。

一、照本堂所定学年期限内，学生不得半途退学。

二、每学期开始时逾一月不到，又无告假信件者，以退学论。

三、凡以退学论者，本堂向保证人追缴罚金，自该生入堂之月起算，每月追缴银二元。

四、遇有重大疾病不能不退学者，须由保证人来堂面商，惟仍须俟监督核准可否，若托词退学，而潜入他处学堂者，一经查察，当照学部定章，通知该学堂不准收录。

1909 年印行，上海图书馆藏

浙江高等学堂现行章程

（1911 年 3 月）

浙江高等学堂现行章程目录

第一章　学制纲要

第一条　本学堂遵照部定高等学堂章程及管理通则，参酌地方情形办理，是为浙江高等学堂，所有监督钤记一方，文曰“浙江省城官立高等学堂监督之记”。

附说：本学堂原为求是书院，创始于光绪二十三年四月，至二十七年十月改称浙江大学堂，二十九年十一月改称浙江高等学堂。维时各府中学无毕业学生，正科势难遽办，因分设高等预备科，及师范简易、完全两科，计师范简易科毕业三次，完全科毕业一次，预备科毕业三次，三十四年七月开办正科，是为本堂正科成立之始。至宣统二年五月，预备科第三次毕业后,遂遵学部三十四年之通饬,停止预科,专办正科。

第二条　本学堂遵章先办第一、第二两类,其第三类俟经费充裕,酌量开办。

第三条　本学堂学生,除本堂预科毕业生得照章考试升入外,其他各中学毕业生,及他省高等预科毕业生,无论本籍、客籍,皆得投考。

第四条　本学堂学生人数,定全额为四百五十名,其第三类未开办以前,每类三班,每班以五十名为满额,暂定全额为三百名。

第五条　本学堂应令学生贴补学费,每学期征收洋银六元。

第六条　本学堂学生人数在二百名以内,应一律令住宿舍。

第七条　学生修业,每一学期考试及格,给予修业文凭,修业年满,照章分别给凭,送京复试。

第二章　学科程度

第八条　本学堂现办第一、第二两类,第一类学科为预备入经学科、政法科、文学科、商科等大学者治之;第二类学科为预备入格致科、工科、农科等大学者治之。其学科如左:

一、第一类之学科凡十二科:(一)人伦道德;(二)经学大义;(三)中国文学;(四)外国语;(五)历史;(六)地理;(七)心理;(八)辨学;(九)法学;(十)理财学;(十一)兵学;(十二)体操。

二、第二类之学科凡十二科:(一人)伦道德;(二)经学大义;(三)中国文学;(四)外国语;(五)算学;(六)物理;(七)化学;(八)地质;(九)矿物;(十)图画;(十一)兵学;(十二)体操。其德、法语之选择,及第三学年科目之变更,又其他随意科目,均照章酌量办理。

第九条　前条所列各类学科学习年数,以三年为限。

第十条　本学堂之学级,以同学年之学生编制之,以每年正月开学,至十二月散学为一学年。

附说:本学堂于三十四年七月开办正科,次年亦于七月招考,至宣统元年改正学年,将来自当垂为定制,其前两年级之学生暂仍其旧。

第十一条　各学科程度,及每星期授业时间别表定之。

第三章　学生功课考验

第十二条　本学堂考试按照部章分五种:

一、入学考试,即部章之升学考试,每学年之始,由监督会同教员行之。

二、临时考试,每月或间月一次,无定期,由教员主之。

三、学期考试,每半年一次,由监督会同教员,于暑假前行之。

四、学年考试,每一年一次,由监督会同教员,于年假前行之。

附说:三、四两项,参照第十条附说。

五、毕业考试,每班届三学年满了时,由监督会同教员,呈请提学司会考。

第十三条　凡前条各项考试,以通计各门分数满百分者为极则,满八十分者为最优等,满七十分者为优等,满六十分者为中等,不满六十分者为下等,不满五十分者为最下等。

第十四条　考试计分之法如左列四项:

一、学生品行,由监督、监学及教员,随时稽察,详定分数,于考试时与人伦道德科分数平均,作为人伦道德科分数。

二、学期考试,应将临时考试所记分数,与学期考试所得分数平均计算,以定等差,惟不满二十分者，应令其出学。

三、学年考试，亦应与临时考试分数平均计算，以定等差，最优等、优等、中等者均升级，下等者留原级，不满二十分者出学。

四、毕业考试，分数应与历期历年考试之平均分数相加而平均之，为该学生毕业分数，按照第十三条分别等差，最优等、优等、中等者得毕业文凭，下等者得及格文凭，最下等者得修业文凭。

第十五条　在学期考试或学年考试时，其计算分数应查核学生旷课时间，除父母之丧例准给假，无庸扣算外，每旷课百小时，减本学期总平均分五分；其不及百小时者，每十小时扣半分。

第十六条　凡考试时，学生因父母丧或真实重病不能与考者，计其旷课时间不过本学期所有功课钟点四分之一者，准其补考，其旷课过多，或因他项事故未与考者，不准补考。

第十七条　凡前条所列不准补考者，在临时考试时应俟学期考试或学年考试时将所得平均分数仍以二平均，在学年考试时应留原级，学期考试时，俟毕业时仍以六平均。

第四章　学生赏罚

第十八条　凡学生赏罚，照部定各学堂管理通则所定规条办理如左：

一、凡赏分三种：

甲、语言奖励。由监督、教员各员，对各学生提出以温语奖励之，或特班传见以勖勉之。其应得语言奖励者略如下：(一)各门功课皆及格；(二)对各员无失礼，在各处无犯规条事；(三)对同学有敬让，无猜忌交恶诸失德；(四)于例假外无多请假。

乙、名誉奖励。以讲堂坐位置前座，或加考语，送各学堂传观。其应得名誉奖励者略如下：(一)各学堂中有一科出色；(二)能恪守堂中规条，并能匡正同学者；(三)立志坚定，不为外物所诱者；(四)用功勤奋，日有进境者。

丙、实物奖励。由堂中购图书、文具暨诸学科应用物品以奖励之。其应得实物奖励者略如下：(一)各学科中有二三科以上出色者；(二)能就各科研究学理者；(三)品行最优有确据，为众推服者；(四)得名誉奖励数次者。

二、凡罚分三种：

甲、记过。记过者记名于簿，以俟改悔。其应记过之事略如下：(一)讲堂功课不勤；(二)于各处小有犯规；(三)对各员有失礼事；(四)与同学有交恶事(犯此条者记两人过)；(五)假出逾期；(六)詈骂夫役人等，不顾行检。

凡记过，应分别其所犯事项情节之轻重，轻者记小过，重者记大过。

乙、禁假。禁假者，于数日内无论何假，不准出堂，或三日，或五日，或十日，应由监督判定后，监学奉行。其禁假之事略如下：(一)志气昏惰，讲堂功课潦草塞责者；(二)于各处犯规不服训诲者；(三)对各员傲惰不服训诲者；(四)假出后在外滋事者。

丙、出堂。由监督在讲堂对众学生宣其罪过，斥出本堂。其出堂之事略如下：(一)嬉玩功课，借端侮辱教员，屡戒不悛者；(二)性情骄纵，行为悖谬，不堪教训者；(三)好勇斗很者；(四)行事有伤学堂声名者；(五)犯禁假之惩罚，数次不悛。

附说：按部章禁假第四项为：詈骂同学，好勇斗很者。惟斗很实于人生命有直接关系，其危险不堪设想；詈骂者，其情较轻。今略为变更，凡詈骂同学者，其事实之发生，无不因交恶而起,自可分别轻重,量予记过;好勇斗很,实为行为悖谬之尤甚者,故不问其有无伤害他人,立即勒令出堂,以昭炯戒。此在刑法上亦谤毁与殴斗不同罚也。

第十九条　凡学生一学期不旷课者记勤,三个月不旷课者记次勤,除年假、暑假时揭示外,并酌加品行分数,以资鼓励。

第二十条　凡记小过三次,并作大过一次;记大过三次,应即开除出堂。

第五章　学堂禁令

第二十一条　学生在学堂,以专心学业为主,凡不干己事,一概不准预闻。

第二十二条　学生不准干预国政及本学堂事务,妄上条陈。

第二十三条　学生不准离经叛道,妄发狂言怪论,以及著书妄谈,刊布报章。

第二十四条　学生不得私充报馆主笔及访事人。

第二十五条　学生不准私自购阅不经要之书籍及稗官小说等。

第二十六条　学生凡对于学堂陈诉事情,应先由班长陈明本学堂管理员,告知监督,定其行止,不准聚众要求,借端挟制,停课罢学等事。

第二十七条　学生不准联盟纠众,立会演说,及潜附他人党会。

第二十八条　学生不准干预地方词讼,及抗粮阻捐等事。

第二十九条　学生不准逾闲荡检,故犯有伤礼教之事。

第三十条　学生遇有本学堂增添规则,新施禁令,概不准任意阻挠,抗不遵行。

第三十一条　学生不准传布谣言,捏造黑白,及播弄是非。

第三十二条　本章所列各条,犯者除斥退外,仍分别轻重,酌加惩罚。

第六章　给假行礼及作息时间

第三十三条　按房、虚、星、昴各日为休息例假。

第三十四条　凡恭逢皇太后万寿、皇上万寿、至圣先师孔子诞日(以上为庆祝日)、春仲、秋仲、上丁、释奠及端午、中秋、本学堂开学纪念日(四月二十一日),均放假一日。又依省城习惯,清明、立夏、十月朔、冬至,各放假一日。

第三十五条　每年以正月二十日开学至小暑节前散学,立秋节后开学至十二月二十日散学,计年、暑假合七十日。

第三十六条　三年丧酌量给假(在城生一月,不在城生计程酌给,但不得过四十日),逾假者照旷课扣分。其余无论何假,均应核计时日,照第三章第十五条办理,于考验后照扣平均分数。

第三十七条　庆祝日、丁祭日、开学、散学、毕业日、本学堂开学纪念日,应由监督及各教员、职员,率学生至万岁牌前,或圣人位前行礼,礼毕,各员西向立,学生向各员行礼。

第三十八条　学生到堂时,初见监督、教员及堂中各员,均须行礼。

第三十九条　本学堂上课时间,通常以上午八时至下午四时为上课时间,其因天时、气候及支配功课上之便宜有变更时,应随时列表揭示。每日下午七时至九时三十分为自习时间。

第七章　入学退学

第四十条　学生入学,均须具本生入学愿书及保证人签名之保证书。

愿书、保证书,均应从本学堂定式填写。

保证书必得有二人签名，二人内一人必全户住居学堂附近，或本城商号，以便有事随时通知，尽保证人之责任。

第四十一条　每学期入学，应预缴学、膳、书籍、杂费等项，先期由会计员开单通告，如有欠缴，至迟不得过次期开学时，倘次期开学时尚未缴清者，停止其入学，停止入学一月后尚未缴清者，应即除名。

第四十二条　凡学生在学年期限内，非本堂命之退学，不得无故自退。

第四十三条　凡请假期限已满，及开学后不到，计算时间均至一月以上，又无信件续假或告假声明事故者，皆以退学论。

第四十四条　凡以退学论者，本学堂向保证人追缴罚金，自该生入学堂之月起算，每月追缴银二元。

第四十五条　遇有重大疾病，或其他事故不能不退学者，须由保证人来堂面商，俟监督核准可否。若托词退学，而潜入他处学堂者，一经查出，当照部章通知该学堂不得收录。

第八章　各员职守

第四十六条　监督统辖各员，主持全学事务，得随时制定或增改本学堂一切应行规则，对外有代表本学堂之权。

第四十七条　教务长主管全学关于教务之事，规定职务如左：

一、关于教务诸规则，得随时与监督商酌增修或废止。

二、每学期与教员商定教授方法，并撰教授时间表。

三、每届考试各科试验问题，须由其审定。

四、总计各项试验、各科分数平均次序而写定之，交于监督。

五、各教员告假久暂，或请代，或堂中代为请代，应由其商明监督办理。

六、对于各教员，有稽核勤惰，召集会议之权，又负有凡关于授课上通知一切之义务，会议每月一次，得预定日期，并应议事项，通知各教员。

七、平时关于考查学生优劣，得协同斋务部办理。

八、图书仪器如有必需增置之时，须预行计划，通知庶务部。

九、整理其他关于本学堂教务上一切事件。

第四十八条　各教员分教各种科学，规定职任如左：

一、按照教务处所定时刻上堂讲授。

二、每学期开课前，须作成该学期内教授预定案，并开列教授书籍名目，送交教务处审定。每学期终，应将该学期内授业情形，作授业报告，书送交教务处转告监督。

三、每日所授讲义，均须于三日前编出，送教务处检定发印。

四、凡教员所授课程及课本讲义，如有须变更之处，必先与教务长商定。

五、教员如对于学生有应加以惩奖之处，可随时通知教务处，商酌处理。

六、每届考试，由教务处通知，定期后应于前一日，将题目慎密送交，课卷评定后，将各生分数次序列单，随卷汇交教务处。

七、非假期内因事或疾病请假，须先知照教务处，揭示各生，若假期在七日以外，应商准本学堂监督、教务长，请人代理。其代理人如由该教员本人自行委托，所有薪水，本学堂仍按照担任功课，送致本人，由本人与代理人自行处理；如代理人系本堂委托，所有薪水，亦由本堂处理,其该教员应得之薪水暂行停送。

第四十九条　掌书员掌管一切图书,规定职任如左:

一、书籍每册第一页,及图书每幅,均印本堂藏书戳记,分别门类,编成总目,注明册数,及购置价值,撰著人姓名,照次庋藏,并将橱柜编列字号,标明存放书目。

二、每岁暑假时,将图书摊晒一次。平时遇晴燥之日,将书楼窗户洞开,以通风气。所藏各书有无污损及鼠伤虫蚀,随时察看修补。

三、凡新置图书,须即整理归入,并记载于总目。

四、凡堂中所购各种杂志报章,均随时收检,分类保存。

五、堂中各员及学生借阅图书,均须填明借据,并立册登记。按期缴还者,即时将所缴图书归庋原处,每届年暑假前三日,无论何人,无论何书,均须一律收齐。

六、除教员借阅图书不限册幅外,此外各职员,均不得每分全借,只可前后互易。学生按照借书规则办理。

七、凡非在堂学生,及有职务人员,借阅图书者概与屏绝。

第五十条　庶务员管理堂中一切庶务,督饬仆人按章服役,并有进退之权。经营全堂火食,凡堂中一切器具,立册详记,任其保管,遇有增损,随时登注。

第五十一条　文案员掌理一切文报、公牍,规定职任如左:

一、堂中公文函件,随时拟稿,呈由监督核定缮发,仍将原稿依类存案。

二、收发文件,各立簿册,按日摘由登录,并立分类汇查册一本,将各种文件分类登记。

三、凡不属于其他各员管理之册籍,均归其管理。

第五十二条　会计员专司银钱出入,规定职任如左:

一、凡堂中所领经费,存在庄号,务须稳妥,每月额支款项,按数支取,活支款项,随时商由监督核准支领。

二、发款均应按照下列定期,不得预领挪借。各员薪修,每月初十日致送,仆役工食,每月终给发,伙食每十日一发。

三、凡遇建筑工程,应另立簿册,核实记载,并随时认真查验。

四、立收支流水簿、总清簿二种,流水簿每日清结,总清簿月终一次清结,并按月将堂中收支各款,逐一核算完结,分别造具报销清册,呈由监督核定。

第五十三条　庶务兼书记员,佐庶务员管理庶务,并任缮写文件及讲义,凡考试题目及榜示均属之。

第五十四条　杂务员掌管一切杂务,凡各室锁匙,均归收执,但藏书楼、实验室、仪器储藏室及各斋舍不属之。

第五十五条　斋务员掌管本堂斋务全部之事。规定职任如左:

一、凡关于学生起居行止各事,须随时协同监学检查,实力整饬,如有违犯规则,或不遵命令之学生,得商明监督,加以惩罚。

二、置学生请假簿一册,凡学生非例假日而准假者,记入请假簿,并载明其事由,及请假销假之月日时。

三、凡学生请假至一星期以上,应分别准斥。其请假逾限,或开学后无故不到至一月以上,并随时查明,告知监督办理。

四、调养室各事，须协同校医随时整理。

第五十六条　监学员掌考察学生功课勤惰，及起居动作等事。规定职任如左：

一、关于学生功课及教务上之簿册、文件，又学生之证凭、愿书、履历、相片等，均归其掌管。

二、凡教习请假，随时揭示，并立册登记。

三、凡学生上课时间，各班分别稽查，缺席者随时记明于查班册，以备稽核。

四、置学生旷课簿一册，每日课毕后，汇集各班查班册，逐一记明。

五、凡关于考试事件，应协助教务长以下各员，合同办理。

六、凡前条所列各项，应随时协同斋务员，任其管理之责。

本条所列一、二、四项，由监督指定监学中之一人主管之。

第五十七条　检察员以监视学生饮食起居为专职。规定职任如左：

一、凡自修室、寝室、阅报室等处，按期督率斋夫认真扫除。

二、会食时监察一切，肴菜如有不洁，应饬厨役更换。

三、学生在斋舍有违法规则之举动，应督饬阻止，如有不从，得报告斋务员酌量处理。

四、凡在寝室、自修室内觉察病生，应即随时通知校医验明，决定应否移住调养室，其移住调养室者，应先时通知事务室。

五、凡监学员职务以内各事，均应随时协助。

第五十八条　校医掌管医药及全堂卫生事件。规定职任如左：

一、凡本学堂学生员役，有愿就校医诊断者，应即按照诊察规则，任其诊察，并逐日记录于诊察簿。

二、凡关于本学堂清洁事件，校医有随时检查，协同各员，督率仆役，指示清洁方法之责。

三、凡学生入学时检查体格，及在学中之健康诊断，均由校医任之。

四、调养室一切事务，由校医按照规则办理。

五、凡购置药品及医事上所用之器具，均由校医商明监督，酌量购备，并由校医另立专册登记而保管之。

六、学堂假日，校医停诊，但遇急病，仍须随时任其诊察。

第五十九条　管理理化仪器员，掌管本学堂理化器具、药品，立册登记，并按照实验室规则，任其稽查之责。

第九章　经费

第六十条　本学堂常年经费，每年由藩库支领洋银三万九千二百元，分四季具领，应按每季首先十五日，备文移请藩司，照数支给。又宣统二年下学期为始，每年添款四千元，遵照藩详，于每年二、八两月，备文移领，并按月造具报销清册，呈送藩、学两司备案。

第六十一条　凡学生所纳学费，于二、八两月，由会计就所收数目，列入报册。

第六十二条　凡已经具领之常年经费，得存庄生息，其息银数目，于每年终另册报销。

第六十三条　本学堂各项开支，除活支外，其每月额支，由会计员依照本章程第五十二条第二项所定办理。

第十章　附则

第六十四条　各职员职守有与他职守相关连者，当协同办理。

第六十五条　本学堂各职员、教员，每月会议一次，其所议事件，载入于会议记录。

第六十六条　无论何人，均不得留外客在堂住宿，并不得将堂中一切器具擅自借给外人。

第六十七条　每年年、暑假期内，仍应有人轮值，或专员留堂，在此期间内，得不拘定职务，通融办理。

第六十八条　凡本章程所定簿册文件，其保存期间如左：

甲、永久保存之件：

(一)学生学籍簿；

(二)文凭存根册；

(三)教员所编各种讲义；

(四)学生考试卷；

(五)文件分类汇查册；

(六)重要公牍；

(七)收支总清簿，建造工程账册；

(八)图书总目；

(九)器具总册；

(十)仪器总目。

乙、三十年保存之件：

(一)学生成绩分数表；

(二)教员职员会议记录；

(三)监督揭示稿簿；

(四)收支流水簿；

(五)公文收发簿。

丙、十年保存之件：

(一)学生入学愿书保、证书；

(二)学生相片；

(三)每学期教授预定案；

(四)每学期各科教员教授报告书；

(五)学生功过册。

丁、五年保存之件：

(一)学生请假簿；

(二)学生旷课簿；

(三)稽查学生到班册；

(四)每学期教授时间表；

(五)参观人名簿；

(六)校医诊察簿；

(七)学生借书簿；

(八)各科考试题目；

（九）教员职员告假簿。

第六十九条　各室规则及体操场规则，又考试、告假、借阅图书、游息等规则，均另订专条行之。

第七十条　本章程自宣统三年三月初一日为实行之期。

高等正科第一类学科时间表

学科	第一学年	每周时间	第二学年	每周时间	第三学年	每周时间
人伦道德	摘讲宋元明国朝诸儒学案	一	同上	一	同上	一
经学大义	摘讲御纂七经	二	同上	二	同上	二
中国文学	练习各体文字	五	同上	四	同上	四
历史	各国史	四	各国史	三	最近政治史 最近外交史	四
地理	政治地理	三	同上	二		
英语	讲读　文法 翻译　作文	九	同上	九	同上	八
法语	讲读　文法 翻译　作文	九	同上	九	同上	九
兵学			外国军制学 战术学大意	二	各国战史大要	二
心理及辨学			心理学大意 辨学大意	二		
法学					法学通论	二
理财学					理财学通论	二
体操	普通体操 兵式体操	二	同上	二	同上	二
合计		三六①		三六		三六

① 此栏每门课的课时相加，实际"每周时间"为 35 课时，可能编制该表时就有缺漏。

高等正科第二类学科时间表

学科	第一学年	每周时间	第二学年	每周时间	第三学年	每周时间
人伦道德	摘讲宋元明国朝诸儒学案	一	同上	一	同上	一
经学大义	摘讲御纂七经	二	同上	二	同上	二
中国文学	练习各体文字	三	同上	三	同上	三
算学	代数　三角　解析几何	七	代数　解析几何 微积分	五	微积分	五
图画	用器画 射影图画	二	同上　阴影法 远近法	三	阴影法　用器画 远近法　机器画	四
英语	讲读　文法 翻译　作文	九	同上	七	同上	四
德语	讲读　文法 翻译　作文	七	同上	六	同上	六
兵学			外国军制学 战术学大意	二	各国战史大要	二
物理	力学　物性学 声学　热学	三	光学　电气学 磁气学	三		
化学			化学总论 无机化学	三	有机化学	五
地质及矿物					地质学大意　矿物种类形状及化验	二
体操	普通体操 兵式体操	二	同上	二	同上	二
合计		三六		三六		三六

事务室规则

一、事务室设监督一席,教务长一席,庶务员一席,内监学一席,文案员一席,会计员一席,杂物员一席,书记员一席,共八席。

一、每日自午前七时五十分至午后四时三十分,为办公时间,于此时间内不得缺席。

一、办公时间内,遇有要事,须暂时缺席者,必通知他席暂代。

一、每遇星期例假,仍须有两席值守,不得相率出堂。

一、于休息日外,遇有特别事故须缺席者,必得他席承认代理,本席事务方可缺席。

一、每日于办公时间外,仍须有三席轮守。

一、遇有来宾与本堂事务无关者,不得引入本室晤谈。

一、此规则系公同酌定,自监督以次皆当遵守。

一、本规则于斋务室亦适用之,但自斋务员以下共设五席,每日以二席轮守。

讲堂规则

一、讲堂功课各依所定时刻,每次上课闻钟声即齐集讲堂,不得逾三分钟。

二、讲堂坐位,按照编定名次就坐,勿得擅自更易。

三、先教员入,后教员出,须依次鱼贯而行,不得争先恐后,致乱秩序。

四、教员到堂时,须起立致敬,教员发问,而起立致答,学生质问,亦须起立。

五、上堂后不得托故任意出入,如有必不得已之事故,经教员许可,方准外出。

六、在讲堂内不得离坐偶语,回顾言笑,及互相问难,并不准携带非现在听讲时所需用之书籍。

七、讲堂内不得随意涕唾,及抛弃纸片,门窗板壁,均不得任意涂抹。

八、听讲时如有疑义,须俟教员语意可断时,然后起立质问,不得搀越,其质问亦不得轶出范围以外,或故意责难。

九、甲科学生在讲堂听讲时,乙科学生不得在外窥伺,或纵步烦扰。

十、上课时凡遇来堂参观人,非教员令起立致敬,一概不必招呼。

体操场规则

一、每届功课表所定体操时,预早五分钟更换操衣,鸣钟齐集操场,按次排列,不得参差错乱。

二、临操时须整齐严肃,遵教员命令,不得有戏侮行为,及随意谈笑。

三、在操场时即有要事,非经教员特许,不得擅离行列,惟猝有疾病,准向教员说明免操。

四、赴操时操帽衣裤务须一律,不得错杂无序。

五、学生非体操时不得穿操衣操裤。

六、每操毕,所携枪械须按次序存置原处,不得任意放置。

实验室规则

一、学生在实验室内,须遵从教习之命令,及管理员之指示。

二、实验之地位及事项,非教员命令不得擅更。

三、器具、药品,均经派定,归各人自行保管整理,毋得杂乱移用。

四、试验器具有破损时,须随时报告管理员,但教员及管理员认为不应破损,或价值较昂贵,均应责令赔偿,其隐不报告者,不论如何,均应赔偿。

五、实验室内,不准携带课外物件及吸烟、食物。

六、实验室内器具、药品,不得携出室外。

七、仪器等件有指定处所者,非得教员或管理员之允许,不得擅动。

八、每实验事毕,各自检点器具,安置一定处所,并将所占地位整理清洁。

九、非在实验时间,不得擅入实验室。

十、每学期每人应各纳实验费三元,由会计员于每学期开学时照收。

自习室规则

一、自习室坐位,于每学期始以次排定,不得任意迁移。

二、每日除上课、游息、寝食时间外,依照本堂章程第三十九条规定之时间,各生一律在自习室温课。

三、在自习室宜静默用功,不得高声谈笑,及一切粗暴举动,妨碍他人之自修。

四、书案须收拾整齐,书籍、笔墨、纸类,不得任意抛散,尤不得侵占他人之位置。

五、在自习室衣履均须整洁,虽在盛暑,不得露体。

六、自习室不得随意涕吐,及抛弃废物,门窗板壁不得任意涂抹。

七、凡不应用之书籍,及一切物件,均不得携置自修室内。

八、遇假日,在堂同学物件无论何种,非告知本人不得擅自移动。

九、来宾参观,如由本堂管理员令其致敬者,须一齐起立,后仍照常安坐。

十、每日午后九时三十分,自习室毕课,须一律熄灯。

十一、学生导引参观人参观时,不得引入自习室内。

寝室规则

一、寝具位置,各依堂中所定寝室表分配,不得互相移易,有碍稽查。

二、每日一闻钟声,着衣速起,整叠被褥,不得过迟。

三、各生携带行李,均宜安置床下,不得任意乱堆,如有银钱,得交会计处存储,否则遗失勿论。

四、寝室内不得携带火柴、纸烟及养生违宜之物。

五、衣服等件,须随换随洗,不得留存,已洗之件,须存置箱内。

六、公共物件不得任意携入。

七、寝室内每间均置痰盂,不得随地咳吐,废弃之物,不得随地抛弃,窗户板壁不得任意涂抹。

八、寝室规定启闭时刻,由各生轮值,掌管锁钥,除有特别事故,非时不准入内,其启闭时刻,以揭示定之。

九、每夜十时熄灯,熄灯后不得自备灯火,并不得谈笑,致妨他人安睡。

十、凡病生经校医命令移往调养室者,不得病卧在寝室内。

会食规则

一、每日早粥上午七时(秋分后春分前迟三十分),午膳午正十二时,晚膳下午六时三十分(秋分后春分前早三十分)。

二、每膳时,闻钟声后齐集,坐齐举箸,不得先食,并自携食品,但临膳不到、逾时,亦不等候,不到者不得另开。

三、除教员不会食外,自监督以次各职员及各学生,如非有疾病不能会食时,须一律会食。

四、会食时,学生按照排定次序就坐,不得任意更易。

五、会食不得谈笑及任意狼藉。

六、会食时虽在盛暑,不得露体。

七、食品有馁败不洁,由庶务、检察各员命厨役撤换,或罚或斥,学生不得喧闹斥言。

八、除本堂职员及学生外,他人不得会食。

盥所浴室规则

一、盥洗各安秩序,勿凌夺搀越。

二、所携器具用品及用水,均应各自整洁,拂拭干净。

三、盥所外不得盥洗,盥所浴室不得洗濯衣类。

四、除暑月入浴有定时，由庶务处分定班次，临时揭示外，其他非暑月而愿入浴者，庶先日告知检察员，通知庶务处预备。

五、暑月不入浴者得强制之，其用水之冷暖，听各人自便。

诊察室规则

一、每日诊察时间，上午七时至八时，下午四时至五时三十分，为诊察时间，惟遇急诊不在此限。

二、诊察必在诊察室，如遇重病不能起坐者，得通知校医至病室诊察。

三、诊察后应否移往病室，须听校医之指挥。

四、凡本堂各处关于清洁事件，均由校医检查，必有应行加以清洁之处，均听校医之命令。

五、各生凡关于卫生上之问题，均得询问听校医之指示。

六、病生诊察后，如需用本堂药料，须持单向会计处缴费（每日小洋一角当十铜元五，如用绷带，大者一角，小者五分），加盖戳记后，向校医领取药料。

七、药水瓶每个缴费一角，但病生不需用药水时，得将原瓶缴还，费照数发还。

八、病生如愿在堂外就医，得酌量情形，听其自便。

调养室规则

一、学生依校医之命令移往调养室，遵守此规则。

二、调养室内除笔墨纸类及药品外，其他物件有必须携带时，应受管理员之检查。

三、病生移住调养室者，其出入仍照请假规则办理。

四、凡病生家属或戚友至调养室省视者，不得逾三小时之久。

五、病生在调养室内，其起居服食须听校医之检查。

六、病愈后由校医验明，应还住斋舍者，不得托词延缓，以图自便。

七、其余室内一切之支配，均听从校医之命令。

考试规则

一、受试验时，应照指定坐位，各依次就坐。

二、凡受试验者，须于指定时刻之前五分钟，各自认明应受验之科，一律齐集于指定之试验室，如有迟到，在试验题已经宣示十五分钟之后者，不得入室。

三、在试验室内，须服从监视员之指示，不得无故争执。

四、试验时除笔墨、石板、图画、器具外，不准携带有字纸类，如有在试验室内觉察者，得由监视员检出，另置一处，并即时将其坐位隔离，但发觉在试验题宣示之后者，该项试验应以无效论。

五、试验时不得吸食纸烟，及互相谈话观望。

六、未交卷以前，不得随意出入，但有特别事故，经监视之许可者，不在此列。

七、试验时刻之长短，临时依教员之命令，其交卷逾所限之时者，由教员酌量扣分或无效。

八、交纳试卷后，须即时退出试验室，不得观望耽搁，及与他人接谈。

九、试卷已经交纳后，不得取回修改。

十、有违犯以上各条之规定者，监视员得隔别其坐位，或令退出试验室。

借阅图书规则

一、本堂藏书楼图书专供本堂职员、教员、学生借阅参考，非本堂职员、教员、学生不借。

二、学生借阅图书，须填写本堂所定借书券投入借书筒内，以每日下午一时收券，二时发书，非时不应，假期停借。

三、职员、教员借阅图书，须告知掌书员随时照发，由掌书员另立簿册登记。

四、每次借阅图书，除职员、教员不限册幅外，学生借书，每人每次无论何书，以两本为限，不得多借。

五、借阅限一星期缴还，缴时随即销册销券，倘有污损，责成借者照赔，或酌量修费。

六、借阅书籍，均责成书券上签名之人缴还，不得借口转借，致生纠葛舛错。

七、书目中所列图书集成及百科全书，只准到楼翻阅，不得借去披览。

八、学生不得自行在楼抽取。

九、东西文书籍，凡书目相同者，应须填明东西文字样，及撰译姓名、出版处所，以免混淆。

十、每届暑假、年假，一经停课，无论何书，凡未缴者均一律缴齐，不得再行商借。

告假规则

一、凡非本堂章程第三十三条至三十五条规定给假之日，一律均须由本生持本堂所制竹筹，向斋务处告假，经管理员核准，换给木筹及请假单，始准出堂。

二、凡准假者由本生持木筹交付门房，如无木筹而出堂者，门役得阻止之。

三、学生请假之事由，经管理员认为不正当者，或在考试时及温课时，均得由管理员径行拒绝。

四、凡请假均应声明销假之月、日、时，注明于请假单，以便查核。

五、凡假期已满须续假者，应由本生或其父兄及保证人来堂，或投函声明事故，经管理员核准，如不声明事故前来续假者，以假出逾限论。

六、凡家属不在本城者，不得在外住宿。其销假并不得在夜间九时三十分以后，违者以假出逾限论。

学生应接室规则

一、本室为学生接见外客之所，凡来堂与学生晤谈者，由司阍延入室内坐候，一面入内通知，外客不得自行入内。

二、上课时间(午前八时至午后四时)及自修时间(午后七时以后)，非有特别事故，经事务处允准，转告管理员通知者，概由司阍谢绝晤会。

三、学生不得延引外客入应接所以外堂室，如欲参观者，须按照参观规则。

四、凡病生不能至应接室晤会者，由司阍通告事务处，再行派人导入，但晤谈时间不得过久。

五、应接谈话时不得大声喧哗。

六、应接室不备茶水，并不得膳食。

参观规则

一、凡参观者，须由绍介人将姓名、籍贯、资格，通告于事务所，领取参观证后，始许参观。

二、凡参观人由学生绍介者，学生引导，由他团体或个人绍介者，由事务所派人引导。

三、在本堂温习考试期间内,一律谢绝参观,学生在上课时间,亦应谢绝参观。

四、每日上灯以后,一律谢绝参观。

五、他校学生全班来堂参观者,须先期通知,以便临时招待。

六、凡妇女非有关于教育事业者,一律谢绝参观。

七、参观人至教室、实验室时,须肃立静听,免妨听讲者之注意。

八、参观时语言、步履不得高声杂乱。

九、参观时不得吸烟及携带笔记以外所需之物件。

十、参观人除关于本堂有特别公务外,概不留膳。

游息规则

一、每日午膳后一刻及午后课毕起至七时,为游息时刻,余时不得任意游戏。

二、游息场所如下:

(一)操场;(二)阅报室;(三)植物园。

三、在操场欢呼、奔跃、拍球、跳舞等事均所不禁,惟不准抛掷砖石、忿斗、戏谑,及各种危险之事。

四、在阅报室游息者,不得讽诵、喧笑。

五、在植物园游息者,不得攀折花木。

六、在操场、植物园虽不禁欢呼,但不得歌唱俚俗词曲。

七、游息时仍须受管理员之督察,若管理员认为不适当者,得行禁止。

八、游息时遇外来宾客,避道不得围观。

约束仆役规则

一、仆役各依所派事务,认其值役,如有怠惰,不听指使,得由庶务员酌量斥责或惩罚。

二、各处清洁,每月大扫除一次,扫除毕,由庶务、杂务、检察各员检查,如有不洁,责令除去之。

三、门禁责成门役,上午六时开门,下午十时关门。

四、学生出入,置学生出入簿一本,每月送呈事务所稽核。

五、学生非有名筹不得擅出大门,如有不服稽查者,应即报告事务所,不得放任。

六、斋夫对于学生之使唤,不得故意违拗,但于本堂公共物件之搬移,或于章程有违背时,得通告事务所处理,不得任情与学生争执。

七、学生信件,由事务所指定之仆役,每日于下午一时收取邮信筒,经事务所检点后,送交邮局。其本城信,近在一里内者,准其乘便代送,非时不得借差遣之名擅行离堂,惟于递送本堂紧要公文,不在此列。

八、斋夫得于每日午前九时、午后三时,为学生购买食品一次,但以干燥之物为限。

九、无论何种值役,非时离堂者,察出重罚。

十、不论在堂内、堂外,如有与人殴斗情事,即由庶务员酌量斥罚,或送交警局惩办。

本堂每日作息有定时,各以鸣钟为号,如左表:

催起	夏日上午六时 冬日上午六时三十分	鸣钟十八下
早粥	夏日上午七时 冬日上午七时三十分	鸣钟八下
上班	上午八时至下时四时	鸣钟六下
退班	上午八时五十分至下午四时五十分	鸣钟四下
午餐	午正十二时	鸣钟八下
晚餐	夏日下午六时三十分 冬日下午六时	鸣钟八下
自习	下午七时	鸣钟十下
催寝	下午九时三十分	鸣钟十八下
熄灯	下午十时	鸣钟十下

宣统三年岁次辛亥二月重订

绍兴市图书馆藏

(四)浙江工专

浙江中等工业学堂现行章程

(1911年)

第一章　总纲

第一条　本堂以养成工厂技师、技士为目的。

第二条　本堂分染织、金工两科,均三年毕业,照章请奖。

第三条　本堂学生定额,每科每级五十人,共计三百名。

第二章　学年　学期　假期

第四条　每学年授课,自正月起至十二月止,一学年分二学期,每半年为一学期。

第五条　每年休假日如左:年假、暑假,遵照部定日期;恭逢皇太后万寿、皇上万寿、至圣先师孔子诞日(以上为庆祝日),春仲、秋仲、上丁、释奠及端午、中秋、本堂开学纪念日(二月二十七日),均放假一日;又依省城习惯,清明、立夏、十月朔、冬至各放假一日;每房、虚、星、昴日为休息例假。

第三章　教科及学级

第六条　各科教科科目规定如左:

染织科专门学科:染色法、机织法、力织法、整理法大意、纺绩术大意、织物原料、应用力学、应用化学、制图及图案、化学分析、织物解剖及意匠、发动机大意、工场实习。

金工科专门学科：工场用具及制作法、材料强弱、重要制造用机械大意、电气工学大意、应用力学、发动机大意、机械制图、工场实习、各科普通科学。

各科普通学科：修身、中国文学、代数、几何、三角大意、物理、化学、历史、地理、图画、英语、体操、工业簿记、工场设计、机械运动。

第七条　以一年为一学级，其课程及时间另订详表。

第八条　教科用图书另行规定。

第四章　入学　在学　退学

第九条　以每学年之始为入学期。

第十条　凡入学须年在十六岁以上，身体壮健，品行善良，而有下列资格之一，试验及格者：一、高等小学毕业生；二、初等工业学堂毕业生。

第十一条　凡愿入学者，须呈送本人四寸半身照相一纸，并具入学愿书及毕业证书如左：

入学愿书

学生　　，年岁　　，兹愿入　　贵堂肄业，倘蒙录取入学，所有堂内一切规则，均愿遵守。附呈毕业证书一纸，为此合具愿书是实。

省　　府　　县人

宣统　年　月　日，具愿书学生　　　押

浙江中等工业学监督鉴

第十二条　入学考试科目为：国文、算学、格致、英语。

第十三条　凡已经录取者，应具保证书如左：

保证书

学生　　系　　之　　，今蒙贵堂录取入学，所有一切规则无不遵守，如有违犯，惟保证人是问。

宣统　年　月　日，立保证书　　　押

籍贯：

职业：

住所：

浙江中等工业学堂监督鉴

第十四条　保证人须绅商学界素有名望，于学生之身分一切可以担保者。

第十五条　学生自愿退学者，须邀同保证人呈请本堂核准。

第五章　考试　升级　毕业

第十六条　考试分临时考试、学期考试、学年考试、毕业考试四种。

临时考试由教员酌定临时举行；

学期考试于每学期末就其已习之学科举行之；

学年考试于学年末，就其全年所习之学科举行之；

毕业考试于毕业时，就其所习之学科举行之。

附说：在学期考试或学年考试时，其计算分数应查核学生旷课时间，除父母之丧例准给假(在城生给假一月,不在城生计程酌给,但不得过四十日,逾假者照旷课扣分)无庸扣算外,每旷课百小时,减本学期总平均分数五分,其不及百小时者,每十小时扣半分。

凡考试时,学生因父母丧或真实重病不能与考者,计其旷课时间不过本学期所有功课钟点四分之一者,准其补考,其旷课过多,或因他项事故未与考者,不准补考。

凡前列不准补考者,在临时考试时,应俟学期考试或学年考试时,将所得平均分数仍以二平均。在学年考试时应留原级,学期考试时,俟毕业时仍以六平均。

第十七条　核定分数,以百分为满点,八十分以上者为最优等,七十分以上者为优等,六十分以上者为中等,六十分以下者为下等,不满五十分者为最下等。

第十八条　最优等、优等、中等,均按年升级,毕业时给以毕业文凭,下等、最下等仍留原级,毕业时分别给以及格修业文凭。

第十九条　工场实习及体操之成绩,以平时分数统计而平均之。

第二十条　工场实习分数不满六十分者,不得升级,毕业时给以修业文凭。

第六章　纳费　特待生

第二十一条　本堂学费每学期十二元,每学期开学之始缴足。

第二十二条　本堂所定制服、靴帽,由学生纳费,归本堂代为购办。

第二十三条　本堂学生之品学兼优者,经教员会议,于每学期末给以奖牌,为本堂特待生,免除次学期之学费。

第二十四条　特待生学行有亏时,经教员会议停止其待遇。

第七章　职员　教员　职工

第二十五条　本堂设职员、教员如左:监督一员,染织科主任教员一员,金工科主任教员一员,染织科助教员两员,金工科助教员两员,普通学教员若干员,庶务二员,文案一员,会计一员,工场会计二员,监学二员,掌书一员,书记四员。

第二十六条　本堂设职工如左:锻冶工二名,铸物工二名,整理工二名,木工二名,纹工二名,织工二名,染工二名,火夫二名。

第八章　经费

第二十七条　本学堂常年经费向提学司衙门支领,应按每月首先十日备文呈请,照数支给,并按月造具清册,呈送提学司备案。

第二十八条　凡学生所纳学费,于二、八两月由会计就所收数目,列入报册。

第二十九条　凡已经具领之常年经费,得存庄生息,其息银数目,于每年终另册报销。

第三十条　本学堂各项开支,除活支外,其每月额支,由会计员依照本章程第五十二条第二项所定办理。

第九章　教员会

第三十一条　本会应监督之咨询,审议关于教务之事项。

第三十二条　本会每学期开会一次。

第三十三条　本会会员以教员充之,以监督为会长,监督有事故时委托主任教员一人代理。

第三十四条　凡开会议,由监督召集。

附则

第三十五条　本章程所未备载之处,悉照奏定学堂章程办理。

第三十六条　各种规则，由本堂监督酌定。

办事规则

一、事务室设监督一席，主任教员二席，副主任教员二席，庶务员二席，监学一席，文案员一席，会计员一席，掌书员一席，书记员四席，共十五席。

二、监督统辖各员，主持全堂事务，得随时制定或增改本学堂一切应行规则，对外有代表本学堂之权。

三、主任教员主管关于本科教务之事，规定职务如左：

甲、关于教务诸规则，得随时与监督商酌增修或废止；

乙、每学期与教员商定教授方法，并撰教授时间表；

丙、每届考试，各科试验问题须由其审定；

丁、总计各项试验、各科分数平均次序而写定之，交于监督；

戊、各教员告假久暂，或请代、或堂中代，为请代应由其商明监督办理；

己、对于各教员有稽核勤惰、召集会议之权，又负有凡关于授课上通知一切之义务；

庚、平时关于考查学生优劣，得协同监学员办理；

辛、图书仪器如有必须增置之时，需预行计画，商同监督办理；

壬、整理其他关于本科教务上一切事件。

四、各教员分教各种科学，规定职任如左：

甲、按照主任教员所定时刻，上堂讲授；

乙、每学期开课前，须作成该学期内教授豫定案，并开列教授书籍名目，送交主任教员审定；每学期终，应将该学期内授业情形，作授业报告书，送交主任教员转告监督；

丙、每日所授讲义，均须于四日前编出，送交主任教员检定发印；

丁、凡教员所授课程及课本讲义，如有须变更之处，必先与主任教员商定；

戊、教员如对于学生有应加以惩奖之处，可随时通知主任教员，商酌处理；

己、每届考试，由主任教员通知，定期后应于前一日将题目慎密送交，课卷评定后，将各生分数次序列单，随卷汇交主任教员；

庚、非假期内，因事或疾病请假，须先知照主任教员，揭示各生，若假期在七日以外，应商准本学堂监督、主任教员，请人代理；其代理人如由该教员本人自行委托，所有薪水本学堂仍按照担任功课送致本人，由本人与代理人自行处理；如代理人系本堂委托，所有薪水亦由本堂处理，其该教员应得之薪水暂行停送。

五、掌书员掌管一切图书及理化器具、药品，规定职任如左：

甲、书籍每册第一页及图画每幅，均印本堂藏书戳记，分别门类，编成总目，注明册数及购置价值、撰著人姓名，照次庋藏，并将橱柜编列字号，标明存放书目；

乙、每岁暑假时，将图书摊晒一次，平时遇晴燥之日，将书室窗户洞开，以通风气，所藏各书有无污损及鼠伤虫蚀，随时查看修补；

丙、凡新置图书，须即时整理归入，并记载于总目；

丁、凡本堂所购各种杂志、报章，均随时收检，分类保存；

戊、堂中各员及学生借阅图书，均必填明借据，并立册登记，按期缴还者，即时将所缴图书归庋原处，每届年暑假前三日，无论何人，无论何书，均须一律收齐；

己、除教员借阅图书不限册幅外，此外各职员，均不得每分全借，只可前后互易，学生按照借书规则办理；

庚、凡非在堂学生及有职务人员借阅图书者，概与屏绝；

辛、掌管本堂理化器具、药品，立册登记，并任其稽察之责。

六、庶务员管理堂中一切庶务，督饬仆人，按章服役，并有进退之权。经管全堂火食，凡堂中一切器具，立册详记，任其保管，遇有增损，随时登注。各室锁匙，均归收执，但藏书室、彝器、储藏室及工场不属之。

七、文案员掌理一切文报、公牍，堂中公文函件随时拟稿，呈由监督核定缮发，仍将原稿依类存案。

八、会计员专司银钱出入，规定职任如左：

甲、凡堂中所领经费存在庄号，务须稳妥，每月额支款项，按数支取，活支款项，随时商由监督核准支领；

乙、发款均应按照下列定期，不得预领挪借：各员薪修每月二十日致送，仆役工食每月终给发，火食每十日一发；

丙、凡遇建筑工程，应另立簿册核实记载，并随时认真查验；

丁、立收支流水簿、总清簿二种，流水簿每日清结，总清簿月终一次清结，并按月将堂中收支各款逐一核算完结，分别造具报销清册，呈由监督核定。

九、庶务兼书记员及书记员，规定职务如左：

甲、佐理各员，帮办一切事宜；

乙、收发文件，各立簿册，按日摘由登录，并立分类汇查册一本，将各种文件分类登记；

丙、凡不属于其他各员管理之册籍，均归其管理；

丁、缮写文件及讲义。

十、监学员掌考察学生功课勤惰及起居动作等事，规定职任如左：

甲、关于学生功课及教务上之簿册文件，又学生之证凭、愿书、履历、相片等，均归其掌管；

乙、凡教习请假，随时揭示，并立册登记；

丙、凡学生上课时间，各班分别稽查，缺席者随时记明于查班册，以备稽核；

丁、置学生旷课簿一册，每日课毕后汇集各班查班册，逐一记明；

戊、凡关于考试事件，应协助主任教员合同办理。

十一、工场会计专司工场内一切事宜，规定责任如左：

甲、帮同教员指示学生、艺徒工作试验上事宜，及掌管工场收支事宜；

乙、学生、职工、艺徒，如有毁损、遗失器具应赔偿者，应即报告主任教员及庶务员；

丙、管束职工、艺徒、小工等，如有不守规则，告知主任教员；

丁、验收新购药料、器械、原料，核对数目，登簿记载；

戊、稽核消耗药料、煤油，逐日登记，按月报告监督核阅存案；

己、学生、职工、艺徒实习所需器械、药料、原料，由教员开明点给学生、职工、艺徒，登簿记载，交还物品时亦如之；

庚、学生、艺徒成绩亦检点陈列。

十二、每日自午前八时至午后六时，为办公时间，除兼差者外，于此时间内不得缺席。

十三、办公时间内遇有要事须暂时缺席者，必通知他席暂代。

十四、每遇星期例假，除监督、主任教员及副主任教员外，仍须有两席值守，不得相率出堂。

十五、于休息日外，遇有特别事故须缺席者，必得他席承认代理本席事务，方可缺席。

十六、每日于办公时间外，仍须有三席轮守。

十七、无论何人，均不得留外客在堂住宿，并不得将堂中一切器具擅自借给外人。

十八、每年年、暑假期内，及每星期日，仍应有人轮值，或专员留堂。在此期间内，得不拘定职务，通融办理。

十九、凡本堂所有簿册文件，其保存期间如左：

甲、永久保存之件：

(一)学生学籍簿；

(二)文凭存根册；

(三)教员所编各种讲义；

(四)学生考试卷；

(五)文件分类汇查册；

(六)重要公牍；

(七)收支总清簿、建造工程账册；

(八)图书总目；

(九)器具总册；

(十)彝器总目。

乙、三十年保存之件：

(一)学生成绩分数表；

(二)教员会议记录；

(三)监督揭示稿簿；

(四)收支流水簿；

(五)公文收发簿。

丙、十年保存之件：

(一)学生入学愿书保证书；

(二)学生相片；

(三)每学期教授豫定案；

(四)每学期各科教员教授报告书；

(五)学生功过册。

丁、五年保存之件：

(一)学生请假簿；

(二)学生旷课簿；

(三)稽查学生到班册；

(四)每学期教授时间表；

(五)参观人名簿；

(六)校医诊察簿；

(七)各科考试题目；

(八)教员职员告假簿。

二十、本则自宣统三年三月初一日为实行之期。

讲堂规则

一、讲堂功课各依所定时刻，每次上课，闻钟声即齐集讲堂，不得逾三分钟。

二、讲堂坐位按照编定名次就坐，勿得擅自更易。

三、先教员入，后教员出，须依次鱼贯而行，不得争先恐后，致乱秩序。

四、教员到堂时，须起立致敬，教员发问，起立致答，学生质问，亦须起立。

五、上堂后不得托故任意出入，如有必不得已之事故，经教员许可方准外出。

六、在讲堂内不得离坐偶语，回顾言笑，及互相问难，并不准携带非现在听讲时需用之书籍。

七、讲堂内不得随意涕唾及抛弃纸片，门窗、板壁均不得任意涂抹。

八、听讲时如有疑义，须俟教员语意可断时，然后起立质问，不得搀越。其质问亦不得轶出范围以外，或故意责难。

九、甲科学生在讲堂总听讲时，乙科学生不得在外窥伺，或纵步烦扰。

十、上课时凡遇来堂参观人，非教员令起立致敬，一概不必招呼。

体操场规则

一、每届功课表所定体操时，预早五分钟更换操衣，鸣钟齐集操场，按次排列，不得参差错乱。

二、临操时须整齐严肃，遵教员命令不，得有戏侮行为，及随意谈笑。

三、在操场时，即有要事，非经教员特许，不得擅离行列，惟猝有疾病，准向教员说明免操。

四、赴操时操帽、衣裤，务须一律，不得错杂无序。

五、每操毕，所携枪械须按次序存置原处，不得任意放置。

学生实习规则

一、学生在工场内须遵从教员之命令，及管理员职工之指示。

二、工场设有名牌，学生入场时，即将自己名牌翻过，向教员致敬。教员未到时，不得喧哗。不到者以旷课论，出场时仍将自己名牌翻过。

三、实习之地位及事项，非教员命令不得擅更。

四、器具均经派定归各人自行保管整理，毋得杂乱移用。

五、试验器具有破损时，须随时报告管理员，但教员及管理员认为不应破损，或价值较昂者，均应责令赔偿，其隐不报告者，不论如何均应赔偿。

六、工场内不准携带课外物件及吃烟食物。

七、工场内器具、药品及制成品，不得携出场外。

八、彝器等件有指定处所者，非得教员或管理员之允许，不得擅动。

九、每实习事毕，各自检点，器具安置一定处所，并将所占地位整理清洁。

十、学生实习所造物品，造成后自书姓名于上，或系以纸牌，缴予教员，为各生之成绩品。

十一、按成绩品之多寡精粗，以别其勤惰巧拙，计算分数，与各门分数合算。

十二、每月终，学生自将实验成绩著一报告书，并自述其心得领悟之处，由主任教员按书查验。

十三、学生对于职工、艺徒不得轻侮。

十四、学生领取药品、原料，须告知主任教员，由主任教员给以准领凭单，然后持此凭单向工场会计领取。

学生休憩室规则

一、休憩室坐位于每学期始以次排定，不得任意迁移。

二、每日除上课及午膳时间外，各生得在休憩室休憩。

三、在休憩室宜静默，不得高声谈笑，及一切粗暴举动，妨碍他人。

四、案上须收拾整齐，书籍笔墨纸类不得任意抛散，尤不得侵占他人之位置。

五、在休憩室，衣履均须整洁，虽在盛暑不得露体。

六、休憩室不得随意涕吐及抛弃废物，门窗板壁不得任意涂抹。

七、凡上课时，不应用之书籍及雨具等件，均置于休憩室内。

八、同学物件无论何种，非告知本人不得擅自移动。

学生赏罚规则

凡学生赏罚，照部定各学堂管理通则所定规条办理如左。

一、凡赏分三种。

甲、语言奖励。由监督、教员各员对各学生提出以温语奖励之，或特班传见以勖勉之，其应得语言奖励者略如下：

（一）各门功课皆及格；

（二）对各员无失礼，在各处无犯规条事；

（三）对同学有敬让，无猜忌交恶诸失德；

（四）于例假外无多请假。

乙、名誉奖励。以讲堂坐位置前座，或加考语送各学堂传观，其应得名誉奖励者如下：

（一）各学科中有一科出色者；

（二）能恪守堂中规条并能匡正同学者；

（三）立志坚定不为外物所诱者；

（四）用功勤奋日有进境者。

丙、实物奖励。由堂中给以奖牌，并免除次学期之学费以奖励之，其应得实物奖励者略如下：

（一）各学科中有二三科以上出色者；

（二）能就各科研究学理者；

（三）品行最优有确据，为众推服者；

（四）得名誉奖励数次者。

二、凡罚分二种。

甲、记过。记过者记名于簿次，以俟改悔。其应记过之事略如下：

(一)讲堂功课不勤;

(二)于各处小有犯规事;

(三)对于各员有失礼事;

(四)与同学有交恶事(犯此条者记两人过);

(五)假出逾限,在外滋事者;

(六)詈骂夫役人等,不顾行检。

凡记过,应分别其所犯事项情节之轻重,轻者记小过,重者记大过,记小过三次作记大过一次。

乙、出堂。由监督在讲堂对众学生宣其罪过,斥出本堂,其出堂之事略如下:

(一)嬉玩功课,借端侮辱教员,屡戒不悛者;

(二)性情骄纵,行为悖谬,不堪教训者;

(三)好勇斗狠者;

(四)行事有伤学堂名誉者;

(五)记大过至三次者。

考试规则

一、受试验时,应照指定坐位,各依次就坐。

二、凡受试验者,须于指定时刻之前五分钟,各自认明应受验之科,一律齐集于指定之试验室,如有迟到,在试验题已经宣示十五分钟之后者,不得入室。

三、在试验室内服从监视员之指示,不得无故争执。

四、试验时,除笔墨、石板、图画、器具外,不准携带有字纸类,如有在试验室内觉察者,得由监视员检出,另置一处,并即时将其坐位隔离。但发觉在试验题宣示之后者,该项试验应以无效论。

五、试验时不得吸食纸烟及互相谈笑观望。

六、未交卷以前,不得随意出入,但有特别事故,经监察员之许可者不在此例。

七、试验时刻之长短,临时依教员之命令定之,其交卷逾所限之时者,由教员酌量扣分或无效。

八、交纳试卷后,须即时退出试验室,不得观望耽搁,及与他人接谈。

九、试卷已经交纳后,不得取回修改。

十、有违犯以上各条之规定者,监视员得隔别其坐位,或令退出试验室。

告假规则

一、凡非本堂章程第五条规定给假之日,一律均须由本生向监学员告假,经监学员核准给以请假单,始准持名筹出堂。

二、凡准假者,由本生持请假单交付门房,如无请假单而出堂者,门役得阻止之。

三、学生请假之事,由监学员认为不正当者,或在考试时,均得由监学员径行拒绝。

四、凡请假,均应声明销假之月日时,注明于请假单,以便查核。

五、凡假期已满须续假者,应由本生或其父兄及保证人,来堂或投函声明事故,经监学员核准,如不声明事故前来续假者,以逾限论。

会食规则

一、每日午膳正午十二时。

二、每膳时闻钟声后，齐集坐齐举箸，不得先食，并自携带食品，但临膳不到、逾时，亦不等候，不到者不得另开。

三、会食时，学生按照排定次序就坐，不得任意更易。

四、会食不得谈笑及任意狼藉。

五、会食时，虽在盛暑不得露体。

六、食品有馊败不洁，由庶务员命厨役撤换，或罚或斥，学生不得喧闹斥言。

七、除本堂职员及学生外，他人不得会食。

参观规则

一、凡参观者，须由绍介人将姓名、籍贯、资格，通告于事务所，领取参观证后始许参观。

二、凡参观人由学生绍介者，学生引导；由他团体或个人绍介者，由事务所派人引导。

三、在本堂温习考试期间内，一律谢绝参观，学生在上课时间亦应谢绝绍介参观。

四、每日下午五时以后，一律谢绝参观。

五、他校学生全班来堂参观者，须先期通知，以便临时招待。

六、参观人至教室、工场时，须肃立静听，免妨听讲者之注意。

七、参观时，言语步履不得高声杂乱。

八、参观时，不得吸烟及携带笔记以外所需之物件。

九、参观人除关于本堂有特别公务外，概不留膳。

职工规则

一、门房设有名牌，职工进场时，即将名牌持至工厂，在自己姓名处悬挂。

二、各厂职工承主任教员之指挥，担任本厂工务，有整理工厂、指示学生、教练艺徒之责。

三、作工时间，每日上午六时起至十二时止，下午一时起至六时止，规定时间内不得任意旷工。

四、艺徒如有不听职工之教练者，得随时报告主任教员及管理员，不得任意詈骂。

五、职工对于学生须尽心指示，不得敷衍塞责。

六、职工领取药品、原料，须先告知主任教员，由主任教员给以准领凭单，然后持此凭单，向工场会计领取。

七、职工应受教员管理员之约束。

八、不准在工厂内吸烟食物。

九、不准大声说笑，争论斗狠。

十、厂中器具原料不准任意携出厂外。

十一、厂中墙壁器具，不得任意涂抹，如有损坏，责令赔偿。

十二、不得受私人嘱托擅造物件。

十三、每日放工后，职工须督率艺徒整理本厂屋及器具，每月月终应大加整理一次，职工须与艺徒通力合作。

艺徒规则

一、授以工场必需之知识、技术，以养成工场职工。

二、分染织、金工两科,均三年毕业。

三、定额每科二十名,两科共计四十名。

四、凡入学,须十六岁以上二十五岁以下,身体壮健,品行善良者。

五、艺徒进堂六个月以后,工作勤奋,技术精良者,察其程度,按月给以奖赏津贴,以资鼓励。

六、门房设有名牌,艺徒进厂时,即将名牌持至工厂,在自己姓名处悬挂。

七、艺徒每日上午六点钟起至十二点钟止,下午一点钟起至六点钟止,为作工时间,规定时间内不得任意旷工。

八、艺徒应听教员、管理员、职工之指挥,并受约束。

九、艺徒作工之地位及事项,非教员命令不得擅更。

十、艺徒应恪守规则,尽心习艺。

十一、艺徒领取药品、原料,须先告知主任教员,由主任教员给以准领凭单,然后持此单向工场会计领取。

十二、艺徒实习所造物品,造成后自书姓名于上,或系以纸牌,送交主任教员,为各徒之成绩品。

十三、厂中器具,放工前须收检清楚,不得任意乱堆。

十四、厂中墙壁、器具,不得任意涂抹,如有损坏,责令赔偿。

十五、不准在厂吸烟食物。

十六、不准大声说笑争论斗狠。

十七、厂中器具、原料,不准任意携出厂外。

十八、不准受私人嘱托擅造物件。

十九、每日放工后,各厂派艺徒二人,整理本厂屋,轮流值日,每月月终应大加整理一次,由全厂职工、艺徒通力合作。

二十、监督及主任教员各立功过簿,记艺徒之功过。

艺徒寝室规则

一、寝具位置,各依堂中所定寝室表分配,不得互相移易,有碍稽查。

二、每日一闻钟声,着衣速起,整叠被褥,不得过迟。

三、各生携带行李,均宜安置床下,不得任意乱堆,如有银钱,得交会计处存储,否则遗失勿论。

四、寝室内不得携带火柴、纸烟及养生违宜之物。

五、衣服等件,须随换随洗,不得留存,已洗之件须存置箱内。

六、公共物件,不得随意携入。

七、寝室内每间均置痰盂,不得随地咳吐,废弃之物,不得随地抛弃,窗户板壁,不得任意涂抹。

八、寝室规定启闭时刻,由各生轮值掌管锁钥,除有特别事故,非时不准入内,其启闭时刻,以揭示定之。

九、每夜十时息灯,息灯后不得自备灯火,并不得谈笑,致妨他人安睡。

约束仆役规则

一、仆役各依所派事务，认真值役，如有怠惰不听指使，得由庶务员酌量斥责或惩罚。

二、各处清洁，每月大扫除一次，扫除毕，由庶务员检查，如有不洁，责令除去之。

三、门禁责成门役，上午六时开门，下午十时关门。

四、学生、职工、艺徒各置出入簿一本，每月送呈事务所稽核。

五、学生、职工、艺徒，非有名筹不得擅出大门，如有不服稽查者，应即报告事务所，不得放任。

六、斋夫对于学生之使唤，不得故意违拗，但于本堂公共物件之搬移，或于章程有违背时，得通告事务所处理，不得任情与学生争执。

七、无论何种值役，非时离堂者察出重罚。

八、不论在堂内堂外，如有与人殴斗情事，即由庶务员酌量斥罚，或送交警局惩办。

浙江中等工业学堂染织科时间表

学科	第一学年	每周时间	第二学年	每周时间	第三学年	每周时间
修身	人伦道德	一	同上	一	同上	一
国文	讲义作文	六	同上	五	同上	五
数学	算术、代数、几何、三角大意	三				
物理	重力学、水学、气学、光学、热学	二				
化学	无机、有机	三				
历史	中国历史、外国历史	一				
地理	中国地理、外国地理	一				
图画	毛笔画、投影画、几何画	五				
染色	染色绪论、原料、工场用水、染色药品、织练	二	浸染法	二	印染法、配色法	二
机织	原组织、变化组织	一	变化组织、特别组织	二	意匠	二
织物原料	丝、毛、棉、麻	一				
英语	读本、文法	四	同上	三	同上	三
体操	普通兵式	二	同上	二	同上	二
实习	准备、机织、漂练、浸染	九	机织、浸染	十三	发动、各种特别染法、意匠、机织	十五
机械制图			简易机械图	三		
图案			染织图案	三		

续表

学科	第一学年	每周时间	第二学年	每周时间	第三学年	每周时间
应用力学			应用力学、水力学	一		
应用化学			燃料、硫酸、阿尔加里	一		
机械运动			传动机构	一		
纺绩			机构	二		
解剖			织物组织解剖	二		
力织					机构	二
发动机					水力、石油、蒸气、煤气	一
整理					棉织物整理、丝织物整理、毛织物整理	一
工场设计					传动分派、建筑、装置	一
分析					定性分析、定量分析	四
工业簿记					各种簿记及格式原理	一
总计		四一		四一		四一

浙江中等工业学堂金工科时间表

学科	第一学年	每周时间	第二学年	每周时间	第三学年	每周时间
修身	人伦道德	一	同上	一	同上	一
国文	讲义作文	六	同上	五	同上	五
数学	算术、代数、几何	五	三角大意、解析几何大意、微积分大意	三		
物理	力学、热学、磁气、电气	二				
化学	无机	二				
历史	中国历史、外国历史	一				
地理	中国地理、外国地理	一				
图画	几何画、投影画	三				

续 表

学科	第一学年	每周时间	第二学年	每周时间	第三学年	每周时间
工作法	木工、铸物	四	整理、锻冶	二		
材料强弱	材料	一				
英语	读本、文法	四	同上	三	同上	三
体操	普通兵式	二	同上	二	同上	二
实习	木工、铸物	九	木工、铸物、锻冶	十三	锅炉、引擎、整理、电气	十三
机械制图			简易机械图	六	设计制图	八
机械设计			机械部分	二		
应用力学			应用力学、水力学	二		
机械运动			传动机构	二		
发动机大意					水力、蒸气、石油、煤气	五
电气工学					电灯、电力	一
工场设计					传动分派、建筑、装置	一
重要制造用机械大意					力织机、纺绩、制纸	一
工业簿记					各种簿记及格式原理	一
总计		四一		四一		四一

1911 年印行，上海图书馆藏

浙江机织传习所章程(附预算表)

(1912 年 4 月 23 日)

第一章 总则

第一条 本传习所以改良绸缎，振兴工业为宗旨。

第二条 本传习所附设于省城浙江中等工业学校内。

第三条 本传习所以振兴全省机织业为责任，故定名曰浙江机织传习所，请发篆文戳记，以资信守。

第四条 本传习所附设织业公共准备场，以供织业之需要。

第五条 本传习所各项详细规则，由所长规定，呈报政事部核准。

第二章　组织

第一条　本传习所共分五部:曰事务室,曰准备室,曰意匠室,曰机织室,曰染色室。

第二条　本传习所暂定职员如左:

甲、所长一员,总理所务;

乙、技师一员,监督各工厂,及筹画改良进步事宜;

丙、庶务兼会计一员,由工业学校职员兼任;

丁、管库兼杂务一员,由工业学校职员兼任。

第三条　本传习所工师、工匠暂定如左:

甲、意匠师一人,意匠助手二人;

乙、机织师一人,机织师范职工二人;

丙、准备师范职工二人,由工业学校职工兼任;

丁、染色师范职工二人,由工业学校职工兼任。

第四条　所长由工业学校校长兼任,其他职员、工匠由所长选聘雇佣。

第五条　职员、工匠因事务繁重,不敷支配时,得由所长酌添一二员,呈报政事部查核。

第三章　传习生

第一条　传习生定额四十名,每旬传补十名,专习机织一门,四十日毕业。

第二条　传习生资格,限二十岁以上、三十岁以下,身体强壮,旧法制织技艺纯熟者,由杭、嘉、湖、绍四府商会按旬轮流保送。

第三条　传习生入所肄业后,察其勤惰,随时甄别。

第四条　传习生按照所织品物之优劣,酌情给津贴,最优者每尺给银一角,于毕业时给付,艺徒成绩优美者,随时给奖。

第五条　传习生入所缴保证金洋十元,于毕业时扣算给还。

第六条　传习生毕业后欲自营业者,本传习所当尽代购机具之义务。

第七条　传习生有损坏机具或原料者,按照原价在保证金内扣偿,若不足数时,当由原保之商会代缴,以重公款。

第四章　织业公共准备场

第一条　本所为供织业之要求附设,职业准备场计分整经、染色、挑花三种。

第二条　请求准备者,将货物送到本所后,照左列之办法具请求书一纸,由局发给执照,约期来取。

甲、请求整经者,须将织物全幅长及每寸中经丝头数注明请求书内。

乙、请求染色者,须将色样黏附请求书,或在本所检取色样亦可,但凭口说者不得以颜色未符为辞,要求赔偿损失。

丙、请求挑花者,须将图案粘附请求书,随缴定洋十元,并注明每寸中经纬数目,及纹地组织,欲在本所检取花样,或指定何种花样,均可照办,但本所代绘图案,无论用否,每纸均须纳费洋五角。

第三条　本所对于请求者之收费,均照工料计算,不求利益,以示提倡。

第五章　经费

第一条　本传习所运转费银一万五千元,均分作三期请领:计开办前请领银五千元,开办后二月、及开办后四月各请领银五千元。所有经常费银，每月一千一百九十八元，即在运转费内开支，不另请领。

第六章　附则

第一条　本章程以都督核准之日发生效力。

第二条　本章程如有增删修改，由所长呈请政事部转呈都督核准施行。

附　浙江机织传习所及织业公共准备场经费预算表

所长一员	不支薪
技师一员月薪	银一百二十元
意匠师一员月薪	银六十元
意匠助手二员月薪	共银六十元
机织师一员月薪	银六十元
机织工二人月薪	银六十元
仆役八名工食	银四十八元
传习生津贴（约每尺给津贴银五分）	银五百元
灯油茶水	银六十元
笔墨纸张及一切杂货	银六十元
织机附属品	银五十元
工厂杂费	银一百二十元

每月共银一千一百九十八元年共银一万四千三百七十六元。

《浙江军政府公报》第76期，民国元年四月二十三日

教育部公布工业专门学校规程

（1912年11月13日）

第一条　工业专门学校以养成工业专门人才为宗旨。

第二条　工业专门学校本科之修业年限为三年。

第三条　工业专门学校得设置预科，修业年限为一年。

第四条　工业专门学校得为本科毕业生设研究科，其年限为一年。

第五条　工业专门学校分为十三科：一、土木科；二、机械科；三、造船科；四、电气机械科；五、建筑科；六、机织科；七、应用化学科；八、采矿冶金科；九、电气化学科；十、染色科；十一、窑业科；十二、酿造科；十三、图案科。

土木科之科目：

一、数学；二、物理；三、外国语；四、应用力学；五、水力学；六、机械工学大意；七、测量学；八、建筑材料学；九、地质学；十、铁道学；十一、道路学；十二、石工学；十三、桥梁学；十四、河海工学；十五、铁筋混合土构造法；十六、卫生工学；十七、房屋构造学；十八、施工法；十九、电气工学大意；二十、工业经济；二十一、工厂管理法；二十二、工业簿记；二十三、计画及制图；二十四、测量实习；二十五、实习。

机械科之科目:

一、数学;二、物理;三、外国语;四、应用力学;五、水力学;六、应用化学大意;七、机械制造法;八、机械学;九、发动机关;十、机关车学;十一、船用机关学;十二、冶铁学;十三、制造用机械;十四、电气工学大意;十五、工业经济;十六、工厂管理法;十七、工厂建筑法;十八、工业簿记;十九、计画及制图;二十、实习。

造船科之科目:

一、数学;二、物理;三、外国语;四、应用力学;五、水力学;六、机械制造法;七、发动机关;八、造船学;九、造船施工法;十、船用机关学;十一、冶铁学;十二、船坞海港建筑法;十三、电气工学大意;十四、工业经济;十五、工厂管理法;十六、工厂建筑法;十七、工业簿记;十八、计画及制图;十九、实习。

电气机械科之科目:

一、数学;二、物理;三、外国语;四、应用力学;五、水力学;六、应用化学大意;七、机械制造法;八、机械学;九、发动机关;十、电气及磁气学;十一、电报及电话学;十二、电灯电车及电力传送法;十三、发电机电动机及变压器;十四、工业经济;十五、工厂管理法;十六、工厂建筑法;十七、工业簿记;十八、计画及制图;十九、电气及磁气实验;二十、实习。

建筑科之科目:

一、数学;二、物理;三、外国语;四、应用力学;五、水力学;六、机械工学大意;七、测量学及实习;八、建筑材料学;九、地质学;十、建筑史;十一、建筑学;十二、铁筋混合土构造法;十三、石工学;十四、中国建筑法;十五、施工法;十六、装饰法;十七、图画法;十八、电气工学大意;十九、工业经济;二十、工厂管理法;二十一、工业簿记;二十二、计画及制图;二十三、实习。

机织科之科目:

一、数学;二、物理;三、化学;四、外国语;五、应用力学;六、应用化学大意;七、机械工学大意;八、机织及意匠;九、织物整理;十、漂染法;十一、纺绩法;十二、机织用机械;十三、绘画法;十四、电气工学大意;十五、工业经济;十六、工厂管理法;十七、工厂建筑法;十八、工业簿记;十九、计画及制图;二十、实习。

应用化学科之科目:

一、数学;二、物理;三、化学;四、外国语;五、矿物学;六、冶金学;七、机械工学大意;八、物理化学;九、应用化学;十、化学制造用机械;十一、燃料及筑炉法;十二、电气化学;十三、电气工学大意;十四、工业经济;十五、工厂管理法;十六、工厂建筑法;十七、工业簿记;十八、化学分析及实验;十九、工业分析及实验;二十、计画及制图;二十一、实习。

采矿冶金科之科目:

一、数学;二、物理;三、化学;四、外国语;五、机械工学大意;六、矿物学;七、地质学;八、测量及矿山测量;九、采矿学;十、选矿学;十一、冶金学;十二、冶铁学;十三、试金术;十四、矿山机械学;十五、电气工学大意;十六、工业经济;十七、工厂管理法;十八、工厂建筑法;十九、工业簿记;二十、化学分析及实验;二十一、吹管分析及实验;二十二、计画及制图;二十三、实习。

电气化学科之科目:

一、数学;二、物理;三、化学;四、外国语;五、矿物学;六、冶金学;七、机械工学大意;八、物理化学;九、电气及磁气学;十、电气化学;十一、电气工学;十二、应用化学;十三、燃料及筑炉法；十四、工业经济；十五、工厂管理法；十六、工厂建筑法；十七、工业簿记；十八、化学分析及实验；十九、工业分析及实验；二十、计画及制图；二十一、实习。

染色科之科目：

一、数学；二、物理；三、化学；四、外国语；五、机械工学大意；六、应用化学；七、色素化学；八、染色学；九、染料制造法；十、织物原料及组织；十一、燃料及筑炉法；十二、绘画法；十三、电气工学大意；十四、工业经济；十五、工厂管理法；十六、工厂建筑法；十七、工业簿记；十八、化学分析及实验；十九、工业分析及实验；二十、计画及制图；二十一、实习。

窑业科之科目：

一、数学；二、物理；三、化学；四、外国语；五、机械工学大意；六、地质及矿物学；七、冶金学；八、陶瓷品制造法；九、赛门德制造法；十、窑业用机械；十一、筑窑计画；十二、燃料及筑炉法；十三、图画及图案；十四、电气工学大意；十五、工业经济；十六、工厂管理法；十七、工场建筑法；十八、工业簿记；十九、化学分析及实验；二十、工业分析及实验；二十一、计画及制图；二十二、实习。

酿造科之科目：

一、数学；二、物理；三、化学；四、外国语；五、机械工学大意；六、应用化学；七、应用农艺学；八、特别有机化学；九、酿造学；十、酿造用机械；十一、细菌学；十二、显微镜使用法；十三、燃料及筑炉法；十四、电气工学大意；十五、工业经济；十六、工厂管理法；十七、工厂建筑法；十八、工业簿记；十九、化学分析及实验；二十、工业分析及实验；二十一、计画及制图；二十二、实习。

图案科之科目：

一、数学；二、物理；三、化学；四、外国语；五、博物学；六、配景法；七、美术学；八、美术工艺史；九、制版化学；十、美术解剖学；十一、摄影术；十二、图案法；十三、图画法；十四、雕塑法；十五、建筑装饰法；十六、工业经济；十七、工厂管理法；十八、工厂建筑法；十九、工业簿记；二十、实习。

第六条　以上各学科由校长酌量设置，呈报教育总长认可。

第七条　工业专门学校各科目授业时间，由校长订定，呈报教育总长。

第八条　工业专门学校应就各科设备、各项实验室、实习场及各项图书、器械、标本、模型等。

第九条　凡公立、私立工业专门学校，除遵照专门学校令，及公立、私立专门学校规程外，概依本规程办理。

第十条　本规程自公布日施行。

中华民国元年十一月十三日

教育总长　范源廉

《教育杂志（上海）》第4卷第10期，民国二年一月十日[①]

---

① 《教育杂志（上海）》，1909年1月在上海创刊，教育类刊物，主编是陆费逵，商务印书馆编辑、发行，月刊，1932年后几经停刊复刊，1948年12月完全停刊。主要栏目有论说、学术、教育法令、章程文牍、记事、调查、教授管理、教授资料等。

浙江省立甲种工业学校现行章程①
(约1914—1917)

第一章　总纲

第一条　本校以养成工业专门人才为目的。

第二条　本校分机织、染色、机械三科,学生定额,每级每科四十人,均三年毕业。

第三条　本校设预科一级,一年毕业,定额一百八十名,为入本科之预备。

第四条　本校设研究科一级,一年毕业,谋本科毕业生研究之便利,不定名额。

第二章　学年、学期、假期

第五条　每学年授课,自八月起至十二月止为第一学期,翌年正月起至三月止为第二学期,四月起至七月止为第三学期。

第六条　每年休假日如左:

年假、春假、暑假、寒假,遵照部章;国庆日(十月十号)、浙江光复纪念日(十一月五号)、至圣先师孔子诞日(阴历八月二十七日)、阴历元旦、端午、中秋、冬至及本校开学纪念日(三月二十七日),均放假一日;每房、虚、星、昴日为休息例假。

第三章　教科及学级

第七条　各科教科科目规定如左:

机织科之学科:

主科:机械学、机构学、机织法、力织法、织物原料、织物整理、纺绩、分解及意匠。

普通科:修身、国文、体操、自在画、代数、三角、物理、色染法、机械制图、工场实习、工业经济、工业卫生、工业簿记。

染色科之学科:

主科:织物整理、分析化学、色染法、捺染法、色染机及工场。

普通科:修身、国文、英语、体操、代数、三角、自在画、物理、机械学、机织、织物原料、化学、应用化学、机械制图、工场实习、工业经济、工业卫生、工业簿记。

机械科之学科:

主科:机构学、工作法、力学、材料强弱、水力学、汽罐、水力机、汽机、内燃机、机关车、唧筒及水压机、机械制图。

普通科:修身、国文、英语、体操、代数、三角、物理、工场实习、工业经济、工业卫生、工业

---

①　原件藏上海图书馆,未署编订和刊行日期。查1920年3月浙江省立甲种工业学校校长许炳堃在给教育部的呈文中说:"属校现行章程,系民国七年上学期修订。"(见《令甲种工校学则修改各条切实可行应准备案》,《教育公报》第7卷第5期,民国九年五月二十日)这里说的"现行章程"似乎是指这份《浙江省立甲种工业学校现行章程》。但从这份"现行章程"的内容看,其第二条规定"本校分机织、染色、机械三科",而甲种工校由二科改为三科是在1914年,至1918年因增设应化科而成四科(见朱苍许《省立甲种工业学校之沿革》,《报国工业会会刊》第1期,民国八年十一月;《浙江公立工业专门学校一览·学校沿革》,浙江公立工业专门学校印行,1921年3月)。由此可见这份"现行章程"应是修订并印行于1914年至1917年间,许炳堃说的民国七年上学期修订的"现行章程"估计是另一版本。

簿记。

预科之学科：

修身、国文、数学、物理、化学、英语、图画、体操。

高等科之学科：

制造用机械、纺织学、色素化学、修身、国文、英文、日文、解析几何、微积分、电气工学、工场设备、工场建筑、工场实习。

研究科之学科：

由志愿者认定一种，但以本校已有设备，可以实地研究者为限。

第八条　以一年为一学级，其课程及时间另订详表。

第九条　教科用图书另行规定。

第四章　入学、在学、退学

第十条　以每学期之始为入学期。

第十一条　预科入学资格须年在十四岁以上，身体健壮，品行端谨，而有下列资格之一试验及格者：

一、高等小学校毕业生；

二、乙种工业学校毕业生；

三、有相当之程度者。

第十二条　本科入学资格须预科毕业，或经试验有同等学历者。

第十三条　预科入学考试科目为国文、数学两种，本科入学考试科目为国文、英文、数学、物理、化学、图画。

第十四条　凡愿受本校入学试验者，须呈送本人四寸半身照相一张，保证金洋一元，录取后具入学愿书及保证书如左：

入学愿书

具愿书　　，　年　岁，系　　省　　县人，前在　　学校　　业，今愿入浙江省立甲种工业学校肄业　　科，所有校中一切规则，谨当遵守。

今将三代开列于左：

曾祖　　，祖父　　，父、兄　　，字　　，职业　　，家族通信处：

中华民国　年　月　日

具愿书　　押

保证书

学生　　，系　　之　　，今愿入浙江省立甲种工业学校肄业，所有品行、银钱等一起责任，均由担保，倘有中途无故退学情事，愿按月缴罚金五元，为此合具保证书是实。

中华民国　年　月　日立

保证书　　押

籍贯　　职业　　现在住所

第十五条　保证人须在政、军、商学界素有名望，于学生之身分一切可以担保者。

第十六条　学生有不得已事故自请退学者,须邀同保证人陈请本校核准。

第五章　考试升级毕业

第十七条　考试分学期考试、学年考试、毕业考试三种:

学期考试于每学年第一学期,就其已习之学科举行之;

学年考试于每学年终,就其全年所习之学科举行之;

毕业考试于毕业时,就其所习之学科举行之。

附说:在学期考试时,其计算分数应查核学生旷课时间,除父母之丧例准给假(在城生给假二十日,不在城生计程酌给,但不得过四十日,逾假者照旷课扣分)无庸扣算外,每旷课二十小时,减去本学期总平均分数一分,不及十二小时者免扣。

凡考试时,学生因父母丧或真实重病不能与考者,计其旷课时间不过本学期所有教授钟点三分之一者,准其补考,其旷课过多或因他项事故未与考者,不准补考。

凡前列不准补考者,在学年考试时不准晋级,在学期考试时虽留原级,但届本学年试验时,仍当以二平均其学年成绩分数,作为本学年成绩分数。

第十八条　核定分数以百分为满点,八十分以上者为甲等,七十分以上者为乙等,六十分以上者为丙等,不满六十分者为丁等。

第十九条　甲等、乙等、丙等均按年升级,毕业时给以毕业证书;丁等在修业期仍留原级,在毕业时给以修业证书。

第二十条　工场实习之成绩,以平时分数统计而平均之。

第二十一条　工场实习分数、品行分数或主科一科分数不满六十分者,不得升级,毕业时给以修业证书。

第六章　纳费、特待生

第二十二条　本校学费每学年十二元,讲义费洋十元,缮费洋四十元,杂费洋十元,于第一、第二两学期开学之始,分期缴足,但预科生不收讲义费

第二十三条　本校学生之品学均列甲等者为本校特待生,免除次学期之一切缴费,其品学得一甲、一乙者免除次学期之学费。

第二十四条　特待生学行有亏时,经教职员会议停止其待遇。

第七章　职员、教员、职工

第二十五条　本校设职员、教员如左:科校长一员,机织科主任教员一员,染色科主任教员一员,机械科主任教员一员,公共科主任教员一员,机织科专科教员二员,染色科专科教员二员,机械科专科教员三员,实习教员若干员,普通学教员若干员,庶务一员,会计二员,管库一员,工厂会计二员,工场管理若干员,学监二员,舍监二员,预科学监兼舍监二员,掌书一员,制图二员,校医一员,理化助手一员,书记若干员。

第二十六条　本校设职工如左:锻冶工二名,铸物工二名,机械整理工二名,木工二名,金细工二名,原动室三名,绞工二名,手织工二名,力织工二名,捻丝工二名,印花工二名,染工二名,小工若干名。

第八章　经费

第二十七条　本校常年经费由财政厅按月发给,应于上月首日,由会计按照预算数备具概算书及领款凭单,呈请照数支给,并于次月五日造具清册,呈请核销,俟核准后再行编造决

算册。

第二十八条　凡学生所纳学费，于九月一日由会计就所收数目列入报册。

第二十九条　凡已经具领之常年经费，得存庄生息，其息银数目于每年终列入报册。

第三十条　本校各项开支除活支外，其每月额支由会计员依照办事规则、会计职任乙项所定办理。

附则

第三十一条　本章程所未备载之处随时增改，呈请省长核定施行。

第三十二条　各种规则由校长另行规定，如有临时事件发生，而校则中未规定者，随时以揭示行之。

学科课程及教授时数

机织科

学科	第一学年		第二学年		第三学年	
	第一学期 每周教授时数	第二学期 每周教授时数	第一学期 每周教授时数	第二学期 每周教授时数	第一学期 每周教授时数	第二学期 每周教授时数
修身	一	一	一	一	一	一
国文	四	四	四	四	四	四
体操	二	二	二	二	二	二
英语	四	四	四	四	四	四
代数	三	三				
几何	二	二				
三角	二	二				
物理学	四	四				
机械学	力学 二	同上 二	材料机构 二二	同上 二二	发动机 二	二
机织法	原组织 一	变化组织 一	特别组织 一	同上 一	纹织 一	一
力织法					二	二
染色法			染用药剂 三	精炼漂白 三		
织物原料	一	一				
织物整理					二	二
纺绩					棉纺 二	同上 二
自在画及图案	毛笔画 二	同上 二	水彩画图案 二	图案 二		
机械制图	投影画 三	同上 三	简单机械 六	六		
分解及意匠			三	三	三	三

续 表

机织科						
学科	第一学年		第二学年		第三学年	
	第一学期 每周教授时数	第二学期 每周教授时数	第一学期 每周教授时数	第二学期 每周教授时数	第一学期 每周教授时数	第二学期 每周教授时数
工场实习	手织 一一	同上 一一	力织、捻丝、 手织 一二	同上 一二	专修 一六	一六
工业经济					一	一
工业卫生					一	一
工业簿记					一	一
每周合计	四二	四二	四二	四二	四二	四二

染色科						
学科	第一学年		第二学年		第三学年	
	第一学期 每周教授时数	第二学期 每周教授时数	第一学期 每周教授时数	第二学期 每周教授时数	第一学期 每周教授时数	第二学期 每周教授时数
修身	一	一	一	一	一	一
国文	四	四	四	四	四	四
体操	二	二	二	二	二	二
英文	四	四	四	四	四	四
代数	三	三				
几何	二	二				
三角	二	二				
物理学	四	四				
机械学	二	二	二	二	二	二
机织法	原组织 一	变化组织 一	特别组织 一	同上 一		
织物原料	一	一				
织物整理						
化学	无机 三	同上 三	有机 二	同上 二	应化 二	同上 二
染色学			染用药剂、 精练漂白 三	浸染 三	捺染 一	捺染、交染 一
染色机 及工场						二
自在画 及图案	毛笔画 二	同上 二	水彩画图案 二	二		

续　表

染色科						
学科	第一学年		第二学年		第三学年	
	第一学期 每周教授时数	第二学期 每周教授时数	第一学期 每周教授时数	第二学期 每周教授时数	第一学期 每周教授时数	第二学期 每周教授时数
机械制图	投影画 三	同上 三	简单机械 六	六		
分析化学	定性定量 八	定量工业 八				
工场实习			浸染 一五	同上 一五	捺染 一九	同上 一九
工业经济					一	一
工业卫生					一	一
工业簿记					一	一
每周合计	四二	四二	四二	四二	四二	四二

机械科						
学科	第一学年		第二学年		第三学年	
	第一学期 每周教授时数	第二学期 每周教授时数	第一学期 每周教授时数	第二学期 每周教授时数	第一学期 每周教授时数	第二学期 每周教授时数
修身	一	一	一	一	一	一
国文	四	四	四	四	四	四
体操	二	二	二	二	二	二
英语	四	四	四	四	四	四
代数	三	三				
几何	二	二				
三角	二	二				
物理学	四	四				
工作法	木工铸工 二	铸工锻工 二	整理工 二	同上 二		
材料强弱			二	二		
机构学			二	二		
力学	应用力学 二	同上 二	水力学 二	水力发动机 二		
发动机					汽罐、内燃机关 八	汽机、内燃机关 八
机械制图	投影画 三	同上 三	简单机械 六	同上 六	机械设计 八	同上 八
工场实习	木工、铸工、锻工 一三	同上 一三	整理工、原动 一七	同上 一七	专修 一二	同上 一二

续　表

机械科						
学科	第一学年		第二学年		第三学年	
	第一学期 每周教授时数	第二学期 每周教授时数	第一学期 每周教授时数	第二学期 每周教授时数	第一学期 每周教授时数	第二学期 每周教授时数
工业经济					一	一
工业卫生					一	一
工业簿记					一	一
每周教授时数合计	四二	四二	四二	四二	四二	四二

预科		
学科	第一学期 每周时数	第二学期 每周时数
修身	一	一
国文	五	五
算术	六	二
代数	二	三
几何		三
物理	二	二
化学	二	二
英文	六	六
用器画	三	三
铅笔画	一	一
体操	二	二
每周授课时数合计	三〇	三〇

高等科			
学科	机械科 每周时数	机织科 每周时数	染色科 每周时数
制造用机械	二		
纺织学		毛、麻、绢 二	
色素化学			二
修身	一	一	一

续 表

高等科			
学科	机械科 每周时数	机织科 每周时数	染色科 每周时数
国文	四	四	四
英文	三	三	三
日文	四	四	四
数学	解析、几何、微积分 六	同上 六	同上 六
电气工学	二	二	二
工场设备	一	一	一
工场建筑	一	一	一
工场实习	一八	一八	一八
每周教授时数合计	四二	四二	四二

办事规则

一、事务室设校长一席，主任教员三席，专科教员七席及各职员席。

二、校长统辖各员，主持全校事物，得随时制定或增改本学校一切应行规则，对外有代表本学校之权。

三、主任教员主管关于本科教务之事，规定职务如左：

甲、关于教务诸规则，得随时与校长商酌、增修或废止；

乙、每学期与教员商定教授方法，并撰教授时间表；

丙、每届考试，各科试验问题须由其审定；

丁、总计各项试验、各科分数平均评定次序，交于校长；

戊、各教员告假久暂，或请代、或校中代，为请代应由其商明校长办理；

己、稽核各教员勤惰，又负有凡关于授课上通知一切之义务；

庚、平时关于考察学生优劣，得协同学监、舍监办理；

辛、图书仪器如有必须增置之时，须预行计画，商同校长办理；

壬、关于本科教务一切事宜，随时稽查、整理。

四、各教员分教各种科学，规定职任如左：

甲、按照主任教员所定时刻上堂讲授；

乙、每学期开课前，须作成该学期内教授预定案，并开列教授书籍名目，送交主任教员审定；每学期终，应将该学期内授业情形作授业报告书，送交主任教员转告校长；

丙、每日所授讲义，均须于四日前编出，送交主任教员检定、发印；

丁、凡教员所授课程及课本、讲义，如有须变更之处，必先与主任教员商定；

戊、教员如对于学生有应加以惩奖之处，可随时通知主任教员商酌处理；

己、每届考试，由主任教员通知，定期后应于前一日将题目慎密送交，课卷评定后将各生分数次序列单，随卷汇交主任教员；

庚、非假期内,因事或疾病请假,须先知照学监,揭示各生。若假期在七日以外,应商准校长及主任教员,请人代理。其代理人如由该教员本人自行委托,所有薪水,本校仍按照担任功课送致本人,由本人与代理人自行处理。如代理人系本校委托,所有薪水由本校处理,其该教员应得之薪水暂行停送。

五、学监掌考察学生功课勤惰及起居动作等事,规定职任如左:

甲、关于学生功课及教务上之簿册文件,又学生之证凭、愿书、履历、相片等,均归其掌管;

乙、凡教习请假,随时揭示并立册登记;

丙、凡学生上课时间,各班分别稽查缺席者,随时记明于查班册,以备稽核;

丁、置学生旷课簿一册,每日课毕后,汇集各班查办册,逐一记明;

戊、凡关于考试事件,应协助主任教员合同办理。

六、舍监掌理宿舍事宜,规定任职如左:

甲、凡关于学生起居行止各事,须随时协同学监,实力整饬,如有违反命令,商明校长加以惩罚;

乙、置学生请假簿一册,凡学生非例假而准假者,逐一登记,并注明事由及请销假之月日时,即将姓名、假期知照学监;

丙、凡学生请假逾限,或开学后无故不到者,并随时查明,告知校长办理;

丁、凡自修室、寝室、调养室等处,须督率斋夫,认真扫除;

戊、置学生功过册一本,凡学生有记功、记过等事,汇总登记;

己、自习时间按时督课。

七、校医掌管全校卫生事宜:

甲、按照定时诊治本校生徒、员役,记录受诊者之姓名并病名,以备查核;

乙、关于消毒事宜,应协同各员督率仆役,指示清洁之方法;

丙、学生之体格检查及健康诊断,均由校医任之;

丁、如遇传染者,应即通知事务室,令其移往校外;

戊、如遇急症,虽非诊治定时,应随时诊治。

八、理化助手掌管理化器具,并助理试验事宜:

甲、本校所有仪器、药品,分类设立簿册,详细登记新购之件,随时记入册内,并注明数量价值;

乙、讲授时间及实习时间,先期准备一切,并帮同教员指导学生;

丙、本校所有仪器、药品须随时检点,以防损坏,如学生有毁坏器具之时,应商明教员,将数量、价值、人名知照会计。

九、制图员掌理制绘工作,用教授用各种图画。

十、掌书员掌管一切图画及理化器具、药品,规定职任如左:

甲、书籍每册第一页及图画每幅,均印本校藏书戳记,分别门类,编成总目,注明册数及购置价值、撰著人姓名,照次庋藏,并将橱柜编列字号,标明存放书目;

乙、每岁暑假时,将图书摊晒一次,平时遇晴燥之日,将书室窗户洞开,以通风气,所藏各书有无污损及鼠伤虫蚀,随时察看、修补;

丙、凡新置图书，须即时整理归入，并记载于总目；

丁、凡本校所购各种杂志、报章，均随时收检、分类保存；

戊、校中各员及学生借阅图书，均必填明借据，并立册登记，按期缴还者，及时将所缴图书归庋原处，每届年暑假前三日，无论何人、无论何书，均须一律收齐；

己、除教员借阅图书不限册幅外，此外各职员均不得每分全借，只可前后互易，学生按照借书规则办理；

庚、凡非在校学生及有职务人员，借阅图书者概与屏绝。

十一、管库员掌理收发贮藏物料制品等事：

甲、管库员应立收发流水簿，记载每日收发材料制品之数，并立分类总簿，将原料制品分类详记，每月一结，送交校长覆核；

乙、收发各件，应将数量、价目逐一注明流水簿内，并每日过入分类总簿；

丙、收发各件由各厂立领，缴簿注明日、月、名称、数量、价目，送管库员盖章，照数收发，另附领单一纸存库备查；

丁、验收新购材料价值是否相当，解缴制品折耗有无过分；

戊、学生、艺徒成绩品物检点陈列，并经理出售，所收售价每星期结清，转交会计。

十二、工场管理专司工场内一切事宜，规定责任如左：

甲、帮同教员指示学生、艺徒工作、试验上事宜，及掌管工场并管束职工、艺徒各事宜；

乙、学生、职工、艺徒如有毁损、遗失器具，应即报告主任教员及庶务员；

丙、管束职工、艺徒、小工等，如有不守规则，告知主任教员；

丁、稽核消耗药料、煤油，逐日登记，按月报告校长，核阅存案；

戊、学生、职工、艺徒实习所需器械、药料、原料，由教员开明，点给学生、职工、艺徒，登簿记载，交还物品时亦如之；

己、工场器具及收发原料制品，各立专簿，详记以备考核。

十三、庶务员管理校中一切庶务，督饬仆人按章服役，并有进退之权，经管伙食及一切杂务，凡校中一切器具，立册详记，任其保管，遇有增损，随时登注，各室锁匙均归收执，但藏书室、仪器室、储藏室及工场不属之。

十四、会计员专司银钱出入，规定职任如左：

甲、凡校中所领经费存在庄号务须稳妥，每月额支款项按数支取，活支款项随时商由校长核准支领；

乙、发款均应按照下列定期，不得预领挪借：职员及专任教员薪修每月十五日致送，其他教员薪修于每月终致送，仆役工食每月终结发，伙食每十日一发；

丙、凡遇土木工程，应另立簿册，核实记载，并随时认真查验；

丁、立银钱出纳簿、总清簿二种，出纳簿每日清结，总清簿每月终一次清结，并按月将校中收支各款逐一核算完结，分别造具报销清册，呈由校长核定。

十五、书记员职务规定如左：

甲、佐理各员帮办一切事宜；

乙、收发文件，各立簿册，按日摘由登录，并立分类汇查册一本，将各种文件分类登记；

丙、凡不属于其他各员管理之册籍，均归其管理；

丁、缮写文件及讲义。

十六、每日自午前七时三十分至午后四时三十分为办事时间，除兼任者外，于此时间内不得缺席。

十七、办事时间内遇有要事须暂时缺席者，必通知他席暂代。

十八、每遇星期例假，除校长、主任、教员及专门教员外，仍须按班轮流值守，不得相率出校。

十九、于休息日外遇有特别事故须缺席者，必得他席承认代理本席事务，方可缺席。

二十、每日于办事时间外，仍须有三席轮守。

二十一、无论何人，均不得留外客在校住宿，并不得将校中一切器具擅自借给于外人。

二十二、每年年暑及春假期内，仍应有人轮值或专员留校，在此期间内得不拘定职务，通融办理。

二十三、凡本校所有簿册文件，其保存期间及掌管责任开列如左：

甲、永久保存之件

一	学生学籍簿	学监掌管
二	文凭存根册	学监掌管
三	教员所编各种讲义	学监掌管
四	学生考试	学监掌管
五	学则	学监掌管
六	课程表	学监掌管
七	教科用图书分配表	学监掌管
八	学校日记簿分教、斋、庶、工务四部	由学监、舍监、庶务管库分别保管之
九	文稿簿	书记掌管
十	教职员履历簿	书记掌管
十一	文件分类汇查册	书记掌管
十二	重要公牍及关于实业学校之法令簿	书记掌管
十三	收支总清簿建造工程帐册	会计掌管
十四	图书器械标本模型等簿	掌书掌管
十五	器物簿	庶务掌管
十六	仪器总目	掌书掌管
十七	资产簿	庶务掌管

乙、三十年保存之件

一	担任学科及时间表	学监掌管
二	学生成绩分数表	学监掌管

续 表

三	实习记载簿及评案	专科教习掌管
四	教员会议记录	书记掌管
五	校长揭示稿簿	学监掌管
六	银钱出纳簿	会计掌管
七	往来文件簿	书记掌管
八	经费之预算决算簿	会计掌管

丙、十年保存之件

一	学生入学愿书保证书	学监掌管
二	学生相片	学监掌管
三	每学期教授预定案	学监掌管
四	每学期各科教员教授报告书	学监掌管
五	学生功过册	舍库掌管
六	消耗品簿	管库掌管

丁、五年保存之件

一	学生请假簿	舍监掌管
二	学生旷课总计簿	学监掌管
三	出席簿	学监掌管
四	每学期教授时间表	学监掌管
五	参观人名簿	庶务掌管
六	身体检查簿	校医掌管
七	校医诊查簿	校医掌管
八	操行考查簿	学监、舍监掌管
九	各科考试簿	学监掌管
十	教职员考勤簿	

二十四、本则自民国二年十月一日为实行之期。

学生暑假中实习简章

一、学生在暑假中愿留本校或入其他工厂实习者，于阳历五月十五日以前请愿于教务处，但一年级学生以本校为限。

二、志愿实习者须将志望所入工厂科目详细开呈，由主任教员核定介绍，但不得开列两种科目。

三、实习学生须满预定日期始可退场，如遇不得已事故，半途退场者须得本校之许可。

四、实习生须与工人同时作息,不得游戏及任意休息。

五、实习生入各工厂实习,仍受本校之监督,指挥亦得由本校请托各工厂技术者代理执行,实习生不得违抗本校请托代理人之命令。

六、实习生于实习期内,按日记载所得,期满后缮录清楚,报告本校。

七、实习生于同一工厂人数过多时,尽本学期试验前列者送入,其因额满不能送入者,改入其他工厂或取消请愿,均由该生自决。

八、实习生须纳保证金拾元,于阳历六月末以前呈教务处,转交会计处,并邀同保证人具保证书,担任一切,但所邀保证人须得本校之认可。

九、实习生如有损毁器具等事及其膳杂费,均在保证金内扣除,不足之数应由保证人代缴,如有赢余,于退场后向本校领取。

十、实习生如有期限未满半途退场者,将保证金没收示罚,但得本校之许可者不在此限。

十一、实习生如有成绩优美者,经教职员会之评议,免除其一学期或一学年之学费,以示鼓励。

十二、实习生在厂有违反规则者,适用本校规定之罚则。

教职员会议规则

一、本会议每月开会一次,于每月最后之星期五由校长召集之,校长因事缺席,得由主任教员代理。

二、本会议凡关于本校进行改良事项,均得提议。

三、本会议凡本校教职员均须出席,如因事不能到会,须预先请假,但有意见而因事不能到会,仍得致函校长提出。

四、校长提出事件,经当事者认可执行。

五、教职员提出事件,公同酌议后,经校长认可实行。

六、如有特别要事,校长得召集临时会议,教职员有认为紧要事项,得校长之同意,亦可邀集会议。

七、通常事件或紧急事件,由校长与当事者商定执行,于会议时汇数报告。

八、月中往来文件,由校长会议时报告。

九、会议事项出席者姓名,均记入会议录。

十、本规则所有未尽事宜随时修改。

学生艺徒通守规则

一、学生在校内以专心学业为主,不干己事一概不准预闻。

二、学生不得干预国家政治及本校事务,妄上条陈。

三、学生不得离经畔道,妄发狂言、怪论及著书妄谈,刊布报章。

四、学生不得私充报馆主笔及访事人。

五、学生不得私自购阅不经要之书籍及稗官小说等。

六、学生凡对于学校陈诉事情,应由班长陈明校长或管理员,定其行止,不得聚众要求,借端挟制,停课、罢学等事。

七、学生不得联盟、纠众、立会、演说,及潜附他人党会。

八、学生不得干预地方词讼,及抗粮阻捐等事。

九、学生不得逾闲荡检，故犯有伤礼教之事，例如饮博冶游等类。

十、学生遇有本校增添规则新施禁令，概不准任意阻挠，抗不遵行。

十一、学生无论在校内、校外见校长及职教员，均宜脱帽致礼。

十二、学生在校出入宜有秩序，衣履亦须整洁，虽酷暑勿得裸体跣足，上课及出外均穿着制服。

十三、本校所置黑板、时间表及各项规则、揭示，不得擅自涂抹。

十四、无论何地何时，概不得喧哗扰乱。

十五、公共物件无论巨细，不得毁坏及任意移易处所，违者一经查实，除分别记过外，仍责令赔偿。

十六、各处墙壁、窗户上切戒任意涂抹，除便溺处外，不得随意便溺。

十七、银钱衣物宜谨密收藏，如有疏忽，校中不担责任，其赃证确鉴者，许陈明核办（生徒携有银钱者，准其寄存会计处）。

十八、事务所及职员室前有人言事，不得在外窥伺。

十九、校中夫役不得强以不应为之事，夫役非礼可告知管理员或庶务处，不可争论自亵身分。

二十、购点寄信均有定时，不得任意紊章，亦不得私嘱夫役代办，凡一切不合卫生与涉及本校禁令各物，概不准购。

二十一、晚间息火后，无论何室不准再燃火烛，违者处罚同室，室长并有纠举之责任。

二十二、学生不得吸食烟草，违者照浙省禁吸烟草规则处罚。

二十三、学生衣服宜崇朴素，不准华服及佩带金属饰品，并不得蓄发至五分以上。

二十四、学生不得投递匿名信件及揭帖。

二十五、上列各条本校艺徒均适用之。

考试成绩之评定法如左

一、本学期每学科及实习之试验成绩参合平时成绩，判定分数，为每学科及实习之学期成绩分数。

二、以本学期每学科及实习之学期成绩分数，与上学期之学期成绩分数相加，以二除之，为每学科及实习之学年成绩分数，但内有一学科或数学科，一学年内只经学期试验一次者，即以该学期成绩分数为学年成绩分数。

三、最后学年之每学科及实习成绩分数，与前各学年成绩分数相加，以该学科授业年数除之，为各学科及实习之毕业成绩分数。

四、各学科学期成绩之总分数，以学科数除之得平均数，为总学科之学期成绩分数，其学年成绩分数与毕业成绩分数之计算法与此同。

五、总学科之学期成绩分数二倍之加实习之学期成绩分数，其总数以三除之，得数即为每学期之学业成绩，其学年成绩分数与毕业成绩分数之计算法与此同。

讲堂规则

一、讲堂功课各依所定时刻，每次上课闻钟声即齐集讲堂，不得延迟。

二、讲堂坐位按照编定名次就坐，勿得擅自更易。

三、先教员入，后教员出，须依次鱼贯而行，不得争先恐后，致乱秩序。

四、教员到堂时，须起立致敬，教员发问，起立致答，学生质问，亦须起立。

五、上堂后不得托故任意出入，如有必不得已之事故，经教员许可方准外出。

六、在讲堂内宜专心听讲，不得离坐偶语，回顾言笑，及互相问难，并不准携带非现在听讲时需用之书籍。

七、讲堂内不得随意涕唾及抛弃纸片，门窗、板壁均不得任意涂抹。

八、听讲时如有疑义，须俟教员语意可断时，然后起立质问，不得搀越，其质问亦不得轶出范围以外，或故意责难。

九、甲科学生在讲堂听讲时，乙科学生不得在外窥伺，或纵步烦扰。

十、上课时凡遇来校参观人，非教员令起立致敬，一概不必招呼。

体操场规则

一、每届功课所定体操时，预早五分钟更换操衣，鸣钟齐集操场，按次排列，不得参差错乱。

二、临操时须整齐，严遵教员命令，不得有戏侮行为，及随意谈笑。

三、在操场时，即有要事，非经教员特许，不得擅离行列，惟猝有疾病，准向教员说明免操。

四、赴操时，操帽、操衣裤、操靴，务须一律，不得错杂无序。

五、每操毕，所携枪械须按次序存置原处，不得任意放置。

工场规则

一、工场主任协同管理员稽察一切，凡学生、工匠、艺徒工作之勤惰，技术之精粗，品行之优劣，应立考课册，逐日详记，每星期送校长查核。

二、每日入厂出厂，以放汽为号令。

三、各厂锁钥由工头掌管，上工时鸣铃启锁，下工时待整理完毕，即行锁闭。

四、发做货件，工头禀承工场主任支配，每件填写传单一纸，详注某日交原料若干，计价值若干，某人自某日制成某品若干，价值若干，并注明工作之优劣，送工场主任核阅，随同制品解缴管库员查核。

五、各厂立领缴簿一册，详计原料、制品、工用器具、日用器具之数目及价格，其制品项下须注明每件所用原料，所费人工，有无盈余利息，领缴各件时，送管库员盖章签字，仍取回备考。

六、各厂领取各件，须立领单一纸，注明件数，随簿送管库员查核，即由管库员保存，以备稽考。

七、各厂应立分类总簿一册，将逐日领缴簿誊入，按月一结，年终总结，凡器具有损坏待修者，须注明如何损坏情形，及估计修缮费若干。

八、逐日放工之前，各厂艺徒派二人轮流值日，于散工之后将本厂一切器具收拾整齐，厂地扫净，以便次日入厂即可工作。

九、每星期六日大整理一次，艺徒通力合作，凡玻璃窗及各处之积垢一律扫除净尽，以利光线之射入，以重呼吸之卫生。

十、工匠、艺徒均不得无故外出。

十一、所有各件，无论价值之贵贱，如何作法须核实计算，不得任意浪费，倘有故意损坏者，分别记过除名。

十二、凡应添置之件，须开单送主任核准，方可添置，不准互相授受。

自习室规则

一、自习室坐位，于每学期开始时以次排定，不得任意迁移。

二、下午七时至九时，各生须一律在自习室温课。

三、在自习室宜静默用功，不得高声谈笑，及一切粗暴举动，妨碍他人之自修。

四、书案须收拾整齐，书籍、笔墨、纸类及衣履、杂物，不得任意散置，尤不得侵占他人之坐位。

五、在自习室衣履整洁，虽在盛暑不得露体。

六、在自习室不得随意涕吐，及抛弃废物，门窗板壁不得任意涂抹。

七、凡不应用之书籍及一切物件，均不得携置自修室内。

八、在校同学物件，无论何种，非告知本人不得擅自移动。

九、来宾参观，如由本校管理员令其致敬者，须一律起立，后仍照常安坐。

十、每日午后九时自习室毕课，须一律息灯。

十一、学生导引参观人参观时，不得引入自习室内。

十二、自习室设书橱若干，各生离室时，应将所有书籍物品一律储储橱内，加键以免散失。

学生实习规则

一、学生在工场内须遵从教员之命令，及管理员职工之指示。

二、工场设有名牌，学生入场时即将自己名牌翻过，向教员致敬。教员未到时，不得喧哗。不到者以旷课论，出场仍将自己名牌翻过。

三、实习之地位及事项，非教员命令不得擅更。

四、器具均经派定，归各人自行保管整理，毋得杂乱移用。

五、试验器具有破损时，须随时报告管理员，但教员及管理员认为不应破损，或价值较昂者，均应责令赔偿，其隐不报告者，不论如何均应赔偿。

六、工场内不准携带课外物件及食物。

七、工场内器具药品及制成品不得携出场外。

八、彝器等件有指定处所者，非得教员或管理员之允许，不得擅动。

九、每实习事毕，各自检点器具，安置一定处所，并将所占地位整理清洁。

十、学生实习所造物品，造成后自书姓名于上，或系以纸牌，缴予教员，为各生之成绩品。

十一、按成绩品之多寡精粗，以别其勤惰巧拙，计算分数，与各门分数合算。

十二、每月终，学生自将实验成绩著一报告书，并自述其心得领悟之处，由主任教员按书查验。

十三、学生对于职工、艺徒不得轻侮。

十四、学生领取药品原料，须告知主任教员，由主任教员给以准领凭单，然后持此凭单向工场会计领取。

考试规则

一、受试验时，应照指定坐位，各依次就坐。

二、凡受试验者,须于指定时刻之前五分钟,各自认明应受验之科,一律齐集于指定之试验室,如有迟到在试验题已经宣示十五分钟之后者,不得入室。

三、在试验室内,须服从监视员之指示,不得无故争执。

四、试验时除笔墨图画器外,不准携带纸类,如有在试验室内觉察者,得由监视员检出,另置一处,并即时将其坐位隔离,但发觉在试验题宣示之后者,该项试验应以无效论。

五、试验时不得互相谈笑及观望。

六、未交卷以前,不得随意出入,但有特别事故经监察员之许可者,不在此例。

七、试验时刻之长短,临时依教员之命令定之,其交卷逾所限之时者,由教员酌量扣分或无效。

八、交纳试卷后,须即时退出试验室,不得观望耽搁,及与他人接谈。

九、试卷已经交纳后,不得取回修改。

十、有违犯以上各条之规定者,监视员得隔别其坐位,或令其退出试验室。

请假规则

一、凡非本校章程第六条规定给假之日,一律均须由本生向舍监告假,经舍监核准给以请假单,始准领取椭形名筹,缴呈假条于学监,核对无讹,准换长形名筹出校。

二、凡准假者,由本生持长形名筹,交付门房,如无长形名筹而出校者,门役得阻止之。

三、学生非有真实疾病,或重要事故,不得轻易请假,如其请假之事由舍监认为不正当或不确实者,均得径行拒绝。

四、凡请假均应声明销假之月日时于请假单,以便查核。

五、凡假期已满须续假者,应由本生或其父兄及保证人来校,或投函声明事故,经舍监核准,其未曾声明事故前来续假者,以逾限论。

六、凡家属不在本城者,不得在外住宿,其销假并不得在夜间七时以后。

七、凡由电话中请假,及托同学代请假者,仍以未请假论。

学生赏罚规则

凡学生赏罚,均照左列规条办理。

一、凡赏分三种:

甲、语言奖励。由校长、教职各员对各学生提出,以温语奖励之,或特班传见以勖勉之。其应得语言奖励者略如下:

(一)各门功课皆及格;

(二)对各员无失礼,在各处无犯规条事;

(三)对同学有敬让,无猜忌交恶诸失德;

(四)于例假外无多请假。

乙、名誉奖励。以讲堂坐位置前座,或加考语送各学校传观,或记功。其应得名誉奖励者如下:

(一)各学科中有一科出色者;

(二)能恪守校中规条并能匡正同学者;

(三)立志坚定不为外物所诱者;

(四)用功勤奋日有进境者;

（五）行事有益于公众者。

丙、实物奖励。由校中给以奖牌、奖品，或免除次学期之学费，或概免其次学期应缴入校各费以奖励之。其应得实物奖励者如下：

（一）学行兼优者；

（二）得名誉奖励数次者；

（三）终年不请假者；

（四）表率全级勤劳卓著者。

二、凡罚分二种。

甲、记过。记过者记名于簿次，以俟改悔。其应记过之事略如下：

（一）讲堂功课不勤；

（二）于各处小有犯规事；

（三）对于各员有失礼事；

（四）与同学有交恶事（犯此条者两人均记过）；

（五）假出逾限者；

（六）詈骂夫役人等不顾行检者；

（七）在外滋事者。

凡记过应分别其所犯事项，情节之轻重，轻者记小过，重者记大过，记小过三次作记大过一次。

乙、退校。由校长在讲堂对众学生宣其罪过，斥出本校。其退校之事略如下：

（一）嬉玩功课，借端侮辱教员，屡戒不悛者；

（二）性情骄纵，行为悖谬，不堪教训者；

（三）好勇斗狠者；

（四）行事有伤学校名誉者；

（五）记大过至三次。

借阅图书规则

一、本校所藏图书，专供本校职员、教员、学生借阅参考，非本校职员、教员、学生不借。

二、学生借阅图书，须填写本校所定借书券，投入借书筒，以每日下午一时收券，四时发书，所借图书不得携出校外。

三、职员、教员借阅图书，须告知掌书员，随时照发，由掌书员另立簿册登记。

四、每次借阅图书，除教员、职员不限册幅外，学生借书，每人每次无论何书，以一本为限，不得多借。

五、借阅限一星期，缴还时随即销册销券，倘有污损，责成借者照赔，或酌量收费。

六、借阅书籍，均责成书券上签名之人缴还，不得借口转借，致生纠葛舛错。

七、东、西文及译文书籍，凡书目相同者，应须填名东、西文字样，及撰译姓名、出版处所，以免淆混。

八、每届春假、暑假、年假，一经停课，无论何书，凡未缴者均一律缴齐，不得再行商借。

会食规则

一、每日会食时间午膳定零时拾分早膳因时规定如左：

一、二、十一、十二月：早膳七时三十分，晚膳六时；

三、四、九、十月：早膳七时，晚膳六时三十分；

五、六、七、八月：早膳六时三十分，晚膳七时。

二、每膳时闻钟声后，齐集坐齐举箸，不得先食并自携食品，但临时不到、逾时，亦不等候，不到者不得另开。

三、会食时，学生按照排定次序就坐，不得任意更易。

四、会食时，不得任意谈笑狼藉，及击掷箸盏。

五、会食时，虽在盛暑不得露体。

六、食品有馁败不洁，由庶务员命厨役撤换，或罚或斥，学生不得喧闹。

七、除本校职员、教员及学生外，他人不得会食。

学生艺徒寝室规则

一、寝具位置各依校中所定寝室表分配，不得互相移易，有碍稽查。

二、每日一闻铃声，着衣速起，整叠被褥，不得过迟，但学生则闻第二次铃声起身。

三、生徒携带行李，均宜安置床下，不得任意乱堆，如有银钱，得交会计处存储，否则遗失勿论。

四、寝室内不得携带火柴及有碍卫生之物。

五、衣服等件须随换随洗，不得留存，已洗之件须存储箱内。

六、公共物件不得任意携入。

七、寝室内每间均置痰盂，不得随地咳吐，废弃之物不得随地抛弃，窗户板壁不得任意涂抹。

八、寝室规定启闭时刻，除有特别事故，非时不准入内，其启闭时刻以揭示定之。

九、每夜九时十五分息灯，息灯后不得自备灯火，并不得谈笑，致妨他人安睡。

十、凡有病生徒，须移住调养室，不得卧病在寝室内。

调养室规则

一、学生、艺徒依校医之命令移住调养室者遵守此规则。

二、调养室内除笔墨纸类及药品外，其他物件有必须携带时，应受管理员之检查。

三、病生移住调养室，虽例假日不得出外，如实有事故，须陈请管理员核许。

四、凡病生家属或戚友至调养室省视者，不得逾三小时之久。

五、病生在调养室内，其起居服食须听校医之检查。

六、病愈后，由校医验明应还住斋舍者，不得托词延缓，以图自便。

七、其余室内一切之支配，均听从校医之命令。

八、无论学生、艺徒，非探病及有特故经管理员核许者，不得擅入调养室，凡由病生唤入者，如有不规之举动，病生亦须负责。

游息规则

一、每日午膳后一刻及午后课毕起至七时，为游息时刻，余时不得任意游戏。

二、游息场所如下：(一)操场；(二)园地。

三、游息时不准抛掷砖石、忿斗戏谑、歌唱俚曲，及为各种危险之事。

四、在园地游息者不得攀折花木。

五、游息时仍须受管理员之督察，若管理员认为不适当者，得行禁止。

六、游息时遇外来宾客，避坐避道，不得围观。

七、凡井边、河滨、水台、旧锡炉厂后及各危险隐僻处所，不得涉足。

职工规则

一、门房设有名牌，职工进场时，即将名牌持至工厂，在自己姓名处悬挂。

二、各厂职工承主任教员之指挥，担任本厂工务，有整理工厂、指示学生、教练艺徒之责。

三、作工时间以揭示定之，在规定时间内不得任意旷工。

四、艺徒如有不听职工之教练者，得随时报告主任教员及管理员，不得任意詈骂。

五、职工对于学生须尽心指示，不得敷衍塞责。

六、职工领取药品、原料，须先告知主任教员，由主任教员给以准领取凭单，然后持此凭单向工场会计领取。

七、职工应受教员管理员之约束。

八、不准在工厂内吸烟食物。

九、不准大声说笑、争论斗狠。

十、厂中墙壁、器具不得任意涂抹，如有损坏，责令赔偿。

十一、厂中器具原料，不准任意携出厂外。

十二、不得受私人嘱托擅造物件。

十三、每日放工后，职工须督率艺徒整理本厂屋及器具，每月月终应大加整理一次，职工须与艺徒通力合作。

艺徒规则

一、授以工厂必需之知识、技术，以养成工厂职工。

二、分染色、手织、力织、捻丝、意匠、锻工、木工、铸工、修机九科，均三年毕业。

三、定额每科二十名，九科共计一百八十名。

四、凡入学须十六岁以上二十五岁以下，身体壮健，品行善良者。

五、艺徒进校六个月以后，工作勤奋，技术精良者，察其程度，给以奖赏、津贴，以资鼓励。

六、门房设有名牌，艺徒进厂时即将名牌持至工厂，在自己姓名处悬挂。

七、艺徒规定工作时间内，不得任意旷工。

八、艺徒应听教员、管理员、职工之指挥，并受约束。

九、艺徒作工之地位及事项，非教员命令不得擅更。

十、艺徒应恪守规则，尽心习艺。

十一、艺徒领取药品、原料，须先告知主任教员，由主任教员给以准领凭单，然后持此凭单向工场会计领取。

十二、艺徒实习所造物品，造成后自书姓名于上，或系以纸牌，送交主任教员，为各徒之成绩品。

十三、厂中器具，放工前须收检清楚，不得任意乱堆。

十四、厂中墙壁、器具，不得任意涂抹，如有损坏，责令赔偿。

十五、不准在厂吸烟食物。

十六、不准大声说笑，争论斗狠。

十七、厂中器具原料不准任意携出厂外。

十八、不准受私人嘱托，擅造物件。

十九、每日放工后，各厂派艺徒二人整理本厂屋，轮流值日，每月月终应大加整理一次，由全厂职工、艺徒通力合作。

二十、校长及主任教员各立功过簿，记艺徒之功过。

参观规则

一、凡参观者，须由绍介人将姓名、籍贯、资格通告于事务所，领取参观证后，始许参观。

二、凡参观人由学生绍介者，学生引导；由他团体或个人绍介者，由事务所派人引导。

三、在本校温习考试期间内，一律谢绝参观，学生在上课时间，亦应谢绝绍介参观。

四、每日下午五时以后，一律谢绝参观。

五、他校学生全班来校参观者，须先期通知，以便临时招待。

六、参观人至教室、工厂时，须肃立静听，免妨听讲者之注意。

七、参观时，言语、步履不得高声杂乱。

八、参观时不得吸烟，及携带笔记以外所需之物件。

九、参观人除关于本校有特别公务外，概不留膳。

约束仆役规则

一、仆役各依所派事务，认真值役，如有怠惰不听指使，得由庶务员酌量斥责或惩罚。

二、各处清洁，每月大扫除毕，由庶务员检查，如有不洁，责令除去之。

三、门禁责成门役上午六时开门，下午十时关门。

四、学生、职工、艺徒、门房中各置出入薄一本，每月送呈主管职员稽核。

五、学生、职工、艺徒非有名筹，不得擅出大门，如有不服稽查者，应即报告事务所，不得放任。

六、斋夫对于学生之使唤，不得故意违拗，但于本校公共物件之搬移，或于章程有违背时，得通告事务所处理，不得任情与学生争执。

七、无论何种值役，非时离校者，察出重罚。

八、不论在校内校外，如有与人殴斗情事，即由庶务员酌量斥罚，或送交警局惩办。

九、斋夫出外，概须禀明舍监，领取名牌，门役方得准其外出。

十、本校仆役，不论是否斋夫，不得代学生私购物品。

1913年印行，浙江图书馆藏

令甲种工校学则修改各条切实可行应准备案

(1920年3月13日)

指令第一百五十七号

九年三月十三日

令浙江教育厅厅长夏敬观，呈一件送省立甲种工业学校学则由。

呈及学则均悉。查《省立甲种工业学校学则》修改各条，尚属切实可行，应准备案，仰即令行知照。此令。

附原呈：

呈为核转省立甲工校呈送修改学则，仰祈鉴核示遵事案。据省立甲种工业学校校长许炳堃呈称：查属校现行章程，系民国七年上学期修订，迄今时阅二年，所有教授钟点及职务分配等项，均有亟须修正应时改进之必要。兼以社会现象已渐渐注重电气工业，更须添设科目，为及早树人之计画。兹谨拟具学则，呈请钧鉴。其中电气机械一科，虽属添设，教授科目略有增多，但电机之与机械、染色之与机织、应化，各种科学互有相同，此外公共科目更多相近。今新拟规则，将各科相同之项并作甲、乙二部，即可减省教员钟点四分之一，故向来四科经费即可摊作五科之用，对于九年度预算数目，尽可仍照四科计算，不必另加教员薪水。此种办法是否有当，理合备文呈送，仰祈厅长鉴核，指示施行等情，并呈送学则一份。据此，当以呈暨学则均悉，查阅学则修改各条，或应时势之需要，或谋办理之便利，极有见地。惟学则第十八条，所改订核与学生学业成绩考查规程第七条不符。又第八章所订选科生各条，查为实业学校规程所未规定。以上两项事关变更定章，应即分别详叙理由。专案呈候核呈教育部鉴核示遵，仰即遵照等因。令行该校去后，兹据复称，谨查前次拟具之学则第十八条，与部规稍有差别者计有二点：一为“及格”二字以各科单独计算，不以总平均计算；一为不及格者准其补考复习，不即令其退学是也。查工业学问各科目，多有连带关系，例如入机械科者，虽总平均及格而数学不及格，则实际殆无用处，与列入丁等者相同。又科学上专门名词，均系英文，故英文程度太低，则虽平均及格，而实行任事之时颇多窒碍。机械如是，其他科目亦无不同。属校为实事求是起见，故不问普通、专门，务令每科及格，此该条前段之理由也。至于补考、复考及发给修业证书各节，一所以救每科及格之过严，一所以免学子光阴之久耗。盖前段既为严格之规定，又恐学生考试时有一二门偶不及格，而即须留级一年者，不但失之太苛，且有虚废光阴之惧。今准其补考，准其复习，即可利用假期及自修余暇之时，补其不足，此尤爱惜光阴之理由也。至第八章选科生办法，系为应付时势而设。缘工业学问近日渐为人所注重，而浙省又无职业补习学校，苟入学之人只愿专习一二艺术，以谋生业，或另有业务不能终日听讲，或曾在中等学校毕业，无须再习普通科目，诸如此类，苟一律令入甲种，既有削足就履之嫌，尤非因时变通之道，故准令选习科目以救济之，此又设置选科之理由也。奉令前因，理合详晰据实呈复，并乞厅长察核指示，转送施行，等情前来。职厅查核所叙理由，不为无见，惟事关变更定章，可否准予变通办理之处，理合检同原件，具文呈请钧部鉴核示遵。谨呈。

《教育公报》第7卷第5期，民国九年五月二十日[①]

---

① 《教育公报》，教育刊物，教育部教育公报经理处编辑、发行，1914年6月创刊。原为月刊，1927年2月改为双月刊，刊载教育法令.教育时事，评述，学说等。

令浙江教育厅厅长夏敬观[①]

(1920 年 12 月 20 日)

指令第二千三百五十九号

九年十二月二十日

令浙江教育厅厅长夏敬观

呈一件,送公立工业专门学校学则图表暨员生一览表请鉴核由。

据先后两呈,暨浙江公立工业专门学校学则图表,及员生一览表等件均悉。查该校所拟学则第二条"但因资质或程度关系" 至"分年选习"句宜删去。第四条"每学年为两学期",与部章不合。第六条所定科目与部颁规程亦有缺略,升级及儆戒事项亦应拟列于学则内,仰即转饬遵照公私立专门学校规程详为修改,呈报核办。教育表应将专门甲种分别造报,或将教员所担任钟点数分别填注,以便考核。至专门新生一览表,俟派员视察,准予立案时,再行核办。附设甲种及乙种讲习科规程大致尚合,甲种预科学生来元鼐等一百八十一名,转学生陈尔常等四名,资格尚无不符,应准备案,为此令仰该厅长转饬遵照。此令。

《教育公报》第 8 卷第 2 期,民国九年十二月二十日

令浙江教育厅厅长夏敬观呈一件送公立工业专校学则请备案由

(1921 年 3 月 14 日)

指令第五百二十一号

十年三月十四日

令浙江教育厅厅长夏敬观呈一件送公立工业专校学则请备案由

据该厅呈送《浙江公立工业专校学则》一册,请核令祇遵等情到部。查该学则既遵照本部所指各节详加修正,尚无不合,应即准予备案,仰即转行知照。此令。

附　学则[②]

第一章　总纲

第一条　本校以养成各级工业人才为目的。

第二条　本校现分电气机械、应用化学两科,每科每级三十人,均三年毕业。预科两班,定额六十人,一年毕业,共计四学年。

第三条　本校附设甲种工业讲习科及乙种工业讲习科。

第二章　学年、学期、假期

---

① 夏敬观(1875—1953),字剑丞,又字盥人、缄斋,晚号映庵,江西新建人,1894 年中举人,曾入张之洞幕府,任江苏提学使,1919 年任浙江省教育厅厅长,1924 年辞职闲居上海,著书作画以终。著有《映庵词》、《忍古楼诗集》等。

② 本"学则"亦刊载于 1921 年 3 月中旬浙江公立工业专门学校印行的《浙江公立工业专门学校一览》中,全名《浙江公立工业专门学校学则》。

第四条　每学年授课自八月起至翌年十二月止，为第一学期；一月起至三月止，为第二学期；四月起至八月止，为第三学期。

第五条　每年休假日如左：年假、暑假、寒假，遵照部章；国庆日，十月十号；浙江光复纪念日，十一月五日；至圣先师孔子诞日，阴历八月二十七日；林社祭日，阴历四月二十四日；春夏秋冬四节，阴历元旦、端午、中秋、冬至；植树节，阴历清明；本校开学纪念日，三月二十七日，均放假一日，每房、虚、星、昴日为休息例假。

第三章　学科及学级

第六条　各科教授科目及时数规定如左：

电气机械科之学科：

机械制造法（一百小时）、应用力学（一百小时）、材料强弱学（六十小时）、机构学（一百小时）、磁电及实验（百二十小时）、热力学（四十小时）、蒸汽涡轮（四十小时）、内燃机（六十小时）、水力学及水力机（八十小时）、汽罐汽机（八十小时）、机械设计（八十小时）、发电机电动机及变压器（百四十小时）、电话（八十小时）、电信（六十小时）、电灯（六十小时）、电力输送（六十小时）、电气铁道（八十小时）、电机设计（百二十小时）、发电所设计（八十小时）、交流理论（八十小时）、感应电动机（八十小时）、机械材料（八十小时）、应用化学大意及分析（二百四十小时）、实习（千四百二十小时）、制图（二百小时）。

应用化学科之学科：

材料及力学（百二十小时）、水力学（四十小时）、机构学（一百小时）、有机化学（百二十小时）、矿物（四十小时）、物理化学（百六十小时）、普通工业化学（百六十小时）、电气工学大意（八十小时）、电气化学（八十小时）、化学制造用机械（八十小时）、发动机（百二十小时）、冶金（四十小时）、应用化学（三百六十小时）、工场设计（八十小时）、燃料及作炉法（四十小时）、机械制图（百二十小时）、分析（八百二十小时）、实习（千零八十小时）。

公共科之学科：

伦理（百二十小时）、体操（二百四十小时）、积分（百二十小时）、物理学（磁电，百二十小时）、物理实验（四十小时）、制图（百二十小时）、工场建筑法（八十小时）、工业经济簿记及管理法（八十小时）、德文（百六十小时，但德文为随意科）。

预科之学科：

伦理（四十小时）、体操（八十小时）、国文（百二十小时）、英文法（百六十小时）、英文作文（八十小时）、化学（二百小时）、化学实验（四十小时）、三角（四十小时）、大代数（八十小时）、解析几何（六十小时）、微分（六十小时）、投影画（百二十小时）、物理学（力热光音，百二十小时）、物理实验（四十小时）。

第七条　以一年为一学级，其课程及时间另立详表。

第八条　教科用图书另行规定。

第四章　入学、在学、退学

第九条　以每学年之始为入学期。

第十条　预科生入学资格，须中学校或中学同等程度之学校毕业生，年在十八岁以上、二十二岁以下，身体健壮，品行端谨为合格。

第十一条　本科生入学资格，须预科毕业，或有同等学力之证明，经试验合格者。

第十二条　预科入学试验科目规定如次：体格检查、国文、英文、几何、代数、化学、物理、几何画、口试。

第十三条　凡愿受本校入学试验者，应缴该生最近四寸半身照片一张，试验费一元，方得与试。

第十四条　录取诸生应填入学愿书，及邀同保证人填具证书各一通，如次：

入学愿书

具愿书学生　　　，字　　，　年　岁，　省　　县人，现住：

曾祖：　　　，祖：　　　，父：

父、兄　　，号：　　职业：

学生今蒙贵校试验合格，准入科肄业。入学以后，确愿专心勉学，遵守校规，凡临时一切训示，悉听指挥，在学校外亦当束身自爱，誓不玷辱贵校名誉，为此出具愿书，奉呈

浙江公立工业专门学校鉴核

中华民国　年　月　日　具

入学保证书

今有学生　　　，系保证人之　　，现愿入贵校科肄业，已蒙试验合格，准予入学。所有在校遵守规律，及银钱等一切责任，均由保证人负责，倘有半途退学，愿按月缴还实验费洋五元。此外凡关于该个人临时发生之事项，应归保证人担保者，保证人亦一律承认，为此出具保证书，奉上

浙江公立工业专门学校鉴核备案

保证人：　　　，字　　，　省　　县人

现住：

职业：

中华民国　年　月　日　具

第十五条　保证人须在本城确有职业，经本校认可，于学生之身分一切可以担保者，但保证人之住所、身分有变更时，应由该生通知本校。

第十六条　学生有不得已事故自请退学者，须邀同保证人陈请本校核准。

第五章　考试、毕业、升级

第十七条　考试分学期考试、学年考试、毕业考试三种。学期考试于每学年第一学期，就其已习之学科举行之；学年考试于每学年终，就其全年所习之学科举行之；毕业考试于每学科授毕后二个月内，就其所习之学科举行之。

第十八条　每学科之试验成绩，参合平时成绩判定分数内。每学科之成绩核定分数，以百分为满点，八十分以上为甲等，七十分以上者为乙等，六十分以上者为丙等，不满六十分者为丁等，丙等以上者为及格。

第十九条　试验各科均及格者准升级，其不及格之学科不满六单位者亦准升级，但仍须补习补考。

单位法之计算，凡全年每周授课一小时者为一单位，一学年有六单位以上不及格者不得升级，两学年共有十单位以上不及格亦留级，三学年共有十二单位不及格者延长毕业期一年，预科单独计算之。

学生请假时数,每一学科超过授课时数三分之一者,虽各学科单位均及格,亦不得升级,又上年留级、本年又有六单位不及格者退学。

第二十条　各学科成绩分数均及格者,毕业时给以毕业证书,有一科目在丁等,给以修业证书,但属工场实习及格者,其不及格之各学科准于下学期开始时补考一次,仍不及格者,令其复习,请求再行补考,及格后仍给以毕业证书。

第二十一条　工场实习之成绩,以平时分数统计而平均之。

第六章　儆戒

第二十二条　儆戒之方法分三种:一、训戒或禁假;二、记过或退舍;三、退学。过失轻微者,训戒;请假过多及逾限者,禁假;过失较大及再犯者,依其所犯之轻重,分别记过、退舍。其应受退学之处分者如下:一、侮辱师长者;二、行事有伤校誉者;三、玩视功课屡戒不悛者;四、好勇斗狠者;五、积大过至三次者(小过三次作大过一次);六、无故旷课至一月者;七、不缴费者;八、两学年内学科有十单位不及格者。

第七章　纳费

第二十三条　本校学费每学年二十元,膳费四十元,杂费十元,讲义费临时酌定,于第一、第二学期开学之始缴足。

第八章　甲种讲习科

第二十四条　本校附设之甲种讲习科分机械、电气机械、机织、染色、应用化学五科。学生定额,每科每级三十人,均三年毕业,预科定额二百人,一年毕业,共计四学年,但因资质或程度关系,不能按照规定年级全数听讲者,本科、预科各得延长一年,分年选留。

第二十五条　各科教授科目规定如次:

机械科之学科:

工作法(百六十小时)、发动机(二百四十小时)、机械设计(四百小时)、工场实习(一千四百四十小时)。

电气机械科之学科:

工作法(百六十小时)、发动机(二百四十小时)、电气机械(一百二十小时)、电气应用(一百二十小时)、电力输送(六十小时)、发电所(六十小时)、磁电气测定(四十小时)、工场实习(一千四百四十小时)。

机织科之学科:

织物原料学(四十小时)、织物整理法(八十小时)、机织法(百二十小时)、织物解剖(百八十小时)、水彩画(六十小时)、织物意匠(八十小时)、染织图案(百二十小时)、棉纺术(六十小时)、力织机械(六十小时)、工场实习(一千四百四十小时)。

应用化学之学科:

燃料(四十小时)、纸橡皮(八十小时)、酸碱(八十小时)、电气化学(四十小时)、颜料(四十小时)、制糖酿造(八十小时)、制革(六十小时)、油脂(八十小时)、冶金(六十小时)、分析(二百四十小时)、工场实习(一千四百四十小时)。

染色科之学科:

织物原料学(四十小时)、织物整理法(八十小时)、染色法(二百四十小时)、应用化学(八十小时)、色素(八十小时)、分析(百六十小时)、水彩画(六十小时)、染织图案(六十小时)、工场实习(一千四百四十小时)。

甲部公共科之学科:

修身(六十小时)、国文(五百二十小时)、英文(四百四十小时)、数学(八十小时)、物理(二百小时)、机械学(百六十小时)、机械制图(三百六十小时)、兵式体操(六十小时)、日文(八十小时)、法文(百二十小时)。但日文、法文为随意科。

乙部公共科之学科:

修身(六十小时)、国文(五百二十小时)、英文(四百四十小时)、化学(二百小时)、化学分析(三百二十小时)、机械制图(二百八十小时)、兵式体操(六十小时)、日文(八十小时)、法文(百二十小时)。但日文、法文为随意科。

预科之学科:

修身(二十小时)、国文(二百四十小时)、英文(二百小时)、数学(三百六十小时)、理化(百六十小时)、图画(二百小时)、体操(二十小时)。

第二十六条 讲习预科入学资格,须具有高小学校毕业,或高小同等程度,年在十四岁以上、十八岁以下,身体健壮,品行端正者为合格。报名时须缴保证金一元,入学试验科目为:国文、算术、检查体格及口试。

第二十七条 讲习本科生入学资格,须预科毕业,或经试验认有同等学力者。其考试科目为:国文、英文、算术、代数、几何、物理、化学、图画、检查体格、口试。

第二十八条 讲习本科学费每学年十二元,讲义费洋十元,膳费洋四十元,杂费洋十元。其缴费法,应照第二十一条办理,但预科生之杂费、讲义费减半征收。

第二十九条 讲习科学生毕业列甲等者,得为贷费生,借与次学期用费之一部分,并免除次学期之学费。但贷费生学行有亏时,经教职员会议停止其待遇。

第三十条 甲种讲习科除列举者外,均得适用前列各条。

第九章 乙种讲习科

第三十一条 各工场招生名额,总计定一百八十名,三年毕业,于每年一月、七月间举行。

修理工场三十名(每期招五名),木工场六名(每期招一名),铸工场六名(每期招一名),锻工场六名(每期招一名),手织工场三十名(每期招五名),纹工场四十八名(每期招八名),力织工场十二名(每期招二名),捻丝工场六名(每期招一名),染色工场六名(每期招一名),原动锅炉室六名(每期招一名),电机六名(每期招一名),制纸六名(每期招一名),制造六名(每期招一名),油脂涂料六名(每期招一名)。

第三十二条 招生之手续:(甲)检查体格口试;(乙)试验国文及算术(须缴最近半身照片一张)。

第三十三条 招生之时期分三月、九月两期。

第三十四条 乙种讲习科就其所入二场实习,每日八小时。

第三十五条 乙种讲习科每日在教室授课约二小时,其学科规定如左:

(甲)公共学科:

国文、算术、英文、代数、理化、图画。

(乙)主要学科:

机械科:机械学、工作法、制图、发动、材料、力织。

电机科:机械学、电磁、电气机械、发动、制图、材料。

机织科:机织法、纹织、图案、意匠、原料、力织、解剖。

染色科:染色法、应用化学、捺染、原料、机织。

应化科:制纸、制革、油脂、涂料、应用化学。

第三十六条　乙种生入学资格,须与国民学校毕业程度相当,其年龄为十六岁以上、二十五岁以下。

第三十七条　乙种生不收学费,每学年应缴膳费洋四十四元。

第十章　职员、教员、职工

第三十八条　本校设职员、教员如左:校长一员,教务部主任一员,电气机械科主任教员一员,工场主任一员,教务员一员,应用化学科主任教员一员,工场主任一员,教务员一员,机织科主任教员一员,工场主任一员,教务员一员,染色科主任教员一员,工场主任一员,教务员一员,机械科主任教员一员,工场主任一员,教务员一员,专科教员若干员,实习教员若干员,图书室主任一员,物理仪器室主任一员,制图兼书记若干员,助手若干员,总务部主任一员,庶务主任一员,会计主任一员,材料物品收发主任一员,经售主任一员,购置主任一员,文牍主任一员,校医二员,书记若干员,事务员若干员,工场稽查一员,工场管理若干员,斋务主任一员,舍监一员,预科舍监二员,乙种舍监三员,各斋主任由教员兼任。

第三十九条　本校设职工如左:锻冶工二名,铸物工二名,机械整理工四名,图工二名,木工二名,金细工二名,原动室三名,电机工二名,纹工二名,手织工二名,力织工二名,捻丝工二名,印花工二名,染工二名,整理工二名,制药工二名,油脂工二名,制革工二名,制纸工三名,小工若干名。

第十一章　经费

第四十条　本校常年经费,由财政厅按月发给,应于上月首日,由会计员按照预算数,备具支付预算书及领款凭单,呈请照数支给,并于次月造具清册,呈请核销,俟核准后再行编造决算册。

第四十一条　凡学生所纳学费,于九月一日、三月一日,由会计员征收收齐后,呈报财政厅。

第四十二条　本校各项开支,除活支外,其每月额支,由会计员依照办事规则办理。

第十二章　附则

第四十三条　本学则自民国十年一月一日起为实行之期,其所未备载之处,随时增改,呈请教育厅核定施行。

第四十四条　各种规则,由校长另行规定,如有临时事件发生,而规则中未规定者,随时以揭示行之。

《教育公报》第 8 卷第 5 期,民国十年五月二十日

浙江公立工业专门学校一览:管理纲要

(1921 年 3 月中旬)

一、本校管理学生,依据训育要旨,随时稽查、考察而辅导纠正之。

二、本校管理学生,设斋务主任一人,舍监二人,斋主任五斋各一人,分校舍监二人。乙种讲习科斋务主任一人,舍监二人。斋务主任率同舍监,管理全体学生训练上各事宜。斋主任商同斋务主任,管理各斋学生训育事宜。

三、各自修室、寝室,由学生公推正副室长各一人,维持本室之秩序及其清洁,并传达学校命令及同学之意见。

四、室长会议,由斋务主任召集之,舍监、斋主任列席。分校室长会议,得由分校舍监召集之。关于斋舍内应行改善或注意事项,由管理员宣布之,或提出讨论,各室长亦得提议事件,以备采择。

五、关于管理训练事宜,有重大改革,或在必要时酌量事之轻重,由斋务股主任召集本股会议,或由总务部主任召集本部会议,或由校长召集校务会议商议之。

浙江公立工业专门学校编印《浙江公立工业专门学校一览》,1921 年 3 月中旬

浙江公立工业专门学校规则(三十种)

(1921 年 3 月中旬)

职员办事规则

一、本校校长以下分设教务、总务二部。教务部分电机、应化、染织、机械等各科办事,图书室、理化实验室属之。总务部分斋务、庶务、会计、文牍、收发、购置、经售等各股办事,校医、总稽查属之。分校及乙种讲习科另设主任,仍各以其职务分属于教务、总务二部。

二、校长主持全校事务,得随时制定或增改本校一切应行规则,对外有代表本校之权。

三、教务部主任总理关于教授各事务,规定职务如左:

甲、率同本部职员,办理本部各科、各室、各工场事务,随时稽察而整理之,其需综合保管之表册、凭证由其掌管。

乙、关于教务诸规则,随时与校长商酌增修或废止。

丙、学期开始时,与各科主任、学监及教员商定教授方法,并撰教授时间表。

丁、教员告假请代,或应由校代为请代,由其商明校长办理。

戊、关于考试学生、支配工场、教室与一切临时发生事项,由其商承校长办理。

己、记录教员担任功课时间,稽核本部职教员出席缺席时数,又负关于教务上一切通知之责。

庚、职工之奖惩进退,及学生在教室或工场内应行奖惩事项,得据当事各员之意见,分别核商办理。

四、科主任主管关于本科教务之事,规定职务如左:

甲、关于本科教授各事宜,与工作上改良计划,以及整饬校规等事,随时建议于教务主

任，核商办理。

乙、与本科教员商定有统系的教程及教授方法，并酌定教材，选定教科书，建议于教务主任。

丙、关于本科之图书、仪器、药品、机械，如有必需增置者，须预行计划转校长核办。

丁、随时稽察教室、工场秩序，有训练本科学生、查验工人成绩之责，其应惩奖者得拟议办法，商由教务主任核商办理。

戊、本科各工场领用物品材料及定货事项，由其核定转行。

己、关于各项考试，一切编排、督查及核算、记录、报告等事，由其负责。

五、教务员协办本科教务上各事宜，规定职务如左：

甲、立本科教员请假簿一册，随时揭示入册，月终汇交教务主任存查。

乙、立本科学生到班册若干册，交由教员携入教室或工场，点名登记，借以考查学生之勤惰。

丙、立本科学生请假簿一册，凡请假、留校，未由斋务股填给假条者，记入此册，籍以考查旷课各生有无正当事故。

丁、立本科学生旷课统计册一册，每周核记各生缺席次数，学期终了时统计一次，分别扣分。

戊、立本科学生平时分数簿若干册，交由教员随时试验记分，学期终了时收交教务主任，汇集备查。

己、辅协同科主任训练本科学生，纠察教室秩序及其清洁，并办理考试事宜。

庚、本科学生之凭证、愿书、相片、学籍、成绩簿册及试卷等，由其经管。

六、甲种讲习预科学监，主管甲种讲习预科教务，前条科主任及教务员职务，除工场事务外，其他各项均适用之。关于甲种预科应行综合经管之凭证、簿册等件，由其经办分别存转。

七、乙种讲习科学监主办乙种讲习科教务，前条科主任及教务员职务之各项，除考查职工、核领材料外，均适用之。特立乙种讲习科生在学时日统计册，精确详细，以资核算，其有派出实习或请改工场者，由其商承教务主任转商核办。

八、教员分教各种科学，规定职务如左：

甲、按照教授时间表授课。

乙、每学期至迟须在开课之前一月作成教授案，开列教科书名目，商同科主任或学监送交教务主任核商办理。

丙、教授用讲义，须于五日前送图书室发抄付印。

丁、教员所授课程及课本讲义，如有更变之处，须商科主任及教务主任核定。

戊、学生应惩奖者，得随时告知科主任，转商核办。

己、每届考试，应先时到场命题，督考，课卷评定后，应将各生考试分数及平时分数平均数各开清单，随卷汇交各科主任或学监。

庚、凡因事因病请假者，须先期知照教务员或学监揭示学生；假期在七日以上者，应商由教务主任转商校长，请人代理；代理人由其自行委托者，所有薪水由其自行处理；如由本校委托者，则由本校处理，该教员应得薪水应暂停送。

九、各科工场主任，掌理本科各工场一切事项，规定职务如左：

甲、关于工作上规则之改良及增置机械等事,随时商同科主任转商办理。

乙、随时与实习教员商定学生工作方法,及一切技术上之计划。

丙、督同管理员整理工场内一切事务,随时稽察之。

丁、对于原料售品之收支,负有稽核之责,随时报告于总务主任。

戊、职工及乙种讲习生之惩奖进退,得据管理员之报告,转商核办。

十、实习教员分掌各工场学生实习事宜,规定职务如左:

甲、指导学生工作及试验。

乙、学生实习所需器械、药品、原料,由其开单领取,按数点给。

丙、实习时间,学生应惩奖者,得商科主任转商处理。

丁、关于一切技术上之计划,由其商同工场主任核商办理。

戊、学生实习分数由其评定,开单交与科主任。

十一、工场管理员专司工场内一切事务,规定职务如左:

甲、协同工场主任管理工场,并约束职工及乙种讲习所生。

乙、学生、职工如有损坏或遗失校中器具,应由其核报总务主任办理。

丙、职工及乙种讲习科生,如有应惩奖者,由其商明工场主任核转商办。

丁、本工场所消耗之药料、煤油等,逐日查明,分类登记,按月交由工场主任鉴核转报。

戊、工场机件、工具,由其立册详记,其毁坏时应即注销,并告知工场主任转报于总务部。

己、每次领取原料由其开单,商由工场主任核转总务部核给。

庚、每次交出制品,宜立簿详记,并照估价值,送由工场主任核交,经售股核收入册。

辛、关于采办原料之事项,应预行计划,商由工场主任转商核办。

十二、图书室主任掌理关于图书讲义一切事务,规定职务如左:

甲、关于图书之整理编排,讲义之录印、装订,以及借书、制图等事,由其督同掌书、制图、书记各员办理。

乙、兼管阅书室各事宜。

丙、关于掌管图书之规则,得随时商明教务主任,核商增改。

十三、掌书员掌管图书及其附带事件,规定职务如左:

甲、凡图书之盖戳、分类、编目、庋藏、标记,由其协同图书室主任办理,册数、价值、撰人姓名均应注入册内。

乙、每岁暑假时,摊晒图书一次,随时察看所藏图书有无污损、虫蚀、鼠伤,随时修补,遇有毁失,随时告由本室主任,核报总务部察转注销。

丙、凡新置图书,应即查验储藏,载明总目,其杂志、报章等类,均应随时收验,分类保存。

丁、本校教员所编讲义,应随时检齐一分,装订存储,载明总目。

戊、校中各员及学生借阅图书,由其依照借阅图书规则办理。

己、兼管收集讲稿缮录、印行以及教务上应需抄写之件。

十四、理化实验室主任掌理物理或化学实验室内事务,规定职务如左:

甲、率同管理员整理及保管一切仪器药品。

乙、室内装置及应需添办器具、药品,由其会同理化教员计划一切,商由教务主任核转商办。

丙、会同理化教员，预定学生实习程序，商准教务主任办理。

丁、有指导学生实验之责，实验时应需药品、材料，由其开单交由教务主任核转给领。

戊、稽察实验室秩序，学生应惩奖者，由其商同教务主任核转处理。

十五、实验室管理员协理实验室事务，规定职务如左：

甲、协同主任管理室内各种器具材料。

乙、协助实验，在实验时间，如有学生应惩奖者，得告知主任转商核办。

丙、学生如有毁损或遗失室内器具及浪费贵重药品者，须会同主任报告教务主任，核报总务部并令赔偿。

丁、室内机械、药品，由其立册登载，每学期所消耗之药品、材料及器具等，须逐日查明登记，于学期将终时，由本室主任核报教务主任，转程校长。

十六、总务部主任综理不属于教务之事务，规定职务如左：

甲、督同本部各职员办理训练，管理庶务、会计等各项事务，随时稽察而审核之。

乙、对于学生宜随时指导而告戒之，其应惩奖者，得据各职员之报告酌量处分，情节重者，商请校长核办。

丙、关于校舍、器具之支配、整理、修缮、建筑及一切临时发生事项，得据各股主任之意见而核办之，其重者商承校长办理。

丁、购置物品由其决定，物价在五元以上者须商承校长核定，再行采办。

戊、本校对外各种庶务，由其商承校长办理。

己、关于管理庶务各规则，得随时征求当事职员之意见，商承校长修改之。

十七、斋务股主任掌理关于训练、管理诸事务，规定职务如左：

甲、考察学生勤惰及其起居动作。

乙、对于学生宜随时施以诱导及告戒，并召集自修室、寝室室长会议，整理、清洁各事宜。

丙、关于学生之惩奖，轻者由舍监商准处分，汇记入册，情节略重者商由总务主任核转商办。

丁、斋役不称者，得据舍监或斋主任之报告，商请庶务主任撤换之。

戊、斋舍之支配及整理方法，与一切临时发生之事项，得据舍监或斋主任之意见，商准总务主任核商办理。

十八、舍监协理训练管理各事，规定职任如左：

甲、关于学生起居行止各事，随时稽查，实力整饬。

乙、立学生请假簿一册，登载各生请假之事由及其月日，分别知照各科主任，其请假逾限及开学后无故不到者，随时查明，商由斋务主任转商核办。

丙、立自修室点名册若干册，按照自修时间，点查督察。

丁、注意斋舍及其附近地方之清洁，又保持其秩序。

戊、斋役及工读生分司各项事务，由其支配而稽察之。

己、学生应惩奖，由其拟具办法，商同斋务主任分别轻重，核商办理。

十九、斋主任分掌各斋学生训练事宜，规定职务如左：

甲、协同舍监稽查学生起居行止，随时训导之。

乙、有维持本斋秩序之责，学生应惩奖者，得商斋务主任核商办理。

二十、甲种预科、乙种讲习科斋务主任及舍监之职任，前条斋务主任及舍监规定之各项均适用之。

二十一、庶务股主任掌理一切不属于他股之事务，规定职务如左：

甲、率同庶务员办理各项杂务、并随时稽查之。

乙、关于建筑、修缮等事，由其商同总务主任核商办理，并司登记及通知事项。

丙、督饬工役照支配程序服务，随时招集训诫，有考核进退之权责。

丁、校中火食，除有特别组织者外，由其经管，所有膳食、茶水，宜随时检查之。

戊、校中器具杂件，由其具领支配，妥为保管，立册详记，按期稽查，器件销失时，应将销失情由，详报收发股核销。

己、校中房屋，由其保管，并注意各处之清洁，各室锁钥，除有专属者外，均归收执。

二十二、庶务员协助庶务主任执行庶务，遇事商承庶务主任办理。

二十三、会计股主任主管银钱出入，规定职任如左：

甲、编造预算、决算、报销等表册，并司各项账簿之登记。

乙、校中所收经费，由其存入稳妥银行，每月按照约计额定数支领其需，超过此数者，商由总务主任转商办理。

丙、经常费出纳簿册，由其逐日逐月核算结清，每月终交由总务主任转呈校长鉴核。

丁、凡遇土木工程及其他临时收支、特别收支，均应另立簿册核实记载，交由总务主任核转校长鉴核。

戊、凡收付款项，须由其陈明总务主任分别核商办理，其属于膳杂等一切经付款项，虽不报销，亦须收具印据，随交总务主任核定，至学年终了时，汇交总务主任转呈校长。

己、发款定期，职员薪修，每月十五日致送，讲师修金月终致送，职工工资每月分两期发清，仆役工资月终发给，茶水火食十日一发，月终结算，均不得预领及挪借。

庚、经管学生贷费事宜。

二十四、会计员协助会计主任执行会计上事务，遇事商承会计主任办理。

二十五、购置股主任掌理购置事宜，规定职任如左：

甲、商承总务主任经购原料、煤炭及各种应需物品，并立册详记其品名、用途、价格、出售处及定货、提取、验收时日，以备存查。

乙、货物之品质及其价格，由其探询、比较、详审、核验。

丙、货物购到后，由其告知总务主任，随交收发股查收登记，并须验明发票，核转给价。

丁、关于建筑修缮所需材料及工程，随时会同庶务主任查验之。

戊、学生用书籍、仪器，经教务主任商承校长核准，代办者由其订购，立册登记之。

二十六、购置员协助购置主任执行购置事务，遇事商承购置主任办理。

二十七、收发股主任掌理材料物品之收发事宜，规定职任如左：

甲、凡原料消耗品、图书、仪器、机械、工具、家具、什物，概归收发，分立专簿详记，每月一结，学期终了时，交由总务主任核送校长覆核。

乙、立分类物品总册若干册，逐一注明品名、数量、价值等项，并随时据各当事职员之报告，注明其销毁时日及缘由，学期终了时送由总务主任核陈校长。

丙、学期终了时，由其向各当事职员调取各处查存物品清册与收发总册，核对是否相符，如不符时,商明总务主任核转覆查。

丁、凡未发之材料及物品概归储藏保管,学期终了时由其盘查核记,并须随时整理之。

戊、验收新购材料、物品价值是否相当,报告于总务主任。

己、凡发给材料、物品时,概须陈经总务主任核准。

二十八、收发员协助收发主任执行收发事务,遇事商承收发主任办理。

二十九、分校会计兼庶务,酌照前列各条各项之规定,办理分校会计、庶务、购置、收发各事宜,凡非例行事项,随时商由分校学监,转商总务主任核转商办。

三十、经售股主任经售本校工场制品,规定职务如左:

甲、工场制品由其验收保管,并随时调查所发原料,验明折耗有无过分。

乙、制品价值经工场管理员评定报告后,仍须覆加审核,相差悬远者,商由总务主任转陈校长酌量增减。

丙、立分类制品簿,备载品名、数量、价值、所需工料、缴货、出售时日,以备查核,至学年终了时,盘查存货一次,并造具原料、制品出入总册,报明总务主任核陈校长。

丁、学生成绩品由其检点陈列,并经理出售,立分类售品簿记其出售数量及价值,所收售价,每月一结,报由总务主任核交会计主任点收。

戊、关于定货事项,由其接洽转商核办,制品之销场、时价,得就其调查所得,告知工场管理员妥商办理。

己、代售学生用书籍、仪器,另立收支簿记之。

三十一、经售员协助经售主任执行经售事务,遇事商承经售主任办理。

三十二、文牍股主任主办本校一切文牍,规定职务如左:

甲、一切文稿由其拟定,交由总务主任核呈校长及教务主任核定。

乙、收发文件各立簿册,按日摘由登录,并立分类汇查册一本,将各种文件分类登记。

丙、各项文件稿底及公报,概归分类保存。

丁、本校戳记归其保管。

戊、协同书记缮写各项文件。

三十三、书记掌缮写一切文件表册。

三十四、总稽查掌稽查本校各处一切事项,规定职务如左:

甲、职工出入迟早及工作勤惰,随时稽察,商由工场主任转商核办。

乙、学生起居行止及其勤惰,协同当事各职员查明商办,或即纠正之。

丙、稽查校役勤惰及其行止,随时纠正,并得酌拟办法,商承总务主任核办。

丁、校具及材料之保管方法,随时查察,并与总务主任或工场主任酌议防止消失办法。

戊、原料及消耗品之消费,随时稽察,即与工场管理员会商减轻消费方法。

己、关于本校及分校教室、工场、斋舍之秩序、清洁,及临时发生之事项,随时查明纠正之。

庚、关于各处应行整饬各事宜,随时商由教务主任或总务主任核商办理。

三十五、校医掌管全校卫生事宜,规定职任如左:

甲、按照定时,诊治本校员生工役,记录受诊人之姓名、病状,以备查核。

乙、学生之体格检查及健康诊断,由其担任,立册备查。

丙、关于消毒及清洁各事宜,由其指示办理。

丁、诊察室、调养室之整理事项,及病人移住调养室或移出校外之决定,由其审核,分别知照庶务员或舍监,核商办理。

戊、如遇急症,虽非诊治定时,亦应随时诊治,以免延误。

己、诊察室内附设配药处,由其配合给领。

庚、应需添配药品器具,由其商经总务主任转商核购。

三十六、每日自午前七时至午后五时为办事时间,但下列三项之例外:

甲、斋务、庶务两股人员应延长办事时间至午后十时,并轮值住宿校内。

乙、其他之总务部人员,每日须有三人以上轮守值宿。

丙、不兼职之教员限于按时授课。

丁、校医住宿校内,有事请假时,商他员代理。

三十七、每遇假日,须照校长派定班次,轮流值日。

三十八、办事时间或假日,遇有要事须缺席者,须先商请他席代理。

三十九、每年寒假暑假期内,仍须有人轮值或专员留校,在此期间可以不拘职务,通融办理。

四十、教务、总务两部人员到校、出校,随时注明考勤簿上。

四十一、教务、总务两部各立日记一册,两部主任按日记载,随时交由校长察阅。

四十二、关于本校各项事务,随时召集会议,其规则另订之。

四十三、无论何人,均不得留外客在校住宿,并不得将校中一器具擅借外人。

四十四、本校簿册文件,除专备查核、不定保存期限者外,其应行保存之件,开列如左:

甲、永久保存之件

1.学生学籍簿,各科教务员掌管;

2.毕(修)业证书存根册,教务主任掌管;

3.教员所编各种讲义,掌书员掌管;

4.学生试卷,各科教务员掌管;

5.学则,教务主任掌管;

6.课程表,教务主任掌管;

7.教科用图书分配表,教务主任掌管;

8.日记簿,教(总)务主任掌管;

9.文稿簿,文牍主任掌管;

10.教职员履历表,文牍主任掌管;

11.文件分类汇查册,文牍主任掌管;

12.重要公牍及关于实业学校之法令簿,文牍主任掌管;

13.收支总清册,会计主任掌管;

14.建造工程帐册,会计主任掌管;

15.图书簿,收发主任、掌书员;

16.仪器簿,收发主任、仪器药品室管理掌管;

17.工场机器、工具、成绩品、标本簿,收发主任、工场管理掌管;

18. 家具什物簿，收发主任、庶务主任掌管；
19. 资产簿，庶务主任掌管。

乙、三十年保存之件

1. 教员担任科目及时间表，教务主任掌管；
2. 学生成绩分数表，各科教务员掌管；
3. 校长揭示稿簿，总务主任代掌；
4. 实习记载簿已评案，各科教务员掌管；
5. 会议录，教(总)务主任掌管；
6. 银钱出纳簿，会计主任掌管；
7. 收发文件簿，文牍主任掌管；
8. 经费之预算决算簿，会计主任掌管。

丙、十年保存之件

1. 学生入学愿书保证书，各科教务员掌管；
2. 学生相片，各科教务员掌管；
3. 每学期教授预定案，教务主任掌管；
4. 每月期各科教员报告书，教务主任掌管；
5. 学生功过册，斋务主任掌管；
6. 消耗品册，收发主任掌管；
7. 原料簿，收发主任掌管；
8. 药品簿，药品室管理掌管。

丁、五年保存之件

1. 学生请假簿，斋务主任掌管；
2. 操行考查簿，斋务主任掌管；
3. 学生旷课统记簿，各科教务员掌管；
4. 学生到班册，各科教务员掌管；
5. 每学期教授时间表，教务主任掌管；
6. 参观人名簿，庶务主任掌管；
7. 身体检查簿，校医掌管；
8. 校医诊察簿，校医掌管；
9. 各科考试题目册，各科教务员掌管；
10. 教职员考勤簿，教(总)务主任掌管。

本规则自民国十年一日起实行。

会议规则

一、教职员会议，全体教职员列席，校长召集之，每学期始业、休业之前举行例会各一次，遇有特别事项，临时集会议决之。

二、校务会议，议决本校行政重要事件，以教务、总务两部及其所属之各科股室之主任及学监组织之，校长主席，缺席时教务主任代理之，同时缺席时总务主任代理之。

三、教务会议，议决关于教务事项，以属于教务部之各科主任及学监组织之，教务主任主席,总务主任一并列席,以资接洽,教务主任缺席时,总务主任代理之。

四、总务会议,议决关于总务事项,以属于总务部之各股主任、校医、总稽查组织之,总务主任主席,缺席时各股中公推一人为主席,但以兼任教员者为限。

五、教务、总务会议,议决事项由主席陈经校长认可施行。

六、各科、股室会议,议决关于各科、股室之事项,由科股各该室之主任、学监召集之。

七、各科股室会议议决事件,由学监或主任报经教务主任或总务主任认可施行,即由教务主任或总务主任登入日记簿,备校长查核。

八、各项会议列席各员务须出席,因事不能到会时,须预先请假。

九、各项会议应各立议事录一册,记载会议事项、出席者姓名。

学生通守规则

一、学生在校内,宜以专心学业为主,凡学业以外之事,概不预闻。

二、学生在校宜随时注意行止,不得逾限荡检,故犯有伤礼教之事,例如饮博冶游等类。

三、学生不得兼充报馆主笔及访事人。

四、学生不得私自购阅稗官小说及不经要之书籍。

五、学生对于本校各项规则及新施禁令,概宜遵守。

六、学生对于学校陈诉事情,应由班长陈明校长,或当事各职员定其行止,不得聚众要挟。

七、学生出校见校长及教职员,均宜脱帽致敬,同学相见亦宜脱帽互致敬意。

八、学生在校出入宜有秩序,衣履亦须整洁,虽酷暑勿得裸体跣足,上课及出外均须穿着制服。

九、本校所置黑板时间表及各项规则揭示,不得私行涂抹。

十、无论何地何时,概不得喧哗扰乱。

十一、公共物件无论巨细,不得毁坏及任意移易处所,违者分别惩戒,责令赔偿。

十二、各处墙壁、窗户上切戒任意涂抹,除便溺处外,不得任意便溺。

十三、银钱衣物宜谨密收藏,携带银钱在两元以上者,即宜寄存会计处,免生意外,如其被窃有据、赃证确凿者,亦许陈明核办。

十四、事务所及职员室前有人言事,不得在外窥伺。

十五、校中夫役,不得强以不应为之事,夫役非礼可告知管理员,不可与之争论,自亵身分。

十六、购点寄信,均有定时,不得任意紊章,不得私嘱夫役代办,凡一切不合卫生与涉及本校禁令各物,概不准购。

十七、晚间息火后,无论何室,不准再燃火烛,违者处罚同室,室长并有纠举之责任。

十八、学生不得吸食烟草,违者处罚。

十九、学生衣服宜崇朴素,不准华服及佩带金属饰品,蓄发以轧光或平顶为限,不得有奇异式样。

二十、学生不得投递匿名信件及揭帖。

二十一、学生出外不得驰马及为一切违反警章之事。

二十二、学生携带物件,应置规定处所,不得任意散置各处。

升级及成绩计算规则

一、各学科以单位法计算之凡全年每周授课一小时者为一单位，其半年授毕者为半单位，每周授课二小时、半年授毕者为一单位，余类推。

二、预科一学年所习学科，须满三十单位。

三、本科二学年所习学科，须满七十二单位，工场实习须满三十六单位。

四、预科修业终了，试验及格者给以预科修业文凭，本科修业终了，试验及格者给以本科毕业文凭。毕业、修业文凭均注明各学科科目及其成绩。

五、预科课程为公共必修科。

六、本科一年级分甲、乙两部，以数、理、化学、图画、机械为必修科。甲部偏重数学、物理志愿，电机、机械、机织者习之；乙部偏重化学志愿，应用化学、染色者习之，但甲、乙两部学生得互选他部科学，惟全年总数仍以三十六单位为限，凡公共专门科学均在此年教授。

七、本科二年级分五科：(一)机械科，(二)电气机械科，(三)机织科，(四)应用化学科，(五)染色科，各科学生均得互选他科科学，惟对于本科之主要科目不得删除。凡各科专门科学均在此年教授，其一年级之公共专门科学教授未毕者，亦在此年补讲，其全年总数仍以三十六单位为限。

八、本科三年级工场实习分：(锻、木、铸)、(修机、原动)、(电气)、(力织、捻丝)、(手织、准备)、(意匠、制版)、(染色)、(制纸)、(制革)、(油脂、制药)等十类实习工作，志愿兼习二类者以同科为限，并得补选本科本部、他科他部之科学而补习之，其二年级之专门科学教授未毕者，即在此年补讲，但全年学科总数不得过十六单位。

九、本科学生自揣才力未能全习者，得量力选习，但须得各该专科主任教员之同意，商定科目，作为选科生。

十、受业时间为上午八时至十二时，下午一时至四时。

十一、学生某学科成绩不及格者，准其于下学年开始时补考一次，仍不及格者令其覆习，请求再行补考。

十二、一学年中有六单位以上不及格，补考又不及格者，令其退学，但认为有特别原因者，经教务会议之议决，得令其留级听讲。

十三、两学年中共有十单位以上不及格者，令其退学。

十四、三学年中共有十二单位以上不及格者，须延长其毕业期限一年，以补习不及格之学科。

十五、预科生之升入本科者，如有学科尚未及格，应令其自行补习，补习终了后请求试验。

十六、学期考试时，以每学科之试验成绩，参加平时成绩评定分数，作为本学期之一学科分数。如某学科在二单位以上者，须以单位数乘其分数，作为某学科之单位分数，再与各学科之单位分数相加，而以本学期各该生所习单位总数除之，作为本学期各该生之成绩总分数。

十七、全学期中未经请假旷课者，得于学期总分数上加三分。

十八、学年考试时，应将上学期之一学科单位分数，与本学期之一学科单位分数相加，作为本学年之一学科单位分数，以本学年本学科之单位总数，除以作为本学科之学年成绩分数,以满六十分为及格,再将本学年之各学科单位分数相加,而以本学年各该生所习单位总数除之,即作为本学年各该生之学年成绩,但内一学科或数学科一学年内只经学期试验一次者,即以该学期之学科单位分数,作为学年之学科单位分数。

十九、本科学生每一学科修了后,于两个月内举行该学科之毕业试验,其成绩分数以满六十分为及格。

二十、各学科毕业试验之总平均分数二倍之,再加以第三学年之实习分数,而以三除之,是为毕业时之学业成绩总平均分数。

考试规则

一、受试验时,应照指定座位依次就坐,不得乱号。

二、受试验者,须于指定时刻之前五分钟各自认明应受验之科,一律齐集于指定之试验室,如有迟到,在试验题已经宣示十五分钟之后者不得入室。

三、在试验室内须服从监视员之指示,不得无故争执。

四、试验时除笔墨、图画器具外,不准携带片纸只字,如有在试验室内觉察者,得由监视员检出另置一处,并即时将其坐位隔离,但发觉在试验题宣示之后者,该项试验应以无效论。

五、试验时不得互相谈笑及观望。

六、未交卷以前不得随意出入,但有特别事故,经监察员之许可者不在此例。

七、试验时刻之长短,依教员之命令定之,其交卷逾所限之时者,由教员酌量扣分或无效。

八、交纳试卷时,应将附发之起草纸随同交纳,以备核对。

九、交纳试卷后,须即时退出试验室,不得观望耽搁及与他人接谈。

十、试卷已经交纳,不得取回修改。

十一、替作无效,双方并应惩罚。

十二、有违犯以上各条之规定者,监视员得隔别其坐位,或令退出试验室。

教室规则

一、教室功课各依所定时刻,每次上课闻钟声即齐集教室,不得延迟或伫立室外。

二、教室坐位按照编定名次就坐,勿得擅自更易。

三、先教员入,后教员出,须依次鱼贯而行,不得争先恐后,致乱秩序。

四、教员到室时,须起立致敬,教员发问,起立致答,学生质问亦须起立。

五、上课后不得托故任意出入,如有必不得已之事故,经教员许可方准外出。

六、在教室内宜专心听讲,不得离坐偶语、回顾言笑及互相间问难,并不得阅非现在听讲时需用之书籍。

七、听讲时宜提起精神坐立,容仪并宜端正。

八、教室内不得任意涕唾及抛弃纸片,门窗板壁均不得任意涂抹。

九、听讲时如有疑义,须俟教员语意可断时,然后起立质问,不得搀越其质问,亦不得轶出范围以外,或故意责难。

十、甲科学生在室内听讲时,乙科学生不得在外窥视,或徒步烦扰。

十一、上课时,凡遇来校参观人,非教员令起立致敬,一概不必招呼。

十二、休憩时间,无论在教室内或在教室近旁,概不准大声谈笑,及有不规则之举动。

体操场规则

一、每届体操时，预早五分钟更换操衣，鸣钟齐集操场，按次排列，不得参差错乱。

二、临操时，须整齐严肃，遵教员命令，不得有戏侮行为，及随意谈笑。

三、在操场时，即有要事，非经教员允许，不得擅离行列，惟猝有疾病，准向教员说明免操。

四、赴操时，操帽、操衣裤鞋袜务须一律，不得错杂无序。

五、每操毕，所携带枪械等物，须按次序存置原处，不得任意放置。

物理化学实验室规则

一、本室专供学生物理化学实验之用。

二、本室一切实验用品，由管理员分给学生后，应由学生自行保存，倘有遗失及损坏者，须照价倍偿。

三、学生公用物件（如法码、天秤等），用毕仍归管理员存之。

四、学生实验用酒精等项，须由学生自备。

五、本室公役司启闭窗户扫除等事。

六、学生如遇添领用具，先填写仪器用件单，向管理员领取，以便查核入册。

七、学生实验用具，至学期课程完毕时，概须收回。

八、关于学生出入及在场时应守事项，适用实习规则、工场规则之规定。

药品室规则

一、管理员商承应化工场主任，掌管本科各工场需用本室药品器具之收发，立册详记。

二、药品仪器等物应添购者，于暑假、寒假期前，由各教员或工场主任同科主任转商，购办其寻常需用药物，随时由管理员提出于应化工场主任，转商购用。

三、仪器等物每届寒暑假前均须盘查一次，立册详注损坏、实存数量，由工场主任核交收发股登记。

四、药品消耗逐日登记，每届寒暑假前统计消耗、实存数量及其价值，造具清册，交由工场主任核交收发股登记。

五、无论教员或工场管理员，凡向本室领用药品、仪器等物，均须开具领条，凭条发给，登入草簿，以凭核对造册。

六、学生借用仪器等物，须由各工场管教人员签字于仪器用件单，凭单借领，如有损坏，应由该工场管理员令其照价赔偿，并即告知本室管理员注入册内。

七、学生领用药品，须由各工场管教人员开具领条，向本室管理员领取，但只许在窗口传递，不得擅入药品室。

八、学生燃用酒精，向各生自办，惟制药原料或需用酒精时，应由该工场管理员确实证明，方可给领。

九、本室簿册、戳记、锁钥，概由掌管员掌之。

工场规则

一、各工场管理员协同工场主任稽查一切，凡学生、工匠工作之勤惰，技术之精粗，品行之优劣，应立考课册，逐日详记备查。

二、每日入出工场，以放汽为号令。

三、工场锁钥由工头掌管,上工时鸣铃启锁,下工时待整理完毕,即行锁闭。

四、发做货件,管理员商承工场主任支配之,每件填写传单一纸,详注某日交原料若干,价值若干,某人自某日制成某品若干,价值若干,并注明工作之优劣,送工场主任核阅,随同制品解缴经售股查收。

五、工场立缴货簿一册,详注原料、制品、工用器具、日用器具之数及价格,其制品项下须注明所用原料,所费人工,有无盈余利息,领缴各件时,送由经售主任盖章,仍行取回备考。

六、工场立领用原料、工具、机械、消耗品等簿各一册,领取各件时须具领单一纸,注明件数,随簿送收发主任核验、保存,以备稽考。

七、工场管理员应将领缴各物誊入清册,逐月一结,年终总结,凡器具有损坏待修者,须注明如何损坏情形,及估计修缮费若干,商明修理,其不堪应用者,亦由其商明详细注销。

八、各工场放工之前,派定乙种生二人轮流值日,于散工之后整理器具,扫净场地并司开闭窗户。

九、每星期六、日大整理一次,艺徒通力合作,凡玻璃窗及各处之积垢一律扫除净尽,以利光线,而重卫生。

十、工匠、学生在规定工作时间,均不得无故出场,其因事出场者,须经管理员及实习教员核准。

十一、所有各件无论价值之贵贱,如何作法,须核实计算,不得任意浪费,倘有故意损坏者,分别惩罚,并须责令赔偿。

十二、凡应添置之件,应由工场管理员开单,送经工场主任核转商准,方可添置,不可互相授受。

学生实习规则

一、学生在工场内,须遵从教员之命令及管理员职工之指导。

二、工场设有名牌,学生按时入场,即将自己名牌翻过,向教员致敬、报到,教员未到时,不得喧哗,不到者以旷课论,出场仍将自己名牌翻过,实习时非经教员或管理员核许,不得出场。

三、实习之地位及事项,非教员命令不得擅更。

四、器具均经派定,归各人自行保管整理,毋得杂乱移用。

五、试验器具有破损时,须随时报告管理员,但教员及管理员认为不应破损,应责令赔偿,其隐不报告者,不论如何均须赔偿。

六、工场内不准携带课外物件及食物。

七、工场内器具、药品及制成品,不得携出场外。

八、仪器等件有指定处所者,非经教员或管理员之允许,不得擅动。

九、每实习事毕,各自检点器具,安置一定处所,并将所占地位,整理清洁。

十、学生实习所造物品造成后,自书姓名于上,或系以纸牌,缴予教员,为各生之成绩品。

十一、按成绩品之多寡精粗,以别其勤惰巧拙,计算分数,与各门分数合算。

十二、每月终,学生自将实验成绩著一报告书,并自述其心得领悟之处,由主任教员按书查验。

十三、学生领取药品、原料,须陈明教员,告由管理员核发领单,分别领取。

十四、学生实习用剩之原料、药品，仍须归还管理员，分别保存，或缴还收发股或药品室。

十五、实习后所遗废弃药物，须置放指定处所，不得随意弃置，或倾入排水管中。

十六、工场中所设黑板，学生不得擅自涂写。

学生暑假中实习简章

一、学生在暑假中愿留本校或入其他工厂实习者，于阳历五月十五日以前请愿于教务处，但一年级学生以本校为限。

二、志愿实习者须将志望所入工厂科目详细开呈，由教务主任核定介绍，但不得开列两种科目。

三、实习学生须满预订日期始可退场，如遇不得已事故，半途退场者须得本校之许可。

四、实习生须与工人同时作息，不得游戏及任意休息。

五、实习生入各工厂实习，仍受本校之监督指挥，亦得由本校请托各工场技术者代理执行实习，不得违抗本校请代理人之命令，及该工厂之规则。

六、实习生于实习期内，须按日记载所得，期满后缮录清楚，报告本校。

七、实习生于同一工厂人数过多时，仅本学期试验前列者送入，其因额满不能送入者，或改入其他工厂，或取消请愿，均由该生自决。

八、实习生须纳保证金十元，于阳历六月末日以前，呈由教务处转交会计，并邀同证人具保证书担保一切，但所邀保证人须得本校之认可。

九、实习生如有毁损器具等事，及其膳杂费，均在保证金内扣除，不足之数应由保证人代缴，如有赢余，于退场后向本校领取。

十、实习生如有期限未满，半途退场者，将保证金没收示罚，但得本校之许可者不在此限。

十一、实习生如有成绩优美者，经教职员会之评议，酌与奖励，以资鼓舞。

借阅图书规则

一、本校所藏图书，专供本校教职员、学生借阅参考，非本校教职员学生不借。

二、本校所藏各种图书均排定号目，将原书名目注明于书目筹上悬挂，阅书室内借书时须认明号目，告知本校掌书员商借。

三、借阅图书，须填写本校所定借书券，每号一张，凭券借书，还书时仍将书券逐一发还，但学生所借阅图书不得携出校外。

四、每日上午七时起至十二时止，下午零时三十分起至六时止为借书时间，每届暑假寒假一经停课，无论何书，凡未缴者均须一律缴还，不得再行商借。

五、借书分临时、长期两种，临时借书只可在阅书室内阅览，长期借书学生以三日为限，缴还时如无人预订，得换填借书券，继续借阅。

六、每次借阅图书，除指定不能长借者外，均得借阅，教职员不限册数，此外各学生均不得借两号以上，其册数多者并不得每号全借，只可前后互易。

七、借阅图书，均责成书券签名之人缴还，不得借口转借，致生纠葛舛错，如有损坏及遗失等情，须照原价赔偿。

八、阅书室专供本校教职员、学生临时借阅图书及披览各种报纸、杂志，其报纸、杂志得在室内自由阅览，阅后存放原处，不得携出室外。

九、阅书室内不得携带墨砚、墨盒、墨水及各种无关系之物件。

十、阅书室内不得谈笑、游行、朗诵及随地吐痰,虽在盛夏,不得露体。

学生惩奖规则

凡学生惩奖,均照左列规条办理。

一、凡奖分二种。

甲、名誉奖励。由校长、教职各员以温语奖励之,或记功、或特班传见,以勖勉之,或与以名誉上之特别待遇。其应得名誉奖励者如下:

1.各门功课皆及格者;

2.有一学科出众者;

3.对各员无失礼,在各处无犯规条者;

4.对同学有敬让,无猜忌、交恶诸失德者;

5.立志坚定不为外物所诱者;

6.用功勤奋,日有进境者;

7.行事者有益于公众者;

8.能匡正同学者。

乙、实物奖励。由校中给以奖状、奖牌、奖品,或予以含有实物之特别待遇。其应得实物奖励者如下:

1.学行兼优者;

2.得名誉奖励数次者;

3.终年不请假者;

4.勤劳卓著者;

5.有特殊之技能也。

二、凡罚分三种。

甲、训戒。校长或教职员随时训戒,或召集全体学生施训辞。其应训戒者略如下:

1.过失轻微者;

2.偶犯规则情有可原者;

3.成绩欠佳尚可造就者;

4.功课不勤者。

乙、记过。禁假及退舍记过者,记名簿次,以俟改悔。禁假者例假之日禁止其出外,退舍者停止其住宿。其应记过禁假或退舍之事略如下:

1.请假过多者;

2.屡犯规则者;

3.轻慢教职员者;

4.与同学交恶(犯此条者两人并罚)者;

5.詈骂夫役人等不顾行检者;

6.假出逾限者;

7.玩嬉功课者;

8.在外滋事者。

凡记过，应分别其所犯事项情节之轻重，轻者记小过，重者记大过，记小过三次作记大过一次。

丙、退校。由校长宣其罪过，斥出本校。其退校之事略如下：

1. 嬉玩功课，侮辱师长，屡戒不悛者；

2. 性情骄纵，行为悖谬，不堪教训者；

3. 好勇斗狠者；

4. 行事有伤学校名誉者；

5. 记大过至三次者；

6. 无正当事故旷课至一月者；

7. 不缴费者；

8. 两学年内共有学科十单位不及格者。

乙种讲习科惩奖规则

一、乙种讲习科生之惩奖，适用学生惩奖规则之规定，但以实物奖励者分列之三种。

1. 奖给奖状、奖牌、奖品；

2. 贷费；

3. 津贴津贴。又分三等：第一等酌给津贴金，第二等免全膳，第三等免半膳。

二、乙种讲习科生学行均优者，得依贷费规则，向本校商贷下学期膳宿费用之一部分。

三、凡继续得奖者，得依其在学之成绩，酌给津贴。

四、凡得奖者，其次期之成绩不列甲等者，取消其贷费，不列乙等者取消其津贴。

五、乙种讲习科生之学业成绩分数，以实习成绩分数之二倍加学科成绩分数，而以之平均之。

六、例应得奖之各生，如管理员对于品行有异议时，停止其奖励。

自习室规则

一、自习室学生坐位，于每学期开始时限于指定之斋舍自行组织，报告于斋务处，嗣后不得任意迁移，学生不能遵照组织时，由校排定之。

二、下午七时至九时，各生应一律在自习室温课，时间有变更时，临时以揭示行之。

三、在自习室宜静默用功，不得高声谈笑及一切粗暴举动，妨碍他人之自修。

四、书案须收拾整齐，书籍、笔墨、纸类不得任意散置，尤不得侵占他人之坐位。

五、除应用书籍、文具及制帽外，其他一切物件均不得携置自习室内。

六、在自习室衣履整洁，虽在盛暑不得露体。

七、在自习室不得随意涕唾及吐弃废物，门窗板壁不得任意涂抹。

八、在校同学物件，无论何种，非告知本人不得擅自移动。

九、每日午后九时，自习室毕课须一律息灯。

十、学生引导参观人参观时，不得引入自习室内。

十一、自习室之整理与清洁，由同室各生轮日值办。

浴室规则

一、每日洗浴时间，自下午一时起至九时止。

二、每日洗浴时间，以三十分钟为限。

三、浴水由浴者嘱斋役告知炉役挑入,但须随给炉役柴资。

四、浴具用后,须放置原处,污水亦由浴者自行倾弃。

五、凡患皮肤病者,只可在指定之木桶内洗浴。

六、洗足亦须在浴室内,不得移至他处。

七、浴毕出室不得裸体。

寝室规则

一、寝具位置各依舍监之支配,不得互相移易,有碍稽查,但职工寝室由庶务支配之。

二、每日闻催起号声,宜着衣速起,整叠被褥,不得过迟。

三、各人携带行李,均宜安置床下,不得任意乱堆,如有银钱,宜交会计处存储,否则遗失不论。

四、寝室内不得携带火柴及有碍卫生或公安之物。

五、衣服等件,须随换随洗,不得留存,已洗之件须存储箱内。

六、公共物件不得任意携入。

七、寝室内每间均置痰盂,不得随地咳吐废弃之物,不得随地抛弃,窗户、板壁不得任意涂抹,窗槛之外不得晾晒被褥衣服等件。

八、寝室规定启闭时刻,除有特别事故,非时不准入内,其启闭息灯时刻,以揭示定之。

九、息灯后不得自备灯火,并不得谈笑,致妨他人安睡。

十、有病学生,须移住调养室,不得卧病在寝室内。

会食规则

一、每日会食,专门及甲种学生以铃声为号,职工、乙种学生传习生以放汽为号,职教员准此。

二、时至,齐集餐室坐齐举箸,不得先食,并自携食品,但逾时不到者亦不得另开。

三、会食时,各人按照排定位次就坐,不得任意更易。

四、会食时宜肃静,不得任意谈笑狼籍及击掷箸盏。

五、会食时,虽在盛暑不得露体。

六、食品有馁败不洁,由庶务员检察酌办,重者斥去厨役,学生不得喧闹,但有消费组合时,则由消费组长酌办,以不悖校规为限。

七、除本校现在员生、职工外,他人不得会食。

诊察室规则

一、每日下午四时至六时为诊察时间,遇有急症,经管理员报告病生病状,得随时诊察。

二、凡病生求诊时,须依号次,重症不在此限。

三、诊察时如发见传染病,须令其出校医治,一方对健康之学生施行各种预防法。

四、诊察室内除病生外,无论何人,非经校医之许可,不得擅入。

五、诊察室内不得喧哗涕唾。

六、诊察室内,器械、药品等非经校医许可,不得自由提取,如有损坏,照价赔偿。

七、病生受诊后,其应服药者,须先向会计处缴纳药资,始准领药。

调养室规则

一、凡学生依校医之命令,移住调养室,遵守此规则。

二、病生移住调养室时，须经校医之许可，不得擅入。

三、调养室内，除笔墨、纸类及药品外，其他物件有必须携带时，应受校医及管理员之检查。

四、病生在调养期间，虽例假日不得出外，如实有事故，须陈请校医核告管理员，方许出外。

五、病生家属至调养室省视，不得逾三小时之久。

六、病生在调养期间内，其起居服食，须听校医之检查。

七、病愈后，由校医检明，应还住斋舍，不得托词、延缓以图自便。

八、其余室内一切之支配，及病生应行隔绝、或须送院医治者，均听从校医之命令。

九、无病学生非探病及有特故，经校医及管理员核许者，不得擅入调养室，凡由病人唤入者，如有不规则之举动，病生亦须负责。

应接室规则

一、客至由门役传报，凡在上课或工作时一律谢绝。

二、在室内不得裸体哗笑及有不正当之举动。

三、与客交谈，如届上课或工作时，即宜婉言谢客。

四、学生患病时，如有家属或同乡来校探病者，陈经舍监许可，得由校役导入调养室，但须遵守调养室之规则。

五、客至欲参观工场者，由学生陈经庶务股核给参观证，导入参观，但不得延至自修室或寝室内。

六、送客至应接室门前止。

学生请假规则

一、凡非本校规定给假之日，学生因事出外，均须先向舍监告假，经舍监核准给以准假联单，始准领取椭形名筹，以准假之第一联缴呈教务处核对无讹，准换长形名筹出校。

二、凡准假者，由本生持准假条之第二联及长形名筹交付门房，如无假条及长形名筹而出校者，门役得阻止之。

三、学生非有真实疾病或重要事故，不得轻易请假，如其请假之事由舍监认为不正当或不确实者均得径行拒绝。

四、凡请假者，均应声明请假之月、日、时，由舍监注入请假簿，不得逾限。

五、凡假期已满，须续假者应由本生或由父兄及其保证人来校或投函声明事故，经舍监核准，其未曾声明事故前来续假、或虽投函请假而舍监认为有疑义者，仍以逾限论。

六、凡家属不在本城之学生，非有父兄确实证明，经舍监核许，不得在外住宿。

七、凡由电话中请假及托同学代请假者，仍以未请假论。

八、凡学生在禁假期间，虽在例假之日，亦不得请假出外。

游息规则

一、凡非上课、自修及睡眠时间，皆为游息时刻。

二、游息场所如下：

1. 操场；

2. 园地；

3.音乐室；

4.室内运动场。

三、游息时不准抛掷砖石、忿斗戏虐、歌唱俚曲及各种危险之事。

四、在园地游息者，不得攀折花木。

五、游息时仍须受管理员之督察，若管理员认为不适当者，得行禁止。

六、游息时，遇外来宾客不得围观。

七、凡井边、河滨、水台及各危险隐僻处所，不得涉足。

贷费规则

一、本规则为本校学生之向本校贷费者而设。

二、本校以纬成、虎林、武林三公司之寄附金为贷费基金。

三、本校学生须备下列三种条件者，方许为贷费生。

甲、学期总平均在八十分以上者。

乙、各科分数均在七十分以上者。

丙、家境清寒者。

四、贷费额，甲种学生每学期二十元，乙种生每学期十五元。

五、凡核许贷费之学生，免纳学费。

六、凡欲贷费者，须邀同保人缮具请求书，陈请校长核定准否，保人并须担保其偿还之义务。

七、贷费学生本学期总平均分数不满八十分，或各科分数有一门不满七十分者，停止其下学期之贷金。

八、贷费学生应负偿还之义务，今规定偿还之期间及办法如后：

甲、期间自毕业后第二学年第一学期起，每学期偿还其所贷第一学期之费，至还清时为止。

乙、学生偿还贷费时，须照贷数加倍，例如一学期贷二十元者偿四十元；乙种生偿还贷费时，照贷数不另加，例如贷十五元者仍还十五元。

丙、贷费学生如有中途退学者，须将历学期所贷之金于退学时一次偿还。偿还时乙种生照贷费加倍，但确有不得已事故退学，经校长核准免其加倍。

九、毕业学生服务于本校者，按照学期数免其偿还，例如服务一学期免偿一学期之贷费，以次类推。

十、前项倍取偿金并入基金，以备增多贷费人数之用。

十一、贷费事件由本校会计经管，专册登载，其基金存银行生息，随时支给收存，每学期终清结一次。

值日生规则

一、值日生分自修室、寝室二种。

二、自修室值日生每日一人，寝室值日生每日二人，遇有请假者，即以次日应值者接充，到后补值。

三、值日生由室长排定之，但正、副室长均应排值。

四、值日生以整齐清洁及保守公物为其责任，列举如下：

1. 每日清晨打扫自修室、寝室一次，务求清洁，以后如有不清洁时，宜随时打扫；

2. 各室同学床帐、被褥、衣履、书籍、杂具如有不整齐与不清洁者，务须劝其整理或代整理之；

3. 各室分给箕帚、揩布自行保管，用毕后须置于指定地点；

4. 关于同学涂抹壁板之劝止，又夜间火烛及危险事项之报告，与室长共同负责；

5. 值日生须认真服务，如有怠于职务时，须受室长之劝告。

工读生规则

一、本校为学生之有志向学而家贫无力者酌设工读生名额，以资辅助。

二、工读生在服务期内免除其学膳各费。

三、工读生分教室、斋舍、诊察室三种，其事务由庶务主任或斋务主任支配之。

四、工读生除家境实系贫苦外，尚须备具下列各项之资格：

甲、品性良善、笃实、恳挚者；

乙、学业优长可期造就者；

丙、体质强健能耐劳苦者。

五、学生志愿服务，须出具愿书，陈经校长委查确实，核定准否。

六、凡请愿学生之合格者，如其人数超过规定名额，由校长选定之，其未入选者暂行存记。

七、服务期限以一学期为度，但如有次条事项之发见，得由主管职员商由总务主任转陈校长取消之，其继任之工读生服务期限至本学期终了时止。

八、工读生有下列各项之事实发见者，随时取消其服务资格，或暂时停止之。

甲、家境并不贫苦者；

乙、起居服用忽呈华美之异状者；

丙、品性上发见巨大之缺点者；

丁、懒怠粗疏不能尽职，屡戒不改者；

戊、荒弃学业进步绝望者；

己、患病日久体力不胜者。

九、工读生成绩优美者，乃由斋务、庶务两股人员会商转陈，核准连任。

十、工读生资格取消或停止者，自其取消或停止之日起，应补缴学膳各费。

十一、凡非上课及自修时间，皆为工读生之服务时间，但在上课及自修时间不得托辞服务，意图规避。

十二、工读生或住宿于其服务之处所，或仍宿斋舍内，由主管人员商定之。

职工规则

一、本校设名牌以稽职工之出入，进场时应将名牌持至稽查处，在自己姓名处悬挂，即入工场向管理员报到。

二、职工承工场主任及管理员之指挥，担任本厂工务，有整理工厂、指示学生、教练乙种学生之责。

三、作工时间以揭示定之，在规定时间须与各生一同操作，不得任意旷工。

四、乙种学生如有不听职工之教练者，得随时报告工务主任及管理员，不得任意詈骂。

五、职工对于学生须尽心指示,不得敷衍塞责。

六、职工领取药品、原料,须先告知管理员,由管理员给以准领凭单,然后持此凭单向管库员领取。

七、职工应受工场主任管理员之约束。

八、不准大声说笑、争论、斗狠、吸烟、食物及裸体。

九、厂中墙壁器具不得任意涂抹,如有损坏,责令赔偿。

十、厂中器具原料不准任意携出厂外。

十一、不得受私人嘱托,擅造物件。

十二、每日放工后,职工须率同乙种学生整理本厂屋及器具,每月终应大加整理一次,职工与乙种学生通力合作。

十三、住宿职工出工场后,遵守本校一切规则。

参观规则

一、凡参观者须由介绍人将姓名、籍贯、资格通告于庶务股,领取参观证后,始许入内参观。

二、凡参观人由本校职员、学生介绍者,即由本人引导,由他团体或个人介绍者,则由校长派人引导。

三、考试期间,一律谢绝参观,学生在上课时间,亦应谢绝介绍参观。

四、每日下午五时以后,一律谢绝参观。

五、他校学生全班来校参观者,须先期通知,以便临时招待。

六、参观人至教室工场时,须肃立静听,免妨听讲者之注意。

七、参观时,言语步履不得高声杂乱。

八、参观时,不得吸烟及携带笔记以外所需之物件。

九、参观人除关于本校有特别公务外,概不留膳。

约束公役规则

一、公役各依所派事务认真值役,如有怠惰不听指使,由庶务员酌量斥责或惩罚。

二、各处清洁,每月大扫除毕,由庶务员核查,如有不洁,责令除去之。

三、门禁责成门役上午六时开门,下午十时关门。

四、门房中置学生、职工出入簿若干,本月送呈主管职员稽核。

五、学生、职工非有名筹,不得擅出大门,如有不服稽查者,应即分别报告斋务股或稽查处,不得放任。

六、斋役对于学生之使唤,不得故意违拗,但于本校公共物件之搬移,或于章程有违背时,得通告事物所处理,不得任情与学生争执。

七、凡公役不得私擅离校,擅离者罚。

八、不论在校内校外,如有与人殴斗情事,即由庶务员酌量斥罚,或送交警局惩戒。

九、公役出外,概须向庶务股领取名牌,门役方得准其出外。

十、不论是否斋役,概不得代学生私购物品。

浙江公立工业专门学校编印《浙江公立工业专门学校一览》,1921年3月中旬

教育部咨浙江省长公立工业专校改订学则准备案文

(1922年12月18日)

第一千四百四十一号

十一年十二月十八日

为咨行事。准教字第一一零九号咨送公立工业专校附设甲种学校修改学则,请查核施行等因到部。查工业专门学校附设甲种工业学校,既有直隶成案可援,应准照行。其修改学则尚属妥协,并准备案,相应咨复贵省长查照令知可也。此咨。

附学则

第一章　总纲

第一条　本校以养成各级工业人才为目的。

第二条　本校现分电气机械、应用化学两科,每科每级三十人,均三年毕业。预科两班,定额六十人,一年毕业,共计四学年。

第三条　原有甲种工业学校及乙种工业讲习科,仍附设本校内。

第二章　学年、学期、假期

第四条　每学年授课自八月起至十二月止为第一学期翌年一月起至三月止为第二学期四月起至七月止为第三学期。

第五条　每年休假日如左:年假、暑假、寒假,遵照部章;国庆日,十月十号;浙江光复纪念日,十一月五日;至圣先师孔子诞日,阴历八月二十七日;林社祭日,阴历四月二十四日;春夏秋冬四节,阴历元旦、端午、中秋、冬至;植树节,阴历清明;本校开学纪念日,三月二十七日,均放假一日,每房、虚、星、昴日为休息例假。

第三章　学科及学级

第六条　各科教授科目及时数规定如左:

电气机械科之学科:

机械制造法(一百六十小时)、机构学(一百小时)、磁电及实验(一百二十小时)、热力学(四十小时)、蒸汽涡轮(四十小时)、内燃机(六十小时)、水力学(六十小时)、水力机(一百小时)、汽罐汽机(六十小时)、机械设计(二百小时)、发电机(三百六十小时)、电动机(四十小时)、电话(一百小时)、电信(六十小时)、电灯(八十小时)、电力输送(一百二十小时)、电气铁道(一百二十小时)、电机设计(二百小时)、发电所设计(一百二十小时)、材料(八十小时)、分析(一百二十小时)、实习(七百小时)、制图(二百小时)、发电所(六十小时)、建筑理论(八十小时)。

应用化学科之学科:

机构学(一百小时)、有机化学(一百八十小时)、矿物(四十小时)、物理化学(一百六十小时)、普通工业化学(一百六十小时)、电气工学大意(八十小时)、电气化学(八十小时)、化学制造用机械(八十小时)、发动机(一百二十小时)、应用化学(三百六十小时)、工场设计(八十小时)、机械制图(二百四十小时)、分析(九百二十小时)、实习(千零二十小时)、染料(四十小时)。

公共科之学科：

伦理(一百二十小时)、积分(一百小时)、物理学(一百二十小时)、物理实验(四十小时)、制图(一百二十小时)、工业经济(六十小时)、德文(一百二十小时)、力学(一百二十小时)、材料(八十小时)。

预科之学科：

伦理(四十小时)、国文(一百二十小时)、英文法(一百六十小时)、英文作文(八十小时)、化学(二百小时)、化学实验(四十小时)、三角(四十小时)、大代数(八十小时)、解析几何(六十小时)、微分(六十小时)、投影画(一百二十小时)、物理学(力热光音,一百二十小时)、物理实验(八十小时)。

第七条　以一年为一学级,其课程及时间另立详表。

第八条　教科用图书另行规定。

第四章　入学、在学、退学

第九条　以每学年之始为入学期。

第十条　预科生入学资格,须中学校或中学同等程度之学校毕业生,年在十八岁以上、二十岁以下,身体健壮,品行端谨者为合格。

第十一条　本科生入学资格,须预科毕业,或有同等学力之证明,经试验合格者。

第十二条　预科入学试验科目规定如左:体格检查、国文、英文、几何、代数、三角、化学、物理、几何画、口试。

第十三条　凡愿受本校入学试验者,应缴该生最近四寸半身照片一张,试验费一元,方得与试。

第十四条　录取诸生应填入学愿书,及邀同保证人填具证书各一通,如左：

入学愿书

具愿书学生　　　,字　　,　年　岁,　　省　　县人,现住：

曾祖：　　　祖：　　　父：

父、兄：　　　号：　　　职业：

学生今蒙贵校试验合格,准入科肄业。入学以后,确愿专心勉学,遵守校规,凡临时一切训示,悉听指挥,在学校外亦当束身自爱,誓不玷辱贵校名誉,为此出具愿书,奉呈

浙江公立工业专门学校鉴核

中华民国　年　月　日　具

入学保证书

今有学生　　　,系保证人之　　　,现愿入贵校　　科肄业,已蒙试验合格,准予入学。所有在校遵守规律,及银钱等一切责任,均由保证人负责,倘有半途退学,愿按月缴还实验费洋五元。此外凡关于该个人临时发生之事项,有应归证人担保者,保证人亦一律承认。为此出具保证书,奉上

浙江公立工业专门学校鉴核备案

保证人：　　　,字　　,　　省　　县人

现住：

职业：

中华民国　年　月　日　具

第十五条　保证人须在本城确有职业，经本校认可，于学生之身分一切可以担保者，但保证人之住所、身分有变更时，应由该生通知本校。

第十六条　学生有不得已事故自请退学者，须邀同保证人陈请本校核准。

第五章　考试、毕业、升级

第十七条　考试分学期考试、学年考试、毕业考试三种。学期考试于每学年第一学期，就其已习之学科举行之；学年考试于每学年终，就其全年所习之学科举行之；毕业考试于每学科授毕后二个月内，就其所习之学科举行之。

第十八条　每学科之试验成绩，参合平时成绩判定分数，为每学科之成绩核定分数，以百分为满点，八十分以上为甲等，七十分以上者为乙等，六十分以上者为丙等，不满六十分者为丁等，丙等以上者为及格。

第十九条　试验各科均及格者准升级，其不及格之学科不满六单位者亦准升级，但仍须补习补考。

单位法之计算，凡全年每周授课一小时者为一单位，一学年有六单位以上不及格者不得升级，两学年共有十单位以上不及格亦留级，三学年共有十二单位不及格者延长毕业期一年，预科单独计算之。

学生请假时数，每一学科超过授课时数三分之一者，虽各学科单位均及格，亦不得升级，又上年留级、本年又有六单位不及格者退学。

第二十条　各学科成绩分数均及格者，毕业时给以毕业证书，有一科目在丁等，给以修业证书，但属工场实习及格者，其不及格之各学科准于下学期开始时补考一次，仍不及格者，令其复习，请求再行补考，及格后仍给以毕业证书。

第二十一条　工场实习之成绩，以平时分数统计而平均之。

第六章　儆戒

第二十二条　儆戒之方法分三种：一、训戒或禁假；二、记过或退舍；三、退学。过失轻微者，训戒；请假过多及逾限者，禁假；过失较大及再犯者，依其所犯之轻重，分别记过、退舍。其应受退学之处分者如下：一、侮辱师长者；二、行事有伤学校名誉者；三、玩视功课屡戒不悛者；四、好勇斗狠者；五、积大过至三次者（小过三次作大过一次）；六、无故旷课至一月者；七、不缴费者；八、两学年内留级二次者。

第七章　纳费

第二十三条　本校学费每学年二十元，膳费四十元，杂费十元，讲义费临时酌定，于第一、第二学期开学之始缴足。

第八章　附设甲种工业学校

第二十四条　本校附设之甲种工业学校，分机械、电气机械、染织、应用化学四科。学生定额，每科每级三十人，本科三年毕业，预科一年毕业，共计四学年。但因资质或程度关系不能按照规定年级全数听讲者，本科、预科各得延长一年，分年选习。

第二十五条　各科教授科目规定如左：

机械科之学科：

电机（四十小时）、发动机（二百八十小时）、纺绩机械（八十小时）、机械设计（四十小时）、工场实习（一千二百二十小时）。

电气机械科之学科：

发动机(一百六十小时)、电气机械(二百小时)、电气应用(一百二十小时)、电力输送(八十小时)、发电所(十六小时)、磁电气测定(六十小时)、工场实习(八百六十小时)、磁电(八十小时)、电气设计及制图(三百小时)。

机织科之学科：

织物原料学(六十小时)、织物整理法(八十小时)、机织法(一百小时)、力织(一百小时)、织物解剖(一百八十小时)、水彩画(一百八十小时)、织物意匠(六十小时)、染织图案(一百二十小时)、毛丝纺(八十小时)、棉纺术(八十小时)、工场实习(九百六十小时)、染色(一百二十小时)、力学(四十小时)。

应用化学之学科：

有机(一百二十小时)、颜料(四十小时)、纸橡皮(一百小时)、酸碱(八十小时)、假象牙(四十小时)、电气化学(六十小时)、燃料(四十小时)、矿物(四十小时)、制糖酿造(一百小时)、制革(八十小时)、染料(八十小时)、油脂(一百二十十小时)、冶金(六十小时)、有机实验(一百六十小时)、工场实习(一千五百六十小时)。

甲部公共科之学科：

修身(二百四十小时)、国文(四百八十小时)、英文(八百四十小时)、数学(六百小时)、物理(二百小时)、材料(六十小时)、机械学(六十小时)、投影画(一百二十小时)、机械制图(八百小时)、国技(二百四十小时)、水力及力学(一百小时)、工作法(一百六十小时)、日文(八十小时,但日文为随意科)。

乙部公共科之学科：

修身(二百四十小时)、国文(四百八十小时)、英文(八百四十小时)、物理(一百六十小时)、化学(二百小时)、化学分析(一百八十小时)、机械制图(二百小时)、国技(二百四十小时)、数学(二百四十小时)、发动(八十小时)、日文(八十小时,但日文为随意科)。

预科之学科：

修身(八十小时)、国文(一百六十小时)、英文(二百四十小时)、数学(四百小时)、化学(一百六十小时)、图画(一百六十小时)、体操(八十小时)。

第二十六条　甲种预科入学资格,须具有高小学校毕业,或高小同等程度,年在十四岁以上、十八岁以下,身体健壮,品行端正者为合格。报名时须缴最近四寸半身照相一张,试验费一元。入学试验科目为国文、算术、检查体格及口试。

第二十七条　甲种本科生入学资格,须预科毕业,或经试验认有同等学力者。其考试科目为国文、英文、算术、代数、几何、物理、化学、图画、检查体格、口试。

第二十八条　甲种本科学费每学年十二元,讲义费洋十元,膳费洋四十元,杂费洋十元。其缴费法,应照第二十一条办理,但预科生之杂费、讲义费减半征收。

第二十九条　甲种学生毕业列甲等者,得为贷费生,借与次学期用费之一部分,并免除次学期之学费。但贷费生学行有亏时,经教职员会议停止其待遇。

第三十条　甲种本预科除列举者外,均得适用前列各条。

第九章　附设乙种工业讲习科

第三十一条　各工场招生名额,总计定一百八十名,三年毕业,于每年一月、七月间举行。

修理工场三十名(每期招五名),木工场六名(每期招一名),铸工场六名(每期招一名),锻工场六名(每期招一名),手织工场三十名(每期招五名),纹工场四十八名(每期招八名),力织工场十二名(每期招二名),捻丝工场六名(每期招一名),染色工场六名(每期招一名),原动锅炉室六名(每期招一名),电机六名(每期招一名),制纸六名(每期招一名),油脂涂料六名(每期招一名)。

第三十二条　招生之手续:(甲)检查体格口试;(乙)试验国文及算术(须缴最近半身照片一张)。

第三十三条　招生之时期分三月、九月两期。

第三十四条　乙种讲习科就其所入二场实习,每日八小时。

第三十五条　乙种讲习科每日在教室授课约二小时,其学科规定如左:

(丙)公共学科:

国文、算术、英文、代数、理化、图画。

(丁)主要学科:

机械科:机械学、工作法、制图、发动、材料、力织。

电机科:机械学、电磁、电气机械、发动、制图、材料。

机织科:机织法、纹织、图案、意匠、原料、力织、解剖。

染色科:染色法、应用化学、捺染、原料、机织。

应化科:制纸、制革、油脂、涂料、应用化学。

第三十六条　乙种生入学资格,须与国民学校毕业程度相当,其年龄为十六岁以上、二十五岁以下。

第三十七条　乙种生不收学费,每学年应缴膳费洋四十四元。

第十章　职员、教员、职工

第三十八条　本校设职员、教员如左:

校长一员;

教务部主任一员,电气机械科主任教员一员,工场主任三员,教务员一员;

应用化学科主任教员一员,工场主任三员,教务员一员;

染织科主任教员一员,工场主任四员,教务员一员;

机械科主任教员一员,工场主任三员,教务员一员;

专科教员若干员,实习教员若干员,公共科教员若干员,图书室主任一员,制图兼书记若干员,助手若干员;

总务部主任一员,庶务主任一员,会计主任一员,材料物品收发主任一员,经售主任一员,购置主任一员,文牍主任一员,校医二员,书记若干员,事务员若干员,总稽查一员,工场管理若干员,斋务主任一员,舍监四员,乙种讲习科主任一员,乙种学监一员,乙种舍监三员;

分校主任一员,分校学监一员,分校舍监二员。

第三十九条　本校设职工如左:

锻冶工二名,铸物工二名,机械整理工四名,图工二名,木工二名,金细工二名,原动工三名,电机工二名,纹工二名,手织工二名,力织工二名,捻丝工二名,印花工二名,染工二名,整理工二名，制药工二名，油脂工二名，制革工二名，制纸工三名，小工若干名。

第十一章　经费

第四十条　本校常年经费，由财政厅按月发给，应于上月首日，由会计员按照预算数，备具支付预算书及领款凭单，呈请照数支给，并于次月造具清册，呈请核销，俟核准后再行编造决算册。

第四十一条　凡学生所纳学费，于九月一日、三月一日，由会计员征收收齐后，呈报财政厅。

第四十二条　本校各项开支，除活支外，其每月额支，由会计员依照办事规则办理。

第十二章　附则

第四十三条　本学则自民国十一年九月一日起为实行之期，其所未备载之处，随时增改，呈请教育厅核定施行。

第四十四条　各种规则，由校长另行规定，如有临时事件发生，而规则中未规定者，随时以揭示行之。

《教育公报》第10卷第1期，民国十二年一月二十八日

教育部咨公立工业专校附设甲种学校修改学则应准备案由

(1922年12月28日)

浙江省长公署训令第三一五〇号

令教育厅，准教育部咨，公立工业专校附设甲种学校修改学则应准备案由。

令教育厅：

案准教育部咨开：准咨送公立工业专校附设甲种学校修改学则，请查核施行等因到部。查工业专门学校附设甲种工业学校，既有直隶成案可援，应准照行，其修改学则，尚属妥协，并准备案。相应咨复，查照令知等因。准此，查此案前据该厅具呈，经核咨在案。兹准前因，合行令仰该厅查照令知。此令。

中华民国十一年十二月二十八日

省长　张载阳

《浙江公报》第3829号，民国十二年一月七日

浙江公立工业专门学校学则

(1923年9月)

第一章　总纲

第一条　本校以养成各级工业专门人才为目的。

第二条　本校现分电机工程、化学工程两科，每科每级至多三十人，本科四年、预科一年，共计五学年。

第三条　本校附设工业学校，分五年期工科、三年期工科两类，另载专章。

第二章　学年、学期、假期

第四条　每学年授课，自八月起至翌年一月止为第一学期，二月起至七月止为第二学期。

第五条　每年休假日如左：

年假、暑假、寒假，遵照部定日数适宜支配；

国庆日，十月十日；

浙江光复纪念日，十一月五日；

至圣先师孔子诞日，阴历八月二十七日；

林社祭日，阴历四月二十四日；

春夏秋冬四节，阴历元旦、端午、中秋、冬至；

植树节，阴历清明；

本校开学纪念日，三月二十七日；

均放假一日，每房、虚、星、昴日为休息例假。

第三章　学科及学级

第六条　各科教授科目及课数规定如左：

电机工程科之学科：

国文（二百四十课）、英文（二百四十课）、物理及实验（四百八十课）、解析几何（一百八十课）、微积分（三百课）、微分方程式（八十课）、无机化学及实验（一百二十课）、工程材料（八十课）、热力学（一百二十课）、热机关（一百四十课）、水力机（一百课）、工程力学（四百四十课）、机械制图（四百八十课）、机械设计（一百六十课）、机械工场实习（四百课）、磁电路（八十课）、电力测定及实验（二百八十课）、交流电理论（八十课）、直流电机及实习（二百八十课）、交流电机及实习（五百二十课）、直流电机设计及实习（二百四十课）、交流电机设计及实习（二百四十课）、电灯照明及实习（一百六十课）、发电所设计及实习（一百六十课）、电力铁道（一百二十课）、发电所（一百课）、电信及实验（一百六十课）、电力输送及分配（一百六十课）、电话及实验（三百二十课）、德文（三百二十课）、有机化学（八十课）、有机实验（四十课）、工业分析（八十课）、建筑理论（一百二十课）。

化学工程科之学科：

国文（二百四十课）、英文（二百四十课）、物理及实验（四百八十课）、解析几何（一百八十课）、微积分（三百课）、微分方程式（八十课）、无机化学及实验（一百二十课）、工程力学（三百二十课）、热力学（一百二十课）、热机关（一百二十课）、机械制图（四百八十课）、机械设计（一百六十课）、机械工场实习（二百四十课）、电机大意及实习（一百六十课）、化学机械（一百二十课）、定性分析（二百四十课）、定量分析（四百课）、有机化学（三百二十课）、物理化学（二百课）、有机实习（三百四十课）、物理化学实验（一百六十课）、工业化学（四百二十课）、工业分析（四百课）、电化学（一百课）、电化实习（八十课）、矿物学（八十课）、冶金（一百二十课）、油脂工业及实习（一百四十课）、制纸工业及实习（一百四十课）、制革工业及实习（一百四十课）、酿造工业及实习（一百六十课）、德文（三百二十课）。

预科之学科:

国文(二百四十课)、英文(二百四十课)、几何及三角(二百四十课)、高等代数(二百四十课)、无机化学(一百六十课)、无机化学实验(八十课)、几何画及投影画(四百八十课)。

第七条　以一年为一学级,以四十五分钟为一课,其课程及时间另立详表。

第八条　教科用图书另行规定。

第四章　入学、在学、退学

第九条　以每学年之始为入学期。

第十条　预科生入学资格,须中学校或中学同等程度之学校毕业生,年在十八岁以上、二十二岁以下,身体健壮,品行端正者为合格。

第十一条　本科生入学资格,须预科毕业,或有同等学力之证明,经试验合格者。

第十二条　预科入学试验科目规定如左:

体格检查、国文、英文、几何、代数、化学、物理、几何画、口试。

第十三条　凡愿受本校入学试验者,应缴该生中学毕业证书及最近四寸半身照片一张,试验费一元,方得与试,但不求本校毕业证书者得免缴中学毕业证书。

第十四条　录取诸生应填入学愿书,及邀同保证人填具保证书各一通,如左:

入学愿书

具愿书学生　　字　　,　年　岁　　省　　县人,现住:

曾祖:　　　祖:　　　父:

父、兄号:　　　职业:

学生今蒙贵校试验合格,准入科肄业。入学以后,确愿专心勉学,遵守校规及一切训示,在学校外亦当束身自爱,誓不玷辱贵校名誉,为此出具愿书,奉呈

浙江公立工业专门学校鉴核

中华民国　年　月　日　具

入学保证书

今有学生　　　,系保证人之　　　,现愿入贵校　　科肄业,已蒙试验合格,准予入学。所有在校遵守规律,及银钱等一切责任,均由保证人负责。此外凡关于该生个人临时发生之事项,有应归保证人担保者,保证人亦一律承认。为此出具保证书,奉上

浙江公立工业专门学校鉴核备案

保证人:　　　字　　　,　　省　　县人

现住:

职业:

中华民国　年　月　日　具

第十五条　保证人须在本城确有职业,经本校认可,于学生之身分一切可以担保者,但保证人之住所、身分有变更时,应由该生通知本校。

第十六条　学生有不得已事故自请退学者,须邀同保证人陈请本校核准。

第五章　考试、毕业、升级

第十七条　考试分临时考试、毕业考试二种。临时考试分每日考试、篇章考试二项,每日考试于逐日上课时间以问答、演习等法行之;篇章考试于每学科之一篇一章授毕后行之。

毕业考试于每学科授毕后，就其所习学科之全部行之，得由校务会议聘请校外专家命题考试。

第十八条　每学科之毕业分数，以每日考试积分之均数及篇章考试积分之均数，与毕业分数相加三分之。学年分数，以每日考试积分之均数及篇章考试积分之均数相加二分之。如本学年内有毕业考试者，即以毕业分数为其学年分数。每一工场实习作为一学科，其学期成绩以平时分数统计平均之。

第十九条　每学科分数以百分为满点，六十分以上为及格。

第二十条　每学科之学年成绩分数及格者升级，不及格者留原级复习一年，在留级期内应需分　别选修之科目，于上学年之成绩揭晓后由教务会议议决之。

第二十一条毕业成绩分数，各学科均及格而平均不及七十分者，给以修业证书；其平均在七十分以上者，给以毕业证书，并加给学位；其平均在九十分以上者，给以优等毕业之学位证书，平均分数以学科数计算之。

第六章　学位

第二十二条　本校毕业生合于第二十一条之规定者，给予工学士学位。

第七章　儆戒

第二十三条　儆戒之方法如左：

一、学生如有过失，由指导员详加训诲勉其改过。

二、屡犯过失或不遵教诲者记过。

三、积过至三次者休学，休学以一年为限。

四、如有下列各款之一者退学：(甲)赌博及其他不正当行为；(乙)侮辱师长；(丙)无故旷课至一月；(丁)不缴费者；(戊)成绩过劣性地不宜者。

五、违犯宿舍规则至再及不遵指导员命令者，退舍。

第八章　纳费

第二十四条　本校学费每学年二十元，膳杂、讲义等费临时酌定，分两期于学期开学之始缴足，寄宿校外者免缴膳杂费，各学科学年分数皆及格，而平均在九十分以上者为优等生，得免除其次学年之学费。

第九章　附设工业学校五年期工科

第二十五条　本科以养成备具工业知识技能之人才为目的，分机械、电机、染织、应用化学四科。学生定额，每科每级三十人，均五年毕业。

第二十六条　各科教授科目及课数规定如左：

电机科之学科：

国文(一千二百课)、英文(一千二百课)、公民常识(二百四十课)、算术及混合数学(七百二十课)、数学解析初步(一百六十课)、博物(二百四十课)、物理(二百课)、化学(二百课)、用器画(三百二十课)、图画(三百二十课)、机械制图(六百四十课)、机械运动学(一百二十课)、力学及材料(一百二十课)、材料强弱(八十课)、水力学(六十课)、热机关(一百二十课)、水力机(六十课)、磁电(一百课)、电力输送(一百四十课)、机械工场实习(六百四十课)、电力测定及实习(一百四十课)、电机及实习(五百八十课)、电信电话及实验(二百八十课)、电力铁道(八十课)、发电所(八十课)、电灯及实习(一百四十课)。

应用化学科之学科：

国文(一千二百课)、英文(一千二百课)、公民常识(二百四十课)、算术及混合数学(七百二十课)、数学解析初步(八十课)、博物(二百四十课)、物理(二百课)、化学(二百课)、用器画(三百二十课)、图画(三百二十课)、机械制图(一百六十课)、力学及材料强弱(一百二十课)、机械学(二百四十课)、无机化学(一百二十课)、有机化学及实习(二百八十课)、定性分析(二百四十课)、定量分析(二百四十课)、工业化学(六百四十课)、工业分析(四百八十课)、物理化学(八十课)、矿物学(八十课)、工场实习(六百四十课)、化学机械(八十课)、电化学(八十课)、电机大意(八十课)。

染织科之学科：

国文(一千二百课)、英文(一千二百课)、公民常识(二百四十课)、算术及混合数学(七百二十课)、数学解析初步(八十课)、博物(二百四十课)、物理(二百课)、化学(二百课)、用器画(三百二十课)、图画(三百二十课)、机械制图(一百六十课)、水彩画(一百六十课)、原料(一百二十课)、机织(二百二十课)、工场实习(一千零四十课)、解剖(三百二十课)、染色(一百六十课)、力织(一百六十课)、图案(三百二十课)、纹织(六十课)、整理(一百二十课)、棉纺(一百二十课)、意匠(一百六十课)、电机大意(八十课)、机械学(三百六十课)。

机械科之学科：

国文(一千二百课)、英文(一千二百课)、公民常识(二百四十课)、算术及混合数学(七百二十课)、数学解析初步(一百六十课)、博物(二百四十课)、物理(二百课)、化学(二百课)、用器画(三百二十课)、图画(三百二十课)、机械制图(六百四十课)、机械运动学(一百二十课)、力学及材料(一百二十课)、材料强弱(八十课)、水力学(六十课)、水力机(六十课)、磁电(一百课)、图式力学(八十课)、工作法(六十课)、制造机械(一百八十课)、汽机及汽罐(一百二十课)、内燃机(一百二十课)、蒸汽锅轮(八十课)、机械设计及制图(三百二十课)、电机大意(八十课)、工场实习(一千二百八十课)。

第二十七条　入学资格，须具有小学校毕业或小学校毕业同等程度，年在十四岁以上、十八岁以下，身体健壮，品行端正者为合格。入学试验科目为：国文、算术、检查体格及口试。报名时须缴最近四寸半身照片一张，试验费一元。

第二十八条　学费每学年十二元，膳杂讲义等费临时酌定。其缴费法，应照第二十四条办理。

第二十九条　前列各章除为专门部特定者外，本校五年期工科及三年期工科均适用之。

第十章　附设工业学校三年期工科

第三十条　本科以养成娴习工业技术之人才为目的，总额一百八十名，三年毕业。其分科分额如左：修机科三十名(每年招十名)、木工科六名(每年招二名)、铸工科六名(每年招二名)、锻工科六名(每年招二名)、手织科三十名(每年招十名)、纹工科三十名(每年招十名)、力织捻丝科三十名(每年招十名)、染色科六名(每年招二名)、发动机科十八名(每年招六名)、制纸科六名(每年招二名)、制革科六名(每年招二名)、油脂涂料科六名(每年招二名)。

第三十一条　入学资格须有小学校毕业相当程度，年在十六岁以上二十五岁以下，体格壮健、品行端正者为合格。入学试验科目：(甲)检查体格，口试；(乙)试验国文及算术(报名时须缴最近半身照片一张)。

第三十二条　各科学生就其所入工场实习，兼授主要学科，其公共学科规定如左：国文、英文、实用数学、理化、图画、公民常识。

第三十三条　膳杂讲义等费临时酌定，学费不收。

第三十四条　本科分数之计算法：公共科学之平均分数作为四分之一，工场实习之平均分数占四分之三。

第十一章　组织、职教员、职工

第三十五条　本校以校务会议为最高行政机关，由校长、各部主任，并敦请与本校有关系之社会团体、行政机关、议会人员为本校董事共同组织之。

第三十六条　教务会议协议教务上一切事宜，由校长及部科主任组织之。

第三十七条　经济委员会计划及审核本校经费，其预算组委员由校长指定，审计组委员由职教员互选之。

第三十八条　本校设置职教员如左：

校长一员；

教务部主任一员，教务员二员，电机科主任教员一员，化学科主任教员一员，染织科主任教员一员，机械科主任教员一员，国文科主任教员一员，英文科主任教员一员，数理科主任教员一员，各科教员若干员，各科助教员若干员；

总务部主任一员，总稽查一员，文牍员一员，书记若干员，图书室主任一员，掌书一员，制图若干员，事务处主任一员，庶务员一员，会计员一员，工务处主任一员，材料物品收发员一员，经售员一员，购置员一员，助理员若干员；

训育部主任一员，指导员若干员，校医二员；

分校主任一员，分校助理员一员。

一学科课数过少或一时难觅相当专任教员时，酌聘兼任讲师。

第三十九条　各工场设置职工如左：锻冶工二名，铸物工二名，机械整理工二名，钳工二名，图工二名，木工四名，原动工一名，锅炉工一名，电机工一名，纹工一名，手织工二名，手织准备工一名，力织工一名，力织准备工一名，捻丝工一名，染工二名，油脂工一名，制革工一名，制纸工一名，小工若干名。

第十二章　经费及公告

第四十条　本校常年经费，由财政厅按月发给，应于上月首日，由会计员按照预算数，备具支付预算书及领款凭单，呈请照数支给，并于次月造具清册，经经济委员会审计后，呈请核销，俟核准后再行编造决算册。

第四十一条　本校决算除呈请官厅核销外，并登报公告。其他重要事项，亦登报公告，以求社会批评指导。

第四十二条　凡学生所纳学费，于每学期开学之日，由会计征收收齐后，呈报财政厅。

第四十三条　本校各项开支，除活支外，其每月额支，由会计员依照办事规则办理。

第十三章　附则

第四十四条　本校职教员、学生，对于本校施行事项有意见时，得详叙理由、亲自签名，提出意见书于校长。但以全体名义提出者，仍需各人亲自签名，校长收受意见书后，提交校务会议议决，采用与否，均需详具理由，明白宣布。如提出之职教员、学生对于所宣布之理由仍有意见时,得详叙理由向教育厅呈送意见书。

第四十五条　各种规则,由校务会议议定,如临时发生重大事件,而规则中未规定者,随时由校务会议议定以揭示行之。

第四十六条　本学则自民国十二年八月一日起三年之内为试行之期,如有应行增改之处,随时增修改订,经校务会议决定呈请教育厅备案。

《浙江公报》4081号、4082号、4084号、4085号,
民国十二年九月二十二、二十三、二十六、二十七日

浙江公立工业专门学校校务会议规则

(1923年9月27、28日)

第一条　本会议为本校最高行政机关,凡重要事项,均由其议决处理。

第二条　本会议由下列各董事组织之:

浙江省教育会会长、杭州总商会会长、浙江省议会财政审查股股长、副股长、浙江省长公署第三科科长、第四科科长、浙江教育厅第三科科长、浙江实业厅第三科科长、浙江财政厅制用科科长、报国工业会会长、纬成公司经理、虎林丝织公司经理、武林铁工厂经理、本校校长、本校训育部主任、本校教务部主任、本校总务部主任。

第三条　各董事由本校校长备函敦请,共同负责。

第四条　本会议随时由本会议秘书函知开会,会议时以校长为主席,校长临时缺席时,由到会董事公推一人主席。

第五条　本会议以本校总务部主任为秘书,议决事项交秘书执行,秘书执行议决事项时,不得参加本人意见。

第六条　本会议至少须有半数以上董事之出席,方得开议。

第七条　本会议议决事项,须经列席董事过半数以上之同意,可否同数时,取决于主席。

《浙江公报》第4085号、4086号,民国十二年九月廿七、廿八日

浙江公立工业专门学校教务会议规则

(1923年9月28日)

第一条　本会议议决本校教务上一切事宜,但下列各条议决后,仍须提交校务会议决定:

一、关于改进教务之计划;

二、关于教室工场、实验室之支配,设备及其预算;

三、关于课程及教员之支配;

四、其他重大事项。

第二条　本会议由下列各委员组织之:校长、教务部主任、电机科主任、化学科主任、机

械科主任、染织科主任、国文科主任、英文科主任、数理科主任、总务部主任、训育部主任。

第三条　各委员共同负责。

第四条　本会议随时由本会议秘书通知开会，以校长为主席，校长临时缺席时，由到会委员公推一人主席。

第五条　本会议以教务部主任为秘书，议决事项交秘书执行，秘书执行议决事项，不得参加本人意见。

第六条　本会议须有三分之二以上委员之出席，方得开议。

第七条　本会议议决事项，须经列席委员过半数以上之同意，可否同数时，取决于主席。

《浙江公报》第 4086 号，民国十二年九月廿八日

（五）浙江农专

农业专门学校规程

（教育部令第三十三号）

（1912 年 12 月 7 日）

第一条　农业专门学校以养成农业专门人才为宗旨。

第二条　农业专门学校本科之修业年限为三年。

第三条　农业专门学校得设置预科，修业年限为一年。

第四条　农业专门学校得为本科毕业生设研究科，其年限为一年以上。

第五条　农业专门学校分为五科：一、农学科；二、林学科；三、兽医学科；四、蚕业学科；五、水产学科。如在殖民垦荒之地，得兼设土木工学科。

农学科之科目：

一、化学；二、农艺物理学；三、植物学；四、动物学；五、数学（代数、三角及解析几何大意）；六、外国语（英语）；七、地质及土壤学；八、气象学；九、植物病理学；十、经济学；十一、法律概要；十二、农业昆虫学；十三、作物学；十四、园艺学；十五、农具学；十六、农业土木学；十七、养蚕学；十八、畜产学；十九、农产制造学；二十、农政学；二十一、农业经济学；二十二、殖民学；二十三、林学通用；二十四、兽医学通论；二十五、水产学通论；二十六、兵学概要；二十七、肥料学；二十八、农艺化学实验；二十九、动物学实验；三十、植物学实验；三十一、测量实习；三十二、农产制造实习；三十三、农场实习。

林业科之科目：

一、化学；二、物理学；三、数学（代数三角及解析几何微积分大意）；四、外国语（德语）；五、经济学；六、财政学；七、农学总论；八、地质及土壤学；九、森林动物学；十、森林植物学；十一、法律概要及森林法律；十二、造林学；十三、森林数学；十四、森林测量术；十五、临产制造学；十六、森林工学；十七、森林管理学；十八、森林保护学；十九、森林利用学；二十、森林经理学；二十一、林政学；二十二、狩猎论；二十三、殖民学；二十四、气象学；二十五、化学实验；二

十六、动植物学实验;二十七、森林测量及制图实习;二十八、林产制造实习;二十九、造林实习;三十、实地演习。

兽医学科之科目:

一、化学;二、外国语(英语);三、法律概要;四、农学总论;五、解剖学及组织学;六、生理学;七、疾病通论;八、药物学;九、内科学;十、外科学;十一、眼科学;十二、胎生学;十三、产科学;十四、蹄铁法及蹄病论;十五、病体解剖学;十六、外科手术;十七、马学;十八、卫生学;十九、细菌学;二十、寄生动物学;二十一、动物疫论;二十二、乳肉检查法;二十三、畜产学;二十四、家畜饲养学;二十五、兽医警察法;二十六、牧政学;二十七、解剖学及组织学实验;二十八、病体解剖学实习;二十九、蹄铁法及蹄病实习;三十、外科手术实习;三十一、细菌学实验;三十二、乳肉检查法实习;三十三、畜产制造学实习;三十四、调剂实习;三十五、管理实习;三十六、病舍实习。

蚕业学科之科目,分为左之二类:

养蚕类:

一、数学;二、外国语(英语);三、物理学;四、化学及分析;五、动物学;六、植物学;七、农学总论;八、蚕业汎论;九、经济学;十、气象学;十一、土壤学;十二、肥料学;十三、害虫学;十四、细菌学;十五、蚕体解剖学;十六、蚕体生理学;十七、蚕体病理学;十八、养蚕法;十九、制丝论;二十、桑树栽培论;二十一、蚕丝业经济学;二十二、蚕丝业法规;二十三、柞蚕论;二十四、人造绢丝论;二十五、蚕具制造实习;二十六、蚕室蚕具消毒实习;二十七、养蚕法实习;二十八、蚕病实验;二十九、杀蛹干茧制丝实习;三十、制种及检种实习;三十一、茧及生丝检查实习;三十二、化学分析实验;三十三、桑树栽培实验;三十四、细菌实验;三十五、蚕体解剖学实习。外国语除英语外,并加课法语为随意科。(未完)

制丝类:

一、数学;二、外国语(英语);三、制图学;四、物理学;五、化学;六、分析化学;七、商业通论;八、工业通论;九、蚕丝业汎论;十、经济学;十一、养蚕论;十二、制丝学;十三、机械学;十四、纤维论;十五、染织学;十六、工场管理法;十七、蚕丝业法规;十八、簿记学;十九、杀蛹干茧论;二十、茧及生丝审查法;二十一、人造绢丝论;二十二、柞蚕缫丝法;二十三、屑物利用论;二十四、杀蛹干茧制丝实习;二十五、制图实习;二十六、茧及生丝审查实习;二十七、束装整理实习;二十八、化学分析实验;二十九、商场练习;三十、染织实习。外国语除英语外,并加课法语为随意科。

水产学科之科目,分为左之三类:

渔捞类:

一、数学(平面三角、球面三角);二、物理学;三、应用化学;四、外国语(英语);五、动物学;六、植物学;七、水产通论;八、水产动物学;九、水产植物学;十、气象学;十一、海洋学;十二、航海术;十三、经济学;十四、法学通论;十五、渔捞论;十六、应用机械学;十七、渔船构造论;十八、渔船运用术;十九、簿记学;二十、渔业法规;二十一、远洋渔业论;二十二、渔获物处理法;二十三、卫生及救急疗法;二十四、国际公法概要;二十五、渔场观测实习;二十六、制图实习;二十七、航海术实习;二十八、渔船运用实习;二十九、网钓具制造实习;三十、渔捞法实习。

制造类：

一、数学（代数几何）；二、物理学；三、化学；四、外国语（英语）；五、分析化学；六、动物学；七、植物学；八、水产通论；九、水产动物学；十、水产植物学；十一、应用机械学；十二、气象学；十三经济学十四法学通论十五生理化学十六细菌学十七簿记学十八商业通论十九渔业法规二十、水产食品论；二十一、水产化制品论；二十二、制冰及冷藏论；二十三、工场管理法及卫生；二十四、化学及分析实验；二十五、生理化学实验；二十六、细菌学实验；二十七、制造法实习。外国语除英语外，并加课德语为随意科。

养殖类：

一、数学（代数几何）；二、物理学；三、化学及分析；四、外国语（英语）；五动物学；六、植物学；七、水产通论；八、水产动物学；九、水产植物学；十、气象学；十一、海洋学；十二、生理化学；十三、经济学；十四、细菌学；十五、法学通论；十六、发生学；十七、淡水养殖论；十八、咸水养殖论；十九、繁殖保护论；二十、簿记论；二十一、饵料论；二十二、鱼病论；二十三、渔业法规；二十四、水产动物学实验；二十五、水产植物学实验；二十六、化学及分析实验；二十七、细菌学实验；二十八、养殖法实习。外国语除英语外，并加课德语为随意科。

土木工学科之科目：

一、数学；二、物理学；三、外国语（英语）；四、地质学；五、应用力学；六、水力学；七、机械工学大意；八、测量学；九、建筑材料；十、铁道学；十一、道路学；十二、石工学；十三、桥梁学；十四、河海工学；十五、施工法；十六、房屋构造学；十七、电器工学大意；十八、卫生工学；十九、土木法规；二十、土木经济学；二十一、农学总论；二十二、林学概要；二十三、殖民学；二十四、计画及制图；二十五、实习。

第六条　以上各学科，由校长酌量设置，呈报教育总长认可。

第七条　农业专门学校各科目授业时间，由校长订定，呈报教育总长。

第八条　农业专门学校，应就各科设备实验室、实习场及各项图书、器械、标本、模型等。

第九条　凡公立、私立农业专门学校，除遵照专门学校令，及公立、私立专门学校规程外，概依本规程办理。

第十条　本规程自公布日施行。

中华民国元年十二月初七日

《浙江公报》第316册、317册，民国元年十二月廿五日、廿六日

浙江农业学校简章

（1912年12月19日）

第一章　总则

第一条　本校授农业上必需之学理、技术，使将来实能从事农业为主旨。

第二条　本校置本科、专攻科及别科三种：本科按照农业学校甲种程度，专攻科则为本科卒业生更欲研究者而设，别科以简易方法授当业者以必需之事项。专攻科及别科规程另定之。

第三条　本校本科分农业科、畜产科二科，其修业年限各定为三年。

第四条　本校学生定额二百名，开办初年先招农业科百名。

第二章　学年、学期及修业日

第五条　学年从八月一日起至翌年七月三十一日止。本校因建筑新校，学年之始不及开课，初招学生暂定正月一日为学年之始，十二月三十一日为学年之终。

第六条　一学年分为三学期：

元月一日起至三月三十一日为一学期；

四月一日起至七月三十一日为一学期；

八月一日起至十二月三十一日为一学期。

第七条　休业日如左：

一、日曜日；

二、纪念日(正月初一日、二月十二日、十月七日、十月十日、十一月五日)；

三、春假(自四月一日至七日止)；

四、暑假(夏期计实习之繁简酌定日数，或停止休业)；

五、年假(十二月二十五日起至翌年正月十日止)。

第八条　纪念日会集职员、学生行祝贺式。

第三章　学科课程及教授时数

如左：

第九条　农业科学科课程及教授时数表(但实习授业得依繁简与学科时间交换或专加之)。

科目	每星期 教授时数	第一学年	每星期 授课时数	第二学年	每星期 授课时数	第三学年
伦理学	一	人伦道德	一	同上	一	同上
国文	二		二	同上	二	同上
算学	四	数学 代数 几何	三	几何三角		
农艺物理	二	物理	一	农业气象		
农艺化学	三	无机有机	二	有机	三	分析
博物	四	动植矿物 人身生理	一	植物生理		
农业经济及行政	一	法制经济大意	一	农业经营	二	农业经济 农业法规
作物	三	作物通论	二	特用作物		
园艺			一	蔬菜	三	蔬菜果树
测量及制图			一	同上		
农业工学			一	农具	一	农地改良
畜产学			二	通论各论	三	各论略农

续　表

科目	每星期教授时数	第一学年	每星期授课时数	第二学年	每星期授课时数	第三学年
细菌学			一	同上		
农产制造					二	农产制造
植物病虫害			一	昆虫	二	病理
土壤及肥料			二	土壤学	二	肥料学
养蚕学	二	栽桑解剖 饲育生理	一	病理制种 制丝大意		
林学大意					一	林学大意
兽医大意					一	兽医学大意
水产大意					一	水产学大意
外国语	四	英语	四	英语	四	英语
图画	一	自在画 用器画				
体操	三	普通兵式	三	兵式	二	兵式
合计	三〇		三〇		三〇	
实习	一〇		一〇		一〇	

第四章　入学、退学、休学、在学

第十条　本科入学者应具左之资格：

一、品行端正者；

二、身体强健者；

三、年龄满十四岁以上者；

四、有高等小学毕业及同等以上之学力者。

第十一条　入学甄别试验按左科目施行之：

一、体格；

二、国文；

三、数学；

四、理科；

五、历史；

六、地理；

七、对话。

第十二条　入学试验以前，须填写入学愿书，并缴纳半身照片及保证金六元，唯入学未许可者，缴还保证金。

第十三条　入学许可者，自许可之日起二星期以内，偕同正副保证人来校填写誓约证书。

第十四条　正保证人须有亲戚关系，年满二十一岁以上者。

第十五条　副保证人在杭垣或学校附近,年满二十一岁以上而有确实职业者。

第十六条　学生因疾病或事故缺课时,须提出医师证书或事由书。

第十七条　学生有犯左之一者令退学:

一、性行不良无改善之望者;

二、学力劣等无成业之望者;

三、无正当事由缺课至一月以上者;

四、缺课至一年以上者;

五、不常上课者;

六、怠纳膳金者。

第十八条　学生有疾病事故二个月以上不能修学时,得许其休学。

第十九条　得休学之许可者,至次学年得复其原级。

第五章　试验

第二十条　临时试验成绩,各科学得点加日课点二,除乘以出席时数,除以授业时间,更加实习点二,除为评点。

第二十一条　学期试验成绩,加临时试验平均点二,除更加实习点二,除为评点。

第二十二条　学年试验成绩,一学年间各学期试验又临时实验成绩,评估为平常点,合各学科得点平均之加实习点为评点。

第二十三条　学习成绩优等,品行方正者给褒奖。

第六章　特待生

第二十四条　选生徒之品端学粹者为特待生,一年膳金免纳。

第二十五条　特待生额居生徒百分之十以下。

第二十六条　特待生行为有玷时黜之。

第七章　服制

第二十七条　学生须用本校制服制帽。

第八章　保证金、膳金、修金

第二十八条　修金暂行免除,膳金每月四元,每学期始如数缴纳。

第二十九条　命退学及休业许可者,追纳修金每月一元。

第九章　附则

第三十条　右各条外无明文记载者,另照本校细则办理。

第三十一条　以上学则随时遵照部令、司令变更增改。

《浙江公报》第 310 册、311 册,民国元年十二月十九、二十日

实业学校规程

（教育部部令第三十五号）

（1913 年 8 月 4 日）

第一章　通则

第一条　设立实业学校，依实业学校令第七条呈报教育总长或省行政长官时，须开具事项如左：

一、名称；

二、位置；

三、学则；

四、学生定额；

五、地基房舍之平面图；

六、经费及维持之方法；

七、开校年月；

八、校长教员之姓名及履历。

前项第五款之平面图，应备载面积、地质及各场所之区域面积，并附近状况，饮用水之性质。

第二条　实业学校之学科，关于实习及实验时间，须占总授业时间五分之二以上，但在商业学校得酌量减少。

第三条　甲种实业学校教员之资格如左：

一、在国立专门学校毕业者；

二、在外国专门学校毕业者；

三、在高等师范学校毕业者；

四、在教育部认定之公立私立专门学校毕业者；

五、有中等学校教员之许可状者；

六、在甲种实业学校毕业、积有研究者。

第四条　乙种实业学校教员之资格如下：

一、在甲种实业学校毕业者；

二、在师范学校毕业者；

三、有高等小学校正教员或副教员之许可状者；

四、在乙种学校毕业、积有研究者。

具有前条第六款及本条第四款之资格者，非先任副教员至三年以上，不得任为正教员。

第五条　实业学校于校地、校舍、校具及其余需要者，均须设备。

第六条　校地须具有相当之面积，并须于道德及卫生上均无妨害。

第七条　校舍宜朴实坚固，并与教授、管理、卫生适合，其应备各室如左：

一、普通教室及各种特别教室；

二、事务室、浴室、疗养室等；

三、其他必须具备之室，如实验室、实习室、图书室、器械标本室、药品室等。

第八条　校具须备图书器械、标本模型、药物及其他用品。

第九条　实业学校应备各种表簿如左：

一、关于实业学校之法令；

二、学校日记簿；

三、学则课程表、教科用图书分配表、校医诊察表；

四、职员名簿、履历簿、考勤簿、担任学科及时间表；

五、学生学籍簿、出席簿、请假簿、身体检查表、操行考查簿；

六、实习记载簿及评案、试验问题簿、学业成绩表；

七、资产簿、器物簿、消耗品簿、银钱出纳簿、经费之预算决算簿、图书器械标本模型等簿；

八、往来文件簿。

第十条　实业学校学则应规定之事项如左：

一、学科课程及教授时数；

二、实习事项；

三、学年、学期及休业日；

四、学生学业成绩考查事项；

五、学生入学退学及儆戒事项；

六、学费及其他杂费事项；

七、管理学生事项；

八、其他必要事项。

第十一条　实业学校变更或废止，依实业学校令第七条呈报教育总长或省行政长官时，须详具理由及处置学生之方法。

第十二条　自第一条至第十一条事项，在实业补习学校得由校长酌量省略之。

第二章　农业学校

第十三条　农业学校分甲、乙两种：甲种农业学校之学科，分为农学科、森林学科、兽医学科、蚕学科、水产学科等；乙种农业学校之学科，分为农学科、蚕学科、水产学科等。前二项学科或全设，或酌设一二科以上，得因地方情形定之。仅设一科之学校，其名称以科定之，如森林学校、蚕业学校、水产学校等。

第十四条　甲种农业学校修业期，预科一年，本科三年，但得延长一年以内。乙种农业学校修业期三年。

第十五条　农业学校得视地方情形酌设别科，其修业期二年。

第十六条　甲种农业学校预科科目为修身、国文、数学、理科、图画、体操，并得酌加地理、历史、外国语、唱歌等科目。

甲种农业学校本科通习科目为修身、国文、数学、物理、化学、博物、经济、体操、实习，并得酌加地理、历史、外国语、法制大意、簿记、图画等科目。

农学科之科目为土壤学、肥料学、作物学、园艺学、农产制造学、畜产学、养蚕学、病虫害学、气象学、农业经济、农业法规、森林学大意、兽医学大意，水产学大意等。

森林学科之科目为造林学、森林保护学、森林利用学、森林测量学、森林工学、测树术及林价算法、林产制造学、林政学及森林法规、森林经理学、狩猎论、气象学、农学大意等。

兽医学科之科目为解剖及组织学、生理及病理学、药物及调剂法、蹄铁法及蹄病论、内科学、外科学、寄生动物学、外科手术、产科及眼科学、兽医、警察法、卫生学、兽疫学、马学、畜产学、畜产法规、牧草论、农学大意等。

蚕学科之科目为养蚕学、蚕体生理学、蚕体病理学、蚕体解剖学、制种学、细菌学、制丝法、桑树栽培法、土壤及肥料学、气象学、蚕业经济、蚕业法规、农学大意等。

水产学科之科目为水产动物学、水产植物学、渔捞法、养殖法、制造法、细菌学、制造化学、船舶卫生及救急疗法、航海及渔船运用术、应用机械学、气象及海洋学、渔具制造大意，渔业经济、渔业法规等。

第十七条　乙种农业学校通习科目为修身、国文、数学、博物、理化大意、体操、实习，并得酌加地理、历史、经济、图画等科目。

农学科之科目为土壤学、肥料学、作物学、园艺学、病虫害学、养蚕学、家畜学、农产制造学、气象学、林学大意等。

蚕学科之科目为养蚕学、蚕体生理及解剖学、蚕体病理学、制丝法、桑树栽培法、土壤及肥料学、气象学、蚕业法规、农学大意等。

水产科之科目为水产生物学、渔捞法、养殖法、制造法、船舶卫生及救急疗法、渔船运用术、气象及海洋学、渔具制造大意等。

第十八条　甲种农业学校授业时数，除实习外，每周不得过二十八小时。乙种农业学校授业时数，除实习外，每周不得过二十四小时。各科实习时数，以作业之繁简定之，但农学科每周须在十六小时以上，蚕学科在养蚕时期得停课三周以内。

第十九条　农业学校别科科目，由校长酌定，呈报省行政长官。

第二十条　甲种农业学校预科入学资格，须年在十四岁以上，高等小学校毕业或经试验有同等学力者。乙种农业学校入学资格，须年在十二岁以上，有初等小学校毕业之学力者。

第二十一条　农业学校除遵照第七条设置外，应分别具备作业场、农具室、种子贮藏室、实习林、养鱼场、畜牧场、养蚕缫丝室等。

第三章　工业学校

第二十二条　工业学校分甲、乙两种。

甲种工业学校之学科分为金工科、木工科、土木工科、电气科、染织科、应用化学科、窑业科、矿业科、漆工科、图案绘画科等。

乙种工业学校之学科分为金工科、木工科、藤竹工科、染织科、窑业科、漆工科等。

前二项学科，或全设，或酌设一二科以上，得依地方情形定之。

第二十三条　甲种工业学校修业期，预科一年，本科三年，但得延长一年以内。乙种工业学校修业期三年。

第二十四条　工业学校得视地方情形酌设别科，其修业期二年。

第二十五条　甲种工业学校预科科目为修身、国文、数学、理科、图画、外国语、体操，并得酌加地理、历史等科目。

甲种工业学校本科通习科目为修身、国文、数学、物理、化学、图画、机械工学大意、工业卫生、工业经济、工业簿记、外国语、体操、实习，并得酌加历史、地理等科目，但在木工、漆工、图案绘画三科,得缺机械工学大意。

金工科之科目为应用力学、工场用具及制作法、制造用机械、发动机大意、制图等。

木工科之科目为应用力学、房屋构造学、建筑材料学、工场用具及制作法、建筑沿革、施工法、装饰法、制图及绘画等。

土木工科之科目为应用力学、测量学、铁道学、河海工学、道路学、土木材料学、桥梁计画、施工法、制图等。

电气科之科目为应用力学、工场用具及制作法、发动机大意、电磁学、电气工学、制图等。

染织科之科目为应用化学、应用机械学、化学分析、染色法、机织法、纺绩法大意、织物整理、制图及绘画等。

应用化学科之科目为特别应用化学、电气化学大意、矿物学大意、化学分析等。

窑业科之科目为地质及矿物学大意,陶瓷品制造法、绘画法、燃料及筑炉法、化学分析、制图等。

矿业科之科目为地质学、矿物学、采矿学、冶金学、试金术、矿山机械学、化学分析、测量及制图、坑内实习等。

漆工科之科目为博物学、漆器制作法、颜料调制法、绘画法、雕刻术、应用化学大意等。

图案绘画科之科目为博物学、美术工艺史、图案法、绘画法、装饰法、美术解剖学大意、建筑沿革大意、制版化学等。

第二十六条　乙种工业学校通习科目为修身、国文、数学、理化大意、图画、体操、实习,并得酌加历史、地理、外国语等科目。

金工科之科目为金工材料、工具使用法、金属细工等。

木工科之科目为木工材料、工具使用法、房屋构造法、家具制作法、制图等。但专授大工者,得缺家具制作法;授细工者,得缺房屋构造法。

藤竹工科之科目为藤工材料、竹工材料、工具使用法、家具制造法、制图等。

染织科之科目为染色法、机织法、应用机械学大意、织物整理、制图及绘画等。

窑业科之科目为陶瓷品制造法、绘画及制图、燃料及筑炉法等。

漆工科之科目为漆器制作法、颜料调制法、绘画法等。

第二十七条　甲种工业学校授业时数,除实习外,每周不得过二十四小时。乙种工业学校授业时数,除实习外,每周不得过二十一小时。各种实习时数,以作业之繁简定之,但每周与授课时数合计不得过四十五小时。

第二十八条　工业学校别科科目,由校长酌定,呈报省行政长官。

第二十九条　甲种工业学校预科入学资格,须年在十四岁以上、高等小学校毕业或经试验有同等学力者;本科入学资格,须预科毕业或经试验有同等学力者。乙种工业学校入学资格,须年在十二岁以上,有初等小学校毕业之学力者。

第三十条　工业学校除遵照第七条设置外,应具备实习工场及各种应用器械,并宜就附近工场考察练习。

第四章　商业学校(略)

第五章　商船学校(略)

第六章　实业补习学校(略)

第七章　附则

第五十九条　本规程所列各学科，及关于实业之科目，得由各校视地方情形，选择设置或分合之，并得因特别需要酌量添设。

第六十条　本规程自公布日实行。

国务总理　段祺瑞

教育总长

中华民国二年八月四日

《政府公报》第451号，民国二年八月七日[①]

浙江省立农业学校暂行章程

（1923年）

第一章　学制

（另刊）

第二章　校长

校长总理全校事务，对外代表全校。

第三章　评议会

评议会为全校议事机关。

评议会设评议员十六人，教职员十人，学生每科六人，校长为议长，选举法另定之。

评议员每学期改选之，连举得连任。

左列事项经评议会议决，由校长与各部执行之：

（一）学制之设置、废止及变更；

（二）审定各种细则；

（三）校长咨询事件；

（四）学生陈请事件；

（五）对于各机关之建议事项；

（六）校内一切兴革事宜。

第四章　经济委员会

经济委员会遵照教育厅训令组织之。

经济委员会组织法，依训令附件内办法（一）（二）（三）（四）（五）各项办理。

（一）经济委员会分为预算、审计两组，每组设委员五人，但会计、庶务人员不得为审计组委员；

（二）预算组编制本校预算案；

（三）审计组稽核用途，审查决算及改良簿记法；

① 《政府公报》，北洋政府机关刊物，1912年5月1日创刊，1928年6月停刊，日刊，印铸局编辑、发行，主要登载北洋政府交通、教育、经济、司法等方面的命令、议案、呈批、公文、通告等。

(四)每组开会时,均以校长为主席;

(五)各组委员任期为一年;

(六)开会时,学生得举查账员若干人列席。

第五章　学校行政会

学校行政会为全校行政之枢纽,凡行政上有连带两部以上者,由校长召集全体或有关系之各部教职员会议执行之,以校长为主席。

第六章　教务部

教务部设主任一人,掌理教务事宜。

教务部分设四股:

(一)学科股,掌理配置学科事宜,由部主任及各系主任分任之;

(二)体育股,掌理体育事宜,由体育教员分任之;

(三)课务股,掌理课务事宜,由教务部职员分任之;

(四)图书仪器股,保管图书仪器及讲义缮写事宜,由管理员及书记分任之。

第七章　训育部

训育部设主任二人,掌理训育事宜。

训育部分设两股:

(一)斋务股,掌理稽查学生起居及管理斋舍事宜,由训育主任任之;

(二)卫生股,掌理全校卫生事宜,由校医任之。

第八章　事务部

事务部设会计、庶务、文牍各员,分掌各股事宜。

(一)会计股,掌理会计事宜,由会计员任之;

(二)庶务股,掌理庶务事宜,由庶务员任之;

(三)文牍股,掌理文牍事宜,由文牍员任之。

第九章　场务部

场务部分农场、林场、兽医院,各设主任一人分任之。

农场分五股:

(一)作物股,管理作物区一切事宜,由管理员任之;

(二)园艺股,管理园艺区一切事宜,由管理员任之;

(三)农产制造股,管理农产制造事宜,由管理员任之;

(四)蚕桑股,管理蚕桑事宜,由管理员任之;

(五)病虫害股,掌理关于病虫害一切事宜。

林场分四股:

(一)育苗股,管理苗圃一切事宜,由管理员任之;

(二)利用股,管理伐木、造林一切事宜;

(三)林产制造股,管理林产制造事宜,由管理员任之;

(四)演习林股,经营临平山演习林事宜,由管理员任之。

兽医院分二股:

(一)兽医股,管理兽疫预防及治疗事宜,由管理员任之;

(二)畜产股,管理家畜、家禽养殖事宜,由管理员任之。

第十章　训育会

训育会由校长及教职员组织之,任训育学生之责。

第十一章　学生自治会

学生自治会由全体学生组织之,但须由学生选举教职员三人任自治指导员。

学生自治范围规定如左:

(一)关于研究学术事项;

(二)关于涵养德性事项;

(三)关于身体康健事项;

(四)关于社会服务事项;

(五)关于斋舍整洁事项;

(六)关于发展思想事项;

(七)关于课外作业事项;

(八)关于同学行为上之规劝事项;

(九)关于储蓄及贩卖事项;

(十)关于学校委托事项。

第十二章　附则

本规程遇有修正之必要时,由全体教职员会议议决修正之。

本规程自公布之日发生效力。

浙江省立农业学校编印《浙江省农业学校十周纪念刊》,1923 年

浙江农业学校组织一览表

(1923年)

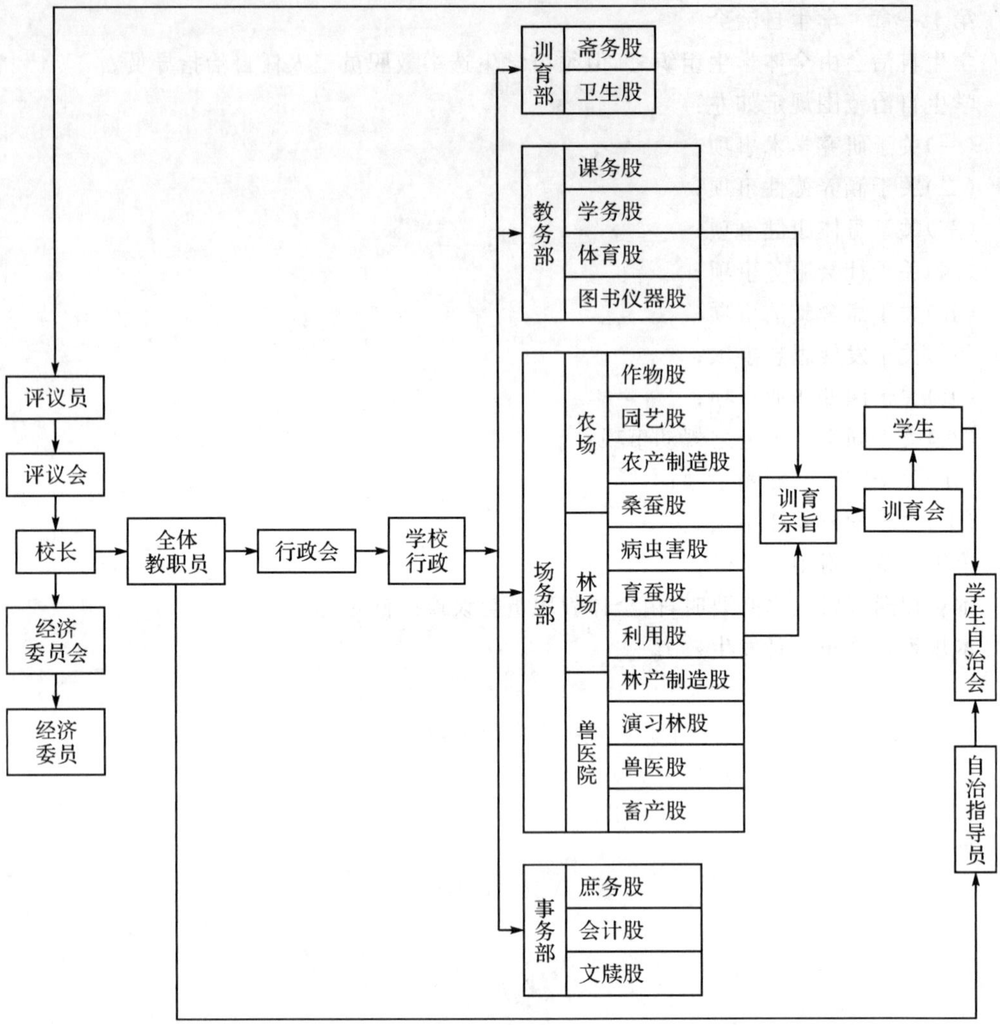

浙江省立农业学校编印《浙江省农业学校十周纪念刊》,1923年

三、校长与教师

（一）校长及管理层

总理托故力辞
（1901 年 8 月 24 日）

省城求是书院，由仁和绅士陆冕侪太史懋勋总理春事，已历多年。兹者太史托故力辞，不知宪意委何人接办也。

《申报》1901 年 8 月 24 日

委蔡太史元培为院长
（1901 年 9 月 24 日）

浙江大宪创设求是书院，课以中西学术，向由陆冕侪太史总理其事。今夏，太史力行辞退一切院中事务，暂由监院陈仲舒茂才代庖，至日前经大宪委越中蔡太史元培为院长。

《申报》1901 年 9 月 24 日

盛宣怀致任道镕函①
（1901 年 10 月 14 日）

夫子大人钧右：

前肃贺缄，想廑台览。伏维起居健胜，政治聿新，引跂慈辉，定符远祝。敬肃者，顷据南洋公学教习山阴蔡鹤庼太史面称，省城求是书院自陆冕侪吉士辞退总理之后，业已数月，现在叠奉明诏推广学堂，闻中丞公之意，欲将求是书院扩充规模为省学堂，已札饬监院等妥议办法，徒以主持无人，至今未定。本请杨雪渔先生兼管是堂，乃又坚辞不就，省中士绅拟公推孙仲玙部郎宝瑄为总理，贻书相告，众论佥同，曾与汤蛰仙舍人怂恿，部郎亦尚愿就。部郎系子授侍郎之公子，家学渊源，志趣端正，于中西学问融会贯通，以当此任，或能转移风气，补救时弊，端冀于教育人材，稍有裨益，嘱为一书推荐。查部郎之兄慕韩观察，去年由敝处派办西安电局，故部郎亦时时以事来见，喜其议论器识，具有本原。若蒙赏爱延聘，令其总理学堂，

---

① 盛宣怀（184—1916），字杏荪，又字幼勖、荇生、杏生，号次沂，又号补楼，别署愚斋，晚年自号止叟，江苏武进人。清末洋务派，官至邮传部尚书，著名企业家，曾任轮船招商局督办、中国电报局总办、华盛纺织总厂和中国铁路总公司督办等职，创办天津中西学堂、南洋公学。

似可胜任,且既系其同乡公推,亦必众情允洽,可否仰乞俯赐,酌察办理,以答浙绅之意。

专肃,敬请钧安。

受业　盛宣怀谨肃

上海图书馆藏《盛宣怀档案》,档号:044966

浙江学堂杂俎

(1902年8月29日)

杭省求是书院自改为全省大学堂后,延定劳玉初太守乃宣为总理,每年薪水一千二百两,夫马、膳金四百八十两。府中学堂系以养正书院改设,前由杨雪渔编修文莹创设,刻亦告退,改延潘凤洲阁学为总理。崇文书院改为钱塘小学堂,已于六月十一日开课,仍延前山长孙荣枝进士为总理,未及匝月,即告退矣。紫阳书院改为仁和小学堂,仍以前山长王同伯进士为总理,尚未开课。前议于大中小学堂外另设蒙学堂二十处,兹因经费难筹,即以向有的款之四义塾改之,现在各学堂经费,概于各州县丁漕平余项下抽提,岁共得银三万两之谱。

《大公报》1902年8月29日[①]

浙省官场纪事

(1902年12月20日)

杭州访事友人云:本月十二日,省城大学堂总理劳玉初主政拜会护抚诚果泉中丞,面商一切,并拟将诸生大加甄别,以定去留。

《申报》1902年12月20日

浙中学务

(1902年12月22日)

杭州访事友人云:浙省大学堂总理劳玉初主政,前因诸生给假散归,遂遄回吴兴珂里。现交秋令,将次开学,因于本月初四日乘舟来省,拜会抚宪任筱沅大中丞。至中学堂,本有师范生六名,帮同教习,嗣以不遵约束,经前总理杨雪渔太史斥退,现已添请钱墨卿茂才宗翰任其事。钱塘县小学堂总理孙仲华主政,则拟赴都供职,力辞是席,尚未知接办者系何人也。

《申报》1902年12月22日

---

① 《大公报》,1902年6月17日由英敛之在天津创刊,1926年9月以后由张季鸾等人接办,是清末、民国时期著名的大报。

浙江巡抚聂奏请遴员接办大学堂片

(1904年2月3日)

聂缉椝[①]片：

再，浙江省城大学堂，业经遵照钦定章程改为高等学堂，所有总理一员，事烦责重，非声望素孚者不能胜任。前抚臣任道镕于改设学堂折内，奏明延请在籍绅士、前吏部稽勋司主事劳乃宣办理在案。兹据该总理因病再三辞退学务重任，亟应遴员接办，以资督率。臣留心考察，有绅士特用员外郎陶葆廉，品端学粹，名实相孚，堪以接办高等学堂总理事宜。除延请并分咨查照外，谨附片具陈，伏乞圣鉴。谨奏。

朱批：学务大臣知道，钦此。

光绪二十九年十二月十八日

中国第一历史档案馆编《光绪朝朱批奏折》第105辑第616—617页，中华书局1996年版

浙江巡抚聂缉椝奏为延请陆懋勋接办浙江高等学堂片

(1905年1月)[②]

再，浙江省城高等学堂，前经奏明延请绅士、特用员外郎陶葆廉总理一切事宜。嗣复遵照钦定章程，改为监督各在案。兹准该监督一再坚辞请退学务重任，亟应遴员接办。臣留心考察，查有翰林院编修陆懋勋，品端学粹，足资表率。前曾在浙办理学堂有年，旋以编修赴京供职，经翰林院衙门咨送南洋考求交涉，并考察兵制、商务。近因省亲，乞假回籍，应即留办高等学堂监督事宜，以资督率。至该员留任监督，事属因公，可否仰恳天恩俯准，免扣资俸，俾得专心在浙经理学务。臣为慎重学务起见，是否有当，除分别咨行外，谨附片陈请，伏乞圣鉴训示。谨奏。

朱批：吏部议奏。

中国第一历史档案馆编《光绪朝朱批奏折》第105辑第655—656页，中华书局1996年版

---

① 聂缉椝(1855—1911)，字仲芳，历任上海江南制造总局总办、上海道台、浙江按察使、江苏布政使、江苏、安徽巡抚，1903年7月至1905年10月任浙江巡抚。

② 原件无月日。据《清代官员履历档案全编》(第7卷第473页，华东师大出版社1997年版)中的陆懋勋履历载，聂缉椝奏请委任陆懋勋担任浙江高等学堂监督的奏折附片，是光绪三十年十二月(1905年1月)递上的。

陆懋勋致筱帅大人[①]

(1906年1月3日)

筱帅大前辈大人尊鉴：

前日趋承钧教，钦忭莫名，高等一席，雅意挽留，区区下忱，业经面达，比即电致王、葛同乡诸公，请其商定一山庶常，务来接办。晚去志已决，昨奉台牍，万不敢承。兹谨奉璧，伏祈垂谅。专肃。敬请崇安，诸惟涵鉴。不宣。

晚生　陆懋勋顿首

十二月初八日

虞和平编《近代史所藏清代名人稿本抄本》第1辑第101卷第531—532页

陆懋勋致筱帅函

(1906年1月4日)

筱帅大前辈大人尊鉴：

昨蒙驺从枉顾寒舍，晚在学堂，致失恭迓，歉罪歉罪！顷闻陶拙翁来传述，尊意留晚仍任高等一席，殷谆之命，自当敬承。惟晚以乌鸟之情，急思图禄养以娱节母，七旬爱日，未敢蹉跎。前经面陈，兹复请拙翁代为上达，务求鉴谅，俯准即辞。至接理之人，晚电请夔相诸公，敦促一山庶常来浙，不久必有复音，万一不来，当再作计议耳。

台牍仍奉缴，专肃申谢，敬请钧安，伏惟垂鉴。不宣。

晚生　陆懋勋顿首

十二月初九日

虞和平编《近代史所藏清代名人稿本抄本》第1辑第101卷第637—638页

张曾敭复高等学堂监督陆

(1906年1月8日)

冕侪仁兄馆丈大人阁下：

初九日奉诵手翰，敬稔壹壹。省会学堂急资表率，大君子乡邦硕望，超越辈流，就熟驾轻，非公莫属，乃谦怀若谷，一再固辞。学界烦劳，弟所深悉，况萱堂期以远大，奚敢久屈高才。惟昨接夔诸公电，一山太史决难抽身，接任之人，未易邂逅。学堂各教习，例须今冬豫送关书，或当改订，尚烦从长衡夺，庶无误明春开学之期，仍请吾公垂神经理，维持大局。敝处

---

① 筱帅即时任浙江巡抚张曾敭。张曾敭(1842—1920)，字小帆，号静渊。直隶南皮人，同治进士，历任湖南永顺、广东肇庆知府、四川按察使、福建布政使、山西巡抚，1905年10月至1907年9月任浙江巡抚。

公牍理应续呈，务祈察收勿却，用符成案为祷。专此布达，敬请著安，诸惟亮察。

馆弟　张○○顿首

十四日缮发

虞和平编《近代史所藏清代名人稿本抄本》第1辑第101卷第639—640页

陆懋勋致筱帅

（约1906年2月）

筱帅大前辈大人尊鉴：

日昨接奉钧示并台牍敬悉，晚乞去下忱既蒙垂谅，惟属暂时承乏，晚上为谆命再三之逮，下为生徒数百所关，自当预将来岁事宜妥为布置，以对地方而副盛意。谨以三月为期，请仍物色贤绅届时接办，是所至祷。专肃敬复，祗请崇安，诸惟垂鉴，不宣。

晚生　陆懋勋顿首

虞和平编《近代史所藏清代名人稿本抄本》第1辑第102卷第314—315页

陆懋勋致陶拙存函[①]

（1906年4月24日）

拙存先生大人阁下：

二十六日肃奉一函，谅蒙赐鉴，求代达一节，懋已转陈。弟去志甚迫，务请中丞速即订定办理之人，以便弟早日卸事，行色较为从容也。烦渎清神，感歉曷既，敬请台安。

小弟　懋勋顿首

四月朔日

虞和平编《近代史所藏清代名人稿本抄本》第1辑第102卷第357页

张曾敭致侍讲樊介轩函[②]

（1906年4月24日）

樊侍讲介轩仁兄同年大人阁下：

违教逾月，惟道履绥和为颂。弟近得感冒，多汗畏风，殊形委顿。高等学堂、中学堂陆、邵两监督力辞校事，举吴雷川、孙廑才两庶常自代。雷川曾办清江学堂，谅熟谙教育，弟拟延

---

① 陶葆廉（1862—1938），字拙存，别署淡庵居士，浙江秀水人。光绪举人，曾任兵部员外郎、学部咨议，1903年夏至1904年春担任浙江高等学堂监督。

② 樊恭煦（1843—1914），字觉先，号介轩，杭州人。同治进士，曾任陕西、广东学政、江苏提学使。

主高等,未知渠向来行诣,弟何乞示知。伯絅急于赴东,极称孙庶常可代,渠妙年美质,阅历较浅,鄙意未敢遽定。有人谓陈介石主政,才识超卓,惟与雷翁曾有小隙,不识其人究竟如何? 此外,分委堪资师表之人,弟一切生疏,伏祈明以告我,俾知取舍,无任感盼。

专此,敬请福安。诸惟爱照。

年愚弟　张〇〇顿首

缮,四月初一日发

虞和平编《近代史所藏清代名人稿本抄本》第1辑第102卷第358页

张曾敭致学务处提调吴博泉函[①]

(1906年4月24日)

学务处提调吴博泉仁兄大人阁下:

敬启者,高等学堂陆冕侪编修屡次辞馆,意于北上,未便强留。闻城绅吴雷川庶常曾在清江办学堂,夙谙教育,弟拟延请为高等学堂监督,渠寓下城双眼井巷邹宅,祈吾兄拨冗先代致意,请勿推却。密即缮备照会,专此布托,敬请升安。

愚弟　张〇〇顿首

虞和平编《近代史所藏清代名人稿本抄本》第1辑第102卷第483页

巡抚张曾敭奏为监督浙江高等学堂翰林院编修陆懋勋请给咨回京供职事

(1906年5月11日)

再,监督浙江高等学堂、翰林院编修陆懋勋迭次面称:现欲回京供职,恳辞监督事务,经臣照会丁忧在籍翰林院庶吉士吴震春接办。兹准陆懋勋咨称,一切事务均经料理清楚,请给予咨文,以便回京供职等情。除咨学部并给咨外,谨附片具奏,伏祈圣鉴。谨奏。

奉朱批:该衙门知道。

浙江巡抚　张曾敭

光绪三十二年四月十一日

中国第一历史档案馆藏,全宗号:04-01-0649

---

① 吴学庄,字雁客,号博泉,安徽庐江人,生卒年不详,光绪举人,曾任浙江衢州知府、温州知府。

浙江巡抚张曾敭奏为延请吴震春接办大学堂片

(1906 年 5 月 19 日)

再,浙江省城高等学堂前经奏明,延请绅士翰林院编修陆懋勋监督一切事宜在案。兹准该监督再三坚辞请退学务重任,自应遴员接办。臣留心考察,有翰林院庶吉士吴震春,堪以接办高等学堂监督事务。除延请并分咨外,理合附片陈明,伏乞圣鉴。谨奏。

奉朱批:该衙门知道。

浙江巡抚张曾敭

光绪三十二年四月二十六日

中国第一历史档案馆编《光绪朝朱批奏折》第 105 辑第 738—739 页,中华书局 1996 年版

监督同时更代

(1906 年 5 月 19 日)

浙省高等学堂监督,今年延陆冕斋太史承乏,现奉学部电调,应须入都,由浙抚另延吴太史震春承乏。又中学堂监督邵伯絅庶常,现将赴日本留学政法,遗席刻尚未得其人也。

《申报》1906 年 5 月 19 日

浙江学务公所议绅吴震春上支提学辞职书

(1907 年 9 月 7 日)

敬肃者,晚赋性迂疏,才识短浅。去岁承抚院以高等学堂事相属,汲深绠短,固已蝎蹶不遑,今岁复蒙谬采虚声,延备公所议绅之职,因循半载,禄糈虚糜。清夜扪心,良乖素志。迩者于禁止体育事,妄思有所献纳,言拙谋疏,不获回抚院钧听。衡诸不得其言则去之义,已无用其徘徊矣。学界多故,高等小学堂孙校长适有控案,晚于十九日闻诸道路,以为该堂经费系高等学堂拨付,该校长亦系高等学堂监督延订,事出意外,高等学堂或当有调查之责。且此案有关学界名誉,事之虚实,在公所者皆应与闻。适是日为轮值公所之期,故遂晋谒台端,从容请询,蒙谕以尚未宣布,又不以控词相告,晚其时方私为学界庆幸,以为老前辈知此案关系中国学界名誉甚大,惟意存慎重,故事主秘密,所以不欲晚与闻者,非摈诸公所之外也。乃是日午后,即知此案实已于十八晚交仁和署讯供,未几而得知耻社遍发传单之信,未几而得贵署批示严办之信,未几而得仁和署出票提孙校长之信。一二日间,事如虞机,广张药线,久伏一发而不欲遏。谓为慎重,谁则信之?当道者对于此案力指为个人之事,不必第三者干涉,但颇闻此案再交仁和,竟有与此案绝无关系之人至县署观审者,因而知耻社乃敢明目张胆发传单,在明伦堂开会,不啻家喻户晓,足使有子弟之家不敢向学。且闻知耻社中之丁某,又即代赵递禀之人,此又何说欤?当道者视此案为个人之事,而他人皆视为非个人之事,然则老前辈之秘密,非谓议绅不得与闻,殆谓晚不可与闻也。晚尚可忝然尸位,不避贤者路乎?

晚自问对于学务既毫无裨助,对于清议又将难辞责备,谨缴还照会,敬辞议绅之职,希鉴宥是幸。

《申报》1907 年 9 月 7 日

呈请补奖办学人员
(1908 年 11 月 24 日)

浙省高等学堂监督吴太史咨呈学辕,谓:敝堂学生毕业,援例请奖职员一节,前已咨呈在案。惟前所请奖各员,系就现在本堂供差者开列,其有已离堂,而从前积资较深,与请奖年限相符者,似未便不予奖叙。兹查有前充本堂提调、浙江候补知府萧文昭,赞助规画,已有四年。中间承办工程,尤能不辞劳瘁。前本堂监督、江苏候补知府陆懋勋,推广学额,改良规制,尤为成迹昭然。以上二员,应如何奖叙,应请酌定归入前案,一并转详。又前充国文教员、江苏候补知县陈棠,前庶务、江苏试用县丞杨庚,在堂供差日浅,与请奖年限不符,惟现均在江苏师范学堂充当教员、职员,可否由贵司移请苏提学转移藩司,准以在籍办学劳迹存记拔委一次,以资激劝。

《申报》1908 年 11 月 24 日

吴监督辞职续志
(1908 年 12 月 26 日)

杭省高等学堂监督吴雷川太史,日前呈请学司辞职,当蒙支学宪竭力挽留等情,已志前报。兹悉吴太史因自戊戌年出都后,迄今十载,现拟于明春复入京师,故将担任各事辞退,现由支学宪致意慰留,不知太史若何决定也。

《申报》1908 年 12 月 26 日

浙省请奖高等学堂职员
(1908 年 12 月 28 日)

高等学堂监督吴雷川太史咨呈提学司,略谓:敝堂自光绪二十九年由大学堂改称高等学堂以来,时阅五载,甫于本年五月间举行师范、预备两科毕业,所有在堂年久之职员,自应择尤请奖,以资鼓励。查定章,保奖各学堂员绅,本以届期五年,成就学生人数在六七十人以上为衡,惟上年学部核准山西大学堂请奖各员成案,凡供职在三年以上者,均准保奖。敝堂现即比照办理,凡在堂五年以上者,请照异常劳绩给奖;其三年以上者,请照寻常劳绩给奖。备具各员履历清册，呈请贵司转详抚宪奏咨给予奖励云。

《并州官报》第46期，光绪三十四年十二月初六日[①]

照会请奖办学官绅

(1909年3月15日)

浙提学司照会高等学堂文云：案于上年准贵监督咨开：敝堂自光绪二十九年由大学堂改为高等学堂，时阅五载，五月间举行师范、豫备两科毕业，所有在堂年久之职员，自应照章择尤请奖，以示鼓励。造具履历清册，呈请转详奏咨。续又准咨，以现已离堂从前积资较深，与请奖年限相符者，似未便不预奖叙。查有前充提调候补知府萧守文昭，前充监督陆绅懋勋，以上二员应如何奖叙，请酌定归入前案核办，等由过司。准此，查定章办学保奖，须以成就学生人数为衡，上年准咨时，因贵学堂毕业各生尚未详咨，应俟详咨后方可核办。现在业已详奉咨部，尚未奉核复。惟查续准咨请之萧守、陆绅二员，虽将供差成迹开呈，未将拟请奖叙何项声明，无从核办，自应按照成迹，酌拟请奖官阶，并查取该二员各履历各四套，送候核明酌办，俾有依据。相应照请，为此照会贵监督，请烦查照。

《申报》1909年3月15日

本司支呈送高等学堂监督翰林院庶吉士吴绅震春履历请奏咨授职详抚宪文[②]

(1909年10月18日)

为详请事。案查浙省高等学堂监督、翰林院庶吉士吴绅震春，于光绪三十二年四月由前宪台张延请接办该堂监督事务，即于是月附片奏明，奉朱批：该衙门知道，钦此。奉经抄片札发学务处，移知该监督钦遵，办理在案。又查定章，进士充当学堂教习及总理学务事宜，应由各督抚先行奏咨立案，三年期满，实能称职，准与在馆毕业学员一律办理等语。该监督自接办高等学堂，至今已三年有余，计所成就学堂，光绪三十二年十一月，师范简易科毕业三十五人；三十三年四月，师范简易科毕业五十五人；三十四年五月，师范完全科毕业三十八人，高等预备科毕业八十二人；宣统元年五月，高等预备科毕业八十八人，共计二百六十三人。上年八月，又开办正科，苦心规划，一切务求完备。核其办学成绩，尚与定例相符，且奉学部颁发八十八期官报内，已有议准闽省兴化府中学堂监督、庶吉士张琴三年期满奏请授职之案。兹查吴绅自任高等学堂监督以来，清高深稳，虑事精详，理合取具履历，援例备文详请，仰祈

---

① 《并州官报》，山西地方官报，1908年5月创刊于山西太原，五日刊，山西省咨议局议员李庆芳负责编辑，并州官报馆出版并发行，1911年停刊，设有上谕、奏折、电报、实业、文牍等栏目。

② 本司支即提学使支恒荣。支恒荣(1849—1915)，字继卿，号芰青，江苏丹徒人，光绪三年进士，授翰林院庶吉士。1904年任湖南学政，1906年改浙江提学使。

宪台察核,俯赐具奏,并请分咨吏部、学部、翰林院查照办理。

九月初五日

《浙江教育官报》第15期,宣统元年十月

浙江巡抚增韫奏高等学堂监督吴震春请授职片

(1909年12月7日)

再,浙江省城高等学堂监督,于光绪三十二年四月,经前抚臣张曾敭延请翰林院庶吉士吴震春接办,附片奏奉朱批:该衙门知道,钦此钦遵在案。兹据提学使支恒荣详称:查定章,进士充当学堂教习及总理学务事宜,应由各督抚先行奏咨立案,三年期满,实能称职,准与在馆毕业学员一律办理等语。该监督自接办高等学堂,至今已三年有余,计所成就学生,光绪三十四年五月师范完全科毕业三十八人,高等预备科毕业八十二人;宣统元年五月,高等预备科毕业八十八人,共计二百八名;本年八月又开办正科,一切规划具臻完备,核其办学成绩,实与定例相符。查闽省兴化府中学堂监督、庶吉士张琴,三年期满,奏请授职,奉准有案。该庶吉士吴震春,自任高等学堂监督以来,训迪有方,不辞劳瘁,理合取具履历,援案详请奏咨前来。奴才覆核无异,合无仰恳天恩,俯准将浙江省城高等学堂监督、翰林院庶吉士吴震春援案准予授职,以示奖励。除将履历分咨吏、学二部,并翰林院查照外,谨附片陈请,伏乞圣鉴训示。谨奏。

宣统元年十月二十五日

宣统元年十一月十七日奉朱批:学部议奏,钦此。

《政治官报》第790号,宣统元年十一月二十五日[①]

学部奏议覆浙抚奏庶吉士吴震春办学期满请奖折

(1910年1月20日)

奏为遵旨议覆恭折具陈仰祈圣鉴事。本年十一月十七日,内阁钞出浙江巡抚增韫具奏,庶吉士吴震春办学期满,请援案授职一片,奉朱批:学部议奏,钦此。原片内称:浙江省城高等学堂,于光绪三十二年四月经前抚臣张曾敭延请翰林院庶吉士吴震春接充监督,附片奏明在案。该监督自接办高等学堂至今已三年有余,核其办学成绩,训迪有方,不辞劳瘁,恳请援案准予授职等语。臣等查前学务大臣奏准更定进士馆章程内开:新进士有在学堂充当教习及总理学务事宜,三年期满,实能称职,准与本馆毕业学员一律办理等语,迭经遵办在案。兹据该抚奏称,该庶吉士办理学务历资三年,核与定章符合,自应准照历届新进士办学期满,比照中等毕业成案,给予奖励。如蒙俞允,再由臣部会同翰林院,遵章带领引见,请旨授职,以

---

① 《政治官报》,1907年清政府直接创办的正式机关报,刊布谕旨、奏章、法律、章程、命令等,1911年8月24日改为《内阁官报》。

昭慎重。所有臣等遵议缘由,谨恭折具陈,伏乞皇上圣鉴。谨奏。

宣统元年十二月初十日奉旨:依议,钦此。

《学部官报》第113期,宣统二年二月初一日

抚部院增奏请在籍编修孙智敏充高等学堂监督仍免扣资俸片[①]

(1910年3月18日)

再,浙江省城高等学堂监督吴震春,办学三年期满,经奴才于上年十月二十五日援案附片奏请授职。钦奉朱批:学部议奏,钦此钦遵,咨行在案。兹据署提学使袁嘉谷详称:准吴监督咨称:现拟入都,请即遴选贤能接办,俾得交卸到司。查高等学堂监督责重事繁,端赖得人而理。兹查有翰林院编修孙绅智敏,品端学粹,足资表率,以之接充高等学堂监督,必能措置裕如。除由司照会外,详请核咨等情前来。查孙绅智敏,前据地方自治筹办处详称,延聘为研究所教员,曾由奴才附片具奏,并请免扣资俸,业奉朱批:允行,该衙知道,钦此钦遵,办理在案。兹复留充高等学堂监督,事关学务,应仍请免扣资俸,以符向章。除分咨学、吏二部暨翰林院查照外,理合附片具陈,伏乞圣鉴训示。谨奏。

宣统二年二月初八日奉朱批:允行,该衙门知道。钦此。

《浙江官报》第2卷第7期,宣统二年三月初八日[②]

浙抚又奏职绅陆懋勋热诚兴学请给奖叙片

(1910年4月30日)

又奏职绅陆懋勋热诚兴学请给奖叙片

再,江苏候补道、前翰林院编修陆懋勋,前因在籍充浙江高等学堂监督,热心办学,经臣于上年三月间备案,奏请给奖,嗣准部议,以该绅实计任差年限不足,毋庸给奖,等因。奉旨依议,钦此。咨行到浙,即经转行钦遵去后,兹据署提学使袁嘉谷详称:据该学堂监督咨称:浙江高等学堂系由求是书院改设,光绪二十三年招生,肄习中西各门科学,均由陆绅首先创办。其时风气未开,陆绅总理其事,苦心提倡,人竞向学。二十四年遴选高材生资遣日本就学,为各省游学之先导。其学成名立者,前后不乏其人。二十七年,陆绅回京供职,三十一年回籍,复经前抚臣聂缉椝奏充高等学堂监督,扩充学额二百人,附设师范传习所,招生二百四十人,又于省城设高等小学堂一所,初等小学堂十所,诱掖奖劝,不遗余力。三十二年,仍回京供职。综计陆绅办学,先后共逾五年,上年毕业至一百十七人之多,经部议准给奖升学在

---

① 孙智敏(1881—1961),字廑才,浙江杭州人。光绪癸卯科进士,任翰林院编修,曾留学日本,1910年春至1911年冬任浙江高等学堂监督,此后历任浙江两级师范学堂监督、之江大学文理学院教授等职。

② 《浙江官报》,政务类刊物,1909年8月创刊,浙江官报局主办,定位为"浙江全省政事之发表机关",初为周刊,后为五日刊,主要刊登谕旨、奏折、文牍、函电、法令、调查等。

案。饮水思源,莫非陆绅培成而出,若不追录前劳,无以示激劝而昭公道等情,由司查明转详,请奏给奖前来。臣查该绅陆懋勋热诚兴学,委系不遗余力,且任事最久,著有劳绩。据该司重申前请,合无仰恳天恩,准将前充浙江高等学堂监督、江苏候补道陆懋勋赏加二品衔,以示鼓励,而昭激劝,出自逾格鸿慈。谨附片具奏,伏乞圣鉴。

再,该绅履历前已咨送,合并陈明,谨奏。

宣统二年四月初一日,奉朱批:该部议奏,钦此。

宣统二年三月廿一日

浙江巡抚　增韫

中国第一历史档案馆藏,全宗号:04-01-684

又奏请将中书陆家鼎免扣资俸片

(1910年6月4日)

再查京员在外省充当总理、监督、总分教习以及各项差使,定章均准免扣资俸,历经遵办在案。兹查浙省农业教员讲习所所长并劝业公所农务科正科员,前由提学司会同劝业道详经臣批准,照请内阁中书陆家鼎办理。惟该员前在奉天充当农业学堂教务长,曾经东三省总督臣锡良、奉天抚臣程德全奏调有案,于宣统元年十二月请假回京省亲,二年正月因病请假回申就医,兹既由浙省留办农学各务,自应照章一律免扣资俸。据署提学使袁嘉谷、署劝业道董元亮会详请奏前来,合无仰恳天恩俯准,将内阁中书陆家鼎一律免扣资俸,以符定章。除将该员履历分咨查照外,理合附片陈明,伏乞圣鉴训示。谨奏。

宣统二年四月二十七日奉朱批:该部知道。钦此。

《政治官报》第936号,宣统二年五月初二日

学部会奏核议浙抚奏籍绅陆懋勋办学请奖折

(1910年7月23日)

奏为核议浙江职绅办学奖案,恭折会陈仰祈圣鉴事。内阁钞出浙江巡抚增韫附奏,职绅陆懋勋热心办学,仍请给奖一片。宣统二年四月初一日奉朱批:该部议奏,钦此钦遵到部。原奏内称:江苏候补道、前翰林院编修陆懋勋,前充浙江高等学堂监督,经臣汇案奏请给奖,嗣准部议,以该绅实计任差年限不足,无庸给奖等因。兹据提学使详称,浙江高等学堂系由求是书院改设,光绪二十三年招生,肄习中西各门科学,均由陆绅首先创办。二十四年遴选高材生资,遣日本就学,为各省游学之先导。二十七年陆绅回京供职,三十一年回籍,复经奏充高等学堂监督,扩充学额,附设师范传习所。又于省城设高等、初等小学,诱掖奖劝,不遗余力。三十二年,仍回京供职,综计办学先后共逾五年,若不追录前劳,无以示激劝,而昭公道。由司查明转详请奖,合无仰恳天恩,准将前充浙江高等学堂监督、江苏候补道陆懋勋赏加二品衔,以示鼓励,而昭激劝等语。学部查,浙江高等学堂办学人员奖案,臣部前于宣统元年

十一月二十九日，会同吏部核议具奏，曾以该绅陆懋勋任差年限不足，无庸给奖等因，奏准咨行在案。兹据该抚奏称，该绅自光绪二十三四年间提倡学务，资遣游学，复经陆续造就师范，推广小学，洵属热心兴办，不遗余力。既据查明，该绅前后办理地方学务卓著成效，自应准其照案给奖，借资鼓励。吏部查，定章加衔，限制三四品各官不得逾二品，该绅所请加二品衔，核与定章相符，应请照准，伏候命下，即由学部咨行浙江巡抚钦遵办理。所有核议浙江职绅办学奖案缘由，谨恭折会陈，伏乞皇上圣鉴。再，此折系学部主稿，会同吏部办理，合并声明，谨奏。

宣统二年六月初七日奉旨：依议，钦此。

《政治官报》第981号，宣统二年六月十七日

增韫又奏前充浙江高等学堂提调萧文昭请照原拟给奖片①
(1911年3月16日)

再，现署处州府知府萧文昭，前充浙江高等学堂提调，热心办学，经臣于宣统元年三月间汇案奏请给奖，嗣准部议，以该员任差年限不足，毋庸给奖，等因。奉旨依议，钦此。咨行到浙，即经转行。钦遵去后，兹据署提学使袁嘉谷详称，准高等学堂监督孙智敏咨称，该员萧文昭，自光绪二十七年九月到差，其时由求是书院改设大学堂，会同总理办理堂中一切事宜，和衷商榷，逐事认真，承办工程，朝夕程督，用款仅洋一万六千余元，建造洋式斋房、藏书楼至九十余间之多。各省学堂，多以修造为利薮，倒塌之事时有所闻。该员独能清廉自矢，工坚料实，每月又将所得公费捐助一半，以助学堂中经费，历经册报在案，足征热心学务。二十八年九月，挑选出洋学生许寿裳等十名，考选京师大学堂学生王烈等十五名，均皆会同总理监督办理。三十年九月，派充全省学务正提调，考取出洋师范生胡以鲁等一百名。现各师范均造就有成，回浙办学。三十一年，该员以兼差太多，又患肝疾，三次具禀求退。是年十一月销高等学堂提调差，十二月销学务正提调差，综计办理学务共计在差四年零三个月。查学部奏定奖叙章程，办理学务五年以上，准照异常劳绩给奖；三年以上，准照寻常劳绩给奖。该员前请奖叙，系属寻常，与例相符。且同案办学之陆懋勋，已蒙奏请奖叙，该员前次因调在京，未及查取履历，并案汇请。兹经查明，应请仍照原拟给奖等情，由司查明，转详请奏给奖前来。臣查，该员萧文昭前办高等学堂情形，委系清廉自矢，热心学务，既据该司重申前请，合无仰恳天恩，仍准将前充浙江高等学堂提调、署处州府知府萧文昭赏加盐运使衔，以示鼓励，而昭激劝，出自逾格鸿慈，伏乞圣鉴。再，该员履历前已咨送，合并陈明。谨奏。

宣统三年三月初二日奉朱批：该部议奏。钦此。

宣统三年二月十六日
浙江巡抚　增韫

中国第一历史档案馆藏，全宗号：04-01-690-086

---

① 萧文昭(1862—?)，字叔蘅，号同甫，一字君恳，长沙府善化县人，光绪二十年(1894)甲午科进士，1901年10月至1906年1月担任浙江高等学堂提调，后调任处州知府。

浙江巡抚增韫奏度支部主事邵长光充高等学堂教务长请免扣资俸片

(1911年10月23日)

再,查学部奏定章程,京员办理外省学堂,充当总理或监督、总分教习者,准免扣资俸等因,历经遵办在案。兹据署提学使袁嘉谷详,准高等学堂监督咨称,该堂教务长兼英文教员邵长光,于本年恭应延试一等,奉旨以主事分部补用,随经签分度支部。当因该堂办理毕业,屡次电催,该员未及到部,匆促回堂。嗣因计划开堂一切事宜,凡支配功课及商酌教授方法,该员职居教长,在在相需,自不能任其暂离,造具履历,呈司详请奏咨前来。臣覆核无异,合无仰恳天恩,俯准将度支部主事邵长光,照章免扣资俸。除将履历分咨查照外,谨附片具陈,伏乞圣鉴。谨奏。

宣统三年九月初二日

奉朱批:允行,该部知道。钦此。

中国第一历史档案馆藏,全宗号:04-7642-019

咨请奖励工业校长

(1914年12月13日)

巡按使曾奉农工商部咨:查工艺办有成效者,饬将办事人员开具履历,送部核给奖励,实为维持国货起见。兹由屈巡使查得浙省甲种工艺学校,所出织、染、铁、木四种国货,极形发达,货亦宏富,种类发明,不一而足。而于制造机器铁件,尤见精益求精,商界称羡。拟将该校长许缄甫君,开送履历,说明办工艺成绩,咨请大部核奖云。

《教育周报(杭州)》第65期,民国三年十二月十三日

饬委黄勋任甲种农业学校校长由[①]

(1915年7月16日)

浙江巡按使公署饬第三千二百五十九号

饬委甲种农业学校校长由

为饬知事。案查省立甲种农业学校校长陈嵘业已辞职,兹查有该员堪以接充,合亟饬填委任状饬发该员,仰即遵照前往接替,并将接任日期详报备查。此饬。

计发委任状一纸。

---

① 黄勋,生卒年未详,字赞尧,江苏崇明人,1912年毕业于日本东京高等农业学校选科,1915年7月至1916年8月任浙江省立甲种农校校长。

右饬黄勋,准此。

巡按使　屈映光

中华民国四年七月十六日

《浙江公报》第1228册,民国四年七月二十一日

令委周清为省立甲种农校校长由[①]

(1916年8月28日)

浙江民政厅委任令第二百三十号

令委周清为省立甲种农校校长由

令周清:案照省立甲种农业学校校长黄勋业经免职,兹查有该员堪以接充,合行填发任命状,令仰该员遵照前往接替,并将任事日期具报。该农校积弊颇深,极鲜成绩,并仰切实整顿,力谋起色,毋负委任,切切此令。

附发任命状一通。

中华民国五年八月二十八号

民政厅长　王文庆

《浙江公报》第1608号,中华民国五年九月二日

令省立甲种农校校长黄勋应予免职由

(1916年8月28日)

浙江民政厅训令第二百三十一号

令省立甲种农校校长黄勋应予免职由

令省立甲种农业学校校长黄勋:案查该校校长任事以来,殊鲜成绩,平日对于校务又多处理失当,难胜校长之任,应予免职,除另派员接替外,合令遵照。此令。

中华民国五年八月二十八日

民政厅长　王文庆

《浙江公报》第1608号,中华民国五年九月二日

① 周清(1880—1940),原名幼山(友三),号越农,绍兴东浦镇人,清末秀才,曾入京师大学堂学习,后回浙江任官立两级师范学堂生物教师。1916年至1922年,任浙江省立甲种农校校长,兼任农事试验场场长。

为校长交接令省立甲种农校现前任校长黄勋周清

(1916 年 11 月 18 日)

浙江省长公署指令第三千六百七十二号

令现前任省立甲种农业学校校长黄勋、周清

呈一件，为会同前校长黄勋，呈报交接款项、图书仪器等，造册送请察核备案由。

呈册均悉。查款项清册内存款项下，四年度临时费盈余数目，系将前年度临时费盈余数并计在内，前已指令分别更正，本册内应一体照改，以凭核对。垫款项下，陈前校长移交巴拿马赴赛支出银四十五元七角七分三厘，查已经前巡按使署以未奉核定有案，将报销册驳还在案。吴前校长任内，二年度六月份溢支银八元四分一厘，系属预算外溢支之款，应由原任校长自行弥补，未便移交作垫，学生应缴学膳、讲义、杂费，本应先期缴纳，该黄前校长既不照章催缴齐全，反于学校经费项下代为垫付，亦属无此事，理应均删去。其余印花票以下各款，应由现任校长查明是否正当，分别经常、临时，作为现银移交列册，将来再由该校长于造送临时费及九月份经常费各报销册一并造报，所有册内垫款一项，毋庸再列。又图书册内所注《实业浅说》及《农作物病学教科书》等缺少本数，应即由黄前校长查明补交具报，陈前校长任内各教员移借图书未归还者，现在各教员是否均仍在校，此项书籍有无短少，并应由现任校长明白具复。嗣后凡遇交代，教职员如有借阅书件，应先一律归还移交，俟交清后再行续借，不得再于册内笼统开报。各册准予备案，仰即分别遵照，款项清册发还余册均存。此令。

十一月十八日

计发还册一本。

《浙江公报》第 1686 号，民国五年十一月二十二日

教育部奖给甲种工校匾额一方暨校长许炳堃奖章

(1918 年 2 月 21 日)

教育部咨浙江省长，奖给省立甲种工业学校匾额一方，暨给予校长许炳堃奖章等件，请查照转发文。

为咨行事。案据本部视学视察报告，浙江省立甲种工业学校组织完美，成效昭著，应奖给匾额一方，校长许炳堃应查照教育部奖章条例第一条之规定，给予三等奖章，以照激劝。相应检同匾额及奖章，凭单咨送贵省长，请烦查照转发可也。此咨。

计送奖给“琢磨道德”匾额一方、奖章凭单一纸。

教育总长　傅增湘

中华民国七年二月九日

《政府公报》第 747 期，民国七年二月二十一日

教育部奖励甲种工校

(1918年3月3日)

教育部以部视学报告，浙江省立甲种工业学校组织完美，成效昭著，特奖给“琢磨道德”四字匾额一方。又该校校长许炳堃，查照教育部奖章第一条之规定，给予三等奖章，已于昨日咨送来浙，转饬祗领矣。

《教育周报(杭州)》第194期，民国七年三月三日

甲种工业等校长办学成绩优美应传知褒奖令仰遵照由[①]

(1918年3月20日)

浙江省长公署训令第一九五号

令教育厅：

案准教育部咨开：据本部视学钱家治、主事周开鋆等视察报告，内称：省立甲种工业学校现分机械、机织、染色三科，开办六年，成效昭著，论其优点，厥有六端。

一、注重实习。即暑假内学生留校者，亦订有一定之时间分场工作，平时实习，学生入场作业与工人无异。

二、附设艺徒。各场均招收艺徒，以三年毕业，授以必需之知识技能，养成工场职工，以谋职业教育之发展。

三、改良织物。该校提花、机织、意匠日新，成绩优美。

四、联络工商界。如机织科附设织工传习班，专为改良织业而设，机械科组织武林铁工厂，以为毕业生从事实习之所。现出品以提花机、织袜机、学校用手工器具等为多。染色科学生届毕业时，料房、染坊丝行等商争相聘用，非平日与工商界力谋沟通不能有此信用。

五、设置完备。各科工场机械或购自欧日，或依样仿制，足供练习之用，并采集关于织物意匠之中外标本及板金工标本，以备参考而资仿造。

六、管教热心。各场主任均备有考课册，详记学生实习事项，专科教员亦皆用心。每月开职教员会议一次，图校务之改进。校长许炳堃学识经验均极优长，主任吴宗濬相助为理，亦能热心研究，应社会之要求，故学生毕业后能力均足自营。

该校经营规划，甫及数年挽回利权，涓滴虽细，促进工业影响颇多，洵实业教育中优良之校。

《浙江教育月刊》第1卷第3期，民国七年三月二十日

---

① 该件为省政府褒奖全省各地“办学成绩优美”之各级学校，此处节取表彰甲种工校的部分。

浙江省立甲种农业学校校长

(1918年5月6日)

快信·杭州(五月五日到)

浙江省立甲种农业学校校长，因变更五年度预算案，已由省议会议员提出查办案。

《新闻报》1918年5月6日

工业学校之改组

(1920年9月17日)

省立甲种工业学校改为公立工业专门学校后，曾经齐前省长检同该校校长许炳堃履历，咨请教育部加委。现闻沈省长昨接部咨，谓公立、私立各专门学校之设立变更，均应咨报本部认可，历经通行查照在案。浙省甲种工业学校既于九年度学年开始改组公立工业专门学校，应即转令该校遵照专门学校令，及公私立专门学校规程，拟具章程图说，咨报本部，以凭核办。至请加委校长一节，教育厅已经成立之各省，不再由部加委，相应咨复饬遵云。

《时报》1920年9月17日

韧叟自订年谱(节录)[①]

(1920年)

劳乃宣

二十七年辛丑，五十九岁

正月，恽公奉讳去任，张文襄复来电相约，允之。二月移家嘉兴，居徐家埭，将于三月赴鄂。晋抚岑公奏调赴晋，奉旨俞允，电浙行府县敦促。鄂约在先，而晋奉朝旨，事处两难，徘徊不决，连夕不寐心疾复发，因两辞之，就医于青浦朱家角陈莲舫家。返之上海，盛公宣怀以南洋公学总理相属，谓地偏事简，风景清旷，藉可养疴，勉应其命。居两月，病如故，复辞归嘉兴，就医于石门令林君，服其药有效。至杭州僦居西湖僧院，养月余而渐疗。

时浙省设大学堂，以原设求是书院改建，巡抚任公聘余主之，携眷至杭，留䌹章夫妇于嘉兴家中。辑义和拳文牍书函，为《拳案杂存》。是岁，桐乡桐溪书院以策论课士，邑宰方雨亭君(家澍)聘予主课，寄卷评阅，自是为始，历任因之，至丙午科举停乃罢。子䌹章入县庠。陶氏女纺殁于广东。

---

① 《韧叟自订年谱》，《桐乡劳先生遗稿》第一册，劳乃宣撰，民国十六年桐乡卢氏刊印本。年谱起自道光二十三年(1843)，迄于1920年，本书辑录相关的三年(1901—1903)。劳乃宣(1843—1921)，字季瑄，号玉初，又号韧叟，近代音韵学家。1901年10月至1903年6月担任求是书院、浙江大学堂总理。

二十八年壬寅,六十岁

在杭州学堂。上年奉上谕,各省所有书院于省城均改设大学堂,其教法当以四书五经、纲常大义为主,以历代史鉴及中外政治、艺学为辅。此堂以旧设求是书院改建,予以植基立本之道,以德育为要,《御纂性理精义》中学类、治道类,括圣功王道之全,尤为学者当务之急,因录此两门铅印,为学堂课本。求是书院屋宇本僧寺所改,大殿佛像犹存,予请诸当道,迁去佛像,奉先师孔子,配以浙省从祀庙庭诸贤儒。暑假时回桐乡一行,买屋于南门内宏远桥,买田于石门湾。八月长孙元裳生,命子絅章先携嘉兴眷属移归桐乡。九月为予六十生日,先兄由苏州来,予兄弟率子侄辈,与樊芥轩、金月笙谨斋昆季、胡绍钱等,饮于西湖理安僧寺中。十二月,先兄在苏州病剧,往视之,旋殁。归返桐乡度岁。

二十九年癸卯,六十一岁

正月赴苏州,奉先兄柩葬于荣家山新茔,挈其眷属返桐乡。开学时回杭州。三月,学生有因失物迫胁司事者,予斥退六人,他学生结党滋闹,胁众告退者八十余人,予不为所动。内被胁勉从者,多密自陈明来归,不足之数别招考以足之。适奉文改为高等学堂,予招陶婿葆廉为协理。夏,心疾复发,秋以陶婿兼代,乞假归桐乡养病。

劳乃宣撰《桐乡劳先生遗稿》一,民国十六年桐乡卢氏刊朱印本

省农校之新改革

(1922年9月)

省立甲种农业学校,自农事试验场长陆海望调充校长以来,对于原有教职员大加更换,校务殊见刷新。兹更探得内容,略记如下:

(一)教员请假,每学期内不得过每周所担任之时数。

(二)为学生升学计,特于二三年级添设英文补习班。

(三)添聘专门教员。

(四)教员改专任制。

(五)减轻教授分量,每星期授课时间不得过四十时。

(六)设课余游艺,如习字、习画、乐歌、戏剧、拳术、技击运动等,不给分数,惟于毕业时如有卓绝之技者,得酌量奖励。

(七)毕业后服务半年,得酌给津贴,期满给以特别证书。服务项目如演讲、调查、展览、试验指导等。

《浙江省农会报》1922年第2卷第3期(9月)[①]

---

① 《浙江省农会报》是地方性农业科技刊物,1913年6月创刊,浙江省农会报编辑部编辑,月刊,1921年2月改月刊为季刊,设有论说、学艺、农事纪闻、会务报告、调查报告等栏目。

令高维魏充省立甲种农业学校校长由

(1923年1月20日)

浙江教育厅委任令第一号

令高维魏充省立甲种农业学校校长由

令高维魏:

委任高维魏为省立甲种农业学校校长。此令。

民国十二年一月十九日

《浙江教育月刊》第6卷第1期,民国十二年一月二十日

工农两校长改任技术主任

(1923年12月5日)

工校长许炳堃、农校长高维魏,经实业王厅长委充本厅工农两科技术主任,应辞去校长兼职,方为合法。现逐鹿者颇众。

《申报》1923年9月22日

许炳堃因病辞职

(1923年12月5日)

工专校长许炳堃因病辞职,教厅现正物色继任人才。

《申报》1923年12月5日

继任校长即可发表

(1923年12月15日)

工专校长许炳堃辞职,张教厅拟于金培原、朱崇简[①]二人择一聘任,即可发表。

《申报》1923年12月15日

① 应是徐守桢(字崇简)之误。

浙江工专更换校长

(1923 年 12 月 17 日)

杭州工业专门学校,自现任校长许炳堃,因病辞职后,逐鹿者甚多。闻教厅为慎重起见,已定该校教授徐守桢继任,不日即可发表云。

《教育与人生》民国十二年第 10 期[①]

浙江公立工专来函

(1923 年 12 月 26 日)

顷阅贵报"杭州快信"栏有"中等以上本月分校长会议,昨午后在工专举行,因女师校主张时局不靖,提前放假。公决:学校为人民表率,应示镇静,循旧办理"等语。查敝会议此次开会时,到会各校均主校务照常进行,并无人提议提前放假,所云女师校主张提前放假一节,系属误传,特请更正。值月学校:浙江公立工业专门学校谨启。十二月二十四日。

《申报》1923 年 12 月 26 日

浙教厅呈荐工专校长

(1924 年 2 月 26 日)

浙江教育厅昨呈省公署云:案奉钧署指令,职厅呈转工专校长许炳堃恳请辞职由。内开:呈悉,既据一再呈辞,情词恳切,应予照准,即由该厅正式遴员。呈候委任可也。此令。等因。奉此,职厅查现充该代理校长徐守桢,资格既属相当,又在该校任教多年,全校均其信仰,堪以升任该校校长一职。缘奉前因,除该员履历前已呈送外,理合备文呈荐,仰祈钧长鉴核施行。

《新闻报》1924 年 2 月 26 日

正式函聘工专校长

(1924 年 3 月 6 日)

工专校长许炳堃辞职,入山修养,前日与家属诀别起程,前省长沈金鉴及亲友俱有厚赠。又闻代理工专校长朱守贞[②],已奉张教厅正式函聘,前日开学。

《申报》1924 年 3 月 6 日

---

① 《教育与人生》1923 年 9 月在上海创刊,教育研究刊物,上海申报馆编辑,周刊。1924 年 12 月停刊。主要栏目有学乘、随谈、言论、消息、论著、演讲、调查等。

② 应是徐守桢之误。

浙江农校学生催促校长就职

(1924年4月7日)

浙江省立农业学校校长,自教厅聘许璇充任后,尚未到校视事,校务停顿,学生啧有烦言。兹悉该生等昨日已呈请教育厅催速就职,略云:

窃属校自钧厅聘任许璇接办以来,历时已逾两月,未见到校视事。现虽委任孙信代理校长,而孙信系北大工科毕业,对于农业教育之改进,绝属无望。近闻许校长又因私事回籍,亦未声明就职日期,模棱两可,去就不决,学业前途,殊多危险。生等为属校校务计,不得已呈请钧长,立予电催许校长切实表示,如许校长有不能任职之苦衷,应请钧长即予聘任物色相当人才接办,不胜迫切待命之至。

《申报》,1924年4月7日

浙教厅委任高维魏为农业专门校长

(1925年1月29日)

浙江省议员潘绍瑗等提出:教育厅任用农专校长才不胜任质问案。从省长令,饬教育厅妥选合格人员,呈候核委。现计厅长以农专校长李崇敏原系代理,并未正式委任。兹查有日本东北帝国大学农科毕业农学士高维魏,前年曾任该校校长,舆论交推,生徒翕服,以兹接任农业专门学校校长,似可胜任愉快,呈请省长正式委任。昨已奉省长核准委任,填给任命状,发厅转给矣。

《申报》1925年1月29日

浙教厅慰留农专校长高维魏

(1925年1月31日)

浙江农业专门学校校长,由计教厅长呈请省长委任高维魏充任,已志本报。兹悉高君奉函后,当即具书辞职,而教育厅复函慰留。现高君已有就职之意。兹将教育厅慰留高校长文录下:

径复者。接展来文并任命状一件,均悉。夙仰台端殚精农业,学有专长。既奉省长任命,驾轻就熟,为学校计,为学生计,务希力任其难,早日任事,请勿谦辞。相应将任命状送还,尚祈察收为荷。此致。

《申报》1925年1月31日

省立农专校长高维魏业已就职

(1925 年 2 月 3 日)

高维魏前被教厅荐呈省长，任命为省立农业专门学校校长，辞职后即为教厅慰留，已志前报。兹悉高氏已于上月三十一日到校任事，并为慎重人才起见，对于校中各教职员，业均遴选聘定，分别致送聘书，以专责成。其前任校长所送各教职员聘书，应截至本年一月三十一日止为有效期间。

《申报》1925 年 2 月 3 日

浙江农专校长高维魏被控

(1925 年 4 月 9 日)

浙江农专校长高维魏，近被该省公民徐茂园、姜德基等二十余人，列举事实，呈请教育厅撤换。其呈文内容关于前任时之罪状者六：一、施用阴谋，抢夺校长；二、侵吞代课薪金；三、侵吞兽医科经费；四、侵吞濬河经费；五、侵吞合班教授所减之薪金；六、侵吞林场生产费。关于现任时之罪状者十：一、施用阴谋，抢夺校长；二、滥聘违法之教员；三、滥收中学未毕业之学生；四、违背部章；五、虚费公款；六、牺牲学生毕业；七、徇情用事；八、招生无定期；九、废弛职务；十、聘任劣教员。

《新闻报》1925 年 4 月 9 日

林太守事略

(1925 年 4 月)

公讳启，姓林氏，字迪臣，侯官县人也。光绪丙子进士，以编修转御史，少有清问，以雅量闻于乡党。平居和悌无忤，一临大节，则侃然不可夺。崇公绮甚赏其直，考试差时第上，上遂视学陕西。枢臣惮崇公直，不得已与以瘠区，时非赂不行，公之得此，盖略存公道也。既入关，励士必以名节，虽高才生而嗜芙蓉膏者，恒黜落不与。选差竣，补浙江道监察御史，上疏请开经筵，及养老乞言事，不报。既而有查仓之役，花户及各仓之监督，饷御史以陋规，岁可四五千金，公谢绝之，计一举发其弊，大狱且兴，株连至夥。但亲临监视，绝其近敝，而已。续为他御史论列，严旨切责，主者连坐者众。公以廉见原，但罚俸一年。旋巡视南城，疏请罢颐和之役，以苏民困。又以闽提督孙开华纵兵虐民极论之，于是枢近大臣皆严惮其直，出为衢州知府。既至，以振刷士习为先，士之执经请业者，如觐师保。衢多水患，公令多筑塘堰，以资蓄泄。又日课蚕织，戒民勿堕窳以自困。旋调守杭州，去衢之日，民空郡送之。杭为浙之名郡，乾嘉间多名宿。公至，创求是书院、养正书塾，集郡士而自课之。又东城讲舍者课士，以经史废久矣。公合仁钱两邑侯捐资，经史外课以策论，予之奖金，然必圭臬程朱，纳士于轨范。浙西尚蚕业，顾不审蚕病，蚕窳而丝劣，公患之，为立蚕学馆于湖壖,延东人之知蚕者验治之。西洋蚕业诸家,咸振骇其事,以为能葆其利源,于是江苏、安徽、江西、福建争购蚕种以去,丝业得以弗坠,公之功也。方养正书塾之设,朝议方录党人,以新学为惑众,公不为所动。适圆通寺僧以秽行闻于郡中,公立置之法,撤去佛象,而屋宇仍华好,某西人将夺而有之。事达总署,公曰:夺彼教而授彼族,吾无以面杭之父老,官可罢,此寺不可授西人。已而养正书塾校舍,即因僧舍之旧,杭之大绅咸韪之。有杨乃武者,以葛毕氏之狱,叩阍得直,日作横,苦其乡里,公收之。人曰:乃武猾竖不可测,公勿亟是狱。公笑曰:必待不败而后行,吾法有官无百姓矣。卒囚拘之不听,出乃武讼之大吏,逾年卒不直。公平居恂恂如书生,及接西人,词锋英发,凡不利于百姓者,抗不为屈,西人亦稔公之直,议匪不就,故杭人戴公如父母,每有善政,为他邑侯所兴办者,必曰吾林公所命也。公卒年六十有二,夫人刘,继逝。浙之父老子弟咸曰:必葬孤山,孤山之麓处士及典史均林氏,公又林氏,留葬便。公子楷青重违杭人之请,果营阡于放鹤亭之后。四月二十四日,公之忌日,墓祭者可四五百人,湖上之舟蚁集也。林纾为公契友,公子楷青、松坚、桐实合词请纾为述,将上之史馆。纾不文,顾以亡友生前忠孝直谅,略为道其梗概,至其阴德,为纾所未稔者不载焉。后死友林纾谨述。

林社二十五周年纪念征文,乙丑年三月

浙江图书馆藏

农专校长高维魏辞职请委任钱天鹤接充由①

(1926年1月11日)

浙江省长公署指令第二四四号

令教育厅

呈一件,呈农专校长高维魏辞职,请委任钱天鹤接充由。

呈件均悉,应准照委。任命状随发,仰即查照转发,仍补送履历一份,以凭转咨件存。此令。(一月十一日)

计发委任状一纸。

《浙江公报》第4873号,民国十五年一月十四日

---

① 钱天鹤(1893—1972),浙江杭州人,1913年毕业于北京清华学校高等科,赴美国留学,获农学硕士学位。1919年回国,任金陵大学农科教授兼蚕桑系主任。1926年任浙江公立农业专门学校校长。1927年后历任教育部社会教育司司长、浙江省建设厅农林局局长、实业部中央农业研究所副所长、经济部农业司司长、农林部常务次长等。1949年去台湾。

浙省农专校长已更委

(1926 年 1 月 13 日)

浙省农业专门学校校长钱天鹤,昨奉省长委任,填就委状,发教育厅转给。按钱君号安涛,杭县人,北京清华学校毕业,游学美国,毕业于美国康奈尔大学农科,得硕士学位,回国后任金陵大学农科主任,兼农科教员,现任浙江农业专门学校教员。

《申报》1926 年 1 月 13 日

浙省政府委任校长场长

(1927 年 4 月 6 日)

浙江政务委员会委任李振吾为公立工业专门学校校长,谢似颜为省立公众运动场场长,业经会议通过。

《申报》1927 年 4 月 6 日

浙农专新校长却聘

(1927 年 4 月 11 日)

浙江公立农业专门学校,自新校长蔡无忌却聘后,该校学生即向教育科请愿早日改委,以维学业。朱科长因物色需时,已先派第二股股长郑奠兴、省督学钱希乃前往代理办理接收及开学事宜云。

《申报》1927 年 4 月 11 日

浙江工专业已开学

(1927 年 5 月 10 日)

浙江公立工业专门学校,自新校长李振吾到杭后,积极筹备,已于六日在校举行开学礼,师生均有演说,定于十日上课云。

《申报》1927 年 5 月 10 日

浙江农专开学有期

(1927 年 5 月 19 日)

浙江公立农业专门学校,因新校长蔡无忌未到校以前,由省政府暂委谭熙鸿代理,已志报端。兹悉谭氏已于十六日到校接事,全体学生,开会欢迎,定于下星期一开课。一面聘请富有农林学识之教员多人,及通告未到校各生准时到校上课,一面责任各部管理人员,整理一切,故日来校务颇形忙碌云。

《民国日报》1927 年 5 月 19 日

我所认识之吴雷川先生(节选)

(1946 年 9 月 15 日)

祝文白

自七七变起,华北相继沦陷,燕京大学,因有国际关系,虽处四面楚歌之中,不特絃诵未绝,抑且更盛于前。至三十年秋,日人偷袭珍珠港,美日邦交破裂,燕大遂于是年冬突被占领,学人四窜,衡宇荒芜。时前校长吴雷川先生,虽已卸职,仍寓居燕大之燕北园(即朗润园),经此剧变,生计顿蹙。余曾以此事,商之旧时师友张阆声先生,暨陈布雷学长,两人咸愿按月各奉六百金,以资颐养。正谋汇划,忽接先生手书云"诸君盛意可感,自度目前尚勉能自食其力,乞暂分别归还"等语,事遂终止。惟燕北园中,时有日寇骚扰,曩日居住园内之教授,悉已相率离去。先生正谋迁居,适翌年春,北海松坡图书馆驻馆干事梁令娴女士辞职,荐先生自代。是职例无薪给,先生以其环境之清美,可以朝夕游憩,欣然承诺。迁入后,乃乘暇临池生晌书自赡,各南纸铺之交件与取件者,日接踵于门,几不暇应接。盖先生自民国十年以还,一变其玉润珠圆之馆阁体,而致力于北碑,晚年精到之作,置之六朝墓志中,几难识别,用是书名噪燕市,向之慕其书而不易遽获者,至此咸得而购取之。顾先生自视歉然,谓:"非拙书能获此重酬,盖受前代科名之赐焉。"润入既丰,凡关心先生生计者,遂皆释然,不复措意。先生夙有血压高之疾,四年前,更患心脏扩大症,幸即治愈。去年春复发,且更加剧。夏初,其姑丈陈仲恕先生,自沪来书,详述病况,并云:"万不宜再弄笔墨,已向此间浙高同人,商筹医药费用,请更与阆声、布雷两兄设法集资寄平。"自得此讯,即分别驰书转告,阆声先生毅然以此自任,不两月,募集国币六万元。会九月中,接先生五月十六日所发手书云:"病体现已平复。"于生计问题,则一字未及。因念病后正须调养,乃商请阆声先生,将募得之款,设法由渝转沪汇平。忽忽数月,岁序更新,而平沪与西南之邮程,亦日形阻梗,僻居湄潭,岁无日不盼望先生手书,冀得知此款已否收到。乃三月初,突接兰州由沪上转来音讯谓:"先生于去岁十月二十九日,因中风不治,在平逝世。"骤闻此耗,始而骇,继而疑,终以其不起之故,与往时病情悉合,又审知此讯之确无可疑。然私心犹妄冀道路辽远,传阅或讹,顾未及半月,而渝汉筑各大报纸,均载北平中央通讯社"吴雷川先生在平逝世"之消息矣。

先生之言论行谊,道德文章,时贤多有论列,惟先生中岁以前之事迹,世人或有不深悉者。余受知于先生,逾四十年,中间讲学燕大,同寓于朗润园又十年。便坐雅谈,无间晨夕,遗闻轶事,耳熟能详,不揣简陋,谨述斯篇,以验当世,借志余哀。

先生籍隶浙江之钱唐,原名震春,字雷川,晚岁以字行,清同治九年,生于江苏之萧县,长于徐州及清江浦两处。十六岁举茂才,二十四岁举孝廉,二十九岁成进士,廷试后,改翰林院庶吉士。岁丁酉外艰,例不得与散馆试,及服阕而科举废。宣统二年,始以"在籍办学著有成绩”入京引见，授职翰林院编修。入民国后，元年被任为浙江教育司佥事，旋调京为教育部佥事，任文书科科长。十三年，升任参事，十五年，辞职，十七年冬，国民政府简任为教育部常务次长，翌年夏辞职，自此不复入仕，时先生春秋已六十有一矣。综其一生，致力最久，而最感兴趣者，莫如教育。清光绪二十九年，先生家住清江浦，时江北高等学堂，成立伊始，以先生为监督，顾未及半年，因徙家辞去，是为生平办学之发轫。至三十二年，回籍，任浙江高等学堂监督，在职凡五年，时全堂学生三百余人，先生一见，即能举其姓名，相处如家人子弟。尤喜阅诸生课艺，教师每批改毕，辄先送监督室，先生见佳制，必加批语以激奖之，用是人人争自濯磨，蔚成风气。平日和气盎然，从未见其有疾言遽色，穆穆焉如春风时雨，遇之者，每于不知不觉之中，受其嘘拂与霑溉，而澹然自适，陶然自醉，其愉快有不可名言者，故一时教者学者，咸敬而爱之，盖五年如一日焉。善夫吾友陈君布雷之言曰："吾浙江高等学校，承求是书院之旧址以设学，其学风乃独以和易著，旷乎其大，渊乎其静，窈乎者莫可得而名，学于其中者，从容乎，夷犹乎，与规条节文相忘而无或稍有畔越，盖吾师监督吴雷川先生所规制，吾师教务长王伟人先生为之纪纲，而吾师张阆声先生，与伟人先生最相友善，实左右而翊成之。吾校设校，凡十载，卒学者先后数百人，著籍遍浙东西，成就各有大小，然未有一人焉，以傲岸嚣竞见识于当世，或辱身以败行者，此殆童时之熏习然也。"

宣统二年，辞职进京，同乡京官又公推为浙江旅京学堂监督者凡一年。至民国四年，先生已信基督教，交接中外教友日益多，而美人司徒雷登氏以生长杭州，自附于乡谊之末，对先生尤致敬慕，十三年夏，一再商恳往燕大兼任教课，因允焉。及十五年夏，燕大迁入海淀新校舍，先生遂辞去部务，而专注其精力于燕大。综计二十年以来，除十八年冬，出任国民政府教育部常务次长半年，及三十一年，移寓松坡图书馆以后，其余岁月，咸销磨于燕大之中，宜乎燕大同人，不能一日忘情于先生。而司徒雷登氏，尤不胜感戢，尝言："余对于吴雷川先生之钦迟，由来已久，当二十余年前，余初抵北京时，已熟闻先生之道德文章，及晤见后，接其温严，乐其雅亮，所得印象益深，逮后往还酬酢，继复共事绸缪，此初得之印象，终未有丝毫之磨灭。曩者燕京大学，舍宇未宏，声誉未著，先生肯来执教，且兼任副校长，既复辞去教育次长之任，来长我校，以其一生隆重之声望，与纯熟之经验，完全供给燕大……"燕大自迁校海淀后，十余年间，中西教授，何啻数百，前后学子，何啻数千，每言及先生，莫不翕然推服，然终不若司徒雷登氏此区区数语，为能得其实而扼其要焉。

《东方杂志》第 42 卷第 18 号，民国三十五年九月十五日[1]

---

① 《东方杂志》，1904 年 3 月在上海创刊。初为月刊，1920 年第 17 卷起改为半月刊，后又恢复为月刊。商务印书馆编辑、印行，是以时事政治为主的综合性刊物。1948 年 12 月终刊，为旧中国历史最久的刊物。

(二)教师

《宋恕集》中的相关史料[①]

(1901—1902)

致孙季穆书[②]

(1901年7月13日)

季穆四姊内子如晤:

自动身到郡城后,曾发安字第一号函交忱叔之仆人阿喜带瑞。及到上海后,又曾发安字第二号函托黄端卿带瑞,想均已入览!

上海晤邱广文[③],知求志一席已被他人夺去。十七日,动身坐无锡快赴杭,源浚小轮拖带,于十八夜到杭州武林门外停泊待晓。次日早晨雇剥船入城数里,泊毛家弄,雇挑夫挑行李,先至客栈,随至养正书塾,托其教习转知求是书院。

少顷,该院总理陆太史衣冠来拜,且致关书。关书乃总理出名,每月脩金三十六元,火食费五元,共四十一元。读少顷,陆君先去。监院陈君仲恕来拜,随遣轿来迎入院,并唤挑夫往客栈搬行李至院。

既入院,高等学生九人先来见,年皆二十左右,安榻在楼上,房间甚大。比去年借住之上海某学堂楼房殆大四倍,又甚光明,四壁皆木板施漆,甚精洁。楼下另有一房归我独用,榻、几、案之属皆备,又皆适用。楼上于常椅外另备藤椅一张,又备有衣橱、书橱。院中仆人数十名,我与二班中学分教、三班中学分教共三人派一名听差。总理、监院曰:"此仆新雇来者,如不中用,可换雇,如需一仆独用,亦可由院中添雇。"我答以:"三人合用一仆已足,不必为我专雇一仆。至此仆中用与否,现尚未知,俟试用如何可也。"是日为进求是书院之第一日——五月十九日也。

此次自东阳春客栈上普济船以来,至进院为止,中间雨多晴少,进院后雨尤多。而上船上岸之日皆适遇天晴或阴,不被雨困,亦一幸事也。在无锡快中,床桌备有两面玻窗,适遇明月,清景可爱,胜海轮十倍。普济船中人甚可憎,已向局中买房舱票,而尚费许多说话始肯开房舱,又附以他客,地甚窄狭,水自窓入,帐被俱湿,闷不可言!幸眠食如常,尚无呕吐。……[④]

二十日上半日升讲堂,集高等生,出"言志"题,使各作文一篇以察其志。随至总理处回拜,用衣冠,以其先衣冠来也。其诸同事处概便衣往候,共二十余人。该院地广近四十亩,房

---

① 《宋恕集》,胡珠生编,中华书局1993年出版。宋恕(1862—1910),原名存礼,字燕生,号谨斋,改名恕,字平子,号六斋,后又改名衡,浙江平阳人,近代启蒙思想家,1901年7月至11月间在求是书院任教。

② 孙季穆,宋恕妻孙思训。

③ 原注:指求志书院监院邱赞恩。

④ 原注:删一百〇一字。

子极多，大于上海绳正学堂将四十倍，计同事二十余人、学生百人、仆人二三十名，散居其中，毫无喧嚣。每教习各得房二间，然皆在楼下，惟我居楼上。该院又颇有花木之胜，大门外潭水一曲，境亦清幽，俗尘不到，良适散步，此该院之大略景象也。

至每年经费则万有二千余元，为杭城大书院之最。盖养正年费八千元，敷文、崇文、紫阳、诂经皆止年费三千元左右也。该院本系前抚廖公奏设，一切由巡抚主政。自廖公去后，继之者不复顾问，亦不加压力，遂成绅办之局。监院陈君颇能脱除官绅习气，假学生以议论自由之权，教习亦多通品，故学生颇多思想发达。文词通畅之辈，胜于上海某学堂等之学生远甚！

我在院但须每日讲堂二点钟，批阅高等生之日记，此外则月阅两回课卷而已，殊清暇不劳。但学生极喜来，接谈答问之时刻无定耳。惟连日因暑假在即，须补行五月朔望课及例行六月朔课，赶阅出案，有十余日稍忙耳。

贵翰香当日即来访。陆太史昨询及瑶女，我问何以知之？渠曰："令爱才名久满此间，但恐择配为难耳！"兹寄上薛锦琴小照一张，可阅而想见其气概（顷急觅不得，不知放在何处，只得待下次寄回①）。

今交阿明带去五月分脩金及火食费四十一元，乞察收！……②初到时，院中送由温赴杭程仪十六元，此次院中又送阿明回去路费十元。

此达，即问

闺祉并瑶女近好。

平子手启 五月廿八日 安字第三号

长者前乞代请福安不庄，诸内弟以次均吉。（寄去之信须一一存自处，不可散出，至嘱至嘱！）

下册第 707—709 页

致孙季穆书③

（1901 年 8 月 14 日）

季穆四姊内子如晤：

六月中旬接瑶来第一函，下旬又接瑶来第二函，知安字④一、二、三、四函均已达矣。瑶感暑想已复元。

自六月初，院中放学生暑假，各教习皆回去（杭州今年六月天气甚凉，有八九日夜间须盖棉被），我亦暂搬寓翰香处，取其近西湖，便于游览。大约七月半回院开馆，院去西湖则甚远也。

---

① 原注：后交阿明带回，见次日发安字四号信，重复不录。

② 原注：删一百十二字。

③ 原注：原件未入《集》，用笺二十七行。

④ 原注：原笺"安"字均误为"平"，与前函编号不同，照改，下同。

盖杭城甚大,共有十城门,城内大街南北径十里,东西阔处六七里,院在太平门内,为城东北隅。西湖在西门外,故相离殊远。诸书院惟崇文书院、诂经精舍、蚕学馆在西湖,余皆在城内,而去西湖最远者则为求是书院也。日本人、西洋人夏月皆至西湖避暑,富者或筑别墅。而中国近年物力艰难,别墅甚少,闻尚未能复咸、同前旧观十分之一(惟高子衡家有新筑花园,名高庄,极其清雅,在曲园先生俞楼之上),况钱、赵时代之盛乎!然在今日各省城,比较名胜尚为第一,天然山水固自无恙,所恨者寺中无高僧耳。

杭州与绍兴一江之隔,而妇女风气殊异。杭州妇女最喜烧香出游,绍兴则以妇女出游为禁。现任两广陶制军为嘉兴人,素恶缠足,其女公子皆不缠足,嘉兴士族颇多化之。然缠足风气向来浙西不如浙东之甚,而浙东又不如闽、广之甚;识字妇女则亦浙西多于浙东,与缠足为反比例。杭城不乏闺秀,但无大著名者。本院总理陆庶常之夫人亦一才女也,终日看书,不问家务,庶常与之反目,数年不交一语,人咸怜之。吴左泉太史之女闻亦颇聪慧,择婿久不得其人,今已年四十余矣。

杭城在籍乡绅以樊介轩为最得大宪心而最无品学,最喜排挤正人(杭城流寓外省名士以闽省林纾为最,本省外府人以蔡太史元培为最)。其品行最优者为杨雪渔太史,惜学识太平常。若论文学、见识则老先生中独有谭仲修大令一人,惜此来未及见而遽故矣!然年已七十,不为不寿(杭城少年风气甚开,而以养正书塾为最。其中学生进境异常之速。阿明所说之幼童非求是院人,乃养正塾人,姓徐,年甫十二,能解高等政理)。曾于开吊之日走奠,并作一联语挽之,录于左,如季芃欲阅,可同阅也。

龚氏经,章氏史,浙东西百年危学,一发系先生。块独伤仲蔚穷居、渊明乞食、著书盈箧,坐视飞鹅,《复堂集》卓尔轶群;吾道非耶?忽忽老病死!

楚天秋,吴天春,江上下两接清尘,五湖催遽别。竟未质钟嵘《诗品》、王充《论衡》,请益有期,惊闻鸣鴂,求是院黯然思旧;斯人逝矣,恨恨去来今!

新中丞任公[①]年已八十,闻不喜新政;藩宪、杭守皆旗人,全不通文理;学宪考古学,命题谬极,为杭人所笑鄙;按察则一狡猾人:浙中官场无可期望。时局已死,不能回春,京外布置已大略定,上海华字报馆皆不敢复言。近者西兵掘北京荣相私宅地窖,得银数百万两,将官命还荣相。海外某会[②]闻已因财力不足而解散,对山等皆束手无策矣。

余续达!

平子手启　七月朔日　安字第五号

长者前代请福安不庄 诸内弟以次均吉。

下册第 707—709 页

① 原注:指任道镕。

② 原注:指保皇会。

上俞曲园师书[①]

(1902年8月13日)

曲园先生夫子大人尊前：

敬上者：存礼于客正在沪上一笺后，以先外舅止庵先生奠期在即，不待复谕，即行回瓯。其夏应求是书院之延往杭，虽承诸生谬重，而与院中同人新旧党意见多相左，遂于孟冬慨然辞席，改应寿州励志学社之延，将于今正北往。而季冬患温于杭甚危，幸承日本今村女医针药兼治，六旬始起。又月余始勉可作字、步行，然尚未可讲学阅卷，因于孟夏暂先回瓯静养，知念敢闻。

兹有恳者：存礼于止庵先生，幼受荆璧随珠之誉，长蒙生死肉骨之恩，未报万一，甚深内疚！念先生在日，于近年海内书院大师独钦长者学行，今窀穸有期，子诒泽等欲得长者铭志之文以慰魂魄，礼亦同情，遂乃含泪执笔，略述学行，自信毫无虚饰，敢上以求，长者其鉴而许之欤？顷舍间有极拂郁事，心绪纷乱，不复他及。专此奉恳，敬问

杖履康胜。恭候复谕，祷切祷切。

受业宋存礼再拜谨上　七月初十日

附呈《留别求是学院诸生诗》[②]，敬求诲正！

上册第611页

壬寅日记(节选)

(1902年4月8日至5月18日)

三月初一，晴，天气甚暖。下半日，始回候仲恕，不晤，留片。复至大学堂(今年亦始至)，晤吴、王、许、黄四温人[③]，又晤许、李、施、戴、程、沈六人于吴房，皆见我而来者，厉亦同来[④]。复上楼晤郑、汪两人，询知孙懋今年不在堂而时有来，遂以去冬向其借来之《谈苑醍醐》两册托施、许，待其来时转交。据戴云：其宅在长庆街仙林桥左近林司后地方，存记待访。是日始穿夹袍，出门回来则汗湿两腋之里层布。夜，大雷雨雹，床漏被湿，窗纸半破焉。是日由大学堂回时过中学堂小坐，晤介石、叔通，还《新民》第二册，复手借第三册来焉。

初二日，天气又凉，夜有雨。下半天，介石、仲恕来。初三日，阴。是日发壬字第五号安函，交正和局寄瑞。

初四日，晴。上半天候经锡侯，晤谈有顷。复候徐抚九，忘其处，遂如介石处，留午饭，并

---

① 俞樾(1821—1907)，字荫甫，号曲园，浙江德清人。清末著名经学家。清道光进士，选翰林院庶吉士，曾任河南学政，后常年在苏浙各地讲学，培养了不少优秀人才，宋恕是其弟子。原注：录自《孙止庵学行略述(附求墓志铭启)》草稿内，无标题，在红蜡笺下注“八月廿三日交仲、季”。

② 原注：见本书卷九。

③ 原注：四温人指吴钟熔、王鼐卿、许燊、黄群，后均留学日本。

④ 原注：七人皆求是书院(大学堂)学生，即许寿裳、李炳章、施霖、戴克敦、沈祖绵、厉家福，惟程氏未详。后均留学日本。

晤叔明、叔通、聪肃、赵望杏、邵伯絅。饭后同介往候抚九,云于正月回台,大约半年乃来。徐在育英书院,该院在皮市巷中之西巷,名大塔儿巷。徐既不在,乃复与介石如佑圣观巷候潘凤洲,因病不能见客,乃复与介如长庆街古瓯学舍,晤黄旭初等,傍晚乃归。是日还《新民》第三册,借来《支那文明史论》一册,阅。

初五日,晴少阴多。上半天候今川(先一日约定),晤谈有顷,面交赠物:竹织何绍基五言联一副,清、汉合体书自制赠联一副[①],锡小香炉一件,内分八小件——一盖、三台、一香盛、一香取、二香平,白茶菊花四瓶;又助日文学堂经费银廿四元,托今川转交伊藤[②]收。回途晤吴璧华,同张教习步行,是日始晤张,即温州人体操教习也。午下候高梦旦,不晤,便候祝凤楼,晤谈有顷。复过仲恕晤谈,而凤楼适亦来。有顷,学生许、李、沈、施、郑五人将至旗营访我,适路过陈门,遇阿喜,询知我在内,遂入,共谈有顷,回途过介处约明日游西湖,还《支那文明史论》一册,在介处晤来雨生、汪万峰。

三月初六日,大晴。上半天介来,与同步出涌金门外,雇小舟至茅家埠约七里,上岸步行至云林寺(约四里),在客店午饭毕,游周氏三锡堂一过。入寺,从韬光径上山,游松秀山庄(即夏园)。少顷,翰香母子来,先有约也。而介之弟子杜士珍、马叙伦及龚、王[③]二生亦来,坐久乃出,杜等四人先去。余与翰母子、介四人同步行至岳坟(约五里),登舟(亦特雇小舟)至涌金门上岸(约五里),步行入城,至面馆共食面毕,入营门,回至寓,天未黑。是日之游天气极好,湖光山色令人神采飞舞。所游之夏园在云林之西,东长而西短,大门在东,不开,从西侧门进,高低曲折,廊亭连续,天然既佳,人工亦至,陈设精丽,联语富有,是一胜绝之园林也。其中水亭尤胜,惜未有水。小亭六,以高峙者及折扇形者为胜,主人号颂徕。是日步行虽仍觉右足痛,然比廿五日则好得多。翁鸿昌初五不送来刻板,失信可恶!今早遣阿喜往问,云待初八方有。是日闻岳坟侧有唐园新创,以恐天晚,未及往游,待改日焉。是日在冷泉亭又晤张子勤,并晤求是西文教习陆君,尚有同行三人,介云一即理化师、一即舆地师,皆新与养正合订者,其一未详。

三月十一日,阴中有雨,是日接壬字第四号复函,系初二日发者。《留别诗》一百部印就送来,是日首赠翰香十部,随字赠介石、伯絅各一部。迎升来,赠一部。晚,介石字来,又索一部去。

十二日,大晴。上半天字赠求是书院诸生许、沈、施、郑、李、戴、汪、程、孙、张、史[④]、吴、厉十三人《留别诗》各一部,随接沈手写回条。下半日,许、沈、施、郑、李、戴、汪、厉八人来谢,谈有顷。是日,又字赠一部于仲恕,并赠竹丝联一副,仲恕有回信。是日剃发留新。

十三日,大晴。上半天,字赠佑圣观巷泮仪甫《留别诗》,下半天送来回信并诗一首,而余适游西湖,回来始接。是日午下与翰香母子游西湖,步出涌金门,而介石先约在藕香居坐候,遂同泛舟,先至雷锋侧之协德堂,复至漪园,园中有月下老人祠。其东接曾忠襄祠,有望艽信。

四月初一日,阴晴不定。下半日,候潘凤洲,还《读春秋》,并交《书后诗》五古一首,潘不

---

① 原注:见本书卷五《献谢今川先生》。

② 原注:疑即伊藤贤道(见《蔡元培全集》卷1页127注)。

③ 原注:指龚寿康、王凯成。

④ 原注:除见上释外,孙未详,张指张德骧,史指史久光。

在内。遂候梦旦，畅谈颇久，于其室晤许、李二生及劳总理[1]、徐清甫。

初二日，阴中有片刻细雨，介请仲恕来谈有顷。

初四日，上半日阴，下半日大晴。午前叔通、聪叔[2]来看介，晤谈，翰留午饭。聪叔言介确有叫先生云云，介与叔通语意甚决裂。午下，仲恕送代我刻图书来，谈甚久。许、沈、施、郑、汪五生亦适来，共谈。下半日，送还韩《新年报》第六册。

初五日，大晴，是日出外买物。午下汪叔明来，与介谈颇久。介之弟子徐宗达来告介，言介边有胜象，委员欲承上司意，请劳玉初转请杨再留介，并复收出去之学生云。翰如仲恕处约共调停，恕一一诺之。傍晚，锡侯来访，送借阅《清报》[3]第一百册。是日有迎升入见杨之事[4]。

初六日，上半天阴（仲恕字复翰以雪[5]处为迎升事不便进言）。下半天，伯䌹信致翰香有提及我，且告翰云："刻在中学堂，待翰去议调停。"于是余同翰去，晤伯䌹及叔通、祥九三人。余劝䌹至翰处与介晤谈，又请通来。䌹、介、通三合同，通计大露。谈有顷，雨至，䌹先呼轿乘归。通云："我再稍留。"又顷之乃去，是夜雨颇大。

初七日，上半天阴，下半天有霁色。徐宗达持条子来知学生，言方委约初七午后集中学堂。已而，知昨晚雪为通、明、聪、朴、杏五人所迫，立迫方委不问完案禀复，作罢论矣，而介又叫徐将实情告委员。夜饭后，徐来回话，言方云："雪言：'君若到堂，学生必寻死，或全逃，有性命之忧云。'"方委嘱密告众学生密约齐集。介与翰及诸弟子商，遂以定明日早十点钟，告徐转告方。时行期已定明日，于是又展一日。是夜付翰代垫洋十元，其零三百八十八文待明日还清。下半日，遣送还《清报》于锡侯，得片。（是夜收迎升程洋一元。）

初八日，阴晴不定。下半日，汪叔明来，为叔通向介解而攻䌹，并云："现余代䌹事，䌹不在堂矣。"翰又途遇文薮，告以"通之作伪"，薮亦颇不平云。学生十点钟备待问，而委员为杭府所制不能到堂，作字通知徐，遂又作罢论。是日上半日，求是学生许、施、沈、李、汪、厉来送行。是夜，面交如子帖于翰，转呈其母，并面交贴食及早点洋拾伍元，还其烛一匣及莲子一匣、白糖一匣，收翰托买光明精琦水三瓶及万应膏共洋一元。

初九日，早朝雷雨，旋晴。动身，同介、旭、马、尧[6]往沪。高梦旦来送行，随送至淳佑桥，翰香送至兴嘉舟。翰香同啜茗食桑枣于拱辰桥茶馆。

初十日，晴，四点钟到上海。

十一日，雨，浩吾午招饮，晤谈。

十二日，阴多晴少，鹤卿招朝饮于九华楼，介、旭、蒋、胡钟生同席[7]。

下册第 948—956 页

---

① 原注：指劳乃宣。

② 原注：指连聪肃。贵林《八日大事件》作魏聪肃。

③ 原注：指《清议报》。

④ 迎升《辛亥杭州驻防失守记》云："骁骑校迎升，贵林门生也，亦曾师事陈黻宸。"

⑤ 指杨雪渔，为杨见心父。

⑥ 旭指黄群，马指马叙伦，尧疑指林祝尧。

⑦ 蒋指蒋智由（新皆）。

留别杭州求是书院诸生诗[①]

(1902年4月2日)

光绪辛丑仲夏，应杭州求是书院延，教授高才生十余人。其时院生分六班，恕专课头班，二班以下则诸同职各行其是，弗敢稍与闻。孟冬辞席，诸生留，不可。季冬病温寓所，六旬不能起，诸生频来候，愧感厚意。今病痊，将如皖[②]，作诗八章留别，约素旨，致忠告，末二章则专举吾浙先哲，以切勉焉！壬寅季春，不党山人东瓯宋恕平子自序。

教术深知世所迁，来杭一半为西湖。何期诸子不相鄙，乃许先生能举隅！夜夜共谈心物理，朝朝同对质文书。菊残桐尽拂衣去，别意王、吴未易图[③]。(一)

六旬危疾幸能愈[④]，落尽孤山处士花。更惜缘溪负林约[⑤]，未忘临镜问年华。大官落唾生珠玉，名士伸眉说国家。私议是非吾岂敢，但愁羞见赤城霞[⑥]。(二)

黄、顾、颜、王麟隐野[⑦]，唐、包、冯、郭鹤鸣皋[⑧]。遗民僻集犹多卓[⑨]，皇代诸宗各有豪。论史莫如章氏美[⑩]，谈经最是戴君高[⑪]。勿徒骄语毗陵派，千里平原自画壕[⑫]。(三)

---

① 原稿有初、改二稿，木刻本据改稿。初稿标题为《将之皖，留别杭州求是书院门人律句八章》。(原编者注)

② 指赴安徽寿州励志学社讲学，孙宝瑄介绍，已收关约。(原编者注)

③ 王、吴指清代名画家王翚、吴历。原注："诸生所业，例定于师，画一责遵，甲宜乙否，观鼻数息，受误良多。自恕承乏，取法象山，限规不立，经史子集任择从事，于是天性各适、思境大辟。然与同院中以浮嚣为新、闭塞为正者，遂皆冰炭矣。顷之，劳玉初吏部来作总理，于诸同职概续延，亦及于恕，恕未敢遽受，与约先开讲堂吐宗旨，视离合为去留。吏部不愿，即日辞席。"(原编者注)

④ 初稿下注："辞席后出寓他所，于腊患温，六旬乃愈。"

⑤ 初稿下注："客冬与友约：春初游西溪。"

⑥ 原注："赤城在台，近敝州。"

⑦ 原注："梨洲、亭林、船山三先生书，今世多有之。习斋先生则几无闻其名氏者。近德清戴君编《颜氏学记》，极力表章，穷愁以终，不能行其书。"

⑧ 原注："《潜书》甚晦，《安吴集》似显未显，湘阴虽有一二小种行世，全集亦甚晦。《抗议》今世甚行，然不可以其行世而轻之。"按唐指唐甄(著《潜书》)，包指包世臣(著《安吴集》)，冯指冯桂芬(著《校邠庐抗议》)、郭指郭嵩焘(湘阴人)。

⑨ 原注："如日本所刊之张燧《千百年眼》，尤其卓者。《魏叔子集》亦有可观，但不在僻列。"

⑩ 原注："实斋先生《文史通义》似行非行，其学派出于司马子长、刘子玄、郑渔仲一流；文史论家，实斋之次则钱竹汀。"

⑪ 原注："东原先生深于性理，所著以《原善》及《孟子字义疏证》为大，被摈朱、阮，不能行世，行世者乃其小种。时贤未见其大，即加恶声，此为古今奇冤之一。恕癸巳年所著《先哲鸣冤录》中曾力鸣之。"(按初稿注云："恕曾著《申戴篇》以雪之。")

⑫ 原注："庄、刘之学诚非凡近。然《春秋》文简。师说绝异，三家以外尚闻邹、夹，公羊述义亦有未安。时贤既欲尽黜诸宗，独尊一经，于此一经又欲尽黜他家，独尊一传，则其流弊又成狭陋矣。毗陵《恽子居集》亦有可观。"

伟哉东海征夷府，鼓舞衣冠读孔书①。原字辨名几艰著，伊藤、物部两鸿儒②。良知宗自中江唱③，《论语注》谁照井如④？和、采端须甘、白受，休随瞽者说蓬壶！（四）

竺乾论理宗因喻，希腊三言竟异同。宋后魔禅亡义学，欧西切讲振华风。大师幸可扶桑觅，灵境嗟曾禹域通。石栈重连定何日？勉强先后五丁功⑤！（五）

儒、佛同声苦劝仁，众生受惠数千春。区中久黜实权教，海外犹尊鸣、树伦⑥。求译藏编有西族⑦，列科京校是东邻⑧。文明果出慈悲种，太息时流误认新！（六）

旷世超奇出上虞，《论衡》精处古今无⑨！六经朴学陈君举，三代良臣陆敬舆⑩。同甫意将吞北土⑪，水心文信冠南都⑫。张、杨派至姚江巨⑬，浙境从来足壮夫！⑭（七）

未除豪气怜河右⑮，别有深情仰谢山⑯。《尔雅》邵能继樊、李⑰，《春秋》龚殆亚严、颜⑱。

---

① 原注："日本明治前德川氏世袭征夷大将军数百年，开府江户，节制诸侯，右儒典学不遗余力。明治初创行西法，遽得精神，识者归功于德川氏之养士矣。"

② 原注："伊藤仁斋著有《语孟字义》，正谬洛闽在东原前。物部徂徕著有《辨名》、《辨道》，正谬尤力。然徂徕于仁斋但钦其德行而不折其学，由是别为两宗。"

③ 原注："良知宗唱于中江藤树，和于熊泽蕃山，自是日盛。"

④ 原注："德川一代多《论语》家，伊、物后闻以丰岛子卿之注为最，未得见。庚子春，从日友假写本照井螳螂斋之注一读、不觉五体投地，私谓自何、皇至伊、物皆弗及也。"

⑤ 原注："《因明入正理论》为印度论理学要藉，自窥基作注后，唐、宋间说者数十家，讲经义者多问津焉。及禅盛而义衰，禅入魔而义几亡。净宗净禅，稍救其弊，然亦不重讲义，盖因明之荒久矣。独日本师承不绝，至今益盛，禅、净之秀亦皆治之焉。西洋论理学祖希腊按理氏、按理氏立三句法，破魔之功极大。"

⑥ 指马鸣、龙树二高僧。（原编者注）

⑦ 原注："闻数年前美国开地球宗教大会，日本遣长于西语之佛者数人赴之，登坛申佛，答难如流，卒服西哲。于是乞将禹域译文全藏《内典》转译英文，日人慨然许之，已开馆从事矣。"

⑧ 原注："日本大学文科列印度哲学，教授佛经。"

⑨ 原注："《论衡》单行本虽校刊不精，然案头必须置一分。"

⑩ 原注："《宣公集》极易得，必须置一分。"

⑪ 原注："金华之学，龙川不若东莱之平实而才气过之。初学宜先读《龙川集》以去腐，后读《东莱集》以化粗。"

⑫ 原注："永嘉之学内圣外王，陈、叶外尚多佳集。近温州孙氏搜刊《永嘉丛书》，校勘甚精，然骤难全读，宜先读陈、叶两集。陈直斋《书录解题》亦永嘉不朽之著也。"

⑬ 原注："横浦志伊尹之志，其论学直捷痛快，最近象山。慈湖为象山高弟子，吾浙良知中之两祖也。"

⑭ 原注："王伯厚《困学纪闻》亦有可观。"

⑮ 原注："西河学派亦出姚江。"

⑯ 原注："谢山品评宋儒，不免依傍门户，未有独见。然好作表章忠义之文，情深者也。"

⑰ 原注："姚江学派至梨洲而趋重经史，二云亦学乡哲之学，世但见其《尔雅正义》，轻为小学家，失先生矣。"按樊指汉樊光（著《尔雅注》）、李指汉李巡（著《尔雅注》）。

⑱ 原注："公羊派入湘而魏默深出，入浙而定庵父子出。龚指龚自珍、严指汉严彭祖、颜指颜安乐。"

子高绝学知尤少[①],壬叔奇功立孔艰[②]。莫逐盲聋处先哲,哲人谁不一生闲?[③] (八)

下册第856—859页

《宋恕集》,中华书局1983年版

宋师平子先生留别求是书院诸生的八首诗[④]

(1944年4月30日)

许寿裳

我在求是书院肄业了四年半(一八九九春——九〇二夏)。那时候,学科目非常之少,一共只有五种:国文、数学、理化,外国文倒有两种——英文和日本文,修业也没有一定的期限。在这四年半之间,有过不少可以追忆的事情,例如有一年的孔子生日举行释菜礼呀,排满的言论盛行,因而有《罪辫文》的风潮呀,但这些都已经事过境迁,可以略而不谈。

其感我最深,使我终身不能忘记的是:宋师平子先生的教育方法——"取法象山,限规不立,经史子集,任择从事",重个性,主自由,循循善诱之功,决不是平常的教师所能办得到的。先师教我们治学的方法先要博大,要注重逻辑,沟通文理,并且要排斥宋学的空疏,也摈弃汉学的繁琐,务必实事求是,勿拘拘于新旧之别。又常常提起章师太炎先生,说"枚叔的文章天下第一",这是暗示我们去读章师的著作。

先师来院,是在一九〇一的夏天,不幸到了秋末,因为院长的更动,新院长劳乃宣先生来,虽则续聘先师,而先师不肯立即答应,与约先开讲堂,吐宗旨,视离合为去留,(劳)吏部不愿,即日离席。于此可以见他的出处之不苟。第二年的春天,他做了八首诗送给我们这一班同学,以作纪念,现在把它录在下面:

留别杭州求是书院诸生诗(略,见上文)

这八首诗,原是木刻的薄本,后来收入《敬乡楼丛书》中,抗战期间,很不容易购得。第一首先叙教法,质文兼顾,"夜夜"两句,确是实际的情形。末联则一往情深,溢于言外。第二首的"大官"两句,讽刺极为深刻。其时康有为采取常州今文家的绪余,傅会改制,从而和之者甚众。先师不能完全赞同,告戒我们不要墨守师说,不要单独抱住一经或一传。第三首的末联"勿徒骄语"云云,便是为此。先师最重逻辑,亦即谊学,一字之加,必出审慎,所以他的用词都是坚确不可移动的,例如末了一首的首联"未除豪气怜河右,别有深情仰谢山",因为毛奇龄少年苦志,晚节不终,所以用个"怜"字,因为全祖望故国情深,表扬忠义,所以用一个

---

① 原注:"德清亦治公羊,而尤服博野之说及姚江之《待访录》,百年来表章博野者,一人而已。"

② 原注:"海昌与德清同时,闻其痛恨洛闽甚于德清,每入孔祠,必指洛闽神主而骂,骂已则泣,其与西士译《几何原本》后九卷,奇功也。"

③ 原注:"黄、章两先生已见第三章,不复举。自南宋以来,吾浙先哲之多,甲于禹域,非两章所可尽举其源流分合,恕曾著《浙学史》及《永嘉先辈学案》,颇详之。"

④ 作者许寿裳(1883—1948),字季黻,号上遂,浙江绍兴人。1899年春至1902年夏在杭州求是书院学习,毕业后官费派往日本留学,回国后历任北京大学、北京高等师范学校等校教授,北京政府教育部普通教育司第一科主任、佥事、参事、大学院秘书长等职。

"仰"字,他的文理密察,可见一斑。先师质文兼顾,已知上述。再举一个例罢,他推重戴望表章《颜氏学记》,所以称为绝学,推重李善兰续译《几何原本》,所以称为奇功。总之,这八首诗劝勉周至,亲切有味,使我常常默念它,每次念及,连那夜中侍坐,静听说教的心影,也就很清楚地追现出来,好象还是在目前一样。

一九四四·四·三〇

原载 1944 年《浙江大学校刊》,今录自倪墨炎、陈九英编《许寿裳文集》下册第 551—557 页,百家出版社 2003 年版

《宋恕师友手札》中的求是书院史料

(1901 年 6 月—1901 年 12 月)

孙宝瑄致宋恕

(1901 年 6 月 14 日)

燕生先生足下:

别后忽又逾月,渴想之私,曷其有既!顷得来书,求是书院总数习冯梦香因病辞馆,院正陈仲恕力荐先生任此一席,已与各来学议妥。足下素以开牖后学为己任,必不肯辞,务希即日驾临,吾杭之幸也。专此奉达,即请

著安。

弟孙宝瑄　顿首

(四月)廿八日

彦复处女学生已入学堂读书矣。忠恕函附呈。

下册第 98 页

陈汉第致宋恕

(1901 年 6 月)

陈汉顿首奉书

燕生先生左右:

汉足迹不出里闬,觽觽大师,回翔海上,一二所识,时为汉导扬绪论。猥以沟瞀,未敢饰笺尘渎视听。比岁以来,世变波谲,纬妇知惧,矧在吾党,顾蚊蚋之微,负山无力,培才而外,匪所闻知。求是承乏,良用惭恧,今日更张,来者颇众。伏思公输运斤,材乃中度;王良执靶,马无轶尘。曩唯宏旨,首在觉世。倘惠然肯来,不吝教诲,祁祁生徒,得所依附,先生之道,斯益大光。不揣冒昧,用敢吁请,祇候环云,谨陈皋皮,以竢芳躅,诸维

为时摄卫。

汉再拜

下册第 122—123 页

孙宝瑄致宋恕

(1901 年 6 月 14 日)

燕公鉴:

得复函,敬悉!

杭州求是书院盼公之来有如望岁,即希从速命驾,不胜祷幸!关聘存介石处,不寄也。此请

著安。

弟瑄　顿首

(四月)廿八日

下册第 99 页

孙宝瑄致宋恕

(1901 年 6 月)

前得复函,诵悉。求是待公来有如望岁,伏希从速命驾赴杭为要!专复,即上,并请

燕生先生著安。

孙宝瑄　顿首

下册第 100 页

孙宝瑄致宋恕

(1901 年 6 月 27 日)

闻公到,狂喜!午后一二点钟,请在客舍稍待,当趋谭也。此复

燕生先生。

孙宝瑄　顿首

(五月)十二日

下册第 101 页

陈汉第致宋恕

(1901 年 7 月 30 日)

先生前日阅卷,遵取正取三名,备取陆续传补。院中各生今日进院(外县人尚不及到)。何日开课,静候裁夺!

英文教习尚未到杭，笺板早印就，容当面呈，敬请
燕生先生大人道安。

陈汉第顿首，（六月）十五日

宋师老爷

下册第 124 页

陈汉第致宋恕

(1901 年 7 月)

燕生先生大人侍右：

今早奉钧谕，拜悉。命刻笺板，顷遵写就。敬求阅后付金升送刻字店刻就，即付印呈上。

求是非汉私设，一切但求心之所安。汉果有未是处，蒙先生明示，感激不暇，何敢稍有芥蒂？开院在即，事事均待举行。凡前次略有不合公理之处，恭求详细指告，以便遵改，否则汉不敢郁郁居此，有害公局，有阻新机，引身而退，以待贤者，或可稍补前过。如蒙不弃，尚乞勿以世间常情相度，幸甚幸甚！专肃，即叩
道安。

陈汉谨上

下册第 125—126 页

孙宝瑄致宋恕

(1901 年 10 月 3 日)

燕生先生足下：

得手书，敬悉一是。求是一节，弟已复函仲恕兄，度足下曾鉴及矣。天下事莫非缘定，非人力所能强也。弟为学别无心得，惟于小学中获数种义：

一、君从尹口，有官天下之意。

二、推十合一为士，或作推一合十。推一合十有公举意。（此说得诸两年前，曾为先生道过。）

三、背私为公，弟以为大谬。背私非公，公私乃为公。八，分也。分一人之私于天下人，使人人各保其私，此之谓公，有自由平等意。韩非法家之学忠于一姓，故谓背私为公，盖欲使天下人皆不敢自遂其私，而以一人一家之私为天下之公，如梨洲所言者也。小学家误承其说，失古人造字本意矣。

弟读书甚少，不知前人曾发过否？在弟则为心得也。质之先生以为何如？

吕新吾《呻吟语》，弟亦未见过，稍暇，当展阅一通。

仲恕兄人极好，请（公之来求是，非勉斋之意，系仲恕独断，怂恿勉斋，故有今日，公不可

不知。)先生勿与为难,和平接物,儒者分内事也。专此,复请
著安不宣。

小弟瑄　顿首
(八月)二十一日

下册第 102—103 页

孙宝瑄致宋恕

(1901 年 11 月 14 日)

今日天虽阴,无大雨。即雨,湖上赏雨亦佳。兹以肩舆奉迓,即希驾临敝寓,然后同至湖滨清谈何如? 此上
燕生先生。

弟瑄　顿首
(十月)初四日

下册第 104 页

孙宝瑄致宋恕

(1901 年 11 月 16 日)

日记二册拜读一过,精理名言甚多,佩甚佩甚! 许君读论十一尤为精辟。弟今日匆匆回海上,明春再晤谈。此上
燕生先生。

弟瑄　顿首
(十月)初六日

求是书院宋师老爷
外书二本。

下册第 105 页

孙宝瑄致宋恕

(1901 年 12 月 9 日)

燕生先生足下:

闻公决意辞求是,在公以为快事,而弟殊代为忧。所忧非他,忧足下生计之窘迫耳! 经甫有函属转寄,兹附上。余不多谈,此上,即颂

道安。

弟瑄　顿首

（十月）廿九日

下册第106页

孙宝瑄致宋恕

（1901年12月25日）

燕生先生足下：

弟前函致介翁，述及为先生推荐寿州一席，昨得复书，知足下甚以为然。惟迄未奉尊函，故犹未知照前途，务希从速见示为要！

求志监院邱君今日特来访弟。据云：去年秋冬课卷尚有积压在尊处未出案者，考生频来催逼，邱君为诸生所迫，势出无奈，只得情恳足下速为批阅，并嘱弟代达其不得已之苦衷。闻邱君拟专人来杭，用特附陈数语，想足下鉴察其情，必能俯如所愿，不至以唐突为罪也。

专此布请

著安，不尽所言。

弟孙宝瑄　顿首

（十一月）十五日

下册第107—108页

孙宝瑄致宋恕

（1901年12月31日）

寿州关书寄上，先生明春何日就道？前途嘱代询明日期（以早为妙，务希示复），以便临时遣人迎接也。专此布上，即请

燕生先生著安。

孙宝瑄顿首

（十一月）廿一日

下册第109页

温州博物馆编《宋恕师友手札》，浙江摄影出版社2011年版

张德骧致宋恕函[①]

(1901 年)

燕生夫子大人函丈:

径启者:骧自告退归家,倏近两月,然未尝奉书叨教者,以归后每日潮热不能久坐,约近一月,以致精神更疲。乃闭门静坐,无思无虑,游其心于无何有之乡,乐其志于太虚之境,间取《庄子》以为尚友,师其"无用为用"之意,故缺然无闻。今者潮热已断,宿病霍然,唯精神尚未能复原,是以濡迟不进,偷安旦夕,非其志也。家居之懊闷,远不如昔日师友之得乐。虽此间亦有二三交游,然饮食游戏而外,无余事也;富贵利达而外,无他志也;洋文算学而外,无所学也;冀一可与言者,盖几几乎不得一人也。民情如此,而徒曰开智开智,亦空言耳,吾不知智之于何开也?知弟莫若师,当必有以教我矣。

骧亦尝试之矣。其黠者或阳顺而阴违,其愚者方将以不合理之言力相排阻。骧内无孔、墨之贤,外无孟氏之辩,言之无益,适足增羞,言未尽而气已上,疾甫除而肝又作,故不如已也。骧久不聆教益,非进化则退化,尤属必然之势。且年内为日无多,而往返转多劳苦,又不敢惜犬马之劳,以易此两月之进步,思欲理装就道、马首西瞻者屡矣。无如慈命决意不可,遂使身外之天行有逆施之机,而身内之人事无自主之权矣,故屈其志以待来年也。

今接雨若、季黻[②]两兄来书云:"新总理到院,大失诸君之望,且有不得意之语。"上海鹤庼先生来函亦云:"求是袁、孙二公皆辞去,宋公[③]或明年惮嫌,亦未可知云。"骧闻之扼腕太息,如冷水泼头,心火全无矣,岂不痛哉!缪公之侧必有子思,舍夫子其谁乎?谅夫子必有安全之计,定求是之大局,无使诸君短气也。是为祷!

《楞严经》不易解,万望夫子示以总筋,指以大旨,俾得迎刃而解,幸甚!

受业　张德骧顿首

胡珠生编《东瓯三先生集补编》第 211—212 页,上海社会科学院出版社 2005 年版

---

① 张德骧,字荀卿,生卒年未详,浙江余姚人,求是书院头班学生。

② 原注:指求是书院学生施霖(雨若)、许寿裳(季黻)。

③ 原注:新总理指劳乃宣,鹤庼指蔡元培,袁、孙二公,袁不详,孙指孙翼中,宋公指宋恕。本书编者按:袁即时任求是书院教习袁毓麟。

来裕恂《匏园诗集》中的相关史料[①]

(1898—1902)

膺求是书院之聘

(约 1898 年)

中丞太守热心多(吾浙新政,创行于中丞廖寿丰、太守林启),西学风行广设科。愿竭微劳苏鲋涸,冀图唤醒睡狮魔。特兴教育开民智,为植人才故礼罗。寄语中帮英俊士,莫言山蔽手无柯。

开学之日,廖中丞林太守均至

(约 1898 年)

中丞太守驾舆来,为植菁莪棫朴材。提倡自宜烦大吏,安危要贵仗群才。万间广厦欢颜庇,多士誉髦教泽恢。霖雨苍生今始慰,经纶屯象兆云雷。

廖中丞宴,即席赋此

(约 1898 年)

等闲白了少年头,琴剑飘零几度秋?此日宾朋欢北海,何人冠冕识南州?燕台空诩千金价,蜗角难同两国仇。青眼不逢晋阮籍,怎添豪兴仲宣楼!

挽林迪臣太守

(约 1900 年)

陡传噩耗到书斋,太息人生竟有涯。尘世功名能吐弃,国家事业赖安排。一麾出守称循吏,三杰维新具壮怀。天上玉棺何早降?寒风飒飒惨阴霾。

组织林社

(约 1901 年)

自从太守到泉唐,实业关心文教昌。为国求贤新学校,与民兴利溥蚕桑。馨香待祝栾公社,剪伐犹怀召伯棠。碑树去思形式耳,何如百世致烝尝。

---

① 来裕恂(1873—1962),字雨生,号匏园,萧山人,1890 年肄业于杭州诂经精舍,受教于俞樾,1899 年任教求是书院。著有《汉文典》、《萧山县志稿》、《匏园诗集》等。按:本书从《匏园诗集》第十三、十四卷中选取 12 首与求是书院有关的诗。原编者谓两卷分别写于辛丑、壬寅年,但从内容看,多有误编。本书编者对误编的各首诗做如下说明:第 1 至 3 首原编入第十三卷(辛丑),误,因诗中说的廖中丞(廖寿丰)1899 年初(光绪二十五年正月)已正式卸任回原籍,故订正为 1898 年底;第 4 首《挽林迪臣太守》原编入第十三卷(辛丑),误,因林启去世的日期是 1900 年 5 月,故订正为 1900 年;第 5 首原编入第十四卷(壬寅),误,因组织林社事在 1901 年,故订正为 1901 年;第 12 首《送学生许寿裳史久庚寿昌田韩永康资遣日本留学》原编入第十三卷(辛丑),误,因许寿裳等 4 位学生赴日留学是在 1902 年,故订正为 1902 年。12 首诗的先后次序已按本书编者查考的日期重新编排。

与宋燕生论近代学

(约 1901 年)

黄(宗羲)顾(炎武)王(夫之)今已矣夫,北方颜(元)李(颙)学宜趋。力崇实行何坚苦,论斥空谈宁浅肤。奔走仓皇由爱国,功修卓绝乃真儒。立言不朽千秋业,世俗何为昧坦途?

中叶以来文字灾,晚村著作付秦灰(吕留良学本朱子)。庄(廷珑)胡(中藻)身世异常惨,张(履祥)陆(桴亭)生平亦可哀(自遭文字之狱,杨园辈并朱学不敢主张)。大道亡怜歧路误,哲人萎痛泰山隤。吁嗟兕虎生陈蔡,东国大儒空有才。

公羊学派到南天,湘魏(源)浙龚(自珍)始识权。逢禄遗书堪缵述(刘逢禄有《公羊义疏》)。何休绝业赖绵延。事功言论垂千古,经济文章著暮年。从识英雄时势造,后贤自得胜前贤。

晚近功修孰主持,罗(泽南)曾(国藩)而后有谁知?志存绝学子高苦(德清戴子高为颜李之学者),功在畴人壬叔奇(海宁李善兰续译《几何原本》,有功数学不浅)。东塾读书津可渡(番禺陈澧,沟通汉宋之学者),无邪答问路非歧(义乌朱一新调和汉宋者)。桐城(吴汝纶)湘琦(王闿运)文章擅,艺苑犹资一木支。

部令各省大学堂,仿照山东省章程

(山东大学章程,分专、正、备三斋)

(约 1901 年)

可惜登高不自卑,亟兴大学亦何为。朝廷美意行新政,校舍宏图拓新规。但使养蒙能入圣,庶几作室有初基。如何粉饰徒欺己,不究根源诩醴芝!

浙江大学,系就求是书院改设,已任劳玉初(乃宣)为监督

(约 1901 年)

武林校舍久宏恢,就此张之较易哉。经费拨提书院款,生徒保送县人才。斋分正备专从缓,运启贞元利尽该。嚆矢一鸣惊俗类,学风丕变蔚群材。

时吾浙已开办大学,作诗以勉诸生

(约 1901 年)

秋水清光拂宝刀,乘风有志漫牢骚。情怀莫效云波软,心事须教海浪淘。曾说南邦多杞梓,会当西域取葡萄。门墙桃李多英秀,定有时贤一世豪。

创新学生演说会

(约 1902 年)

周邓殊勋汉晋齐,总嫌艾艾与期期,苏张惟赖纵横辨,施析能持坚白辞。希腊三言成论理,因明一贯贵潜思。如今社会行新学,舍此难将风气移。

浙江大学堂中,大殿设孔子像。值圣诞日,师生齐集行礼,彬彬可观,诗以志盛
(约 1902 年)

两浙人文此际昌,改良政教足观光。变夷莫漫讥陈相,儒术原来尚自强。中华国势日颠危,虎视鲸吞尽四夷。变法图存非得已,要知孔本圣之时。六艺裁成后进多,杏坛设教亦分科。栖栖终老非吾志,须向龟山假斧柯。济济英才尽俊髦,莫因身世辄牢骚。但教达用由明体,不遇王侯亦足豪。

送学生许寿裳史久庚寿昌田韩永康资遣日本留学
(约 1902 年)

乘风破浪卷征旂,惟愿中原有转机。遣学扶桑栽后进,养成大器兆先几。惊鱼跋浪须争奋,鸷鸟凌云看壮飞。一语赠君毋自馁,他年归国奠邦畿。

来裕恂《匏园诗集》,天津古籍出版社 1996 年版

大学堂添聘日教员
(1905 年 8 月 5 日)

浙省大学堂自今岁聘陆勉侪太史为总理,起建洋式房屋,添备仪器,招补悬额,并创高等小学堂,提倡经营,不遗余力。兹又因各生课程造诣渐深,故特函托学员,在日本延聘著名科学之日教习二,及高等毕业生二员为帮教,已致聘书,准暑假后到堂开课。

《申报》1905 年 8 月 5 日

浙江巡抚增韫奏高等学堂管理各员请奖折(并单)
(1909 年 6 月 1 日)

奏为浙省高等学堂管理教授各员,查明年限,照章择尤请奖,以示鼓励,恭折仰祈圣鉴事。窃照浙省高等学堂,自光绪二十九年由大学堂改办以来,时阅五载,于上年五月间举行师范、预备两科毕业,计共学生一百二十人,业经造具履历、分数各册,咨部照章给奖,已准部覆,分别核议在案。兹据提学使支恒荣详,准该堂监督吴震春咨称,查明该堂管理教授各员到差年月,分别异常、寻常造册,转请奏奖前来。奴才查,奉颁奏定章程学务纲要,内载各省学堂所派员绅教员,确能实心任事,不辞劳怨,每届五年,准援案择尤保奖一次。又政务处定章,保奖各学堂员绅教员,以成就学生人数在六七十人以上为衡。又奉颁《学部官报》内载,学部议覆江西、湖北两省教员管理员请奖折内,供职三年以上者,亦均蒙一体给奖,各等因。今浙江高等学堂改办已逾五载,仿照京师办法,分设师范、预备两科,学生一百二十人,业于上年毕业,在堂各管理员、教员,前充提调、现署绍兴府知府萧文昭等十三员,任事实心,颇著劳勋。计其供职时期,或逾五年,或逾三年,核与请奖之例相符,谨缮清单,恭呈御览,合无仰

恳天恩俯准给奖,以示鼓励。除将详细清册,及萧文昭、陆懋勋二员履历先行咨送学部查核暨分咨外,所有浙省高等学堂管理教授各员照章请奖缘由,理合会同闽浙总督臣松寿恭折具奏,伏乞皇上圣鉴训示。谨奏。

宣统元年四月十二日奉朱批:该部议奏,单并发。钦此。

谨将浙省高等学堂管理教授各员,查明年限劳绩,按照定章,分别请奖,缮具清单,恭呈御览。谨开:

前充浙江高等学堂提调,现署绍兴府知府萧文昭,拟请奖给盐运使衔;

前充浙江高等学堂监督,道员用江苏补用知府陆懋勋,拟请俟归道班后,赏加二品衔,并给三代从一品封典;

文案员附贡生盐大使职衔张大钧,拟请以盐大使归部选用;

书记员杨际青,拟请以县丞,不论双单月选用;

历史教员、拣选知县范耀雯,拟请奖给五品衔;

理化教员、毕业生郦寅道,拟请以县丞选用;

算学教员、毕业生马渭清,拟请以县丞选用;

图画教员、生员包敦善,拟请以县丞选用;

通译助教、修业生韩永康,拟请以县丞选用;

通译助教、毕业生寿昌田,拟请以县丞选用;

监学员生员陈开第,拟请以县丞选用;

庶务员生员韩传鼐,拟请以县丞选用;

会计员生员郑履征,拟请以县丞选用。

宣统元年四月十二日奉朱批:览,钦此。

《政治官报》第571号,宣统元年四月十四日

学部会奏核议浙江高等学堂办学人员奖案分别准驳折(并单)

(1910年1月18日)

奏为核议浙江高等学堂办学人员奖案,分别准驳,恭折覆陈,仰祈圣鉴事。内阁钞出浙江巡抚增韫具奏,浙江高等学堂管理教授各员,查明年限,照章择尤请奖一折,宣统元年四月十二日奉朱批:该部议奏,单并发。钦此钦遵到部。并准该抚造具各员履历清册,咨送查核前来。学部查奏定学务纲要内开:各省学堂所派之员绅教员,每届五年,准援照从前同文馆成案,择尤保奖,其无成效者不给奖等语。嗣经政务处奏准,凡学堂在事人员奖励,均应以成就人数为衡,历经遵照,办理有案。浙江高等学堂师范、预备两班毕业学生一百二十名,业经臣部核准,分别给奖升学等因,奏蒙允准在案。该堂办学人员,自应按其劳绩,照章核给奖叙,以资鼓励。惟查该堂从前系由求是书院改办浙江大学堂,复于光绪二十九年改称高等学堂,至三十一年春间,始分设师范、预备两科,是三十一年以前,该堂本无成效可言。此次核计各员劳绩,应即以光绪三十一年正月为断,不得接论前资。除提调萧文昭、监督陆懋勋实计任差年限不足,毋庸给奖外,所有教员范耀雯、郦寅道、马渭清、包敦善,副教员韩永康、寿

昌田，监学陈开第，文案员张大钧，会计员郑履征等九员，任差年限均满三年以上，拟请均准照寻常劳绩给奖。其书记员杨际青及前充书记改充庶务员之韩传鼒等二员，到堂虽在三年以上，惟书记员为定章所无，韩传鼒改充庶务员差亦未满三年，应均不准其列保，以示限制。吏部查，所有浙江办理高等学堂任差已满三年人员，既据学部声称，应照寻常劳绩给奖，自应按照臣部定章，分别核议。谨将拟准给奖各员缮具清单，恭呈御览。如蒙俞允，即由学部咨行浙江巡抚，钦遵办理。所有核议浙江高等办学人员奖案分别准驳缘由，谨恭折覆陈，伏乞皇上圣鉴。再，此折系学部主稿，会同吏部办理，合并声明。谨奏。

宣统元年十一月二十九日奉旨：依议，钦此。

谨将核议浙江高等学堂办学人员奖案拟准给奖各员缮具清单，恭呈御览。计开：

拣选知县范瑞雯，原拟请奖给五品衔；

杭州育英书院毕业生郦寅道、马渭清，生员包敦善，原拟均请以县丞选用；

留学日本东京高等师范学校修业生韩永康，留学日本振武学校毕业生寿昌田，生员陈开第，原拟均请以县丞选用；

盐大使职衔、附贡生张大钧，原拟请以盐大使归部选用；

生员郑履征原拟请以县丞选用。

以上九员，拟请准照寻常劳绩给奖。

查定章，寻常劳绩准其保请加衔又加衔，限制七品各官，不得逾五品。又廪、增、附生，准保府经历县丞以下等官。又八品以下职衔人员，准其照衔保奏实官各等语。以上九员所请奖叙，均核与寻常劳绩章程相符。惟各该员所开底衔，臣部均无凭检查，范瑞雯一员，应令将拣选年月；包敦善、陈开第、郑履征三员，应令将入学年分；郦寅道、马渭清、寿昌田、韩永康四员，应令将毕业文凭；张大钧一员，应令将捐衔执照，各声明呈验到部，俟查系相符，再行核准注册。

《政治官报》第802号，宣统元年十二月初八日

奏为前浙江高等学堂日本教员铃木珪寿在堂五载援案恳请给奖恭折仰祈[①]

（1911年3月16日）

浙江巡抚臣增韫跪奏，为前浙江高等学堂日本教员在堂五载，援案恳请给奖，恭折仰祈圣鉴事。窃据署提学使袁嘉谷详称：准浙江高等学堂监督孙智敏咨呈：该堂由大学堂改称高等学堂以来；师范科毕业四次；预备科毕业三次；计共毕业学生不下五百人；所有在堂年久之教员、管理员，业经奏准给奖在案。兹查该堂日本教员铃木珪寿，自光绪三十一年七月聘请到堂，教授博物一科，至本年六月解约回国，计阅时已满五载，始终其事，训迪有方，洵属异常劳绩。查光绪三十二年，外务部会同吏部，奏准山东高等学堂请奖各员成案内，有美国教员古得西得奖三等第一宝星，该堂自应援照办理，请转详奏咨，赏给三等第一宝星，以示优异等

---

① 铃木珪寿（当时人的回忆也有写作铃木亀寿），生卒年不详，日本人，毕业于日本高等师范学校，自1905年8月至1911年7月受聘担任浙江高等学堂教育学兼博物教员。

情,咨司详请奏咨前来。臣查前浙江高等学堂日本教员铃木珪寿。在堂教授已满五年。所请援照山东省高等学堂各员请奖核与成案相符。合无仰恳天恩,俯准前浙江高等学堂日本教员铃木珪寿赏给三等第一宝星,以酬劳勋,出自鸿施。除分咨外,理合恭折具奏,伏乞皇上圣鉴训示。谨奏。

朱批:外务部查核具奏。

宣统三年二月十六日

中国第一历史档案馆藏,全宗号:04-01-201

浙江巡抚增韫奏为在籍之翰林院检讨朱光焘留浙办学请免扣资俸事①

(1911年3月30日)

增韫片:

再,据署提学使袁嘉谷详:据浙江中等工业学堂监督许炳堃禀称:请假修墓在籍之翰林院检讨朱光焘,于染织事宜研究素深,拟即聘为浙江中等工业学堂染织教员,禀司详请奉留,免扣资俸等情前来。臣覆查无异,合无仰恳天恩,俯准将在籍翰林院检讨朱光焘留浙办理学务,免扣资俸,以符定章。除将履历分咨查照外,理合附片陈请,伏乞圣鉴。谨奏。

宣统三年三月十九日奉朱批:学部议奏,钦此。

浙江巡抚　增韫

宣统三年三月初一日

中国第一历史档案馆藏,全宗号:04-12-0690-107

浙江巡抚增韫奏高等学堂管理各员等请奖折(并单)

(1911年5月2日)

奏为浙省高等学堂管理员、教员已届三年以上,援案恳请给奖,恭折缮单,仰祈圣鉴事。窃据署提学使袁嘉谷详称,准高等学堂监督孙智敏咨呈内开:光绪三十四年五月间,举行师范、预备两科毕业,所有在堂年久之职员,业经奏准给奖在案。兹查宣统元年五月举行预科第二次毕业,计共学生八十八人;宣统二年五月举行预科第三次毕业,计共学生九十六人。统计两次预科毕业学生,共一百八十四人。其在堂办事年久之职员,除前已得奖各员不再核议外,凡在堂三年以上者,自应援案请照寻常绩给奖,开具履历,检呈执照,咨司详请奏咨给奖前来。臣查该员等在堂充任管理教授事宜,均经实心任事,勤劳卓著,计其供职时期,皆逾三年,核与请奖之例均属相符。合无仰恳天恩,俯准照拟给奖,以示鼓励。除将履历、执照分

---

① 朱光焘(1886—1960),字谋先,祖籍安徽,出生于浙江杭州。1906年入日本东京高等工业学校学习染织,归国后获授工科进士。1911年任浙江中等工业学堂染织科主任。1912年与许炳堃等人集资创办纬成丝织公司,为浙江省规模最大的丝绸企业。

咨查照外，谨缮清单，恭呈御览，伏乞皇上圣鉴训示。谨奏。

宣统三年四月初四日奉朱批：该部议奏，单并发。钦此。

谨将浙江高等学堂请奖各员缮具清单，恭呈御览。谨开：

附生王嘉榘，原名家驹，拟请以县丞归部选用；

盐大使衔王鸿度，拟请以盐大使选用；

附生张景星，拟请以县丞归部选用；

俊秀陆永清，拟以九品选用；

优廪生郑衔华，拟请以县丞归部选用；

举人魏友枋，拟请以知县归部选用；

候选府经历沈毓恩，原名毅，拟请选缺后以知县用；

大理院六品推事张宗祥，拟请赏加五品衔。

宣统三年四月初四日奉朱批：览，钦此。

《政治官报》第1260号，宣统三年四月初七日

外务部奏核复浙抚奏请奖高等学堂日本教员铃木珪寿宝星折

(1911年8月)

奏为遵旨查核具奏，恭折仰祈圣鉴事。宣统三年三月初二日，准军机处抄交浙江巡抚增韫具奏，请奖浙江高等学堂日本教员宝星一折，奉朱批：外务部查核具奏，钦此钦遵。抄交到部。查原奏内称：浙江高等学堂博物科日本教员铃木珪寿，在堂已满五年，始终其事，训迪有方，援案奏请赏给三等第一宝星，以酬劳勚等语。臣等查，各省学堂聘用外国教员，年满奏奖宝星，历经办理有案。兹浙江巡抚以该省高等学堂日本教员铃木珪寿在堂五年，解约回国，奏请奖励，所拟宝星等级，核与臣部宝星章程，暨历办成案均属相符，自应准如所请，赏给三等第一宝星，以示嘉奖。如蒙俞允，即由臣部颁发祗领。所有遵旨查核具奏缘由，理合恭折覆陈，伏乞皇上圣鉴训示。谨奏

宣统三年五月初九日奉朱批：依议，钦此。

《浙江教育官报》第86期，宣统三年闰六月

浙江高等学堂教员姓名籍贯出身及担任年月一览表[①]
(1911年9月)

宣统二年下学期

教员姓名	籍贯	出身	担任教科	到堂年月
杨敏曾	慈溪	乙卯科举人	人伦道德、经学、国文	光绪三十四年七月
魏友枋	同	庚子辛丑恩正并科举人	国文	光绪三十三年正月
陈庆林	江苏吴江	岁贡生	国文、中国地理	宣统二年正月
邵长光	仁和	法政科举人	英文	宣统元年七月
丁其奎	归安	上海约翰大学毕业生	同	同上
屠开泰	会稽	上海青年会德文科毕业生	德文	宣统二年正月
赵之佑	慈溪	法国巴黎豆维宜阿大学毕业生	法文	宣统二年年九月
孙润瑾	江苏元和	上海高等实业学堂毕业生	同	光绪三十四年正月
钱家治	仁和	日本高等师范毕业内阁中书	心理	宣统二年七月
胡濬济	慈溪	日本东京高等学校理科毕业生	算学	光绪三十四年正月
沈毓恩	归安	候选府经历	中史	光绪三十三年正月
沈慰宸	仁和	日本同文书院毕业	矿物助教	宣统元年三月
夏铸	上虞	日本东京高等工业学堂毕业生	图画助教	光绪三十四年十月
陈六如	甘肃秦州	浙江武备学堂毕业生	兵学、体操	宣统元年七月
亨培克	美国	英国奥斯佛大学法科毕业	历史、地理、辨学、法文	同上
梅立格	同	美国威士康新大学理化毕业	物理、化学、数学、德文	同上
本多厚三	日本	日本高等师范学校毕业	矿物	宣统二年七月
嘉江宗二	同	同	图画	光绪三十四年九月
裘爱培	美国	美国派尔克大学毕业	英文	宣统二年九月

《浙江教育官报》第90期,宣统三年七月

浙江巡抚增韫奏为大理院推事张宗祥充高等学堂教员请免扣资俸事
(1911年10月23日)

再,查学部奏定章程,京员办理外省学堂,充当总理或监督、总分教习者,准免扣资俸各等因,历经遵办在案。兹据署提学使袁嘉谷详称:准高等学堂监督咨称:中国文学及中国地

① 本表系从该期杂志所载《浙江各学堂教员姓名籍贯出身及担任年月一览表》中节取。

理两科目学科重要，教授需人。兹查有请假回籍之大理院推事张宗祥，堪以延聘为文学、地理教员，造具履历，呈司详请奏咨前来。臣覆核无异，合无仰恳天恩，俯准将大理院推事张宗祥免扣资俸，以符定章。除将履历分咨查照外，谨附片具陈，伏乞圣鉴。谨奏。

宣统三年九月初二日

奉朱批：允行，该衙门知道。钦此。

中国第一历史档案馆藏，全宗号：03-7462-007

教育司照会高等学校等请将洋教员人数姓名等列表送司文

（1912 年 10 月 25 日）

本年十月一日案奉都督令开：本年九月二十七号准外交部电开：现拟调查各省聘订文武洋员人数，及姓名、薪资、合同年限，希即详查列表报部，等因。准此，查此案因由民政、财政、提法、教育四司转饬所属各机关。按照部电办理，详查列表呈复，以凭转报，等因到司。奉此，相应照会贵校长，希将贵校所有聘订东西洋教员，遵照部电所开各节，分列项目，即日造送到司，以便转报。特此照会

高等、中工、两级师范各学校长。

《浙江公报》第 256 册，民国元年十月廿五日

民政长朱瑞令遵照教育部申明实业学校注重本科预科并解释实业学校教员资格布告办理由

（1913 年 9 月 28 日）

浙江行政公署训令第三千二百十四号

各县知事、省立各实业学校应遵照教育部申明，实业学校注重本科、预科，并解释实业学校教员资格布告办理由。

令七十五县知事、省立甲种农业学校校长陈嵘、省立甲种工业学校校长许丙堃、省立甲种商业学校校长周锡金、省立甲种蚕桑学校校长朱显邦：

教育司案呈，本年九月十八日，接准教育部八月十二日布告第四十四号，内开：实业学校令及实业学校规程业经公布在案，凡设立实业学校，俱宜按照规程，设置本科、预科，教授完全之课业，以宏造就。其附设专别科、专修科等课程较简，原为年齿已长、欲速成者设此变通办法，应俟本科、预科办有余力，乃能筹画及此，倘有避重就轻，不设本科，仅设别科、专修科者，应不予核准立案。又实业学校教员资格，业于实业学校规程第三、第四条分别规定，其在前清高等中学、初等实业学堂及优级、初级师范学堂毕业，经学部及该管官厅核准者，均得比照规程所定，有充任各项教员之资格。其在实业教员讲习所完全科毕业者，得为甲种实业学校教员。在简易科毕业者，亦得暂充乙种实业学校教员。又第三条第五款、第三款在教员检定未施行以前，凡曾为中等学校或高等小学校教员三年以上者，亦得有充任教员之资格。特

此布告,等因。准此,查实业学校令及实业学校规程等业经本公署通令知照在案,兹准前因,合行令知该县知事、该校校长一体遵照。此令。

中华民国二年九月　日

民政长　朱瑞

《浙江公报》第583册,民国二年九月二十八日

咨巡按使准咨送省立甲种农业学校职教员学生一览表应予存查文
(1915年8月13日)

第二千二百七十号

四年八月十三日

为咨行事。准咨陈开:据省立甲种农业学校校长陈嵘详送职教员学生一览表,并补报学生一览表各二本到署。据此,除各抽一本备查外,拟合备文,连表咨请察核备案等因,计表二册前来。查阅表开职员资格,多与定章相符,预科学生许以高等四十四名,留级预科学生宋复等三名,编入森林本科第一年级,学生施泽一名,亦与入学及留级规程相合,应将表册准予存查,相应咨行贵巡按使转饬知照可也。此咨

浙江巡按使。

《教育公报》第2卷第5期,民国四年九月

留日高等工校毕业生陈建功考入帝国大学应准继续给予官费由[①]
(1920年11月19日)

浙江省长公署训令第二八二四号

令教育厅:

前据留日东京高等工业学校毕业生陈建功呈称:窃生于民国七年九月间,在日本东京高等工业学校毕业。当时志在深造,是以毕业以后仍复申请继续求学。不料患病甚重,不得已乃于八年三月间归国疗养。其后病体渐愈,思遂初衷,复于本年六月间赴东,投考日本东北帝国大学理学部数学本科,尚幸不辱,获列前茅,现已入学肄业。凡生经过事实,留日学生监督处均有案册可查。惟生因病归来,官费即已中断,现已考入东北帝国大学继续求学,伏祈垂念下情,实因病重归国,有万不得已之苦衷,准将生官费原额仍行恢复等情。当经函请留日学生监督查复实情去后,嗣准复开:查该生于七年毕业后,曾声请志愿继续求学。后因病

① 陈建功(1893—1971),字业成,浙江绍兴人,数学家。早年就读于绍兴府中学堂、杭州两级师范学堂,1913、1920年两次赴日本留学。1923年回国,任教于浙江工业专门学校。1926年第三次东渡日本留学,三年后获理学博士学位,回国任浙大数学系主任。新中国成立后任复旦大学、杭州大学教授。1955年当选为中国科学院学部委员(院士)。

归国，将及一年，故将官费停止，顷已考入东北帝国大学理学部数学本科。查高等转入帝大，尚属应升之阶级，该生有志深造，殊堪嘉尚，可否恢复官费以示奖励之处，等由前来。即以查该生陈建功系留日特约四校官费生，现据续入东北帝国大学肄业，应否准予继续官费等语，咨请教育部核复在案。兹准复开：陈建功系以相当程度考入日本帝国大学本科肄业，照例应继续给予官费，除训令留日学生监督按月发给学费外，相应咨复查照。等因。准此，合行令仰该厅查照。此令。

浙江省长　沈金鉴

中华民国九年十一月十九日

《浙江教育月刊》第 3 卷第 12 期，民国九年十二月二十日

浙江公立工业专门学校职教员任期久暂表

（本表民国九年十二月调查）

（1920 年 12 月）

序号	姓名	职别	任职年份
1	许炳堃	校长	清宣统三年至民国九年
2	关鹏南	职员	清宣统三年至民国九年
3	柴锡荣	同上	民国二年至民国九年
4	章奎	同上	清宣统三年、民国八年至民国九年
5	许孙缪	同上	民国九年
6	蔡宝书	同上	民国九年
7	何公亮	同上	民国五年至民国九年
8	吴乃琢	同上	民国三年至民国九年
9	沈慰贞	同上	清宣统三年至民国九年
10	孙祖炜	同上	民国七年至民国九年
11	吴纬	同上	民国四年至民国九年
12	项大澂	同上	民国八年至民国九年
13	唐祖勋	同上	民国七年至民国九年
14	孙稽鹤	同上	民国七年至民国九年
15	孙念时	同上	民国七年至民国九年
16	王存济	同上	民国九年
17	唐平	同上	民国九年
18	许福埏	同上	民国九年
19	范骏泰	同上	民国九年

续 表

序号	姓名	职别	任职年份
20	陈宝勋	同上	民国九年
21	戴行钢	同上	民国九年
22	钱家润	同上	民国九年
23	冯毓沂	同上	民国九年
24	金培元	职员兼教员	民国四年至民国九年
25	陆守忠	同上	民国二年至民国九年
26	陶泰基	同上	民国七年至民国九年
27	叶熙春	同上	民国七年至民国九年
28	汪鸿桢	同上	民国五年至民国九年
29	陈维遵	同上	民国六年至民国九年
30	汤贻湘	同上	民国八年至民国九年
31	莫善诚	同上	民国元年至民国九年
32	朱苍许	同上	民国六年至民国九年
33	戴道骝	同上	民国三年至民国九年
34	陈其文	同上	民国七年至民国九年
35	赵治	同上	民国七年至民国九年
36	陆树勋	同上	民国八年至民国九年
37	冯汝绵	同上	民国八年至民国九年
38	张云瑞	同上	民国四年至民国九年
39	李鸿	同上	民国七年至民国九年
40	陈世觉	同上	民国八年至民国九年
41	施霖	同上	清宣统三年至民国九年
42	程宗裕	同上	民国二年至民国九年
43	程宗植	同上	民国元年至民国九年
44	许德辉	同上	民国三年至民国九年
45	阮性咸	同上	清宣统三年至民国九年
46	诸章达	同上	民国六年至民国九年
47	林璧	同上	清宣统三年至民国元年,民国三年至民国九年
48	龚俊	同上	民国元年至民国九年
49	邵诵熙	同上	民国七年至民国九年
50	马上程	同上	民国八年至民国九年

续　表

序号	姓名	职别	任职年份
51	陈宝钦	同上	民国九年
52	张元培	同上	民国五年至民国九年
53	沈沛霖	同上	民国七年至民国九年
54	傅鼎元	同上	民国七年至民国九年
55	虞鸿书	同上	民国八年至民国九年
56	姜俊彦	同上	民国八年至民国九年
57	胡乃夔	同上	民国八年至民国九年
58	蔡绍桢	同上	民国九年
59	傅焕	同上	民国九年
60	陈载阳	同上	民国九年
61	章钜	同上	民国九年
62	王祖章	同上	民国九年
63	严鸿渐	同上	民国八年至民国九年
64	倪维熊	同上	民国九年
65	骆锡璇	同上	民国九年
66	石文	同上	民国九年
67	黄瑞琮	同上	民国九年
68	陆永年	同上	清宣统三年至民国九年
69	严昉	教员	民国九年
70	吴钦烈	同上	民国九年
71	陆鸿耀	同上	民国三年至民国九年
72	戎昌骥	同上	民国七年至民国九年
73	蔡德强	同上	民国三年至民国九年
74	陈业成	同上	民国八年至民国九年
75	许湛儒	同上	民国八年至民国九年
76	吴宗濬	同上	民国元年至民国九年
77	吴友蘧	同上	民国二年至民国九年
78	赵崇实	同上	民国六年至民国九年
79	凌廷华	同上	民国五年至民国九年
80	刘德襄	同上	民国六年至民国九年
81	王源	同上	民国六年至民国九年

续 表

序号	姓名	职别	任职年份
82	王述祖	同上	民国八年至民国九年
83	姚崇岳	同上	民国九年
84	陈济时	同上	民国九年
85	胡文球	同上	民国九年
86	王干	同上	民国九年

浙江公立工业专门学校编印《浙江公立工业专门学校一览》,1921年3月中旬

工专十周年升级纪念展览会陈列品录中的教师名录①

(1921年6月)

宣统三年二月就职之职员:许炳堃、施霖、阮性咸、陆永年、沈慰贞。

本校商议员:朱光焘、永濑久七、蔡经贤、佐藤真、蔡继会、戚元朋、汪鸿桢、陈其文等八人。

本校任职十年之职员:许炳堃、施霖、阮性咸、陆永年、沈慰贞、吴宗濬、龚俊、程宗植、莫善诚、林璧、关鹏南等十一人。

校友会各部主干:陆守忠、程宗植、汤贻湘、关鹏南、施霖、蔡德强、吴纬、程宗裕、陈维遵等九人。

五年以上职员题名录:许炳堃、施霖、阮性咸、陆永年、林璧、关鹏南、沈慰贞、莫善诚、陆守忠、吴宗濬、程宗裕、程宗植、吴友蘧、龚俊、柴锡荣、许德煇、戴道骝、蔡德强、金培元、陆鸿耀、张云瑞、吴乃琢、吴纬等二十三人姓名。

《浙江公立工业专门学校校友会年刊》第2期,民国十年六月

省立甲种农校聘请教员

(1921年11月6日)

省立甲种农校现聘请安徽省立甲种农校主任教员顾华孙,充农科主任教员;省地方农事试验场观测科技术科尹志尧,充气象学教员。

《时报》1921年11月6日

---

① 1921年3月21日,浙江公立工业专门学校举行十周年升级纪念会,并举办纪念展览会,此处的教师名录录自展览会中陈列的摄影、题名录等。

浙江农业学校现任教职员一览表

(1923 年)

姓名	字	籍贯	履历	担任职务	就职年月	通讯处
高维魏	孟徵	杭县	日本东北帝国大学农科毕业，农学士	校长，农业经济、农业细菌病害、畜产	十二年一月	杭州双陈衖一号
沈竞	素生	江苏	日本盛冈高等农林学校农科毕业	教务主任，农产制造、土壤、肥料、农艺、化学、农村教育	十一年八月	海门天补镇
陈敬衡	雄飞	黄岩	北京农工商部高等实业学堂化学专科毕业，历任广西省立农林学堂、浙江省立农业教员讲习所、浙江省立第六中学校化学主任教员	训育部主任兼化学教授	十二年三月	黄岩西门桥上街
柴秉方	京华	宁海	上海龙门师范毕业，历充台州初级师范学校监督，本省实业科员	训育部主任	十年八月	杭垣上羊市街百二十号
童玉民	玉民	余姚	日本鹿儿岛高等农林学校农科毕业，曾任江西公立农业专门学校农科主任、江苏省立第三农业学校园艺系主任	农科主任，果树、花卉、植物、昆虫、作物、气象、土地改良、水产大意	十二年三月	杭城骨牌衖第七号
杨靖甫		四川	日本鹿儿岛高等农林学校林科毕业，曾任奉天省立农业学校林科主任	林科主任，森林数学、造林、狩猎、林学通论、林学大意	七年一月	杭州三角荡十八号
李崇敏	虚谷	海宁	日本驹场农科大学兽医实科毕业	兽医科主任，细菌外手疫论、兽医学大意、蹄铁	八年八月	杭州新市场迎紫路七十六号
陶善松	稷人	余姚	日本大阪府立农业学校毕业，日本农商部园艺试验场研究员	农场主任，作物、蔬菜、农业通论、农场实习	六年一月	余姚临山西门
张福仁	静甫	安吉	日本鹿儿岛高等农林学校林科毕业，曾任江西农业专门学校林科主任	林场主任，森林经理、森林法规、造林、森林管理、林产制造实习	十一年七月	城内直寄
刘刚	自强	永嘉	日本东京兽医畜产学校毕业	兽医院主任，外科、卫生酪、农产科蹄病、警察外科各论、病理解剖、马学解剖、眼科日语	九年八月	绍兴端新埠头镇塘殿称放局内张毅士先生收转
全荣衮	蓉庵	绍兴	北京农工商部高等实业学堂机器专科毕业，曾任第五中学校学监及教员	国文、地理、历史	五年八月	绍兴城外东浦马车溇

续 表

姓名	字	籍贯	履历	担任职务	就职年月	通讯处
林达	醒凡	永嘉	日本明治大学高等科毕业	英文、日文、动物	二年八月	杭州骨牌弄七号
林熊祥	渭访	海门	国立北京农业专门学校林科利用系毕业	林政、森林昆虫、森林保护、森林植物	十二年三月	北岸杜镇
吴云程		义乌	浙江体育专门学校毕业，曾任体育专门学校体操主任教员	体操	十一年九月	
俞定	松笠	诸暨	浙江高等学堂毕业，曾充浙江省立第十一中学校教员，第九师范学校教员，兼学级主任，现任浙江教育厅秘书	国文、英文	十二年三月	杭垣里横河桥新二号
孙信	虹廎	杭县	北京大学工科毕业	英文、地质、矿物、测量	五年八月	杭州三角荡十八号
孙从周	雅臣	奉化	浙江高等学校正科毕业	数学、物理	二年一月	奉化萧王庙裕康当
张保寅	月舟	杭县	浙江蚕学馆毕业，曾任江南、湖南省立蚕桑学堂、浙江官立农业教员讲习所教员，本省农事试验场蚕桑科主任	养蚕、农业法规	二年一月	杭县壩址桥西堍月舟蚕种制造场
汤显	鹏超	绍兴	绍兴拳术研究所所长	国技	九年四月	绍兴城内白鹤衢宝月庵间壁
喻哲文	哲文	黄岩	北京大学工科毕业曾任广西工业学校土木主任教员	土木数学器画	七年一月	黄岩西乡仙浦喻
卢铠	菊栽	东阳	国立北京大学文科哲学系毕业	国文	十一年九月	杭城内石牌楼第五十二号墙门内
罗枢	中密	杭县	浙江陆军兽医养成所毕业，浙江陆军兽医院兽医	内科诊断、药物	九年三月	杭州四宜亭十四号
郑昌球	舜琴	黄岩	浙江省立医药专门学校毕业	校医兼生理	十一年九月	
范宗岱	焕文	杭县	曾充浙江高等学堂会计及省立第五师范学校庶务会计	庶务员	十二年三月	杭城九曲巷十三号
金英	衡甫	绍兴	绍兴敬敷高小毕业，办理本乡地方自治十年	会计员	十二年三月	绍兴昌安门外昌明学校收转袍渎乡
宁本琪	美东	安徽	前广西融县承审员，兼第一科科长	文牍员	十二年一月	杭垣荐桥直街十三号

续 表

姓名	字	籍贯	履历	担任职务	就职年月	通讯处
戚有则	康平	湖北	上海科学会函授部农工商科毕业	书记	八年一月	湖北荆门县城内高家庙西首
吴江	君让	龙游	本校第六届农科毕业	教务员	十一年九月	龙游城内朱和盛客栈转东乡余村金
沈维金	达泉	杭县	本校第二届兽医科毕业	图书处管理	十二年三月	
周颂	士亨	奉化	本校第四届农科毕业曾任杭北林木公司技术员	图书处管理	十一年十月	奉化大桥汪泰监号转
周铨元	士衡	诸暨	本校第一届农科毕业	农场管理员	九年九月	诸暨城内万豫茶食号转交
周应璜	友望	嵊县	本校第二届农科毕业曾任河南开封大昌制蛋厂技师	农产制造室管理员	九年八月	开元镇大墳后
俞荃芬	绥霖	富阳	本校第二届林科毕业	林场管理员	九年九月	富阳大源高德隆转大造坞
胡桂芳	子联	永康	本校第一届兽医科毕业	兽医院管理员	十年一月	永康八市墙转交
孙埙	伯友	东阳	本校第三届农科毕业，曾任南京高等师范学校农科绘图员	教务员	十年一月	东阳城内上市头
费光	季宣	崇德	曾充海宁长区第六国民学校校长	庶务员	十二年一月	崇德北桥西堍
叶筠	少卿	杭县	曾充本省农事试验场庶务	农场管理员	二年一月	上坂儿巷新三号
葛承武	露仙	黄岩	业儒	书记	八年九月	黄岩西乡小澧桥陈美昌号转青龙头
裘孝椿	梦森	嵊县	本校第三届林科毕业	演习林场管理员	十年八月	崇仁镇生泰号交
蒋文祥	愤强	诸暨	本校第四届农科毕业	农场管理员	九年九月	临浦盛隆南货号转山湾

浙江省立农业学校编印《浙江省农业学校十周纪念刊》，1923 年

浙江省立农业学校历任教职员任期一览表

(1923年)

姓名	年期																				
	十二年	十一年		十年		九年		八年		七年		六年		五年		四年		三年		二年	
高维魏	√		√	√	√	√	√	√	√	√											
沈　竞	√	√																			
陈敬衡	√		√	√	√	√	√	√	√	√	√	√	√	√	√	√	√	√	√	√	√
柴秉方	√	√	√	√														√	√	√	
童玉民	√																				
杨靖甫	√	√	√	√	√	√	√	√	√	√	√										
李崇敏	√	√	√	√	√	√	√	√													
陶善松	√	√	√	√	√	√	√	√	√	√	√	√	√								
张福仁	√	√																			
刘　刚	√	√	√	√	√	√															
全荣衮	√	√	√	√	√	√	√	√	√	√	√	√	√	√							
林　达	√	√	√	√	√	√	√	√	√	√	√	√	√	√	√	√	√	√	√	√	
林熊祥	√																				
吴云程	√	√																			
俞　定	√																				
孙　信	√	√	√	√	√	√	√	√	√	√	√	√	√	√							
孙从周	√	√	√	√	√	√	√	√	√	√	√	√	√	√	√	√	√	√	√	√	√
张保寅	√	√	√	√	√	√	√	√	√	√	√	√	√	√	√	√	√	√	√	√	√
汤　显	√	√	√	√	√	√	√														
喻哲文	√	√	√	√	√	√	√	√	√	√	√										
卢　铠	√	√																			
罗　枢	√	√	√	√	√	√	√														
郑昌球	√	√																			
范焕文	√																				
金　英	√																				
宁本琪	√		√	√	√	√	√	√	√	√	√	√	√								
吴　江	√	√																			
沈维金	√																				

续 表

姓名	年期																				
	十二年	十一年		十年		九年		八年		七年		六年		五年		四年		三年		二年	
成　震	√	√	√	√	√	√	√	√	√	√											
周　颂	√	√																			
周铨元	√	√	√	√	√	√															
周应璜	√	√	√	√	√	√	√	√													
俞荃芬	√	√	√	√	√	√															
胡桂芳	√	√																			
孙　埙	√	√	√	√	√			√													
叶　筠	√	√	√	√	√	√	√	√	√	√	√	√									
葛承武	√	√	√	√	√	√	√	√													
费　光	√	√	√	√																	
裘孝椿	√	√	√	√																	
蒋文祥	√	√	√	√	√	√															
陆海望		√				√	√	√	√	√	√	√	√	√							
吴　峨		√												√							√
吴　恺		√																			
郑彤华		√																			
王　超		√																			
李闳概		√																			
李　钦		√																			
陆维梃		√																			
胡初复		√																			
俞　镛		√																			
周　清			√	√	√	√	√	√	√	√	√	√	√	√	√	√	√	√	√		
方　悌			√	√	√	√	√	√	√	√	√	√	√	√	√	√	√	√	√		
章毓兰			√	√	√	√	√	√	√	√	√	√	√	√		√					
朱　鸾			√	√	√	√	√	√	√	√	√	√	√	√			√	√	√	√	√
方　谦			√	√	√	√	√	√	√	√	√	√	√	√							
谢迺绩			√	√	√	√	√	√	√	√	√	√	√	√	√	√					
陈士干			√	√	√	√	√	√	√	√	√	√	√	√							
黄尚中			√	√	√	√	√	√	√	√	√	√	√	√	√	√	√	√	√	√	√

续 表

姓名	年期																				
	十二年	十一年		十年		九年		八年		七年		六年		五年		四年		三年		二年	
吴祉麟			√	√	√	√	√	√	√	√											
胡维和			√	√	√	√	√	√	√	√	√	√									
沈荣锦			√	√	√	√	√	√	√												
蔡乃昌			√	√	√	√	√	√	√	√											
徐　礎			√	√	√																
徐家昌			√	√	√	√	√	√													
杨郁熙			√	√	√	√	√	√	√	√	√	√									
章杏生			√	√	√	√	√	√													
池松常记			√	√																	
万志成			√	√																	
徐定均			√	√																	
庄泽宬				√	√	√	√	√	√	√	√	√	√	√							
吴祖藩				√	√	√															
徐　伟				√	√																
中田醇					√	√	√	√	√	√											
顾希文					√	√	√	√	√	√	√	√									
堵福诜					√	√	√	√	√	√											
刘子民						√	√	√	√	√	√	√	√	√	√	√	√	√	√		
汪和耕						√	√	√	√	√											
沈光熙						√	√	√	√	√											
赵继元						√	√	√													
孙铭煊							√	√													
童深海							√	√													
徐象隆							√														
庄泽宏							√														
贾志驶							√														
支钟明							√														
单砚田								√													
阮邦瑶									√												

续　表

姓名	年期																				
	十二年	十一年		十年		九年		八年		七年		六年		五年		四年		三年		二年	
黄祖洛									√												
汪海晏									√												
黄毓骥										√	√	√	√	√	√						
赵启能										√	√	√	√								
郑　畦												√	√	√							
吴荣堂												√	√								
袁锵金													√	√							
高汝楫													√								
沈士埙													√	√							
张　榆													√	√							
余　瑞													√								
罗光彩														√							
李　杰														√							
李学儁														√							
方圣华														√							
史慧竞														√	√						
施铭丹															√	√					
林伟民															√	√					
吴兰孙															√	√					
杨品鳣															√						
俞永霓															√	√					
陶泗原															√	√					
叶联芳															√	√	√	√	√	√	
许　珏															√	√					
楼鸿书															√						
吴桓如															√	√					
黄勋															√	√					
殷　楷															√	√					
何绍韩																√	√	√			
杨公燕																√					

续 表

姓名	年期																				
	十二年	十一年		十年		九年		八年		七年		六年		五年		四年		三年		二年	
陈忠汉																√					
曹承宗																√					
余象升																√					
徐　琳																√	√				
程植三																√					
陈　嵘																	√	√	√	√	
陈振椒																	√	√	√	√	
潘岳生																			√	√	
张艺园																				√	√
俞良谟																					√
屠宝玑																					√
吴震瀛																					√
孙洞环																					√
陈爽棠																					√
陈国惠																					√
庞　镛																					√
邵　廉																					√
叶礼耕																					√
徐养渠																					√
徐凤图																					√
缪　恕																					√
陆荷生																					√
马钟英																					√
杨耀文																					√
蒋祖墉																					√
魏友枋																					√

浙江省立农业学校编印《浙江省农业学校十周纪念刊》,1923 年

《文薮自撰年谱》中的求是书院史料①

(1935年)

袁毓麟

(光绪二十六年)秋间,陈仲恕邀余为求是书院教习。余班中学生共二十余人。是时,余治公羊学,并泛览明季遗老各书,近则受《訄书》、《新民丛报》影响,故种族之见甚深,而学生之潜移默化者亦居泰半。其他教习如孙翼中、汪曼锋,同此见解施教,致杭城旗营人士侧目相视。学生史久光,纠合同学设立"桐阴书屋"作校外课文。一次,由教习孙翼中命题为"罪辫文",史久光课文为旗营学生窃去告发,洶洶大狱将起,余连夜为史筹盘费及铺盖等,促逃沪转日本。余亦相继辞职。

袁毓麟《文薮自撰年谱》,民国二十四年铅印

宋平子先生评传序

(1941年2月18日)

许寿裳

苏君渊雷撰先师宋平子先生评传既成,征序于余,盖以余昔曾受业,当有以知先师之一体也。先师一代大哲,闳识孤怀,并世罕见其匹,而抱德不扬,怫郁以终。身后三十余年,遗书未出,遂不为世人所知。梁启超之称颂先师曰:"东欧布衣识绝伦,黎洲以后一天民"。迨其著《中国近三百年学术史》,竟无一字及之。蔡元培先生之《五十年来中国之哲学》,于先师著作,仅述《六斋卑议》(此书单行本,后收入《敬乡楼丛书》)。钱穆之《中国近三百年学术史》,仅于附表载先师生年,举未扬扢,唯章师炳麟之《检论》及《文录》中,略及先师学行。余以末学,尝欲为先师作传,而南北流离,因循未果,师门绝学,绍述无时,滋自愧也。今苏君独能"发愤著书,传先生之生平,阐大同之弘旨,复选其遗文,次为一集,藉旌前修之志,而兴后起之思"。表扬先觉,持论宏通,可谓先得我心者矣。

先师之学,以仁爱为基,以大同为极。少年刻苦读书,且以"心、身、古、今、缘、嗜"六字自课。"本末兼到,内外夹持。"一生功力,造端于此。民元前十一年(一九〇一)夏,掌教杭州求是书院,余幸得观炙,虽为时仅四月,而获益之大,受知之深,毕生不能忘也。先师魁硕,貌古朴,多须髯,两目幽郁若失精,望而知为悲悯善感之人。其教法重个性,主自由,取法象山,限规不立,经史子集,任择从事,循循善诱之功,非庸师所能企及。犹忆首次作文,题曰《言志》。余答谓志在救国,吸取新文明,推翻旧制度。文辞幼稚,自不值一噱,不意其中有"二千年之专制,痛甚西欧;廿世纪之风潮,定来东亚"等语,先师乃施以密圈,大为奖许。又忆札记第一

---

① 作者袁毓麟(1873—1934),幼名荣润,号文薮,仁和人。清副贡生,后中举。1900年至求是书院任教,1901年为《杭州白话报》主笔。1904年留学日本,归国先后任奉天法政学堂教务长、《全浙公报》编辑等。民国时期历任浙江省视学、国会议员、中国银行代理督办、黑龙江省国税厅厅长、甘肃省财政厅厅长等职。1919年辞职归里。

条读《天演论·察变篇》,略言物竞天择之理,即中庸"栽者培之,倾者覆之"之意。先师细字长评,称有心得,并举以示人。小子受此鼓舞,于是感激涕零,益自奋发,生平粗知学问,盖自兹始也。

先师住院,有楼两间,前为书室,后为卧房。晚餐后,余辄与二三同学,登楼请益,每见先师书案小砚以外,空无一物,颇以为异。最初所谈,仅关经籍,及相知既久,社会政治,无所不谈。余窥先师实一伟大革命之学者也。特以秉性周谨,语有分寸,不肯明斥满清。然其雄辩之口,滔滔不绝,力举专制政治之下,士大夫之如何无耻,社会之如何黑暗,民生之如何疾苦,国势之如何陵夷,揭发事实,皆所未闻,穷形极相,俾同目睹。故虽不昌言革命,而使人即悟革命之不容一日缓也。一夕,时已深秋,见先师犹御单衣,乘间问之,先师曰:"懒开衣箧耳,非有它也。我目勤,耳勤,口勤,脑勤。目勤故好博览,耳勤故好多闻,口勤故好深论,脑勤故好覃思。惟手独懒,故少著书。开箧不过一举手之劳,犹惮烦也。"于是出小册子,分赐同学,即所著《六斋卑议》也。归而奉读,知是书成于民元前二十一年(一八九一),分四篇六十四章,指病拟方,条理一贯。自序言"指病不及本,拟方多据乱",意固谓别有大同政见之高议,"臧诸石室"也。在先师以为卑之又卑,而世人犹以为太高,震动万夫矣。其后序有云:

……所至辄从师友假四部籍,及近译白人书,穷闲暇披览之,弗辍舟车中。又所至辄从居者行者,隐者名者,官者幕者,兵者商者,工者耕者,蚕者牧者,渔者鹿者,医者祝者,相者卜者,主者仆者,歌者哭者,访求民所疾苦,士所竞争,风俗奢俭,钱币绌盈,贩运畅滞,制造窳精,形胜迁存,水利废兴,田野荒辟,户口衰盛,稻麦豆芋,茶果药蔬,棉桑麻葛,松杉竹庐,杂木烟草,油酒盐鱼,牛羊鸡豕,瓦石金珠,大小百物,凡民所须;都邑豪侠,贤卿大夫,黄冠缁衣,剑客文儒,淑女贞妇,禽舅兽姑,劫窃里残,优娼博徒,赋役税厘,浮勒追呼,倾赀荡产,嫁母弃孥,鬻狱蔽罪,刑良承诬,筋骨坏折,血肉模糊,轻则军流,笞杖枷拘,重则斩绞,淫掠焚屠,节寿规上,冰炭敬都:既博学审问,慎思明辨,昏乎若迷,昭乎若觉,乃作而叹曰:"悲哉!儒术之亡,极于宋元之际,神州之祸,极于宋元之际。苟宋元阳儒阴法之说,一日尚炽,则孔孟忠恕仁谊之教,一日尚阻。"

久之,著《卑议》四篇,六十四章。宋恕之友见之,谓宋恕曰:"吾劝子卑,何犹高之甚也?"恕曰:"嘻!更卑于此,吾弗能也;非弗能也,诚弗忍也。夫彼阳儒阴法者流,宁不自知其说之殃民哉?然而苟且图富贵,不恤以笔舌驱其同类于死地,千万亿兆乃至恒河沙数者,其恻隐绝也……"

先师革命之教如此!尝以治学途径,先取博大,惟博大然后能致精深。勉以重逻辑,尊哲学,沟通文理,斥宋学之空疏,摈汉学之繁琐,学惟求是,无论新旧。其识解精锐,将并千年来腐蠹之余,一举而廓清之,更何有于满清。时章师炳麟著《訄书》,排清室,先师与章师交最稔,尝称说章师之名,又曰:"枚叔文章,天下第一。"此非暗示余辈读《訄书》乎?余之后日居东请业于章师,实由先师启之。其感我最深者,一夕独侍书室,师纵论时事,忽涉及故国之痛,于明末遗民之忠义,清初文字狱之惨酷,尤三致意焉。其引据浩博而不可穷,其词理充实而不已。深谈五小时,不觉夜已过半,含泪告退,只见师容益庄,情益苦,时万籁寂然,中庭霜月,皑皑如雪。此情此景,迄今四十年,历历犹在目前,每一追思,曷禁涕泗之横集也!

是年十月,劳乃宣先生来长院,续聘先师,先师未肯遽受,与约先开讲堂,吐宗旨,视离合为去留。劳吏部不愿,即日辞席。先师出处之不苟如此!别后赠诗八章如下:

（略，本书已收录，见前文《留别杭州求是书院诸生诗》）

此八章诗，皆有自注，原为木刻薄本，《敬乡楼丛书》亦收之。原本倩贵林以满洲文题署，因先师大病初愈，移寓于旗营贵林处也。此事章师在《瑞安孙先生伤辞》中亦曾述及："……今且用满洲文署其诗，炳麟素知平子性奇傀而畏祸，以此自盇，非有媚胡及用世意。谈言微中，亦咢咢见锋刃，世无知平子者，遂令朱张阳狂，示亲昵于裔夷，冀脱祸难，虽少戆，要之世人负平子深矣！"……今读其诗，首两章叙事言情，亲切有味。后六章则示为学宗旨，博大精深。其时康有为方拾常州今文学之绪余，傅会改制，海内风靡，先师不以为然，戒同学勿墨守师说，勿独尊一经或一传，第三章之"勿徒骄语毗陵派，千里平原自画濠"，即指此也。先师最重谊学，一字之加，出自审慎，故其词谊，皆坚确不可易。即如末章首联"未除豪气怜河右，别有深情仰谢山"，以毛奇龄之少年苦志，晚节不终，故用一"怜"字。以全祖望之故国情深，表章忠义，故用一"仰"字。文理密察，可见一斑。

先师原名存礼，改名曰恕，又改曰衡，字曰平子，其悲悯之怀，平等之志，已寄之于名字。读其文，常若哀雁啼猿，声振江峡。例如哀中原文化之落后也，则著《辟中原人荒议》，以冀"中原一辟至于江表，江表一辟至于海外"；叹国粹国糠不分也，则著《国粹论》，以明真粹真糠，必须"解决于众"。《辟中原人荒议》未公于世，不得读，其自序曾载《经世报》，为余当年所最爱读之文也。兹录其一节如下：

庄生曰："哀莫大于心死"。宋恕曰："悲莫大于人荒"。心死之极，流血千龄，而不稍动恻；人荒之极，纵横万里，而不得一士。今江淮以南，虽亦人荒，然老师鸿儒，授受不绝，诂经考史，盛业时闻。荒哉！荒哉！犹未极也。

若夫江淮以北，河洛汾济之间，悠悠中原，古圣所宅，诗书礼乐之所自创，儒墨诸教之所自兴，昔人所谓华夏之区，与蛮夷殊者也，而今何如哉！齐赵韩梁，四顾茫茫，东尽燕履，西穷秦乡，积莩春惨，飞尘昼黄，中原庶贱，无力农商，十九业盗，循厥故常，天荆地棘，行旅断肠，须臾不戒，以我益粮。噫！吁！嘻！沟洫久废，汙莱弥望，政猛于虎，吏残于狼，彼民救死不暇，奚暇讲仁谊而慕文章哉？是以嵩岱恒华左右之民，求其粗知八股，略辨四声，已如将霜之蝉，余秋之萤；又安得所谓尹说之伦，华夏之英？登高怀古，黯然伤神，谁使人荒至此极者，岂山川之气尽，抑养诲之制沦欤？……

《国粹论》成于晚岁，为文平易。其开首即云：

论于理学，凡名词有平对，有反对。国粹哉，国粹哉；于文，粹与糠为反对，是故宋衡敢创立其反对之名词，为国糠矣。粹之界说，以有益于其社会者为断；糠之界说，以有损于其社会者为断。

其后将粹糠二词，加以分析，略谓："国粹之上有种粹，有人粹：国粹之下有族粹，有省、道、府、厅、州、县乃至一城、一乡之粹，非可漫然概目为国粹者。苟以人粹种粹为国粹焉，则于论理学为犯以广为狭之病；反之，以族粹为国粹焉，则于论理学为犯以狭为广之病矣。"又云：

认粹宜然，认糠亦宜然。故如但举抑女之一名词，则非国糠，非种糠，乃人糠也。何也？以今诸色种人皆尚抑女故，所异者抑有重轻耳。若举抑女而及于令女缠足之一名词，则非人糠，非种糠，目非国糠，乃族糠耳。何也？以我大清帝国中六族，有此糠者独汉之一族耳。岂可妄指为国糠，以冤满蒙回苗藏哉？然但曰令女缠足者，为我大清帝国中汉族之族糠，则于论理学犹犯有宇界无宙界之病(宇界宙界之名词,为光绪二十一年宋衡著《宋氏理论学》时所创立),必于"汉族"二字下"之族糠"三字上,增"宋代后"三字,乃为宇宙皆确,而不鄙于理论学家矣。盖汉族中令女缠足之一糠,为宋代后所独有者也。岂可不立宙界,而但曰族糠,以冤宋代前之汉族哉?

鸣呼!先师之言深矣,切矣!今之自命卫道,主张复古者,动曰保粹保粹,何尝能明粹糠之有别?其于粹之尚存与否,糠之尽弃与否,更茫然也。甚至以糠为粹,奉为玉食,蔽塞人之聪明,瞀乱人之思想,此先师所为蒿目于九京者也。夫米糠之中固含有少量之生命素,然必待专门家之化验提炼,始可服用。断不能以糠为饭,为青年之常食,使之槁项黄馘,未老先死也。善夫苏君之言曰:"今日神州多灾之秋,国危南渡之际,尚有提倡复古,锢民聪明……行见雒闽媚世之学,重邀世宠,而孔门大同之教,终于束阁矣。"切中时弊,何其言之沉痛欤?

自民元前十年春,奉到先师赠诗,余即束装东渡,留学日本。翌年春,先师莅止,因得从游于大阪东京者数日,见其言谈如昔,而眷怀故国,伤感益多。民元前三年,余返国,知先师已归里门,方欲浮海重谒,而翌春遽闻梦奠矣。呜呼!焉知曩昔之侍教东瀛,遂为末命也。今忽忽四十年,学无成就,愧负本师。仅就謦欬所承,追记如是,聊用自警,并以代序云尔。

三十年二月十八日

录自苏渊雷《宋平子评传》,正中书局 1947 年版

浙江工专教授二年

(1975 年)

钱昌祚①

一九二四年十一月中,我到杭州报国寺浙江工业专门学校任教,前后二年。校长为徐崇简守桢,教务长为冯迭云汝绵。那时专门部有化工、电机两系,甲种部除二系外,尚有纺织及机械二系。我前后任课有专科电机系四年级的"电力输送"及"动力厂",二年级的"电磁学",甲种电机系的"电话学",机械系的"翻砂学",其他尚有一二,已记不清。因麻工训练根柢好,许多专门课目俱是选读,故虽有一二未曾学过的课目,自修消化也可转授。我尝以为,有十分本事的教授,如只能以五成灌输学生,尚不如八成本事者灌输七成,学生得益为多。我也用启发或鼓励高材生研究一些课外工作,一位王国松同学后来留美得博士,做到浙江大学工学院院长,他曾做了些课外工作。

我到校后曾为学校编了一小册英文的"教程汇编"。至一九二五年二月,晋薪至二百元。同年六七月间我为中国工程学会派我为杭州年会会长,到会者三四十人,与现在学会的一二千人到年会者不同,筹备时也只我一人,也能安排有演讲及游览节目。那年暑假我到北京探视长兄蕙贻兄嫂,归途经济南,谊兄长张荨佳携眷在盐务机关工作,仲兄显符在济南黄台桥

---

① 钱昌祚(1901—1988),字莘觉,江苏常熟人。1919 年赴美入麻省理工学院就读,1924 年获硕士学位回国,到浙江工业专门学校任教,两年后辞职,就职清华。历任中央航空学校教育长、航空机械学校校长、航空委员会技术厅副厅长、中国航空工程学会会长等职。1949 年去台湾,后执教于美国加州大学。

溥益糖厂工作，俱欣获重叙。某年校方曾派郑觉君与我率领一班专科三年级生赴上海、南京二处参观工厂，我们亦便乘游览名胜。五卅惨案发生，杭州各校推工专起草向英国政府通电抗议，我同吴景直钦烈、王受培崇植三人商量合作，就应付起草。

我在浙江工专二年，无家庭负担，所入多以添制中西衣装。星期日先后与鲍国宝、王受培、郑觉君、倪志超尚达(麻工同学)凑三个人，(鲍、王先后离校)，全日游览西湖及后山名胜，晚饭在湖滨西悦来等馆聚餐，计全日餐费、舟资及茶资，每人约仅摊一元，可算我一生生活中最愉快的一段。我本生母与嗣母，曾来杭游览，距前次我随她们游杭时，已逾十年，杭州湖滨建设交通，已大有进步。我生母有足病行履不便，某次游里西湖某洞，忽感头晕，我为雇轿返旅舍，甚感招呼不周。

我教课颇受学生爱戴，他们课外活动，也来咨询。学校当局对我尚借重。但因母校清华，正在办理大学，一九二六年暑假后，聘我任教，我只好辞职浙工教职。现在台湾的浙大同学会开会，邀请及我，我有时也去出席，常有愉快的回忆！

节录自钱昌祚《浮生百记》，传记文学杂志社 1975 年版

四、经费与校舍设备

(一)政府下拨及自收经费

高等学堂经费
(1909年)

第二项　省城各官立学堂经费

(一)沿革

省城各官立学堂经费之沿革可分为三种言之:

甲、高等学堂经费　按高等学堂系由求是书院改设,而求是书院系于光绪二十三年开办,二十七年始改为浙江大学堂,二十九年又遵章改称高等学堂。其常年经费,则每年由藩库于学堂经费款内动拨银圆三万九千二百元,以资应用,此即高等学堂经费之大概情形也。

乙、师范学堂经费(略)

丙、法政学堂经费(略)

(二)利弊

欲谋国家之发达,必先谋教育之改良。省城官立各学堂,虽有高等、师范、法政等名目之不同,然究其内容,则同出于改良教育之目的。为求达此目的,而支出此种费用,于国家前途大受裨益,不可不谓为利之所在也。且各学堂费用,额支既有定章,即活支亦据实开报,似无流弊之可言。惟师范学堂之膳杂费,每年额定若干,由各州县于地方公款内提拔,申解不足,即由各州县自行捐补,然当公费未定之前,尚可无庸置议,若将来公费匀定,预算实行一款有一款之用,势不能以未定之款,再由各州县自行捐补,是亦当预为筹计,以期有利无弊也。

(三)性质

此项经费,细别之虽可分为三种,然皆出于教育事项所支出之费用。高等学堂经费者,即对于有中学堂程度之学生,而施以较进一步之相当教育所支出之费用也。师范学堂经费者,即以养成师范人材为目的,对于有相当之资格者,施以普通之教育所支出之费用也。法政学堂经费者,即以养成法政人材为目的,对于有相当资格者施以法律、政治之教育所支出之费用也。其支出之费用既同出于教育之事项,故就表而论,其性质应同属于地方教育行政经费。

(四)办法

上述各学堂经费,既无流弊之可言,所可訾议者,惟在于师范学堂膳杂费之一点。今为改良办法计,如膳杂费由地方公款内提拔,不足应由国家另行筹拨,不必由各州县自行捐补,乃为正当办法。然此仅为师范学堂一面之办法。至三种学堂共同之办法若何,则亦惟于事项则认真整顿,于经费则核实支销,以期达改良教育之目的,不致款项虚縻,此即为三种学堂共同之办法也。

浙江清理财政局编《浙江清理财政局说明书》第六册,清宣统元年石印本

呈报全省教育经费

(1910 年 5 月 2 日)

浙提学司袁文宗,以前奉学部电饬,凡师范、普通、专门、实业各学堂,皆系学务重要之事,与预备立宪尤有关系。业经支前司会同学务公所议绅,暨教育总会、浙江旅沪学会及两级师范学堂各绅妥筹会议,列表呈请奏咨:本署司伏查,表内所开各项皆关系宪政重要之事,其元年应行筹备,所需经费已奉批准者,计省城高等农业学堂,开办费七万元,常年费四万元;二年应行筹备,所需经费已奉批准者,计省城农业教员讲习所,开办费三万元,常年费二万元。又省城原有蚕桑学堂,前奉批饬,仍当存留照常办理。旋经咨议局会议厅,将推广办法先后议决,由本署司会同劝业道议,由提学司会商藩司,筹拨推广经费一万五千元,添拨常年费一万元,以上三款共需十八万五千元,皆应列为中项。至二年应行筹备,仍有省城两级师校,下学期先办优级选科一类,及附设官话讲习所,并设立省城工业、商业教员讲习所,筹设省城医学堂,设立省城存古学堂、音乐学堂、测候所各项。除音乐学堂暂拟缓行设立外,余经本署司会商学务公所议绅,并督同科长、科员,将以上应需各项经费核实估计,议以开办优级正科应增常年费六千元;官话讲习所需常年费三千元;工业教员讲习所需开办费四万元,常年费二万六千六百十二元;商业教员讲习所需开办费六千元,常年费四千八百二十元;医学堂需开办费九万七千元,常年费一万四千八百八十元;存古学堂需开办费一万二千元,常年费一万五千六百三十六元;测候所需开办费六千元,常年费二千元。此外,两级师校应附设单级教授练习所需常年费二千元,学务公所应添设检定教员室,需建筑费六千元,为上年所未议及,此次补行筹议之事。合开办优级选科等费共需二十四万一千九百四十八元,应一併列为乙项。以上甲、乙两项统共需洋四十二万六千九百四十八元,当即罗列清折,呈明抚院,等因。增帅批:仰转发宪政筹备处各科员悉心查核,并札行藩司复核筹拨,并咨明学部、度支部查照。

《申报》1910 年 5 月 2 日

抚部院增据藩司详高等农业学堂经费指动何款由何处筹拨咨度支部核覆文

(1910 年 6 月 7 日)

为咨请事。据布政使颜钟骥详称:准提学司移开:案奉抚院札开:照得本部院于宣统二年正月二十二日恭折专差具奏,遵限省城附郭之地,设立高等农业学堂应需开办经费,请作正开销一折,当经抄折咨行在案。兹于本年二月二十日差弁赍回,原奏奉朱批:"该部知道,钦此"。恭禄札司,即便移行钦遵各等因。奉此,查设立高等农业学堂,兼筹农业教员讲习所,前详原以高等农业学堂需款浩大,一时猝难告成,而农业教员讲习所遵照学部九年筹备事宜清单,亟待设立,拟即度地鸠工,限于宣统二年六月以前竣工,以便下学期招生开办,估需开办费三万元,常年费二万元,所有学膳等费尚不在内。嗣奉学部劄行具奏筹议,实业教员讲习所毕业奖励办法折内,应并照师范学生之例,一律免收学膳等语,奉经本署司督同科长科员等核实估计,议以农业教员讲习所宣统二年常年费内先招学生一百名,计学膳及书籍器具费年需洋一万元,连原估共计常年费洋三万元。计自本年下学期开学起,应需开办费洋三万元,常年费洋一半,计洋一万五千元,共需洋四万五千元。是案业经奏准作正开销,应请由贵司会同宁关道合力通筹,籍资应用。除移请会筹外,黏抄移司查照,希即从速会筹的款,拨解过司,以济要需,等由过司。准此,伏查原奏高等农校另筹专款建设,蚕桑学堂照常存留,则前年所议添筹经费,由铜元项下拨给建筑费,宁关各小口常税项下拨给常年增加费,纵能照办,亦只可备抵推广省城中等蚕桑学堂之用。现照奏案及提学司来移,先于省城创设农业教员讲习所,其开办费洋三万元,常年学膳书籍等项半年费洋一万五千元,虽经奏请作正开销,部文现尝未到,而司库正项,舍地丁正杂以外,并无他款。外销各款,又和盘托出,罗掘已穷,委实无可腾挪。是项讲习所既为九年筹备事宜,自不能置之不办,惟有遵照部行指动何款,由何处筹拨,应请咨部核示,再行遵办。是否有当,除移会外理,合详候咨,请部示祇遵等情到本部院,据此相应咨请,为此合咨贵部,请烦查照,希即核覆,以便饬遵施行。(五月初一日)

《浙江官报》1910 年第 2 卷第 17 期,宣统二年五月二十日

试办宣统三年地方行政经费岁出预算表(节录)

(1911 年 6 月 21 日)

例言

一、此次试办浙江省地方行政经费岁出预算案,系将奉部饬交之原案提出交议,旋经谘议局议决,呈送到院。内有照议核准者,有交令复议者,其交议之件谘议局有查照修正者,有仍执前议者。兹表所列,以会议厅审查公决,经巡抚核定之数为准,而将原数及复议修正各数详注说明格内。

二、凡原案所列款目,经谘议局议裁,巡抚认为可行者,本表概不列入。

三、表列各款,除争议之件呈送资政院核议外,其余均经批准,公布施行。

四、谘议局于预算原案,本不能强为增删移补,兹表所列,稍有于原提款目不符之处,系因原案计划事项连类而及,经巡抚认为可行者,是以分别核准。

五、本案总数,计共一百二十七万九千三百九十六两,似较送部原案溢出银五万零五百二十六两,但因各该事件现又增收,固有款项,约可抵银七万余两,合并声明。

六、本案照送部原册,分别经常、临时二门,每门系以类款项目,其逐项遇有变更之处,另加说明。

地方行政岁出经常门

第二类　教育费,共库平银二十六万八千六十四两。

说明:本类原案列银十九万九十三两,谘议局修正列银二十五万四千六百七十五两,因第一款第二项两级师范学堂费,及第十六项高等小学堂费,均送资政院核议,应增银一万三千三百八十九两,计列银如前数。

款项/目	审定数(两)	摘要
第一款　省城及各府官立学堂经费	240423	
第一项　高等学堂费	33991	原案列银三万四千八百七两,谘议局修正如上数
第一目　职员薪水	5923	
第二目　教员薪水	18777	
第三目　仆役工食	1541	
第四目　漕米粮税	33	
第五目　服食用品	351	准高等巡警学堂例,职教员支薪水外不另支伙食,以每员全年二十四两计,三十四员共应减去银八百十六两
第六目　图书仪器标本	2800	
第七目　修缮杂费	4566	

地方行政岁出经常门

第三类　实业费,共库平银七万五千九百六十六两。

说明:本类原案列银十四万三千六百八十六两,谘议局修正列银七万一千六百十四两,因第三款第一项化分矿质局费送资政院核议,应增银四千三百五十二两,计列银如前数。

款项/目	审定数(两)	摘要
第一款　农工商各学堂经费	63122	
第一项　农业教员讲习所费	13945	原案列银二万八千一百两,谘议局修正如上数
第一目　职员薪水	2306	
第二目　教员薪水	4022	
第三目　仆役工食	720	
第四目　学生膳费	2267	
第五目　图书标本	659	
第六目　试验场费	1934	
第七目　杂费	1309	
第八目　房租	728	
第三项　中等工业学堂费	20864	原案由提学司详请补列银二万二千两,谘议局修正如上数
第一目　职员薪水	3280	
第二目　教员薪水	5588	
第三目　职工薪水	2528	

续　表

款项/目	审定数(两)	摘要
第四目　仆役工食	768	
第五目　图书仪器标本	1000	
第六目　添置机件及修缮费	2000	
第七目　工场用费及消耗费	1900	
第八目　讲义石印费	600	
第九目　杂费	3200	
第四项　工业教员讲习所费	2736	原案无此项谘议局议增
第一目　职员薪水	192	
第二目　教员薪水	1052	
第三目　仆役工食	192	
第四目　学生膳食用品	800	
第五目　杂费	500	
第五项　第一手艺传习所费	6205	原案列银七千三百九十二两，谘议局修正如上数
第一目　职员薪水	1629	
第二目　教员薪水	3137	
第三目　仆役工食	364	
第四目　杂费	1075	
第六项　染织传习所费	4836	原案列第二手艺传习所费一万两，谘议局议改称染织传习所，修正如上数，并将该所原拟设之缫丝、制纸两科另订名目，移列临时门
第一目　职员薪水	1236	
第二目　工匠工食	2520	
第三目　仆役工食	480	
第四目　杂费	600	

地方行政岁出临时门

第三类　实业费，共库平银五万六千两。

说明：本类为原案所未列，谘议局议分别增加移列，计银如前数。

款项/目	审定数(两)	摘要
第一款　推广农工商各学堂开办经费	41000	
第一项　农业教员讲习所开办费	20000	原案无此项，谘议局议增

续 表

款项/目	审定数(两)	摘要
第一目　购地费	3600	
第二目　土木工程费	600	
第三目　建筑费	14800	
第四目　设备费	1000	
第二项　推广蚕桑学堂建筑费	10000	原案无此项,谘议局议增
第三项　染织传习所开办费	7000	原案于经常门列第三手艺传习所,经费银一万两,由劝业道详请更正,系属第二手艺传习所开办费之误,谘议局移列临时门,修正如上数,并议改称染织传习所
第一目　机织科	3200	
第二目　提花科	1000	
第三目　染色科	1200	
第四目　修缮费	1000	
第五目　设备费	600	
第四项　巡回教授改良制纸费	2000	原案无此项。谘议局议增(说明并见经常门)
第五项　缫丝传习所费	2000	原案无此项,谘议局议增巡回教授改良缫丝费如上数,嗣照交复议案,改称缫丝传习所
第二款　商品陈列馆开办经费	15000	
第一项　商品陈列馆开办费	15000	原案于经常门列银二万四千三百七十两,谘议局议移列临时门,修正如上数
第一目　建筑费	10000	
第二目　购置费	5000	

《浙江官报》第3卷第26期,宣统三年五月廿五日

藩司吴详中等工业学堂经费已奉部驳如何办理请示遵文
(1911年8月17日)

为详请事。本年闰六月初三日奉宪台札开:据署提学使袁嘉谷详称:浙省中等工业学堂经费已经议决,并奉核准公布施行,请饬藩司筹拨解给应用等情到本抚院。据此,抄录详批,札司即便如数筹解学司转给,并追加详咨等因,并准提学司移催春夏二季经费银一万零三百

十两等由。奉准此,伏查中等工业学堂经费,前奉行准度支部咨复,系寻常学务用款,并非临时特别之事。且查预算表册不敷甚巨,所请追加预算,实属碍难照准等因,行知有案。复查咨议局修正预算虽已列入,然须咨送资政院复议,方能定案。现在司库各款罗掘俱穷,前项经费既奉部驳,究应如何办理之处,除移复候示遵办外,理合详请,仰祈宪台察核批示。为此备由,呈乞照详施行。

抚院增批:据详已悉。中等工业学堂经费,前准部咨,以系寻常学务,不准追加预算,系在咨议局未经议决之先。现查本届咨议局临时会议决事件,业经本抚批准公布,又经度支部核复,准予立案,是前次议驳咨文,已由部中自行取消。且此案本非争执事件,无庸再送资政院复议,仰即照案拨给,切勿迟延。并移提学司知照。檄。(闰六月廿三日)

《浙江官报》第3卷第42期,宣统三年七月十五日

财政司复高等学校文

(1912年3月8日)

为照复事,本月二十四日,准贵校移开,本校维持经费及西洋教员二人薪水,前准贵司移复,曾照旧历,按月计算,并将旧历十二月分费七百四十元如数给领在案。兹届旧历正月,查有本校维持费八十元及西洋教员薪水墨洋六百六十元,应请贵司照数核发。为此具领移送贵司长查照,迅饬拨给,须至移者,计送图领一纸。等因。准此,查贵校辛亥年冬季,维持费暨西洋教员薪水,已由本司拨给,至阴历十二月终,即阳历二月十七号止。本年二月九号准民政司咨,送省垣各校至阳历三月至八月六个月预算表,并分月领款表到司。均以阳历三月为起算点,所有三月以前未开课各校维持费,并未列入表册,碍难发给。惟顾晓西洋教员薪水因契约关系,无论已未开课,均须按月照送。则自阴历壬子年元旦,即阳历二月廿九日止,每月洋六百六十元,照十二日计算,计洋二百六十四元,自应照发。其余应俟教育司核定,咨司办理。兹准来移,相应备文照复。为此照会贵监督,祈换具图领,送司核发。可也。须至照会者。(计附还原领一纸)

《汉民日报》1912年3月8日,新闻第2版[①]

中华民国元年浙江全省岁出预算表公布案第四号(节录)

(1912年7月8日)

经常岁出门

第五类　教育司及关于教育经费

(原数共银元四十九万五千七百六十五元,修正数共银元四十五万七千零七十二元)

---

① 《汉民日报》,1911年11月18日创刊于杭州,杭辛斋任经理,邵振青(飘萍)为主笔,日出对开两大张,开设的栏目有总统公布、军政府专电、时评、新闻、要电等,1913年8月停刊。

款项/目	民国元年全省预算		比较	
	原数	修正数	增	减
第二款　学校经费	330831	303478		27353
第二项　高等学校经费	31640	29680		1960
第一目　特支	6440	6440		
第二目　额支	25200	23240		1960
甲、职员薪水	3840			
乙、教员薪水	14000			
丙、公役工食	720			
丁、消耗品及讲义费		1200		
戊、图书仪器		2000		
己、修缮		480		
庚、杂费		1000		
第五项　农业教员讲习所经费	14580	14421		159
第一目　开校前经费	369	369		
第二目　开校后经费	14211	14052		
甲、职员薪水		1808		
乙、教员薪水		3648		
丙、公役工食		704		
丁、修缮		240		
戊、学员膳费		2640		
己、试验费		1200		
庚、标本仪器		1700		
辛、杂费		1440		
壬、房租		672		
第六项　中等工艺学校经费①	29565	26701		2664

① 此处的中等工艺学校即中等工业学校。当时的多份官方文件中都把中等工业学校(堂)称为中等工艺学校(堂),如 1912 年 7 月的《都督蒋令财政司工艺学堂改开大门费用预算饬即照数筹拨文》、《都督批教育司呈工艺学堂改开大门预算费请示》,而正文中说的实际上是工业学堂(均见《浙江公报》第 154 册,民国元年七月十五日);1914 年 12 月 13 日浙江省政府《咨请奖励工业校长》,也把甲种工业学校称为"浙省甲种工艺学校"(见《教育周报(杭州)》第 65 期,民国三年十二月十三日)。且此文件中并没有其他中等工业学校的项目。

续 表

款项/目	民国元年全省预算		比较	
	原数	修正数	增	减
第一目　开校前经费	177	177		
第二目　开校后经费	29188	26524		2664
子、职员薪水		2016		
丑、教员薪水		9192		
寅、职工薪水		5528		
卯、公役工食		864		
辰、学生膳食		800		
巳、图书仪器		532		
午、工料器械		1600		
未、工场杂用		800		
申、消耗用品		3368		
酉、印刷讲义		892		
戌、杂费		800		
亥、修缮		132		

临时岁出门

第五类　教育司及关于教育经费

(移入数共银元九千九百元,修正数共银元三万三千九百元)

款项/目	民国元年全省预算		比较	
	原数	修正数	增	减
第一项　专门实业学校开办费	9900	33900		
第三项　中等农业学校开办费	6000	20000	24000①	

《浙江公报》第147册,民国元年七月八日

① 原件如此,疑有误。

中等农业学校移到城外

(1913 年 4 月 1 日)

中等农业学校本在城内横河桥,兹闻城外笕桥农事试验场附近之新筑校舍,次第落成,于春假期内,实行转移。想此后理论、试验二者,均施于农事,谅必有裨益也。

《教育周报(杭州)》第 1 期,民国二年四月一日

浙江省中华民国二年度省地方岁出入预算总册(节录)

(1913 年 7 月 22 日)

浙江行政公署公布第十六号

省议会议决民国二年度省地方岁出入预算案由

省议会议决民国二年度岁入岁出预算案,本民政长依省议会暂行法第三十七条公布之,计开总分册四本。

中华民国二年七月　日

民政长　朱瑞

附　浙江省中华民国二年度岁入预算总册

岁入经常门

第三类　杂收入银元十三万九百一十五元

第七款　各学校收入银元四万九千八百一十九元

第一项　甲种农业学校银元一千二百五十元

第二项　甲种工业学校银元四千一百五十四元

第三类　教育费银元六十六万二千八元

第十五款　甲种农业学校银元一万六千九百六十元

第一项　俸给银元一万一千八百六十元

第二项　例支银元一千七百八元

第三项　杂费银元四百元

第四项　农场用费银元二千七百七十六元

第五项　学生优待费银元二百十六元

第十六款　甲种工业学校银元四万八百九十九元

第一项　俸给银元二万四千三百五十七元

第二项　例支银元一千七百七十二元

第三项　杂费银元四百元

第四项　工场用费银元一万三千四百五十二元

第五项　学生优待费银元九百一十八元

《浙江公报》第 515—524 册,民国二年七月二十二日至三十一日

饬各学校准审计院咨审定各机关二年度各月份支出计算书由
(1915 年 8 月 27 日)

浙江巡按使公署饬第三千九百二十三号

为饬知事。案准审计院咨开:兹将本院审定浙江省教育各机关二年度各月份支出计算书件,分别开单通知。系在三年六月以前,不再填发核准状。相应咨行贵巡按使查照饬遵可也。并附清单一件各等因到署,合亟饬仰该校长知照。此饬。

计抄发清单一件。

巡按使屈映光

中华民国四年八月二十七日

右饬省立甲种、专门、中学、师范学校校长。准此。

计开:

高等学校	二年七月	1213.311 元
	二年八月	1190.017 元
	二年九月	1391.261 元
	二年十月	1331.712 元
	二年十一月	1925.798 元
	二年十二月	1659.574 元
甲种农业学校	二年十月	1540.180 元
	二年十一月	1437.653 元
	二年十二月	1436.361 元
甲种工业学校	二年七月	3315.671 元
	二年八月	2786.987 元
	二年十月	3904.080 元
	二年十一月	3979.604 元
	二年十二月	3967.777 元

《浙江公报》第 1287 册,民国四年九月十八日

浙江省中华民国五年度省地方岁出入预算书(节录)

(1917 年 1 月 21 日)

经常门

科目	五年度预算数	二年度预算数	比较		备考
			增	减	
第三款　杂收入	253253	180915	72338		
第四项　各学校收入	57375	49819	7556		
第三目　省立甲种农业学校	2615	1250	1385		该校学生约一百八十人,每人年缴学费十二元,计共二千一百六十元。又农场收入四百五十五元,年计如上数
第五目　省立甲种工业学校	8060	4154	3906		该校学生约三百八十人,每人年缴学费十二元,年共四千五百六十元,又售品绸布一千元,机件二千五百元,应收如上数

实业费

岁出经常门

科目	五年度预算数	二年度预算数	比较		备考
			增	减	
第六款　浙江机织传习所经费	7872		7872		本年度继续办理,所有开支与上年度同
第一项　薪工	4536				
第一目　职员薪水	2504				所长兼技师一,月支八十元;庶务兼会计一,月支三十元;意匠师一,月支七十元;技手一,月支三十元;意匠助手一,月支十六元;机织技手一,月支十六元,校医津贴月支二十元,合如上数
第二目　工资	1032				丝缎工月支十六元;纱织工月支十二元;整理工一,月支十元;照料一,月支八元;门役一,月支八元;库丁一、事务室工役一,月各支七元;宿舍工役一、小工一、厨役一,月各支六元,合如上数
第二项　购置	600				
第一目　添置机器	300				本机铁扣、综线、铅锤、□子、纬管、□□、硝□、□手、压铁、重锤等类

续 表

科目	五年度预算数	二年度预算数	比较		备考
			增	减	
第二目　工场用品	300				纸□、皮纸、油漆、面粉、□线、颜料、画笔、□匠纸、染料等
第三项　办公费	2736				
第一目　消耗	197				笔墨、纸张、灯油、茶水之类
第二目　传习生伙食	2419				五十六名,每名每月三元六角
第三目　修缮	30				修理房屋、器具等类

教育费

岁出经常门

科目	五年度预算数	二年度预算数	比较		备考
			增	减	
第三款　省立甲种农业学校经费	24365	16960	7405		
第一项　俸给	15796				
第一目　薪修	15148				
第一节　职员薪水	3588				校长八十元;学监一人、舍监二人,各三十元;庶务一人、会计一人,各二十四元;书记一人,十五元;校医一人,三十元;助手三人,各十五元;每月共三百八元,年计如上数
第二节　教员修令	11560				一月至七月本科二班,八月以后本科四班,每班月二百二十四元。预科全年二班,每班月一百三十□元,计如上数
第二目　工资	648				工役九名,每名每月六元,年计如上数
第二项　办公	1706				
第一目　文具	380				
第一节　纸张簿册	180				
第二节　笔墨	40				
第三节　印刷	120				
第四节　杂品	40				
第二目　邮电	126				
第一节　电报	30				

续 表

科目	五年度预算数	二年度预算数	比较		备考
			增	减	
第二节　邮费	36				
第三节　电话	60				
第三目　购置	500				
第一节　仪器	300				
第二节　图书	160				
第三节　器具	40				
第四目　消耗	700				
第一节　试验用品	240				
第二节　茶水	100				
第三节　薪炭	120				
第四节　油烛	240				
第三项　杂费	500				
第一目　修缮	300				
第二目　杂支	200				
第四项　农场用费	2940				该校场地一百三十亩,消耗购置及添补用品需费较大,故列如上数
第一目　薪给	1800				管理一人月二十元;助手一人月十元;农夫二十人,月各六元,年计如上数
第二目　消耗	320				肥料及其他消耗品
第三目　种子	120				添购各项种子
第四目　用品	500				置备各项用品
第五目　整理	200				整理农舍、畜舍、肥料舍及一应用具
第五项　实习林用费	1772				
第一目　薪给	1022				管理一人,月二十元;助手一人,月十元;造林夫五名,巡守二名,月各八元,年计如上数
第二目　消耗	120				
第三目　种子	160				
第四目　用品	300				
第五目　整理	100				
第六目　房租	60				

续 表

科目	五年度预算数	二年度预算数	比较		备考
			增	减	
第六项　农林产制造室用费	1430				
第一目　消耗	1280				三年级生每周实习制造四次,每月十六次,每次所需原料及薪炭等以八元计算,每月一百二十八元,十个月计合如上数
第二目　修置用具	150				
第七项　国税	95				该校校舍及场地共二百五十九亩零,又山地二百七十九亩零,全年应纳国税如上数
第八项　学生优待费	126				除新生不计外,共贴膳费、讲义费各六人,膳费每月各三元六角,讲义费月各六角,均以五个月计算,合如上数
第六款　省立甲种工业学校经费	58724	40889	17835		
第一项　俸给	34164				
第一目　薪修	33012				
第一节　职员薪水	5256				校长八十元;学监一人,舍监一人,工场稽查一人,各三十元;庶务一人,会计一人,各二十四元;管库一人,二十元;校医一人,三十元;书记二人,助手六人,各十二元;掌□□管仪器标本一人,十四元。每月共四百三十八元,年计如上数
	220				
第二节　教员修金	27756				全年本科九班,预科三班,本科每班每月二百二十四元,九班应二千十六元,内除合授钟点减去二百二十四元外,每月实支一千七百九十二元,预科每班每月一百三十二元,三班共月支三百九十六元。又艺徒十八班,每月共一百二十五元,年计如上数
第二目　工资	1152				原发工役十三名,本年加马坡巷分校工役三名,共十六名,每名每月六元,年计如上数
第二项　办公	2964				
第一目　文具	480				
第一节　纸张簿册	180				

续 表

科目	五年度预算数	二年度预算数	比较		备考
			增	减	
第二节　笔墨	50				
第三节　印刷	150				
第四节　杂品	100				
第二目　邮电	224				
第一节　电报	30				
第二节　邮费	50				
第三节　电话	144				
第三目　购置	1000				
第一节　仪器	600				
第二节　图书	300				
第三节　器具	100				
第四目　消耗	1260				
第一节　茶水	80				
第二节　薪炭	120				
第三节　油烛	100				
第四节　电灯	960				该校分校于上年自装自修室、膳厅路灯，用电灯八十盏，因自行发电，煤费较巨，故本年度由电灯公司接电，约需费如上数
第三项　杂费	1440				
第一目　修缮	600				
第二目　杂支	200				原定一百三十元，近年班次增多，实不敷耳，故增加一百十元
第三目　房租	600				
第四项　工场用费	19400				
第一目　薪给	7200				本目上年度原列六千元，增雇日本师范职工三员，每员年薪四百元，故增一千二百元
第二目　原料费	3200				本目因二年度预算未经列入提交议会追加，适届闭会，未经二读，由该校呈准前行政公署，以售品收入抵支，现售品收入已列岁入预算，应予加列岁出，计丝纱一千元，铜铁一千六百元，竹木四百元，职工奖励二百元，合如上数

续 表

科目	五年度预算数	二年度预算数	比较		备考
			增	减	
第三目　备品消耗	9000				煤炭、染药及一切工场用器,现均涨价,故增六百元
第五项　学生优待费	756				研究生三十人,本科九班,预科三班,每班一人,共四十二人,每人每月贴膳费三元六角,均以五个月计

岁出临时门

科目	五年度预算数	二年度预算数	比较		备考
			增	减	
第二款　省立甲种农业学校经费	9000				
第一项　营造费	4000				该校实验室等尚未建齐,本年应建新式蚕室、温室、化学博物实验室各一座,约二千八百元。又农场办公室、储藏室约五百元,学生夏季实习作业场约三百元,改建农夫宿舍约四百元,合如上数
第二项　购置费	5000				添置农林产制造应需器械及种畜、农具、标本、图书等约三千元。又购置标苗二十万株,松二十万,杉苗十万株,连搬运、种植约需费二千元,共如上数
第四款　省立甲种工业学校经费	11000				
第一项　营造费	11000				该校学生班数增多,□□工场为宿舍,现工场亦不敷用,应仍修改为工场,计修改费六百元,另建两层楼寝室一座计七千六百元,又拆造艺徒宿舍及厨房二千元,填筑沿河河磡八百元,合如上数

《浙江公报》第1740号至1780号,民国六年一月二十一日至三月三日

浙江省民国六年度岁出教育费预算概略

(1918 年 1 月)

一、经常门

(岁出教育费经常门,总计八五六二三六元)

机关		总数	俸薪	办公	杂费	备考
第三款	省立甲种农业学校	27991	19632	1662	460	该校有农场、实业林、农产制造室、国税四项用费,计 6237 元
第七款	省立甲种工业学校	59736	35792	2644	1100	该校有工场用费一项,计 20200 元

《浙江教育月刊》第 1 卷第 1 期,民国七年一月二十日

令省立甲种农校七年度追加预算业经省议会议决仰查照由

(1919 年 1 月 10 日)

浙江教育厅训令第一六三五号令

省立甲种农业学校,奉省令,该校七年度追加预算业经省议会议决,仰查照由。

令省立甲种农业学校:

案奉省长公署训令第二六五二号内开:案准省议会咨开:准咨送,追加省立甲种农业学校兽医科临时费案一件交议到会,当经提付大会讨论审查,佥以甲种农业学校本年开办兽医科,原应将马、牛、豕各种标本模型同时置办,以资学习。惟以经费甚巨,先将马之一种购备,以为标准,余俟陆续购置,渐求完备。办法尚无不合,所有该校购置、营造两费二千二百十五元,应于教育费临时门追加案,经大会公决,相应咨复查照,公布施行等由。准此,查此案前据该厅呈请交议,即经转咨在案。兹准前由,除公布并分令外,合就令仰该厅查照令遵。此令。等因。奉此,合亟令行该校,仰即知照。此令。

民国八年一月十日

《浙江教育月刊》第二卷第一期,民国八年一月二十日

浙江省中华民国十年度省地方岁入预算书

(1921年6月25日)

科目	十年度预算数(元)	九年度预算数(元)	比较		备考
			增	减	
第六目　公立工业专门学校	9836	7720	2116		专门生四班,每班四十人,共一百六十人,每人年缴二十元,计三千二百元。又甲种班旧生共三百五十三人,新生约招二百人,每人年缴十二元,计六千六百三十六元。合计如上数
第八目　省立甲种农业学校	4058	3710	348		十年度本科学生共一百三十四名,添招预科新生约一百五十名,共二百八十四名。每名每年应缴学费银十二元,合计三千四百零八元。又该校农场除屋舍、道路、沟渠、池塘、标本园、花卉园、果树园、苗圃、放牧场暨学生实习地外,其有利可收者,仅一百三十亩左右,每亩收入平均以五元计算,合计六百五十元,两共计如上数

《浙江公报》第3295期,民国十年六月二十五日

公布追认公立工业专门学校九年度改筑手织第一工场经费案

(1921年12月6日)

浙江省长公署公布第二十九号

准省议会咨送议决追认公立工业专门学校九年度改筑手织第一工场经费案,请公布由。

省议会议决追认公立工业专门学校九年度改筑手织第一工场经费案,兹照省议会暂行法第三十七条公布之,特此公布。

中华民国十年十二月六日

省长沈金鉴

附原咨及议案清单:

浙江省议会为咨行事。案准省长咨送公立工业专门学校请追认九年度改筑手织第一工场经费议案,并清单一份,请议决施行等由过会,准此,当即交付大会讨论,佥以建筑工场为学生练实上所不可少,且学址适在省垣,建筑工料业经审查会实地调查,尚称核实,应照原案追认,案经三读通过,相应咨请省长查照施行。此咨。

附　公立工业专门学校请追认九年度改筑手织第一工场经费议案

案据公立工业专门学校呈称:窃属校手织第一工场,原系铜元局旧屋,于九年九月间发见架梁倾侧,又有铅皮包裹之架梁木材朽腐,随手粉碎,危险异常,当经呈准派员看验,先行拆卸动工,并遵令拟具改筑图样、估价单等件,呈奉提案交议,未及议决。惟该手织第一工场

关系学生实习，甚为重要。属校甲种机织科学生，向系分年分组排定工场，挨班实习，今因改筑工场，实习停止，忽忽学年告终，该科之三年生，对于手织一门完全未得实习，既非学生来学之意，亦恐毕业后不能致用于社会，即乙种生之改编他工场者，亦有学非所志之叹。工程既难延缓，为补救计，惟有由校长筹垫款项，先行改筑，庶几早日告成，三年级学生犹有实习之机会，而乙种生之改编工场者，亦得早日回复场所。凡此皆事实上临时发生之困难，势非得已，恳准提案，请予追认等情前来。查是案曾于本年夏季开临时会时提案交议，未准议决。惟该手织第一工场，因学生实习关系，事实上实无可缓，不能不急行改筑。所有是项改筑经费，似应准予归入九年度决算办理，相应备具议案，连同清单，提请贵会议决施行。

清单：

改筑手织第一工场经费：一九一七元。

照投定标价银，除旧料抵用外，计如上数，附开细账如下：

一、洋松二千三百八十尺	计洋二百八十五元六角
一、旧料鐴工	计洋十二元
一、杉木桁条一百七十五根	计洋一百七十五元
一、屋顶板新添二十一方	计洋七十五元六角
一、五木人工汽窗人工共七百工	计洋二百八十元
一、修旧窗人工二十五工	计洋十元
一、屋面玻璃二十四块	计洋一百〇五元六角
一、泥作盖瓦工做山墙工共一百五十工	计洋五十五元五角
一、墙身内外搪粉擔口水泥线脚	计洋六十元八角
一、旧水泥地加浆八方六尺四寸	计洋四十三元二角
一、新做水泥地二十八方	计洋三百九十二元
一、石灰一千四百斤	计洋十四元
一、石匠人工	计洋十元
一、水泥明沟三十丈	计洋五十元
一、水泥瓦洞八十只	计洋三十六元
一、白铁天沟十六丈六尺	计洋四十九元八角
一、白铁登洞十二丈	计洋十九元二角
一、白铁玻璃格漏四十八丈	计洋二十八元八角
一、旧铁器抵用做工	计洋二十元
一、大小洋钉	计洋十六元
一、漆匠	计洋三十六元
一、拆旧屋工	计洋一百十元
一、做法圈推门	计洋二元四角
一、拆砖填泥人工八十工	计洋二十九元六角

合计洋一千九百十七元一角

《浙江公报》第 3458 号，民国十年十二月九日

浙江省中华民国十一年度省地方岁入预算书
(1923 年 7 月 14 日)

科目	十一年度预算数(元)	十年度预算数(元)	比较		备考
			增	减	
第六目　公立工业专门学校	9912	9836	76		专门班旧生一百零八人,又招新生两班约六十人,每人年缴二十元,计三千三百六十元。甲种班旧生三百六十六人,又招新生三班约一百八十人,每人年缴十二元,计六千五百五十二元,合计如上数
第八目　省立甲种农业学校	4656	4058	598		该校十一年度本科学生共一百三十四名,添招预科新生一百五十名,共二百八十四名,每名应缴学费银十二元,计三千四百零八元。又,农场除屋舍、道路、沟渠、池塘、标本园、花卉园、果树、苗圃、放牧场暨学生实习地外,其有利可收者,仅一百三十亩左右,每亩收入平均以九元六角计算,可得一千二百四十八元。合计如上数

《浙江公报》1922 年第 3662 期,7 月 14 日

公布农校原招兽医科续办至毕业并十一、二年度经费预算表案
(1923 年 7 月 2 日)

浙江省长公署公布第十七号

省立甲种农业学校原招兽医科学生续办至毕业为止,并十一、二年度经费预算表案(附表)。

省议会议决,省立甲种农业学校原招兽医科学生续办至毕业为止,并十一、二年度经费预算表案,兹依省议会暂行法第三十七条公布之,特此公布。

中华民国十二年七月二日

省长　张载阳

附　预算表

浙江省立甲种农业学校十一年度兽医科经费预算表

科目	原定经费数	酌减支给数	备考
教员修金	5376 元	2240 元	本年度二、三两年级学生各一班，每班每月二百二十四元，两班合计如上原定数，兹减为半数，照十个月计算如上数
总计	5376 元	2240 元	

浙江省立甲种农业学校十二年度兽医科经费预算表

科目	原定经费数	酌减支给数	备考
教员修金	2688 元	1120 元	本年度三年级学生一班，每月二百二十四元，合如上原定数，兹减半支给，以十个月计算如上数
兽医院用费	1488 元	300 元	照原定数目酌减如上数
总计	4176 元	1420 元	

《浙江公报》第 4000 号，民国十二年七月二日

浙江省中华民国十二年度省地方岁入预算书

(1924 年 1 月 26 日)

科目	十二年度预算数（元）	十一年度预算数（元）	比较		备考
			增	减	
第六目　公立工业专门学校	10652	9912	740		专门旧班学生一百五十七人，新招生六十人，每人年缴学费二十元，计四千三百四十元。甲种旧班学生三百七十六人，新招生一百五十人，每人年缴学费十二元，计六千三百十二元，二共合计如上数
第八目　省立甲种农业学校	4008	4656		648	该校本年度本科学生一百十名，拟添招新生一百二十名，共二百三十名，每人年缴学费十二元，共二千七百六十元，该校农场收入一千二百四十八元，合计如上数

《浙江公报》第 4197 期，民国十三年一月二十六日

浙江十四年度教育费预算

(1925年5月27日)

浙江十四年度教育费,照各校所编送预算计,共一百六十余万。当经教厅删去不急之需,减至一百四十余万。嗣财政厅以省款支绌,咨请删削,又减去四万余,故本年度预算数只有一百三十六万余元。查本年度根据教育行政会议中学设施案,经常费内工业专校添设三年工业科,蚕业学校添设讲习科,各中学之第四、第七、第十及女子四校,均须添办高中,并各学校校长俸薪,酌量情形略予增给。临时费内须办童子军教练养成班、暑期学校、师范学校筹备费三款,而预算数较之十三年度预算有减无加,故各校长咸感办理困难。兹将浙江十四年度大学专门留学、中学职业及场馆会等经常、临时岁出预算披露如次:①

科目	经常费数	临时费数
浙江公立工业专门学校及附设省立工业学校	129459	9300
浙江公立农业专门学校	48461	11377
浙江留学费	200310	26153
各校会补助费	91000	
暑期学校等		2300
计	1276931	91063
总共	1367994元	

《申报》1925年5月27日

浙江省民国十四年度教育经费预算表(节录)

(1925年7月20日)

各省区教育经费消息汇志

浙江:

浙江十四年度教育费,照各校所编送预算,计共一百六十余万。当经教厅删去不急之需,减至一百四十余万。嗣财政厅以省款支绌,咨请删削,又减去四万余,故本年度预算数只有一百三十六万余元。查本年度根据教育行政会议中学设施案,经常费内,工业专校添设三年工业科,蚕业学校添设讲习科,各中学之第四第七第十及女子四校,均须添办高中。并各学校校长俸薪酌量情形,略予增给。临时费内,须办童子军教练养成班、暑期学校、师范学校筹备费三款。而预算数较之十三年度预算有减无加,故各校长咸感办理困难。兹将浙江十四年度大学、专门留学、中学、职业及场馆会等经常临时岁出预算披露如此:

---

① 此处只从原文表格中节取了浙江公立工业专门学校及附设省立工业学校、浙江公立农业专门学校,以及与以上两校有关的内容。

科目	经常费数(元)	临时费数(元)
杭州大学基金	60002	
浙江公立医药专门学校	64188	2324
浙江公立法政专门学校	33228	3120
浙江公立工业专门学校及附设省立工业学校	129459	9300
浙江公立农业专门学校	48461	11377
浙江省立第一中学校	69374	2755

《教育杂志(上海)》第17卷第7号,民国十四年七月二十日

浙江十四年度教费支出预算数
(1925年9月4日)

浙江教育厅于八月二十一日,奉省长公署第二三一六号训令,内开:案查民国十四年度省地方岁出入预算案,前因未准省议会议决,接准来咨,事多窒碍,即经咨明,并抄登七月十三日第四六九九号《浙江公报》在案。现在年度开始,在预算未经议决以前,一应支出款项,不能不定一标准,俾在遵循。当与各机关几经商酌,有可以勉照十三年度列支者,有因时势之殊异及制度之变迁万难依照十三年度办理者。兹经分别酌定,汇缮清单,除分行外,合行令仰该厅,即便转饬所属各机关查照,暂行照数分月请领,俟下届开会,再行提议交议。此令。

计发清单一件:

民国十四年度教育费支出预算数[①]

(甲)经常门(科目及全年预算数)

第四款　公立工业专门学校:一二六八三一元

第五款　公立农业专门学校:四九一四九元

第二三款　留学经费:一九八九三七元

第二四款　各校会补助费:六四〇〇〇元

(乙)临时门(科目及全年预算数)

第三款　公立工业专门学校:八二〇〇元

第四款　公立农业专门学校:八八七七元

第十九款　留学经费:二八八五二元

第二十款　联合运动会:五〇〇元

经临总计一三九〇七九四元

《申报》1925年9月4日

① 此处只从原文表格中节取了浙江公立工业专门学校及附设省立工业学校、浙江公立农业专门学校,以及与以上两校有关的内容。

浙江省中华民国十四年度省地方岁入预算书

(1926 年 2 月 24 日)

科目	十四年度预算数(元)	十三年度预算数(元)	比较		备考
			增	减	
第六目　公立工业专门学校及附设职业学校	9696	10152		456	专门新旧各班学生共二百零三名,年缴学费二十四元,共银四千八百七十二元。又附设工校,新旧各班学生共四百零二人,年缴学费十二元,计银四千八百二十四元。合计如上数
第八目　公立农业专门学校及附设职业学校	4128	6908		2780	本目十三年度预算数系将原列农业森林两校合并列作比较。十四年度计专门新旧各班学生共八十四名,年缴学费二十四元,共二千零十六元。又附设农校,旧日学生七十二名,年缴学费十二元,计银八百六十四元。又农产收入一千二百四十八元,合计如上数

《浙江公报》第 4909 期,民国十五年二月二十四日

公立工业专门学校追认十一年度改筑石桥临时费案

(1926 年 6 月 29 日)

浙江省长公署公布第二二号

公立工业专门学校追认十一年度改筑石桥临时费案

省议会议决,公立工业专门学校追认十一年度改筑石桥临时费案,兹照省议会暂行法第三十七条公布之,特此公布。

中华民国十五年六月二十九日

省长　夏超

附原咨:

浙江省议会为咨行事。案准省长咨交公立工业专门学校追认十一年度改筑石桥临时费案,请议决见复,等因到会。准此,当即交付大会讨论审查,佥谓该校二门外木桥建筑已逾十年,桥脚霉烂,危险堪虞,经该校长垫款改筑石桥,为图一劳永逸,所需费银六百六十四元九角四分八厘,据教育厅查明,验收属实,自应准予追认,归入十一年度临时门决算办理,经由大会公决,相应备文咨行省长,请烦查照公布施行。此咨。

《浙江公报》第 5034 号,1926 年 7 月 2 日

浙江省中华民国十年度省地方岁出决算书(节录)

(1926年7月8日)

教育费

岁出经常门

科目	预算数	决算数				备考
		已支付额	预算外增加额	剩余额	转入次年度额	
第三款　公立工业专门学校经费	36237.000	35905.964		331.036		
第一项　俸给	20820.000	20800.000		20.000		
第二目　薪修	20820.000	20800.000		20.000		
第一节　职员薪水	5160.000	5160.000				本节超过预算二十元，虽同项内尚有剩余，因薪水与修金照例不能流用，应予删除
第二节　教员修金	15660.000	15640.000		20.000		
第二项　办公费	5120.000	5119.953		0.047		
第一目　文具	400.000	513.614	113.614			本目超过预算一百十三元六角一分四厘，因同项内尚有剩余，应予流用
第二目　购置	1000.000	737.269		262.731		
第三目　邮电	120.000	128.436	8.436			本目超过预算八元四角三分六厘，因同项内尚有剩余，应予流用
第四目　消耗	3600.000	3740.634	140.634			本目超过预算一百四十元六角三分四厘，因同项内尚有剩余，应予流用
第三项　杂费	300.000	298.250		1.750		
第四项　工场用费	9997.000	9687.761		309.239		
第一目　发电室	2961.000	2506.487		454.513		
第一节　薪工	960.000	410.000		550.000		
第二节　工场消耗	1901.000	2016.379	115.379			
第三节　添配机械附属品及修缮	100.000	80.108		19.892		

续 表

科目	预算数	决算数				备考
		已支付额	预算外增加额	剩余额	转入次年度额	
第二目　锅炉室	3644.000	4373.299	729.299			
第一节　薪工	300.000	300.000				本节超过预算六十元零九分六厘,虽同项内尚有剩余,因薪工照例不能流用,应予删除
第二节　工场消耗	3256.000	4058.229	802.229			本节超过预算八百零二元二角二分九厘,因同项内尚有剩余,应予流用
第三节　添配机械附属品及修缮	88.000	15.070		72.930		
第三目　电气直流机械实验室	1393.000	1521.638	128.638			
第一节　薪工	960.000	960.000				本节超过预算一百二十元,虽同项内尚有剩余,因薪工照例不能流用,应予删除
第二节　工场消耗	283.000	552.938	269.938			本节超过预算二百六十九元九角三分八厘,因同项内尚有剩余,应予流用
第三节　添配机械附属品及修缮	150.000	8.700		141.300		
第四目　电气交流机械实验室	793.000	609.585		183.415		
第一节　薪工	360.000	270.160		89.840		
第二节　工场消耗	283.000	331.692	48.692			
第三节　添配机械附属品及修缮	150.000	7.733		142.267		
第五目　电气测定室	960.000	437.872		522.128		
第一节　薪工	720.000	344.000		376.000		
第二节　工场消耗	140.000	93.872		46.128		
第三节　添配机械附属品及修缮	100.000			100.000		

续 表

科目	预算数	决算数				备考
		已支付额	预算外增加额	剩余额	转入次年度额	
第六目　光度测定室	246.000	238.880		7.120		
第一节　薪工	120.000	120.000				本节超过预算一百二十二元九角九分七厘，虽同项尚有剩余，因薪工照例不能流用，应予删除
第二节　工场消耗	76.000	118.088	42.088			
第三节　添配机械附属品及修缮	50.000			50.000		
第四款　公立工业专门学校附设甲种工业讲习所	66728.000	66059.095		668.905		
第一项　俸给	34272.000	34271.600		0.400		
第一目　职员薪水	3720.000	3710.000		10.000		
第二目　教员修金	29760.000	29770.000	10.000			本目超过预算十元，因同项内尚有剩余，应予流用
第三目　公役工食	972.000	791.600		0.400		
第二项　办公费	2674.000	2673.979		0.021		
第一目　文具	516.000	471.537		44.463		
第一节　纸张簿册	256.000	204.151	48.151			
第二节　笔墨	40.000	33.916		6.084		
第三节　刊刻印刷	130.000	95.244		34.756		
第四节　杂品	90.000	38.226		51.774		
第二目　邮电	168.000	163.650		4.350		
第一节　电报	12.000	11.650		0.350		
第二节　邮票	48.000	39.500		8.500		
第三节　电话	10.800	112.500	4.500			
第三目　购置	700.000	822.075	120.075			本目超过预算一百二十二元零七分五厘，因同项内尚有剩余，应予流用
第一节　仪器	300.000	4.600		295.400		

续 表

科目	预算数	决算数				备考
		已支付额	预算外增加额	剩余额	转入次年度额	
第二节　图书	200.000	10.863		189.137		
第三节　器具	200.000	806.612	606.612			
第四目　消耗	1290.000	1216.717		73.283		
第一节　油烛	100.000	18.512		81.488		
第二节　茶水柴炭	230.000	240.000	10.000			
第三节　电灯	960.000	958.205		1.795		
第三项　杂费	450.000	449.932		0.068		
第一目　修缮	300.000	1219.763	19.763			本目超过预算十九元七角六分三厘,因同项内有剩余,应予流用
第二目　杂支	150.000	130.169		19.831		
第四项　工场用费	18412.000	17745.183		666.817		
第一目　工务部	1215.000	1248.764	33.764			
第一节　薪水	1008.000	1008.000				本节超过预算二百九十二元,虽同项内尚有剩余,因薪工照例不能流用,应予开除
第二节　工资	72.000	66.000		6.000		
第三节　办公费	145.000	174.764	39.764			本节超过预算三十九元七角六分四厘,因同项内尚有剩余,应予流用
第二目　原动场	4973.000	2111.136		2861.864		
第一节　薪工	336.000	156.296		179.704		
第二节　实习用品	6.000	9.120	3.120			
第三节　工场消耗	4411.000	1930.900		2480.100		
第四节　添配机械附属品及修缮	220.000	14.820		205.180		
第三目　修机场	1931.000	1736.603		194.397		
第一节　薪工	1152.000	1152.000				本节超过预算二百五十二元六角二分九厘,虽同项内有剩余,因薪工照例不能流用,应予删除

续 表

科目	预算数	决算数				备考
		已支付额	预算外增加额	剩余额	转入次年度额	
第二节 实习消耗	397.000	306.010		90.990		
第三节 工场消耗	240.000	201.157		38.843		
第四节 添配机械附属品及修缮	142.000	77.436		64.564		
第四目 锻工场	1342.000	1136.136		205.837		
第一节 薪工	660.000	660.000				本节超过预算三十三元九角二分一厘，虽同项内尚有剩余，因薪工照例不能流用，应予删除
第二节 实习消耗	473.000	208.826		264.174		
第三节 工场消耗	149.000	131.417		17.583		
第四节 添配机械附属品及修缮	60.000	135.920	75.920			本节超过预算七十五元九角二分，因同项内尚有剩余，应予流用
第五目 木工场	1063.000	1183.792	120.792			
第一节 薪工	864.000	864.000				本节超过预算八十七元六角六分二厘，虽同项内尚有剩余，因薪工照例不能流用，应予删除
第二节 实习消耗	90.000	124.754	34.754			本节超过预算三十四元七角五分四厘，因同项内尚有剩余，应予流用
第三节 工场消耗	59.000	192.038	133.038			本节超过预算一百三十三元零三分八厘，因同项内尚有剩余，应予流用
第四节 添配机械附属品及修缮	50.000	3.000	47.000			
第六目 铸工场	1468.000	1801.622	333.622			本目超过预算三百三十三元六角二分二厘，因同项内尚有剩余，应予流用
第一节 薪工	744.000	576.928		167.072		

续　表

科目	预算数	决算数				备考
		已支付额	预算外增加额	剩余额	转入次年度额	
第二节　实习消耗	340.000	51.156		288.844		
第三节　工场消耗	349.000	1140.839	791.839			
第四节　添配机械附属品及修缮	35.000	42.699		2.301		
第七目　力织场	1246.000	2192.274	946.274			本目超过预算九百四十六元二角七分四厘，因同项内尚有剩余，应予流用
第一节　薪工	672.000	402.789		269.211		
第二节　实习消耗	198.000	598.730	400.730			
第三节　工场消耗	326.000	1072.275	746.275			
第四节　添配机械附属品及修缮	50.000	118.480	68.480			
第八目　准备场	618.000	571.897		46.103		
第一节　薪工	354.000	175.534		178.466		
第二节　实习消耗	168.000	33.793		134.207		
第三节　工场消耗	60.000	37.935		22.065		
第四节　添配机械附属品及修缮	36.000	334.635	288.635			
第九目　染色场	1031.000	1029.378		1.622		
第一节　薪工	480.000	587.300	107.300			
第二节　实习消耗	307.000	226.274		80.726		
第三节　工场消耗	114.000	141.334	27.344			
第四节　添配机械附属品及修缮	130.000	74.470		55.530		
第十目　分析室	1055.000	1134.480	79.480			本目超过预算七十九元四角八分，因同项内尚有剩余，应予流用
第一节　薪工	288.000	202.000		86.000		
第二节　实习消耗	625.000	264.005		260.995		
第三节　工场消耗	72.000	622.255	550.255			

续 表

科目	预算数	决算数				备考
		已支付额	预算外增加额	剩余额	转入次年度额	
第四节　添配机械附属品及修缮	70.000	46.220		23.780		
第十一目　制药场	850.000	1921.267	1071.267			本目超过预算一千零七十一元二角六分七厘,因同项内尚有剩余,应予流用
第一节　薪工	360.000	264.800		95.200		
第二节　实习消耗	350.000	452.659	102.659			
第三节　工场消耗	70.000	1104.251	1034.251			
第四节　添配机械附属品及修缮	70.000	99.557	29.557			
第十二目　制纸场	810.000	971.176	161.176			本目超过预算一百六十一元一角七分六厘,因同项内尚有剩余,应予流用
第一节　薪工	480.000	349.334		130.666		
第二节　实习消耗	150.000	183.113	33.113			
第三节　工场消耗	120.000	310.109	190.109			
第四节　添配机械附属品及修缮	60.000	128.620	68.620			
第十三目　制革场	810.000	706.631		103.369		
第一节　薪工	480.000	439.000		41.000		
第二节　实习消耗	150.000	88.135		61.865		
第三节　工场消耗	120.000	73.356		46.644		
第四节　添配机械附属品及修缮	60.000	106.140	46.140			
第五项　分所经费	5608.000	5607.790		0.210		
第一目　俸给	3672.000	3554.770		117.220		
第一节　教员薪水	3168.000	3210.000	42.000			
第二节　公役工食	504.000	344.770		159.230		
第二目　办公费	616.000	692.462	76.462			
第一节　文具	72.000	83.582	11.582			

续　表

科目	预算数	决算数				备考
		已支付额	预算外增加额	剩余额	转入次年度额	
第二节　邮费	48.000	79.000	31.000			
第三节　购置	80.000	43.089		36.911		
第四节　消耗	416.000	486.791	70.791			
第三目　杂费	1320.000	1360.558	40.558			本目超过预算四十元零五角五分八厘,因同项内尚有剩余,应予流用
第一节　房租	1200.000	1200.000				
第二节　修缮	60.000	59.637		0.363		
第三节　杂支	60.000	100.921	40.921			
第六项　乙种讲习所	5112.000	5111.182		0.189		
第一目　俸给	4608.000	4641.990	33.990			本目超过预算三十三元九角九分,因同项内尚有剩余,应予流用
第一节　教员修舍	4608.000	4641.990	33.991			
第二目　办公费	480.000	444.841		35.159		
第一节　文具	72.000	35.196		36.804		
第二节　邮票	12.000	14.000	2.000			
第三节　购置	46.000	207.120	171.120			
第四节　消耗	360.000	188.525		171.475		
第三目　杂支	24.000	24.980	0.980			本目超过预算九角八分,因同项内尚有剩余,应予流用
第七项　调查费	200.000	198.800		1.200		
第五款　省立甲种农业学校经费	43906.000	43893.640		12.360		
第一项　俸给	33948.000	33936.000		12.000		
第一目　薪修	32940.000	32928.000		12.000		
第一节　职员薪水	3588.000	3588.000				本目超过预算十二元,因薪水与修金不能流用,应予删除
第二节　教员修金	29352.000	29340.000		12.000		

续 表

科目	预算数	决算数				备考
		已支付额	预算外增加额	剩余额	转入次年度额	
第二目　工资	1008.00	1008.000				
第二项　办公费	2112.000	2112.000				
第一目　文具	430.000	429.541		0.459		
第一节　纸张簿册	160.000	204.991	44.991			
第二节　笔墨	60.000	30.836		29.164		
第三节　印刷	150.000	167.368	17.368			本节因同项各目均有剩余,准予流用
第四节　杂件	60.000	26.346		33.654		
第二目　邮电	123.000	131.995		0.005		
第一节　电报	30.000	1.235		28.765		
第二节　邮费	30.000	55.760	25.760			同第一目第三节
第三节　电话	72.000	75.000	3.000			
第三目　购置	460.000	461.691	1.691			
第一节　仪器	250.000	134.885		115.115		
第二节　图书	150.000	204.460	54.460			同第二目第三节
第三节　器具	60.000	122.346	62.246			同上
第四目　消耗	1090.000	1088.773		1.227		
第一节　试验药品	550.000	209.634		340.357		
第二节　茶水	60.000	60.000				
第三节　薪炭	100.000	429.849	329.849			同第三目第三节
第四节　油烛	380.000	389.281	9.281			同上
第三项　杂费	460.000	460.000				
第一目　修缮	300.000	298.766		1.234		
第二目　杂支	160.000	161.234	1.234			本目原支银元一百六十一元二角五分一厘,核与预算计超出银一元二角五分一厘,除准予于第一目流用银一元二角三分四厘外,计尚超出银一分七厘,应由该校长自行赔补

续 表

科目	预算数	决算数				备考
		已支付额	预算外增加额	剩余额	转入次年度额	
第四项　农场用费	2346.000	2346.000				
第一目　薪给	1296.000	1296.000				
第二目　添置用品	350.000	340.348		9.652		
第三目　消耗	500.000	483.817		16.183		
第四目　整理	200.000	225.835	25.835			本目原支银二百二十五元八角四分四厘,核与预算超出银二十五元八角四分四厘,除准予于第二目第三目减支项下流用银二十五元八角三分五厘外,计尚超出银九厘,应由该校长自行赔补
第五项　林场用费	1692.000	1691.987		0.013		
第一目　俸给	1032.000	1032.000				
第二目　添置用品	200.000	230.339	30.339			本目准在第三目减支项下流用
第三目　消耗	300.000	265.592		34.408		
第四目　整理	100.000	104.056	4.056			同第二目
第五目　房租	60.000	60.000				
第六项　兽医院用费	1488.000	1488.000				
第一目　薪给	648.000	648.000				
第二目　饲料及药料	360.000	311.952		48.048		
第三目　整理及消耗	480.000	528.048	48.048			本目原支银五百二十八元五分八厘,核与预算计超出银四十八元五分八厘,除准予第二目流用银四十八元四分八厘,计尚超出银一分,应由该校长自行赔补
第七项　农林畜产制造用费	1550.000	1549.676		0.324		
第一目　消耗	1400.000	1417.589	17.589			
第二目　修理及添置	150.000	132.078		17.913		

续　表

科目	预算数	决算数				备考
		已支付额	预算外增加额	剩余额	转入次年度额	
第八项　调查研究费	200.000	200.000				本项原支银二百元九厘,核与预算超出银九厘,应由校长自行赔补
第九项　国税	110.000	109.977		0.023		
第六款　省立甲种蚕桑学校经费	19150.000	18621.793		528.207		
第一项　俸给	15108.000	14580.000		528.000		
第一目　薪修	14244.000	13716.000		528.000		
第一节　职员薪水	3636.000	3636.000				本节超出预算三百十二元,因薪水与修金不能流用,应予删除
第二节　教员修金	10608.000	10080.000		528.000		
第二目　工资	864.000	864.000				本目亦不能流用,应予删除
第二项　办公费	1222.000	1221.832		0.168		
第一目　文具	190.000	96.238		93.762		
第一节　纸张簿册	80.000	53.094		26.906		

《浙江公报》第5039—5040号,民国十五年七月八日至九日

(二)经费管理与使用

高等学堂吴震春致筱帅函并条陈

(约1906年7月)

筱帅大前辈大人钧座:

敬肃者。敝堂昨以议定推广整顿两等小学,并通融拨款各节,备文咨呈钧署,谅蒙霁察晚梼昧之见。窃谓扩充小学,实为要图,而经费难筹,惟有节浮费以归实用,于事方期有济。敝堂领款,除小学专款六千二百元外,岁只三万三千元,刻又匀拨小学三千八百元,计本堂每月支款尚不足二千五百元之数,苟非核实撙节,势必立形支绌,是以不辞嫌怨,拟于堂中浮冗酌量裁汰,另纸录呈六条,伏希赐览。惟提调、收支两差,在今日虽几同具位,而当日定章如是,或别有深意存乎其间,可否即行裁撤,此则悉赖大前辈大人衡量其宜,非晚所敢擅拟者

也。专肃,祇叩崇安,敬惟垂察。

晚生制　吴震春谨肃

附呈条议一纸:

谨议裁减高等学堂支款六条,恭呈察核。

计开:

一、监督每月于束脩外,支公费银三十元,已于闰月起裁去,计每年省支款三百六十元。

二、堂中原有庶务兼管初等小学事一员,月支束脩银二十元,现议初等小学既由高等小学兼管,应即裁并,计每年可省支款二百四十元。

三、堂中原有机器匠徒二人,专修化学仪器等件,每月薪工银十六元,现在应修之件无多,应即裁去,计每年可省支款一百九十二元。

四、堂中每月津贴,抚、藩、运、杭府四署,书吏公费共银二十四元,相沿已久,现应裁革计,每年可省支款二百八十八元。

五、堂中仆役,每名每月工资银二元,火食银二元,现议减去五名,计每年可省支款二百四十元。

六、堂中原有提调、收支二员,月支薪水银各四十元,向不住堂,如可裁撤,计每年可省支款九百六十元。

虞和平编《近代史所藏清代名人稿本抄本》第1辑第102卷第317—321页

通行各学堂裁员节费

(1906年8月13日)

浙省各学堂向多各项无谓杂费,官办者糜费尤甚。兹奉学部咨行裁汰,因由张筱帅札饬学务处,照会各学堂,略谓:

札奉光绪三十二年四月十三日,准学部咨开:嗣后各学堂除定章内开教员、管理员外,不得任意添设别项名目,即定章所有,如能兼摄,仍以减少为宜。所有一切冗员,即应立时裁汰,其听差人役,亟应分别裁留。至学堂滥支之款,以杂费为最多,应将杂费分别裁减,但非必需之款,并当力图撙节,以备推广学堂之用。等因到本部院。准此,业经转行该处移行遵办在案。兹高等学堂监督吴庶常函称:节浮费以归实用,拟裁减堂中支款数条:一、裁监督公费每月三十元;二、裁并庶务兼管理初等小学事一员,每月修洋二十元;三、裁匠徒二名,每月薪工洋十六元;四、裁仆役五名,每月工食洋共二十元。计年可省冗费洋一千三十二元。等因,开单函送前来。本部院查前准部咨,裁减冗费、冗员,原所以节虚糜而广教育,兹准吴监督议裁各条,均极妥洽,且先自裁公费,尤足征谋公益而忘私利,自应照准。惟堂中提调、收支二员,其名目本非奏定新章所有,应即一并裁去,计每月可省薪水洋八十元。又堂中向有津贴抚、藩、运及杭府书吏工费,每月共计二十四元,尤为无益之费,亦应一律裁革,以节糜费,而符定章。札处即便分别移行,遵照办理。仍移行各学堂,一律仿照办理。

《申报》1906年8月13日

本署司袁照会高等学堂如常费敷用似可将正科生常费酌减文[1]

（1910 年 1 月 29 日）

为照复事。准贵监督咨呈内开：敝堂征收学生学费，历经册报在案。兹据正科生何敬煌等合词声称家境困难，恳将学费酌减等情，用特据情备文呈请，可否自明年起，将正科生应缴学费减为每学期六元，与豫科生所缴之数一律，以示体恤。抑仍照原定每学期八元之数征收，无庸核减，敬祈酌夺示遵，等由过司。准此，查贵监督咨请自明年起，将正科生应缴学费减为每学期六元，与豫科生所缴之数一律，如贵堂常年经费苟能敷用，似可照减，以示体恤。兹准前由，相应照复，为此照会贵监督，请烦查照可也。

宣统元年十二月十九日

《浙江教育官报》第 18 期，宣统二年二月

本署司袁照会农业教员讲习所估计推广应需开办费各款造册送司核办文

（1911 年 7 月 8 日）

为照请事。案照本年抚宪公布预算案内，第三类实业临时门第一款"推广农工商各学堂开办经费"第一项内开：农业教员讲习所开办费第一目购地费三千六百两，第二目土木工程费六百两，第三目建筑费一万四千八百两，第四目设备费一千两，本司衙门已于上月缮列简表送请藩库即日照案发款，惟所有各目，究竟如何布置确实估计，应由该所迅筹办法，造册送核，庶可节次催请领款，早日观成。相应照请，为此照会贵所长，烦为查照办理，并分晰造册，克日送司核办，幸勿迟误可也。

宣统三年六月十三日

《浙江教育官报》第 82 期，宣统三年六月

本署司袁移复藩司高等学堂请领款项重复抄录司列领款表请核办并照知文

（1911 年 7 月 12 日）

为移复事。本年六月初九日，准贵司移开：准高等学堂监督移开：高等学堂请领经费旧案，每年共银四万三千二百元，每季度领银九千八百元，并于每年二、八两月加给银共四千元，核计每学期共应领银二万一千六百元。本学期除业经给领银一万九千六百元外，尚应领银二千元备领未发，核计本年预算册列经费银三万三千九百九十一两，遇闰十三个月计算，

---

[1] 署司袁即时任提学使袁嘉谷。袁嘉谷（1872—1937），字树五，号澍圃，云南石屏人。1903 年应经济特科试，得一等第一名，授翰林院编修，赴日本考察学务、政务。1905 年在京任编译图书局局长，1909 年任浙江提学使，辛亥革命后回到云南，先后任国会议员、省参议员、省政府高等顾问、省务委员等。

每月领银二千六百十四两六钱九分二厘三毫一五,合洋三千九百二十二元三分八厘四毫。夏季经费业照旧案领银九千八百元,除抵补二月旧欠银二千元外,实领银七千八百元。截至四月末日,应动支银三千二百六十六元六角六分六厘,实存银四千五百三十三元三角三分四厘。依预算新案,核计五、六两月应领银七千八百四十四元七分六厘八毫,除抵算外,应补领银三千三百十元七角四分二厘八毫,移请动放等由。准此,查高等学堂经费,司库每年应支洋三万九千二百元,向分四季具领。本年春、夏二季经费洋一万九千六百元,业于谘议局议决地方行政经费未公布以前,由司详明动放在案。查奉发预算册内开:高等学堂经费原案银三万四千八百七两,修正共库平银三万三千九百九十一两。查系原有教职员火食银八百一十六两,由谘议局议决裁减。复查高等学堂,原系省城求是书院改设,当光绪二十七年开办时,即有教职员火食名目,是司库所放款内,含有教职员火食在内,今既议决全裁,司库计有溢放五六两月火食银一百三十六两一五,合洋二百四元,应请在于秋季领款时扣还。至来移每年二、八两月加给洋四千元一节,查系宣统二年下学期为始添设文科经费之款,是年下学期本已照放,而三年预算案内未经列入,迨本司于上年八月间移请财政局追加,财政局以追加款项系主管者自动之事,局章并无催告追加明文,碍难办理等因,移复本司。复又详明移请各署局暨各学堂知照。方以谓高等学堂自接本司移会,必已移请财政局办理,孰意度支部核复预算表册,仍无此项列入款。既尚未追加,本司衙门自不能承认照放。来移所谓每年加给四千元,及本年二月旧欠二千元各节,均应毋庸置议。又来移以谘议局议决预算册,列高等学堂年支银三万三千九百九十一两,请按十三个月赴司请领。查高等学堂经费,除司库年支洋三万九千二百元外,尚有学生纳费、杂收等款之收入,预算案内于收入一方面之方法并未变更,仍应照案办理。司库照案核算,尚有应行扣回火食银两,未便于原额之外再请加增,亦应毋庸置议。除详明并移复外,移请查照转移知照等因。准此,查本年既办预算,则谘议局议决案未公布以前,当照部定预算案办理。既公布以后,必当以局议审定数为有效,此为唯一办法,毫无疑义。本届高等学堂请款,于部定局议之外请领前定案之加给二千元,诚属错误。惟未准大移之先,本司衙门以预算案甫经公布,恐于旧时定案多所纠葛,特将关于本衙门主管各款详晰分别,列为简表,并领款办法移送在案,原以资考核而求便捷,此次来移,未准照敝处所送表查核办理,仅就该校呈请各情驳复,并有预算册载高等学堂经费三万三千九百九十一两,除司库旧案应支三万九千二百元外,尚有学生纳费、杂收等一方面并未变更等语。细察大移语意,是除有旧案应支款外,一切照预算案不敷之数,均以该校自收款抵补。查该校即有可抵补款,前列表已核实申明一千一百十四两,相差甚远,其数焉能确合!此等办法,未知贵衙门从何根据确定,若系悬估而言,安能以虚款抵作实数。且大移并言,此款照前案核算,尚有应行扣回该校火食银两,未便于原额之外,再请加增各情。查该校火食一项,已由谘议局照部定数三万四千八百零七两,审定为三万三千九百九十一两,所核减之八百十六两,即为全年火食之数。是五月未公布以前,其火食业已开支,尚应将前四个月支款加入。至公布以后,断无已核减者再予核减之理,此中理由,参诸迭次预算说明书并公布案,自能明晰。若各校之从前定案,征之现行预算册,已多所变更,只能作为参考,不能再生效力,故本司前所送各校领款表,其分别详列,未敢尽言妥善,但一一无不力求核实,其预算减款之校,固不能以旧案而请增加,若预算增款之校,亦何可援旧案而从删减?此固贵衙门可按敝处前表而得者也。至高等学堂经费表列□责库本季应找之款,昨准函解三千元,合银二千两,并称须饬由该校备具借款正式公文备案等语。现在照敝处前表细核，该校除自收抵款，及前已领款，暨此次函解敝处转给二千两外，尚须找解二千九百零八两，来函所谓作为借款一节，未便照办。除照知高等学堂外，合将该校领款表项重复摘录粘抄移复，为此合移贵司，请烦查照核办。现在夏季将次完竣，该校需款急迫，务请将应解之款即日解给，万勿延缓，以致停滞。再，前送领款表中所列已领款一万三千六百六十七两，系照高等学堂前案应领款春、夏二季连闰合算，现复据该校呈明，预算案未公布以前，实领一万儿千六百元一五，合银一万三千零六十七两，并未计闰加领。查照贵司来移，发给数亦复相同。此次复准发给二千两，应即将表中更正已领款为一万五千零六十七两，春、夏季连闰应找款为二千九百零八两，是项算法，系以预算案审定数分为十三月计算，正、二、三、四四个月，再加入部定预算数火食银一并计算，合并移明，望速施行。

宣统三年六月十七日

《浙江教育官报》第85期，宣统三年闰六月

教育司咨财政司为地方学务经费会同通电各军分府请备案文

(1912年4月17日)

本司前以各属学务经费，光复后恐有变更，亟应酌定办法，通告各属。当经面商贵司，允即会同通电，兹由本司拟定致各军分府电，其文曰：军政分府鉴：各属公立、私立各学校，关系国民教育前途，至为重要。从前已经成立各处，所有经费自应力予维持。兹经会同议定办法如下：

(一)各属向有学款，现经借充行政之用者，须一律设法归还；

(二)各学校固有财产或基本金，不得改充他用；

(三)各项公益捐原充学费者，暂准照旧征收。

特此电告，即希遵照办理，并转饬各县知事，通告各校知照。财政司、教育司祃印等语，于二十二日印发外，理合备文，咨请贵司察核备案。此咨。

《浙江军政府公报》第70册，民国元年四月十七日

都督蒋令财政司工艺学堂改开大门费用预算饬即照数筹拨文[①]

(1912年7月15日)

据教育司呈称：浙江中等工业学校创立于前清宣统二年，准拨前铜元局房屋，改作校舍。前经陆军步队四标三营移驻军械局，以与工业学校同门出入为嫌，呈请钧府饬令设法迁让。嗣经本司以该校建设有多年，移迁实有不便，商准前军政司，并面陈钧府，允令暂从缓迁，各

① 时任都督蒋尊簋(1882—1931)，字百器、伯器，浙江诸暨人，求是书院学生，1900年由求是书院选派日本留学，加入光复会、同盟会。1912年1月被公推为浙江都督。

在案。惟学校系永久事业,倘因地址不定,殊碍进行。复经本司照会工业校长,究竟能否择地迁移,抑设法堵筑墙垣,别开大门,期于两不相妨,并预计费用若干,饬即详筹见复。去后旋准该校覆称:伏查本校工场现有十一所,将来添设者尚有三所,省城之中,除西大街铜元局址外,别无相当之处,即迁至西大街铜元局,虽厂屋可免建筑,烟突、锅炉、引擎等件可以利用,然迁徙之费实属甚巨。且一经迁动,所有实修须停至半年之久,本科生徒现已第二学期,正实修吃重之日,若停止半年,毕业之后必须补习,故多添一班,则教员薪水加增,学生徒费时日,一切损耗不堪胜数。例如水管、汽管、传动轴等,甲处移乙方向,间架不同,半成废物,机器地脚全部废去,各种装拆一度拆改,亦多损耗。至机器之拆卸迁移,尤足促其寿命损耗。故工业学校之迁徙,不啻新设。至机械因此损耗,反益以拆卸费用实损之又损者也。本校察度地形,拟改由庆春门直街出入,前建木桥仍行拆去,所有与营舍相通及可以登山之处,均筑墙栏断,似可两不相妨。并估计改开大门及迁移校舍费用预算表,呈请咨商,俾免迁移以惠学界等因。本司覆查,该校估费清单如实行,迁移需费二万二千二百六十元,即免其迁移而另开大门,亦需二千一百七十元。目前财力万分支绌,迁移所费甚巨,实难办到,如以同门出入,实有不便,惟有改开大门之一法。但预计经费亦不为少,本年可否暂行照旧,一俟该校现拟添建工场一律完竣,即令另开通道,自为出入,以省财力而期两便。经与前军政司咨商,前军政司覆称:该校因费巨难于迁让自是实情,惟与军队同门出入,究有不便,即云暂时照旧,而该校添建工场,又不知何日兴造、何日可以完竣,似应仍请饬令该校,从简省设法速辟通道为妥,并声明挈衔,呈候钧府核示等因,咨覆过司。本司亦以中等工业校既拟改开大门自为出入,此项经费无论如何简省,约计总在二千元左右,本年如必需兴筑,即为预算以外支出,事关特别增支,未便由司擅主,业经彼此会商定妥。正拟呈候核办,适值军政司裁撤,未及会印,惟所议办法究竟是否可行,理合叙明前后咨商情形,并钞录该校原呈、估费清单,呈请钧府核夺示遵。附估计清折一扣等情,据此,除批呈折均悉,查该校现与军队同门出入究有未便,应准如该司所请,改开大门,自为出入,所需经费二千一百数十元,自应由司动支,俟下届议会开会时,再行补列追加,仰候令行财政司照数筹拨可也,抄由发折存等因印发外,合就抄录该校改由庆春门直街出入费用预费表,令行该司查照,迅即照数筹拨,俾资动工。此令。

附　浙江中等工业学校改由庆春门直街出入费用预算表

轿厅开洋门一对,洋四十元。

开土山(底方十五丈,顶方十丈)高三丈,洋八百元(按:即用此泥填堤,以节经费,并将余剩之泥填入山外河内,缩短桥梁丈数)。

拆让民房,洋一百元(按:山外民房系在官地上私自建筑,去年本校另辟大门,曾仿照铁路公司拆让例,先给价令让,今援案办理)。

打泥墙(长五丈高一丈),洋三十元。

筑桥(长二十四丈),洋一千二百元。

共计洋二千一百七十元。

《浙江公报》第154册,民国元年七月十五日

都督批教育司呈工艺学堂改开大门预算费请示

(1912年7月15日)

呈折均悉。查该校现与军队同门出入,究有未便,应准如该司所请,改开大门,自为出入,所需经费二千一百数十元,自应由司动支,俟下届议会开会时,再行补列追加,仰候令行财政司照数筹拨可也。

抄由发,折存。

《浙江公报》第154册,民国元年七月十五日

浙江省立甲种农校长陈嵘详为详送七月分第一期临时营造费支付预算书及请款凭单并拟订开标日期由①

(1914年8月23日)

浙江巡按使屈批:

浙江省立甲种农校长陈嵘详为详送七月分第一期临时营造费支付预算书,及请款凭单,并拟订开标日期由。

准予如详办理。已将支付预算书及请款凭单转发财政厅查照,惟所请派员监视开标一节,现在审计分处业已裁撤,应如何办理之处,业已电询审计员,应候复到再行饬遵,仰先公告招人投标可也。缴。

中华民国三年八月　日

《浙江公报》第905册,民国三年八月二十三日

省立甲种工校所请将铜元局旧机变价以充该校经费事属可行应予照准备案文

(1919年1月22日)

第一百六十二号(八年一月廿二日)

咨浙江省长敞:

为咨行事。准第十号咨开:据教育厅呈,据省立甲种工业学校呈,请将前清铜元局旧存机器变价,充该校建筑经费,请予核准备案等因,并旧机件数价目清单一纸到部。查该校所请拟将前清浙抚奏准拨归该校之铜元局废机估价出售,即以所得之款,为该校设备应化实习

---

① 陈嵘(1888—1971),著名林学家,字宗一,祖籍浙江平阳,出生于安吉。1906年留学日本,1913年毕业于北海道帝国大学森林科,回国担任浙江省立甲种农业学校校长。1915年7月转任江苏省第一农业学校林科主任。发起组织中华农学会,并当选为首任会长。1923年,赴美国哈佛大学学习,获硕士学位。回国后任金陵大学农学院教授、森林系主任。1952年以后历任南京林学院筹备委员会主任委员,中国林业科学研究所所长、一级研究员,中国林学会一至三届副理事长和代理事长,第三届全国政协委员。

工场及建筑学生宿舍之用,事属可行,应予照准备案。相应咨复贵省长查照,转饬教育厅令知可也。此咨。

《教育公报》第6卷第3期,民国八年三月二十日

答复议员谢钟灵质问浙江工校变售旧存机器未列地方预算文
(1919年12月20日)

第二十号,八年十二月二十日

咨呈国务院答复议员谢钟灵质问:

为咨呈事。承准函开:奉大总统发交众议院议员谢钟灵等,为教育部混谬咨覆,摧残地方学款预算,提出质问书一件,咨请答覆等因,相应抄录原质问书,函请查照,迅速拟具答覆送院,以凭议定转咨等因,并抄录质问书一件到部。查浙江甲种工业学校,系由前清铜元局改办,所有机器拨归该校应用,经前浙抚奏准有案。该项机器自拨归该校后,凡引擎、锅炉、车床等件,久资该校工厂之用,就性质言,实为学校用品之一种。此次该校以其余废置机件变价改充该校设备之用,实为变更学校用品之不适用者,而另购适用之品,且系移缓济急,确无变卖官产之嫌,即无适用财政部变卖之例。就手续言,但须呈报官厅认可用途,均应确当。此案叠经该省官厅核准有案,手续已为完备,于学校预算既无变动,于地方财产亦无出入,实无提交省议会议决之必要。本部咨复浙江省长云云,即系申明此意,并无以命令摧残法律之嫌。相应拟具答复,咨呈贵院查照转咨可也。此咨呈。

《教育公报》第7卷第2期,民国九年二月二十日

浙江公立工业专门学校一览·历年经费比较表一
(本表民国九年十二月调查)
(1920年12月)

年份	经费		
	临时费	职教员薪水	经常费
宣统三年三月之九月	19200	9600	12000
民国元年二月之六月	2400	4800	10400
民国元年七月之十二月	4000	8800	16800
民国二年一月之六月	400	10800	20800
民国二年七月之十二月	1600	10400	21600
民国三年一月之六月	6000	10400	20000
民国三年七月之十二月	12800	11200	19200

续 表

年份	经费		
	临时费	职教员薪水	经常费
民国四年一月之六月	400	13200	21600
民国四年七月之十二月	0	12800	23200
民国五年一月之六月	2400	15200	25600
民国五年七月之十二月	8000	15600	24800
民国六年一月之六月	0	17200	32800
民国六年七月之十二月	3200	17200	29600
民国七年一月之六月	0	16800	30400
民国七年七月之十二月	12000	20400	32800
民国八年一月之六月	73600	21600	33600
民国八年七月之十二月	24800	21600	35200
民国九年一月之六月	13600	20400	36000
民国九年七月之十二月	15200	24800	40000

浙江公立工业专门学校编印《浙江公立工业专门学校一览》,1921年3月中旬

浙江公立工业专门学校一览·历年经费比较表二

（本表民国九年十二月调查）

(1920年12月)

年份	经费		
	历年工场售品收入	历年工场用费	历年职工工资
宣统三年三月之九月	0	500	2050
民国元年二月之六月	500	1400	2200
民国元年七月之十二月	600	5200	2250
民国二年一月之六月	400	4300	2750
民国二年七月之十二月	800	4250	2150
民国三年一月之六月	2300	3650	3200
民国三年七月之十二月	3100	2600	3250
民国四年一月之六月	3200	4450	2450
民国四年七月之十二月	3250	4500	3100

续 表

年份	经费		
	历年工场售品收入	历年工场用费	历年职工工资
民国五年一月之六月	3300	3500	2900
民国五年七月之十二月	3150	4500	3150
民国六年一月之六月	3450	9200	3150
民国六年七月之十二月	2200	6500	2850
民国七年一月之六月	4500	7750	3000
民国七年七月之十二月	4000	7750	2050
民国八年一月之六月	3600	8850	2500
民国八年七月之十二月	3950	8650	2700
民国九年一月之六月	4500	7550	2400
民国九年七月之十二月	3400	6450	2750

浙江公立工业专门学校编印《浙江公立工业专门学校一览》,1921 年 3 月中旬

浙江公立工业专门学校一览·附设机织传习所历年经费比较表

（本表民国九年十二月调查）

(1920 年 12 月)

年份	经费
民国元年上半年(四月至六月)	1400
民国元年下半年	2310
民国二年上半年	3220
民国二年下半年	4130
民国三年上半年	3850
民国三年下半年	4060
民国四年上半年	4060
民国四年下半年	4060
民国五年上半年	4130
民国五年下半年	4060
民国六年上半年	4060
民国六年下半年	4130

续 表

年份	经费
民国七年上半年	4060
民国七年下半年	3780
民国八年上半年	4200
民国八年下半年	3850
民国九年上半年	3990
民国九年下半年	3780

浙江公立工业专门学校编印《浙江公立工业专门学校一览》,1921 年 3 月中旬

浙江公立农业专门学校中华民国十六年五月下半月份支出计算书
(1928 年 1 月 2 日)

支出经常门

截至上月止结存数:无。

本月份实领数:经常费 2500 元,设备费 2590 元。

本月份实存数:2629.417 元。

款项/目	本月份支付预算数(元)	本月份支出计算数(元)	比较增减	收据号数	备考
第一款　浙江公立农业专门学校经费	5090.000	2417.431			内五月下半月份经费银 2500 元,又设备费银 2590 元
第一项　职教员薪水校役工食		1935.916			
第一目　薪水		1733.500		自第 1 号起第 10 号止	校长及各部主人职教员薪水合如上数
第二目　工食		202.416		自第 11 号起第 13 号止	本月份校役工资膳食合如上数
第二项　办公费		115.645			
第一目　文具		46.871		自第 14 号起第 26 号止	
第一节　纸张		35.373			
第二节　簿册		无			
第三节　印刷		无			

续 表

款项/目	本月份支付预算数(元)	本月份支出计算数(元)	比较增减	收据号数	备考
第四节　笔墨		9.58			
第五节　杂件		2.440			
第二目　邮电		20.928		自第 27 号起第 32 号止	
第一节　邮票		4			
第二节　电报		3.928			
第三节　电话		3			本校装电话一具计洋 6.5 元,又四月份电话费 6.5 元,前任未付归入五月份开支,合如上数
第三目　购置		无		自第 33 号起第 40 号止	本月份购置费归入设备费项下开支,本目故未列入
第一节　器具		无			又
第二节　图书		无			又
第三节　杂件		无			又
第四目　消耗		47.846		自第 41 号起第 57 号止	
第一节　茶水		0.808			
第二节　电灯		无			
第三节　薪炭		1.400			
第四节　油烛		37.584			
第五节　杂支		8.054			
第三项　杂费		144.569			
第一目　修缮		无		自第 58 号起第 63 号止	五月份修缮费归入设备费项下开支,本目故未列入
第二目　杂支		144.569		自第 64 号起第 123 号止	
第四项　农场开支经费		143.43		自第 124 号	
第五项　临平演习林场开支经费		78.158		自第 125 号	

以上各项经费共支银二千四百十七元四角三分一厘。

支出临时门

款项/目	本月份支付预算数(元)	本月份支出计算数(元)	比较增减	收据号数	备考
第二款　设备费		43.152			
第一目　购置		21.363			
第二目　修缮		21.789			

以上设备费共支银43.152元,综计支出银2460.583元,本月底止结存银2629.417元。

《国立第三中山大学劳农学院周刊》第1卷第4期,民国十七年一月二日①

浙江省立农业专门学校中华民国十六年六月份支出计算书
(1928年2月20日)

支出经常门

截至上月止结存数:二千六百二十九元四角一分七厘。本月分实领数:四千五百元。本月分实存数:一千七百九十元零零七分三厘。

科目	本月份支付预算数	本月份支出计算数	比较增减	收据号数备
第一款　本校经常费	5000.000	4823.183		
第一项　职教员薪水校役工食		3825.934		
第一目　薪水		3524.000		自第一号起至第五十四号止
第二目　工食		301.934		自第五十五号起至第六十号止
第二项　办公费		335.187		
第一目　文具		205.572		自第六一号起至第八四号止
第一节　纸张		63.000		
第二节　簿册		无		
第三节　印刷		119.910		
第四节　笔墨		21.042		
第五节　杂件		1.620		

① 《国立第三中山大学劳农学院周刊》,大学校刊,1927年12月创刊,自1卷第13期(1928年4月2日)起改名为《国立浙江大学劳农学院周刊》,自1929年起又改为《国立浙江大学农学院周刊》,周刊,主要刊登农学论文、农业调查报告、院闻、气象报告等。

续 表

科目	本月份支付预算数	本月份支出计算数	比较增减	收据号数备
第二目　邮电		13.050		自第八五号起至第八九号止
第一节　邮票		2.000		
第二节　电报		4.550		
第三节　电话		6.500		
第三目　购置		不列		自第九十号起至第百零八号止，列入设备项下开支
第四目　消耗		116.565		自第百零九号起至第百四十四号止
第一节　茶水		1.852		
第二节　电灯		无		
第三节　薪炭		13.143		
第四节　油烛		101.570		
第五节　杂支		无		
第三项　杂费		398.288		
第一目　修缮		不列		自第百四十五号起至第百六十八号止列入设备费项下开支
第二目　杂支		398.288		自第百六十九号起至第三百零四号止
第四项　农林场经费		262.774		
第一目　农场经费		216.544		自第三百零五号
第二目　临平演习林场开支经费		46.237		第三百零六号

以上经常费共支银四千八百二十二元一角八分三厘。

支出临时门

科目	本月份支付预算数	本月份支出计算数	比较增减	收据号数备
第二款　设备费	517.161			
第一目　购置	188.350			
第二目　修缮	328.82			

以上设备费共支银五百十七元一角六分一厘，综计共支银五千三百三十九元三角四分四厘，本月底止结存银一千七百九十元零零七分三厘。

《国立第三中山大学劳农学院周刊》第1卷第7期，民国十七年二月二十日

浙江公立农业专门学校中华民国十六年七月份支出计算书
(1928 年 3 月 5 日)

支出经常门

截至上月止结存数：一千七百九十元零零七三厘。

本月分实领数：五千元。

本月分实存数：一千四百三十五元七角九分。

款项/目	本月份支付预算数(元)	本月份支出计算数(元)	比较增减	收据号数	备考
第一款　本校经常费	5000	4813.587			
第一项　职教员薪水校役工食		3838.990			
第一目　薪水		3546		自第 1 号起至第 53 号止	
第二目　工食		292.99		自第 54 号起至第 57 号止	
第二项　办公费		124.318			
第一目　文具		83.974		自第 58 号起至第 67 号止	
第一节　纸张		40.82			
第二节　簿册		6			
第三节　印刷		6.9			
第四节　笔墨		0.264			
第五节　杂件		39.99			
第二目　邮电		12.5		自第 68 号起至第 69 号止	
第一节　邮票		6			
第二节　电报		无			
第三节　电话		6.5			
第三目　购置		无			
第四目　消耗		27.844		自第 70 号起至第 81 号止	
第一节　茶水		1.076			
第二节　电灯		无			
第三节　薪炭		5.8			
第四节　油烛		20.768			

续 表

款项/目	本月份支付预算数(元)	本月份支出计算数(元)	比较增减	收据号数	备考
第五节　杂支		无			
第三项　杂费		519.89			
第一目　修缮				自第 82 号起至 84 号止	列入设备费项下开支
第二目　杂支		519.89		自第 85 号起至第 143 号止	
第四项　农林场经费		330.389			
第一目　农场开支经费		281.279		自第 144 号	
第二目　临平演习林场开支经费		49.11		第 145 号	

以上经费共支银 4813.587 元。

支出临时门

款项/目	本月份支付预算数(元)	本月份支出计算数(元)	比较增减	收据号数	备考
第二款　设备费		540.696			
第一目　购置		无			
第二目　修缮		540.696			

以上设备费共支银 540.696 元,综计共支银 5354.283 元,本月底止结存银 1435.79 元。

《国立第三中山大学劳农学院周刊》第 1 卷第 9 期,民国十七年三月五日

(三)校舍设备

添造洋房

(1898 年 10 月 1 日)

普慈寺内自去年开设求是书院、武备学堂,招集生徒各三十名,延请中西教习,指授讲贯,颇着成效。嗣因风气大开,添招学徒,因于该寺后面建造洋房一进,为教习栖息之所。并添造斋房十二间,以备诸生歇宿,已于上月晦日竣工矣。

《申报》1898 年 10 月 1 日

学堂初基

(1898年10月1日)

杭州访事人云：自奉旨改寺观为学堂，仁钱两县相度基址，计适用者已有四处：一为望江门外之海潮寺，一为清泰门内之长庆寺，一为海蛔沟之白衣寺，其一则艮山门内之慈孝庵，即莫庵是也，业已将大小房屋间数地基丈量，开具清折，呈请上宪裁酌。又闻衢州总镇刘吉园军门有屋一所，在浦菖巷内。自军门荣任温州后，此屋遂任其空废。抚宪以该处与普慈寺所设之求是书院、武备学堂相近，若此产作为学堂，可以联络一气，欲向军门价买，军门闻之，即将此屋报效，以作学堂之用，如引广厦，法开有志，奋兴者不患无依庇之所矣。

《申报》1898年10月1日

求是添造房舍

(1898年11月27日)

杭州访事友人来函云：浙省求是书院设于蒲菖巷普慈寺内，现在添造房舍及修葺旧屋，以便延请教习专课西学，由府尊林太守札委陈大令常铧、吴大令跃金估工兴办。

《申报》1898年11月27日

浙省官场纪事

(1902年10月28日)

省城大学堂添造斋舍，刻已竣工，经上宪委大挑知县万大令宗林前往验收。

《申报》1902年10月28日

规划工厂

(1904年8月1日)

杭垣前求是书院曾附设工艺厂，每年需款不赀，并无工艺之可言，款项徒付之流水。今聂抚丞欲大加振作，宽筹经费，重兴工艺厂。闻已筹得开办费两万金，常年费一万金，已电请曾经办理《农学报》之罗叔蕴君为该厂总理。

《广益丛报》第44期，光绪三十年六月二十日[①]

---

① 《广益丛报》，1903年4月16日朱蕴章等人在重庆创刊，旬刊，重庆广益丛报馆编辑并发行。属社科类综合性刊物，刊登内容有政事门、学问门、文章门、丛录门等，1912年1月停刊。

巡按使屈批农校校长为本校自习室等拟改建华式平屋请遴员监造详[①]

(1914 年 7 月 12 日)

浙江巡按使屈批:

浙江省立甲种农业学校校长陈嵘详为本校自习室、寝室拟改建华式平屋,并可否遴员监造,请批示祇遵由。

据称因预算营造费数目核减,拟改就校西基地建筑华式平房三十间为学生寝室,以原有寝室改为自习室,俾目前布置裕如,将来扩充不至有所障碍等情,事属可行,应准照办。至是项建筑工程既价格满千元以上,应即查照审计条例第十六条办理,所请派员监造之处,应毋庸议。此缴。

中华民国三年七月　日

《浙江公报》第 863 册,民国三年七月十二日

浙江巡按使屈批公立甲种工业学校校长详请附近沿城空地遵设学校园由

(1915 年 9 月 7 日)

浙江巡按使屈批:

详悉。查《森林法》已于三年十一月十五日《浙江公报》内公布,《森林法施行细则》于本年七月八日《浙江公报》内公布各在案。据请承领该校附近沿城空地,遵设校园,仰即查照《森林法》第十二条、第十三条,及《森林法施行细则》第十六条办理可也。缴。(九月七日)

《浙江公报》第 1294 册,民国四年九月二十六日

令省立甲种农业学校

(1917 年 4 月 28 日)

浙江省长公署指令第六千三百一十七号

呈一件,呈报建筑校舍工程开标,以陈施工记为最低,并送承揽稿底请核示由。呈件均悉,应准由该匠陈施工记承揽兴工,仰即补取工程细账,及保证人保单各一纸呈核,件存。此令。

民国六年四月二十八日

《浙江公报》第 1842 号,民国六年五月四日

---

① 时任浙江省巡按使屈映光(1881—1973),字文六,浙江临海人。早年加入光复会,参加反清革命。1912 年出任浙江都督府民政司长,1913 年署民政长,次年任浙江巡按使。1916 年 5 月因勾结袁世凯遭各界反对,被迫辞职。

甲种农校添造房屋

(1917年5月9日)

杭州通信·甲种农校添造房屋。省立甲种农校下学期添招畜牧、森林二科学生，因旧有房屋不敷应用，请增筑自习室及畜舍等共十余间，现蒙省长核准，业于昨日由陈施公记木匠包造兴工矣。

《时报》1917年5月9日

咨浙江省长省立甲种工校新筑应用化学工场等项计划书准予备案文

(1919年2月26日)

第三百九十一号

八年二月二十六日

为咨行事。准一二三号咨送省立甲种工业学校建设应用化学科工场，并添置房屋机械等项计划书及估计单三份，请察核备案等因到部。查该校新筑应用化学科工场，及添筑礼堂、校舍等项计划书，尚无不合，估计单亦属切实，应准备案。相应咨行贵省长查照令知可也。此咨。

附　添筑礼堂校舍等项计划书

窃维校舍建筑与普通工场之构造不同。工校自创办以来，悉就铜元局旧址，所有学生宿舍、膳厅等项，大多借用厂屋，不但光线、空气不合，且廓大而无闳隔，分立而无系统，甚不便于管理。此学生宿舍、自修室、膳厅、盥漱所之必须改筑者一也；工校原有教室八间，图书教室一间，而八年度本科生已有十一班，九年度则十二班，益以乙种讲习生八班，实属不敷应用。目前暂以自修室假为教室，事出权宜，况开办九年，礼堂未建，训诫全体学生，辄于操场行之，均非学校久远之计。至教员寝室，亦属不敷，此礼堂、教室等项不得不新筑者二也。以上二种建筑，计礼堂、教室二层楼房屋十幢，占地五十八方。自修室、宿舍、膳厅等项三层楼房屋四幢，占地三十方；盥漱所平屋九间，占地二十一方。其地点即以旧厂及菊圃等处隙地为之，俾与近年新筑之教室、宿舍、自修室联成一气，而管理、训练乃可以收其功。至于工场、机械必须与时俱进，乃可以得社会风气之先，而促其进步。今日瓦斯之用途甚广，故拟购三十马力瓦斯机关一部，附属瓦斯发生器、瓦斯储蓄器、发电机雨架，又以新筑应化工场，并补充原有工场，故另添五尺径、三尺径锅炉各一部，蒸汽锤、研磨机、造螺旋车床各一部。又火力提花机二架，摇纬车及轧花机各一架，此又新旧各工场共通设备之计划也。惟是校址环绕淤溪，溪无来源，积潦成潴，故地低而水浊，洋桥帮岸，均有损坏，饮水亦甚恶劣。水柜烟突，设置已久，亦须修葺，此则筑岸、开井及一切修缮之必须，连带设备者也。综计建筑校舍、添购机械及一切连带修缮等事，共需银七万六千四百八十一元七角七分，其详细数目，已汇列估计清单，不再赘述。

附　拟设应化实习工场计划书

窃维浙省工业出品,向以纸、革、糖、酒四者为主,自近年洋货内灌,遂皆一蹶而不振。故今日为全省计,似宜四者同时并举。但工业进行,必须务实,经营伊始,缓急宜分。即以社会需要而论,糖酒亦近于奢靡销耗之品。若以工场设备而论,则制糖、酿造布置较为繁重,故四者之中,拟先设制纸工场、制革工场各一,所以为生徒实习之用,一俟并力进行,办有成效,再行推及他种。此外则制造药品,为应化学科必须练习之工作,若油脂所制胰皂、洋烛等物,又为日用必需之品。故为养成实用人材起见,则以上四种,不但为社会所需要,且又轻而易举,易谋发达,将来生徒毕业而后,即可自谋生活,或为社会效力,此即本校先设制纸、制革、制药、油脂四工场之本意也。至于工场建筑,即依事务之繁简,分基址之广狭,计制纸、制革二工场,应筑二层楼房屋十一间,需地五十五方,两工场各占其半。至脂肪、药品二工场,范围较小,应筑二层楼房屋七间,需地三十六方,即以楼上楼下分为二工场。其实习器械,亦以工场大小、作业多寡而分别购备之,计制纸器械需银八千元,制革需银五千元,油脂药品共需银三千六百元。此外蒸汽锅炉、瓦斯引擎、汽管电机等项,本为扩充原有工场共通计划,故专就应化工场设备而论,共需建筑费银二万元,器械费银一万六千六百元即可完全成立。其详细数目汇入估计单,不再赘述。

附估计单

计开:

礼堂、教室二层楼建筑六十方,每方二百元	一万二千元
应用化学科实习工场,内分油脂、制药、制纸、制革四部,二层建筑一百方,每方二百元	二万元
学生宿舍、自修室、膳厅三层楼建筑一百二十方,每方三百元	三万元六千元
学生盥洗十间,每间一百五十元	一千五百元
建筑河岩六十丈	八百元
开浚洋井两口	八百元
五尺径锅炉,连唧筒、铁管、地脚装置在内	三千元
三尺径锅炉,连铁管、地脚装置在内	一千元
三十马力瓦斯机关,连瓦斯发生器、瓦斯储藏器、铁管、地脚装置在内	八千元
发电机两架,连蓄池、皮线及一切装置费在内	三千元
蒸汽锤,连铁管、地脚装置在内	四千元
研磨机,连装置在内	一千六百元
造螺旋车床,连装置在内	八百元
火力提花织机两架	六百元
摇纬车及轧花机各一架	三百元
油脂工业用实习器械	一千二百元
制药实习用器械	二千四百元
制纸实习用器械	八千元
制革实习用器械	五千元

修缮锅炉、水柜、烟突、工场、洋桥、马路搬移机器、添设厨房、改造浴室及一切修缮杂费

二千八百八十一元七角七分

共计十一万二千八百八十一元七角七分

《教育公报》第6卷第4期，民国八年四月二十日

农校实习林在临平

(1920年6月14日)

省立甲种农校实习林在临平，计荒山一千亩，内中除石山三百亩已开垦者三百亩外，余待秋季进行。

《时报》1920年6月14日

浙江公立工业专门学校一览·房屋及工场设备

(1921年3月中旬)

本校沿用旧铜元局房屋为校舍，年来逐渐筑造，已粗具规模，现计共有教室二十一所，内为礼堂者一，图画教室者二，为专门预科教室者二，为甲种机械、机织、应化、染色、电机各科各级专用教室者十二，为公共教室者二，为乙种生教室者二。

办公室计共八所，校长室一，教职员会议室一，教务办公室一，总务办公室一，收发及经售工场物品处办公室一，斋务办公室一，学生及教职员应接室二。

宿舍计共三层楼洋房五座，分作五斋，第三层均为学生寝室及斋主任宿舍，第二层均分十六室，为学生自修室，间以教员宿舍，下层为会食堂及音乐、枪械、台球等室。另有二层楼洋房二座，计共十六室，斋务办公处在焉，内为校医诊察室者一，为调养室者二，为职员宿舍者三，为工业会校友会事务室者二，尚余三室则备作走读生之自修室，盥洗室一所，浴室一所，及斋役宿舍一所，均在上列各斋舍之后。乙种生自修室一所，乙种斋务办公处在焉，乙种生寝室一所，乙种舍监之宿舍在焉。

图书室一所，图书阅览室一所，物理试验室一所，而化学实验室则附与化学分析室中，以限于房屋也。

甲种预科租前私立法政学校房屋为教室及宿舍。

工场计共二十二所，内为机械科工场者四：

一、木工场。本工场备圆形锯木机一，带形锯木机一，木车床五，木工用具若干组，大小模形五百件。

二、铸工场。本工场设备熔铁炉四，反射炉一，扇风机二，盛铁桶五，捣臼一，万力一台，型框二百只，坩埚五，工具若干组，五吨起重机一台。

三、锻工场。本工场备蒸汽锥一台，锻冶炉七，送风箱七，万力二台，铁锥及其他工具若干。

四、修机工场。本工场设备各种工作机械为:万能旋削机一,研磨机一,折动平削机一,纵削机一,钻孔机一,平削机四,手动钻孔机一,铁丝拔直机一,火石机一,水石机一,钳床三十台,车床二十台,及各种应用工具若干。

为染织科工场者九:

一、力织工场及力织准备工场。本工场设备:缎子机、湖绉机、提花机、斜纹机、平布机、脚踏斜纹机及毛巾机,共十四台,而其内室则力织准备工场附焉,络纱、整经、络丝、再操摇纬等机俱备。

二、捻丝工场。本工场备有法国式及美国式各种络丝、捻丝、合丝、制绞各机,并备有丝类检查器、捻数检查器、四百回纤度器、强伸力器等各种丝类及性质检查诸器械,为学生研究之用。

三、纹工场。本工场专描画各种图样及制造纹纸,备有一千三百口纵踏式轧花机,及横踏式轧花机、九百口纵踏式轧花机、四百口纵踏式轧花机等各种机械。

四、手织第一工场。本工场注重绵纱及毛织物,而丝织物则次之,故所备织机,均偏重绵纱方面,有斜纹机、平布机、提花机、线毯机、丝织机等共二十二台,一切附属品附焉。

五、手织准备工场。本工场备有上经台、牵经台、做综台、穿目板架、摇丝及绵纱纬车等件。

六、手织第二工场。本工场注重丝织,故所备机件,亦偏重于,此有改良湖绉、花锻、实地纱线锻、照相风景等织机共十台。

七、手织第三工场。本工场设备,丝纱织机共十二台。

八、手工纺纱工场。本工场备弹花机一,纺纱机一,拨纱机一。

九、染色工场。本工场备有浸染、印花及制丝、光纱等各机械,并备各种直接染料及硫化染料、盐基性染料、酸性染料及各种染色术上须用之药品,使学生得实地练习,并可应各机织工场之要求。

为应用化学工场者六:

一、普通分析室。为学生为普通金属及无机酸类等定性定量分析之处所,本处备有天秤滴管及学生每人需用之各种器具。

二、工业分析室。本室为学生分析各种有机物品,及煤炭、瓦斯、糖、橡皮、油脂等各种制品,并加以电气分析及酿造上各种实验,对于分析或试验用各种仪器,均行齐备。

三、制药工场。本工场为合成各种药品及化妆品处所,各种合成用器具备焉。

四、制革工场。本工场备有里磨机、出光机、滚桶、单宁槽、石灰槽等机械。

五、制纸工场。本工场备有纤维分离机及纸槽、蒸纸锅、干燥器等各种器械,操纸方法则偏重手工。

六、油脂工场。本工场备有碱化锅模型、干燥箱、切断器等各器械,为实习制造肥皂,而涂料机械则尚在设备中。

为电气机械工场者一:

一、电机工场。本工场尚在设备中。

为原动工场者四:

一、第一原动室。本工场装置蒸汽引擎一,计六十马力,专为发电机之用;发电机二台,各为二十马力，以一台供给应用化学各工场及木工场发动用，以一台专供电机工场。

二、第二原动室。本工场位于修机工场之东北隅，装置瓦斯引擎一，计三十二马力，专供修机工场，及力织、捻丝二工场之用。

三、第一锅炉室。本处装置双门横型锅炉一，为铜元局旧物；单门锅炉一，则民国七年本校所购入者也。本室专供第一原动室发电用。

四、第二锅炉室。本工场位于染色工场之东北隅，装置直立式小锅炉一，专供染色工场之用。

浙江公立工业专门学校编印《浙江公立工业专门学校一览》，1921 年 3 月中旬

令富光年验收农校建筑工程仰具复由[1]

（1921 年 5 月 20 日）

浙江教育厅训令第三四〇号

令富光年（十年五月七日）

案据省立甲种农业学校呈称：窃查属校建筑教室二间，学生寝室二十间，兽医科用屋诊察室一间，病体解剖室及患畜施术室二间，牧夫宿舍一间，病畜调养室二间，共计房舍二十八间，由工匠郭富山承揽包造，前曾呈奉钧厅指令照准在案。目下是项工程业已竣工，理合备文呈报，仰祈厅长查核，俯赐派员来校验收，以昭郑重等情。据此，合行令仰该员前往该校切实验收，工程是否结实，款项有无浮冒，遵照定章，详悉具报，以凭核办。此令。

《浙江教育月刊》第 4 卷第 5 期，民国十年五月二十日

令富光年验收农校七八九年度临时费项下购置物品器具仰查明具报由

（1921 年 6 月 20 日）

浙江教育厅训令第三一五号

令富光年（十年五月二十一日）

案据省立甲种农业学校陆续呈报，七年度、八年度、九年度临时经费项下购置各种物品器具，请派员验收等情，并送报销册三份。据此，合行将报册发交该员，仰即查照来册，逐一验收，器具是否齐备，物品有无缺少，遵将详晰情形具报，以凭核办，册仍缴。此令。

计发报销册三份。

《浙江教育月刊》第 4 卷第 6 期，民国十年六月二十日

---

① 富光年，生平不详。

浙江农业学校建筑状况
(1923 年)

部名	室别	间数
办公部分	校长室	二
	教务部	二
	教员憩息室	一
	仪器标本室	二
	图书室	二
	阅览室	二
	庶务室	二
	会计室	一
	书记室	一
	应接室	一
	传达室	一
	电话室	一
	教职员室	一八
	会食室	二
	校役室	二
教务部分	大礼堂	一
	大讲堂	一
	教室	一〇
	制图室	三
	化学实验室	一
	体操器械室	一
	雨天操场	一
	农产制造室	一
	农产制造场	一
	养蚕室	三
	贮桑室	一
	农产制品陈列室	一

续 表

部名	室别	间数
舍务部分	自修室	一六
	寝室	一六
	督察室	二
	督察部	一
	校医室	一
	调蚕室	五
	膳厅	五
	学生自治会议事室	三
	学生贩卖部	一
	音乐室	二
	游艺室	二
	储藏室	二
	整容室	一
	浴室	二
	厨房	四
	舍役室	二
	厕所	四
农场分部	事务室	一
	应接室	一
	农学实验室	三
	标本室	三
	种子室	一
	雨天作业场	三
	农具室	四
	职员寝室	三
	贮藏室	五
	膳堂	一
	厨房	一
	场役寝室	一
	花匠寝室	一
	农夫寝室	四

续 表

部名	室别	间数
农场分部	农夫膳堂	二
	农夫厨房	一
	温室	四
	猪羊舍	三
	牛舍	三
	肥料房	二
林场部分	事务室	一
	职员寝室	三
	林产制造室	二
	研究室	二
	林具室	一
	林夫寝室	二
	林夫厨房	一
兽医院部分	事务室	一
	教室	一
	职员室	二
	成绩室	一
	标本室	一
	解剖手术室	二
	细菌实习室	二
	器械室	一
	院役室	一

浙江省立农业学校编印《浙江省农业学校十周纪念刊》,1923 年

浙议会临时会纪
(1926 年 6 月 3 日)

二日下午二时,浙江省议会开临时会,出席议员朱章宝、郑纪文、陈惠民等七十八人,副议长祝绍箕主席宣读议程毕,杨毓琦谓:去年常会决议之电灯加价及地方银行等,省署延不执行,明日列入议程,俾得讨论办法,结果照办。遂开议:

(一)“复议十年度省地方岁出入决算书”,委员出席报告,林茂修、王润谓不应交议,主仍

执前议,无异议。

(二)"筹设通俗教育案",委员出席报告,顾绍钧、叶向阳均以通俗教育无非以开映影戏为先提,实无筹设之必要,主打消。顾绍钧、马义新、朱章宝、张佩璇、陶毅等相继发言,申述通俗教育与社会之需要,咸主成立,讨论终局付表决,在席七十七人,起立者三十七人,少数否决。

(三)公立工业专门学校追认十一年度因风灾修理墙岸经费案。

(四)公立工业专门学校追认十一年改筑石桥临时费案。

(五)公立法政专门学校追认十一年度修筑校路经费案。

(六)追认十一年度留美学生出国川资案。均由委员出席说明,逐案无甚讨论,均付财政股审查。

(七)省立甲种农业学校追认十一年度漏列七月份兽医科经费案,委员出席说明,张楚英、王润等均以兽医科未见实习,本案应不成立。章祖衡主付审查。讨论终局,因在席人数不足,未能付表决,乃宣告延会。

《申报》1926 年 6 月 3 日

普济寺与报国寺——浙大校址考略
(1985 年)

宋　晞[1]

读亦华学长写的《老校友谈浙大往事》一文,其中第一节"记得那座大雄宝殿"和第四节"工学院旧址"都说到母校校址。作者就手头资料对母校校址作进一步叙述。

浙大校本部在杭州市城东,介乎庆春门与水门之间,东以城墙,南以大河下巷,西以大学路,北以庆春街为界。除农学院在市郊华家池,医学院在××巷外,文、理、工、法、师范等五个学院都在其中,清流小丘,垂柳丹枫,诚一读书佳境。

南宋时代临安是全国政治中心,时东城与西湖同为风景之区。庆春门为宋城十三门之一,曰东青门,俗呼菜市门、太平门,因旧有菜市、太平二桥也。大学路旧称蒲场巷,巷东有普济寺。嘉靖《仁和县志》:

普济寺在蒲场巷,宋绍兴中,僧思净建。元至正间,僧元忠修。明季毁。僧智珏募葺。

清丁丙《武林坊巷志》:

光绪己丑(十五年,公元一八八九)、辛卯(十七年,一八九一)间,释闻达募资重建,殿宇崇宏,为东城梵刹之冠。未及毕工,顿遭奇祸,寺遂改为公廨,寺毁后六年,杭垣士大夫规普济寺之旧,改为求是书院、武备学堂各一区,招集生徒,课以格致有用之学,与夫洋操行阵制胜之策。详见日本《武学兵队纪略》。

---

[1] 宋晞(1920—2007),浙江丽水县人,字旭轩。1945 年毕业于浙江大学文学院史地系,留校任教。1949 年往台湾,先后获哥伦比亚大学研究院文学硕士学位、韩国建国大学名誉文学博士学位。历任台湾中国文化大学史学系系主任、史学研究所所长、文学院院长、第四任校长。

此即今日文、理、工、师范等四学院所在。

工学院南面之子弹库,即清之铜元局,为法学院所在,此乃著名之报国寺(一名报国院),为唐宋古刹。《康熙仁和志》:

报国院在东里坊庆春门里稍南,旧曰香林廨院。宋绍兴间建,后毁于兵,院遂久废,明天启初,僧仁慈等十人重建,以待云水。今顺治年间,僧元佐与其徒山怀开拓鼎新。(下略)

张鉽《杭都杂咏》:

报国寺在城东刀茅巷落花流水间,旧为香林廨院。宋绍定中移请今额。淳祐五年重修,寻圮。明天启中复建寺。因近城河水环流,国朝光绪中当轴议储军火,以避烟燎,废为制造军装局,寺僧不能住,遂散去。今寺之故址已并入局矣。巷亦湮塞。

昔时刀茅巷分上下两段,以庆春街为界,今之刀茅巷即下刀茅巷。"巷湮塞"云者,当指上刀茅巷也。寺环以水,且多枫树,"祇园枫叶带霜红,半入池塘波影中"。风景优美,可以概见。

原载台北市国立浙江大学校友会编印《国立浙江大学》,1985 年印行

田正平　总主编

浙江大学史料

第一卷
（1897—1927）

下

汪林茂　主　编
张焕敏　副主编

ZHEJIANG UNIVERSITY PRESS
浙江大学出版社

目　录

五、教学与管理

(一)招生

杭州府林太守启招考求是书院学生示

(1897年8月)

为招考事。照得省城现奉抚宪创设求是书院,延聘教习,讲授化、算、图绘诸学,兼及外国语言文字,无论举、贡、生、监,年在三十以内,无嗜好,无习气,自愿驻院学习者,务于三月初五日以前,开具三代年貌、籍贯、住址,邀同本地公正绅士,出具保结,赴院报名。其有略通外国语言文字,或化、算、图绘诸学,均当于册上填注,由监院呈送,示期先试经义、史论、时务策,取录若干名,再行会同教习复试,选定三十名,每名月给伙食洋三元,杂费洋二元。朔课考试化、算诸学,望课考试经史、策论,均分别给奖。以五年为期,不得无故告退,非假期必常川驻院。其余额外,仍按名注册,俟随时传补。所有详细章程,应于报名时到院详看。为此谕仰愿考各生知悉,各宜依期赴院报名填结,候再示期扃试,毋自迟误,切切,特示。

《经世报》第2期,学政第三,丁酉七月中

求是书院加额

(1899年2月27日)

杭州访事友人云:前年浙江大吏振兴西学,在普慈寺开设求是书院,额收肄业生三十名,由府尊林太守考取。去年绅士以风气大开,人多向学,禀请增设外院,由诸生自备修膳,弦诵其中。抚宪廖中丞批准加额三十名,仍由林太守甄别录取。诸生皆年在三十以内,文理清通,堪资造就者。惟学问之道,必以蒙养为始基,廖中丞有见于此,拟在封禁之圆通寺内,设立养正书院,延请中学教习,专授蒙童,须年在十五岁以上,曾读四书五经者,方可入选。先于元宵以前赴求是书院报名,以身家清白、人品纯正者为合格。修膳亦须自备,由林太守考录,方准入堂肄业。将来学有成效,准升入西学堂,课以格致、算学、舆图、测量等事。不知峨峨髦士,能不负大宪之栽培乎!

《申报》1899年2月27日

书院招考

(1900年1月15日)

杭州访事友来函云:浙省求是书院,为讲习中西实学之所,定额内院肄业生三十名,外院

六十名,内院缺出即由外院升补。本月初四日,杭州府林迪臣太守亲临甄别外院,开除甚多,旋于初七日出示招考,其文曰:

为招考事。照得省中设立求是书院,延请中西教习,培植人材,例于七月、十二月中甄别一次。本届考试会课外院六十名,中悬缺甚多,合行出示招考,如有身家清白、素无习染之子弟,自十二岁以上、十六岁以下,准其报名投考。统限于光绪二十六年正月二十日截止,俟报名后,再行示期面试,录取送院肄业。为此,仰绅商士庶一体知悉,如有愿来就学者,日即赴院报名,切勿观望。特示。

《申报》1900年1月15日

太守出示招考
(1900年2月27日)

杭州访事友来函云:浙省自前岁设立求是书院,讲求新学,延请中西教习,招集生徒入院肄业,额定三十名,嗣又添设外堂,额取六十名,每届七月、十二月甄别一次,其有不堪造就者,即行开缺另补。去年腊月,由总办书院事宜之杭州府林迪臣太守出示招考,限于正月二十日以前邀同的实保人,取具三代、年貌、籍贯,赴院报名,由院长查明,果系身家清白、素无习染者,准其投考,再行示期面试,以定去取。兹者太守定期新正二十五日,亲莅院中考试。先期由院长知照各生,届时随带笔砚,赴院听候面试。

《申报》1900年2月27日

循例举行招考
(1900年7月20日)

杭州访事人云:省城自创设求是书院,延请中西教习,招集生徒,肄习华洋文字,及天算、格致等学,每届六月、十二月甄别一次,以定去取。兹者署理杭州府篆之朱小笏太守,循例举行,于日前出示招考,略谓:如有身家清白,年在十五岁以上、二十岁以下者,准其报名投考,考取后即行送入肄业。其报名时须开具年貌、三代、籍贯,并觅的实保人,具结到院,由院长造册呈报,俟七月初十日截止后,听候示期考试。

《申报》1900年7月20日

出示赴堂报名
(1901年2月26日)

杭州采访友人云:前年省中大宪创设求是书院,礼延中西教习,以时豫课。诸生额设内课六十名,外课一百名,每阅半年,由府尊甄别一次,如有内课缺出,则就外课肄业生中选补,一面出示招考，以承外课之乏。法良意美，舆诵弗谖。去岁嘉平月初旬某日，杭州府朱小笏太守出示晓谕：如有年在十二岁以上、二十岁以下，身家清白、素无习染者，准于明年正月二十以前，邀请的实保人，赴堂报名，听候传考，以便序补。

《申报》1901年2月26日

兴学育才

（1902年2月5日）

杭州采访友人云：浙江抚宪任筱沅大中丞，奉旨振兴新学，将省城求是书院改作大学堂，延在籍绅士劳主政乃宣为总教习，出示招考，如额录取一百二十名，其中籍隶本省者九十名，此外二十名为客籍，十名为驻防旗籍。凡身家清白、素无习染之子弟，年在十八岁以上、二十五岁以下者，无论举监生童，均准报名应考。隶本籍者，由绅士出具保结，客籍则由同乡之仕于浙中者，具结作保。旗籍则由佐领备文申送，统限明年正月二十日截止。日贴膳资洋银八分，先缴半年，如遇小建及休沐日，准其扣算。因事自行出堂者，不准扣除，倘或半途而废，膳资概不付还，即将此项充作奖款。其有不堪造就，由堂斥出者，如数算给。所需书籍及纸墨笔砚，自备应用，或由堂代购。定限四年毕业，由抚宪考试，分别送入京师大学堂，或派充外县小学堂教习。有愿肄业者，务须文理通顺。如有熟习英、法、日本各国语言文字艺学者，即华文稍逊，亦为合格。此外武备学堂，则由总办联太守出示招考，额收生徒一百名，以年在十五岁以上、二十五岁以下者为合格。须文理粗通，或精于测算者，方可入选，不徒以勇力见长。盖因钦奉谕旨，停止武科，增设学堂，以故人无论举贡生童，凡有志上进者，咸得请绅士出具保结，来堂报名，自明年正月二十日为始，月终截止。

《申报》1902年2月5日

浙江大学堂招考章程

（1902年2月下旬）

一、本学堂先办正斋，定额一百二十名，本省额九十名，客籍二十名，旗籍十名，缺额招考传补。

一、本学堂于缺额应行考补时，每正月、七月出示招考，凡年在十六岁以上、二十五岁以下者，皆得报名投考。

一、报考时先具姓名、年岁、三代、籍贯、住址及平日学业，先行注册，考取后取具本生甘结，本省者加具绅士保结，客籍者加具同乡官保结，旗籍者由驻防营资送保结。

一、投考学生以汉文优长者为合格，如英文、法文、东文已有根基，汉文稍逊者亦可入选。

一、学生膳资自备（每日八分），于正月七日到馆时两期预缴半年，例假日照除（即住堂亦不给），平时请假不扣，由堂除名者余资给还，无故告退者余资充奖。

一、学生考取后，发本生甘结、绅士保结各一纸，章程一册，所定规约必能恪守，方准进堂肄业，不能遵约者毋庸缴结，免占学额。

一、本学堂先授普通学,再授专门。豫科现定学科:经史、政治、地舆、算学、格致、化学、图画、外国文(英文、法文、东文,专习、兼习者听)、体操。

一、本学堂正斋学生定四年卒业,卒业后给凭,或升入专斋,或资遣出洋游学,其寒畯之士不能接习者,派充各府县学堂教习。

一、学生读本书籍,或由堂代备,缴价领书,或自行购买。

一、学生桌椅床架,由堂购置,余由学生自备。

《浙江五日报》第1期,光绪二十八年正月中浣

学生拥挤

(1902年3月8日)

杭州访事人云:自奉诏令各省书院改作学堂,浙江抚宪任大中丞,即以省垣求是书院改作大学堂,额设一百二十名,出示招考,而报名者数倍于额。府宪宗太守所设之中学堂,额取一百名,报名亦有二百余人。至仁、钱两县尊所设之小学堂,额取若干,尚无定数,大约亦不过百名。安得广厦万间,大庇寒士于其内耶!

《申报》1902年3月8日

学堂开考

(1902年3月上旬)

求是书院所改大学堂已于二十六日由杭府宗子材太守代劳总理点名考试。闻名册填有六百余人,到者约近五百人,因示考之期太促故也。

《浙江五日报》第4期,光绪二十八年正月下浣

大学初兴

(1902年3月20日)

杭州访事友人云:省城庆春门内普慈寺,前因住持僧人不守清规,经地方官封闭,改作求是书院,招集生徒,肄习中西各学。去年奉旨设立学堂,抚宪任筱沅大中丞,饬即改为通省大学堂,延湖州劳玉初主政乃宣总理其事,并委萧太守文昭为总办,添招学生,分斋督课。以大殿为讲堂,各僧房为学舍,佛像则札令仁和、钱塘两县主移置海潮、昭庆等寺,饬候补县谭大令锡瓒妥为照料。上月二十六日,中丞亲临考试,是日到者约六百名左右,其中本省四百二十余名,旗籍五十八名,客籍一百十余名。题目二道:一为"汉高祖光武优绌论",一为"五帝三王不相沿袭说"。

《申报》1902年3月20日

学堂招考

(1902 年 9 月 28 日)

杭州访事友人云:省城大学堂现在出示招考,其文云:

照得本堂现定章程举办正斋,额取生徒一百二十名,除夏季甄别留堂诸生准其肄业外,悬缺尚多,合行出示招考,为此出示,诸绅商士庶子弟如系身家清白,素无习染,年在十六岁以上、二十五岁以下,平时通晓中文,及英文、东文稍知门径者,准其邀请的实保人,亲同赴堂报名,限于八月三十日截止,报名后再行示期考试,以定去取。切切特示。

《申报》1902 年 9 月 28 日

浙江师范传习所

(1905 年 5 月 4 日)

浙江高等学堂招考师范、豫备两科,定额二百人,以各州县应考者不下千人。当事者恐有志之士无从就学,特分设师范传习所,以速成法教授修身、教育学、国文、历史、地理、数学、理化、博物、心理、图画、体操、唱歌、各种普通学,限一年卒业,卒业后给予证书,咨请学务处分送各府州县小学堂,充当教员。现定学额百名,免缴学费。惟考取后,填愿书时应缴保证金十二元,此项金,卒业后仍行付还。所中不留膳宿,各生均于左近赁屋居住,每日按时到所听讲云。(节录《中外日报》)

《教育杂志(天津)》第 6 期,光绪三十一年四月初一日[①]

传习完全师范

(1906 年 2 月 9 日)

杭省高等学堂监督陆勉侪太史,以师范未立为学界缺点。张抚亦深以师范乏人,难期成效。兹就高等学堂内,设立完全师范传习所,定额二百名,已出示招考。如各学科稍有门径,年在三十岁以内者,均可报名。俟毕业后,派充各学堂教员,及准私立学堂延聘,以广造就。

《申报》1906 年 2 月 9 日

① 《教育杂志(天津)》,教育类期刊,1905 年 1 月在天津创刊,直隶学务处编辑及发行,为该省的教育行政公报,半月刊,主要栏目有教授管理、论说、时闻、文牍、学术、学制、奏议、诏令等。1906 年第 5 期起改名《直隶教育杂志》,1911 年停刊。

高等学堂添科招生(杭州)

(1906年2月10日)

浙省高等学堂,议定于今岁添招预备科新生二百名,除已通饬各府中学堂择优保送外,复再出示招考。另又增设完全师范传习所,定额二百名,如年在二十岁以上至三十岁,各学科已有门径者,饬速报名,听候示期。校□因浙省学界师范乏人,故欲急于传习造就也。

《时报》1906年2月10日

浙江高等学堂考试新生

(1906年3月11日)

浙江高等学堂,今岁经监督陆勉侪太史懋勋竭力推广学额,招考新生,报考师范科者约有三百名之众,报考豫备科者约有六百名之众,自本月十二日始至十七日止,历日考试,经陆太史亲自监场,认真异常。

《新闻报》1906年3月11日

不分省界

(1906年5月22日)

杭州中学堂本年毕业学生八名,内有客籍学生二名,应否升入高等学堂,抑或咨升各该生原籍之高等学堂,经张中丞咨请部示,去后,兹由学部咨复,略云:省界之分,系沿科举积习,施诸学堂,实多窒碍。杭州中学堂毕业之客籍学生二名,应准其升入省城高等学堂,倘该生愿回本籍高等学堂,则听其便云云。

《新闻报》1906年5月22日

浙江农业教员讲习所招考简易科生章程

(1910年6月10日)

一、宗旨:本所遵照部章,以养成中等以下各农业学堂教员为宗旨。

二、学科:授以农艺各科,暨参加森林学、养畜学大意,及教育上必需之各科(人伦道德、算学、气候学、农业泛论、化学、农具学、土壤学、肥料学、作物学、畜产兽医、园艺学、昆虫学、养蚕学、水产学、农产制造、农产理财、实习、外国文、教育学、教授学、体操、博物学、物理学、心理学、图画)。

三、年限:本所遵奏定章程,本科四年,简易二年。惟以农业教员需才孔亟,故先招简易科生二班,二年共四学期,为毕业年限。

四、资格：以高等小学及与高等小学程度相当之毕业生领有毕业凭者，或中学二年生领有修业凭者为及格，如不足额，则以廪增附生汉文通顺者，均行相当之考试。

五、学龄：年龄以十八岁以上二十五岁以下，气体强健、无痼疾嗜好者为限。

六、限制：借用他人文凭，或冒籍顶名，及有刑伤过犯，与在他学堂跨考，或因事斥退者，概不收考。或取入后查出与告发者，均即斥退。

七、报名：报名以六月初十为始，七月初十为止，取齐另行择日，示期考试。

八、投考：凡投考各生，能由其毕业学堂，或本县劝学所、教育会按格保送者，免缴保证金，所有履历、文凭、相片亲自带所注册。如非以上各处所保送者，除履历、文凭、相片外，须先缴保证金两元，录取入堂补缴八元，不录者发还，报而不到者一律不还。

九、程度：入学考试，下列各科目均须应考：国文、数学、物理、化学、博物。以上各科，均以高等小学毕业，或中学二年生之程度为限。

十、学额：原定官费生一百名，查部章，均以本省子弟为限；至客籍、自费生，定额只取二十名。

十一、入学：凡投考各生既经本所录取后，遵照定章，邀同住店本城公正殷实绅商二人为保证人，担任一切，亲自画押，本生填写志愿、义务各书，随缴足保证金十元，毕业后退还。其有中途退学，违背志愿各书规则者，照章追缴学膳等费。如本生规避逃逸一切，惟保人是问。

十二、费用：官班生入学后，除购买应用书籍，及制备操衣、校服、靴帽等件应随时缴价外，所有学膳等费，均遵部定新章，概不征收。至客籍学生，一律自费，本学期费用均于入学前缴足。

十三、奖励、义务：毕业后，无论官费、自费各生，均照部定师范简易科奖励章程办理，义务教育年限亦同。

十四、报名所：校舍未定以前，暂设安乐桥埏事务所。

《四明日报》1910 年 6 月 10 日①

浙江农业教员讲习所录取姓名

(1910 年 7 月 27 日)

正取生一百名

罗廷佐	王振燧	冯尔孝	张绍午	王明征	郭有容	傅廷良	沈德均	颜振铭	袁蕴辉
汪乃鹏	赵箴铸	包震西	王扬烈	桑志玉	孙廷珍	杨品鳣	稽　守	梁　溥	赵　霖
蔡　遐	胡汉龙	黄兆玉	封保鹿	丁昌寿	史仁济	金彭年	范脩来	张承恩	张承祜
章毓郴	徐　浚	吴庆贤	徐一亭	项　轼	朱　磊	潘炳文	叶振邦	施宏汉	罗效水
叶荫深	孙承义	邵　廉	蔡景仲	杜润民	高其铨	朱　銮	仲　骏	王　佐	屠　彬
张奋竞	胡炳炎	裘馥棠	张　镐	姚　源	陈宏图	杨体彪	童授袁	斯文焕	祝统清

① 《四明日报》，创刊于1910 年 6 月 30 日，是宁波较早出现的近代中文报纸，首任社长王东园，主编王莘。日出二大张，除刊登广告外，主要刊载国内外专电、新闻及时评等。1927 年停刊。

陆耀庚 王文俊 王宪济 蒋祖墉 陆 洲 严雅怀 祝永清 俞培林 潘秉钺 谢 烜
林祥鳌 王之言 张绍良 周赵新 蒋雄志 蔡绍牧 陆荷生 叶朝阳 卢文藻 屠世享
马钟英 王佩珩 陈安宝 宋崇德 王化新 俞之新 郑 阜 姚天赋 吴兆衡 徐毓瑜
周德铭 朱时雨 金可铸 朱祖荣 杨诵馨 叶之桐 陈应沅 叶震东 罗志洲 周太赉

备取生四十名

陈祖经 姚祖虞 □玉懋 何 杰 曹承宗 王克顺 钟安国 蔡子英 应昌培 项昌培
项斯忠 陈星台 王吉曦 尹兆堂 徐楚翘 杨耀文 唐锡春 戴昌颐 施德芬 洪 鋆
□承霖 胡丰钰 蒋炳文 丁 晁 马国纶 陈梦□ 钱士燮 周 庠 陈汝盛 陈廷哲
丁克绪 叶黄□ 吴由强 卢 建 郭醒清 林振之 施维藩 朱 环 卢行素 吴瑞荣

《四明日报》1910 年 7 月 27 日

奉学部电京外高等各学堂招生时不准令中学未毕业学生变通投考照会高等学堂监督文

(1910 年 9 月 11 日)

为照会事。本年八月初三日奉学部冬电,内开:高等学堂必中学毕业生方准考入,此项奏准实行章程,各省必应遵守,遇有京外高等各学堂招生时,不准令中等学堂未经毕业学生变通投考,致多妨碍。等因。奉此,除分行外,相应照会。为此,照会贵监督,烦为查照遵办可也。

宣统二年八月初八日

《浙江教育官报》第 32 期,宣统二年八月

都督蒋令教育司准部咨高等仍缓招生师范亦从缓办文

(1912 年 7 月 15 日)

案准教育部总长咨开:本年六月二十七日准咨开:据浙江教育司呈称:查目前高等学校暂缓招生,论其实际即为该校存废问题。此问题未能解决,则于学校进行方法,诸多窒碍。究竟高等学校教育部是否即议立时废止?此时该校办法在下学期应否照旧进行?又查浙省两级师范学校第四类预科学生人数无多,经省议会议令停办,拟将该校学生升送京师优级师范第四类本科肄业,俾竟前功。以上两端,究应如何办理,理合呈请查核,转咨教育部裁夺示遵等情。据此,相应咨请贵部查核见覆,等因前来。查高等学校一项,本部现正统筹全局,另定办法,俟经临时教育会议议决后,即当颁布实行。业于六月二十九日通行各省都督,转饬各该省高等学校,下学期暂缓招生,俟部章颁布,再行定夺。至优级师范学校,本部亦正察酌全国情形,通筹办法。浙省既经省议会议令停办,并据该省教育司来电,请将预科毕业生十四人送入北京高等师范就学,业经本部电覆照准在案,则浙省优级师范一项,在本部规定办法以前,亦可从缓办理。以上两项,均系暂定办法。相应咨覆贵都督,请烦查照饬遵可也。

等因。准此，合就令行该司，查照遵行。此令。

《浙江公报》第 154 册，民国元年七月十五日

教育司长沈通令各县知事选送中等农业学校应试生文

（1912 年 12 月 18 日）

本年十二月初二日，案准浙江省立中等农业学校校长函称：本校招生试验，定于一月十一日施行。惟此次招生，每县须得学生一二名，以求农业普及，敬乞贵司行文各县知事，选送学生二名，来校应试。等因。并附该校简章暨招考简章到司。准此，合就令行该县知事，仰即按照该校招考简章，遴选合格学生二名，务于一月初十日以前，备文保送该校，听候甄别可也。此令各县知事。

附发该校简章暨招生简则各二纸。

《浙江公报》民国元年第 309 期

浙江农业学校招生简则

（1912 年 12 月 19 日）

一、宗旨：本校授以农业上必要之学理、技能，使将来实能从事农业为主旨。

一、学科：伦理、国文、算学、农艺物理、农艺化学、博物、农业经济及行政、测量及制图、农业工学、畜产学、细菌学、农产制造、植物病虫害、土壤肥料、蚕学、林学大意、兽医大意、水产大意、外国语、图画、体操。

一、学额：暂定先招一百名。

一、资格：品端身健，年在十四以上二十以下，而具有高等小学毕业，或同等之学历者为合格。

一、试验科目：体格、国文、算学、理科、外语。

一、报名：自阳历十一月二十五日起，至一月五日（即阴历十一月念八日）止。报名处一，在杭州横河桥本校事务所。

一、试验：定于正月十、十一日（即阴历十二月初四、五日）上午八时至十二时试验，在试验之前，须先来校投到填写入学愿书，并纳缴半身照片，暨保证金六元，不取者保证金缴还。

《浙江公报》第 310 册，民国元年十二月十九日

饬各县知事迅即保送学生投考农校由

(1914年9月5日)

浙江巡按使公署饬第一千九百六十五号

为饬知事。本年八月二十四日,据省立甲种农业学校校长陈嵘详称:查本校本学期招考预科新生,业经详请通饬各县选送学生在案,迄今各县均未照办。本校此次录取新生尚未足额,应行续招,理合备文详请核准,再行通饬各县,于九月三十日以前,由各县选送程度相当之学生,每县至少二名来校受验,以符定案,而普农业教育,等情到署。查此案前据该校详情到署,当于八月三日照录招生简章,通饬遵办在案。据详前情,合亟饬催各该知事,迅即遵照办理毋延。此饬。

右饬各县知事准此

巡按使　屈映光

中华民国三年八月三十一日

《浙江公报》第918期,民国三年九月五日

饬各县知事选送学生投考甲种农校由

(1915年8月10日)

浙江巡按使公署饬第三千六百四十四号

饬各县知事选送学生投考甲种农校由。

为饬知事。据省立甲种农业学校校长黄勋详称:本校现届招考预科学生,拟请照章通饬各县,选送学生来省投考,以树全省农事改良之基础。理合备文详送招生简章,予通饬各县查照选送等情到署。据此,除分饬外,合将简章饬发该县,仰即查照选送。此饬。

计发简章二份。

右饬各县知事,准此。

巡按使　屈映光

中华民国四年八月十日

《浙江公报》第1260册,民国四年八月二十二日

常山县知事赵钲铉保送封又开徐政瑞等入农工业学校肄业请备查由

(1915年10月18日)

详为详报事。案奉钧署第四零四五号饬开:查甲种实业学校,本省尚设立无多,其省立者亦仅省垣农、工、蚕、商四校,故前省议会有由各县保送学生之议决案,节经通饬办理在案。乃近据各该省立校长报称,各属知事多未遵照选送。查实业为当今要务,亟应培养人才,而乙种实业及实业补习各校,现已逐渐增设,即《高等小学令》亦有实业科目。是项师资,大都

取材于甲种实业学校毕业生，则此项实业生，尤应广为造就，岂可视为具文，延不遵送？兹特规定办法，嗣后每年省立甲种农、工、商三校招收新生，除仍由各该校酌量当年添招名额另自招考外，应由各县知事，就本籍考选程度优秀之高小毕业生各一人，送校复试肄业，每人应缴全年学费十二元，即由各该县于全县公款内，按期支解，作为该县官费。其蚕校新生，应否以官费选送，应各按就地情形是否宜蚕酌量办理。至额外自愿到省应试者，仍一律查照向例，保送听候各该校考试甄录。本学年内，先就农、工二校克日遵照选送，其蚕、商二校官费生，自五年度起办理。为此饬仰该知事即便遵照。此饬。等因。奉此，知事遵即考选本籍文理优长、品行端正之高小毕业生封又开、徐正瑞二名。除咨送该生封又开入省立农业学校、徐正瑞入工业学校复试肄业外，理合具文详报，仰祈钧使俯赐备查。谨详。

《浙江公报》第1316册，民国四年十月十八日

乐清县知事呈甲种实业学校官费生学费拟在准备金项下动支由
（1916年6月24日）

浙江民政厅长王批

乐清县知事呈甲种实业学校官费生学费拟在准备金项下动支由

呈悉，应准支。仰即知照。缴。六月二十四日。

附原呈：

呈为呈请事。窃查保送省立甲种实业学生一案，业经前巡按使公署饬定农、工、商、蚕四校各送一名，全年学费每名十二元，即由各县于全县公款内，按期支解，作为官费。四年度内，乐邑应送甲种工业学校学生官费额一名，经该校校长详奉前都督屈核准，以私费生补充，并饬将学费照解，自应遵照办理。第查乐邑除地丁特捐外，别无全县之公款，而小学费既有范围限定，公益费又无分配余额，惟有就准备金项下支解。其农、商、蚕三校官费，嗣后并依此办理，俾有着落。所有拟请支解甲种实业学生官费缘由，是否有当，理合备文呈请，仰祈厅长核示施行。谨呈。

《浙江公报》第1543号，民国五年六月二十九日

饬各县知事准甲种工校校长呈请通饬各县保送实业学校学生由
（1916年6月28日）

浙江民政厅饬第八百八十一号

饬各县知事准省立甲种工业学校校长呈请通饬各县保送实业学校学生由

为饬知事。据省立甲种工业学校校长许炳堃呈称：案查本校上年奉前巡按使屈根据前省议会议决各县保送省立实业学校学生案，通饬各县各就本籍考选程度优秀之高小毕业学生，每年各一人，送校复试肄业，应缴全年学费十二元，即由各县于全县公款内支解，奉经遵照办理在案。查本学年行将终了，转瞬下学年开始招生在即。兹本校定于八月二十日举行

新生入学试验,敬恳通饬各县遵饬,会同教育会选择合格学生,令备四寸半身相片,详开三代、年岁、履历,连同全年学费,于八月十九日以前备文保送来校,填送愿书,以凭如期试验。除试验科目另行登载杭报布告外,理合先行备文,呈请仰祈俯赐察核,分别批饬施行等情。据此,除分饬外,合即饬仰该知事查照选送。此饬。

民政厅长　王文庆

右饬各县知事准此。

中华民国五年六月二十八日

《浙江公报》第1545号,民国五年七月一日

饬各县知事据甲种农校呈送招生简章请通饬选送由

(1916年7月11日)

浙江民政府厅饬第一千一百二十三号

饬各县知事,据甲种农校呈送招生简章,请通饬选送由。

为饬知事。据省立甲种农业学校校长黄勋呈称:窃查民国四年九月三日,前巡按使公署第四千零四十五号饬知,内开:每年省立甲种农、工、商三校招收新生,除仍由各该校酌量当年添招名额,另自招考外,应由各县知事就本籍考选程度优秀之高小毕业学生各一人,送校复试肄业,每人应缴全年学费十二元,即由各该县于全县公款内按期支解,作为该县官费生。至额外自愿到省应试者,仍一律查照向例保送,听候各该校考试甄录,等因。上年各县迭经遵照选送在案。兹查本校暑假后照章添招农林预科生一百名,理合拟就招生简章,呈请通饬各县查照选送等情。据此,除分饬外,合将招生简章抄发该知事,仰即查照,分别出示招考选送,此饬。

计抄发简章一纸。

右饬各县知事准此。

民政厅长王文庆

中华民国五年七月十一日

附　浙江省立甲种农业学校招生简章

学额:农学科、森林学科、预科一百名。

资格:高等小学及乙种农业学校毕业,或有与同等学力,年在十四岁以上者。

试验科目:国文、算数、体格检查。

试期:自阳历八月一日起至十五日止,随到随考。

投考手续:须携带近照四寸相片一纸,并母校毕业证书,于上项所定时期内到校填写履历书,即予试验。

纳费学费:每月一元,膳费每月三元六角,讲义费每学期二元,杂费每学期一元四角,均于每学期进校时一律缴足。

校址:杭县艮山门外笕桥。

附则:详章来校取阅,函索须附邮票一分,否则不复。

《浙江公报》第1558号,民国五年七月十四日

遵送学生赴省立农校应试全年学费拟仍由公益费项下开支请鉴核由

(1916年8月22日)

浙江民政厅指令第三百十六号

令奉化县知事董增春:呈一件,遵送学生赴省立农校应试,全年学费拟仍由公益费项下开支请鉴核由。据呈已悉。查省立实业学校县费生原案规定,应由知事选送,据称该生贝士邦由该县立高小校长选报转送,殊属不合。嗣后务须遵照原案办理,至所有学费,应准仍在公益费项下开支,合令遵照。此令。(八月二十二日)

《浙江公报》第1605期,民国四年八月三十日

令各县考选高小毕业生一名咨送甲种农校复试

(1917年6月6日)

浙江省长公署训令第　号

各县知事,据省立甲种农校呈请本年暑假后添招新生,请令各该县考选高小毕业生一名,咨送该校复试肄业由。

令各县知事:

案据省立甲种农业学校呈称:窃查属校第一班农科学生,已于去年年终毕业,而第一班林科学生,亦于本年暑假以前修业期满,暑假以后亟应添招农、林预科学生二班,每班拟定六十名。又前奉到前省长吕训令添设兽医一科,遵于六年度学年开始时,增招兽医预科学生一班,共计三班,须招学生一百八十名。现在暑假将届,招生手续亟待进行,除亟请各县教育会代为招致,并登杭沪各报广告招生外,呈请钧署先期通令各县知事,遵照前巡按使屈四年九月三日所发之第四千零四十五号通饬,每县考选程度优秀之高小毕业生一人,届时咨送属校复试肄业,经考取后即作为各县之官费生,以宏造就等情。据此,除分令外,合就令仰该知事即便查照办理。此令。

中华民国六年五月三十日

省长　齐耀珊

《浙江公报》第1875期,民国六年六月六日

浙江省立甲种农业学校招生

(1917年6月18日)

(一)学额:农学、森林学、兽医学预科一百八十名。

(二)资格:乙种实业学校毕业,或高等小学校毕业,与有同等学力,年在十四岁以上者。

(三)试验:国文、算术、理科、历史、地理、体格检查。

(四)报名:自阳历六月十日起,至七月三十一日止,向本校所指定之报名及招考处填写履历,并携带近照四寸半身相片一纸。

(五)考期:八月一日、二日。

(六)校址:杭城艮山门外笕桥。

(七)报名及招考处:本校,(杭城)马坡巷公立法政学校及羊市街大通旅馆,(绍兴)县立第一高等小学校,(兰溪)新桥省立第二苗圃,(永嘉、衢县、严州)各劝学所,(黄岩)西城旋珠高等小学校,(上海)抛球场德信昌酒栈。

欲阅详章者,可向本校或各地报名处索取。

《申报》1917年6月18日

据省立甲种工校送改正议案仰查照办理由

(1920年4月13日)

浙江教育厅训令第四一六号

九年四月十三日

令杭县等县知事:

案据省立甲种工业学校校长许炳堃呈称:查案上年十一月二十九日,奉钧厅第一〇六〇号训令,内开:案奉省长公署第九九二〇号指令,本厅呈送浙省实业学校联合会章程细则及议决案请备案示遵由,内以各案条文字句除分别改正外,余准照行,仰即遵照等因,令由钧厅转饬属校,查照转知,分别遵照等因。当由属校遵令转知各实业学校遵照在案。查此次奉省长改正各案内,所有乙种实业学校招生,得由本县城镇区或邻县保送案,暨县立乙种实业学校经费,宜照实需费用核给案。事关教育行政,且与各县县税预算有关,自非呈请钧厅令知各县,断不足以收实行之效。为此将该二案改正字句,刷印呈送,仰祈钧厅核准,分别令发全省各县公署,查照办理,以副钧长暨省长振兴实业教育之至意,实为公便等情。并送改正议案二件到厅。据此,合行将议案令发该知事,仰即查照办理。此令。

计发改正议案二份:

乙种实业学校招生得由本县城镇乡区或邻县保送案

提出者:嘉兴县立乙种商业学校

实业学校现在并未发达,或一县仅一二焉,或数县仅一二焉。因此实业教育未能普及,宜援照省立甲种实业学校办法,使校在县或邻近县,由城镇乡区得保送学生,以示奖励,而资普及。其办法应请教育厅通饬各县,凡有乙种实业学校者,于招生时令知本县内各区自治委员，于区内国民学校甲等毕业生内，每校选送一人，免其入学试验。如邻县未设该项实业学校者，亦可资请邻县照办。

县立乙种实业学校经费宜照实需费用核给案

提出者：嘉兴县立乙种商业学校

乙种实业学校在学校系统视之，虽与高等小学校同级，然同级之故，在学生入校及年限之关系，非谓学校全体相同也。夫高小学科多系普通，乙种实业学科多属专门，且农校须有农场，工校须有工厂，而商校亦须有营业所，其他种种设备，多不与高小同。故学校所需经费，不能不较高小为增。现在地方之主持教育者，于经费之支配，每欲拘以一律，以致实业学校无从发展，良可慨也。拟由本会呈请教育厅，通饬各县教育主管，自本学年起，凡县立乙种实业学校之经常费，应照各该学校实需费用核给，不得以同等之高小学校经费为比例。如未设有实习场所者，应另增筹备场所之临时费预算，并饬转各校遵照办理。

《浙江教育月刊》第3卷第4期，民国九年四月二十日

浙江公立工业专门学校招生广告

(1920年7月17日)

本校由浙江省立甲种工业学校改设，仍附设甲种及乙种工业讲习科，计：专门分电气机械、应用化学二科；甲种讲习分机械、机织、染色、应化四科；乙种讲习分修机、木工、铸工、锻工、原动、手织、力织、捻丝、纹工、染色、制纸、制革十二科。志愿入学者各备四寸半身照片(投考专门者缴试验费一元，甲种一元，乙种免收)，来校报名候试。简章来校领取，外埠函索须附邮票二分。

一、资格：专门年龄十八岁以上，二十五岁以下，中学或甲种工业毕业；甲种年龄十四岁以上，二十岁以下，高等小学或乙种工业毕业；乙种年龄十六岁以上，二十五岁以下，国民学校毕业，及有相当程度者。

二、名额：专门预科八十名，甲种预科一百名，乙种本科三十名。

三、入学试验科目：专门预科：国文、英文、代数、几何、物理、化学；甲种预科：国文、算术；乙种本科：国文、算术。

四、招考日期：报名自七月即日起，至八月二十二日止；试验八月二十三日。

五、开校日期：阳历九月一日(新旧各生一律即日上课)。

六、校址：浙江省城报国寺。

《申报》1920年7月17日至8月17日

令省立甲种农校奉部令该校八年度新生一览表准备案仰即知照由

(1920年7月20日)

浙江教育厅训令第六一五号

案奉教育部第九五一号指令,本厅送省立甲农校八年度新生一览表由。内开:呈表均悉。查浙江省立甲种农校八年度各科新生资格大致尚合,应准一体备案,仰即转令知照。此令,等因。奉此,查此案前据该校呈报到厅,当经呈教育部察核示遵在案。兹奉前因,合行令仰该校知照。此令。

《浙江教育月刊》第3卷 第7期,民国九年七月二十日

令各县知事为甲工校招考甲种预科生仰查案选送由

(1920年8月5日)

浙江教育厅训令第七四九号

九年八月五日(登载月刊不另行文)

令各县知事:

案据公立工业专门学校校长许炳堃呈称:案查民国四年九月三日,奉前巡按使公署规定办法,嗣后每年省立农、工、商三校招收新生,除由该校酌量当年添招名额另自招考外,应由各县知事,就本籍考选程度优秀之高小毕业生各一人,送校复试肄业,每人应缴全年学费十二元,即由各该县于全县公款内按期支解,作为该县官费生。至额外自愿到省应试者,仍一律查照向例保送,听候各该校考试甄录等因,分饬各县,并传知属校遵照,历经属校遵办,并于八年度开始时,呈请钧厅通饬选送各在案。现在属校奉令改设专门,仍附设甲种讲习所,此项甲种官费生,自应仍照向例办理。刻下属校定于本年八月二十三日举行甲种预科新生入学试验,除自招考外,理合呈请钧厅令行各县,遵案考选程度优秀之高小毕业生一名,取具相片、履历,送校复试肄业。如经取录,即作为该县之九年度官费生,每年学费应由各该县于学期开始时照案送校,以便汇解。其额外自愿到省应试者,并一律查照向章,保送候考,以符原案,而宏造就。除试验科目另行登报外,合即备文,呈请察核施行等情。据此,除分令外,合行令仰该知事遵案选送。此令。

《浙江教育月刊》第2卷第8期,民国九年八月二十日

函省立甲种工业学校校长保送九年度官费生

(1920年8月6日)

第六六号

径启者,案查民国四年九月八日,奉前巡按使署第四〇四五号饬开:嗣后每年省立甲种农、工、商、蚕等校招收新生,除招考外,应由各县知事考选优秀高小毕业各一人,送校复试肄

业，作为该县官费等因，奉经遵照办理在案。兹查有周镇荣一名，程度相当，志愿工业，相应检取履历，备文保送，即希贵校查照复试，作为江邑九年度官费生，至纫公谊。此致。

计送履历一纸：

周镇荣，年十六岁，民国七年毕业于江山县长台乡区立嵩高高等小学校，父增宏，业商。

《江山公报》第2期，民国九年八月六日[1]

函省立甲种农业学校校长保送九年度官费生
(1920年9月24日)

第一一〇号

径启者，案据敝县劝学所所长毛翚呈称：案查省立甲种农业学校，每年得由各县遴选官费学生一名，送入肄业。曾奉省长公署通令，各县遵照在案。现届九年度开始，该校续招新生之期，兹有胡开栻一名，于民国九年六月在江山县立文溪高小学校毕业，学业操行均甚优良，志愿学习农业，颇合选送资格，合行查照定章，备文呈乞钧署，准予备文保送，俾资造就。所有毕业证书，并半身照片，均由该生自行投递，合并声明等情。据此，除指令照准外，相应备文保送，即希贵校查照复试，作为江邑九年度官费生，至纫公谊。此致。

《江山公报》第四期，民国九年九月二十四日

令各县为工业学校招考甲种预科生仰遵章选送由
(1921年6月28日)

浙江教育厅训令第三九八号

令各县为工业学校招考甲种预科生仰遵章选送由

令各县知事：

案据公立工业专门学校呈称：案查民国四年九月三日，奉前巡按使公署规定办法，嗣后每年甲种农、工、商三校招收新生，除由该校酌量当年添招名额，另自招考外，应由各县知事就本籍考选程度优秀之高小毕业各一人，送校复试肄业，每人应缴全年学费银十二元，即由各该县于全县公款内按期支解，作为该县官费生。至额外自愿到省应试者，仍一律查照向例保送，听候各该校考试甄录等因，分饬各县，并饬知属校遵照，历经属校遵办，并于九年度开始呈请钧厅，通饬选送各在案。去年八月，属校奉令改设专门，仍附设甲种讲习所。此项甲种官费生，前已呈经钧厅，通令各县，仍照向例办理。刻下属校定于本年八月二十及二十一两日，举行甲种预科新生入学试验，除自行招考外，理合呈请厅长，令行各县遵案，考选程度优秀之高小毕业生一名，取具相片、履历，送校复试肄业。如经录取，即作为该县之十年度官费生，

---

① 《江山公报》，地方政务刊物，1920年7月在江山创刊，月刊，庄先识、徐光邦等编辑，江山县公署发行，1920年12月停刊，设有政务、财政、教育、实业、司法、附录等栏目。

每年学费,应由各该县于学期开始照案送校,以便汇解。其额外自愿到省应试者,查照向章,一律保送候考,以符原案,而宏造就。除将试验科目另行登报外,合即备文呈请察核施行等情。据此,除分令外,合行令仰该知事,遵章考选高小毕业生一名,送校复试肄业。此令。

十年六月二十八日

《浙江教育月刊》第4卷第7期,民国十年七月二十日

令省立甲农校该校九年度新生表准备案仰查照由

(1921年7月15日)

浙江教育厅训令第四七三号

令省立甲种农业学校(十年七月十五日):

案奉教育部第九七六号指令,本厅呈送省立甲农校新生表由,内开:呈表均悉。查浙江省立甲种农校九年度各科新生,资格大致尚合,应准一体备案,仰即转令知照,此令,等因。奉此,查此案前据该校呈请前来,当经转呈教育部鉴核示遵在案。兹奉前因,合就令行该校仰即查照。此令。

《浙江教育月刊》第4卷第7期,民国十年七月二十日

浙江省会中等以上学校招考新生

(1921年8月12—22日)

校名	校址	科目	名额	考期	考试科目	考试地点	本学期缴费	附记
工业专门	报国寺	电气机械科、应用化学科	60名	九月二日	国文、英文、代数、几何、三角、化学、物理、几何画	本校	学费十元,杂费五元,膳费二十元,书籍费二十五元,共六十元	仪器、制服各生自备,报名处本校
甲种农业	杭州艮山门外笕桥	农学科、林学科、兽医学科	120名	八月二十三日二十四日	国文、算术	杭城马坡巷法政学校	学费六元,杂费二元四角,膳费二十元,书籍制服费十元,共三十八元四角	报名处:本校、马坡巷公立法政学校、羊市街大通旅馆
甲种工业	报国寺	应用化学科、机械科、染织科	120名	八月二十日二十一日	国文、英文、算术	省教育会	学费六元,杂费五元,膳费二十元,共三十一元	如高等小学校未毕业者加考历史、地理、理科,报名处本校或刀茅巷分校

《申报》1921年8月12—22日

浙江公立工业专门学校招生广告
(1922 年 6 月 26 日—7 月 14 日)

科目:电气机械科应用化学科。

名额:六十名。

资格:中等学校毕业。

报名:即日起至七月十三日止。报名时应缴毕业证书、最近四寸半身相片、试验费洋一元。

考试日期:七月十五日。

考试科目:国文、英文、代数、几何、三角、物理、化学、几何画、口试、体格检查。

报名及考试地点:报国寺本校。

本学期缴费:学费十元、书籍费三十八元。本届校舍不敷,膳宿各生自理,仪器、制服自备。

《申报》1922 年 6 月 26 日—7 月 14 日

浙江公立工业专门学校招考专门甲种新生
(1922 年 7 月 24 日—8 月 21 日)

专门部分:电气机械科、应用化学科

名额:六十名。

资格:中等学校毕业。

报名:即日起至九月二日止。

应缴:毕业证书、最近四寸半身相片、试验费一元。

考期:九月四日起。

考试科目:国文、英文、代数、几何、三角、物理、化学、几何画、口试、体格检查。

地点:杭州报国寺本校。

甲种部分:电机、机械、应化、染织等科

名额:一百名。

资格:高等小学毕业同等程度。

报名:即日起至八月十九日止。

应缴:毕业证书、最近四寸半身相片、试验费一元。

报名地点:报国寺本校,或刀茅巷分校。

考期:八月二十一日起。

考试科目:国文、英文、算术、口试、体格检查。

考试地点:报国寺本校。

《申报》1922 年 7 月 24 日—8 月 21 日

浙江公立工业专门学校招考简章

(1922 年 9 月 10 日)

一、本校以养成工业专门人才为目的。

二、本校现分电气机械、应用化学两科，每科每级三十人，均三年毕业。预科定额六十人，一年毕业。

三、各科科目规定如左：

(一)预科科目：伦理、国文、英文、大代数、解析几何、微积分、物理、无机化学、投影画、物理实验、无机化学实验。

(二)电气机械科科目：伦理、德文、微积分、物理、物理实验、力学、机械运动学、材料强弱学、机械工作法及实习、机械制图、磁电学、电气测定及实验、水力学、水力机、汽罐汽机及蒸汽涡轮、内燃机、热力学机械设计电气机械及实习、电力输送、电灯、电气铁道、电信电话及实习、电机设计、发电所及设计、工程材料、燃料分析、建筑理论、工业经济。

(三)应用化学科科目：伦理、德文、微积分、物理、物理实验、力学、机械运动学、材料强弱学、矿物学、定性分析、有机化学、有机化学实验、物理化学、普通工业化学、工业分析、电气工学大意、电气化学、化学制造用机械、发动机、应用化学、染料、工场设计、机械制图、工业经济、工场实习。

四、预科生入学资格，须中学校或中学同等程度之学校毕业生，身体健壮，品行端正，有志工业者为合格。本科学生即由预科毕业学生升入。

五、预科入学试验科目规定如下：国文、英文、代数、几何、三角、物理、化学、几何画、体格检查、口试。

六、本届入学试验分两次举行，其日期如左：

第一次，七月十五日起；

第二次，九月四日起。

七、报名日期如左：

第一次，自六月十五日至七月十三日止；

第二次，自七月十四日至九月二日止。

八、报名及入学试验，均在报国寺本校。

九、报名时应缴各件如下：

(一)毕业证书(查有不实者不得与试)；

(二)最近四寸半身照相一张；

(三)试验费一元(录取与否概不发还)。

十、录取各生应填入学愿书，及邀同保证人填具保证书各一通，但保证人须家在本城确有职业，经本校认可，于学生住址、身分一切可以担保者。

十一、本学期纳费如左：

学费十元，书籍费三十八元，讲义费应缴与否，临时酌定之。

本届因校舍不敷，膳宿均需各生自理，仪器、制服亦由各生自备。

《浙江公立工业专门学校学生自治会会刊》第1期，民国十一年九月十日[①]

浙江公立工业专门学校招生广告
(1923年6月15日—7月31日)

科目：电机工程科、化学工程科。
名额：六十名。
资格：中等学校毕业。
报名：即日起至七月十四日止，报名时应缴毕业证书、最近四寸半身相片、试验费一元。
考试日期：七月十六日。
考试科目：国文、英文、代数、几何、三角、物理、化学、几何书、口试、体格检查。
报名及考试地点：杭州报国寺本校。
本学期缴费：学费十元，书籍费三十元，膳宿、仪器、制服自理。简章向校索阅。

《申报》1923年6月15日—7月31日

浙江公立工业专门学校附设职业学校招生[②]
(1923年7月19日—7月29日)

本校五年期工科，由旧有甲种部改编，分机械、电气机械、应用化学、染织四科，五年毕业。
名额：每科三十人。
入学资格：小学校毕业，及有同等程度，年在十四岁以上十八岁以下者。
报名：即日起至八月十八日止。报名时缴最近四寸半身照片、试验费一元。
试验日期：八月二十日。
试验科目：国文、算术、体格检查、口试。
报名及试验地点：杭州报国寺本校。
本学期缴费：学费六元，预备费四元。
本校有指定寄宿舍，膳宿费各生自理，月约七元。书籍、仪器、制服自备。
又本校三年期工科，由旧有乙种部改编，九月十一日招考新生，简章向校索阅。

《申报》1923年7月19日—7月30日

---

① 《浙江公立工业专门学校学生自治会会刊》，校刊，创刊于1922年9月，不定期出版。
② 本次招生广告在《申报》刊登后，7月31日至8月2日，该招生广告又改换标题为《浙江公立工业专门学校附设省立工业学校招生》，接续在《申报》刊出，内容完全一样。

浙江公立工业专门学校招生
(1923年8月1日—8月30日)

科目:电机工程科,化学工程科。

余额:四十名。

资格:中等学校毕业。

报名:即日起至九月一日止,报名时应缴:毕业证书、最近四寸半身相片、试验费一元。

考试日期:九月三日。

考试科目:国文、英文、代数、几何、物理、化学、几何画、口试、体格检查。

报名及考试地点:杭州报国寺本校。

本学期缴费:学费十元,书籍费三十元,膳宿、仪器、制服自理,简章向校索阅。

《申报》1923年8月1日—8月30日

浙江农业学校历年学生人数比较表
(1923年)

年别	民国二年	民国三年	民国四年	民国五年	民国六年	民国七年	民国八年	民国九年	民国十年	民国十一年	民国十二年
人数(上半年)	100	约117	140	约143	130	120	约137	160	约158	约143	约132
人数(下半年)	140	约147	约158	约168	150	约142	170	约147	140	110	

浙江省立农业学校编印《浙江省农业学校十周纪念刊》,1923年

浙江农业学校各级学生年龄比较表
(1923年)

班次	农林预科	兽医科二年级	兽医科三年级	林科一年级	林科二年级	林科三年级	农科一年级	农科二年级	农科三年级
年龄	约18	约20	21	19	约20	约22	19	约20	21

浙江省立农业学校编印《浙江省农业学校十周纪念刊》,1923年

本校招考简章

(浙江公立工业专门学校)

(1924年7月1日)

一、本校以养成工业专门人才为目的。

二、本校现分电机工程、化学工程两科,本科四年毕业,预科一年毕业。本科毕业者分别给予学士学位。

三、预科生入学资格,须中学或初中同等程度之学校毕业生(本届招收旧制中学校毕业生),身体健壮,品行端正,有志工业者为合格。本科学生即由预科毕业学生升入,但高级中学毕业者亦得考入。

四、本届招收预科生六十名,其入学试验科目规定如左:

国文、英文、代数、几何、三角、物理、化学、几何书、体格检查、口试。

五、本届入学试验分两次举行。其日期如左:

第一次,七月十四日起;

第二次,九月二日起。

六、报名日期如左:

第一次,自六月十四日至七月十二日止;

第二次,自七月十四日至八月三十日止。

七、报名及入学试验均在报国寺本校。

八、报名时应缴各件如下,未缴全者不得与试:

(一)毕业证书(查有不实者不得与试);

(二)最近四寸半身照相一张;

(三)试验费一元(录取与否概不发还)。

九、录取各生应填入学愿书,及邀同保证人填其保证书各一通,但保证人须家在本城,确有职业,经本校认可,于学生之身分一切可以担保者。

十、本学期纳费如下:学费十元,书籍费二十八元,预备费四元,仪器、制服各生自备。

本届因校舍不敷,拟招人承办寄宿舍,膳宿费须各生自备。

附设省立工业学校五年期招考简章

一、本校分五年期、三年期两类,五年期由旧有甲种部改编,以养成备具工业知识、技能之人才为目的;三年由旧有乙种部改编,其简章另行印布。

二、本校现分机械、电气机械、应用化学、染织四科,每科每级三十人,均五年毕业。

三、入学资格须小学校毕业,及有小学校毕业同等程度,年在十四岁以上,十八岁以下,身体健壮,品行端正,有志工业者为合格。

四、入学试验科目规定如左:国文、算术、体格检查、口试。

五、本届入学试验定于八月十八日起举行。

六、报名日期,自七月一日至八月十六日止。

七、报名、入学试验均在报国寺本校。

八、报名时惠缴各件如下,未缴全者不得与试:

(一)最近四寸半身照相一张;

(二)试验费一元(录取与否概不发还)。

九、录取各生应填入学愿书,及邀同保证人填具保证书各一通,但保证人须家在本城,确有职业,经本校认可,于学生之身分一切可以担保者。

十、本学期纳费如下:学费六元,预备费四元,书籍、仪器、制服各生自备。

附设省立工业学校三年期招考简章

一、入学资格须与小学校毕业程度相当,其年龄在十六岁以上、二十五岁以下,品行端正,体格健壮,合于工作者。

二、本科每期招收新生分科分额如下:金工锻工科十二名,木工科二名,铸工科二名,发动机科六名,手织科十名,力织捻丝科十名,纹工科十名,制纸科二名,制革科二名,油脂涂料科二名,染色科二名。

三、本科课程系就其所入工场实习,兼授主要学科,其公共学科如左:国文、实用数学、理化大意、图书、英文、公民常识。

四、本届考期定于九月十一日,考国文、算术,十二日检查体格及口试,报名时须缴最近半身照片一张。

五、本届校舍不敷,拟招人承办寄宿舍,膳宿费及制服、书籍、仪器须各生自备,学费不收。

六、录取各生应填入学愿书,及邀同保证人填具保证书各一通,但保证人须家在本城,确有职业,经本校认可,于学生之身分一切可以担保者。

七、报名入学试验,均在报国寺本校。

八、报名时应缴各件如下,未缴全者不得与试:

(一)最近四寸半身照相一张;

(二)试验费一元(录取与否概不发还)。

九、录取各生应填入学愿书,及邀同保证人填具保证书各一通,但保证人须家在本城,确有职业,经本校认可,于学生之身分一切可以担保者。

十、本学期纳费如下:学费六元,预备费四元,书籍、仪器、制服各生自备。

《工声》第五期,民国十三年七月一日[①]

浙江公立工业专门学校招生
(1924年7月14日—7月16日)

科目:电机工程、化学工程两科。

招考名额:预科六十名。

入学资格:中学或中学同等学校毕业生。

---

① 《工声》,1924年5月创刊于杭州,半月刊,由浙江公立工业专门学校学生自治会出版,属学生自治会会刊,设有言论、科学、校闻、实业消息等栏目。停刊时间及原因不详。

报名:即日起至七月十二日截止,应缴毕业证书、四寸半身照相一张、试验费一元。

考期:七月十四日上午八时起。

试验科目:国文、英文、代数、几何、三角、物理、化学、几何画、体格检查、口试。

校址:杭州报国寺。

简章:附邮票函索即寄。

《申报》1924 年 7 月 14 日—7 月 16 日

浙江公立农业专门学校招生
(1924 年 8 月 9 日—8 月 19 日)

学制:农学科、林学科三年毕业,预科一年毕业。

学额:农预科三十人,林预科三十人。

资格:中学或同等学校毕业。

考试日期及科目:八月念七,国文、英文、理化;念八,数学、博物、体格检查。

报名处:自即日起,向杭州马坡巷法政学校报名,随缴试验费一元,四寸半身照片及毕业证书。

考试处:杭州马坡巷法政学校。

校址:杭州城外笕桥。

《申报》1924 年 8 月 9 日—19 日

浙江公立工业专门学校:十三年度入学试题
(1925 年 3 月)

国文

论息争。

English

Ⅰ. Translate the following paragraphes into Chinese:

"Introduced with little ceremony, and advancing with fear and hesitation, and many a bow of deep humility, a tall thin old man, who, however, had lost by the habit of stooping much of his actual height, approached the tower end of the board."

"When a traveller returns home, let him not leave the countries where he has travelled altogether behind him but maintain a correspondence by letters with those of his acquaintance which are of most worth."

Ⅱ. Write a short composition of 50 to 100 words with the following subject:

The School Life.

代数

Ⅰ.试求下列各式之结果：

(1) $\dfrac{25\div5\times5+25}{50^{\circ}/50r}$

(2)$(3-4x+8x^{3})(3x^{2}+4x^{3}-2x+1)$(用分离系数法)

(3) $\dfrac{\dfrac{a+b}{a-b}+\dfrac{a-b}{a+b}}{\dfrac{a+b}{a-b}-\dfrac{a-b}{a+b}}$

Ⅱ.试解下列各方程式：

(1) $\dfrac{1}{y}+\dfrac{1}{z}-\dfrac{1}{x}=7$，$\dfrac{1}{z}+\dfrac{1}{x}-\dfrac{1}{y}=5$，$\dfrac{1}{x}+\dfrac{1}{y}-\dfrac{1}{z}=3$

(2) $\dfrac{x-1}{x+1}+\dfrac{x+5}{x+7}=\dfrac{x+1}{x+3}+\dfrac{x+3}{x+5}$

(3)$x^{4}-7x^{2}+12=0$

Ⅲ.一室中男女杂坐。男女(子)目中所见人数,男女相等;女子目中所见人数,男倍于女。室中男女各几人?

Ⅳ.兵卒若干人,以矩形阵进军,前面一列之人数比侧面少5人;与敌对仗时,前面增845人,侧面只有5人。兵卒之数多少?

几何

1.任意四边形每相邻两边之中点顺次以直线连结之,则此等直线适合成一平行四边形。

2.三角形ABC之各边上向外各作正三角形BCD,CAE,ACF,则$AD=BE=CF$。

3.自三角形之外接圆上任意一点作此三角形三边之垂线,则三垂线之足在一直线上。

4.试作一正方形,使其面积与既定矩形之面积相等。

5.设AD为$\triangle ABC$外接圆之直径,AE为自A所作BC边之垂线,则$AE:AB=AC:AD$。

三角

1.若$\tan^{3}A=\dfrac{m}{n}$,则$m\operatorname{cosec}A+n\sec A=\left(m\dfrac{2}{3}+n\dfrac{2}{3}\right)\dfrac{3}{2}$。试证明之。

2.试明$(\sec A+\operatorname{cosec}A)^{2}=(1+\tan A)^{2}+(1+\cot A)^{2}$

及$\cot^{2}A\dfrac{\sec A-1}{1+\sin A}+\sec^{2}A\dfrac{\sin A-1}{1+\sec A}=0$。

3.试用倍角及分角之关系之证明：

$$\cos5^{\circ}37'30''=\frac{1}{2}\sqrt{+2\sqrt{2+\sqrt{2+\sqrt{2+}}}}$$ ①

---

① 此题题干疑误,姑照录,存疑。

4. 设山麓有楼阁 PM,A 为山坡山(上)之一点。A、M 间之距离为 100 尺。自 A 点测得楼阁顶脚之倾角$\angle PAM$ 为 54°,此山坡之倾角为 9°。问楼阁高几何? $\left(\sin 54^{\circ}=\frac{\sqrt{5}+1}{4}\right)$

化学

Ⅰ. a. 试区别氧化作用(Oxidation)与还元作用(Reduction)。b. 何谓定比例之定律(Low of Diffinite Proportion)? c. 试解释下列诸定义:

(1)克当量(Gram Equivalent)

(2)标准溶液(Normal Solution)

Ⅱ. 完成下列诸方程式

(a) $2NaCl+H_2SO_4=?$

(b) $2KMnO_4+3H_2SO_4=?$

(c) $3Cu+8HNO_3=?$

Ⅲ. a. 下列各分子式之命名如何?

$CaSO_4$ CaC_2 $(NH_4)_2SO_4$ Sb_2O_3

b. 下列各化合物之分子式如何?

王水(Aqua Regia)

磷酸(Phospharic Acid)

漂白粉(Bleaching Powder)

Ⅳ. 今欲制气 150 克,问须用食盐及硫酸各几克?(但 Na=23 Cl=35.5)

物理

1. 关于磁电之重要定律,就所知者记出之。
2. 试述质量与重量之区别。
3. 试说明落下运动与抛上运动之公式。
4. 试将下列诸名称说明之:A. 比重,B. 比热,C. 屈折率,D. 摩擦系数。

《全国专门以上学校投考指南》第三期,民国十四年三月①

全国专门以上学校投考指南:浙江公立工业专门学校

(1925 年 3 月)

校址在杭州报国寺。

一、编制:分电机工程,化学工程两科。修业年限预科一年,本科四年。

---

① 《全国专门以上学校投考指南》1925 年创刊于北京,年刊,高等学校投考指南刊物,北京丽松旅京学会编辑、发行,为中等学校毕业生中有志升学者提供各大学及专门学校的投考、入学等信息。

二、投考须知:

(甲)资格:

(A)投考预科者,须初级中学或初中同等程度之学校毕业;

(B)投考本科者须高中毕业。

(乙)手续:报名时须缴毕业证书,四寸半身相片一张,并试验费一元。

(丙)试验科目:国文、英文、代数、几何、三角、物理、化学、几何画、体格检查、口试。

三、入学手续:录取后填具愿书及保证书。

四、费用:

(A)每年学费十二元,书籍费二十八元,预备费四元;

(B)膳宿自备,每月约七八元。每人每年在校必需费用约二百元。

《全国专门以上学校投考指南》第三期,民国十四年三月

兰溪县公署准农业专门学校以郑国兴补充官费生函

(1925年3月29日)

兰溪县公署公函第五〇号

径启者,案准浙江公立农业专门学校函内节开:以郑国兴补充前农校十二年度官费生,并将该生十二、十三两年度学费银每年十二元,共二十四元,一并从速照解,以清学款。又准浙江公立工业专门学校函内节开:以汪树滋补充十三年度官费生,将该生十三年度官费银十二元照解,各等由。准此,查各校补充官费生,应在学年开始时通函核办,现在十三年度不久终了,是项学费应否照解,亟应提交县议会议决。兹准前由,除函复农、工两校外,相应函请贵会查照,提交议决,并希见复,至纫公谊。此致

县参事会会长。

兰溪县公署

三月廿九日

《教育月报》第4期,民国十四年四月①

浙江公立工业专门学校招生

(1925年7月7日—7月23日)

科目:分电机工程科、化学工程科,毕业后分别给予学士学位。

名额:本届招收旧制中学及初级中学毕业生共一百二十名。

考试科目:国文、英文、代数、几何、物理、化学、体格检查、口试。

---

① 《教育月报》,1915年10月创刊于浙江省兰溪县,该县公署的官办教育刊物,月刊,主要刊登省、县有关教育的政府指令、教育政策等。

报名：杭州即日起至七月十八日止，上海七月二十二、二十三两日，须缴正式毕业证书、四寸半身照相，及试验费二元。

考期：杭州七月二十日起，上海七月二十四日起。

地址：杭州报国寺本校、上海寰球中国学生会。

简章：附邮票一分函索即寄。

附设工业学校招生日期另行登报。

《申报》1925 年 7 月 7 日—23 日

浙江公立农业专门学校专门中学部招生

(1925 年 7 月 24 日)

资格：

(一)专门部：1. 投考农本科、林本科者，须在高级中学毕业；2. 投考一年期预科者，须在旧制中等学校毕业；3. 投考二年期预科者，须在初级中学毕业。

(二)中学部：投考高级农业中学预科者，须在高等小学毕业。

报名及考试地点：杭州葵巷安定学校、南京复成桥江苏工业专门学校、兰溪商务印书馆、衢县城内县立职业学校。

试期：杭州、南京八月五日六日；兰溪、衢县八月十七十八日。

校址：杭州艮山门外笕桥。

考试科目及纳费等，均载明简章，函索即寄。

《申报》1925 年 7 月 24 日—8 日 3 日

浙江工专考试已竣

(1925 年 8 月 1 日)

杭州浙江公立专门学校，委托本会代办上海招考事宜，已志前刊。该校考期为七月廿三、廿四两天，由该校教务主任冯君，及教员王崇植君等三人来沪监试，考卷带杭评阅。发表之期，约在一星期之内云。

《寰球中国学生会周刊》民国十四年第 205 期[①]

① 《寰球中国学生会周刊》，1919 年在上海创刊，周刊，学生会刊物，寰球中国学生会主办，主要为学生升学、出国留学及国内就业提供咨询服务，设论说、选稿、词林、译丛、学务摘要等栏目。1931 年 1 月 27 日停刊。

浙江公立工业专门学校续招新生

(1925年8月2日—8月30日)

科目:电机、化学两科。

资格:旧制中学及初级中学卒业生。

考试科目:国文、英文、代数、几何、物理、化学、体格检查、口试。

报名:即日起至八月三十日止,须缴毕业文凭、半身照相,及试验费两元。

考期:九月一日起。

插班生:高中毕业得插本科一年级,报名考期等同前,惟考试科目为国文、英文、高等代数、立体几何、三角、无机化学、投影画、物理八门,及体格检查、口试。

地点:杭州报国寺本校。

附设工业学校入学考试定于八月十四日起。

简章附邮一分函索即寄。

《申报》1925年8月2日—8月30日

浙江公立农业专门学校续招新生

(1925年8月13日)

资格:

(一)专门部:1.投考农本科林本科者,须在高级中学毕业;2.投考一年期预科者,须在旧制中等学校毕业;3.投考二年期预科者,须在初级中学毕业。

(二)中学部:投考高级农业中学预科者,须在高等小学毕业。

报名及考试地点:杭州葵巷安定学校。

试期:八月念七、念八日。

校址:杭州艮山门外笕桥。

考试科目及纳费等,均载明简章,函索即寄。

《申报》1925年8月13日—25日

全国专门以上学校投考指南:浙江公立工业专门学校

(1926年4月)

校址在杭州报国寺。

一、编制:分电机工程,化学工程两科。修业年限预科一年,本科四年。

二、投考须知:

(甲)资格:

(A)投考预科者,须初级中学或初中同等程度之学校毕业;

(B)投考本科者须高中毕业。

（乙）手续：报名时须缴毕业证书，四寸半身相片一张，并试验费一元。

（丙）试验科目：国文、英文、代数、几何、三角、物理、化学、几何画、体格检查、口试。

三、入学手续：录取后填具愿书及保证书。

四、费用：

（A）每年学费十二元，书籍费二十八元，预备费四元；

（B）膳宿自备，每月约七八元。每人每年在校必需费用约二百元。

《全国专门以上学校投考指南》第四期，民国十五年四月

浙江公立工业专门学校附设五年期工科职业学校招生简章

（1926年4月）

一、本校分五年期、三年期两类。五年期由旧有甲种部改编，以养成备具工业知识技能之人才为目的。

二、本校现分机械、电机应用、化学、染织四科，均五年毕业。

三、各科科目现定如左：

（一）机械科科目：国文、英文、混合数学、自在画、用器画、博物、公民常识、化学、物理、投影画、解析数学初步、磁电学、力学、材料强弱学、机械运动学、机械制图、汽机、汽罐、内燃机、蒸汽涡轮、水力学、制造机械、机械设计、电机大意、机关车、工场建筑大意、工程材料、工场设备、工作实习、原动机实习。

（二）电气机械科科目：国文、英文、混合数学、自在画、用器画、博物、公民常识、化学、物理、投影画、解析数学初步、力学、材料强弱学、机械运动学、机械制图、磁电学、电气测定及实验、热机关及实验、水力学、水力机、电气机械及实验、电力输送及分配、电灯及实验、电信电话及实验、发电所、电气铁道、工作实习。

（三）应用化学科科目：国文、英文、混合数学、自在画、用器画、博物、公民常识、化学、物理、投影画、解析数学初步、力学及材料强弱学、矿物学、定性分析、定量分析、无机化学及实验、有机化学及实验、机械制图、机械学、物理化学、工业化学、工业分析、电气化学、冶金学、化学工程、应用化学工场实习。

（四）染织科科目：国文、英文、混合数学、自在画、用器画、博物、公民常识、化学、物理、投影画、解析数学初步、力学及材料强弱学、机械学、原料机织、图画、解剖、机械制图、染色、力织、图案、纹织、整理、涤纺、棉纺、意匠、工场实习。

四、一年级新生入学资格：须小学校毕业，及有小学校毕业同等程度，年龄在十三岁以上，十八岁以下。三年级插班生入学资格：须初级中学，或初中等程度之学校毕业，身体健壮，品行端正，有志工业者为合格。

五、本届招收一年级新生及三年级插班生入学，试验科目规定如左：

一年级新生：国文、算术、体格检查、口试。

三年级插班生：国文、英文、混合数学、博物、物理、化学、公民常识、历史、投影画、机械图、自在画、体格检查、口试。

六、本届入学试验,定于八月十七日起举行。

七、报名日期,自七月十日至八月十五日止。

八、报名及入学试验,均在报国寺本校。

九、报名时应缴各件如下,未缴全者不得与试:

(一)毕业证书(查有不实者不得与试,初中毕业者并须官厅盖印);

(二)最近半身四寸照相(须校长盖章);

(三)试验费一元(录取与否概不发还)。

十、录取各生应填写入学愿书,并邀同保证人二人填写保证书,保证人须家在本城,确有职业,经本校认可,于学生之身分一切可以担保者。

十一、录取各生纳费如左:

一年级新生:学费六元,膳费二十四元,杂费五元,讲义费一元,预备费四元,制服费十二元,书籍、仪器各生自备。第一年住宿校内,第二年起改住校外指定寄宿舍。

三年级插班生:学费六元,膳费二十四元,杂费五元,讲义费六元,预备费四元,制服费十二元,书籍、仪器各生自备,暂住校内。

《义乌教育月刊》第二卷第八期,民国十五年四月[①]

浙江公立工业专门学校附设三年期工科职业学校招生简章

(1926年4月)

一、本校分五年期、三年期两类。三年期由旧有乙种部改编,以养成娴习工业技术之人才为目的。分金工、锻工、木工、铸工、发动机、手织力织、捻丝纹工、制纸、制革、油脂涂料、染色等十一科,均三年毕业。

二、一年级新生入学资格:须有初级小学以上毕业程度,身长四英尺以上,年龄在二十五岁以下。三年级插班生入学资格:须初级中学,或初中等程度之学校毕业,品行端正,体格健壮,合于工作者。

三、本届招考日期,定于九月四日起,考试科目为:国文、算术、体格检查及口试。报名日期自八月一日至三十一日止。报名时应缴最近半身四寸照片一张,须盖校长印章。

四、录取各生应填写入学愿书,并邀同保证人二人填写保证书,保证人须家在本城,确有职业,经本校认可,于学生之身分一切可以担保者。

五、录取各生应缴纳午膳费十二元,预备费一元,制服费。现因校舍不敷,招人承办指定寄宿舍,除在校附午膳外,其余膳宿费由该寄宿舍自向各生收取。书籍、仪器亦由各生自理,学费不收。

《义乌教育月刊》第二卷第八期,民国十五年四月

---

① 《义乌教育月刊》,地方教育刊物。1924年7月创刊,月刊,义乌县教育局编辑,刊载有关教育事项的命令、公牍、县会议案、调查、记载与杂录等。

浙江公立工业专门学校招生
(1926年7月1日—7月19日)

分科:电机工程、化学工程。

资格:本科一年生高中毕业,预科二年生旧制中学毕业,预科一年生初中毕业。

报名:七月一日起。

考期:七月二十一日起。

校址:杭州报国寺。

附设五年期工科:电机、染织、应化、机械四科;资格,高小毕业;考期,八月十七日;招考简章附邮票一分函索即寄。

《申报》1926年7月1日—7月19日

浙江公立农业专门学校招生
(1926年7月13日)

学额及资格:

(一)农林本科各三十名,招收高中毕业生;

(二)专门部一年期预科六十名,招收旧制中学及甲种实业学校毕业生;

(三)专门部二年期预科六十名,招收新制初中毕业生;

(四)五年期职业科六十名,招收高小毕业生。

费用:每学期学膳费、书籍讲义杂费、运动预备费、实验器具、保证金等,专门部本科六十元,一、二年期预科各五十五元,高中预本科各四十五元。

考试地点:杭州省教育会、上海宝山路三德里十九号中华农学会、安庆省立女子职业学校、兰溪云山学校、严州省立第九中学、温州省立第十中学、处州省立第十一中学。以上各处七月二十五、六两日同时考试。

考期:载明简章。

报名:于考期前向上列各地报名,随缴毕业证书(如未领得证书者,得于入学时补缴)、四寸照片及考费洋一元。

校址:杭州笕桥。

简章及学则函索即寄,须附邮票三分。

《申报》1926年7月13日—25日

浙江公立工业专门学校在沪招生

(1926年7月21日—7月31日)

分科:电机工程、化学工程。

资格:本科一年生高中毕业,预科二年生旧制中学毕业,预科一年生初中毕业。

报名:即日起。

考期:八月一日、二日起。

报名及考试地点:南火车站大同大学。

招考简章:附邮票一分,函索即寄。

《申报》1926年7月21日—31日

浙江公立农业专门学校为选送该校五年期职业科季始业生二名函

(1926年7月30日)

浙江公立农业专门学校函

浙江公立农业专门学校函本局,为函知展选送该校五年期职业秋季始业生二名,日期请查照由。

径启者,敝校自民国十五年起,添设五年期职业科班次,已经省议会通过在案。本年该科秋季始业新生,得由各县教育局就高小毕业生中,每县择优选送二名,于阳历十五年七月三十日以前,将该应选学生毕业证书,及姓名、籍贯、履历、最近四寸照片等,开单一并函寄杭州笕桥敝校审查,合格即予给发入学证券,以省往返投考之劳,曾经函请查照在案。现查选送期间将满,而各县泰半尚有未曾送来,兹特展期二十天,凡各县选送学生,希于八月二十日以前,将手续办理完竣,汇寄敝校,以凭考核。相应函达,敬颂查照为荷。此致
义乌县教育局。

浙江公立农业专门学校校长钱天鹤

七月三十日

《义乌教育月刊》第3卷第2期,民国十五年九月

浙江公立工业专门学校续招新生

(1926年8月12日—18日)

分科:电机工程、化学工程,毕业后给予学士学位。

资格:本科一年生须高中毕业,预科二年生旧制中学毕业,预科一年生初中毕业。

考试科目:国文、英文、代数、几何、化学、物理、体格检查、口试。本科一年生加考三角及投影画。

报名:八月一日起,须缴正式毕业证书、四寸半身照片、试验费二元。

考期：九月一日起。

地址：杭州报国寺。

简章：附邮票一分函索即寄。

附校入学考试：五年期工科八月十七日，三年期工科九月四日。

《申报》1926 年 8 月 12 日—18 日

浙江公立农业专门学校招生

(1926 年 8 月 26 日)

本校定于九月一号起至五号止，假杭州平海路省教育会招考专门农林本科、专门二年期及一年期预科、五年期农林职业科新生。内专门林本科一年级，现有巨绅为提倡造林起见，特别捐款，设免学膳费额五名，凡该级新生入学，一月内受甄别考试，名列前五名者得之。欲投考者，请向杭州笕桥本校报名，并索取招生简章。

《申报》1926 年 8 月 26 日—9 月 4 日

浙农校设免费学额

(1926 年 9 月 13 日)

浙江公立农业专门学校，昨接巨绅高白叔、喻志韶、吕文起等来函，谓鉴于本省连年水旱频仍，非提倡林业不足为治本之图，特愿在该校专门林科一年级捐设奖励学额五名，凡得奖者，其学膳费均为代缴，冀以提倡林业云。

《申报》1926 年 9 月 13 日

令公立各专校奉部令为规定本届录取未领部颁证书新生救济办法由

(1926 年 9 月 31 日)

浙江教育厅训令第一一三九号

令公立各专校：

奉部令，为规定本届录取未领部颁证书新生救济办法由。

案奉教育部第一一五五号训令，内开：案查部颁证书条例前经公布，定期于十四年四月一日施行在案，一年以来，业经渐次推行，其有因特种关系未及实行者，亟应酌定办法，以资补救，而蕲划一。兹经本部规定，本届专门以上学校取录未领部颁证书各生救济办法二项：

凡未经本部认可之学校，及军事未定各省区之学校毕业学生，未领有部颁证书者，应受本部特别试验，其试验及合格者，得由本部给予证书，准其入学备案；

凡国立、公立及曾经本部认可之学校，毕业学生未及领有部颁证书者，应即向各该本校请求补领，于三个月内呈验后再行核准备案。

此项暂定特别试验办法，以本年举行一次为限，除在京各校新生由部试验外，所有各省区专门以上学校本届录取新生，另由本部令行各教育厅，或咨行省长派员，就近特别试验，为此令行该厅仰即遵照办理，此令。等因。奉此，除分令外，合行令仰该校遵照。此令。

中华民国十五年八月　日

教育厅厅长计宗型

《浙江教育季刊》，十五年第3期，民国十五年九月三十一日[①]

浙江公立工业专门学校续招新生
(1926年11月9日)

招收预科一年级生，须初中毕业，报名即日起，考期九月十六日起，校址杭州报国寺。

《申报》1926年11月9日至16日

全国专门以上学校投考指南：浙江公立工业专门学校
(1927年4月)

校址在杭州报国寺。

一、编制：分电机工程，化学工程两科。修业年限预科一年，本科四年。

二、投考须知：

(甲)资格：

(A)投考预科者，须初级中学或初中同等程度之学校毕业。

(B)投考本科者须高中毕业。

(乙)手续：报名时须缴毕业证书，四寸半身相片一张，并试验费一元。

(丙)试验科目：国文、英文、代数、几何、三角、物理、化学、几何画、体格检查、口试。

三、入学手续：录取后填具愿书及保证书。

四、费用：

(A)每年学费十二元，书籍费二十八元，预备费四元。

(B)膳宿自备，每月约七八元。每人每年在校必需费用约二百元。

《全国专门以上学校投考指南》第五期，民国十六年四月

---

① 《浙江教育季刊》，1926年3月由《浙江教育月刊》更名，1935年10月再改名为《浙江教育》。

(二)课程设置

杭省求是书院课程

(1897 年 7 月 4 日)

求是书院四月下旬开院,章程早已厘定,惟课程未见。经总教习王令赓君拟定,学生分三班:习过英文者第一班,习过算学者第二班,一事未习者第三班。课程录左:

礼拜一九点至十点,三班地理、一班英文;十点至十一点,二班算学、三班英文;十一点至十二点,二班英文。

礼拜二九点至十点,一、二班地理,三班英文;十点至十一点,一、三班算学,二班英文;十一点至十二点,一班英文。

礼拜三一点半至二点半,一、二班地理;二点半至三点半,一、三班算学;三点半至四点半,一、二、三班练字。

礼拜四一点半至二点半,三班地理;二点半至三点半,二班算学;三点半至四点半,一、二、三班练字。

礼拜五同礼拜三。

礼拜六同礼拜四。

《集成报》第七册,光绪二十三年六月初五日

杭垣求是书院课程

(1897 年 7 月 7 日)

求是书院总教习拟订课程,其学生计分三班,已习过英文者为第一班,已习过算学者为第二班,一事未习者为第三班,按时教授。兹将课程照录于左:

礼拜一九点至十点,第三班、第一班英文;
十点至十一点,第二班算学,第三班英文;
十一点至十二点,第二班英文;
礼拜二九点至十点,第一二班地理,第三班英文;
十点至十一点,第一、三班算学,第二班英文;
十一点至十二点,第一班英文;
礼拜三一点半至二点半,第一、二班地理;
二点半至三点半,第一、三班算学;
三点半至四点半,第一、二、三班练字;
礼拜四一点半至二点半,第三班地理;
二点半至三点半,第二班算学;
三点半至四点半,第一、二、三班练字。

其礼拜五与礼拜三同课,礼拜六与礼拜四同课。(录新闻报)

《利济学堂报》第12期,学部新录二,光绪二十三年六月初八日[1]

求是府课

(1897年12月6日)

浙省新创之求是书院,专课英文、算学、地理、语言,为西学各生肄业攻苦之所,按月由杭州府宪林迪臣太守考试一次,其前列各名,均得优奖,诚养士储才之美政也。兹将命题录左:

吕伯恭变化气质论;

问近人所言化学证之古书若何。

《新闻报》1897年12月6日

求是课题

(1897年12月18日)

杭垣东城求是书院,自肄业西学天算、洋文、英语、舆地、化学以来,各学生日就月将,业已成效渐著。兹届举行望课,由杭府宪林迪臣太尊命题,给卷考试,以觇学力。闻前列各名,均由大尊慨捐鹤俸,从优酌奖。兹将所命各题录左:

志王文成之志,忧范文正之忧论;

拟自赍文。

《新闻报》1897年12月18日

传集学生考试

(1898年8月2日)

杭州府林太守于日前传集求是书院学生,在署点名给卷,扃门考试。题为:齐管仲、郑子产、汉贾谊、宋王安石论。

《申报》1898年8月2日

---

① 《利济学堂报》,1897年1月20日创刊于浙江温州,综合性中医半月刊,主持者为陈虬等,1898年停办。内容以医学为主,另还设洋务掇闻、见闻近录、经世文传、商务丛谈、格致卮言等栏目。

求是月课

(1898 年 11 月 7 日)

杭州求是西学书院,每月例由杭州府宪考试中学论说雏作一次,以示不忘木本水源之义。前日,林迪臣太守到院考试九月分课,所命之题为:"君子以反身修德说"。一行传书后,各生皆抒所学,振笔直书,至日影过酉,已次第缴卷。闻外院生尚无例奖,太守拟设法酌添奖赏前列五名,于此见太守之劝奖后学无微不至矣。

《新闻报》1898 年 11 月 7 日

求是书院内院中西学按日课程表

(1899 年)

	头班	二班	三班
八点至九点	预备功课	预备功课	预备功课
九点至十点	中学	化学	文法
十点至十一点	算学	文法	英文
十一点至十二点	单日格致,双日英文	单日英文,双日格致	算学
一点至二点	化学	中学	中学
二点至三点	文法	算学	单日化学,双日格致
三点至四点	中学	中学	
四点至五点	中学	中学	中学
五点至六点	星期一、星期四体操,不体操日预备功课	星期一、星期四体操,不体操日预备功课	星期一、星期四体操,不体操日预备功课
六点至七点	游息	游息	游息
七点至八点	游息	游息	游息
八点至九点	预备功课	预备功课	预备功课
九点至十点	预备功课	预备功课	预备功课

(原注:此表就近时功课而定,随时必有增改,未能据为成格。)

《浙江求是书院章程》,1899 年,浙江大学档案馆藏复制件

求是书院外院中西学按日课程表

(1899 年)

	中学教习	中学教习	中学教习	中学教习	西学教习	西学教习	西学教习	西学教习
八点至九点	头班讲经	二班讲经	三班讲经	四班讲经				
九点至十点	头班读经	二班读经	三班读经	四班读经				
十点至十一点	头班讲问诸史		三班督读中文	四班督读英文		二班格致		
十一点至十二点	三班、四班讲史略、讲故事	三班、四班识字				头班算学		
一点至二点		二班讲问诸史				三四班督读英文		
二点至三点					二班英文	头班格致	三班英文	四班英文
三点至四点					二班单日文法，双日舆地		四班算学	三班算学
四点至五点					头班英文	二班算学	三班单日习文法	四班双日习文法
五点至六点			监督东斋生游息	监督西斋生游息	头二班逢星期一星期五体操，三四班逢星期三星期六体操			
六点至七点			监督东斋生游息	由监舍代监西斋生游息				
七点至八点								
八点至九点			在房监读	在房监读				
九点至十点			在房监读	在房监读				

(原注:此表就近时功课而定,随时必有增改,未能据为成格。)

《浙江求是书院章程》,1899 年,浙江大学档案馆藏复制件

求是书院内外院西学按年课程表

(1899年)

外院第一年课程表

中文读本	格致课 启悟初津(卜舫济本) 格致启蒙(林乐知本)	参阅诸书	体性图说(傅兰雅本) 重学图说(同上) 水学图说(同上) 声学图说(同上) 光学图说(同上)
中文读本	算学课 心算初学 笔算数学(狄考文本上卷,又中卷至命分)	参阅诸书	算学须知(傅兰雅本) 数学启蒙(伟烈亚力本)
英文读本	英文课 拍拉吗 朗诵第一本 朗诵第二本 语言文法书上半(散姆拍生本)	杂课	写字 拼法 作句 习语

外院第二年课程表

中文读本	格致课 化学启蒙(林乐知本) 天文启蒙(同上) 地理启蒙(同上)	参阅诸书	化学须知(傅兰雅本) 天文须知(同上) 地理须知(同上) 化学易知(同上) 天文图说(柯雅谷本) 天文略解(李安德本) 地势略解(同上) 地理全志(同上)
中文读本	算学课 笔算数学(中卷小数起至下卷末)	参阅诸书	数学理(傅兰雅本) 学算笔谈(华蘅芳本) 九数通考(屈曾发本)
英文读本	英文课 朗诵第三本 语言文法书下半 文法初阶 舆地初集	杂课	默书 作句 习语 习信

外院第三年课程表

中文读本	格致课 格物质学(潘慎文本)	参阅诸书	格物入门(丁韪良本) 格致略论(傅兰雅本) 气学须知(傅兰雅本) 声学须知(傅兰雅本) 电学须知(傅兰雅本) 重学须知(傅兰雅本) 力学须知(傅兰雅本) 水学须知(傅兰雅本) 光学须知(傅兰雅本) 热学须知(傅兰雅本)
中文读本	算学课 代数备旨(狄考文本)	参阅诸书	代数术(傅兰雅本) 代数难题(傅兰雅本) 四元玉鉴(朱世杰本)
英文读本	英文课 朗诵第四本 文法进阶 舆地二集	杂课	习信 作论 默书 习语

内院第一年课程表

中文读本	格致课 格物萃精上半(克里脱本) 化成类化学(史砥尔奉)	参阅 诸书	化学鉴原(傅兰雅本) 化学鉴原补编(傅兰雅本)
中文读本	算学课 形学备旨(狄考文本)	参阅 诸书	几何原本前后编 数理精蕴
英文读本	英文课 朗诵第五册 文法纠正(可拉克司本) 万国史记上半(班姆司本)	杂课	作论 习写书札 翻阅报章

内院第二年课程表

中文读本	格致课 格物萃精下半 生物质化学(而来姆山本)	参阅 诸书	化学鉴原续编(傅兰雅本)
中文读本	算学课 圆锥曲线(求德生本) 八线备旨(潘慎文本)	参阅 诸书	三角数理(傅兰雅本) 数理精蕴 梅氏丛书
英文读本	英文课 英文选本 万国史记下半 地势学(孙应汤本)	杂课	作论 选译书札 翻阅报章

内院第三年课程表

中文读本	格致课 格致统编(干拿氏本,动力合论、摄力学、水学、气学、声学)化学考质(扫拍及未尔合本)	参阅诸书	声学揭要(赫士本) 化学辨质(聂会东本) 化学考质(傅兰雅本) 声学(傅兰雅本)
中文读本	算学课 代形合参(潘慎文本) 格物测算(丁韪良本卷一至卷二)	参阅诸书	梅氏丛书 数理精蕴
英文读本	英文课 英文选本 美国史记(乌里拍夫本) 辨学(地叶本)	杂课	作论 选译文件 翻阅报章

内院第四年课程表

中文读本	格致课 格致统编(热学、光学) 身理学(史砥尔本) 地质学上本(辣康本)	参阅诸书	光学揭要(赫士本) 光学(金楷理本) 省身指掌(博恒理本) 地学指略(文教治本)
中文读本	算学课 代微积拾级(伟烈亚力本) 格物测算(卷三至卷五)	参阅诸书	微积溯原(傅兰雅本) 积较术(华蘅芳本) 历象考成前编
英文读本	英文课 富国策(第服本) 英国史记(乌里拍夫本) 英文史	杂课	作文 选译文件 翻阅报章

内院第五年课程表

中文读本	格致课 格致统编(磁学、干电学、湿电学、气候学) 地质学下半 天学(陆克霞本)	参阅诸书	谈天(伟烈亚力本) 电学(傅兰雅本) 测候丛谈(金楷理本)
中文读本	算学课 天文揭要(赫士本,全) 格物测算	参阅诸书	历象考成后编 决疑数学(华蘅芳本)
英文读本	英文课 泰西各国律例 泰西新史(末开式本) 英文史	杂课	作文 选译文件 翻阅报章

《浙江求是书院章程》,1899 年,浙江大学档案馆藏复制件

抚宪委员赴院考校

(1900年1月13日)

省城求是书院延请中西教习,招集生徒入院肄业,每届冬季,例由抚宪委员赴院考校会课,其学业较优者,按名加给奖赏,以示鼓励。如有不堪造就者,即行除名。现刘中丞定期于初四日,委杭府林迪臣太守亲临监试。

《申报》1900年1月13日

求是书院课题

(1901年10月2日)

九月朔课动物学题:

问:世间动物皆有知觉。夫皆有知觉,必皆有言语;但蠢简灵繁,相去甚远。昔姬期分职,与言专掌,孔圣之门或通鸟语。“介葛异能”,《左氏》所载,至于汉唐,斯学未绝;宋元以后乃始无闻。今白人精察,新得可惊;赤县古书非诬昭矣!但目界、镜界恒沙群动悉接其声,悉解其意,遥遥来日,果有期欤?

论理学题:

能立能破、似能立似能破举例。

社会学题:

国多海滨,民易进化说。

历史题:

明末张李之乱考略。

胡珠生编《宋恕集》(上册)第318—319页,中华书局1993年版

大学堂课兵操

(1904年6月15日)

杭省大学堂于今岁由陶拙存部郎承乏总理以来,颇称尽善。因各生所习体操已均纯熟,查得皮市巷内之育英学堂,经美教士练习兵式体操,尤甚得法,故即加聘操学教习,向支应局商拨毛瑟枪八十杆,制备军衣等件,兼课兵学云。

《时报》1904年6月15日

咨覆浙抚所送高等学堂讲义改正后再呈审定

(1907 年 8 月 29 日)

学部为咨覆事。准浙江巡抚咨送高等学堂、定海厅讲义及乡土教科书前来。查《教育原理》、《心理学》浅显,便于教授,惟征引间有未确篡言,间有鄙俚之处,且多沿日本人语气,似是抄译东籍,而未及改正者。《西洋历史讲义》译辑东籍而成,其取材不外元良氏《万国史纲》与长泽氏《万国历史》,而空语太多,译名亦有前后违异处,自系随编教未定之本。《植物学讲义》于植物之形态及生态大略具备,惟分类多欠斟酌,如第七章果实之大别,以果实与裂闭平列,其显然者。又单果、复果为果实一大类别,亦未说明,附图亦不完全。《生理学讲义》不足当高等师范之用,前后次序杂乱。后略及卫生食料各节,寥寥数语,挂漏良多,应删汰繁芜,重整次序,改为中等学堂参考书尚合。以上四种,应俟改正后再呈部审定。《定海乡土教科书》编次失当,《定海高等小学堂历史讲义》近于札记,不合体裁,均无庸审定,相应咨覆查照可也。须至咨覆者。

《学部官报》第 31 期,光绪三十三年七月二十一日

浙江高等学堂聘请日人高田君来杭教授手工

(1907 年 10 月 31 日)

浙省各小学堂,科目大致完全,惟尚缺手工一科,近由浙江高等学堂聘请日人高田君来杭,教授手工。学生定额五十名,以备两等小学教员之选。其教授科目,系竹工、豆工、麦杆工、纸工、黏土工、丝工等。至金工、木工两项,以设备不易,暂行从缓。

《东方杂志》第 4 卷第 9 号,光绪三十三年九月二十五日

光绪三十三年高等预备科二年级甲班课程表

(1907 年 12 月 15 日)

日/时	一时间	二时间	三时间	四时间	五时间	六时间
星期一	英文	算学	历史	经学	英文	博物
星期二	英文	算学	地理	理化	国文	体操
星期三	英文	算学	历史	经学	修身	图画
星期四	英文	算学	地理	理化	国文	体操
星期五	英文	算学	历史	经学	博物	图画
星期六	英文	算学	地理	理化	国文	体操

《学部官报》第 42 期,光绪三十三年十一月十一日

科学:观念篇

(1908年8月)

节录高等学堂师范班教员铃木珪寿讲义

按日本盛行海尔巴托(HERBART,一七七六 — 一八四一)学说,氏以心理学定教育方法,以观念为精神唯一基础,最适合于寻常师范。左所讲演即氏之学说也。

观念者知觉加记忆是也。

观念必言语达之乃真切,小学校所以宜用问答教授。

知、意、情三者统起于观念。

观念之二部:部分观念;

全体观念。

部分观念:知物体之各部分者,如见花而知其为花,并知其色香如何。

全体观念:知物体之全部分者,如见花而知其为花。

教授法必始于全体观念,如授地理必先知五大洲,然后及各国各地也。

第一项　观念再生之要义

以前之观念再现于意识之中,谓之观念之再生于直观之时,并起前之观念者谓之再认,故再生不必有直观,再认必须直观也。

吾人虽有多数之观念存于意识中,不能同时发现,而时发现于意识中者,仅一二而已。至其他隐于何处,则不能知也。

意识上之观念

○　○

识问____________________水平

○○○○○

○○○○

○○○

意识下之多数观念

意识上之一二观念为发现者

意识下之多数观念为隐藏者

观念再生之种类:

(一)借直观之补助者,例如见现在之虎,而想起过去之虎,又谓之再认。

(二)不借直观之补助者,例如旅行者沈思冥目,追思过去之路径。

(三)有意者,例如见试验题问,而想其答案。

(四)无意者,例如见学堂而想及其学生。

注意:若反复有意之再生,则变为无意之再生,如读书至纯熟时,读至上句,其下句亦顺口而出。

观念再生之要件:

(一)脑髓之健否。昔有南人往北方,操北音甚熟,至病时仍现其土语。又有德人游学外国，尝人山采植物，精力困倦时，亦不能操外国语，此皆脑髓强健可生观念，疲乏则不能也。

（二）观念之明了。譬食滋养物，必期其胃能消化，而后获益。故教育亦必期学生之观念明了，而后可再生。

（三）适当之排列。如课本讲义必编有章节表目，便于记诵，而可生观念。小学校地理科，尤宜旅行体教法，以便顺次记忆，易生观念。

（四）观念之反复。虽有明了适当之观念，不时时反复温习，仍必忘怀不能再生。然反复温习于未忘时较易，若既忘怀而反复之，无异重学也。

（五）观念之兴味。观念不明，兴味索然，即不能记忆而再生观念，故任教育者，宜合学生之程度，行实物教授，又种种譬喻讲解，使人兴味高烈，易生观念。

（六）观念之联合，事物之联合者，则举彼及此，易起观念。如屈原之与汨罗，项王之与乌江，皆以观念之联合，容易再生也。

观念联合之原则：

（一）类似律。类似之观念互相再生，例如见肖像而回想其人是也。

譬喻及寓言亦属此例。

因类似律之观念而发明各种新理者，如瓦特因水沸力而发明蒸汽机关，尼端因苹果坠地而发明引力，富兰克因于风而发明电学，阿基米德因入盘沐浴而发明静水学。

（二）反对律。反对观念互相再生，例如见豪富而想及乞丐是也。

其律甚繁，如善恶、美丑、上下、高低、长短、强弱、喜悲等皆是。

患病之时而慕强健，炎暑之季而慕寒冬，此人之普通反对观念也。国家无事之日，整军经武，如临战者，此又安不忘危之观念也。

（三）接近律又分二事：

1. 同时律。谓于同时而现意识之观念者，例如回忆忘友之容貌而想及其形状，见字而思音及义，见学堂而思学生及教科皆是。

内又可辨别为二：曰场合之联合，时间之联合。例如游三潭印月，而忆及曾与某友共游此场位之联合，读历史纪年而忆英雄之发现，此时间之联合也。

2. 顺次律。意识之观念相续而现者，例如见日暮则思举灯，见云而思雨，见雪而思寒等。

第二项　记忆

记忆之要义。记忆者，观念再生之一种，而保持既得之观念者也。观念所无记忆不能忽有，观念若方记忆不能为圆，故记忆不能离观念而起变化，记忆有唤起意识之作用。例如忆及往事，而能使智识上经历顿增是也。

记忆之四质（记忆之完全），四项全备，记忆始完。

（一）把住之容易（“把住”一语，乃心理学用语，谓最初记忆时观念入脑，如物之为手所把住也），例如读书一目十行，一日百首，此把住之容易也。

（二）保持之永续（永续谓不忘），如前例，一目十行而转瞬辄忘，一日百首而越宿尽失，则把住虽易，要不足重必也，阅时虽久而强记不忘，则为益甚大矣。

（三）记忆之复起，真实且神速。记忆之复起，苟谬误而迟钝，则虽把住易，保持久，亦不足言。例如读植物书，即易记而不忘，然返忆某花之为何名、为何状，而一时不能忆，即忆得矣，而仍有谬误，则亦与失等耳。

(四)不仅偏于一二事项,虽任何事项,皆可记忆。上三者,即使完全如把住易、保持久、复起时速而确然,仅偏于一端,顾此而失彼,则记忆仍未得为完全也,必也各种事项皆如上言,易记而不忘,复忆时神速而确实,则记忆乃真完全矣。

记忆之种类。记忆之种类有三:一、理解的记忆;二、器械的记忆;三、人工的记忆。

理解的记忆者,如一事项释明其理以记之也(不拘泥于文字而记其理也)。夫格致之学不易记也,若释明其理,则易记矣。历史、地理亦不忆记也,然历史上之某国以何原因而盛,以何原因而衰;地理上之某地以何原因而气候温和,以何原因而地味肥饶,其理既明,则亦易记矣。此皆理解的记忆也。理解的记忆者,记其所以然也。

器械的记忆者,不言明其理而强记之也,例如算学上之公式,理科上之方程,历史、地理上之人名、地名,器械的记忆者,记其然也。

人工的记忆者,所以补器械的记忆之不足者也。在记忆艰难之时,参伍凑合,可以省脑力。在中国如《易经》经之卦名次序歌之类,今举数例如左:

(一)《周易》八卦阴阳爻画,虑幼儿之难于分别也,则为词曰:乾三连(☰),坤六断(☷),震仰盂(☳),艮覆碗(☶),离中虚(☲),坎中满(☵),兑上缺(☱),巽下断(☴)。凡八句四韵,以便记忆,而其词无意义。

(二)日本富士山高,凡一万二千三百六十五尺,此一二三六五五数字,既无意义,又易混淆,极不便儿童之记忆,乃假一年中所念之月数及日数以明之法,将月数十二加于日数三百六十五之上,合之得一二三六五,即富士山之高也,故记富士山之高,仅记一年之月数及日数可矣。

上二例,略举人工记忆之一斑。总之,人工记忆者,所以便记忆而省脑力者也,其辞鄙倍多无意义。

论记忆之优劣,则理解的记忆最上,器械的次之,人工的又最下。因人工的记忆凑合不易,而人易于误会也。

近时通行之书有《记忆术》一种,其中所论,即专指人工的记忆者。

记忆之发达。幼儿初生即能认父母之面,此为记忆发达之第一步。至于牙牙学语,则记忆力更进矣。由此观之,儿童忆记力最强,正宜乘时施以适当之教育,倘荏苒贻误,则长成后,即成不学之人,岂不辜负此强盛之记忆力耶。且幼时失教,其患不仅不学而已,而于道德上更有莫大之影响,何则?教育者,所以利用此记忆力而导之为学者也。故受教育者,其记忆力皆用之于学问之一途,苟失教育,则此强盛之记忆力不得不用之于学问之外,而踰检荡闲之举动,皆由此起矣,为父母者,于此不可不加之意也。

少年人记忆力虽强,然推理之力不能发达,必阅历久而学问深,然后推理始发达,故言记忆力虽长者不如少者,而言推理力则少者不如长者也。

教育上之注意:(一)记忆之效用;
(二)观念联合之适用;
(三)热心之反复;
(四)注意之振起;
(五)适当之材料;
(六)精神之过劳。

记忆之效用：一切之教育，苟不作记忆，则不能收永续之效果。

观念联合之适用：前言类似、反对、接近三律，于此可适用。

热心之反复：器械的记忆尤宜不时提示，不然者，一忘却而温习难矣。

注意之振起：以明了之理解得者最有兴味，且易唤起注意，观书不注意，则与不观同。晚上精神衰惫，只可为器械的记忆，或誊录讲义等(晚上看书不受益)。

适当之材料：程度高下，因年龄而生差异。程度低者，授以奥旨则必茫然；程度高者，授以肤词亦必倦听。故任教育者，宜就生徒之程度，而施以适当之材料也。

凡先有观念而后表出者，则易明了。中国牖蒙之法，先授以四书五经之古书，日教以治国平天下之大道，不知幼童智识未开，未有国家、天下之观念，则虽诲之者日谆谆，而听者自懵懵如故也。此无他，不明程度之浅深，而以同一之材料授之，宜其劳而无效者矣。

精神之过劳：如试验前之强记，不仅无功，且致精神之衰弱，有障害其机能之恐，此习中外皆同，深愿有以改之也。

第三项　想像

想像之要义：连结既有之观念变形而构成新观念，是谓想像。例如吾侪居温带而言冰山，冰山虽不可见，然冰则可见，乃想及一巨块之冰，高大如山者，漂浮洋海中，而成冰山之想像，此即联合冰及山二既得之观念，变形而成新观念也。必如言沙漠者，沙漠不可见，而砂、沙砾及旷野则可见，乃想及一大旷野之无草木，而全为沙砾所遮者，而成沙漠之想像，此即联结沙及旷野二既得之观念，变形而成沙漠之新观念也。

想像之种类：想像与记忆相同，关系于心之三作用，即智、情、意三者，故其种类亦自分为三种。

想像之三种：(一)智识的想像；
(二)感情的想像；
(三)实行的想像。

各有受动、发动之二方面。

智识的想像：受动的——修身、国语、历史、地理等；
发动的——数学、作文、图画、游戏等。

凡人听讲、阅书，皆受动的智识的想像也，若推理而研究之，则出于发动的矣。

人之推理力之高下，由于想象力之多寡，而想像力之多寡，又因观念之丰俭而别。

感情的想像：智识的、实行的，皆关系于实物，惟感情的可不关于实物。

如画师绘山水、绘神像，皆出于感情的想像，而非有实物为之准本也。作文亦然，文学家之为文章，波磔横生，风云四起，皆出心裁，非由抄袭也。

受动的感情的想像，如见鼐飞尔(罗马大画家)之画而倾倒，读莎士比(英大诗豪)之歌而醉心之类是。

发动的感情的想像，如自绘美画、作佳文之类是。

感情教育与教育上之关系极大，如音乐一科，所以铸陶国民伟大之精神发达，学徒高尚之感情者，其效甚巨。盖人莫不有感情，然不善发达之，则感情将驳而不纯，邪而不正，此于道德上之害甚大。音乐者，即所以发达学徒纯正高尚之感情也。

诗歌与音乐相联，可以抒写自己之幽怀，亦可以引起他人之观念。

小学校各科学皆与音乐相联合,如修身科,今日讲授者为某某英杰之勋业,则音乐科即谱其事而歌之,幼稚生徒既耳闻其事,又口歌其词,薰陶既久,感情自日以高尚矣。然中学以上,不得不分音乐与他科学为二途,虽势所使然,亦未始非一缺点也。

实行的想像:(受动的)谈话、礼仪、音乐;

(发动的)体操、手工、裁缝等。

实行的想像与人生关系最切,如谈话,如礼仪,皆常时必要之件,不可一日缺者也。

学生在听时受之教员者,受动的实行的想像也;返而自行之,发动的实行的想像也(手工、裁缝亦然,学时为受动,用时为发动)。

教育上之注意:

(一)宜清洁儿童之周围。清洁者非仅指扫除垢腻而言,乃谓一切欺诳暗昧之言,庸下卑污之事,不使儿童闻之、见之也。中国古有孟母三迁之事,兹可引为鉴矣。

(二)宜供结其想像之材料,选择其游戏之伴侣。

儿渐长大,必不以玩具自足,而自寻伴侣,以共遨嬉。虽然,近朱者赤,近墨者黑,古人既有明训,为父母者于此尤宜注意。

儿童游戏皆足以增进其想象力,故于其游玩时,父母不可干涉之。然使其所为有害于道德上或身体上,则亦不可不禁止而诫导之也。例如诳语欺隐,此道德上宜禁者也;临池登高,此身体上宜禁者也。

(三)宜使关于儿童之谈话,与其想像发达之程度相应。幼儿者,其想像带诳之性质,故亦好虚诳的谈话,此宜择寓言或童话中之无道德上失点者告之。

与儿童谈话取资于寓言及童话,常有人谓此足以长儿童虚矫之习,宜加更改,然今经一般教育学者之研究,断定儿童期中,不可不以寓言及童话为谈资,以为在儿童期中,若告以实言,不足以起其兴味,而使其专听也。

虽然,儿童寓言、童话,唯可施之十岁以内之幼童,若十岁以外,则宜教告之以战阵之史,军役之谈,盖是时,此等想像最盛,最喜闻战争之事也。至十七八岁,时为生意发达之时代,推理力最富,然妄想亦极盛,人之善恶,由此而分,一发之间,关系最重。二十岁以后,妄想渐衰,而思想亦日趋于实际矣。

《浙江教育官报》第1期,光绪三十四年七月

科学:思考篇

(1908年9月)

节录高等学堂师范班教员铃本珪寿讲义

思考之次序三:概念、断定、推理是也。然此乃心理学上之定名,在论理学则名为名辞、命题及推测式。以下略分述之,若语其详,则论理一学自有专科,不必赘也。

(甲)概念

(一)概念之要义。凡一事一物,其交纳的知觉再生于意识上者,谓之观念。若更从各个观念中抽出其共通之性质,更成一总合的观念,即谓概念。试以图说明之如左:

概念 甲·乙 { 观念 甲·乙·丙 ——一个物
观念 甲·乙·丁 ——一个物
观念 甲·乙·戊 ——一个物

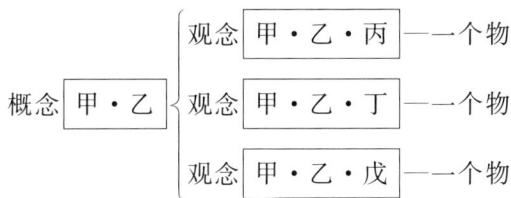

如右图，甲、乙、丙，甲、乙、丁，甲、乙、戊为三个观念，而由三个观念中各抽出其共通的甲乙，另为一总合的观念，则此观念即概念也。更举例说明之。

例如言山，此山即概念也，以其由泰山、衡山、富士山、喜马拉山诸观念所抽出而结为一总合的观念故。

（二）概念构成之顺序。概念构成之顺序共分四段，分说如左：

1. 比较。例如比较甲、乙、丙，甲、乙、丁，甲、乙、戊三个观念之同异是。

2. 抽象。例如前三个观念，各有共通之性质，甲、乙遂弃去各异之丙、丁、戊，而专注于共通之甲、乙是。

3. 概括。例如见前共通之性质，甲、乙为诸观念所同具，遂以甲、乙概甲、乙、丙；甲、乙、丁；甲、乙、戊之诸观念是。

4. 命名（言语）。例如既以甲、乙概诸观念，遂名此诸观念为某某是。

无实物不能成观念，故观念必与实物相缘。若概念则不然，概念者，崭然脱去物体之范围，而究其性质者也。就文典上言之，观念即固有名词（亦称专名），而概念即普通名词（亦称公名）。

（三）概念之性质。概念之性质二，外延与内包是也。外延者，概念所可用之范围也。如人之概念，凡世界之人，皆范围其中。动物之概念，凡世界之动物，皆范围其中。内包者，概念所包含之性质也。如人之概念，为世界之人所公有之性质而设（如能言语，有政治能力，有道德心等），动物之概念，为世界之动物所公有之性质而设（如生命、感觉等）。外延、内包二者常成反比例，外延愈广者，其内包愈狭；外延愈狭者，其内包愈广。如动物之概念较诸人类之概念，则于人类外兼含他种动物，故其外延之范围较广于人，然内包之性质则甚少于人。何则？人类亦动物之一分子，故动物之公共性质，人类有之，而人类既别于他动物，则人类之特殊性质，动物不有之。据此，是人类之内包较之动物，于公有性质外更多特有性质也。（概念大别有四：一曰物类之概念，二曰事故之概念，三曰性质之概念，四曰形状之概念，如草、木、虫、鱼、禽、兽等物类之概念也，地震、日食、海啸等事故之概念也，甘、苦、寒、暖、厚、薄等性质之概念也，时间、空间、因果等形状之概念也。）

概念之阶级无定。同一有机物也，对于物为下级概念，对于动物则为上级概念。同一人类也，对于哺乳类为下级概念，对于人种则为上级概念，他可类推。

附记中国射覆游戏法：

问一：汝所覆植物耶动物耶？

答：动物也。

问二：然则禽类耶，兽类耶？

答：兽类也。

问三:食植物者耶,食动物者耶?

答:食植物者也。

问四:有角耶,无角耶?

答:无角也。

问五:人可乘否?

答:可乘。

问六:然则是马否?

答:否。

问七:然则比马大或小?

答:比马大。

问八:然则是橐驼否?

答:否。

问九:然则比橐驼较肥乎?

答:然。

问十:然则定是□矣。

答:然。

学者试一猜,果是何物?此游戏法,在小学校内亦可行之。先分学生为二组,教师立其间,教之问答,亦可增进智识也。

(四)定义之必要。前言概念构成之顺序,须经比较、抽象、概括、命名四者,然徒有四者而无定义,则此概念之作用,犹不得谓之完备。定义者,即规定概念内包之性质,而区别此概念与他之诸概念者也。例如吾人言人,人者概念之名也,然若不明其定义,则人之意义,将惝恍而无朕。人之定义如左:

人也者,能发明真理之哺乳动物也。

此定义中,发明真理为人之概念内包之性质,而发明真理之哺乳动物,则所以别于他之哺乳动物者也。此为正确之定义,其不正确者略举如左:

人也者,人也。

人也者,哺乳动物也。

人也者,有口、有耳、有眼、有鼻、之哺乳物动也。

人也者,能发明真理者也。

附记:左记人之诸定义,学者试辨别其正确否。

说文:人也者,天地之性最贵者也。

释名:人,仁也,仁生物也。

礼运:人者,天地之德,阴阳之交,鬼神之会,五行之秀气也。

西谚:人也者,政治的物动也。(亚里士多德)

(五)概念之发达。幼儿初生,殆不知有概念,迨牙牙学语,智识稍广,见其吠牢牢者,不问黑白,皆名为狗;其啼喔喔,不问雄雌,皆呼为鸡。此为概念发达之初期。自后离襁褓入学堂,智识日瀹,而概念亦日以多。

虽然,概念大别有二:一为心理的概念,一为论理的概念。凡未受教育之人,大都只有心理的概念，如：言物质，则曰金木水火；言动物，则曰鸟兽虫鱼是也。迨受教育之薰陶，始知金木水火不足以概物质，更以金类非金类等别之。知鸟兽虫鱼不足以概动物，更以原生、脊椎等析之，此即进入于论理的概念矣。夫概念者，即同类事物之通有性也。然观察事物之际，常有数方面，宜注意于其紧要之方面，而略弃其不紧要之方面。例如：吾人初言植物，言及根茎、枝叶、花芽之属，概念也。然若茎之高低，枝之粗细，叶之多寡，花之大小等，亦概念也。夫以根茎、枝叶、花芽言植物，则若者为直根植物，若者为须根植物，若者为草本茎植物，若者为木本茎植物，纲举目张，一目了然，此概念所由可贵也。若以高低、粗细、多寡、大小言之，相若者皆同类矣，不相若者皆非同类矣，根本既淆，纵极劳，亦徒增迷惑耳。故虽同一概念，亦不可不知所去取也。

（六）教育上之注意。言语不若图画，图画不若标本，标本又不若实物，盖以观念必与实物相缘也。然概念又因观念而生，故教育上第一当注意者，则实物教授是也。

夫养成儿童之思考力，必先使其自用其思考力，故问答教授，亦教育上所当注意者也。教师者，在智识上言之，固不可不用注入教授，而就思想上言之，则问答教授更为切要。盖智识为受动的，地圆星转，泉甘海碱，可以教杖垩笔，纵横指点，思想乃发动的，三角形之三角合之，何以均为百八十度，三五何以十五，六七何以四二，虽经指点，而不经思想，终难领悟也。

故夫任教授者，当教授儿童时，决不可株守于注入教授一法，须使儿童于教师补助之下，自比较事物，而抽出其概念。盖非经自心所定之概念，决不能明了。如字典然，苟备参考而已，于学问无益也。故既成之概念，教师决不可以授之，务须再四询问，使儿童自己体悟过来，此不第能练习儿童之思考力而已。即在概念非由自己体悟，亦决不能明了也。虽然。发问之时，切不可间以诽薄之语，如云：此等浅近之理犹不解耶？又如云：此浅近之理能言之否？若是之类，皆宜深戒。盖儿童有好胜心，此等语气，最易使之气沮也。故设问之时，莫若佯为不知，而使其代为思索，则儿童自兴致勃然，乐于应对矣。

前言记忆有三种，所谓理解的、器械的、人工的是也。其在成人思考日富，故理解的易记。小儿反是，记忆力富而思考尚未发达，故器械的易记。虽然，器械的记忆仅知其然而已，于学问上甚不宜，故任教授者，须使儿童常为理解的记忆，而不可任之为器械的记忆也。故夫教授儿童之时，须常使之得有正当之概念，决不可以无意味之言语强之记忆，盖无意味之言语，儿童惯能记忆，然此所谓器械的而非理解的也。

欲使儿童得有正当之概念，须用问答教授。然欲确知儿童之概念明了与否，可使儿童以精确之言语，表出其所得之概念，若是者，中国旧教授家谓之回讲。盖儿童之概念，苟非十分明了，则回讲时亦断不能确当也。今举一例如左：讲电学时，言及电之规则（按中国人习称电为电气，此极可笑者也。电与气判然为二物，乌得混言之哉！不正确之言语大都类是），曰同性相拒，异性相吸，而解之曰：电分阴阳二性，阴遇阴、阳遇阳则相拒，阴遇阳、阳遇阴则相吸，此所谓注入教授也。儿童闻而记之，所谓器械的记忆也。若依法实验之，则儿童既由直观见同性之相拒，异性之相吸，则从而记之，所谓理解的记忆也。于是试发问曰：阴电遇阴电如何？阳电遇阴电如何？彼儿童者，自不难答曰：阴遇阴相拒，阳遇阴相吸。盖既具明了之概念，则其在回讲之时，自不难应口而出矣。此等教授法，对于儿童最为相宜。

约而言之，概念上当注意者虽多，然其要以右三者为最，三者之中，第一，因直观为概念之根源，故欲使其概念之明了，则必先使直观之明了；第二，使儿童于教师补助之外，自比较事物而抽出其概念，为教师者，勿贸然以既成之概念授之；第三，勿强儿童记无意味之言语，宜使其常得正当之观念，且可勉励之，使常以精确之言语，表出其所得之概念也。上三者，于教育儿童时最为切要。

(乙)断定

(一)断定之要义。断定者，辨识二个之观念或概念之契合与否之作用。例如左：

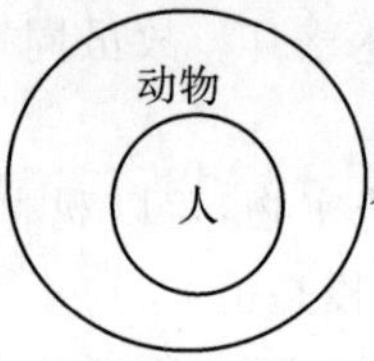

(1) 人(概念)者，动物(概念)也。……契合。

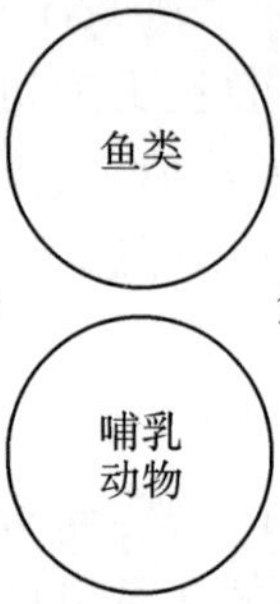

(2) 鱼类(概念)者，非哺乳动物(概念)也。……不契合。

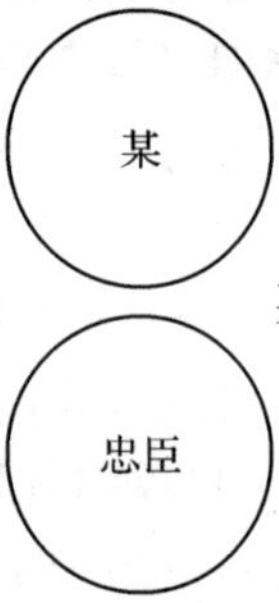

(3) 某(观念)者，非忠臣(概念)也。……不契合。

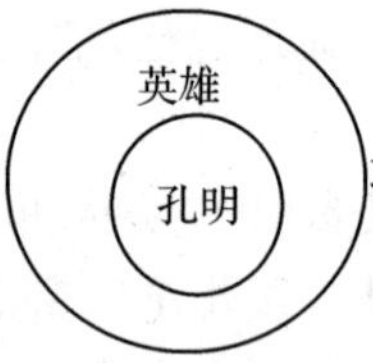

(4) 孔明(观念)者，英雄(概念)也。……契合。

论理学上以名词表概念，以命题表断定，命题必有三部：一、主辞；二、宾辞；三、连辞(亦名接辞)是也。(例如吾人言：中国人者，亚西亚洲人也。或言：中国人为亚西亚洲之人。"中国人"为主辞，"亚西亚洲人"为宾辞也，"为"字为连辞。)

(二)断定之种类。断定之分类法有数种,兹列其最普通者如左:

- 断定
  - 1. 分量上之分类
    - (1)特称断定
    - (2)全称断定
  - 2. 性质上之分类
    - (1)肯定断定
    - (2)否定断定
  - 3. 思想上之分类
    - (1)盖然断定
    - (2)必然断定

(附记)断定之分类更有一种亦颇通行,录左以资参考:

- 断定
  - 1. 确定者 → 确然断定
    - (1)全称肯定
    - (2)全称否定
    - (3)特称肯定
    - (4)特称否定
  - 2. 未确定者 → 盖然断定
    - (1)盖然肯定
    - (2)盖然否定

断定之种类,大概如前表。兹更分释之于左:

1. 分量上之分类,以主辞之分量分者也:

(1)特称断定,主辞为固有名词。(例如:王阳明者,中国之大思想家也。)

(2)全称断定,主辞为普通名词。(例如:人类者,哺乳之动物也。)

2. 性质上之分类,以主辞与宾辞契合与否分者也:

(1)肯定断定,主辞与宾辞契合(例如:中国者,亚洲之大国也。)

(2)否定断定,主辞与宾辞不契合(例如:中国者,非欧洲之大国也。)

3. 思想上之分类,以思想所及之确否分者也:

(1)盖然断定,语未确定有将如是之势。(例如:王安石者,恐非奸雄也。)

(2)必然断定 语已确定有必如是之势。(例如:史可法者,必中国之伟人也。)

(三)断定之发达。儿童最幼少时所现断定之作用,即属于知觉所含有之一种,故儿童之断定,最初即与物体之知觉相关。例如小儿常言:此是桌,此是唛唛,此是乳之类,皆属于实物的,而非推理的。又如小儿见火而缩手,见食物或果品而伸手之类,虽由于知觉,然其中亦有含断定之意。惟小儿之断定极简单,尝饴知其甘,啮梅知其酸,其他举不问也。

前举之六种断定,惟特称断定发达最早,上所引例,悉属于此,而否定断定及必然断定发达最迟(否定及必然二断定,多经问难辩诘而发生)。

据心理学家所研究,谓儿童之断定力之发达,皆由(一)至(二),故必先有特称断定,然后有全称断定;先有肯定断定,然后有否定断定;先有盖然断定,然后有必然断定也。任教授者,亦宜顺其发达之序以导之。

(四)断定之错误。在智识愚浅之人或幼儿,其断定易错误,往往误(一)为(二),误(二)为(一),吾人宜时绳正之。兹略举其例如左:

1. 全称断定与特称断定之错误如下:

凡金属皆固体也(此全称断定也,然而不正确,何以故?以固体之金类,特居金类之一部而已,若水银等,皆流体也,故宜更之曰:凡某某等诸金属皆固体也。即正确矣。然此为特称断定,故前语之错误,即由于以特称等全称也)。

2. 否定断定与肯定断定之错误如下:

鲸者,鱼类也(此肯定断定也,然而不正确,何以故?以鲸虽居水中,然实为哺乳动物,故宜更之曰:鲸者,非鱼类也。即正确矣。然此为否定断定,故前语之错误,即由于以否定为肯定也)。

3. 必然断定与盖然断定之错误如下:

地球者,殆椭圆体而绕日者也(此盖然断定也,然此地球之为椭圆体而绕日,久有定论,今忽出以游移之语,是有未信之意义在言外矣,此大背于实例。宜更之曰:地球者,椭圆体而绕日者也。前为盖然断定,而此为必然断定,故前语之不圆满,即以误必然断定为盖然断定也)。

由右举诸例而观之,可略见普通谬误之一斑。然此诸谬误中,尤以肯定与否定二断定最易致误,苟非人智程度发达至于极点,则此谬误终不能除也。

(五)教育上之注意。思考之本质何?即断定是也。直观及观念非经断定,不足为其用。至概念及推理,殆全由断定而发达,然断定者,不仅与智力有密接之关系,抑又影响感情意志上不少也。今述断定之当注意者如左:

1. 断定以前,须使儿童先有完全之直观,及确当之概念。直观不完全则观念不明了,观念不明了则概念不确当,概念不确当则断定必谬误,此必然之势也。裴师泰洛基氏曰:今有一果,在未熟期中内被虫啮,外观俨如已熟,而实则不崇朝而败矣。教授儿童亦然,若不使之得有完全之直观,及确当之概念,则其所断定者必谬误,而学业终无由进步。犹之虫啮之果,虚有其表而已。前所列谬误之断定,皆由于直观不完全,及概念不确当而生也。

2. 断定之时,切忌裁制,须使儿童自由推度。儿童虽富于记忆力,而思考力则甚幼稚,故教师须多方诱导之,以发达其思考力,断不可加以裁制,沮其天然发达之机也。是以在教授时,须视程度之高下,常发问题,而使之思考,若徒用注入教授,则儿童虽受有多量之智识,而思考力不足以贯之,亦无益也。

3. 断定之时,切忌草率,须使儿童详细推度。断定一事,最易周详,偶不经意,即肇谬误。故教师当发问时,有率尔而妄对者宜戒之。

4. 断定之时,切忌鲁莽,须使儿童精密推度。教师发问,其程度有浅深高下之不同,故有当时即能对,又有须要思虑之时间能答者,若混而一之,则推度必无暇精密,而谬误叠见矣。

(凡百迷信,多因推度不精密之故,民智未开之国,迷信最多。民智既开,则迷信亦日少。迷信与学业甚有关系,任教授者,若能略明理科,则于讲授之际,可与生徒以破迷祛惑之智识,其为益甚大也。)

(丙)推理

(一)推理之要义。推理者,辨别二个或二个以上断定之契合与否,而求得一个断定之作用也。例如左:

1. 凡物质皆有重量……大前提

2. 空气物质也…………小前提

3. 故空气有重量………决论

如右例，凡物质皆有重量，一断定也；空气，物质也，亦断定也。而辨别此二个断定之契合与否，则作为一图如上，物质内包空气，有重量者内包物质，故为契合。如是得空气有重量之一新断定，此作用即推理是。

推理在论理学上谓之推测式，亦曰三段论法(大前提亦名大命题，小前提亦名小命题，决论亦名断案)。

(二)推理之二种。推理有二种：一曰归纳法，一曰演绎法。归纳法者，由特殊个体以推度一般普通之真理者也。演绎法者，就归纳法已发见之真理，以论及特殊之个体者也。

前引之三段论法，即演绎法者是也。兹更举归纳法之例如左：

特殊个体{木有重量
土有重量
铁有重量
水有重量
某某等物皆有重量}凡物体皆有重量

兹更示一例如左以明归纳法与演绎法之关系

归纳法{木有重量…………
土有重量…………
铁有重量…………
水有重量…………
某某等物皆有重量}特殊个体

演绎法{故凡物体皆有重量……一般真理………大前提
空气为物体……………………………小前提
故空气有重量…………………………… 决论

以上二法，于教育上可应于时与处而用之(大概年幼者宜用归纳法，年长者宜用演绎法)。例如：修身科讲及勤勉乃幸福之母之格言，此格言而后例解之，所谓演绎法也。若先言某某以勤勉而获幸福，某某以惰怠而致不幸之诸实例，然后断言曰：勤勉乃幸福之母，所谓归纳法也。今世盛行五段教授法，略说如左：

五段教授法{1 豫备＝类化
2 提示
3 比较
4 统合
5 应用＝演绎法

（2 提示、3 比较、4 统合}归纳法）

右五段中，惟第三段比较最要，苟比较少则易致谬误。如言金类皆固体，鲸为鱼类，此等谬误，皆因比较简单之故也。

(三)教育上之注意。凡研究科学终极之目的，在乎推求其原因推理是也。推理在科学上，其程度最高，在心理上，其发达最迟，故教育者，顺其心理而导之，不可躐概念断定之等，而骤然以推理教授也。

(从前编教科书者，往往先总论而后各论，此大误也。总论为概念，各论为观念，未有观念不明了，而可与言概念者。近日本之新教科书，各论在首，总论在次，斯得之矣。由此观之,教授不可无次序,而推理之宜后于概念断定,乃益可信。)

思考力本有相互之关系,故概念、断定、推理三者,常相依以行。惟因论理之便,故强分之为三。

《浙江教育官报》第2期,光绪三十四年八月

科学:情育篇[①]

(1908年10月)

(节录高等学堂师范班教员铃木珪寿讲义)

甲、情绪

(一)情绪之要义:感应之起,在身体情绪之起,在意志情绪者,实较诸感应而更有强大之影响及于意识是也,如喜、怒、哀、乐、爱、恶等情是。

(二)情绪之表出:情绪之主要标准,面相者也。心喜者,面相如食甘;含怒者,面相如食苦;失望者,面目如食酸。其所表出者,盖内蕴情绪之结果也。虽然,亦有由反射而助成情绪之势者,如朔望叩拜孔子,而崇敬心顿起是也。故教育分二种:一曰形式教育,一曰精神教育,二者互相影响,不可偏废。由精神之情绪影响于形式,即上所谓面相,是由形式之情绪影响于精神,即上所谓反射是。

(三)情绪之种类:情绪之种类,如人间之境遇复杂无限,其数极繁多,今第举主要者言之:

第一项 自爱的感情(本能的感情)

人之所以异于禽兽者,讵人有本能的感情,而禽兽无之哉?第人于本能的感情中,而日日发达之,禽兽不能也。鹊之有巢,兔之营窟,自爱的感情,犹夫人耳。然巢与窟,自古至今仍旧式,而未有改良,则仅仅保守其本能的感情,而别无所发达也。由是观之,自爱的感情出乎其性所固然,所谓本能的是也。本能的之发达与否,人禽之界分乎是矣。

1.发作情。身体之运动,一愉快也。心意之发作,亦一愉快也。此心情谓之曰发作之情。夫情既日日发作,此乃出乎天然,断无禁遏之理。然发作过度,易生疲倦,且永久继续而不休息,则生退屈之感,如一日自早至晚,专讲一门科学,则听者思卧矣。故时间表者,所以使发作之情适于正当也。又小学校修身科上课时,学生皆恭坐不敢动,退班以后,往往有疲倦者,故修身科只宜上课三十分钟,所余之时间,用以唱歌则两受其益矣。

教育上之注意:古人有言曰:小人闲居为不善。夫小人岂性乎不善哉?但当闲居时无所事事,而心中发作之情不克自遏,于是不善诸事乘隙而入。倘使善教育者,利用其活动力导之于正当之方向,欲为不善,其有暇哉?

2.自重情。凡人视己为如何优大,则生自重之情。然此情过高,则有骄慢之习,不及,则生卑屈之感。

教育上之注意:自重之情足以使人向上进步,不自重而自轻,则自暴自弃矣。故学生入

---

① 此篇的各级序号比较混乱,故本书收录时,对序号作了重新整理,但内容未增减或移动。

校，即欲退学，此谓不自重。至于教师见学生愚鲁者，须曲折开导训诫，若直斥之曰：尔愚鲁，如此将来尚有何望，是使彼自重之心全然消灭，而入于下流无所悔矣。

3. 名誉情。名誉者，人生本来之性质也，故人认自己为优大，则生名誉之感。若他人优大有名誉，我好之，则为叹赏称扬；我恶之，则为猜忌嫉妒。又他人劣弱不名誉，我惜之，则为怜悯哀矜；我嫌之，则轻蔑厌憎。故名誉者，实可谓处己待人之一大方针也。

教育上之注意：人情莫不好名誉，虽幼儿亦然。然其中有二方面，其一方面，则人之为名誉而向上进步者，不宜挫折之；其又一方面，则为名誉之奴隶者，须切痛戒之。如学生平日用功，冀将来名誉之辉煌，前之方面是也。若平日怠惰，迨试验将近，往往勉力焦心，试验既过，游嬉如常，后之方面是也。任教育者，于此等处宜注意。

4. 嫌恶情。凡对于与自己不快之事物，则发嫌恶之情。既嫌恶矣，必于其不快所起之原因除去之，或避去之，而后安于心。由是而更进焉，不仅欲去其不快所引起之原因，且对之而欲有所报复，气力自然激昂，忿怒于是乎生。反乎此者，既不能除去不快所起之原因，并不能应之而有所反动，只能感于受动的而计无复之，则悲哀是已。若夫对于我有害之人，彼受苦痛而我心反因之感快乐，彼当快乐而我心反因之感苦痛，此之谓反情。又如预虑苦痛之将临于我身，中心悚然，而恐怖来矣。以上忿怒、悲哀、反情、恐怖等，虽情有不同，要皆根于嫌恶之情而生者也。

教育上之注意：

(1) 嫌恶之情。人莫不喜誉而恶毁，故有毁我者，恒嫌恶之。然亦未之思也。自明达者处此。人之毁我果当耶。宜返省诸已而内讼也；不当耶，则彼自失言于我乎何损，是故毁我而当感谢之不暇，何敢嫌恶。毁我不当，直不屑与之计较已矣，何必嫌恶。且朋友断不肯面责人过，若有面责以善者，非知己之深者勿为之，虚心受之可也，嫌恶之是以德为怨矣。故儿童在学校时，为教员者，当时戒其嫌恶之。

忿怒。忿怒之情发达最早，如小儿蹶于道旁之石，或蹴之、擎之。又为他小儿所侵辱，则必有逾时之喧扰，则忿怒之情固根于性，而必不能无者也。然苟不揆理势，一味忿怒，则智力之度全然消灭。人当忿怒时，或自毁其物件，或手刃其仇敌，殊不知毁物件者损失仍在乎己，刃仇敌者律法必至抵罪。而在忿怒勃发时，皆不计及此，智力消灭之证也。抵制忿怒之法，总以忍耐为主，且忿怒常起于一时，稍一思索，忿怒即平。故英国人常谓：忿怒若来，苟口诵二十五字母，诵毕，即忿怒平矣。盖口诵之际，忿怒之势一缓，且借是可以略加思索，故不觉其气之和平也。

反情。此情最损公德，宜切戒之。

恐怖。凡恐怖起于预知将不利于己，而无术救止之事，若不知之，恐怖即无从生。如盲者不畏蛇是。夜行之人皆畏鬼火，不知人死而酸化作用停止，埋骨地中，发生磷化水素，此实平常之事，而人恐怖之，甚无谓也。且恐怖一至，无论何事皆不敢为，尚何能建功立业耶！然有时恐怖亦不可少，如所谓谨慎、寅畏、战战兢兢，古之英雄皆有之。为儿童者，畏父母、畏师长，亦恐怖之有益者。

(2) 喜悦之情。凡遇事物之快乐者，则起喜悦之感。喜悦之感与原因之观念结合，而生爱情。其最著者，如父子之爱是也。而忠君爱国之情，亦不外乎是。至若豫期快乐之来，则有希望达于希望之实际，则满足是也。不能达于希望之实际，则失望是也。

爱国心在国民教育上最为注重。然小学校儿童本未有国家之观念,若骤教之忠君爱国,安能深知其所以然之故乎?故善为教育者,先养成儿童君国之观念,其道何由?夫学校、家庭,俨然一小国家也,校长、父母,犹君主也,教员、伯叔,犹官长也,苟在学校、家庭而顺从规则、命令者,将来未有不忠君爱国也。人有恒言,曰:孝者百善之门。又曰:求忠臣必于孝子之门,即此旨耳。

喜悦之于人亦大矣,儿童常常喜悦,将来必可上达;常常失望,将来必入下流。又儿童虽有过误,不可一意拒绝之,宜诲之曰:汝此事诚误,然苟改过后,必有望,则儿童希望之心油然而生。故希望者,开导儿童之绝妙法门也。

第二项 爱他的感情

思他人之快乐、苦痛而感快乐、苦痛于自身,是谓同情。幼儿见母笑则亦笑,见他儿泣则亦泣,故同情乃人性之天然者也。孔子所谓"恕",孟子所谓"恻隐之心",耶教所谓"大同",佛教所谓"慈悲",胥括于是。同情较爱情范围尤广,爱情主乎爱,然于泛泛行路之人,要无所爱,而道旁有颠连困苦者,见者辄愍之,是本无所爱之人,亦足引吾之同情。由是以观同情之发生,全然以人为标准矣。今人乍见孺子将入于井,哀矜之心,一时勃发,无不急起援之,其初心未尝计及报施也,故同情为爱他的感情。

同情之事由{观察、理会、想像}

惹起同情之次序,先由观察,而后理会,次由理会而后想像。故教儿童修身科,若骤语以名君贤相、英雄豪杰之事,彼儿童素无此等观念,何从观察之?既无观察,何有理会及想像,而起同情乎?是故善教育者,以感发儿童之同情为目的。第一须视年龄之大小,施以适宜之教育;第二勿使躐等,由近及远,由浅入深,此不可不知也。

教育上之注意:同情者,道德之中心也。

(1)慈爱实为同情之母。

亲之于子,无不出以慈爱,故子之于亲,易表同情。若谓亲虽不慈,子不可不孝,此仅事理上之论,非心理上之说也。

(2)使儿童慎于兄弟、朋友间之交际。

人之交际,最有关于修身。世之凶终隙末、互相倾轧,皆由少时不知择交之道故也。故家庭之间,宜使儿童对于兄弟、朋友常表同情,则将来社会酬酢,自然和蔼可亲矣。

(3)宜禁止暴虐杀生等事。

穷民之无告,奴隶之下贱,皆可怜而不可欺者。至于家畜、昆虫之类,亦不宜为无益之宰割。虽研究动物学,欲求实验,不免杀生,然亦出于不得已耳。近日各国开动物虐待防止会,如牛、马等,尚使以相当之劳力为必要矣,此皆同情之推广者。

乙、情操

情操之起原与情绪同,盖皆发生于心意上者。然情操所以异于感应情绪者,感应本于感觉,而情操不然。情绪出于自他之关系,及利害之思虑,而情操无之。然则,情操之定义何在乎?曰:情操者,但感事物自身之价值,而于外界不相干涉者也。

第一项　知的情操

1.知的情操之要义。吾人研究算数问题，忽然解决无讹，则其时有一种高尚之快乐相伴而起，即知的感情也（试验时作算学答案，乃情绪非情操也，与此有别）。故此情者，盖于得新知识及发见事物真理时，自然发生之感情耳。

2.知的感情之发达。儿童当二三岁时，见物即问，其所问者，往往乱杂无当，实由其好奇心迫而使然。此为知的情操发达之初期，壮年以后发达愈广，孔子之“学而不厌，乐而忘忧”，其即知的情操发达之故乎！

无知、疑惑、矛盾三者，虽甚苦闷，然一旦豁然会悟真理，则甚快乐。善于教授法者，能利用此心理作用，发达儿童之智识。人智之开发，学术之进步，悉本于此原动力也。

五段教授法中之预备，实以目的之提示为先导。盖无目的之提示，何从而施其预备？故教授者，先以今日所讲之课目说明，然后再用预备法。如地理教员讲习及喜马拉耶山脉，先告学生曰：今日所讲为关于喜马拉耶山脉问题，所谓目的之提示也。

例题：

（甲）教师告学生曰：今日所讲者，为地球绕太阳，而太阳不动之说。

（乙）教师告学生曰：今日所讲者，为地球绕太阳欤，太阳绕地球欤之问题。

以上二教法，同为目的之提示，然（甲）为善，（乙）为未善。学者细思其所以然之故，自能知其相差之点。

3.教育上之注意：于教法上而仅赖叱责、赏赞及评点（日本人以点记科学分数）等使得智识甚，不可也，但求其方法适于至当，自能使儿童智情满足，好为勉学而不疑。今记其要法如下：

（1）从直观而诉于想像，可使其传达之事物真正理解，不至窒滞不通。

（2）凡一切事物，不仅授与之传达而已，必使之自断定、自发明、好学深思之后，遂乐此而不疲。

（3）不可以过多之材料，过重之事项，强授诸儿童，使之索然无味，是宜适合于儿童之能力，致彼易领悟，以激发其探讨智识之情。

（4）认自己之不知、不能，可使起勤勉努力之刺戟，于其所不知者，不惮屡问于人，语曰：问者一时之耻，不知者终身之耻，洵不诬也。

（5）教师须有好学之念，精通于教授诸项，而与儿童共同学习，彼儿童见教师尚好学不倦，于是踊跃向学，兴致浓厚，进步亦因之加速。

第二项　美的情操

（一）美的情操之要义：人对于天然之景色，又绘画、雕刻、音乐、诗歌等，则生愉快之感，对于污秽丑恶之物，则生不快之感。此快、不快之感并不含利害得失等性质，单由所见诸事物有美恶之判断而生，谓之美的情操。

（二）感起美情之事物 ：

（1）清洁秩序及举止端丽；

（2）动植物、山水等之天然物；

（3）绘画、雕刻、建筑等之视觉，与诗歌、音乐之听觉美术；

（4）道德的行为。

(三)美之要素:

(1)变化。形状大小之不同颜色,红绿之各殊,凡此变化,皆所以造成美术者也。不然,同是一形一色,而无所变化,何足以为美观乎?

(2)对等又均齐。既有变化,若无对等及均齐,仍未为美也。如一器,前大而后小,如一人左目盲而右目缺,则未有不厌恶之。器具之制造,衣服之配置,皆利用此法。

(3)统一。凡物必有中心点以统一之,否则散漫无所归宿,美于何有?讲堂倾斜,讲台歪倚,识者见之,哂然失笑。何以故?以无统一故。池形正方,亭形三角,游人入之,怡然得趣,何以故?以有统一故。

(4)调和 善作羹者调和酸碱而不差多寡善绘画者调和颜色而不失浓淡由此以推调和之关系美术讵浅鲜哉

(5)势力。同一花也,树上之花美乎?折下之花美乎?曰:树上之花美。同一剧也,优伶演剧美乎?木偶演剧美乎?曰:优伶演剧美。此何以然耶?势力之有无不同也。前述实物教授愈于标本、图书,亦此理耳。

(四)宏壮之情及滑稽之情,此二情者美情之种类也。

宏壮之情感,事物之伟大,引志气之发扬,如临泰山,俯视平陆,则性情为之雄远。如观大海,怒涛骇目,则胸襟为之豪爽。然同时与恐怖之情相生而起,则宏壮之情反退居于后。涉六和塔之颠,大江一带,宛然在目,宜生宏壮之情。然据高下窥,危耸可畏,或虑塔之倾圮,则因恐怖而急欲下塔矣。

滑稽之情,起于事物之不恰好,使人解于颐而悦于心。然同时与同情相伴而起,则滑稽之情不生。子女踬于道,旁行路之人见而笑之,父母必不然,且生怜爱心,其例也。

然宏壮之情及滑稽之情,不必在当境然也。如悬想古代英雄豪杰惊天动地之事业,则宏壮之情亦生;想像平生得意之况味,以及曾见之怪景幻物,则滑稽之情自至。

宏壮之情于心意上有影响,滑稽之情于交际上宜谨慎。

(五)美育之必要。美育之名称,对于德育、智育、体育言之也,分类如左方:

1.关于品味者。有美术心之人,其品位高尚,反之者,其品位卑屈。又图书陈设之齐整,房屋配置之秩序,皆起高尚之感。

2.关于一生之幸不幸者。宇宙万物,各呈美观以悦人目,而怡人心,故深于美育者,所遇之山水景色,所见之楼台亭阁,皆足以旷神游志,幸福莫大于是。若不知美育者,则漠然置之而已,遂觉生此世界无甚趣味也。

3.交际上之必要。美的感情,交际上之应对所必需。与二三友人评论他人之过失,批驳某事之差谬,则易伤朋友之感情,若关于美的现象,虽累言之亦何所妨。

4.因同情之交换而增快感。如一人蹈风琴,数人合唱歌曲,兴味自觉勃然。若独蹈独唱,则寂寞寡欢矣。

(六)教育上之注意:

1.校地宜占风景之处,校舍须求清洁之方,器具当图整顿之法,教室勿为陋恶之形,校外应设植物之园。

小学校学生有来自田间者,素安于朴陋,本无美的观念,故校中务宜设法诱导,以养成美术之思想。

2. 教师虽贵质朴，然亦不宜野卑，即言语、举止、服装等，胥以端正为要。

3. 于图画、唱歌、习字之教授，养成其美情姑勿论，即于修身、历史等，亦必举示伟大之人物，唤起其宏壮之情，于地理科及理科，可使之悟自然之美，知宇宙万有之广大，养成其宏壮之情（小儿美情，出于天然，如好弄玩物，好采花卉等是）。

4. 凡祝祭日，礼节缤纷，装点隆盛，仪式上之辉煌，足以为美情养成之机会。又如修学旅行，观察自然之景物，考验各处之风俗，亦足为美情养成之机会。

（按学校毕业之时，行毕业礼，是日来宾纷集，仪式从丰，毕业生恭领文凭，其心中之乐，可想而知。且毕业生见此事之郑重，将来自能恪尽责任，不敢有所放弃。反此而是日来宾寥寥，仪式从俭，则寂寞而无趣味矣。此即仪式关于美情之实据也。）

5. 天下事有利必有弊，美情固有益于人，然苟发育过度，则精神弱颓，而陷于所谓优柔不断者，即文弱之弊是也。此不可以不注意。

第三项　德的情操

（一）德的情操之要义。德的情操者，即于自己及他人行为之善者爱而恶者恶之感情也。而此感情所以特异于他感情者，在乎含义务之情感。何则？如爱花者，彼自爱花耳，非花之不得不爱也；好酒者，彼自好酒耳，非酒之不得不好也。以言乎义务，毫不相关系。若德的情操，子不得不孝于父母，臣不得不忠于君国，其中固含义务之情感。

（二）良心。凡人如善恶之区别，好善而亲之，恶恶而去之，此心即谓之良心。良心者，即德的情操之别名也。

良心萌芽之后，不有以培养之，则良心渐渐牿亡矣。欲发达良心者，以教育经验之力居多。

良心发达之次序：

1. 他人、父母、教师之赏罚毁誉，足以使之迁善而改过。

2. 同情之发达，如有甲、乙、丙三人，乙为甲所侮，乙不敢较；顷之丙又为甲所侮，斯时之乙恶甲之无礼，且见丙之受侮与己等也，于是表同情于丙，遂助丙以抗甲。夫救朋友之急难，即良心之一端。然乙以同情之故，而此良心愈觉热踊，反是，则岸上观覆舟。视其浮沉以为乐，良心之消灭，即同情不发达之故也。

3. 朋友之意见及社会公众之舆论，可化固执之性质，而得完全之行为。

4. 国家之命令，国家之法律，使人有所畏惧，而不敢为非。

5. 或种之宗教学派相在尔室，俨然有质之在旁临之，在上者稽察下界之善恶，则遂惕然敬畏，无敢驰驱，无敢戏豫。

6. 以良心为有神圣不可侵犯之威权，即服从之感是也。吾人一举一动，莫不受约束于良心，苟有善良心，得以赏之；苟有恶良心，得以罚之。至于是，而良心达于极点矣。

教育上之注意，德情者，关于教育全般之事，于小学尤为主要者：

1. 父母及教师之言行，以至社会之风仪，皆有关于德情之发达，故父母及教师不宜以非礼之言、非义之行，言动于儿童之前。又社会上亦当以风仪，使儿童有所效法。

2. 无论何科教授，皆应助其智识之开发，与善恶之判断。其最有著大之关系，修身、国语、历史是也。修身以缮性养气为主，固不待言，国语之统一，足以起共同之思想，于德行上大有影响。至于小学之历史，不注重于事情，专取前言往行之可为表率者，教儿童以为模型。

故小学之历史,实修身的历史也。若夫新闻、小说所载,无非劝善惩恶之意,固不为无裨于人心。然儿童尚无善恶区别之见,易致误会其意义,而诱惑其心性,其禁之便,宜编辑少年书类,使之诵读,则智识自开张而无邪僻之弊。

3.儿童相互之交际,为他日立于社会之豫备,故教室共学、运动场共游,及远足旅行等共苦乐,最可利用之好机会也。教师于此等处,宜时时训导之,则将来社会上之应接有余,而无所困难也。

(附德国小学校常举旅行之事,当旅行时,教师督率以行至火车场,使学生自买车票,至客寓使学生自阅房屋。倘途遇理讲不能超越,使学生自设法以应之。凡学生所能为者,皆使学生自为之,以养成他日耐劳自立之精神。然有急难事,学生力所未逮者,教师宜代为维持。)

4.教师见学生之善行,固心悦而嘉奖之,然儿童即有过失,施真实之怜悯,加恳切之训诫,务必使之感奋兴起而后已。如医者之视病,善施针砭,调和汤药,求其病之有瘳,而始安于心。不然,恶儿童之过失,遂并恶其人,或痛詈之,或重责之,适足以阻彼自新之路,而使自陷于暴弃矣。夫医者不过除去其人之病,而并非嫌恶其人,则教师亦宜救正其人之过,而不可嫌恶其人也。

第四项　宗教的情操

(一)宗教的情操之要义:

凡人遇人力不及之事,则往往谓有主宰在上,以支配一身之运命者,于是崇敬之,而起服从之情,是谓宗教的情操。

1.野蛮人崇拜猛兽及酋长之灵魂;

2.基督教、回回教信奉唯一之上帝;

3.儒教之信天命、天道;

4.佛教之信佛陀;

5.其他有信天地间之自然法者,如风雨寒暑,人不能推知其原。

(二)宗教的情操与道德之关系:

两者虽互相补益,而不相同。宗教者,依赖鬼神为出世的道德,基于一己之良心,对社会而起者也。

宗教于教育上甚有裨益,能使儿童畏天命,而达于慎独之域。故教授之时,养成儿童宗教之性,亦为必要。

教育上之注意:教授修身、历史时,当示以善人之终得光荣,恶人之终归衰弱,使知善恶之判别。又于地理科,当使知世间万物有真正之规律,而养成其宗教之性,是诚教育上之要务哉。

《浙江教育官报》第3期,光绪三十四年九月

学部咨复浙抚高等学堂课程仍照定章办理文

(1908年9月25日)

为咨覆事。据提学使支恒荣详称:高等学监督吴咨开:准司照会,奉准学部咨开:浙江高等学堂预科既经毕业,自应接办正科。惟现在京师分科大学尚未设立,该学堂监督虑将来高等学生毕业,无大学可入,拟参仿高等专门学堂之制,量予变通,系为因时制宜起见,自可照准。惟所呈高等正科课程表中,其第一类普通学较少,而于第一学年即参加专科;至第二类则于第三学年始有专科,两类相较,办法未免参差。且第二类课程之中,机械工学、采矿及选矿学仅各占一学期,应用化学仅占两学期,为时过短,所习无几,恐有添加专科之名,而无学成致用之实。应饬令各再延长一年,于第一类之第一学年及第二学年,专注重国文及外国文;第二类之第一学年及第二学年,专注重各种高等、普通学,至第三、四学年,则注重专科。庶几学生于普通学既有根柢,而于专门学亦确能致用。相应咨行贵抚查照办理,并饬提学使司遵照,等因到院,札司照会查照遵办,等因。奉此,敝监督当即遵照部饬,改拟课程,定第一类为法政专科,第二类为格致专科,以期名实相副。缮具课程表,呈请察核。并声明高等学堂定章,系第三年毕业,现在浙省高等正科,既参酌专门学堂办法,照定章延长一年,将来此项学生毕业奖励,亦应比照原定高等学堂奖励酌量优异,以昭激励,并请咨明立案,等因过司。准此,理合将送到课程表详候咨请学部立案饬遵,等情到本部院。据此,相应咨送,为此合咨贵部,请烦查照立案,并希复浙饬遵,等因前来。

查该堂之意,以豫备而兼授专门,于办理之际,本多窒碍。详阅所定课程表,于普通诸课均参照高等学堂定章,而于专门诸科,钟点所加无多,恐其所谓专门者,毕业以后仍难应用。又第一类将法律、政治两门并列,第二类将机械工学、应用化学、采矿冶金学三门并列,均令学生以一人而兼习数门,无论该堂为时较短,非分科大学可比,即就分科大学而论,亦无一人兼习数门之理。迁就办理,殊未合法。查从前该堂因京师分科大学尚未设立,故将高等学堂办法略为变通,现在分科瞬将开办,是各省高等毕业学生不患无升学之地。且该堂于高等学堂中添习专门,所定课程钟点仍未尽善,自应仍照高等学堂课程三年毕业,以为京师大学之预备,庶办理一切较为完善。相应咨覆,查照饬遵可也。须至咨者。

光绪三十四年八月初九日

《学部官报》第67期,光绪三十四年九月初一日

高等学堂运动会详记

(1908年10月22日)

九月廿四日,浙江高等学堂联合附属之高等小学,及各所蒙学,在该校操场开秋季运动会,自上午八时开幕,至下午五时始闭会。是日,来宾优待席约到二百余人,普通席多至千余人。各学校列队前往,参观者计皖学附设之商余补习科公益学堂、杭州高等小学、仁和小学、钱唐小学、木业盐务等七八校,行列整齐,布置严萧。优待各宾兼备午餐,并分赠记念杯各一具,每运动一次,照章发给奖品。内有最重要者,为八百码赛跑、竞走,并有来宾如师范监督、

中学监督诸君,附给奖品。是日会场出有临时新闻一种,用真笔版刷印,瞬息一纸,凡报告决胜点及争胜名次,以及来宾一举一动,备载无遗。所谓广告、论说、新闻、插画等,皆有精神,仅仅数小时间,出版至十五六号,可谓学界之特色云。

《申报》1908 年 10 月 22 日

本司支照会高等学堂奉学部札正科讲义应送部备核文

(1908 年 10 月)

为照会事。本年六月十三日奉学部札开:查奏定章程高等学堂立学总义章,内开:高等学堂应将每岁所教功课,禀报本省督抚,咨明学务大臣查考。又光绪三十二年本部奏设法政学堂折内声明:比照高等学堂各等因,业经通行在案。现在各省高等学堂渐次成立,除高等预科、法政预科、别科、讲习科不计外,其开办本科者,亟应遵照奏定章程,分晰学科,报部察核,以立分科大学之基。所有各省高等学堂、法政学堂、高等实业学堂以及各项高等、各专门学堂本科,历期历年各学科讲义,应由各省提学使咨行各学堂分别装订成帙,限文到两个月内解送本部备核,为此札仰该学司遵照办理,等因。奉此,相应照知,为此照会贵监督,请烦查照遵办可也。

《浙江教育官报》第 3 期,光绪三十四年九月

部咨高等学堂外国文划一办法

(1909 年 6 月 6 日)

浙抚增中丞前奉学部咨开:准专门司案呈:查奏定高等学堂章程第一、二类,以英语为必习之学科,第三类以德语为必习之学科。又第二类之有志修化学、电气、工学、采矿、冶金学、农科各学者,以英、德二国语为必习之学科,定章至为明显。乃查上年各省解到之学堂一览表,江苏之高等正科设有文科法文班、理科法文班;陕西之高等预科有俄文班及法文班;福建之高等预科有专习日语及专习法语者;山东之高等正科有以法语为主课,而兼习英语,仅读英文法程初集者。似此纷歧百出,非特与定章不符,且于将来升入分科大学之际,大有窒碍。盖分科大学,于经科外共分三十五门,一门之学生决不能再分数班,而用数种外国语教授,则为高等学堂学生毕业后之升学计,其所习之外国文,断不能不从分科大学所用之外国文而定。查高等学堂之第一类系预备入经学、法、政、文、商等科,第二类系预备入格致、农、工等科,第三类系预备入医科,是第一类之外国语,宜以英语为主科,德语或法语为兼习科;第二类以英语为主科,德语为兼科;第三类以德语为主科,英语为兼习科。至日语及腊丁语,可作为随意科,法语第一类外无庸习,俄语则原定高等学堂章程中本无此科。惟近来西北诸省俄事交涉日繁,其预备入法政科大学研究中俄交涉,及预备入文科大学之俄国文学门者,自不妨于高等学堂中添习俄语,应将俄语一门亦作为第一类之随意科,第二、三类均无庸习。如此详为厘定,庶几以后各省高等学堂之外国文归于划一,将来学堂毕业升学,可无扞格,而与

奏定章程亦可符合。当即咨行高等学堂查照办理。

《申报》1909 年 6 月 6 日

本司支奉学部札厘定高等学堂外国语课程照会高等学堂监督文

(1909 年 6 月 7 日)

为照知事。本年四月初二日奉学部札开:专门司案呈,案查奏定高等学堂章程,内开:第一类外国语,惟英语必须通习,德语或法语选一种习之;第二类外国语,于英语外选德语或法语习之,惟有志入格致科大学之化学门,工科大学之电气工学门、采矿冶金学门,农科大学之各门者,必选德语习之;第三类外国语,于德语外选英语或法语习之,各等因。是凡高等学堂之第一、二类,皆以英语为必习之学科,第三类以德语为必习之学科。又第二类有志修化学、电气工学、采矿冶金学、农科各学者,以英、德二国语为必习之学科,文义至为明显。乃查上年各省解到之学堂一览表,江苏之高等正科设有文科法文班、理科法文班,陕西之高等预科有俄文班及法文班,福建之高等预科有专习日语及专习法语者,山东之高等正科有以法语为主课而兼习英语,仅读英文法程初集者,似此纷歧百出,非特与定章不符,且于将来升入分科大学之际,大有窒碍。盖分科大学于经科外,共分三十五门,一门之学生决不能再分数班,而用数种外国语教授,则为高等学堂学生毕业后之升学计,其所习外国文,断不能不从分科大学所用之外国文而定。查高等学堂之第一类,系预备入经学、法政、文、商等科;第二类系预备入格致、工、农等科;第三类系预备入医科。是第一类之外国语,宜以英语为主科,德语或法语为兼习科;第二类以英语为主科,德语为兼习科;第三类以德语为主科,英语为兼习科。至日语及蜡丁语,可作为随意科。法语除第一类外,均无庸习。俄语则原定高等学堂章程中本无此科,惟近来西北诸省俄事交涉日繁,其豫备入法政科大学研究中俄交涉、预备入文科大学之俄国文学门者,自不妨于高等学堂中添习俄语,应将俄语一门亦作为第一类之随意科。第二、三类均无庸习。如此详为厘定,庶几以后各省高等学堂之外国文,归于划一,将来学生毕业升学,可无扞格,而与奏定章程亦可符合。除分咨外,札司即便遵照,等因。奉此,相应照知,为此照会贵监督,希即遵照办理可也。

宣统元年四月二十日

《浙江教育官报》第 12 期,宣统元年七月

本署司袁呈送浙江农业教员讲习所简易科课程表转请咨部立案详抚宪文

(1910 年 10 月 7 日)

本署司袁呈送浙江农业教员讲习所简易科课程表,转请咨部立案详抚宪文。

为详请咨部立案事。窃浙省遵照筹备清单,设立农业教员讲习所,并照会农科举人、内阁中书陆家鼎为该所所长,均经先后详报宪台在案。该所长自到差以后,当将应办事宜商同本署司,悉心规画,逐渐就绪。复以建筑校舍需时,暂行租赁民屋开办,于八月初二日考选学

生,一律进堂授课。兹准该所长将所订课程呈请详咨前来。据称:窃按光绪二十九年分,由学部奏准《实业教员讲习所章程》,关于农业者所立科目凡二十有三,学习年数以二年为限,入学之讲习生须在十七岁以上,在初级师范学堂、中学堂或与同等以上之实业学堂毕业者,始为合格。迨宣统二年正月复经学部议奏实业教员讲习所毕业奖励办法,实业教员讲习所仿照优级师范学堂,定为四年毕业,并农业、商业二种,得援工业教员讲习所例,并准设立简易科,招生开办,毕业年限及奖励章程均照初级师范简易科办理。惟此项讲习所暨简易科所习学科,应由各处遵照定章所列科目,分别浅深,酌拟详细课程报部核定各等因。窃念本所事系创办,兼之经费支绌,不得不参酌情形,先招简易科生一百名入学,资序以高等小学毕业,及中学堂一、二年级得有修业证书及程度相当者为合格,定为二年毕业。是以程度言,究非与优级师范生可比,以毕业言,亦非与四年之久相同。部定科目虽不可减,自当分别浅深,酌量办理。即如国文、心理、博物等学,按之部定科目中原未列入,而诸数科实为师范生之必需,故亦附加课程表内。特以年限短促,科目繁多,因至授课钟点均形短少,虽实习科为农业中至重至要之点,亦未能加多。此固限于时日,无如何耳。谨将本所酌订课程表呈请裁夺,转详抚宪咨部核定,以符定章,而资遵守。计粘课程表一纸,等情前来。本署司伏查,该校所订简易科课程,系以部颁奏定科目为主,又参照地方情形,斟时施教。其所加之国文、心理、博物、物理、图画五门,或为师范所必需,或以充补高等小学毕业生及中学一、二年生程度之不足,持论亦非无见。至学生资格,系按照初级师范办理,尚属合格,理合详请,并将送到课程表照录同送,仰祈宪台察核,附赐咨请学部、农工商部立案,实为公便。为此备由呈乞,照详施行。

宣统二年九月初五日

《浙江教育官报》第 37 期,宣统二年九月

本署司袁呈抚宪详送中等工业学堂职员教员履历暨更正染织科时间表请咨部核复文

(1911 年 7 月 15 日)

为详咨事。案于本年五月初三日奉宪台札开:宣统三年四月二十六日准学部咨开:实业司案呈准咨开:据提学使详称,案照浙省设立中等工业学堂一案,前经拟章详奉抚院奏咨,并请拨用报国寺铜元局屋舍、器物开办,暨照会内阁中书许绅炳堃充当该堂监督各在案。兹据该监督禀称:拟由二十一日举行甄别,赶于二月内开课,暨查照前定章程,拟具课程表,请详咨学部立案,并请颁发钤记,等情前来。查所禀进行次第,思虑周密,惟课程表所载机械科,应改为金工科,以符定章。除批令更正,并颁发钤记启用外,合将送到课程表详候咨送学部查核立案,等情到本部院。据此,相应咨请查核立案,等因到部。查该堂所拟金工、染织两科科目、钟点,大致尚属相符,惟金工科之重要制造用机器一门,力织、机纺织、制纸等科,与金工科无甚关系,应改授压榨机、刨床、钻床及其他有关金工之各项科目。染织科之分析一门,在第三年教授为时过迟,应提前教授,略增钟点,仍以一年为期。除该堂课程应照前咨各条改正报部外,并应将该堂职员、学生履历清册一并造表送部,以凭稽核。相应咨复贵抚查照,转饬提学司饬遵可也。等因到院,札司即便转饬遵照办理,并将该堂职员、学生履历一并造册,详候咨送等因。奉经照会该学堂监督查照办理在案。兹准工业学堂监督许绅炳堃呈称:

遵将本学堂职员、教员、学生履历分别造具清册，并更正染织科时间表，恭呈宪核。至大部饬改之金工科科目一节，仰见循名责实，亟应遵照办理。惟查本学堂所设之金工科，其刨床、钻床两项，已在工作法中讲授，压榨机之作用，则亦含于水力学及工作法中。至原设之力织、纺织、制纸等机械，盖因浙江工艺素以丝绸、制纸著名，而棉花又为土货之一大宗，将来此种工场，必居多数，设金工科生徒于此种机械原理毫无知识，则制造、修理之时，势必仍借才异地，故特于金工科科目中讲授力织、纺绩及制纸等项机械，以备储用。可否仍乞据情详请，念其因地制宜，免予改订之处，出自钧裁。备文呈祈察核示遵，计呈送履历清册暨更正时间表各三分，等由过司。准此，除将送到册表留存一分备案外，理合据情详请，并将其余册表附呈，仰祈宪台查核，俯赐转送学部查照，并乞将金工科科目可否免予改订之处，咨请核复饬遵，实为公便。为此备由呈乞照详施行。

宣统三年六月二十日

《浙江教育官报》第86期，宣统三年闰六月

农校三年级生前赴上海等处参观
（1918年11月5日）

省立甲种农校三年级生，前赴上海、苏州、南京等处参观第一、第二农校成绩，增长阅历知识，业已事毕，昨日回杭。

《时报》1918年11月5日

为介绍浙江省立甲种工业学校毕业生到各厂实习通告各厂函
（1919年7月23日）

径启者，接准浙江省立甲种工业学校校长许君炳堃来函称：本届有毕业生十人，请为介绍各厂实地练习，并附名单一纸，等情。又北京工业专门学校机械科毕业生周宝庠，亦请介绍入厂练习，先后到会。查纺织人才本属缺乏，今岁新厂勃起，尤不免有才难之叹。贵厂对于以上诸生，可否酌量收用，储为异日之材，统希明示，无任公感。

七月二十三日

《华商纱厂联合会季刊》第1卷第1期，民国八年九月二十日[①]

① 《华商纱厂联合会季刊》，1919年9月在上海创刊，纺织类刊物，停刊于1934年2月，华商纱厂联合会编辑并发行。原为季刊，自1931年改为半年刊，刊名也改成《华商纱厂联合会半年刊》。主要栏目有文牍、议案、各厂消息、植棉纪事、会议记载、社说、各国纺织界消息等。

浙江公立工业专门学校一览:教授要旨
(1921年3月中旬)

专门预科

伦理学:本校伦理学教授法,一扫前人陈法,而为学派的研究,不断断于一家言。首述伦理学大意,次述吾国古圣贤之伦理学说,又次述西洋各哲学家之伦理学说,而基督及释迦牟尼之人生观,亦在所必及焉。

国文:本校专门部国文教授,时间仅定预科一年,每周四小时,故文章之流派与其起迄、源流,皆不暇及。选文则注重应用,一以平实、明确为主,故纯尚词华及以翻腾架空见长,而按之实际无甚意义者,或文字虽美而陈义过于陈腐者,皆所不取。

英文:专门预科所用教科书,用英文原本者占教授时间五分之四,中学毕业生之英文程度稍逊者,受课时倍觉困难,故预科加授英文六小时,以资补救。教授时,只求其文句通顺,对于科学上文句不致误解,至高深之文学,因限于时间,概行节略。

体操:早操每晨十五分钟,整操隔周一小时,以锻炼身心,谋身体各部之均一发达,并使作深呼吸,谋肺脏之健康。甲种本科及预科亦适用之。

三角法:本校因入学者数学程度不齐,故设此学科以资补习,为解决工程学上各种问题之基础。选用温德华司密司氏《平面三角法》为教本,取其练习题多,而适于实用也。

大代数:代数为数学之中坚,而大代数学为微积分学之基础,故特加注重,以树数学根基,采用美人好克司氏《高等代数学》为教本,讲授理论时,多方引导,以唤起学生之兴味,余则取自动主义,多使练习,俾学生得确实理解之能力,以完成其精密之应用。

物理学:本学科教授意旨,在使学者得物理学上必要之智识,为研究高深学科之基础,用美人达夫氏所著《物理教科书》为教本,以其材料丰富,论理明晰也。且于力、热、电学三门,更穷源竟流,所附问题,皆基于原理,尤能使学者得引伸而变化之。

物理实验:使学生熟悉物理器械之构造及作用,俾得有精确及有系统的观察,而因以引伸物理学上较高之理论,并使复习物理上之基本理论,得明了教本中公式及定律之纲要。

化学:化学一科,事实繁多,原理深邃,学者往往因端绪难寻,致一窥门径,即起厌弃之念,故教授时由简而繁,因学者已知之物质,渐及于未知之物质,依学者易于领会之学说,渐及于深邃之学说,使不觉其难,自能入胜。且于日常生活上必须之知识,及工业上应用之制造方法等,深切注意,以唤起其兴味。每遇定律,多出题演习,以防其食固不化之患,长其探隐索微之习,使得广为应用。至于各物质形状之琐屑者,则不求其默记也。选用苛列门氏《无机化学》为教本,而稍为损益,有必要处,则另发讲义,以增补之。

化学实验:化学一科,徒事讲演,难期领会,故须实验,以说明及证实各种理论,故于化学教本而外,另编实验讲义,使学者躬自练习,俾知理论之非空言,实验之足征信,并得以增长其运用方术之技能。

投影画:本学科为养成学生有读工作图之能力,并为将来制图及设计之基础,用勃来生及达令二氏合著之《投影画原理》为教本,教授时先授以基本定理,次及问题之解法,而后使制图练习。

甲种预科

修身:间周一小时,讲授《论语》中之切近实用者,间以宋明学案之歌诗,俾足以兴起精神,及偶发事项之指导。

国文:每周七小时,以四小时讲授选文,一小时复习,二小时作文。选文以道德为主,间择有兴趣者,文体概以记事为主。

英文:每周六小时,以三小时讲解,一小时默写、翻译、造句,一小时读文法。

数学:每周九小时,用布利氏《新式算学教科书》为教本。是书系搜取算术、代数、几何、三角四种教材混合教授,尤注重图线公式,俾学生得以融合各法,会通领悟,且进习专门学科时知所应用。

物理:选用中学校用物理学为教本,力、热、音、光、磁、电等学之大意,悉令学习之,俾学生对于物理学上各种知识齐备而了解。

化学:选用王兼善氏民国新教科书为教本,于无机、有机二部,悉令学习,使学生得有化学上各种知识。

甲种本科

共通学科:

修身:用《论语》为教本,依其篇次,逐渐讲授。惟第一学年多讲简单易晓之章句,其意义奥复而曲折者,则于第二、三学年教授之。遇有涉及古代典制、历史事实者,随时摘要说明,以增其兴味。遇有与新学说相通或相抵触者,随时融会指示之。

国文:本校教授国文,概以实用为主,故选文多取记事体,其次序则自清代上溯元、明,而宋、而唐,由近及远、由浅及深,其辞藻华丽,及六朝秦汉以上文字,均不选。

英文:本校教授英文,概以实用为主。且以限于时间故,上课时授以读本文法、翻译、造句等,只求其能读各种专门书籍,其涉及高深文学者,概行节略,而于各科专门讲义中,则统用原名。其有文字平易之诸专门书籍,则使之参考,以为将来自己研究之预备。

三角:本学科为一年级甲部(机械、电机、机织三科)之共通学科,以熟练直角形与锐角三角形之解法为要点,期能解物理学、机械学上之各种问题。

解析几何及微积分学:本学科为机械、机织之二年级之共通学科,采用斯搿尔氏所著《分析数学原本》为教本。本校注重实用,而数学一科,非理解不能明了,故采用是书,以期缩短篇幅,以达理论、实用二者兼顾之目的。

物理:本学科为一年级甲部学生之共通学科,故预科修了后,特继续授以理论物理学,偏重于力、热两部。其教授材料,则由教员就适合于教授之本意而编制之,以期副于实用。

电气磁气学:电磁气学为物理学之一部,其应用甚广,实为一般电气工学之基础。现今电气工业逐渐发达,欲阐明其原理,或求其改良进步,非为学理之研究不可。故本校别立一科,以期详备,惟无适当之教科书籍,故编辑讲义,使合于初学者之用。然其现象复杂,理论深邃,初学者每多苦之,故就讲义用数式详细说明外,更示以各种实验,使初学者得确实之观念,而学理与事实庶无隔阂之弊。

无机化学:本学科为一年级乙部(应用化学、染色二科)之共通学科,由教员编制讲义,于纯正化学而外,于工业的制法,及各种单体或化合物之用途,其有关于工业者,特详加记载,以唤起学者实用上之兴味。卷首冠以化学原论数章,使学者得理解化学之变化,并明了其既得之观念,其高深之理论,于化学工业上无直接关系者,则简略之。

有机化学:本学科为应化及染色之共通学科,盖本学科与制造化学有密切之关系,故应用化学科以有机化学为基础,染色科亦与焉,由教员编制讲义,先授以定义及命名法,次则及各种化合物之性状、反应及构造式等。

分析化学:本学科为应用化学及染色二科之共通学科,分定性及定量二种,概使学生各自操作,以养成其精确之习惯,及熟练之技能。

机械学:本学科为应化、染色、机织三科之共通学科,分为二部:一为应用力学,一为机构学。应用力学就力与运动之关系,简单说明之,更附以例题及问题,使学生得练习计算;机构学专授各种传动方法,而务以模型说明之。

投影画:为各科一年级之共通学科。投影图学为各机图之基础,授以讲义而外,另使绘图数张,即以各张之练习问题,用四或六题为一张绘之,使学生熟练画图器械,为机械制图之基础。

机械制图:为机织、应化、染色三科之共通学科,教授时说明机械图与几何圆投影图、透视图、断面图之联络,使学者知已实习各科之应用,说明机械形式与力学及工作方法之关系,使学者明白机械构造之意义,说明机械之外形,及内部以正面、平面、侧面、断面各图表示之方法,使学者明白实物与图像之关系。

机械科专修学科

应用力学:授学者以能解决力学上普通实用问题,并自能研究高深力学之门径,于各节授毕之后,视应用广狭,选练习问题,使学生练习之。

材料强弱学:本学科为机械设计之基础,故就重要事项详细说明外,更附例题,使学生练习实际计算之方法。

机构学:本学科为研究机械运动状态之基础,故用数学的方法就图说明外,更用各种模型,以说明实际运动之状况,使学理与事实无隔阂之弊。

水力学:自电气工业发达以后,水力之应用相得益彰。本学科先授以关于水力之专门知识,及各种计算公式,次授以各种吸水机械之构造及动作,又次授以水力发动机械之构造及装置,俾学生得受工场中应用水力之知识。

工作法:本学科教授机械制造之方法,就中以木工、铸工、锻工为预备工程。第一年教毕,第二年专授加工之法,分为手工加工及机械加工二种。手工加工即钳床工,机械加工如车床、刨床、折动刨床、纵削机、旋刀机、研磨机等皆属之。

板金工作法:板金工作范围至广大,如汽罐、桥梁等,小如五金、杂货等均属之,其规模较大,技术较专。故本学科教授时,以手工工作为主,为普通之板金工作法,但讲义中亦间及简单之工作机械,以便实地之应用。

蒸汽汽罐:蒸汽罐为热机关之一,凡蒸汽机关、蒸汽涡轮,以及其他特种机械工具等之运转,均胥赖于此,应用甚广,种类亦甚多。讲义中于蒸汽发生之原理,汽罐各部之构造、作用等,均详加说明,更附以各种汽罐之实例,加以详细之解释,俾学生了然于各种汽罐之构造及用途,且与原动室实习,亦得互相印证。

蒸汽机关:蒸汽机关为热机关之一,工业上应用甚多,故于其各部分之构造及作用,均详细说明,而关于理论之处,如热机关之循环,蒸汽膨胀之性质,示压图之研究,廻转力之变化等，尤为之详加讨论，以期学生了然于蒸汽机关之作用，更附以各种实例，使得与原动室实习相印证。

内燃机关：内燃机关为热机关之一，工业上应用甚广，故于其各部分之构造及其作用，均详细说明。而关于理论之处，如压缩之作用，气体之燃烧，及廻转力之变化等，尤详加讨论，以期学生了然于内燃机关之作用，更附以各种实例，庶与原动室实习互相印证。

机关车：机关车亦属热机关之一，其原理虽与蒸汽机关相同，而其构造则大异，故于机关车各部之构造及作用，均详加说明。其与蒸汽机关相同之处，如滑瓣图之研究，及链杆运动、摇棒装置等，均从简略，以免重复，而省时间。

制造机械：现今凡百制造工业，莫不由手工而改为机械，故制造机械之范围非常广大，势不能一一讲述，特选其需要最广者，如制纸、制糖、制粉，以及锉刀机械、钢扣机械等，说明机械之构造及动作，俾学生修业后，得应各种专门制造厂之要求。

工场设备：实地经营工场，除应用专门技术而外，尤须有相当之知识，故本学科授以是项常识，如工场之建筑方法，机械及轴之设置方法，以及关于采光、暖房、照明诸设备，均详加说明，使学生有设计工场之能力，而于实地经营时，亦得有所遵循。

机械制图：于二年级教授之。是学科为机械设计之初步，每周八小时，以七小时画图，以各机部为课题，由简而繁。以一小时教授画图之理论与方法，以及各机部之作用、构造与寸法之计算及规定，希养成机械术上必要之能力。

机械设计：是学科与机械制图性质相同，故其课题及讲义之编制，各相继续，而成一系。每周十小时，以八小时画图，以各机械之附属品及简单之全部机械为课题；以二小时教授各种机械之理论及设计法。

染织科专修学科

浸染学：我图染业分为青红坊、巧坊二种，各有师承，墨守旧法，新出染料不知应用，故本科所教授者，专以改良染法，切于实用为主。

捺染学：捺染学一名印花术，内分手工捺染、机械捺染二种。手工捺染为吾国所固有，但简陋异常，故本学科于各种印花方法，均详细教授，以期养成专门技手。

应用化学：碱类、酸类、漂白粉、燃料等，及其他有关系之物质，学染色工业者不得不详知其性质、制法及鉴定法等，故特设此科以教授之。

色素化学：色素化学一名制造染料法，本校为造就制造染料人材起见，故于染料之制造法、原料原理及实例等，均详细教授之。

配色及混合色：配色与混合色原理，尽根据物理光学，但因吸收光线与反射光线之不同，其间亦小有差别。至于配色所用各种光源，本学科亦略加说明，俾学者有所依据。

染色机械：关于染色工业上应用各种机械，其构造原理及其应用方法，均详加说明。

工业分析：本学科为化学工业之最重要学科，择与染色科有关系者，如水染料等，使学生实习分析，以为染色之助。

织物原料：本学科为染色、机织二科之共通学科。研究此二科者，非从织物原料入手不可。凡关于各种原料之物理及化学之性质，均详加说明，俾学染织者有所依据。

原动机：本学科为染色、机织二科之共通科，用威连姆客弗氏所著《热动机》为教本，使学者明了热动机种类、使用方法及热动机工场设备之三种，凡关于设计及涉于理论诸处，均以简单之数学说明之。

织物整理法:本学科为机织、染色二科之最后工程,内分棉布整理、毛织物整理、丝织物整理之三种,教授时注重棉布整理法,以毛织物次之,丝织物又次之。

水彩画:专授以果物、风景等各种写生画法。

图案学:本学科注重图案原则、色彩配合、变化方法,以及模纹组织法等。余如描画方法、作图资料,亦在教授之列。

机织学:本学科讲授织物内经纬线组合之状态,及织物制造诸装置与手续,凡织造时所需机件及工程次序等,均在教授之列。

织物解剖学:本学科所以分析已成之织物,研究其原料、密度、组织诸条件,以及织造方法,俾学者得深悉各种织物之构造。

纹织学:纹织学教授范围颇广,如提花机构造种类、装法、轧花等均属之,而其宗旨则在纹织之织物。

织物意匠学:本学科研究织物之配色、模纹之配置,及设计意匠图画法,以及各种特别织物之设计,而将所设计制织之织物构造绘成意匠图,以便为轧花及制织之需。

力织机构学:专授关于动力织布之各种机械,其传动原理及使用方法等,均详细教授,使学者得理解而应用。

棉纺学:棉纺学以说明棉纺工程之顺序,及其机械运动为主旨,而对于机械各部之关系、位置、速度计算、运转方向等,尤切加注重。

丝纺学:丝纺绩以废丝废茧为原料,故含有精练等种种准备工程,至其所用机械之构造及运转方法等,亦在教授范围。

毛纺学:毛纺学依毛线之种类,分为梳毛纺绩与纺毛纺绩之两部。纺毛纺绩须应用走锤精纺机,故于走锤精纺机之构造及运动,尤详加说明。

麻纺学:麻纺绩以麻纺成线为目的,故教授时详授以预备工程,及粗纺、精纺诸方法,而于干纺、湿纺诸方法,尤加详尽。

应用化学科专修学科

油脂:油脂工业占化学工业之大部分,且为日用上必需之品。我国农产丰富,各种原料应有尽有,故教授时于国内重要制油原料之产地、收获时期、榨取并精制改良诸方法,详加记载,并将新旧两法列入比较,俾学者得知所适从。

颜料:取其切于实用诸颜料,而为近时社会上所需要者之制法、用途等,详细讲授,以备学者之随时应用。

制纸:以改良中国之旧式制纸事业为主旨,故兼授以新式技术及旧式方法,偏重实用,理论则次之。工场实习时亦偏重手工。

制革:我国富有皮革原料,而苦无佳良之制造法,故本学科于各种原料之性质,详加说明,并列述各种新式制造方法,以期学者得自行研究应用。

酿造:就酿造上必要之细菌,将其性质详加论述,参加以酒精、葡萄酒及各种欧美酒类之制法,细菌培养及检查等,则使学生各自实习。

舍路罗特:舍路罗特为特种纤微维加以硝酸而制成者,其制品为日用所需,如假象牙制品,鳖甲、琥珀、珊瑚、玳瑁等之模拟品,玩具、烟嘴等各种制品。教授时先授以舍路罗特之性质、原料之选择，及各种硝化方法，次授以生地之机械制造法及其加工法，更附述工场设计之大概。

酸碱：化学工业之于酸碱，犹机械工业之于钢铁，其重要可知。故本学科特将各种酸类及碱类之制造方法，详细列述，并参以平易之理论，使学者易于了解。

瓦斯：先授以各种染料之性质、用途、定量方法、检定方法等，次授以石炭瓦斯及其他各种瓦斯之制造法，其副产物为化学工业上之重要原料，故其生成之多寡，有关于原料之种类及制造方法者，特详加说明，并列举各种采取方法。

冶金：授以炼铁、炼钢之实例，再导以经过手续之方程式及理论，务使学生有确实之理解力，并于制炼钢铁之外，再授以金、银、铜、锡、铅之制炼方法及其应用，以贯通其五金常识，使自能辨别五金材料之良窳。

电气化学：本学科可分为纯正电气化学及应用电气化学之二种。本科所授者，为应用电气化学，首述其应用上必要之原理，次述主要金属之分析法，电镀、电铸及电气冶金等，更授以各种电气炉制造品，及其他各种无机或有机物之电气制法。

乙种讲习科：本科以养成纯练之职工为目的，故完全注重工场实习，且使学生专习一门。授课则在夜间，只授以所实习学科，应用诸机械之构造，及其使用方法等。其制造及传动等原理，则概行删去，并授以算术、图画等必要学科，及日用之国文。

浙江公立工业专门学校编印《浙江公立工业专门学校一览》，1921 年 3 月中旬

工专十周年升级纪念展览会陈列品录中的本校讲义①
(1921 年 6 月)

(子)属于机械科者

讲义名	册数	编者
锻工工作法	一	吴宗濬
锻工工作法	一	阮性咸
木工工作法	一	吴宗濬
铸工工作法	一	吴宗濬
机械工作法	一	吴宗濬
板金工作法	一	程宗植
水力学	一	吴宗濬
合金论	一	阮性咸
蒸汽罐	一	佐藤真

① 1921 年 3 月 21 日，浙江公立工业专门学校举行十周年升级纪念会，并举办纪念展览会，其中第三陈列室中的展览内容之一是本校讲义。

续 表

讲义名	册数	编者
蒸汽罐	一	佐藤真
蒸汽罐	一	程宗植
蒸汽机关	一	佐藤真
蒸汽机关	一	阮性咸
蒸汽机关	一	程宗植
铸工工作法	一	阮性咸
蒸汽涡轮	一	阮性咸
蒸汽唧筒	一	阮性咸
石油瓦斯机关	一	程宗植
电气工学	一	永濑久七
电气工学	一	程宗植
机械设计	二	陆守忠
机械制图	二	陆守忠
机关车	一	程宗植
制造机械	一	吴宗濬
实修讲义	一	吴宗濬
发动机	一	赵治
机械学大意	一	吕钟美

(五)属于机织科者

讲义名	册数	编者
图案术	一	陶泰基
图案术	一	陈杰
纹织学	一	陶泰基
纹织	一	钱绩熙
织物意匠学	一	陶泰基
织物意匠学	一	蔡经贤
意匠	一	莫善继
纹织机	一	蔡经贤
织物解剖	一	佐藤真
力织机	一	佐藤真

续 表

讲义名	册数	编者
力织机	一	吴宗濬
力织机构学	一	叶熙春
织物分解法	一	蔡经贤
机织法	一	蔡经贤
机织法	一	叶熙春
纹织	一	刘钟翰
织物原料	一	金培元
织物原料	一	蔡经贤
织物原料	一	张元培
原料大意	一	杨瑞
准备机	一	吴宗濬
织物整理	一	佐藤真
织物整理	一	金培元
纺织	一	佐藤真
麻纺	一	佐藤真
麻纺	一	吴宗濬
棉纺学	一	吴宗濬
棉纺学	一	陶泰基
毛纺学	一	吴宗濬
丝纺学	一	吴宗濬
丝纺学	一	陶泰基

(寅)属于染色科者

讲义名	册数	编者
捺染法	一	朱光焘
色素化学	一	金培元
实习捺染	一	陈亮熙
实习机械捺染	一	陈建功
染色机械	一	朱光焘
配色及混合色	一	朱光焘
实地染法	一	朱光焘

续 表

讲义名	册数	编者
交织物浸染法	一	朱光焘
染色学	一	朱光焘
染色学	二	金培元
染色学大意	二	朱光焘
应用化学	四	施霖
应用化学(改正)	一	施霖

(卯)属于应用化学科者

讲义名	册数	编者
冶金术	一	陆树勋
制纸	一	陆树勋
物理化学	一	戎昌骥
燃料	一	陆树勋
颜料	一	汤贻湘
工业分析	一	姜俊彦、汤贻湘、陆树勋
工业分析	一	施霖
酿造	一	汤贻湘
假象牙	一	施霖
酸碱制造法	一	汤贻湘
有机合成化学	一	姜俊彦
石炭瓦斯	一	陆树勋
制革法	一	汤贻湘
油脂	一	姜俊彦
电气化学	一	施霖

(辰)属于公共科者

讲义名	册数	编者
国文	二	莫善诚
几何画	一	施霖
投影画	一	汪鸿桢
实用代数学	一	陈其文

续　表

讲义名	册数	编者
解析几何	一	程宗植
解析几何	一	郭维城
微分积分学	一	洪彦远
微积分大意	一	程宗植
微积分大意	一	郭维城
理论物理学	一	陈其文
电气及磁气学	一	冯汝绵
无机化学	一	林皋
无机化学	一	陈维遵
有机化学	二	金培元
有机化学	二	施霖
定性分析	一	陆树勋
定量分析	一	陆树勋
定量分析	一	陈维遵
机械运动学	一	吴宗濬
材料强弱学	一	吴宗濬
材料强弱学	一	汪鸿桢
材料强弱学	一	冯汝绵
工场设备	一	程宗植
工场设计	一	永濑久七
工场建筑	一	永濑久七
工场建筑	一	汪鸿桢
工业簿记	一	史久衡
工业经济	一	史久衡
工业卫生	一	历家福
计算尺	一	陆守忠
日本文典	一	戎昌骥

《浙江公立工业专门学校校友会年刊》第二期，民国十年六月

工专十周年升级纪念展览会陈列品录中的教学设备名录[①]

(1921年6月)

乙、陈列室

1. 第一陈列室

本室陈列自在画图案及绘图用具等类。今列举如左：

自在画类

铅笔画一百八十五张　　铅笔画四十五本

水彩画二百零一张　　水彩画连镜架一具

图案类

图案十八本

器具类

写生用具箱三只　　写生用凳二只

网带七张

2. 第二陈列室

本室陈列机械图投影画及制图用各种器具、书籍等类。今列记于左：

图画类

机械图二百四十张　　远近透视画二十四张

投影画八十八张

书籍类

制图用书十二册

计算器类

计算尺六支　　表形计算器一具

制图器具类

大号制图器具五副　　中号制图器具四副　　三角板十副

云形定规十八块　　折尺六支　　双面青英尺三支

卷尺二支　　内外径规各一副　　平行规一副

缩尺六支　　水平器一具　　三角分度器一个

量角规一个　　擦仪器油一瓶　　磨铅笔木鎈一个

橡皮四块　　绘图颜色八锭、八饼　　自来水笔一支

吸水笔一个　　上等墨汁一瓶　　绘图用笔一匣

水盂一个　　铅笔三支

3. 第四陈列室[②]

本室陈列机械科各工场制造品，种类甚多，约分四部：(一)日用器具；(二)教授用机械模

---

① 1921年3月21日，浙江公立工业专门学校举行十周年升级纪念会，并举办纪念展览会，学校教学设备为该展览会的内容之一。

② 第三陈列室的展览内容主要是讲义，本书已录，另编入“教学与管理·课程设置”。

型;(三)工作用机械及器具;(四)翻砂用模型。今列记各部物品种数于次:

日用器具类

铜质衣钩四种(内分镀镍与本色二种)	衣厨用铜质镀镍拉手四种
门窗用铜质拉手三种	铁质镀镍书夹二种
铁质黑漆书夹二种	铜铁合制小刀四种
铜质笔架五种	铜质书尺五种
铁质滑车八种	镀镍指甲剪修脚刀二种
铁质瓶塞轧小器二种	提物宽紧器一种
捣臼两种(分铜制、铁制)	铜质回转手巾架二种
干果刨一种	生铁欢喜佛一种
钢质裁纸刀五种	抽斗用铜质拉手四种
铁质回转打孔器二种	铁制风炉三种
木铁合制压榨器一种	木铁合制折叠椅二种
木质折叠衣架二种	木质直立衣架二种
梯椅一种	刻字屏四种
木质信插三种	刻花屏一种
弹簧捕鼠器一种	木质大小盘八种
木质折叠贴架一种	木质活动香烟盒三种
木质折叠书架三种	铝质大香炉二种
开罐刀一种	球板二种
研墨器一种	粉碎器一种
抽水机一种	熨斗一种

教授用机械模型类

传动模型四十五种	打风机模型二种
刨机模型一种	捣碎机模型一种
手动压榨器模型一种	手动打水机模型一种
竖式汽机模型一种	弹簧力发弹机模型一种
螺丝模型一组	几何模型五种
剪断机模型一种	轴接模型五种
螺丝扳手模型二种	发电机及发动机模型二种
滑车模型二种	

工作用机械及器具类

木工用车床一台	金工用车床一台
老虎钳五种	翻砂用器具一组
木工用手锯二种	木工用刨七种
木工用凿一组	内外测径器四种
螺丝板二组	圆规二种
轧剪四种	打孔剪二种

锤七种　　划线盘二种
定心器一种　　摇钻三种
钢质角尺二种　　分线规二种
轧钳二种　　锯齿整一种
螺丝钻二种　　轧钳三种
螺丝起子三种　　螺丝轧头一种

翻砂用模型类

打风机模型一组　　沟轮模型
齿轮模型　　考克模型
凡耳模型　　把手轮模型

此外尚有板金标本一箱，木材标本一组，脚踏四轮车模型一具，自由机船二艘。但自由机船因室中无地可容，陈列于室外操场中。

(以下略：第五陈列室"机织科各工场出品"、第六陈列室"应用化学科及染色科出品"、第七陈列室"丝织品、棉织品、金属制品"等。)

丙、工场及实验室

1.修理工场

机械类

英式车床一号　　英式车床二号　　英式车床三号
英式车床四号　　英式车床五号　　英式车床六号
英式车床七号　　英式车床八号　　英式车床九号
英式车床十号　　英式车床十一号　　本校制车床一号
本校制车床二号　　本校制车床三号　　本校制车床四号
本校制车床五号　　本校制车床六号　　本校制车床七号
本校制车床八号　　万能旋削机　　研磨机
折动平削机　　钻孔机　　平削机一号
平削机二号　　平削机三号　　平削机四号
纵削机　　钳床三十具

工具类

大小粗细各式锉刀十六把　　各式凿子八支
各式榔头六个　　各式车刀八把
各式刨刀八把　　各式旋刀三十把
大小各式捻钻四十支　　大小各式锥十支
大小各式绞刀二十把　　大小各式割刀四把
螺丝制作器四组　　割管刀四把
链条钳四把　　管子钳四把
游标尺一支　　测径器二组
英尺三支　　法尺一支
分微尺二支　　毛厘尺一支

中心规二片　　螺节规一组
各式手工钳四组　　平台一方
砧二种　　矩车二副
厚薄规一组　　直角尺二支
圆规二副　　测角器二副

图表及说明书类

旋刀回转速度表一张　　车床切削速度表一张
车床回转速度表一张　　金钢沙轮回转速度表一张
螺旋锤回转速度表一张　　车床齿轮配合表一张
螺旋寸法表一张　　威氏螺丝荷重表一张
工作机械发达史一张　　机械结构说明书一张
工作程序说明书一张　　工人道德谈话一张

2.锻工场

机械类

蒸汽锤一台　　方形锻冶炉(用扇风机)二个
圆形锻冶炉(用人力)四个

工具类

各种铁钳　大小锤　成形具　乌口　型台
錾　打穿具　鞴　铁砧　老虎钳

3.木工场

机械类

圆板锯木机一台　　带锯机一台　　铁制车床三台
木铁合制车床一台　　手动钻床一台　　六马力三相诱导电动机一台

模型类

汽管　带轮　唧筒　车床　锯木机　推进器　齿轮
轴承　婆司　回声　接手　钻床　扇风机　势车

机械图类

除学生及职工工作所用工作图外,更悬各种已制成机械及未制成机械之图面,以供来宾参考。

4.铸工场

机械类

起重机一台　　扇风机二台　　粉碎机一台
熔铁炉四个　　反射炉一个　　熔铜炉一个

工具类

型框　镘　两镘　篦　匙　突棒　通气棒
吹子　坩埚　镜　钢针　刷子　笔　水瓶

铸型类

小型制品之铸型整齐,傍置模型,其各类如次:

回声　轴承　婆司　偏心盘及环　汽筒盖

汽筒　活塞　瓣　联轴器　各种齿轮

滑子　冷磅

5.第一原动室

机械类

蒸汽机关一台(横置单筒不凝缩式,计六十马力)

发电机二台(均系复卷直流机,会期中仅用一台,其容量为一五.四基罗瓦特)

器具类

配电盘一个　示压器一个　电压表一只　电流表一只

弧光灯二盏　五色白热灯二百盏(以一百盏缀成原动室三字,其余则分布于全场)

线图及说明书类

蒸汽机关之沿革及种类概说一张　配电盘及配电盘上诸器具图一张

蒸汽机关之瓣线图一张　发电机说明一张

弧光灯说明一张

6.第二原动室

瓦斯机关一台(指示马力为三十二马力)

瓦斯发生装置一具

冷水循环装置一具

7.第一锅炉室

机械类

双火门横置式汽罐两座

单火门横置式汽罐一座

横置双筒式唧筒一个

竖立单筒式唧筒一个

图表及说明书类

汽罐之沿革及种类概说一张

汽罐所用之水量及炭量表一张

唧筒扬水量表一张

8.第二锅炉室

竖立式汽罐一座

横置式给水唧筒一个

9.力织工场及力织准备工场

本工场分内外两进,内为力织准备工场,外为力织工场。两工场内机械及器具之种类如次:

机械类

属于力织准备工场者八:

木本式络丝机一台

木本式络丝再操机一台

木本式丝整经机一台
木本式丝摇纬机一台
横井式摇纬机一台
丰田式络棉纱机一台
丰田式棉纱整经机一台
丰田式棉纱摇纬机一台
属于力织工场者十二：
木本式缧子织机一台
木本式羽二重织机一台
木本式湖绉织机一台
重田式改良二百口提花机一台
重田式二百口提花机一台
丰田式大幅斜纹机一台
丰田式上打型平织机一台
丰田式小幅平织机一台
丰田式小幅木铁混成织机一台
石丸式斜纹脚踏机一台，及钳床一台
中桐毛巾织机二台
此外，力织工场内尚有坚立式十五马力蒸汽机关一台及钳子床一台。
工具类

螺丝板	锉刀	铁锤	起子	卡钳	虎钳	铁钳
拔剪	皮刀	皮钻	油壶	水平尺	英尺	中尺
机剪	穿扣刀	穿综针	磅秤	吹油壶	凿子	

图表类
各种力织机之分解图
各种准备机之分解图
10. 捻丝工场
机械类
法国式络丝机一台
法国式合丝机一台
法国式捻丝机一台
法国式做绞机一台
美国式捻丝机二台
器具类
织度检查器
强伸力检查器
类节检查器
捻数检查器

11.纹工场

机械类

直踏丰田式四百口轧花机二台

直踏丰田式九百口轧花机二台

直踏万产式一千三百口轧花机一台

横蹈横产式一千三百口轧花机一台

切纸板刀一台

穿纸板架二台

意匠图及图案类

单梭线地意匠一张

双梭线地意匠一张

绢线地意匠一张

宝地纱二张

亮地纱二张

芝地纱一张

华丝葛一张

柳条纹罗意匠一张

缎地一梭纹意匠一张

缎地两梭纹意匠一张

缎地三梭纹意匠一张

绒地意匠二张

风景意匠二张

照相意匠十张

特别组织意匠四张

清地散点图案二十张

满地纹图案二十张

连续模纹图案二十张

几何形模纹图案十张

重模纹图案二十张

12.手织第一工场

机械类

本工场共有提花机二十一台

一千三百口龙头五只

九百口木龙头八只

四百口木龙头五只

二百口木龙头三只

机件附属品类

一千三百口铜花枕头二个　轴头一个　新拔手三副　大重锤二个

中重锤二个　　大边锤二十四个　　小边锤三十二个　　幅撑三十七支

短绞杖二十一副　　花滚筒二十二个　　扣箱铁板二十四块　　一千三百口散机一只

用具类：

摇纬用具

摇纬车两部　　纡牌十三块　　纬管约四百颗　　纬水盆一只　　捣柄一个

装机用具

捞扣刀二把　　取立架一对　　定木一对　　制综线板二块

锉下锤板二块　　剪刀三把

修机用具

轧花剪(一千三百口)一把　　轧花剪(九百口)二把　　活动扳手二把

铁扳手三把　　斜头扳手一把　　铁丝轧钳二把　　螺丝起子一把

榔头一个　　锉刀一把　　起钉器二根　　喷壶二把　　凿子二把

机油瓶一个　　板刷一个　　照相架子三个

13.手织准备工场

机架类

小织机一台　　制绞机一台　　做综架一台　　倒篗器一台　　结绪练习架二台

往返式牵经架二台　络纱台一架

工具类

各色棉纱篗子　　卷布杖　　拔钳　　机剪　　拉梭　　抛梭　　织带梭

竹纬管　　木纬管　　各种竹扣　　钢口　　做综板　　幅撑　　扣刀　　梭轮

拔钳　　柳梳　　综线　　做综棒　　生丝篗子　　铁线综絖　　布剪

吊综皮带　　络纱掷　　弹簧　　打梭皮套　挂纱竹杆

14.手织第二工场

机械类

计有提花机八台、简单特别机及复动特别机各一台，列表如次：

号数	口数
一	四百口提花机
二	四百口提花机
三	四百口提花机
四	二百口提花机
五	二百口提花机
六	复动特别机
七	二百口提花机
八	一百口提花机
九	一百口提花机
十	特别机

机件类

摇纬车一架　摇纱机一架　穿孔器一副　轧剪一把　牵钻一个

取列台一副　磋刀一把　扳手三把　切线板一块　搓铅锤板一副

起子二把　竹箱四支　目板四块

15. 手织第三工场

本工场与手织准备工场同在一处,共分五间,备有织机九台,列记于次:

第一号织机　第二号织机　第三号织机

第四号织机　第五号织机　第六号织机

第七号织机　第八号织机　第九号织机

此外壁上更悬左列各品:

Chenille 制之匾二张　织物成绩五张　棉纱标本牌三张　草上霜成绩牌一张

丝织国旗成绩牌一张　Chenille 成绩牌一张　毛巾围巾若干条

16. 纺纱工场

机械类

弹棉机一台　纺纱机一台　制绞机一台　弦绳机一台

附件类

铁钳　竹帚　席　油壶　起子　扳手

17. 油脂工场

本工场成立伊始,设备尚未完善,而本校十周纪念展览会之期倏忽已至,肥皂、混和肥皂、打印肥皂、压出等机械尚在途中,不能供来宾之参观,深以为憾。兹将本工场中各种物品分类列记于次:

工具类

碱化部

碱化釜一只　搅拌器一个　溶解桶一只　木桶三支　木框三个　洋铁桶二只

打型部

解片格八个　解片桌一只　解条桌二只　打印板一块　铜丝切断器二个

溶油部

火炉一只　铜锅一只　铅盆一只

造烛部

冷水桶一只　皮管二支　洋铁桶二只　烛型一个　小刀二把　剪刀一把

干燥部

干燥箱一只

器具类

天秤　温度表　比重瓶　量筒

原料及药品类

牛油　羊油　椰子油　苛性钠　食盐　paraffin

stearin　甘油　水玻璃　肥皂黄　烛红　香料

标本类

大豆油　茶油　菜油　亚麻仁油　蓖麻油　椰子油

花生油　牛油　羊油

制品类

肥皂　洋烛

图表类

肥皂混和机图一张　肥皂打印机图一张　涂料搅拌机图一张

18. 制纸工场

机械及器具类

洗槽一只　蒸煮釜灶一座　叩解机一台　洗桶一只　漂白缸二只

盛料缸八只　抄纸槽一只　压榨机一只　蒸汽干燥箱一只　整理桌二只

切刀二把　剪刀四把　刮刀四把　铡刀一把　贡川帘架一副

奉化帘架二副　竹帘四张　松叶刷六把

器具类

滴管二支　吸管四支　量筒一个　酒精灯二个　三角铁架二个

漏斗二个　蒸发皿二只　试验管十支　天秤一台　玻杯二只

药品类

硫酸一瓶　盐酸一瓶　硝酸一瓶　醋酸一瓶　錏水一瓶　盐化镁一瓶

碘化钾一瓶　碳酸钠一瓶　硫酸钡二瓶　Phloroglucin 一瓶

Acid sulphoaniline 一瓶

标本类

(a)本工场各种出品标本十六种，列表如次：

本工场出品号数	原料	面积	重量(克)	价值($)
1	雁皮 70%竹 24%蓝丝 5%染料 1%	$11'' \times 1' - \frac{5''}{8}$	3	0.004
2	雁皮 70%竹 30%	$11'' \times 1' - \frac{5''}{8}$	6	0.008
3	雁皮 70%竹 30%	$11'' \times 1' - \frac{5''}{8}$	3	0.004
4	雁皮 60%竹 20%木 15%染料 3%	$11'' \times 1' - \frac{5''}{8}$	2.5	0.0037
5	雁皮 60%竹 20%木 17%染料 3%	$11'' \times 1' - \frac{5''}{8}$	2.5	0.0037
6	木 50%雁皮 40%红丝 10%	$11'' \times 1' - \frac{5''}{8}$	12	0.010
7	木 60%雁皮 30%绿色羊毛 10%	$11'' \times 1' - \frac{5''}{8}$	16	0.018

续 表

本工场出品号数	原料	面积	重量(克)	价值($)
8	木60%雁皮30%红色羊毛10%	$11'' \times 1' - \frac{5''}{8}$	13	0.011
9	木60%雁皮30%蓝色羊毛10%	$11'' \times 1' - \frac{5''}{8}$	10	0.009
10	雁皮70%竹25%染料5%	$11'' \times 1' - \frac{5''}{8}$	3	0.004
11	雁皮70%竹24%绿丝5%染料1%	$11'' \times 1' - \frac{5''}{8}$	3	0.004
12	木50%雁皮35%红丝7%绿丝8%	$11'' \times 1' - \frac{5''}{8}$	10	0.009
13	雁皮70%竹24%红丝7%染料1%	$11'' \times 1' - \frac{5''}{8}$	3	0.004
14	雁皮70%竹24%蓝丝红丝5%染料1%	$11'' \times 1' - \frac{5''}{8}$	3	0.004
15	木90%填料5% sizo5%	$11'' \times 1' - \frac{5''}{8}$	5.5	0.0037
16	雁皮70%竹25%染料5%	$11'' \times 1' - \frac{5''}{8}$	3	0.004

(b)原料及织维标本各十六瓶,列举于左:

雁皮　楮皮　三桠皮　桑皮　黄麻　宁麻　松木　毛竹　稻草

麦草　芦草　海草　木棉子毛　木棉干　羊毛　蚕丝

(c)造纸顺序标本竹与雁皮各一份,计十种,列举于左:

(雁皮、竹)原料→蒸煮之(雁皮、竹)→解离之(雁皮、竹)→漂白之(雁皮、竹)→(雁皮、竹)纸

制品类

各种样纸　信封四种　信笺七种　照相框四种　照相夹一种

图表类

造纸工程顺序图一张(原件为手绘图,此处略)

19.制革工场

机械及工具类

起光机一台　里磨机一台　石灰槽九只　脱灰缸二只

圆形回转木鼓一具　鞣皮缸五只　干燥架一具

樟树刨床　玻璃压板　铜片压板　架工桌　整理桌

木马　木板　钝刀　刨刀　尖刀　剪刀

原料皮及药品类

盐牛皮　鲜牛皮　干牛皮　石灰　五倍子　硫酸钠　栲树皮

栲树汁(固体)　麸皮　洋干漆　青油　五倍子液　鲈鱼油　黑色染料
黄色染料　白芨片　硼酸粉　麸皮浆　重铬酸钾　盐酸　次亚硫酸钠

革半制品类

浸灰牛皮　浸灰羊皮　脱皮牛皮　脱毛羊皮　脱灰牛皮　脱灰羊皮
未上色牛皮　未上色羊皮　单宁未完全吸收之皮　单宁已完全吸收之皮
未整理牛皮　未整理羊皮

制成品

革类:黄色羊革　深酱色羊革　浅酱色羊革　黑色羊革　纱厂用羊革
未上色矿物鞣牛革　未上色植物鞣羊革

皮件类:三页文书包　二页文书包　大号三页夹　二号三页夹　双扣挂袋
圆挂袋

图表类:制革工程顺序图一张(原件为手绘图,此处略)

20.制药工场

本工场平时学生实习之成绩品,在展览会中陈列者计有四十种,列举于左:(略)

21.分析室

器具类

天秤六架　砝码六副　时计皿及夹　玻杯　玻棒　酒精灯　三足铁架
铁丝布　漏斗　漏斗架　洗瓶　干燥箱　温度表　磁坩埚　白金丝
乌金纸　鹅毛　铁架　三角粘土　喷灯　滴管台　吸管　吸管台
烧瓶　安全漏斗　细玻管　试管　试管架　试管夹　试管刷
瓦斯发生器　磁杯　橡皮管　研钵

药品类(略)

22.药品室

本室保管各种药品及各种器具,以备各工场之应用。今列举其种类如次:

器具类

天秤　显微镜　G.S.蓄电池　抵抗器　电极支持台　酒精蒸馏器
瓦斯贮藏器　水车　油浴　量瓶　圆烧瓶　曲颈烧瓶　三角瓶
玻璃干燥器　铜干燥箱　白铁干燥筒　石膏培养器　发热量试验器
脂肪漫澈器　紫铜蒸馏瓶　汤煎锅　吸管　分液漏斗　酒精灯
本生灯　喷灯　瓦斯发生器　凝集管　滴管　加里球　碳酸定量器
比重瓶　量筒　瓦斯洗涤瓶　吹瓶

药品类(略)

23.染色工场

机械及器具类

丝上光械　丝光纱制造机　捺染机　实习用印花机　铁制蒸汽箱
浸染二重铜浴釜　小型蒸汽机关　蒸箱　干燥箱　实习用小染浴
浸染用仪器一百七十五件　捺染用仪器一百二十四件

染料及药品类(略)

24.物理实验室

力学部

惯性试验器　阿氏落体试验器　奔马　转上提　滑车

扭转刚性率测定器　杨氏率测定器　回转起重机模型　段车模型

蒲氏水压机模型　法氏浮秤　尼氏浮秤　鲍氏浮秤　比重瓶

莫氏天秤　乔氏弹簧秤　水车模型　海氏喷水器　抽气筒　麦堡半球

热学部

金属线膨胀试验器　水之缩极表示器　定沸点器　水热量表

蒸汽反动车　锅炉模型　直立式锅炉模型　热空气引擎模型

音学部

高氏横波说明器　真空铃　头氏记音器　音义　阿氏波之干涉说明器

光学部

凸面镜　凹面镜　透镜　牛顿七色板　怀中用分光器　惊盘

诺氏偏光器　尼氏三棱镜

磁气学及电气学部

棒磁石　电气书影器　弧光灯　白热电灯　电镀器　马蹄形电磁石

电铃　伸缩螺旋　电磁回转器　感应线轮　医用线轮　电动机模型

电车模型　无定位电流表　电压表　电流表

25.化学实验室

本室除实验所用各种器具及药品外并无其他陈列品。

《浙江公立工业专门学校校友会年刊》第二期,民国十年六月

农校学生实地考察

(1923年6月)

省立甲种农校二级学生,于五月十一日,由农科教员童玉民君,领赴余杭杭北林牧公司参观,即午抵拱宸桥,即夜抵余杭邑城,翌日步行至该公司事务所。先视察制纸厂(原料为桑皮)、烧窑厂(制砖瓦酒坛),次往中厂方面,参观松林、林秧田、水田、麦圃、茶园。第三日又赴北厂方面,考察制茶、养豚及苹果园、梨园、桃园、花红园、除虫菊圃。五月十四日返校,多见多闻,有补科学研究;一种一色,俱是企业材料。闻该参观团,对于斯行成绩,极为满足云。

《浙江省农会报》第3卷第2期,1923年6月

浙江省立农业学校新学制编制大纲草案
(1923年)

(一)修业年限为五学年,每学年为二学期。

(二)各学科均用学分制,每学科每周上课一小时,满一学期为一学分,实习及实验折半计算。

(三)第一、第二学年习普通学科及农业基本学科,须修满一百四十学分。

(四)第三、第四、第五学年分系修业,现拟分为:(1)作物系;(2)园艺系;(3)蚕桑系;(4)畜牧系;(5)农村教育系;(6)造林系;(7)森林利用系;(8)森林经理系八系。

(五)各系学科分为必修科、通习科、选修科三种,最小限度须修满一百六十学分。

(六)分系后,学生选定选修科目时,须经本系主任认可。

(七)本校第三学年各系课程,与初级中学课程亦相衔接,凡初中毕业者,得受试插入三年级。

一二年级科目

科目	学分	
	一年级	二年级
公民学	二	二
历史(附农业史)	二	二
地理(附农业地理)	二	二
国语	一四	一三
外国语	一四	一六
算学	一三	一三
物理	二	四
化学	四	二
动物	三	
植物	三	
矿物	三	
生理		二
体育	四	四
图画	四	二
昆虫学		三
植物生理学		三
地质学		二
合计	七〇	七〇

作物系必修科目

科目	学分		
	三年级	四年级	五年级
作物通论	三		
稻作物及实习		四	四
食用作物学及实习	一〇		
优生学及实验			四
植棉学及实习		四	二
植茶学及实习		三	
工艺作物学及实习	六		
甘蔗学及实习		二	一
药用作物学及实习		二	二
病害学及实验		二	二
虫害学及实验		二	二
农场经营学及实习			四
农业生产利用论及实习	四	四	
合计	二三	二三	二一

园艺系必修科目

科目	学分		
	三年级	四年级	五年级
柑橘学及实习		四	
果树学及实习	八		
果树剪定整枝法及实习	三	三	
蔬菜学及实习	八		
高等栽培法及实习		六	
园艺生产利用论及实习	四	二	
花卉学及实习		四	二
庭园学及实习			四
盆栽学及实习			三
优生学及实验			四
病害学及实验		二	二
虫害学及实验		二	二

续 表

科目	学分		
	三年级	四年级	五年级
温室园艺学及实习			二
园艺经营学及实习			二
合计	二三	二三	二一

蚕桑系必修科目

科目	学分		
	三年级	四年级	五年级
栽桑学及实习	三	一	
蚕体解剖学及实习	四	一	
养蚕学及实习	八	六	二
蚕体生理学	三	二	
细菌学	二	二	
蚕体病理学	二	二	
蚕病消毒法	二	二	
优生学及实验			四
制种法及实验		三	四
杀蛹干□论			二
制丝法		二	六
屑物整理法			二
蚕业经营论			二
合计	二四	二一	二二

畜牧业必修科目

科目	学分		
	三年级	四年级	五年级
牛学及实习	五		
马学及实习	四		
羊学及实习		二	
豚学及实习			二
养鸡学及实习		四	

续 表

科目	学分		
	三年级	四年级	五年级
养蜂学及实习		三	
优生学及实验			四
酪农论及实习			二
牧场经营论		二	
饲料学		二	一
兽医学及实习	一四	八	八
兽医行政论		二	
细菌学及实验			四
合计	二三	二三	二一

农村教育系必修科目

科目	学分		
	三年级	四年级	五年级
农学及实验实习	一〇	一〇	八
教育学及实习	三	五	七
农村教育论			三
伦理学	二		
心理学	二		
农村社会学	二	二	
农村改良论		二	二
农业工学及实习	二	二	
农业经营学	二	二	
农业教授法			一
合计	二三	二三	二一

造林系必修科目

科目	学分		
	三年级	四年级	五年级
造林学前论	三		
造林学本论及实习		八	四

续 表

科目	学分		
	三年级	四年级	五年级
造林学各论及实习		二	四
造林学后论			四
森林植物学及实习	五		
森林保护学	四		
树病学		二	
树木害虫学	四		
森林土木学及实习		四	四
测量学及实习	六	八	二
林业经济学			三
合计	二二	二四	二一

森林利用系必修科目

科目	学分		
	三年级	四年级	五年级
林产制造及实习	七	一	
材料学	四		
应用力学		四	
道路学及实习		六	二
桥梁学			四
砂防工学			二
木材性质学	四		
利用学		四	四
测量学及实习		六	七
高等数学	六	四	二
合计	二一	二五	二一

森林经理系必修科目

科目	学分		
	三年级	四年级	五年级
测树学及实习	六	二	
林价算法		四	
较利学			二
经理学及实习		二	五
测量学及实习	六	五	
制图术		二	
造林学及实习	四	二	
森林土木学及实习		四	四
林业经济学		二	二
林政学			六
高等数学	六	三	
合计	二二	二六	一九

三四五年级通习科目表

科目	学分		
	三年级	四年级	五年级
公民学	二	二	
国文	四	四	四
外国文	六	六	六
体育	二	二	二
土壤学	四		
肥料学	四		
气象学	二		
合计	二四	一四	一二

三四五年级选修科目表

科目	学分	科目	学分
农产制造	八	农业经营学	二
农艺化学	八	养鸡学	二
测量学	二	养蜂学	二

续 表

科目	学分	科目	学分
农具学	二	农村改良论	四
农产品评	二	农业簿记	二
养蚕学	四	森林利用学	三
栽桑学	二	造林学	四
制种法	二	森林经理学	三
制丝法	三	林政学	三
畜产学	四	水产养殖	二
兽医大意	二	森林法律(垦荒条例附)	二
作物学	四	林学通论	二
园艺学	四	造庭学	四
农学	四	农政学(法规附)	四

浙江省立农业学校编印《浙江省农业学校十周纪念刊》,1923年

本校运动会记
(1924年5月)

骏 声

四月十九,本校开春季运动会。是日也,天朗气清,惠风和畅。健儿齐奋,各怀踐蹀之术;观者挤挤,或感凝瞩之娱。锦标竞夺,鼓掌如雷。盖于考工之闲,共襄盛举,静极生动,其快感有不可以言语形容者。化学工程科一年级有临时贩卖部之设,教职员有赛跑之举,均所以添補热闹而助观者之兴。校长徐崇简先生为总司令,王天民先生为司令,李泰云先生为总评判。是日自上午八时起开始运动,历七小时之久。散会后,揭晓成绩,颇多进步。他日长驱,正无限量。登堂入室,愿拭目俟之。

附运动会成绩

名称	成绩	第一名	第二名	第三名
百码	十一秒	袁凤祥	张权	莫善祥
二百二十码	二十五秒又五分之二	陈庆良	袁凤祥	赵佩玱
四百四十码	五十秒又五分之三	陆建豫	陈庆良	周汝型
八百八十码	二分十六秒又五分之四	袁国良	寿乾	孟安甫
一英里	五分八秒又五分之三	周汝型	寿乾	傅仁琪

续　表

名称	成绩	第一名	第二名	第三名
一百二十码高栏	二十秒又五分之二	袁凤祥	张权	赵佩玱
二百二十码低栏	二十八秒又五分之二	袁凤祥	陆建豫	赵佩玱
跳高	五尺一寸	袁凤祥	张绳良	莫善祥
跳远	十六尺七寸又二分之一	陆建豫	张权	楼澎
撑杆跳高	八尺七寸	华怡	袁国良	楼澎
掷铁珠	二十八尺十一寸	张权	莫善祥	蒋足云
掷铁饼	六十七尺六寸	莫善祥	林文光	金家仁

《工声》1924 年第 1 期

工专学生出发参观

(1925 年 3 月 1 日)

浙江公立工业专门学校化学工程电机工程本科二年级学生三十余人,定于四月十六日,由该校教授葛祖良、蔡有常等率领,赴上海、无锡、南京等处参观,约须一星期之久,又该校附设甲种三年生,亦于十四日晚赴沪参观云。

《时报》1925 年 3 月 1 日

浙公立工专学生来沪参观

(1925 年 4 月 15 日)

杭州浙江公立工业专门学校甲种三年级学生五十三人,前日由教员郑觉君、刘戛鸣、王崇植三君率领,来沪参观。该校共有四科:(一)机械科,(二)纺织科,(三)电机科,(四)应用化学科。该参观团现寓永安旅馆,昨日已开始考察,计参观江南兵工厂、江南造船、康华商电车电灯公司、中华职业学校、龙章造纸厂、美亚绸厂等等。各方面招待甚殷,该团十分满意,闻今日赴杨树浦各纱厂,后日赴吴淞。

《申报》1925 年 4 月 15 日

浙江工专学生来沪参观工厂

(1926 年 4 月 7 日)

浙江公立专门学校学生来沪参观各公司、工厂,特由该校请总商会具函介绍,总商会当于昨日为缮公函,交该校学生亲交各公司、工厂。函云:

径启者,本月一日接浙江公立工业专门学校函称:敝校专门部旧制三年级生行将毕业,向例须至各地参观,以广见闻。兹有电机科十六人、化学科八人,由教员二人率领,赴沪参观各公司、工厂,其期间自四月八日起至十一日止。附开名单,请予分别介绍,等语前来。查该校学生此次来沪,分类参观,自为研求学术,并资深造起见。事关作育人材,间接亦与实业有裨,拟请届时惠允参观,从详指导,庶该校得收观摩之益,实深感幸云云。

《申报》1926 年 4 月 7 日

浙江工专学生来沪参观工厂

(1926 年 4 月 7 日)

国闻通信社云:浙江公立专门学校电机科学生十六人,化学科八人,由教员二人率领来沪参观各公司、工厂,特由该校请总商会具函介绍。总商会当于昨日为缮公函,交该学生,持与各公司工厂接洽参观。

《时报》1926 年 4 月 7 日

浙江工专学生来沪参观竣事

(1926 年 4 月 13 日)

浙江公立工业专门学校,每年毕业班学生,例于春季至各地参观实业,以助学业研究。此次有电机科学生十六人,化学科八人,教员钱昌祚、郑家觉率领,于四月七日由杭来沪,寓四马路振华旅馆。连日由总商会介绍参观华商电气公司、内地自来水公司、兵工厂、江南造船所、上海水泥公司、工部局自来水公司及杨树浦电气厂、龙华造纸厂、家庭工业社、南洋兄弟烟草公司、商务印书馆、大中华纱厂、国民制糖厂、吴淞无线电台、中国铁工厂等处,俱得厂中人员殷勤招待,解释一切。教员学生等,拟再留沪一日,赴徐家汇参观南洋大学及附近工厂,于十三日首途赴南京云。

《新闻报》1926 年 4 月 13 日

总商会介绍学生参观工厂

(1926 年 4 月 17 日)

总商会昨函各工厂云:

径启者,本月十六日接浙江公立工业专门学校函称:兹有甲种三年级生到沪参观各公司、工厂,日期自本月十八日起至二十三日止。附具参观公司、工厂名单一纸,仍请代为介绍,以资便利,等语到会。查该校甲种三年级生,此次来沪参观系为增进实际上之智识起见,事关作育人材,间接亦与实业有裨,拟请慨允参观,从详指导,俾该校学生得达完满目的,实深感幸。

《申报》1926 年 4 月 17 日

浙江工专参观团来沪

(1927 年 7 月 12 日)

浙江工专,自创办以来,成绩卓著,经前次改革后,益有蒸蒸日上之势。兹闻新制电机工程科,及化学工程科,第一届毕业生十一人,毕业考试等均已完毕,照章均给予学士学位。并为增广见闻,故于本月七号,由该校化学工程科教授李寿恒,及电机工程科教授许应期,率领来沪,参观各工厂各公司、以咨考镜。在沪约有一星期勾留。又该会同学会上海分会,已于十日成立,选蔡昌年、张辅良、王鄂韡三人,为常务委员。

《时报》1927 年 7 月 12 日

(三)培养与管理

拟派求是学生出洋

(1898 年 6 月 5 日)

闻浙江抚院日前接奉北洋公文,拟酌派西学堂文武高等学生游历日本,以资学习,而储英才,等因。现闻出洋学生须在求是书院、武备学堂二处遴选,并委员前往察探日本学习情形,以及应需开支若干,须俟禀复到日,再行定见云。(录新闻报)

《湘报》第 98 号,光绪二十四年五月十一日[1]

---

① 《湘报》,1898 年 3 月 7 日创刊于湖南长沙,谭嗣同、唐才常等私人集资创办,湖南湘报馆编辑,日刊,内容注重政论和新闻,主要的栏目有本省新闻、各省新闻、各国新闻、电旨恭录、咨文照录等。

添设外院

（1898 年 8 月 11 日）

杭省求是书院领班学生钱某，现奉抚宪咨送东洋大学堂卒业，所悬院额，应须考补。迩来省垣风气大开，艺林中人咸皆向慕实学，故由绅宦具结保送投考之举贡生监，有一百数十名之多。奉林迪臣太守示期，于上月杪传齐扃试等因，曾记本报。刻已出案，计正取八名，当即送院肄业；备取五十七名，均皆学识兼长，殊堪造就之才，奈限于定额，碍难取补，由太守添设外院，俾得一律进院专门，分班授业，惟膏火饭食等费，现实经费不敷，均须暂行自备，以广培植，而励人才。

《新闻报》1898 年 8 月 11 日

外院开课

（1898 年 10 月 3 日）

杭省求是书院扩建屋宇，添设外院课生四十八名情形，历志本报。兹探析，院童每生按月缴修金两元，先交半年，其饭食归各生向厨房结算，计每天每人洋八分，茶水另计。迩来节逾秋分，天气大凉，定期本月十二日一律进院。是日，杭府林迪臣太尊亦临院监视，诸生负笈担簦而来，颇称一时之盛云云。

《新闻报》1898 年 10 月 3 日

求是书院开课

（1898 年 10 月 14 日）

杭州访事友云：浙省去年在普慈寺内设立求是书院，招集生徒，肄习西学，由杭府宪林太守考取三十名，送入肄业，月给膏火洋五元。本年春间，挑选四名前赴日本肄习，后复由太守考取四名，以补前额。嗣有自愿备资入院肄习者，挽某大绅向抚宪说项，廖中丞俯如所请，即饬太守遵照办理，在普慈寺后面增建学番，于前月落成，当由林太守将报名诸生考取三十名，作为额外肄业生，俟正额有缺，准其升补。府宪定于十二日开课，先一日，求是总教习卢君，会同英文教习朱君、算学教习陆君，亲赴抚辕，禀见中丞。次日辰刻，林太守率同诸生进院，先谒至圣先师，复请各教习升堂，命诸生行师生礼毕，太守与教习等略叙寒暄，即命驾回署。

《申报》1898 年 10 月 14 日

夏令给假散学

(1899 年 7 月 25 日)

杭州访事友人云:浙省求是书院及蚕桑学堂,每届夏令给假散学。本年自六月十四日起,给假两旬,俾诸生归家休息,其有不愿回家者听,是亦体恤课生之道也。

《申报》1899 年 7 月 25 日

浙省官场纪事

(1902 年 3 月 30 日)

省城大学堂择于本月初八日开塾,抚宪任筱沅大中丞亲临送学,以重大典。随由总理劳玉初主政请各斋教习升堂,命诸生行谒师礼,既而中丞与诸教习行宾主礼,略谈积愫,然后呵殿回辕。

《申报》1902 年 3 月 30 日

日本外务省档案中的求是书院赴日留学生史料四则[①]

(清国留学生奖学金增额申请资料)

(1902 年)

(一)清国留学生奖学金增额申请

(1902 年 11 月 25 日)

日华学堂学生监督高楠顺次郎致外务省会计课长:

求是书院派遣:东京帝国大学法科生钱承志、吴振麟,东京帝国大学工科生陈榥、何燏时,高等商学校陆世芬。南洋公学派遣:东京帝国大学法科生章宗祥。上述 6 人已于普通预科毕业,目前进入最高等的专业学科学习。日常需购买相当数量的参考书籍以资学业,但近来物价飞涨,此前之奖学金已无法让其安心学业。综合诸项事宜,明年 1 月起,求是书院每生每月应增发 7 元,南洋公学每生每月增发 10 元特别费。上述事项须紧急联系其本国为宜。

明治三十五年十一月二十五日

---

① 本资料系浙江大学教育学院教授汪辉从日本外务省档案中抄录并翻译,提供给本书编者使用,谨致谢忱。

（二）清国留学生奖学金增额申请之回复件

（1902 年 11 月 25 日）

山本外务省政务局长致日华学堂学生监督高楠顺次郎：

贵官此前向本省会计课长提出的关于求是书院派遣清国留学生 5 名及南洋公学派遣留学生 1 名，从明年 1 月起奖学金的增额申请，其中求是书院派遣留学生奖学金增额之事，已训令帝国驻杭州领事，由其负责交涉外，南洋公学留学生之经费，目前因清国学生监督钱恂正在我国访问，而与其直接交涉中，具体事项将根据对方答复，再确定进一步的方针。

明治三十五年十二月三日

（三）清国留学生学费增额之件

（1902 年 12 月 3 日）

小村外务大臣致大河驻杭州副领事：

杭州求是书院派遣留学生 5 名，此前已于普通预科毕业，目前升入各最高等的专业学校。但近来物价飞涨，此前奖学金一月仅十五元，无法保证其充分的研究之需。为此学生监督高楠顺次郎建议从明年 1 月起，每人每月增拨 7 元学费。贵官应负责交涉办理上述事项，并于本年内回复为盼。

明治三十五年十二月三日

（四）浙江留学生奖学金增额办理回复件

（1903 年 1 月 7 日）

在杭州副领事大河平隆则致小村寿太郎外务大臣：

此前该省派往我国的学生 5 人，已完成普通预科学业，现正在各最高等的专门学校学习。日常需购读相当数量的参考书籍以资学业。但近来物价飞涨，此前的奖学金已不敷使用。（高楠）学生监督不得已紧急请求从今年 1 月起每生每月增发 7 元特别费。去年 12 月 10 日，本官收到训令即书面向洋务局提出交涉。此后本官并亲访该局总理候补道许贞干进行协商。当月 23 日，5 人的特别费总计 210 元已汇至横滨正金银行上海支行。当月 30 日，上述金额已兑付完毕。特此报告。

明治三十六年一月七日

《在本邦清国留学生关系杂纂/杂之部》第一卷，日本外务省档案，编号 B3-10-5-3_6_001

学事汇志

（1903 年 2 月）

省中大学堂班次，向来各项学问各自为班。自今正起，以英文高下之次第，为分班之上下。其算学教习陆君锐星不赴礼闱，专志教育。祝君震则赴汴后，尚有日本之行，其教习历史一席,即以绍暨优廪生寿君锡恭庖代,续行招考学生,须待七月以后。

《浙江交儆报》第13期,癸卯年正月[1]

咨添浙学生之特别费

(1904年9月4日)

近由驻日公使杨枢移咨浙抚,据云在日留学士官学校学生,今因日俄战事,缩短卒业期限,于西十月间即行卒业,先时须特别演习,演习之费,计步兵日金二十五元,工兵三十元,骑兵三十元,而炮兵则需五百元。凡官费学生皆应由官拨款汇寄增加。又高等师范学生亦须加休息旅行费云云。聂抚准咨,当照会浙江高等学堂及杭州府学堂两总理,而藩司翁曾桂则不肯另筹的款,欲于原已拨定之出洋学生经费一万元之内提拨,查各省纷纷派遣学生东游,湖南已多至二百余人,湖北已多至二百数十人。日前四川又有二百余人到沪,即日乘轮船东渡,他省派遣学生如此认真,浙江仅有两学堂,派出十余人,稍稍增加费用,而藩司不肯竭力若此。

《东方杂志》第1卷第7期,光绪三十年七月二十五日

高等学堂监督陶移请学宪停止各学堂学生岁科试文

(1904年12月25日)

为移请事。案照光绪二十八年《钦定大学堂章程》第四章第七节,内开:各学堂肄业文童遇岁科试,准其径送院试,其府县试一律免考等因。是以本堂各生每遇岁科试,恳请照章移送,迭蒙贵学院核准收考在案。嗣于本年四月初三日,奉抚院聂发到光绪二十九年十一月总理学务大臣奏准颁行学堂章程到堂,其第一册《学务纲要》内载,学堂未毕业生不准应乡会试、岁科考等语。其第二十册奖励章程内载,高等学堂学生毕业作为举人,以中书、知州、知县用,中学堂毕业作为优、拔贡,小学堂毕业作为廪、增、附生等语,是奖励极优,果能有恒心,不患无功名,较之旧日科举,更有把握,各项学堂皆应遵照办理。旋准杭州府宗移开:本年五月二十七日,奉贵学院牌开:准礼部札开:山东学政咨称:恭照《钦定大学堂章程》,学生乡试、岁科考一节另拟章程三条,咨请立案。礼部准予立案,并通行各省一律遵照,仰府移知高等各学堂一体出示遵办等因。准此,敝监督查,山东学院另拟章程所载各语,尚系申明旧章,与新章绝不相符,未敢缮贴告示。而各府县多已出示,敝堂学生援此说以求应考,势难强制。现在金华、温州各生纷纷请给文离堂,敝监督通融办理,原无不可,惟学堂授课,以合班齐等为要,不容一日断,若因考试旷课数旬,难仍来与课,已不合原班程度。教习与学生并添窒碍,平时分心力以治考卷,于学堂各项课程自难兼营。既有岁科考为退步,则在堂卤莽灭裂

---

① 《浙江交儆报》,浙江地方刊物,1903年在杭州创刊,月刊,浙报馆编辑、发行,主要栏目有本馆论说、谕旨、奏议、交涉近闻、本省新闻、专件等。

之弊安望摈除。官吏之筹设学堂，与子弟之留堂肄业，概成虚文，学堂办理人员尸素其间，于心奚安！且学生识量多隘往往参差，告假扣算膳金锱铢争论，即如此类，于事务亦多棘手。敝监督愚以为，如欲考试，可不入学堂；既在学堂，即不便考试，自来新章行，则旧章废。况新章既奉上谕准行，而《学务纲要》内亦声明，此后各学堂俱应按照现定章程奉行，虽未能事事膳合，总当渐趋一辙。山东学院所拟，只有第一条防生员借学堂规避岁科试，先由学堂报明学院，事属可行。其第二、第三两条，但须不令学生投考，便无籍此繁文。敝监督检阅邸钞，山东抚院周会同山东学院戴奏报该省学堂情形，折内有按照现定章程实事求是之语，是山东学院所拟，已不能行于东省，礼部据咨分札各省，殆由事冗未经详察。然朝章不宜背，士心不宜紊，敝监督特请贵学院截止各学堂学生出应岁科试，究以何日何府为始，核定示知，俾晓谕肄业生专心力学，共邀毕业后之优奖，以遵谕旨，而一风气。将来学额递减至尽，岁科试停止，学堂功课归学院考察，此奏准之案，谅早蒙鉴及，无待赘述。为此合移贵学院，请烦查照，迅速见复施行。须至移者。

《申报》1904 年 12 月 25 日

师范传习生毕业给凭

(1906 年 5 月 26 日)

去岁高等学堂监督陆勉侪太史创设师范传习所，以期造就教员。现甲班学生张公度君等二十五人已届毕业，于四月二十三日给予卒业文凭。

《申报》1906 年 5 月 26 日

高等学堂附设音乐讲习会

(1907 年 2 月 7 日)

杭州高等学堂附设音乐讲习会，分寻常高等两科，已于十一月开办。

《东方杂志》第 3 卷第 13 期，光绪三十二年十二月二十五日

高等小学考试毕业

(1908 年 1 月 10 日)

浙省高等学堂附属之高等小学甲、乙两班生二十九人，已届毕业之期，爰于本月初三日起分门考试，先由高等学堂吴监督，咨请支学使派员莅堂考试，兹将各生姓名列下：(略)。

《申报》1908 年 1 月 10 日

学部咨复浙抚转饬高等学堂添加专科应令各再延长年限文

(1908年2月25日)

为咨复事。准咨开,据提学使支恒荣详称,准高等学堂监督吴咨开,案照敝堂于光绪二十七年十月,就原有之求是书院建立浙江大学堂,二十九年十一月遵章改称浙江高等学堂,其时规制甫颁,科目未备。至三十一年春间,陆绅懋勋接办,如整齐学制,甄别旧生,添招新生,仿照京师大学堂办法,分为高等预备、完全师范两科。高等预备系补习中学程度,完全师范系初级师范程度,均定为三年毕业。嗣后每年添招预备新生,概取其文学确有根底或在中学堂有一二年程度者补入。此敝堂办理历年之情形也。

现有师范科一班,预备科六班。内师范生一班三十九人,预备三年级生二班八十六人,均自光绪三十一年春间入堂,至三十四年夏间,按照规定课程应予毕业。预科毕业后,自应接办正科。查学堂章程,高等学科分三类,第一类为预备入经学科、政法科、文学科、商科等大学者治之,第二类为预备入格致科、工科、农科等大学者治之,第三类为预备入医科大学者治之。敝堂开办正科,拟分设第一类、第二类学科,听各生志愿分别隶入。惟高等学科原以教大学预备为宗旨,而京师大学现在尚未成立,学者既毕业于高等学堂,暂无分科大学供其研究。敝监督体察情势,以为应仿专门之制,量予变通。现拟予第一类学科中增加法政时间,于第二类学科中增加理化、算学时间,冀使毕业者皆有专长,可以出而用世,即将来升入分科大学,亦可深造精微,而与学堂定章仍属不相违悖,此敝堂预定将来之计划也。呈请转详咨请学部核复,以便早为设备等因,由司详院,据情咨请查照,核复施行等因前来。

查该学堂预科既经毕业,自应接办正科。惟现在京师分科大学尚未设立,该学堂监督虑将来高等学生毕业无大学可入,拟参仿高等专门学堂之制,量予变通,系为因时制宜起见,自可照准。惟所呈高等正科课程表中,其第一类普通学校少,而于第一学年即参加专科;至第二类则于第三学年始有专科,两类相较,办法未免参差,且第二类课程中之机械工学、采矿学及选矿学仅各占一学期,应用化学仅占两学期,为时过短,所习无几,恐有添加专科之名而无学成致用之实。应饬令各再延长一年,于第一类之第一学年及第二学年,专注重国文及外国文;第二类之第一学年及第二学年,专注重各种高等、普通学;至第三、四学年,则注重专科。庶几学生于普通学既有根柢,而于专门学亦确能致用。

光绪三十四年正月二十四日

《学部官报》第54期,光绪三十四年四月二十一日

高等学堂接办专门科

(1908年5月31日)

浙江高等学堂豫科毕业后,本应接办正科,吴监督以京师分科大学尚未设立,正科生无可升送,拟即参仿高等专门学堂之制,酌量变通。当拟定课程表,呈请浙抚转咨学部立案。兹据咨复照准,并删定课程,谓第一类普通学较少,而于第一学年即参加专科。至第二类则于第三学年始有专门科,两类办法,未免参差。且第二类课程中,机械工学、采矿选矿学等,

仅各占一学期，应用化学仅占两学期，为时过短，恐有专科之名，无致用之实。应饬令各再延长一年，于第一类之第一学年及第二学年，专注重国文及外国文；第二类之第一学年及第二学年，专注重各种高等、普通学；至第三、四学年，则注重专科。庶几学生于普通学既有根柢，而于专门学亦确能致用等语。现吴监督已酌量改定，第一类为法政专科，第二类为格致专科，以副名实。并声明高等生系三年毕业，现参酌专门，照章延长一年，将来毕业，应请略加优异，以昭激劝。

《申报》1908 年 5 月 31 日

吴君雷川前曾咨商提学司本堂预科毕业后应办正科

（1908 年 7 月 23 日）

浙省高等学堂监督吴君雷川，前曾咨商提学司，以本堂预科毕业后应办正科。查学堂章程高等学科分三类：第一类为预备入经学科、政法科、文学科、商科等大学者治之；第二类为预备入格致科、工科、农科等大学者治之；第三类为预备入医科大学者治之。本堂开办正科，拟即分设第一类、第二类学科。惟高等学科原以教大学预备为宗旨，而京师大学现在尚未成立，既毕业于高等学堂者，暂无分科大学供其研究，因拟仿专门之制，即于第一类学科中增加法政时间，第二类学科中增加理化、算学时间，使毕业者皆有专才可以用世。支学使因即详请浙抚冯星帅，据情咨部，旋经学部咨覆，略谓：该学堂预料既经毕业，自应接办正科。惟京师分科大学尚未设立，该监督拟参仿高等专门学堂之制量予变通，系为因时制宜起见，自可照准。惟所呈高等正科课程表中，其第一类普通学较少，而于第一学年即参加专科，至第二类则于第三学年始有专科，两类相较，办法未免参差。照第二类课程中之机械工学、采矿学及钻矿学仅各占一学期，应用化学仅占两学期，为时过短，所习无几，恐有添加专科之名，而无学成致用之实。应饬令各再延长一年，于第一类之第一学年及第二学年，专注重国文及外国文；第二类之第一学年及第二学年，专注重各种高等、普通学；至第三、四学年，则注重专科。庶几学生于普通学既有根柢，而于专门学亦确能致用等语。星帅准咨，即札饬支学使照会吴君，遵照办理。又农工商矿局总办王省三观察详设农业学堂，责令大县保送学生二人，小县一人，学生每人每年学费一百二十元，半由地方官筹拨，半由学生自缴。又仁钱劝学所议设塾师讲习所二处，令各塾师来所听讲，每星期六小时，以三个月毕业。又旅杭金衢严处公学附设测绘专修科，已禀由督练公所批准转详立案。又安徽旅杭同乡公议设立商业补习科，已于四月中旬开课。又茶业学堂开办后，未见发达，茶业捐款亦往往不缴，近经议定，此项茶捐由仁钱两县代收代解，责成劝学所将此项经费开办初等小学三所，所有原设茶业学堂即行裁撤。又杭州向有半日学堂三处，颇著成效，近复改为初等小学堂，照旧不收学费。又章君学谦等在金衙庄设立理科讲习所，以四个月毕业。又周剑飞女士等公立蒙养院一所，业已开办。又贵君翰香等议设医学研究所，以保存中国医学为宗旨。又汪君德光等发起杭属一州八县同学会业已成立，由众公举汪君为正会长，刘君瀚为副会长。

《东方杂志》第 5 卷第 6 期，光绪三十四年六月二十五日

本司支准高等学堂接办正科遵照部饬酌定课程请咨立案详抚宪文

(1908年9月)

为详咨事。准高等学堂监督吴咨开:准司照会,奉准学部咨开,浙江高等学堂预科既经毕业,自应接办正科。惟现在京师分科大学尚未设立,该学堂监督虑将来高等学生毕业无大学可入,拟参访高等专门学堂之制,量予变通,系为因时制宜起见,自可照准。惟所呈高等正科课程表中,其第一类普通学较少,而于第一学年即参加专科;至第二类,则于第三学年始有专科。两类相较,办法未免参差。且第二类课程中之机械工学、采矿及选矿学,仅各占一学期,应用化学仅占两学期,为时过短,所习无几,恐有添加专科之名,而无学成致用之实。应饬令各再延长一年,于第一类之第一学年及第二学年,专注重国文及外国文;第二类之第一学年及第二学年,专注重各种高等、普通学;至第三、四学年,则注重专科。庶几学生于普通学既有根柢,而于专门学亦确能致用。相应咨行贵抚查照办理,并饬提学使司遵照,等因到院札司,即便照会该监督遵办,等因。相应照会,请烦查照,奉准来咨事理遵办可也。等因。奉此,敝监督当即遵照部饬,改拟课程,定第一类为法政专科,第二类为格致专科,以期名实相副,缮具课程表,呈请察核,并声明高等学堂定章,系三年毕业,现在浙省高等正科,既参酌专门学堂办法,照定章延长一年,将来此项学生毕业奖励,亦应比照原定高等学堂奖励,酌量优异,以昭激励,并请咨明立案等因过司。准此,理合据情详请并将送到课程表转呈,仰祈宪台察核,咨请学部立案饬遵。为此备由呈乞照详施行。

《浙江教育官报》第2期,光绪三十四年八月

本司支照会高等学堂奉学部电京师优级师范开学日期文

(1908年10月)

为照知事。本月初三日接奉学部冬电开:

各省提学使鉴:本部优级师范,现各处电报学生已逾定额,八月下旬举行入学考试,各处必须确按蒸电指定各项合格学生,经部核准给奖,或准升学者,并须东语或英语确有中等程度,方可选送,不拘名额,赶令八月二十以前到京。选定后先将名数电部。学部冬。等因。奉此,查前奉学部饬选优级师范学生,浙省仅准贵学堂咨送预备科及初级师范完全科各生,准由司详请给咨在案。兹奉前因,相应照知,为此照会贵监督,请烦查照,希即按格遵选,并传知各生,遵照施行。

《浙江教育官报》第3期,光绪三十四年九月

附属小学移归师范学堂

(1908年11月26日)

浙省师范学堂王监督咨呈学宪,谓:准高等学堂移请,将附属之小学堂移作敝堂附属。

查敝堂附属小学，本为师范生实练所必需，本拟明年招生开学。兹将高等学堂附属之小学移作敝堂附属，事属两便，等因。学使以高等学堂附设小学，本属暂时之举，现在师范学堂附属之模范小学堂校舍既已建筑，已商准自明年正月起，即将高等附属之小学移归师范接办，诚为两便，已详移抚藩查照。

《申报》1908 年 11 月 26 日

开办高等正科之抚批
（1908 年 11 月 30 日）

浙江高等学堂，本年开办正科等情，已志前报。兹闻支学司以定章高等学堂规制，应容学生五百人以上方为合宜，此时初办正科，规模未能全备，然总须能容二百人以上。今查浙江高等学堂，规模尚相彷佛，惟浙省风气虽开，而中学毕业尚属无多，该堂开办伊始，现仅学生四十七人，将来各府中学堂毕业，当可逐渐升入，补足定额。已将送到清册详送抚宪查核。兹奉增中丞批：据送清册存查，将来正科学生续有增添，该司务须随时分别详报。

《申报》1908 年 11 月 30 日

本司支准高等学堂咨送本年开办正科学生名册详学部文
（1908 年 12 月）

为详送事。案奉钧部札开：专门司案呈，各省高等以上学堂，前因开办伊始，招考学生多所迁就，且有随时添招插班学生之弊，以致毕业之际，学年程度均不划一。现在入学程度已经本部奏定，必须曾在中学堂毕业者，方准升入。惟插班之弊若不及早限制，则学年、学级仍不齐一。查本部于光绪三十二年十二月奏准各学堂考试章程，内开：高等以上各学堂及与高等以上程度相等之各种学堂，遇举行升学考试之时，应将所升入之学生姓名、年岁、籍贯、三代及历由何处学堂毕业，汇造清册，在京师者呈送学部备案，在各省者呈送提学使汇报学部备案，等语。是所以严杜插班取巧之弊，已至严密。惟此项章程通行已一年有余，而各省之以高等学堂新收学生名册报部者，仅有数处，且于前已入堂而未经报部之学生，亦多未补报，皆俟毕业请奖之际，始以学生名册咨部，以致年限是否符合，本部无从考核。亟应声明定章，嗣后高等以上各学堂及与高等以上程度相等之各种学堂，如续收新生，限于所收学生入堂后一月以内，将该生姓名、年岁、籍贯、三代及由何处中学堂毕业，造册径行送部，以备毕业请奖时核对年限。其前已在堂而未经报部之学生，限于接到此文后一月以内，将各生之姓名、年岁、籍贯、三代、入堂年月及入堂以来所习功课，造册径行报部，毋得迟延。经此次声明定章之后，如各学堂再有玩延不依照定章将学生姓名迅速报部立案者，毕业之际即以不满年限论，札司即便遵照。等因。并奉抚宪札：准咨，同前因，各到司。奉此，当以浙省高等学堂前办尚系豫科，甫于本年始行拟办正科，此外查无高等以上及与高等以上程度相当之各种学堂，奉饬前因，即经照会高等学堂遵办去后，兹准高等学堂吴监督咨呈，以高等学堂正科已于本年八月初一日开学上课,所有学生,计第一类政法科二十二人,第二类格致科二十五人,遵饬将姓名、年岁、籍贯、三代及由何处中学毕业升送,分别开列造册,呈请转送前来。本司伏查定章,内开:高等学堂规制,应容学生五百人以上方为合宜。此时初开规模略小亦可,然总期能容二百人以上,等语。今查高等学堂规模可容二百人以上,惟浙省风气虽已早开,而中学毕业尚属无多,该堂现当初办,正科两类仅共四十七人,将来各府中学毕业后,当可逐渐升入,多为容纳。准咨前因。合将送到清册备文详送,仰祈钧部察核。为此备由呈乞照详施行。

《浙江教育官报》第5期,光绪三十四年十一月

本司支为前咨送高等学堂毕业师范生表内无名已查明电复照知文(附复电)
(1908年12月)

为照知事。本年九月二十二日奉抚宪增札开:本年九月十一日准学部电开:浙省咨送师范学生郑济、邱之铭、汤鼎成、汪德光四名,上年该学使详部高等学堂表内何以无名,希即电覆学部,佳印。等因到本部院。准此,当将原电交由该司查明禀复前来。除电复外,札司查照等因。奉此,相应照知,为此照会贵监督,烦为查照可也。须至照会者。

附抚宪复电:

北京学部钧鉴:佳电敬悉,当饬提学司查复。兹据复称,询据高等学堂监督函称:此次送考师范生郑济等四人内,郑济原名锡纯,邱之铭原名合璞,汪德光原名德钧,均于本年上学期改名。汤鼎成原名存伯,该生系三十三年上学期由湖州府中学堂升送插班,是以三十三年下学期表册并无汤存伯之名。此次送考师范名册漏注,实系疏忽等语。提学司检查本年毕业表册,均已注明,此次送考师范,亦仅据该堂名册转详,未将更名及插班理由声叙等情,理合据情电达,即希查照核办。

《浙江教育官报》第5期,光绪三十四年十一月

本司支具报高等学堂附属之两等小学明春移归两级师范学堂接办详抚宪文
(1909年2月)

为详报事。光绪三十四年十月初三日,准两级师范学堂王监督咨开:准高等学堂移请,将高等学堂附属之小学堂移作敝堂附属,等因。准此,查敝堂附属小学堂本为师范生实地练习所必需,本拟明年招生开学,今将高等学堂附属之小学堂移作敝堂附属,事属两便,当经移复高等学堂吴监督,即于明年正月接办。惟附属小学堂房屋工程,前据李工程司勘验,缺点尚多。当时工程处陆绅以尚未完竣为辞,故将附属小学堂工程仍归陆绅自了,恐明年春间尚不能验收移入,将来接办以后,仍拟暂在原处开学。除移复外,咨呈查照。又于十月初四日,准高等学堂吴监督咨开:敝堂附属小学曾于去年冬间备文移商师范学堂,请归该堂办理,嗣以该堂附属之模范小学,须延至第二学年开办,敝堂遂商请藩司另筹经费三千六十元,将附

属小学接续办理。迭经具领，照发在案。惟此三千六十元之款，藩司仅允暂拨一年，现在已届冬季，亟应预为来年计画。因念师范附属之模范小学，校舍早经落成，明岁谅须设立，倘即以敝堂附属小学移归师范附属，在师范可免召集新生之烦，在敝堂借纾续筹经费之责，洵属一举两得。当又备文移商去后，兹准师范学堂复称：查敝堂附属小学，本拟明年下学期招生开学，现在贵堂附属小学既可移作敝堂附属，事属两便，请于明年正月起，由敝堂接办。惟敝堂附属小学堂房屋尚未了工，恐明春尚不能搬移，将来接办之后，仍暂在原处开学，俟附属小学堂房屋完竣，再行搬移，等因，移复前来。查敝堂附属小学，既经师范学堂王监督允自明年正月起移归接办，于兴学、筹款两不为难，谅蒙贵司认可。除俟年终放假后，将所有校具一切悉行移交接管，再行造册呈报外，所有附属小学已商准移并师范学堂缘由，咨呈察核，各等由过司。准此，查高等学堂附设小学，本属暂时之举，现在师范学堂附属之模范小学堂校舍既已建筑，已商准师范学堂监督，自明年正月起，即将高等学堂附属之两等小学堂移归师范学堂接办，诚为两便，自应照办。除移知藩司外，理合详报，仰祈宪台察核，为此备由呈乞照详施行。

《浙江教育官报》第6期，宣统元年正月

光绪二十八年迄三十四年浙省学堂学生增减比较表[①]

(1909年12月)

高等	二十八年		二十九年		三十年		三十一年		三十二年		三十三年		三十四年	
	毕业	在堂	毕业	在堂	毕业	在堂	毕业	在堂	毕业	在堂	毕业	在堂	毕业	在堂
		93		82		88		112		179		268	82	248

备考：右本表所载各学堂学生，凡毕业在光绪二十九年以前者，均并入二十九年毕业各生统计，惟三十四年下学期未送一览表之各堂，其毕业及在堂学生概不列入。

《浙江教育官报》第16期，宣统元年十一月

蒋都督照会临时议会为教育部电令与公布案不符请查照备案文

(1912年4月9日)

案查本都督上届公布贵议会议决关于学务两案，第一案为筹划高等教育进行预备案内，有旧设高等学校改称大学预科等语；第二案为学制统系案内，有高等小学分第一、第二两部，第一部修学年限定为三年，第二部修学年限定为四年，中学校分第一、第二两部，修学年限均

---

① 《光绪二十九年迄三十四年浙省学堂增减比较表》系浙江全省各学堂学生统计表，本书从中节录了高等学堂学生统计一栏。据该篇载，从1903年至1908年，浙江省的高等学堂，只有浙江高等学堂一所。另，光绪二十八年的数据，录自清学部光绪三十三年编的《第一次教育统计图表》。

为五年。其统系图内,初级师范修学年限亦为五年,高等学校应即废止各等语,照章应于公布日即生效力。惟查教育部通告各省电文,内开:大局初定,各处高等专门学校若不从速开课,则高等学生中途废学,中学校毕业生亦无升学之途等语,是高等学校不在废止之例,与公布案高等学校改称大学预科、及高等学校应即废止不符。又教育部现颁普通教育暂行办法通令,内开:中学校为普通教育,文、实不必分科。又中学校、初级师范学校均改为四年毕业。又高等小学课程共为四年各等语,与公布案中学校分第一、第二两部,修学年限均为五年,统系图内初级师范五年毕业,高等小学分第一、第二两部,修学年限分三年、四年各条不符。在是案议决公布之时,尚未奉有教育部颁令明文,自不能不暂定通章,藉资遵守。现在教育部既已明定办法,事关全国教育统一,浙省未便独异,业经本都督查照教育部电令各条,令由教育司通饬各属,一体遵守,俾免纷歧。惟因与公布议案不符,相应照请贵议会查照备案可也。特此照会。

《浙江军政府公报》第 62 册,民国元年四月初九日

教育司为临时议会议决学务案与教育部条文歧异处开送清折呈请交议文
(1912 年 4 月 23 日)

案奉钧府公布临时议会议决关于学务两案,第一案为筹划高等教育进行预备案内,有旧设高等学校改称大学预科等语;第二案为学制统系案内,有高等小学分第一、第二两部,第一部修学年限定为三年,第二部修学年限定为四年,中学校分第一、第二两部,修学年限均为五年。其统系图内,初级师范修学年限亦为五年,高等学校应即废止各等语,照章应于公布日即生效力。惟查此两案所列各条,与教育部所颁普通教育暂行办法通令,及通告各省高等专门学校开课电文未能吻合。近日各属办学人员,往往以无所适从,来司呈请解释,本司以事关议案,通令未便臆断,用特胪举条文歧异者三端,缮具清折,备文呈请钧府提交议会决议,实为公便。此呈。

计呈清折一扣。

谨将教育部通电与公布议案比较互异之处开呈钧察。

计开:

(一)教育部通电:大局初定,各处高等专门学校若不从速开课,则高等学生半途废学,中学校毕业生亦无升学之途。是高等学校不在废止之列,与公布案:高等学校改称大学预科,及高等学校应即废止不符。

(二)教育部通令:中学校为普通教育,文实不必分科。又中学校、初级师范学校,均改为四年毕业。与公布案中学校分第一、第二两部,修学年限均为五年,统系图内初级师范五年毕业不符。

(三)教育部通令内:普通教育课程之标准,高等小学课程为四年,与公布案高等小学分第一、第二两部,修学年限分三年、四年一条不符。

《浙江军政府公报》第 76 册,民国元年四月二十三日

教育司长令县知事转知各学校注重管理文

(1912 年 5 月 29 日)

照得学校负养成人格之重责，学生以服从规则为主要，是以一校之内，首须注重管理。本司颇闻近来各校学生，往往误解自由、平等诸名词，以不服规则为自由，以反对教职员为平等，甚至罢课、要挟，电讦校长，如此任意行为，殊于教育前途大有妨碍。须知学生入学时代，实为其一生离家庭而入社会之始，国民公共道德之修炼，胥于此时定其趋向。方今社会教育设备未能完全，所赖以养成国民之资格者，仅出于学校一途，若亦嚣凌无序，难望进行，其他又何可言？本司庚日奉教育部通电，内开：学制统系、学校规程，亟欲草订颁行，惟事体重大，条理繁赜，非征集全国教育意见，折衷厘订，未能推行尽利。拟赶暑假前召集临时教育会议，以便颁布施行。凡各项法令未颁以前，请饬所属各主管官署，筹集经费，维持现状等语。奉此，查维持现状，自包教授、管理而言。从前各校原经订有各种管理规则，此次教育部既有通电，在部定各项规程未经颁布以前，无论官私各学校关于管理各规条，但除去与民国国体不合者外，自应一律照旧执行，并严加注意，以重学制，而肃校风。为此行令该知事，迅即转知境内各学校遵照办理，毋致放任贻误学生，是为至要。此令。

(照会省立各校及私立中等以上各校文同。)

《浙江公报》第 107 册，民国元年五月二十九日

都督蒋咨教育部据教育司呈为查覆高等专门学校办理情形文

(1912 年 8 月 21 日)

本年八月九号准钧部虞电，内开：去秋军兴以后，各处高等专门等校早经先后停课，及本年大局平定，呈报开学者固属不少，而停办观望者实居多数。现在民国初成，专门人材需用甚殷，此项学校刻不容缓。所有学制已经拟定，提交临时教育会议，将来对于各省如何设置，亦正通盘筹画。惟实行之期，尚难遽定，自旧有之校亟宜继续办理，以促进行。应请转饬教育司，除已经开学者仍妥为维持外，其尚未开学者应即迅筹开学，觅复旧观，并将办理情形报部备案。其一切扩充办法，应俟各项新章颁布后，再行分别办理，以归一律等因。准此，当经令行教育司遵照，即将现在办理情形详细具报去后，兹据该司呈称：查浙省旧有高等专门等校，其属于省立者，除高等学校外，有两级师范以及法政专门、中等工业、中等商业、女子师范并蚕桑各校，均自阴历去年九月间停课，现在高等及两级师范学校业于阳历四五月相继开课。前奉部令高等学校，该校下学期暂缓招生，两级师范、优级本科本年缓办，当经转饬遵照在案。其余专门如法政、中等工商、女子师范、蚕桑等校，均于阳历三四月间一律继续开学，现时均复旧观，并无停办。且以医学关系卫生，并省立创办医学专门学校，招生入学，定于下学期开校授课。又省城本有农业教员讲习所，行将毕业，拟即改办中等农业学校，亦正在筹备。除将所设各校，于新章未颁以前暂行照旧办理妥为维持外，奉令前因，理合将现在办理情形备文呈请察核转咨，等因前来。据此，相应据呈备文，咨请钧部查

核备案。此咨。

《浙江公报》第191册,民国元年八月廿一日

饬各道尹准部咨申明部章并饬甲乙种实业学校认真办理由
(1915年4月10日)

浙江巡按使公署饬第一千四百四十二号

饬各道尹实业学校准部咨申明部章并饬甲乙种实业学校认真办理由

为饬知事。案准教育部咨开:案查本部《实业学校令》暨《实业学校规程》,自民国二年八月颁行后,所有各项实业学校照章应行报部事项册报到部者,先后不下二百数十起,中间办理合法之校固属不少,而误会部章,以及设备不完者亦往往有之。即如元年九月部令第七号学校系统表内载,实业学校分甲乙二种,各三年毕业。而实业学校规程第十四条、第二十三条、第三十一条载明,甲种农、工、商学校修业期,预科一年,本科三年,比之学校系统表加多一年。原为慎重实业教育起见,自宜按照后班规程办理,乃为正当。办学之人往往不察,依旧按照学校系统表开办甲种实业学校,不设预科,实属误会。乙种实业学校学生入学资格,须年在十二岁以上,有初等小学毕业之学力,此为部章所规定。近顷各项乙种实业学校因此每多误会,凡招收新生,以年龄最幼者为合格,稍长则屏绝不取,论其学力则曾经肄业初等小学一、二、三学期不等,按之部章均属未合。盖十二岁以上之规定,不过以十二岁为最低限,并非过此以往即无入学之资格,况此项学校重在适用,所习各科目均含有专门性质,故入学学生亦以年齿稍长、程度较高者为宜,是以实业学校规程止限定十二岁以上,而不限于若干岁以下者,正以俾办学之人得酌取年龄相当之学生入校肄业,不致无伸缩之余地。至部章有初等小学毕业之学力一语,原以此项学校学生入学资格,以初等小学毕业为原则,设竟难得合格学生,则虽非初等小学毕业,而与之有同等学力者,亦可考选入学。至肄业初等小学一、二、三学期不等之学生,必非有初等小学毕业之学力可知。施以实业教育,将来成绩定无可观。实业学校以增进个人生活、功长社会经济为唯一之目的,故此项学校之多寡,与国计民生之盈绌成正比例。然使学而无用,虽多何益?欲其能致用,非注重设备不可。现时各省甲乙种实业学校,设备多不完全,甚至号称实业,而一切校室、校具及其他实习用具、场、厂、器械、标本、图画、药品等事,均付缺如。以此类学校毕业之学生,能否致用,能否自立,不问可知。虚糜款项,所费已多,贻误青年,关系尤巨。本部为力图扩张,并整理实业教育起见,所有以上各节,不得不切实声明。相应咨请通饬各该校遵照办理,庶几实事求是,不致有名无实。等因。准此,除分别饬知外,合即饬仰该道尹,转饬所属甲、乙种实业学校校长遵照。此饬。

右饬各道道尹、省立各实业学校校长。准此。

巡按使　屈映光

《浙江公报》第1127册,民国四年四月十日

省立甲种农校校长陈嵘详送三年度管教员学生一览表请核转由
(1915年5月31日)

浙江巡按使屈批省立甲种农校校长陈嵘详送三年度管教员学生一览表,请核转由。

察阅学生一览表,宋复一名,第一学年既试验及格,理应升入本科一年级,何以本年一月又改入预科?何裕通、姚绍虞、周应璜、吴祥骥、吴选、吴纯等六名,既未毕业高等小学,是否经试验有同等学力,未据声叙。至插班生一项,查实业学校规程,并无得招插班生之规定,虽中学校令第四十一条,有遇有缺额时,得在第二或第三学期开始十日招考插补,现准发还。

五月三十一日

《浙江公报》第1189册,民国四年六月十一日

巡按使饬实业学校应注重设备与实习
(1915年11月24日)

浙江巡按使公署饬第五千二百三十号

饬各道尹、省视学、甲种实业学校:准部咨,甲、乙种实业学校应准注重设备及实习,又乙种实业学校学生毕业免予先期报部由。

为饬知事。准教育部咨开:案查甲、乙种实业学校,各省办理每有未能合法者,业经本部于本年三月申明部章,通咨请饬认真办理在案。近据视学报告,及核阅各处所报表册,实心整顿、筹设完备者固已不少,而因陋就简、名实不符亦复所在多有。实业学校与普遍中小学校不同,其最要之点,无如设备、实习二事。查实业学校规程第五条:实业学校于校地、校舍、校具及其余需要者,均需设备等语。又第七条、第八条所定必须具备之室,及一切用器,均属必不可少之件。诚以实业重在应用,若使教室不适讲授,用器不敷考验,虽有良好教师,亦无所施其指导。现在经费支绌,固知添设购置动辄需费,然既有其名,必须副责,似未可惜小误大,因一端而害及全体。仍应斟酌情形,于撙节之中,策进行之效。

又实习一项,查实业学校规程第二条:实业学校关于实习及实验时间,须占总授业时间五分之二以上,是实习事业,原与讲堂功课并重。乃各校对于各科教授或尚认真,而实习每不注意,甚有农业学校蚕科养蚕实习钟点列入冬季课程,一纸空文,随便填报,毫无实际,不问可知。

本部为重视实业教育起见,急应再行申明,各省办理此项学校,务就以上二事切实进行。省视学及道、县视学于出发之时,对于此项学校尤宜格外考察,除详报未能合法者,应详为指导外,即所具表册井然可观,亦必就其开列事项,留心勘察,是否相符。须知本部对于各省实业学校,并非故事苛求,当此实业教育最关紧要之时,设立一校须收一校之用,若其名不副实,虚糜款项,其事犹小,而贻误青年、失信社会,使教育前途重多障碍,其事乃大。期望之切,不能不责备之深也。

至于乙种实业学校,大致经费不多,用人有限,缮造表册,每苦力有不逮。嗣后关于乙

种学校详报毕业,准其报由各该省行政长官核准,转报备案,无庸于三个月以前预将应行毕业各生、在学学年成绩报部核办,庶于综核之中,藉资体恤,而省繁牍。相应咨行查照,分别饬遵等因。准此,除分饬外,合就饬仰该视学遵照,于视察此项学校时,务宜悉心考查填报,以凭核学。道尹转饬道县视学,并所属各实业学校,分别遵照办理。校长遵照切实进行。此饬。

巡按使　屈映光

右饬省视学、各道道尹、省立各实业学校校长,准此。

中华民国四年十一月二十四日

《浙江公报》第1364册,民国四年十二月五日

令省立甲种工校校长许炳堃实业学校留学案不能成立

(1916年10月23日)

浙江省长公署训令第九百零九号

令甲种工校,准省议会咨,实业学校留学一案经大会决议认为不能成立由。

令省立甲种工业学校校长许炳堃:

案准省议会咨开:准咨开:据民政厅呈称:省立甲种实业学校拟设留学专额,由各校循环选派教员及毕业生赴外国留学,拟具条例,呈乞察核交议,并送条例一件等情。据此,相应抄呈条例,备文咨请贵会议决施行等情,并抄送条例一件到会,业经提付大会讨论决议,认为不能成立,理合备文咨覆省长,请烦查照等因。准此,查此案前据该校呈请前来,即经批据前民政厅拟具条例,咨交议决在案,兹准前因,合令该校长知照。此令。

中华民国五年十月二十三日

省长　吕公望

《浙江公报》第1659号,民国五年十月二十六日

浙江省长公署咨省议会请令省立甲种农校添设兽医科由

(1916年11月6日)

浙江省长公署为咨复事。案准贵会咨开:案照兽医一科,为发达农家副业所必需,其影响所及,若织毛、制革、宰牲、炼乳、贩卵诸业,若警政、若军事,莫不有密切之关系,亟宜培养此项人才,以供社会之需要。本会查实业学校规程第十三条第一项:甲种农业学校之学科,分为农学、森林学、兽医学、蚕学、水产学各科。同条第三项第二项:学科或全设,或酌设一二科以上,得因地方情形定之。是于甲种农业学校得设置此项兽医学科,业经提出,省立甲种农业学校添设兽医学科案付大会讨论公决,应请令饬该校长按照部定规程,即行设置等由。准此,除令该校于学年开始时即行遵照设置外,相应备文,复请贵议会查照。此咨

浙江省议会议长。

浙江省长　吕公望
中华民国五年十一月六日

《浙江公报》第1675号，民国五年十一月十一日

令省立甲种农校准省议会咨该校添设兽医一科由
（1916年11月13日）

浙江省长公署训令第一千一百四十四号

令省立甲种农校：准省议会咨该校添设兽医一科由

令省立甲种农业学校：

案准省议会咨开：案照兽医一科，为发达农家副业所必需，其影响所及，若织毛、制革、宰牲、炼乳、贩卵诸业，若警政、若军事，莫不有密切之关系，亟宜培养此项人才，以供社会之需要。本会查实业学校规程第十三条第一项，甲种农业学校之学科分为农学、森林学、兽医学、水产学各科，同条第三项，前二项学科或全设，或酌设一二科以上，得因地方情形定之。是于甲种农业学校，得设置此项兽医学科，业经提出省甲种农业学校添设兽医学科案，付大会讨论公决，应请令饬该校校长，按照部定规程即行设置等由。准此，合就令仰该校遵照，于学年开始时即行设置。此令。

中华民国五年十一月七日
省长　吕公望

《浙江公报》第1677号，民国五年十一月十三日

令省立甲种农校四年度本科及预科生姑准备案
（1917年4月7日）

浙江省长公署训令第一千三百四十二号

令省立甲种农校，准部咨，该校四年度本科及预科生姑准备案由。

令省立甲种农业学校：

案准教育部咨开：准咨送省立甲种农业学校四年度本科及预科插班生一览表到部。查该校本科新收学生孙汪度等，入学资格尚与定章相合，预科转学学生孙壎等两名，未在中学校修业，编入预科第二学期，核与收受转学学生规则微有不符。惟念该生等入校肄业年余，姑准变通，一并准予备案，以后不得为例，相应咨复查照饬知，等因。准此，合就令仰该校知照。此令。

中华民国六年四月七日

《浙江公报》第1820号，民国六年四月十二日

省立甲种工校具报历年办理注重实习情形尚属切实文

(1917年4月24日)

第一千三百九十三号(六年四月二十四日)

咨浙江省长:

为咨行事。准五二零号咨开:案准大部第八一六号,咨以甲、乙种工业学校所有工场均应完全设立,其组织设备布置,一照普通工厂办理,请转饬各该校遵办,并将办理情形具报,以凭查核等因。遵经转令去后,兹据省立甲种工业学校复称:查本校旧分机械、机织、染色三科,设有锻工、木工、铸工、修理、板金、力织、捻丝、纹工、手织、染色工场各一所。平时教育学生学理与技术,两者并重,故除酌定时间于教室内授课外,余时并使在指定工场实地工作,并特设各工场实习教员专司教练工作事宜,更由各科生主任及专科教员随时指示教练,主旨即在授以作业之经验,使有供给社会需求之实力差幸。近数年来,在学各生知重实习,毕业各生亦尚合社会之用,于省长暨教育部关怀工业、注重实验之深心,不至大悖。其中机械科学生实习事项,其初入本科之一年生,分隶于锻、木、铸三工场,但使为机械局部之工作,以资手腕之熟练。其制品不属于售品范围,亦有能制成简单铜铁木器,由校发售者。其二、三年级各生,则除绘制机图、制作简单机件发售外,并使为车件上各种之工作,制成构造复杂之机械。机织科学生实习事项,除意匠、图案、捻丝等项全属练习性质,不能产出售品外,其余人工火力各种制织,均令学生实地操作,所制布匹绸缎等类,亦统由本校标价出售。染色科学生实习事项,则如精炼漂白药剂、配合色素试验等类,需时较久,消耗略多。然一方撙节开支,一方督同操作,每月浸染、捺染等项,亦尚有若干出品,制成发售。以上三科,其制作之品均由本校标价售卖,售品之收入,向以抵除原料,并酌提职员、职工奖励金,如尚有盈余,则于学年终了时,悉数缴解省公署。自五年度始,所有原料支出、职员职工奖励及售品收入,业已全部编列岁出入预算,以归划一。然两相比较,仍属有赢无绌。又查本校成立于今六年,凡有扩张计划,需款较巨者,向由校长拟具办法,编制预算,呈请省公署核给省款。现拟仍照从前办理,所有本校教练、学生售品收支情形,查与令开各因尚无十分出入。嗣后尚拟勤求实益,力减消耗,并妥为规划,酌情扩充,以副教育部殷殷训诫之至意。奉令前因,合将本校历来办理情形,祗遵具报请核转等情。据此,查呈称各情,本署复核无异,相应咨请核复施行,等因。准此,查该校所呈历年办理情形,均系实事求是,殊堪嘉许。惟我国工业尚未发达,振兴斯项教育,甚属匪易。该校仍应加意讲求,力图改进,务使所授学理与实习,归于一致,以蕲毕业,学生均得见诸实用,是为至要。相应咨行贵省长照饬知可也。此咨。

《教育公报》第4卷第8期,民国六年六月二十日

农校毕业生留学日本

(1919年1月)

省长公署日前函致留日学生监督云:案据教育厅呈,据杭县知事呈称:准省立甲种农业学校函称:本校毕业生何祥熊、徐学尧,愿自费留学日本,填送保证书、留学表,请核转给文。

经厅查，与管理留学日本自费生暂行规程相附，理合检同书表，请鉴核等情。据此，该生所请自费留学日本，既据该厅查核与章相附，自应照准。除指令外，相应给文，赉请贵监督查照。

《教育周报(杭州)》第 229 期，民国八年一月

浙江公立工业专门学校民国九年度各科学生人数一览表

（本表民国九年十二月调查）

(1920 年 12 月)

<table>
<tr><th>科别</th><th colspan="2">门类</th><th colspan="2">各门人数</th><th>各科总数</th></tr>
<tr><td rowspan="2">专门预科</td><td colspan="2">电气机械门</td><td colspan="2">48</td><td rowspan="2">88</td></tr>
<tr><td colspan="2">应用化学门</td><td colspan="2">40</td></tr>
<tr><td rowspan="12">甲种讲习本科</td><td rowspan="3">机械门</td><td>一年级</td><td>27</td><td rowspan="3">68</td><td rowspan="12">249</td></tr>
<tr><td>二年级</td><td>19</td></tr>
<tr><td>三年级</td><td>22</td></tr>
<tr><td>电气机械门</td><td>一年级</td><td>22</td><td>22</td></tr>
<tr><td rowspan="3">应用化学门</td><td>一年级</td><td>16</td><td rowspan="3">59</td></tr>
<tr><td>二年级</td><td>14</td></tr>
<tr><td>三年级</td><td>29</td></tr>
<tr><td rowspan="3">机织门</td><td>一年级</td><td>50</td><td rowspan="3">96</td></tr>
<tr><td>二年级</td><td>24</td></tr>
<tr><td>三年级</td><td>22</td></tr>
<tr><td rowspan="2">染色门</td><td>一年级</td><td>1</td><td rowspan="2">4</td></tr>
<tr><td>三年级</td><td>3</td></tr>
<tr><td rowspan="4">甲种讲习预科</td><td colspan="2">甲组</td><td colspan="2">53</td><td rowspan="4">190</td></tr>
<tr><td colspan="2">乙组</td><td colspan="2">54</td></tr>
<tr><td colspan="2">丙组</td><td colspan="2">52</td></tr>
<tr><td colspan="2">丁组</td><td colspan="2">31</td></tr>
<tr><td rowspan="5">乙种讲习科</td><td rowspan="5">机械门</td><td>原动室</td><td>2</td><td rowspan="5">44</td><td rowspan="5"></td></tr>
<tr><td>木工场</td><td>4</td></tr>
<tr><td>铸工场</td><td>2</td></tr>
<tr><td>锻工场</td><td>1</td></tr>
<tr><td>修理工场</td><td>35</td></tr>
</table>

续 表

科别	门类		各门人数		各科总数
乙种讲习科	机织门	纹工场	65	142	193
		手织工场	52		
		捻丝工场	8		
		力织工场	17		
	应用化学门	制革工场	1	2	
		制药工场	1		
		制纸工场			
		油脂工场			
	染色门	染色工场	5	5	
附设机织传习所			47		47
总计			767		767

浙江公立工业专门学校编印《浙江公立工业专门学校一览》,1921 年 3 月中旬

浙江公立工业专门学校一览·各地修业毕业生人数一览表

(本表民国九年十二月调查)

(1920 年 12 月)

科别	次别	旧杭属	旧嘉属	旧湖属	旧宁属	旧绍属	旧台属	旧金属	旧衢属	旧严属	旧温属	旧处属	外省	合计
甲种研究科	一	6		1		3		1						11
	二			1		3								4
	三	4	2	2	1	8	1	5			1			24
	四	1				5	1	4						11
	五	1			1	2		3					3	10
	六	2	1	1		2		5			1			12
	七	2	1	2		6	1	2			1		2	17
	合计	16	4	7	2	29	3	20			3		5	89
甲种讲习科		9		3		7		4			1		1	25

续 表

科别	次别	旧杭属	旧嘉属	旧湖属	旧宁属	旧绍属	旧台属	旧金属	旧衢属	旧严属	旧温属	旧处属	外省	合计
甲种本科	一	4		2		16		1			1			24
	二	6	2	2	1	7	2	9		1	1			31
	三	5		5		25	2	11			1			49
	四	8	1	3	1	14	2	15			3		4	51
	五	8	2	4	1	21	5	7		2	1		3	54
	六	7	5	9	1	21	5	7			4		2	61
	七	9	14	7	3	13	2	5	6	1	4		4	68
	合计	47	24	32	7	117	18	55	6	4	15		13	338
甲种选科	一							1					4	5
乙种讲习科	一					2		1						3
	二					6		2						8
	三					2	1						6	9
	四										1			1
	合计					10	1	3			1		6	21
乙种实习科	一		2	1		2	1	6						12
	二	3				3		3			1		1	11
	三	4			1	7							1	13
	四	1		2		5	2							10
	五	3		2		9		3					2	19
	六	1		2	1	4					1		1	10
	七	1	1			5		1			1		1	10
	合计	13	3	7	2	35	3	13			3		6	85
乙种补习科	一	16		2		7	1	1			1		9	37
	二	7	1	2		11		7					7	35
	三	4				8	1						4	17
	合计	27	1	4		26	2	8			1		20	89

续 表

科别	次别	旧杭属	旧嘉属	旧湖属	旧宁属	旧绍属	旧台属	旧金属	旧衢属	旧严属	旧温属	旧处属	外省	合计
机织传习所	元年	35	28	21		19								103
	二年	65	4		1	10							1	81
	三年	135	5	11	2	35	1						1	190
	四年	130	17	18	2	35					1		3	206
	五年	159	7	3		8		1			1		1	180
	六年	47		7		11		1			1			67
	七年	24	1	12		20	1	7			4	1	2	72
	八年	16		1	2	34	2	9			5	7	7	83
	九年	9			1	35		15	5			5	1	71
	合计	620	62	73	8	207	4	33	5		12	13	16	1053
总计		732	94	126	19	431	31	137	11	4	36	13	71	1705

浙江公立工业专门学校编印《浙江公立工业专门学校一览》,1921年3月中旬

浙江公立工业专门学校一览·在校各级学生年龄比较表

(本表民国九年十二月调查)

(1920年12月)

年龄	人数			
	专门预科	甲种本科	甲种预科	乙种生
十三			1	1
十四		2	15	5
十五		11	35	4
十六	1	18	41	12
十七	4	38	42	33
十八	4	43	25	20
十九	17	47	16	31
二十	22	46	10	12
二十一	14	14		12
二十二	17	9		5

续 表

年龄	人数			
	专门预科	甲种本科	甲种预科	乙种生
二十三	3	1		4
二十四	2	1		1
二十五	4			1

浙江公立工业专门学校编印《浙江公立工业专门学校一览》，1921 年 3 月中旬

浙江公立工业专门学校一览·民国九年在校学生各地人数比较表

（本表民国九年十二月调查）

（1920 年 12 月）

属地	专门预科	甲种预科	甲种本科	乙种讲习科
旧杭属	10	38	43	18
旧嘉属	8	12	32	5
旧湖属	4	8	21	8
旧宁属	1		4	
旧绍属	14	55	66	58
旧台属	9	6	8	6
旧金属	11	24	21	12
旧衢属	3		4	
旧严属	2	6	7	
旧温属	12	2	6	8
旧处属	4	6	7	2
外省	10	28	15	24

浙江公立工业专门学校编印《浙江公立工业专门学校一览》，1921 年 3 月中旬

令甲农校奉部令该校转学生一览表准备案由

（1921 年 2 月 20 日）

浙江教育厅训令第九四号

令省立甲种农业学校（十年一月二十七日）：

案奉教育部第一一五号指令,本厅核转省立甲农校转学生开民智一览表由,内开:呈表均悉。查浙江省立甲种农校林科转学生开民智一名,既经试验及格,应准编入林科三年级肄业,仰即转令知照,此令。等因。奉此,查此案前据该校呈请前来,当经转呈教育部鉴核示遵在案。兹奉前因,合就令行该校仰即查照。此令。

《浙江教育月刊》第4卷第2期,民国十年二月二十日

浙江公立工业专门学校一览:训育要旨

(1921年3月中旬)

一、本校校训以"诚朴"二字为主,戒欺妄,戒虚,戒浮,戒骄,戒侈,戒惰。

二、所定标准人格,须备有坚强之体魄,健全之道德,正确之知识,果毅之精神,敏活之动作,娴习之技能,为理想上完全工业人才。

三、训育方法,依据选择思想、触发统觉、利用天质、养成习惯诸原则,引导学生自动,以能自立焉目的。

四、训育之实施,职员示范、感化及时时考察,学生躬行实践,亦时时省察。职员对于学生,施行个人或部分、或全体的训话,以使学生存养修省、知行如一为惟一之祈向。

浙江公立工业专门学校编印《浙江公立工业专门学校一览》,1921年3月中旬

毕业生蔡绍敦呈请考补实业练习生缺额可否准予本届制药机织科同时考试择尤选派请示由

(1921年6月20日)

呈为工校毕业生蔡绍敦请报考实业练习生缺额,可否准予本届制药、机织科同时试验,择尤选派,仰祈察核施行事。案据省立甲种工业学校毕业生蔡绍敦呈称:窃生于民国五年在浙江省立甲种工业学校机械科毕业,旋入上海日商内外棉纱厂实习,更由机械而研究电气,在厂三年,稍有心得。后入宝成纱厂,任电气部主任一年。继又改入申新纱厂,任电气部主任一年。对于实用方面,虽亦略可应付,惟是学无止境,业务求精,电气之理,既至幽而至颐,电机之术,亦日新而又新。执简披图,欿然不满。自念年才逾冠,不敢自绝于学问之途,窃愿更赴东瀛,练习电气发动机等学科,庶几成业致用可期,而家境清贫,初心未遂。伏查浙省派赴留日实业练习生条例,机械科得派两名,今在日练习生,其属于机械科者只有一人,尚有一名额悬未捕。拟请钧长准予考试,俾得补充留日练习生缺额,以遂生向学之忱。赴东以后,自当刻苦研求,以上副钧长提倡实业教育之盛意。至于实习工场生,自行商洽,粗有头绪。生在上海日商纱厂实习多年,日语日文足资应用,核与练习生条例尚属相符。伏祈钧长曲予裁成,俯赐批准,不胜感戴屏营之至。等情。据此,查此案前奉钧长令开,所有实业练习生缺额二名,暂准以制药科及机织科先行考派具报等因。是缺额二名,已规定制药、机织科目在案。惟查机械科亦属需要人材。且既据该生呈请前来。可否准予本届一体考试,将机织、机

械两科缺额一名，择尤考派，其余一名，仍以制药科选派。是否有当，理合备文呈请钧长察核，指令祇遵。谨呈
浙江省长。

浙江教育厅厅长　夏敬观

《浙江教育月刊》第4卷第6期，民国十年六月二十日

奉部令该校十年度员生表准备案仰知照由
（1922年3月28日）

浙江教育厅训令第二二九号

十一年三月二十八日

令公立工业专门学校：

案奉教育部第四〇〇号指令，本厅送公立工业专门学校十年度员生表请核示由，内开：呈暨附件均悉。该校新招专门预科学生俞曰尹等六十名，暨附设甲种讲习所预科学生黄鸿润等一百五十九名，入学资格大致尚合，应准与职教员表一并备案。其专门预科，按入学试验成绩分甲乙两组教授，尚属可行。为此令仰该厅长转行知照，此令。等因。奉此，查此案前据该校呈送前来，当经转呈教育部察核令遵在案。兹奉前因，合行令仰该校知照。此令。

《浙江教育月刊》第5卷第4期，民国十一年四月二十日

省农校之新改革
（1922年9月）

省立甲种农业学校，自农事试验场长陆海望调充校长以来，对于原有教职员大加更换，校务殊见刷新。兹更探得内容，略记如下：

（一）教员请假每学期内不得过每周所担任之时数。

（二）为学生升学计，特于二、三年级添设英文补习班。

（三）添聘专门教员。

（四）教员改专任制。

（五）减轻教授分量，每星期授课时间，不得过四十时。

（六）设课余游艺，如习字、习画、乐歌、戏剧、拳术、技击运动等，不给分数，惟于毕业时，如有卓绝之技者，得酌量奖励。

（七）毕业后服务半年，得酌给津贴，期满给以特别证书。服务项目如演讲、调查、展览、试验指导等。

《浙江省农会报》第2卷第3期，1922年9月

浙江公立工业专门学校附设甲种本科第九班毕业生成绩表

(1922年10月20日)

姓名	年岁	籍贯	入校年月	毕业年月	毕业分数	科目
徐履坦	一八	嘉善	民国七年九月	民国十一年七月	八八四	应化科
吕师孙	二二	永康	民国七年八月	同	八〇九	同上
李怀鑫	一八	嘉善	民国七年九月	同	八〇一	同上
丁崇	二七	嵊县	民国八年二月	同	七七九	同上
郭子俊	二三	余姚	民国八年九月	同	七五一	同上
顾赓禮	一九	嘉善	民国七年九月	同	七四五	同上
何钦	二二	富阳	民国八年二月	同	七四四	同上
楼浩	二四	余姚	民国八年九月	同	七三四	同上
曹步垣	一九	嘉善	民国七年九月	同	七一八	同上
楼极	二〇	杭县	民国八年二月	同	七一三	同上
何正蕙	二〇	义乌	民国七年二月	同	七〇四	同上
刘趋真	一九	上虞	同上	同	六六八	同上
余垂烈	二一	遂安	同上	同	六四五	同上
施策	二〇	平阳	民国八年二月	同	八五四	机械科
褚裕德	一九	余杭	民国七年九月	同	八四四	同上
朱殿春	一九	平湖	民国七年八月	同	八三三	同上
张兰航	二二	江苏无锡	同	同	八一五	同上
王光曾	二〇	绍县	同	同	七九四	同上
祝元堃	一九	杭县	同	同	七九三	同上
梅述祖	二一	江苏江宁	民国九年九月	同	七六二	同上
陶丕承	二〇	江苏无锡	同	同	七五四	同上
陶守咸	二一	绍县	民国七年九月	同	七三五	同上
周志刚	一八	杭县	民国七年二月	同	七二八	同上
何焕章	二〇	富阳	民国六年八月	同	七二七	同上
叶纪成	一九	慈溪	民国七年九月	同	七二七	同上
宋汝锦	二九	余姚	民国元年八月	同	七〇七	同上
竺鑫铨	二一	新昌	民国七年九月	同	七〇六	同上
郑伦	一九	青田	同	同	六九六	同上
周福康	一八	嘉兴	同	同	六八〇	同上

续 表

姓名	年岁	籍贯	入校年月	毕业年月	毕业分数	科目
叶学周	二〇	江苏松江	民国九年九月	同	六七四	同上
李琪	二二	崇德	民国七年八月	同	八四四	染织科
袁慰宸	一八	杭县	同	同	八二六	同上
彭去疾	二二	江苏溧阳	同	同	八二五	同上
孙宝瑞	二三	富阳	民国七年九月	同	八〇九	同上
周迪康	二三	又	民国七年八月	同	八〇四	同上
汪业钧	二〇	杭县	同	同	七五三	同上
章春荣	二〇	上虞	同	同	七四〇	同上
蔡士魁	一八	杭县	同	同	七三七	同上
徐世钰	二一	鄞县	同	同	七三七	同上
赵璧	二二	於潜	民国八年二月	同	七二五	同上
吴福骅	二一	海盐	民国七年九月	同	七二二	同上
严旒	一九	永嘉	民国八年二月	同	七二一	同上
叶其蓁	二二	永康	民国七年八月	同	七一二	同上
钟治	二二	崇德	同	同	七一一	同上
李倬	二一	龙泉	民国七年九月	同	七〇二	同上
姚汉雄	二二	嘉兴	同	同	七〇二	同上
许淑绥	二〇	嘉兴	同	同	六九六	同上
李王烈	二一	乐清	民国七年一月	同	六九五	同上
钮增瑞	二二	海宁	民国八年二月	同	六九一	同上
谷承钧	二一	永嘉	民国六年九月	同	六八五	同上
赵震祺	二〇	嘉兴	民国七年八月	同	六五〇	同上
盛国叶	二一	崇德	民国六年八月	同	六二五	同上

《浙江教育月刊》第 5 卷第 10 期，民国十一年十月二十日

浙江省立甲种农业学校林科三年级生毕业成绩表
(1922年10月20日)

姓名	年岁	籍贯	入校年月	毕业年月	毕业总平均分数	备注
邵溥慈	二三	兰溪	民国十年一月	民国十一年七月	八五六五	甲等
朱巘	二四	安吉	民国七年九月	同	八二八〇	同
鲍匡国	二一	鄞县	民国八年九月	同	八一四四	同
章桂森	二一	汤溪	民国十年一月	同	八〇四四	同
郑政	二二	临安	民国七年九月	同	八〇一九	同
傅梦熊	二二	浦江	同	同	七九六九	乙等
徐子瑾	二二	上虞	同	同	七五二三	同
吴梁	二二	仙居	同	同	七五〇三	同
孟允明	二〇	义乌	民国九年九月	同	七三五六	同
王培兰	二〇	义乌	民国十年一月	同	七二四五	同
陆费埏	二二	嘉兴	民国九年一月	同	七二四一	同
朱国贤	二三	义乌	民国十年八月	同	七〇三九	同
楼绅书	一九	义乌	民国十年一月	同	七〇三四	同
许芝仪	二一	黄岩	民国九年一月	同	七〇二七	同
赵汝才	二二	兰溪	民国十年一月	同	七〇一四	同
朱元恺	二一	义乌	民国十年一月	同	六六四一	丙等
方镜清	二一	金华	同	同	六六三〇	同
王卿禄	二二	永康	民国十年八月	同	六五一九	同

《浙江教育月刊》第5卷第10期,民国十一年十月二十日

浙江省立甲种农业学校农科三年级生毕业成绩表
(1922年10月20日)

姓名	年岁	籍贯	入校年月	毕业年月	毕业总平均分数	备注
张肇融	二〇	永嘉	民国八年九月	民国十一年七月	八六六八	甲等
徐达权	二一	龙游	民国七年九月	同	八四七〇	同
程祖方	二三	长兴	同	同	八三一〇	同
杜炜	二四	安吉	同	同	八一三五	同

续 表

姓名	年岁	籍贯	入校年月	毕业年月	毕业总平均分数	备注
吴江	二一	龙游	同	同	八〇八六	同
傅士元	一九	浦江	同	同	七九七六	乙
陆维泱	一九	余姚	同	同	七九一六	同
陈贤业	二一	鄞县	民国八年一月	同	七六三三	同
戴昌燕	二三	杭县	民国八年九月	同	七六〇一	同
陶器华	二〇	平湖	民国七年九月	同	七五七三	同
戴文珪	一九	嘉善	同	同	七五二二	同
杨学诗	二〇	嘉善	同	同	七一〇二	同

《浙江教育月刊》第5卷第10期，民国十一年十月二十日

浙江省立甲种农业学校兽医科三年级生毕业成绩表

(1922年10月20日)

姓名	年岁	籍贯	入校年月	毕业年月	毕业总平均分数	备注
赵启林	二五	杭县	民国八年一月	民国十一年七月	九〇七四	甲等
沈恩涛	二〇	余杭	民国八年九月	同	八六五五	同
黄天锡	二一	平阳	民国八年一月	同	八六四八	同
何景范	二二	东阳	民国七年九月	同	八三二九	同
沈维金	二一	杭县	民国八年九月	同	八〇四三	同

《浙江教育月刊》第5卷第10期，民国十一年十月二十日

省立甲种农业学校原招兽医科学生准续办至毕业为止

(1923年7月5日)

浙江省议会咨复

浙江省长为省立甲种农业学校原招兽医科学生准续办至毕业为止，并送预算表文。

浙江省议会为咨复事。案准省长咨交省立甲种农业学校原招兽医科学生续办至毕业为止，并追加十一年度经费一案，请查照议决等由，当经提付大会讨论，准其继续办至毕业为止，其十一年度二、三两年级学生两班，本年度三年级学生一班，所需经费照原定数目酌量减支三千六百六十元，统计十一、十二两年度支洋三千六百六十元，兹经三读通过，相应检同预算表一份，咨请省长公布施行。此咨

浙江省长张。

计送预算表一份(已登本报七月二日公布栏)。

浙江省议会议长沈钧业
中华民国十二年六月日

《浙江公报》第4002号,民国十二年七月五日

浙江教育厅令各县工业学校官费生应给学费延长一年

(1923年10月17日)

浙江教育厅训令第一零四三号

令兰溪县知事:

案据公立工业专门学校呈,为附设工业学校修业年限现已改为五年,所有各县官费生官费请予延长一年一案,业经呈奉省署指令,以该工业学校修业年限既已改为五年,所有各县官费生应给学费,自应查照办理,其农、蚕、商业各校并准一律照办,即由该厅通令各县遵照等因。奉此,除分令各该校知照外,合行令仰该知事遵照办理。此令。

中华民国十二年十月十七日
浙江教育厅厅长张宗祥

《教育月报》第69期,民国十二年十月

杭州工专农专(1923、1926年)留学生史料

(1923—1926)

	姓名	字	籍贯	学校	科别	通讯处及职业	备注
旧杭属	施霖	雨若	杭县	大阪高工	应化	杭州工业专门学校	1923、1926年表均有
	高维魏	孟徵	杭县	北农大		杭州笕桥农校	1923、1926年表均有。1926年表作"杭州笕桥农业学校校长
	章毓兰	馥亭	富阳	东师		浙江甲种农业学校教员	1923、1926年表均有。1926年表作"杭州笕桥农业学校教员"
旧嘉属	张汝绵	飏云	桐乡	东高工	电气	杭州工业专门学校	1926年表
	葛敬铭	丹忱	嘉兴	农大实		杭州农业专门学校	1926年表

续 表

	姓名	字	籍贯	学校	科别	通讯处及职业	备注
旧湖属	林同兴	启予	吴兴	东工	纺织	杭州甲工教员	1923、1926年表均有
	许炳堃	缄夫	德清	东工	纺织	杭州工业专门学校校长	1923年表
	莫善继	继之	德清	实习	意匠	杭州工业专门	1926年表
	金鹤侪		湖州	大阪高工		杭州工专教授	1926年表
旧宁属	傅礼干	国桢	奉化	东工	机械	杭州工业专门学校	1923年表
	周天初	畊云	奉化	东美		杭州工业学校	1923年表
	戎昌骥	叔畦	慈溪	东师		杭州工业专门学校	1923年表
	严傅棻	楹书	奉化	东工	纺织	杭州甲工讲师	1923年表
	姜延恩	俊彦	鄞县	东工		杭州工专教员	1923年表
旧绍属	阮性咸	季侯	余姚	岩仓	机械	杭州工专学校	1923年表
	陈建功	业成	绍兴	北帝大	理	浙江工专教授	1923年
	汤贻湘	摛伯	绍兴	高工	应化	浙江工专校教授	1923、1926年表均有
	陈继遵	震三	萧山	东工	建筑	杭州工专教授	1926年表
	陶善松	谡人	余姚	实习	农科	浙江农业专门学校教员 杭州笕桥农业学校	1926年表
	董瑞	玉茗	余姚	罔山农		同上	1926年表
旧台属	李鸿	子馗	台州	东工		浙江公立工业专门学校教员	
	王幹	仲幹	黄岩	东工	窑业	浙江公立工业专门学校教员	1923年表
旧金属	骆肇修		义乌	实习	工业	杭州工业学校教员	1926年表
	虞继唐		义乌			杭州工业专门学校	1926年表
旧温属	李煜	石愚	乐清	东高工	机械	杭州工业专门学校转	1923年表
	姚崇岳	崧夫	瑞安	东高工	色染	杭州工业专门学校	1923年表
	胡同	玉川	瑞安			杭州工业专门学校转	1923年表
	王凯	养玉	永嘉	东高工		杭州高工	1926年表
	陈霖	平阳	瑞安	青山农大		杭州农专	1926年表
县属未详	张骏岳	式南		高工		杭州甲工教员	1923年表
	叶熙春	如松		高工		杭州甲工讲师	1923年表
	陆树磬	叔余		高工		杭州甲工教员	1923年表

《浙江留日学生同乡录》(三)旧会员录,1923年、1926年,浙江图书馆藏

浙议会二次临时会纪

(1926年7月6日)

五日下午,浙江省议会开会,签到议员陈惠民、王一之等七十七人,副议长祝绍箕主席开议。

(一)公立农业专门学校请添设五年期职业科案,政务委员重行申述旨趣,顾绍钧、张鸿材均有咨询,经委员答述,王润主付庶政股审查,众赞成。卢旌贤以添设应改附设,请审查会注意乃开议。

(二)省立蚕业学校请将补习生补助膳杂费案,委员说明,顾绍钧以本案为上年本会打消之讲习科之变相,不赞成成立。王一之、卢旌贤、王润均主付审查讨论,终局付表决,赞成付审查者起立五十人,多数,遂付财政股审查开议。

(三)公立工业专门学校请增设汽车特班案,王润以工校原有机械科,何必巧力名誉。邬荣钺、王一之、宋念慈均反对,本案乃打消开议。

(四)公立工业专门学校请设校外寄宿舍案,委员说明理由,顾绍钧主付审查,郑永祚亦发表意见主付审查,朱章宝以该校所设寄宿舍,换言之即将外人承办该校寄宿舍收回自办,惟经营寄宿者必有利可图,而该校非特无利,反须补助,本席以为不必多此一举。陈惠民以讨论良久,动议终局,时因在席人数不足法定,未能表决,宣告延会。

《申报》1926年7月6日

公布农业专门学校附设五年期职业科案

(1926年7月17日)

浙江省长公署公布第二八号

公立农业专门学校附设五年期职业科案

省议会议决公立农业专门学校附设五年期职业科案,兹照省议会暂行法第三十七条公布之,特此公布。

中华民国十五年七月十七日

省长夏超

附　公立农业专门学校附设五年期职业科办法案

一、本职业科附设于公立农业专门学校。

二、分农林两班,每班四十名,五年毕业,十五年度先招二班。

三、高级小学或旧制高等小学毕业生,方得应入学试验。

四、第一、二学年教授普通科目,并农林业基本科目;第三、四学年教授农林业主要科目,第五学年就学生之性质,及各生所在地之需要,由教员指导选习相当科目,研究解决方法,注重实地应用及改进。自第三学年起暑假期内,由学校制定调查表式,发交各生令调查各本地之农林业状况,及未解决之各种问题。

五、依照初级中学经费,每班每月教员修金一百四十元,职员薪金不另增给。

《浙江公报》第5050号,民国十五年七月十九日

浙江公立工业专门学校开学通告

(1927 年 5 月 4 日)

本校业经改组就绪,新委员已就职,即可照常上课。兹准于五月六号开学,凡专门五年期、三年期各学生,务希即日到校,幸毋延误,至荒学业,至盼。

《申报》1927 年 5 月 4 日—11 日

浙江农专开学有期

(1927 年 5 月 19 日)

浙江公立农业专门学校,因新校长蔡无忌未到校以前,由省政府暂委谭熙鸿代理,兹悉谭氏已于十六日到校接事,全体学生开会欢迎,定于下星期一开课。

《申报》1927 年 5 月 19 日

(四)学生毕业

师范生卒业给凭

(1906 年 6 月 12 日)

去春高等学堂招考额满,见遗者颇多,复经监督陆冕侪太史组织一师范传习所,以造就人材。现届卒业期限,本月朔起,历日考试各种科学,至初八日始止,嗣将试卷评定分数多寡。计毕业生张公度等二十五名,先期咨会学务处,念三日提调吴太守学庄诣堂,会同陆监督照章行毕业礼,给发文凭。

《广益丛报》第 110 期,光绪三十二年五月初十日

本司支查复高等豫科毕业生朱其煇先已赴日请咨未便照准高等学堂监督文

(1909 年 4 月)

为照复事。准贵监督咨开:据豫科毕业生朱其煇函称:于去年毕业后,秋间游学日本,豫备东语,志愿投考高等专门学校。因公使以无内地公文,未允保送。据函咨请俯念寒士自费出洋往还不易,准予通融办理,详请给咨送考,等由过司。准此,查上年十二月十三日奉学部剳行,重申切实考验游学生章程,饬令嗣后各省选派学生,非在中学以上学堂毕业得有毕业文凭者,不能咨送游学;有中学以上毕业文凭而不通某国语言文字者,不能咨送某国。考验

文字时,先令以某国文译为中国文,复令以中国文译为某国文。考验语言时,先在任择某国文一段,试令朗读,复任读某国文一段,试令背写。必须其能直接听讲,方可咨送。其互译及背写之试券,均须送部立案。学生到某国之时,未将咨文及中学以上学堂之毕业文凭呈验,出使大臣及留学生监督均不予送学。无论官费、自费生咨送出洋时,未将试卷送部立案者,毕业归国时不得与本部游学毕业考试,以杜冒滥,等因。部章何等严密,今贵堂豫科三年毕业生朱其煇,虽有中学程度,但自去秋游学日本,豫备东语,迄今能否直接听讲,未经考验,无由核证。细绎部章,委实无可通融办理之处,碍难照准。相应照复。此照会贵监督,烦为查照饬遵可也。须至照会者。

《浙江教育官报》第 8 期,宣统元年闰二月

抚宪增高等学堂预科毕业训词

(1909 年 8 月)

今日为高等学堂预科第二次毕业期。高等之设预科,权也,非经也。是校之设,本为大学分科之选,今之预科,又为大学预科之选。往者前部院任公以求是书院创改斯校,其时各郡中学堂未尽设立,毕业生寥落如晨星,暂迂其途,而为权宜之计,故第一次预科生毕业时,正科未设,升级尚悬,或游学东瀛,或投考他省,求能历阶递升,优入正域者,盖阒焉无人也。今吴绅监督是校,因部章自戊申六月后,高等预科概不添招,特设正科,经营甫定,于是本届毕业生始有研究专门学科之阶级,浙省始有寻习专门学科之学堂,非教育前途之幸福乎!夫以学校系统言之,高等者,学术之中枢,人才之渊薮,东西国大都取干涉主义,若非国立,不轻认可。中国省立一校,全国合计仅仅二十二校耳。省而析之,各郡缨緌之徒,绅佩之士,望形表而景附者,度不知凡几。若教化大兴,获选盖甚难,而当教育幼稚时,名一艺者招而致之,晨夕陶铸,三年有成,亦异于浅学未成之材矣。顾大木为宗,细木为桷,斯所储者,宗之材也,而非桷之材也。诸生以聪明朴茂之资,进于知类通达之域,其材之成,夫岂偶然?夫欲觇一国文化之优劣,则在大学;欲觇一省文化之高下,则在高等。容或有歧趋溢出者,不能执一隅以概九衢,而士习之纯驳,学术之隆替,人才之消长,要其大端,于是乎见本部院不能不为诸生勉也。虽曰人格已成,不慎厥守,必不能要于终。虽曰常识已充,不究其极,必不能通于方。浙省文献代承,哲人蔚起,宜如何美擅东南哉!朝廷图当世之务,奋兴教育,延揽群英,诸生拾级而升,毋计时而画,他日者贡成均而班德,驰太学之英声,邦之彦也,尚其勉旃。

《浙江教育官报》第 12 期,宣统元年七月

本司支高等学堂预科毕业训词

(1909 年 8 月)

业有时而毕乎!宇宙之大,事物之繁,道艺之精深,典籍之浩博,以渺然一身,泛滥其间,茫乎未有涯也。《易》曰:“乾健致强。”《诗》曰:“无恒安息。”孔子曰:“逝者如斯,不舍昼夜。”

盖学问无止境，即修业无已时。诸生无以今日之给凭，为诸生之志已遂，诸生之业已毕，遂侈然自足也。顾名思义，有急宜及时孟晋者。当日负笈之始，不投考普通中学，而锐意入高等预科，固非谓年限较促，课程较简，毕业较易，自处于速成之列也，盖必有层累直上之志，坚忍不拔之气，孜孜矻矻，累月穷年，而预科、而高等、而大学，以造乎大成。三载以来，基础既具，岂遂以一得自矜，遽乖初愿哉！使者今日盖不得不以升入正科，为诸生惟一之期望矣，愿诸生数十人中，不无牵于家事，迫于境遇，汲汲焉出而谋生治事者，则或以无资而不能升学，或以无暇而不能升学，未足为诸生责。使者以为人病无志耳，果有志矣，下帷凿壁，刻苦劬学，古人有先我行之者，后先媲美，岂乏其人！使者见毕业诸生成绩优美，年力富强，恐或故步自封，而怠于进取也，急为是言以勖之。

《浙江教育官报》第 12 期，宣统元年七月

学部奏各省高等学堂毕业生调京复试再行奏奖并酌拟办学不实处分折

(1909 年 11 月 1 日)

奏为各省报部毕业之高等各学堂，名实多不相副。拟嗣后一律调京覆试，再行奏奖，并定拟办学不实处分，恭折仰祈圣鉴事。窃光绪三十二年十月，臣部奏定考试章程，大学毕业由臣部奏请钦派大臣，会同考试高等学堂毕业，在京师者由臣部考试，在各省者由督抚督同提学司暨各项学务人员考试，历经奏准，分咨在案。近来各省高等学堂暨各项专门学堂报部毕业，经臣部调取试卷覆阅，或调取学生到部覆试，其有程度不甚相符。宗旨不皆纯正者，或减等给奖，或全案驳回，均经臣等随时考核，不稍宽假。惟思高等专门各学堂，皆为造就人才之地，朝廷优予奖励出身之外，复予实官。原为储备真材，冀收实用，乃办理学务者往往奉行不力，平日于学生功课程度漠不经心，学期学年考试分数任意宽滥。迨年限既满，则曲徇学生之意，不问合格与否，一概毕业，极其流弊，必致以公家之经费，朝廷之名器，为见好私人之地。此但就一学堂而论，贻误已非浅鲜。尤可虑者，以名实不副之毕业学生，或遽出膺民社，或误取为师资，谬种流传，于吏治、学术为害尤大。臣等言念及此，不寒而栗，是非将高等、专门各学堂毕业学生一律调部覆试，并明定办学不实之处分，不足以挽积习。拟请嗣后凡各省高等、专门各学堂每年毕业学生，经本学堂举行毕业考试后，均限于次年二月以前咨送到京，臣部于三月内定期覆试，其程度符合者，将覆试所定分数与该学堂毕业分数平均计算，酌定等第，再行奏请奖励，并准应分科大学升学考试。其程度不符者，均不准毕业。如程度不符之人数至三分之一者，该省提学使及该学堂监督，均由臣部按其任事之久暂，定其处分之轻重，指名奏参，请旨办理，庶足以觇实效而得真才。如蒙俞允，即由臣部通饬遵照办理。所有各省高等、专门各学堂毕业学生一律调部覆试，再行奏奖，及酌拟办学不实之处分缘由，谨恭折具陈，伏乞皇上圣鉴。谨奏。

宣统元年九月十九日

《浙江教育官报》第 16 期，宣统元年十一月

学部奏浙江高等学堂师范预备两班学生毕业照章请奖折

(1909年11月14日)

奏为浙江高等学堂师范、预备两班学生毕业,照章分别请奖,恭折仰祈圣鉴事。准浙江巡抚咨称:据提学使支恒荣详称:浙江高等学堂,系由浙江大学堂改设,光绪三十一年春分设师范、预备两科,酌量学生程度,定师范科为完全初级课程,预备科为补习中学课程,均定为三年毕业,现经举行毕业,计师范科取列最优等李福年等六名,优等黄寿曾等三十名,中等史纶等二名;预备科取列最优等宋其辉等六名,优等邵家驹等四十七名,中等郭衡等二十九名,请准照初级师范学堂、中学堂毕业奖励章程请奖,等因到部。臣等查,该堂师范班学生均系肄业三年,定章初级师范完全科应五年毕业,该班年限不足,应准按照二年以上之简易科章程给奖。惟考列优等之陈颉亮一名,肄业未满一年,碍难一律给奖。又臣部历届办理各省高等预科毕业奖案,皆以该生等入堂在奏章未颁以前,肄业满足四年者,方准给奖,该堂预备科毕业学生八十二名,惟考列优等之连煦、恩良、陆朝儁三名,考列中等之钟善继、柯国璋二名,入堂在奏章未颁以前,肄业已满四年,应准援案给奖。其余学生七十七名,止准援案升学,不给奖励。以上毕业各生,除照章不给奖励者无庸置议外,其应行给奖各生,自应查照奏定初级师范简易科、中学堂奖励章程办理。所有该堂师范科取列最优等之李福年、何敬煌、陆左升、裘嗣芬、蔡锡侯、江步瀛等六名,应比照初级师范中等奖励办理,作为师范科贡生,以训导用,令充小学堂及程度相当之各项学堂正教员,俟义务年满,以应升之阶尽先补用;考列优等之黄寿曾、陶赞峣、楼凤翼、王凝、李钟鹏、金学俨、席鸿、程祥芝、张德海、周冕、陈渡、堵福诜、金殿华、徐霖、王会云、周锡飞、刘沅、孙鹏、王景韶、孙献琛、范宗成、李寿鹤、吴光明、徐浩然、胡绪昌、朱凤祺、徐伦选、许祖谦、徐桂森等二十九名,应比照初级师范下等办理,令充小学堂及程度相当之各项学堂副教员,俟义务年满,作为师范科贡生奖给训导衔;其豫备科取列优等之连煦、恩良、陆朝儁三名,应作为优贡;中等之钟善继、柯国璋二名,应作为岁贡,均分别收入所升学堂肄业。再,臣部于光绪三十四年十二月附奏,各省中学堂毕业,自宣统元年起,扣足五年始准给奖一折,奉旨依议,钦此。该学堂高等豫科毕业,系于光绪三十四年十二月报部,在新章未经颁布以前,故仍援照福建等省豫科请奖成案办理。以后中学毕业请奖,自应恪守新章,不得援此为例。如蒙俞允,即由臣部咨行浙江巡抚遵照办理。所有浙江高等学堂师范、预备两班学生毕业,照章请奖缘由,谨恭折具陈,伏乞皇上圣鉴。谨奏。

宣统元年九月二十九日奉旨:依议。钦此。

《政治官报》第737号,宣统元年十月初二日

本署司袁详高等学堂师范豫备毕业两班各生准给奖执照请抚宪咨部颁发文

(1910年1月2日)

为详咨事。窃查接管卷内,本年十月二十二日奉宪台札开:宣统元年十月十四日准学部咨开:宣统元年九月二十九日本部具奏浙江高等学堂师范豫备两班学生毕业照章分别请奖一折,奉旨:依议,钦此。相应恭录谕旨,刷印原奏,咨行贵抚钦遵可也。等因到院,札司即便

移饬钦遵,计黏抄原奏等因。奉此,前兼署司未及核办,移交前来。本署司伏查,奉颁奏定各学堂毕业学生请奖执照章程,内开:凡有奖励之学堂,于毕业领有文凭请给奖励后,均必发给执照,以昭信守。凡各学堂毕业请奖,得有各项贡生出身者,执照应由学部发给,在京学堂学生赴督学局具领,各省学堂学生赴该管提学使司衙门具领。凡各学堂毕业已得有各项奖励者,均须于三月内请领执照,不得延误。凡请领各项执照,应随缴照费,各项贡生应缴照费库平足银六两,应由督学局提学司汇核收数,按年报部等语。今该堂师范科取列最优等之李福年等六名,取列优等之黄寿曾等二十九名,豫备科取列优等之连煦等三名,中等之钟善继等二名,既奉大部核准,分别给奖,内除黄寿曾等二十九名,应领执照俟义务年满再行请颁外,所有其余准奖各生执照,应即详咨颁发,俾便分别填给,以昭信守。并遵章收取照费,按年汇报。兹奉前因,除照会高等学堂分别传知外,理合详请,仰祈宪台察核,俯赐咨请学部查照办理,实为公便。

宣统元年十一月二十一日

《浙江教育官报》第17期,宣统二年正月

抚部院增札饬准学部咨颁发省城高等学堂毕业生李福年等执照文

(1910年4月17日)

为札饬事。宣统二年二月十四日准学部咨开:案准浙江巡抚咨:据署提学使袁嘉穀详称:浙江高等学堂师范预备两班学生毕业,照章请奖,业经学部奏准在案。查定章,学生毕业领有文凭请给奖励后,均须发给执照,以昭信守。今该堂师范科取列最优等之李福年等六名,预备科取列优等之连煦等三名,中等之钟善继等二名,既奉学部核准分别给奖,其应领执照,详祈咨请学部查照办理,等情到本部院。据此,相应咨请贵部颁给执照,以凭转发,等因前来。本部现将应给执照填齐,相应开列清单,咨行贵抚查照,转饬该学司按名给发,等因。准此,合行札饬到该司,即便查照,按名给发,仍将收到及给发各日期具报查考毋违。此札。

《浙江官报》第2卷第7期,宣统二年三月初八日

浙江高等学堂毕业典礼秩序单

(1910年6月)

毕业给凭礼节:

六月初四日上午准十时鸣钟。

第一节监督率毕业生至圣人位前及万岁碑前,行三跪九叩首礼。

第二节监督请官长来宾至礼堂就坐,本堂教员、办事员以次坐,本堂各班学生齐集,皆肃立。

第三节监督登台报告,监学引毕业生鱼贯而上,行鞠躬礼,分两行前后立。监学唱名,诸生以次至台前。监督授凭并给奖品,诸生鞠躬致谢,退原位立。

第四节监督请官长施训勉语,请来宾施训勉语。监督施训勉语。教员施训勉语。学生肃立敬听。语毕,学生鞠躬致谢。

第五节毕业各生行谢师长礼,三揖。谢官长来宾,左右各一揖。又北向同学,各一揖。同学致贺,又一揖。礼毕,各退。

张淑锵、蓝蕾编《浙大史料》第63—64页,浙江大学出版社2017年版

学部咨行各省高等学堂中学堂毕业覆试及改订核算分数办法文
(1910年8月)

为咨行事。宣统二年四月十三日准学部咨开:专门普通实业司案呈:案查本部奏准,各省高等学堂毕业生一律调京覆试折,内开:其程度符合者,将覆试所定分数与该学堂毕业分数平均计算,酌定等第,再行奏请奖励,并准应分科大学升学考试。其程度不符者,均不准毕业。如程度不符之人数至三分之一者,该省提学使及该学堂毕业生,均由臣部按其任事之久暂,定其处分之轻重,指名奏参。又各省中学堂毕业生,均由提学使调省覆试片,内开:其课程无缺,程度相符者,将覆试所定分数,与本学堂毕业分数平均计算,酌定等第,再行详请督抚咨部奏奖。程度不符者,均不准毕业。如程度不符之人数至三分之一,即由提学使将该堂教员、管理员分别详参札撤。又改订各学堂核算分数办法片,内开:其从前未经分类之中学堂以及高等专门大学,所习主课或选科,按其科目计算,不满七十分者居五分之一,原列最优等应降为优等;不满六十分者居五分之一,原列最优等仍降为优等,原列优等应降为中等各等语,均通行遵办在案。惟各省于原奏文义间有未能了解之处,迭据咨询前来,自应将原奏各节详细解释,以免误会。凡赴京覆试之高等毕业生,及赴省覆试之中等毕业生,计算分数之法,应先以覆试分数与本学堂之毕业考试分数平均之,再与历期历年总平均分数平均,作为毕业覆试之总平均分数。奏奖之时,均以此项分数为准。至各高等学堂之送京覆试,及各中学堂之送省覆试者,应以将本学堂毕业考试分数,与各学期学年考试总平均分数二者平均在六十分以上者为断,不及六十分者无庸覆试。此项覆试学生,如覆试之后三十名中有十名以上其毕业覆试之总平均分数不及六十分者,则应将该省提学使及该学堂监督,或该学堂之管理员及教员,分别加以处分。其计分降等之法,除由本部考试毕业不必覆试之学堂,及两等各小学堂,仍就毕业分数计算外,其余各高等学堂及中学堂,均应就覆试分数计算。至本学堂毕业考试分数,无庸核降。其分科教授之中学堂及高等各学堂,所有计分降等办法,但须就主课计算,通习科不在其内。各学堂所有主课科目如在五门以内,则有一门不满七十分或六十分者,应行降等。如在六门以外十门以内,则有两门不满七十分或六十分者,应行降等。主课科目在十门以上者,照此递推。以上各节,由各省提学使饬知各学堂一体遵照,相应咨行贵抚查照办理可也。

《浙江教育官报》第24期,宣统二年七月

学部咨行各省颁发高等实业学堂毕业文凭程式札司一体遵照文
(1910年9月)

为咨行事。实业司案呈,查学堂毕业文凭,业经本部酌定程式,编次条例,通行在案。现在实业学堂实习分数算法,业经本部奏定,此项分数应即填入文凭,兹经本部另订高等实业学堂毕业文凭程式,以资行用。中等初等实业学堂毕业文凭,应由督学局暨各省提学使司,参照此次所颁高等实业学堂毕业文凭程式,分别刊备。其刊印、给发、填写、用印及补改一切事宜,均按照本部前颁文凭条例办理,惟降等分数一项,应行覆试之学堂,现经改在覆试核计,毕业文凭应即毋庸注明。其覆试分数一项,由覆试衙门于核学生毕业文凭年月后加盖戳记,填明覆试总平均分数,及所列等第。各中等以上实业学堂毕业分数,列入最优等、优等、中等之学生,应覆试考试之时,应将原领毕业文凭呈验,俟覆试完毕,填明分数、等第,再行发还。本学生以资信守。其覆试平均分数列在最优等、优等、中等者,均照章准其升学。其领有本学堂毕业文凭未经覆试之学生,欲先应升学考试者,如升学考试及格,应准先行升学。至各等实业学堂学期、学年修业文凭,京师由督学局,各省由提学使司,参照本部颁行各学堂毕业文凭条例,加入实习分数一项,酌量刊发。其本部直辖之高等实业学堂,及各部现设之高等实业学堂,即由本学堂自行刊用,相应咨行贵抚查照办理可也。

《浙江教育官报》第30期,宣统二年八月

本署司袁详抚宪呈送高等学堂第三次预科学生毕业请奖履历分数册请咨文
(1911年4月4日)

为详咨事。窃照案准高等学堂孙监督咨呈,内开:案照敝堂第一次预科毕业祝文白等九名,第二次预科毕业丁绍桓等十四名,均以修学年限满足五年,于毕业后呈请转咨查核,给予奖励在案。本年五月间,第三班预科毕业学生九十六名,荷蒙贵司莅堂会考,并给发文凭,所有姓名、分数,业于毕业时开呈贵司查核备案。兹查毕业生姚瑾、叶其菁、薛允濬、邢钟翰、姚会升、陶熙孙、沈光煦、李长崧、董礼宸、沈家璠、洪涛等十一名,均经该学生等原肄业各中学堂移送,前数学期分数前后合计,均满足十学期,核与前次请奖原案,尚属相符。惟沈家璠一名,虽只八学期,但平均分数仍以十学期核计。且查去年正月间,学部议准广东高等学堂预科奖励成案,凡在他学堂与本学堂合计肄业已满四年者,一体给奖,该生自可援案核办。又上年本堂预科毕业学生严翊宣一名,核计该生肄业年限亦满足十学期,因丁忧丧服未满,未便请奖。现届服阕,声请前来,应予并案汇办。用特将本年预科毕业学生姚瑾等十一名、宣统元年预科毕业学生严翊宣一名,查照原肄业学堂各学期分数与本学堂各学期分数,及各该生履历,按格填表三分,送呈贵司,详请转咨学部,查核给奖,等情到司。查该堂预科毕业学生共九十六名,程度与中学堂相等,无论有无奖励,均应一并造具履历分数册,详咨备案。惟来册只有准奖各生,且转学情事亦未据逐一声注,即将原表送还,一并开具履历,并将转学各生肄业原校年月,及是否领有修业文凭呈验。逐名填注照复去后,兹准高等学堂咨送去年上学期预科毕业学生逐名汇造清册,并将送还原表中转学情事注明,一并呈送察转前来,理合据情备文,详请仰祈宪台察核,咨送学部查核,分别办理。为此备由呈乞照详施行。

宣统三年三月初六日

《浙江教育官报》第66期,宣统三年三月

奏浙江高等学堂豫科学生第一、二两次毕业请奖折

(1911年4月13日)

奏为浙江高等学堂豫科学生第一、二两次毕业,援案请给奖励,恭折仰祈圣鉴事。窃于宣统二年二月,准浙江巡抚增韫咨:据署提学司袁嘉谷详称:浙江高等学堂预科,自光绪三十一年开办,连次招考各处中学堂学生,转入堂内补习课程。按照转学新章,将各生前后在校肄业期限合并计算。至光绪三十四年五月,第一次毕业计学生祝文白等九名;宣统元年五月,第二次毕业计学生丁绍桓等十四名,均年限届满,经司会同考试,发给文凭,汇呈履历分数表册,详请咨部,查照广东高等预科转学准奖成案,按等核奖。经臣部核阅,该堂表册既缺历期历年各科分数,且该生等从前转学所历各校是否与章程相符,无凭稽核。当即咨覆,饬司另造表册,逐款查明,详细声覆。去后,现准该抚咨,据署提学司郭则沄详称:案查各生转学情事,覆核无误,并按部颁中学毕业表格,将历期历年各科分数逐一填注,仍行详请咨奖等因,连同另造表册前来。查高等预科毕业,准照中学请奖,最优等作为拔贡,优等作为优贡,中等作为岁贡。又臣部历届办理广东等省预科请奖成案,凡在新章未颁以前,曾入程度相当报司有案之他学堂与本堂合计肄业已满四年或五年,且与部定转学章程相符者,均准照章给奖,各等语。此次浙江高等学堂预科第一、二两次毕业各生,既据提学司另造表册,将转学期限及历届分数详细填注,臣部详加覆核,其入堂在未奉新章以前肄业,又均满四五年以上,年限程度与定章尚属相符,应准按照成案给奖,以示鼓励。除第二次毕业优等之杨景桢、陶家骏二名年限虽满,因由秀水县高等小学堂转入本科,与转学章程不合,只准升学无庸议奖外,所有毕业最优等第一次之祝文白、郑济,第二次之丁绍桓、何炳松等四名,拟请作为拔贡;毕业优等第一次之邵濂、郑钧、邱之铭、程凤鸣、管豹清、韩华、方谦,第二次之牟秉秀、孙琎、卢圣范、孙从元、黄维中、袁祖黄、沈公铎等十四名,拟请作为优贡;降列中等第二次之尤希文、裘守慈,与毕业中等之郑思济等三名,拟请作为岁贡。如蒙俞允,即由臣部咨行该抚转饬遵照。所有浙江高等学堂预科学生第一、二两次毕业请奖缘由,谨缮折具陈,伏乞皇上圣鉴、谨奏。

宣统三年三月十五日奉旨:依议,钦此。

《学部官报》第151期,宣统三年四月初一日

抚院增准京师大学堂电札饬提学司京师分科大学明春拟添新班文

(1911年5月13日)

为札饬事。宣统三年三月十八日准京师大学堂电开:分科大学明春拟添新班,贵省高等

及优级师范学堂，今年约毕业者若干人，第几类若干人，愿入分科者若干人，请查明电复，以便预为位置。等因，到本抚院。准此，除电复外，合行抄录复电，札知札到该司，即便知照。此札。（三月三十日）

计粘抄复电：

北京大学堂监督鉴：浙省今年高等学堂毕业生二十六人，第一类十四人，愿入分科者六人；第二类十二人，愿入分科者十二人。优级师范本科，浙省尚未设立，此复。

《浙江官报》第3卷第18期，宣统三年四月十五日

学部议复御史孙培元奏变通高等学堂毕业生奖励折①

(1911年7月1日)

奏为遵旨议复，恭折仰祈圣鉴事。本年五月十九日，臣部准内阁钞出钦奉谕旨：御史孙培元片奏，请将高等学堂毕业得奖内阁中书、中书科中书等员，有愿改就小京官者，一律准其呈改等语，著该部议奏。钦此。原奏内称：游学毕业生录用中书，准其呈改小京官，若夫高等学堂毕业生奖内阁中书、中书科中书用者，考其所奖出身、官阶、品级，一切与游学者同，而未能一律准改，未免偏姑。拟请将高等毕业得奖内阁中书、暨中书科中书等员，有愿改就小京官者，一律准其呈改等语。臣等查宣统元年十一月臣部附奏译学馆及高等学堂、优级师范学堂毕业各生，拟准降等就职片：内阁嗣后译学馆、高等学堂、优级师范学堂毕业各生，取列最优等之以内阁中书用者，拟请照进士馆及游学毕业生降等就奖之例，准其改用小京官，奉旨允准，钦遵在案。是各项高等学堂之得奖以内阁中书用者，早与游学录用之内阁中书一律，准其改就小京官至中书科中书一项。查游学录用章程并无此项奖励，当时各项高等学堂之得奖中书科中书者，尚属无多，是以仍照旧章办理。兹中书科既已裁撤，自不能不及时变通，以免窒碍。拟请如该御史所请，凡各项高等学堂毕业之得奖中书科中书者，一律准其改就小京官。惟查中书科中书，系各项高等学堂取列优等者之奖励，与取列最优等之奖以内阁中书者原不相同，若一律准其改就小京官而不稍示区别，似不足以昭平允。臣等斟酌再四，拟仿照本年变通游学生廷试录用章程办法，嗣后凡由高等学堂、专门学堂、优级师范学堂毕业得奖内阁中书改用之小京官，拟请俟三年俸满后，即作为候补主事。其得奖中书科中书改用之小京官，拟请仍照旧例，三年俸满后，愿作额外主事，再历俸三年，方作为候补主事，俾于考试之等差，有所区别。所有遵议缘由，谨恭折具陈，伏乞皇上圣鉴。谨奏。

宣统三年六月初六日奉旨：依议。钦此。

《学部官报》第158期，宣统三年六月十一日

① 孙培元，清朝光宣年间御史。生平事迹不详。

学部奏核议浙江高等学堂预科第三次毕业各生请奖折

(1911年8月5日)

奏为浙江高等学堂预科第三次毕业年满各生核给奖励,恭折仰祈圣鉴事。准浙江巡抚咨称:据提学使详称:浙江高等学堂预科第一二两次毕业学生,均经咨部查核给奖在案。本年五月间第三班预科毕业学生九十六名,业经照章莅堂会考,现据该堂将毕业生姚瑾等十一名转学前校学期分数移送前来。惟沈家璠一名只八学期,请援学都议准广东高等预科奖励,凡在他学堂与本学堂合计肄业满四年准奖成案办理。又上年该堂预科毕业生严翊宣一名,肄业满足十学期,因丁忧未与请奖,现届服阕,一并填造履历分数表,详请转咨给奖,等因到部。臣部据送到表册详加核阅,除年限未满之沈家璠一名,入堂在既奉新章以后,毕业在戊申截限以后,与广东高等预科准奖成案不符,毋庸议奖外,其姚瑾等十名、又严翊宣一名,年限程度均与定章相合,自应照章请奖,以示鼓励。所有册开考列最优等之姚瑾一名,拟请奖给拔贡;考列优等之叶其菁、薛允濬、邢钟翰、姚会升、陶熙孙、沈光煦、李长崧、董礼宸等八名,暨现在服阕、宣统元年毕业考列最优等之严翊宣一名,拟请奖给优贡;考列中等之洪涛一名,拟请奖给岁贡。如蒙俞允,即由臣部咨行浙江巡抚钦遵办理。所有核议浙江高等学堂预科第三次毕业年满各生奖励缘由,谨恭折具奏,伏乞皇上圣鉴。谨奏。

宣统三年闰六月十一日奉旨:依议,钦此。

《浙江教育官报》第94期,宣统三年八月

本署司袁照复高等学堂师范毕业生请详咨给照碍难照准文

(1911年9月12日)

为照会事。案准贵监督咨呈,内开:案照敝堂于光绪三十四年五月间举行师范完全科毕业学生三十八名,业经奏准比照初级师范简易科给奖,其考列优等之黄寿曾等三十八名,应俟义务年满,再行请领执照在案。兹有师范科学生陶赞熙、王凝、金学俨、陈渡、堵福诜、王会云、孙鹏、王景韶、孙献琛、朱凤祺等十名,各据该生等禀称,自毕业后均在本省各学堂充当教员,核其义务年限已满,照章奖给师范科贡生加训导衔,应给予执照,俾资名实相符,等情前来。查部定初级师范简易科章程,内有私费生义务以二年为限之语,而敝堂此次毕业各生,本系自费就学,其义务年限自应援照办理,准与该生等请领奖照,以遵定章。用特将义务年限已满二载之陶赞熙等十名,先行呈请详咨,按名颁发贡生执照。其有未列名各生,应俟年满后再予汇案核办,造具履历清册三分,呈祈迅赐转详。又于本年七月初三日准咨,请将楼祖禹等九名续请详咨各等因到司。准此,查光绪三十三年二月间奉学部通行奏定师范奖励义务两项章程、优级师范选科及初级师范简易科毕业奖励第二条,内开:初级师范简易科毕业考列最优等者,比照初级师范中等奖励办理考列优等者,比照初级师范下等办理,均令充小学堂及程度相当之各项学堂副教员,考列中等者准充小学堂及程度相当之各项学堂副教员,考列下等者给及格文凭,考列最下等者给修业文凭,自费毕业生各按等第比照奖励。又初级师范学堂毕业奖励章程,考列中等者作为师范科贡生以训导用,令充小学堂及程度相当之各项学堂正教员,俟义务年满,以应升之阶尽先补用;考列下等者给及格文凭,令充小学堂及程度相当之各项学堂副教员，俟义务年满，作为师范科贡生，奖给训导衔。又师范生义务章程第二条，内开：初级师范生、简易科师范生有效力本省教育职事之义务，其年限暂定为四年，此四年中经京师督学局、或各省提学使司及府厅州县地方官指派教育职事，不得规避各等因，奉经由司刊入第十三期教育官报发布在案。惟既奉学部奏定师范生奖励义务两项专章，是从前奏定学堂章程内师范生效力义务章所列各条文均已变更，断无援用之效力。且该生等毕业时期已在此项新章奉文以后，即学部奏准给奖，亦照此项新章办理，所有该生等服务年限，自应遵照师范生义务新章第二条，定为四年方为合例。且查该生等曾经由堂贴补学缮、书籍等费，与纯然自费者不同，来咨以二年为服务限满，系照从前奏定学堂章程办理，碍难照准。兹准前因，相应照复，为此照会贵监督，烦为传知各生遵照可也。

宣统三年七月二十日

《浙江教育官报》第 96 期，宣统三年八月

浙江民政长饬将浙江高等学校办理毕业事项先期呈报由

(1913 年 10 月 8 日)

省令

浙江民政长命令

浙江行政公署训令第三千三百二十五号

浙江高等学校饬将该校办理毕业事项先期呈报由

令浙江高等学校校长胡壮猷：

教育司案呈，查接管卷内，上年十二月二十四日准教育部咨开：高等及各项专门学校举办毕业，应于三个月以前将光复后缺课日期并继续授课补习情形，以及授课钟点、学生姓名、到校年月等，呈由本省行政长官，咨经本部核准后，始得办理毕业等语，业于本年元月八日，由前教育司照会该校长查照在案。兹查教育部本年七月十六日第四十一号布告，内开：案查上年军兴，学校率多停课，光复之后又各因地方情形，开课不无先后，本部为慎重学校起见，酌定办法，在京各校均须补足半年，外省各校补课期限则视缺课日期以为衡，业经通行遵照办理，并饬于毕业三个月前，将继续授课补习情形报部查核在案。乃近来各校办理毕业，多未遵章先后呈报，而所缺功课时期，则以增加钟点，或不放暑假，强为搪塞。似此办理，不惟于定章不合，即学生脑力有限，如此兼程并进，势难融会贯通，只期速成，不求实际，影响所及，流弊殊深。嗣后各高等专门学校办理毕业，先须于三个月前遵照前令，在京各校直接报部，外省各校经由行政长官转报本部核准后，始得考试毕业，各校长不得徇学生之请，以增加钟点或不放暑假为词，漫为尝试，是为至要。特此布告等因。合即令行该校长查照前案，于该校学生毕业三个月以前，将应报各项呈送到署，以凭核转，是为至要。此令。

中华民国二年十月日

民政长屈映光

《浙江公报》第 593 册，民国二年十月八日

高等学校举行毕业

(1913 年 12 月 17 日)

浙江高等学校正科学生第三班,已于本学期肄业完竣,曾经校长呈请教育司在案。兹悉该校学生已于今日(十四日)举行毕业考试,二十五日举行给凭礼云。

《时报》1913 年 12 月 17 日

高等学校毕业志盛

(1913 年 12 月 23 日)

浙江高等学校,于十九日上午九时,在本校举行给凭礼。教育司长及各校校长均莅校观礼。首由校长胡君报告毕业生成绩,次引毕业生向国旗行三鞠躬礼,次向师长行三鞠躬礼,复由校长按名给凭毕,教育司长及各教员先后训勉,至十一时始行散会。兹将毕业生等第姓名列后:

第一类

甲等:潘渊(绍兴)、陆春荣(富阳)、尹衡(杭县)、陆宗勖(鄞县)。

乙等:余宗达(永嘉)、杨济元(慈溪)。

丙等:沈孟养(萧山)、汤执中(平阳)、裘燧(嵊县)、张廷衡(嵊县)、张骐(永嘉)、唐冀方(金华)、潘剑雄(永康)。

第二类

甲等:程万选(绍兴)、冯宝恒(江苏武进)、汪宝珊(江苏如皋)、冯宝鉴(江苏武进)、潘延贵(嘉兴)。

乙等:汪厥心(金华)、张警黄(绍兴)、沈孝先(德清)、李振夏(余杭)、马毅(永嘉)、林彬(乐清)、韩彦卫(慈溪)、姚瑾(瑞安)、黄庆慈(松阳)、陈慕华(新昌)、陈谊(义乌)、沈怀璋(德清)。

丙等:周邦直(海宁)、何晋昌(新昌)、应超(嵊县)、周垓(金华)。

《教育周报(杭州)》第 29 期,民国二年十二月二十三日

准教育部咨高等学校第四班学生准予一体毕业由

(1913 年 12 月 27 日)

浙江行政公署训令第四千七百七十四号

高等学校准教育部咨该校第四班学生准予一体毕业由

令浙江高等学校校长胡壮猷:

教育司案呈本月二十二日准教育部咨开:准咨开教育司案呈,十一月二十七日据浙江高

等学校代理校长胡壮猷呈称：本年十一月十七日奉钧署令开：本月十日准教育部咨覆，该校由杭宁各府中学毕业入学，姓名前既未报部，无从查核，相应咨覆贵民政，希即饬司查明送部，再行核办，等因。应由该校长查明各该生前在中学校毕业年月等第。又预科升学之潘渊、杨济元、张廷衡、周垓等四人，原有资格及考入预科年月，并案声覆，以凭核转，仰即遵照办理等因。当将中学校毕业入校之尹衡等二十一名查明毕业年月、等第，填列详表一纸，及预科升学之潘渊等四名原名资格及考入预科年月，附列前表，备文呈报。查阅表内各该生毕业学校，其杭州、宁波、温州、绍兴、处州各府中学，即现在之第一、第四、第十、第五、第十一省立中校，安定中学系属私立，各该生等毕业中学均在本省光复以前，前清提学使署案卷业于光复时荡失无遗，本公署无从核对。惟既据该校长连同预科升学各生详加说明，核其入学资格，均属相符。据呈前情，相应抄录原表，备文咨请贵部查核施行等因，并学生姓名详表一纸到部。准此，查该校所呈由预科升学之潘渊、杨济元、张廷衡、周垓等四名，暨由杭州各府中学毕业入校，学生资格各节本部覆核无异，应准于本年年终一体考试毕业，相应咨覆，查照饬遵可也。等因。准此，合即令行该校长遵照此令。

民政长屈映光

中华民国二年十二月念七日

《浙江公报》第683册，民国三年一月十一日

令各县知事聘用甲种工业学校毕业生由

(1914年2月9日)

浙江行政公署训令第五百十五号

各县知事聘用甲种工业学校毕业生由

令各县知事：

教育司案呈，本年一月二十七日，据省立甲种工业学校校长许炳堃呈称：窃查本校二年十二月讲习班毕业学生，系于清宣统三年六月间，奉提学司袁遵照部定实业教育讲习所章程，饬令附设，本校分机械、染织两科，机械科授以工作法、材料、应用力学、电气工学、机动发动、汽机设计机图、微积分、解析几何、三角、几何、代数、算术、物理、化学、修身、国文、英文、教授法、用器画、体操等科学。染织科授以修身、图画、毛笔画、物理、化学、几何、代数、算术、英文、国文、体操、教授法、染色学、机织原料、机图、力织图案解剖、发动设计、分析化学、意匠等科学。俟毕业后派往各处初等工业学校服务。惟该生等自宣统三年六月入堂，至九月浙省光复停课，于中华民国元年四月开校入学，至六月始足第一学期，是以至二年十二月方满两年，举行毕业。计机械科七人，内有：俞滨、孙慕乔、吕钟美三人考列甲种，蒋清熙、姚源、张承康、王继会四人考列乙等。染织科十人，内有王佐、金鉴、郭子藩三人考列甲等，陆大年、钱绩熙、马踃万、汪钟玉、木钟奇五人考列乙等，黄秉寅、张思竭二人考列丙等。查以上十七人，毕业考试分数与平时讲堂功课实习成绩均属优美，现在浙省各县城镇乡地方，创办乙种工业学校急不容缓，此项教才非常缺乏，物色为难。公家既因教才缺乏，不惜巨资培养两年之久，始得十七人之毕业，所有各处乙种工业学校教职各员，以及各处工厂，应以此项毕业生尽先

派服义务。兹特开具各生姓名、等第、籍贯,敬恳通饬各县,一体尽先聘用等情,并附呈清折一扣到署。据此,查部颁实业学校规程,甲种实业学校毕业生有充当乙种实业学校教员资格。该校上年机械、染织二科讲习班共得毕业学生十七人,是项讲习班从前本为养成初等工业教员而设,现时实业教育尤为急务,如果各该县地方创办乙种工业学校需用教才,则此项毕业生程度相当,自应随时酌量聘用,藉重师资,而征实效。为此特照开各该生姓名、等第、籍贯,令仰各县知事一体查照办理。此令。

计附毕业各生姓名、等第、籍贯清单一纸。

中华民国三年二月日

民政长屈映光

清折

计开:

染织科:

王佐,甲等,杭县人,已由本校派充机织传习所意匠助手;

金鉴,甲等,杭县人,已由纬成丝呢公司聘用;

郭子藩,甲等,杭县人,已由本校派充机织传习所机织技手;

陆大年(原名永亮),乙等,海宁人;

钱绩熙,乙等,嵊县人,已由女子职业学校聘任教员;

马踋万(原名凤实),乙等,东阳人;

汪钟玉(原名登),乙等,杭县人;

木钟奇,乙等,温州人;

黄秉寅,丙等,义乌人;

张思竭(原名中元),丙等,嵊县人。

机械科:

俞滨,甲等,杭县人;

孙慕乔(原名乔),甲等,嵊县人;

吕钟美,甲等,新昌人;

蒋清熙,乙等,德清人;

姚源,乙等,杭县人;

张承康,乙等,余姚人,已由私立铁道学校聘任教员;

王继会,乙等,德清人。

《浙江公报》第711册,民国三年二月九日

实业学校办理毕业应先报部核复

(1915年11月22日)

浙江巡按使公署饬第五千一百八十号

饬各道尹、各省立甲种实业学校,准部咨,实业学校办理毕业,应先期报部核复由。

为饬知事。准教育部咨开:准咨陈省立甲种商业学校第二班毕业生成绩表到部,查该校第二班本科学生俞祥钟等四十六名,核与原报表册相符,试验成绩亦均及格,应准毕业备案。惟此后各该校举行毕业试验,应请转饬查照定章,先期报部,以凭核办。相应咨请转饬遵照等因到署。查甲、乙实业学校办理毕业,应照高等专门学校先期三个月,将应行毕业各生在学学生成绩报部核准,经教育部咨复河南巡按使,于第十一册教育公报内登载在案。兹准前因,除乙种实业学校现又准部咨,毋庸于三个月前报部核办,另饬遵照外,合就饬仰该道尹转饬所属,转行各甲种实业学校一体遵照。此饬
各道道尹。

右饬省立甲种农、蚕、工、商业学校校长。准此。

巡按使　屈映光

中华民国四年十一月二十二日

《浙江公报》第1361册,民国四年十二月二日

咨浙江巡按使省立甲种工校学生王序宾等应准毕业备案文
(1916年3月31日)

第九百九十六号

五年三月三十一日

为咨行事。准咨陈开:据省立甲种工业学校校长许炳堃详称:窃本校第一班本科生,系宣统三年二月入堂,至九月中旬浙江光复停课,于民国元年四月开校入学,至六月终,始足一学年,至民国三年七月满足三年,曾蒙核准,举行毕业试验在案。计试验及格者:机械科王序宾、张云瑞、蔡汝炘、王承旦、张融、董世丰、瞿弼、张友才等八名;染织科袁家俊、孙承义、刘钟翰、丰惠恩、周学钧、王士章、黄名灿、章曜华、王士杰九名。惟毕业后,该生等情愿留入校中研究者颇居多数,嗣经本校令各生自认专科,在本校各工场或选择校外相宜各工厂分别研究,均于上年期满。复经本校各专科教员口头试验,或评定论文,核其成绩,均属尚有可观。除给予研究科修业期满文凭外,理合造具本校毕业表,详请核转备案等情。据此,本公署复核无异,相应连表咨请察核备案等因,并表一册到部。查该校毕业学生王序宾等十七名,核与原案相符,应准备案,相应咨行贵巡按使查照饬知可也。此咨
浙江巡按使。

《教育公报》第3卷第4期,民国五年四月

民政厅长王批省立甲种农校学生毕业日期可否变通提前由
(1916年6月20日)

浙江民政厅长王批省立甲种农业学校校长黄勋呈,为呈请学生毕业日期可否变通提前由。

查该校农科补习班,原案系补习普通科目,并加授研究学科。前据该校所送本年度岁出预算草案,说明因研究科注重实验,拟分两班教授,每班每星期四十小时。嗣经前巡按使公署支配预算,该班教授钟点连分组实习,系以每星期五十二小时计算,暑假以后尚有四月教授,以每星期五十二小时,应授四月之课程,据称拟以二百四十小时了之,殊属无此办法。所请应无庸议,仰即知照。缴。

六月二十日

《浙江公报》第1538号,民国五年六月二十四日

省长公署咨教育部为浙高毕业生林宗强证明存记出洋游学案请查照施行由
(1916年8月23日)

浙江省长为咨陈事。案据浙江高等学校第二类毕业生林宗强禀称:于辛亥年夏间由浙江高等学校第一次最优等毕业后,即充本省第十中学校理化教员,任职迄今已阅六载。当未毕业前一年,适本省前提学使司袁招考合格学生赴美留学,生即往投考,幸蒙录取,旋以母病,不克成行。光复后,闻本省前教育司沈有派遣高校第二次毕业生何炳松、徐守桢等留美之举,生即由瓯驰省,恳请前高等学校校长邵函致省司,援例出洋,当蒙批准存记,有案可查。嗣因各省留美官费学生均由各该省咨部选派,办法变更,成案虚悬,致今日杳无希望。兹生于本年三月间禀请教育部,准予尽先记名出洋蒙批,仰即将各项证明书送部,再行核办等因。伏思教育部所谓各项证明书者,除本人所有之毕业证书外,其前经本省记名留学案由,非由钧署备文咨部,无从证明。且生在本省记名留学,为时已久,如果依次递补,早可出洋。为此沥情函请省长俯念求学情殷,准予从速耑文咨部,证明记名案由,尽先补充留美官费缺额,俾资深造,而遂初衷,不胜翘祷之至等情。据此,当经饬仰民政厅查案祥复。兹据复称:该生记名留学一案,查确于元年七月间由前高等校长邵长光转请派充留美官费,经前教育司准予存记,候补在案等语。除关于学业经过之各项证明书由该生自行呈验外,所有记名候补一节,既据该厅查案相符,相应咨请大部查照施行。此咨
教育部。

计送履历一扣。

浙江省长吕公望
中华民国五年八月二十三日

《浙江公报》第1603号,民国五年八月二十八日

甲种工校第三班生毕业年限不符仍应补报文

(1917年1月4日)

第八号(六年一月四日)

咨浙江省长:

为咨行事。准咨开:前准部咨,查省立第五师校毕业生何峻等核与旧报名册相符,试验成绩亦均及格,应准备案。惟魏肇基一名,原册系报魏绍基,应请转饬查明,补报核办,等因。准此,当经令饬该师校遵照查复。去后兹据复称:查该毕业生原名魏肇基,前报名册填作绍基,实系书记误填,请准转咨更正等情。据此,相应咨请大部察核,准予更正备案。再,省立甲种工业学校第二、三班本科毕业生分数表,及王树堂等姓名,查经更正,续咨在案,合并声明,等因到部。查省立第五师范学校毕业生魏肇基一名,既据声复原册所载绍基,实系笔误,应准一律备案。惟省立甲种工业学校本科第二、三班学生毕业一案,前准第四六五号来咨,只补送分数表册,至关于第三班学生王荣林等四十一名,暨张肇基等三名,核与第二班学生在学期限相差一年,此次随同毕业,有无特别原因一节,未准咨复,仍请转令该校查照本年第三零一号部咨,明白声复,以凭核办。相应咨请贵省长查照饬遵可也。此咨。

《教育公报》第4卷第4期,民国六年三月二十日

据省立甲种农校呈请通令各县任用农科毕业生仰查照办理由

(1917年1月10日)

浙江省长公署训令第七十一号

令各县知事据省立甲种农校呈请通令任用农科毕业生仰查照办理由

令各县知事:

案据省立甲种农业学校呈称:窃本校农科学生吴荣堂等四十二名,前经呈准毕业在案。查甲种农校本为造就应用人才而设,该生等在校四年,于农学上重要各科俱已修毕,且曾入研究科,学力尤富,似应广为任用,俾可实地练习,以展其长。且查吾浙农业尚在萌芽,农学人才亦颇缺乏。前次东西洋及国立大学农学毕业生,俱以资望较高,于地方农事机关不肯俯就,以致各县乙种农校、县农事试验场、或县农会等,人员虽有适当人才,农业之尠进步,半由于此。本校此次毕业人员,实最适合于地方农业之需要,若使投闲置散,非惟于吾浙实业前途大有影响,且使一般学子以本校第一次毕业人员,尚无相当职业,将以农学为不甚需要之学问,而视本校为畏途,于本校前途,亦复大有关系。为此开具该毕业生等名单,呈乞通饬各县知事,转饬乙种农业等校或其他农事机关,酌量任用,以资鼓励,而图改良等情,并名单一纸到署。据此,查呈称各节系为奖励农学,改进农业起见,所请通令任用,自应照准。除分令外,合就抄单令发该知事,仰即查照办理。此令。

(刊登公报不另行文)

计发名单一纸。

中华民国六年一月十日

省长 吕公望

附　毕业生姓名籍贯

吴荣堂	上虞	杨兴芝	义乌	蒋步瀛	东阳
沈光熙	绍兴	雷铭丹	陕西朝邑	陈燏珍	萧山
单纬章	奉化	朱培栋	上虞	林廷悦	青田
王尧年	天台	卢炳晁	东阳	张联甲	武康
胡时雍	兰溪	周耀昌	鄞县	陈秉楹	富阳
赵启能	杭县	林宗逊	黄岩	范光华	兰溪
陈敬民	黄岩	徐松铨	仙居	刘云朝	江山
阮有壬	绍兴	杨郁熙	临海	孙骏	鄞县
蒋润	寿昌	童尚麟	萧山	金尔成	东阳
周汝沅	诸暨	余垂组	遂安	张孝先	余姚
何祥熊	萧山	徐莱书	诸暨	顾光祖	嘉兴
俞宝璁	桐庐	陈鹏	浦江	杜一桂	上虞
周铨元	诸暨	王乐周	萧山	顾华荪	武义
童书丹	兰溪	张嗣恩	临海	潘明法	余杭

《浙江公报》第1733号,民国六年一月十四日

甲种工校第三班生毕业年限不符仍应补报文
(1917年3月20日)

咨浙江省长。

第八号(六年一月四日)

为咨行事。准咨开:前准部咨,查省立第五师校毕业生何峻等,核与旧报名册相符,试验成绩亦均及格,应准备案。惟魏肇基一名,原册系报魏绍基,应请转饬查明补报核办,等因。准此,当经令饬该师校遵照查复去后,兹据复称:查该毕业生原名魏肇基,前报名册填作绍基,实系书记误填,请准转咨更正等情。据此,相应咨请大部察核,准予更正备案。再,省立甲种工业学校第二、三班本科毕业生分数表,及王树堂等姓名,经更正续咨在案,合并声明,等因到部。查省立第五师范学校毕业生魏肇基一名,既据声复原册所载绍基,实系笔误,应准一律备案。惟省立甲种工业学校本科第二、三班学生毕业一案,前准第四六五号来咨,只补送分数表册,至关于第三班学生王荣林等四十一名,暨张肇基等三名,核与第二班学生在学期限相差一年,此次随同毕业,有无特别原因一节,未准咨复,仍请转令该校查照本年第三零一零号部咨,明白声复,以凭核办。相应咨请贵省长查照饬遵可也。此咨。

《教育公报》第4卷第4期,民国六年三月二十日

令各县知事等酌用省立甲种农校林科毕业生由
(1917年7月5日)

浙江省长署训令第二千二百四十三号

令各县知事、省立第一二苗圃、省立农事试验场酌用省立甲种农校林科毕业生由。

令各县知事、第一苗圃、省立农事试验场、第二苗圃:

案据省立甲种农业学校呈称:查本校此次林科毕业生十七人,于林学上重要各科均已研究有素,颇有心得。今既学业告成,自宜广为任用,俾得实地练习,展其所长,庶克收造就人才之效果,而该生等亦不至负其所学。况乎我国林业亟待振兴,林学人才现尚缺乏,属校毕业各生最适合于地方之需要。拟请通令各县知事,转知乙种农校,暨各林业机关,就属校各毕业生中酌量聘用,以期振兴实业,而免淹没人才。理合将毕业各生姓名、籍贯开单呈请察核等情。据此,查呈称各节系为奖励林学人才起见,所请通令任用,自应照准。除分令外,合就抄单,令发该知事、场、圃,仰即查照酌用。此令。

计发名单一纸。

中华民国六年七月五日

省长齐耀珊

附　浙江省立甲种农业学校林科毕业各生姓名籍贯

计开:

陈应斌　陕西临潼人

陈　浑　浙江平阳人

雷世彬　陕西郃阳人

张福仁　浙江安吉人

谢明远　浙江瑞安人

李宝□　浙江上虞人

徐家昌　浙江杭县人

金如海　浙江杭县人

施　泽　浙江平阳人

何宪文　陕西盩厔人

金倬鹏　浙江绍兴人

杨伟文　浙江浦江人

张幼松　浙江嘉善人

王　春　浙江淳安人

梁尔嘉　浙江杭县人

张若沅　浙江浦江人

张福畴　浙江安吉人

共计一十七名。

《浙江公报》第1910号,民国六年七月十二日

令甲种工校第四班本科毕业生杨伟标等应准备案

(1917年9月18日)

浙江省长公署训令第二千九百八十七号

令省立甲种工业学校,准教育部咨复,省立甲种工校第四班本科毕业生杨伟标等应准备案由。

令省立甲种工业学校:

案准教育部咨开:准咨送省立甲种工业学校第四班本科生毕业表到部。查该校第四班本科学生杨伟标等五十一名,毕业成绩及格,应准毕业备案。至毕业生郭念东、施德二名改籍更名,既经核准有案,自应一并照准。除由部更正备案外,相应咨行查照饬知,等因。准此,合就令仰该校知照。此令。

中华民国六年九月十八日

省长齐耀珊

《浙江公报》第1984号,民国六年九月二十四日

咨浙江省长省立甲种农校林科学生陈应斌等十七名应准毕业备案文

(1917年9月20日)

第一千九百八十一号

六年六月二十八日

为咨行事。准八九五号咨开:案据省立甲种农业学校呈称:本校林科学生修业期满,业经呈请转咨核准,举行毕业试验在案。兹遵于本月八日开始试验,至十三日,所有各科学均已试验完竣,当即总核各学年分数,评定等第,计列入甲等者七名,列入乙等者七名,列入丙等者三名,理合造具毕业表,呈请核转等情。据此,本署复核无异,相应连表咨请核复施行,等因,并表一本到部。查学生陈应斌等既经试验,总平均分数俱在六十分以上,均属及格,应准毕业备案,相应咨复贵省长,转令知照可也。此咨。

《教育公报》第4卷第11期,民国六年九月二十日

教育部电浙江省长高等学堂师范班毕业生应受无试验检定

(1917年11月13日)

民国六年十一月十三日

浙江省长鉴:庚电悉。查该师范班毕业生,前清学部系照二年以上之简易科办理,应受无试验检定。教育部寒印。

附原电:

教育部鉴:浙省前清高等学堂附设师范科三年毕业生,能否照检定小学教员规程第一条:本科毕业生免予检定,请电复。齐耀琳庚。

《教育公报》第5卷第1期,民国七年一月二十日

准部电复浙省前清高等学堂师范班毕业生应受无试验检定由

(1917年11月17日)

浙江省长公署训令第三千六百三十六号

中华民国六年十一月十七日

令小学教员检定委员会,准教育部电复,浙省前清高等学堂师范班毕业生应受无试验检定由。

令小学教员检定委员会:

案查本省前清高等学堂曾附设师范班,三年毕业,现当检定小学教员,是项毕业生是否得照检定规程第一条免予检定,经电部核复去后,兹准教育部复电开:查该师范班毕业生,前清学部系照二年以上之简易科办理,应受无试验检定等因。准此,合行令仰该会查照办理。此令。

中华民国六年十一月十七日

省长齐耀珊

《浙江公报》第2041册,民国六年十一月二十二日

甲种工校第四班本科学生杨伟标等五十一名应准毕业

(1917年11月30日)

咨浙江省长,省立甲种工业学校第四班本科学生杨伟标等五十一名应准毕业文。

第二千六百七十九号(六年九月七日)

为咨行事。准第一一五七号咨开:据省立甲种工业学校呈称:本校第四班本科生杨伟标等五十一人,扣至本年七月底,修业期满,业经呈奉咨准,举行毕业试验在案。兹造具毕业表一分,理合备文送请核转备案。再,本届毕业生郭念东,因与族人同名,改为郭普宗。又施德前进校时,寄居桐乡,现回江苏吴江原籍,故改籍贯为吴江,均经呈奉核准有案,合并声明等情。据此,本公署复核无异,相应咨请察核备案等因,并毕业表一册到部。查该校第四班本科学生杨伟标等五十一名,毕业成绩及格,应准毕业备案。至毕业生郭念东、施德二名改籍更名,既经贵公署核准有案,自应一并照准。除由部更正备案外,相应咨行贵省长查照饬知可也。此咨。

《教育公报》第4卷第15期,民国六年十一月三十日

农业教员讲习所毕业生与初级师范简易科性质相符

(1917年12月19日)

教育部咨复,农业教员讲习所二年毕业生,与初级师范简易科性质相符,得认为劝学所规程第四条第三项,及第五条第三项资格,已令行教育厅查照。

《申报》1917年12月19日

省立甲种农校呈送农科毕业生名单仰即转令各属校酌量聘用由

(1918年7月27日)

浙江教育厅训令第　号

令各县知事:

案据省立甲种农业学校呈称:窃查属校农科第二班学生共计二十二人,均于本年暑假以前修业期满,业经举行毕业试验,并将毕业各生总平均分数造表呈报,暨填发毕业证书各在案。查此毕业各生对于农学上各项重要学科俱已研究有素,颇有心得,今既学业告成,自宜广为任用,俾得展其所长,庶克收造就人才之效果,而各该生等亦不至负其所学。况乎我浙农业尚未十分发达,提倡扩充,刻不容缓。农学专门人才不可多得,属校毕业各生最适合于地方时势之需要。拟请钧厅通令各县知事,转知乙种农校及各高小学校,暨各农业机关,就属校各毕业生中酌量聘用,以期振兴农业,而免湮没人才,似于实业前途大有裨益。所有属校农科各毕业生,拟请通令酌量聘用各缘由,理合备文呈请,仰祈察核,俯赐施行等情,并附名单一纸。据此合行印发清单,令仰该知事转令乙种农校及各高小学校酌量聘用。此令。

(只登公报不另行文)

计附清单一纸。

中华民国七年七月七日

教育厅厅长伍崇学

附毕业生名单

计开:

陈基陶　　浙江新昌县人

许以高　　浙江海宁县人

李行阶　　浙江鄞县人

陈寅图　　浙江仙居县人

周应璜　　浙江嵊县人

孙汪度　　浙江衢县人

吴　选　　浙江仙居县人

胡润琇　　浙江奉化县人

吴　纯　　浙江仙居县人

刘福穰　　浙江松阳县人

陈邦定　　浙江衢县人
褚贤仁　　浙江海宁县人
何　荃　　浙江义乌县人
何明枚　　浙江象山县人
吴景贤　　浙江嘉兴县人
周惠湛　　浙江东阳县人
马凤翔　　浙江东阳县人
徐　玨　　浙江江山县人
徐学尧　　浙江绍兴县人
徐　陟　　浙江江山县人
沈后乾　　浙江绍兴县人
何振韶　　浙江象山县人

《浙江公报》第2276期，民国七年七月二十七日

省立甲种农业学校农科第二班毕业生
(1918年7月29日)

省立甲种农业学校农科第二班毕业生计二十二名，成绩优美，现由教育厅通令各县转知乙种农校及高等小学校、各农事机关酌量聘用。

《新闻报》1918年7月29日

指令浙江教育厅省立甲种工校第五班学生沈沛霖等准毕业文
(1918年8月27日)

第一千零十一号(七年八月二十七日)

呈表均悉。查省立甲种工校第五班学生沈沛霖等五十名，毕业成绩均属及格，应准毕业备案，仰即令行知照。此令。

《教育公报》第5卷第14期，民国七年十一月二十日

指令浙江教育厅省立甲种农校农科毕业生应准备案文
(1918年9月20日)

第八百五十三号

七年七月十八日

呈表均悉。省立甲种农业学校农科学生陈基陶等，各种学科均已试验完竣，成绩尚能及

格,应准备案,仰即转令知照。此令。

《教育公报》第5卷第12期,民国七年九月二十日

令省立甲种工业学校校长许炳堃

(1919年10月2日)

浙江省长公署衔令第八千零九十八号

令省立甲种工业学校校长许炳堃:

呈一件,呈为毕业人数逐岁增多,恳予查案,令饬各县择尤任用,祈察核由。呈单均悉,候令行各该道尹,转饬所属各县知事一体查照办理可也。单存。此令。(九月日)

《浙江公报》第2692期,民国八年十月二日

请饬各县择尤任用毕业生

(1919年10月3日)

省立甲种工业学校校长许炳堃,以该校毕业人数逐岁增多,呈请省长查案,令饬各县择尤任用。已通令所属一体照办。

《申报》1919年10月3日

奉省公署令发直隶工业专校毕业生名单仰查照录用由

(1919年10月20日)

浙江教育厅训令第七五二号

令鄞县知事、省立甲种工业学校:

案奉省长公署第一五八六号训令,内开:案准直隶省长公署咨开:案据教育厅转据工业专门学校呈称:窃本校应用化学科、机械科及附设染料织科各三年级学生,于本年暑假肄业期满,举行毕业试验。查其成绩,尚属优良,业经呈报在案。兹遵照教育部令,民国七年专门以上学校会议议决处置毕业生办法,造具各生一览表,伏乞钧厅转予呈请省长,分咨各省,并令行教育实业各机关酌量聘用,以资服务。理合备文呈请鉴察施行等情。据此,查该校呈请各节尚属可行,除中等各学校业由职厅通令遵照外,理合检同该校毕业生一览表,呈请钧宪鉴核施行,实为公便等情。据此,除分咨外,查表列毕业生钱学荣,籍隶贵省,相应照录原表,咨请查照施行等由。准此,除分令外,合行抄同名单,令发该厅,仰即查照,量予录用,此令。等因。计抄发名单一纸。奉此,除分令外,合行抄同名单,令仰该校、知事转行所属工校,酌量任用,并具报备查。此令。

计抄发名单一纸。

计开：

机械科 钱学荣 二十四岁 浙江嘉兴县人 前在南京钟英中学校毕业

《浙江教育月刊》第2卷第10期，民国八年十月二十日

令各道任用该校第七班甲种工校毕业生仰转饬所属遵照由
（1920年8月5日）

浙江省长公署训令第一六六四号

中华民国九年八月五日

令各道道尹，据工业专门学校呈请任用该校第七班甲种工校毕业生，仰转饬所属遵照由。

案据浙江公立工业学校校长许炳堃，呈为前浙江甲种工业学校第七班本科毕业生已于本年举行毕业，缮具毕业人数清单，援案请予令道饬县，分别任用等情，并附清单到署。查该校前届毕业各生，业据开单呈经本公署，通令各道尹转饬任用在案。据呈前情，除指令照准并分令外，合行抄单令仰该道尹迅即转饬所属各县知事，此后如遇有贫民习艺所所长出缺，务即妥为遴用，以兴工业。毋违，此令。

计发清单一件。

附清单：

严之骥	杭县	机械本科毕业
翁克仁	杭县	机织本科毕业
黄如瑾	杭县	机织本科毕业
孙锦文	杭县	机织本科毕业
陆翰莘	杭县	机织本科毕业
沈乃熙	杭县	染色本科毕业
胡昌纬	杭县	染色本科毕业
吴　江	临安	机织本科毕业

以上旧杭属共八人。

盛祖钧	嘉兴	机械本科毕业
葛世相	嘉兴	机械本科毕业
陈宝镕	嘉善	机织本科毕业
张谢睿	嘉善	机织本科毕业
倪维熊	嘉善	染色本科毕业
张家昌	海盐	机械本科毕业
石　文	海盐	机械本科毕业
俞震西	海盐	机械本科毕业
王　钰	海盐	机织本科毕业
萧家述	桐乡	机织本科毕业

朱　煊　　桐乡　　机械本科毕业
过甫生　　平湖　　机械本科毕业
叶光显　　平湖　　机械本科毕业
徐国光　　平湖　　机织本科毕业
以上旧嘉属共十四人。
章　钜　　德清　　机械本科毕业
吴维一　　德清　　机械本科毕业
许孙庆　　德清　　机织本科毕业
蔡经铭　　德清　　染色本科毕业
徐恒寿　　德清　　机织本科毕业
黄　斌　　安吉　　机织本科毕业
毛文麟　　安吉　　染色本科毕业
以上旧湖属共七人。
史企文　　象山　　机械本科毕业
张幼盛　　奉化　　机织本科毕业
徐　圭　　奉化　　染色本科毕业
以上旧宁属共三人。
周振钧　　绍兴　　机织本科毕业
黄祖森　　余姚　　机械本科毕业
唐舜襄　　嵊县　　机械本科毕业
宋启凡　　嵊县　　机织本科毕业
张祖尧　　嵊县　　机织本科毕业
沈祥生　　嵊县　　机械本科毕业
邢　濯　　嵊县　　染色本科毕业
王祖章　　新昌　　染色本科毕业
杨载宣　　新昌　　机织本科毕业
金绍康　　诸暨　　机织本科毕业
斯公才　　诸暨　　机织本科毕业
斯　威　　诸暨　　机织本科毕业
徐公达　　上虞　　机织本科毕业
以上旧绍属共十三人。
朱圣铨　　仙居　　机械本科毕业
吴　杰　　仙居　　机械本科毕业
薛昌祺　　宁海　　机织本科毕业
以上旧台属共三人。
田有秋　　永康　　机械本科毕业
潘　鑫　　永康　　机械本科毕业
程纪载　　永康　　机械本科毕业

方灿镕　　永康　　机械本科毕业
徐建中　　义乌　　机械本科毕业
以上旧金属共五人。
劳人伟　　龙游　　机械本科毕业
杨绍棠　　龙游　　机械本科毕业
祝枚光　　江山　　机织本科毕业
姜宗禹　　江山　　机织本科毕业
祝增辉　　江山　　机织本科毕业
王一德　　江山　　染色本科毕业
以上旧衢属共六人。
夏国华　　建德　　机织本科毕业
以上旧严属一人。
陈　勋　　永嘉　　机织本科毕业
方兆镐　　瑞安　　机械本科毕业
曹亚萧　　瑞安　　机械本科毕业
杨炽孙　　平阳　　机织本科毕业
以上旧温属共四人。
以上总共六十四人。

《遂安教育公报》第 2 卷第 8 期，民国九年八月①

据省立甲种农校呈送毕业生名单仰转饬所属聘用由
(1920 年 8 月 16 日)

浙江教育厅训令第七七五号

令各县知事(九年八月十六日):

案据省立甲种农业学校呈称:窃查属校农科三年级生林以盛等十八人，林科三年级生谢显曾等十三人，均经举行毕业试验，并呈奉钧厅印发毕业证书，分别给执各在案。查此次毕业各生，对于农林学上各种学科，均已研究有素，兹既学业告成，自宜广为任用，俾得各展所长，而收造就人才之效果。况我浙农林实业尚未十分发达，提倡扩充，在在需才。拟请钧厅通令各县知事，对于属校本届毕业各生，或任为县署实业科员，或任为农林视察员，并转知各乙种农校及各农林实业机关，酌量聘用，庶于实业前途大有裨益。所有属校农林两科毕业生拟请通令酌量聘用各缘由，理合备文，并将该两科毕业各生姓名开具清单，随文呈送，仰祈厅长察核施行，至为公便，等情。据此，查该校毕业生林以盛等，成绩尚优，自应量予聘用，以期农业日渐改良，合即抄发名单，令仰该知事转令所属各校，及农业机关，一体查照酌量聘用。

① 《遂安教育公报》，地方教育行政刊物，1920 年 1 月创刊于浙江遂安。前身为《遂安教育月报》，月刊，遂安县劝学所编辑发行，主要登载教育法令法规、公牍、报告和附录等。

此令。

计抄名单一纸。

附名单:

林以盛　　龙游县人
童致和　　龙游县人
阎法康　　奉化县人
宣云龙　　浦江县人
厉慕鹗　　上虞县人
章　伟　　诸暨县人
张松荫　　临安县人
蒋文祥　　诸暨县人
陆成章　　嘉善县人
周　颂　　奉化县人
李熙亮　　仙居县人
汤　仁　　昌化县人
胡　封　　汤溪县人
徐福林　　嘉善县人
黄鸣皋　　平阳县人
叶　芳　　遂昌县人
方旭升　　汤溪县人
姚祖显　　临安县人

林科十三人

谢显会　　余姚县人
戚兆烱　　余姚县人
贝仕邦　　奉化县人
俞荃芳　　富阳县人
孟绍绪　　诸暨县人
俞德钟　　新登县人
周　斐　　江山县人
范廷焕　　兰溪县人
吴道业　　直隶泺县人
赵任梁　　诸暨县人
魏　超　　平阳县人
许　达　　平阳县人
童信长　　兰溪县人

《遂安教育公报》第2卷第8期,民国九年十月

浙江公立工业专门学校一览·历年毕业生人数总比较表

（本表民国九年十二月调查）

(1920 年 12 月)

年　份	学生人数
民国元年	102
民国二年	106
民国三年	224
民国四年	230
民国五年	284
民国六年	142
民国七年	150
民国八年	254
民国九年	210

浙江公立工业专门学校编印《浙江公立工业专门学校一览》，1921 年 3 月中旬

甲种工业学校历届毕业生人数一览表(一)

（本表民国九年十二月调查）

(1920 年 12 月)

前甲种工业学校研究科

年份	次别	业别	机械科	机织科	染色科	染织科	年度合计
民国元年		毕业					
		修业					
民国二年		毕业					
		修业					
民国三年		毕业					
	一	修业	4	7			11
民国四年		毕业					
	二	修业	4				4
民国五年		毕业					
	三	修业	13	7	4		24

续 表

年份	次别	业别	机械科	机织科	染色科	染织科	年度合计
民国六年		毕业					
	四	修业	9	2			11
民国七年		毕业					
	五	修业	6	4			10
民国八年		毕业					
	六	修业	5	7			12
民国九年		毕业					
	七	修业	14	1	2		17
毕业修业合计			55	28	6		89

前甲种工业学校讲习科

年份	次别	业别	机械科	机织科	染色科	染织科	年度合计
民国元年		毕业					
		修业					
民国二年	一	毕业	7		10		17
	一	修业	2		6		8
民国三年		毕业					
		修业					
民国四年		毕业					
		修业					
民国五年		毕业					
		修业					
民国六年		毕业					
		修业					
民国七年		毕业					
		修业					
民国八年		毕业					
		修业					
民国九年		毕业					
		修业					
毕业修业合计			9		16		25

前甲种工业学校本科

年份	次别	业别	机械科	机织科	染色科	染织科	年度合计
民国元年		毕业					
		修业					
民国二年		毕业					
		修业					
民国三年	一	毕业	8			9	17
	一	修业	1			6	7
民国四年		毕业					
	二	修业	5	2	2		9
民国五年	二	毕业	13	5	4		22
	三	毕业	25	17	6		48
	三	修业	1				1
民国六年	四	毕业	23	18	10		51
	四	修业					
民国七年	五	毕业	17	28	5		50
	五	修业	2	2			4
民国八年	六	毕业	20	31	5		56
	六	修业	5				5
民国九年	七	毕业	24	37	7		68
	七	修业					
毕业修业合计			144	140	39	15	338

前甲种工业学校选科

年份	次别	业别	机械科	机织科	染色科	染织科	年度合计
民国元年		毕业					
		修业					
民国二年		毕业					
		修业					
民国三年		毕业					
		修业					
民国四年		毕业					
		修业					

续　表

年份	次别	业别	机械科	机织科	染色科	染织科	年度合计
民国五年		毕业					
		修业					
民国六年		毕业					
		修业					
民国七年		毕业					
		修业					
民国八年		毕业					
		修业					
民国九年	一	毕业	4				4
	一	修业	1				1
毕业修业合计			5				5
以上四科毕业修业共计			457 人				

浙江公立工业专门学校编印《浙江公立工业专门学校一览》,1921 年 3 月中旬

甲种工业学校历届毕业生人数一览表(二)

(本表民国九年十二月调查)

(1920 年 12 月)

前甲种工业学校附设乙种讲习实习科

年份	次别	业别	讲习实习	机械科					机织科				染色科	年度合计
				原动室	木工场	铸工场	锻工场	修理工场	纹工场	手织工场	捻丝工场	刀织工场		
民国四年	一	毕业	讲习											
	一	修业	实习					2		9		1		12
民国五年		毕业	讲习											
	二	修业	实习					3	3	4		1		11
民国六年		毕业	讲习											
	三	修业	实习	1		1		7	1	2	1			13
民国七年	一	毕业	讲习		1	1						1		3
	四	修业	实习		1	1			1	6	1			10

续 表

年份	次别	业别	讲习实习	机械科					机织科				染色科	年度合计
				原动室	木工场	铸工场	锻工场	修理工场	纹工场	手织工场	捻丝工场	刀织工场		
民国八年	二	毕业	讲习		1	1	1		2			3		8
	五	修业	实习			1		1	2	12	2	1		19
民国九年	三	毕业	讲习					1	3	2		2	1	9
	六	修业	实习						1	6	2	1		10
	四	毕业	讲习							1				1
	七	修业	实习					1	1	8				10
毕业修业合计				1	3	5	1	15	14	50	6	10	1	106

浙江公立工业专门学校编印《浙江公立工业专门学校一览》，1921 年 3 月中旬

甲种工业学校历届毕业生人数一览表(三)

（本表民国九年十二月调查）

(1920 年 12 月)

前甲种工业学校附设乙种补习科

民国八年	第一次	37
	第二次	35
民国九年	第三次	17
总计	三次	89 人

前甲种工业学校附设机织传习所

民国元年	自第一次至第十二次	103
民国二年	自第十三次至第十八次	81
民国三年	自第十九次至第三十八次	190
民国四年	自第三十九次至第五十九次	206
民国五年	自第六十次至第七十八次	180
民国六年	自第七十九次至第九十八次	67
民国七年	自第九十九次至第一百十三次	72
民国八年	自第一百十四次至第一百廿五次	83

续　表

民国九年	自第一百廿六次至第一百三十五次	71
总计	135次	1053人

浙江公立工业专门学校编印《浙江公立工业专门学校一览》,1921年3月中旬

核转省立甲农校三年级生成绩表仰祈鉴核示遵由
(1921年5月7日)

呈教育部:

呈为核转省立甲种农校三年级生成绩表仰祈鉴核准予举行毕业试验事。

案据省立甲种农业学校校长周清呈称:窃查属校农、林、兽医三科三年级各学生,多于民国六年度,来校考入预科肄业,七年度第一学期分别升入农、林、兽医各本科。当时共录取六十六人,嗣除陆续退学暨死亡者外,现尚有四十一人。又七年度插入农科一年级者四人,插入林科一年级者一人,九年度转入林科三年级者一人,共计四十七人。内农科二十二人,林科九人,兽医科十六人。目下该三班学生修业均将期满,预计于本年暑假以前,俱可教授完竣,应行先期呈请钧厅转报教育部核准,以便届时举行毕业。兹谨将本学期应办毕业之农、林、兽医三科三年级各学生在学成绩详细造表二份,理合备文呈送,仰祈察核,分别存转等情。计呈送农、林、兽医三科三年级生在学成绩表二份。据此,职厅查核无异,除抽存一份备案外,理合检同原表,具文呈请钧部鉴核,准予举行毕业试验,指令祗遵。谨呈
教育总长。

计呈送省立甲农校三年级生成绩表一份。

浙江教育厅厅长　夏敬观

十年五月七日

《浙江教育月刊》第4卷第5期,民国十年五月二十日

送省立甲农校三年级生成绩表应准毕业试验由
(1921年8月20日)

教育部指令第一〇九二号

令浙江教育厅

呈一件,核转省立甲农校三年级生成绩表祈核准毕业试验由。

呈表均悉。查浙江省立甲种农校农科学生郎仁等二十二名,林科学生毛云等九名,兽医科学生赵本性等十六名,核与旧案相符,应准届时举行毕业试验,仰即转令知照。此令。

《浙江教育月刊》第4卷第8期,民国十年八月二十日

核转公立工业专校附设甲种讲习科毕业生成绩表及出席时数表请鉴核备案由

(1921年9月17日)

呈为核转公立工业专校呈送甲种讲习科毕业生成绩表及出席时数表，仰祈鉴核备案示遵事。案据公立工业专门学校校长许炳堃，呈送附设甲种讲习科毕业生成绩表三分，及出席时数表一分前来，职厅查核无异，除将成绩表抽存备案外，理合检同原表，具文呈请钧长鉴核，备案指令祇遵。

谨呈　教育总长

计呈送成绩表、出席时数表各一份(略)

浙江教育厅厅长　夏敬观

民国十年九月十七日

《浙江教育月刊》第4年第9期，民国十年九月二十日

令公立工业专校奉部令甲种讲习科学生毕业表准备案仰知照由

(1921年10月17日)

浙江教育厅训令第七五七号

令公立工业专校，奉部令，甲种讲习科学生毕业表准备案，仰知照由。

令公立工业专门学校：

案奉教育部第一六九八号指令，本厅呈送公立工业专校甲种讲习科学生毕业表由，内开：呈表均悉。查浙江公立工业专门学校甲种第八班本科毕业学生陈曾培等七十一名，履历核与原案相符，毕业试验成绩亦能及格，应准毕业备案，仰即转令知照。此令。等因。嗣奉省长公署第一一五〇二号指令，内开：呈件均悉，准予备案，件存。此令。等因。奉此，查此案前据该校呈请前来，当经分呈在案。兹奉前因，合行并案，令仰该校知照。此令。

民国十年十月十七日

《浙江教育月刊》第4卷第11期，民国十年十一月二十日

甲种农校校长组织职业指导会

(1921年12月26日)

浙江省立甲种农业学校校长周清，拟在省教育会内，组织一职业指导会，现已拟具草案，候省教育会开会时提出讨论。

《时报》1921年12月26日

毕业生恩良呈请冠姓陶更名良改隶浙江杭县籍由

(1922年3月9日)

内务部批第一六二号

原具呈人浙江省立高等学堂毕业生恩良，呈一件，呈请冠姓陶更名良，改隶浙江杭县籍由。

呈悉。查旗员呈请冠姓更名改籍，历经本部核准有案。该员所请冠姓陶，更名良，改隶浙江杭县籍等情，既据取具同乡京官切实证明，委无处伪情事，应即照准。除注册并咨行教育部、浙江省长外，合行批示遵照，毕业证书改注发还。此批。

(部印)

中华民国十一年三月九日

内务总长高(官印)

《政府公报》第2184号，民国十一年四月一日

奉部令工业学校甲本科生成绩表应准毕业试验仰知照由

(1922年5月23日)

浙江教育厅训令第三九九号

十一年五月二十三日

令公立工业专门学校：

案奉教育部第九二七号指令，本厅核转工业学校甲本科生履历成绩表祈核准毕业由，内开：呈表均悉。查公立工业专门学校甲种本科学生徐覆坦等五十二名，履历核与原案相符，修业期满，应准届期举行毕业试验，仰即转令知照。此令。等因。奉此，查此案前据该校呈请前来，当经转呈教育部察核令遵在案。兹奉前因，合行令仰该校知照。此令。

《浙江教育月刊》第5卷第6期，民国十一年六月二十日

浙江公立工校附设甲种工业讲习所学生毕业

(1922年7月4日)

浙江公立工校附设甲种工业讲习所，此次毕业学生共九十五人。

《时报》1922年7月4日

陕西省教育厅转发浙省钞发工校毕业生清单仰各地酌量聘用令

(1924 年 3 月)

令第二九五号

令省、联、私立各中等学校:

为令遵事。案奉省长公署训令第四〇八七号,内开:案准浙江省长公署咨开:为咨行事。案据公立工业专门学校呈称:查属校专门部第一班学生,业于本月举行毕业试验。窃维作育初衷,期于应用,理合将毕业生姓名、籍贯及所习科目,缮具清单,恳准通饬各属,并分咨各省省长查照,酌量任用,俾便服务等情。据此,除指令及分行外,相应钞同清单,备文咨请贵省长查照酌办,至纫公谊。此咨。等因。计送清单一份到署。准此,除分行外,合行钞发清单,令仰该厅查照办理。此令。等因,并附清单一纸。奉此,除分行外,合行钞发原单,令仰该校酌量聘用。此令。

附 浙江公立工业专门学校第一班本科毕业生姓名籍贯及所习科目清单

计开:

虞开仕	杭县	电机工程科
马绍援	杭县	化学工程科
张辅良	杭县	化学工程科
萧　猛	杭县	化学工程科
徐凤超	富阳	化学工程科
徐世灿	嘉善	化学工程科
蔡昌年	德清	电机工程科

以上钱塘道属共计七人。

孔宪舜	萧山	化学工程科
楼钦忠	诸暨	电机工程科
赵　钧	诸暨	电机工程科
何炳汉	诸暨	电机工程科
方仁煦	诸暨	化学工程科
钱　栻	嵊县	电机工程科
求　荣	嵊县	化学工程科
王鄂韡	黄岩	电机工程科
项益松	黄岩	电机工程科
王焕彩	仙居	电机工程科

以上会稽道属共计十人。

江国贤	兰溪	电机工程科
胡国骏	东阳	电机工程科
周品达	东阳	电机工程科
张　垣	东阳	化学工程科
王　超	浦江	电机工程科

张威镇　　浦江　　电机工程科

以上金华道属共计六人。

谭及岑　　丽水　　电机工程科

胡　仝　　瑞安　　电机工程科

杨士琳　　平阳　　电机工程科

以上瓯海道属共计三人。

谢　鼎　　江苏六合　　电机工程科

郭　鼎　　江苏常熟　　化学工程科

以上江苏省共计二人。

吴增耆　　安徽盱眙　　电机工程科

以上安徽省一人。

《陕西教育月刊》第39期,1924年3月[①]

公立工专校专门部暨甲种部毕业生名单请分别咨令任用由

(1926年7月23日)

浙江省长公署训令第一六六六号

据教育厅呈送公立工专校专门部暨甲种部毕业生名单,请分别咨令任用由。

令实业厅、警务处、省道局:

案据教育厅呈称:据公立工业专门学校呈称:属校本届专门部电机工程、化学工程两科毕业生共二十人,其间成绩优良、堪备工程人材备之选者尚不乏人。原夫国家储材,本为致用,理合缮具毕业生清单,呈请转呈,准予分咨各省查照任用,等情。职厅查该校此次毕业生成绩优良,其学识于各该科工程,均足实应用,理合检同名单,呈请准予分咨各省,暨通令本省所属各机关查照任用,等情。据此,除指令并分行外,合行钞同清单,令仰该厅、处、局查照酌办。此令。

计发清单。

中华民国十五年七月二十三日

省长　夏超

附　浙江公立工业专门学校第三班本科毕业生姓名籍贯及所习科目清单

顾赓禮　　嘉善　　化学工程科

莫善祥　　德清　　电机工程科

沈开圻　　德清　　化学工程科

以上钱塘道属共计三人。

张　焜　　绍兴　　电机工程科

应家豪　　诸暨　　电机工程科

---

① 《陕西教育月刊》,陕西省教育刊物,1921年8月创刊于陕西西安,陕西教育厅教育月刊处编辑,主要设有命令、公文、论著、专著、调查、公牍、规章等栏目。

周祖训　　诸暨　　化学工程科
张　权　　诸暨　　化学工程科
方以矩　　诸暨　　化学工程科
叶彦世　　嵊县　　电机工程科
王凤扬　　仙居　　化学工程科
以上会稽道属共计七人。
鲍友恭　　兰溪　　化学工程科
李毓华　　东阳　　电机工程科
金家仁　　东阳　　电机工程科
韦声锵　　东阳　　化学工程科
胡思毅　　汤溪　　电机工程科
黄春庚　　衢县　　电机工程科
徐绍陆　　龙游　　电机工程科
以上金华道属共计七人。
林震东　　瑞安　　电机工程科
以上瓯海道属共计一人。
刘鹏超　　湖北武昌　　电机工程科
以上湖北省共计一人。
吴守三　　四川涪陵　　电机工程科
以上四川省共计一人。

《浙江教育季刊》十五年第3期，民国十五年九月三十一日

浙江公立工业专门学校附设工科职业学校第十三班甲种本科毕业生表
(1926年9月31日)

梅士达　　杭县　　电机科
张振威　　杭县　　电机科
汪　猷　　杭县　　应化科
张树德　　杭县　　应化科
龚树春　　杭县　　机械科
张嘉禄　　杭县　　机械科
沈瑞华　　杭县　　染织科
杨幼宾　　海宁　　染织科
夏廷幹　　富阳　　电机科
陈洪思　　富阳　　机械科
赵　仁　　富阳　　机械科
张文运　　昌化　　染织科

张惟渭	嘉兴	电机科
金贤藻	嘉兴	电机科
陈问韶	嘉兴	电机科
邹兆辰	嘉兴	电机科
陆福源	嘉兴	应化科
金　型	嘉兴	机械科
周驮高	海盐	机械科
胡祖武	吴兴	电机科
曹舜臣	吴兴	电机科
孙毓琳	吴兴	电机科
汪承鎏	吴兴	染织科
徐延德	德清	电机科
许德纪	德清	机械科
徐家修	德清	染织科
章九如	德清	染织科
蔡　霖	武康	染织科

以上钱塘道属共计二十八人。

王汉章	镇海	染织科
马本忠	绍兴	应化科
余巨川	绍兴	机械科
钟敬和	绍兴	机械科
陈大铨	绍兴	染织科
吴存模	绍兴	染织科
傅仁祺	绍兴	染织科
丁　灏	萧山	机械科
杨俊逸	诸暨	电机科
寿　彭	诸暨	电机科
陈钦亮	诸暨	应化科
徐森卿	诸暨	机械科
钱寿康	诸暨	机械科
孟安甫	诸暨	染织科
杨钟颐	诸暨	染织科
戚宝琳	诸暨	染织科
詹荣培	诸暨	染织科
赵　备	诸暨	染织科
史元寿	余姚	电机科
沈澄年	余姚	应化科
鲁光浩	余姚	机械科

施舜臣	余姚	机械科
徐邦宁	上虞	机械科
陈达斌	嵊县	电机科
王相如	嵊县	电机科
王为水	嵊县	电机科
王傅仁	嵊县	电机科
姚守平	嵊县	应化科
谢士箴	嵊县	机械科
周万昇	嵊县	机械科
楼迪善	嵊县	机械科
任笑春	嵊县	机械科
黄咏裳	嵊县	染织科
郑惠然	嵊县	染织科
吴章黼	临海	电机科
郑伦潮	黄岩	电机科
陈普贵	黄岩	染织科
高起焯	仙居	机械科
林佩珩	温岭	电机科

以上会稽道属共计三十九人。

王　赫	兰溪	染织科
朱淳镜	东阳	电机科
赵懿棻	东阳	机械科
吴毓光	东阳	机械科
楼观浙	永康	电机科
陈　范	义乌	应化科

以上金华道属共计六人。

周　煜	青田	机械科
张　绅	松阳	电机科
张振华	云和	电机科
蒋树东	瑞安	染织科
周　纶	乐清	染织科

以上瓯海道属共计五人。

谢志尚	江苏吴江	机械科
孙秉和	江苏盐城	机械科

以上江苏省共计二人。

詹昭亨	江西玉山	应化科
张应詠	江西南昌	应化科

以上江西省共计二人。

虞克懋　安徽合肥　应化科
以上安徽省共计一人。
陈启瑞　湖南湘阴　电机科
任邦义　湖南湘阴　机械科
以上湖南省共计二人。
谢　文　贵州贵阳　应化科
以上贵州省共计一人。

《浙江教育季刊》十五年第3期,民国十五年九月三十一日

第一号毕业文凭

(1971年9月)

王建侯①

民前数年,清廷变法图强,厉行新政,废科举,兴学校,培育人才,不遗余力。吾浙最高学府"浙江高等学堂"即由"求是书院"改制而成,院址位于杭垣蒲场巷,占地甚广,规模亦宏。旋以振兴实业、革新军事尤为当局所重视,于是复将该校原址及附近之报国寺,分设武备学堂暨工业学堂。

吾浙制造工业,向以纺织丝绸为最著名,惟以设备及技术尚在手工业阶段,必须彻底改良。始足以言发展,吾浙当局所以筹创工业学堂之举,确为匡时救衰之良策,此后浙江大学之诞生,亦即肇基于此,惟事属草创,设备未充,师资亦感不足,专科教授,大都求才异国,当局有鉴及此,特设"浙江公立工业教员养成所",以期造就师资。招生以一期为限,所有膳宿服装以及一切学杂等费,概由政府负担,名额总为六十人,分染、织、机械三科,各二十人,报名资格以旧制中学毕业或具有同等学力者为合格,即于民国前二年(1910)下半年度开始办理。

建侯自"杭州高等小学"毕业后,即改习幕僚,闻讯心喜,毅然以同等学力参加考试,当时除国文外,其他如英、数、理、化等试题,无一不缴白卷,但事出意外,榜示之日竟获名列备取第一,不久复接入学通知,限期办理报到手续,不禁疑信参半,喜惧交并,然事实俱在,丑媳妇终须面见公婆,不容稍事趑趄。所最难堪者,当老师授课时,辄令学生步上讲台,在黑板上作答,每逢指名,既生惶恐,复怀羞愤,所幸校中规定,下午七至九时为自修时间,十时熄灯就寝,余乃利用空隙,自备洋烛,潜至厕所,闭户燃点,将是日所授讲义,静心研思,至深夜始返斋舍,倘有疑而不解者,至次日再向学友质疑就教。如是者数月,未尝一日间断,初虽略感困惑,久渐迎刃而解,迨第一学期期考终了,平均成绩已达九十分以上,名列甲等第一,直至肄业期满,均能保持以往记录,并由母校颁发天字第一号毕业文凭。

曾忆许兼所长缄公诏余曰:"求知之道,须以国学为基础,汝国文造诣,胜于侪辈,且能好学深思,持之以恒,所谓老鼠啮米仓,致力一处,久必洞穿,深得'求是'校训之精神,有此成

① 作者王建侯,清末曾入浙江中等工业学堂附设的工业教员养成所就读。

绩,信非偶然"等语。每一忆及,殊感意义深长,助人启发。盖世间万事,苟能笃实践履,实事求是,不二不舍,自然瓜熟蒂落,水到渠成,功不唐捐也。

母校创始迄今,始逾六十寒暑,其间屡经沧桑,代有变迁,然自浙大及其前身,历届校友,咸能本其所学,发扬"求是"精神,从事实际工作,贡献社会人群,建侯不肖,无益当世,兹承校友会之号召,爰将记忆所及,如此而说,借供校友诸君之谈助而已。

台北市国立浙江大学校友会编印《国立浙江大学》,1985 年印行

六、科研与社会服务

学生留心垦荒
(1908年12月29日)

浙江高等学堂肄业生方谦等,联名具禀农工商矿局,略谓:生等籍隶温属平阳县,山城偏僻,风气未开,非但各项新政毫无表见,即旧有之农桑亦无人过问,以致官荒/民荒连阡累陌。如县属之金乡地方有名狮山者,毗联球山,绵亘各数十里,大半膏腴,土质润泽,野木期年可拱,而邑人但视为樵牧之区。又如都司事门前旧教场防营移设,鞠为茂草,似此荒土,如能逐渐开垦,为十年树木计,利何至十倍!现拟集合乡父老,极力筹措资本,开垦是处荒土,择宜种植,以兴地利。

附 学生请垦山地之批词

浙江高等学堂学生方谦等拟开平阳狮、球两荒山,及都司营基等情,旋奉农工商局批云:开垦荒土,从事农桑,诚为振兴实业之要务。禀称狮子、球山两座,以及四隅城边隙地,有无主管,抑系官荒?现奉抚宪新订清厘荒土白话告示,并章程十一条,不日通行各属,仰即查照办理。至都司营基,事关戎政,应由该生等自行禀请温州镇衙门。批示:本局未便率准。

《申报》1908年12月29日

省行政公署准农林部咨送巴拿马赛会农品赴赛须知及征集条例由
(1913年12月17日)

浙江行政公署训令第四千四百五十七号

省农会、农事试验场、各县知事、农业学校、蚕桑学校,准农林部咨送巴拿马赛会农品赴赛须知及征集条例由。

令浙江省农会兼正会长、浙江农事试验场场长、省立甲种农业学校校长、蚕桑学校校长、各县公署知事:

实业司案呈准农林部咨开:案查民国四年正月,为美国巴拿马运河开通之期,于时开办纪念万国博览大会,此事为世界各国所注目,关系至重。吾国于此次赛会,对内对外两方面均有重要关系,其关于此次与赛物品,尤以农业为至繁博,除森林、畜牧各项尚可随时征集外,如蚕丝、农艺各物品,亟应逐类预为筹备,免误时期,致难征集。兹将此项赴赛物品另拟征集条例一分,检同本部译印巴拿马博览会农品赴赛须知一册,相应咨行查照,转饬所属各农业机关一体遵办可也。等因。准此,除将征集条例暨农品赴赛须知添即分行外,合行令仰该会长、场长、校长、知事,即便转饬各县农会一体遵照,早日征集,以备赴赛,毋得视为具文。切切此令。

计令发征集条例份、农品赴赛须知册(分见本公报章程门)。

中华民国二年十二月

民政长 屈映光

《浙江公报》第663期,民国二年十二月十七日

饬甲种农校等农商部咨送各项树种仰遵照试种并报告成绩由

(1915年4月10日)

浙江巡按使公署饬第一千六百号

饬各道道尹、省立农事试验场、省立甲种农校,饬发农商部咨送各项树种,仰遵照试种并报告成绩由。

为饬知事。本年三月二十九日准农商部咨开:据部辖林艺试验场详称:遵饬采集树种,开单呈核,以便分送各省等情到部。查保育森林,一以供社会材木之需,一以备国土保安之用。本部为利用荒山,振兴林业起见,曾于上年以林艺试验场剩余洋槐种分送各省,饬属劝种。嗣据各省纷纷请给,当经转饬林艺试验场,于树种成熟期间,就北京附近一带,分别采集呈部,以便分给。兹据该场详送前来,时值春融播种期近,相应分检各项树种,咨送贵巡按使,饬属或各农林业机关分别播种,并将成绩随时报告,以资考镜等因,并清单树种到署。除咨复并分发省立农事试验场、甲种农业学校、各道尹转发所属各知事遵办外,合亟检同送到树种,饬仰该道尹、场长、校长查收,转发所属各知事,分配各乡,即便分别试种,并将成绩随时报署,以凭核转毋延。此饬。

计发:

侧柏种子一包

千松种子一包

枫树种子一包

槐树种子一包

巡按使 屈映光

右饬各道道尹、省立农事试验场场长、省立甲种农业学校校长。准此。

中华民国四年四月十日

《浙江公报》第1136册,民国四年四月十九日

参观浙江工业学校展览会记

(1915年5月)

汪 仑

民国二年十二月二十二日,浙江工业学校展览会第一次第一日也。余先得券于周君,乃欣然偕同乡胡君如工校。道过蒲场巷,不数武,则灿烂五色之国旗已飘扬于目前,欲径

人,不意布置未全也,因历览其地位形势,面土阜而带小河。阜多竹草,河不可荡舟。城垣去此不远,而工校屋舍位于其中,俨然一小却落也。观察未竟,已闻报告入览声,于是先至其蒸汽锅炉房,次化学分析处仪器室,如制硫酸以脱与定量性分析诸装置法,似甚得。光热电力各仪器,胪列井然。次发电机室,见其转动敏捷而已,若言结构,非吾知也。次汽机织布室,织梭往复之速度,为人工所不及,从可知出货之额必倍蓰于手力也无疑。而机之动止依枢纽之顺逆以为准,故一人司数机尚绰绰乎有余裕,则如商家之所谓价廉物美者,苟非机器,岂得盗此盛名哉!于此足见机器之利用诚大,而知欧西各国之所用以竞致富强也。今西人以人力所能者,一代以机器,有过之无不及。第不知我中华民国,何日而始可并驾齐驱乎?次染色房,内陈列种种颜色标本,并揭有配合彩色之方法。其验色计,为状如显微镜,临用时亦如显微镜之照微胞,然可随意上下,以验色度之等差。

斯时也,钟已报过十响,胡君以午后试史学,身虽来此,心却不安,因频促余返。余以为既来之则安之,君诚不能终游,盍先归乎!胡君颔之。既去,无复有伴我者,岂知游目骋怀之乐,正在此后也。旋由纺丝厂而木工场,有吸水机者,装饰颇奇,作一假人于架上,轮既转,水斯来,并不用人力,似乎由其蹴踏而然者,且示明若干时可以得若干水。噫,诚灌溉之利器也!其余巧妙尚多,兹不赘述。自此出,即铁工场,有画某学生制一兵轮模型,放泥沙中,仅见其可燃煤,而未见其驶行也。再后进手织工场,织机亦伙,机式似寻常,而持一绳之申缩,梭之运动,即更一次矣。其已成之货物虽未尽善,而能合乎时宜,长进而未有艾也。

综观各工场之工作,纯是艺徒操作,学生不过领略其原理而已矣。盖事成于理,未有理不著而能得完美之事实者。譬之于猎,发踪指示兽处者人也,追杀兽兔者狗也。会中又开设品物出售处二所,一金木工品,一丝绵机织品。过此经休息室,即会场终点矣。为时未午,正徘徊归舍,适值中餐焉。

吾杭占浙水下游,为东南大都会之一,文人学士,代有名辈,惜工业一道,未之深究。自浙江工业学校之既设,未及数年,遂成今日之展览大会,内可以见其成绩之一斑,外可以惹起杭人工业之思想,将来循序渐进,精益求精,推而广之,扩而充之,吾浙工业必有完全发达之一日,要不能不归功于浙江工业学校也。故此一展览会之设也,关系乎工业之前途,正非浅鲜,宁可以等闲视之也邪!是日也,杭城诸校适值年假考试之期,多不暇及此,余因有细故不与试事,是以独得畅观,岂特饱享眼福而已乎?假归无事,遂握管以志之,以为将来吾浙工业兴盛之左券云。

《友声》民国四年第二期[1]

---

① 《友声》,1913 年 7 月创刊,浙江第一中学校友会编辑并出版,浙江第一中学校友会主编,发表该校历届校友及在校师生的文章,内容主要涉及中学教育等方面。

参观国货展览会委员启程

（1915 年 10 月 23 日）

农商部开设国货展览会于北京，浙省应征出品，业经各县征送，巡按使汇送该会陈列。兹闻屈巡按使以此次开会展览，与商业前途关系非浅，亟应派员前往参观，以资考究，爰派委省立甲种工业学校校长许炳堃，于昨日快车启程，北上莅会参观。继又函嘱现任参政院参政虞伯倾，会同许委员将出品优劣情形详细报告，以谋工商业之进步。

《申报》1915 年 10 月 23 日

许炳堃赴京后之消息

（1915 年 10 月 29 日）

工业学校校长许炳堃，前奉屈巡按派往北京参观国货展览会，以便研究改良等情，曾志报端。兹悉许委员由沪宁转津浦，于二十三日抵京，暂寓群贤旅馆，已会同参政院参政虞伯倾，赴会参观各省陈列物品，须俟物产品评会分类审查完竣，再行回浙复命，昨已电达使署矣。

《申报》1915 年 10 月 29 日

准湖南省长咨胡兆麟来浙参观工校工厂由

（1915 年 12 月 30 日）

浙江省长公署训令第二千零三十七号

中华民国五年十二月三十日

令各工校、私立女子职业学校、各工厂：

案准湖南省长公署咨开：据湖南私立公益甲种工业附设贫民艺徒学校学校校长胡兆麟呈称：窃兆麟独力创设私立工业学校、附设贫民艺徒学校、及崇实女子职业学校于湖南省城，经今十载，历招贫苦生徒，不收学膳各费，原为推广生计，普及教育起见。历年款项，系麟一人，破产撑持，生徒毕业四千余人，颇能自谋生活。近虽私财告罄，犹不忍半途中止，致负初衷。民国四年春，因校款无着，呈请教育部，哀乞学款，接济校需。前湖南将军汤俯察愚忱，慷慨捐洋百圆，以资提倡。继而前湖南巡按使陶、护使严、巡按沈各捐洋百元，俾资办理。惟兆麟自设校以来，仅授粗浅手工，尚不知改良，以求进步，抱愧殊深。伏闻湖北、直隶、江苏、浙江等省工厂林立，日新月异，麟拟前往参观，借增学识，以便回校改良，急促进行。但该省人地生疏，恐无人指导，空劳往返。窃念钧署提倡教育，不遗余力，用敢拟恳咨行湖北、直隶、江苏、浙江各省长公署，转饬各工厂及各工业学校，并女子职业学校查照指示，俾资考察，得以实地研究，来往川资均归自行筹备。如蒙俯允，异日敝校稍加改良，亦有起色，亦出自钧署之赐也等情。相应据情咨请查照施行等由。准此，除分令外，合就令仰该校、厂知照。此令。

中华民国五年十二月三十日
省长　吕公望

《浙江公报》第1726号,民国六年一月七日

准教育部咨请录用北京工校浙籍毕业生
(1916年10月23日)

浙江省长公署训令第九百三十五号

令省立、宁属县立甲种工校,准教育部咨,请录用北京工校浙籍毕业生由。

令省立甲种工业学校校长许炳堃、旧宁属县立甲种工业学校校长陈训正:

案准教育部咨开:据北京工业专门学校校长洪镕呈称:窃本校毕业生,均经先后呈请大部咨送录用在案。兹查有浙籍学生康兆民、胡学敏业已先后毕业,该生等力学励行,成绩优美,自系有用之才,置之闲散,殊属可惜,拟恳大部咨送本省,请予录用,俾人材不致废弃,而该生等亦得效所长。相应开单,呈请察核等情到部。查该校机械科学生毕业成绩均尚优美,现在此项学生毕业甚少,各省不无需用机械人才之处,既据该校详请前来,相应钞单,咨请量予录用等由。准此,合就钞单令发该校长,仰即酌量聘用。此令。

计抄清单一纸。

中华民国五年十月二十三日
省长　吕公望

附　清单

姓名	年龄	籍贯	毕业科目	毕业年月
康兆民	二十八岁	浙江东阳	机械科	四年六月
胡学敏	二十五岁	浙江诸暨	机械科	五年六月

《浙江公报》第1659号,民国五年十月二十六日

晋省需丝织人才工校所能否量予分科练习令即呈复核转
(1916年11月6日)

浙江省长公署训令第一千一百三十一号

令省立甲种工业学校校长兼任机织传习所所长许炳堃:

准部咨,晋省需丝织人才,该校所能否量予分科练习,即呈复核转由。

令省立甲种工业学校校长:

案准农商部咨开:准山西省长咨开:据山西农商总局呈称:晋省丝织出品日见增加,而纺

织事业尚未发达。查农商部农业试验场设有蚕织二科，成绩甚佳，拟请选送学生四名前往分科学习等情，相应据情咨请查核办理，等因到部。查本部中央农事试验场设有蚕丝一科，原系注重饲蚕，缫丝纺织一项，尚未设备。吾国织业尚以浙省为最，晋省如需造就丝织人才，自应派人前赴浙省工厂实地练习。应请查明官办或商办各丝织工厂，能否入厂练习情形，咨覆到部，以便转咨选派学生前往练习。相应咨行查核办理，并希见复，等因。准此，查该校及机织传习所本为请求丝织之所，晋省如派人来浙，自应分派该校及传习所练习。惟练习情形若何，合行令仰该校长兼所长即便遵令，详细呈复，以凭核转毋延。此令。

中华民国五年十一月六日

省长　吕公望

《浙江公报》第1675号，民国五年十一月十一日

呈为振兴实业首重化验请本省设立化验所由

(1916年11月18日)

浙江省长公署批第八百七十九号

原具呈人省立甲种农业学校教员陆海望

呈悉。胪陈各节，不为无见，仰候通盘计划，酌量举办可也。此批。

十一月十八日

《浙江公报》第1686号，民国五年十一月二十二日

庆元县呈送靛青及种子令省立甲种工业学校等分别试用试种

(1917年2月2日)

浙江省长公署训令第三百五十九号

令省立甲种工业学校、农事试验场，据庆元县呈送制成靛青及种子等，发交分别试用试种由。

令省立甲种工业学校省地方农事试验场：

案查接管卷内，据庆元县知事张国威呈称：案奉钧长指令，知事条陈地方兴革事宜内，关于实业条陈批答，内开：据陈兴革各事，尚无不合，仰即认真办理，并将新制靛青检送备核，等因。奉此，仰见钧长注重实业，实事求是之至意。窃查项洋靛比较从前各处种植之本靛，其优异之点约有三项：

一、本靛并无子种，每届收割时，须先留根茎，作为下年之种而收藏，颇属不易；洋靛则有子可收，收藏既便，播种亦易，此优点一。

二、种植本靛，必须极肥之土，方易滋长，且施用肥料，必须豆饼等物，工本颇巨；洋靛即播种于硗瘠之地亦能茂盛，此优点二。

三、酿制本靛，须先筑极大之靛池，且制练时手续颇繁，时日尤多；洋靛则自收割后约三

四日,即得制成完全之靛青,此优点三。

至若酿制合法,其颜色之鲜艳,较本靛尤高出数倍,价格亦较为昂贵。知事窃以是项洋靛种植易而获利厚,倘能传播各处,广为播种,亦未始非挽回利权之一端也,用敢拟具说明书一纸,并遵批检取新制靛青一盒,暨附呈种子一盒,理合备文呈送,仰祈察核,可否发交农事试验场试为播种,设法推广之处,伏候钧裁,并乞指示,实为公便等情,并附送靛青一盒,靛种一盒,说明书一纸前来。查是项靛种,据称产自福建政和县,所制靛青亦系由邑绅雇用闽省工师在县制造,除指令并将所送靛种令发农事试验场、所制靛青令发甲种工业学校试种、试用外,合行检同所制靛青,令仰该校长发交染色科试用,并将成绩具报查核;所送靛青种子,并照抄说明书,令发该场试种具报,仰即遵办。此令。

中华民国六年二月二日

省长　齐耀珊

《浙江公报》第1754号,民国六年二月五日

令甲种农校等植树节届拨给学校之官荒山地应及时种树具报

(1917年4月1日)

浙江省长公署训令第一千二百二十九号

令省立甲种农业学校等,准教育部咨,植树节届拨给学校之官荒山地应及时种树具报由。

令省立甲种农业学校、省立法政、医药、蚕业、工业、商业、第一中校、第一师范、女子师范、私立法政、体育、安定中、宗文中、女子职业学校:

案准教育部咨开:案查民国四年十二月,曾经本部咨明,学校承领官荒育苗种树,所以灌输学生造林常识,并为将来推广林业之预备,必有所提倡,各校乃可闻风兴起,亟宜由官厅倡办,以树风声。请先由省会地方选定官荒山地,以为各校树艺之场,由各校酌定每年植树简则,妥为预备,以期实行,并转饬各属,一律遵办,仍俟办有端绪,咨报本部,用资查核,等因在案。现在此项办法行之已阅年余,各地方对于各校树艺事项,当已办有端绪,其每年植树简则,当亦按照地方情形,量为规定。本年植树节转瞬即届,所有拨给官荒山地作为学林之用者,应即及时植树,一律举办,以期早观厥成。再,查《森林法》第十五条内载:承领无偿给与之官荒山地,经过一年尚未著手造林者,应行撤回,并没收其保证金等语。各学校承领官荒山地,原属无偿给与,如不按期种树,实与《森林法》第十五条之限制显有未合,亟应催令各地方迅速办理,不得视为具文,庶学校与林业两有裨益。相应咨请查照,转令所属遵办,并将办理情形报部备查,等因。准此,除分令省立甲种农业学校妥觅相当官荒山地,呈候咨拨外,合行令仰该校遵办具报,并于省会地方妥觅相当官荒山地,呈候核咨拨用毋延。此令。

中华民国六年四月一日

省长　齐耀珊

《浙江公报》第1816号,民国六年四月六日

农校校长周幼山发起菊花研究会

(1918年11月9日)

省立甲种农校校长周幼山发起，今(八日)在本校开菊花研究会，中间含有学理性质，并派专员招待来宾午膳。

《时报》1918年11月9日

甲种工业学校附设夜班

(1919年2月)

浙江省立甲种工业学校校长许缄甫君，为普及工业教育起见，特于校内附设夜班，教员咸担任义务，已定于本月十日开课。兹录其简章如下：

(一)本校为普及实业教育起见，特于校内附设夜班。

(二)夜班分铁工、木工、纹工、织工、染工等五种，每种授课六门，选习一二门，或兼习两种，均听学者自便。

(三)入学不拘年龄资格，凡现执某种工业，或志愿学习某业者，均得入学。

(四)本校附设夜班，纯粹为对于社会之一种义务教育，并不征收学费，及他项费用。

(五)每日下午七时至九时为上课时间，星期休讲。

(六)夜班学生，限半年毕业。

(七)入学者须如限邀同殷实商铺，来校填写保证书，担保品行一切。

(八)保证书填就后，本校随发入学证一纸，每日由门房验明证券，按时出入，无券者不得入内。

(九)入学证须谨慎保存，如遗失，应邀原保来校缮具保书，方准补给。

(十)在学期间不得无故缺席。

(十一)听讲时应需文具，宜自行办齐携入。

(十二)在校应服从学校之规则，不得有越轨之言动，或损坏校具。

(十三)宜注意手与衣服之清洁。

(十四)在途中不得有暴乱喧噪之行为。

附各科教授科目及时数：

铁工	国文二	算术二	用器画二	工作法二	机构发动二	
木工	国文二	算术二	用器画六	工作法二		
染工	国文二	算术二	染法二	原料二	日文二	英文二
纹工	国文二	算术二	纹织二	意匠二	图案二	铅画二
织工	国文二	算术二	机织四	纹织二	原料二	

《教育周报(杭州)》第233期，民国八年二月

省立甲种农校校长周清发起刊行农事月刊

(1919年4月19日)

省立甲种农校校长周清,以本校自民国二年四月廿一日成立以来,现正六周纪念之期,特发起刊行农事月刊,定名曰《农言》,即于二十一日开始发行。

《时报》1919年4月19日

报国工业会成立大会广告

(1919年5月17日)

浙江省立甲种工业学校附设浙江机织传习所、乙种工业补习所工业补习学校广告:

定六月二号、即夏正端午节上午八时,假杭城新市场平海路浙江省教育会开报国工业会成立大会,凡属上列各校所前任职教员、职工、暨毕业、修业、肄业各生,及前浙江中等工业学堂工业教员讲习所、浙江公立中等工业学校、浙江公立甲种工业学校职教员、职工、学生,届时均乞贲临。除函陈外,恐多遗漏,谨此通告,并祈辗转告知为荷。

发起人　许炳堃等启

《申报》1919年5月17日

实地研究螟患

(1919年7月5日)

省立甲种农业学校校长周清,闻嘉善地方发生螟患,特派农科毕业生童深海、沈淇泉前往考察,以期实地研究。

《时报》1919年7月5日

报国工业会章程

(1919年11月)

第一章　定名

第一条　本会设于杭城保国寺甲种工业学校内,故定名曰报国工业会。

第二章　宗旨

第二条　本会以发展工业,联络友谊为宗旨。

第三章　会员

第三条　本会以左列人员为会员:

（甲）浙江省立甲种工业学校职教员、职工及附设之乙种工业讲习所、工业补习学校、机织传习所职教员、职工。

（乙）曾任前项各校所之职教员、职工及毕业生、修业生、肄业生。

（丙）前浙江中等工业学堂工业教员，讲习所、浙江公立中等工业学校、浙江公立甲种工业学校职教员、职工、学生。

（丁）会外人士愿赞助本会事业者，得为本会名誉会员。

第四章　会员义务

第四条　凡会员皆有遵守会章之义务。

第五条　凡会员皆有维持本会之义务。

第六条　凡会员皆有缴纳会费之义务。

第五章　组织

第七条　本会设总务、调查、研究、编辑四部。

第八条　各部办事细则另定之。

第六章　职员

第九条　本会设会长一人，副会长二人，总务、调查、研究、编辑四部部长各一人，干事无定额。

第十条　会长、副会长、部长由会员公举之，干事由部长商同会长邀请之，主干由干事公举之。

第十一条　各职员每年改举一次，于常年会中行之，连举连任。

第十二条　会长总理会务，副会长辅之。部长主持本部事务，主干主办本股事务，干事辅之。

第十三条　职员办事细则另定之。

第七章　经费

第十四条　凡会员入会时，应缴入会费五角。

第十五条　凡会员岁纳长年费五角。

第十六条　特捐随意捐助。

第十七条　本会经费之支出，由职员会核定预算，酌量支配。

第十八条　本会每年所余之款项，俱存作基金。

第八章　会期

第十九条　常年会每年一次，于九月间行之。

第二十条　职员会每月一次，于每月之最后之星期日举行之。

第二十一条　临时会无定期，由职员会议决召集之。

第九章　附则

第二十二条　凡违背本会之宗旨，或有损坏本会之名誉者，经职员会议决，宣告出会。

第二十三条　本会讨论兴办事，不得逾越第二条所规定之范围。

第二十四条　本章程由大会议决施行。

第二十五条　本章程如有增删修改之处，经十人以上之提议，由职员会审定，提交大会议决。

《报国工业会会刊》第1期，民国八年十一月

报国工业会筹备会纪事
(1919年11月)

工业会之发达:民国七年夏,阮季侯君鉴于各学校莫不有校友会之组织,为同人联络之机关。吾工校成立以来,造就者数达二千,而此项之组织独付阙如,甚非合群之道。爰商同许校长拟发起校友会,许先生因校中另有附设机关多所,非校友会所能全部吸收,于是改组工业会之议乃定,并仿藏前工业会例,冠以"报国"二字。木本水源,即本会定名之旨趣焉。当由阮君手订草案,累累数百言,精详规划,卓著贤劳。本会今日之能实现于大地上者,阮君实开其先河。后阮君东渡考察工业,此会似稍停顿,其实非敢缓也,顾兹事体大,何可率而举行。酝酿岁及一年,始觉眉目初具。八年三月间,钱伯熙君认为机位已熟,可以兴举,复集合同人征求意见,佥以为此举不可再缓,竟有从远道来书表示赞成者。俄焉而有筹备会之组织,不二月间大会竟告成立,虽由同人之赞襄所致,而钱君等能竞他人未竟之志,亦足述焉。

报国工业会筹备会第一次会议:八年三月三十一日集会于报国寺工校,到会者许缄甫、莫存之、钱伯熙、王左泉、傅铭九、诸启明、杨奎才、孙轶尘、莫济之、黄叔潜、吕仲眉、沈泽怀、周恒甫、赵芸圃、田镇波、金子祥、来秋乘、杨长篱、孙幼青、刘戛鸣诸君。首由许缄夫君述工业会之必要,并讨论开始进行办法。当议决各项如次:

(一)组织筹备会,分头开始进行。

(一)指定文牍股,修改阮君所拟草案,并起草办事细则。

(一)登报通信,征求发起人。

议毕即散。兹将当日推定筹备会各股职员衔名列后:

总主干　莫存之君

文牍股主干　刘戛鸣君

干事　周恒甫君　陈之伟君　黄叔潜君

庶务股主干　金子祥君

干事　孙幼青君

会计股主干兼干事　张闰材君

交际股主干　钱伯熙君　刘小允君

干事　诸启明君　沈泽怀君　吕仲眉君　王左泉君　赵芸圃君　杨长篱君　杨奎才君　孙轶尘君　何春卉君　邵朗斋君　来秋乘君　张植甫君　莫济之君　詹企芳君　田镇波君　傅铭九君

第二次会议:四月三日,由总主干莫存之君召集各职员开第二次会议。到会者许缄甫、莫存之、钱伯熙、周恒甫、沈泽怀、刘小允、王左泉、赵芸圃、傅铭九、田镇波、诸启明、金子祥、杨奎才、来秋乘、莫济之、杨长篱、黄叔潜、孙幼青、吕仲眉、刘戛鸣诸君。首由钱君提议常年费定五角以上,许君提议设特捐,众无异议,即由文牍股照议规定草案内。许君又提议,定四月三十日在工校开发起人大会,凡在省会办事之前任教职员及卒业生,应一律通告请其与会,共商事宜,经众认可。次讨论草案,议毕即散。

第三次会议:四月十一日下午,由总主干莫存之君召集诸筹备员,开第三次会议。到会者莫存之、吕仲眉、孙幼青、钱伯熙、沈泽怀、周恒甫、黄叔潜、刘小允、王左泉、赵芸圃、杨长篱、莫济之、傅铭九、田镇波、来秋乘、杨奎才、金子祥、张植甫、张闰材、刘戛鸣诸君。先讨论通知发起人，开发起人会手续决议用通告书，即由莫存之君起草，当场付真笔板刷印继议草案，逐条详细讨论，毕遂散会。

第一次发起人会：四月三十日下午开发起人会于工校，到会者八十余人，公推许缄甫君主席。许君登台报告工业会发起之由来，及筹备会历次集议经过之情形。继即讨论草案，由主席逐条宣读，加以说明，经众增删修改毕。次决议，大会地点假省教育会，并决于阴历端午节上午开成立大会。又讨论举出职员方法，决议用参考选举，俾全体职员得以当场举出，议毕宣告散会。

第四次会议：五月三日下午，总主干莫存之君召集诸干事开筹备会第四次会议。到会者莫存之、钱伯熙、吕仲眉、孙幼青、周恒甫、沈泽怀、杨长篱、王左泉、孙轶尘、杨奎才、赵芸圃、傅铭九、田镇波、来秋乘、莫济之、刘戛鸣诸君。首由莫存之君报告发出两函，一致省教育会，系假开会地点；一致《全浙公报》，系登广告事。继议通讯手续，决议现任及前教职员通讯事宜，概归刘小允君担任。历次各科毕业生处，由各干事分任。至传习生，指定钱伯熙分头通知。又乙种毕业生方面，归来秋乘、莫济之两君担任。议毕散会。

第一次临时发起人会：五月十九日，由许缄甫君邀集发起人及学生部代表、乙种生代表、传习生代表等开临时会议，到会者九十余人。首由许君主席报告一切经过情形。次重复讨论草案，稍加增删毕。继议职员举出法，有主张选举者，有主张推举者，决议：会长、部长用选举，主干、干事邀请之。嗣后学生部方面，因对于参考选举意见略有出入，主席许其各具意见书陈述到会，以便再从事集议，遂宣告散会。

第二次临时发起人会：五月二十六日，由许缄甫邀集在工校诸发起人，开第二次临时会议，讨论修改草案。是日到会者五十余人，主席许君对于章程提出意见：

（一）学生、实习生、讲习生、补习生、传习生不得为会员。

（二）本会事业只设总务、调查、研究、编辑四部。

大众无异议。草案照改。以下逐条，重行讨论，经众修改通过。本会草案既经会议修正，始得于今日会议成立，试与阮君所初拟者一对照之，盖迥不同矣。

第二次会议发起人会：五月三十日开第二次发起人会，到会者七十余人。首由主席许君言：本会原意取扩张主义，现因年龄、资格、学问上种种有不同之势，如其勉强团结，何如工业会与校友会分头组织，各自进行，应求在会诸君之公决。经众赞成。主席遂宣读二十六日会议所修订各条略加讨论经过。继议大会选举手续，决定每人举六票，即举会长、副会长、总务部长、研究部长、调查部长、编辑部长等选举票，当嘱筹备会照办。讨论至此，因天气异常炎热，且别无他项提议，遂摇铃散会，至此而筹备会之职务遂了。溯自筹备会开始进行于三月三十一日，而结束于五月三十日，费时两月之久，开议八次之多，中间草案数改，书札交驰，不有当日，安能成立于今日！兹视其崖略如此，所以使来者得知其梗概也。

附志：阮季侯君最热心于本会之一人，自接到本会通告书后，知工业会之成立有日，海外来书，条陈意见，切中利弊，语极动听，并首先认定常年捐每月五元，此为本会特捐之嚆矢，不可不记。

《报国工业会会刊》第一期，民国八年十一月

报国工业会纪事
(1919年11月)

成立大会

六月二日上午九时,假省教育会开报国工业会成立大会,到会者一百九十余人。振铃开会,由许缄甫君登台报告,略言:以工校为根基,发生附属机关四所,成立达十载,造就计二千。历年教职员亦有因他就而去者,而无联络机关,故感情上亦甚疏淡,甚至此出彼入,音信不相往来。但欲组织此项机关,须有多数人担任义务,环顾同人,或从事教育,或发展工业,实无余暇及此,因循未举,职是之由。去夏阮君有鉴及此,爰发起校友会,因不能包括各附设机关,乃改组工业会。又缘范围太大,诚恐名实难副,于是就学校所在地加报国寺字样而省去寺字,且字面颇好,此即当日定名为报国工业会之旨趣。组织粗有眉目,阮君东行事遂暂辍,今重又发起,设立筹备会,拟定章程。其章程已分配各同学,谅已鉴及。嗣因学生部意见不合,于是重开发起人会,再修改章程,将工业会、校友会划分两部,今将所改章程提出大会,请大众讨论。

即宣读章程,逐条通过。接开职员选举,先选会长,许缄甫君以一百七十票被举为本会正会长。许君即登台致辞,略谓:炳堃承诸君一致之委托,为本会会长。会长全系义务性质,敢不勉力进行,以副盛意云云,并宣诵工校毕业生董世丰君祝词。毕,次举副会长,朱谋先君得一百五十六票,吴一民君得六十二票,均当选为副会长。次举总务部长,钱伯熙君以八十五票当选;调查部长阮季侯君以四十一票当选;研究部长陆郁斋君以七十一票当选;编辑部长陈黼章君以三十八票当选。选举毕,会长登台发言,谓:本会以一千数百余人组织而成,惟须团结,方有发展之可言。其初步先从调查会员入手,故今日到会会员都负有调查之义务,须将就具所知会员住址、通讯处及现状报告到会,以便汇登会刊,方可谋彼此之联络云云。又宣读阮季候君自日寄来意见书十二条,闻者首肯。时已近旁午,会长言,如无演说者,应即散会,遂摇铃散会。

第一次全体职员会

六月十一日开第一次职员会,到会者四十余人。会长因事未到,由副会长吴一民君主席,当即推定各股主干。毕,即议进行方法,并提议调查部长阮季侯君还在海外,办事上恐有不便,议以国内调查股主干汪季清君代理部长职务,经众赞成,即由文牍股发函知照阮君。议毕散会。

借定会所

本会会所承工校长许缄甫君腾出校舍一所,借为办公及聚合之地。明窗净几,清洁宜人,且适与校友会事务所毗连,尤足以表示互相提携之意。当由庶务股布置一切后,于十月间又蒙会长惠赠玉照,全座敬悬壁间,俾会员莅此者得有所瞻式焉。

第二次全体职员会

九月十八日由正会长召集各职员开职员会,并议会刊内容,应先由编辑部议定体例,分送各会员,征求稿件。以阳历十一月三十日为投稿截止期,明年二月为出版期,议毕散会。

总务部长钱伯熙君辞职

本会开始筹备以迄大会成立，对内对外赖钱君之力实多。自当选为总务部长后，方为本会得人庆。乃钱君有志上进，不惮远涉重洋，问学他国，设施未竟，遽尔提出辞职，于职员会中，又未便强留，致阻其向学之心，遂公决认可，并以次多数蔡谅友君补任，当由文牍股备函，连同总务部钤记，饬人赍送蔡君处收纳。

第二届常年大会

十月二十四日上午九时，假工校开常年大会。到会者九十余人，由会长许缄甫君报告：本会自端午成立以来，因学潮关系，提早放假，故此四个月间，均空闲。过去无甚发展，兹拟修改章程，如何可以实力进行，如何分布事务，请在会诸君各抒伟论，以供采择云云。次交际干事诸启明君代表总务部报告一部经过事务，略谓：部中无成绩可言，此后终望大家热心负责，俾会务蒸蒸日上云云。又编辑部长陈黼章君起言，其文所希望诸君者，各抒谠言，投送稿件，现原定会刊、发刊之期，已经不及前。职员会议定明年二月一号必须发行，譬如开店，其文一如经理会员，如股东欲店务之发达，望大家热心，不能专责备经理一人也云云。次诸启明君建议定会章、入会证、会旗三种。会长以赞成用会章付表决，起立多数，通过。次以赞成用入会证付表决，起立多数，通过。次以赞成用会旗付表决，起立少数，打消。会长提议，会章式样决议用插于衣襟式圆形章，上仿工校帽徽式样，白地上绘蓝潮工字，用红色材料，用发蓝品，次议会证，用硬面折叠式，其大小指定总务部酌定。王苑卿君提议，武林铁工厂工人慕名愿来入会者颇多，可否许其入会，请公决。决议照章程第三条丁项办理。议事既竣，开始选举，许君以九十三票连任为本会会长 ，吴一民君得六十一票，陈黼章君得四十三票，均当选为副会长。张闰材君得七十一票，当选为总务部长。季清君得四十五票，当选为调查部长。陆郁斋君得七十一票，当选为研究部长。程培甫君得二十五票，当选为编辑部长。选举毕，因时已宴，遂摄影而散。

总务部长职员会

总务部各股干事由张君商同会长，照章邀请会员担任，分别得同意后，于十一月七日开职员会，到会者二十个人。首推定各股主干，并讨论本部进行事务，并议开恳亲会，以联友谊。又请各干事担任调查会员、通讯事宜，以便于第一期会刊内登入。议毕散会。

制定会章、入会证

本会会章、入会证既经大会通过，当由正、副会长指定会员刘戛鸣君绘定会章式样后，即交上海商务印书馆制备。先做五百枚，现已告成。入会证亦交竹简斋印刷局赶制，拟俟入会证印就后，即行一并送各会员云。

研究部职员会

研究部长陆郁斋君，于十一月十二日，在本会会所邀集新请诸干事开职员会，讨论进行方法，并推举各股主干云。

编辑部职员会

十二月一日，由编辑部长程培甫君函请各股干事，开本部职员会。是日到会者，除各股干事外，尚有会长及前编辑部长陈君。首讨论会刊事务，即由前部长报告编辑经过情形。继议会刊封底面式样，次举各股主干，议毕散会。

设立介绍部

前筹备会文牍股起草章程时,原有介绍部之设立,其细则亦经拟就。嗣因某君以迹涉招摇,故从删去。今会长鉴于近日各处来函延揽工业专门人材,日必数起,足见社会方面相需甚殷。第会友之散居四方,往往未及遍访,此则本会能力所及,亟宜为一方面介绍,为一方面物色,爰议设立介绍部。一面由会长名义通函各会员,如有人地不宜,用非所学,希望别图他业者,或现正赋闲待聘,愿任某项职务者,可开明志愿,寄交本会登记,以便随宜介绍云云。闻日来已介绍数起,此真工界之好消息也。

《报国工业会会刊》第一期,民国八年十一月

《报国工业会会刊》发刊词

(1919年11月)

许炳堃

浙江省立甲种工业学校新旧诸同人,为会于杭州报国寺之工校礼堂,以联络群谊,沟通知识,名曰“报国工业会”。因地立名,不别取夸辞美称以为缘饰,示实也。兹会之设,酝酿者已数年。洎本年中始草定规章,实行筹备,逾月而始告成立。又逾月而第一期会刊始发行,示慎也。削稿既竟,司编纂者以发刊词请。炳堃辞不获,谨作而言曰:於乎!凡事无易图,而学术为尤甚,要贵真积力久,始有所得,岂可以苟焉已乎!吾会诸同人学识经验,粗有心得。今兹之刊,盖其发轫。继继绳绳、发挥光大,皆唯吾同人之积学是赖,斯吾同人所当共勉者也。抑又有进者,放言之易,不若摭实之难。古代经书,自周官《考工记》外,专言工业,盖不数觏。汉唐以还,著作尤汗牛充栋,试检列代艺文、经籍各志,及各种书目以观,其专言工业者,亦寥寥罕睹。晚近文化日新,思想日进,潮流勃发,继长增高。或纵谈政治,或详稽伦理,而独于人生日用所需一刻不可离之工艺,转若以泛常视之,鲜有能潜心研究者,此非他人之咎,而工业家之咎也。夫事有专职,学有专攻。我辈既从事工业教育,则兴起振导,勉覆一篑,以开为山之先声,讵非我辈之责欤!间尝默察时势,权衡夫国与国相竞之理,窃谓救国虽多途,而工业为其一。结绳以降,重译所通,盖未有不恃智创巧术以为立国之基者,其可以偏废乎!同人等不自量其蚊负之力,欲以一得之愚,贡献社会,藉效喤引,私冀一时才智之士,咸稍稍敛其精神,于吾人生活切要所在,加以研求,意者识时之彦,亦有取于斯欤。若其文字之陋劣,资料之浅薄,吾会同人深用自恧。所愿四方博雅君子,取其意而略其词,时锡南针,藉匡不逮,则又吾会诸同人所同深盼望者也。

中华民国八年十一月,德清许炳堃。

《报国工业会会刊》第1期,民国八年十一月

《翼农丛谭》发刊辞

（1919 年 11 月）

中华民国八年秋，浙江甲种农业学校农科学生，课余之暇，著行杂志，名曰《翼农丛谭》，志在辅翼农业也。丁斯美举，因系以辞。

粤稽古昔，创自神农，鸡犬桑麻，渐令河山锦绣。老幼妇孺，群知稼穑艰难，懿吁休哉。辟乾坤未有之奇，卓然大观，取土壤自然之力。披《豳风·七月》之图，咸称民乐。按禹域九州所贡，尽属农家。降及季世，习俗淫靡，衣食不赡，遑知礼义。守旧规而不知新法，收获焉望加增。恃天时而不明地利，种植必多损失，又况水旱频仍。夫有辍耕之叹，干戈扰攘，妇有断抒之忧。伤心哉，不其馁而，吁嗟乎，可以兴矣。维兹学子，存老农老圃之心，尽先觉先知之责，萤火雪窗，研究他洲新学说。荷蓑戴笠，计将复我古农邦。爰于耕读之余，编搜成轶，如是云云，或无补于今日，聊复尔尔，亦所望于将来。果能民尽知农，地无遗利，将见春风杨柳，此间即是桃源。秋雨稻花，何处更寻乐土。国于以立，民于以安，则斯举也，虽属发轫之始，实寓劝农之意，芸芸者众，尽兴乎来。

《翼农丛谭》第 1 期[①]，民国八年十一月

浙江农校农业研究社简章

（1919 年 11 月）

宗旨　交换智识，研究学术，联络感情。

定名　浙江农校农业研究社。

社员　由本校农科学生入社者充之。

职员　公举正副社长各一人，庶务二人，书记四人，会计二人。

任期　职员任期以一学期为限，连举得连任。

任务　社长办理一切事务；书记担任缮写等事；会计担任收支，专任收事项；庶务稿出售[②]。但各社员俱有相助之责。

刊期及投稿　于上下两学期中出版各一次，投稿须二星期前交与庶务。

经费　社员每学期每人纳小洋十角，进校时缴清，倘有不敷，临时增加。

内容　分五部：论说、学艺、调查、文苑、附录。

会期　分常会、临时会两种，常会于学期开始时举行，临时会随时酌定。

附则　本简章有未妥处，得随时公议增删之。

《翼农丛谭》第 1 期，民国八年十一月

---

① 《翼农丛谭》，农业刊物，浙江省立甲种农业学校农科学生创办并发行，1919 年 11 月创刊，刊有学术论说、蚕茶农艺研究、调查报告、文苑等。

② 此句疑有错或漏字。

浙江农校农业研究社社员一览表

(1919年11月)

姓名	字	年龄	籍贯	住址	通信处
楼振铎	民警	二四	义乌	西乡杏即塘楼	义乌县城内吕源茂转
唐启思	文钦	二三	建德	三都镇	东乡三都镇直交
邹瑄	子瑶	二三	宣平	桃溪	桃溪邹恒泰号直接
蔡清芬	炳麟	二二	萧山	城内东桥上街	保家衖
徐典章	则卿	二二	浦江	嵩溪	白马桥邮局转交
徐稼	希农	二二	浦江	嵩溪	白马桥邮局转交
潘振端	子直	二二	龙游	城内百岁坊	吕复兴号直接
吕檖	子嘉	二二	新昌	现住临安西墅村	杨德大布庄转
杜炜	贻彤	二一	安吉	西乡杨家墩	安吉梅溪镇大盛米行转交
王文兴	振乡	二一	海盐	沈汤镇	海盐沈汤镇王正记米行转
谢毅	志超	二一	于潜	北乡谢家镇	于潜城内中街义昌号转
高美锐	峰山	二一	浦江	马墅市	七里亭张万盛号转
舒以泰	子亨	二〇	缙云	舒洪庄	城内公仁堂药号转
程祖方	念曾	二〇	长兴	和平方家庄	和平镇洋丰号转
毛颖	达人	二〇	汤溪	安头	兰溪游埠同益号转
徐元章	希棠	二〇	浦江	嵩溪	白马桥邮局转
金德成	达材	二〇	义乌	密溪	苏溪镇黄源昌号转
施国章	耕莘	二〇	桐乡	南日晖桥	屠甸镇裕昌祥号转
郎仁	济民	二〇	崇德	钱林区	石湾郎万盛号直接
黄本谷	贻孙	二〇	广东南海		现住杭州运司河下一百零二号门牌交
王善师	周文	十九	义乌	上崇山	江湾镇毛正泰转交
郭湘鸿	鸿飞	十九	瑞安	四柏巷	四柏巷直接
徐达权	宗道	十九	龙游	东乡七都	桥下纪仁昌号转
吴国宾	秀山	十九	龙游	东乡余村金	城内市巷口朱和盛号转
曹禁荣	忌轻	十八	嘉善	城内	中和衖东号交
陶器华	玉辉	十七	平湖	新仓镇	新仓镇纶彰绸号交
杨修志	言泉	十七	嘉善	草里生	嘉善李源顺米号转
戴文珪	季高	十六	嘉善	千窑镇	千窑镇第三国民学校交
陆维泱	瞻洛	十六	余姚	云漾乡	北乡二塘头陆源盛林记米号转

《翼农丛谭》第一期，民国八年十一月

嘉昌化学工艺厂进行

(1920年3月23日)

省立甲种工业学校教员薛玉麟,暨省议员秦炳汉等,前拟组织浙西化学工艺厂,现闻该厂股份业已足额,业定阴历三月间开幕,改名嘉昌化学工艺厂股份有限公司,其地点即在嘉兴。先制螺钿、钮扣、牙粉、雪花粉、花露水、各种化妆品,俟开办后,再拟添制漂白粉、肥皂等品。惟该二项资本较大,届时或须添招股份云。

《申报》1920年3月23日

浙江公立工业专门学校十周升级纪念展览会征集出品广告

(1920年12月2日)

本校于民国十年阳历三月二十七日起开展览会三日,所有本校历届各级各班及附设之机织传习所前任现任职教员、职工、学生、毕业生,均为本会会员,如有制品,可送会展览。恐通信未周,特再登报,伫候宠光,无任企盼。注意:

(一)送会出品请注明卖品非卖品,并标明价格。

(二)会毕后将物品售价分别检还,并敬致感谢书,借答盛意。

(三)送会运费归出品人自任。

(四)征集期限:民国十年阳历二月底截止。

(五)会址及收发部均在杭州报国寺本校。

《申报》1920年12月2日

甲种农校元旦演剧(杭州)

(1921年1月4日)

笕桥甲种农业学校,于十年元旦开同乐会,并由职教员、学生演文明新剧,售券助赈,一时来宾济济,座为之满。如演情仇、新青年等剧,情节殊胜。省议员高维魏,系兼该校教员,演家庭乐之老者,令儿女奏音乐,各擅所长。并谓南北扰攘,统而不一,犹不如田舍翁得享家庭之乐,尤饶兴味。并由周幼山校长招待来宾午膳,共同摄影而散。

《民国日报》1921年1月4日

义乌今年小麦的调查

(1921 年 7 月)

楼振铎[①]

我们义乌的地方,大都农民多喜欢种小麦,以为可以补充谷类欠缺时候的用处。但是农民逐年所种的,仍然以谷为大宗。以义乌一县平均计算,一年所种的可以充三年的食用。所以存余的谷,多粜与浦江和东阳两县的人。除谷之外,都继种大小麦;山间农民,亦有多种玉蜀黍的。但是据多数农民的心理上看起来,充作人类粮食的东面,原推谷为第一;而小麦亦认为第二种重要的食品。因为小麦这种东西,淀粉柔软细白,食味较好,人多喜欢它;又可做馒头、缴面、水面、馄饨等种种点心:所以每户人家都要种得几亩,以为副食品。现在举去年所种,到今年所收的小麦调查起来,可以报告于下:

小麦播种时的情形。去年阴历十月初旬,是一个我们义乌农民播种的期间,因为未种之前,雨水太多,所耕的田地,都不十分干燥。迫于时期,乃于此时播种。播种后到没有几天,天雨又来,以至田地潮湿不堪。当时一般农民亦晓得此番所种的小麦,是不妥当,并且亦有多数老农夫,都去将畦沟做深,以利用排水法。可见这种地方他们亦有很好的经验。所以发芽后,尚称齐整,一般农民都想可以不要紧了。

小麦生长期的经过。小麦既经去年十月播种后,至十二月行中耕、施肥各一回,亦有到今年正月,又中耕、施肥各一回的。所以自去年至今年正月二十左右,这个期间的生长,尚称优美,颜色亦碧绿,却没有不好的现象。一到二月初头,天气忽然炎热,日光迫人,连晴了好几天。有些地方小麦下部的叶和叶面,就有好许多发黄色起来了。从此以后,各地亦渐次发生不歇。但据老农说,这种毛病,终离不开以下种种的原因。

小麦病害的原因。(一)因为忽遇暴风,温度降低,湿度增高。(二)忽然降泥沙黏牢麦叶。(三)降泥沙后不落雨,以至空气干燥。(四)久雨不晴。因这几种原因,所以发生这种黄的斑点病起来了。我听他们说了,仔细想一想,亦似乎颇有道理。为什么呢?因为第一种,忽遇暴风、温度降低、湿度增高。我代他添一个解释,就略晓得是有理由的了。暴风原是骤然促成小麦激烈蒸发的,继之以温度降低,湿度增高,是一种无形的阻碍小麦的蒸发和吸收,甚至一时蒸发、吸收都停止,亦未可知。所以先使之骤然蒸发,继而又使之不得蒸发和不得吸收,岂不是使生出一种病来了吗?就是人亦是这样,天气骤热的时候,便发出许多的汗来,天气忽然冷却,身体上的毛孔便收缩起来,这样一冷一热,人身上就觉得不爽快了。照这个道理推想起来,当然是不差的。第二种,降泥沙黏牢麦叶,亦对于麦叶蒸发和同化上,都有阻碍。可比人的面孔上擦以肥皂,如同浆糊的样子,则人便晓得皮肤胀紧。因此晓得麦叶的被泥沙,亦何尝不是这种的呢?第三种,降泥沙后不落雨,以至空气干燥,就可比人的面孔上,既经搽肥皂后,并遇着空气干燥的时候,如不用水洗去,便变成一种燥壳黏牢皮肤,如同生皮肤病一样。设使用肥皂后,就用水洗下,便可脱落皮肥和一切浮尘。所以麦叶既经泥沙黏牢,亦何尝不类于人呢?若即降雨,那个叶面的泥沙,就可为他洗掉了。那末这个道理,就晓得是靠得住的。况且据学理上说,所降的泥沙之中,含有种种的细菌胞子在里边,就说他定

① 楼振铎(1896—?),字民警,浙江义乌人,1918 年入读浙江甲种农业学校农科。

是致病的主因，更何有不可呢？第四种，久雨不晴，麦是本来欢喜干燥的作物，水分虽是不可少的东西，但久雨不晴，当然为害。不要我说，亦可以晓得的。

小麦收获的结果。今年的小麦，当初播种的天气，既有如此不好的现象，生长期间又有病害的发生，此番的成熟，当然不好了。所以收获亦仅有三四分的样子。这岂不是义乌农民大不幸的事情吗？

《浙农杂志》第1期，民国十年七月

准特派劝办实业专使函美术图案请酌为寄赠仰选择数种送候汇寄由

（1921年9月6日）

浙江教育厅训令第六二二号（十年九月六日）

令工业专校、图书馆，准特派劝办实业专使函，美术图案请酌为寄赠，仰选择数种送候汇寄由。

令公立工业专门学校、公立图书馆：

十年九月六日案准特派劝办实业专使函开：查吾国美术别成一家，久为世界所推重，故欧美各美术图案专家研究吾国美术，施诸美术商品，甚为购者所欢迎。就中如地毯、丝织、花边、陶瓷、画谱及其他各种器用者均是。自欧战告终，地毯一业渐形发达，余如丝织、花边等物。运销外国亦日有增加。若更从美术上加以积极之改良。则吾国美术品之出口商业将必更有进步者。近据各欧美商人报告，谓中国旧式花样织入地毯等物甚为美观，惜各制造家缺乏美术知识，织出花纹往往有用意甚善，而章法不完者，其于他种美术亦犯此病，非力图绘法之改良，不足推广外洋之销路等语。闻贵厅所辖各学校及图书馆等，于吾国美术图案收藏甚富，如有足资美术工业上之参考者，拟请酌为寄赠，以便分别选刊，籍广流传，而资研究，于提倡美术工业，不无裨益。相应函请查照，并希见复，实纫公谊等因。准此，除分令外，合行令仰该校、馆选择数种送厅，以凭汇寄。此令。

《浙江教育月刊》第4卷第9期，民国十年九月二十日

发直隶公立工校各科毕业生姓名表仰查照酌量录用由

（1921年9月20日）

浙江省长公署训令第一九五二号

令教育厅：

案准直隶省长公署咨开：据教育厅转：据直隶公立工业专门学校呈称：为本届毕业学生请予转请分咨各省，及令行本省教育实业各机关量为聘用，以资服务事。窃本校应用化学科、机械科及附设染料织科各三年级学生，于本年暑假肄业期满，举行毕业试验，尚属优良，业经呈报在案。查本校上年曾遵照民国七年教育部令专门以上学校会议议决处置毕业办法，呈准施行有案，兹仍遵照该案，造具该毕业生等一览表，伏乞钧厅转予呈请省长，分别咨

请农商、交通部,暨各省区公署,分派各实业工厂实地练习,并令行教育实业各机关酌量聘用,以资服务,理合备文呈请鉴察施行,实为公便等情。据此,查该校本届毕业各生成绩尚优,除中等各学校业由职厅通令遵照外,理合检同该校毕业生履历表,呈请鉴核施行等情。据此,除指令并分咨外,相应照抄履历表,咨请查照核办见复等由。准此,除咨复并分令外,合就抄同履历表,令仰该厅查照酌量录用。此令。

计抄发履历表一纸:

直隶公立工业专门学校浙籍各科毕业学生姓名籍贯履历表

计开:

应用化学科

姓名	年岁	籍贯	履历
罗钧	二十一	浙江绍兴	前在直隶法政专门学校商科预科修业一年
裘国群	二十六	浙江嵊县	前在浙江安定中学毕业
钱宝泰	二十六	浙江杭县	前在本校预科毕业
孙有耀	二十二	浙江绍兴	前在南开中校修业二年
陆均渊	十八	浙江桐乡	前在本校附设甲种预科毕业

《浙江教育月刊》第4卷第9期,民国十年九月二十日

教育厅令即酌择制品径寄广东美术展览会筹备处
(1921年10月18日)

浙江教育厅训令第七六五号令

令公立工业专校、旧宁属县立甲种工业学校、私立女子职业学校,广东美术展览会筹备处函送征求物品章程,合行令发,仰即酌择制品径寄由。

令公立工业专校、旧宁属县立甲种工业学校、私立女子职业学校:

案准广东美术展览会筹备处函开:我国古重美术,鼎彝圭璧,象铸琢雕,精粹缜密殊绝。六朝以还,雕文刻缕,丹青锦绣之属,益复精妙。乃谈学术者尚朴黜巧,辄以小道藐之,甚或诋为丧志,屏为末技。讵知美术之用,大之足以发扬民俗特性,而端其品好,小之亦足为工业改进之助,较之经世道术,无不及焉,或且过之。西哲有言,觇一国之文化,当先觇其美术。近世学者亦倡美术代宗教之说,足见美术在国家文化上所占地位之高,而关于社会知识与德性为深且切也。顾世竞于权利之争,知美育之足重而趋之者,实鲜其人,于是其用不彰,而其术亦渐衰落。习国画者不探奥妙,研西画者徒尚皮毛,即雕绣之品,亦远逊乎古人。岂精力、才能有所未逮耶?在上者视之也轻,故习之者不振,及今不从事提倡而激励之,恐其退化尚不止此。夫美术衰落,即为工业窳楛之征,亦即为道德沦丧、人格卑下之渐,谋国者用是隐忧也。敝省省长陈公深慨乎此,故粤局甫定,即首倡美术。知无比较不足以图改良,非竞争不足以促进步,爰仿法国沙龙办法,特设全省美术展览会,以为全国倡。并通令各县分设协会,

广为罗致。数月以来，筹备不遗余力，今已略具端绪，定本年十二月为开会时期。窃念敝省僻处海隅，见闻不广，夙知贵省美术发达，才能众多，苟获惠寄珍奇，用资参考，俾敝省学者有所观摩，夫岂独百粤之幸！为此寄上会章五份，统希察收，并祈征集名制，依期寄粤。事关公益，谅荷襄助。抑复有请者，敝省人士居留贵地者多，道远音疏，无由普达，亦祈颁文通告，咸使闻之，俾得预备出品，依期赴会，更深感激等由，并送会章。准此，除分令外，合行将章程一份令发该校，仰即酌择制品，如期径寄。此令。

计发章程一份(已登本报本日附录栏)。

中华民国十年十月十八日

教育厅厅长　夏敬观

《浙江公报》第3415号，民国十年十月二十七日

《浙江公立工业专门学校学生自治会会刊》编辑者言

(1922年9月10日)

(一)本刊为本校学生自治会之出版物，各抒本能，各尽个性，以自治之精神，谋自治之发展，本校为工业学校，平时实验之所得，学理之所及，切磋琢磨，又籍本刊，以研究工业上之知识。

(二)同人等限于材力，错误之处，在所不免。幸 读者诸君，热心指导，以匡其不逮。

(三)英文排字，手民不熟，且排版之时，正在学年考试，交来样张，字迹模糊，校对疏忽，舛字甚多，尚请 读者谅之。

(四)此次收到稿件颇多，限于篇幅，未能一律排印，余稿下期续行披露，以后仍望源源来稿，以餍阅读者之希望。

(五)本刊征稿公开，无论会员，与非会员，来稿多所欢迎。来稿登载后，酌酬本刊数册。

(六)缮稿形式，最好依照本刊定例。

《浙江公立工业专门学校学生自治会会刊》第1期

张省长谕令教育厅

(1922年11月21日)

张省长谕令教育厅，转饬各农校教员，以后每周星期，务须进乡演讲，以利农业之进行。

《时报》1922年11月21日

《浙农新声》发刊词

(1923年4月)

本刊定名曰“浙农新声”，故本刊之主体，即为浙农同人全体。凡本刊所发表者，皆为浙

农同人的所思所言所行之事。浙农同人思想而复杂也,则本刊之内容亦必复杂;浙农同人之程度而参差也,则本刊之形式亦必参差。际兹社会淆乱百度纷更的时代,处此三二百青年薮集的地位,其所意想所主张,原不能尽同,而揆诸今日"发展个性"、"思想自由"的通例,其所意想所主张者,亦不妨各异。然则,本刊乃浙农同人的一幅自然写真画,固无用其装饰了。

本刊盍为而发乎?浙农同人平日所思念所研究的心得,不敢自私,不敢自信,对内欲以之互相切琢,共求进步;对外欲以之互相讨论,请益高明。爰本斯旨,定本刊之目的如左:

(A)应用农林、兽医的教材智识,以图适合于农民实际生活。

(B)揭发"农民生活"及"农村改造"诸问题,以期国人共起研究。

(C)输入世界农林、兽医事业的新智识,以促进吾国人之实业运动。

本以上诸目的,定本刊的体例如左:

(1)论著

(2)研究

(3)介绍

(4)译述

(5)调查

(6)转载

(7)记事

(8)小说

(9)批评

(10)余载

以上各门,特表示本刊之梗概耳,每期之中,不必各门俱备,亦不必于每篇标题一一区别其门类。

惟有所羞赧者,同人等因经济薄弱,每有所为,不能畅所欲为,跼蹐之态,自知不免,阅者诸公幸谅鉴焉。

《浙农新声》第1期,民国十二年四月

浙江省立农校组织螟害防除团概况
(1923年9月)

童玉民[①]

浙江嘉杭一带,今年稻作歉收,甚者全田颗粒无获,普通者不过二三成。考其被害之原因,皆由大螟虫、三化螟虫、二化螟虫寄生所致。浙江实业厅得各县县知事报告后,即派农事试验场病虫害科技师赴嘉兴察看,嗣以地面广大,善后需法,乃与农校校长高孟征先生商酌,

---

① 童玉民(1897—2006),原名秉常,浙江慈溪人。1919年毕业于日本鹿儿岛高等农林学校,获农学学士学位。1922年担任浙江省农业专科学校教授,著有《花卉园艺》、《造庭园艺》等书。新中国成立以后历任浙江省土产公司计划科主任、浙江省商业厅调研股股长,1961年被聘为上海市文史研究馆馆员。

组织螟害防除团。此事于九十月间发起，十月底由教育厅、实业厅会呈省长，蒙省长批准，命嘉兴、海盐、嘉善、平湖、海宁、杭州各县，各拨给经费二百元。该团长即由高校长充任，团分六组，每县一组，各组设组长正副二名，由农校教员担任。组员十名，由农校高级学生担任。每组经费二百元之中，一百五十元充作旅食杂费，五十元充作印刷费。各组于十月三十日由笕桥首途，向各县出发。到县后，先与县知事接洽，继至各乡区服务。其职务一为考察螟害（何种螟虫居多？何种稻被害？收量如何？螟虫生活经过情形如何……）；二为劝导农民掘根焚烧，以杀螟孽；三为宣讲螟虫生活史，及防除方法；四为分发螟虫小册，讲与农民听，俾得照法实行；五为与各乡区自治委员、农会绅士等商定实施防除方法。本团各组现已陆续归校，对于实业厅，将有正式报告，并有防除螟害意见书，以供官厅采择。从此官长提携于前，乡农仿效于后，不数年将见螟虫绝迹，嘉谷丰收，对于课税、民食，及农村经济前途，必有良好影响，岂不庥哉！

《中华农学会报》第 44 期，民国十二年九月

《工声》发刊辞

（1924 年 5 月）

王国松

吾校之有自治会，已两载于兹矣，其借以记其学业之经过，布其胸中之所心得，而资以为切磋观摩之益者，则会刊也。即世之欲觇吾校自治成绩者，亦必将于是乎取之，故会刊之刊，盖滋重也。吾校自治会会刊，年出两册，学期末乃发行之。夫一年之中，为月十二，为日三百六十，为时八千六百四十，其所经过，不为不久，而吾会员在此八千六百四十时之长历程中，食息睡眠而外，其所晨夕不离者，则尽书籍也，社会周遭之情状也。夫既以读书为业矣，归无疑乎？抑无信乎？有其疑矣，将弃之乎？抑著之乎？有其信矣，将意之乎？抑征之乎？又社会周遭之情状，形形色色，既日有所闻见矣，将听其自生自灭乎？抑将纪载之以为后日之考镜乎？夫疑欲其著，信欲其征，而社会周遭之情状，又欲其足以为后日之考镜，则此区区二册者，果能尽之乎？抑将不能尽之乎？盖不待智者而知之，此半月之《工声》所为作也。窃尝自思，疑而不著，则无以明吾之所以疑。明其疑，非仅表不足，亦以来天下之正也。信而不说，则无以征吾之所以信。说其信，非仅表心得，亦以征吾信之果否当于理也。有所闻见，而不及吾所确知灼见者以纪载之，则奇节伟行，畸情逸事，皆将沦没而勿详矣。后虽有魁儒硕彦者出，欲从而求之，则日月久矣，访之于人，而传闻或异辞，求之于书，而十才二三，其详略真伪，又未可猝辨。虽欲为之，孰从而为之，此又吾侪所不得诿为非所敢与也。国松自治会始事之人也，其关系为切。当兹《工声》发刊之始，自不可以无言，乃书其所见者，以弁诸简端，其当其否，非所敢知矣。

《工声》第 1 期，民国十三年五月

创设农村师范讲习所理由书

(1925年4月1日)

(浙江教育行政会议第一次会议,浙江公立农业专门学校提出)

设施教育贵乎适应地方之环境,而尤贵乎有相当之师资。以都市之教师,而移之农村,环境不同,恐难迁地仍良。国内教育家洞睹症结者,曾有普设农村师范之提议,苏、晋两省早已推行,就浙而言,又岂容缓!分陈其理由如左:

(一)都市农村,生活迥异,习于都市者,每觉农村之枯涩,已减少教育之趣味。况农村情形既非所悉,其所设施,必难合农家之心理,何能增进其向学之兴趣?现今农村小学之成绩,远在都市小学之下,职是故也,此宜创设农村师范讲习所之理由一也。

(二)农村以农业为重心,空泛之教育,无裨其职业,非所愿也。故必兼授切实之农学,使有利于实际,以唤起其教育之同情,此宜创设农村师范讲习所之理由二也。

(三)农村小学为一村文化策源之所,实负改善农村之天职。如农业之改进,社会之组合,均有赖乎教师,非仅限于教育以一隅也。然欲于此而胜任愉快,非有农学之修养,而素习农村生活者,殊恐不易为力,此创设农村师范讲习所之理由三也。

(四)吾国农民约占全国人口百分之八十五,吾省虽无统计,其比例亦大略相同,故欲教育之普及,当注意农村教育,则师资之造就,诚为当务之急,此创设农村师范讲习所之理由四也。

(五)山西农村师范早经创设,即素以教育称盛之江苏,农村师范亦已于民国十二年成立,且同时设有五校之多,盖为造就农村师资,以促义务教育之实现。以彼例此,吾浙农村教育之设施,已觉其缓,此创设农村师范讲习所之理由五也。

(六)农村教育之内容,除养成国民生活上必需之知识、技能力外,并含有职业之陶冶,与普通教育迥然有别,此理甚明。近江苏义务教育期成会于农村小学校之编制及教材之采择,已具详确之规定,呈由官厅实施。江浙壤地毗连,农村状况自属相似,参酌用之,定多裨益,此创设农村师范讲习所之理由六也。

综上各理由,为吾浙农村教育计,农村师资之培养,实有未可稍缓者。使农村而获相当之师资,非徒教育有发展之机,即农村之精神物质,亦可相与而俱进,程度日进乎文明,物产渐臻于富庶,所费无多,获益甚大,解舒农民之困难,增进农界之幸福,胥于是乎!诸公明达,当不以斯言为河汉也。谨特详叙理由,敬候大会公决。

附　浙江省立第一农村师范讲习所办法

第一条　省立农村师范讲习所,以养成乡村中之高、初级小学校教员,并发展乡村教育为宗旨。

第二条　第一讲习所附设于公立农业专门学校,其第二、第三等所,逐年择地址在乡村、而有农事设备之省立中学校内附设之。

第三条　本校招收农家子弟,在旧制高等小学、或新制完全小学毕业,年龄十五岁以上者。

第四条　本所定三年毕业,为前期师范程度。

第五条　本所定额每级四十人。

第六条　凡本省学生学费免缴,膳费缴半数,初入学时缴纳保证金　元。

附　浙江省立第一农村师范讲习所课程表

科目	第一学年每周时数	第二学年每周时数	第三学年每周时数	说明
公民学	一	一	一	
国文	八	六	六	
英文	四	二	二	查新学制，小学师范科不列英文，未免戕贼青年，绝其向上研究之路，故特加入
农村教育学		四	四	注重阐发教育原理及农村教育之意义特点
儿童心理学		二		
数学	四	三	三	
历史	三	二		
地理	二	二		注重本省农业地理
农学大意	三			讲授土壤、肥料、气象、农具等大意
林学大意		二		讲授森林之利益及植树保护等方法
作物		二		讲授本省原有作物之种植改良
园艺			二	讲授本省原有蔬菜、果树之栽培及改良
花卉及学校园经营法			二	
畜牧			二	讲授养豚、养鸡及养蜂
养蚕			二	注重春蚕饲养及制种
农村社会			二	兼授农民生活之改进及农村自治
农业理科	五	四		注重应用
农用工艺	二	二		注重农家手工艺之制造及标本制作法
图画	二	二	二	注重教材画及动植物之写生
体育	三	三	三	
乐歌	一	一	一	
合计	三八	三八	三二	

附　浙江省立第一农村师范讲习所第一年预算表

第一款 经常费	4938	
第一项 俸给	3204	
第一目 职员薪水	840	该所所长由农业专门学校校长兼任，不支薪金。主任一人，月支50元；缮校一人，月支20元，年计如上数
第二目 教员修金	2280	本年度设一年级一班，月支190元，以十二个月计算，如上数
第三目 公役工食	84	工役一名，每月工资7元，年计如上数

续 表

第二项 办公费	674	
第一目 文具	96	纸张、笔墨、印刷等件,月支8元,年计如上数
第二目 邮电	12	
第三目 购置	250	
第一节 仪器标本	100	教授用挂图及写生画模型
第二节 图书	150	师范科用中外图书杂志
第四目 消耗	316	
第一节 试验用品	100	农场实习及实验消耗
第二节 茶水	30	
第三节 薪炭	60	
第四节 油烛	126	该校尚无电灯,学生每人隔三日发给洋烛一支,一班40人,一年作,40星期计算,计,280日,每人每年需要洋烛,16封,每封,6支以1角8分计算,约计如上数
第三项 杂支	100	
第四项 学生用费	960	
第一目 膳费	920	学生一班40人,半膳每人月2元3角,以10个月计算,合计如上数
第二目 招生广告费	40	

原案银数中位点均误作小数点,兹因更正。——编者记

《浙江教育月刊》第8卷第7期(教育行政会议特刊),民国十四年七月二十日

俾资学生研究

(1925年6月2日)

省立工业专门校长徐守桢,拟向大有利电汽公司、电话公司、纬成公司、武林铁工厂等接洽,俾资学生研究,已据情呈请实业厅,转致各公司照办。

《申报》1925年6月2日

浙江工专筹备中国工程学会年会

(1925年9月2日)

中国工程学会成立已久，当时由留美工程界组织，会员目下已达五百余人。会员之在国内者，什九服务于铁路、工厂，任各工科大学之教授者亦复不少。中国之工程学术团体，当推斯会为巨擘。本年因爱慕武林山水，定于九月四日至七日在杭城省教育会举行第八次年会，会程已由该会会员之任职浙江公立工业专门学校者筹备就绪。兹探悉其暂定会程如下：九月三日，代表到杭，驻沧洲旅馆及西湖饭店两处。四日上午八时，在省教育会报到缴费，及领取聚餐券。上午十时正式开会，有开会词，行政长官及来宾演说及会员演说。下午二时事务会，下午四时联欢会(欧美同学会主席，地点借青年会)。晚九时宣言论文，计五篇：(一)周琦君之《中国十年内电机制造厂之建设》；(二)郑觉君之《硝酸铔炸药》；(三)戴济君之《中国油漆业概况》；(四)丁人鲲君之《水力工程之发展》；(五)方子卫君之《短浪无线电》。五日上午八时，宣读论文有三篇，为恽震之《中国工人及工厂》，张济翔君之《统一工程名词》，王崇植之《上海工部局停给送电问题》。上午十时来宾演说，下午二时参观，参观途程暂定为工业学校、虎林公司、武林铁工厂、伟成公司及造币厂五处。晚七时工业电影，有《白煤》、《电气铁道》及《西屋电气公司》三种。且该会已请恽震、王崇植二君解释，更无隔阂之虞。末后尚有无线电音乐云。六日上午八时事务会，办理选举事务。十时通俗演讲，地点在体育场。演讲者有凌鸿勋之“中国材料试验之重要”；钱昌祚之“赤化与飞机”及徐名材之“化学与提倡国货”。下午一时至六时游览，下午六时半聚餐，假座钱塘门外味藕湖舍，席间尚有名人演讲。七日上午事务会，下午游览、参观，闭会。上列会程尚有增加，惟大体已定，无多更动，开会地点将另行通告外，余者皆在省教育会。各种会议除事务会外，一律欢迎旁听，惟工业电影因会场太少，不得不售票以限制，票价铜元二十枚。青年会、沧洲旅馆账房及工业学校王崇植处均有出售，各机关、各报馆则已送优待入场券矣。

《申报》1925年9月2日

《工业学生自治会会刊》发刊辞[①]

(1926年1月1日)

近之立国于大地者，欲称雄天下，不在战争，而在实业；故数十年年来，莫不汲汲焉研究物质，且曰利用自然，思有以发展其实业范围。我国夙以地大物博见称于世，徒以不知利用之故，遂不得不焉列邦发展实业之尾闾，历史上种种奇耻由是成焉；国民之穷蹙亦日益烈焉。当时虽有一二有志之士，欲扩充实业以为振兴之基，终以助之者寡，孤掌难鸣；况关税之权操

---

① 《工业学生自治会会刊》，校园刊物，1926年1月1日创刊于杭州，浙江公立工业专门学校甲种及五年期学生自治会编印，设有插图、科学、言论、文艺、小说、校闻、调查七大栏目。此文作者梁叔为方朝梁笔名。方朝梁，字任叔，浙江嘉兴人，1924年入读浙江省立工业专门学校，1928年毕业于浙江大学电机工程系。

诸列强,即有长才者,亦苦无用武之地。自五卅惨案发生后,国民受制较深;有志之士,裂眦奋呼,较前益甚;于是沪上乃有国货维持会之组织。此虽爱国热忱发乎天性,亦不得不谓为国民觉悟,与夫实业前途之佳音也。虽然,发展实业,绝非少数人所能举;必使国内人民咸具实业观念,与实业知识,然后倡之者易,和之者众,虽有大礼,莫之能阻。苟非然者,虽有人为之倡导,听之者亦将漠然若秦越之不相涉;如此而望实业之发展,实无异操一豚蹄,持一盂饭,而祝瓯窭盈篝,污邪满车也,是又乌可倖获者乎。今环顾国内,虽不乏有志实业之士,然无实业观念者正复不少。丁斯时也,吾侪志在工业,自应负引导之责,以故学虽浅陋,不敢减漠;今年秋,同人等适有自治会组织出版科,因有兹刊,发表言论,兼及所志,或亦增进人民实业观念之一道乎。倘能副吾所求,则兹刊之行为不虚矣。

民国十五年一月一日　梁叔谨识

《工业学生自治会会刊》民国十五年第1期

《工专学生》发刊词

(1926年1月15日)

我们的能力薄弱,是无可讳言的;我们的学识浅陋,更是不难知道的。具备"能力薄弱"、"学识浅陋"双重条件的出版品——工专学生,不能得着读者诸君的热烈的欢迎和同情,也是我们早料到的。我们既然知道自身的微弱,又看透了对方—— 读者诸君——的态度,更何必自寻烦恼说些话来讨人厌呢?啊!我们不敢相信《工专学生》是高深学术的记载,却也不是袒护一方面的机关报,它是供我们表现思想,发挥学业和记载事实的唯一出版品。他的内容是:论说、科学、校闻等类。

研究自然科学的同学,在研究期中,每日为"自然科学万能"这句话所笼罩,很容易忽视实际现象,可是自然科学,又全是用来解决实际问题的,所以不能解决实际现象,绝不能肃清实际问题。好比中国的实际问题是要解决"穷",要想由穷变富,非振兴实业不可,这句说话,差不多是从戊戌政变(光绪廿四年)以后直到现在,无论其为农为工为商或为官吏,若不是蠢然无知,莫不如是说的。真是一句老生常谈!可是目前的中国,竟穷到总统府缺文具费的程度,这就是要解决"穷"的实际问题,不先解决"穷"的实际现象的原故。救"穷",要振兴实业,固然是句名言,但是实现这句话,非先办到关税自主不可,因为关税的高低,是实业振兴的致命丧和生活素,所以要解决中国"穷"的实际问题,须先做到关税自主的实际现象。许多研究自然科学的同学,学识极宏硕,经验也很丰富,因为轻视解决实际问题的实际现象的原故,结果总是所学非所用,或所用非所愿,因之在研究时代具有的热烈救国救民的大志,顿成泡影,不知不觉堕入悲观的境地,多么可惜啊!《工专学生》的论说一栏,专载实际言论,空泛论调,是不许容留的,以翼收效于万一。

我们觉得知识不是专利品,也不是个人用以自豪的奢侈品,当然我们不肯把我们私有的些少知识,当做"版权所有","待价而沽"的宝货,很实在的确切的写出来给大家看看,并且很希望读者诸君的批评和指示我们自己察觉不到的错误。《工专学生》的科学栏,就是我们最近研究所得的发挥。

“好的总是少的，我们总是要好的。”这是列宁一篇名著的题目的说话。我们极端相信我们学校的不坏，不过我们总是不知足的要它比好的更加好，同时也希望一切学校跟着我们学校一起好。《工专学生》的校闻栏，专登载本校学生生活一类消息，恳求大家下痛切的批评：不好呢，我们设法避免，改良；好呢，我们当更进一步的求精。

《工专学生》的内容如是，工专学生的目的如是，希望读者诸君切实的批评指点，同时更希望我们的同学爱惜它，为它努力，它是我们的代表呢。

《工专学生》民国十五年第1期[①]

浙江各县电灯公司调查
（1926年1月）

本校电学互助会，鉴于近来国内电灯事业异常发达，故专调查电灯公司，供会员之参考，与将来设厂之预备。兹以本会出版目的相同，故特将已寄到之各公司大概情形披露如下：

兰溪电气股份有限公司

地址	兰溪县北门外
资本	八万元
开办年代	民国七年
原动机	蒸汽机关二座，共一百六十马力
发电机	二台，各六十启罗瓦特
原动机、发电机价值	共四万五千元
工作人数	八人
供给电力	二十五支光三千盏
电灯每月售价	一元三角五分

恒利泰记电气公司

地址	浙江海门
资本	六万元
开办年代	民国九年四月
原动机	柴油机、煤汽机各一台
发动机	50启罗瓦特一台，75启罗瓦特一台
原动机、发电机价值	共三万元
工作人数	六人
供给电力	灯三千盏
电灯每月售价	一元三角五分

---

① 《工专学生》，学生会刊物，1926年1月15日创刊于杭州，杭州工专专门部学生自治会出版部编辑并发行，主要有论说、专载、科学附工艺、译述附实习、文艺校闻等栏目。

开明电厂股份有限公司

地址	浙江嵊县
资本	二万元
开办年代	民国八年八月
原动机	竖立单筒复式内燃机两具,各二十五马力
发动机	二十启罗瓦特直流机一台
原动机、发电机价值	共七千二百元
工作人数	八人
供给电力	灯六百五十盏
电灯每月售价	平均每月一元二角

海盐昌明电灯股份有限公司

地址	浙江海盐县
资本	一万二千元
开办年代	民国九年冬季
原动机	四十马力煤油机一台
发动机	二十启罗瓦特直流机一台
原动机、发电机价值	四千余元、二千余元
工作人数	职员六人,工人四人
供给电力	十六支光八百盏
电灯每月售价	16. C. P. ＄1. 20　　50C. P. ＄2. 4
	25. C. P. ＄1. 50　　100C. P. ＄3. 2
	32. C. P. ＄1. 80　　电表每度售价三角

绍兴华光电灯有限公司

资本	十五万元
开办年代	创始自非正式成立已十三年
原动机	160H. P. 拔柏葛锅炉一台,360H. P. 四透令锅炉一台
发电机	2000volts. 120k. w. 交流三相式一台
	2000volts. 150k. w. 单相式一台
原动机价值	4800 元　12400 元
发电机价值	12000 元　16000 元
工作人数	办事人十三人,机务处十二人,路线处八人
供给电力	25. C. P. 电灯 9000 盏
电灯每月售价	16. C. P. ＄1. 400
	25. C. P. ＄1. 600 电表每度三角
	50. C. P. ＄3. 000

德清电气股份有限公司

地址	德清城厢内外
资本	一万二千元增资八千元

开办年代	民国十一年十二月
原动机	英国勃来克司登厂单气缸卧式柴油引擎二座 一台为30H.P.一台为50H.P.
发电机	36k.w.德国西门子厂三相交流电机一座
发电机价值	4500元　8000元
原动机价值	3400元
工作人数	机房间五人，碾米间十五人
供给电力	可供给25.C.P.电灯1200盏，现售出400盏
电灯每月售价	25.C.P.　$1.600

《工业学生自治会会刊》民国十五年第1期

江浙职教出品工业审查组之报告[①]

(1926年5月18日)

江浙职业教育出品展览会审查委员会工业教育组审查员朱谋先、徐崇简等五君，兹已审查告竣，汇具考语。兹探录其报告如下：

……

〔三〕浙江公立工业专门学校各种丝织类，质量优良，肥皂、纸料、皮件，种类繁多，均切实用。调味粉即市称味精，其陈列之标本，指示制造顺序，颇为明晰。金木工出品，以金切机模型及小老虎钳为最佳。无线电收音机装置精良，亦非易得。

……

《申报》1926年5月18日

万国博览会吾国得奖教育机关

(1927年10月1日)

去年美国纪念开国百五十周年，在费城举行万国博览会，国内教育团体及机关，委托华美协进社主任郭秉文君，主持吾国教育展览事宜。各学校及其他教育机关，所寄成绩甚佳，极受到会人士称赏，结果经审查委员会评定，吾国教育展览合得一大奖，华美协进社以展览品陈列有方，另有奖章奖凭。此外参加展览各教育机关，亦得奖凭。是项奖凭由博览会托华美协进社转递，已于八月分别挂号邮寄各处，曾志本报。兹悉计得奖机关有三十五，探录如下：(一)中华教育改进社；(二)中华平民教育促进会；(三)全国国语统一筹备会；(四)中华图书馆协会；(五)北京历史博物馆；(六)松波图书馆；(七)山西教育厅；(八)国立北京大学；(九)国立东南大学；(十)国立北京师范大学；(十一)国立北京医学专门学校；(十二)北京清

① 本报告共为14家企业和学校、机构出具了考语，这里节选了其中对浙江公立工业专门学校的考语。

华学校;(十三)厦门大学;(十四)同济大学;(十五)燕京大学;(十六)东吴大学;(十七)沪江大学;(十八)北京协和医学校;(十九)金陵女子大学;(二十)北京女子大学附属小学;(二十一)北京女师大附属小学;(二十二)华中大学文华图画科;(二十三)南京工业专门学校;(二十四)江苏女子蚕业学校;(二十五)浙江公立工业专门学校;(二十六)浙江第一女子中学;(二十七)奉天第一师范学校;(二十八)上海孤儿院;(二十九)长沙盲哑学校;(三十)怀宁女子职业学校;(三十一)南京鼓楼幼儿园;(三十二)南京燕子矶小学;(三十三)北京大学考古学会;(三十四)上海商务印书馆;(三十五)东三省防疫处。

《申报》1927 年 10 月 1 日

七、历次学潮

(一)校园风潮

浙江大学堂学生退学始末记

(1903 年 4 月 17 日)

辛丑冬,求是书院改为浙江大学堂,当道聘劳玉初为总理。劳玉初聘戴氏劼哉为稽察。戴某者,向为练军文案,素工谄媚手段,以是深得总理心,举一切对待教习与学生之权,尽付之于戴某一人之手,劳惟画诺随事而已。戴某于此犹未足也,复引用私人,以辅己所不及。财政则掌之弟蔚哉,教育则掌之兄懋哉。杭人久谓浙江大学堂为戴氏学堂,洵不诬也。又有屠光甫其人者,乃戴某之内弟,顽劣无耻。目不识丁,戴某亦联为指臂,互用其野蛮手段。屠尝谓戴某曰:学生如此须一网打尽之,吾辈乃得肆其所欲为矣。学生闻而诘之,屠应之曰:吾不斥退若辈,吾非屠氏子也。由是学生与屠某更隐不相容。月之十二日夜,适一学生有失窃事,商请稽察搜缉。其时去失物时未远,以为物犹在堂,亦未可知。而戴某不独放弃其责任,反谓学生造端滋事,请于总理曰:余不胜此职,请从此辞。总理固留之,戴因以斥退学生要总理,遂尽列向所不悦于己者,计二十余人,总理乃除六人名。六人者,乃素最不媚于戴氏者也,其罪辞曰:借端挟制,出言无礼。学生见之,均愤愤不平,向总理辩六人之冤。总理谓学生曰:戴氏办事甚善,吾素爱之,不忍其去,此事无论孰是孰否,斥退学生之权,固操于我,即我过,亦不收回成命,尔等合则留,不合则去,勿徒啧啧也。学生乃相率而退,聚议于讲堂,谓此种野蛮压制之地,吾辈安能郁郁久居此。众皆涔涔泪下,曰:退学!退学!诸教习闻之,遂出而谓学生曰:今事已至此,须稍待勿躁,吾等当为之转圜,而总理终不允。不得已,复出而辞学生曰:愿诸生去后各自努力。言毕,相对泣下。其时除请假出堂学生外,告退者计有八十余人。其退学时自治之规则如左:

一、不准毁坏公众器物;

二、举动言论切戒嚣张;

三、公举干事数人,如有与学堂交接事件,须由干事直接;

四、众人不得自行外出,有事须向干事请假许可;

五、退学时须先至总讲堂行谒圣礼,继向总理及各教习、各执事人作别,鱼贯而出,不得喧哗。

呜呼!浙江素称文明之区,而其学堂之腐败,犹若是,其他何论哉!特此布告海内外志士,其有闻此言而同声痛哭者欤!

右浙江大学堂退学生来函,以事关全省学务,特别立专件门,而以此稿实之。当时失物者曰:陆永恒,被斥者曰:吴兴权、韩志婴、刘保申、李伯庚、祝晋、李钦。顷闻已租定林司后文昌阁地,别立私校矣。本志附识。

《浙江潮》第三期,癸卯年三月二十日

浙江大学堂

(1903年4月17日)

噫嘻!何吾所爱浙江大学堂,而今若是?

大学堂始设丁酉之岁,初名求是书院,其间学生风潮,亦屡见不一见。前年冬给各省立大学堂,乃改今名,岁拨常年费四万金,堂款骤增数倍,然学课反益腐败,遂有今年三月十六日之事(参看专件门)。

学生者,将来中国之主人翁也,主人今以求学故,自出其钱,若财假于所谓总理,所谓监督,所谓稽查之手,以代理之,则为总理、监督、稽查者,宜认定“学堂为学生之学堂”而保护之,唯恐其不至,今若此。

总理以下,若监督、若稽查,毋亦谓今日自由平等之说,已弥布于学生人人之脑中,不大锄之,患且不测,乃稍稍假一事一言以立其威,庶可以为后来戒。虽然,今日之事,与自由、平等诸凡颠扑不破之学说,盖无丝毫可假借,学生在堂失物,自宜向稽查托缉,何得谓为借端?缉不可得,堂中人人自危,自宜向总理、稽查理论,何得谓为挟制?失物既不可还,理论又不能受,煌煌乎六人斥退之罪言,亦已悬布,全堂八十余人之退学辞,亦已宣告,犹复礼谒至圣,相戒勿哗。出堂时,又复与总理以下诸人行作别礼,是学生明明知礼矣。夫不躁于后,亦必无悖于前,又何得谓为无礼?徒以失物不获,共激义愤,主学堂者,方自愧自艾之未暇,而犹敢借此谋报,欲尽排异已者而大去之,以自便后日之私图,匪惟有过,罪亦莫大于此。今者往事已矣,吾意总理以下,若监督、稽查其人,其决不因此一举而遂谋封闭学堂,又决不因此一举而遂引身辞退,则今日浙江大学堂之权,固犹属于若总理、若监督、若稽查之手。总理、监督、稽查,其将以学生为奴乎?抑改过不吝,而誓能以学生为主乎?如第二说,则此后当时时以学生为目的,而尽去私人,勉倡公论,以大反前日之所为。能若是,学堂赖之,浙江之名誉赖之。不然,则今日学生,非可以威力屈者,异日学生,未必甘为奴者。

吾又敢为学生告曰:诸君以失物未缉,稽查遽耸总理斥退诸君,诸君激于义愤,相率退学,且复谋建私校,意甚良美。虽然,其勿以为有名,其勿以为可喜。须知,吾浙江有如是之学堂,乃吾浙人之至可哀者。我学生今虽屈,今虽可哀,然必为将来中国之主人翁,亦已断断无疑义。我学生当自尊,当自宝贵,又循循至劳至苦之一途。勉力以行之,真心以持之,使我学生今日所草创未遑之学舍,而巍巍然为将来中国国民学校之雄,则此次散学之幸,愿以此为诸君祝,为诸君勉。

《浙江潮》第三期,癸卯年三月二十日

浙江大学堂退学生致爱国学社诸君书

(1903年4月26日)

爱国学社诸君子公鉴:

某等鼓箧浙学,侧闻诸君子奋发踔厉,敢拜下风。我国学界晦茫,能组成自治教育者,厥惟公等。公等固我学界之阁龙也。某等肄业浙江大学,已历有年,讵奈当事者营私压制,虽罄南山之竹,亦不足叙其端倪。某等忍无可忍,逼而有退学之举,停辛贮苦,无可奈何,铤而走险,急何能则!公等闻之,得毋南瞩西冷,而洒一掬同情之泪乎!现拟聊借一椽,再张旗鼓,冀步公等之后尘。幸群谊未漓,志坚金石。但来日方远,后顾茫茫,孤掌难鸣,苦衷谁告,虽精卫愿填千寻之海,然巧妇难为无米之炊,我同情诸君子。将何以教之!

《童子世界》第21册,癸卯年三月二十九日 ①

浙江大学堂学生退学始末记

(1903年4月27日)

辛丑冬,杭州求是书院更名浙江大学堂,当道聘劳玉初主政乃宣为总理。壬寅春,劳公聘杭人戴克恭(劼哉)为稽查,戴某又引其兄之妻舅屠元礼(光甫)为监舍。戴某曩办练军文案,小有狭才,屠某则仅识之无,行同无赖。故戴某承乏以后,颇具能名,然常与所私议曰:非散此旧有之学生,则不能正本清源也。屠某则扬言曰:吾不斥退某某辈,吾不姓屠也。是二人之营私罔利,谄媚牢笼,久为学生所愤恨。至癸卯三月,而春雷一声,郁之久者而发之骤矣。先是,十二日学生陆某失去皮马褂一袭,稽查立职,责有攸归,因告戴,戴答以待查。学生谓,自去岁迄今,失窃累累,百无一获,必得预筹一善策以杜后萌,仍请聚总聚集所共商议之。戴游移推诿,莫肯担任。寻搜检馆僮箱箧,渺无所得。时馆僮私语,侵及学生,学生以为有关名誉也,愿请检查,亦渺无踪迹。仍请稽查筹一善策,久不获命,固请之,稽查乃言曰:搜查不获,我失职也,我既失职,我愿辞堂。学生闻之咸忸怩,乃各散去。是日总理适归桐乡,翌日学生上课如常,戴某则于十三午前归寓,十四日总理归堂,十五日星期,十六日总理牌示曰:

学生总聚集所,未经议有画一规条,办理尚未尽善,现拟暂行停撤,另议规条,俟议有大纲,再令诸生各呈所见,以凭采择定议,议定后再行复设。

又嘱监舍开斥退名单二十余人,四旬钟又开名单,传十一人集于办公所,依次进见。及见一人后,复命十人退去,明日再传,而顷刻间又复传见。劳曰:据戴稽查及屠监舍述,诸生以停课挟制,致稽查告退,此等举动太觉无礼,吾必办尔。学生以戴、屠之枉诬也,告以此系一面之辞,学生等上课如常,教学均在,请公察之。总理曰:吾意决矣,无喋喋为。声色俱厉。学生皆退。时有陈仲恕者,壬寅春为任中丞所驱逐之监院也,参议其事,先后悬两示曰:

一、现拟整顿学规,重议讲堂、斋舍、饭堂等项规则,暂行停班,俟拟定后,再行示期开课;

二、学生某某等六人,借端挟制,出言无礼,即行开除。

于是学生愤焰勃勃,不平则鸣矣。十七日八旬钟,被斥之六人及告退之陆某,借讲堂集同人告别,辞极悲壮,满坐皆泣,公议当诘总理斥退六人之原因。九旬钟,屠某睡起,学生询其停课挟制之说,君当日不在座,何得肆口妄言。屠某声势汹汹,举手欲殴学生。某学生等

---

① 《童子世界》,1903年4月6日在上海创刊,初为日刊.旋改旬刊,爱国学社主办,何梅士主编,设论说、时局、演说、地理、历史、学界风潮等栏目。7月,因爱国学社被强令解散而被迫停刊。

愈不平,咸至总理办事处声诉,并询以六人所借何端,挟制何人,出言如何无礼?且六人中有某生于十二晚聚议时,业已早寝,并未与闻,因是株连,得非私怨。时总理上坐,旁列侍者,手执茶杯而言曰:当日吾虽未在堂中,然戴、屠非妄言者。吾老矣,不能为尔辈哓舌也。且尔辈群集于此,得毋借端挟制、出言无礼耶?至于屠殴学生,待吾详察。学生曰:戴、屠诬人,如何不察?总理曰:戴屠岂诬人者。适报某客至,学生皆退,群议与总理约三事:一、留六人;二、退戴某;三、学生有议事权。三者行则留,否则去。而又因人多语杂,恐为总理所厌烦,乃公举代表七人,于午后至总理书室,诘问六人究犯何规,抑疑六人有窃衣之形迹,而借此八字以定谳耶?敢乞详示。总理曰:即使斥退六人,有未尽当,然牌示已出,万难收回。学生曰:君子之过,如日月之食,及其更也,人皆仰之。总理曰:若如此,则将来难于办事矣。学生曰:怙过不悛,遂可以办事乎?总理默然。久之曰:学堂乃我之学堂,斥退之权操自我,尔辈毋得顾问。学生曰:总理既据此学堂为己有,则无惑乎由一人之私意以斥退学生。但国家岁糜巨帑,开设学堂,今以一私人而破坏之,非特负浙江,是直负国家耳。且即与约三事。总理曰:第一事,某生既不与闻,查明再核,至于收回成命则不能;第二事,戴某善于办事,吾不能舍此;第三事,容后再议。学生曰:公言止于是乎?总理曰:然将奈何?学生曰:公言至此,吾辈志已决矣。于是咸有退学之志,聚集讲堂,签名告退,满场一致,无一愿留。乃公举干事员,公议退学规则,仍拟固结团体,以达求学初心,故任寻觅居处者若干人,俟有定所,即行退出。继请各教习告别,学生言曰:糜烂至此,吾何忍言,学生等将辞各教习而他适矣。所希望者,教习所以教吾侪学生者,教后来学生,则浙江幸甚,中国幸甚。言毕掩面皆泣。教习中涔涔泪下者,亦居其多数矣。总教习董茂堂以袖蔽眼言曰:吾辈曾以三事请总理,无能为矣,君自为之,乃散去。时陈仲恕与总理拟一示,于七旬钟发出,其文曰:

本总理以薄学之躬,承乏此堂,一年有余,竞竞以爱学生保学堂为宗旨。不意本日以斥退六人,诸生等竟挟多人,两次至本总理办事处及住宅,无理取闹,殊失学生身分,此皆本总理平日教育无方,未能变化诸生气质,致酿成今日腐败情形,深为负疚。惟学堂章程,宜求精密,该生等名誉,亦应相与保全。现拟会同教习办事各员,重加整顿,将各项规约详加订定,以期于公平共能遵守为主。由该生等各递愿书,再行定期开课。为此示谕在堂诸生一体知悉,自示之后,诸生如在堂静候者,即系与本总理意见相同之人,自能遵照办理,不愿者,本总理亦难相强。区区相厚之意,断非恝然,当亦诸生所共谕也。

八旬钟,学生将告退名单开呈总理。九旬钟,将退学规则张贴大堂,其文曰:

今者同学因事不平,决然舍去,然必有一定秩序,以保文明之资格,故议规律数则于左:

一、公举干事数人,照顾一切;

二、不得毁坏公家器物;

三、言语行为切戒嚣张;

四、退学日期以觅得房屋为限;

五、各人行装,预为整顿,其挑费应归公派;

六、凡有交涉,概由干事直接,以期画一;

七、日内同学有事他出者，须知会干事方可；

八、临退学时，均集孔子殿行谒圣礼，与总理、提调、教习、办事人等行告别礼，礼毕，鱼贯而出，勿得喧哗。

以上暂拟数则，各宜遵守。如干事有不尽职之处，各宜规劝。各同志有不守规律者，亦宜婉言劝勉，不得各存意见，以乖群议。

十八日，各教习聚集，冀学生之犹可留也。均欲联名具函与总理争。而总教习董曰：总理意决，争之无益，且此风亦不可长也。乃不果。提调萧太守，亦断断力争，总理毅然固执。至四旬钟，某学生归去，觅得贡院前东文昌阁，颇堪容膝，众心乃慰。是晚，同人聚议善后事，决议十九搬运行李，二十出堂，并演说成败之原因，苦乐之真相，人皆激励，拍掌欢呼，移时始散。十九日搬运物件，二十日行退学礼。

退学礼节：齐集孔子殿，先谒至圣，行三跪九叩礼，次请各教习上立左首，各职员上立右首，学生下列，行三揖礼。礼毕后，鱼贯而出。

《新世界学报》癸卯第十五号，光绪二十九年四月初一日[①]

学生哄堂

（1903年4月29日）

杭州访事人云：上月某日，浙省大学堂某姓肄业生，自言失去马褂一件，浼监察委员戴君访查。戴君谓此由尔自不小心所致，何饶舌为。某生怒谓：尔所司何事？堂中失物，乌能付之不见不闻！戴君谓：如欲稽查，惟有将上下人逐一搜索。诸生从而阿和，羣谓搜亦何难，万一搜之不获，将奈何？于是戴君下令，先搜家人行箧，次及诸生，均无踪迹。诸生嬲之不已，戴君怒曰：尔等皆事不干己，似此混闹，岂谓我无斥退之权乎！口讲指画之余，举手一挥，适中某生之首。诸生谓其有意凌辱，蓦将戴君按倒，掌颊数下，始各鸟兽散。时总理劳玉初主政适外出，堂中司事急命人邀归，诸生向前剖白，主政好言慰之。诸生以三事要挟：第一，须将收支人立时斥逐；第二，戴亦不能容留；第三，嗣后堂中事无巨细及用人之事，须由我等公议，然后施行，不能由尔一人作主。主政笑曰：若是，则安用总理为？我惟有自行告退耳。诸生闻言，一哄而散。主政遂命驾诣抚辕，白诸护抚诚果泉大中丞。中丞告以不必强留，惟有听其自去，另募新生而已。闻诸生散学后，初尚口出大言，谓当集赀自立学堂，互相研习。后以事无成议，因之家居省垣者，次第归家，其无家可归者，麕集贡院东桥文昌阁内，遍告诸窗友，谓倘有私自浼人，吁请仍欲入堂肄业者，当饱以老拳。扰扰纷纷，殊可笑也。

《申报》1903年4月29日

---

① 《新世界学报》，1902年9月在上海创刊，社会科学综合性刊物，半月刊，上海新世界学报社编辑出版，陈黻宸任主编，马叙伦等撰稿，栏目有经学、史学、政治学、法律学、心理学、物理学、兵学、教育学等学科。1903年5月停刊。

学生胡闹

(1903年5月4日)

杭州访事友人云：月前省城大学堂肄业生某姓失去一衣，蓦向监察委员胡闹，呼朋引类，散去八十余人。未几，钱塘县小学堂又有聚众哗嚣之事。按小学堂系西湖崇文书院改设，初延孙仲华主政总理一切，嗣因主政赴都供职，继其后者为徐左泉主政。上月下旬某日之夜，三班学生徐某，不知因何为同院某生所侮，时主政适因事归去，遂由领班黄生导往诉知。洎主政到堂稽查，以事甚细微，不予深究。黄、徐竟纠约二班学生数辈，呶呶辩诘，坚不肯休。主政恶之，正言申斥，黄、徐不服，起而力争，争不能胜，则相率散学，诸生从而阿和，致头、二班一律散归，三班亦散去数人，惟四班以下诸生依旧留堂肄业。迨本月初二日之夜，皮市蕙兰书院肄业生，又因肴馔不佳，相率与庖丁为难。院系泰西某教士所设，招集生徒百余名，入教者不收修脯，仅取膳资两元，教外附学者，月征修膳五元。当哄闹之初，监院某君出为排解，诸生不服，恣意驿騒。后经总理某西人斥退六人，限星夜出堂，诸生遂声势汹汹，几将西人挫辱。次日，教外人尽行告退，群聚三角荡鄞县试馆，入教者则肄业如常。又葵巷安定学堂，为省中富绅胡君趾祥独力捐资创设，共收生徒八十名。初三日，相与口讲指画，语侵总理某君，某君斥之，遂哄堂而散。观此，实足见自由平权之说为害良深，而办理学堂殊非易易矣。

《申报》1903年5月4日

浙江大学堂学生退学记

(1903年5月16日)

浙江大学堂，建于二十七年冬，杭州求是书院更名者也。总理，劳主政乃宣；监舍，屠元礼；稽查，戴克恭。屠、戴皆不惬学生意，而总理甚倚任之。堂中衣物，尝被盗窃，众咸咎稽查之不职。癸卯三月十二日，学生陆姓者失一衣，以告戴，戴以待查告。学生乃曰：去岁迄今，失窃累累，百无一获，宜筹善策以杜后患，乃相约会议于总聚集所，亦莫得要领。总聚集所者，堂中议事处也，乃议检馆僮私室，既检，无所得。而馆僮私语侵学生，乃并检学生，亦不获，于是共迫戴筹善策。戴乃曰：失物不获。我失职，愿辞。是时总理劳主政归桐乡，无所取决，则相与不欢而罢，而日课如常。越二日，总理至，如不闻也。十六日晨，忽揭示于堂，撤总聚集所，以规条未善，徐议复设为辞。旋欲斥革学生二十余人，属监舍开具姓名。日既晡，传十一人于办公所进见。劳曰：据戴稽查屠监舍言，学生以停课要挟，致戴君告退，此举无理已极，吾必治尔罪。学生极辨戴、屠诬罔，课固未停，教习具在，可证。劳厉声曰：吾意已决，无喋喋取辱，遂罢。乃先后揭两示曰：现拟整顿学规，重议讲堂、斋舍、饭堂等规则，暂停班，俟定议，再示期开课。曰：学生某某等六人，借端挟制，出言无状，即开除。于是学生皆愤。十七日，日向晨，斥退之六人，及请退之陆生，于讲堂集同人为别，辞气悲愤，满堂皆为下泪。于是共议诣总理，请六人罪状，于何为征？且六人中某生者，当聚议时已寝，未与议。劳曰：戴、屠固非妄言者，吾不能与尔等饶舌，且尔辈群集，非借端挟制出言无礼耶！适客至，诸生遂退，乃共议与总理约三事：一、留六人；二、逐戴；三、学生有议事权。如约则留，否则去。公举代表七人，于午后诣总理，仍先请六人之罪状。劳曰：即斥退六人未尽当，而牌示已出，难收回。七人曰：君子之过，如日月之食。及其更也，人皆仰之。劳曰：若如此则难于办事。学生曰：怙过不悛，遂可以办事。劳默然久之，曰：学堂乃我之学堂，斥退之权操自我，尔辈毋得顾问。学生曰：总理既据此学堂为己有，则无惑乎由一人之私意以斥退学生。但国家岁糜巨帑设学堂，今以一私人而破坏之，非特负浙江，直负国家耳。因举曩议三事，请如约。劳曰：第一，某生既不与闻，查明再核，至于收回成命则不能。第二，戴有干事才，吾不能舍之。第三，容徐议。七人曰：公言止于是乎？吾辈志决矣。于是退而共议退学事。集讲堂，皆签名。十八日，劳复揭示曰：本总理承乏此堂年余，兢兢以爱学生为宗旨，不意本日斥退六人，诸生等竟挟众要求，殊失学生身分，此皆本总理教育无方，未能变化诸生气质，酿成今日腐败情形，深为负疚。惟学堂章程，宜求精密，该生等名誉，亦应保全。现拟会同教习办事各员，重加整顿，将各项规约，详加订定，以期于公平共能遵守为主。由该生等各递愿书，定期开课，为此示谕在堂诸生，一体知悉。自示之后，诸生如在堂静候者，即系与本总理意见相同之人，自能遵办，不愿者亦难相强。区区厚意，断非恝然，当共喻也。诸生置不顾。具名单，呈总理，全堂告退，而公议退学规则，揭于大堂，其文曰：今者同学因事不平，决然舍去，然必有一定秩序，以保文明之资格，故议规律数则于左：

一、公举干事数人，照顾一切；

二、言语行为，切戒嚣张；

三、不得毁坏公家器物；

四、各人行装，预为整顿，其挑费应归公派；

五、凡有交涉，概由干事直接，以期画一；

六、日内同学有事他出者，须知会干事；

七、临退学时，均集孔子殿行谒圣礼，次与总理、提调、教习、办事人等行告别礼，礼毕鱼贯而出，勿得喧哗。

廿日，诸生遂退学，暂居于文昌阁，自立一社，名曰励志学社。盖亦有取于南洋公学退学诸生之爱国学社故事也。

记者曰：劳主政为县令于直隶者廿年，所至者声，余尝熟闻共为人。丁酉之夏，令清苑，岁旱，禁迎神祈雨，持之甚坚。乡民聚众数千，舆神像入署，毁公堂，迫之于城隍庙，跳身独免，飞电告难于制军，而究以众怒不可犯，莫能穷治。其守有余，而为不足乎？然行谊固不失为君子。观今兹对诸生之言，与倾险狡诈者不侔矣。或曰：陈仲恕者，浙江大学堂监院也，壬寅之春，任筱元中丞黜之，而主政故与之善，凡事必与谋，而陈亦心有不慊于学堂也，故竭虑效思焉。十六日、十八日诸示文，皆出陈手云。

《经济丛编》第 26 期，光绪二十九年四月二十日

浙省学堂琐记

(1903 年 5 月 23 日)

杭州访事人云：浙省大学堂生徒散学后，初寓于东文昌阁，约有八十余人，将前所得奬赏

洋银四百元左右,悉数充公,并学堂给还膳资洋银三百余元,另再由各生捐集数百元,合计一千余元,作为经费,建设励志学堂于报国寺内,凡入堂肄习者,每人月贴修金两元,附膳者每月加三元。

《申报》1903 年 5 月 23 日

如系胁从者仍准入堂习业

(1903 年 6 月 6 日)

浙省大学堂肄业诸生散学后,经总理劳君函致诸生家中,如系胁从者,仍准其入堂习业。现在出堂复归及前来告退者,共计有五十余名,核之原定额数尚不及半,爰于五月朔日起,十五日止,凡有身家清白,年在十四岁以上者,准其报名投考。

《申报》1903 年 6 月 6 日

浙学重兴

(1903 年 6 月 11 日)

杭州访事友人云:浙省大学堂劣生借端散学后,所留者仅二十余名,嗣由诸生父兄浼人转圜,去而复来者以数十计,堂中原定学额一百二十名,现拟另招八十名,皆须笃志观摩,循规蹈矩,其有无知妄作意气嚣陵者,概不收录,大约月内即可开堂矣。

《申报》1903 年 6 月 11 日

在京浙官之公函

(1903 年 6 月 15 日)

浙官不可恃,我不得不九顿首以请命于乡先辈先生之前。书至此,适沪上报纸至,内登在京浙官以浙江大学堂事,致函黄都转及劳总理,词意恳切。爱乡人如其儿,既一愤,又一喜,书节录于下:

致黄都转函

(上略)以上云云,吾浙人皆可恕公,独至学堂一事,则公出全力以制浙人,我浙人亦当出全力以报公。方公莅浙之始,我浙人有以提倡学堂为托者,公漫应之。经济学堂一禀,由幕中人介绍达公,据禀词,则阳托赞成,据商言则阴相挠阻,故以万分结实之公牍,阅两载而化为云烟,而省学堂、府学堂,自公督办以来迭起风潮,务以摧抑士气为宗旨。今以移官他徙之人,尸居余气,犹敢倒行逆施,将我办有成效之学堂,败坏殆尽,致省学堂全班散学。就各报及同乡来函所述,办理荒谬之处,约有数端:学堂为清严之地,不应有宵小溷迹其间,时时失物,其荒谬一;既失物矣,即不能禁学生追求,乃失物则听之,追物则革之,待宵小何优待,待学生何酷,其荒谬二;学生革而风潮起矣,即当更换戴稽查,戴姓安慰在堂学生之心,以昭平允,乃竟任听全班散去,其荒谬三;夫庇宵小而虐诸生,护一人而坏全局,决裂若斯,中丞尚有挽回之意,而公又从旁阻挠,其荒谬四。若谓吾浙士气素不驯耶,何以林迪臣太守创办学堂,不闻稍有龃龉之事,今之在上者,动曰学堂难办、难办,如京师张大冢宰之为管学,举世皆谅其难,盖犹辞其职而不可得也。此外则阳托难办之名,而阴行其盘踞把持之术,公之贪狡阴邪,为全省官场巨擘,而又始终具一纨袴根性,以为吾既红其顶而花其翎矣,纵有再加十倍之荒谬,尔浙人其奈我何?呜呼!此所以不敢不止也。月前许筠庵被劾之后,行将及公,幸同乡某太史竭力消弥之,岂江西人有乡情,我浙江人无乡情,顾以办有成效之学堂,听公败坏耶?(下略)

致劳总理函

(上略)公莅堂之始,于孙某文字之案妥为消弭,不致酿成巨衅,尤见公保全同类之盛心。乃未几,乡人来函,屡有短公者,谓侨寓眷属创泰东西未有之奇。某劣幕之子,因违章私出宿娼,被中学堂革退,公竟以某劣幕私条,收为高才生。此外尚有偏信戴姓、屠姓等事。(以下词意与黄函略同故从略)今日文明诸国,往往厚多数而损一人,中国则反是,一稽查必曲庇之,众学生可全散之,盖公熟读野蛮之律,深体野蛮之心,以为吾用专制以庇稽查,将来督办必用专制以庇总理,矧黄幼农都转本与吾浙士人为雠者耶!是故全堂学生风流云散,而公则山鸡对舞,海燕双栖,仍不失其朝欢暮乐。福建以武备学堂而为臬司置箧,浙江以全省学堂而为总理藏娇天下,事所谓无独有偶也。夫中国野蛮之事诚多,顾败坏全局,专顾其私,胆大妄为,如公等者,殆亦不数数靓。公老刑名也,吾等请援最近最切之案以断斯狱。南洋公学以护庇郭教习而致全班散学,汪总办即日辞差;浙江省学堂以护庇戴稽查而致全班散学,乃执事居然恋栈,觉南洋总办犹有人心,而公则毫无廉耻矣。公既具此全无心肝有靦面目之长,而又应运而生于野蛮之中国,宜其投无不利,何必舍脚靴手版,而恋恋于百四十金之馆,以毒我后昆!总之,此衅已成,无可解免,吾等同乡在京之人,决不愿公再尸皋比之座!(下略)

大学堂全班退学事,前本志已加评断,得此两函,凡敢于侮慢学生,而大肆其压制之威力者,亦可稍熄其焰矣!大学堂为全浙性命所系,此而败坏全浙,皆败坏吾浙人之争之者,义也。虽然,吾浙事之待吾浙人而举者,殆亦不胜枚举,而放弃之,即放弃其浙江也。此义愿吾浙人共勉之。

《浙江潮》第五期,癸卯年五月二十日

记大学堂

(1903年6月22日)

杭州大学堂自全班学生散堂后,劳总理另行招考,凡报名各生,日前由总理出示,二十五日考试宁绍台金衢严温处八府及外省各生,二十六日覆试;二十八日考试旗籍及杭嘉湖各生;二十九日覆试。闰五月初一日,凡报名经□第三年者,再行覆试一次。初六、七日则考试各府保送各生,唯均须携带照相片,以凭存验云。

《大公报》1903年6月22日

慎选学生

(1903年7月11日)

杭州访事人云:省垣大学堂自诸生散学后,留者祗四十余人,前经出示招考,嗣以报名者类多幼穉,未能合格,总理劳玉初主政因念学堂之设,须由蒙养而入小学,由小学而入中学,由中学而至大学,循例渐连,方无凌躐之虞。因禀商护抚翁筱山中丞,通饬各属中小学堂,如果学有进步,堪以造就者,准其择尤送至省垣会考,以便选取肄业。一时报名者计有三百名左右,迨上月二十六日在堂扃试,到者仅一百八十余人,其余或因别有事故,或因风雨所阻,未免憾抱向隅。爰于本月初六日复行补考,俾英俊之得尽归珊网也。

《申报》1903年7月11日

大学揭晓

(1903年7月21日)

杭州访事人云:省城大学堂诸生不遵约束,纷纷哗散之后,经总理劳玉初主政另行招考,并禀请护抚翁筱山中丞札行各属中小学堂挑选学有进益者,送入大学堂会考,现经主政评定甲乙,于本月十五日出榜,计正取五十名,备取三十六名。其列入正取者,俟暑假期满后,即由父兄荐保,亲送人堂肄业,两月后再行甄别。如有在他学斥退更名投考者,虽已录取,一经查出,立即撤去。至备取诸生遇有缺出,照案名次先后序补。

《申报》1903年7月21日

浙江大学堂之近状

(1903年10月10日)

浙江之有学堂,以求是书院为嚆矢,其课程一切亦备式而已,固无所为精神教育者。自去年来,朝政改张,诏增设学堂,浙省大吏,遑遑无所措手足,乃易其名曰"大学堂"以塞责。以是,总理、职员、教习以下,各增薪有差,至于课目、章程,同无所损益也。今春,全堂学生退学事起,闻着咎之,然犹冀其悔悟前非,重加整顿,乃迄今未闻改革。事方疑之,顷有自国来者,询之,知今秋招考新例颇苛,遇有稍涉时论,字过五百,皆不录。

嗟乎!吾浙全省之学堂,其寥落如晨星,不为吾浙人之羞者几希,凡有人心,孰不思革而新之,普而及之,更安能听岁费巨万金之大学,徒供人藏娇养老之地,以致湮没学界,与书院、义塾立于同等之地位哉!夫大学堂者,吾全省人士之所注目也,系全省人士之望,居全省学校之首,宜若何整顿改良,始克名符其实。吾国教育初在萌芽,固不能求其完全无缺,使能尽力为之,或可逐渐改良,顺序以进,效法于各强国,如日本之庆应,则三十年后,当见普及教育之盛,凡吾侪青年子弟,因得备常人之智识,完国民之资格,以与东西列强竞争于圆舆之上,勿致甘贪口腹以卖国者，此吾侪死犹瞑目者也。且前此学堂，虽不过英文、数学，然风潮磅礴，时世逼迫，间亦有杰出之士寓其中焉，纵司事者以为吾年已耄，无能为也，因其老之可怜，固不宜苛加笃责，然亦当听其自然，任其发达可也，何必妄施干涉手段，以阻遏我全省人士之新机！在今日，不过谓学生奄奄无气，便于己之尸位素餐，而他日之流祸贻毒，真有不堪设想者。吾悬念及之，不禁为全省人士一场大哭。

《浙江潮》第八期，癸卯年八月二十日

图扩学舍

（1903 年 11 月 5 日）

杭州访事人云：今春浙江大学堂诸生向监理某君无理取闹，纷纷散去，假报国寺前某姓屋设立励志学堂，专以革命排满等词，群相煽诱。既而蕙兰书院生徒不遵约束，被掌教西人甘君斥退六人，以致激成众怒，纠集五六十人，在皮市另开改进学堂。未几即因经费不充，与励志学堂合而为一，更其名曰两浙公学。现拟扩充学舍，添招学徒。爰在小粉墙赁得广厦若干间，雇工修整，志大言大，扰扰扰纷纷，正不知其将伊于胡底也。

《申报》1903 年 11 月 5 日

诸生跋扈

（1904 年 1 月 10 日）

杭州访事人云：省城大学堂本系求是书院改建，由抚宪敦请劳玉初主政总理其事。今春劳君有事旋里，堂中诸生遂与监理为难，纷纷星散。迨劳君到堂，暂行停课，另募生徒，至七月始弦诵如常。未及数月，诸生又惑于革命排满诸谬说，渐生跋扈之心。劳君无可如何，力行辞退所遗总理一席，抚宪拟请陆勉斋太史承其乏。

《申报》1904 年 1 月 10 日

学生竞争分数之怪现象

（1910 年 7 月 17 日）

浙江高等学堂此次豫科毕业，经学司袁文宗亲提覆试揭晓后，被抑各生群情大哗，咸谓监学张景星徇私舞弊，滥扣品行分数，以致黜陟颠倒，当即公举代表李如崧，晋谒监督，诘问理由，谓：学生品行端否，当以嫖赌烟酒为衡，如学生有旅省五载，从未一涉拱埠，赌具更未谋面，烟酒尤所反对，反不如某先生与某校书鱼雁往还，风流自赏。然则学生之被黜，或者别有机关，一生如此，他人可知。学生等名誉攸关，务求监督明白宣布，俾知获咎之原因。孙监督无词以对，嗫嚅唯唯，一面密商监学，设法调停，即于揭晓之第三日，在堂设筵（按该校旧称，凡学生毕业出榜后，必在本堂盛筵款待，以作留别纪念，全省学校均无此例，足为该堂之特色)。是日监督注意调停，亲临劝爵，并挨席豁拳，以表敬意。张监学自知得罪学生，殷勤酬酢，借盖前愆。学生知张不善饮，故求拇战，每桌十拳，至杯盘狼藉，酩酊大醉而散。

《申报》1910 年 7 月 17 日

本署司袁详抚宪农业教员讲习所滋闹情形拟具目前办法并邀集议绅会议各节请赐示遵文

(1910 年 10 月 6 日)

为详请事。窃奉宪台函谕，农业讲习所学生禀控办学腐败一案，昨已批饬提学司查明虚实，详候核办。顷得陆所长所呈节略一纸，具述学生殴辱情状，殊堪痛恨。事之曲直姑置不论，然以学生而殴辱师长，此等嚣风若不从严惩抑，一旦传染，为害何穷！请即派员查明实在情形，分别详办，是为至要，等因。奉此，伏查奏定学堂赏罚规条章第九节内载，学生侮辱教员，行为悖谬，当斥出本学堂等语。此案农业教员讲习所学生，因新充寄宿舍监学稽高维贤不合监学资格，辄敢恃众凶殴，迨经本署司派委省视学前往查禁，尤敢环围所长，将揩黑板之粉刷掷中面部，实属目无纪法，不堪教诲。现据省视学查据陆所长面称，学生俞培林、冯尔孝暨孙承义、王佐、稽守、施宏汉、杜润民、陈祖经、汪乃鹏等先后滋闹情形，应即将为首之学生俞培林、冯尔孝二名即予斥退，并照章通饬各属学堂不准收考，以示惩儆。其孙承义等七名，姑从宽各记大过二次，由所长随时察看，如再不守规则，亦即并予斥退。至此次该校风潮之起，本署司查在校职教各员，亦多办理未善。叶教员联芳前任寄宿监学，其放任学生各情，业据陆所长逐一陈明。潘监学昨报告学生滋扰情形，前后语言自相矛盾，均属不合，并应撤易。教务兼英文教员叶某，旷课日久，现充寄宿舍监学稽高惟贤不孚众望，亦应由所长另延妥慎合格之员接办。此外学生禀控各节，已由本署司饬催省视学确切查明，另案核办。惟以上所拟，均为目前治标之法，若从该校根本上解决，则本署司于本月初三日会集学务公所议绅公同查议，佥以该校学风不良，办法未尽完善，不如另行组织，重订规章，方为正本清源之计。惟究应如何办法，本署司未便擅拟，理合详请宪台察夺，批示祗遵，实为德便。为此备由呈乞照详施行。

宣统二年九月初四日

《浙江教育官报》第 36 期，宣统二年九月

本署司袁牌示农业讲习所学生俞培林等分别斥惩文

(1910 年 10 月 7 日)

为牌示事。照得农业教员讲习所滋闹一案，业经本署司遵奉抚宪函谕，查明实在情形，拟具目前办法，并集议绅会议各节备文，详奉抚宪批示详悉。查奏定学堂章程内载，学生侮辱师长，行为悖谬，当斥出本堂等语。据称，此次农业讲习所学生围殴监学，并以粉刷掷中所长面部，实属目无法纪，不堪教诲，即将为首滋闹之学生俞培林、冯尔孝二名立予斥退，并查

明从前如有毕业文凭，即行追缴。其孙承义、王佐、稽守、施宏汉、杜润民、陈祖经、汪乃鹏等七名，既称随同滋闹，仅记大过二次，未足蔽辜，应一并革退，照章通饬各属学堂，不准收考，以示惩儆。至该校风潮之起，在校职教各员办理诸多不善，应如来详，将前监学员叶联芳、现充监学员稽高惟贤暨潘监学一并撤易。其教务兼英文叶教员旷课日多，尚与此案无涉，应由该员自行告退。惟此项办法尚是治标之策，似此嚣风若不大加惩儆，为害伊于胡底！应照该议绅等所议，由该司另行组织，重订规章，方为正本清源之计。其若何办理情形，仰即随时详报。等因。奉此，当即抄详照会陆所长，遵照宪批办理。兹陆所长业向抚院辞职，除由司派员暂行接收，即将学生俞培林等分别斥惩，教职员叶联芳等分别撤退，并延聘所长，另行组织，重订规章，详请抚宪核夺外，合行牌示。为此示仰学生俞培林、冯尔孝、孙承义、王佐、稽守、施宏汉、杜润民、陈祖经、汪乃鹏，监学员叶联芳、稽高惟贤、潘监学、教务兼英文叶教员等一体遵照毋违。特示。

宣统二年九月初五日

《浙江教育官报》第36期，宣统二年九月

本署司袁牌示农业讲习所各学生静候延聘所长另行组织仍照常上课文

(1910年10月8日)

为牌示事。照得农业教员讲习所一案，业经本署司遵奉抚宪批示，将学生俞培林等分别斥惩牌示在案，所有其余在堂各生，应即静候延聘所长，另行组织，一面仍照常上课。此次抚宪于该校严行整顿，原出于注重实业之苦心。嗣后各生，务须专心就学，恪守规章，倘再有意违犯学堂禁令，则是该生等自负裁成，虽全体解散，亦所不惜。本署司素来爱重学生，故不惮谆谆告诫。为此示仰各该生等体一遵照毋违。特示。

宣统二年九月初六日

《浙江教育官报》第36期，宣统二年九月

农业讲习所大风潮详情(杭州)

(1910年10月8日)

浙省农业教员讲习所糜费公帑，内容腐败，已达极点，而监学稽某对于校长一味逢迎，对待学员尤肆压制，各学员衔之已非一日。念九日星期放假，各学员拟在吴山某公祠决议陈请校长，乞另换监学，以维学务，不意尚未集议，已为稽某侦悉，上山阻止，喝令解散。各学员不服，遂相偕至所，听候校长处分。其时学员有六十余人之多，乃该校长并不在所，着人招请，据云已于昨日因事往拱北。各学员候至傍晚，未见归所，稽某复倚势恫吓，众情大哗，即公推十余人求见学司，禀陈其事。次日(即初一日)，袁提学派员莅所查察，适校长已回，犹复偏护稽某。众情愈愤，即由某委员电禀学司，当蒙袁提学亲莅该所，向各学员劝勉，并允令校长将稽某撤换，众意始平，遂即照常上课。讵校长陆家鼎大不为然，特谒抚学各宪，为稽某辩诬，竟欲加罪于学员。幸增抚、袁提学洞烛隐情,校长大碰钉子,懊丧而返。初二日,各学员上课如常。下午,不知如何陆校长电禀各宪,谓日教员木村他三郎有被学员侮辱情事,霎时即有警员到所保护,并请日教员至交涉使署住歇云。

《申报》1910年10月8日

提学司袁奉抚批照会农业学校闹学办法文

(1910年10月17日)

为照会事。照得本年九月初五日,奉抚宪增批本署司详,查明贵所滋闹实在情形,拟具目前办法,并集议绅会议各节,请赐示遵由。奉批详悉。查奏定学堂章程内载,学生侮辱师长,行为悖谬,当斥出本堂等语。据称:此次农业教员讲习所学生围殴监学,并以粉刷掷中所长面部,实属目无法纪,不堪教诲,即将为首滋闹之学生俞培林、冯尔孝二名立予斥退,并查明从前如有毕业文凭,即行追缴。其孙承义、王佐、稽守、施宏汉、杜润民、陈祖经、汪乃鹏等七名,既称随同滋闹,仅记大过二次,未足以蔽辜,应一并斥退,照章通饬各属学堂,不准收考,以示惩儆。至该校风潮之起,在校职教各员办理诸多不善,应如来详,将前监学员叶联芳、现充监学员稽高维贤暨潘监学一并撤易。其教务兼英文叶教员,旷课日多,尚与此案无涉,应准该教员自行告退。惟此项办法尚属治标之策,似此嚣风,若不大加惩儆,为害伊于胡底!应照该议绅等所议,由该司另行组织,重订规章,方为正本清源之计。其若何办理情形,仰即随时详报,缴。等因。奉此,相应抄详照知,为此照会贵所长,烦为查照。抚宪批示:即将学生俞培林、冯尔孝、孙承义、王佐、稽守、施宏汉、杜润民、陈祖经、汪乃鹏等分别斥惩。监学员叶联芳、稽高维贤、潘监学、教务兼英文叶教员等,分别撤易告退,并将究应如何另行组织,重订规章之处,妥议办法覆司,以便详办,望速施行。须至照会者。

《浙江官报》第2卷 第37期,宣统二年九月十五日

农业教员讲习所之近状(杭州)

(1910年10月23日)

杭垣官办之农业教员讲习所大起风潮,已志前报,兹悉聘定之金君兆棪,日前业已来省,不日可以接受所长之差。惟是八千元之经费,前所长陆君尚未造册详报,诚以为数已巨,浮开滥报,殊非易易,因此尚需时日。闻学界中人对于此事颇为注意,俟账目宣布后,再将浮冒之处逐项诘责。其意谓两浙之民脂民膏,未便为浮薄少年供花天酒地资也。

《申报》1910年10月23日

抚部院增批农业教员讲习所学生朱祖荣等禀学生俞培林等无故被斥恳准收回钧命由

（1910年10月24日）

查俞生培林等九人殴辱师长，先后滋闹，叠据司详，由省视学并议绅查明无异。该生等为庇护同学，妄行代求，实属不知分量。如再哓渎，当严究开除不贷。懔之。此批。

九月二十二日

《浙江官报》第2卷第45期，宣统二年十月十五日

农业教员讲习所风潮未已（杭州）

（1910年10月27日）

杭垣农业教员讲习所所长陆家鼎滥用私人，苛待学子，此次因细故酿成风潮，官厅偏徇一面，斥退学生，以致全体愈形愤激，三次赴抚院呼吁，均未得直。日前第四次呈控，复奉中座申斥，谓：前接朱祖荣等具禀，业经明白批示，该生等倡首滋闹，并敢殴辱监学、所长，显违禁令，是实败群之马，乱苗之莠，予以斥退，并通饬不准收考，本属咎有应得，亟应闭门思过，发愤自新，乃复危词纵听，希图要挟，实属荒谬已极，着不准理等谕。全体得谕，愤激万状，谓公道不存，生莫如死。昨已公推代表俞君培林等二人，自愿牺牲个人生命，入都部控，再不得直，继以叩阍，骈首皇都，为全体同学吐气。所有二君资斧衣食，概由全体典质告贷，以便出发。

《申报》1910年10月27日

本署司郭批农业教员讲习所学生俞培林等禀请收回成命由

（1910年10月29日）

前据该所学生朱祖荣等具禀抚辕，业奉批司传谕申斥在案。该生等自取罪戾，不知自反，辄复来辕混渎，危词耸听，殊属荒谬，特斥不准。此批。

宣统二年九月二十七日

《浙江教育官报》第42期，宣统二年十月

农校教职员禀词之批示

（1916年3月19日）

省立农业学校校长，前以学生种种不合，详奉巡按使批示一节，已记各报。近日，又有该校教职员刘子民等，以学生被校长蛮骂，全体停学，具禀巡按使，请予维持等情。现奉巡按使批，以查该校学生记过，据该校校长报告，系因辞退学监，要挟罢课，并非因学生请求查赎失

窃物件,购置实习器具。财政厅甫发经费,从前自愿置办。至减少班数,捏造教员薪水收据,排斥浙籍职教员各节,即使果有其事,亦非学生所应与闻。况班数系因新生无多,由本公署核减预算,教员薪水收据,核与原报教员人数姓名并无不符。学校职员既不限定本籍,本无省界可分,校员进退,亦为各校所时有,岂可指为排斥。察阅禀叙,该学生等所称情形,其不专心学业,干预非分,已属显然。该员等不加以纠正,反为来署代陈,实属非是。农业教育,本使夙所注重,正惟学生无多,尤应认真办理,俾一般社会咸生信仰。倘稍宽纵,任其性行不良,不特有阻目前之发达,将来谬种相传,更滋流弊,岂容稍事姑息。已饬该校校长严切整顿,并饬将未到各生分别办理矣。仰即知照。

《教育周报(杭州)》第 119 期,民国五年三月十九日

农校之风潮

(1916 年 4 月 1 日)

陈痴剑

顷阅各报所载,京师大学掀长风鼓大浪,莘莘学子群起而为不平之鸣。但相隔数千里,传闻异词,果校长曲而学生直欤?记者不敢漫下一断语,不谓吾浙农校澎湃奔腾,风潮陡起,胥冤种恨,极曲江八月之壮观,亦可谓奇矣。

闻该校分农林两科,风潮之起,为农科全体学生,本学期且毕业矣,夫为山九仞,功亏一篑,古人所惜。吾意此极短之时间,纵令若何困苦,当相与忍气吞声,以博一纸之卒业证书以去。乃该科学生竟毅然决然,唾弃之而不稍显顾恋者,良以近来之学校对于学生,泰半完全不负责任者也。现在之课程若何,将来之出路若何,秦人视越人之肥瘠,漠然无所动于中。学生入校既久,利弊已明,对于本校之感情遂恶,将来之希望亦绝,其积不能平者久矣,一旦乘机暴发,固在人意计之中。嗟乎!将兵而兵溃,牧羊而羊亡,果谁之咎欤?

当风潮最剧时,闻该校校长愤然曰:全班斥退,已不足惜,固办学者之金科玉律,该校校长竟能熟诵之,不可谓无其才具。但语云:民不畏死,奈何以死惧之!记者亦曰:学生不畏斥退,奈何以斥退吓之!

《教育周报(杭州)》第 121 期,民国五年四月一日

致省立女子师范学校第一中学校甲种农业学校甲种商业学校函

(1919 年 2 月)

(为联合讲演会事)

敬启者。省垣中等以上各学校联合演讲会,前经决定每月举行一次,并认定轮值月份,计本年一月份女子师校,二月份第一中校,三月份甲种农校,四月份甲种商校,早经分别通知。兹因一、二月份正值寒假,未曾举行,爰由日前校长会议公决,改定三月份由女师、一中

二校合并办理，四月份由农、商两校合并办理。应如何分请讲员或公请讲员，以及公同排定时间之处，应请合并之两校，自行接洽妥后，仍将讲员期先行知照敝会，以便通告听讲者届时来听。用特奉开，敬祈察治为幸。专此布达，并请大安。

《教育周报（杭州）》第233期，民国八年二月

杭甲种农校又起风潮（杭州）

（1921年9月22日）

杭州笕桥省立甲种农业学校学生，因饭厅菜蔬粗恶，不堪适口，请舍监孙宏青更换。乃某以有大方庇护，持强不理，竟至双方大起冲突。学生一时无法对付，竟于十九日全体罢课，以为要求校长撤换舍监之后盾。虽经周校长与各教职员向双方竭力调停，无如双方势不相下，至今尚未解决云。

《民国日报》1921年9月22日

甲种农校酝酿风潮

（1922年5月29日）

公立工业专门学校专门部学生，因经济公开问题，实行罢课。兹悉杭垣艮山门外笕桥省立甲种农业学校，有一部分学生亦在酝酿风潮。初举代表数人，谒见省会沈议长，有所请愿。现复准备一切，即将借端发难。惟该校周校长接办以来，所聘各科教员，都系国内外大学或专门学校毕业，对于农业教育，具征进步，而学生尚不满意，实不知其原因何在也。

《新闻报》1922年5月29日

《时报》对工校风潮的报道

（1922年5月29日—6月3日）

工校全体学生，以代理校长金鹤侪，及教职员张云瑞等，不学无术，吞没公款，闻今日已罢课，向教厅请愿，要求调换及经济公开。

《时报》1922年5月29日

工校学生要求撤换教员及经济公开，未能如愿，以致全体罢课，昨派代表赴省议会请求主持。

《时报》1922年5月31日

工校风潮,现经省教育会会长调停,斥革学生由校收回成命,一面由全体学生挽留出校教员。至经济公开一层,即组织经济委员会,学生亦得派代表旁听。双方业经同意,今日照常上课。

《时报》1922 年 6 月 2 日

工校昨已上课,风潮似已平息。

《时报》1922 年 6 月 3 日

甲种农校发生风潮
(1922 年 6 月 6 日)

省立甲种农业学校风潮,酝酿已久,现经学生部议决,发布第一次宣言,于六月五日上午,正式提出条件:(一)要求周校长辞职;(二)学校经济公开;(三)驱逐某某劣教员。并将该校交通之洋桥暂行阻断,禁止教职员出入。闻校长周幼山,尚在被围中,教育厅方面,已据该校电话报告消息,未知如何核办也。

《新闻报》1922 年 6 月 6 日

甲种农校风潮续闻
(1922 年 6 月 7 日)

省立甲种农业学校发生风潮一节,已记本报。兹悉周幼山校长,被学生迫上辞呈,教育厅接阅后,认为非正式文件,置之不理。该校学生自昨日起罢课,须达到更委校长、经济公开、及撤换劣教员,再行上课。周校长仍被围在笕桥本校,昨晚未回寓所(在城内长明寺巷口)。此次该校风潮,与工专目的相同,现已由教员调和组织经济委员会,如学生非分要求,亦应予惩处,俟周委员查后,即由厅发表办法,以平学潮云。

《新闻报》1922 年 6 月 7 日

农校学生发出驱逐校长之宣言书
(1922 年 6 月 7 日)

甲种农校全体学生反对校长周清,前日罢课,并发出驱逐校长之宣言书:(一)滥聘教员;(二)旷职误校;(三)侵吞公款;(四)假公济私;(五)败坏校风;(六)赏罚偏私。

《申报》1922 年 6 月 7 日

省立甲种农校风潮

（1922 年 6 月 8 日）

浙江省立甲种农业学校自发生风潮后，校门关闭，电话断绝，周校长及教职员，均被学生禁止出入。现在教员已准通行，沈会计仍在锢禁中。周校长初被学生关锁室内，昨闻已准在校中自由往来，惟需受学生监视，不得出校门一步。教育厅初派省视学沈光烈前往查办，并无结果。继派科员周志章，劝导学生上课，听候官厅核办。又省公署亦派第三科科员孙璸，于昨日乘车赴笕桥，至该校详查一切，具复候夺。并闻该校教员，昨在迎紫路某宅会议善后办法，兹将周校长辞呈录下：

呈为呈请辞职事。窃清自蒙任为甲种农业学校校长以来，于今六载，成绩无多，近以脑病时发，于校务更少进步，为此恳请准予辞职，并速派员代理，以维秩序而策进行，俾清亦得以乘时养疴，免滋贻误，不胜感戴之至。除分呈外，合行备文呈请恩准，以重教育。谨呈。

《时报》1922 年 6 月 8 日

派员查办农校风潮

（1922 年 6 月 8 日）

省署据省立甲种农校学生代拟校长周清辞呈云：窃清自蒙任浙省立甲种农业学校校长以来，于今六载，成绩无多，近以脑病时发，于校务更少进步，为此恳请准予辞职，并速派员代理，以维秩序而策进行，俾而亦得以乘时养病，免滋贻误，不胜感戴之至。除分呈教育厅外，合行备文呈请恩准，以维教育等情。当以该校风潮，究竟因何发生，除由教育厅派省视学沈光烈、科员周志章往查外，并派本署第三科员孙璸，即日前往查办云。

《新闻报》1922 年 6 月 8 日

甲种农校风潮续志

（1922 年 6 月 10 日）

江浙省立甲种农校风潮，尚无消弭方法。周校长七日谒见教育厅长，由代厅长张廷霖延见。周陈述一切后，张云：本厅厅长现值假期未满，又已辞职，鄙人虽代拆代行，但重要事件，仍请命于省长，今省长已委查，当静候省令办理。周出厅后，即晋谒省长，沥陈经过事实，并面递辞呈。省长云：校长果有溺职行为，学生只能要求撤换，总不能施野蛮举动。周云：事已至此，愿早退让。最后省长仍责成周氏回校，平定风潮，赶紧上课。至学生方面，七日在笕桥本校后面半里许之杨风庙开会，主张固结团体，务达去周目的。如官厅再不能决，预备入城游行。

附厅令如下：教育厅令行农校长云：案奉省长公署训令，内开：据该厅面呈农校职教员公函,陈报该校学生徐贤鼎等煽聚同学,锢禁校长,逼写辞呈,并包围校舍,禁止交通等语,殊为诧异。除由本署派员调查,并令该校长即日来省由厅面询一切外,查该学生李贤鼎等,胆敢胁众妄为,不法已极。应将为首之学生李贤鼎先行斥退,限令即日离校。一面由厅派员前往该校,将该学生等强暴胁迫情形,切实查明核办具覆,并令安分学生照常上课,毋得受人诱惑,自贻伊戚。合行令仰该校长遵照办理具复。

《时报》1922 年 6 月 10 日

甲种农业校长周清现已辞职

(1922 年 6 月 10 日)

甲种农业校长周清现已辞职,刻闻叶叔芸、吴宝瑛、高孟征、吴庶晨等均暗中运动甚烈,将来不知鹿死谁手。

《时报》1922 年 6 月 10 日

农校学生游行请愿

(1922 年 6 月 11 日)

省立甲种农业学校周幼山校长,自奉教育厅转到省令后,即于八日下午回校劝导学生上课。各学生因罢课后,要求之目的未遂,于九日举行游行,各标旗帜,由笕桥排队入城,并于下午三时半,赴省议会请愿撤换校长及劣教员,当由陈督察长高警佐率警察三四十名,排列队伍,在议场外守卫。于是全体学生在头门外伺候,推举代表八人,进内递请愿书,由沈议长在会客室接见。因请愿书中,并无议员介绍,不合法定程序,未便收受,遂将原件返还,各学生兴辞而出。

《新闻报》1922 年 6 月 11 日

解决农校风潮省令

(1922 年 6 月 14 日)

沈省长据教育厅呈复,省立甲种农校,此次风潮,既为少数不良分子所挟制,无可理喻。且现距暑假不远,即使风潮即日解决,上课亦无多日,不如提前放假,使各生回籍,事后追思,或知悔悟等情。当于六月十三日,指令该厅云:呈悉。该校学生,经该厅派员前往劝导,仍抗不上课,殊属谬妄。姑念暑假期近,应准如呈,提前放假,一面仍将该学生等强暴胁迫情形,克日查明核办,其复候夺。

《新闻报》1922 年 6 月 14 日

学生仍未出校

(1922 年 6 月 24 日)

省立甲种农业学校，自奉省令休业后，各学生仍未出校，且复发布宣言，要求各公团协助。该校长周清，以学生仍未谅解，续呈辞职，当由教育厅转呈省署核示。昨奉沈省长指令：该校风潮发生情形，本署业经分别饬查，应俟查复到后办理。该校长所请辞职，应毋庸议。

《时报》1922 年 6 月 24 日

务达驱周目的

(1922 年 7 月 9 日)

甲种农校校长周清辞职未准，学生部分昨又在笕桥镇杨风庙开会，务达驱周目的，并拟入城游行请愿。

《申报》1922 年 7 月 9 日

农校学生之新条件

(1922 年 9 月 5 日)

省立甲种农业学校，自农事试验场长陆海望调充校长以来，对于原有教职员，大加更换，校务殊见刷新。此次学生要求恢复学生自治会；所有周前校长任内无辜被革学生，须一律收回；嗣后聘请教员及斥退学生事件，须得自治会同意；校务会议，亦应有学生出席；校内预算决算，应遵照教育厅通令；组织经济委员会；一切功课，尤须实行革新。已提出条件七条，商请农学家庄景仲，向陆校长商榷，未知能完全承认否也。

《新闻报》1922 年 9 月 5 日

甲种农校发生风潮

(1922 年 9 月 8 日)

省立甲种农校学生会，因该校发生风潮，昨发布宣言云：省立甲种农校学生七十二人，为已奉省令斥革学生李贤鼎等八名，私入学校，迫令同学二十余人，于前晚七时许，在大礼堂开会议决，谓非达到省长收回成命，及允许彼等无理要求不可，否则情愿牺牲光阴，坚持到底云云。又敢以同学拍手为号，将生等驱逐出校，把守校门，监守电话，锢禁校长、教员，断绝交通，无所顾忌。今生等因彼野蛮举动，显系扰乱学校，有碍学业，故特共同议决，除泣诉官厅外，恐该生等假全体名义，耀人耳目，特将种种情形，谨告诸父老兄弟姊妹之前，幸垂鉴焉。

《新闻报》1922 年 9 月 8 日

委员查办农校风潮

(1922 年 9 月 9 日)

浙江教育厅据省立甲种农业学校电告,一部分学生,要求被革学生开复学籍,相率罢课,并有不轨举动,请予查办等情,当由马叙伦厅长立派省视学袁易、卢绶青、厉乃骥等,即乘火车赴笕桥,至该校召集学生,剀切劝导,已有少数学生谅解,于九月八日起,照常上课,尚有四分之三,因目的未达到,不允上课。据该校中人云,风潮尚难解决,恐有数日坚持云。

《新闻报》1922 年 9 月 9 日

甲种农校风潮扩大

(1922 年 9 月 12 日)

省立甲种农业学校学生诸已、林金钊、汤期颐等十余人,于九月十一日午前一时,戴假面具,穿蒲草鞋,于黑夜中打开窗户,将陆水范校长,拖送大门外,封闭住房,教职员工役房门,先行反锁,以防拦阻。闻陆校长被学生拖送校外后,幸遇巡长来校巡视,赶赴署中报告警佐,并电告马厅长。赵警佐即刻召集警察十余名,护送陆校长返校,然已旭日东升矣。所有诸已、林金钊、汤期颐、胡开栻、钱克刚、丁名世六生,因情节较重,已被斥除。马厅长闻讯后,立派沈科长厉视学,莅校考察,尚拟与陆校长商定办法,以维学风而儆凶顽。

《新闻报》1922 年 9 月 12 日

《时报》对农校风潮的报道

(1922 年 6 月 8 日—9 月 13 日)

甲种农校校长周清,因该校亦起风潮,无力解决,昨日呈请教育厅辞职。

《时报》1922 年 6 月 8 日

农校学生昨提出疑义事五条,质问校长,请即答复。

《时报》1922 年 6 月 8 日

省视学沈百民,昨奉教育厅委,赴农校调查风潮,因被学生阻止,不能进校。

《时报》1922 年 6 月 8 日

甲种农校长周清，因该校亦起风潮，无力解决，昨日呈请教育厅辞职。

《时报》1922 年 6 月 8 日

省教育会为农校风潮事，定十一日开会讨论解决办法。

《时报》1922 年 6 月 11 日

农校全体学生，昨入城游行，向各官署请愿，要求撤换校长教员。

《时报》1922 年 6 月 11 日

甲种农校全体教职员，昨已引咎辞职。

《时报》1922 年 6 月 12 日

农校学生昨函各团体各报馆，以校长周清校务废弛，功课停顿，劣教员滥竽青氈，此次要求撤换校长、劣教员，官厅目为妄动，非惟无意相拯，并欲武力对待，伏乞怜我苦衷，主张公道云云。

《时报》1922 年 6 月 12 日

工校学生以前次被逐之劣教员某某等，现拟运动进校，昨开全体大会讨论对付方法。

《时报》1922 年 6 月 15 日

农校风潮愈演愈烈，现教厅已呈准省长，下令提前放假。

《时报》1922 年 6 月 15 日

甲种农校学生，昨发第四次宣言，详述校长、劣教员之种种不法，非达到驱逐目的不止。

《时报》1922 年 6 月 15 日

甲种农校学生，昨派代表四人，赴省署教厅请愿，要求速撤校长，一面又具请愿书于省议会，要求维持。

《时报》1922 年 6 月 16 日

农校全体学生,昨发第五次宣言,声明并无一人离校。

《时报》1922年6月18日

杭州学生联合会为农校风潮事,昨请愿教厅,秉公办理。

《时报》1922年6月19日

农校学生昨发第六次宣言,势必驱逐周清、章毓兰等。现因急须回里,推派代表八人驻杭办事。

《时报》1922年6月23日

农校风潮迄未解决,该校全体学生昨又请愿省署教厅,要求撤换周校长。

《时报》1922年6月28日

浙江农校学生代表林金钊等一百二十九人,具呈督办处,请求撤换校长,维持学业。

《时报》1922年7月5日

农校学生昨又发第九次宣言,泣告父老予以援助。

《时报》1922年7月6日

农校学生一百三十余人,昨起诉地检厅,以教员章毓兰把持校务,酿成风潮,造谣污蔑,请传案讯办。

《时报》1922年6月17日

实业厅函复教育厅,农校周校长与农场陆场长互调,既由贵厅审察,两得其宜,敝处无不赞同。惟应以如何手续,呈请省署,即希酌核办理。

《时报》1922年7月21日

陆海望任甲农校长，业经发表，昨全体学生已宣言拒绝。

《时报》1922 年 8 月 9 日

省农会会长范高平，将来杭解决农校风潮。

《时报》1922 年 8 月 16 日

甲农校昨又斥退丁名安、林金钊、梁期颐等六名，并由警察捉去，已斥退之学生徐乃康，送厅拘押，关系反对校长之故。

《时报》1922 年 9 月 13 日

对于浙江农校风潮的意见
（1922 年 9 月 14 日）

吴觉农①

身在数千里外，而心恋慕着杭州底西湖，且更记曾在笕桥底母校——浙江省立农业学校；近阅民报，知母校风潮迄今还未平息，身属农界，事关母校，敢贡其赤诚，以告师友。骂我怨我，所不敢辞。

（一）校长问题

现校长陆海望先生，长试验场两年，率技术人员亲到田间工作，早夜辛勤，颇著成效，这是我春间归杭时所得的好影象之一。陆先生，对于新教育的观念如何，我虽未敢断定（我得罪的说一句，农界中有新教育观念者，在中国恐怕找不到一二个罢？！）但凭我良心，在浙江现农界中，陆先生还是我所佩服的，故我对于陆先生长农校，是没有什么不满足的。

（二）开除的问题

斥退学生是教育自身宣告破产，这句话凡是懂得教育原理者，均当首肯；而且就从来的经验论，被斥退的学生多是将来在社会最能办事的人才；浙江农业尚在萌芽，培养优秀人才，最为急要，如果只抱铸型式的方法，以造成几名人云亦云的毕业生为宗旨，则农业教育必至虽有若无。所以我对于被斥退的同学，主张留校试读。

（三）教员问题

学校聘请教员，在可能的范围以内，自当采纳学生意见；例如旧教员中，有与学生感情破

① 吴觉农（1897—1989），原名荣堂，浙江上虞人。著名农学家，1914 年入读浙江甲种农业学校，1916 年毕业，留校任助教。1919 年赴日本农林水产省茶叶试验场从事茶叶研究。三年后回国，先后在安徽、上海、浙江农业研究部门任职，并任上海茶叶检验处处长、财政部贸易委员会茶叶处长等职，又创办上海兴华制茶公司、杭州之江机械制茶厂。1949 年任中央人民政府政务院农业部副部长兼中国茶叶公司总经理，1956 年后担任中国农学会理事长、中国茶叶学会名誉理事长等职。

裂者,事后感情上必较疏远,我相信师生间第一必须有真切浓厚的感情,才能使学生有聆教问难的机会;否则教员学问虽好,学生所得必少,在教育上说,是不经济,在教员自身方面论,也似近于恋校。所以我为教员人格计,愿受反对者有自辞的决心!

(四)功课问题

我国农业教育最大弊窦,在所有功课都从外国编制法直接输入,极不适切于各地之社会;所以我极希望能观察社会底需要及时代的精神,大加增删。闻此次农校增加教育学及劳动学两科,前者为造就农村师资计,我极赞成;后者似拟改为"农民社会学",方为适当。其余主要功课,自当分别增加。

(五)自治会问题

与学生以自治,是与学生以自动;假使指导得其当,学生所受的益处,自必较死读讲义,及在一二学监之下受管理的要高明得多,不过同学们应该注意自动的真精神,是积极的,刻苦自励的,不是消极的享乐的;明乎此,才得谓之真自治。所以我对于自治会,以为应加以承认。

(六)经济公开问题

这问题,实在是校长包办教育以学校为营利之故,因而暴露的一种事实。老实说,在清高的教育界中,而发生所谓经济公开的要求,这只有我们中国所独有!我是主张学生应完全信仰校长的,不必要求公开;如果校长而有吞款及拿无耻的金钱者,这种校长还有人格么?这种校长就当群起而攻之。但学生既提出要求,校长定不肯答应,又不知是何居心。所以我以为经济公开是不成问题。

其余问题很多,我将来当再发表我个人的主张。

今天,先向亲爱的同学们,再说下面几句话:

同学们!我虽然不劝你们用十二分妥协的方法,但是为时间计,为自己的学问计,只要平心静气想一想,如果已能得到六七分的希望,就应该从此中止!用你们自己的理性,用个人自己的精神,万不要盲从!盲从是人类最大的弱点!如果真有理性,真能用自己的意志,就须切劝过火的同学们,稍事退让。将来改革农业的责任,去营救困苦的农民的责任,都悬在你们底肩膀上啊!

我觉得有许多话是很得罪人的;但是我如不说话,觉得很得罪自己的,所以敢秉其赤诚,西向祖国底母校,祝其早日安定!

吴觉农

一九二二年九月十四日夜十二时

《民国日报》1922年9月25日

浙江省立农业学校学生自治会章程
(1923年4月)

第一章　总纲

第一条　本会定名为浙江省立农业学校学生自治会。

第二条　本会以浙江省立农业学校全体学生组织之。

第三条　本会以尊重个人人格，发展自动能力及互助精神，养成共同生活之习惯，建设模范农村为宗旨。

第四条　本会对于学校事务，除左列四项得提出意见与教职员共同酌议处理外，余均由本会自治之：

1.关于经济公开事项；

2.关于进退教职员事项；

3.关于教授学科事项；

4.关于学业成绩事项。

第五条　本会分为法治、学艺、庶务、俱乐四部(各部细则另定)。

第二章　会员及职员

第六条　本校同学皆为本会会员。

第七条　凡会员皆应尽纳费服务及遵守规约等义务。

第八条　凡会员均有选举及被选举之权利。

第九条　本会设正副会长各一人，部、科等干事若干人。

第十条　本会职员均由选举产出。

第十一条　会长主理一切会务。会副协襄之。其余各部、科干事主理各职事务(细则另定)。

第十二条　本会会员任期以一学期为限(会长部长及会计等职不得兼任及连任)

第三章　选举

第十三条　本会各干事除评议、纠判、贩卖三科由各级自行推出外，余均由学期终时开常会选出之。

第十四条　本会正副会长、部长及各干事(除评议、纠判、贩卖三科)，均由会员中用投票法选出之，以得票多者为当选。

第十五条　投票时用记名法。

第十六条　每届各职员一经产出，即由前届各职员召集当选者交卸一切。

第四章　会议

第十七条　本会常会分春、秋两季，学期开始后三星期(讨论会务进行)及会期终竣前两星期(选举下届各职员)召集举行之，如有特别事故，得开临时会议。

第十八条　本会会议分常会、临时会、职员会议、评议会四种。常会讨论本会进行事项，临时会讨论评议会所不能解决之事项，职员会讨论各部进行事项，评议会评议本会一切事务。

第十九条　本会议事项规程分左八项：

1.会议时必须有三分之二人数列席，始得开会；

2.表决用举手法或投票法；

3.会议时主席无提议及表决权，但值可否人数相等时，得以己意决之；

4.会议时无特别理由不能处中立态度；

5.会议时不得有二人同时发言；

6.会议时不得任意离席；

7.凡议案皆取决于多数；

8.凡已经议决之案,不能更改但难于实行者,得提交复议。

第五章　会约

第二十条　本会会员皆应守下列会约：

(1)互助；(2)和爱；(3)真诚；(4)坚忍；(5)俭朴；(6)爱国；(7)尚公德；(8)勤学；(9)服务；(10)卫生；(11)不赌；(12)守时；(13)不吸烟；(14)不饮酒；(15)重名誉。

第二十一条　本会会员如不守会约及越轨行动者,经人报告于纠判科,处以相当之惩罚(纠判科细则另定)。

第六章　经费

第二十二条　本会之收入经费如左：

1.入会费每人一元,于始业时缴纳；

2.经常费每人一元,分二次缴纳(春季秋季各半元)；

3.膳杂费(与学校合办)；

4.贩卖科盈余；

5.临时捐助费；

6.学校补助金；

7.罚金；

8.储蓄利息。

第二十三条　本会支出经费依照预算表,如遇有特别事项之用途,须经评议科议决,始得支出之(预算表式及会计科细则另定)。

第二十四条　本会经费每年提出十分之一作储蓄。

第七章　附则

1.本会关于与教职员共同处理事务,由评议员出席。

2.各部细则另定。

3.本章程自公布之后始生效力。

4.本章程有未善处,由开常会时会员四分之三以上之同意,得修改之。

法治部暂行章程

第一章　组织

第一条　本部由本会组织之。

第二条　本部分评议、纠判(纠察公判执行)两科。

第三条　本部之职员如左：

1.部长一人,由大会产出之。

2.评议科议员十八人,由各级平均选出之(公推一人为科长)。

3.纠判科职员九人,各级平均选出之(纠察股三人,公判股三人,执行股二人,书记一人)。

第二章　任期

第四条　均遵照会章。

第五条　职员因事出缺时，由各级自行补缺，各员任期以补足前任未满之期为限。

第六条　本部对于本会有立法、司法之权。

第三章　职权

第一节 部长有总理一切部务之权。

第二节 评议科有左列之权。

第一款 议决权：

1. 议决评议员提议关于自治会应行兴革整理之事件；

2. 议决学校经济预算及本会经济之预决算；

3. 议决部长交议之各部请议事项；

4. 议决在校同学三分之一以上所请议之事项；

5. 议定纠判科所施行之惩罚规律；

6. 学校之评议会本科得出席与会。

第二款 开会：

评议科每月开常会一次，以每月第二个日曜日上午八时为常会期，但七、八月及二月以寒暑假关系不开常会，遇有特别事件发生，经各部之请求，或议员五人以上之请求，或全级同学十人以上之请求，均得由部长或科长召集，定期开临时会。

第三款 会议：

1. 会议时须过半数议员出席，方得开会议事；

2. 开会时科长主席，倘科长缺席时，由评议员公推临时主席代理之(但遇特别事得请部长与会主席)；

3. 凡取决可否，以到会议员过半数之同意为定，若可否同数，则取决于主席；表决之法，分签名、投票、举手、起立四种，由主席便宜用之；凡既表决之议案，缺席议员同负责任(表决可否之由书记员检查，主席宣告)；

4. 会议时，议员对于各部所质问，亦须先期通知出席者，但不列议决之内；

5. 议员有四人以上之赞同，得提出议案，各部及同学请议之议案，必经议员二人以上之介绍，方可收议；

6. 收受议案，以开会前二日截止，其逾期交到者，除临时发生之紧急事件外，概归下届会议收受。议案由主席列入议程；

7. 会议分第一读会、第二读会，第一读会讨论议案决定成立与否，第二读会逐条评议及修正字句，完成全案，但第二读会有时得因事宜省略之；

8. 凡第一读会决定应议各案认为特别审查者，由主席指定议员二人以上为审查员；

9. 审查员应于审查完毕后，将审查情形附以意见，报告大会；

10. 会议时，一议案未经议决，不得涉及他议案；

11. 会议时，有因事争执致乱秩序，或有牵涉议案以外者，主席得停止其发言，或令暂时出场；

12. 议员临时不到者，应先期报告于科长或部长，无故缺席满两次者，由部长宣告除名；另补如有特别事故先期不及报告者不在此限，但以后必须补述；

13. 会议时开放旁听，但以会场旁听席满为限；

14.会议时旁听人不得发言,如有紊乱秩序之举动,主席得禁止或令退出;

15.议案事件应由书记员誊写,以便稽核;

16.议决事项由科长随时报告各部执行。

第四款 复议:

1.议决事件各部难于实行,认为有更改之必要者,得声明理由,提交复议,但以一次为限;

2.凡本规程,得议员半数以上认为有修改之必要时,得提出议案,讨论修正,议决后公布之。

第三节 纠判科(分纠察股公判股执行股)有左列之职权。

第一款 纠察股:

1.维持休息、运动及集会时之秩序;

2.各种违犯会约行为之纠察及其禁止;

3.关于清洁上之各种事项;

4.同学有忽然负伤及猝然患病者,随时护导之,或送往校医处;

5.收受遗失品招失者领取,并司失物之纠察;

6.学校经济事宜,由本股干事每月终及每学期终得审查之。

附拘捕规程:纠察股主旨在销患于无形,如遇不得已之时,劝告或禁止无效,亦可拘捕移送公判股核办。

第二款 公判股:

1.本股采合议裁判制,审理一切诉讼及纠察股送办事件,科长预审(科长因故缺席,由推事公推一人预审,或由科长委托推事一人预审)案件,推事列席旁听,侦查事应受科长之指挥,委托判决案件必依据全科会议议决之;

2.遇有重大事件本股不能解决时,咨请评议科议决施行之,诉讼人不服判决,得于一周内提向部长上控,由部长召科长推事再行审理。

附开庭规程:

1.每周火曜日晚七时为开庭时间,遇有重要事,同照第一项施行。

附会议规程:

1.会议时,以科长主席,推事必须出席与议,以过半数同意为准,未经议决,不得判决。

2.上诉会议时,以部长主席,科长、推事亦同行出席,议规照第一项。

附判决规程:议决之案件,随时宣告判决,并同时报告执行股执行之。

附罚则:

浙江农校自治会违规罚则

第一章　总纲

第一条　因精神病致违规者不处罚,但须酌量情形送入医院或离校。

第二条　因救护自己或他人,紧急为难,出于不得已之行为致违规者,不处罚,但其行为过当时得减一等处罚。

第三条　凡为人力或天然力所迫,无力抗拒,致违规者不处罚。

第四条　违规未遂者不处罚。

第五条　因违规处罚后一月内再犯者，加一等处罚，三犯以上加二等处罚。

第六条　违规行为同时涉及本律二款以上者，分别处罚。

第七条　二人以上共同实施违规行为者，皆为正犯，各科其罚。

第八条　帮助正犯违规为从犯，得依正犯减一等处罚。

第九条　唆使他人实施违规者，为造意犯，准正犯论。唆使造意犯者准造意犯论。

第十条　唆使或帮助从犯者，准从犯论。

第十一条　违规之罚则分主罚及从罚。

A. 主罚之种类：

一等 罚金五角，并具自新书，或褫夺选举权及被选举权一学期，或罚服劳动事务四十小时；

二等 罚金二角，或褫夺选举权及被选举权一月，或罚服劳动事务十二小时；

三等 罚金洋二角，或罚服劳动事务三小时；

四等 罚金洋一角，或罚服劳动事务二小时；

五等 罚金铜币五枚，或罚服劳动事务一小时。

具自新书后三月内确已改过者，自新书退还，罚金或褫夺公权、或罚服务劳动事项，均由公判股判定，不得依被罚者自认。

B. 从罚之种类：

一、没收文具或物品；

二、赔偿他人物品损失之半价；

三、依样或如数赔偿。

第十二条　因违规行为致损失或灭失物品者，除依法处罚外，并得酌令赔偿。

第十三条　审查违规者之素行心术及其他情节与定规类似者，得酌量加重或减轻一等、二等之处罚。

第二章　处罚

第十四条　毁坏本会或学校名誉之处罚：

一、作破坏本会或学校风纪之事者，一等；

二、在学校之内或外赌博及不正当之行为者，一等至四等。

第十五条　违犯会章之罚则：

一、不服从自治会职员之支配者，四等；

二、托人购不正当之物品者，没收物品；

三、同榻寝卧者，三等至五等；

四、在卧室内使玩乐器者，乐器充公；

五、在卧室内吵闹者，四等至五等；

六、私宿校外者，一等至三等；

七、假出逾限回校者，四等至五等；

八、课时私出校外者，三等至五等。

第十六条　妨害公务之罚则：

一、上课时妨害他人者，五等；

二、自修时妨害他人者，五等；
三、妨害他人办公一切事项者，五等。
第十七条　扰乱秩序罚则：
一、在教室内扰乱秩序者，五等；
二、在公共地方或办事室内喧哗者，五等；
三、运动时扰乱秩序者，五等；
四、结党吵闹者，三等至五等；
五、非时奏乐者，三等至五等；
六、无故鸣警角者，三等至五等；
七、开会时扰乱秩序者，三等至五等；
八、玩弄号钟者，三等至五等；
九、非在寝室内任意点烛者，五等。
第十八条　妨害公益之罚则：
一、将公物为私物者，收回原件外再处以一等至五等；
二、擅移公用物件者，二等至五等。
第十九条　妨害卫生之罚则：
一、随地涕唾者，五等并令其整理清洁；
二、床褥不整洁者，五等并令整洁；
三、任意抛弃纸屑者，五等并令扫清洁；
四、痰盂内弃置杂物者，五等并令整理；
五、非便溺处而行便者，五等并令除净；
六、浴后不倾浴水者，五等并令收拾；
七、任意污秽公地及公物者，五等并令整洁；
八、指甲长而不剪、身体秽而不洗者，五等并令整治。
第二十条　妨害交通之罚则：
一、置障碍物于出入路者，五等；
二、无故锁闭出入门户者，五等；
三、在教室内或走廊及要道踢球者，五等。
第二十一条　妨害选举之罚则：
一、阻挠选政者，一等；
二、行使不正当之方法运动当选者，一等；
三、破坏选举者，一等；
四、伪造选举票者，一等。
第二十二条　弃毁损坏等行为之罚则：
一、故意损坏公物者，五等并令原价赔偿；
二、无意损坏公物者，半价赔偿；
三、任意损坏他人物品者，五等并令原价赔偿。
第二十三条　怠惰旷职之罚则：

一、自治部员不尽职者，褫职或并褫夺公权一学期；
二、自治干事不尽职者，四等。
第二十四条　妨害安全信用名誉秘密之罚则：
一、窃窥他人书信者，四等；
二、窃听他人私语者，五等；
三、损人名誉者，一等至五等。
第二十五条　欺侮人之罚则：
一、倚仗欺人者，一等至五等；
二、以武力欺人者，一等至五等；
三、强借物品者，五等；
四、口出恶言者，二等至四等；
五、运动时侮弄他人者，一等至五等；
六、诳言欺人者，一等至五等。
第二十六条　造伪证及诬告他人之罚则：
一、捏造伪证及冒充证人者，一等至五等；
二、捏造事实诬告他人者，一等至五等。
第二十七条　湮灭证据之罚则：
一、隐匿或毁灭他人违法证据者，一等至五等；
二、隐匿或毁灭自己违法证据者，一等至五等；
三、因庇护他人不肯担任证人者，三等至五等。
第二十八条　私藏违禁品之罚则：
一、私藏危险品者，一等至五等并没收物品；
二、私藏有伤风化之书籍物品者，同上。
第二十九条　有私取行为之罚则：
一、窃取他人银钱物品者，按物赔偿外，再呈学校办理；
二、私取校内物品者，同上。
第三十条　有烟酒及赌博行为之罚则：
一、吸烟或饮酒者，四等至五等，并没收物品；
二、赌博或类似赌博之不良行为者，一等至五等，并没收物品，再呈学校办理。
第二款 执行股：
一、随时依照公判股之判决执行之；
二、执行临时所施行之种种警务。
第三章　附则
第三十一条　本章程自公布日起即发生效力。
第三十二条　本章程内附纠判科现时施行罚则。
第三十三条　本章程如有未善处，须由本部全体职员随时开会商正公布之。

学艺部章程

第一章　组织

第一条　本部由本自治会组织之。

第二条　本部分为左列四科，每科分为二股，设干事若干人主理之：

甲、文件科：

1. 文牍股；

2. 书记股。

乙、出版科：

1. 编辑股；

2. 校雠股。

丙、图书科：

1. 整理股；

2. 购备股。

丁、讲演科：

1. 普通股；

2. 化装股。

(以上八股各有事务分任，如有违警行为，则由自治会法治部执行之。)

第三条　本部之自行规程分条列后。

第二章　文件科

第一节 文牍股：

第四条　本股专司关于自治会文牍事项。

第五条　系自治会承受来往公文转交，书记录之。

第六条　关于校外行政与学校有关者，不在列内。

第二节 书记股：

第七条　本股由自治会公选二人，共同负本会一切书记之任。

第八条　记录本会出入公文事项。

第九条　遇有大会及职员开会，出席录记会议经过一切事项。

(书记在会议之时有发言之义务。)

第三章　出版科

第一节 编辑股：

第十条　本股设干事二人充任之。

第十一条　招集本会之会员文稿分类辑之(每学期出版《浙农新声》一册)。

第十二条　各种文稿集成有修改之义务。

第二节 校雠股：

第十三条　本股设干事二人共同担任。

第十四条　书籍经编辑后本股校雠之方可出版。

第十五条　出版品由本股盖印后始认正确然后交于庶务负任。

第四章　图书科

第一节 整理股：

第十六条　本股设图书馆一所，由本股之干事整理图书一切事项。

第十七条　图书馆开闭时期及其他事项，另分如左：

1.每日自午餐后开至一时闭；

2.自下午五时至六时开；

3.自晚餐后开至七时闭；

4.馆内灯火、痰盂、洒扫，由校役负任；

5.遇有假日不限时刻开闭。

第十八条　凡馆内报纸不得携外。

第十九条　阅者将图书破坏，须照原价赔偿（或赔原书亦可）。

第二十条　借用本馆书籍，由本股干事记录，以计日为限（至多不得过一星期）。

第二十一条　遇有故意破坏书或私取者，一经查出后，则赔以倍价外，又置法治部处以相当之惩罚。

第二十二条　每学期开始及终竣时检查一次，倘有来历不明之遗失，由整理人负责。

第二节 购备股：

第二十三条　本股专察社会之潮流，或遇预约及廉价，见机购备适当书籍，以充图书馆，增广学识。

第二十四条　凡遇有可购书籍，务经本科议决行之。

第二十五条　凡有害纲纪书籍，不得充入。

第五章　讲演科

第一节 普通股：

第二十六条　本股讲演场借本校大礼堂充之。

第二十七条　讲演员于本校人员皆可充之。

第二十八条　每礼拜六下午七时练习一次，其时间之长短、讲题之方针，皆由讲演员自定，依次登台。

第二十九条　遇有特别问题，或给假日亦可练习之。

第三十条　晚间讲演时，灯烛等物由本股干事通知庶务行之。

第二节 化装股：

第三十一条　本股干事一人，如有不敷，临时推选。

第三十二条　化装员由本校人员皆可充入，化装物品由本股自行议决。

第三十三条　本股平时不必登台开演，宜重预备，自行研究，遇有佳节及露天讲演时充之。

庶务部章程

第一章　组织

第一条　本部由本自治会分部而组织之。

第二条　本部设部长一人，干事若干人。

第三条　本部分会计、卫生、贩卖、外教、村舍、杂务等六科（各科细则详后）。

第四条　本部长由大会中选举产出之，干事员、会计、卫生、外交由大会举出之，贩卖、杂务由各级平均举出之，村舍自行推出之。

第二章　职权之事项

第五条　本部司下列各种事项：

1. 会计科掌理会中经济事项；

2. 卫生科掌理各种卫生事项；

3. 贩卖科掌理购置、出售事项；

4. 外交科掌理交际、交涉事项；

5. 村舍科掌理各室居住事项；

6. 杂务科掌理一切庶杂事项。

第三章　附则

第六条　本章程自公布起即生效力。

第七条　本部之各科细则另详订附后。

第八条　本章程有未善处得职员二分之一或会员三分之二以上者之赞同可随时修改之。

A. 会计科细则

第一条　本科司本会经费出纳事项。

第二条　本科分司账、储蓄二股。

第三条　司账股：

第一项 本股设干事一人，专司本会一切收支事项。

第二项 本会经费经本股收集，须由本股存储于储蓄股(存储方法详储蓄股)。

第三项 各部或科向本股领取经费时，须具条并盖各该部、科印信。

第四项 各会员缴纳入会费或常年费时，得由本股发给收据。

第四条　储蓄股：

第一项 本股为谋会员储蓄便利而设。

第二项 本股兼储本会一切经费。

第三项 本股设干事一人。

第四项 本会经费存储办法如下：

1. 本会所有经费，由司账股积存，十元以上者得交本股存储；

2. 前项经费随时由本股转存银行；

3. 本会各部向本股领款，须经司账股盖印。

第五项 会员存款办法：

1. 凡大洋一元以上，即可交本股存储；

2. 存储款项概不起息；

3. 支取存款每日一次(须在课余时领取之)；

4. 支款不得过存款之数；

5. 存入、支取概凭收据，此据遗失时，一面即声明作废，一面由本股补给；

6. 每学期结算一次，所存款项一概发还(不愿发还者听)。

B. 卫生科细则：

第一条　本科专管一切卫生事务。

第二条　本科设科长一人，总理一切卫生事务。又设干事一人，助理科长之不及。

第三条　本科设检查清理二股。

第四条　检查股：

第一项 本股专事检查自治区域一切卫生事宜。

第二项 本股事务由科长、干事主持之。

第三项 各处有不合卫生事件，本股得令其改良。

第四项 一切食物须经本股检查后，方得投入厨房，饮料每餐由本股检查一次。

第五项 会员有疾病时，经校医诊断后，本股得令其迁入调养室。

第六项 会员有传染病时，经校医诊断后，本股得令其移住医院。

第七项 遇有时疫流行，本股得会同校医，临时设施种种防疫事项。

第五条　清理股：

第一项 本股专理关于卫生上清理事宜。

第二项 本股事务或由科长及干事主持。

第三项 每月开卫生讲演一次，由本股主持之。

附：村舍整理及浴室、运动场、洗衣所、调养室、膳所各规则，由本股会同村长参照学校规则，共同订定之。

C. 贩卖科细则：

第一条　本科为会员便于练习商业知识，及会员便于购买物品而设。

第二条　本科设科长一人，总理本科一切事项。

第三条　本科分购置、出售二股。

第四条　购置股：

第一项 本股设股长一人，干事二人，司置办货物事项。

第二项 本股专管购置。

第三项 本股购入或卖却物品，所往来之银钱，得由科长处随时支领。

第四项 本股所购之物品，由科长审定市价，然后交出售股出售之。

第五条　出售股：

第一项 本股设股长一人，干事十二人，专司出售事宜。

第二项 本股每日设出售员一人，由十二人轮流之。

第三项 每日出售员须作详细报告书于本股股长，再由该股长呈报于科长核办。

第四项 贩卖时间定每日上午七时至七时五十分，下午一时至一时五十分，及五时至七时（会食时不在此限）。星期及假日，除前所定时刻外，得听出售者之便。

第五项 本股经费暂定二十元，倘不足时，得临时增加。

第六项 会员购物概须现金。

第七项 本股按日结算一次，每学期终结算，所得盈余概充本会经常费。

第八项 本股于开运动会时，及其他事项，得设临时贩卖团贩卖之。

第九项 附临时贩卖团办法：

1. 除本股出售员在场时出售外，得由会员中抽出数人充之；

2. 派出听差数人补助之；

3. 所得股余归入本股；

4. 物品由本股临时酌定之。

D. 村舍科细则:

第一条　本科专管村舍居住事项。

第二条　本科干事由每舍中各推出一人充之,由该干事中互选一人为村长。

第三条　各村之定各以数目,自右徂左顺序而定之(即第一村、第二村、第三村等是也)。

第四条　村长及各干事之职务如左:

第一项 传达本村一切事宜。

第二项 按照定时启闭窗户。

第三项 维持各舍之风纪。

第四项 同村舍中有疾病者代达于卫生科。

第五项 其他关于村舍临时接洽事项。

第五条　各村之编制,以每学期为一次,平时不得擅自更易。

第六条　各村舍所行之规程,以校规施行之。

E. 外交科细则:

第一条　本科设股长一人,干事一人,由大会产出之。

第二条　本科专司交际、交涉,以及一切外交事宜。

第三条　本科如有紧重事务,得设临时干事若干人。

第四条　本科遇有不能解决之事,得请评议科议决之。

F. 杂务科细则:

第一条　本科置科长一人,掌理一切杂务事项。

第二条　本科设劳动、庶杂二股。

第三条　劳动股:

第一项 本股办理关于本会一切劳动事宜。

第二项 本会会员均须具劳动义务。

第三项 本股设股长一人,干事四人。

第四项 本股劳动以自治区域为限。

第五项 除规定区域外,均听自由劳动。

第六项 应行劳动时,本股通知各干事,共同行作。

第四条　庶杂股:

第一项 本股设股长一人,干事四人。

第二项 本股职员有闲暇时,可得助劳动股之不及。

第三项 本股之事务如左:

1. 布置会场;

2. 调换厨房及听差;

3. 其他庶务事项。

俱乐部章程

第一章　总则

第一条　本部定名为浙江农校学生自治会俱乐部。

第二条　本部由自治会组织之。

第三条　本部设部长一人，干事若干人，均由大会产出之。

第四条　本部分体育、音乐两科。

第五条　本部部长总理部务，各干事主理各科务。

第六条　本部各职员均遵照会章。

第二章　细则

第七条　本部之各科细则详订于左：

第一节 体育科：

第一项 本科专司关于一切运动事项。

第二项 本科暂分足球、网球、队球、国技、田赛、径赛、器械七股。

第三项 本会会员对于本科规定之运动，必须在一种以上。

第四项 各股有比赛事宜，得开选手会议，由各该干事召集之。

第五项 各股干事分配如下：

(1)足球股一人；(2)网球股一人；(3)队球股一人；(4)国技股一人；(5)田赛股一人；(6)径赛股一人；(7)器械股一人。

第六项 各股干事之任务如下：

1.本干事有管理运动器具之权务；

2.本干事有编制组数及调查出席人数之权务；

3.本科各股遇有事务，股员由干事召集之；

4.本干事有任评判及其他各种关于股中事务。

第七项 每日除星期日外，下午五时至六时为正式运动，其遇有课余之时间，亦可得以运动之。

第八项 每月各股集队比赛一次(比赛法及时间由各队自定)，优胜者至学年终平均其成绩如何，得有本部酌量赠与纪念品。

第九项 正式运动时间，会员必须出席，倘有特别事故，当预先声明于各该队干事，由干事应许始可。

第十项 本科各股选手比赛时，不得无故缺席。

第十一项 运动员在运动场上，当听评判员及管理员之指导。

第十二项 比赛时，选手对于他队或评判员有不满意时，当向本科干事声明理由，由干事向他队或评判员交涉。

附项：

第一项 运动教师由学校聘请。

第二项 田赛分跳远、跳高(持杆跳平地跳)、铁球、铁饼。

第三项 径赛分径赛阻、隔赛阻(高栏、低栏)两种。

第四项 器械分铁杠、平台、跳台、悬木、木马、秋千六种。

第二节 音乐科：

第一项 本科分国乐、洋乐二股，各股干事一人管理之。

第二项 本科设音乐室一所，专供会员之娱乐。

第三项 音乐室开闭时间,上午十二时至一时,下午四时至七时,完全开放。

第四项 本科干事之职权如下:

1.音乐室之清洁及整顿;

2.音乐器具之保护;

3.音乐室秩序之维持;

4.故意损坏音乐器具者得令其照原价赔偿;

5.音乐器具之添备(但须经评议会之审定);

6.私携乐器出室者得禁止之。

第五项 本科之国乐、西乐种类如下:

1.国乐类:京胡、二胡、三弦、琵琶、洋琴、月琴、洞箫、笙、笛、鼓板、响铃;

2.西乐类:风琴、马号、步号、大鼓、小鼓、军笛 。

第六项 会友之使用乐器,惟须认定何种,不得随意乱弄,并不得超过三种以上。

第三章 附则

第八条 本部之章程,自公布日起即生效力。

第九条 本部章程有未妥处,由常会得会员三分之二以上之赞同,得修改之。

《浙农新声》第1期,民国十二年四月

农专风潮之酝酿
(1924年12月25日)

浙江公立农业专门学校,校长自许璇辞职后,校务无人负责,该校学生已屡向教厅请愿,速委正式校长,以免校务废弛,且一致拥戴前校长高维魏。而高氏自身有不能卷土重来之苦衷。教厅因一时无相当人才,一方面暂委该校教员李宗敏暂行代理,一方面允为物色人才继任斯职。现该校学生因李既系暂时代理,故无若何激烈之反对,乃李得寸进尺,自不量力,竟想改代理为正式。目前唆同少数学生假冒全体学生名义,擅派代表朱文达等三人,往教厅请愿委李为正式校长。该校专门部学生业已登报反对,而旧甲种多数学生,因李以日本兽医实业科毕业,资格既然不合,人格又极卑鄙,学问浅薄,形同无赖,手段狡猾,实不足为全校之表率,已于二十三日议决,一致否认。如李恋栈不去,决以罢课抵制,静候官厅解决。故该校已分反对、拥护二派,势不两立,而多数教员亦表示不满云。

《申报》1924年12月25日

农校学生赴省厅请愿之情形
(1924年12月29日)

笕桥浙江公立农业专门学校,学生为反对李宗敏为该校校长,激成风潮,已志前报。该校专门部及甲种部多数学生前日开会,议决特派代表邵溥慈、裘孝椿、王晋禄、潘伯英等七人,向省署及教厅请愿。先到省署请见省长,因省长尚未到署,当由政务处长萧氏接见。该代表等说明原委,萧处长云:余亦办教育有年,深悉教育情形,校长之优劣,颇与诸学业有关,自当审慎考虑。现教厅已将呈文到署,但校长究属何人,一时尚难拟定,当物色相当人才,继任斯职,酌量情形,然后发表。总之以人才为依归,决不致使诸君不满,诸君尽可安心向学,静待解决。该代表等认为满意,遂兴辞而出,即往崔家巷教育厅,由某科员接见。代表等将始末情形说明,某科员云:张厅长已预备交卸,一切事情,自待计厅长莅新后解决云。代表遂兴辞归校。

《申报》1924 年 12 月 29 日

浙江公立工专发生驱长风潮
(1926 年 10 月 22 日)

浙江公立工业专门学校于十八日上午发生风潮,将校长徐守桢、总务部长李泰云、训学部长戴中甫、教务部长冯飕云同时驱逐出校。据学生发出宣言,以改进校务,驱逐校长为目的,述校长侵蚀公款,滥用私人,压断教务,不事设备,缺聘教授,压迫学生,行为卑鄙等劣迹。事出之后,甚器尘上。兹将风潮情形录下:

此次风潮之起非常迅速,十八日上午八时打钟为号,分学生为二大队,一至总务部,将该部长戴中甫围住,告以起事原因,将总务部所有物件,嘱戴某一一检点封锁,并由戴某亲自签字,证明学生并不毁损公物。学生亦给凭据于戴某,以清手续。一队拥至校长室,宣布罪状,请即出校。徐校长谓:要我出校尽可出校,何必用此手段!学生谓:今日我们并非用学生资格请你出校,今日我们以浙江公民资格请你出校。当时徐氏欲打电话,学生不许,徐见势不佳,只得出校。学生遂排列两边,高呼口号,欢送徐校长出校。未几,学生等回入校内,催促戴中甫、李泰云、冯飕云三人出校,此上午八时至九时之事也。当驱逐校长之时,同时推代表六人至教育厅请愿,三人至省署请愿。至十时许,教厅派第一科张行简、省署派第三科长冯学丰到校调查真相,至十一时,学生邀集专门部教员十人,甲种部教员五人,在大礼堂开会。学生要求教员组织委员会,暂维校务及教务。教员等再四考虑,谓暂维教务,义不容辞,惟校务重大,不敢负责。结果议决,定十九日上午八时,重行开会讨论。斯时教厅调查员张行简亦在座旁听。开会将毕时,会场隔壁忽起火,幸火势不甚烈,立即扑灭,未遭焚□。事后调查,放火者为该校教员许某。此上午九时至十二时经过之事也。下午一时,该校学生又开全体大会,讨论对外宣传,及对内保守秩序等事宜,议决总务部部长柳升荣、经济审查部部长王朝升、宣传部部长傅联璋,并推定每级代表二人,以负专责。凡代表在寄宿舍者,皆搬入校内。至晚间八时,再开全体大会,讨论许教员放火处置办法,及将来校长之人选问题,无十分结果而散。以上皆工专驱长运动一日间经过之详情,将来如何了局,容当续志。(十月十八日晚九时)

《申报》1926 年 10 月 22 日

浙省署饬查工专驱长风潮

(1926年10月25日)

浙江教育厅昨日(二十一日)奉省署训令云:案据公立工业专门学校校长呈称:窃今日上午十时,有学生自治会代表来事务室,胁迫校长及教务、总务、训育三部主任立即离校,并将总务部、会计处、工务处、图书室自行封闭,当由学生自治会总务部部长柳升荣出有封闭字据,业经校长面呈钧长在案。查属校各场室、仪器、机械、校舍及会计处,存有簿折、收据,均关重要,现今校长以不能行使职权,不得已暂行离校,应如何办理之处,仰祈指令祇遵等情。又据该校学生来署分别函呈请愿前来,合行令仰该厅迅速派员查明核办,具复候核。此令。

《申报》1926年10月25日

浙江工专驱长风潮死灰复燃

(1926年11月8日)

浙江公立工业专门学校全体学生,于上月十八日驱逐校长徐崇简,并校务、教务、训育各主任,封锁会计、总务、仪器各重要处室,已详志本报。其时适值政变紧急之秋,学生纷纷回籍,徐校长遂邀同教育厅第三科科长张行简到校复职,启封各室,黜退学生三十九人。现在时局平定,学生络续回校,主持有人。对于徐校长斥退同学,认为伪命、伪行职权,根本否认,□复□续进行驱逐。

《申报》1926年11月8日

浙省工业专校暗潮甚烈

(1926年12月15日)

浙江公立工业专门学校,前因驱逐校长,曾经发生风潮,嗣斥退学生三十余人,始告平息。现悉高年级学生对此愤懑不平,三、四年级学生均借口请假,一律未上课云。

《申报》1926年12月15日

浙教厅派员劝告各校开课

(1926年12月19日)

浙江公立工业专门学校已全体停课,法政专门学校亦只有二班上课,第一中学请假者亦甚多,至女子中学及惠兴、弘道、冯氏各女校,均逃避一空,军警子弟学校仅北方子弟,离校三十余人,小学尚照常上课云。又讯,自十六日起,得党联双方按兵不动消息,时局似趋缓和。

计教厅长特派科长沈光烈、张行简驰赴各校，劝令照常上课，安心学业云。

《申报》1926年12月19日

浙江工专业已开学
(1927年5月10日)

浙江公立工业专门学校，自新校长李振吾到杭后，积极筹备，已于六日在校举行开学礼，师生均有演说，定于十日上课云。

《申报》1927年5月10日

(二)政治参与

浙省士民公禀[①]
(1901年4月6日、7日)

兹将浙省士民邵章、汪熙、袁毓麐、孙翼中、陈汉第、项藻馨、戴克敦、魏汝谐、陈敬第、赵秉良等公禀照录于下：

为俄谋华急，计议俱穷，环请联合各省督抚，奏筹民款，约同与国公战事：

窃惟东三省为我朝发祥重地，寸天尺土，不容轻以让人。去秋沦陷于俄，凡在率土臣民，一闻此信，痛不欲生者半载于兹矣。私心窃计，犹以西伯利亚铁路未成，列强之师云屯渤海，俄必有所顾忌，一时不敢据为己有，尚可归入和议，请各国公断，反其侵地，制其东封。不图有中俄密约十二款掣我主权，限我兵力，为阳还阴据之狡谋，暂寄东三省于外府，初七以前，逼迫签字。此时虽经江、鄂、粤三督电奏行在，力争作废，然侧闻仅有延缓日期，更改条款二事。总之，此约不能全废，实薄海臣民所共悲而共愤者也。

夫使俄约不废，祸仅中于北方，东南各省尚可苟延旦夕，则漠然不问，不过蒙不忠不孝之名；万一各国执利益均沾之言，将国家沿海数万里疆土，尽掣我之主权，限我之兵力，久而久之，遂非我有，臣子何堪为君父设想乎？况俄向以强暴横行中国，各国相率效尤，中国民生尚有喘息之地乎？士民等食毛践土二百余年，受国家宽大之恩，值此时艰，虽肝脑涂地，无以为报，岂忍使祖宗缔造之封圻，坐视一旦沦为异域！顾亭林先生有言曰："天下兴亡，匹夫有责。"士民等不揣微末，从无可设法之中为万一补救之计，惟有筹民款、约与国、厉公战三者而已。

查泰西通例，强国公摈，弱国公助，以保地球太平之局。如法之拿破仑作乱，英、俄、普、

---

① 本件署名者中，袁毓麐、孙翼中、陈汉第为求是书院教师，汪熙、项藻馨、戴克敦、魏汝谐、赵秉良为求是书院的学生。

奥诸国联兵拒之;俄蚕食土耳其,英、法、德、奥诸国联兵拒之。欧洲公战,始于法而终于俄,两强至今卒不得逞。群小邦如荷兰、葡萄牙、希腊、比利时者,皆得巍然独存,主权犹在,实赖诸大国公战有以保之。且其国因公战而用兵累年,费用支绌者,可筹民款以济其急。或为借贷,收国家银行之利资;或为捐输,有绅商士庶之仗义。中国发匪乱时,抽百货厘以助饷,即筹民款之一证也。泰西十四、五纪,英法百年之战,英人筹集民款,请瑞士代战,又筹民款、约与国公战之一证也。

今俄不得志于西欧,思骋雄于东亚,全亚正所以全欧,而其关键全在东三省。英之昧时务、贪地利者曰:图中国扬子江即可抵制俄国,不知得寸则寸,得尺则尺,俄固不止志在东三省也。近闻山海关内,英、俄因铁路龃龉,其明征矣。安见图北者不能图南哉!英之必出于战,势也。日为密迩强俄之邦,与中国共安危,不得不战以自固,第国帑空虚,势难独任。美固雄于财而思保和平之局者也,摈俄而战,义不容辞。

难者曰:三国利害切身,何迁延至今不闻与俄决裂?曰:中国不首先力抗,他国必难干预。难者曰:中国力抗,奈无可战之具何!曰:去年因民教相争而战,以一国敌八国,而众怒难当;今者为地球大局而战,合数国拒一国,于公理必胜。去年拳匪内扰,有碍战务,今由朝廷宣示约文,照会各国,专调得力官军,约三国之兵与之相抗,恐不血刃而俄已慑于虚声,潜戢异志矣。

独是战必有费,费出自民。民愤宗社之将墟,怵身家之不保,切肤至痛,而犹不输其财以济国家者,无是理也。近来秦、晋开办义赈,江浙立救济会,章程朝出,巨款暮来,其本旨原以救中国一隅之民耳。今全国之民皆将待救,谁犹靳其私财留以饷敌哉!

去夏北乱方殷,东南各省人心惶惑,大人管钥沪江,与刘、张两制军立华洋互保之约九条,沿海数万万生灵皆食大人之福,不啻生死而肉骨矣。今者俄约若成,东南垂入他人之手,岂非保全疆土有益于外人者多,实裨于中国者少乎?矧自大人莅浙以来,将历年教案一时办结,使浙省濒危而安,士民等仰戴鸿恩,沦肌浃髓。为此合词具禀,吁恳大人联合各省督抚,奏定备俄民款章程,使各省一律兴办,一面请朝廷宣约备战,一面联英、日、美,公同协助军费,缺者济之。俄国铁路未成,运兵窎远,断不足畏。各国见中国爱君父发祥之地甚于爱其身家,则阴图东南之心亦可稍敛。金瓯永固,自强有机,大人保全东南之泽益长,凡属斯民,世世子孙,敬当铸金而事生佛。

除由士民公电,禀请江、鄂、粤督宪外,谨陈愚悃,伏请采择施行。士民等不胜惶悚迫切之至。

《中外日报》1901年4月6日、7日[①]

---

① 《中外日报》前身为《时务日报》,汪康年创办,1898年8月17日起改名继续出版,经理汪康年,编辑汪大钧等。馆设上海大马路,以报道中外新闻、评论时政为主,1911年2月15日易名《中外报》,不久停刊。

学生闹事

(1903年3月21日)

杭州访事友人云：本月某日省城大学堂开课时，浙江巡抚诚果泉中丞亲送诸生入学。有一学生年约十三四，宪舆甫莅，即戏揭其帘，舆夫斥之。学生不服，与之争持，诸生更从而和之，群起哗噪。中丞立饬仁和、钱塘两县主查明原委，慰以好言，一面请总理劳玉初主政传谕曰：且俟本部院回辕，将舆夫发县重责枷号，随升舆而去。次日，特命武巡捕某君持名刺到堂，声称舆夫已责三百板，本应罚令荷枷，因同伴再三叩求，姑从宽免。主政答以不便专主，请诚大人定夺可也。诸生闻之，即借端生事，谓堂堂抚宪，岂能食言。舆夫既不荷枷，务必亲来哀恳，岂区区一巡捕传言即可了事耶！非即从重究办，某等决不干休。中丞不得已，将舆夫发县再责五百板，革去其役，事乃得寝。

《申报》1903年3月21日

论浙省大学堂诸生滋闹事

(1903年4月3日)

自奉旨兴学以来，大中小三等学堂先后并起，延教习，订课程，汲汲皇皇，皆以乐育英才为务。原议凡肄业者，必自小学堂卒业升之中学堂，中学堂卒业升之大学堂，大学堂卒业然后汇送京师大学堂。考其造诣之浅深优劣，分别予以进身之阶，立法周详，原可谓尽善尽美矣。无如事经草创之际，风气未开，各省高才生颇非易得，于是有应入小学堂、中学堂者，转辗夤缘，居然得入大学堂；有可入大学堂者，无人援引，反入小学堂、中学堂，学堂之益未见，学堂之弊已滋，廓而清之，不亦难乎！说者谓当今之世，人才虽甚寥寥，遴选不宜苟且，彼充大学堂之选者，纵不必尽由中小学堂循序渐进，似亦宜由各府县中择其才质灵敏，于各种学业稍有心得者，进而教之，庶大学堂之名以重，而大学堂之立不虚。乃观本年浙江大学堂开课时，因一年约十三四之学生与抚宪诚果泉中丞之舆夫争论，激动公愤，几肇事端，而不禁叹大学堂考录诸生不可不慎也。或谓此童年虽幼穉，姿质甚高，故堂中破格收之，期成远大之器，今为舆夫藐玩，借是以诸生群起而攻，必令痛惩而后已。词严义正，未可厚非，所异者，中丞已饬仁和、钱塘两县主查明原委，面谕总理劳玉初主政俟回辕后将舆夫枷责矣，何为复遣武巡捕到堂缓颊，卒使主政□□诸生要挟，而中丞几无自主之权，毋乃诒太阿倒持之诮耶！不知此正中丞优待多士之道。中丞知舆夫之呵叱，实由此生之揭帘而起，特诸生即怒不可遏，不得不稍示惩儆，遂不惮降尊纡贵，委曲求全。岂知诸生竟借此肆无忌惮也。慨自各处学堂纷纷设立，除大、中、小三等外，若武备，若练将，若农务，若警察，若工艺，若蒙学，有一种学问，即有一种学堂。诸生年少气盛，遇有龃龉，动辄恃众哗骚，往往一波未平，一波又起。犹忆去年春夏之交，杭省中学堂内，高等学生傅某等主张自由、平权诸谬说，被监督邵君所斥，遂诬以营私舞弊，控诸抚辕，嗣经府尊宗子材太守委大挑县方熙如大令查明，将傅等八名斥退，而仍延邵君主持其事，邵君知事出万难，坚辞不就。既而沪上南洋公学诸生，又与教习忿争,胁众哗散,汹汹之势,如醉如狂。后经盛杏荪宫保将肇事者一并斥逐,另行考取,事始得以敉平。近日京师大学堂诸生,则又不满意于教习杨君,反颜相向,管学大臣张冶秋尚书,以此风断不可长,欲尽逐诸生,而杨君反为劝阻。以彼监督之权重,教习之位尊,而学生视之蔑如,更何有于区区一舆夫!中丞之不得不惩,情也,亦势也。然所贵乎学堂者,将以造就人才也,入其中者,宜如何养气读书,深自砥砺。大学堂为一省观瞻所系,规模尤贵整齐,此次浙省以游戏微嫌,几至酿成大事。幸得中丞爱才重士,曲徇所请,否则,未有不枝节横生者,是知学生中,断不可有一二桀骜不驯之辈杂乎其间。呜呼,大学堂如此,此外各学堂何独不然,可不鉴哉!可不鉴哉!

《申报》1903年4月3日

浙江高等学堂致学部外部邮传部电
(1907年11月6日)

浙路奏准自办,外部忽强借外款,人心惶惑。求达外部速奏,收回成命,以苏吾浙。生等非干预政治,但桑梓攸关,路亡浙亡,不忍坐视。祈鉴察。

浙江高等学堂全体学生公叩

(致外部邮传部电同)

《申报》1907年11月6日

浙江高等学堂致各府中学堂师范学堂电
(1907年11月6日)

路事急,拟联合力拒,请联贵府各校照办。

浙江高等学堂全体上

《申报》1907年11月6日

浙江各府复高等学堂电
(1907年11月6日)

(衢州)路事存亡所关,众情同愤,请贵校发总电力拒。

衢州学界全体上

(绍兴)电悉。路事极表同情,请电示办法。

绍府校(密波)

(宁波)电悉。拒款会已成立,誓死力争,决不少辍。贵处办法请指示,以期彼此联络,求达目的而止。三校已集路股,并闻。

法政师范中学堂

《申报》1907 年 11 月 6 日

浙江高等学堂会议详志

(1907 年 11 月 6 日)

廿五日下午三时,浙江高等学堂全体会议浙路借款事,先由吴雷川太史布告会旨,并宣布上学部电稿,请公决。张宗强君(地理教员)起言,路事甚急,宜径达外部、邮传部,不必由学部转达。众赞成。吴太史又云,张中堂现在管理学部,此电上去,彼必鼎力维持,故学部一电万不可少。众遂决议:学部、外部、邮传部三电同发。陈训恩君起言:借款一事,我辈之生命财产,即不去顾他,我祖宗在九泉之下,如何安心?今见某报插画有墓中升出人头,此不但指汪某之祖宗而言,实为我全浙人之祖宗而言。我辈稍有心肝,总须速图补救之法。遂大声疾呼,泣数行下,众益愤张。世录君起云,浙路借款非仅关涉国际问题,实关于吴、浙人生命财产之一大问题。吾辈虽在学生时代,对于此事万不能不干涉。今既会议,此事总须筹议妥当方法。我意宜速联络全浙学界,协力死争。最要者有三事:一、吾浙人生也可,死也可,借款万万不可,速向政府声明(言至此众疾呼赞成)。二、凡是学生谅必痛知借款之害,应各人任招股之职,并自己量力任股,多寡不计。三、省会学生应将此事始末情形及其利害痛陈于故乡父老之前,使一般国民感知愤激,自然招股容易,拒款亦不难了。诸君以为何如?众赞成。沈士元君(国文教员)起言,张、陈二君之言,大众既表同情,余意张君世录所谓集股一事,尤为要紧,请诸校友协力谋之,遂痛哭流涕,演说借款之害。众为泪下。王伟人君(教务长)起言,此事现经发起,务须达到目的。请诸君速举代表(由本校全体中选举,无论职员学生均可被举),以便刻日会同各校,开特别大会,研究此事。将来学界联络后,即可加入国民拒款会,并而为一,共争此事。众赞成,遂行投票法,公举张宗强、沈士元、陈训恩、张世录、程祥芝、汪德钧六人为代表。王君又云,北京三电宜赶紧译发,众赞成,遂派人至电局发电。此时已晚,遂散会。所有各府学校电于廿六日上午译发至。以后事宜,拟合各校开特别大会,妥为研究云。

《申报》1907 年 11 月 6 日

杭州高等学堂致时报馆电

(1907 年 11 月 24 日)

时报馆鉴:十五日未刻北京电:路款签押,人心惶恐,此信确否,请今夜覆。浙江高等学堂。(十八日亥刻杭州来电)

附本馆十九早覆电:

杭州高等学堂:昨夕电悉,敝馆未得实信,想未确时。

《时报》1907年11月24日

罪辫文案[①]

(1908年)

陶成章

甲午役后,浙江风气大开,杭城诸志士因某寺基创建求是书院(后改名浙江大学校,即今之高等学校也),招俊秀生徒,研究中西科学。辛丑,杭人孙翼中(字耦耕,别号江东)主讲国文第四班。暑假时,四、五两班学生合组一作文会,翼中出一题,名曰:罪辫文。内有一篇中有本朝字样,翼中改为贼清,旋为五班学生施某所得,某即行泽侄。行泽,江苏扬州人,浙江未入流之候补者,本为求是内院学生。庚子岁末,内院裁去,独行泽留在内院当差,其侄既得此文,私交与行泽,行泽告之皮市巷劣绅金某,金某遂交与劳乃宣。乃宣,桐乡人,时已订为求是书院总理而未就职者。行泽一面又告之驻防满学生申权,申权告诸瓜尔佳金梁。金梁虚张声势,谓此文已在我手,以吓众学生,又进禀浙抚,控告陈汉第、孙翼中轻蔑朝廷。浙抚不得已,下令访办。事急,时汉第探知此文不在金梁处,乃用反攻计,谓旗人出禀抚院,有干例禁,且又无凭据,妄陷他人,理宜反坐。抚院以事关旗人,乃与将军商议。将军以金梁妄违禁例,乃薄惩之,事遂止。然此贼清二字,实非翼中所改,系一头班学生史某所为也。此案结后,翼中虽得无事,然不能居杭,乃就绍绅陶睿宣(字信云,会稽人)之聘,主讲席于东湖通艺学校,革命思潮因之以传入绍兴。未几,偕其友某某等数人留学日本,值青年会组织伊始,翼中遂入为青年会之会友。翌年癸卯夏返国,主持杭州白话报馆事。嗣后翼中为满人所恨,丁未诬以鸡奸学生,踉跄逃走得免。

汤志钧《陶成章集》,中华书局1986年版

---

① 本文节录自陶成章《浙案纪略》第一章,撰于1908年,1910年在日本初版刊行。陶成章(1878—1912),字焕卿,号陶耳山人,浙江绍兴人,1904年与蔡元培等创立光复会,1906年在东京加入同盟会,任留日会员浙江分会会长,兼《民报》主编。不久回国,组织并发动反清起义。浙江光复后,被举为省临时参议会议长,1912年在上海遭蒋介石暗杀。著有《浙案纪略》、《中华民族力务消长史》等。

浙省各学堂认股纪数

（1910 年 7 月 10 日）

浙省各学堂纷纷会议，佥以集股为最要办法。现法政学堂认定三十整股（每股一百元），高等学堂认二百三十整股，泉唐小学认一百整股，保姆传习所及蒙养院亦认整股二十七股、零股四十六股（每股十元）。

《申报》1907 年 11 月 10 日

都督朱致中等工业学堂为学生陈万年愿编入军籍函

（1912 年 12 月 12 日）

径启者，接贵校学生陈万年来函，据称：库伦事迫，愿编入军籍等情，其志可嘉。惟俄库协约正在交涉，即或出师，吾浙军队人员尚堪敷用，希转饬该生，悉心向学，慎勿旁骛，是为至要。专此敬颂

时绥。

都督府启

《浙江公报》第 303 册，民国元年十二月十二日

浙江农业学校军国民教育会简章

（1915 年 6 月 13 日）

一、定名 本会由本校校友组织，故定名为浙江农业学校军国民教育会。

二、宗旨 本会遵照教育部颁布教育宗旨，实行军国民教育，以养成学生之军人资格为宗旨。

三、会员 凡本校校友，志愿入会者，均得为本会会员。

四、职员 正会长一人，副会长一人，评议长一人，教师一人，评议员十人，组长三人，文牍二人，会计一人，庶务一人。

（甲）正会长 总理本会一切事务，负完全责任。

（乙）副会长 协助正会长筹备一切事务，若正会长缺席时，副会长得代理之。

（丙）评议长 凡评议员所议之议案，由评议长取决之。

（丁）教师 教练一切课程。

（戊）评议员 评议关于本会进行之事项。

（己）组长 受教师之指挥，协助教练。

（庚）文牍 掌理本会一切文牍事宜。

（辛）会计 专司本会银钱收支。

（壬）庶务 办理本会一切事务。

五、课程 兵式为主,其他次之。

六、费费 遇需款时,由会长召集开会员会筹集之。

七、会员 常年本会于春秋二季,各开大会一次,选举职员。临时会由会员十人以上之请求,经会长许可,酌时开会。

八、附则:

(甲)正副会长及评议长,由教职员中选出。

(乙)教师由会长兼任。

(丙)课程细目另详。

(丁)本简章如有必须增删之处,经大会议决修正之。

《教育周报(杭州)》第88期,民国四年六月十三日

公共租界罢市之第四日·国内外各团体之电讯
(1925年6月5日)

浙江公立工专校电

教职员方面:

各省各团体、各学校、各报馆钧鉴:上海英捕惨杀同胞,蔑视国权,蹂躏民族,一之为甚,且至于再,不速解决,后患靡已。务请一致对付,以伸公理。除由本省职教员联会合电外,特再电陈。浙江公立工业专门学校职教员全体叩。江。

学生方面:

(一)各报馆转全国各法团父老兄弟诸姑姊妹公鉴:沪上市民为爱国运动游行讲演,被英捕枪杀多人,弁髦我国权,草菅我民命,此而可忍,孰不可忍!务乞一致声援,严重交涉。浙江公立工业专门学校学生自治会叩。

(二)北京段执政钧鉴:沪渎惨剧,举国震惊,学生爱国运动纯本良心主张,英捕凶残,蔑视公理,奇耻大辱,誓死不忘!务乞钧座迅示乾纲,严重交涉,以申国权,而慰冤魂。临电涕泣,不知所云。浙江公立工业专门学校学生自治会叩。

浙江公立农专校电

(一)上海各学校各学生钧鉴:(中略)除电请中央政府令饬沪交涉员严重交涉外,为此电慰,务祈诸公坚持到底,一致进行,敝校同人愿为后盾。

(二)北京段执政、外交总长钧鉴:(中略)学生等激于爱国义愤,为此电请速饬沪交涉员严重交涉,以重民命而维教育。

《申报》1925年6月5日

浙学生钱启忠为国自尽
(1925 年 6 月 21 日)

浙江工业专门学校自治会来函:

敬启者,敝校同学钱君启忠,痛同胞被杀,于月之十一日投江自尽,冀以一死,唤醒国人。兹检具钱君绝命书、死后照片,并行略各一奉上,即希刊登贵报,俾资激励。民众不负钱君初志,实所至祷。浙江工业专门学校自治会启。

《申报》1925 年 6 月 21 日

钱君启忠事略
(1926 年 1 月)

钱寿康

本校五年期一年级同学钱君启忠,因今年五卅惨案事,痛国事之日非,伤民心之未觉,遂于六月十一日(阴历又四月二十日)自沉钱江,冀警民众。事后在君日记中得《绝命书》一页,悲壮淋漓,不忍卒读。兹将君一生事略及《绝命书》恭录于后,聊伸同学之哀悼,且资国人之瞻仰焉。

钱君启忠,字子美,年十七,诸暨下北区江藻人也。其父以伯祖无子,兼祧两房。业农,慷慨亢直,深明大义。性慈善,尚节俭,事母至孝。先娶一妻,早逝,后妻为君生母,生一女二子。君姊尚未嫁,弟仅四龄,并有高年祖母在堂,与君实相依为命者;盖祖母得君以尽欢,君得祖母以获养。君生甫一岁,即与祖母同食,爱护之情,莫可言喻。至七岁,独聘一师,在家教之。约二年,即入本村小学,因体弱辍学年余,复转入本村小学二年级。十四岁暑期卒业小学,即投入诸暨中区区立高小学校。该校适在城区,内有学生自治会等设立,成绩卓著,素负盛名。君入校后,即被选取为该会干事,对于会务,颇具热忱。虽一人之能力有限,然事业之创作,实亦不少:如民国十二年三月间,为收回旅大事,君在该校邀集同学,即有“同学外交后援会”组织,被选为宣传股干事,四出讲演,不遗余力。当此之时,适值清明,君父数函促归,而君以国事重要,不受父命,始终如故。君虽热心团体事业,而学业仍不稍怠,故年来成绩,亦不下人,十六岁暑期卒业中区学校,君谓中国之贫弱在乎工业之衰颓,投学工校,盖素志也。此次惨案发生,君愤懑填膺,为援助上海罢工工人,作临时救济办法,遂于六月十一日邀同学多人,乘晚轮赴暨宣传募捐,自谓余生不能为国效力,当以一死警醒同胞;船抵中流,赴江自殉。后于君衣囊中检得《绝命书》一封,语意慷慨,实可警世。余忝在本族,略知君以事迹,故为之传。

绝命书:

国事蜩螗,一至于斯,吾民处此能不悲伤!公理泯灭,强权紧迫,而我中华国民处此存亡关头,犹朦胧无知!余生不能为国效力,当以一死警醒同胞,借冀援助,此乃余死之原因也。但国事未了,椿萱未奉,殊为憾耳!垂死之人尚有一言相告,曰:打倒英日帝国主义!中华民国万岁!黄泉之下,犹额首相庆也。临死匆匆,不能向亲爱父母、同学及全国同胞一一致慰,聊记于此,用表吾中,不尽欲言。廿晨,启忠绝笔。

《工业学生自治会会刊》民国十五年第1期

劳玉初先生遗事
(1948年)

马叙伦[①]

在伏庐晤傅沅叔增湘,以名山胜水一册见惠。谈次,沅叔谓:"少年时,曾以吴挚父先生之介,入直隶清苑县劳玉初先生幕。县幕月致薪水之养银十两。劳以余薄有文名,且得挚老之介,特年增二十两,盖殊遇矣。"又谓:"玉老以循吏称。然其在清苑,则县署几为民毁。由玉老不信神,而县适遭旱,乡人击鼓鸣锣至县署,舁所事神,强县官叩头求雨。玉老以非列在祀典者不拜。始,玉老禁祀五通,民间讹传玉老为信耶稣教者,至是相持,民遂鼓噪,既毁大堂,复毁二堂,幸亟退避,乃及三堂而止。"伏丈因举玉丈以知县到省时,李鸿章总督直隶,李视其人如乡曲老儒,薄之。意其不习公牍文字,颇致戒敕。玉丈所对,径斥督署幕府。李瞿然惊,诘其何指,玉丈即举象魏所县以对,李乃改容。询其曾读何书,则列举以对。明日,便下扎令办牙厘局文案,美差也。伏丈又举玉丈任吴桥县时,遭义和团过境,直隶总督裕禄,以令箭使办供应,玉丈不谓然,而势不可违,乃电禀山东巡抚袁世凯,以"义和团过吴桥,即抵鲁界,逾此之责,不在吴桥"告。袁覆电谓:"义和团当拱卫京畿,若逾此而南者,必系诈冒,可严惩不贷,余亦当率师北堵。"玉丈乃据以布告,少滋事者即诛之,先谓之曰,若系真者,不畏刀枪,然自无不即时殒命者。虽少滋杀戮,而大局得以保全,亦丈应变之功也。

又举玉丈清末还浙时,浙江巡抚将聘丈为浙江大学堂总理。浙江大学堂者,故乃求是书院,浙江新教育机关之首创者也。是时,院生皆浸润于民族民权之义,每发于文章。院生中有杭州驻防人,所谓旗籍生也,摭拾文字以告其营之豪者金息侯梁,息侯即代为文以上于巡抚。一日,巡抚任道镕屏仪从,骤至院中,托言参观,巡视讲堂宿舍,壁间布告皆录之。复索诸生肄业文字,亲携以去。越数日,则尽率司道府县至院,昭告众人,谓有人密告,院生有逆道文字,公然宣示,监院为之魁率,故余于某日来此察访,并携诸生文字监院告条归而详览,毫无所有。当此之时,尚有挑拨满汉意见,而兴文字之狱,实非国家之福,不可不惩。即令仁和、钱塘二县,将院中旗籍诸生,勒归其营,令杭州府谒告将军,请其严惩。始出所怀物,令司道以次阅毕,乃交监院阅。时,伏丈正为监院,至是,恍然前此巡抚轻舆而至之故。其密揭中于伏丈致憾尤深。伏丈乃注意诸生,详察之,果有李斐然、史寿伯者,曾为《罪辨》一文,而史文光为之修改者,其文已展转入玉丈手矣。伏丈乃即偕高啸桐先生至桐乡玉丈家中乞观其

---

① 马叙伦(1884—1970),字彝初,号石翁、石屋老人,浙江杭州人,南社成员,同盟会员。早年参与《选报》、《国粹学报》编辑,1904年任浙江高等学堂国文教员。1913年到清华大学、北京大学任教。1921年后历任浙江第一师范学校校长、省教育厅厅长,北京政府教育部次长。1927年起,历任浙江民政厅厅长、国民党政府教育部次长、北京大学教授,北京师范大学教授等职。新中国成立后,历任中央人民政府委员、政务院文化教育委员会副主任、教育部部长、中国科学院学部委员、全国人大常委、全国政协委员等职。

文，玉丈谓："文可观，但不能持去，余亦决不令此文入他人之手，待余至院时，当毁之。"后玉丈过嘉兴，即当啸桐先生面火之，此与杭州革命历史上极有关系。孙江东(名翼中)，李斐然(名炜章)，史寿伯(名久光)皆余友，而寿伯较密，是时余尚肄业养正书塾也。然此事以余闻于伏丈(陈仲恕，时为监院，相当于教务长，乃陈叔通之兄)之弟叔通吾师者，尚可补遗。此事由孙江东偶于暑假中以《罪辨》文为诸生消夏之课，有施某者作以质江东，江东圈其文自首至尾不绝，但直勒其文中"本朝"二字，而易以"贼清"二字，学监徐少梅先生得之，以示金谨斋先生，两人皆以持正自命。而谨斋尤喜事，即持以语劳玉初先生，玉老老于吏事，知可兴大狱，即置其文于靴筒中，而以词缓谨斋，然风声已远。院固有满洲学生，尤悻悻。巡抚任道镕闻之，以询玉丈，玉丈阳为不知，但曰："吾自当查。"其实丈已毁之矣。谨斋知之，颇不平，玉丈谓之曰："此何等事，君欲杀数十年少耶？于君果何益？"事亦已。然余闻"贼清"二字，乃寿白文中所用，或江东据以易施文耶？惜余未尝面询寿白，而江东则下世久矣。玉丈为余舅母之弟，而少居余外家杭州大东门双眼井巷邹氏，余母又为玉丈之母之义女，彼时余年未冠，虽曾拜玉丈，亦未请也。丈桐乡人，名乃宣，以进士出任知县，由吴桥知县行取御史，又出为江苏提学使，后赏四五品京堂，入为资政院议员，清亡，居青岛，以遗老终。其学长于算术、音韵、法律，为人勤谨，清之循吏也。

马叙伦《石屋余渖》，上海书店1984年版

蒋百里先生传·浙江求是书院[①]

(1948年)

陶菊隐[②]

我访问陈先生是三十六年春末夏初的一个佳日。他年已七十四岁，精神兀自那样的饱满。在战后激流浊浪之中，得见这样热情充沛的长者，我不禁引为愉快。他对百里的早期史说得很详明，从他的记忆和谈述之中，睑部常泛着无限的伤感。

随后我遇见百里的老窗友钱均甫先生，他和百里同年生，也是六十五岁的老人了，[③]但一点不显得苍老，有循循儒者的风度。他和百里订交于己酉岁，那时彼此都只有十八岁，以文字互契，而成莫逆。百里东渡求学的那年，托钱先生每逢假期到硖石代省他的老母，他俩的交情从小到老，是不同恒泛的。

根据这两老给我的材料，我便能摸清百里童年时代的轮廓。

……

① 蒋百里(1882—1938)，名方震，浙江海宁人，清末秀才，民国时期著名军事理论家、军事教育家，1900年入求是书院学习。

② 陶菊隐(1898—1989)，湖南长沙人。14岁(1912年)起便先后担任长沙《女权日报》与《湖南民报》编辑、《湖南新报》总编辑、《武汉民报》代理总编辑兼上海《新闻报》驻汉口记者，为著名的《申报》、《大公报》撰写通讯。1941年后退出新闻界，专注文史研究和写作。1949年后曾任上海文史馆副馆长。

③ 即钱均夫，出生于1880年。

说起来很奇怪，浙江为人文荟萃之区，而清朝末年，浙江文化之启迪与民族意识之发展，却是几个福建人推动的，这几个都是当时极著政声的好官，如杭州知府林迪臣、海宁知州林孝恂(林宗孟之父)、桐乡县令方雨亭等。求是创立于丁酉年(光绪二十三年)，创办人就是提倡新学的林太守。林在杭州一共办了三个新学堂:(一)求是，相当于大学或高中程度;(二)养正书塾，等于初中或高小;(三)蚕桑职业学堂，聘有日人为教师。这三个学堂的优秀份子，由林选拔出来，资送日本留学。

凡是这三校的学生人人必读《求己录》一书。这部书是林自己编撰的。书中搜集中国自古以来的恕道精神故事，劝学生明于责己，修身而及于家国。方与林为同乡好友，方的政绩最为人津津称道的，就是审案不须跪。他的县衙门里用了个不识字的裁缝做号房，他以为不识字的人是不会舞弊的。

谁都知道甲午战败是中国人心转向的一大关键，此后人人都知道变法图强为不可缓，连巽懦无能的光绪帝，虽格于母后的淫威，也居然春霆乍震，破格登用新政人才了，这是维新派炙手可热的一个时期。但由于光绪求治的心太切，新人物的政治经验不足，刹那间便有戊戌政变的惨剧发生。这一幕，给中国人民的刺激更深，种下了清室覆亡的远因。从表面看起来，维新运动是被西太后压下了，可是它的潜势力，自朝而野，自海内而海外，其活动范围比前更为广大，造成了烈火燎原的新局势。

求是书院承新学之余绪，林、方诸人也就是戊戌新政的弧臣孽子。今天看起来也许对新政运动无好评，但时代的巨轮是向前推进着的。一个时代有一个时代的背景，那个时代他们自不失为忧时伤国的有心人。政变后，清廷视新学为洪水猛兽，办新学的人都是他们心目中的乱臣贼子，所以求是存书院之名，而不敢公然称学堂。

百里入院在庚子年(光绪二十六年)秋天，是个二十岁不足血气方刚的少年。当丧权辱国的苦闷时代，统治层不但不知有所警惕，反而贿赂公行，秕政百出，只求个人的逸乐，罔顾国家的安危，驯至开倒车，厉行复古运动，遂如止沸扬汤，激发了澎湃一时的民族潮。此后人心厌谈改革，认为非以大刀阔斧的手段，铲除那个腐恶机构，中国不会有起死回生的转机。换言之，人民已由憧憬新政而趋向革命，清廷的种种措施，不啻自掘坟墓，为千古统治者没落的一个公例。

求是的监院一职，就等于现在校长的地位。前任监院陆懋勋，字勉斋，戊戌年点了翰林，该职由陈仲恕补充。这人就是百里早年的恩师陈老先生。庚子年陆又回到杭州来，仍然想主持求是的事，而翰林公照例不能由知府派委，林太守乃在监院之上，特设聘任总理一席安插他。这也是中国人因人设事的老作风。此后监院担任教务、文书、斋务等项，像现在各校的教务长兼秘书一样。

求是分内外两院，中英文俱佳者录入内院，共有学生三十余人。百里曾习法文，对英文为门外汉，被收入外院。外院共有学生一百余人。入院后第一试题为“殷书顽民颂”，百里仿离骚体行文。第二试题“汉晋士风不同说”，两试皆列冠军。此后百里文名大噪，有硖石才子之称。

求是每月收学费二元，膳费二元四角。方县令一共保送了好几名学生，一切费用都由他捐廉供给，百里是他最得意的一名。他不久由桐乡调任丽水，每次进省必到求是来，带书籍和钱供给百里。他一再游扬百里之名于林太守，所以林也知道求是有这样一个头角峥嵘的好人才。

人才和奴才所走的路线不同。奴才忠于个姓而不知人间有羞愧事，其对象为富贵利达；人才则具有崇高的人格和正义感，忠于国家及民族，所以统治层往往视之为思想不良分子，防范他唯恐不力。那时求是学生有不少偷阅禁书《东华录》及维新派刊物《新民丛报》的，他们对维新与革命两大阵线还没有深刻的认识，只觉得抨击时政的文字最合他们的胃口。他们暗中组织励志社，秘密开会演说，而百里就是危险分子之一人。

一天陈仲恕召见百里于私室，低声告诫他："你对政治的不平是应该的也是必要的，但不可落痕迹，最忌形诸笔墨。"

那时候杭州有崇文、敷文、紫阳、东城四座书院。百里课余应考东城，阅卷者为仁和、钱塘两县知县(今合并为杭县)，陪阅者有杭州府幕高啸桐(高梦旦之兄)、林琴南诸名士。(政变后恢复了八股文，而高、林都是痛恨八股的。)百里五试皆列第一，六桥三竺之间，无人不知道有硖石才子蒋方震这个人了。

求是总理陆勉侪点了翰林，而翰林公是最考究书法的。他命学生习楷书，每月至少交卷一次，由他亲自评定甲乙。百里最反对命学生做写字匠，他抄了一份求是章程，特意把"是"字都错写作"字"字，用以刺讽学校当局不求"是"而求"字"。这两字，东南人读起来，音同字不同。同学们看了都哗然大笑起来。陆总理格于众议，不得已停止习字一课，但他把这个侵犯他尊严的学生恨入骨髓。

庚子年冬天，也是百里入求是的几个月以后，汉口发生了一件惊天动地的大血案：先烈唐才常运动革命，不幸事机败露，为张之洞所杀。那次运动牵涉范围极广，很多留日学生回国来秘密参加，求是学生中亦有与之通声气的，天天伫望革命成功的好消息。不料霹雳一声，唐就义凶耗传出来，学生中有不少为之饮泣的。百里做了一首悼唐的诗，被总理陆先生发觉。陆本来就是个不同情革命的顽固分子，况与百里有宿嫌，便想借题除他的名。监院陈先生与之力争："依本院章程，成绩最劣的才受除名处分，而这个学生的成绩是最优的。此诗为课外感时之作，算不了一回大事，不必小题大做。"

陆陈本是郎舅之亲，为着这问题几乎闹翻了脸。陈毕竟拗不过，而且拗得过也怕将来另起风波，更于百里不利，便把这件事暗中报告林太守：这学生在求是不能再住下去了，不如派他到日本去吧。

陶菊隐《蒋百里先生传》第5—8页，上海中华书局1948年版

杭州求是书院罪辫文案始末记略[①]

(1957年2月)

钱钧夫

序言

我写了《关于辛亥革命浙江省城光复记事的补充资料》后,想起老友钱均夫先生家治亦求是书院高才生,正在北京,因即写信给他,请他将《罪辫文》案的情况告诉我。他即复信如附稿,这文记得比我详实,我加了一些小注,使读者更知道当时人物的简史。

马叙伦 1956年8月

1898年戊戌变法而致政变,六君子被弃市。1900年唐才常在武汉谋起事,被捕杀。此政治上发生之两惨案,影响及于当时青年之志趣者极大。求是同学于庚子(1900年)暑假后回院,彼此相见,论及时事,孰不愤慨,尤以外院头二班同学为甚。遂有倡议组织励志社者,其动向陆续发展,约分为四:1.请由院发给东斋宿舍卧室一间为书包阅览室,各同学将自阅之书报杂志,如旧的《时务报》等,新的《清议报》(后改为《新民丛报》)等,《译书汇编》及有关传播知识之书籍,置诸书架,各同学可于课后来借阅;并定除星期日外,每日夜饭后,自八时至九时止,聚集室内,讨论各自阅读之心得。2.集资订阅《杭州白话报》二十份,分送给庆春门外附郭之茶坊酒肆。3.当时外院学生分为六班,头二班同学为贯输新知识起见,推举班中对国学有擅长者,对其余各班同学轮负演讲新学及评阅文课之责。4.推聘板儿巷塾师蔡某为新民书塾塾师,不得用《千字文》等旧读本,应照所发教本课授。而此教本则由汪师曼锋[②]担任编辑。此为当时求是外院生对国事而引起之一种新运动,而《罪辫文》案之发生,即由此第三种动向所引发。忆在辛丑(1901年)初夏,对于三四班同学月课,适由史寿白同学轮值,彼乃商请四班教习孙师江东[③]命题,即所谓《罪辫文》者是。评阅批改,仍由寿白同学自任。而此课取列第一者为李斐然[④]同学。全部评定之课卷,向可由同学彼此传观。有四班同学施某将此课卷交与其叔在内院肄业者,认为可借此摧毁此种新运动,遂将全部课卷,密呈当地绅士樊某金某。[⑤] 而在求是肄业之驻防同学亦侦知其事,势将兴大狱。斯时已居暑假后之

---

① 原编者按:本文是马叙伦先生特约钱钧夫先生写的,注释是马叙伦先生加的。1901年杭州求是书院《罪辫文》事件过去虽有记载,但多不够详实,例如冯自由《中华民国开国前革命史》说:"求是书院创于辛丑(1901)年",在事件经过方面,他说:"暑假时四五两班学生合组一作文会",在人事关系方面它将监院陈汉第误为被控的教员等等,这些地方都与钱先生亲身经历的记述很有出入。所以钱先生此文不仅使我们看到当时求是书院革命思潮鼓荡的全貌,并且可以订正过去记载的讹误。

② 汪嵚字曼锋,和我是宗文义塾的同学。辛亥革命浙江省城光复时,被推为杭州军政分府。马叙伦注。

③ 史寿白名久光。孙江东名翼中,字耦耕,都是我的朋友。马叙伦注。

④ 李斐然亦是我的朋友,忘其名。马叙伦注。

⑤ 樊恭煦字介轩,清翰林,我的姻长。金某忘其名字,我亦识。马叙伦注。

九、十月间，总理陆师勉侪[①]早已辞职赴京，新总理劳师玉初[②]尚未到任，院事全由监院陈师仲恕[③]主持。陈师对此事之处置，先为寿白同学筹募学费，资送赴日留学，以避其锋。又偕杭州文案高啸桐[④]先生同赴桐乡访劳师玉初，说明情由，磋商如何解除。而劳师则告以此全部课卷，业由杭绅樊某手中取来。盖某日得知此事，急趋省往访，说明欲携归细阅，借作到任后整顿学风之参考；一面讽其应息事宁人，万不可再行追问。课卷既不能提出作证，则驻防学生亦不可能呈由将军向抚署告发，惟听说抚署已有所闻，请速回书院布置。故陈师归来，同学中见其愁眉已展，但对头二班同学在此一二年内之文课卷册检阅甚忙。不数日，果见陈师陪同便服老翁巡视课堂斋舍极周到，临去又带去纸包数件。约再经旬日，忽见全浙驻省大小文武官员齐来书院，巡抚任道镕居中坐，宣布有人向抚署控告，谓求是书院学生将革命邪说悬诸讲堂、布诸斋舍事，某日余亲自来院密访，巡视一周，并未见有此种迹象，审阅书院文课卷册，亦未见有此种邪说传布，故所告不足为信，应咨请将军对具告人严加训斥。惟此后书院招生，每年必须招收驻防先生十人为定额。并由抚署派提调一员，常川驻院。未几，劳师玉初到院就职，陈师仲恕辞去监院职。而《罪辩文》案由此结束，励志社之组织亦由此消灭。

蒋尊簋伯器、蒋方震百里、许寿裳季黻、史久光寿白均为求是同学，林左髓[⑤]则记不起来了。辛亥杭城光复，蒋伯器在粤、蒋百里在东北均未参加，当时任杭城光复军总司令者为周承菼赤忱，参谋为李斐然(即《罪辩文》考列第一者)。寿白同学为头班教习宋燕生[⑥]先生最识拔之弟子，辛亥革命任苏军攻南京时之参谋。全院同学，现存于世者已无多人。然对劳师玉初、陈师仲恕爱护青年之往事，故未尝有一日忘怀者，岂仅仅为此一案耶。

《近代史资料》1957年第1期，总第12号，1957年2月

---

① 陆勉侪懋勋，清翰林，我的世长。马叙伦注。

② 劳玉初乃宣，我的姻长，清吏部主事。有著作，长于数学。有顽固称，但于此案能持重，消灭大祸。马叙伦注。

③ 陈仲恕汉第为陈叔通先生之兄。马叙伦注。

④ 高啸桐福建人，为上海商务印书馆创始人高梦旦之兄，维新派。马叙伦注。

⑤ 林左髓温州人，亦吾友。少年即以文名于乡，倾向革新。马叙伦注。

⑥ 宋燕生先生恕，戊戌革新派。马叙伦注。

余宗范回忆札记(节录)

(1982年)

余宗范[①]

(一)浙江工业专门学校宣布独立与夏超之走死

一九二六年七月初,广州革命政府发表"北伐宣言",国民革命军誓师北征,区人民群众闻风响应,热情支援,军心振奋,敌人丧胆,不到一个月就拿下了湖南省会——长沙,大有一举而囊括湘、鄂、赣三省之势。当时北洋军阀孙传芳盘踞东南五省(苏、皖、赣、闽、浙),号称"联帅"(五省联军总司令)。长沙陷落前后,直系军阀吴佩孚、赵恒锡连电向他求救。孙传芳犹豫观望,按兵不动。揣他的用意:一是想保存实力,待机行事,坐收渔翁之利;二是他对当时的浙江省长夏超放心不下。夏超是文官,只拥有一二千名警察,但他暗怀割据称雄的野心,与孙传芳积不相能。平时勾结外商,收囤军器(听人说主要是木壳枪),指使警察队搞军训,还和非孙传芳嫡系的师长周凤岐[②]相结纳以自重。这些情况,连民间都时有传闻,当然更逃不过孙传芳的耳目。这两条该是孙传芳按兵不动的主要原因。后来北伐军攻入江西,威胁到他的统治区域,就无法袖手旁观了;于是 反常态,把看守杭州的重任托付夏超,装成对夏超推心置腹的样子,自己统率全部精锐师团,倾巢而出,奔赴前线。可能他认为只要他在前线打胜仗,夏超是万万不敢暗算他的。在临走前,孙传芳特地留下一营嫡系部队驻扎在报国寺靠近浙江工业专门学校的地方。工专是当年浙江学生运动的中心,起着带动工运、农运的媒介作用。在孙传芳看来,这是"赤化大本营"。他的这种看法,除了概念上的形象歪曲外,也算看对了十之八九。工专确是当时共产党和左翼国民党的重要据点,即在蒋介石发动反革命的"四·一二"事件以后,还是那样。

大约九月间,北伐军攻入江西,工专同学在宣中华同志[③]领导下组织地下学生军,准备武装起义,指定营长为傅联璋同志,[④]我报名参加了学生军,并经傅联璋同志介绍加入地下国民党。[⑤] 由于客观条件限制,武器、弹药以及初步的训练,都不是短期间能够解决得了的。随着江西方面军事形势的发展,同志们一致认为:"根据目前形势,策动敌后起义,促使敌人内部分化,是支援前线北伐军最积极有效的办法。"最后一致决定,由我们学校首先宣告独立,逼着夏超表态。这肯定是上级党的决策。我不清楚。当时我是工专学生评议会(学生会的最

---

① 余宗范(1906—1995),号岂畏,曾用名余敢,浙江诸暨人。1926年入读浙江工业专门学校,被选为工专学生评议会会长、杭州学生联合会主席,曾参加宣中华领导的地下党活动,受军阀通缉被迫离校。1934年赴法国留学,1939年回国任第十战区高级秘书。1946年受聘上海法学院经济系兼任教授、复旦大学专任教授。1950年任中国人民银行总行研究员、中央财政金融学院政治经济学教员。1961年调任江苏省淮阴专区教师进修学院教师。1983年,当选为政协淮阴市委员会副主席、淮阴市人民代表大会代表。

② 原注:周凤岐,浙江人,后来投靠蒋介石,当过浙江省政府主席。

③ 原注:宣中华同志,浙江诸暨人,共产党员,浙江左翼国民党的主要负责人,一九二七年在上海就义。

④ 原注:傅联璋同志,四川人,共产党员,浙江工专学生,十七八岁时在四川当过团长,听说南昌起义时牺牲了。

⑤ 原注:当时浙江有两个省党部,一个是共产党员宣中华同志领导的国民党省党部,另一个是西山会议派头目沈定一领导的国民党省党部。我参加的是宣中华同志领导的国民党。

高组织)会长,杭州学联主席,大家致认为由我来提议宣布最合适,我也义不容辞地挑起了这付重担。

十月十八日早上,评议会发布紧急通告,在校内体育场开全校学生大会,所有老师都被邀请参加,并特别为他们安排了座位。那次参加会的大约有一千六七百人。大会开始后,我站到露天台上发言,内容大致是说"国家搞成这个样子,我们安不下心来读书,这都是帝国主义者和军阀勾结在一起,掠夺和压迫我们的结果"。接下去是列数孙传芳祸国殃民十大罪状,最后建议工专宣布独立,提请大会通过。场上立刻爆发出一片掌声,欢呼跳跃,经久不息;这时由宋坎福[①]同志带头,高呼口号:"打倒帝国主义,打倒军网!""打倒孙传芳!""拥护国民革命军!""将国民革命进行到底!" 等等。同时我们在事前准备好的青天白日旗、小彩旗、标语牌一齐上场,锣鼓爆竹,响成一片,庆祝浙江工业专门学校独立。接下去就是游行示威,从大操场到大马路,浩浩荡荡呼啸前进,口号声前伏后起,连绵不绝。说也奇怪,驻扎在报国寺的一营孙军,居然装聋作哑,龟缩不出。下午,我代表工专同学直接进省长公署找夏超谈判。我对夏超说:"我们工专已经宣布独立了,省长准备怎么办? ……"夏超连声说:"我知道了,我知道了,我知道了,很好,很好,你先回去吧,我考虑考虑……考虑考虑。"(以上对话,只是大意。)夏超说话唯唯诺诺,对我不象客气,简直是恭敬。我见到夏超只这一次。看上去他面黄肌瘦,背有点驼,比我矮上将近一个头。他的会客室倒还简朴,中间一张长桌,配着白洋布桌毯,四周是带靠背的西式木椅。谈话的时候他坐在下首的主位,我坐在紧靠他右手的位,室内没有别的人。

回校后,我向同志们汇报。我说夏超既然不敢向我们开刀,只能横下一条心跟着我们走了。果然不出所料,只不过两天,驻扎在报国寺的那一营孙军,被夏超解除了武装。夏超起义了! 事后有人说:"夏超起义是余宗范逼出来的。"实际上,动员他起义是党决定的,他选择走这条路子,是慑于北伐军的威力和当时革命形势,[②]我不过执行党的决定罢了。

大约在十月底,孙传芳派了一个师打回杭州。听说这个师是孙传芳手头的王牌师之一,师长宋梅村,是孙传芳的嫡系死党。夏超措手不及,勉强带着警察兵到嘉兴去应战,当然不经一击就溃散了。听说夏超死在逃窜的路上。

附录　关于1926年浙江工专学潮与夏超起义

最近,看到浙江省文史资料有关于1926年9—10月间浙江省工专学潮与夏超起义的一段记事,原文如下:"1926年10月间,学生们为了配合响应北伐军的到来,反对军阀孙传芳,支援当时浙江省长夏超的起义独立,于10月18日参加市民大会时发起名为革新校务的政治性风潮,反对校长和许多教职员,封闭学校各处所。工校历年风潮以这次为最大。因为夏超态度动摇,有些举棋不定,校中几位进步学生就把国民革命军第十八军的招牌挂在省长衙门前面,以求坚定夏超的态度。不料夏超起义后,其军队在嘉兴一站被孙传芳军队所击溃,孙部宋梅村又到杭州。学校继续开学,行政当局竟开除闹风潮的学生四十余人,专门部的高

---

① 原注:宋坎福同志,江西人,共产党员,一九二六年以后情况不明。

② 原注:一九二七年一二月间我在广州,无意中发现有位夏超代表许宝骙先生住在长堤的一家旅馆里,当时离夏超之死已经好久了。可见夏超首鼠两端,早已和广州政府有过联系。工专宣告独立这件事,只是促成夏超不得不立即表态而已。

年级生就都不回校上课……”(见《浙江文史资料选辑》第十辑第六页 ①)

这段记载,条理清晰,但有些情节不符:

(1)资料上讲到“名为革新校务的政治性风潮”是在9月中旬全校师生欢迎新同学大会开始的。当时我刚进工专,在大会上代表新生致答词,其中有讲到帝国主义对我国的文化侵略的一段话,我说:“浙江是历来我国文化最发达的地区之一,现在只有一所教会办的之江大学,这是我们浙江的耻辱。”我主张“把教育权收回到我们中国人自己的手里,根除学校里的洋奴教育作风。”(顺便提一下,我在考进工专以前,是上海光华大学国学系的学生,因为反对洋奴教员史乃康,学校以“不堪教诲”为借口勒令我退学。)我主张收回之江大学,把工专改组为浙江大学。没有想到这次讲话轰动了会场。全体同学热情高涨,掌声经久不息。紧接着,同学们自动地组成了“浙江工业专门学校改大委员会”。

当时学校校长徐守桢不但不支持这个运动反而出面干涉,以致发展成对抗,这是学潮的第一个阶段。到了十月十八日宣布工专独立,驱逐校长徐守桢出校,强迫夏超起义,是工专学潮的第二个阶段。就在那时,我们得知蔡元培先生来杭,住在绍兴会馆,我、柳昇荣同志还代表过改大委员会去敦请他出任我们学校的校长。虽然因为那天蔡先生不在会馆里而没有碰上他,又因为以后事态的发展使得我们没有能再去,但也可以说明工专学的第一阶段与第二阶段之间,不是没有一点联系的。资料上只一般地提到“名为革新校务的政治性风潮”而没触及“工专改大运动”与“工专宣布独立”两个基本内容,这是很不够的。

(2)资料上讲的“校中有几位进步学生把国民革命军第十八军的招牌去挂在省长衙门前面,以求坚定夏超的态度”,这个说法不可靠。因为当时进步学生的行动是由地下党领导着的,彼此间是互通声气的。如果有这回事,在当时的情况下,我是不会不知道的。再说,即使以后夏超打过十八军军长的番号,学生们怎么就知道夏超是国民革命军第十八军军长呢?如果是“几位进步学生”的任意行动,夏超又怎么能够接受同学们任意给他挂上的番号呢?这都是不可能的。

(3)夏超手下没有军队。孙传芳军队回师时,夏超带着去应战的,只不过是匆匆忙忙改编起来的一二千名警察兵,当时是否挂过国民革命军第十八军的番号,这我不知道。

(4)资料上说“反对校长徐守桢,封闭学校各处所”也不确切,实际上,对校长徐守桢,同学们不仅是反对,而且是于十月十八日早上随着工专宣布独立后就把他赶出校门的。我亲眼看见徐守桢是在同学整队游行时,在高呼革命口号声中被押解出校门的。至于绝大多数教职员,同学们不仅不反对而且是非常爱护和尊敬他们的。只有个别反动分子特别是训导处的个别顽固分子,同学们才对他们有些歧视,但也没有把他们赶走。“封闭学校各处所”也不是事实。在当时急风暴雨式的学潮中,全部校务都处于停顿状态,还用得到去封闭么?为了防止极少数反动分子的破坏活动,对各处所采取适当的警戒措施,在当时是必要的,也是地下党的安排,怎么能说封闭学校各处所呢?以上我所提供的材料,如果柳升荣同志现在还在杭州电讯局,当然是最好的见证人。另外,只要是经历过那次学潮的老同学,都可以为此作证。总之,在浙江是不难查明的。

---

① 原注:即本书收录的王国松《浙江公立工业专门学校校史纪要》一文。

(二)宋梅村的大刀队与浙江工业专门学校学生离校团(1926年10—11月)

宋梅村回师杭州事件来得如此突然,我们竟一无所知,从未想到。一天下午,我父亲[①]差人把我从学校叫回家,[②]带着惊慌的神色指着我的鼻子大骂:“畜牲!你做的好事还要不要脑袋?我侍候孙大帅,吃他的饭,你狗胆包天,敢造他的反?现在已经有人告发到孙大帅那里了,我把公事压在手,不能过两小时,就要送上去,这是军法,你懂得没有?赶快给我动身到马村[③]去,一点不许耽搁。”(基本是原话)这时我跟我父亲分道扬镳,他大踏步向前门走去,我立刻溜出后门,找到一辆人力车,跳到车上,对车夫说:“到报国寺大同宿舍[④],越快越好,我多付钱。”我明白必须跟父亲在时间上赛跑,如我落在他后面,同志们都完了。我及时赶到目的地,通知了和我有联系的地下党员,我和萧澄[⑤]、戴尚文[⑥]、柳升荣[⑦]、傅联璋等一行十八个人[⑧]随即直奔里西湖,借黄龙洞宿了一宵。事后听说,就在我们离开大同宿舍之后不久,有一连孙军包围了那个宿舍,他们扑了空,一个人也没抓到。

第二天一大早,我们奔西向山地转移,过金鼓洞,遇见位老道,得知我们是避难的学生,把我们引到一处密室,是间十来平方米的木板楼房,要通过神像后面的暗门,摸黑爬一乘扶梯才能到达,外人是无论如何发现不了的。老道每天供应我们三顿饭,还答应帮我们把风。我们得到这样一个隐蔽处所,当然喜出望外,暂时安心下来了。我们开始考虑工作,时常三三两两趁游艇进城,拣僻静处上岸,绕道到湖滨体育场的小图书馆门前跟城里的同志碰头。这时我们才知道孙传芳已经悬重赏通缉我们了。同时孙军成立了“大刀队”,到处搜捕“赤化分子”,不问青红皂白,一律用大刀砍杀,悬首西湖商场示众。我们有一位好友汪新田同志[⑨]就是被孙军砍杀、枭首示众者之一。我们还知道原先被我们赶出校门的工专校长徐守桢已经回校,[⑩]宣布开除了四十几名同学的学籍,我们十八人也在其内。此外,也有不少同学因同

---

① 原注:我父亲叫余重耀,号铁山,当时是孙传芳的机要室主任。

② 原注:当时我家住杭州城内红门局十九号,属于嵊县工商地主俞丹平的房产,前门向一条大巷,后门通小街。

③ 原注:马村是一个小村庄,在浙江诸暨县,离城南约十华里的地方,我母亲是马村人,要我到马村去,就是叫我躲到外祖父母家里去。

④ 原注:大同宿舍是工专同学宿舍,很多地下党员都住在那里,我是寄宿生,也在那里住。

⑤ 原注:萧澄,四川人,共产党员,工专同学,“四·一二”事变后被国民党通缉,当时任中共浙江省委书记,我在1927年7月间和他在杭州分手后一直无消息。

⑥ 原注:戴尚文,号乐山,四川乐山人,共产党员,工专同学,“四·一二”事变后被国民党通缉,7月间我和他在杭州分手时,他任中共浙江省委组织部长,工作积极努力,没有听说发生问题。解放前,从上海报上看到有个戴尚文任××航空公司一个小办事处的主任,当时不知道是不是就是他,后来偶然在飞机场撞见过,没有谈话。

⑦ 原注:柳升荣,又叫柳劲秋、柳映堤,浙江兰溪人,共产党员,工专学生。他是走读生,不住校,当时是我过他家去通知他一起逃跑的。“四·一二”事变后被国民党通缉,当时任中共浙江省委宣传部长。7月初,我们还在一起,没有发生问题。抗战胜利后(1945年冬),我在杭州碰见过他。解放后听说在杭州电讯局任职。

⑧ 原注:除我们十八人外,听说另外有一路同学,是跟宋坎福同志一起撤离的。那一路的情况不清楚。我们一道撤离的十八人的姓名,可以在广州中山大学1926年12月“编级测验”的档案材料中找到。

⑨ 原注:汪新田同志,共产党员,当时左翼国民党杭县县党部书记。

⑩ 原注:工专校长徐守桢,字崇简,曾留学美国,思想反动,就在工专宣布独立那天早上被押送出校。

情我们而自动退学的。为了扩大影响,继续向反动派进行斗争,我们决定联合被开除的同学,以及自动退学的同学,秘密成立浙江工业专门学校学生离校团。尽管名义上有了这个组织,并得到地下党支持,但在当时白色恐怖笼罩全城的情况下,事实上我们竟无法开展工作。

一天夜里,老道上楼告诉我们,傍晚来了几名暗探,追究我们去向,好不容易被他支吾开了,怕再来不好应付;我们也怕连累老道,决定转移到别处去。可是我们还能向哪里去呢?当天晚上,我们决定由萧澄同志进城向宣中华同志汇报并请示。第二天一大早,萧澄回来说:"省党部(指左翼国民党)决定叫余宗范同志代表我们离校团和杭州学联(我是学联主席)去广州向中央党部汇报情况并请示。"同志们一致赞同,萧澄当即递给我两份已经准备好的证件。我们随即告辞老道,离开金鼓洞,奔向虎跑。就在那里,大家品茶为我送行。虎跑肯定不是可供同志们歇脚的场所。前途茫茫,他们以后又到哪去了?我就不知道了。

政协江苏省清江市委员会文史资料研究委员会编《清江文史资料》第2辑,1982年3月

蒋百里年谱(节录)

(1992年)

许逸云

1900年 光绪二十六年庚子 十九岁

春,坐船去桐乡,谒见方雨亭。[①] 方降阶相迎,高啸桐亦在座,纵谈天下事,深受器重,留膳。方、高劝百里弃科举,求实学。

不久,百里考入杭州太守林迪臣创办的新式学校——求是书院(浙大前身)。该院学生分内班、外班两部。中、英文俱佳,年龄又较大者编入内班。百里在上海仅学过法文,且年龄较小,编入外班。课程除国文外,有英文、数学、格物(物理)等。总理(院长)为陆懋勋,是个顽固保守派。监院(教务长)陈仲恕(汉弟),翰林出身,系民主人士陈叔通之兄,思想开明,很赏识百里才华,备加关怀。

百里入院后,考过两次国文。题目分别为"殷书顽民颂"、"汉晋士风不同说"。百里两次都名列全院冠军。课余又应"东城书院"(亦林迪臣所办)月试,阅卷者有林纾、高啸桐等,五试都名列第一。文章争相抄传,从此"硖石才子"在钱江两岸出了名。

百里在杭州的求学费用,主要靠书院所得膏火费及奖金。方雨亭亦时有接济。

按:蒋复聪《年表》:"公遂辞塾师。随方令至省城,经介绍入杭州知府林迪臣所办之求是书院读书,一切费用皆方令捐廉供应。"

又按:陶菊隐《蒋百里传》:"求是每月收学费二元,膳费二元四角,方县令保送了几名学生,一切学膳费都由他捐廉供应。不他由桐乡调往丽水,每次进省都要到求是来,带些书籍和零用钱给百里。"

又按:百里自述:"年十八考观风而见知于侯官方、高二公,其时高先生方在杭佐侯官林公

---

① 方家澍,字雨亭,时任桐乡知县,福建侯官县人,民国名将方声涛之父,思想开明,推荐并资助蒋百里入求是书院。高凤岐,字啸桐,福建侯官县人,时在林启幕府。

办求是书院，劝余入学，而迟回不敢决者，则上海之苦痛经验犹震撼于余心。若复以五元一月之膳费宿费相强者.吾惟有束手归耳。顾有一事足壮吾胆，则吾先伯曾读书于杭，以考书院所得之膏火，乃自给而有余。且观风之试得三十元之奖金，虽为友人没其半，犹有十元之余，乃重复冒前年之险，携十金以渡杭。果也考书院而从容以自给也。”(《是不是奢侈的装饰品？》)。

当时，正值八国联军大举入侵，北京陷落，慈禧、光绪西逃。全国又一次受到大震动。求是书院青年学生对清廷腐败极为不满，倾向维新、革命。戊戌政变后许多书刊遭禁。百里与许多同学一起经常阅读违禁书刊，并参加组织社团，开会、讲演，著文抨击时政。这是百里一生参加政治活动的开始。陈仲恕担心百里锋芒太露，悄悄劝他：你对政治不平是理所当然的，但不可落痕迹，最忌形诸笔墨。

按：《浙江百年大事记·1900年》：“六月，是年春夏间，王嘉榘、蒋方震、敖嘉熊等在杭州成立‘浙会’，后因受清政府查办，改名为‘浙学会’，其会员大都去日本从事革命活动。”

又按：1937年《嘉区文献》：会稽陶成章述敖嘉熊烈士：“……戊戌政变后，刻意研究经世致用之学……寻与王家驹、蒋百里等十余人倡一时事研究会，名曰制会……”

8月，受到康、梁支持的“自立军”首领唐才常，因事泄遇害于汉口。百里赋诗哀悼，被陆懋勋发觉，打算开除，经陈仲恕力争得免。但是，百里在求是书院已无法久留，陈仲恕与林迪臣、方雨亭几经商议，决定资助百里东渡留学。

此时，百里的功课进度是：英文学到皇家读本第三册，代数学到二次方程，格物已学完。

1901年 光绪二十七年辛丑 二十岁

4月，百里东渡日本。当时风气未开，封建传统观念根深蒂固，“父母在，不远游”；而且百里是独子，上有寡母待侍养，因此族人、乡里议论纷纷。杨太夫人却很开明，力排众议，勉子成行。

按：梁启超《蒋母杨太夫人墓志铭》：“……太夫人曰：行矣，吾不以流俗人望汝，亦不以流俗人自待；汝夙孤露，能奋自树立，乃所以孝也。”

百里到日本后，先入清华学校学习日文及一般课程。清华学校是专门为中国留学生设立的一所补习学校，校长犬养毅(后曾任日书首相).此时，百里痛祖国饱受侵略，觉得光靠笔杆子已不足以救国，决心投笔从戎，建设国防，走“坚甲利兵”道路。清华毕业后，百里入成城学校(初级武校)。7月，毕业后入伍，编入近卫步兵第一联队，名为士官候补生。

许逸云编著《蒋百里年谱》，团结出版社1992年版

八、同学会与同学录

(一)同学会

浙江高等学校同学会议
(1912年3月14日)

浙江高等学校同学，于前日假新西门内共和宪政会开会，到者甚多，提议事件系为设立永久机关于沪上，及母校亦须继续开办问题。旋经公众议决，即派代表赴杭商请该校校长到沪报告情形，并商议对付方法云。

《时报》1912年3月14日

高等学校同学会先声
(1917年6月3日)

浙江高等学校为我浙人才之渊薮，合求是书院、大学堂计之，前后不下一千余人。自停办以后，师友云散，鱼雁久疏，王君赓三、孙君叔轩、莫君存之、朱君赞清、金君�仙等，为联络感情，交换智识起见，拟组织一永久机关，定名为“浙江求是书院及高等学校同学会”，业于本月十日，假座法学协会开筹备会一次，议决章程数条，并以该会为筹备事务所。闻自即日起，函电省内外各同学，□于本月二十四日上午九时，在该所内开成立大会，会中备有午餐，以便尽一日之长，从容讨论，并设有影戏、弹词，以助余兴。想届时联翩莅止，必有一番盛举也。

《教育周报(杭州)》第165期，民国六年六月三日

同学会与政务厅长
(1917年6月27日)

浙江求是书院及高等学校同学发起同学会，在司法协会开会一节，曾见报端。兹闻该会同学中，有许祖谦者颇不赞成此事，昨致书于政务厅长沈尔昌。沈亦同学之一人也。其书云：季宣厅长学兄大鉴：多日不见，思念殊深。顷阅报载，有人发起同学会之举，联络感情，研究学术，意非不美，惟调查原因，其中有人借学会之名，利用执事现处之地位，而发展其炫耀世俗之长技，既卖执事，又卖我同学之全体，致外间纷传此等学会，为钻营间接之待合所。虽悠悠之口不足深信，然证以原动诸人中，有平日素行招摇撞骗，为社会所唾弃，是空穴来风，要非无自。弟亦同学一分子，既不愿同学少年无端受此不白之冤，更不欲执事因有此学会反

为令闻之累，此所以不避赣直，函请执事善自图之云云。

《申报》1917年6月27日

杭州求是书院同学会启事
（1919年9月22日）

吾杭求是书院，创于清光绪丁酉年，历戊戌、己亥、庚子、辛丑，阅五寒暑。此五载中，内外院教职员及诸同学不下数百人，音尘久隔，踪迹多疏，同人等乃于去秋在杭组织同学会。业经开会四次，惟因远道间隔，无从函达，尚多遗漏，用是登报通告，凡曾肄业求是及曾任教职员者，均望开具姓字、年岁、籍贯、住址、履历，并最近照片，寄杭城孩儿巷一百一号熊宅本会通讯处，以凭接洽。此启。

《申报》1919年9月22日至10月20日

校友会杂志发刊辞
（1920年6月）

校友会之设，所以竺厚气谊，辅緦群德，其事与横舍之训督相剂而相成。吾校诸校友既为会于去年之秋，复于今夏发刊兹编，以翋所得，匪曰衒异，示徵实也。文字间或有舛忒，概存其真，冀以就正于大疋闳达之前，绳削匡直，裨益后进云尔。草创伊始，会员中之著籍工校弟子者，咸踊跃投稿，浩汗夥颐，限于篇幅，不无遗珠之憾。坿识于此，用昭梗概。民国九年六月，德清许炳堃。

《浙江甲种工业学校校友会刊》民国九年第1期①

浙江公立工业专门学校校友会章程
（1921年3月中旬）

第一章　定名

第一条　本会定名为浙江公立工业专门学校校友会。

第二章　宗旨

第二条　本会以崇尚道德，增进才识，锻炼坚强之体魄，发扬活泼之精神，借谋校友之联络，共策工业之进步为宗旨。

---

① 《浙江甲种工业学校校友会刊》，1920年6月创刊，浙江省立甲种工业学校校友会编辑、发行，主要刊登本会会员的学术研究文章，以及言论、调查、记述等。

第三章　组织

第三条　本会由本校教职员与学生共同组织之。

第四章　会员

第四条　本会会员如下：

甲、现任教职员及在校学生，皆为本会会员。

乙、前任教职员及毕业生，皆为本会特别会员。

第五章　会员权利及义务

第五条　凡本会会员，皆享有本会一切权利。

第六条　凡会员皆有遵守会章之义务。

第七条　凡会员皆有缴纳会费之义务，但特别会员得自由酌认之。

第八条　凡会员皆有维持本会义务。

第六章　事业

第九条　本会分评议、干事二部。干事部分文牍、交际、会计、庶务、编辑等股，及学生自治会、劝用国货会、演讲团、各科研究社、参观团、音乐社、童子军、竞赛团、远足会、旅行会、球会、技击队等组。评议会议决本会预决算、各项章程细则，及其他一切重要事项。

第七章　职员

第十条　本会设正副会长各一人，评议员二十一人，正副评议部长各一人，干事长一人，副二人，文牍员、交际员、会计员、庶务员各二人，编辑员四人。其他各组主任各一人，除会长推本校校长兼任，会计推本校会计兼任，各主任由各组自选外，副会长及其余干事部职员，均由评议部就全体会员中选出之，但评议部正副部长由评议员中互选之。

第十一条　评议员二十一人，由教职员、学生分部选出，其人数如下：

本科教职员四人，预科教职员一人，三年级学生四人，二年级学生四人，一年级学生四人，预科学生四人，候补评议员如上数。

第十二条　评议员不得兼任他职。

第十三条　本会职员除校长、会计无定期外，余均以一年为限，连举连任。

第八章　经费

第十四条　本会经费以下列各项充之：

甲、常年费一元，分两期缴足。

乙、本校补助费。

丙、捐助及其他临时收入。

第九章　会期

第十五条　常会每学期一次，于纪念日及本校成立纪念日举行。

第十六条　职员会每月一次，于每月最后之星期六课余举行。

第十七条　临时会无定期，于发生重要事务时，经评议部议决，由会长核定召集之。

第十章　附则

第十八条　本会讨论兴办事件，不得越第二章所规定之范围。

第十九条　本章程如有未尽事宜处，经会员四分之一以上之提议，经评议部之审查，提交大会修正后，由会长决定施行。

第二十条　各项细则，由各主管提交评议部决定之。

第二十一条　本章程经大会议决，由会长核定施行。

浙江公立工业专门学校编印《浙江公立工业专门学校一览》，1921年3月中旬

浙江公立工业专门学校校友会评议部第二届议事一览表

(1921年6月)

事别/案别	提议者	议决日期	已未通过	备考
选举干事长及各股干事	陈黼章君	九年十月二十四日	如额选定	是日评议长在假
本年度预算案	会计股开单	九年十一月十三日	修正通过	军乐队补助费公决停止
展览会期间内试行贩卖事务案	徐乃銮君	十年三月二十日	通过	
设立消费组合案	郦堃厚君	十年四月二十三日	修正通过	
饭食股办事规则	蔡禹泽君	十年四月二十三日	修正通过	
提存临时收入作为本会基金案	朱慧生君	十年五月三日	通过	由会长于五月十日提洋二百另六元，存入浙江地方实业银行，存折二扣，现由会计股保存
补开本学期大会案	周士芳君	十年六月四日	未通过	
各社团经费应造表报告本会案	周士芳君	十年六月四日	未通过	决由本会函请干事长办理
请增加数学研究社津贴	施策君	十年六月四日	缓议	俟本学期终了时再行决定

《浙江公立工业专门学校校友会年刊》第2期，民国十年六月

浙江公立工业专门学校校友会全体职员一览表

(1921年6月)

种别	职务	民国九年下学期职员	民国十年上学期职员
校友会	正会长	许炳堃	同上
	副会长	金鹏飞	同上

续　表

种别	职务	民国九年下学期职员	民国十年上学期职员
干事部	干事长	戎昌骥	同上
	副干事长	马上程	同上
		关鹏南	同上
		徐乃銮	同上
	文牍主任	陆鸿燿	同上
	文牍员	吴钦烈	同上
		冯仁	同上
	交际主任	蔡德强	同上
	交际员	许湛儒	同上
		颜振銮	同上
		金民熙	同上
	庶务主任	吴乃琢	同上
	庶务员	陈世觉	同上
		章奎	同上
		谢文祥	同上
		邵俊	同上
	会计	柴锡荣	同上
	编辑主任	冯汝绵	同上
	编辑员	程宗植	同上
		陶泰基	同上
		姚崇岳	同上
		戴道骝	同上
		程宗裕	同上
		诸章达	同上
		林璧	同上
		施霖	同上
		沈孝睿	同上
		施策	同上
		杨经荣	同上
		吴志浩	同上
		李怀铨	同上

续 表

种别	职务	民国九年下学期职员	民国十年上学期职员
干事部	编辑员	蒋一谦	同上
		余世灿	同上
		孙朝洲	同上
		夏宝彝	同上
		王国松	同上
		朱寿椿	同上
		冯仁	同上
评议部	评议长	朱苍许	同上
	副评议长	莫善诚	同上
	评议员	金培元	同上
		许德煇	同上
		陈其文	
		张辅良	同上
		盛祖钧	虞开仕
		陈曾培	同上
		吴耀庚	同上
		罗鉴	同上
		陈正富	同上
		叶其蓁	同上
		王元禧	同上
		周士芳	同上
		郭蔚	同上
		来壮濠	同上
		陈瓘	同上
		周连科	同上
		方朝梁	同上
		冯克仁	同上
		张兰舫	同上
		王光曾	同上
		葛篆乾	同上
		郭平	同上
		魏之藩	同上

续 表

种别	职务	民国九年下学期职员	民国十年上学期职员
化学研究社	研究主任	施霖	同上
		吴钦烈	同上
		姜俊彦	同上
		陆树勋	同上
		项大澂	同上
		汤贻湘	同上
	总干事	陈光焬	同上
	文牍员	冯仁	同上
		葛篆乾	同上
		徐乃銮	同上
		张元塄	同上
		丁崇	同上
		任焬	同上
		赵崇光	同上
	会计员	陈讷	同上
机织研究社	研究主任	陶泰基	同上
		叶熙春	同上
		金培元	同上
		姚崇岳	同上
	总干事	陈正富	同上
	干事	周迪康	同上
		孔宪尧	同上
		杨继荣	同上
		叶其蓁	同上
		钟治	同上
		陶玉珂	同上
		王之祥	同上
	文牍员	李光亚	同上
		童作哲	同上
		周连科	同上
		蔡士魁	同上

续 表

种别	职务	民国九年下学期职员	民国十年上学期职员
机织研究社	文牍员	吴志浩	同上
		陈尔常	同上
	会计员	袁慰宸	同上
		严旒	同上
数学研究社	研究主任	陈其文	陆永年
		冯汝绵	同上
		蔡德强	同上
		戎昌骥	同上
	总干事	胡济川	施策
	文牍员	郭平	褚裕德
		金鹏飞	同上
		施策	张兰舫
		许彦儒	孙维嘉
		陈曾培	蔡士魁
		王光曾	同上
		邵俊	同上
	会计员	沈孝睿	张家润
英文研究社	研究主任	吴友蘧	同上
		陆鸿燿	同上
			蔡德强
	总干事	张兰舫	同上
	干事员		王光曾
	文牍员	王光曾	同上
		郭平	同上
		金鹏飞	胡济川
		许彦儒	周士芳
			褚裕德
			陈正富
足球队	总干事	朱维缵	马上程
	干事员	黄昌琳	程学棣
		项守源	许思安

续　表

种别	职务	民国九年下学期职员	民国十年上学期职员
足球队	干事员		朱维缵
		莫善祥	同上
		胡学训	
		顾赓禧	
		郑伦	
	文牍员	冯仁	
		许彦儒	同上
	会计员	颜振銮	顾言
篮球队	总干事	徐乃銮	同上
	干事员	程学棣	同上
		许思安	同上
		莫善祥	同上
		周康龄	同上
	文牍员	何继存	
	会计	郑轴纶	同上
网球队	指导员	马上程	同上
	总干事	项守源	同上
	干事员	朱维缵	同上
		胡学训	同上
		余莲品	
		顾赓禧	同上
		郑伦	同上
	文牍员	顾言	同上
	会计员	许淑绥	同上
台球队	总干事	俞应赓	同上
	干事	顾赓禧	同上
		项守源	同上
		叶其蓁	同上
		莫善祥	同上
	文牍员	曹步垣	同上
	会计员	袁慰宸	同上

续 表

种别	职务	民国九年下学期职员	民国十年上学期职员
军乐队	总干事	陶镕	同上
	干事员	金民熙	同上
		孙维嘉	同上
	文牍员	邵俊	同上
		高家驹	
	会计员	颜振銮	同上
音乐社	总干事	颜振銮	韩肇俊
	干事员	徐乃銮	颜振銮
		项守源	同上
		金鹏飞	冯仁
		吕再端	同上
		彭去疾	周士芳
		金祖统	同上
	文牍员	邵俊	金民熙
	会计员	沈孝睿	同上
童子军	团长	马上程	同上
	狮队队长	金民熙	同上
	副队长	顾言	同上
	象队队长	谢文祥	同上
	副队长	顾赓禧	同上
消费组合	组合长	蔡德强	同上
	副组合长	张云瑞	同上
	饭食股长	谭友岑	同上
	副饭食股长	王国松	同上
	会计员	郦堃厚	同上
		张家润	同上
	文牍干事	徐凤超	同上
		方仁煦	同上
	仁斋纠察干事	余世灿	同上
		张咸镇	同上
	调查干事	程学棣	同上

续 表

种别	职务	民国九年下学期职员	民国十年上学期职员
消费组合	义斋纠察干事	谢鼎	同上
		劳迩遥	同上
	调查干事	夏承辅	同上
	礼斋纠察干事	李瑾	同上
		吕再端	同上
	调查干事	冯仁	同上
	智斋纠察干事	袁慰宸	同上
		褚裕德	同上
	调查干事	吕师荪	同上
	信斋纠察干事	施策	同上
		丁崇	同上
	调查干事	朱寿椿	同上

民国十年六月

《浙江公立工业专门学校校友会年刊》第2期

浙江公立工业专门学校校友会成绩报告书

(1921年6月)

徐乃凿[①]

数学研究社

社员:一百另五人。

时间:每逢星期三、六下午四至六时为演讲时间。

会务:蔡禹泽先生演讲:Subsidiary angle,多元方程式解法,Centroid Symmetric Function。

戎菽畦先生演讲:顺列组合及二项定理。

冯飑云先生演讲:Infinite Sequence,正十七角形作图之初等的解法,极大极小。

陆缵何先生演讲:(1)关于储蓄算法之研究;(2)浙江地方实业银行所定零存整付办法之怀疑;(3)纠正浙江地方实业银行所定零存整付之办法。

讲义:每次演讲之材料,皆印讲义分发,以资研究。

① 徐乃凿,浙江甲种工业学校学生,生平事迹不详。

化学研究社

社员:七十五人。

时间:每星期二次,以星期四、六下午四至六时为演讲时间。

会务:吴敬直先生演讲:(1)Helium;(2)胶质化学之大略。

汤拥伯先生讲演:Radium 之发现,化合物,性质,应用。

陆叔馀先生讲演:(1)香料;(2)溶解积及其应用。

施雨若先生讲演:空气中之 Oxygen 及 Nitrogen 之利用法。

姜延恩先生讲演:Theory of Benzene。

项季撤先生讲演:(1)甘蔗糖制造法;(2)The constitutions of the mono Saccharides。

陈震三先生讲演:分析化学发达之历史。

郑文彬先生讲演:化装品之制法。

讲义:每次演讲之材料皆印讲义分发,以资研究。

机织研究社

社员:六十二人。

时间:一星期中一次或二次,下午四至六时为演讲之时间。

会务:陶平叔先生讲演洋布整理方法(检查工程,剪毛工程,压光工程,折布工程,捺印工程,打色工程)。

叶如松先生演讲:绢织物之设计及其制造法:(1)Baize ceop;(2)mockerina creep;(3)两面纱织;(4)Kamsi Kamsa;(5)有花法国皱纱。

姚松夫先生演讲:棉花之代用品(纸緣)。

讲义:每次演讲之材料,皆印讲义分发,以资研究。

英文研究社

社员:九十七人。

时间:每星期一次,下午四至六时为演讲时间。

会务:研究材料概为补助教授时之不足及普通函牍。

讲义:每次演讲之材料,皆印讲义分发,以资研究。

足球队

队员:八十余人。

时间:每日四至六时为练习时间。

队务:选手为周康龄、程学棣、许思安、徐乃銮、朱维缵、魏之藩、莫善祥、叶其蓁、黄昌琳、盛祖钧、何继存,曾与农校及蕙兰二校比赛,结果皆占优胜。平日练习,皆亦非常踊跃。

网球队

队员:五十余人。

时间:每日四之六时为练习时间。

队务:曾分组比赛,其结果双人比赛得优胜者为莫善祥、顾赓禯二君。单人比赛得优胜者为程学棣君,均奖以优胜旗一面,以资鼓励。

篮球队

队员:二十余人。

时间:每日下午四至六时为练习时间。

队务:虽成立未久,而平日练习亦颇踊跃。

台球队

队员:三十余人。

时间:每日四至六时为练习时间。

队务:分组练习,队员非常踊跃。

军乐队

队员:十余人。

时间:课余之暇。

队务:本校各种会合开会时,及全体学生整队出发时,司奏军乐。

音乐社

社员:八十余人。

时间:每日下午四至七时为练习时间。

社务:乐具完备,社员中以吕再端、颜振銮、项守源、韩肇俊诸君为最优长。本校十周升级纪念展览会闭幕时,曾奏乐一次,颇受来宾之赏识。

童子军

队员:二十人。

时间:临时议定,课余之暇练习技能。

队务:(1)本团曾往城站送美国上将;(2)野外练习并摄影旗语;(3)往省会中等以上学校联合运动会服务;(4)往小学联合运动会服务;(5)野外练习并摄影;(6)野外练习;(7)团长给奖;(8)为本校展览会服务;(9)为本校运动会服务;(10)野外练习烹饪并摄影。

消费组合

组员:全体。

组务:其中饭食股办有成效,贩卖股即须成立,印刷股尚未就绪。

竞赛团

队员:四五十人。

时间:每日下午四至六时为练习时间。

团务:本会成立日及春季常会举行运动会时,各竞赛一次,第三次优胜者:第一名彭去疾君,第二名王福熙君,第三名朱维缵、黄昌琳君。第四次得优胜者:第一名彭去疾君,第二名朱维缵君,第三名王福熙君。

民国十年六月

《浙江公立工业专门学校校友会年刊》第2期

浙江省立甲种农业学校校友会章程

(1921年7月)

第一条　定名:本会定名浙江省立甲种农业学校校友会。

第二条　宗旨：本会以崇尚道德，增长智识，联络感情，锻炼品性，共谋学业之进步为宗旨。

第三条　组织：本会由本校教职员及学生共同组织之。

第四条　会员：

1.通常会员，现任教职员及在校学生。

2.特别会员，前任教职员及毕业生。

第五条　权利及义务：

甲、权利：

1.凡会员有选举被选举之权利。

2.凡会员有提议会务之权利。

乙、义务：

1.凡会员有遵守会章之义务。

2.凡会员有缴纳会费之义务。

3.凡会员有维持会务之义务。

第六条　会务：本会会务分为七项各设部以董理之。

1.文艺部。

2.科学部。

3.出版部。

4.演讲部。

5.音乐部。

6.运动部。

7.贩卖部。

第七条　职员及其权限：

1.正会长一人，由本校校长任之，总理一切会务。

2.副会长一人，由通常会员中互选之，协理一切会务。

3.部长每部一人，共七人，由通常会员中互选之，分掌部务（但各部得因事务之繁多，添设干事若干人，即以被选举次多数充之）。

4.本会设会计一人，由通常会员选举之，经管会中经费及收支事业。

5.本会设查账员六人，由通常会员中互选之，稽查会中经费及收支事业。

6.本会职员任期，除正会长外，均以一年为限，连举得连任。

第八条　会期：本会会议及会期分列如下：

1.大会，以全体会员组织之，于每上半年四月一日、六月一日及下半年十月一日、十二月一日举行之。

2.临时会，遇有特别事故，经三分之一以上会员认为必要时，得请正副会长召集之。

3.职员会，以全体职员组织之，每月一次，由会长召集之。

4.部务会，关于一部事务，该部职员组织之，与他部有关系之事务，得联合他部组织之，无定期。

第九条　经费：本会经费以下列各项充之：

1. 入会费:大洋五角,凡会员皆须缴纳。

2. 常年费:大洋一元,分两期缴足(现任教职员于开学第一月薪金内拨划,本校学生于开学缴费时带缴。

3. 本校补助费。

4. 捐款。

5. 他种收入。

第十条　附则:

1. 凡违本会宗旨,或损坏本会名誉,由职员议决,附以相当之惩戒。

2. 本会讨论兴办事件,不得逾越会务项下规定之范围。

3. 本章程如有未妥事宜,经会员三分之一以上之提议,得提交大会修改。

4. 会议规则、职员服务规则、各部细则、各部细则等,另行议订提出,职员会议公决,由正会长核准之。

5. 本章程经大会议决施行。

《浙农杂志》第1号,民国十年七月

浙江高等学校旅沪同学公鉴
(1921年7月28日)

吾校旅沪同学日见增多,平时各有职业,把晤之时甚少,思君郁陶彼此同之。兹由弟等发起,定七月三十一日、即旧历六月二十七日午刻,假西藏路宁波旅沪同乡会开同学聚餐会,集故侣叙旧欢,凡我同学,务希偕临。(每人随带聚餐费一圆)

杨春时、寿毅成、朱宗良、潘稼咸、潘更生
范秉琳、徐玉书、董贞柯、冯柳塘、陈布雷同启

《申报》1921年7月28—31日

毕业同学通讯:告浙江公立工业专门学校毕业同学书
(1928年3月)

徐凤超

同学诸君:

现在我有一点消息,向诸位同学报告,或者是诸位所愿意听到的。我们工学院的院长李振吾先生,鉴于本院先后毕业同学,人数渐多,分布渐广,如其没有一种有系统的组织,恐怕分子愈多,弥散愈易,感情既不易联络,学问亦莫由砌磋,结果,同学与同学间以及同学与母校的关系,日益薄弱,或者竟会把我们应负的责任丢了,这果然是我们同学自身和母校的不幸,同时社会、国家,也受着相当的损失。

李院长为上述的原因,所以在院内组织毕业同学通讯社,专门部方面,由凤超负责,甲、

乙种……方面，由倪君微庸担任。同时又创办月刊、年刊，月刊每年十期，年刊每年一册，凡毕业同学的通讯、近况、著作、报告……之类，均可在月刊、年刊中发表。这些刊物最初几期，对于毕业同学，是分赠的。

报告完了。我尚有数点愚见，在此发表：

一、李院长组织毕业同学通讯社，及分赠毕业同业月刊、年刊二事，我们于感激之余，更应体贴院长的盛意，使毕业同学的消息渐趋灵通，组织渐臻完美，与母校的关系，也保持其密切的态度，庶几互相提携，向光明之路进展！

二、我们毕业以后，不但聚首一堂，很感困难，就是要和全体同学通信，也是不可能的。从前我们往往感到毕业同学会没有确定的基金，不能发行定期刊物，使我们所要发表的文字，所要讲的话，尽量宣布出来，好了，这个问题，现在可以解决了，请诸位同学努力投稿吓！

三、凤超猥以菲才，谬膺毕业同业通讯社及毕业同学会组织科之职，汲长绠短，时思陨越，望诸同学各就所见，随时匡襄，庶几毕业同学通讯社与毕业同学会的前途，不至因凤超个人的不才，不称职，受到严重的打击。

此祝进步！

《国立第三中山大学工学院月刊》民国十七年第1期[①]，民国十七年三月

毕业同学通讯：与甲乙种毕业同学的一封信
(1928年3月)

微　庸

诸位同学兄：

我很惭愧，要向诸同学道一声歉，去年不是有个毕业同学会么？也许有些同学没有知道，其实不知道也不要紧，不过我终觉得是对诸同学不起的，不得不旧事重提了。

这个赤子般的毕业同学会没有堕地以前，受了一些挫折，几乎难产，虽然勉强地产出了，先天不足，是无可讳的。我既不是产妇似的发起人，又不是稳婆似的筹备员，但终于做了保姆似的常务委员。我见了这样一个不健全的婴孩，着实担些心事，怕他不容易长成，想要特别灌些滋养品，也曾请学艺科常书鸿君编了一期会报，取名“同窗”，我也不揣剪陋，草了一篇《襁褓中的微笑》。但是，除了这一次的微笑，便永不见笑了，连哭都听不见了。我既做了保姆，更有何话可说，只好在这里向主人公道一声歉，算了我的不尽职罢！

歉道过了，就要向各位报告一个好消息。我们的母校由甲种而专门而大学，有这样悠久的历史和卓著的声誉，自然我们不必客气，多少是有些关系吧？尤其是毕业后在社会上的成绩，给母校以无上的光荣。现在李院长见到这一点，深感得毕业同学与母校关系的深切，而毕业同学间尤有联络之必要，就仿照欧美大学校的成例，设立一个毕业同学通讯处。同时发

---

① 《国立第三中山大学工学院月刊》，校园刊物，1928年3月创刊于杭州，月刊，第三中山大学工学院月刊编辑股编辑，第三中山大学工学院月刊干事股发行，此后又相继更名为《浙江大学工学院月刊》、《国立浙江大学工学院月刊》。设有言论、学术、院闻、毕业同学通讯、调查、杂俎、记载等栏目。

行一种月刊,特开毕业生通信一栏。我是久居母校——也像未离母怀的小弟弟——院长把这件事委托我,也就无可推却而担任这个事务了。虽然很怕不能尽责,但是极希望得以稍赎前愆。还要请诸位老大哥帮帮小弟弟的忙!通信内容,略述如左:

一、同学状况及通信处。从前的报国工业会、毕业同学会,都曾想把同学的状况和通信处调查清楚,编一本较详尽的同学录。但是因为同学太多,即使调查完竣,必定又有许多变更,终于没有做到。现在想从每级着手,请热心的几位同学,把同级中同学的状况通信处寄了来,就可络续发表在本院月刊,嗣后遇有变更,亦可即时更正。

二、个人状况与事业。诸同学毕业后或实习工厂,或留学国外,以及提倡实业、从事革命等种种经过情形,与最近状况,详细见告,发表本刊,则人手一篇,恍若晤谈一室,岂非快事!

三、调查与心得。这是本院月刊所最欢迎的稿子,请诸同学多多赐下才好。

四、私人通信。有关上项性质者,亦可代为发表,以供同好。

来件请寄本院倪维熊收。

《国立第三中山大学工学院月刊》1928年第1期,民国十七年三月

浙江公立工业专门学校毕业同学会召集常会通告

(1928年10月8日)

本会定于十月十日下午一时,在杭州西湖中山公园,开第五届常年大会,远道会员恐未周知,特此通告。

《申报》1928年10月8日

浙高同学筹组同学会

(1930年10月15日)

浙高同学筹组同学会,推定寿景伟、冯柳堂等为筹备员。

浙江高等学校,系由求是书院、浙江大学堂改组而成,已于民三停办。日前该校在华安为秋季叙餐,到者不少,即席发起组织同学会,以资永志,一致赞成通过、公推王辅裳、徐永祚、范秉琳、傅壮民、寿景伟、阮凯、冯柳堂为筹备,并推唐乃康、俞寿沧为财务委员,又推王辅裳起草会章,定十九日提出筹备会讨论,通信处仍借成都路联珠里壮民医院,如有该校同学欲加入者,可径函通信处接洽云。

《申报》1930年10月15日

浙高旅沪同学会将成立

(1931 年 1 月 22 日)

旅沪浙江高等学校师生，拟合求是书院、浙江大学堂前后师生，组织旅沪同学会，纯以联络同学感情为宗旨，不涉其他。推举徐永祚、唐乃康、寿景伟、傅壮民、冯柳堂、俞寿沧、阮凯、王黼裳、范秉琳诸人为筹备员，前晚在银行俱乐部举行筹会，讨论会则，修正通过，并定期二月八日成立，刻已开始征求，暂借爱文义路联珠里壮民医院为临时通信处云。

《申报》1931 年 1 月 22 日

旅沪浙江高等学校同学会启事

(1931 年 2 月 3 日)

溯我母校，自求是书院递禅而浙江大学堂，而浙江高等学堂，而浙江高等学校，历办无久，延储甚众，回忆观摩之乐，不胜今昔之情。秉琳等猥承少数师友督率，筹备同学会于沪滨，凡我海内外师友，先后在前校有一日之雅者，务祈一致入会，并请自见报日起一个月内，先通姓名、住址于下开通讯处(上海爱文义路联珠里壮民医院)，以便定期邀开成立大会，共擎盛举，用敦舟谊，无任企盼。此启。

筹备员：范秉琳、唐乃康、王黼裳、寿景伟、阮恺
徐永祚、傅壮民、冯柳堂、俞寿沧　启

《申报》1931 年 2 月 3 日

旅沪浙江高等学校同学会举行成立会

(1931 年 3 月 17 日)

旅沪浙江高等学校同学会，于前日假座银行公会举行成立会，到会有徐寄庼、屠开泰等三十余人、票选徐永祚、王黼裳、傅壮民、冯柳堂、吴昌国为常务委员。又南京方面同学加入者亦有二十余人，会所仍暂假成都路壮民医院。

《时报》1931 年 3 月 17 日

浙高同学举行秋季常会

(1933 年 9 月 26 日)

改选常委筹备明春园游会。

浙江高等学校同学会，昨假银行俱乐部举行秋季常会，到者有徐寄庼、姚抱真、戴景槐等二十余人。首由常委徐永祚、冯柳堂分别报告，继即改选常委，仍推徐永祚、冯柳堂、傅壮民、

吴国昌、王黼裳等五人连任，继由出席会员张维、盛叔衡等先后提议：(一)会员再行登报征集，于两月内完成会员录；(二)此次出席各会员，由阮伯康、马公愚二同学各书赠字联一副；(三)明年春季常会，改为园游会，交由常委筹备进行。继即叙餐、摄影、散会。

《申报》1933 年 9 月 26 日

浙江高校同学明日叙餐

(1934 年 12 月 15 日)

前浙江高等学校旅沪同学，曾由陈布雷、徐永祚、潘忠甲、傅壮民、冯柳堂等发起同学会，已历十余载，加入者尚有前求是书院、前浙江大学堂同学，每届聚会，颇称盛举。该会本年会员大会，已定于十二月十六日星期日上午十一时半，假座上海香港路四号银行俱乐部举行，连接聚餐，昨已发通告。如并欲参加餐会者，即日向爱多亚路一二三号三楼徐会计师事务所，或以电话通知八二零六六号，以便留座。

《申报》1934 年 12 月 15 日

浙高同学筹设俱乐部

(1935 年 1 月 14 日)

旅沪浙江高等学校同学会，前以该校停办，已届二十载，同学星散，把晤匪易，故上次常会，有组织俱乐部之提议，当场通过，并推筹备员十四人，由沈季宣君召集之。昨日，沈君特在其所经营而新落成之德邻公寓，宴集筹备员，到有潘忠甲、李垕身、郑允恭、盛叔衡、徐寄庼、王黼棠、冯柳堂、何柏丞、姚抱真、马公愚、徐永祚、傅壮民诸君。所有俱乐之组织，及经费之筹集，均有详尽之讨论。仍推沈季宣为筹备主任，接洽一切，再提交下届常会通过施行。该会正在编印同学会报告，内容完备，并有回忆录一门。由各同学各就其在校生活，回想所得，撰成短篇。已经交稿者，则有盛叔衡、陈布雷等二十人，余尚在征集中。

《申报》1935 年 1 月 14 日

浙高同学会举行园会

(1935 年 5 月 27 日)

浙高同学会举行园会，假康脑脱路徐园。

旅沪浙江高等学校同学会，昨午假康脑脱路徐园举行园会，到吴国昌、许森谈、冯柳堂、傅壮民、潘忠甲、孟望渠。郭沈坚。姚抱真。盛叔衡。沈季宣。牟晓天。马古愚。王辅裳、李垕身、徐永祚、郑晓沧、朱鸿儒、蔡竞雄等三十余人，公推沈季宣为临时主席，由冯柳堂报告会务毕，改选常务会员，以吴国昌、沈季宣、徐永祚、冯柳堂、潘忠甲五人当选。提议组织同学俱乐部，俟下次叙餐时，从长讨论。旋即叙餐摄影散会。

《申报》1935年5月27日

旅沪浙江高等学校同学会会务报告
（1935年）

成立经过

同学，本是最亲爱的，朝夕一堂，切磋琢磨，何啻昆仲。及到毕业之后，各自西东，把晤维艰，一朝聚首，说旧谈故，倍加亲热。若如我们同学，情形又当别论，不但是旧时的求是书院浙江大学堂都成了陈迹，即我们所肄业的浙江高等学堂亦成为历史上的名词了。（民国以后称学校）人家的同学，有增有减，惟独我们高等的同学，只有由青年而壮年，由壮而老而有减无增的了；因此我们高等同学，聚首之候，畅谈往事，每觉多过一年，亲爱精神更进一层。

在民国十三年（甲子年）以前，我们高等同学在上海的固然不少，但为服务关系，绝少把晤欢叙的机会。其时在商报服务的同学，若陈布雷、朱绳先、潘更生、并徐玉书、傅壮民、阮伯康、诸位老同学，以及柳堂，遂发起了留沪同学叙餐会，第一次参加的有陈布雷、徐玉书、唐伯耆、范霞轩、裘守慈、徐森鑅、查征辙、谷宗海、董仲佳、傅壮民、朱宝衡、阮伯康、朱宗良、冯柳堂凡十四人，即借壮民医院聚餐，时间为民国十三年正月二十七日正午。其后复举行一次，范秉琳诸学长亦来加入。至第三次聚餐，已为十六年一月，地点仍在壮民医院，参加者有郑允恭、郑宗海、邵元冲、陈布雷、潘更生、马义新、会劭勋、何炳松、唐伯耆、马孟容、徐永祚、顾鼎、傅壮民、冯柳堂等十四人，还有一位教师，松江陈佩忍（去病）先生，及马义新君的公郎。十八年复举行一次，到了民国十九年十月十二日第五次聚餐，在华安八楼，参加的人更多了，除了张宗祥，屠开泰两位先生之外，尚有戴景槐，吴国昌，朱宝衡，姚抱真，孟树铭，郑纪文，凌昌炎，张廷衡，周颐甫，王黼裳，范秉琳，唐乃康、俞寿沧、寿毅成、阮恺、徐永祚、傅壮民、范霞轩、马孟容、刘复中、徐步高、冯柳堂等廿三人。席间谈及，杯酒言欢固佳，但是总要有一个组织，才可比较的能持久，即席博得大家同意，当场推举徐永祚、傅壮民、王黼裳、范秉琳、唐伯耆、俞寿沧、阮恺、冯柳堂等八人为筹备员，至民国二十年三月十五日在上海银行俱乐部聚会，即宣告旅沪浙江高等学校同学会的成立了。以后会务进行，有会议录记载，不必再叙。可是本会若追溯到第一次叙餐，已有十周年了，这十周年中虽无甚足述，而精神上获益，及有今日的结果，大可引为欣慰的了。

会议记录

第一次会员大会(即成立会)

日期　民国二十年三月十五日

地点　上海香港路银行俱乐部

出席　孟树铭、朱宝衡、施仁荣、周觐颜、徐寄庼、冯堪、李冈、郑斌、俞钟、冯铁生、冯柳堂、郑纪文、沈季宣、陆希、盛雨田、吴国昌、阮伯康、马公愚、汤兆丰、戴景槐、傅壮民、姚抱真、董仲佳、叶墨君、屠开泰、王黼裳、徐永祚、范秉琳、马孟容、金克昌（陆希、叶墨君二人系代签，未到）

主席　俞琴生

记录　冯柳堂

一、报告筹备经过 筹备员冯柳堂报告:“本会之发动,系在去年十月十二日秋季叙餐时决定,当推徐永祚、傅壮民、王黼裳、范秉琳、唐伯耆、俞寿沧、阮恺及鄙人等八人为筹备委员;又互推王黼裳君起草会则;复由唐伯耆、徐永祚二君于去年十月十九日,本年一月十八日设席召集筹备会议,始定本日开会,并一面登报征求,同学闻讯加入者甚盛。至此次筹备费用,概由筹备员分任,合并声明。”

二、讨论同学会则　由王黼裳筹备员逐条说明后,修正通过。

三、票选常务会员五人　开票结果:徐永祚、傅壮民、王黼裳、冯柳堂、吴国昌五人当选。

四、叙餐。

五、摄影散会。

旅沪浙江高等学校同学会会则

第一章　总则

第一条　本会定名为旅沪浙江高等学校同学会。

第二条　本会以联络同学感情为宗旨。

第三条　本会会所暂借爱文义路联珠里壮民医院。

第二章　会员

第四条　凡浙江高等学校、高等学堂、大学堂及求是书院,暨已毕业未毕业同学均得为本会会员。

第三章　职员

第五条　本会由会员于每年第一届定期会时,选举常务会员五人。处理一切会务。

第六条　前条选举,用连记法,得票多数者当选,以次多数者为候补当选。

第七条　常务会员为无给职,任期一年,但得被选连任。

第八条　本会需用抄录文件时,得由常务会员临时雇任有给职员。

第四章　会议

第九条　会议之类别如左:

(1)定期会,于每年三月、九月各举行一次,召集时,须在二星期前通告。

(2)临时会,于必要时,经常务会员会议决,或由多数会员之提议,由常务会员会召集之。

(3)常务会员会,每月举行一次,由常务会员自行召集之。

第五章　会务

第十条　本会之会务如左:

(1)关于编辑同学录或其他印刷物事宜。

(2)关于组织会员之体育适当事宜。

(3)关于举行聚餐及各种娱乐事宜。

(4)关于援助救恤会员事宜。

第六章　经费

第十一条　本会经费之征收方法如左:

(1)开办费——由会员自由认定。

(2)入会费——二元,于入会时缴纳。

(3)经常费——每年二元。

(4)特别费——由会员自由认定。

第七章　附则

第十二条　本会则如有未尽事宜,得于开会时修改之。

第二次会员大会

日期　民国二十二年九月二十四日上午十一时

地点　假座上海香港路四号银行俱乐部

出席　徐寄庼、姚抱真、戴景槐、冯柳堂、郑郁周、吴国昌、张维、傅壮民、盛叔衡、范秉琳、阮伯康、徐永祚、马公愚、汤书年、孟望渠

主席　徐永祚

记录　冯柳堂

甲　报告事项

一、常务会员徐永祚报告,前、上两届,因逢国难,故未举行,深为负疚。会员录曾发函征集,得复寥寥,致未编印。结至二十年六月止,共收洋二百八十三元九角四分,共付洋二百零四元五角八分,尚存洋七十九元三角六分;内计存出通易银行存款洋七十元〇八角四分,存现洋八元五角二分。(当出示账册)

二、常务会员冯柳堂报告,会员董仲佳、马孟容二君,先后病故,为本会之重大损失。继述常务会员任期早满,应即改选。

乙　讨论事项

一、常务会员任期早满,应即改选案。

议决:仍推徐永祚、冯柳堂、傅壮民、吴国昌、王黼裳五君连任,至明年春季改选。

二、张会员维提议征集会员通信地址,于两个月内,完成会员录案。

议决:交常务会员办理。

三、张会员维提议,请会员阮伯康、马公愚二同学手书联对,赠送本届出席各会员,以留纪念案。

议决:当请阮、马二同学书联赠送出席各会员,所需联纸费,由本会致送,请为代办。

四、盛会员叔衡提议,明年春季常会,应改为园游会,作竟日之欢,各会员并同带家属莅会案。

议决:通过,交常会筹备,于必要时,并得敦请其他会员襄助一切。

丙　聚餐

每人交餐费两元,盈余、不足均归本会料理。

丁　摄影

戊　散会

第三次会员大会

日期　民国二十三年十二月十六日正午

地点　上海银行公会俱乐部

出席　孟树铭、姚抱真、盛叔衡、唐伯耆、马公愚、郑允恭、何柏丞、蔡竞雄、李扆身、施仁

荣、沈尔昌、吴国昌、徐寄庼、潘忠甲、冯柳堂、徐永祚、傅壮民

主席　徐永祚

记录　冯柳堂

甲　报告事项

一、冯柳堂起谓，本年春季会员大会，屡经迁延，致未举行之故。

二、徐永祚报告存款八十七元有零。

乙　讨论事项

一、沈季宣提议组织俱乐部案。

议决：推举沈季宣、徐寄庼、何柏丞、郑允恭、潘更生、李屋身、盛叔衡、姚抱真、马公愚等九人及常务会员徐永祚、吴国昌、傅壮民、冯柳堂、王黼裳等五人为筹备员，并推沈季宣召集，拟具办法，提出下届会员大会决定之。

二、编印会员录案。

议决：以曾经参加前次叙餐会，或已完成入会手续者为会员，再各就所知各地同学之通信地址，开单送会，编为同学录(按：后据会员冯柳堂函请不如改编为同学会会刊，并征集各同学回忆录，共同编印云云。当经分函各会员，征得多数同意，乃改编同学会会刊)。

三、常务会员任期早满，坚请辞职，应即改选案。

议决：挽留至下届会员大会为止，即当改选。

四、摄影。

五、聚餐散会。

同学会俱乐部筹备会议

第一次会

召集人　沈季宣

出席　潘更生、郑允恭、盛叔衡、何柏丞、徐寄庼、李屋身、冯柳堂、姚抱真、马公愚、沈季宣、王黼裳、徐永祚、傅壮民

日期　民国二十四年一月十三日

地点　崇明路德邻公寓

召集人报告俱乐部组织：

(一)独立经营；(二)与人合作。独立经营，设备管理，动辄需人，所费巨；与人合作，利用其已有之局面，所费省。现闻沪江大学同学会，为欲节省开支，颇有与人合作办理之意，究应如何，即请讨论。

一、俱乐部如何组织案。

议决：暂时与人合作办理。

二、经费如何筹集案。

议决：各人自由认定：(一)一次捐，自二十元至二百元为度，多则听便；(二)月捐，每月四元。

三、此后如何进行案。

议决：推沈季宣为筹备主任，负责接洽。

四、聚餐由召集人作东。

第二次会

召集人　沈季宣

出席人　徐寄庼、何柏丞、吴国昌、沈季宣

日期　二十四年一月二十日下午二时

地点　南京路大陆银行信托部

召集人报告，今日函电请假者，有徐永祚、盛叔衡、马公愚、冯柳堂等四君。沪江大学同学会会所，已行接洽，每月贴洋六十元。本日到会人数无多，究应如何，即请讨论。

徐君寄庼主张，可照商定借用沪江大学同学会会所，每月贴洋六十元办法，先行试办。

何君柏丞、吴君国昌提议修改经费办法如下："本俱乐部常年经费先由各同学自由认捐，自二十元至二百元止，或认月捐一元至四元亦可。并主张将此办法，通告各会员，如不反对，即与沪大签订契约。召集人报告，冯君柳堂电话中有谓，将来同学中恐有异议，主张俟春季大会再定等语。议定通告各筹备员，是否赞成徐君寄庼、何君柏丞、吴君国昌三同学主张，即照议定办法，先行试办。抑或赞成冯君柳堂同学主张，俟春季大会后再定办法，统俟分函得复后定夺。"

旅沪浙江高等学校同学会收支报告表

（自民国二十年一月三十日起至民国廿四年一月三十一日止）

收入项目	金额(元)	支出项目	金额(元)
开办费	50.00	广告费	66.06
入会费	88.00	叙餐费	55.95
经常费	104.00	摄影费	52.06
特别费	16.00	通讯费	5.35
利息收入	18.22	文具费	3.22
杂项收入	10.94	杂费	10.00
收入合计	287.16	支出合计	192.64

结存：收支两抵结存银行 94.52 元（内计浙江实业银行往来存款银 94.20 元，现金 0.32 元）。

旅沪浙江高等学校同学会编印《旅沪浙江高等学校同学会会刊》，民国廿四年春

浙江大学档案馆藏

旅沪浙高同学聚餐

（1936 年 10 月 24 日）

旅沪浙江高等学校同学会，以昨日为插令节，落帽佳期，又值同学会会员名会计师徐永祚悬弧之辰，特于中午十二时，假座国际饭店摩天厅，举行第八届聚餐会，俾借杯酒登高之欢，兼为徐君觞祝之庆。到者徐寄庼、沈季宣、寿毅成、徐永祚、马公愚、刘复中、李垕身、阮伯康、屠开泰、牟晓天、孟望渠、吴国昌、戴景槐、傅壮民、姚抱真、盛叔衡、冯柳堂、蔡竞雄等二十

余人。席间互道故事,济济沧沧,颇极一时之盛。

《申报》1936年10月24日

浙高同学常会改选常委五人

(1937年5月24日)

旅沪浙江高等学校同学会,昨举行春季常会,到有马公愚、方鹓先、刘复中、姚抱真、徐寄廎、冯柳常、郑允恭、朱鸿儒、王黼裳、孙士燮、何炳松、施仁荣、盛叔衡、徐永祚、阮伯康、傅壮民等二十余人。即席讨论南京同学会来函征询纪念邵元冲同学办法案,议有意见函复。又改选姚抱真、马公愚、王黼裳、阮伯康、施仁荣五人为常务委员,四季叙餐,即由其主办,遂举行叙餐、摄影而散。

《申报》1937年5月24日

浙高前后同学举行新年叙餐

(1939年1月4日)

道三十年前旧事,是兴学时之情况。

浙江高等学堂旅沪同学,昨日举行叙餐。到旧时师生陈仲书、孙廑才、项兰荪、钱家治、寿拜畊、邵裴子、屠开泰、徐寄廎、汤书年、熊凌霄、许行彬、周赤忱、刘复中、何柏香、潘更生、傅壮民、徐永祚、冯柳堂、孟望渠、朱鸿儒、卢宗孚、尹衡、盛叔衡、阮凯、马公愚等三十余人。席间各道三十年前学校生活情形。陈仲书先生为浙江办学之先进,所述清季办学经过,都有为官文书记载所不及。其时曾不知学堂应如何去办,故向上海约翰书院及杭州之育英书院参看取资,然如一黑板之微,为黑漆退光之故,及不能用粉笔书写,并为学生著有《罪辩文》,为满蒙学生讦告,几闹成文字大狱,幸赖其时之浙抚任道镕深明大体,得告无事。以及学堂监督之上有总理,而监督,复有官绅各一人,诸如此类,皆见中国初兴学时之筚路蓝缕情形,听者有时笑,有时叹,乐闻不倦,现仍由该校师生写成回忆录,以见当年办学之一斑。所谓浙江大学、浙江高等学堂、以及入民国后之浙江高等学校诸同学,完全系联欢性质,席间只道故话旧,故倍觉亲昵云。

《申报》1939年1月4日

浙高同学叙餐

(1939年6月5日)

拟重编回忆录,采访教育史料。

浙高旅沪同学昨日叙餐,到有孙廑才太史,暨许行彬、汤书年、刘复中、尹衡、元凯、姚瑾、何柏丞、徐永祚、潘更生、冯柳堂、傅壮民、施少明、王黼裳等卅余人。首次参加者，则有前求是书院学生厉绥之、李祖侯、汪企张、张屏清等五六人。席间除公推盛叔衡、何柏丞、徐玉书、潘更生、马公愚等为本届常务会员外，又推何柏丞、冯柳堂晋谒陈仲书先生，谈询浙江在清季开办大学之经过。又请孙廑才太史纂述由求是而浙大、而浙高之沿革，并拟重编回忆录，各就其幼时在校情形，记述成篇，交由冯柳堂汇编付印云。

《申报》1939 年 6 月 5 日

浙高同学叙餐募集吴太史奖学金

(1940 年 6 月 3 日)

旅沪浙江高校同学昨日叙餐，到有孙廑才、徐寄庼、张萍青、许祖谦、施少明、何炳松、刘复中、杨次廉、阮伯康、王黼裳、盛叔衡、马公愚、徐永祚、冯柳堂、凌昌炎、傅壮民、朱鸿儒等二十余人，公推何炳松主席，徐永祚报告账略，即席为前校长吴雷川太史本年七秩大庆、燕京大学发起吴先生奖学金，提出报告，决由各同学将应募之奖学金，不拘多寡，于七月以前，送交徐会计师事务所汇转云。

《申报》1940 年 6 月 3 日

(二)求是书院同学录

杭州求是书院同学会启事

(1919 年 9 月 30 日)

吾杭求是书院创于清光绪丁酉年，历戊戌、己亥、庚子、辛丑，阅五寒暑。此五载中，内外院教职员及诸同学不下数百人，音尘久隔，踪迹多疏。同人等乃于去秋在杭组织同学会，业经开会四次，惟因远道间隔，无从函达，尚多遗漏。用是登报通告，凡肄业求是，及曾任教职员者，均望开具姓字、年岁、籍贯、住址、履历，并最近照片，寄杭城孩儿巷一百一号熊宅本会通讯处，以凭接洽。此启。

《晨报》1919 年 9 月 30 日[①]

---

① 《晨报》，1916 年 8 月 15 日创刊于北京，由梁启超、汤化龙等主持，创刊初期，李大钊曾任总编辑。初名《晨钟报》，同年 12 月，改名《晨报》。抗战前夕停刊。

杭州求是书院同学会同学录[1]

(1919年)

杭州求是书院同学会

(一)会址暂设孩儿巷底熊凌霄住所内,通讯处直寄杭城孩儿巷一百零一号求是书院同学会或大和巷四号熊宅。

(二)同学会会章缘起,及各同学(教职员及学生)自出院后历年所经过情形,务乞详细报告本会,俟征集齐备编成小史,再行分送各同学。

(三)同学录俟各同学互相通知住处函寄本会后,如有迁移,并希随时知照,以便刊入赠送。

(四)各同学请将个人最近摄影片一张寄交本会,借以留存纪念。

(五)以姓之笔画多寡为次。

同学会目次[2]

四画　王方文

五画　史申石田

六画　朱

七画　沈车李吴何汪余

八画　周金邵来

九画　施胡范俞祝郁洪柴

十画　袁马徐孙凌夏翁高

十一画　陈陆张许庄常项盛堵章冯屠

十二画　程汤褚温黄傅

十三画　杨叶裘嵇

十四画　赵寿熊

十五画　蒋刘厉郑骆蔡

十六画　钱卢

十七画　谢戴钟

十八画　韩魏

十九画　罗

二十画　严

---

① 本件无编印日期。查1919年9月22日《申报》上曾刊有《杭州求是书院同学会启事》(见本书),要求"凡曾肄业求是及曾任教职员者,均望开具姓字、年岁、籍贯、住址、履历,并最近照片,寄杭城孩儿巷一百一号熊宅本会通讯处",估计此件即编印于此时。

② 本目次及其下的同学会姓名排序,都是依照繁体字笔画编排,本书照录原稿,未加改变。

杭州求是书院同学会

姓名	字	通讯处
王济清	澄甫	金钗袋巷八号
王鸿度	景向	富阳城内奏佳衕内澹庐
王崇礼	声孚	
王丙黎		
王 烈	林之	临浦安记丝行
王 焘	树之	
王冠清		
王 焘		
王克荷(现名佐)	薪甫	绍兴城内车水坊
王 斌		
王庆英		
王 楫		
王嘉榘	伟人	
王国芳	兰卿	
方祖成		慈溪城直寄
方珂(从矩)	鸿声	
方于斯		
方钺(志澄)	穌生	
文 光	耀甫	
史久光	寿白	北京西直门内小街井儿胡同
史景布	子贞	杭州骨牌衕七号
史景范		
申 权	廷扬	
石承宣	劼夫	杭州道一银行
田 秋		
朱作桀	汲民	九曲巷四号
朱元善		
朱 豪		
朱其辉	二酉	
沈 铭	蔼如	丰禾巷三十九号
沈 璧	蓝田	丰家兜五号
沈祚延	芑舫	北京西城东太平街

续 表

姓名	字	通讯处
沈祖绵	飏民	上海北苏州路裕昌煤号
沈 韵		
沈宝华	梦花	
车 邻		
李炜章	斐然	盔头巷二号
李祖虞	梦驺	
李祖宏	毅士	北京西城大茶叶胡同
李祖颐	柏年	
李伯庚	达夫	云南
李 钦	纪勋	富阳城内直寄
李祖植		
吴钟镕	碧华	杭县路一衖底五号(现北京顺治门外黄溯初转)
吴廷禄	书箴	上海(问强士知)
吴乃琛	贯臣	北京财政部秘书,住石板房二条
吴乃璋		
吴兴权		
吴镜第		
何焯时	雨门	财政部签事
何燏时	燮侯	上海九成练矿
何樯		
何竹青		
何敬煌		
汪显(衍德)	炎忱	缎局司衖底
汪尊美	企张	上海大马路贵州路二号
汪希	叔明	北京后王公厂中间路北杭州三元地
汪檛	幼通	北京东斜街西一路,又张家口京绥铁路警务第二总段办公处
汪嵚	曼峰	
余嘉礼	谟甫	台州邮局
周承菼	赤忱	北京东四牌楼北三条胡同
周伯雄	子豪	胭脂桥二〇号
周启桐		

续　表

姓名	字	通讯处
周翰		
周契南		
周昌寿		
周维藩		
金保康	九如	皮市巷嵊县会馆
金鉴	润夫	北京图书馆
邵长光	培之	由均夫转
来裕恂	雨生	
施承志	调梅	十五奎巷
施霖	雨若	马所巷三三号
施桂馨		
施行泽	咸山	
胡国钧	秉之	长庆街五十六号
胡浚济	允东	
胡时亮	籥溪	据王景向报告
胡濬康	可庄	北京东华门内骑河楼庙儿胡同
范琦	允兹	祖庙巷西十一号
范进		
范光祖		
俞载康	午庭	下城头巷一一号
俞涛（鸿寿）	紫襚	饮马井巷一一号
俞钟	琴生	富阳东门内
俞致中		
祝震	凤楼	祖庙巷
祝晋	麟阁	北京后门外旧鼓楼大街前马厂五一号
郁延年	九龄	十五奎巷施宅
郁制清	子青	萧山城内桥下达
洪成渊		
洪杓		
柴宗渫	景波	皮市巷
袁世俊	文灿	缸儿巷

续 表

姓名	字	通讯处
袁家达	紫绶	联桥袁震和绸庄
袁毓鲤	文庭	祖庙巷大浒街口
袁汰	文白	
袁毓麟	文薮	北京西城斜街小椿树胡同
马宗周	子畊	余姚马家路马朝盛米店
马宗汉	子畦	
马步青		
徐元炜	午桥	
徐积勋	绩卿	
徐麟祥(原名用甫,又名肃)	澄秋	
徐士镳	成之	红门局四一号
孙洲环		
孙宗渭	梦熊	
孙翼中	江东	
凌霄(杰)	壮华	保佑桥堍
夏元瑮	浮云	北门辇儿胡同
唐世穀	仲诒	上海杨树浦怡和纱厂
翁之麟	振伯	陆军部
高克潜(荫莱)	幼莼	祖庙巷四二号
高清璟	铁梅	
陈諿(其善)	智侯(拜言)	百岁坊巷
陈萃夔	子琴	湖墅慧花庵
陈铣	叔莘	北京卧佛寺街
陈宗元	企柳	
陈威	公猛	
陈赐第	稚鹤	北京西单二条胡同二号
陈国璜		
陈振华		
陈汝杭		
陈国材	东生	
陈国志		
陈彰寿	仲文	

续 表

姓名	字	通讯处
陈汉第	仲恕	北京东城礼士胡同
陈士杰(庆增)	芷衡	竹竿巷白泽庙衖内
陈棍	乐书	
陈渠		
陆凝	敬旒	西紫本巷
陆朝儁	仲雄	长鸣寺巷内小米巷
陆震	天秋	北京京师警察所
陆世芬	仲芳	日本交通银行
陆世勋	竹铭	奉天本溪湖煤铁有限公司
陆凤翔	炳常	
陆永恒		
陆永趾		
陆懋勋	冕侪	
陆钦文		
张廷霖	萍青	惠兴路
张锡庆	又新	保佑坊鼎丰衣庄
张之桢	云樵	田家园
张大钧	铁华	
张桐孙	峄材	扇子巷
张保福	佑如	高邮海河工程学校测绘传习所
张增灿		
张廷燮		
许德芬	九畹	纬成公司
许寿裳	季茀	北京教育部
许钰身		
庄诜	少筠	
庄成武		
常庚吉	芝云	浣纱路西二衖
项藻馨	兰生	杭县路二号
盛开猷	壮叔	
堵福诜	申甫	田家园

续 表

姓名	字	通讯处
章学谦	俊卿	金衙庄
冯寿祥		
屠考庵		
程鹏	干庭	清河坊邮局
程鹏翥(鹍)	运南	黄诰儿巷荷花池头
程宗植	培甫	瑞坛巷蔡家衖
汤兆丰	书年	蒙古桥五弄二号
褚德顺	幼觉	菜市桥堍
温玉	柯甫	祖庙巷五三号
黄振禹	奠华	上海巨籁达路浦石路弄一四号,又北京路三号二楼
傅疆	写忱	
傅尚瑞		
杨国镛	振卿	小井巷直街
杨崇龢		
杨荫春	际青	西湖桃花岭
叶景范	少吾	木场巷
裘嗣芬		
嵇伟	慕陶	纬成公司
嵇竞		
赵震有(继昌)	东侯	大马衖一二号
赵子俊	杰夫	祖庙巷三六号
赵望杏	秉良	
赵文尺		
寿昌田	拜庚	马市街三五号
熊飞	凌霄	孩儿巷一〇二号(或大和巷四号)
熊文		
蒋尊簋	百器	上海北京路瑞康里七六九号
蒋方震	百里	由均夫转
蒋梦桃		
刘崧申	松君	督军署军务课
刘保申		
刘彬		

续 表

姓名	字	通讯处
厉家福	绥之	箭道巷五奎衖
郑诚元	贞吉	上海长浜路公升西里三二号
骆师曾	绍先	上海宝山路商务印书馆编辑所
蔡维藩	仰贞	
钱家治	均夫	北京西单背阴胡同路北九号
钱承志	念慈	北京西城松树胡同十号
钱宝森		
钱兴		
钱家翰	浩如	北京绒线胡同内麻线胡同
卢观涛	枚卿	上海中国信托公司
谢继连	绥丞	忠清巷一三号
谢成麟	伯青	
谢成鳌		
戴克绍	伟才	贯巷三号
戴立诚	脩甫	大塔儿巷十号
戴兆銮	诵敬	麒麟街上海哈同路民厚里七三〇号
钟赓言		
钟之翰		
钟寿昌	楙宣	
钟枚	璞岑	上海爱文义路道达里十五号
韩澄	靖盦	西浣纱路十三号
韩永康	强士	同上(或上海卡德路庆安里一衖七七四号)
韩彦儒(世贤)	通伯	上扇子巷三二号
韩志婴		
魏声和		
魏树晋		
罗嗣宗	景仁	蒲场巷
罗祖培		
严本善	米若	嘉兴北门坛衖内

杭州求是书院同学会编

浙江大学档案馆藏复制件

(三)高等学堂同学录

浙江高等学堂同学录

(1909年)

浙江高等学堂同学录第一(现任本堂职员教员)

姓名	字	籍贯	职掌	住址
吴震春	雷川	杭州钱塘	监督	省垣马市街
王嘉榘	伟人	嘉兴秀水	教务长	江苏盛泽镇后街
王鸿度	景向	杭州富阳	教务员	富阳西门内
陈开弟	虎生	杭州仁和	庶务员	省垣板儿巷
张大钧	帖华	江苏嘉定	文案员	嘉定城内
曹鼎	复堦	杭州仁和	会计员	省垣保善桥
杨际青	荫春	杭州钱塘	书记员	省垣外龙井
唐振汉	雄飞	嘉兴秀水	理化管理员	江苏盛泽镇登椿桥南堍陆庐弄
李爽	松舟	温州乐清	掌书兼书记员	乐清城内东街
范宗岱	焕文	杭州仁和	杂务员	省垣马所巷
张景星	子祥	杭州钱塘	监学员	省垣牛羊司巷
陆永清	寰镜	杭州仁和	监学员	省垣双眼井巷
林惟忠	希伯	杭州仁和	检察员	省垣长庆街
沈缵	淞生	嘉兴秀水	检察员	嘉郡南门帮岸
杨敏曾	逊斋	宁波慈溪	人伦道德、经学、国文教员	慈溪城内顺川街
魏友枋	仲车	宁波慈溪	修身、国文、经学教员	慈溪城内后新屋东首
沈毅	士远	湖州归安	国文教员	湖州府城华楼桥南
何春彬	文卿	杭州仁和	国文教员	省垣望仙桥河下
亨培克		美国	历史、地理、法文、辨学教员	
梅立格		美国	物理、化学、数学、德文教员	
邵长光	培之	杭州仁和	英文教员	省垣板儿巷
丁其奎	莲伯	湖州归安	英文教员	湖州府城邑庙西
孙润瑾	仲瑜	江苏元和	法文教员	苏州学士街
张凤逸	瑞山	山东沂水	德文教员	山东沂州府沂水县顺坡庄天主堂
章嵚	菊绅	杭州仁和	历史教员	省垣海狮沟

续 表

姓名	字	籍贯	职掌	住址
张宗祥	阆声	杭州海宁	地理教员	海宁硖石镇仓基
胡濬济	沆东	宁波慈溪	数学教员	慈溪观海卫
郦寅道	敬斋	绍兴会稽	数学、理化教员	省垣皮市
王世	匊昆	杭州余杭	数学教员	省垣六克巷
吉加江宗二		日本国	图画教员	日本日向国宫崎町
夏铸	勉旃	绍兴上虞	图画助教员	上虞崧厦祝家街同人桥
铃木珪寿		日本国	博物教员	日本东京巢鸭宫仲二六二五
沈慰宸	子良	杭州钱塘	博物助教员	省垣清泰门直街
陈树基	敏人	嘉兴秀水	法制教员	嘉兴城内集街
陈六如	鲁德	甘肃秦州	兵学体操教员	杭城羊市街秦州北关

浙江高等学堂同学录第二(现在本堂肄业学生)

姓名	字	籍贯	科别	通信
何敬煌	西生	绍兴山阴	第一类二年生	绍城锦鳞桥黄花弄
孙士燮	理堂	杭州仁和	同上	杭城小营巷
汪润	伯城	金华兰溪	同上	兰溪朱家马头公益米行转交城内三坊雀门里
陈训恩	彦及	宁波慈溪	同上	宁城钱行街甡琛钱庄转西乡官桥村
恩良	吉甫	杭州驻防	同上	杭城满营内清和弄
施仁荣	少明	绍兴余姚	同上	余姚城内张复兴号转西南隅南河头
高克潜	幼莼	杭州仁和	同上	杭城祖庙巷
董世桢	贞柯	宁波慈溪	同上	江厦镇瑞余庄收转寄慈西三七市后新屋
方谦	逊夫	温州平阳	同上	平阳金乡堡内
郑斌	允恭	嘉兴嘉善	同上	吴江盛泽镇西复兴坊内
陆朝儁	仲雄	杭州富阳	同上	杭城清泰门小米巷
傅迺谦	吉生	绍兴山阴	同上	绍城偏门外漓渚镇
郭宗礼	贻孙	杭州钱塘	同上	杭城武林门内大夫坊
盛敬明	亮夫	嘉兴秀水	同上	江苏盛泽镇南永泰染坊转交盛家廊下
邵家驹	昂士	杭州钱塘	同上	杭城箭道巷
顾裕魁	补文	江苏太仓	同上	太仓沙溪镇
龚文凯	汉章	金华义乌	第二类二年生	义乌城内观音桥吕水茂转城外一都杨村
郑钧	勇知	湖州归安	同上	湖州下昂镇

续 表

姓名	字	籍贯	科别	通信
林宗强	志明	温州泰顺	同上	温州府城康乐坊
傅典徽	敬五	金华义乌	同上	义乌城内县前街张恒源号转青岩傅
王子让	志尚	宁波奉化	同上	奉化大桥方二房部转连山柏溪
邱之铭	颂阁	湖州归安	同上	湖州下昂镇
陈赞襄	克安	绍兴诸暨	同上	诸暨枫桥镇老泰昌号转大部弄
戴熊	轩臣	宁波鄞县	同上	宁波城内紫薇境武状元牌坊下
叶正荣	欣木	杭州仁和	同上	杭城车家桥庆和堂客栈内
冯度	威博	宁波慈溪	同上	慈溪城中后新屋
何寿棨	戟门	绍兴山阴	同上	邵郡城内老虎桥
蔡煜	仲昭	江苏无锡	同上	无锡城内小河上
郭衡	宰平	温州瑞安	同上	温州小东门底大隐庐
章炳文	蔚然	嘉兴嘉善	同上	嘉兴城内火德庙东首
张行简	稺鹤	杭州钱塘	同上	杭城候潮门雀儿营口
范琳	秉琳	宁波鄞县	同上	宁波府城醋务桥
王庆槐	盛栽	金华汤溪	同上	兰溪游埠镇王玉泉转汤溪北乡王凹谷村
祝文白	莲仙	衢州西安	第一类一年生	衢州城内天皇巷
丁绍恒	子申	金华金华	同上	金华城内西市戴和美号转将军庙保
程万里	远帆	绍兴山阴	同上	斗门镇黄源隆茶漆店转马鞍村萃泰盐厂
何炳松	柏臣	金华金华	同上	金华城内初芳领何茂盛号
郑宗海	小沧	杭州海宁	同上	海宁城内傅家桥
洪学范	印湖	杭州新城	同上	江阴城内南所巷
冯寿梅	铁生	绍兴上虞	同上	上虞杨家溪宋聚兴号转冯村
朱起蛰	春洛	杭州钱塘	同上	杭城太庙巷
卢宗孚	伯容	嘉兴海盐	同上	海盐角里堰庐茂增木行
周大昕	晓楼	绍兴上虞	同上	上虞城内葆元堂药店转西南门外东溪
尤希文	伯和	台州黄岩	同上	黄岩南乡山北
潘徵寰	少馨	杭州于潜	同上	于潜城南镇郭头刘仁春君转东山湖
潘忠甲	荩臣	杭州海宁	同上	袁花镇潘永和猪行
方钟	秀夫	杭州于潜	同上	于潜城南镇郭头刘仁春君转堰口
沈允昌	斌父	绍兴山阴	同上	清江浦城内观音寺巷
寿景伟	毅成	绍兴诸暨	同上	诸暨城内登仕桥毛鼎之家转墨城

续 表

姓名	字	籍贯	科别	通信
孙从元	兰畦	宁波奉化	同上	宁波单街进益行转奉化萧王庙
袁祖黄	守了	宁波奉化	同上	奉化萧王庙孙永茂号转连山袁村
毛宝鋆	诵先	嘉兴桐乡	同上	濮院镇南市横屋街祥裕线号
贾嶷	啸梅	温州瑞安	同上	温州大南门林三庆商栈转西乡潘奥庄
阮凯	伯康	绍兴山阴	同上	湖州衣裳街宝丰烛号
裘守慈	允良	宁波奉化	同上	嘉善西塘塘东街宏成衣庄
周觐颜	养初	绍兴嵊县	同上	嵊县西乡开元镇新大来号转
唐溢声	子修	金华兰溪	同上	兰溪城内章府里
张受均	恺敷	嘉兴嘉善	同上	嘉善东门内盐井街
邢澍南	锡川	绍兴嵊县	同上	嵊县甘霖镇怡懋昌号转西乡高磡镇
顾振常	思九	杭州海宁	同上	海宁袁花镇转黄湾镇顾永茂米店
梅昌祚	允文	嘉兴秀水	同上	秀水塘汇镇梅全和南货栈
汤鼎成	锦城	湖州归安	同上	南浔镇北栅北新桥堍
莫善诚	存之	湖州德清	同上	德清城内赵家弄
吕应惠	柱臣	江苏阳湖	同上	杭城珠宝巷
朱鸿儒	巨卿	安徽歙县	同上	海宁长安镇分州署
戴道骝	中甫	湖州德清	同上	德清城内射圃前戴家衖
嵇安	铁梅	江苏无锡	同上	杭城上羊市街
钱应玙	雪涛	宁波慈溪	同上	上海北四川路昌大号
郑梦驯	次川	衢州西安	同上	衢州中河沿
胡时铎	心猷	金华兰溪	同上	兰溪城内米家马头公益米行转西乡
毛作孚	子信	四川华阳	同上	衢州清河分司署
管豹清	窥光	衢州西安	第二类一年生	衢州城内河沿
徐守桢	崇简	湖州归安	同上	燮林镇章家衖
杨景桢	次廉	嘉兴秀水	同上	嘉兴北门外殿基湾
邵启	联声	绍兴山阴	同上	邵城大同升南货号转偏门外龙尾山
应治良	怀新	绍兴嵊县	同上	邵城江桥大来栈转交嵊西太平镇高磡头坎流庄
邹铨	亚云	江苏元和	同上	江苏章练塘镇东市宣正大槽坊转
孙瑸	叔轩	台州黄岩	同上	黄岩城内司厅巷
俞景镬	肖彭	绍兴嵊县	同上	嵊县仓岩镇俞光泰杂货号

续 表

姓名	字	籍贯	科别	通信
陶家骏	毅生	嘉兴秀水	同上	嘉兴王江泾旬上
丁宝华	仲篪	江苏武进	同上	杭城四条巷
沈公铎	觉夫	温州瑞安	同上	温州城内申明亭巷
张裔	庆三	杭州临安	同上	临安城南书锦坊
徐瞻淇	韵竹	衢州江山	同上	江山峡口镇徐兆昌烟庄
郑恩补	衮甫	嘉兴嘉兴	同上	嘉兴城外西河街
郑济	识卿	温州平阳	同上	平阳金乡堡
姚文治	寰清	湖州德清	同上	新市镇西栅范复顺号转
沈养厚	正德	宁波镇海	同上	柴桥镇大昌号转交
褚祖同	慎之	嘉兴嘉兴	同上	嘉兴南门内姚家埭
孙从周	雅臣	宁波奉化	同上	奉化萧王庙永茂号转交
卓殿英	襄候	宁波鄞县	同上	宁波江东灰街泰和转
吴道隆	伯盛	杭州钱塘	同上	杭城马市街
徐元建	侠君	江苏吴江	同上	江苏盛泽镇东白漾
李贤熊	蓉卿	宁波鄞县	同上	
李廷镳	立山	温州永嘉	同上	温州大南门外花柳塘街永茂茶行
水澄光	臻湄	宁波鄞县	同上	宁波江东灰街泰和号转
黄维中	植民	温州瑞安	同上	瑞安小东门内大隐庐街
严彭龄	子籛	宁波奉化	同上	奉化城内西街
姚源恩	鳌成	湖州归安	同上	
楼钟泽	菊生	金华永康	补习科	永康城内武义巷
俞溥田	光润	绍兴山阴	同上	斗门镇中市
黄柏林	悦斋	金华浦江	同上	浦江县城内王茂泰号转寄黄宅上市大房
裕康	卓山	杭州驻防	同上	杭城满营内会议府直街
徐镇藩	秋龠	杭州富阳	同上	场口镇公茂升转交
皇甫松	候青	湖州长兴	同上	长兴小东门外
顾鼎	仲平	湖州德清	同上	德清南四铺
黄庆慈	在兹	处州松阳	同上	松阳城内商务蒙学堂转
包鸿	庭宜	处州遂昌	同上	遂昌城内勤学所转湖山
袁久墉	懋哉	宁波鄞县	同上	宁波西门外圣旨亭直接
李希纲	纪侪	金华金华	同上	金华通远门李乾源号

续 表

姓名	字	籍贯	科别	通信
杨槐生	子俊	绍兴嵊县	同上	嵊县南门外李大成号转递
陈慕琳	钧阳	温州永嘉	同上	温州北门内百里坊
崔陈鸿	电旋	温州乐清	同上	乐清车廊蒲岐南门
叶宗寅	静初	绍兴余姚	同上	余姚北乡天元镇顺泰洋货号转
潘澍	沛霖	金华兰溪	同上	兰溪西门朱家马头公益米行转厚仁市
黄国铭	鼎臣	金华义乌	同上	义乌城南
聂登颐	理夫	衢州常山	同上	玉山县三里街聂怡发夏布行
李振夏	子翰	杭州余杭	预备科	余杭壩潭桥北惠典祥行内
姚瑾	抱真	温州瑞安	同上	瑞安南门
谷宗海	客泉	绍兴余姚	同上	余姚北乡安山桥黄萃兴杂货店转
蔡继曾	定武	湖州德清	同上	德清溪东
孔继才	德辅	台州宁海	同上	海宁城内塘头
徐步高	戟三	湖州安吉	同上	安吉城内州前街武圣宫对面
何知开	子凯	金华东阳	同上	东阳魏山鼎丰号转寄林头
叶其菁	沐廎	温州瑞安	同上	温州城内小沙堤
薛允濬	公徹	温州瑞安	同上	温州城内秀岘街
张鸿材	子芳	台州临海	同上	临海城内电报局西
沈孝先	汉伯	湖州德清	同上	德清城内富宁坊怀凝堂
孔振涛	石青	杭州富阳	同上	富阳大源镇信记信局转寄骆村
姜起渭	仲渔	绍兴会稽	同上	邵城东双桥新台门
楼仲连	雪轻	金华浦江	同上	浦江城内东街
寿予九	书翰	绍兴诸暨	同上	诸暨南乡牌头源泰丝行转交
陈谊	子训	金华义乌	同上	义乌湖清门内陈裕昌号转
王中复	颉高	绍兴萧山	同上	义桥上埠王义兴锡箔号转大庄桥
吕献瀛	河洲	绍兴嵊县	同上	嵊县南门外卢顺记行转西乡雅安
吴象乾	萃卿	金华东阳	同上	东阳城内傅鼎和号转西乡南马
邢钟翰	诵华	绍兴嵊县	同上	嵊县西乡沃矶镇
李长崧	敏轩	台州太平	同上	太平东门外裴诗藏转东乡新河东
姚会升	正芳	严州建德	同上	建德北门内程银山转东乡梓州村
朱映垣	志良	台州太平	同上	太平城内张杏春转南乡乌沙浦
沈家璠	伯严	绍兴山阴	同上	安昌镇东市天官第

续 表

姓名	字	籍贯	科别	通信
潘恒心	士毅	绍兴会稽	同上	邵城水澄桥嘉泰号
韩彦衢	仲特	宁波慈溪	同上	慈溪北乡蜜家逮
袁华	文谦	杭州钱塘	同上	杭州下池塘巷
陆春荣	华庭	杭州富阳	同上	富阳桥西俞盛号南货店转陆家村
何晋昌	韩卿	绍兴新昌	同上	新昌城内于庆堂药店转东乡蕉坑村
丁亦夔	籥臣	金华义乌	同上	义乌城内黄永泰号南乡佛堂
王献	仲枚	台州太平	同上	太平东乡南监
杨景	仰山	绍兴诸暨	同上	枫桥镇恒兴南货店转降霞村
曹谦	春皋	安徽绩溪	同上	兰溪西乡游埠镇方聚昌转
潘起莘	岳林	绍兴会稽	同上	绍兴汤浦镇公益染坊转□下
沈玉书	少麟	湖州德清	同上	德清城内赵家弄
徐缙琛	执卿	衢州江山	同上	江山峡口镇同丰纸行转茅板庄
沈怀樟	爱泉	湖州德清	同上	德清洛舍镇沈昝源号
郦昌	亚民	绍兴诸暨	同上	诸暨南乡牌头镇恒源泰号
周有先	守之	杭州海宁	同上	海宁城内放水桥
王兆同	长青	台州仙居	同上	金华府城内厚后街积善巷
钱福谦	志悬	杭州钱塘	同上	杭州清河坊瓜弄口
周邵薰	肖南	金华金华	同上	金华城内四牌坊忠孝节悌台门内
朱宝衡	百川	杭州钱塘	同上	扬州缺口门内皮市街大芝麻巷
孟树铭	望渠	杭州海宁	同上	海宁城内围珠弄
沈光煦	仲穆	绍兴山阴	同上	邵城内大街恒丰钱庄转城外沈酿堰村
董礼宸	仲昌	宁波奉化	同上	奉化萧王庙利川埠交孙永茂号转交
潘嘉贤	嫁咸	杭州海宁	同上	海宁城内方桥南范茂兴号转城西大荆场
裘燮勋	兰墙	绍兴嵊县	同上	嵊县崇仁镇庆和堂药店转交
陈选恒	志彦	绍兴萧山	同上	临浦镇乾余钱庄转交
吴书勋	杭生	安徽泾县	同上	杭城四条巷
赵鼎新	汉造	金华东阳	同上	东阳巍山镇赵天成烟号
唐冀方	子卿	金华金华	同上	金华南乡马头上李春林号转交
郑纪文	郁周	衢州江山	同上	江山城内经堂巷
蔡宗礼	立夫	温州瑞安	同上	瑞安城内秀岘街
叶锵	凤鸣	处州青田	同上	青田六上都王振兴洋货转交

续　表

姓名	字	籍贯	科别	通信
吴国溶	作舟	衢州江山	同上	江山城内周同昌号转城南贺村镇吴芝瑞堂药号
傅振绪	志毅	杭州仁和	同上	杭城高银巷口傅德茂绉纱号
王倬汉	云癯	绍兴嵊县	同上	嵊县南门外咸康钱庄转白泥墩
王允文	省三	宁波象山	同上	象山县前街新号烛栈转交
陈贞	百司	宁波鄞县	同上	鄞县城南姜山镇
汪圣源	溯臣	衢州西安	同上	衢州城内石头巷
胡时拯	伟生	金华兰溪	同上	兰溪城内万昌瑞参号转溉西厚仁市
沈楷	遹臣	杭州仁和	同上	塘西镇裕源昌丝号转交
张熙	启孙	杭州仁和	同上	杭城高桥巷
韩韶舞	子瑜	绍兴萧山	同上	义桥下埠颐记钱庄
俞之愚	也直	绍兴嵊县	同上	嵊县苍严镇俞广泰杂货号铺转
程俊	季英	嘉兴嘉善	同上	枫桥镇下西街义丰桥下塊
陈志群	同人	金华永康	同上	永康城内徐信昌号转卅里坑阔塘俊
傅典文	蔚如	金华东阳	同上	东阳城内东街
严庆龄	子寿	绍兴余姚	同上	余姚城内元裕钱庄转北乡下河
秦恩培	内明	江苏无锡	同上	杭城水亭址
应宗周	冲非	处州缙云	同上	永康县城吕永达号转缙云二十二都三汉西应庄
梅光祚	鄦文	嘉兴秀水	同上	秀水塘汇镇梅全和南货栈
裘燧	篆慧	绍兴嵊县	同上	嵊县崇仁镇收
金璠	宝荣	金华东阳	同上	东阳城内傅鼎和号转湖溪镇米市基张恒泰号代收
沈逊斋	敦谦	金华东阳	同上	东阳巍山德泰号转递沈良
史久良	兆乾	绍兴余姚	同上	余姚城内合元庄转寄北城
张佩璇	佩璇	绍兴嵊县	同上	嵊县西乡大王庙张万茂号
郭沈坚	小寅	杭州海宁	同上	峡石镇仓基
吴夔	鼎臣	安徽歙县	同上	震泽镇立大元茶号转交
陶孙熙	剑帆	绍兴会稽	同上	绍城大街广益丰号转城外乌门山村
黄祖洛	轩裔	绍兴萧山	同上	闻堰怡丰南货栈转南门外埭上日生庄
汪模	志范	杭州钱塘	同上	杭城箭道巷
洪涛	伯侠	温州瑞安	同上	瑞安大南门内康宁巷

续 表

姓名	字	籍贯	科别	通信
冯贻箴	柳堂	杭州海宁	同上	袁花镇南街
熊璋	季襄	杭州驻防	同上	杭城满营泗水坊桥
徐永祚	玉书	杭州海宁	同上	海宁丁桥福记南货栈转金石墩
蔡经炜	春荣	湖州德清	同上	德清城内余不衖
潘剑雄	侠生	金华永康	同上	永康城内项益兴香店转西乡
曾劭勋	伯猷	湖北汉阳	同上	杭城佑圣观巷
镜清	鉴甫	杭州驻防	同上	杭城满营泗水坊桥
盛秉伟	凤山	金华浦江	同上	浦江城内衡街汪益生店转西门外马桥豆村
李濬	文轩	杭州仁和	同上	杭城后市街
蔡振	干臣	杭州仁和	同上	杭城柳翠井巷
周启雄	延龄	衢州江山	同上	江山城内衙前周同昌号转南乡
马义璋	达生	嘉兴石门	同上	石门县西门

浙江高等学堂同学录第三(本堂毕业生)

姓名	字	籍贯	科别	毕业年月
张公度	谨侯	台州太平	师范简易科第一次	光绪三十二年四月
黄学龙	峙斋	金华东阳	同上	同上
贾华	伯华	湖州德清	同上	同上
张忻	郁明	台州天台	同上	同上
朱襄	赞孙	嘉兴海盐	同上	同上
金鼎彝	铭新	处州丽水	同上	同上
邱望仑	槛玉	衢州龙游	同上	同上
张永圭	秉斋	金华浦江	同上	同上
方炜	仲先	严州遂安	同上	同上
李学俊	敬孙	杭州仁和	同上	同上
严赵璋	根仑	嘉兴秀水	同上	同上
严济英	仲华	湖州归安	同上	同上
杨相时	则贤	台州临海	同上	同上
李殿薇	薇臣	台州仙居	同上	同上
吴震瀛	球籁	宁波奉化	同上	同上
傅箴	秀灵	衢州西安	同上	同上

续 表

姓名	字	籍贯	科别	毕业年月
董振民	企康	绍兴萧山	同上	同上
汪凤岐	吉孙	杭州钱塘	同上	同上
陈永琴	诗斋	台州临海	同上	同上
张家驹	琅卿	台州仙居	同上	同上
洪名达	亹周	严州建德	同上	同上
孙尧圆	亚杰	杭州富阳	同上	同上
张再荣	燿哉	处州松阳	同上	同上
洪远谟	卓夫	杭州富阳	同上	同上
谢翰蕃	省三	绍兴山阴	同上	同上
金宗书	志成	杭州钱塘	师范简易科第二次	光绪三十二年十二月
来长泰	肖卿	绍兴萧山	同上	同上
林超	毓成	杭州仁和	同上	同上
陈选珍	朵如	绍兴萧山	同上	同上
朱寿昌	宝祥	绍兴山阴	同上	同上
赵炳源	季青	杭州钱塘	同上	同上
张一谦	地山	杭州钱塘	同上	同上
蒋宗斡	溢如	严州寿昌	同上	同上
戚启涛	诱循	嘉兴嘉兴	同上	同上
郦忱	嘉祥	绍兴诸暨	同上	同上
张鸿勋	冕卿	湖州乌程	同上	同上
章高鹏	展程	杭州富阳	同上	同上
周烈	健民	绍兴山阴	同上	同上
李毓琳	森若	湖州乌程	同上	同上
黄梦吉	绍周	绍兴诸暨	同上	同上
杨苑	芝庭	绍兴诸暨	同上	同上
嵇惟怀	李橘	杭州钱塘	同上	同上
郭雄	公武	绍兴山阴	同上	同上
朱券	叔丹	处州缙云	同上	同上
倪步瞻	咏裳	湖州德清	同上	同上
杨坚	载赓	杭州钱塘	同上	同上
范崇勋	敦伯	杭州仁和	同上	同上

续 表

姓名	字	籍贯	科别	毕业年月
徐经邦	练才	处州缙云	同上	同上
边士俊	甘棠	绍兴诸暨	同上	同上
王璠	伯鲁	温州平阳	同上	同上
胡恒	琅孙	杭州仁和	同上	同上
陈国衔	明斋	杭州仁和	同上	同上
林正刚	肃平	杭州富阳	同上	同上
林端	兰石	杭州钱塘	同上	同上
夏镜清	楚湘	温州永嘉	同上	同上
余靖	祖寅	杭州仁和	同上	同上
林即棠	化南	台州天台	同上	同上
徐景谦	琅圃	台州仙居	同上	同上
陈道坦	履玉	温州平阳	同上	同上
翁襄	佐卿	杭州钱塘	同上	同上
朱鄂基	鄂生	绍兴余姚	师范简易科第三次	光绪三十三年五月
谢廷干	伟声	绍兴会稽	同上	同上
王惟熊	子祥	杭州钱塘	同上	同上
陆兆麟	芝庵	绍兴萧山	同上	同上
徐楚善	浦芷	湖州德清	同上	同上
徐毅	俊生	台州黄岩	同上	同上
吴嵘	芝宇	嘉兴秀水	同上	同上
蔡祖培	厚裁	湖州德清	同上	同上
顾华钟	炼斋	金华武义	同上	同上
葛敬常	礼三	嘉兴秀水	同上	同上
陈詠涛	文洲	嘉兴秀水	同上	同上
王必达	琢成	金华汤溪	同上	同上
韩鸿逵	问津	绍兴萧山	同上	同上
应澄清	馨一	金华永康	同上	同上
孟宗邹	译文	金华义乌	同上	同上
冯毓燊	达人	台州临海	同上	同上
周棠	望陕	衢州西安	同上	同上
黄盱球	春珊	绍兴会稽	同上	同上

续　表

姓名	字	籍贯	科别	毕业年月
项宗	石如	处州缙云	同上	同上
楼启愚	谦安	绍兴诸暨	同上	同上
何锡璋	汉光	衢州江山	同上	同上
秦蘅	绿髯	台州临海	同上	同上
陈臬	宝时	金华东阳	同上	同上
胡锡侯	雄伯	金华永康	同上	同上
周朝昌	琴伯	金华永康	同上	同上
胡绍瑗	秀溪	台州仙居	同上	同上
张绍周	汉长	嘉兴秀水	同上	同上
程致远	达道	处州遂昌	同上	同上
傅葆荫	乔森	绍兴萧山	同上	同上
袁锵金	保仁	台州天台	同上	同上
潘清	心泉	绍兴新昌	同上	同上
沈壬林	仲笙	湖州乌程	同上	同上
应亮	慕犀	处州缙云	同上	同上
孙宗奭	宋卿	金华武义	同上	同上
林同	竹卿	温州瑞安	同上	同上
卢振雍	歧西	金华永康	同上	同上
郑祖康	志汉	处州丽水	同上	同上
田嘉禾	颂庆	绍兴山阴	同上	同上
周仲钧	鸿飞	嘉兴秀水	同上	同上
陈强	应如	温州永嘉	同上	同上
陈瑛	训民	温州永嘉	同上	同上
管之楫	子舟	台州黄岩	同上	同上
谢绍封	云枝	台州临海	同上	同上
王瑞骅	公道	温州平阳	同上	同上
王时迈	鼎斋	绍兴诸暨	同上	同上
来之翰	云锄	绍兴萧山	同上	同上
夏廷荣	敬孙	杭州钱塘	同上	同上
沈启熙	辑庵	嘉兴桐乡	同上	同上
胡起歧	邑山	金华东阳	同上	同上

续 表

姓名	字	籍贯	科别	毕业年月
刘焕	策群	处州青田	同上	同上
胡嘉镐	卓成	宁波镇海	同上	同上
金玉章	式如	嘉兴嘉兴	同上	同上
孔宪祖	渠孙	绍兴萧山	同上	同上
唐世荣	觐候	杭州仁和	同上	同上
周培均	季衡	处州青田	同上	同上
李福年	蕃祉	杭州富阳	师范完全科	光绪三十四年五月
何敬煌	酉生	绍兴山阴	同上	同上
陆左升	卿鹄	绍兴余姚	同上	同上
黄寿曾	念耘	杭州钱塘	同上	同上
裘嗣芬	宗华	绍兴嵊县	同上	同上
蔡锡候	剑帆	嘉兴海盐	同上	同上
江步瀛	蓬仙	温州永嘉	同上	同上
陶赞峣	祝衡	温州永嘉	同上	同上
楼凤仪	虞迟	金华永康	同上	同上
王凝	冰肃	温州瑞安	同上	同上
李钟鹏	西斋	金华东阳	同上	同上
金学俨	墀仙	湖州安吉	同上	同上
席鸿	翥生	杭州钱塘	同上	同上
程祥芝	寿椿	衢州西安	同上	同上
张德海	蓬仙	绍兴余姚	同上	同上
周冕	翌三	温州平阳	同上	同上
陈渡	金坡	金华浦江	同上	同上
堵福诜	申甫	绍兴会稽	同上	同上
金殿华	明卿	台州宁海	同上	同上
徐霖	雨亭	衢州西安	同上	同上
王会云	吟龙	金华东阳	同上	同上
周锡飞	惠之	杭州钱塘	同上	同上
刘沅	衡斋	杭州仁和	同上	同上
孙鹏	担青	杭州富阳	同上	同上
王景韶	晋笙	杭州海宁	同上	同上

续 表

姓名	字	籍贯	科别	毕业年月
孙献琛	岛夫	杭州富阳	同上	同上
范宗成	霞轩	湖州乌程	同上	同上
陈颉亮	秀章	宁波鄞县	同上	同上
李寿鸰	侍韬	台州临海	同上	同上
吴光明	人镜	绍兴诸暨	同上	同上
徐浩然	养吾	衢州常山	同上	同上
胡绪昌	绍文	金华永康	同上	同上
朱凤祺	仪侯	处州青田	同上	同上
徐伦选	卓之	金华永康	同上	同上
许祖谦	行彬	杭州海宁	同上	同上
徐桂森	继馨	台州太平	同上	同上
史纶	彦文	杭州富阳	同上	同上
胡立	卓人	杭州富阳	同上	同上
朱其辉	内光	绍兴山阴	预科第一次	光绪三十四年五月
祝文白	莲仙	衢府西安	同上	同上
龚文凯	子逵	金华义乌	同上	同上
邵家驹	昂士	杭州钱塘	同上	同上
林宗强	智民	温州泰顺	同上	同上
郑济	诚卿	温州平阳	同上	同上
赵迺传	述庭	杭州钱塘	同上	同上
汪润	伯诚	金华兰溪	同上	同上
邵濂	振青	金华东阳	同上	同上
傅典徽	敬五	金华义乌	同上	同上
郑钧	勇知	湖州归安	同上	同上
陈中	子俊	绍兴山阴	同上	同上
邱之铭	颂阁	湖州归安	同上	同上
张景豪	伯伟	衢州龙游	同上	同上
汤鼎成	存伯	湖州归安	同上	同上
陈训恩	彦及	宁波慈溪	同上	同上
傅典祖	商臣	金华义乌	同上	同上
毛云鹄	志远	衢州江山	同上	同上

续　表

姓名	字	籍贯	科别	毕业年月
莫徵祥	孟和	嘉兴桐乡	同上	同上
莫善诚	存之	湖州德清	同上	同上
孙乃注	梦蟾	嘉兴石门	同上	同上
郭衡	宰平	温州瑞安	同上	同上
程凤鸣	岐青	湖州德清	同上	同上
连煦	春和	杭州驻防	同上	同上
刘偲	希伯	金华金华	同上	同上
郭宗礼	怡孙	杭州钱塘	同上	同上
张竹简	墀鹤	杭州钱塘	同上	同上
张家福	图南	台州仙居	同上	同上
恩良	吉甫	杭州驻防	同上	同上
陈赞襄	克安	绍兴诸暨	同上	同上
陆朝儁	仲雄	杭州富阳	同上	同上
王镇雄	俊生	台州仙居	同上	同上
王宝銮	策轩	处州青田	同上	同上
胡静润	养源	湖州德清	同上	同上
管豹清	窥光	衢州西安	同上	同上
胡应康	衢山	金华汤溪	同上	同上
汪德光	达人	徽州休宁	同上	同上
蔡煜	仲昭	江苏无锡	同上	同上
邓斌	允恭	嘉兴嘉善	同上	同上
范琳	秉琳	宁波鄞县	同上	同上
孙增雯	青臣	杭州富阳	同上	同上
王黼裳	善详	杭州钱塘	同上	同上
陈表	覃敷	台州天台	同上	同上
韩华	复儒	宁波奉化	同上	同上
何寿矩	戟门	绍兴山阴	同上	同上
方谦	逊夫	温州平阳	同上	同上
楼钟泽	菊生	金华永康	同上	同上
周承闳	季恕	杭州海宁	同上	同上
胡继	公群	温州瑞安	同上	同上

续表

姓名	字	籍贯	科别	毕业年月
王庆槐	盛栽	金华汤溪	同上	同上
叶正荣	欣木	杭州仁和	同上	同上
许思重	式辉	台州天台	同上	同上
王子让	志尚	宁波奉化	同上	同上
朱国辅	赞卿	杭州海宁	同上	同上
迎福	介百	杭州驻防	同上	同上
施仁荣	少明	绍兴余姚	同上	同上
虞振韶	志成	宁波慈溪	同上	同上
蒋灏	景伯	严州寿昌	同上	同上
俞馥	孝先	绍兴新昌	同上	同上
钟善继	述庵	江苏江都	同上	同上
傅迺谦	吉生	绍兴山阴	同上	同上
高克潜	幼莼	杭州仁和	同上	同上
徐卓夫	圃云	宁波镇海	同上	同上
沈昌言	伯敷	绍兴余姚	同上	同上
徐藩	汉卿	杭州富阳	同上	同上
朱鸿达	志瀛	安徽歙县	同上	同上
孙士琦	蔚才	杭州仁和	同上	同上
柯国璋	伯珪	台州太平	同上	同上
姚文治	寰清	湖州德清	同上	同上
张渤	问潮	杭州仁和	同上	同上
胡善偁	希禹	安徽黟县	同上	同上
吕安良	瑞澜	绍兴新昌	同上	同上
侯文麟	鹤山	杭州仁和	同上	同上
吴福保	公民	杭州仁和	同上	同上
江汉声	蕉亭	宁波奉化	同上	同上
张逢源	郁明	台州仙居	同上	同上
秦崇诚	厚田	湖北汉川	同上	同上
叶良钧	梦松	杭州仁和	同上	同上
朱鸿儒	巨卿	安徽黟县	同上	同上
胡琴昌	子桢	衢州江山	同上	同上

续 表

姓名	字	籍贯	科别	毕业年月
沈鲁	仲愚	河南固始	同上	同上
吕应惠	柱臣	江苏阳湖	同上	同上
程万里	远帆	绍兴山阴	预科第二次	宣统元年五月
丁绍桓	子申	金华金华	同上	同上
邵庸舒	伯驯	绍兴山阴	同上	同上
杨景桢	次廉	嘉兴秀水	同上	同上
邵启	聊声	绍兴山阴	同上	同上
何炳松	柏臣	金华金华	同上	同上
应冶良	怀新	绍兴嵊县	同上	同上
胡时铎	心猷	金华兰溪	同上	同上
牟秉秀	思补	台州黄岩	同上	同上
郑宗海	小沧	杭州海宁	同上	同上
严祖荣	伯华	嘉兴海盐	同上	同上
徐守桢	仲坚	湖州归安	同上	同上
俞定	松笠	绍兴诸暨	同上	同上
邹铨	亚云	江苏元和	同上	同上
洪学范	印湖	杭州新城	同上	同上
冯寿梅	铁生	绍兴上虞	同上	同上
朱起蛰	春洛	杭州钱塘	同上	同上
严翊宣	子钱	宁波奉化	同上	同上
卢宗孚	伯容	嘉兴海盐	同上	同上
孙玢	叔轩	台州黄岩	同上	同上
周大昕	晓楼	绍兴上虞	同上	同上
尤希文	伯和	台州黄岩	同上	同上
胡狱	觉斋	绍兴会稽	同上	同上
符恺生	钟藻	绍兴余姚	同上	同上
枣懋修	春农	台州黄岩	同上	同上
潘澄寰	少馨	杭州于潜	同上	同上
俞景笺	肖彭	绍兴嵊县	同上	同上
唐世潍	小澜	杭州仁和	同上	同上
满忠甲	荩臣	杭州海宁	同上	同上

续　表

姓名	字	籍贯	科别	毕业年月
方钟	秀夫	杭州于潜	同上	同上
卢圣范	劬叔	台州黄岩	同上	同上
陶家骏	毅生	嘉兴秀水	同上	同上
沈允昌	斌甫	绍兴山阴	同上	同上
黄国铭	鼎臣	金华义乌	同上	同上
丁宝华	仲篪	江苏武进	同上	同上
沈公铎	觉夫	温州瑞安	同上	同上
俞溥田	雨苍	绍兴山阴	同上	同上
张裔	庆三	杭州临安	同上	同上
徐瞻淇	韵竹	衢州江山	同上	同上
蒋庚先	行成	杭州富阳	同上	同上
周维磊	福田	绍兴诸暨	同上	同上
潘澍	沛霖	金华兰溪	同上	同上
裘守慈	正慈	宁波奉化	同上	同上
寿景伟	毅成	绍兴诸暨	同上	同上
杜志文	琴堂	绍兴余姚	同上	同上
张绅书	星垣	金华东阳	同上	同上
周觐颜	颐福	绍兴嵊县	同上	同上
毛作孚	子信	四川华阳	同上	同上
熙耀	凯孙	杭州驻防	同上	同上
马义新	鸿秋	嘉兴石门	同上	同上
孙从元	兰畦	宁波奉化	同上	同上
黄维中	植民	温州瑞安	同上	同上
袁祖黄	肇兰	宁波奉化	同上	同上
邢寿民	茂育	绍兴嵊县	同上	同上
王绍谷	诒孙	安徽歙县	同上	同上
顾绍曾	兆臻	江苏镇洋	同上	同上
张世录	子钦	严州桐庐	同上	同上
陆钟骏	墀畲	杭州钱塘	同上	同上
毛宾鋆	鸿升	嘉兴桐乡	同上	同上
虞宗谦	仲模	嘉兴海盐	同上	同上

续 表

姓名	字	籍贯	科别	毕业年月
楼永锦	制美	绍兴嵊县	同上	同上
许森燊	文彬	杭州海宁	同上	同上
贾嶷	啸梅	温州瑞安	同上	同上
来复泰	舰山	绍兴萧山	同上	同上
章恒性	竹亭	杭州富阳	同上	同上
孙焘	壁英	杭州富阳	同上	同上
陆恢	光宇	杭州仁和	同上	同上
贾凯	启凡	温州瑞安	同上	同上
阮凯	伯康	绍兴山阴	同上	同上
叶宗寅	静初	绍兴余姚	同上	同上
查征辙	继伯	杭州海宁	同上	同上
王时应	槐南	绍兴余姚	同上	同上
唐溢声	子修	金华兰溪	同上	同上
郑思济	传舟	嘉兴嘉兴	同上	同上
张受均	恺敷	嘉兴嘉善	同上	同上
施树织	文玉	温州乐清	同上	同上
毛麟	伯喃	温州永嘉	同上	同上
富勋	达三	处州青田	同上	同上
黄柏林	悦斋	金华浦江	同上	同上
凌昌炎	普孙	安徽怀远	同上	同上
聂登颐	理夫	衢州常山	同上	同上
毛凤藻	鸿纪	衢州江山	同上	同上
邢注南	锡川	绍兴嵊县	同上	同上
赵萃铨	久之	绍兴萧山	同上	同上
顾振常	思久	杭州海宁	同上	同上
裕康	卓山	杭州驻防	同上	同上
范煜泰	雪士	杭州钱塘	同上	同上
梅昌祚	允文	嘉兴秀水	同上	同上

浙江高等学堂同学录第四(曾任本堂职员教员者,自光绪三十年上学期始)

姓名	字	籍贯	执掌	在堂年月
陶葆廉	拙存	嘉兴秀水	总理	光绪三十年
萧文昭	叔衡	湖南善化	提调	同上
吴实鉴	廉湖	安徽黟县	收支	同上
王抱一	瀛宰	绍兴山阴	伦理教员	同上
寿锡贡	梅契	绍兴诸暨	历史教员	同上
钟毓龙	郁云	杭州仁和	中文教员	同上
支宝楠	雯甫	绍兴嵊县	数学教员	同上
陆锐星	少颖	杭州富阳	数学教员	同上
陶兆鳞	介如	江苏无锡	数学教员	同上
陆康华	叔英	福建侯官	英文教员	同上
朱紫贵	衮卿	嘉兴嘉善	英文教员	同上
马　鉴	寅生	宁波鄞县	英文教员	同上
顾□□	麟如		东文教员	同上
汪嵚	曼锋	杭州仁和	舆地教员	同上
林鹏	遂初	江苏	理化、博物教员	同上
赵德馨	省吾	湖洲归安	体操教员	同上
唐涌裳	键伯	杭州仁和	监学	同上
王赓虞	云史	嘉兴秀水	监学	同上
余奎	吉斋	杭州仁和	收支	同上
温玉	柯甫	杭州仁和	监舍	同上
陆绍鸿	卣臣	杭州仁和	收支	同上
朱钧	横甫	杭州仁和	监舍	同上
劳闇章	庆雯	嘉兴桐乡	司书兼管仪器	同上
张福镐	子京	绍兴山阴	庶务	同上
陆懋勋	勉侪	杭州仁和	监督	同上
庄殿华	诵先	江苏阳湖	提调	同上
华承训	琴舫	江苏武进	收支	同上
李正华			收支	同上
辻安弥		日本国	外国地理、历史教员	同上
范耀雯	效文	杭州仁和	国文、历史教员	同上

续 表

姓名	字	籍贯	执掌	在堂年月
褚传诰	九云	台州天台	历史教员	同上
袁汰	文白	杭州仁和	地理、体操教员	同上
陈训正	无邪	宁波慈溪	国文、历史教员	同上
马渭清	蔚青	绍兴山阴	数学教员	同上
谢成麟	伯书	绍兴山阴	数学教员	同上
任允	克任	杭州仁和	理化、博物教员	同上
杜显明	杏六	衢州西安	数学教员	同上
丁炯	沅圃	绍兴萧山	国文教员	同上
徐鼎	清甫	杭州仁和	东文数学教员	同上
汤櫄	尔和	杭州仁和	历史国文教员	同上
冯荫	蔚哉	杭州仁和	体操教员	同上
周承德	翼舜	杭州海宁	理化教员	同上
姚汉章	作霖	杭州仁和	地理教员	同上
汪希	叔明	杭州钱塘	国文教员	同上
张相	献之	杭州仁和	历史教员	同上
陈纯	伯原	台州天台	理化教员	同上
陈福民	哲侯	江苏吴县	东文教员	同上
周继善	敬斋	杭州钱塘	数学教员	同上
马叙伦	彝初	杭州仁和	国文教员	同上
包敦善	迪先	湖州归安	图画教员	同上
蒋可宗	秋然	嘉兴县	通译助教	同上
寿昌田	拜耕	绍兴山阴	通译助教	同上
韩勇康	强士	杭州仁和	通译助教	同上
项藻馨	兰生	杭州仁和	副办	同上
徐令绪	冬生	杭州钱塘	掌书	同上
韩传鼐	炳章	杭州钱塘	书记	同上
施行泽	咸三	江苏东台	检察	同上
杨翼庚	赓笙	杭州钱塘	庶务	同上
俞鸿梃	仲鲁	宁波慈溪	检察	同上
董康	皙芗	杭州仁和	检察	同上
郑履征	造孙	杭州仁和	会计	同上

续 表

姓名	字	籍贯	执掌	在堂年月
陆清	靖臣	杭州仁和	杂务	同上
蒋麟振	再堂	绍兴诸暨	国文教员	光绪三十二年
陈赐第	墀鹤	杭州仁和	英文教员	同上
陆钟麟	玉书	严州淳安	图画、体操教员	同上
孙显惠	德卿	杭州仁和	英文教员	同上
方鸿珍	云孙	杭州仁和	国文教员	同上
周祖培	仲荫	江苏	东文教员	同上
吴昌言	禹门	江苏上元	图画、体操教员	同上
范震亚	齐欧	宁波	数学教员	同上
元桥义敦		日本国	音乐教员	同上
郑衔华	佩之	嘉兴桐乡	检察	同上
许正衡	重平	杭州富阳	国文教员	同上
金致和	霭臣	杭州仁和	检察	同上
朱裕详	颂舒	杭州仁和	检察	同上
李文蔚	少廉	四川江津	东文教员	同上
周易训	秘亭	山东安邱	数学教员	同上
鲁宗泰	朴臣	杭州钱塘	历史教员	同上
朱浚	仲祥	嘉兴秀水	地理教员	同上
陈棠	荫轩	杭州仁和	国文教员	光绪三十三年
富长德藏		日本国	体操教员	同上
袁毓鲤	文庭	杭州仁和	英文教员	同上
郭凤辉	啸吾	温州瑞安	数学教员	同上
丁存中	仲贻	江苏吴江	数学教员	同上
顾梓培	树声	杭州钱塘	国文教员	同上
陈锦堂	晋卿	宁波慈溪	国文教员	光绪三十四年
张文庭	镜人	江苏无锡	英文史地法文教员	同上
张晋	絅伯	宁波鄞县	德文教员	同上
阮永森	木兰	宁波慈溪	理化助教	同上
徐梯青	勉斋	宁波象山	体操教员	宣统元年
永濑久七		日本国	图画教员	同上
张步瀛	蓬仙	宁波象山	通译助教	同上

续 表

姓名	字	籍贯	执掌	在堂年月
金冠澄	景波	绍兴山阴	体操教员	同上
鲍孝儒	孝儒	宁波鄞县	英文教员	同上
范琦	允之	杭州仁和	英文教员	同上

浙江高等学堂同学录第五(曾在本堂肄业者,自光绪三十年始)

姓名	字	籍贯	在堂年月
王烈	霖之	杭州仁和	光绪三十年
谢尚豪	仲占	杭州仁和	同上
徐勉	勤夫	嘉兴嘉兴	同上
张振鑫	公缪	江苏嘉定	同上
胡凤翔	幼仙	杭州钱塘	同上
洪维熊	吉人	江苏吴江	同上
方信	书绅	嘉兴嘉兴	同上
王大为	绍培	绍兴会稽	同上
马步青	小莲	绍兴余姚	同上
裘春旸	清煦	绍兴山阴	同上
陈典	徽五	湖南临湘	同上
何竹菁	竹卿	金华义乌	同上
周昌寿	三江	杭州海宁	同上
张养神	孔修	绍兴萧山	同上
刘彬	秉文	杭州钱塘	同上
谢钟川	烜年	绍兴余姚	同上
孙荣华	晓今	绍兴诸暨	同上
张之桢	云樵	绍兴山阴	同上
孙翰	俊和	绍兴诸暨	同上
蒋梦麟	兆贤	绍兴余姚	同上
寿颂万	佐卿	绍兴诸暨	同上
童晏球	洲伯	绍兴新昌	同上
俞致中	齐生	杭州富阳	同上
沈仰高	景山	嘉兴嘉兴	同上
徐陈冕	骥卿	温州永嘉	同上

续 表

姓名	字	籍贯	在堂年月
徐鸿恩	逵卿	杭州仁和	同上
吴兆樨	芳五	嘉兴秀水	同上
黄秉鉴	戒三	金华浦江	同上
施震	听孙	杭州仁和	同上
吴杏	瀛樵	河南祥符	同上
吴荣鋕	子鈊	衢州西安	同上
倪绍雯	讱庵	宁波慈溪	同上
吕铸	铁仲	云南云南	同上
胡树屏	建侯	杭州仁和	同上
褚铭泰	叔盘	嘉兴嘉兴	同上
沈昀	晓苍	嘉兴桐乡	同上
郑延龄	宇壶	湖州归安	同上
傅尚瑞	休征	金华义乌	同上
陈夏常	月槎	绍兴山阴	同上
万维鼎	铸九	杭州钱塘	同上
朱潞	景文	嘉兴嘉兴	同上
周玮文	季高	湖州归安	同上
魏树春	颍笙	绍兴余姚	同上
范耀章	秀卿	嘉兴嘉兴	同上
周翰	君壮	处州青田	同上
吴光裕	国华	杭州钱塘	同上
陈汝杭	静安	四川绵州	同上
周锡	和甫	杭州富阳	同上
田秋	味贤	杭州仁和	同上
周维翰	诚斋	杭州仁和	同上
王楫	容甫	金华东阳	同上
顾仪雍	肃喈	嘉兴嘉兴	同上
兆栋	云浦	杭州驻防	同上
汪立方	正武	台州黄岩	同上
颜泽祺	祉维	广东连平	同上
马宗周	子耕	绍兴余姚	同上

续 表

姓名	字	籍贯	在堂年月
周子英	杰士	杭州仁和	同上
樊承武	志征	杭州仁和	同上
顾仪康	恺如	嘉兴嘉善	同上
桂年	仲山	杭州驻防	同上
伍崇德	立仲	江苏上元	同上
赵继昌	东侯	杭州钱塘	同上
胡希	穆卿	杭州钱塘	同上
鸿年	颐臣	杭州驻防	同上
毛承澜	安伯	嘉兴桐乡	同上
洪百庚	镜西	江苏山阳	同上
凌霆肃	公威	湖州归安	同上
锡圭	介侯	杭州驻防	同上
查人伟	仲环	杭州海宁	同上
林骋逵	啸秋	台州太平	同上
唐震	星垣	温州瑞安	同上
朱德风	梯青	湖州长兴	同上
蒋梦桃	霄庭	绍兴余姚	同上
朱曦	仲英	杭州钱塘	同上
冯维斌	仲彬	杭州仁和	同上
刘潮	英伯	杭州仁和	同上
秦闻凯	筱涛	湖州归安	同上
方于斯	伴殳	嘉兴嘉兴	同上
施桂馨	渊如	江苏东台	同上
吴乃璋	习元	嘉兴石门	同上
冯远翔	叔鸾	杭州钱塘	同上
刘起敬	吉哉	杭州钱塘	同上
汤兆丰	书年	杭州仁和	同上
陈祖增	桐荪	湖州乌程	同上
王斌	莳沚	杭州仁和	同上
郑延祚	永言	湖州归安	同上
谢继连	子惠	杭州钱塘	同上

续 表

姓名	字	籍贯	在堂年月
陆海望	水范	绍兴余姚	同上
袁钟铨	叔衡	杭州钱塘	同上
杨传藻	克斋	绍兴余姚	同上
吴葭	稼农	河南祥符	同上
张宗元	芗荪	江苏江宁	同上
潘秉璋	鹏飞	台州黄岩	同上
金贤	子常	杭州驻防	同上
陈世勋	铭侯	严州建德	同上
林志暄	子辉	福建侯官	同上
渭熊	梦飞	杭州驻防	同上
解佩铭	箴言	台州黄岩	同上
沈雄	之万	江苏吴县	同上
赵振华	锡荣	金华东阳	同上
书鉴	仲恭	杭州驻防	同上
王云璬	仲平	台州仙居	光绪三十一年
姜登钰	彀堂	严州寿昌	同上
郑澜	溶甫	金华金华	同上
胡邦昌	霞轩	金华永康	同上
徐作羹	和卿	金华兰溪	同上
陈履泰	豫亭	金华东阳	同上
李垕身	博莽	绍兴余姚	同上
王锡镛	庚三	杭州仁和	同上
朱澄	韵孙	杭州钱塘	同上
杨乃荣	春时	湖州乌程	同上
楼建新	子瀛	金华义乌	同上
唐乃康	伯耆	湖州归安	同上
俞珣	少伯	绍兴会稽	同上
王绍基	素谊	湖州归安	同上
冯德辉	梦周	杭州钱塘	同上
方嘉乐	宪之	江苏吴县	同上
叶良翰	树屏	杭州仁和	同上

续 表

姓名	字	籍贯	在堂年月
印锡臣	荣鼎	杭州临安	同上
赵以琛	介臣	杭州钱塘	同上
胡振藩	和卿	杭州仁和	同上
陶延林	成之	绍兴会稽	同上
李锦坤	锦滔	杭州仁和	同上
昆明	雨亭	杭州驻防	同上
金其相	琢如	杭州仁和	同上
萧元庆	申如	嘉兴桐乡	同上
傅文焕	炳然	绍兴山阴	同上
绶章	海屏	乍浦驻防	同上
黄寅	公达	温州瑞安	同上
堂善	仲元	杭州仁和	同上
沈联第	仲豪	湖州归安	同上
徐肇杭	苇舫	宁波镇海	同上
唐炯	伯苏	杭州仁和	同上
王樾铭	企仁	绍兴山阴	同上
陈澜	秀升	温州玉环	同上
施德麟	圣兆	金华金华	同上
张烈	瀛莱	温州乐清	同上
叶肇南	荐芹	处州青田	同上
李邦耀	宪章	衢州西安	同上
毛建	振卿	杭州钱塘	同上
洪应荣	炳光	严州遂安	同上
吴允让	雪香	金华东阳	同上
周尚志	雪涛	杭州仁和	同上
陈鹤年	仲龙	温州瑞安	同上
詹家嘉	鹿年	衢州开化	同上
吴景星	云庆	金华东阳	同上
黄达璋	特生	处州缙云	同上
柾荣	鸿立	衢州西安	同上
周斡	协稹	处州青田	同上

续 表

姓名	字	籍贯	在堂年月
程云	鹏飞	温州永嘉	同上
单谔	果臣	温州永嘉	同上
洪甘棠	甘宗	台州天台	同上
徐观澜	锡蕃	衢州西安	同上
张焕然	紫星	处州云和	同上
叶绍棠	棣卿	处州云和	同上
黄维章	庆其	处州云和	同上
王珣	阆玉	台州仙居	同上
魏骥	子谦	处州丽水	同上
谭耀	子光	处州丽水	同上
吕翼文	和甫	处州丽水	同上
林佩熙	清严	处州丽水	同上
叶震	子善	衢州西安	同上
徐淮	达江	衢州开化	同上
徐和	和甫	杭州仁和	同上
樊安世	敦仁	处州缙云	同上
赵邦诒	芸生	处州云和	同上
陈贤平	伯均	温州平阳	同上
袁张骏	秀甫	台州天台	同上
黄叶钺	跻卿	温州瑞安	同上
蒋樊	彬侯	温州瑞安	同上
余汝麟	玉书	衢州开化	同上
方书升	子秀	衢州开化	同上
汪国钧	祥卿	衢州江山	同上
施群	镕北	温州乐清	同上
项枕流	漱清	处州青田	同上
陈禧	任夫	温州乐清	同上
徐镛	声甫	杭州仁和	同上
叶远荫	绍伯	江西新建	同上
袁以檙	朴材	衢州常山	同上
朱璟	子珍	衢州江山	同上

续 表

姓名	字	籍贯	在堂年月
许大临	启匏	杭州仁和	同上
阮炳森	琬垂	台州黄岩	同上
杨祖绳	叔度	绍兴新昌	同上
方乐	季容	台州太平	同上
阮性咸	季侯	绍兴余姚	同上
孔尘焯	炽昌	衢州西安	同上
胡赓虞	惠南	衢州江山	同上
柴德圣	麟瑞	衢州江山	同上
林斌	继濂	台州黄岩	同上
阮性尊	石麟	绍兴余姚	同上
张景欧	剑秋	江苏海州	同上
陈礼文	谷宾	杭州海宁	同上
李钟祥	叔平	金华东阳	同上
孙荫南	憩棠	杭州富阳	同上
杨知然	絜度	台州宁海	同上
周志伊	吉孙	杭州钱塘	同上
俞涛	滋圃	杭州仁和	同上
姚涞	志田	杭州仁和	同上
许应庚	少槎	杭州仁和	同上
金三品	步瀛	杭州仁和	同上
陈昂	勉斋	杭州钱塘	同上
陈其绪	缵臣	嘉兴石门	同上
朱德熙	叔懿	湖州归安	同上
陶廷墀	翼臣	绍兴会稽	同上
徐诵明	清来	绍兴新昌	同上
陈赞尧	克明	绍兴诸暨	同上
陆乘辂	仁肫	绍兴余姚	同上
马如飞	鞠卿	绍兴余姚	同上
仇同	忍坚	温州瑞安	同上
项沇源	楚芝	温州瑞安	同上
应保歧	绍周	处州缙云	同上

续 表

姓名	字	籍贯	在堂年月
朱鸣鸾	浙亭	安徽休宁	同上
叶有麟	仁卿	处州松阳	同上
徐思瀛	步云	湖州德清	同上
夏馨	日章	杭州仁和	同上
洪国才	琴士	杭州钱塘	同上
龚继遂	德孚	台州仙居	同上
郑国藩	佐周	金华东阳	同上
朱一清	浪山	台州仙居	同上
张永圭	秉斋	金华浦江	同上
包江	涵秋	温州平阳	同上
方治宽	秋孙	杭州仁和	同上
徐勋	元甫	杭州钱塘	同上
杨自强	振青	杭州钱塘	同上
严克念	兹臣	嘉兴秀水	同上
徐作宾	溥泉	台州仙居	同上
楼岑	志在	绍兴萧山	同上
徐国安	羁东	处州松阳	同上
陈文鼎	香蘅	处州缙云	同上
李式晟	味莼	温州瑞安	同上
赵铭彝	丹秋	温州永嘉	同上
姚伯谦	选青	绍兴诸暨	同上
沈一匡	哲明	嘉兴秀水	同上
何廷树	枫紫	杭州仁和	同上
孙家鼎	履庭	杭州富阳	同上
李家瀚	黼臣	杭州钱塘	同上
余廷耀	景哉	杭州仁和	同上
沈琳	伯英	杭州钱塘	同上
汪以德	裴珊	杭州海宁	光绪三十二年
王慎修	子邃	绍兴诸暨	同上
王在诚	小农	绍兴萧山	同上
孙祖德	恺斋	绍兴萧山	同上

续　表

姓名	字	籍贯	在堂年月
戴洲	步瀛	金华浦江	同上
黄之焱	梦羲	绍兴山阴	同上
叶广梁	栋臣	杭州仁和	同上
谢成	仲庄	绍兴山阴	同上
喻进修	春皋	绍兴嵊县	同上
傅相高	咀莼	绍兴萧山	同上
长宝	守臣	杭州驻防	同上
俞曹沧	济安	杭州海宁	同上
陈绍先	震三	绍兴萧山	同上
谢迺绩	印三	绍兴山阴	同上
沈养之	雨亭	绍兴会稽	同上
张泰昌	韶荪	杭州钱塘	同上
陈元豫	又良	绍兴会稽	同上
沈沛恩	慰农	绍兴会稽	同上
喻邦卿	惠文	绍兴嵊县	同上
沈尔昌	季宜	绍兴山阴	同上
陈光汉	东皋	绍兴会稽	同上
沈孟养	汉钦	绍兴萧山	同上
牟震中	肖谦	台州黄岩	同上
罗向辰	蕖生	湖州乌程	同上
锡瓒	介眉	杭州驻防	同上
陶钧	受百	杭州钱塘	同上
渭熊	梦飞	杭州驻防	同上
吕应鹏	瑞元	绍兴新昌	同上
孙承诰	鼎臣	杭州富阳	同上
杨绍翰	志屏	台州黄岩	同上
张宗良	荣玉	杭州仁和	同上
江兆封	云亭	杭州仁和	同上
盛际唐	尧夫	杭州钱塘	同上
徐致强	弢士	台州黄岩	同上
景麒	子香	杭州驻防	同上

续 表

姓名	字	籍贯	在堂年月
吴福鸽		嘉兴海盐	同上
严奎璋	达夫	金华兰溪	同上
景嵘	星岚	杭州钱塘	同上
高振	趾祥	杭州仁和	同上
杰英		杭州驻防	同上
贺寰清	镜秋	宁波象山	同上
李润棖	秀峰	金华金华	同上
冯振纲	介三	绍兴诸暨	同上
顾鹤	松年	杭州仁和	同上
邱观沂	慕清	嘉兴嘉善	同上
楼诗荫	儒清	绍兴嵊县	同上
王平章	会安	绍兴山阴	同上
吴祥凤	鸣岐	嘉兴嘉兴	同上
金缄		嘉兴秀水	同上
蔡景源	则特	湖州归安	同上
朱镕昌	紫琳	湖州归安	同上
江孝璋	竹圃	安徽婺源	同上
尹衡		杭州仁和	同上
毛壮蜚		衢州江山	同上
徐伦铁	蜕群	金华永康	同上
林咨皋	恺贤	杭州于潜	同上
邵棠	孟南	杭州仁和	同上
陈邦彦		嘉兴石门	同上
施壬林		杭州钱塘	同上
周寅杓	相佐	绍兴诸暨	同上
周之藻	振新	绍兴诸暨	同上
周宝乾	卜臣	绍兴诸暨	同上
王访范	星白	绍兴诸暨	同上
钱颂殷	孝先	绍兴诸暨	同上
吴作周	成德	衢州江山	同上
庐锡弓	震廷	台州黄岩	同上
姚慈屺	恭若	杭州钱塘	同上

续 表

姓名	字	籍贯	在堂年月
许耀焜	雄九	台州黄岩	同上
徐守谦	扚庭	绍兴会稽	同上
吕俊恺	仁甫	金华永康	同上
倪锡瑜	衡甫	绍兴萧山	同上
马森年	墨珊	绍兴山阴	同上
王寅	同甫	严州建德	同上
陈秉乾	健先	杭州富阳	同上
姚守经	祖恒	杭州临安	同上
傅耀芳	深培	金华义乌	同上
陆懿凝	儆旒	杭州仁和	同上
孙景镐	子俊	绍兴诸暨	同上
宗惟惠	政叔	江苏上元	同上
岳昌烈	赓墀	嘉兴嘉兴	光绪三十三年
冯步青	云生	绍兴上虞	同上
陈济	汝舟	绍兴萧山	同上
汪秋亭	霞轩	江苏宜兴	同上
吕渭	志清	处州丽水	同上
叶铮	铁生	处州遂昌	同上
王者师	仲吕	绍兴会稽	同上
王者相	伯伊	绍兴会稽	同上
吴国昌	伯蕃	绍兴会稽	同上
邵挺豪	洛仍	绍兴余姚	同上
王冠俊	季卿	绍兴余姚	同上
邢启芳	心澄	绍兴嵊县	同上
吴猛	裕如	温州瑞安	同上
陈嵘	理儒	温州永嘉	同上
蔡筑	成素	温州瑞安	同上
洪锦绶	万孙	温州瑞安	同上
童肇蓉	芙卿	金华浦江	同上
黄尚组	梦楼	金华浦江	同上
郑鸿谟	启文	金华浦江	同上
蔡文彪	蓉僧	嘉兴石门	同上

续 表

姓名	字	籍贯	在堂年月
李尧栋	伯渊	宁波定海	同上
王思敬		湖州归安	同上
冯家柟	问樵	绍兴余姚	同上
黄韩赓	亚范	杭州仁和	同上
周恚忠	雅琴	杭州富阳	同上
居益钧	衡甫	杭州海宁	同上
蒋清熙	寿庆	湖州德清	同上
蔡士鉴	镐伯	湖州德清	同上
谢朝恩	宗晋	宁波奉化	同上
张锡瑞	锡华	宁波奉化	同上
王士英	文安	宁波奉化	同上
范迪熙	子缉	绍兴会稽	同上
戴祖荫	叔培	严州建德	同上
王廷化	绶臣	严州建德	同上
何子杰	梁四	严州淳安	同上
徐建增	修安	严州淳安	同上
蔡起澜	聚文	处州龙泉	同上
张维	令行	处州青田	同上
万培基	载之	江苏宜兴	同上
庚桂	乐清	杭州驻防	同上
陈耀曾	志闳	杭州仁和	光绪三十四年
朱钟秀	振亚	嘉兴秀水	同上
吴六笙	汉超	嘉兴秀水	同上
金致仁	寿臣	杭州仁和	同上
毛云鹗	鸷卿	衢州江山	同上
吴泽增	薇生	湖州归安	同上
陶镕	介五	杭州钱塘	同上
周国勋	懋臣	杭州仁和	同上
张浩	洛川	绍兴会稽	同上
冯堪	仲眉	宁波慈溪	同上

宣统元年铅印本

浙江大学档案馆藏复制件

旅沪浙江高等学校同学会会员录

(1935年)

姓名	别号	年龄	籍贯	通讯处	备考
丁绍桓	亨斋		金华	上海南火车站大同大学	
王黼裳	燊丞	四六		上海北京路四三号同仁法律事务所	
王绍基	明天	四四	无锡	胶济路明水转布村月宫庄建业工程处	
王更三		四七	杭县	浦口津浦路港务课	
朱宗良	绳先	四三	海盐	南京三条巷仁寿里四号	
朱宝衡	量诚			瑞安县法院	
阮恺	伯康	四九	绍兴	上海南京路保安坊三九二号五楼	
李岡	子雲			上海极司非而路中振坊十五号	
李垕身	孟博	四七		上海仁记路九七号大兴建筑事务所	
沈而昌	季宣	五一		上海霞飞路兴业里十四号	
沈逊斋	醒哉	四七	东阳	浙江东阳上沈	
何炳松	柏丞	四六	金华	上海辣斐德路伟达坊二号	
吴国昌	歌沧	四六	余姚	上海牯岭路毓麟里二五〇号	
周觐颜	颐甫	四五	嵊县		
周志钟	雅忱	四〇	富阳	浦口津浦路管理委员会总务处	
金克昌				盛雨田先生转	
孟树铭	望渠	四四	海宁	上海爱多亚路一三四号东南信托公司	
施仁亵	少明	四六	余姚	上海甘世东路崇仁里七号	
俞钟	琴生			上海巨籁达路小浜湾十号徐宅转	
徐永祚	玉书	四五	海宁	上海爱多亚路一二三号三楼	
徐陈冕	寄庼	五五	永嘉	上海极司非而路四五一三号	
范秉琳		四九	鄞县	上海辣斐德路福康里十一号	
姚瑾	抱真	四六	瑞安	上海霞飞路霞飞坊七六号	
马公愚	原名范	四四	永嘉	上海中山路大夏大学	
康乃康	伯耆		吴兴	上海辣斐德路辣斐坊五号	
陆钟骏	稚畲		杭县	杭州羊市街三四号	
许森鏻	文彬		海宁	上海九江路一号溢中银公司	
盛雷	雨田			上海吕班路大陆坊十五号	
盛在玑	叔衡	四七	鄞县	上海西摩路六一七弄八号	

续 表

姓名	别号	年龄	籍贯	通讯处	备考
冯贻箴	柳塘	四四	海宁	上海蓬莱路安乐坊九七号	
冯堪	养生	四六	慈溪	上海老靶子路天福里五六三号	
黄孟和				嘉兴濮院镇大街二十号黄征祥号	
汤兆丰	书年	四七	杭县	上海沧州路沧州饭店隔壁	
傅壮民	振绪	四五	杭县	上海爱文义路联珠里壮民医院	
张炯伯		五一		上海北京路明华银行	
叶谦	墨君			上海韬朋路天一味母厂	
蔡竞雄	文彪		海宁	上海福州路崇让里新声通讯社	
蒋灏	劲柏			浙江寿昌县城内	
寿昌田	拜庚	五二	绍兴	南京将军巷兵工署	
潘忠甲	更生	四六	海宁	上海辣斐德路怡德里二十号	
郑斌	允恭	四七	嘉善	上海辣斐德路辣斐坊六九号	
郑宗海	晓沧	四四	海宁	杭州新民路七三号	
郑纪文	郁周	四六	江山	上海同孚路大中里一六八号	
戴景槐	枕淮	五二	镇海	上海白克路聚兴坊二十四号	
陈训恩	布雷		慈溪	上海新闸路福康里一二八号	
邵元冲	翼如		绍兴	南京童家巷十七号	
查征辙	绍伯		海宁	杭州报国寺军械局	
马义新	敬铭		崇德	崇德救济院	
徐步高	级三		安吉	安吉城内	
冯寿梅	铁生		绍兴	上海浙江路儿童书局	
冯步青				上海香港路四号	
曾绍勋	伯猷			南京最高法院	
寿景伟	毅成		诸暨	杭州中国银行	
刘孔钧	复中		永嘉	兰溪中国银行	
潘嘉贤	稼咸		海宁	上海北京路二五五号盐业大楼一号	
顾鼎	仲平		德清	溪口友益街协隆北里廿一号	
张廷衡	佩璇			上海九江路一号C麦粉特税局驻官办事处	
俞草济	寿沧		海宁		
谷宗海	容泉	四六	余姚	海门浙江地方银行	
裘守慈			慈溪		
范霞轩			吴兴		

浙江高等学校同学录

姓名	别号	年龄	籍贯	通讯处	备考
吴震春	雷川		杭州	北平燕京大学	
孙智敏	廑才		杭州	杭州招宝堂一号	
邵长光	斐子		杭州	杭州新民路大德里	
陈大齐	百年		海盐	南京考选委员会	
范耀雯	敫文		杭州	杭州下华光巷	
范焕文			杭州	杭州省政府秘书处三科三股	
陆钟麟	玉书		淳安	杭州羊市街	
沈士远			吴兴	南京考试院	
沈　灏	英斋			杭州大狮子巷三四号	
包公超	蝶仙		吴兴	湖州太和坊	
屠开泰	镇西	四五	绍兴	上海圆明园路先灵洋行	
陈训正	屺怀		慈溪	杭州六桂坊四号	
张宗祥	阆声		海宁	北平宣武门旧帘子胡同五二号	
杨敏曾	逊斋		慈溪	慈溪城中顺水弄	
赵志游			宁波	南京扬子江水水利委员会	
钱家治	均夫		杭州	杭州方谷园一六号	
魏友枋	仲车		宁波		
陈　棠			杭县	临平	
张景星	子祥		杭州	杭州官巷口典业银行	
应　时	溥泉			上海施高塔路恒丰里三八号	
王兆周	质园		金华	金华后街	
王　凝	冰肃			瑞安城区秀岘里纛旗巷	
王颉高	中复			萧山义桥李乾源酱园收转	
王　煜	燮轩		平阳	杭州粮道山十五号	
方仁荣	春生			平湖混堂巷	
方　钟	秀夫			溪口武领学校	
尹　衡	志仁		杭县	杭州板儿巷一七五号	
朱丹衷	再青		海宁	杭州龙翔桥河下思鑫坊朱丹衷律师事务所	
朱起蛰	春洛			南京铁道部	
朱鸿达	志瀛		杭县	杭州开元路	

续 表

姓名	别号	年龄	籍贯	通讯处	备考
朱鸿儒	渠青		杭县	上海静安寺路同益里七八号	
朱其辉	内光		绍兴	绍兴偏门内清凉桥	
伍崇德	立仲			上海贝褅鏖路美仁里二号	
李福年	望之		富阳	杭州黄醋园巷七号	
李振夏	子翰		余姚	杭州平安坊三弄四号	
杜文治	天糜			上海福州路世界书局	
汪　润	伯诚		兰溪	南京军委会交通团材料处	
余宗达	冠周		永嘉	杭州公路局	
余　康	安甫		杭县	杭州泗水坊桥见仁里十一号	
何敬煌	西生		绍兴	杭州龙兴路四号	
沈怀璋	爱泉		德清		
沈尹默				上海环龙路志丰里口九十号	
沈觉夫	原名 公铎				
沈养厚	紫岩	四六	镇海	上海北四川路中国农业化学制造厂	
沈光煦	仲牧		绍兴	绍兴西街二二号	
邢钟翰	诵华		嵊县	杭州延龄桥堍	
阮性宜	石麟		余姚	杭州平海路五二号	
林彬	佛性	四四	乐清	南京立法院	
邵家驹	昂士		杭县	杭州皮市巷一一五号	
吴道隆	伯盛		杭县	杭州文龙巷十三号	
吴树棠	锦森		海宁	硖石新埭	
吴象乾			东阳		
吴乃璋	习元			崇德西横街守愚堂	
金学俨	笆仙		安吉	杭州钱塘路鼎兴里一号	
胡时铎	心猷			浦口津浦车站	
胡善偁	希禹			苏州江苏高等法院	
皇甫嵩	后青			长星垚书桥堍	
洪学范	印湖			杭州电报局	
俞　馥	季梅				
孟宗周	峄闻		义乌	杭州上皮市巷四七号	

续 表

姓名	别号	年龄	籍贯	通讯处	备考
祝文白	廉先			北平燕京大学	
马义璋	达生		崇德	崇德教育局	
孙乃淑	梦蟾			崇德城内火弄口	
孙从周	雅臣		奉化	杭州苋桥农学院	
孙　瓆	叔轩		黄岩	杭州吴山路五一号	
孙　量	公度		瑞安	杭州皮市巷一〇八号	
范宗成				浦东春江码头市东财政局稽核处	
徐果	密若			平湖县后底	
徐守桢	崇简			吴兴县双林章家桥	
徐　霖	雨亭			杭州涌金门油坊弄二六号	
高克潜	幼莼		杭县	杭州祖庙坊一七号	
唐溢声	子修			南京铜井巷军需署	
唐冀方			金华	金华作新中学	
唐世滩	小澜			南京立法院	
袁久埙	楙斋			宁波西门外圣旨亭	
袁祖黄	作佩			南京军需署	
凌昌炎	溥伸			北平西单小将军巷一八号	
郭宗礼	仪孙		杭县	杭州浙江教育厅	
郭沈坚	小音		海宁	南京铁道部	
崔陈鸿	电施			乐清浦岐	
章叔眉				南京外交部	
陆春雄	华庭			绍兴稽山中学	
陆朝儁	仲雄			杭州小米巷六号	
陆左升	卿鹄			上海福佑路蕴山小学	
陈朶如				上海江西路浙江实业银行	
陈闳恕	叔平	四六		温州嘉福寺巷	
陈闳慧	仲陶	四四		同上	
陈慕琳	君檄	四八		温州八字桥	
陈慕亮	越民	四六		同上	
陈时坤	轶群			温州三官殿巷	
陈稚鹤			杭县	杭州金洞桥三六号	

续　表

姓名	别号	年龄	籍贯	通讯处	备考
陶煦孙	缉民		绍兴	绍兴城内大善寺前广益豊收转东湖	
张棨伯				上海明华银行	
张景豪	伯威			龙游驿前	
张希	韶孙			杭州饮马井巷七号	
张受均	恺敷		嘉善	杭州真吉祥巷六六号	
张行简	稚鹤		杭县	杭州花市路二六号	
许祖谦	行彬		海宁	杭州下板儿巷	
莫善诚	存之		德清	德清赵家弄	
盛叔明	亮夫			嘉兴砖桥西首	
冯度	涵生			宁波效实中学	
堵福诜	申父		绍兴	绍兴南门和畅草堂	
程远帆				北平财政局	
程凤鸣	志和		德清	杭州西浣沙路四弄二号	
稽惟怀	季菊		杭县	杭州四条巷五号	
董世桢	贞柯		绍兴	杭州思鑫坊十号	
杨济元	仲未		慈溪	杭州西浣沙路知足里六号	
杨在	在畊			上海江西路四五二号财政部公债司驻沪核销债券处文牍股	
杨景桢	次廉		嘉兴	嘉兴二中	
曹谦	百川			金华第七中学第一部	
黄国铭	鼎丞		义乌	义乌南门	
傅文焕	炳然		绍兴	杭州清泰门直街五五号	
叶震	振甫		杭县	杭州珍珠港七号	
叶木青	原名其菁		瑞安	杭州下皮市巷一九二号	
叶正荣	欣木		衢县		
蔡经纬	春荼		德清	杭州浙西水利议事会	
蔡曾祜				宁波中等工业学校	
蔡锡侯	见帆		海盐	杭州头发巷绸业会馆	
蔡继曾	定武		德清	德清城内溪东	
赵履祺	仲绥		嘉兴	嘉兴城内后街一号	

续 表

姓名	别号	年龄	籍贯	通讯处	备考
赵廷炳	丹若		嘉善	嘉善西门太平桥	
赵迺传	述庭	四四	杭县	南京单牌楼七号	
楼永锦	子美			临安益大号	
刘庆棠	希伯			浦东六里桥	
潘用和				上海北京路浙江兴业银行	
蒋庚仙	寅臣			临平瓶山头小学	
郑家相				浦口津浦局管理委员会总务处	
郑钧	勇知		吴兴		
郑济	武钦		平阳	杭州长寿路延益里九号	
谢迺绩	印三		绍兴	南京立法院	
戴道骝	中甫		德清	德清城内戴家弄	
薛允濬	仲哲		瑞安	瑞安西门大旗巷	
严庆龄	子寿			上海福佑路蕴山小学	
潘少馨				北平官产清理处	
邓忱	赓九		诸暨	杭州黄醋园巷十号	

已故会员录

故会员董仲佳君小传

君讳锡麟,字仲佳,浙江永嘉人。生而颖异,十一而毕五经,十三即补博士弟子员。有志游学东瀛,以年幼为家人所阻,乃入温州府中学堂肄业。复入浙江高等学堂文科,试辄冠其曹,在校前后凡六学期,而六任级长,其品粹学优盖如此,而君之年事犹未二十也。时美籍教授亨培克君器赏之,愿资其游学北美;顾君自信可获浙省留美官费生额,不欲假助于人,婉辞谢之。及光复后,省库支绌,派遣之举罢,愿未得偿,乃执教于浙江省立第十师范。民国六年决然舍去,私资东渡,践其初衷。入早稻田大学,专攻政治经济。民国十一年,以最优等毕业。当行毕业典礼之日,例有优秀学生宣读论文。君先以日语,继以英语,滔滔数千言,惊服四座,早稻田大学引以为荣焉。旋回国,就职上海通易信托公司,自文书主任,而襄理,而副经理,才数年间耳。君益自刻励,勤慎从公,节俭自守;公余之暇,手不释卷,于近代经济诸问题,多所阐发,其著作时见于各杂志。不幸罹伤寒之症,以民国二十一年七月十一日卒于上海医院。君生于民国纪元前二十一年即清光绪十七年十二月,年四十有二。

故会员马孟容君小传

马君孟容,原名毅,以字行,浙江永嘉人。马氏故永嘉望族,自清乾嘉以来,以诗文书画金石世其家者,殆二百余年;香霞拔萃,蔚霞解元,梯如孝廉,兰笙明经,皆有声于时,家藏卷轴甚富。君渊源家学,自幼工为诗文,善写花鸟虫鱼人物,高雅绝伦。弟公愚,亦擅诗文书画,尤精篆刻,世称永嘉二难。君自毕业浙江高等学校后,任教浙省中学师范及上海美术专门学校中国文艺学院等校凡二十余年，提倡中国艺术不遗余力，诱掖后进，尤具热心，门下桃李，以文艺鸣于时者，实繁有徒。君之画法，初师白阳南田，既而冶合宋元，自成一家，学者宗之。著有花鸟画集题画诗录等若干种行世。其书画作品在国内外各大博览会及美术展览会陈列者，皆获最高之荣誉，东西人士，交相赞美。民国二十一年秋，以疾卒于沪寓，年四十有一。

旅沪浙江高等学校同学会编印《旅沪浙江高等学校同学会会刊》，民国廿四年春
浙江大学档案馆藏

(四)工专同学录

浙江公立工业专门学校同学录
(约1926年)[①]

姓名	号	通讯处
□□□	□□	□□□□□□□□□□□厅
□□□	□□	□□□□□□□□开弄
张乃燕	君谋	□□□□□都路广仁里三百四十号
李熙谋	振吾	嘉善西塘
陈子亭	子亭	浙江省议会，或杭州仁和路
张鸿材	知返	浙江省议会，或杭州慈幼路
金培元	鹤侪	湖州南门尚书桥，或本校
莫善诚	存之	德清赵家弄，或杭州上刀茅巷新开河

前任校长

姓名	号	通讯处
许炳堃	缄甫	杭州文龙巷六号

① 原件无编辑和刊印的时间。查本同学录上有现任校长徐守桢，徐氏于1927年辞职；有“专门本科毕业生”1925年毕业的王国松，任职“锅炉发电原动室管理兼教员”，据此，推断这本《浙江公立工业专门学校同学录》约编印于1926年。

商议员

姓名	号	通讯处
朱光焘	谋先	杭州下池塘巷纬成公司
佐藤真		日本大阪界式大坂织物会社
蔡继曾	定武	嘉兴盐仓桥纬成公司裕嘉分厂
蔡经贤	谅友	杭州蒲场巷虎林公司
永濑久七		日本静冈市外廿一安东八一
戚友群	元朋	余姚新浦沿戚祥丰号
陈其文	黼章	故
汪鸿桢	季清	杭州泗水芳桥河下

职教员

姓名	号	职务	通讯处
徐守桢	崇简	校长	吴兴双林镇或杭州横河桥小河下宝华弄二十四号
冯汝绵	飏云	教务部主任兼数理科主任电机科主任教员	杭州横河桥小河下宝华弄二十四号
施霖	雨若	教务部副主任兼化学教员	杭州金洞桥五十四号
严鸿渐	达庄	教务员兼教员	上虞松厦镇裕丰南货号转交
孙宝瑞	玉麟	教务员	杭州闸口振兴商轮公司转中埠轮局转交
李俶	泰云	训育部主任金工场主任兼机械教员	无锡斜桥
陆希言	晋良	训育部副主任兼德文教员	嘉兴凤喈桥
胡定	则仁	训育部副主任兼数学教员	江山官溪或杭州万安桥弄十三号
戴道骝	中甫	总务部主任国文科主任兼教员	德清城内射圃前戴家弄或杭州里横河桥直街新二号
蔡常	有常	机械科主任工务系主任锅炉发电原动室主任兼教员	无锡北塘
王琎	季梁	化学科主任英文科主任分析室主任兼教员	黄岩双桂巷一号
汤贻湘	擁伯	化学科副主任药品室主任油脂制革工场主任兼教员	绍兴东浦
金培元	鹤侪	染织科主任染色工场主任兼教员	湖州南门尚书桥埦或本校
陶泰基	平叔	染织科副主任兼教员	江苏无锡北门外江阴巷一六三号
江成标	絅裳	数理科副主任物理实验室主任兼教员	衢县县西街王景丰号转或杭州万安桥弄十三号

续 表

姓名	号	职务	通讯处
吴友蘧	孔怀	工务系副主任英文科副主任兼教员	杭州大塔儿巷十五号
陆永年	缵何	事务系主任会计兼数学教员	杭州小粉墙十五号
许德辉	馨生	图书室主任兼文牍	德清溪东或杭州上刀茅巷新四号
钱昌祚	昌祚	电机机械教员兼锻铸工场主任	江苏常熟鹿苑
郑家觉	觉君	化学教员兼制纸工场主任物理化学实验室主任	长沙三兴街十一号
叶熙春	如松	染织教员兼力织捻丝场主任	丽水县城内太平坊或杭州小粉墙毛竹弄新四号
莫善继	济之	机织教员兼纹工场主任	德清赵家弄
刘德襄	戛鸣	机织公民教员手织工场主任兼指导员	上海南市大东门天灯弄二号
蔡汝炘	煦庭	图画教员木工场主任兼第一寄宿舍指导员	萧山西湖河第五桥蔡宅
葛祖良	祖良	化学教员兼有机化学实验室主任	杭州延龄路龙翔里三弄三号
王崇植	崇植	电机教员兼电机实验室主任无线电室主任	江苏常熟支塘
张寰镜	寰镜	电机教员兼电气光度测定室主任	上海西南乡泗泾镇
蔡镇瀛	海观	化学教员兼无机化学实验室主任	德清莫家弄或杭州金洞桥五号
沈泰来	鲁瞻	机械教员兼指导员	嘉兴城内韭溪桥
许虔孙	客卿	博物图画教员兼指导员	塘楼吴家弄陔华堂
许孙镠	公武	物理实验室管理兼指导员	德清县务前
张云瑞	闰材	机械教员兼第一寄宿舍指导员	百官转蒋镇张德裕号收转或杭州红门局四十六号
王祖章	文蔚	购置员兼第二寄宿舍指导员	新昌儒岙转南山
骆肇修	叔懋	制纸工场管理兼第二寄宿舍指导员	义乌二十三里镇转清塘
赵治	君艾	机械教员	诸暨枫桥何赵
程宗植	培甫	机械教员	杭州义井巷五号
何敬煌	西生	英文国文教员	绍兴府山后黄花弄
陈琳	绍琳	电机数学教员	浙江丽水县城电灯公司
吴钦烈	敬直	留德教员	杭州新市场星远里六号
陈家驹	颂禅	英文教员	杭州马所巷三十五号

续 表

姓名	号	职务	通讯处
龚俊	为时	数学教员	杭州金洞桥五十四号
林璧	景韩	英文教员	杭州里横河桥河下十七号
蔡德强	禹泽	数学教员	诸暨城内金大成转陈蔡
朱苍许	慧生	国文教员	杭州蒲场巷长官弄三号
李鸿	子馗	国文教员	杭州太平门直街新开河二号
石文	篆周	留日教员	海盐大营弄口
张元培	植甫	药品室管理兼染色教员	嘉善百岁功
钱崇莅	子庄	体育英文教员兼电测无线电室管理	杭州岳王路蝙蝠弄五五号
赵济乾	君健	分析室管理兼机械化学教员	诸暨枫桥
钱栻	逸夫	金工场管理兼教员	嵊县长乐
江世贤	重夫	木工场管理兼教员	兰溪黑虎巷
张景良	一罕	物理化学实验室管理兼教员	东阳城内新顺泰转张山坞
王国松	劲夫	锅炉发电原动室管理兼教员	温州五马街王永华银楼
马绍援	新侯	制革工场管理兼教员	杭州宿舟河下二十九号
常廷芳	书鸿	纹工场管理兼图画教员	杭州新市场浣纱西二弄
程宗裕	光甫	国文历史讲师	杭州社坛巷蔡家弄一号
谢宅山		电机讲师	上海法租借霞飞路四四五号
陆守忠	郁斋	机械讲师	余姚东横河震新或杭州太平门直街吴园
吴文伟	欣奇	物理讲师	崇德洲泉镇夹河里
路敏行	季讷	化学讲师	宜兴白果巷二十九号或南京唱经楼周必由巷五号
倪维熊	微庸	油脂工场管理	嘉善西塘
祝三	振华	染色工场管理	百官三界镇恒泰号收交
李琪	瑞山	捻丝工场管理	桐乡南门张万隆
陈培德	厚斋	电机实验室管理	丽水县牛厂正元楼老屋
王学敏	若愚	药品室管理	杭州湖滨路七弄一号
蔡绍桢	国生	力织工场管理	兰溪三坊牌楼里蔡大房
周云庆	星垣	手织工场管理	江苏高邮城内中市口华记酒栈收转
胡兆虎	建寅	锻铸工场管理	宁海城中赵源泉转
吕师孙	棋甫	无机及有机化学实验室管理	永康唐先镇邮局转太平

续表

姓名	号	职务	通讯处
吴纬	仲相	校医	杭州上羊市街临安医院
戴行钢	定寿	校医	宁波五乡碶鄞县公立第二医院转或杭州上洋市街临安医院
沈慰贞	念慈	庶务	杭州柴木巷五号
陶守咸	守咸	庶务	绍兴陶堰
孙祖炜	友声	副会计	杭州清吟巷三号
陈尔炽	炳生	副会计	常山西门内张利记酒栈转佛江
孙念时	廑甫	经售员	德清务前
蔡乾年	泉源	收发员	塘棲永茂昌米号
何钦	子久	掌书	富阳大源邮转泮塘村
沈鹤翔	闲云	书记	绍兴东浦
叶元镜	鉴吾	书记兼国文教员	开化县荣泰号转渡征坂

前任职教员

姓名	号	通讯处
林大闾	剑秋	北京农商部
陈亮熙	辑安	故
蔡焕文	渭生	德清莫家弄
沈士远	思渊	北京大学
洪彦远	岷初	北京教育部
任世桢	干卿	杭州横河桥宝华弄
范承祐	均之	杭州图书馆
潘风起	廉深	吴兴
孙祖烈	成伯	北京外交部
蔡经镕	慕陶	德清余不弄
金秉彝	海珊	杭州普安街
马维新	竞生	德清溪东
韩清泉	士鸿	故
郑定鸿	素伯	杭州嘉禾里
程佑甫	牖斧	故
蔡敦辛	廙仁	杭州高乔巷

续 表

姓名	号	通讯处
沈坚	兼士	北京大学
张孝曾	稼庭	北京中国银行
薛楷	式恪	山东济南溥益糖厂
王艺	兰仲	杭县商品陈列馆
周庆修	国辅	北京教育部
郑彤华	管秋	浙江教育厅
胡保衡	佐卿	故
戴侗	立千	故
汤尔和	尔和	北京医药专门
郭安阳	敦言	故
赵凤翔	叔度	
杨世照	载君	
陈尧卿	尧卿	
孙勤畲	勤畲	
叶绳甫	绳甫	
刘铭斋	铭斋	
杨镇	公伟	吴兴马军巷
叶瀚	浩吾	
姚师锡	毅卿	绍兴第五师范
夏复	约文	杭州商业学校
洪恪	公衡	杭州枝头巷
李文龙	液豊	
赵霈	颐叔	故
虞凤书	季廉	故
蔡继曾	定武	嘉兴盐仓桥裕嘉分厂
赵宗逵	九庄	
殷博如	博如	
章锡三	锡三	
宋作梅	攸伦	富阳
殷竞之	竞之	
林养素	养素	

续　表

姓名	号	通讯处
王荣林	苑卿	杭州武林铁工厂
蒋清熙	岫青	德清县东或杭州虎林公司
钱承经	子授	杭州武林铁工厂
范耀文	僦文	杭州下华光巷
包公超	迪先	杭州岳家湾
关鹏万	浩然	杭州皇诰巷
蔡经贤	谅友	杭州虎林公司
王序宾	公缵	温州平阳金镇或上海华德路引翔路三友实业社
丰惠恩	济泽	嘉兴裕嘉分厂
祝学澄	莲舫	杭州招宝堂包龙桥巷
朱光焘	谋先	杭州纬成公司
吴辅勋	翼之	江苏高邮西后街
赖衍陈	侠忱	瑞安小马道街
谢迺绩	印三	杭州丰乐桥直街一百二十四号
章文宪	霭详	金华
沈乃雍	霞轩	杭州艮山门外严家弄
沈缵	淞生	故 嘉兴南门帮岸
佐籐真		日本大阪界市大阪织物会社
董耀熙	湘波	杭州医药专门校
孙祖贤	企斋	萧山
程源淮	桐柏	杭州四条巷
杨伟标	副志	诸暨草塔义成号转蒋坞
吴先惺	寿慈	杭县四府前 故
魏春焘	定夫	杭县金洞桥
厉家福	绥之	杭县箭道巷五奎弄
史久衡	荃孙	北京大陆银行
金慕曾	省夫	瑞安东门外
吕钟美	仲眉	新昌岙桥里
管正雄		日本
钱绩熙	伯熙	嵊县山口庄
陈杰	之伟	上海后马路虎林公司驻申事务所

续 表

姓名	号	通讯处
戚友群	元明	余姚新浦沿戚祥丰号
金鉴	子祥	杭县丰家兜
杨瑞	奎才	诸暨草塔义成号转蒋坞
孙傅缃	幼青	杭州缸儿巷七号
钟善继	述菴	扬州剪刀巷
何正荣	春卉	义乌廿三里刘保盛转交
黄韩潜	叔潜	故
金蘅康	馨谷	苏州乌鹊桥高墩弄八号
杨汝凤	平欧	诸暨草塔义盛号转蒋坞
朱肇祥	吉甫	湖墅小河里武林造纸厂
余坤	浩如	杭城花牌楼
黄铸	紫笠	杭城饮马井巷
林皋	熙春	石浦余少卿转严州第九师范
周守一	恒甫	嵊县西乡开元镇
王受田	心怡	山东德县
王业顺		直隶灵寿
李书义	仁杰	直隶交河
应希猷	仲谦	仙居
汪鸿桢	季清	杭州泗水芳桥河下
陆鸿耀	轶群	杭州万安桥河下狗毛滩
陈其文	黼章	故
戎昌骥	菽畦	杭州法院路
陆榭勋	叔余	吴兴马军巷昇平弄口
关鹏南	振然	杭州皇诰儿巷四十九号
薛玉麟	哲身	嘉善洪家滩仁和米行
王源	左泉	义乌佛堂王正大号
孙慕陶	轶尘	绍兴汤浦镇同茂号转
项大澂	季澂	温州瑞安草堂巷
沈沛霖	泽怀	余姚北城全元庄转沈湾
傅鼎元	铭九	东阳巍镇邮转西庠厦
虞鸿书	幼甫	德清戚家弄

续 表

姓名	号	通讯处
姜俊彦	延恩	杭州法院街西响部前九号
胡乃燮	理耕	义乌西门大街
许福埏	季玉	乍浦西门内
方秉寅	少和	杭县下兴忠巷
冯魴沂	云帆	德清洛舍镇
陶秉珍	秉珍	萧山城内里横河
韩念慈		故
贾学成	仲华	嵊县北门白莲堂
都锦生	鲁滨	西湖茅家埠十二号
龚绶	艮纬	嵊县北门仙姑弄
郑忠进	伯挺	
徐景韩	顺生	德清余不弄
陈仲克	友勤	旧杭府前军事编辑处
赖德懋夫人		
林同兴	起誉	江苏武进唐家湾
李煜	石愚人	杭州龙兴路湖山里
范骏泰	君武	杭州斗富二桥六号
章钜	铁民	德清务前街
江世德	伯皋	兰溪黑虎巷
王存济	作舟	杭州姚园寺巷四十五号
胡文球	亚光	杭州姚园寺巷四十五号
唐平	雪庄	杭县临平镇
傅焕	炳然	杭县小螺丝山五号
朱达	凤书	杭县永福寺巷五号
孙存周		北京
黄瑞琮	锦山	东阳李宅镇转黄琠
郑文彬		兰溪县山醉搂
傅干	干卿	宁波奉化大桥傅瑞兴米店
王干	仲芳	黄岩县西乡小里岙
姚崇岳	崧夫	瑞安县来安乡
丁镇	肯堂	嵊县两头门滋生堂转求家堪

续 表

姓名	号	通讯处
陈君石		温州现住杭州枝头巷洪宅同居
许湛儒	麟孙	杭州彩霞岭
吴宗濬	逸民	故
赵崇实	芸圃	故
章奎	季同	吴兴荻港
马上程	子奇	东阳南马邮转安恬
凌廷华	谱华	吴兴晟舍镇
诸惟淦	启明	绍兴漓渚镇
刘钟翰	小允	上虞东门外高道地
陈宝钦	世珍	余姚浒山文成染坊转
徐云青	啸舟	海盐峡石豊和典转
严傅棻	楹书	奉化城内
蔡宝书	蕊孙	德清城内张仙弄
高许培	志清	盐宁峡石转卢家湾
王宝书	英慈	德清县西
田兆麟	绍先	北京安定门内方家胡同中间路南花椒大院四号
永濑久七		日本静冈市外廿一安东八一
张乃燕	君谋	吴兴南浔东栅恒和号
明思德		杭州天汉州桥
周明衡		上海江西路四十一号太湖水泥公司
郑文德	康甫	黄岩西乡潭头
郑文易	敬复	浙江省长公署
丁崇	复慎	嵊县城内仙姑庙
钱梦祥	伯熊	诸暨姚公埠恒瑞昌南货号转江澡穗豊祥
陈光烺	虎如	萧山东门外老成大南货号转涝湖
李熙谋	振吾	嘉善西塘
陈保勋	辅成	天台城东第一山或台州省立第六中学校
严昉	观涛	湖州骥村现寓杭州新市场板桥路或贡院第一中校
莫善诚	存之	德清赵家弄
柴锡荣		杭州铁佛寺桥沈衙弄
陈维遵	震三	萧山县东门源元号转或寄龙泉县省立磁业场

续 表

姓名	号	通讯处
阮性咸	季侯	杭州招宝堂
骆锡璇		诸暨枫桥或寄台州省立第六中学校
陆瑾	子余	余姚东横河陆麟记木行
邵诵熙	朗斋	余姚南城升源水果号转
王浩	天民	杭州郭通园巷新七号
杨耀德		松江莘庄镂西市或嘉兴纬成公司裕嘉分厂
司马梁	宇尘	苏州西仓镇
恽震		河南郑州裕豊纱厂
胡勉	倬云	广东广州西瓜园挽利枧厂
唐抑虞		安徽含山县西街三号
孙鸿	洪成	上海新马路德华里章福记书局收转
王凯	养玉	永嘉县永强镇二都新城
周天初	畊云	宁波奉化江口镇精一号转
郑方珩	索田	杭州奎垣巷十八号
陈世觉	悟皆	嵊县三界吴同泰号转陈村
孔墉	逖夫	宁波城内现寓杭州中皮市巷二〇六号
诸章达	天自	余姚廊厦人寿堂
应时	溥泉	北京法律编修馆
陈建功	业成	绍兴城内耀英弄大夫第
郭维城	成九	杭州新市场花街路永豊里二号
赵楷	准如	诸暨城内同康转交
彭会和	敏求	杭州新市场八字桥省会工务处或河南郑州豫豊纱厂
蔡普南	道轩	诸暨城外乾大昌行转溪北培元堂店转交
葛篆乾	天民	绍兴偏门外谢家桥百寿堂转
吴兴言	子耕	杭州广兴巷十二号
王述祖	少渔	杭州大塔儿巷
蔡鋆刚	子文	新登县蔡永亨号
金鹏飞	翼天	临平转大麻
沈蕴山	乃珍	百官镇转三界镇吴同泰号转沈塘
孙稽鹤	家武	绍兴孙端乡小桥头陈松茂号转
吴乃琢	汉章	未详

续 表

姓名	号	通讯处
何公亮	叔屏	诸暨枫桥骆恒兴号转泉畈
沈诗兴	雄卿	绍兴东浦马东溇三华堂
唐祖勋	安国	杭州贯桥直街十三号
韩桢	守藩	杭州拱埠武林造纸厂
鲍国宝		河南郑州豫豊纱厂
褚凤章	汉雏	嘉兴

职工

姓名	号	职务	通讯处
孟万鑫	逸仙	金工	杭州新市场兴武路交泰车行转
陈培卿		金工	上海南市高昌庙西栅外龙华马路
黄兆英	杏森	金工	嵊县南门益大号转
张锦标		木工	杭州里横河桥直街九号
何明扬	家德	木工	杭州普安街七十八号
徒根生		木工	杭州里横河桥直街十一号
唐阿林		木工	杭州普安街七十八号
蒋四喜		铸工	杭州万安桥新开弄新一号
杜英箕	晓风	铎工	东阳仓前
胡田田		锻工	杭州蒲场巷挑水弄四十六号
张云钱		锻工	杭州太平门刀茅巷四号
范炎生		锅炉	余姚东横河陆顺德南货号转交
金循矩	振世	发电	东阳巍山镇转干金景泰号
金丽水		发电	杭州永福寺巷二号
孙如大		油脂	江苏常州北乡小河镇交潘豊登糟坊转孙家村
谢赓铎	懋尼	油脂	绍兴斜桥袁泰茂杂货栈收下寄长寿寺转现任杭州豊乐桥直街一百二十四号
戎道银		制革	江苏句容县城内张信泰转交周载村戎宅
陈美生	广仁	制革	绍兴偏门外谢家桥穗豊号转交
方云生	龙庆	染色	绍兴斗门裘正昌油烛转西沿头
鲍惠德	克明	染色	杭州大塔儿巷十四号吴宅
赵福康		力织	兰溪北门外怡豊靛青行

续 表

姓名	号	职务	通讯处
郑元恂	元恂	力织	上虞章镇丁协兴南货转长桥
赵本良		手织	杭州武林门武字新七号
郑金法	章新	手织	东阳新下陈
丁家骊	仲翔	手织	德清大南门
陶益三		制纸	绍兴平水镇蒋福兴饭店转六翰

本科生

姓名	号	科级	通讯处
徐绍陆	绍陆	专旧电三	龙游茶圩同润泰米行转泽随
叶彦世		专旧电三	嵊县大王庙镇张万茂号转
袁凤祥	鸣周	专旧电三	崇明城内孙家弄一号
李毓华	钟秀	专旧电三	东阳巍山镇邮局转下楼
黄春庚	伟春	专旧电三	衢州水亭街黄义泰号
刘鹏超	翼云	专旧电三	湖北葛店豹澥镇刘豫顺昌记
吴守三	鸿位	专旧电三	四川倍陵泗王庙吴宅
应家毫		专旧电三	萧山河镇徐同泰号转应镇洪茂号转
胡思毅	近仁	专旧电三	汤溪杨埠镇徐恒茂号转上宅
光德坤	元虎	专旧电三	安徽桐城西门丙操江巷
林震东	公旦	专旧电三	温州瑞安城内学前街林叔楷君转
金家仁	家仁	专旧电三	东阳横店镇邮转五十三都金宅
张焜	伯康	专旧电三	绍兴西小路二十九号
徐寿松	乔年	专旧电三	江西广丰城内南街刘振兴号转
李文一	歌华	专旧电三	黄岩岛岩
陶丕承	希明	专旧电三	无锡小娄巷
林文光	璧辉	专旧电三	兰溪北乡洲上协昌裕号转香头
王象乾	伯元	专旧电三	安庆高河埠夏恒昌号转交
冯家縠	罄宜	专旧电三	四川叙府西门外南坛对面石门冯寓
莫善祥	详之	专旧电三	德清赵家弄
虞继唐		专旧电三	义乌廿三里金永和号转张思
顾赓禨	冠乐	专旧化三	嘉善东门外恒源盛板行
方以矩	絜甫	专旧化三	诸暨东门内裘恒昌号收转

续 表

姓名	号	科级	通讯处
周祖训	抱经	专旧化三	诸暨倪万隆号寄十四都同源茂号交
张权	子衡	专旧化三	诸暨牌镇元成茶食转水霞张
王凤扬	鳌山	专旧化三	仙居城内王万豊号转东乡肖垟
沈开圻	啸云	专旧化三	德清下舍镇
鲍友恭	友恭	专旧化三	兰溪城内慎隆号
章声锵	凤鸣	专旧化三	东阳城内小东门
柳升荣	劲秋	专电三	杭州司马渡巷八十七号
孙瑞珩		专电三	江苏崇明城内南门
龚守义	子宜	专电三	四川江津县朱家沱大有恒转
寿绍彭	铿甫	专电三	诸暨姚公埠转墨城湖交
王茂生		专电三	瑞安木桥头
顾指南		专电三	江苏南汇南门内
萧澄	镜湖	专电三	四川彭县濛阳场邮局转
陈汝梅	寿卿	专电三	东阳千祥陈桥
青良翰	良翰	专化三	四川南充县西路五龙场
姜挺	卓如	专化三	兰溪永昌镇正豊号转
陈嗣虞	绳武	专化三	义乌城内金山岭顶张洪甫家收转
王振青	声孚	专化三	杭州横府前七十二号
戴尚又		专化三	四川嘉定牛华溪文林街恒记
孙潮州	企韩	专电二	杭州运司河下二十一号
陈瑞忻	烈忱	专电二	瑞安大东门外航船埠头
沈宗基	树人	专电二	嘉兴油车港豫豊米号交
汤兆恒		专电二	诸暨枫桥芳记纸栈转汤村
陈昌华		专电二	绍兴东皋镇塘里陈
方朝梁	任叔	专电二	嘉善马库汇
方寿钜	大年	专电二	诸暨孙恒隆老栈转陡□
裘献尊	兰生	专电二	兰溪游埠大号转裘家
杨道锭	静夫	专电二	宁海南乡亭旁镇
许国光	文瑾	专电二	诸暨安华乾昌号转球山
王之祥	志祥	专电二	嘉善天凝庄镇转福善泾
葛有洪	亮畴	专电二	杭州田家园四号

续 表

姓名	号	科级	通讯处
赵陈风	肖甫	专电二	天台城内父明巷百岁坊
张绳良		专电二	诸暨贫儿院
何正域	海寰	专电二	四川万县谭家巷集贤号
汤兆裕		专化二	诸暨枫桥镇芳记纸宝号转汤村
杨清逸		专化二	四川崇庆廖场歧和堂李伯荆转
张钟玥	涤砆	专化二	四川成都少城过街楼街一百四十号
王瑞龙	宝章	专化二	龙游湖镇
陈建启	伯卿	专化二	天台东门
曹立范	景芳	专电一	汉口后城马路兴业里大达公司
余瑞生	绍芝	专电一	江苏泰兴黄桥余复成交
方巽山	岑楼	专电一	窄溪同泰木行转下石阜
姚源荣	子长	专电一	湖州南门边吉巷
陈沂	雩门	专电一	江西宁都城西陈家祠
徐拔群	子鹤	专电一	江西铅山石塘裕鑫恒纸号
王朝陛	阶平	专电一	宁海齐物园
潘炳天	复初	专电一	诸暨枫桥同馥堂转潘家坞
朱钧才	衡卿	专电一	四川江安源泰昌朱述平转
傅联纬	小莀	专电一	四川阆中正北街四十一号王公馆转
徐志道		专电一	南京严家桥四号甘雨耕君收转
赵荣生		专电一	诸暨枫桥同元泰号转赵家交
潘京		专电一	湖州梅溪镇
杨家本	寒素	专电一	杭州马坡巷嘉禾旅馆
钱孙笺	景彭	专电一	金华城内桂林巷
孙鋆烜	君衡	专电一	江苏崇明城内兴贤街
李西华	彦光	专电一	吴淞同济大学李怔白转
倪镇澜	定波	专电一	东阳横店转荷叶塘
张燿	伯刚	专电一	杭州蕉营巷十三号
李才贵	尊贤	专电一	杭州方谷园余姚会馆阮义超转
钱高信	光沂	专电一	嵊县长乐镇
朱之光	川德	专化一	杭州骆驼桥河下九号
滕钟窘	沛然	专化一	广西全州济生福转

续　表

姓名	号	科级	通讯处
徐幼初	冠雄	专化一	诸暨城内上大街万豫豊号转
瞿进善	宝三	专化一	陕西汉中南郑新集集义祥号交
程荣标	凯尘	专化一	金华后街商务印书馆交
倪安章	斐然	专化一	诸暨岩豆镇邮交山下店
周纬贤	之冕	专化一	四川泸县蓝田场小横街福泰苏裱铺转
冯文华		专化一	九江转黄梅少年黄梅学会
吕少怀	吾田	专化一	四川重庆桂花街文馥餐馆转巴县西里兴隆场太白楼
缪超凤	览辉	专化一	杭州后市街四十五号
张元训	廉甫	专一年预	江苏常熟西徐市
宋廷恺	仲彬	专一年预	杭州江干海月桥河下
杨泰	岱岩	专一年预	杭州行宫前华光巷河下二十九号
徐开源	鉴澄	专一年预	德清赵家弄
周殿揄	叔琴	专一年预	诸暨十四都
江成柱	砥城	专一年预	衢县城内王景豊酱园转交上宅
杨家业	勤斋	专一年预	杭县马坡巷六号
朱展成	见衡	专一年预	杭州五福楼三十五号
严恭平	齐文	专一年预	常山城内林大豊烟庄转芳村复茂宝号再转辎辂
郭成骥	云衢	专一年预	杭州侯潮门箭道巷四号
符和云	锦波	专一年预	广东琼州文昌县迈号市邮政局交官尸村
沈琨	越石	专一年预	江苏无锡长泾乡
胡二瑗	贤博	专一年预	嘉兴新胜西栅港南
吴玓	伟卿	专一年预	孝豊县三河镇
熊佩珣	潔之	专一年预	江苏高邮北门外多宝桥下或杭州湖滨八弄八号
陈秉良		专一年预	百官三界同泰号转陈村
姚卓文	慕崇	专一年预	吴兴荻港
任以彰	励忱	专一年预	杭州斗富二桥六号
张绍清	介臣	专一年预	江苏省崇明县城内庙弄
王维制	义心	专一年预	兰溪南门外裕成米行转桃坞
郭俊	杰夫	专一年预	温州瑞安南门内宋乾一号转沙垟涂头
陈永高	希哲	专一年预	诸暨城内第一楼转交唐谷
吴冠英		专一年预	杭州长寿路五号

续 表

姓名	号	科级	通讯处
叶泽深	伟民	专一年预	孝豊县三河镇
周彦邦		专一年预	河南南阳县城北大马营
胡元骧	元骧	专一年预	四川合江县正街国泰号胡正详转
王圣扬	仰姜	专一年预	淳安威坪豊泰和转王村埠交
郑瑾	王璇	专一年预	云和石塘
张鲁生		专一年预	温州城内大同巷吕兆成铜店转交
钱章明	速成	专一年预	杭州三支巷一号
张先奇	铁僧	专一年预	四川江安留耕场邮局转
金志超		专一年预	四川井研
张维生	祖涛	专一年预	东阳城内商街张恒美号交
宣灵章		专一年预	诸暨王家井阳春桥
吴式梓	时新	专一年预	东阳白坦镇
顾恒午	恒午	专一年预	四川合川久长街协和庆内院
龚宜修	一鸥	专一年预	江苏无锡城内小娄巷十八号龚宅
范裕宪	钦聿	专一年预	杭州奎垣巷二十二号
宋达金	声斋	专一年预	绍兴北涧桥下宋宅
周震寰	文苑	专一年预	晟县宏济堂转石楼堆
周大年	询虞	专一年预	杭州法院后龙兴路湖山里五号
陈宗良	瞿土	专一年预	龙游茶圩姜兴龙号转交
沈庆增		专一年预	绍兴偏门外仁川
鲍德冠		专一年预	绍兴姚家埭高车头
周石甫		专一年预	江山新塘边姜光益号转象山底
叶浩		专一年预	台州海门大荆章茂泰转龙皮岙
王志伟		专一年预	四川渠县吴家场
方书堂		专一年预	宁波应家弄二十七号
向勋		专一年预	长兴泗安镇同庆米行转广德东乡交
施邦球		专一年预	未详
张继虞		专一年预	江苏崇明陈家镇三泰号
刘文澜	春波	专一年预	江苏靖江县
傅定		专一年预	杭州江干钱浦商轮公司转晚浦分公司
李崇厚	□苐	专一年预	蚌埠天桥南华庆里四十七号

续　表

姓名	号	科级	通讯处
柳□祺		专一年预	杭州司马渡巷八十七号
陈崇信	季惇	专一年预	未详
吴汝勋		专一年预	义乌城西丁春源银楼转石鼓金
刘增福	锡五	专一年预	江苏淮安城内六合桥北
程鸿炳		专一年预	金华西市街程大昌号
王炳华		专二年预	杭州豊禾巷九号
郑方	予量	专二年预	乐清柳市荷盛
俞国顺		专二年预	永康古山俞隆泰交
朱瑞豊		专二年预	永康古山镇邮转下朱
许世瑄	六如	专二年预	绍兴水澄桥怡昇南货栈转交
陆祖泰		专二年预	嘉善转芦墟圣堂桥堍
吴保容	海纳	专二年预	上海沪杭甬车务处吴保衡转交
吴成桔		专二年预	东阳山头杜杜宝昌号转
王佳孙		专二年预	永康象珠镇
徐耀仁	德安	专二年预	峡石百步亭
蔡锡椵		专二年预	诸暨乾大昌转陈蔡惠生当交
王冠人	颂冕	专二年预	诸暨枫桥陈德盛转择墅下交
吴光汉	应乾	专二年预	杭州豊禾巷西当铺弄十号
沈岳贤	岱卿	专二年预	绍兴皋埠一天号收转
赵九章	诚斋	专二年预	河南省城柴火市路九号
曹振藻	振宗	专二年预	绍兴上大路百另二号永兴庄转交
李芬	芳圃	专二年预	陕西榆林凯歌楼底汇澧亨油店转
郑昌和	师柳	专二年预	衢县城内后街巷
罗家驹	宜孙	专二年预	衢县东河沿罗六房交
包鹗	振波	专二年预	遂昌林晋泰号转湖山
郭辛生		专二年预	江苏吴江盛泽南大街西市郭龙盛号
许允	季中	专二年预	丽水西园庙巷
曹凤藻	芹波	专二年预	丽水三防口曹同大号收转
王馨吾	琴斋	专二年预	安徽宁国港口江恒泰号转
徐日富		专二年预	慈溪游埠方裕豊转交下孟湖
叶震东	斌卿	专二年预	兰溪城内裕茂布庄转北乡百聚社

续 表

姓名	号	科级	通讯处
陈文元		专二年预	永康童德和药店转麻车头
莫耀晋		专二年预	余杭观音弄
张汉文		专二年预	四川成都下北打金街四十四号
杨兴亚		专二年预	无锡城中大河上九号
严树藩		专二年预	未详
朱壬葆		专二年预	金华城内莲花井转岭下朱
姜鸿来		专二年预	江山新塘边
许家贤		专二年预	无锡南门三下塘五号
杨秉仪	仲矩	专二年预	嘉兴报忠埭苍弄内

专门本科毕业生

姓名	号	科班别	通讯处
王鄂韡	叔访	1专电	黄岩草巷王春源恒记或嘉兴禾豊造纸厂
蔡昌年	奎生	1专电	杨州东关街剪刀巷
楼钦忠	章甫	1专电	诸暨外陈邮局转小砚石或上海蕴藻滨永安纺织第二公司
钱栻	逸夫	1专电	嵊县长乐镇
谭友岑	质维	1专电	丽水酱园弄或江苏常州震华电机制造厂
胡国骏	惜生	1专电	东阳巍山转大路
江世贤	重夫	1专电	兰溪黑虎巷
王超	飞白	1专电	浦江郑宅转嵩溪上宁浦东益中电机公司
项益松	锡年	1专电	黄岩孟家巷五号
胡仝	玉川	1专电	温州瑞安东门行宫
谢鼎	冶民	1专电	江苏六合东门大街或吉林吉长铁路机厂
周品达	乃陶	1专电	东阳岘北周或上海西门斜桥美亚织绸厂
赵钧	廷石	1专电	诸暨城内曹家弄或诸暨道路局工务处
张咸镇	维藩	1专电	浦江岩头陈张鼎豊号或上海浦东益中电机公司
王焕彩	蔚文	1专电	仙居东门大夫第
吴增耆	英叟	1专电	南京南门小白花巷七号或福州琯头电气公司
虞开仁	叔芳	1专电	杭州万寿亭街八号或浙江省立第八中学校
何炳汉	曜堃	1专电	诸暨枫桥同馥堂或江苏常州震华电机制造厂
杨士琳	润敷	1专电	平阳江南张家堡

续　表

姓名	号	科班别	通讯处
王国松	劲夫	2专电	温州五马街王永华银楼
程祥德		2专电	东阳厦程里
裘光森	杰三	2专电	嵊县崇仁镇兴昌号交
俞曰尹	耕莘	2专电	慈溪小东门
朱开助	顺也	2专电	金华马头朱余顺转
杨贤达	人杰	2专电	安徽安庆城内大士菴杨氏试馆或奉天东塔东三省兵工厂枪厂
赵济恺	君悌	2专电	诸暨枫桥赵万兴烟号转交
何炳时	烺斋	2专电	诸暨枫桥同馥药材转交
赵绶成	集斋	2专电	义乌城内和顺号转赵宅或上海浦东益中电机公司
詹鼎元	昔昉	2专电	东阳城内南街学前巷或金华第七中学校
陈镕	铸初	2专电	青田火岭阜王费潭
徐恒寿	祝汝	2专电	德清丁家弄(赵德考察)
寿光	星南	2专电	诸暨城外新合盛米号转琢玉坞或上海蕴藻滨永安纺织第二公司
唐炽	耀文	2专电	瑞安南门镇乡公会转啸霞
张启华	子南	2专电	台州温岭县当街井或杭州梅东高桥第一师司令部
曹立堪	季诚	2专电	兰溪县游埠镇亿大衣庄转
张德普	德溥	2专电	嵊县石璜镇朱万兴布庄转新澳或处州第十一中学校
周永年	巩侯	2专电	东阳县城内宝通号转岘北周
韦之骅	光钦	2专电	东阳县城内宝通号转
贝谦	友于	2专电	苏州城内桃花坞贝宅
张辅良	良辅	1专化	杭州良渚镇或上海宝山路商务印书馆编辑所
方仁煦	志达	1专化	诸暨城内裘恒昌号或杭州清泰门外杭州皮革厂
马绍援	新侯	1专化	杭州宿舟河下二十九号
孔宪舜	琦珊	1专化	萧山义桥万森堂药号转双桥头或拱宸桥小河下武林造纸厂
余世灿	少雍	1专化	嘉善西塘镇
徐凤超	昂青	1专化	富阳龙溪龙或天津塘沽永利制盐公司
邹鼎	子九	1专化	江苏常熟塔弄
张垣	幼吟	1专化	东阳城内托塘或东阳东阳中学校
萧猛	济宽	1专化	杭州六圣堂二十五号
求荣	淑予	1专化	嵊县南乡澄潭镇枣园村或绍兴柯桥后马保粹学校

续 表

姓名	号	科班别	通讯处
朱有澂	渊石	2专化	上海麦特赫司脱路荣阳里五百六十二号江陵朱寓
周炳	骏声	2专化	临平里仁桥
张景良	一罕	2专化	东阳城内许顺泰转南乡王庄杜德顺交观山

研究生

姓名	号	通讯处
程祥德		东阳厦程里

工业学校五年期学生

姓名	号	科级	通讯处
张振华	翕	甲电三	云和县章万豊号转北乡
张绅	志行	甲电三	松阳县古布王大来号转
张惟渭	熊飞	甲电三	嘉兴东栅口隆茂号转
寿彭	士毅	甲电三	诸暨姚公埠转墨城
王为水	建岗	甲电三	嵊县东乡北漳镇转交
陈启瑞	发荪	甲电三	湖南长沙西长街正兴号转交
曹舜臣	虞卿	甲电三	吴兴双林镇外庙兜其昌酱园内
陈达斌		甲电三	上虞章家埠莫禄记号转庄家田
楼观浙	波澜	甲电三	永康县古山镇邮局转楼店
金贤藻	图南	甲电三	嘉兴新豊西市
夏廷干	公辅	甲电三	富阳县里山交
史元寿	太登	甲电三	余姚南城石巍桥东首广豊大墙门内
陈问韶	耕虞	甲电三	嘉兴西门杨柳湾
杨俊逸	俊佚	甲电三	诸暨枫桥正大南货号转全堂
王相如		甲电三	嵊县东乡华堂镇
周振声	梅溪	甲电三	上海北河南路洪福里四十六号
张振威	蘅丞	甲电三	杭州华藏寺巷十八号
周汝型	范吾	甲电三	诸暨万豫茶食号转十四都前庄坂交
梅士达	德孚	甲电三	杭州大螺狮山二十三号
孙毓琳	季札	甲电三	杭州华藏寺巷十八号张蘅丞君转
郑伦潮	伯游	甲电三	黄岩西乡潭头

续　表

姓名	号	科级	通讯处
邹兆辰	世馨	甲电三	嘉兴庄史镇
徐延德	滋菴	甲电三	德清余不弄
朱淳镜	日绚	甲电三	东阳南街存仁堂转道院交
林佩珩		甲电三	温岭北乡东洋
黄傅仁	锡堂	甲电三	嵊县甘霖镇大昌号转查村
胡祖武	绳伯	甲电三	吴兴菱湖东栅颐寿堂
吴章黼	章甫	甲电三	临海东塍镇
任邦乂	维翰	甲械三	湖南长沙议会西街富雅里一条巷三号
谢士箴	谷亭	甲械三	嵊县西前街马三德宝号转交雅致
丁灏	梁叔	甲械三	杭州司马渡巷八十九号
钱寿康	昌甫	甲械三	诸暨姚公埠邮局转江藻交
高起焯	炳章	甲械三	台州下阁邮局转下交
徐森卿	虞卿	甲械三	诸暨上水门乾大昌宝行转溪北交
余巨川	仲良	甲械三	绍兴东浦西周溇
周煜	怀萱	甲械三	温州瑞安大峃鳌里
杨奎武	建章	甲械三	诸暨草塔义成号转十九都杨焕蒋坞
谢志尚	慕安	甲械三	江苏吴江北圻南港
徐邦宁	移山	甲械三	上虞永和市恒和号转上徐
周万昇		甲械三	嵊县城中化龙门内林鹤堂号
金型	之范	甲械三	嘉兴凤嗜桥转清池上
任笑春	冠时	甲械三	嵊县崇仁镇恒豊元转柳岸
许德纪	葆真	甲械三	杭州文龙巷六号或上海西门安南镜路二百八十三号转
鲁光浩		甲械三	余姚东水闸船埠
龚树春	养和	甲械三	嘉兴南门大街九十号
楼迪善		甲械三	嵊县蒋镇朱洽昌号转大岻
钟敬和		甲械三	杭州后街黄衙弄九十号或绍兴陶堰市中
赵仁	闻如	甲械三	富阳灵桥同泰升号转交赵家墩
陈洪思	树堂	甲械三	富阳大源恒昌昇号转上官村
王鼎	剑平	甲械三	德清县东豊乐巷
施舜臣		甲械三	杭州枝头六号
孙秉和	性温	甲械三	江苏盐城湖垛左村

续 表

姓名	号	科级	通讯处
赵懿棻	茗文	甲械三	东阳巍山镇
周驮高	公负	甲械三	嘉善转屿城镇
吴毓光	美谦	甲械三	东阳白坦
张嘉禄	假乐	甲械三	杭州东都司衙四十号
孟安甫	怡臣	甲染织三	诸暨宏豫烛栈转十二都聚兴
陈普贵	浦桂	甲染织三	台州海门公益过塘行转洋屿殿行船转坦田或黄岩路桥转坦田
陈大铨	少澜	甲染织三	绍兴马山小桥下杨德源号收下转交宣港
傅仁祺	维民	甲染织三	绍兴昌安门外明记南货栈收转
杨钟颐	杰	甲染织三	诸暨城内新埠康烟号转阳春
吴存模	式甫	甲染织三	绍城水澄巷正大油号收转龙尾衫
黄咏裳		甲染织三	绍兴汤浦镇郑祥泰号转塘里村交
杨幼宾	式嘉	甲染织三	海宁袁花万源银楼交
王赫	尹瞻	甲染织三	兰溪永昌正豊转王铁店
詹荣培	赓廷	甲染织三	临浦阮家埠转山下湖
蒋树东	挹同	甲染织三	温州瑞安东小街
戚宝琳	佩玉	甲染织三	诸暨草塔镇恒泰锅铺转马店交
应汉林	文尉	甲染织三	仙居厦阁
蔡霖	泽民	甲染织三	武康上栢
赵备	霞轩	甲染织三	诸暨草塔镇天宝银楼转
郑惠然	洧竿	甲染织三	嵊县大王镇交叶家
徐家修	雅清	甲染织三	德清余否弄
章九如	鸿儒	甲染织三	德清县东
汪承鍌	冶斋	甲染织三	吴兴双林镇
张文运	昌期	甲染织三	昌化白牛桥德和盐栈转北区
沈瑞华	少霞	甲染织三	杭州太平门外严家弄锦霞织绸厂转交
王汉章	汉章	甲染织三	镇海大碶头杨家桥交或杭州三元坊巷八号门牌
周纶		甲染织三	温州乐清大荆石坦
沈澄年	渐之	甲化三	余姚北城全元庄转沈湾
张树德	树勋	甲化三	杭州下兴忠巷七十四号
姚守平	嘉生	甲化三	上海宝山路鸿吉坊六百六十一号
傅志宏	鸿淦	甲化三	杭州新市场钱塘路四号

续 表

姓名	号	科级	通讯处
江履先	源远	甲化三	衢县小南门府学塘府学内
谢文	建夫	甲化三	贵阳六座碑
马本忠	镜海	甲化三	绍兴陶堰南范
詹昭亨	昭亨	甲化三	江山新塘边姜光益宝号转交
陆福源	致祥	甲化三	嘉善西门内仓桥东
陈钦亮	慕明	甲化三	诸暨草塔镇宝善堂药号转马店
寿乾	源初	甲化三	诸暨姚公埠转墨城
虞克懋	曼云	甲化三	安徽合肥城内慈云庵旁虞宅交
陈范	九畴	甲化三	义乌苏溪陈赞记烟庄转大陈
王文津	味初	甲化三	嘉善新塘北市
汪猷	君谋	甲化三	杭州皮市巷三十五号
张应咏		甲化三	上海法租界辣斐德路慈安里二七号
王良初	见贤	五电三	萧山东门外回澜桥下案东首王宅
朱吉佑	佶右	五电三	杭州艮山车站
姚泽森	盛虞	五电三	嘉兴北门外石条街和成袜厂
莫培才	悦庭	五电三	吴兴北门外洪昌米行转戴山世咸堂号
周庆麟	廉泉	五电三	广东琼州定安县西门恒兴号转交
蔡承湘	鹿芝	五电三	德清城内余不弄
凌浚	百川	五电三	上海哈同路民厚南里六五二号
金宪初		五电三	诸暨城内金建侯香店交
马彩虹	咏霓	五电三	东阳吴良转怀鲁马乾泰宝号交
何云书	景熙	五电三	诸暨枫桥转花明泉
蔡骏达	兼侯	五电三	诸暨浣江旅馆转陈蔡
俞之干	闻喜	五电三	杭州西府局九号
钟文蔚	敏章	五电三	新登庆福布庄转寄炉头交
汪振祥	振祥	五电三	杭州蕙桥直街十三号
韦雍启	庆棋	五电三	嵊县新泰华转东阳玉山尖山下溪滩交
仲达	廷孙	五电三	瓶窑镇北社街
阮伊文		五电三	杭州东街潮鸣寺巷二十七号
杨子英		五电三	杭州紫城巷十一号
孙维善	寿铭	五电三	杭州荐桥益生公司

续　表

姓名	号	科级	通讯处
朱太郎		五电三	杭州普安街天官衖一号
李烊		五电三	杭州奎垣巷十五号
杨德惠	家骏	五电三	金华孝顺傅村转杨家
张家仁	竟成	五械三	杭州岳王路家树巷十一号
钟敬善		五械三	绍兴孙端西首吴融后纹桥溇底
周经钟	经钟	五械三	琼州琼山县演豊市德昌号
蔡甲朗	承荫	五械三	诸暨城外浣江旅馆转寄陈蔡恒春号交
杨诵旦		五械三	诸暨大街元利号转
何曾	贯一	五械三	杭州涌金门桃花巷二十号
柴绍武	亦文	五械三	杭州章家桥得昌南货栈
蔡起猷	斯珂	五械三	诸暨城外浣江旅馆转陈蔡来记号交
丁子文	伯钦	五械三	嵊县黄泽镇乾昌宝号转许宅
颜本乾	健斋	五械三	杭州十五奎巷茶啾弄十六号
蔡炳文		五械三	吴兴双林镇南栅天成衖
孙功煦	乐一	五械三	峡石转庆云桥
曹汝廷	子朝	五械三	金华玉泉菴广润布店转下溪滩
钱荣渠	观成	五械三	嵊县石璜镇转山口交
谢玉珂	赣生	五械三	杭州车驾桥小桥衖一号交
钱章鸿		五械三	嵊县石璜镇转山口交
宋坎福	惠群	五械三	江西萍乡县城月光塘金鉴第张高荫收转
叶庄渭	士洪	五械三	衢州坊门街元和祥转塘湖王如生交
蔡尔刚	毅夫	五械三	兰溪水门龙鲤巷晋亨裕布栈
吴隆绪	鸿甫	五械三	杭州学士路五号
郭绍恩	耀宗	五械三	诸暨江东同孚号转
经明	柏森	五械三	兰溪北门外塘湾巷
程沅	强士	五染织三	杭州社棠巷
徐正	纪伦	五染织三	台州海门大荆白溪街转环山
蒋嘉瑄	其昌	五染织三	东阳县吴良镇邮转大理
高崇尧	让生	五染织三	临安青山镇遂昌栈转
陈翰鹏	万里	五染织三	绍兴西小路二十二号
郑宝晋	锡之	五染织三	兰溪东门佳宅巷

续 表

姓名	号	科级	通讯处
王震元	洽仁	五染织三	兰溪女埠王村
沈凯成	凯成	五染织三	塘棲花园桥华新号交
徐幼奎		五染织三	上海闸北虹口虬江桥泰纶洋广号
周钟本	觉吾	五染织三	诸暨万豫茶食宝号转十四都周源茂
洪世骐	仲凭	五染织三	杭州泰庙巷三十三号
夏廷杰		五化三	富阳里山
胡哲	富忠	五化三	兰溪张诒裕南货号转厚仁胡
赖徵瀚		五化三	陕西南郑后街金轮十字口张彬如转
李霖	雨苍	五化三	杭州紫城巷三十二号
章则汶	瀚丞	五化三	杭州信余里十九号
周寿年		五化三	杭州中扇子巷花园弄二号
蔡润德	裕常	五化三	上海新闸大通路新康里一千三百二十号
汤优熊	亮公	五化三	杭州菜市桥萧王衖十七号
朱义本		五化三	绍兴马鞍圆驾桥
韩光耀	德辉	五化三	杭州石牌楼五十二号
王开甲	开甲	五二	钱塘门钱塘路四号
方廷夫		五二	诸暨城内金大成号转白门致中堂交里方
石维岩	尔瞻	五二	菜市桥北河下十七号
平伯騄	鹿川	五二	萧山瓜沥转新湾底源泰和交
朱积煊		五二	海盐东门口
朱学曾	学曾	五二	南星桥转尖山再生堂药号转
李翼文	文泗	五二	海盐大街德豊绸庄转交
吾廷铨	不如	五二	江干化仙桥塘上复昌南货栈内
骆正潮	春生	五二	义乌廿三里金永和号转交白岸豆
包湛		五二	富阳东梓关复大昌号转包家淇交
蔡继祥	瑛伯	五二	湖州双林章家弄
薛搪	抑鸿	五二	杭州豊禾巷二十一号
王观呈	定生	五二	新昌岔街口高义和转度王山交
杨家楝		五二	杭州下珠宝巷四号
奚范棠	荫阶	五二	天台桥上茅再兴烟庄转灵溪
徐銮	公荫	五二	金华码头咸泰恒号转长山庄

续　表

姓名	号	科级	通讯处
尚士廉	子清	五二	陕西洋县东街长发祥宝号转
夏健	惠元	五二	洙泾西市豊乐桥西首
潘振纶	言如	五二	临浦阮家埠养元诚药号转柁山坞
许宜之	绳祖	五二	杭州横河桥四十七号
朱世仁	念之	五二	杭州三元坊六号
周尔棠	伯华	五二	诸暨城内万豫茶食号转十四都
胡齐贤	怡庭	五二	杭州惠兴路二十一号
皇甫繁	沼侯	五二	桐庐官盐栈交
孙家毅		五二	萧山闻家堰怡豊南货号转堰斗村
沈端仁	雄业	五二	杭州凤山门大学士牌楼十三号交
汪树滋	德新	五二	兰溪西门汪祥顺交
张志因	果士	五二	杭州百岁坊巷二十四号
赵廷荣	春华	五二	兰溪瑞新堂药号转交下陈赵
程维新	晓明	五二	杭州万安桥小营巷十五号
郑炳	允明	五二	杭州旧藩署四十三号
周象昌	关兴	五二	萧山戴村镇乾泰南货栈转丁村
金路	友梅	五二	塘楼转下舍交
张振声		五二	江干美政桥陈森茂石灰栈转上四乡凌家桥成昌记
李庆律		五二	兰溪水亭镇信源南货号转交下李材
稽瀛	震瀛	五二	杭州东浣沙路平远里十号或德清丁家弄
李绍增	嵋堂	五二	杭州宿舟河下三十六号
张翼	君明	五二	广东琼州文昌县铺前市裕泰号
顾彭年		五二	峡石转黄湾顾永茂酒号交
余嘉道	锦城	五二	余姚小路镇黄福顺阮记转交上新屋
俞光辉		五二	诸暨姚公埠广益豊号转芝草湖
金家庆	蒲盦	五二	杭州许衙巷四十二号
金述贤	元及	五二	杭州上马市街一百五十号
周崇法		五二	诸暨城内万豫豊号转十四都同源茂号转交
徐在均	治平	五二	杭州金洞桥叶家弄二十三号
陈俊骥	德甫	五二	杭州通江桥河下六号
陈文儒	骋臣	五二	萧山陵家桥万龙茶食号转

续 表

姓名	号	科级	通讯处
詹凤纪	德淳	五二	临浦阮家埠转上山头
董秉璇	钰如	五二	杭州四条巷十八号
莫鸿藻		五二	杭州中马市街二十三号
郭钦睦	子梅	五二	诸暨城内叶大兴号郭家坞
丁炳汉		五二	德清南四铺丁顺兴药馆
王开增	观真	五二	杭州西湖忠烈祠
许以华	民仲	五二	杭州彩霞岭十七号
王志朝	尔庭	五二	兰溪章乾茂磁号转后宫塘
毛燊		五二	余杭城内信成烟内
赵懿涛	绍陶	五二	东阳巍山镇同春堂交
王亚田	亚田	五二	诸暨枫桥同春堂药号转交宅树下
豊惠畴	济贞	五二	汤溪县洋埠镇聚茂泰米行收转黄堂
萧声	佐	五二	杭州惠兴路温州会馆
江肇基	芷汀	五二	临安西乡化龙镇交
袁开先	开先	五二	嵊县袁万祥号转交上碧溪上村
黄如璋		五二	杭州饮马井巷士号
徐绍基	旭光	五二	兰溪官井头裕茂布庄转石塔头
张景淇	祖庚	五二	杭州中马市街一百十六号
贾百期		五二	硖石转黄湾顾永茂酒行交
杨允中	执成	五二	嘉兴转钦城镇同源堂药号
叶礽羲	季龄	五二	杭州横箭道巷十六号
赵椿荣	子虎	五二	杭州岳王路家树巷十一号
叶枝青		五二	杭州豊禾巷三十号
许儒杰		五二	杭州横河桥大河下四十七号
朱鸣盛		五二	余姚县周巷镇朱永昌顺记磁庄内
周树模	雪帆	五二	杭城火药局弄内提督弄一号
周树根	霜舲	五二	杭城火药局弄内提督弄一号
袁振榆	榆林	五二	桐庐窄溪镇王义生交珠山
陈秉横	少舟	五二	嵊县澄潭镇寿林堂转苕溪
罗瑞贤	嘉宽	五二	桐庐窄溪镇许春和交梅洲
赵懿纯	佩吾	五二	东阳巍山镇交

续 表

姓名	号	科级	通讯处
汪瀛		五二	绍兴新桥河下三号
尹才生		五二	嵊县西乡甘霖镇大昌宝转尹家
周思通	亿达	五二	杭州同春坊同春医院
曹文发		五二	杭州城内万安桥五号
吴景铨		五二	诸暨枫桥振升泰宝号转交楼曹
钱汝宝	云舟	五二	浙路长安东大街
王世培	槐圃	五二	永康城内胡店巷家族交或浙江省公署内王同德交
吴树洪	子书	五二	金华小码头咸泰裕宝号转汤溪酤坊春昇交
邵恒	仰之	五一	杭州侯潮门内直街四十五号
吴茂棠	荫南	五一	桐庐(东邑)浥芳菜园宝号转下伦
张永孝	善生	五一	杭州南星桥尖三保生堂药号收转茗渎坞
胡良炤	予求	五一	江干化仙桥河下新一号
储临	叔壮	五一	杭州藩司前西公廨二十一号
娄尔康		五一	苏州胡厢使巷四十五号
叶畲蕃	异凡	五一	浙江孝豊县山河镇
卢覃	化昙	五一	杭州安吉路三号或嵊县城中东后街烟公所街
胡丙生	子青	五一	苏州葑门定慧寺巷念二号
楼惟熙	光卿	五一	义乌观音桥梅宏泰转
熊礼贤	建白	五一	杭州大和巷四号
蒋本秋	卓生	五一	富阳大源镇恒昌升转
陈仑		五一	江西玉山城内城隍庙后十号
周尔逵	仲春	五一	诸暨街亭镇源康号交周村
毛森	桦庭	五一	余杭城内信成烟店转交
袁梦周	一夫	五一	诸暨袁同兴交霞园
徐永生		五一	江阴夏港义泰洽南货号
陈汉武		五一	宣平华塘陈益新宝号转交
王昌松	香森	五一	嵊县西乡开元镇老万春宝号交
瞿炳昱		五一	临浦转大桥
楼惟秋	肃臣	五一	义乌观音桥梅宏泰转
周兆松	瑞珊	五一	杭州小营巷十二号
徐沛赓	英侠	五一	诸暨太和堂转交碑亭埂下

续 表

姓名	号	科级	通讯处
袁梦金		五一	诸暨上大街太山堂宝号转交霞园
郭成苹	宾笙	五一	杭州直箭道巷二号
阮炳贤	本煜	五一	杭州舒莲记扇庄
陈仁怡		五一	杭州孝女路一号
周思旦		五一	海盐屿城南市一源南货号转
孙庆豪		五一	嵊县石璜孙德和号
周兆楷	季直	五一	杭州黄醋园五号
邢爱育		五一	嵊县长乐镇颐寿堂交下南庄
叶煦		五一	杭州金芝麻巷新廿一号
方锡义	以忠	五一	衢州大南门徐兆昌酒栈转交
方文焕	义奎	五一	衢州上营通余米行转寄西乡中央方村
许炳荣	仲文	五一	石门湾老锦章绸宝号
杨德仁	恕之	五一	杭州钱塘路孝泉里一号
戚丹文	玄厂	五一	临安县前街
许醉德	冠惕	五一	嵊县塘头
徐秀生	秀生	五一	平湖小街储家湾
黄昌中	致甫	五一	义乌苏溪永裕隆转
沈孔修	治六	五一	余杭马家弄
俞其型	冲汝	五一	新昌俞德兴
王颂睿	启愈	五一	杭州三圣桥周晏文弄五号
王振纶	耀良	五一	萧山庙后王
仲世民	秋辰	五一	杭州过军桥廿四号
仲容	亭玉	五一	瓶窑镇北社街
沈沛元	雨湘	五一	余姚北城全元庄转江口
袁午胜		五一	萧山临浦河镇袁和顺
徐柏	松年	五一	常山城内西门奎星亭左
姚肇熙	敬甫	五一	湖州三元洞府丝织公会
张渭元	如松	五一	富阳市心衖泰昌隆靛行内
汤傅杰	毅根	五一	杭州清波门直街六十号
吴兴继	歆纪	五一	杭州义井巷第五号门牌
唐中和	农书	五一	杭州钱塘门小车桥五十一号

续 表

姓名	号	科级	通讯处
胡绍良		五一	永康古山镇胡茂昌
王乃英	侹伯	五一	富阳大源镇王益大
阮宝忠	杏真	五一	绍兴大营崔家弄二十号
邢仪鸿	菊林	五一	嵊县长乐镇颐寿堂转太平义生宝号内交
王礼贤	希圣	五一	上海南站沪军营东亲贤里六十二号
汪德振	于飞	五一	新登西门外大街赞育堂药号内交
马承懋	仲勋	五一	杭县旧藩署内东公廨二十七号
沈縠仁	勤贻	五一	杭州东柴木巷五号
董灿然	奏韶	五一	杭州凤山门六部桥三十二号
马正权	顺连	五一	嵊县崇仁镇震大宝号转交马仁村
陆祖诚	光文	五一	於潜城内正大布庄转交坞范
计国瑞		五一	新豊镇西市计二访
杨镇藩	聘儒	五一	萧山城内安弄
傅积义		五一	杭州新市场仁和路二号
叶元籐	延甫	五一	开化县城内荣泰宝号转交渡征坂
谢承嵩		五一	杭州三桥址直街新一号
方兆锴	子文	五一	瑞安南门外广昌鱼行
俞棪程	伯华	五一	余杭普照电灯公司
董桐昌	叶根	五一	萧山义桥日昇茶食号转交上董庄
金璜	梦贤	五一	临余杭万顺利转寄研里村
李承毅	怀德	五一	杭州姚园寺巷四十七号
李文藻	望高	五一	杭州琵琶街二十号
郑绍武		五一	遂安金德元号转十二都水南郑家
戴家齐	乾修	五一	湖州潜园
余克建	业卿	五一	遂安毛亨益号转交汾口余庆豊
朱金汤	砺山	五一	绍兴党山前白洋都宪第内
毛开和	子祥	五一	江干闸口万隆柴炭号
景雩	雨方	五一	杭州下马市街酱园弄十七号
方宏达	筱池	五一	杭州清波门孔衙庄三十九号
傅学备	不器	五一	杭州艮山门外同昌昇染坊
胡孚	中孚	五一	常山横街德昌春烟店收转西乡胡村

续　表

姓名	号	科级	通讯处
程训	道南	五一	江干化仙桥程允大行
袁庆淇		五一	萧山河上店袁和顺号
范岁久	悠然	五一	杭州羊市街豆腐衖韩永记牛乳厂
陈芝茂	声谷	五一	临安青山镇张永茂号交
孙永清		五一	富阳场口转龙门
孙永庚		五一	富阳场口转龙门
郑廷选	叙荣	五一	窄溪王义生号转伍聪
周德伟		五一	嵊县开元镇老寅春号交
吴存道	乐甫	五一	绍城水澄巷正大油烛宝号转交龙尾山
汪业镕	陶盦	五一	杭州旧藩署内东公廨二十四号
范元松	鹤如	五一	杭州上祠堂巷十五号
夏保罗	天华	五一	杭州慈幼路六号
史摩西		五一	菱湖塘路福音医院
朱纪阳	宗若	五一	海盐大虹桥南培风学校间壁
周掀山	锡铭	五一	杭州菜市桥萧王衖十七号
金国庆	仲秋	五一	杭州许衙巷四十二号
王祖倓	仲安	五一	杭州联桥广兴巷四号
顾凤歧		五一	嘉兴东门外十八里桥张长春药号转
叶贞吉	泗水	五一	常山东门乡水南叶利和号
章顺邦	治臣	五一	诸暨三都益源宝号内交
张秋波		五一	海宁许村张德甡号
揭锦标	胜荣	五一	常山晋发布号转叶姑岭
孔宪范	少卿	五一	杭州清波门直街六十号汤姓内交
吴帅箓	效贤	五一	临安化龙镇
蔡颂模	式如	五一	诸暨陈蔡蔡惠昌交
陈锡金	子敬	五一	临安鲍勤大宝号转寄上畔村交
夏骧瑞	少盦	五一	杭州宋高陶巷三号
陈斌	彬士	五一	杭州牛羊司巷七号
周芝扬	风水	五一	浦江仁头马剑复泰杂货号交
王汉青	力明	五一	杭州横府前七十二号交
郑朝阳	凤冈	五一	衢县西乡航埠镇鲍福申南货栈转王家坂

续 表

姓名	号	科级	通讯处
蔡德申	孔道	五一	诸暨陈蔡镇万森号交
田子明	文仲	五一	湖南永顺王村后泰永宝号代交马大坪
马绣黼	家骏	五一	窄溪镇马伦记宝号交
金奎章	在傅	五一	临浦山湾船转大桥镇广和堂交堰头
黄在中	流玉	五一	杭州麒麟街三十二号
裘守楷	希范	五一	天台县桥上街源远斋转玉湖街
印允斌		五一	杭州斗富二桥西河下廿五号
沈诗雄	健飞	五一	杭州上仓桥直箭道巷十号
洪春江		五一	萧山临浦河上店傅生记内交
金以康	守真	五一	临浦交山环船转大桥镇广和堂交堰头
潘庆梁	明乌	五一	新昌县其昌号转大明市潘祥发华记内交
田文宪	燮平	五一	湖墅老元茂号交九房桥田益号田世荣
吴礼	顺明	五一	杭州清泰门直街一百九十六号
陈校生	广枝	五一	诸暨城外新同茂宝号转交火烧王
徐渭堂	泽宇	五一	余姚胜山乡公余染坊转交
李怀镠	珌卿	五一	嘉善花园衖科甲埭
赵之侠	忠	五一	新市场龙翔里四衖六号
曹家齐	冶平	五一	湖墅贾家衖廿九号
吴智	顺雄	五一	杭州清泰门直街一百九十六号
王庚谟	兆俊	五一	於潜城内正大布庄转交南山镇
邵明录	佐廷	五一	桐庐横村镇同庆堂药号转交邵家
徐学志	喜来	五一	窄溪马伦记转寄下莲塘交
王振海	岳仙	五一	诸暨城内王鼎兴宝号转交王家井埂头
赵志君	吉祥	五一	诸暨江东袁同兴宝号转交南门外
吴根福	志远	五一	杭州清河坊吴源茂漆内交
傅铮	铁钢	五一	杭州联桥广兴巷四号
王立贵	之鉴	五一	诸暨枫桥镇骆恒兴号转朱家坞
陶晏如	柳生	五一	海盐南塘朱鼎和油行卢秋里
徐道鸣	士奇	五一	绍兴墨润堂转交楼皂郡宰第内交
楼元正	伟斋	五一	诸暨牌头义号转宝稼堂头
楼助	治襄	五一	诸暨牌头镇同德堂宝号转交宝家塘

续 表

姓名	号	科级	通讯处
王萃	孝侯	五一	杭州东街包龙桥巷五号
毛有伦	德如	五一	临安西乡金头村顺昌号交
韩文起	斌宗	五一	杭州钱塘路七十七号
徐江中		五一	松阳太平坊包一钱药号转交徐济东
屠琴标		五一	嵊县隆泰酱园转交屠家埠
蒋肇邦	剑秋	五一	杭州郭通园巷五十九号
邓宝达	进	五一	诸邑牌头义号转交新郦家
杨济焕	重言	五一	诸邑枫桥北春阳转交全堂长源号内交
徐缙璜	子佩	五一	江山茅坂徐同裕号交
李文祥		五一	杭州下仓桥二十四号
胡济人	艮良	五一	富阳诸佳坞
余克建	业卿	五一	遂安或杭州清泰路王立记
吴作梁	吴敌	五一	诸暨枫桥怡和纸号交琴弦冈
朱衡		五一	青田县油竹庄
徐海环	枕洋	五一	杭州竹竿巷八十三号
王同		五一	绍兴火珠巷木桥弄二号
徐名冠		五一	杭州上吉祥巷六十八号
吕茂隆		五一	新昌县后
沈端		五一	吴兴或杭州白芽巷十一号
姚士经		五一	未详
王祖良		五一	新昌南街王广兴号
徐永根		五一	於潜南心庄
王化夷		五一	诸暨枫桥
黄煜昇		五一	诸暨枫桥
魏文藻		五一	诸暨四眼井头
丁振麟	端甫	五一	杭州艮山门外彭家埠七堡
陆志成	寿功	五一	富阳凤阳馆交陆家村
朱振远		五一	峡石转袁化镇朱恒记磁号内交

工业学校甲种本科毕业生

姓名	号	科级	通讯处
周汉忠	荩臣	1电	平湖县后底韦驮桥周寓
杨开渠		1电	诸暨枫桥震泰号转全堂
孙潮洲	企韩	1电	杭州运司河下二十一号
沈昌培	志翔	1电	乌镇南栅马家汇王裕盛米行转
郑显庭	汝赓	1电	汤溪罗埠郑仁和号交
郑轴轮	伯经	1电	海门转大荆镇关庙前郑宅
陈培德	厚斋	1电	丽水县牛厂正元楼老屋
陈锦泉	子清	1电	丽水城内三口方陈正元交
葛德铭	志毅	1电	东阳南乡横塘
王庆树	乔梅	1电	江山峡口镇毛恒丰号转王家
赵裕汉	时念	1电	诸暨城内宏豫烛号转
周士芳	芹伯	1电	新登袁广生转炉头
姜琳		1电	绍兴南街学士第
徐寿康	松甫	1电	金华郑庆泰号转王路塘
彭会和	敏求	1电	杭州新市场八字桥省会警察厅工务处
陈景涵	仲韩	2电	东阳县城内南街
缪超凤	觉辉	2电	杭州后市街四十五号
皇甫堃	友韩	2电	上海闸北长安路信益里一街二十二号
周森葵	子茂	2电	东阳城内周义顺号转岘北周
胡存谦	盛僊	2电	杭州车驾桥一号
潘京		2电	湖州梅溪镇
陈秉良		2电	百官三界同泰号转陈村
张燿	伯刚	2电	杭州蕉营巷十三号
杨家本	寒素	2电	杭州马坡巷嘉禾旅馆
华怡	养泉	2电	江苏苏州荡口镇仁乐堂交
余瑞生	绍芝	2电	江苏泰兴黄桥余复成号交
王岳生	崧甫	2电	东阳巍山镇转厚田王义泰号交
叶菁莪	蔚生	2电	义乌佛堂镇陈怡兴转下叶村
臧寿衮	雁初	2电	桐庐县前
于万岳	士衡	2电	临海东乡两头门转白筑

续 表

姓名	号	科级	通讯处
孙炳文	虎臣	2电	杭州破混堂巷三号
傅圣启	启群	3电	浦江金如恒转中埂溪
张元训	廉甫	3电	江苏常熟西徐市
汪乾元	伟含	3电	萧山东门外
范裕宪	钦聿	3电	杭州奎垣巷二十二号
司汝衡	鉴平	3电	江苏南通唐家闸
吴式梓	时新	3电	东阳白坦镇
韦松年		3电	东阳城内小东门交
王渭清		3电	海宁周王庙镇
周奉灝	奉瑞	3电	杭州清波门蔡官巷八号
陈廷纲	少香	3电	杭州小车桥五十号
陈宜騄		3电	嘉兴秋泾桥西塊
许闳儒	志鹄	3电	杭州百岁坊巷二十四号
张彬伟	堃山	3电	杭州井字楼一号
罗锦嶂		3电	余姚双溪
姚卓文	慕崇	3电	吴兴荻港
沈沛恩	溥周	3电	余姚北城鹅行街全元庄转沈湾
郭成骥	云衢	3电	杭州候潮门箭道巷四号
陈略	炳略	3电	青田船寮邵宝兴号转良川
王序宾	公瓒	1械	温州平阳金镇
张云瑞	闰材	1械	嵊县白莲堂街
蔡汝炘	煦庭	1械	萧山城内西湖河第五桥
王承旦	镜吾	1械	嵊县华堂
张融	梦燕	1械	故
董世丰	廷辉	1械	嵊县崇仁镇乾和号转交湖上院
瞿弼	辅臣	1械	萧山临浦公义号转交大桥
张友材	信斋	1械	德清小南门外
许茹芳	知平	1械	诸暨鹤息塔
戚友群	元朋	2械	余姚新浦沿交戚祥丰号
来壮潮	秋乘	2械	萧山南街横沟街
胡钧	陶成	2械	义乌永康村

续 表

姓名	号	科级	通讯处
陈世觉	悟皆	2 械	嵊县三界同泰号转交陈村
朱贤佐	彦度	2 械	镇海大街新协成号转交
骆肇修	叔懋	2 械	义乌清塘
鲁伯彦	揆轩	2 械	故
周文学	公劭	2 械	长兴西大街义顺兴南货号转
楼文熙	复民	2 械	杭州盔头巷
金振声	纯如	2 械	东阳南马镇金乾元转交
吴志宜	梦侯	2 械	杭州紫荆桥六十五号
朱鸣	公生	2 械	永嘉扬名坊进士第内
黄师濂	竹侯	2 械	余姚消路镇黄福顺禄记
陆善益	牧自	2 械	杭州柴木巷景嘉街
王臣益	伯谟	2 械	建德北乡建北两等小学校转
骆汝琛	佇清	2 械	故
王荣林	苑卿	3 械	杭州保佑坊惠和泰扇庄
钱承经	子授	3 械	杭州六官巷二十一号
陈宝钦	世珍	3 械	余姚浒山文成染坊转交
蔡宝藩	树屏	3 械	兰溪城内三坊牌楼里
郭屺	岩圃	3 械	兰溪城皇庙前状元第高踏步
陆斌	益三	3 械	余姚东横河隆泰蓂记
沈成城	越剑	3 械	余姚坎镇章咸泰转交
张肇基	纪修	3 械	故
郭振武	鹤斋	3 械	临海城内河头地方
戴锡元	少咸	3 械	杭州缸儿巷十六号张第转交
范湘	述陶	3 械	绍兴锦鳞桥
吴士槐	直人	3 械	浦江横街洪德元号转前吴
孙燕	翼庭	3 械	余姚东横河美成线庄
蔡绍敦	叔原	3 械	诸暨陈蔡镇
黄寿颐	寿颐	3 械	萧山义桥黄久大米号转
丁德培	森垚	3 械	杭县瓶窑丁永盛染坊
张泽春	晖融	3 械	嵊县三界镇中和堂药店转
姚澄清	寰镜	3 械	诸暨姚家安保生堂

续　表

姓名	号	科级	通讯处
斯侃	亦陶	3械	诸暨城外同陞堂转斯宅盟泉坂
徐鸿	书雄	3械	兰溪永昌镇徐聚成酒号
蒋玉成	玉成	3械	长兴杨林村
金恺	舜人	3械	临海西乡张家渡
陈肇基	翕如	3械	金华南马镇保和堂转学格
朱永济	钦成	3械	义乌廿三里镇存德堂转
郎志恭	子公	3械	兰溪游埠直街郎万兴号
杨伟标	副志	4械	诸暨十九都杨焕蒋坞交
钱宝泰	潭澄	4械	未详
史彝	继如	4械	贵阳城内白沙井口或武林铁工厂
张铭新	文盘	4械	鄞县鄞西下王或武林铁工厂
施德	泽民	4械	乌镇北栅沈德顺号转交
周兆瑗	慕蘧	4械	山东济宁县东关安阜街道覆源栈
赵霦	颐叔	4械	故
顾炽	雍甄	4械	萧山义桥黄久大米号转顾家溪
杨季忱	冀之	4械	诸暨枫桥恒兴号转交江下
黄祖森	鹿山	4械	浦江东乡郑宅市郑文记转
沈蕴山	乃珍	4械	嵊县三界马恒昌转沈塘村
胡梦岩	霖商	4械	永康城内李瑞源号转岩洞口
蒋鼎	调生	4械	金华火德神庙下首蒋宅
黄韩潜	叔潜	4械	故
徐必成	颂盦	4械	新登西门外图书馆转交
厉致祥	瑞伯	4械	嵊县尖山广泰号转交东里
熊儒堂	敩山	4械	金华马门外熊日新号
孙傅缃	幼青	4械	杭县缸儿巷七号
王荣	公超	4械	德清下舍镇王天一药材号交
钱人俊	秀峰	4械	杭州大福清巷六十五号
华芳栴	梓材	4械	兰溪南门外万祥庆铁行转交
李家鼒	幼衡	4械	山东济宁县财神阁街道南
郭晋宗	友怀	4械	诸暨城外上江东上纲庙间壁
蒋佾	舞庭	4械	兰溪北乡水阁塘

续 表

姓名	号	科级	通讯处
沈沛霖	泽怀	5 械	余姚北城全元庄转江口沈湾
林毓英	象贤	5 械	平湖乍浦镇城内荷花池西
邵诵熙	朗斋	5 械	余姚南城升源水果号转
夏承发	赤侯	5 械	杭州崔佳巷
朱黻	企文	5 械	杭州宾馆街五十六号
方秉寅	少和	5 械	杭州下兴忠巷朝西墙门
王天轸	轼斋	5 械	临海城内蒋利川转仙居上王
胡家骢		5 械	未详
余钟祥	鸾元	5 械	新登窄溪镇开泰烟店转
朱秉权	乐齐	5 械	绍兴党山乡白洋村
孙世恒	懋傅	5 械	东阳巍山镇转东山
赵元涵	养真	5 械	台州海门大荆章同和号转
黄洵儒	仪甫	5 械	永康芝英镇应成昌转寮前
金达文	显章	5 械	上虞百官前江村
唐家荣	剑心	5 械	杭州闹市口四十七号
骆汝鸿	仪甫	5 械	永康芝英镇应成昌转寮前
张崇道	平欧	5 械	上海白尔路吉益里十号
贝谦	友于	5 械	江苏苏州桃花坞
徐云青	啸舟	6 械	海宁峡石丰和典转
汪家埰	撷腴	6 械	杭州清波门陆官巷十四号
金式斌	文生	6 械	吴兴南浔西栅怡泰成酱园转交
韩桢	维之	6 械	杭县平窑镇韩隆昌号转
沈业勤	安甫	6 械	富阳行远楼
高许培	志清	6 械	海宁峡石转交卢家湾
赵钧		6 械	诸暨站内万寿街
裘之敏	素颖	6 械	嵊县崇仁镇转交石码头
吴杰	仲豪	6 械	杭州下缸儿巷二十四号
俞馥	艺甫	6 械	嵊县苍岩镇
张学铭	子敬	6 械	上虞大街鼎元南货号转
钱淦	信芳	6 械	嵊县长乐镇
钱栻	逸夫	6 械	嵊县长乐镇

续 表

姓名	号	科级	通讯处
魏之藩	之藩	6 械	嵊县黄泽镇凌镇锡记号转交官地
谭其玉	麟伯	6 械	嘉兴北门内芝桥街
李元伟	莘材	6 械	嘉兴城内天宁寺街
顾恒	季平	6 械	德清溪东
谢继兆	少祥	6 械	天台东乡坦镇转榧树村
刘斌		6 械	东阳巍镇邮转西垣
王乐欢	竹芗	6 械	永康县前应椿和转交象珠镇
徐恒寿	祝如	6 械	德清丁家弄
杨炽孙	志逊	6 械	平阳江南镇张家堡
王振育	勗孚	6 械	黄岩城内苍头街裕美南货号交下村
倪翊臣	鸿保	6 械	杭州清泰门直街九十三号
蒋嘉暄		6 械	东阳巍镇邮转上蒋
方兆镐	子京	7 械	瑞安南门外广昌鱼行
张家昌	盛之	7 械	海盐西门内戚家弄口
严之骥	超骧	7 械	杭州箭道巷严广顺木寓
俞震西	芸亭	7 械	硖石赵家汇陈恒茂油号
温燮钧	理堂	7 械	江苏常熟东门外白场协泰盛米行
陈宽	季立	7 械	江苏常熟大东门外勒德布厂
朱圣铨	道衡	7 械	仙居白塔镇
吴杰	玉山	7 械	仙居田市镇转厚仁村
史企文	梦熊	7 械	象山石浦万年春药号转
劳人伟	靖华	7 械	龙游溪口镇
吴坦	旦平	7 械	江苏高邮城内西后街
黄祖森	鹿荪	7 械	余姚梁弄甡源号转交
石文	篆周	7 械	海盐大营弄口
盛祖钧	宰初	7 械	嘉兴梧桐树街
过甫生	鲤庭	7 械	平湖东门赵家桥划船
朱煊	曝轩	7 械	屠甸市振昌碗转交西晏城
萧家述	觉先	7 械	嘉兴乌镇后街
田有秋	广成	7 械	永康德生堂后街
潘鑫	克操	7 械	永康应信孚宝号转

续 表

姓名	号	科级	通讯处
徐建中	剑仙	7 械	义乌城西蒋宅巷
唐舜襄	文献	7 械	嵊县城内东前街唐源兴号
叶光显	同高	7 械	平湖南门
陈章旟	臧虑	8 械	故
孙维嘉	新吾	8 械	江苏常熟虹桥森泉
颜振鸾	金坡	8 械	湖州期堂巷
胡国桢	伯逊	8 械	杭州马所巷
徐镳	景扬	8 械	永康上城
莫善祥	详之	8 械	德清赵家弄
陈增培	献珍	8 械	萧山东门外天生堂药号转涝湖村
张启华	子南	8 械	杭州梅东高桥第一师司令部，台州温岭县当街井
胡济川	芥舟	8 械	永康古山镇
金鹏飞	翼天	8 械	临平转大麻
许彦儒	硕廷	8 械	杭州文龙巷三号
蒋鋆	韵楼	8 械	富阳大源镇蔡德盛号转新关村
孙家骅	开甫	8 械	杭州缸儿巷七号
陶镕	子钧	8 械	余杭北乡黄湖天德堂药号或张永庆宝号
邵焌	慕雍	8 械	余杭城外小桥头
沈孝睿	少卿	8 械	绍兴樊江镇瑞春堂药号转
吕再端	不糊	8 械	永康公大栈转西溪吕隆茂
金祖统	震三	8 械	义乌北乡芦寨宣怡昇南货栈
周伟亮	心甫	8 械	杭州下池塘巷石匠弄二十四号
朱维缵	继文	8 械	吴淞西和丰街朱宅
褚裕德	轶尘	9 械	嘉兴曙光电公司或嘉兴北门外端平桥
朱殿春	殿春	9 械	杭州长官弄三号
施策	叔谋	9 械	嘉兴盐仓桥裕嘉公司或平阳北港凤翱
张兰舫	载馨	9 械	衢县电灯公司或杭州新开弄九号
王光曾	纪先	9 械	绍兴蛏浦汇头文魁台门
祝元堃	文元	9 械	湖墅老益茂号转交安溪祝森兴庆记
郑伦	胥如	9 械	杭州广福营七号
陶守咸	守咸	9 械	绍兴陶堰

续 表

姓名	号	科级	通讯处
叶纪成	纲宣	9 械	慈溪观海卫城隍庙街
周志刚	剑青	9 械	嘉兴盐仓桥裕嘉公司杭州抚宁巷十九号
梅述祖	则先	9 械	南京朱状元巷
陶丕承	希明	9 械	无锡小娄巷
宋汝锦		9 械	杭州刀茅巷武林铁工厂余姚道路镇
叶学周	文吾	9 械	松江枫泾镇
竺鑫铨	百徵	9 械	嵊县新奉华号转大市聚吕德昌号转查林村,或嘉兴盐仓桥裕嘉公司
何焕章	文甫	9 械	富阳张大成宝号转谢家溪
周福康	寿之	9 械	嘉兴钟埭周恒茂号
胡兆虎	建寅	10 械	宁海赵源泉号转黄壇街
陈仁芳	子芳	10 械	嵊县四乡石璜镇怡和号转下城庄
杨汝新	子明	10 械	诸暨枫桥天元瑞号转全堂
黄祖铎	金声	10 械	浦江岩头镇同昌号转芳地
王之祥	志翔	10 械	嘉善天凝庄镇江三泰号转交福善泾
张志竟		10 械	诸暨枫桥瑞丰烟店
孔宪谟	云孙	10 械	杭州清波门花牌楼三号
朱文湍		10 械	上虞东门外仁寿堂转
陈昌华		10 械	绍兴东皋镇塘里陈
许国光	文瑾	10 械	诸暨安华乾昌号转球山
陶大文	士渊	10 械	永康裕丰布号或绍兴陶堰世德堂
虞翼珍	叔臣	10 械	诸暨姚公埠转阮家埠大成号
黄徵志	圭田	10 械	杭州三桥趾三十一号
赵让波	惠廉	10 械	诸暨姚公埠转下赵
汤兆恒		10 械	诸暨枫桥芳记纸栈转汤村
竺莘学		10 械	嵊县甘霖镇复生堂转范村
张家润	一霖	10 械	江苏常熟梅里西街
张锡钧		10 械	杭州缸儿巷六号
章表毅		11 械	江苏江阴北外章合兴
郑熙	汝纯	11 械	杭州藩署内四十三号
蒋倬云		11 械	诸暨店口新号转白沥坂

续 表

姓名	号	科级	通讯处
蒋足云		11 械	临浦隆盛号转三环村
袁嘉	石平	11 械	新登三溪口宏大号转下水碓袁宅
潘炳天		11 械	诸暨枫桥同馥堂转潘家坞
沈钫	信芳	11 械	嘉兴新塍北栅
章启杰	继良	11 械	绍兴道墟章嘉记
马维轨		11 械	余姚二塘头大泥路
方巽山	岑楼	11 械	窄溪同泰木行转下石阜
汪存诚	叔竞	11 械	长安中市隆泰祥皮货号
杨荣奎	应鳌	11 械	江苏无锡南门外江溪桥
江克增	澄如	11 械	杭州湖墅娑婆桥三号
李佑霖	右林	11 械	崇德洲泉李合顺米号
吕国运	竹心	11 械	永康唐先镇邮转太平
郭蔚	雨苍	11 械	诸暨城内登仕桥里郭宅
蒋双友	益三	11 械	义乌苏溪镇邮局转塘里蒋
陈瓘	真汉	11 械	日本东京市外户塚町诹访一四八番地中村方，或丽水城内李新昌号转
袁国良	达璋	11 械	江苏江阴南闸詹义康号
陆建豫	子和	11 械	无锡南方泉吴塘门
陈毅祥		11 械	百官三界裕泰仁号
楼澎	可望	11 械	诸暨枫桥恒舒号转交
郭钟浣	瓢溪	11 械	诸暨下江东上袁门里交
蒋尧赓	赞唐	11 械	诸暨店口镇新号转白沥坂
吴巨远	幼蔚	11 械	杭州太平桥七龙潭一号
陈恭保		11 械	杭州贯巷三十一号，嘉兴盐仓桥裕嘉公司
何仁涛	松轩	11 械	诸暨店口镇同昌号转西河
卢均浩	平之	11 械	诸暨姚公埠转吴墅
余凤仪	仲轩	11 械	杭州四宜亭四宜别墅
于炳生		11 械	湖州南浔镇汇丰号转染店浜
程廷倬	一士	11 械	杭州瑞壇巷
金健	启民	12 械	常州庙桥镇交
裘克绍	益尧	12 械	嵊县石璜山口

续 表

姓名	号	科级	通讯处
黄渭川	竹侯	12 械	余杭域内刘王衖协盛石灰行交
张灿	虎臣	12 械	富阳庆丰南货栈转寄大庄
陈曹型	子模	12 械	诸暨巅口镇
陈杰	肃哉	12 械	海宁斜桥镇庄仁茂银楼收下转骑塘桥
吴志成	士慧	12 械	东阳吴良镇
蒋敬彬	斐君	12 械	诸暨三江口转黄稼埠
曹振铎	也吾	12 械	义乌城内裕泰和转
杨泰	岱岩	12 械	杭州行宫前华光巷河下二十九号
姚镛泉	光予	12 械	海宁长安新壩东姚万顺米号
吴福畴	锡九	12 械	绍兴南街大樟树下
沈方琳	佐刚	12 械	东阳巍山镇转沈良
任以彰	励忱	12 械	杭州斗富二桥六号
汤修常		12 械	未详
钱章明	障民	12 械	杭州三支巷一号
张瑞祥	天球	12 械	嘉兴筑街张锦斋号
潘光汉	颂武	12 械	杭州岩衙衖新一号
求纪年	竹安	12 械	嵊县甘霖镇滋生堂转交
张祥桢	雪樵	12 械	杭州下仓桥街六十四号
鲁光泰	瞻	12 械	杭州方谷园十八号
袁家俊	汝礽	1 染织	上虞小越镇回春堂药材号
孙承义	慕陶	1 染织	杭州枝头巷
刘钟翰	筱允	1 染织	上虞城内高道地
丰惠恩	济泽	1 染织	汤溪杨埠章万泰南货号转交黄堂
周学均	仲衡	1 染织	杭县下焦营巷经折弄
王士章	源焕	1 染织	嵊县北庄丁裕顺号转交华堂
黄名灿	名灿	1 染织	嵊县何家
章曜华	彧唐	1 染织	於潜麻车埠
王士杰	未三	1 染织	杭县学官巷
胡钟奇	仲因	1 染织	上虞大街鹤年堂转交
洪焕文	慕唐	1 染织	绍兴江塘村
魏毓钟	镜水	1 染织	萧山河村丰和南货号转

续 表

姓名	号	科级	通讯处
黄昌焴	灿辰	1 染织	德清新市镇清风桥
莫锡荣	壎伯	1 染织	萧山赭山中市益大南货店
竺庆瑞	炳章	1 染织	上虞章家埠丁协兴号转牛埠
曹骥才	泳川	2 织	杭州高乔巷状元弄二号
周文通	公辙	2 织	长兴西大街义顺兴号转交周家都
陈庆堂	承吉	2 织	富阳市心巷
吕凤翥	启祥	2 织	永康唐先镇转太平市
林椿	懋修	2 织	黄岩新桥管田基惠林学校
张元培	植甫	2 染	嘉善百岁坊
胡乃燮	理卿	2 染	义乌西街胡义杨家内交
祝三	振华	2 染	嵊县三界恒泰米号转交
张彤	丹崖	2 染	临安书锦坊
王仁昭	黻文	2 染	杭县钱塘门圣塘路四号
邱用康	伯刚	2 染	黄岩水斗门新民学校
莫善继	济之	3 织	德清城内赵家弄
陈杰	之伟	3 织	余姚浒山陈景云号
诸惟淦	启明	3 织	绍兴潞渚镇
赖衍陈	挟沉	3 织	瑞安西门外小冲衜赖宅
虞凤书	季廉	3 织	故
何正荣	春卉	3 织	义乌廿三里镇刘葆盛转陶汀
章则泗	洙丞	3 织	绍兴东关镇同吉米号
张庆飏	拜庭	3 织	绍兴孙端乡
严鸿渐	逵庄	3 织	上虞崧厦镇裕丰南货号
孙庆慈	季和	3 织	故
佘凤岐	榆轩	3 织	嵊县石璜镇周一大号转交下王
徐广源	溥泉	3 织	德清城内赵家弄
李文棠	道先	3 织	余姚第四门祥丰米号
林国桢	维之	3 织	永康黄城里
俞稽若	颂勋	3 织	诸暨溪埭
胡道宏	丙甫	3 织	绍兴大街日新盛转交或虎林公司
黄庭蓉	滋生	3 织	义乌廿三里镇转派堂

续 表

姓名	号	科级	通讯处
杨瑞	奎才	3染	诸暨十九都杨焕蒋坞
吴兴言	子耕	3染	杭州广兴巷十二号
王树棠	仲清	3染	吴兴管驿河头或浙江稽核分所
吴与仁	幼淳	3染	杭州湖墅长坦巷
吴乾康	载象	3染	嵊县三界镇裕泰油作
杨景清	金培	3染	诸暨十九都杨焕蒋坞或杭州六吉染工厂
骆景山	仰之	4织	义乌东乡廿三里镇金永行转交白岸头
刘德襄	戛鸣	4织	上海南市大东门天灯街二号
王源	佐泉	4织	义乌佛堂吴大成转石壁
傅尚春	子景	4织	义乌城内养正松转青岩傅
应万书	百城	4织	永康兰邑南门外应万祥号
马兆骅	伯莘	4织	德清溪东街马顺兴猪行
杨耀南	碧辉	4织	新昌烟山回山村
龚景川	愚溪	4织	义乌城北金宅巷楼元行转
周德鉴	日卿	4织	新昌城中赵协成转管家岭村
陈墀	友侠	4织	温州平阳县
周尔廙	镐卿	4织	杭州望江门九十二号
王特璋	达人	4织	嘉善西塘镇塔湾中市
吕国贤	长庚	4织	嵊县上沙地吕仁泰
田永清	镇波	4织	永康山川壇郭永利转
袁正镕	端甫	4织	宁海商轮局转交
都锦生	鲁宾	4织	杭州西湖茅家埠十二号
王家本	运新	4织	临海水磬
赵崇实	芸圃	4染	故
周全照	明甫	4染	诸暨周家埠
曹品英	叔刚	4染	平阳城内大街陈大顺衣庄转
许荫庚	德俊	4染	瑞安浦后街
丁炳旂	逵人	4染	德清小南门街
周柏	新林	4染	诸暨牌镇周家村聚生堂
俞泽霖	雨臯	4染	嵊县甘霖镇赵永兴转王郎地
应德荣	敷秀	4染	兰溪城外应万祥号

续 表

姓名	号	科级	通讯处
周章端	勷卿	4 染	永康油溪塘
徐竞	挺圣	4 染	诸暨阮家埠转黄村庄
邱用廉		4 染	未详
沈清剑	轼如	5 织	杭州艮山门外沙田里沈氏鱼行
顾蔚文	秀斋	5 织	海宁东湾镇
蔡经德	听涛	5 织	德清敏慎镇
周守一	恒甫	5 织	嵊县开化镇
蔡鋆刚	子文	5 织	新登蔡永亨号
朱公权	乐均	5 织	绍兴党山乡白洋村
詹绍炳	焕然	5 织	诸暨阮家埠詹家岐
吴鼎汉	翊中	5 织	东阳白坦镇
詹荣庠	周彦	5 织	诸暨阮家埠山下湖
徐似柏	铭常	5 织	新昌澄潭镇日昇号转寄东旺村
魏叔通	家骏	5 织	嵊县白坭堪
赵国梁	健伯	5 织	德清赵家弄
江世德	伯皋	5 织	兰溪黑虎巷
汪浚	馥泉	5 织	杭州拱北上坎埠
詹启芳	企舫	5 织	诸暨漓渚何恒昌转詹交歧
寿乔年	仰高	5 织	诸暨牌镇里坞底
李嘉璋	汉卿	5 织	诸暨城内惠丰号转李村
吴文通	可权	5 织	绍兴潞家庄
沈衔仁	文孙	5 织	杭州柴木巷五号
王德恕	幼瑜	5 织	绍兴潞家庄
王永澄	晏清	5 织	诸暨枫桥镇泽树下
王赞飏	商卿	5 织	
盛维善	宗元	5 织	临安横畈镇程盈号
周维桢	国生	5 织	萧山杨汎桥怡生号
何汝昌	成一	5 织	临海城内大街
商文韶	永南	5 织	淳安港口镇福元号转交
蔡颂桓	达善	5 织	诸暨陈蔡镇
蔡宝成	师立	5 织	南京八府塘

续 表

姓名	号	科级	通讯处
褚保时	乘哉	5织	杭州永福寺巷
陈可晖	吉飞	5织	杭州元壇弄
朱兆蝠	蝠身	5染	台州城内崔王庙边
陈在明	柏林	5染	诸暨陈盛寄天车罗
徐益寿	介延	5染	德清县西街
傅鼎元	铭九	5染	东阳巍镇转西庠厦
虞自强	凤威	5染	嘉兴新睦镇
何宝琦	紫玮	6织	诸暨枫桥彙泉号转寄花纹泉
陈建棠	棣华	6织	武康官桥南
沈佑周	春和	6织	杭州艮山门外白庙前
张兆鹏	翔青	6织	德清县东街
卢章耀	郁斋	6织	诸暨姚公埠恒瑞昌南货号转交吴墅
秦炳洙	宪周	6织	嘉兴陶庄夏湖
娄尔泰	舒斋	6织	绍兴南门楼凫村
冯毓溥	叔渊	6织	湖州洛舍镇
陈懿成	德彝	6织	豪山石浦周万兴号转
虞鸿书	幼甫	6织	德清戚家弄
倪梅青	梅村	6织	富阳转小源
线梦祥	伯熊	6织	诸暨姚公埠恒瑞昌南货转交江藻穗丰祥
朱继璧	瑶陔	6织	杭州三桥河下十八号
陈琮	玉夫	6织	永嘉北门大街厝库司前吴益生君转交
陈绍明		6织	未详
俞守信	式如	6织	上虞崧厦交大昌米行
徐国仁	迪臣	6织	上虞八字桥协记灰栈转管溪
朱茗斋		6织	仙居朱溪
黄先甲	蒲生	6织	德清务前
陆国梁	荫甫	6织	绍兴头营巷预丰泰绸庄
汤施仁	行法	6织	诸暨姚公埠广益丰杂货栈转交臬山
于仕锦	果亭	6织	兰溪西门于大兴号
陈简	志青	6织	平阳北港水头街
陶光周	一鸣	6织	绍兴陶堰成兴

续 表

姓名	号	科级	通讯处
柴德荣	灵赓	6织	余姚南城直街祥茂号转交莫家湖
金兆祥	子良	6织	杭州普安街忠正巷十号
蔡绍桢	国生	6织	兰溪三坊牌楼里蔡大房
孙时	一飞	6织	武康千秋桥
汤鼎铭	子元	6织	杭州蒲场巷虎林公司，诸暨姚公埠恒益泰杂货店转交臬山
何发春	志渊	6织	义乌佛堂镇久大号转交何店
楼宗潭	秋泉	6织	义乌苏溪恒茂升号转东青
姜克善	夫庆	6染	天台城西钱巷
王竞时	觉今	6染	台州中草巷
周鼎	镇洛	6染	嘉善陶庄镇鼎丰酱园转交
蔡颂楷	世泽	6染	诸暨陈蔡镇
周象乾	强自	6染	宜兴西城脚或杭县下扇子巷安徽会馆
葛世桐	翼然	7织	嘉兴北门宏文馆前
徐公达	勋侯	7织	上虞乾号酱园转管溪镇春生堂
翁克仁	心甫	7织	杭州普安街八十六号
孙锦文	则平	7织	杭州瓶窑镇丁永盛恒号转西庄
王祖章	文蔚	7织	新昌儒岙镇转南山
胡昌纬	秋魂	7织	临安城内德化坊
管义衡	协民	7织	苏州皮市街九十一号
金绍康	怀甫	7织	诸暨草塔三和堂转寄蓝田金
黄如瑾	怀之	7织	杭州饮马井巷十号
吴江	潮声	7织	临安五柳桥孙乾泰宝号转独山畈
黄斌	天鸣	7织	安吉递铺镇王余昌宝号转交
杨载宣	百涵	7织	嵊邑转镜岭镇杨鼎和号交回山村
王钰	金声	7织	海盐寺西
祝枚光	子乘	7织	江山大溪滩交
徐国光	宾王	7织	故
张佑盛	继明	7织	上海杨树浦长安里七百八十五号
许孙庆	梦梅	7织	德清务前
张谢濬	克明	7织	嘉善西塘
宋启凡	松声	7织	嵊县西后街宋宅

续 表

姓名	号	科级	通讯处
姜宗禹	舜臣	7 织	江山新塘边姜聚源宝号转交
祝增辉	子煜	7 织	江山县大溪滩乡
夏国华	汉升	7 织	建德乾潭镇万春堂宝号转交大蓬村
陈宝鏻	子伟	7 织	嘉善陈发茂米栈
张祖尧	若愚	7 织	嵊县西乡大王庙交
方灿镕	陶卿	7 织	永康童葆生宝号转枫树塘
陈勋	赓虞	7 织	永康永场寺前街兴昌和号
斯公才	芝枫	7 织	诸暨浬浦陈泉源转交斯宅
程纪载	洪基	7 织	永康古山镇振隆宝号转独松交
杨绍棠	济舟	7 织	杭州蒲场巷虎林公司或龙游方隆泰宝号转交杨家
陆翰莘	尹耕	7 织	杭州灵寿寺巷四十八号
斯威	颂烈	7 织	诸暨斯宅镇斯源丰号转
沈祥生	祥生	7 织	嵊县浦口镇宋复裕号转交沈家磡
薛昌祺	镜明	7 织	杭州荳腐巷二十七号
吴维一	孝先	7 织	德清务前
曹亚箫	希何	7 织	温州双穗邮分局交场桥曹宅巷
周振钧	秉钧	7 织	绍兴东浦东周溇云集坊
章钜	铁民	7 织	德清务前街
沈乃熙	端轩	7 染	杭州太平门外严家衖
蔡经铭		7 染	杭州蒲场巷五十一号
倪维熊	惟雄	7 染	嘉善西塘四街
王一德	子咸	7 染	江山县毛庆昌号转交塘下
毛文麟	秋霞	7 染	安吉东街
邢濯		7 染	嵊县西乡长乐镇熙寿堂转交沃基
徐圭	味生	7 染	杭州湖墅大夫坊永慎泰
杨经荣	醉白	8 织	湖州马军巷八十二号
吴志浩	叔慈	8 织	杭州羊市街六十五号
林焘	虬夷	8 织	永嘉大南门内王广源洋行转交
谢文祥	吉儒	8 织	杭州缸儿巷四十四号
姚继贤	坚士	8 织	德清赵家弄口间交
俞理	自明	8 织	故

续 表

姓名	号	科级	通讯处
冯乃骐	达峰	8 织	湖州西门虹桥街
董秉信	诚之	8 织	杭州四条巷十八号
吴延义	锐生	8 织	安徽宿县署前路东义昌号
许子元	子元	8 织	德清务前街道贵堂内交
李冠	一先	8 织	临海海门黄元泰当转
项守源	少安	8 织	德清西门外河下
沈汝椿	勉夫	8 织	德清下舍
陈尔常	志恒	8 织	苏州获龙街九百另一号
俞应赓	志道	8 织	富阳县前街万和宝号转
陶国彦	叔为	8 染	杭州中医学校内交
朱寿椿	竺僧	8 染	绍兴柯桥转寄梅墅
李松高	尚志	8 染	杭州祖庙巷口李德隆转
彭去疾	味辛	9 染织	杭州积善坊巷蒋广昌绸庄，江苏溧阳北门小古道巷
严旒	瞻甫	9 染织	永嘉信和街石壇巷
李琪	瑞山	9 染织	崇德石湾许隆泰铁号转檀家浜
孙宝瑞	玉麟	9 染织	杭州闸口振兴商轮公司转中埠分局
袁慰宸		9 染织	日本京都田中门前町兴学舍或杭州联桥袁震和绸庄
蔡士魁	可南	9 染织	天津建物大街裕丰永绸庄或杭州长庆街七十四号
叶其蓁	盛生	9 染织	永康古山镇转独松程祥兴转上里叶
徐世钰		9 染织	杭州水亭址下峰二十七号
周迪康	树堂	9 染织	富阳渔山周厚基号转
姚汉雄		9 染织	嘉兴北门塘湾街姚源兴
许淑绥	剑秋	9 染织	嘉兴新塍西栅汲水桥西首
江业钧	鸿芬	9 染织	杭州旧籓署东公廨二十四号
章春荣	志芳	9 染织	上虞崧镇大昌增记米行交
赵璧	盈城	9 染织	於潜麻车镇新同盛号寄阔滩交
钟治	恭寿	9 染织	崇德南市徐隆盛肉铺转交路家园
赵震祺	叔威	9 染织	嘉兴城内小落北禅杖桥南首
吴福骅	右乘	9 染织	海盐沈荡镇恒康肉铺转交吴家浜
钮增瑞	占魁	9 染织	峡石益昌鑫线号交
李王烈	声雷	9 染织	乐清蒲歧北门

续 表

姓名	号	科级	通讯处
谷承钧	承志	9染织	温州大南门谢池巷
李倬	卓人	9染织	处州龙泉城西街
盛国菉	竹荪	9染织	崇德肇昌桥盛裕糟坊
李光亚	慈生	10染织	江苏吴江黎里北栅蔡宅内
盛承光	涵海	10染织	嘉兴南门报忠埭
方朝梁	肇良	10染织	嘉兴北门外马库汇
周连科	永清	10染织	上海曹家渡绢丝坊织公司,或溧阳门城外公和南货号转葛渚村
田银江	嘉穗	10染织	萧山临浦万南货号转欢潭
田岱恩		10染织	萧山临浦万南货号转欢潭
楼益堂	寿龄	10染织	萧山临浦余大生药号转楼家塔回生堂号
常书鸿	廷芳	10染织	杭州新市场浣沙西二弄八号
马启元	惠扬	10染织	余姚北乡二塘头春生木行转交
王申炎	炼甫	10染织	武义李荣兴烟店转王宅
章黻	锦熙	10染织	汤溪罗埠姜天寿号转下潘
黄化光	志谦	10染织	涂镇王大西线庄转黄裕隆交
尉延龄	恒生	10染织	绍兴长桥松盛和纸栈转分一路李源和号转
王曾圣	明斋	10染织	德清直街黄源茂布庄转内屋
童作哲	学文	10染织	昌化河桥镇亦万春转五都蒲村
陶玉珂	琢如	10染织	嘉兴东栅口同德生药号转长子泾
劳尔遥	起鹏	10染织	余姚周巷东兴南货店转
徐念华		10染织	德清五杭姚家庄沈茂兴花记转
朱毓炘	俊任	10染织	诸暨枫桥汇昌洋货号转
陈基复		10染织	杭州枝头巷洪宅
沈学诚	笃初	10染织	杭州下池塘巷五号或日本东京都门前町二一兴学舍
王振家	起声	10染织	德清县东胡家弄
余克春	占元	10染织	遂安毛亨益转百亩坂
周显坦	履平	10染织	故
屠联权	载堃	10染织	崇德北大街老义顺号转南滨头
王镇湘		11染织	湖南宝庆县东正街恒升泰转交
黄承章	倍进	11染织	嵊县石璜镇合和宝号转溪西
石祖福	聚五	11染织	杭州西河坊爵禄旅馆

续 表

姓名	号	科级	通讯处
张堦文	质初	11 染织	义乌苏溪邮局转鹤田
徐石麟	步陵	11 染织	镇江谏璧龙嘴村
张处中	叔权	11 染织	绍兴老虎桥
孙汝霖	济航	11 染织	江苏泰兴北门包家巷
陈学渊	鉴堂	11 染织	嘉兴西门杨柳湾
王祺淇	卫瞻	11 染织	平湖转棲王埭
周延清	玉泉	11 染织	四川夔州城内锅底池街
过文炯	允明	11 染织	江苏无锡天下市东北塘
何锡藩	九如	11 染织	杭县临平镇茂昌祥布庄
吴道荣	尘影	11 染织	杭州里横河桥高冠巷十七号
张翼云		11 染织	四川重庆文华街利生号转
丁兆基	伯始	11 染织	德清小南门
鲍德冠	南士	11 染织	绍兴姚家埭高车头
孙鎣	景饴	11 染织	江苏吴江黎里塘桥下岸西首
李宗沛		11 染织	绍兴城中覆盆桥李宅
胡守身		11 染织	嘉兴南汇镇月来轩茶社转交
李济瀛	静秋	11 染织	上海杨树浦恒丰纱厂张燧农转
张锡纯	鲁眉	11 染织	百官三界蒋镇转清水塘
王秉恕	抱根	11 染织	新登大街同源盛烟号转官塘
任开泰	襄孙	11 染织	嘉兴转沈荡西市信顺烟号
袁绳武	智三	11 染织	杭州大学士牌楼益隆线庄转交上四乡袁家浦
何玉瑞	虞璇	11 染织	诸暨姚公埠转阮家埠养元诚交
赵佩玱	奉初	11 染织	诸暨城内南司道地
韩任民		11 染织	四川长寿双龙场邮局转
陈瑛	子瑾	12 染织	浦江县陈普生号转
徐同文	洽和	12 染织	温州瑞安莘塍邮转式里地方
余守邦		12 染织	慈溪山北沈师桥老漕埠头
郑瑞忠	王祥	12 染织	兰溪西门郑恒和
陈世洪	志庆	12 染织	金华栏路井陈瑞昌号
刘文超	卓群	12 染织	温州大南门外虞师里廿一号林铁西转交
方景如	应槐	12 染织	嘉善西塘西街吴宅

续 表

姓名	号	科级	通讯处
蒋国荣	维嵩	12 染织	诸暨姚公埠恒瑞昌转七里交
钱兆麟	玉麒	12 染织	嵊县石璜转山口
朱焕祖	旭初	12 染织	濮院
周建缪	绍武	12 染织	诸暨城内万豫号转十四都交泉庄坂
周显行	吉斋	12 染织	东阳巍山镇转玉山马塘
吴德明		12 染织	东阳六石口镇转湖心塘
徐文忠	敬心	12 染织	兰溪诸葛镇同和号转交
沈文	伯英	12 染织	德清老源泰转交
周大宁		12 染织	杭州丰禾巷十九号
钱皆安		12 染织	
李鸿达	克行	12 染织	绍兴城内大庆桥同盛油烛店收交南门外矮溇
蒋锦佩	尚絅	12 染织	诸暨阮家埠义成号转浒山
秦塝	崇圭	12 染织	绍兴皋埠镇正大南货号收转
孙源标	仲鉴	12 染织	诸暨城内吴裕隆宝号
葛篆乾	天民	1 化	绍兴偏门外谢家桥百寿堂转柳坞
任烺	炳卿	1 化	杭县上扇子巷五号
赵崇光	丙甫	1 化	杭县高乔巷十六号
蒋一谦	益和	1 化	临海涂镇转大汾宾贤高小交
周余庆	子常	1 化	绍城白菓巷
陈光烺	虎如	1 化	萧山东门外老成大南货号收转涝湖
张邦墉	屹如	1 化	嘉善城内李源顺米栈转交
朱毓泉	清甫	1 化	诸暨枫桥镇稼丰米号交
程廷杰	万士	1 化	杭县瑞壇巷蔡家巷一号
孟垕陈	侃如	1 化	杭县上羊市街二十七号
张开枢	青田	1 化	安徽合肥县西乡大伯店街北李大影村现寓杭州城内小营巷十九号
陈讷	芝铭	1 化	萧山东门咸春米号收转象牙滨
徐乃銮	荫轩	1 化	杭州东平巷十四号
冯仁	乐山	1 化	临浦转店口邮局寄湖西村
徐启堃	厚孚	1 化	江苏常熟浒浦宝裕巽木行
胡日恭	敬甫	1 化	江山官溪

续 表

姓名	号	科级	通讯处
蒋濂	凤信	1化	萧山闻堰镇怡丰南货店转交
金民熙	皞然	1化	嘉善新塍镇南栅
王天荣	露恩	1化	故
余廉明	子亮	1化	富阳城外龙王滩
高济	德华	1化	杭县贯巷三十八号交
郭友余	渭伦	1化	嵊县石佛交
顾言	缄三	1化	嘉善南门丰前街
吴以履	福孙	1化	杭州保安桥河下二十三号
李瑾	仲瑜	1化	临海涂镇转大汾三分交
曹秉钧	鉴平	1化	德清新市镇大南栅
罗舰	子明	1化	龙游庙下镇
朱方强	善祥	1化	嘉善城内太平桥西
徐履坦	道平	2化	故
吕师孙	棋甫	2化	永康唐先镇邮局转太平镇
丁崇	福润	2化	嵊县城内仙姑庙
顾赓禔	冠乐	2化	嘉善东门外日晖桥西恒源盛板号内
何钦	子久	2化	富阳大源转泮塘邨
楼极	南辉	2化	故
何正蕙	樵父	2化	义乌廿三里松盛号转陶汀
李怀鑫	选臣	2化	故
曹步垣	云泉	2化	嘉善城内曹文秀银楼
刘趋真	效少	2化	上虞东门外高道地
余乘烈	镐承	2化	遂安城东门街
楼浩	延昌	2化	余姚县虞宦街余康泰京货号
郭子俊	舜川	2化	余姚长河市下垫桥郭兆记房
张若乾	一生	3化	松阳第三造林事务所
蔡普南	道轩	3化	诸暨浬浦镇吴日昌号转斯宅八石板
傅肇智	慧甫	3化	丽水吉祥巷
徐商	伯定	3化	四川巴县走马场邮转
章则汉	云丞	3化	杭州信余里十九号
傅育贤	迺超	3化	诸暨姚公埠永信酒号转湄池下坂

续 表

姓名	号	科级	通讯处
汤兆裕		3化	诸暨枫桥北牲阳号转汤村
葛篆谦	葛逊	3化	绍兴偏门外谢家桥穗丰南货号转柳场
张树江	宁生	3化	安徽广德县南门大街
殷彝	荣朝	3化	淳安县立始新女子高小校转
汤贻家		3化	绍兴东浦六家溇汤茂记
丁鹏龄	程远	3化	上虞县大街鼎元南货号转
吴宽义	鉴明	4化	嘉善学宫东钱第内转
王利棠	慕召	4化	东阳巍山镇转甲州厚田交
朱乔年		4化	杭州长庆街福安里十三号
吴樾	廷干	4化	于潜郭万利转竹林坞交
朱之光	川德	4化	杭州骆驼桥河下九号
何永安	逸生	4化	义乌城内方泰兴转雅畈
冯效谦	益士	4化	江苏无锡镇巷二十二号
胡二瑗	贤博	4化	嘉兴新塍西栅港南
黄达青	云程	4化	于潜县南山镇
陈恺	天胜	4化	平湖新仓
王勤昌	再明	4化	嵊县北庄转华堂大同号
王学敏	若愚	4化	杭州湖滨路七弄一号
陈祖德	宗器	4化	萧山临浦镇戴家桥陈豫昇油坊内
王尚义		5化	诸暨枫桥天一堂转王家宅
陈子良		5化	杭州大马弄金鱼弄交
熊佩珣	洁之	5化	江苏高邮北门外多宝桥下或杭州湖滨八弄八号
邱恺	伟庄	5化	余姚统捐总局
傅定		5化	杭州江干钱浦商轮公司转晚浦分公司

工业讲习所毕业生

姓名	号	科别	通信处
王佐	建侯	染织	无锡北乡东北塘镇广泰祥乐店转顾仰先先生收,转经成绸厂
金鉴	子祥	染织	杭县丰家兜
郭子藩	仲英	染织	杭县祖庙巷二十九号或纬成公司
陆大年	子张	染织	杭县小粉墙十五号或纬成公司

续 表

姓名	号	科别	通信处
钱绩熙	伯熙	染织	嵊县石璜镇转山口庄
马趾万	龙有	染织	东阳巍山赵鼎丰号转怀旧鲁镇或本城立成厂
汪钟玉	毓甫	染织	故
木钟奇	韫山	染织	温州瑞安莘塍地方虞顺丰号转
黄秉寅	协甫	染织	杭州长官弄二十八号义乌廿三里镇
张思竭	宗源	染织	嵊县黄泽镇宝庆堂药材号转沙地
俞滨	君渭	机械	杭县杭府前七十号
孙慕乔	铁尘	机械	绍兴汤浦镇同茂酱园转交
吕钟美	仲眉	机械	新昌岙桥里
蒋清熙	岫清	机械	德清县东或杭州虎林第一分厂捻丝部
姚源	诚伯	机械	杭县五福楼四号
张承康	畏三	机械	余姚浒山新塘张泰丰号转
王继曾	省三	机械	德清直街
石濂	访溪	染织	杭县奎垣巷十九号
陈复新	萼芳	染织	东阳方仁丰号转交上陈庄
方海观	云潮	染织	东阳方仁丰酱园
郑志芳	晓绥	染织	杭县石牌楼娘娘弄十二号
周佑卿	佑卿	染织	德清西门丁家弄或纬成公司
应畅	和堂	染织	嵊县崇仁镇恒春堂药店
马志望	渭臣	机械	嵊县北乡毅来镇黄隆昌号
范建勋	君铭	机械	杭县下华光巷

甲种选科毕业生

姓名	号	科别	通讯处
李宝华	耀春	染色	广西南宁城西石埠墟保安堂转
杨志祥	少澂	机械	江苏兴化西门交或杭县青年里一号
黄星球	我愚	机械	南宁当阳街六十八号或东门外蚕校
赵懿陛	廷璧	机械	东阳巍山镇转上湖宅
黄怀椿	瑾如	机械	广西南宁城东蚕业学校转
陶玉珦	方东	机械	无锡江阴卷
施为煜	蔚如	机械	德清西门外施家园

续 表

姓名	号	科别	通讯处
张树源	秋三	机械	余杭黄湖镇
虞毓麟		机械	无锡三皇街虹霓桥
许道行	仲远	机械	江苏泰县八字桥
叶元镜	鉴吾	机械	开化县荣泰号转渡征坂

工业学校三年期学生

姓名	号	科级	通讯处
林虬	云从	旧金工三	温岭牧屿转五里泾
张显聪	朗松	旧金工三	温岭潘郎转水渚,杭州拱宸桥内河水上警察厅共和舰
黄咏霓	赞伟	新金工三	东阳南乡后琴岩惠元转殿雅
吕人望		新金工三	杭州蒙古桥九十号,杭州报国寺浙江军械局
以上金工各生派厂家实习			
徐忠元	烈巨	旧金工三	杭州信余里周宴文弄三号
王夔荣	椿孙	新金工三	浙江全省警务处
潘茂杰		新金工二	嵊县金岭镇转鏻铿后张交
竺士曾	酒祖	新金工二	嵊县后山厚生堂号转兰州交
吴智田		新金工二	杭州抚宁巷十六号
张裔仲	孝春	新金工二	嵊县城中西前街同胜转
陈斯突		新金工一	未详
陈善		新金工一	嵊县甘霖镇怡昌烟酒号转交
计宗圻		新金工一	嘉兴新丰镇
来永如	连生	新金工一	萧山长河镇世科第现住杭州周公井三元地六十三号
金师玉		新金工一	温岭县城内尚书坊
蔡同		新金工一	吴兴县双林镇东栅油车弄天锡堂
余国骅		新金工一	杭州牛羊司巷一号
卢雪正		旧木工三	台州海门大荆界春生堂药号
俞志伟	煋焘	旧木工三	余姚武胜门头
叶洪卿		旧木工三	德清小南门外
余凤梧		新木工一	杭州四宜亭四宜别墅
周绍文		新木工一	杭州里横河桥十二号
邹逢吉		新木工一	杭州双眼井巷十五号

续　表

姓名	号	科级	通讯处
王质彬		新铸工一	河南虞城县，杭州蔡官巷十五号
杨昌华	重光	新发电二	崇德县教育局转
徐志元		新发动二	杭州小粉墙九十号交
方禹铭		新发动二	嘉兴北门外马库汇
罗汝砺	滌凡	新发动一	杭州龙兴路吴山里四号
史水清		新发动一	江苏溧阳城东门茂新布号转交北门下庄村
王林生		新发动一	江苏溧阳县东门大东阳号
秦旭东		新发动一	未详
王化均		新发动一	嵊县北庄镇单绍丰酒号转交东林
钱梦庚		新发动一	诸暨姚公埠转江藻穗丰祥米号
钱高恒		新发动一	嵊县长乐镇长春烟酒号
吴之源	仲敏	新发动一	杭州羊市街一八一号
卢朱光	焕章	旧力织三	东阳卢宅忠心台门，萧山东门外庆云织绸厂
宋凤春	有仪	旧力织三	杭州江干三廊庙公和行，杭州天章织绸厂
程如海	良和	旧力织三	江苏溧阳上沛埠益生堂药号转交萧山庆云织绸厂
董继欧	修斋	旧力织三	嵊县崇仁镇龄记药材号转湖上院萧山庆云织绸厂
李世俊		旧力织三	嵊县北门白董堂，上海西门斜桥美亚织绸厂
钱大英	水澄	旧力织三	嵊县长乐镇，上海西门斜桥美亚织绸厂
黄能熊	耀祖	旧力织三	义乌东门，萧山东门外庆云织绸厂
袁文灏	一理	旧力织三	嵊县西前街宋成昌号转黄箭坂，上海西门斜桥美亚织绸厂
以上力织各生派厂家实习			
经鉴	康基	旧力织三	杭州水溝巷新一号
任廷钧	伯衡	旧力织三	上虞章镇晋昌祥转石舍
宋世安	之谦	旧力织三	嵊县甘霖镇宋义生号交
竺士良	时梁	旧力织三	嵊县东乡后山转澜洲交
陈德壬	道忠	旧力织三	杭州闸口水登桥里街四十四号
钟英		旧力织三	崇德洲泉镇
周善镜	鉴盦	新力织三	杭州里龙舌嘴六十八号
陆大荣		新力织三	嵊县富顺镇天德堂转陆家
徐大奎	文秀	新力织三	德清西门外施家园交
张茂熙		新力织三	嵊县市心街震轮公司转范村镇

续 表

姓名	号	科级	通讯处
徐惟仁		新力织三	嵊县黄泽镇志贤庄内交
尹文选		新力织三	嵊县市心街象吉号转
徐英	俊如	新力织二	富阳大源
竺邦运		新力织二	嵊县东乡后山镇厚生堂宝号转兰洲交
何镇	端甫	新力织二	富阳大源镇立生堂药号转交何坞山
楼际霆		新力织二	诸暨箬山霞,杭州五柳巷四号
郑豫鋑	献猷	新力织一	桐庐五味和转
竺凤云		新力织一	嵊县后山镇
叶诗志		新力织一	嵊县大王庙葆庆堂转叶家
沈承钜	鹤卿	新力织一	嵊县劝学所
赖永焕		新力织一	陕西郑县讲演所对面陈学文君收转
刘明良		新力捻一	四川重庆十八梯十九号
李保明		新力捻一	嵊县澄潭镇延庆堂转坑下
罗光耀		新力捻一	杭州清波门花牌楼七十五号
楼绍枝		新力捻一	义乌廿三里镇人和旅馆转观墩前
龚镇瀛		新力捻一	杭州金洞桥五十四号
翁子祥		新力捻一	德清县新市镇东栅转韩同春药号内
沈隆汉		新力捻一	嵊县石璜镇丁合和转沈村
叶季昌		新力捻一	嵊县黄泽乾大宝号
张仁风		新力捻一	诸暨草塔镇惠记南货宝号转交后三子交
郑宝洤		新力捻一	杭州金洞桥九号
陈炳藩		新力捻一	四川营山县城内北街
吴玉昆	韫辉	旧手织三	江苏兴化四牌西祥盛油号转上海西门斜桥美亚织绸厂
郑叔瑯		旧手织三	嵊县三界镇纯益号转长桥镇,安徽女子职业学校
以上手织各生派厂家实习			
梁功兴		新手织二	广西贵县墟心街合益号转
冯子钧		新手织二	绍兴马山何家溇交
谢方		新手织二	杭州钱塘路七十五号
曾广扬	子初	新手织二	四川合川县城内载家巷太山石内
谢成相		新手织一	桐庐县谢万隆南货号内交
贾贵卿		新手织一	嵊州北门白莲街

续 表

姓名	号	科级	通讯处
许寅		新手织一	杭州百岁坊巷二十四号
金运孚		新手织一	宁海城内桃源桥下
徐良		新手织一	松阳古市丁美利宝号
金永昌		新手织一	东阳巍山镇转交尚侃
李居梁		新捻丝二	绍兴陶里,杭州金洞桥十一号
傅斗中		新染色二	广西贵县三界巷傅宅内
魏耀庭	献之	新染色一	陕西颌阳县城内天和德号
吴钟麟		新染色一	杭州忠清巷七十九号
罗义仙	侠	旧纹工三	昌化河桥程立升号转于潜浪山,杭州茅家埠都锦生丝织厂
杜文桢	维周	旧纹工三	杭州太庙巷十八号,杭州下池塘巷联益纹厂
杨平章	黎雍	旧纹工三	崇德洲泉余万桥药号交,杭州联桥直街袁震和绸厂
赵麟	子帆	旧纹工三	杭州柴木巷景家弄六号,杭州联桥直街袁震和绸庄
沈以衔	鑫章	旧纹工三	崇德石湾木场桥南首或盛泽云成厂
刘克奇		旧纹工三	杭州清泰门直街一百八十号,上海北湖南路栗本洋行
高昌期	开泰	旧纹工三	杭州忠正桥直街二十四号,上海北湖南路栗本洋行
蔡振荣	炳毓	旧纹工三	德清大南门蔡隆泰酒号,杭州王马巷鑫奇纹厂
魏伯康	洪宝	新纹工三	新昌黄泽徐洪昌布庄转交蓝天头,上海西门斜桥美亚绸厂
于升陛		新纹工二	桐乡石湾镇于颐寿药号转交,盛泽云成厂
韩牖民		新纹工二	四川长寿双龙乡杭州蒲场巷鼎新纹制厂
以上纹工各生派厂家实习			
陶祖渊		新纹工二	湖州安定书巷勤业丝织厂转
戴宝达		新纹工二	杭州塘棲镇沁园茶园
洪圣宝	士祥	新纹工一	杭州小营巷四十八号
王纪		新纹工一	杭州金洞桥九号
俞继怡		新纹工一	南浔南栅方家汇
刘殿藩		新纹工一	四川涪陵县四王庙吴家宅交
王克俭		新纹工一	杭州九曲巷四号
施其良		新纹工一	宁海城内白石头
周锦培		新纹工一	杭州叶家弄八号
徐惟效		新纹工一	嵊县黄泽镇万青元宝号
张振骏		新纹工一	南浔北栅庄家弄张丰泰

续 表

姓名	号	科级	通讯处
林鸿佳		新制纸二	广东琼州文昌县白延市丰利号转
程祥士	达一	新制纸一	杭州燕子弄口德太和转
尹熙祥	正铨	新制革三	嵊县甘霖镇树德堂
林明曜	日东	新脂油二	广东琼州文昌县市教墟益源号转
吴振伦	季常	新脂油一	温州平阳江南芦浦
许孝华		新脂油一	杭州文龙巷六号
孙绍亭		新脂油一	陕西汉中东关长兴成号转

工业学校乙种毕业生

姓名	号	科别	通讯处
方益三		金工	诸暨城内横街袁德兴转汤家店
金光耀	虞卿	金工	义乌廿三里转西陈
来秉琦	如梁	金工	杭州炭桥下华通织袜厂
孟万鑫	逸先	金工	杭州忠清巷谢寓转
李沛泉	如川	金工	松江朱家角警察分所
曹达	继香	金工	杭州板儿巷四十二号
周召棠	咏南	金工	萧山
王斌铨	椒山	金工	绍兴东浦林头王宝和赤记
仲书全	溯源	金工	江苏武进东门外仲宅
何宋玉	子美	金工	余姚
施德宗	德宗	金工	杭州六官巷
柴恒裕	龙昌	金工	上虞
沈嘉生	叔明	金工	杭州金钗袋巷三十三号
高瑞兴	瑞兴	金工	杭县
金明昶	光汉	金工	上虞百官前江村延益堂药号转
蒋贤庭	机云	金工	杭州运司河下三十五号
董庆芳		金工	萧山临浦安仁油烛栈转凤凰坞
阮懋鸿	雁秋	金工	杭城杭县路青年里一号
庞祖培	德三	金工	广西南宁城外亭子广兴转
吴兰庭	兆荪	金工	东阳南街吴恒盛号
楼齐英	涟波	金工	东阳巍山鼎丰转交象塘

续 表

姓名	号	科别	通讯处
杨成玠	信众	金工	杭县新市场兴武路十七号
黄兆英	杏森	金工	嵊县南门外竹主潭黄震源转
黄明德	学勤	金工	嵊县南门外竹主潭黄振源转
刘福康	伯强	金工	瑞安东门外打锡巷口
郎存玉	士衎	金工	杭县省立贫儿院
孙浩济	士霖	金工	杭州省立贫儿院
楼祖高	海棠	金工	杭州方谷园一号
王国华	志文	金工	东阳湖溪同仁堂转后田
金文光		金工	温州西门外金聚和号
包宇	镜寰	金工	余姚白沙塔晋和号转
黄宋伦		金工	东阳
周承镐		金工	嵊县东门叙兴馆转
王庭骐		金工	东阳
袁寅	吾定	金工	嵊县万春南货号转碧溪上村
周载生	远涵	金工	临海东塍镇
詹晋葵		金工	
俞志艺		金工	余姚吴圣门新邵家翁宅
管海乔	量沧	金工	瑞安八角桥上康宁里
郑祖驎	志梅	金工	温岭城内三宅街
黄维圆		金工	余姚周巷老瑞昌号转
沈经存	道腴	金工	江苏盐城西大街亿丰号转
王纶	富生	金工	溧阳西门彭元泰交泓口村
朱槎	星符	金工	杭州旧藩署五十六号
徐佐卿	振华	金工	上虞管溪镇
李世瑞		金工	嵊县白莲塘
黄允升	蔚然	金工	东阳湖溪镇同仁堂转黄大户交
吕声高	峻卿	金工	义乌廿三里镇
方云龙	剑琴	金工	杭州棚桥巷五号
吴成咸		金工	东阳山头杜镇交钱家
王纲	伯伊	金工	温岭镇莞渭蔡前洋王家
金循矩	振世	电机	东阳巍山镇转畈干金景泰号

续 表

姓名	号	科别	通讯处
黄汝清	镜心	锻工	余姚梁衕镇恒泰杂货号转交
冯祖福		锻工	诸暨店口恰卜泰号转湖西
陆友璋	友璋	铸工	余姚
吴伯翔	逸斋	铸工	杭县竹竿巷四十八号
唐贻春	象新	铸工	鄞县
王锦椿	志褧	铸工	德清下舍天一堂药店转
朱炽	润甫	铸工	杭州
杜英箕	心田	铸工	东阳卢宅四分头交
沈仁椿	永年	木工	余姚浒山镇荣盛木行转
黄宝和	纯盦	木工	余姚梁巷镇协泰染坊转横坎
童范	伯型	木工	余姚坎墩吴顺兴转
张文新	宗培	木工	杭州葵巷二十三号
许孝椿		木工	杭州文龙巷六号
孙松鹤	延龄	原动	嵊县
吴詠	禹闻	原动	嘉兴恒春庄转西市恒记号
沈汝毅	有义	原动	杭州龙翔里一巷六号
屠天麟	玉书	原动	嘉兴北门池湾镇
金丽泉	志清	原动	杭州登云桥八号
沈迺鋆	仲坤	原动	南浔西棚
王俊秀	清甫	手织	山西忻县石家庄
姜绍夔		手织	天台西门里钱
倪克终	进益	手织	金华马门刘义兴转或虎林公司
何棻	柏卿	手织	江苏无锡东北塘镇经成公司
赵馥初	启旭	手织	杭州虎林公司
钱桐江	复华	手织	湖州东街通济弄增华绸厂
王士荣	华昌	手织	嵊县北庄华堂大同号
徐希圣	企周	手织	湖州白墙湾华章绸厂
吴复礼	仁三	手织	杭州金洞桥庆成绸厂
王顺泰	子元	手织	山西省城蚕业工厂
董奎	赞卿	手织	绍兴
吴葆良	怀新	手织	嵊县保婴局路烟叶公所后面

续 表

姓名	号	科别	通讯处
金绍振	绍振	手织	义乌廿三里转蔡宅
余加金	季诺	手织	乐清
杨庭纶	汝衡	手织	嵊县城内市心街朱茂盛或转
贾学成	仲华	手织	嵊县城内白莲堂或虎林公司
江莲舫	莲舫	手织	杭州茱市桥堍茶店
龚礎兴	艮纬	手织	嵊县城中
马崇德	崇德	手织	嵊县
郑忠进	伯挺	手织	嵊县城中孝子坊老喻府台门
郑子仁		手织	黄岩
周伟一	庭祚	手织	黄岩东城三亭街将军第或虎林公司
俞晋	晓渔	手织	兰溪游埠镇或蒋广昌绸厂
何人骥	仲游	手织	故
马占禄	肇骥	手织	嵊县城内白莲堂
周云庆	星垣	手织	江苏高邮北门外姜协昌号转或本校
徐伏安		手织	德清菱湖东栅隆兴桥
赵彧	本梁	手织	诸暨城内大道地右首
丁宗兴	燮山	手织	嵊县南门外保生堂药号
王逸骏	冠瑾	手织	嵊县北门古三厅院
诸维泱	洛瞻	手织	绍兴新河弄福禄桥下
林云仙	杏生	手织	武康官桥南孝子坊
魏嘉会		手织	嵊县璜泽镇景堂药号交
沈书升	仲庸	手织	嘉兴南门外吊桥下泰昌号
黄去病	怀霍	手织	江苏无锡南市桥巷十一号
王寿颐	子期	手织	宁波县东巷华亚织绸厂，诸暨姚公埠长茂号转枉王村
姚华瑜	荣卿	手织	永康县山川坛周同升号转黄棠庄
陈佳生		手织	上虞崧厦贺家埠
应德馨	兰甫	手织	永康县芝英镇下地塔
宋启櫺	长生	手织	嵊县城中同馨泰号转
金宗炘	伯雅	手织	温州百里坊八仙楼口丁宅内金宗垚
陆克俭	朝贵	手织	湖州南门马井巷
虞洪海	荒天	手织	杭县众安桥虞万兴号

续 表

姓名	号	科别	通讯处
陈学良	梦熊	手织	杭县上城水陆寺巷九号
周长和	蜚声	手织	永康县山川坛周益源号转前罗庄
张履修		手织	绍兴漓渚三省堂
朱守法	善金	手织	嘉兴第二师范校转
张运经	吉祥	手织	绍兴漓渚三省堂
李竹堂	观明	手织	江苏兴化县桥下亚元第
刘志强	素刚	手织	温州瑞安西门外泰顺公所转珊溪
陈佐棠	荫华	手织	武康千秋桥南林鼎兴号
汪克万	立人	手织	苏州史家巷六十号或纬成公司
徐复心	伯熊	手织	杭州花冠巷二十六号
葛林芳	春苑	手织	宁海城内万象春号
何彰武	崇誉	手织	诸暨姚公埠交长山循善学校
潘元龄	鞠聆	手织	温州水门外东下新永丰行
屠守忠	学镇	手织	嵊县西前街袁元大号转江东村
黄杏村		手织	杭州联桥袁震和绸庄
叶昌睿	次青	手织	杭州下坂儿巷一零三号或天章丝织厂
唐开甲		手织	杭州三元坊湖南会馆
吴大烈		手织	杭州下城文龙巷八号
杨林泉		手织	溧阳东门外第一国民学校转
宝德胜		手织	绍兴东关浒弄口复裕泰布庄转
梁晋卿		手织	杭州林司后濮家弄天章绸厂
龚启洋		手织	未详
黄宗沅		手织	未详
庞善懿	学林	手织	广西南宁东门外蚕业学校转
房光宇	仲堂	手织	江苏溧阳西门大街汪德隆号转
沈鸿来	竹舫	手织	崇德县北大街老祥源布庄转
周一峰	剑侠	手织	嵊县南门外宝成茂记号
沈文甫	秉周	手织	嵊县东后街棋杵台门
丁家骊	仲翔	手织	德清大南门外
叶钟瑾		手织	余姚
赵锡庭		手织	嵊县

续 表

姓名	号	科别	通讯处
陆友三		手织	余姚东横河陆隆泰号
吴峻		手织	兰溪
黄伯荃		手织	嵊县
杨元捷		手织	江苏常州
陆绪涛		手织	嘉兴
谢启元		手织	绍兴
郑侨		手织	嵊县
黄之慎		手织	嵊县
薛执中		手织	瑞安
汪宝泉		手织	绍兴
胡绍经		手织	余姚
蔡德阜	康甫	手织	诸暨城内金大成染坊转陈蔡
郑桂芬		手织	
杨华南	秋屏	手织	新昌镜岭镇鼎和转回山村
王汝丁	耀宗	手织	永康县山川坛元大号转
竺继壕	景章	手织	嵊县竹山镇九德堂药材
胡润清	仁俊	手织	江苏溧阳西门沧滨巷西胡宅交
宋如洋	海臣	手织	绍兴柯镇同和肉店转寄江墅
傅德元	谢愁	手织	杭州湖墅卖鱼善昌衣庄后院傅瑞禾转
张竟成		手织	
金其中		手织	
黄景熹	兆隆	手织	余姚冰水桥
曹祺	熊祥	手织	崇德春风楼
施春山	伯方	纹工	杭州金洞桥二十七号或庆成绸厂
梁雪钧		纹工	故
沈葆良		纹工	杭县长庆街大新织绸厂
赵廷琛	献卿	纹工	山西忻县新赵村
钱家兰		纹工	嵊县长乐镇
李锦琳	文园	纹工	东阳巍镇古界头或本城大东门日新纹制厂
张坚		纹工	杭州法院前
钱庚生	耀宗	纹工	上海贵州路荣庆里

续 表

姓名	号	科别	通讯处
许广成	信生	纹工	杭州
虞宝书	叔庄	纹工	德清戚家巷
许培发	同纶	纹工	兰溪西门聚丰转
钱承纶	子言	纹工	杭州批验所杭州铁工厂转
张堃毅		纹工	湖州西门内乔梓巷
韩杏庭		纹工	杭州仙林桥大源公司转
韩聿道		纹工	盛泽经成厂转
汪子安		纹工	杭州积善坊巷蒋广昌转
沈吉生	诗观	纹工	吴兴竹安巷
黄朱伦		纹工	未详
何鸿勋		纹工	诸暨姚公埠何家山头永茂号
赵泽春	圣如	纹工	吴兴月湖漾
蔡鼎晟	运昌	纹工	杭州菜市桥东塆八十九号
刘士渊	睿泉	纹工	义乌南门养正堂松记转青岩刘
王可续	云山	纹工	江苏丹阳宗巷景泰糟坊间壁
朱宝镛	铮甫	纹工	杭县太平坊巷五十五号
金启承	嵩孙	纹工	杭县清泰门外金鸡桥经理处
赵汤林		纹工	诸暨枫桥镇恒丰号转
赵介乾	复斋	纹工	诸暨赵家埠张益昌转交山前
陈棣润	炎甫	纹工	杭县饮马井巷十一号
余龙士		纹工	杭县东街石板巷惠成纹制所
楼齐宥	子熙	纹工	临安西门内履泰丰号
徐佑年	松涛	纹工	德清县东何家巷
强国臣	南侠	纹工	江苏无锡真应道巷三十号
何振昌	作圣	纹工	诸暨姚公埠长山循善国民校转
魏金潮	公信	纹工	诸暨枫桥泰和号
钟凯	鹿苹	纹工	崇德洲泉镇金人和号转
汪均		纹工	绍城叶家弄济成厂转
严凤来	嘉圣	纹工	绍县陆家埭
张义福	镜澄	纹工	吴兴南浔西栅米栅屋纪铸颜收转
殷福棠		纹工	绍县上大路同信号转

续 表

姓名	号	科别	通讯处
周子安		纹工	绍县马山镇万岁桥下元成号转
诸维濬	哲生	纹工	绍县新河弄沈永和坊收转
李士吉		纹工	德清县西
赵莲池		纹工	江苏邳县磘湾镇
沈家荣	冠荣	纹工	吴兴东门浮星桥苏家巷
许国昌	古铮	纹工	海盐沈荡西市三泰竹行
钱士玉	高墀	纹工	嵊县西乡长乐镇
吴其寿	考年	纹工	宁海桃源桥下吴源丰号
蔡坎	达人	纹工	德清务前街
祝绍印	九如	纹工	杭州招宝堂包龙桥巷十八号
王炳麟	栖仙	纹工	嘉兴柴场湾胡大隆酱园第二间壁
胡国华	鹤缘	纹工	杭州四条街三十五号
邵祖荫	福桐	纹工	无锡城中大街裕昌茶号交
常宪章		纹工	未详
陈金华	景华	纹工	孝丰北街天福丰号转
宋文杰	学濂	纹工	溧阳南渡镇南春楼茶室交
钱学宏	伯文	纹工	本城保佑坊惠民巷十三号
徐麟延	叔恒	纹工	绍县昌安恒丰烛号转交
周榕村	庸村	纹工	绍县柯桥石马太史第内
王允恭		纹工	松江城内华署南石幢子
陈其祥	继梅	纹工	吴兴城内旱渡桥沈宅转交
宋岳高	苏阳	纹工	溧阳第一高小交
何鼎恒	明斋	纹工	诸暨姚公埠交广山岐
陈绍满	谦甫	纹工	余姚浒山礼裕钱庄
王士珍		纹工	江苏淮安
朱光燾		纹工	杭县
孙长寿		纹工	绍县
余荣培		纹工	杭州袁震和绸厂
吴逢鹏		纹工	东阳
钟连清		纹工	吴兴
陈望斗		纹工	

续 表

姓名	号	科别	通讯处
华禹谟	少卿	纹工	宁海城内大北门春浪桥交
钱毓芬		纹工	
钱曾润		纹工	
徐吉人		纹工	
吴增翔	继权	纹工	震泽北栅花山头交怀德堂
吴忠连		纹工	
朱其年	繁生	纹工	杭州长庆街十三号
何瑞文	子佩	纹工	义乌苏溪镇隆昌顺记号交
俞尚经		纹工	
金桂森	伯琴	纹工	苏州临顿路曹胡徐巷六十五号
胡邦汉	渭南	纹工	崇德洲泉北市
商世昌	中裕	纹工	屠甸寺交史家桥商仁生药号
吴骏烈	仲熙	纹工	德清直街益新纸号
王逸骐	冠瑜	纹工	嵊县城中北门古三厅院
陈德熙		纹工	
杨锦昌	经才	纹工	湖州太和坊瑞丰园酒茶馆
赵福康		力织	兰溪南门云和祥号转
周品湘		力织	东阳城内刘仁德转见北周
童莘伯	志伊	力织	嵊县城内仙姑庙巷童宅
刘祖晨	福成	力织	嵊县城中绣衣坊前问交
焦克宽	得象	力织	山西忻县久聚魁庄
米炳章	文蔚	力织	山西忻县北关得胜店转匡村杏树道收
黄克宽	子容	力织	故
蔡品三	纲瑚	力织	故
俞惠	济威	力织	兰溪游埠镇务聚昌米号
吴祥生	仲良	力织	湖州西门外吴恒泰号
沈鸿飞		力织	杭县
王鹤龄	侣琴	力织	黄岩西街何大顺转
徐金生	珍席	力织	杭州众安桥张小泉九记
王鸣瑞		力织	黄岩河岸二号
徐志信	普成	力织	嵊县横泽岭万丰号

续 表

姓名	号	科别	通讯处
张仲愚	忘年	力织	嵊县恒泰兴转沙园
陈秉钧		力织	嵊县三界吴同泰号转陈村
叶涵	泽濡	力织	瑞安大嶨仁昌大房转公阳
丁仲煊	善长	力织	嵊县北门敬业学校
尤家铨		力织	杭州横大方伯十六号
魏鍌		力织	嵊县黄泽镇阜泉号
裘余行	子文	力织	嵊县崇仁镇上段生泰字号转
张克正	鹤皋	力织	嵊县剡北蒋镇王仁德号转清水坞
张汉潜	维廉	力织	嵊县剡北蒋镇李忠记转清水坞
余鹤书		力织	
强庆官	吉民	力织	江苏溧阳上沛埠益生堂转
王洤	谔成	力织	嵊县剡北蒋镇转上王三中学校
葛孝夔	惠轩	力织	嵊县浦口镇大来宝号转湛头
狄庆	维根	力织	江苏溧阳西门聚源昌号转东泗墩村
陈家襄	吉甫	力织	绍兴樊江
俞旸汀		力织	嵊县苍岩镇大生堂转
沈贵三		力织	嵊县沈家湾村
潘金蕙	益华	力织	东阳六石口郑同兴号转裘家岭
郑元恂	元恂	力织	嵊县三界镇丁秦泰米号转长桥
陈瀛仙	瀛仙	力织	德清新市镇司前街新源印刷社交
张基	泉孙	捻丝	杭州
龚经顺	根盛	捻丝	嵊县城中北仙姑巷
赵保堂		捻丝	山西忻县新兴劝工场或本城天章绸厂
王士凯		捻丝	嵊县北庄丁裕顺号转华堂
邱宝才	日龙	捻丝	吴兴南浔东栅马家港
叶友根		捻丝	上海吴淞路南田汇九号
童晋康		捻丝	温州域内鼓楼街
陈祖兴	肖赐	捻丝	湖州北门府学前
孙金寿		捻丝	绍县
赵渊		捻丝	嵊县城中市山弄交
索增熙	辑甫	染色	山西忻县新兴劝工场

续 表

姓名	号	科别	通讯处
鲍惠德	克明	染色	杭州大塔儿巷十四号内
周桐	伯琴	染色	溧阳南门童二疃堂许宅
徐复来	见心	染色	杭州龙华巷
陈绍第	藩庶	制革	丽水府前桥李新昌转
葛篆丰		制革	绍兴偏门外谢家桥悦来号转柳坞
陈美生	广仁	制革	绍兴偏门外谢家桥穗丰号转乾峰寺
陈绍康	绍康	油脂	丽水括苍门外熊元亨内
徐俊文	禹甸	油脂	嵊县西前街张顺泰烟号转雅基庄
许锦茂	华章	油脂	临平原成泰米号转仙家桥
谢赓铎	懋尼	油脂	杭州运司河七十二号门牌内
许浦田	云鹤	制纸	诸暨倪万隆转齐村恒盛转青丁山
蔡骏发	锐	制纸	诸暨浣江旅馆转陈蔡
洪胜贵	伯豪	制纸	杭州三角地九号

补习班毕业生

金禹成	范兆深	徐祖汉	王可续	杨巨祥	索增熙	李保华
范吉生	赵泽春	吴隆义	刘士渊	楼影吾	李汉臣	黄星球
庞善懿	王鹤龄	胡之元	杨林泉	桑宗春	黄怀椿	赵永清
袁士明	辛焕	翟广亚	王士珍	陈学良	石宝荣	杨国桢
唐龙元	鲍惠德	吴兆熊	张廷桢	郑存玉	孙浩济	赵斌武
郑志坤	范焜	魏嘉会	沈鸿来	王祖球	沈书升	朱宝镛
周一峰	李典愉	龚启洋	吴运文	赵汤林	黄去病	陆念劬
沈文甫	房光箕	余龙士	何鸿勋	米炳章	王仁明	章炳贤
赵祐	范煜	林谦	金启承	罗忠豪	蔡先荣	杜英箕
阮懋鸿	吴兰庭	楼齐恩	冯祖福	楼齐英	魏金潮	诸惟澹
王寿颐	房光宇	陆慧	何振昌	殷福棠	庞组培	黄明德
王介禄	卓桂馨	卢化民	陈祖兴	季仙桂	张廷坤	楼齐宥
何炳耀						

前附设浙江机织传习所职员

姓名	号	通信处
许炳堃	缄甫	杭州文龙巷六号
刘德襄	戛鸣	详前
吴纬	仲湘	杭州羊市街二二五号
王述祖	少渔	杭州大塔儿巷
蔡鋆刚	子文	新登蔡永亭号
常书鸿	廷芳	杭州新市场浣沙二弄八号
周云庆	星垣	江苏高邮姜协昌烟号转
孙嵇鹤	家武	上海北石路致富里四八七号纬成公司驻沪帐房，或绍兴孙端乡小桥头陈松茂号转
诸维淦	启明	绍兴漓渚镇
严传棻	楹书	奉化城内
陈君石		温州
陈建功	业成	绍兴城内耀英街大夫第
严鸿渐	逵庄	上虞崧厦裕丰南货号
沈念慈	彦士	杭州柴木巷五号
都锦生	鲁宾	杭州茅家埠十二号
章钜	铁民	德清务前街
王祖章	文蔚	详前
郑忠进	伯梃	嵊县城中孝子坊老喻府台门
龚绶	艮纬	嵊县北门仙姑弄
蔡经铭	慕陶	德清余不弄
芝元久三郎		日本
包公超	迪先	杭州岳家湾
多田原吾		日本
长谷川		日本
马永良	继常	江苏通州
章文宪	霭祥	金华四牌方正大南货号
管正雄		日本
丰惠恩	济泽	汤溪杨埠章万泰南号转黄堂
祝绍怀	亿祥	嘉兴屠家埭
王学逵	鸢如	桐乡县议会转

续 表

姓名	号	通信处
柴锡荣	雪蓉	杭州铁佛寺桥沈衙弄
莫善继	济之	德清赵家弄
钱绩熙	百熙	嵊县石璜邮局转山口庄
陈杰	之伟	余姚浒山陈景云转交
金鉴	子祥	杭州丰家兜
何公亮	叔屏	诸暨枫桥骆恒兴号转泉畈
刘钟翰	筱允	上虞东门外高道地

传习所毕业生

第一期	
潘升祥	杭州王衙前
章宝兴	杭州永福寺巷
王清淇	杭州艮山门外杨家弄
徐六三	杭州紫金冠巷
龚鸿庆	杭州知足亭
裘贤泰	杭州骆驼桥河下
吴三五	杭州知足亭
吴元高	杭州王衙前
韩寿福	萧山西兴
第二期	
胡子荣	嘉兴
沈云卿	嘉兴
周云亭	嘉兴
徐鑫甫	嘉兴
董春舟	嘉兴
杨锦棠	嘉兴
陈锦甫	嘉兴
张少峰	嘉兴
徐蔚臣	嘉兴
吴楚臣	嘉兴

续 表

第三期	
姚集发	吴兴北门外邵家墩
沈坤林	吴兴北门外邵家墩
陈鉴堂	杭州
许正源	吴兴
许源心	吴兴
郑乾昌	吴兴南高桥
沈大江	吴兴北门外杨壕村
陈顺林	吴兴北门外朱洪村
陈锦鳌	吴兴
沈坤源	吴兴北门外杨壕村
费洪春	吴兴
第四期	
王忠青	绍兴
杜得胜	绍兴
杨复林	杭州
何仙寿	杭州
戴德有	杭州
陈亭松	萧山
沈锦应	杭州
韩章祺	绍兴
洪宝山	杭州
钱善明	杭州
第五期	
诸鑫有	杭州普安街
庞汝华	杭州知足亭
范锡源	杭州知足亭
董玉全	杭州知足亭
丁松茂	杭州新桥
庞汝兴	杭州知足亭
蒋祖贤	杭州知足亭
王嘉祥	杭州水陆寺巷

续 表

第五期	
沈顺潮	杭州王衙前
汪兆康	杭州欢乐巷
第六期	
朱锦元	绍兴
徐长顺	绍兴
郦茂春	绍兴
王幼堂	绍兴
余万庆	绍兴
余达夫	绍兴
许增福	杭州
吴德新	嘉兴
第七期	
陈玉珊	嘉兴
沈文卿	嘉兴
张少棠	嘉兴
陈春甫	嘉兴
叶利青	嘉兴
张锦兴	嘉兴
顾少华	嘉兴
胡友亭	嘉兴
沈松山	嘉兴
卜顺芝	嘉兴
郑炳珊	嘉兴
张仲卿	嘉兴
第八期	
嵇福昌	吴兴
沈金伦	吴兴
施万荣	吴兴
邵永福	吴兴
沈同芳	吴兴
谢云汉	吴兴

续 表

第八期	
嵇顺源	吴兴
王仁熙	吴兴
陆仲翰	吴兴
周源槐	吴兴
孙集宾	吴兴
第九期	
汤圣林	杭州
周福安	绍兴
陈应生	杭州
凌张福	绍兴
李春林	杭州
包必成	绍兴
第十期	
诸阿兔	杭州
马阿松	绍兴
沈锡东	杭州
程学启	杭州
郦六艺	杭州
洪锦沅	杭州
第十一期	
尉英富	绍兴
钮六八	绍兴
李麟祥	绍兴
何光奎	绍兴
洪锦沅	杭县
第十二期	
欧旭初	嘉兴
陆其祥	嘉兴
王佐亭	嘉兴
李增荣	嘉兴
张锦祥	嘉兴

续　表

第十三期	
章大本	杭州太平桥
王锡林	杭县琐巷
傅开元	杭县章家桥
沈阿宁	杭县招宝堂
徐玉堂	杭县知足亭
郁潭春	杭县知足亭
倪云波	杭县知足亭
缕官云	杭县联桥
陈邦兴	杭县知足亭
胡咬哕	杭州知足亭
马安龙	杭州琐巷
俞如渭	杭州招宝堂
田锡林	杭州潮鸣寺巷
第十四期	
庞荣生	杭州知足亭
庞锡昌	杭州知足亭
谈柏源	杭州小桥头
蔡贵华	杭州有玉桥
季锦标	杭州知足亭
王含春	杭州金郎中巷
石友山	杭县太平桥
金炳奎	杭州知足亭
吴元奎	杭州王衙前
邵锡兔	杭州艮山门
吴长庆	杭州东大门
第十五期	
周顺生	杭州
李筱堂	杭州
王阿忠	杭州
庞阿海	杭州
章阿尧	杭州

续 表

第十五期	
叶阴椿	杭州
周炳森	杭州
缪天祥	杭州
楼纯铨	杭州
陈希贤	绍兴
王文林	杭州
曹焕云	杭州
吴宝升	杭州
余六五	杭州
第十六期	
陈连中	绍兴
周齐标	上虞
章吉顺	杭州
姚泉荣	绍兴
沈鹏年	杭州
陆锦祥	嘉兴
范选卿	嘉兴
曹仲生	富阳
张坚	杭州
倪初亮	诸暨
第十七期	
孙虎臣	如皋
徐鸿卿	嘉兴
黄永庆	萧山
王泰祥	杭州
陈元富	绍兴
俞见春	诸暨
应良佐	诸暨
孙宝	杭州
崔芝生	宁波

续 表

第十八期	
施锦福	杭州王马巷
黄有才	杭州知足亭
周受宏	杭州横河桥
朱锦潮	杭州知足亭
李慎茂	杭州招宝堂
徐锦堂	杭州知足亭
胡长生	杭州王马巷
陈云泉	杭州知足亭
傅炳泉	杭州花灯巷
屠四八	绍兴
黄阿迁	杭州海狮沟
李六十	杭州菜市桥
章长林	杭州
虞宝庆	杭州
张玉堂	杭州
华浩泉	杭州
张廷灿	杭州
陈锦足	杭州
陈兰生	杭州
张莲卿	嘉兴
何金宝	杭州
傅阿金	杭州
邵维康	杭州
沈长发	杭州
第十九期	
汪凤梧	嵊县
王士荣	嵊县
张少华	嘉兴
杨荣宝	绍兴
沈鲁卿	德清
吴葆良	嵊县

续　表

第十九期	
唐长春	杭州
贾学成	嵊县
张永贤	杭州
沈长发	杭州
王士冈	嵊县
罗理楝	黄岩
第二十期	
胡春荣	杭州
施金森	杭州
陈天元	杭州
俞长铭	杭州
翁坤发	杭州
胡锦芳	杭州
陈春华	杭州
孙锦仁	安徽
王宝春	杭州
吴子川	杭州
第二十一期	
赵德奎	杭州
陈传孝	杭州
裘兰生	杭州
陈莲生	杭州
吴德裕	杭州
徐福林	杭州
孙廷杰	杭州
林文生	杭州
王锦元	杭州
王增禄	杭州
金禾生	杭州
孟禾炳	杭州
孟子川	杭州
章福堂	杭州

续 表

第二十二期	
余锦升	杭州
徐晶水	杭州
萧金华	杭州
包必森	绍兴
李永泉	嘉兴
章瑟琴	杭州
李大福	绍兴
谢东生	杭州
谭宝森	杭州
曹三贵	绍兴
第二十三期	
章和林	杭州
钟春林	杭州
卢士田	吴兴
卢世勋	吴兴
第二十四期	
李阿洪	杭州
陈莲福	绍兴
沈坤祥	吴兴
胡阿华	绍兴
高泉红	杭州
王金玉	绍兴
第二十五期	
徐有祥	杭州
费金海	杭州
沈源祥	杭州
毛水润	杭州
朱荣江	吴兴
章明江	吴兴
章志琴	杭州
张春江	杭州

续　表

第二十六期	
顾水镇	杭州
莫配义	绍兴
傅连发	杭州
王阿庆	杭州
丁柏青	绍兴
翁金奎	杭州
郭长生	绍兴
戴成生	杭州
蒋伯顺	绍兴
吴鹤龄	杭州
第二十七期	
于云南	绍兴
周鹤永	杭州
陶纪有	杭州
谢炳生	绍兴
余炳生	绍兴
沈六益	杭州
陈炳荣	杭州
吴锦春	绍兴
盛东生	杭州
第二十八期	
朱惠馥	杭州
陶锡章	杭州
徐尔康	杭州
侯少庭	杭州
徐照金	绍兴
胡惠馥	杭州
林宏元	杭州
沈宝林	杭州
金双喜	杭州
施东昇	杭州
王连福	杭州

续 表

第二十九期	
屠永箭	杭州
鲁全生	绍兴
吴茂生	杭州
朱维笙	嘉兴
张瑞春	吴兴
谢寿	吴兴
胡金生	吴兴
朱武三	吴兴
第三十期	
蒋兴甫	鄞县
叶万元	绍兴
沈松泉	杭州
韩富林	杭州
朱茂林	杭州
汪升甫	杭州
缪坤源	杭州
钱进庭	嘉兴
丁国宝	绍兴
第三十一期	
王德昌	杭州
楼宝林	杭州
夏德兴	杭州
高金龙	杭州
徐阿钧	绍兴
沈国宾	杭州
盛金标	杭州
钱永祥	杭州
蒋秋元	绍县
第三十二期	
周阿庆	杭县
谭炳林	杭县

续 表

第三十二期	
倪成浩	杭县
颜小毛	萧山
沈锦卿	杭县
盛茂祥	杭县
何永泉	杭县
王尚志	杭县
张文华	海宁
徐翰臣	杭县
王锦元	杭县
陈荣生	杭县
第三十三期	
冯公木	杭县
蒋善福	杭县
方乃正	杭县
高顺友	杭县
陈兆寅	杭县
沈福顺	绍县
施荣标	萧山
李文连	杭县
宋锡林	杭县
史长寿	杭县
叶守顺	杭县
黄长生	杭县
李合雄	绍县
黄师禄	杭县
第三十五期	
叶登瀛	杭县
祝有根	杭县
朱嘉生	杭县
朱继渭	杭县
姚在孝	嘉兴

续 表

	第三十五期
单金生	杭县
柴瑞川	杭县
赵文宝	杭县
韩嘉生	杭县
	第三十六期
吴春阳	杭县
张云华	杭县
杨永生	杭县
叶埭华	杭县
陆齐贤	杭县
王永坤	萧山
高仁德	杭县
何荣钦	杭县
钱桢宝	杭县
颜松林	杭县
倪士昌	杭县
	第三十七期
朱润泉	杭县
戴绍红	杭县
傅三元	绍县
余东发	杭县
章瑞笙	绍县
王友福	杭县
黄志椿	萧山
朱富仪	杭县
窦文元	杭县
倪月潮	杭县
田锦玉	杭县
沈进才	吴兴

续 表

第三十八期	
陈永高	杭县
张良木	杭县
沈德顺	杭县
李金水	杭县
冯梅孙	杭县
胡世涟	余姚
许金贵	杭县
王凤生	杭县
沈同顺	杭县
徐雨香	杭县
周荣坤	杭县
第三十九期	
朱阿东	杭县
张益三	绍县
陈玉麟	杭县
黄宝田	杭县
潘绍基	杭县
金瑞坤	杭县
王传法	杭县
袁惠卿	杭县
徐芝林	杭县
史宝全	杭县
茅之其	杭县
第四十期	
蒋连元	上虞
平锦宝	杭县
蒋永全	上虞
郭纪先	杭县
金贵荣	崇德
鲁仲坤	杭县
张庆荣	杭县
钱金海	杭县

续 表

第四十一期	
王永康	杭县
徐钟宝	杭县
沈永龙	杭县
韩潮渭	杭县
第四十二期	
汪荣芳	杭县
黄妙华	杭县
沈永盛	杭县
陈金森	杭县
周永全	杭县
孙学真	杭县
韩荣林	杭县
滕增桂	杭县
金小高	上虞
章冬华	杭县
章金泉	杭县
周宝生	绍兴
第四十三期	
高福宝	杭县
祝凤祥	杭县
李长卿	杭县
孟德有	绍县
王张炳	杭县
陈耀庭	杭县
陈阿木	杭县
陶明泰	杭县
胡开生	绍县
陈海龙	杭县
任兆昌	杭县
俞斌	杭县

续 表

第四十四期	
魏春林	江宁
翁贤祖	宁波
杨金章	杭县
江锦荣	嘉兴
姚征强	嘉兴
吴开文	嘉兴
沈佩荣	嘉兴
徐士驷	嘉兴
第四十五期	
王金宝	绍县
吴连生	绍兴
徐雨生	杭县
王桂林	杭县
曹江东	杭县
费金生	绍县
包必忠	绍县
沈宝喜	吴兴
卢士明	吴兴
陆锦庭	绍县
赵文灿	杭县
叶阿二	杭县
邵鸿昌	杭县
诸明福	吴兴
华嗷林	杭县
费美江	吴兴
吴宗汉	杭县
第四十六期	
李春泉	萧山
王宝贤	杭县
丁宝生	绍县
赵根海	吴兴

续 表

第四十六期	
何锦陛	绍县
曹维锦	绍县
马家贤	绍县
许锦泉	吴兴
第四十七期	
刘传香	杭县
丁宝源	绍县
叶国英	杭县
洪汉源	杭县
嵇春发	吴兴
任成大	杭县
吴春泉	吴兴
邵芝生	杭县
韩宝生	绍县
第四十八期	
朱连贵	杭县
俞文亮	杭县
邵桂红	吴兴
沈阿松	吴兴
沈坤贤	吴兴
范了头	吴兴
陈发生	吴兴
邵锦春	吴兴
张聚宝	吴兴
沈发生	吴兴
邵永康	吴兴
第四十九期	
沈宝鑫	杭县
范锦荣	杭县
郁振鸿	嘉兴
吴锡溪	吴兴

续 表

第四十九期	
张建康	嘉兴
张桂林	嘉兴
第五十期	
王荣宝	绍县
蒋嘉贤	杭县
陈宝华	杭县
王敬中	杭县
赵奎森	杭县
叶守堃	杭县
王斌	绍兴
杨鸿宝	杭县
倪锦臣	绍县
韩组绶	杭县
史金生	萧山
冯锡璋	杭县
第五十一期	
董奎	绍县
胡杏元	桐乡
沈子祥	桐乡
刘廷玉	桐乡
张芗孙	鄞县
罗家源	
第五十二期	
茹宝生	杭县
徐德明	绍县
章种德	杭县
许绍钧	杭县
胡国斌	杭县
第五十三期	
周光华	杭县
任四拾	杭县

续 表

	第五十三期
蔡炳渭	杭县
屠兴龙	杭县
宋张庆	杭县
陆尧鹤	杭县
戴承祖	杭县
戴潮庆	杭县
	第五十四期
胥正瀛	江嵊阜宁
徐伯良	江苏盐城
陆芝	嘉兴
陆继宗	嘉兴
张肇勇	嘉兴
	第五十五期
徐阿铨	杭县
单阿兰	杭县
胡永泉	杭县
许金富	杭县
章子清	嘉兴
杨熊楚	杭县
	第五十六期
石阿松	绍兴
李双喜	杭县
王修增	绍兴
章棱生	杭县
李兴有	杭县
朱宝连	绍兴
孙贻论	杭县
韩松林	杭县
楼观元	杭县
韩锦林	杭县
林玉泉	杭县

续　表

第五十六期	
鲍传义	杭县
王长春	杭县
高秀章	杭县
方贵荣	杭县
第五十七期	
孙长生	杭县
马荣成	杭县
胡德法	杭县
罗鸿开	杭县
沈顺昌	杭县
王锦林	杭县
邵万贵	绍兴
杨宝泉	杭县
濮梁	杭县
施长相	绍兴
马渭生	杭县
王林元	杭县
应永锡	绍县
周庆祥	绍县
裘长金	杭县
章智荣	杭县
汪懋银	杭县
孙嘉荣	绍县
冯宝源	杭县
孙东初	绍县
第五十八期	
朱玉庭	杭县
蔡浩成	杭县
陈毛儿	杭县
蔡国贤	杭县
龚张荣	杭县

续 表

第五十八期	
沈伯年	杭县
金连有	杭县
余子林	杭县
黄余庆	杭县
陈祖虞	杭县
朱阿水	杭县
第五十九期	
胡耀荣	杭县
陆奎亭	杭县
许顺福	杭县
倪澄财	杭县
韩金标	杭县
楼洪祥	杭县
张福寿	杭县
陈凤祥	杭县
赵叔梁	上虞
王炳生	杭县
郑金水	杭县
曾佑宸	瑞安
第六十期	
费诸陞	杭县
冯全忠	杭县
蒋长发	杭县
周名标	杭县
第六十一期	
张德忠	杭县
陈金财	杭县
徐金荣	杭县
吕来宝	绍兴
宋德意	杭县
谢锦荣	杭县

续 表

第六十一期	
金文喜	
张伍生	杭县
沈瑞章	杭县
张宝成	杭县
程金龙	杭县
董瑞生	杭县
朱永寿	杭县
第六十二期	
陈珊毛	萧山
陈祖培	萧山
张渭源	萧山
贺松林	杭县
孙阿狗	杭县
林潮金	杭县
李庆鳞	嘉兴
任五九	杭县
第六十三期	
娄连庆	杭县
孙文祥	杭县
石治生	杭县
周莲宝	杭县
鲁子祥	杭县
杨鹤鸣	杭县
黄六十	杭县
周成左	杭县
陈有成	杭县
宋有庆	嘉兴
第六十四期	
张金福	杭县
金玉声	杭县
姚杏生	杭县

续 表

	第六十四期
倪成甫	杭县
殷鸿春	杭县
陈明贤	杭县
许金有	杭县
黄永水	杭县
吴宝全	杭县
郑宝如	杭县
汤锦森	杭县
江炳荣	嘉兴
	第六十五期
俞锦生	杭县
许长森	杭县
孙俊文	杭县
徐炳森	杭县
陈阿陆	杭县
林志鸣	杭县
顾锦森	杭县
张永森	杭县
王福鑫	杭县
马顺福	杭县
	第六十六期
庄松桂	杭县
陈旭初	杭县
单仁寿	杭县
顾财喜	杭县
吴尚林	杭县
胡锦镛	杭县
周庆纬	杭县
章启祥	杭县
孟成章	杭县
董祥元	杭县

续 表

第六十六期	
诸永发	杭县
叶浩如	杭县
洪顺兴	杭县
第六十七期	
胡宝富	杭县
胡炳生	杭县
骆金荣	杭县
周仲甫	杭县
孟达三	杭县
卢国梁	杭县
王昌言	杭县
李得胜	杭县
蒋杏铨	杭县
周光荣	杭县
第六十八期	
冯春林	杭县
朱芝兰	杭县
范德生	杭县
王尚春	杭县
倪增荣	杭县
冯子祥	杭县
李双坤	杭县
傅明忠	杭县
赵成章	杭县
金锦林	杭县
施小宝	杭县
沈维贤	杭县
陈兰生	杭县
张锦昭	杭县
戴传圣	杭县
沈有生	杭县
邬锦高	杭县

续 表

第六十九期	
王南永	杭县
沈咬咛	杭县
徐宝和	杭县
傅锦林	杭县
陈若孙	嘉兴
应德谦	永康
第七十期	
陈小毛	杭县
林阿虎	杭县
傅根生	杭县
沈坤林	杭县
余子顺	杭县
华锡庆	杭县
第七十一期	
王学金	杭县
徐连昆	杭县
王庆华	杭县
林得胜	杭县
王如生	杭县
周仲显	杭县
第七十二期	
王翰坤	杭县
吕文元	杭县
裘荣庆	杭县
朱炳筌	杭县
费文熙	杭县
谢仁德	杭县
第七十三期	
周华奎	杭县
江莲舫	杭县
陈宝有	杭县

续 表

第七十三期	
淡贞荣	嘉兴
陶宝山	杭县
钱孔周	嵊县
唐镇姚	杭县
陈金生	杭县
陈长进	杭县
朱树青	杭县
第七十四期	
姚炳才	武康
赵国良	杭县
张斌	玉环
滕华廷	杭县
阮锦椿	杭县
朱锦儒	杭县
闻鸣皋	杭县
潘馥来	武康
舒梦麟	武康
张文左	新昌
倪成宝	杭县
胡士诚	杭县
第七十五期	
戴生昌	杭县
徐得宝	杭县
徐锦奎	绍兴
龚凤宝	杭县
沈秀海	杭县
王建勋	杭县
金福常	杭县
王祥生	杭县
第七十六期	
郭祯祥	杭县

续　表

	第七十六期
钱阿海	绍兴
陶光茂	杭县
施小渭	杭县
蒋阿毛	杭县
阎锦菊	杭县
陶忠廷	杭县
金桃甫	杭县
马荣成	杭县
滕渭廷	杭县
	第七十七期
张炳然	杭县
钱德林	杭县
徐瑞荣	杭县
孟呵嘉	杭县
严福寿	杭县
沈五七	杭县
郭松林	杭县
王庚生	杭县
胡锦福	杭县
周松生	杭县
洪顺生	杭县
沈仰高	嘉兴
	第七十八期
朱惠生	杭县
许荣坤	绍县
沈文寿	嘉兴
丁维翰	杭县
许道湧	绍县
金长有	杭县
	第七十九期
李德信	杭县

续 表

第七十九期	
夏锦成	杭县
邵寿森	绍县
石铭	乐清
李庭耀	杭县
王宝茂	杭县
第八十期	
马宝棠	绍兴
沈鸿勋	杭县
杜仁源	杭县
屏锦林	杭县
周祥福	杭县
周少华	杭县
第八十一期	
施桃祥	杭县
耿玉成	杭县
戴吉甫	绍县
朱兆镛	杭县
徐福荣	武康
王保佑	绍县
金东来	杭县
冯毛儿	杭县
章春华	杭县
郦宝林	杭县
第八十二期	
平锦荣	杭县
第八十三期	
王茂云	杭县
李小毛	杭县
第八十四期	
沈天喜	杭县
裘炳生	杭县

续 表

第八十五期	
陆本立	杭县
第八十六期	
蒋秉文	杭县
第八十七期	
周金泉	杭县
赵大根	杭县
许宝生	杭县
第八十八期	
张浩源	杭县
叶五四	绍县
杜静川	绍县
陈耀山	绍县
虞修禧	义乌
孙晓山	杭县
邵六祥	吴兴
杨梧生	吴兴
第八十九期	
沈阿海	杭县
胡光照	杭县
谢美生	杭县
第九十期	
金锡梅	杭县
李树棠	杭县
程元直	杭县
沈衍惠	杭县
王芝香	杭县
第九十一期	
赵章荫	嵊县
阮覆昌	杭县
第九十二期	
童伯祥	杭县

续 表

	第九十二期
朱朝冠	杭县
	第九十三期
丁小毛	绍县
	第九十四期
张阿寿	杭县
	第九十五期
屠顺德	嵊县
林居	安吉
陈凤荼	绍兴
胡敬甫	绍县
韩泉生	杭县
	第九十六期
金庭春	杭县
潘福生	吴兴
沈德海	绍县
	第九十八期
高云卿	杭县
陆桂年	吴兴
倪治奎	杭县
周春发	吴兴
	第九十九期
王颐臣	诸暨
赵济生	杭县
徐备祦	杭县
褚明春	吴兴
	第一百期
陈华水	诸暨
谈倍高	吴兴
朱宝生	杭县
赵瑞法	诸暨

续 表

第一百〇一期	
周铭甫	诸暨
孙炳林	绍县
徐新间	平阳
袁寿恭	杭县
吴德兴	杭县
谭蚕生	吴兴
金世棋	杭县
董长根	
金筱永	绍兴
张炳坤	杭县
杨和宝	吴兴
陈炳生	吴兴
华和汉	东阳
第一百〇二期	
赖系陈	瑞安
陈祥林	绍兴
第一百〇三期	
李裕昌	杭县
阮和尚	绍县
吕湘钟	新昌
赵重生	诸暨
潘锦坤	杭县
杜英进	东阳
陈水生	杭县
倪尧臣	杭县
叶顺林	杭县
裘紫云	杭县
潘乾方	吴兴
陶炳昇	吴兴
王碧波	临海
夏安士	杭县
董学镐	杭县

续 表

第一百〇五期	
许九贤	杭县
丁筱永	杭县
钱宝兴	杭县
王金魁	杭县
黄连生	绍兴
金传贵	绍兴
赵宏林	绍兴
第一百〇六期	
姚炳才	武康
王祖商	东阳
吕炳生	嘉兴
第一百〇七期	
张振业	东阳
张振兴	东阳
第一百〇八期	
张久甫	绍县
周文华	江西
周尔逑	杭县
第一百〇九期	
孙瑞云	绍县
陈子全	德清
吴善	瑞安
第一百十期	
孟增良	诸暨
第一百十一期	
沈阿堂	绍县
罗锡佩	诸暨
第一百十二期	
陈启周	义乌
徐洁斋	乐清
杨子梅	吴兴

续 表

第一百十二期	
陈鼎权	杭县
王德斋	丽水
丁菓山	吴兴
陈人伟	东阳
第一百十三期	
丁芸山	吴兴
裘之山	杭县
裘荣生	杭县
顾炳烈	诸暨
周和林	诸暨
陈锦元	杭县
第一百十四期	
陈焕文	义乌
金行生	绍县
蔡锡林	东阳
王增湘	杭县
陆毓山	富阳
第一百十五期	
石宝荣	乐清
高绍童	
童松鹤	杭县
贺树林	
谢全德	宁波
沈祖根	杭县
谢成贤	杭县
丁传忠	萧山
第一百十六期	
阮子香	杭县
胡秋声	杭县
楼培林	杭县
蔡瑞林	诸暨

续 表

第一百十七期	
孙贵顺	
马步才	嵊县
第一百十八期	
陈文钦	绍县
张福运	嵊县
屠炳林	杭县
陶永生	绍县
童茂森	杭县
朱阿坤	萧山
第一百十九期	
冯桐晖	绍县
郦庚元	诸暨
钟德发	杭县
郎耀明	兰溪
金永波	绍县
陈玲洲	永康
郎耀奎	兰溪
陶荣华	绍县
王殿华	
郑业璋	杭县
第一百二十期	
潘友梅	天台
胡长根	杭县
叶枝春	青田
柯文蔚	缙云
武亦仁	丽水
毛乃杰	永康
蔡瑞煌	诸暨
叶志宾	青田

续 表

第一百二十一期	
张光来	乐清
沈丙奎	杭县
王绣文	仙居
应炳章	缙云
胡有荣	诸暨
第一百二十二期	
吕锡三	新昌
严芝松	绍县
周宗沂	吴兴
王景沂	诸暨
丁亭海	绍县
梁水焕	新昌
吕钟祥	新昌
叶铭香	杭县
蔡培湘	诸暨
胡阿虎	杭县
夏人杰	青田
赵松森	杭县
杨国桢	诸暨
马双全	绍县
朱卿璋	萧山
第一百二十三期	
孟希良	义乌
杨永泉	绍县
第一百二十四期	
王祖球	新昌
骆新祺	义乌
胡泽骏	瑞安
梁怀献	新昌
李典愉	东阳
黄作弼	江苏

续　表

第一百二十四期	
钱荣英	嵊县
韩阿久	温州
赵劢	乐清
丁育	
詹伯庸	诸暨
杨樟	诸暨
陆念劬	江宁
第一百二十五期	
李子章	宁波
周阿水	诸暨
梁法林	新昌
章阿福	绍县
陈寿康	青田
第一百二十六期	
魏国桢	杭县
胡纲	缙云
庞良福	杭县
洪宝仙	丽水
张之泉	嵊县
留箴	青田
陈茂林	绍县
孙德臣	汤溪
周申甫	嵊县
季良	义乌
第一百二十七期	
章心竹	绍县
何士英	义乌
陈之彦	诸暨
周葆禄	诸暨
慎信仁	诸暨
余寿翰	余姚

续 表

第一百二十七期	
陈世安	新昌
章培生	杭县
项新兴	永康
孙才俊	嵊县
吕国材	嵊县
杨又谦	诸暨
黄佑麟	绍县
程长庚	杭县
吴运文	东阳
冯先继	绍县
黄洪春	义乌
第一百二十八期	
吴文耀	宁波
董彩彰	汤溪
田周成	永康
周志武	诸暨
王如藩	新昌
吕品藩	新昌
孙松鹤	汤溪
项锦发	杭县
杨青烟	江山
第一百二十九期	
马焕昌	新昌
周华灿	诸暨
潘兰心	新昌
董奎生	杭县
徐慧	诸暨
第一百三十期	
孔雅亭	诸暨
旋恩	永康
张达明	诸暨
王乾亨	江山

续　表

第一百三十一期	
黄铿山	东阳
黄昌桂	义乌
黄来生	杭县
田永华	永康
涂建宗	江西临川
唐养晦	新昌
第一百三十二期	
项自城	缙云
谢昌贵	绍县
陈瑄	浦江
潘境清	绍县
袁铭	诸暨
第一百三十三期	
詹贤樵	诸暨
严世俊	绍县
刘汉章	嵊县
莫锦洲	杭县
王运舫	杭县
朱其昌	上虞
姜安坚	江山
王逢元	浦江
第一百三十四期	
胡毓兰	新昌
胡福第	新昌
王锡华	新昌
陈文炳	玉山
第一百三十五期	
吴再兴	嵊县
张之瑗	景宁

续 表

第一百三十六期	
赵怀庆	新昌
张桂芳	义乌
郑锡林	绍县
何继生	诸暨
第一百三十七期	
赵凤楼	诸暨
俞笔年	新昌
詹颂三	诸暨
第一百三十八期	
董金标	临海
周锦祥	江山
谢成文	天台
王耀庭	义乌
吕洪波	新昌
朱增荣	绍县
陆菊仙	杭县
第一百三十九期	
杨启潜	新昌
叶永韶	黄岩
金宗炘	温州
俞锡祥	新昌
潘凤韶	新昌
汤宜良	吴兴
第一百四十期	
宋品璋	金华
潘岩明	新昌
周永琳	东阳
林景彬	青田
郭相宾	东阳
俞筱帆	新昌
吴文龙	义乌

续 表

第一百四十期	
黄和茂	东阳
卢廷蕙	义乌
萧凤梧	东阳
骆文炳	诸暨
陈峤	青田
马朱鸿	义乌
吴云祥	金华
第一百四十一期	
李成昌	新昌
袁秀兰	新昌
朱开潮	绍县
潘锦隶	嵊县
梁殿英	新昌
诸兆虹	杭县
陆阜堂	余姚
吕衡	新昌
汪棣臣	安徽歙县
第一百四十二期	
钱王佐	嵊县
骆汝汶	义乌
陈宗尧	瑞安
韦志孝	东阳
吴耀文	义乌
胡显达	义乌
高绍裘	富阳
第一百四十三期	
朱开全	义乌
叶信雍	宁海
王祖根	杭县
施文治	义乌
叶庆霖	青田

续 表

第一百四十四期	
陈瑞堂	新昌
蔡阿荣	绍县
周俊	江苏宿迁
李昌登	玉环
王洪斌	玉环
俞苗盛	嵊县
包宗濂	余姚
朱启基	义乌
楼盛时	义乌
王章焕	新昌
吴姚春	东阳
第一百四十五期	
钱葆生	嵊县
张寿荣	江苏淮安
第一百四十六期	
潘生春	新昌
姜承业	平阳
陈峤	青田
第一百四十七期	
杜福球	东阳
马锦桥	缙云
袁修端	新昌
胡凤琴	缙云
俞成元	诸暨
陈蟾华	新昌
何文正	诸暨
王青有	诸暨
骆英	义乌
王凤贵	青田
陈德卿	温岭
马凤山	东阳
王希厚	玉环

续　表

第一百四十八期	
俞肖年	新昌
陈凤严	东阳
郑其昌	嵊县
吕国宾	新昌
何树建	诸暨
石绍焕	新昌
刘占一	兰溪
裘亮	嵊县
第一百四十九期	
俞士奇	新昌
谢业兴	黄岩
史久信	嵊县
赵阿培	杭县
第一百五十期	
沈汉章	德清
潘严喜	新昌
第一百五十一期	
梁鸿桂	新昌
吴显洪	新昌
崔椒荪	绍兴
第一百五十二期	
施永奕	义乌
楼宗琪	东阳
毛亦钦	义乌
王同惠	义乌
第一百五十三期	
吴兆锡	诸暨
俞荣喜	新昌
黄良西	东阳
杜福琳	龙游

续　表

第一百五十五期	
王用焘	诸暨
赵祖水	诸暨
俞秋蘅	嵊县
第一百五十六期	
包宗孝	余姚
丁金方	嵊县
裘啸篁	嵊县
黄昌禄	义乌
第一百五十七期	
金文成	东阳
朱就将	东阳
陈卓	青田
王钦镐	玉环
第一百五十八期	
毛德荣	杭县
何寿仁	诸暨
朱吉人	青田
张熙民	玉环
第一百五十九期	
胡子常	兰溪
骆光俭	义乌
朱崇文	温岭
陈驹	平阳
吴大椿	新昌
裘佩喜	嵊县
陈祖恩	东阳
吕方	东阳
第一百六十期	
黄在佑	浦江
陈少华	新昌
章子青	嵊县

续 表

第一百六十期	
吴国才	新昌
陈佳民	新昌
陈启贤	嵊县
余桂联	江苏淮安
第一百六十一期	
符荣生	余姚
周盛法	新昌
吴郁成	诸暨
沈昌甫	嵊县
李嘉勤	乐清
第一百六十二期	
任永杰	嵊县
黄少英	诸暨
丁和蟾	新昌
江若挺	温岭
第一百六十三期	
潘茂灿	新昌
冯品耀	义乌
盛焕陶	新昌
第一百六十四期	
丁维桂	义乌
郑汝贵	黄岩
黄桂法	东阳
吴立法	东阳
第一百六十五期	
杜淮	东阳
董如昌	绍兴
张义和	绍县
赵绍宝	义乌

续 表

第一百六十六期	
邓嵩燧	嵊县
宋世虞	绍县
张明徐	诸暨
第一百六十七期	
黄克清	义乌
任月轩	嵊县
胡念第	江山
王樟林	建德
吴烈庆	崇德
骆上升	义乌
刘毅	瑞安
卢秀昌	东阳
骆纯明	义乌
王大榕	金华
张桂馨	东阳
徐品元	东阳
潘绍濂	新昌
裘理问	嵊县
王鹤成	德清
孙智秀	嵊县
姚昭圣	嵊县
屠恒樵	嵊县
张汤声	绍县
任邦良	嵊县
张汉声	绍县
章月湖	新昌
毛鹤松	义乌
张明镐	绍县
何裕庆	东阳
骆志贤	义乌
张聚	直隶

续 表

第一百六十七期	
赵福林	吴兴
陆志登	富阳
郑金法	东阳
周修干	黄岩
卢棠	东阳
李赟华	杭县
何维三	义乌
任根生	嵊县
周之直	黄岩
祝振何	江宁
翁子祥	德清
竺孔章	嵊县
周稷臣	诸暨
方嘉	义乌
姚嗔国	嵊县
余学富	绍县
王叙新	义乌
常经	杭县
苏文伟	黄岩
史秀福	溧阳
补遗 第三十四期	
王永康	
徐钟宝	
沈永龙	
韩潮渭	
第九十七期	
沈德海	
第一百〇四期	
徐水生	
倪尧臣	

续 表

第一百〇四期	
叶顺林	
裘紫云	
潘乾芳	
陶炳昇	
王碧波	
夏安士	
董学镐	
第一百五十四期	
林福琳	

《浙江公立工业专门学校同学录》(约1926年编印)
浙江大学档案馆藏

前浙江公立工业专门学校毕业同学近况录
(1928年4月)

姓名	字	级别	近况
王超	飞白	电一	上海杨树浦平凉路纬通纱厂电机技师
王焕彩	蔚文	同	家居
王鄂韡	叔访	同	上海奇异电泡公司瓷料部技师
方仁恕	志远	化一	浙江省政府农工科科员
孔宪舜	琦珊	同	浙大工学院化验室助教兼高级工科化学教员
江世贤	重夫	电一	浙大工学院初级工科主任兼木工场管理员
求荣	淑予	化一	家居
余世璨	少雍	同	已故
邹鼎	子九	同	已故
萧猛	济宽	同	已故
何炳汉	曜堃	电一	省立高级工科职业学校三角教员
周品达	乃陶	同	上海西门美亚绸厂职员
胡同	玉川	同	南京军委会交通处电政科无线电股股员
吴增耆	英叟	同	奉天东塔兵工厂枪厂

续 表

姓名	字	级别	近况
胡国骏	惜生	同	军委会炮兵团通信队队长
徐凤超	凤超	化一	浙大工学院图书馆主任
马绍援	新侯	同	北京清华大学化学助教
张垣	幼吟	化一	汉口二路总指挥部留守处
项益松	锡年	电一	家居
张咸镇	维藩	同	浙江建设厅科员
张辅良	良辅	化一	上海商务印书馆编辑
杨士琳	润敷	电一	浙大工学院高级工科数学教员
赵钧	廷石	同	处州十一中学教员
蔡昌年	奎生	同	上海南洋烟草公司制造厂拣药部技师
钱栻	逸夫	同	吴淞永安第二纱厂
谭友岑	质维	同	常州震华电厂
虞开仕	叔芳	同	省立高级工科职业学校数学教员
谢鼎	冶民	同	吉林长春吉长铁路机厂技师
楼钦忠	章甫	同	上海杨树浦永安一厂电机部
王国松	劲夫	电二	浙大工学院数学教授
程祥德	祥德	同	南京军委会交通处电政科无线电股股员
裘光焘	杰三	同	浙大工学院物理室管理兼高级工科物理教员
余曰尹	耕莘	同	南京军委会交通处电政科会计股股员
朱开助	顺也	电二	上海闸北水电厂
杨贤达	人杰	同	奉天东塔兵工厂扩充部
赵济恺	君悌	同	已故
何炳时	烺清	同	家居
赵绶成	集斋	同	嘉兴裕嘉分厂
詹鼎元	昔昉	同	东阳中学教员
陈镕	铸初	同	未详
徐恒寿	祝如	同	赴德留学 Hrreu Hengshou Hsu,P. A Chinesische esandtschaft, Brelin W. 15,Kurfurstendamm 218,Deutschland.
寿光	星南	同	吴淞永安第二厂
康炽	耀文	同	广州长堤海军处电机股股员
张启华	子南	同	上海第一交通大学内无线电制造厂工程师

续　表

姓名	字	级别	近况
曹立谌	季诚	同	浙大工学院无线电管理
张德普	德溥	同	上海第一交通大学内无线电工程师养成所
周永年	巩侯	电二	军委会交通处代理有限电股股长
韦之骅	光钦	同	南京交通技术学校助教
张景良	一罕	化二	上海兆丰路底海勒路一五二号光华化学工艺社技师
周炳	骏声	同	已故
朱有澂	渊石	同	上海兵工厂
贝谦	友于	电二	未详
叶彦世	本豪	电三	广州第八路总指挥部无线电队队长
应家豪	国麟	同	广州无线电材料厂制图员兼黄埔无线电高级班助教
李毓华	钟秀	同	浙大工学院金工场管理
徐绍陆	登瀛	同	衢州八中教员
黄春庚	伟春	同	家居
刘鹏超	翼云	同	武昌一中教员
吴守三	鸿位	电三	四川忠州行知中学理化数学教员
胡思毅	近仁	同	浙大工学院发电室及锅炉室管理
光德坤	友虎	同	未详
林震东	公旦	同	瓯海公学兼瑞安中学教员
张焜	伯康	同	未详
金家仁	嘉仁	同	南京军委会交通处电料股股员
陶丕承	希明	电三	无锡震华分厂锡段电务稽查
莫善祥	祥之	同	浙大工学院体育指导员兼高级工科投影画教员
冯家谷	馨宜	同	未详
李文一	复亚	同	未详
周祖训	抱经	化三	浙大工学院物化室管理员兼高级工科化学教员
鲍友恭	友恭	同	浙大工学院注册员
韦声锵	凤鸣	同	浙大工学院药品室管理
沈开圻	啸云	同	浙大工学院化学室管理兼高级工科化学教员
张权	子衡	同	浙大工学院体育指导员兼制纸工场管理
顾赓禔	冠乐	同	浙江高级工科职业学校化学教员
王凤扬	鳌山	同	浙大工学院制革工场管理

续 表

姓名	字	级别	近况
方以矩	絜甫	同	Mr. F. C. Fang, Chung Hwa Middle School, Tandiong Pandan, Billiton.
孙瑞珩	瑞珩	电四	清华大学助教浙省考取荐任职
徐寿松	乔年	同	昌化县政府总务科长
柳升荣	劲秋	电四	未详
王茂生	茂生	同	温岭电机厂技师
王振青	振青	化四	浙大工学院注册员浙省考取荐任职
袁凤祥	鸣周	电四	浙江长途电话筹备处助理工务员浙省考取荐任职
龚守义	子宜	同	浙江电政监督处无线电台实习浙省考取荐任职
寿绍彭	铿甫	同	浙省考取荐任职钱塘路无线电台实习
顾指南	指南	同	浙省考取荐任职电政监督处长途电话实习
戴尚文	尚文	化四	四川监井改良处办事
陈嗣虞	绳武	同	浙大工学院无机化学助教

附告：诸同学职务如有变更时，请随时函告本院徐凤超，以便改正。

《浙江大学工学院月刊》第2期，民国十七年四月[①]

前浙江省立甲种工业学校丙寅级同学近况录
（1928年7月）

姓名	字	科别	近况及通讯处
张振华	枕霞	电机	在工学院肄业——云和县章万丰号转
张绅	志行	同上	从事乡村教育——松阳县尼宗小学校
张惟渭	熊飞	同上	嘉兴东栅口隆茂号转
寿彭	士毅	同上	诸暨姚公埠转墨城
王为水	建岗	同上	南京中央陆军军官学校交通科少校技正
陈启瑞	发荪	同上	杭州市工务局公用科科员
曹舜臣	虞卿	同上	吴兴县党部
陈达斌		同上	杭州大有利电业公司（板儿巷总厂）

① 《浙江大学工学院月刊》，1928年4月由《国立第三中山大学工学院月刊》更名而来，刊载内容主要有电机、化学等工科方面的学术研究文章、学院新闻等。

续　表

姓名	字	科别	近况及通讯处
楼观浙		同上	萧山电报局
金贤藻	图南	同上	国民革命军总司令行营流动短波无线电台工程师
夏廷干	公辅	同上	母校铸工场助教
史元寿	太登	同上	余姚南城石桥东首广丰大墙门内
陈问韶	耕虞	同上	嘉兴西门杨柳湾
杨俊逸	俊佚	同上	上海戈登路路口滨北大隆铁工厂职员
王相如		同上	上海闸北水电厂职员
张振威	蘅丞	同上	(原名士达)未详
梅尔达	德孚	同上	杭州大螺狮山廿六号
孙毓琳	季札	同上	未详
郑伦潮	伯游	同上	杭州珍珠巷十四号
邹兆辰	世馨	同上	总司令部交通部电政科科员现任前方服务
徐延德	滋菴	同上	常熟交通银行
朱淳镜	日绚	同上	东阳南街存仁堂转道院交
林佩衍		同上	南京上海兵工厂金陵分厂
黄传仁		同上	未详
胡祖武	绳伯	同上	浙江省公路局萧绍段
吴章黼	章甫	同上	杭州市工务局公用科科员
任邦乂	维翰	机械	已故
谢士箴	谷亭	同上	在杭——嵊县西前街马三德宝号转交雅致
丁灏	梁叔	同上	嘉兴盐仓桥纬成公司裕嘉分厂修机部职员
周煜	怀萱	同上	温州瑞安大𡍼鳌里
王鼎	剑平	同上	德清县党部
施舜臣		同上	杭州慈幼路三号
钱寿康	昌夫	同上	上海梵王渡丰田沙厂职员
高起焯	炳章	同上	台州下阁邮局转下交
徐淼卿	虞卿	同上	浙江省党部国民通讯社
余巨川	仲良	同上	绍兴义桥时敏小学
徐邦宁	移山	同上	在工学院土木科肄业
谢志尚	慕安	同上	在工学院肄业
周万昇		同上	上海徐家汇交通大学内无线电训练所

续　表

姓名	字	科别	近况及通讯处
金型	之范	同上	南京军事委员会军事交通技术学校肄业
任笑春	冠时	同上	嵊县崇仁镇恒丰元转柳岸
许德纪	葆真	同上	工学院电机科肄业——杭州蒲场巷六十六号
鲁光浩		同上	汉口申新四厂职员
龚树春		同上	上海宝山路华东机器制造厂，宝山路景德里第三弄第五家
楼迪善		同上	南京中央陆军军官学校砲兵科肄业
钟敬和	养和	同上	上海同济大学肄业，攻医科，本年度因病请长假一年，下学期仍拟前往——杭州水亭趾十四号
赵仁	訚如	同上	上海吴淞蕴草浜永安第二纱厂
陈洪思	树堂	同上	已故
孙秉和		同上	杭州刀茅巷武林铁工厂
赵懿棻	苕雯	同上	东阳巍山镇
周驮高	公负	同上	嘉兴纬成公司裕嘉分厂纺丝部职员
吴毓光	美谦	同上	东阳白坦
张嘉禄	假乐	同上	温州永平巡舰
孟安甫	怡臣	染织	诸暨贫民工厂
陈普贵	浦桂	同上	未详
陈大铨	少澜	同上	母校图书馆职员
傅仁祺	维民	同上	未详
杨钟颐	同上	同上	诸暨贫民工厂
吴存模	式甫	同上	绍城水澄巷正大油号收转龙尾山
杨幼宾	式嘉	同上	杭州虎林公司力织部
黄咏裳	尹瞻	同上	上海吴淞永安纱厂
王赫		同上	未详
詹荣培		同上	北京朝阳大学
蒋树东	挹同	同上	上海吴淞蕰草浜永安第二纱厂
戚宝琳	佩玉	同上	未详
蔡霖	泽民	同上	武康上柏
赵备	霞轩	同上	未详
郑惠然	洧竿	同上	南京小营军官团
徐家修	雅清	同上	嘉兴纬成公司裕嘉分厂力织部

续 表

姓名	字	科别	近况及通讯处
汪承蓥	冶斋	同上	上海法租界外滩七号礼兴洋行
张文运	昌期	同上	杭州百岁坊巷普益经纬公司
沈瑞华	少霞	同上	上海小沙渡美文丝织厂
王汉章	汉章	同上	杭州三元坊王香岩医室内交
周纶		同上	未详
沈澄年	浙之	应化	南京军事委员会军事交通技术学校肄业
张树德	树勋	同上	杭州火药局弄提督弄一号
姚守平	嘉生	同上	未详
傅志宏	鸿淦	同上	杭州法院路九十九号
谢子美	建夫	同上	原名文,南京中央陆军军官学校
江履先	源远	同上	未详
马本忠	镜海	同上	工学院化学科肄业
詹昭亨	昭亨	同上	未详
陆福源	致祥	同上	未详
陈钦亮	慕明	同上	未详
虞克懋	曼云	同上	未详
陈范	九畴	同上	本校文牍员,现因咯血返家调养——义乌苏溪陈赞记烟庄转大陈
汪猷	君谋	同上	南京金陵大学肄业
张应咏		同上	上海徐家汇五洲固本肥皂厂技师

附注:右录因忽促付印,容多错误,乞知者函致许德纪更正为荷!

丙寅级同学会十七年职员录:

主干　许德纪

文牍兼会计　张振华

编辑　陈启瑞

《国立浙江大学工学院月刊》第5期,民国十七年七月

前省立工校毕业同学留日近况

(1928年10月)

姓名	字	费别	学校	现住所
陈瓘	真汉	官	东京高等工业学校机械科	东京高工
孙维嘉	新吾	官	同前	同前
杨家本		自	东京高等工业学校电机科	同前
张处中	叔权	自	东京高等工业学校纺织科	同前
汤贻家		自	东京高等工业学校机械科	同前
杨开渠		自	东京农业大学实科	东京青山农大实科
韩任民	劲襄	自	陆军士官学校骑兵科	东京陆军士官学校
毛文麟	秋白	官	东京帝国大学文科	东京帝大文科
沈学诚		官	京都高等工业学校毕业实习	东京府下下户冢五三二关方
虞鸿书	幼甫	官	省派实习纺织	京都吉田下大路町四八西村方
葛篆乾	天民	官	省派实习制革	东京本乡追分町三一中华学舍
沈沛恩		自	铁道学校电气科	东京池袋一四九河合方
陈瑛	有辉	自	明治大学法科	东京本乡追分町三〇三鞘方

《国立浙江大学工学院月刊》第7期,民国十七年十月

国立浙江大学工学院及附设高中工科艺徒班暨前工专甲种乙种三年期初工毕业同学录

(1931年11月)

前专门本科毕业生

姓名	字	籍贯	班次科别	现在服务状况	最近通讯处	永远通讯处
王鄂韡	叔访	黄岩	1电机	武进电灯厂		
蔡昌年	奎生	德清	1电机	烈山煤矿总局电机部	津浦线符离集车站转烈山矿局	
楼钦忠	章甫	诸暨	1电机	戚墅堰电厂副工程师	戚墅堰电厂	诸暨王家井
钱栻	逸夫	嵊县	1电机	上海电力公司	上海福州路上海电力公司	
谭友岑	质维	丽水	1电机	常州戚墅堰电厂		

续 表

姓名	字	籍贯	班次科别	现在服务状况	最近通讯处	永远通讯处
胡国骏	惜生	东阳	1电机	国民革命军交通兵第一团	首都汉府街交通兵第一团团部	
江世贤	重夫	兰溪	1电机	首都电厂副工程师	首都下关首都电厂	兰溪黑虎巷
王超	飞白	浦江	1电机	戚墅堰电厂		
项益松	锡年	黄岩	1电机	杭州电厂	杭州杭州电厂	
胡同	玉川	瑞安	1电机	国民革命军交通兵第一团	首都汉府街交通兵第一团团部	
谢鼎	冶民	江苏六合	1电机			江苏六合东大街
周品达	乃陶	东阳	1电机	纬通纱厂电气科	上海纬通纱厂	东阳岘北周
赵钧	廷石	诸暨	1电机	永安纱厂	吴淞永安纱厂	
张咸镇	维藩	浦江	1电机	浙江电话局总务科长	杭州浙省电话局	
王焕彩	蔚文	仙居	1电机	金华中学教员	金华县立中学	仙居城内蒋宅
吴增耆	英叟	安徽盱眙	1电机			首都南门煤灰堆十二号
虞开仕	叔芳	杭县	1电机	浙大工学院高中数学教员	杭州马所巷廿五号	杭州万寿亭街廿九号
何炳汉	曜堃	诸暨	1电机	浙大工学院高中教员		
杨士琳	润敷	平阳	1电机	浙江测量讲习所教务主任	杭州测量局讲习所	平阳江南张家堡
王国松	劲夫	永嘉	2电机	留学美国		
程祥德		东阳	2电机	绍兴建设局局长	绍兴建设局	东阳厦程里
裘光焘	杰三	嵊县	2电机	永安纱厂	上海杨树浦永安一厂	
俞曰尹	耕莘	慈溪	2电机	中央党部广播电台工程师	首都中央党部无线电台	慈溪小东门
朱开勋	顺也	义乌	2电机	闸北水电厂	上海闸北水电厂	
杨贤达	经贤	安徽怀宁	2电机	东三省兵工厂枪厂第二制造所所长	辽宁东塔兵工枪厂	安庆大士菴街杨氏试馆
赵济恺	君悌	诸暨	2电机	故		
何炳时	烺斋	诸暨	2电机			诸暨枫桥同馥桥
赵绶成	集斋	义乌	2电机	纬成公司主管电气水汽科	嘉兴纬成公司	义乌南门吴同兴号转
詹鼎元	昔昉	东阳	2电机	东阳县党部		东阳县南街学前巷

续 表

姓名	字	籍贯	班次科别	现在服务状况	最近通讯处	永远通讯处
陈镕	铸初	青田	2电机			青田大岭阜王费潭
徐恒寿	祝如	德清	2电机	中央政治学校	首都中央政校	
寿光	星南	诸暨	2电机	永安一厂	上海永安一厂	
唐炽	耀文	瑞安	2电机	瑞安县立中学级任兼训育主席及数理教员	瑞安县立中学	瑞安南门西麓巷
张启华	子南	温岭	2电机	首都总司令部无线电机制造厂		
曹立谌	季诚	兰溪	2电机	总部机械修造厂	首都三十四标交通处修机厂	
张德普	德溥	嵊县	2电机	总部机械修造厂	首都三十四标交通处修机厂	
周永年	巩侯	东阳	2电机	军政部交通司上校技正	首都军政部交通司	东阳岘北周
韦之骅	光钦	东阳	2电机	国民革命军交通兵第一团	首都汉府街交通兵第一团团部	
贝谦	友于	江苏吴县	2电机			苏州城内桃花坞
徐绍陆	绍陆	龙游	3电机	浙省第八中学理化教员	衢州第八中学	龙游茶圩新合润米行转泽随
李毓华	钟秀	东阳	3电机	江苏电政监督处		
刘鹏超	翼云	湖北武昌	3电机	汉口既济水电公司电务工程技士	武昌龙神庙第一号	湖北葛店豹澥镇刘豫顺昌记转
叶彦世		嵊县	3电机	总部交通处二十二电台台长	首都北门桥总部二十二电台	嵊县大王庙张万茂转
吴守三	鸿位	四川涪陵	3电机	二十九军部无线电工程师	成都春熙路骏业布厂	重庆万家什字骏业布厂
莫善祥	群之	德清	3电机	浙大工学院体育助教兼高中教员	杭州浙大工学院	德清赵家弄
应家豪		诸暨	3电机			诸暨应店街
林震东	公旦	瑞安	3电机	留学比国鲁文大学电机研究院		瑞安太平席
胡思毅	近仁	汤溪	3电机	杭州市政府工务科	杭州市政府工务科	
黄春庚	伟春	衢县	3电机			衢州水亭街黄义泰号
张焜	伯康	绍兴	3电机			绍兴小西路二十九号

续 表

姓名	字	籍贯	班次科别	现在服务状况	最近通讯处	永远通讯处
金家仁	家仁	东阳	3电机			东阳横店镇邮局转三都金宅
光德坤	燃虎	安徽桐城	3电机	建委会电机制造厂工务员	上海高昌庙电机制造厂	安徽桐城西门内操江巷八号
冯家榖	馨宜	四川庆符	3电机			四川叙府西门外南檀对门
李文一	歌华	黄岩	3电机			黄岩乌岩
孙瑞珩		江苏崇明	4电机	北平清华大学		
柳升荣	劲秋	兰溪	4电机		杭州司马渡巷八十七号	
王茂生		瑞安	4电机	浙江省广播电台工务员	杭州牛羊司巷无线电台	瑞安木桥头
龚守义	子宜	四川江津	4电机			四川江津朱家沱民生和转
寿绍彭	铿甫	诸暨	4电机	永安纱厂电机部	吴淞永安纱厂	
顾指南		江苏南汇	4电机	浙江省广播电台工务员	杭州省政府广播电台	江苏南汇南门
袁凤祥	鸣周	江苏崇明	4电机	浙江省电话局工程师	杭州湖滨七弄三号	江苏崇明城内
陶烝承	希明	江苏无锡	4电机	戚墅堰电厂副工程师兼驻场工务股股长	无锡刘抚院电厂办事处	无锡小娄巷六号
徐寿松	乔年	江西广丰	4电机	浙江省电话局第二工程处主任	杭州浙江省电话局	江西广丰东街
张辅良		杭县	1化学	商务印书馆校对股主任	上海宝山路商务印书馆	杭州良渚
方仁恕	志远	诸暨	1化学	恒信洋行化学部	上海广东路三号恒信洋行	
马绍援	新侯	杭县	1化学	清华大学化学系教员	北平清华大学	
孔宪舜	琦珊	萧山	1化学	中央大学	首都中央大学	
余世璨	少雍	嘉兴	1化学	故		
徐凤超	昂青	富阳	1化学	浙江省度量衡检定所一等检定员	杭州度量衡检定所	富阳桥西申居英转
邹鼎	子九	江苏常熟	1化学	故		
张垣	幼吟	东阳	1化学		杭州十五奎巷61号	
萧猛	济宽	杭县	1化学	故		

续 表

姓名	字	籍贯	班次科别	现在服务状况	最近通讯处	永远通讯处
裘荣	淑予	嵊县	1 化学			绍兴东浦章永茂转
朱有澂	渊石	湖北江陵	2 化学	龙华兵工厂物料库库员	上海龙华腰沟四十七号兵工厂工会间壁	
周炳	骏声	杭县	2 化学	故		
张景良	一罕	东阳	2 化学	大中华赛璐珞厂再制工场主任	上海小沙渡大中华赛璐珞厂	东阳后岑山邮转观山
周祖训	抱经	诸暨	3 化学	交通大学	上海交通大学	
顾赓禴	冠乐	嘉善	3 化学	嘉善县立初中校长	嘉善县立初中	嘉善南门丰前街
王凤扬	鳌山	仙居	3 化学	浙大工学院助教	杭州浙大工学院	仙居城内王利亨南货号转肖垟
沈开圻	啸云	德清	3 化学	浙大工学院助教	杭州浙大工学院	德清下舍镇
韦声锵	凤鸣	东阳	3 化学	上海工业物品检验所	上海霞飞路和合坊工业物品检验所	
鲍友恭	友恭	兰溪	3 化学			兰溪城内朱家马头慎隆肉号
张权	子衡	诸暨	3 化学	浙江省土地局	杭州土地局	
方以矩	絜甫	诸暨	3 化学	复旦实验中学教务主任兼常务委员及化学老师	上海江湾复旦实中	诸暨东门内裘恒昌号转骆家山
陈嗣虞	绳武	义乌	4 化学	浙大工学院化学助教	杭州浙大工学院	义乌城内金山岭顶
戴尚文		四川乐山	4 化学			四川嘉定流花溪
王振青	声孚	江苏溧阳	4 化学		杭州清波门四条巷四十一号	

高中部毕业生

姓名	字	籍贯	班次科别	现在服务状况	最近通讯处	永远通讯处
莫培才	铁尘	吴兴	1 电机	吴兴绡业学校教员	吴兴北门外洪昌米行	吴兴北门外杨家衖
王良初	见贤	萧山	1 电机	杭州电机工务员	杭州艮山门发电所	萧山东门外回澜桥
凌浚	百川	河南固始	1 电机	西安省政府无线电台工程师	陕西西安咸宁无线电台	河南固始方家集鉴赓

续 表

姓名	字	籍贯	班次科别	现在服务状况	最近通讯处	永远通讯处
韦雍启	一民	东阳	1电机	第十军无线电信队少校队长	湖北沙市宜昌探投第十军军部无线电第四队	东阳玉山尖山下溪滩
阮伊文	化南	黄岩	1电机	福州电厂工务员	福州新港福州电厂	
姚泽森	盛虞	嘉兴	1电机	江西随军无线电讯队电务员		嘉兴闸前街
马彩虹	德琪	东阳	1电机			东阳吴良邮转怀鲁镇
金宪初		诸暨	1电机	诸暨电灯公司		
杨德惠	家骏	金华	1电机	中华职业学校教员	上海中华职业学校	金华转傅村杨宅
朱吉佑	佶右	丽水	1电机	江西随军无线电讯队报务主任		
汪振祥	瑞符	杭县	1电机	浙江省广播电台工务员	杭州浙江省政府广播电台	
吾廷铨	不如	海盐	2电机	杭州电厂工务员	杭州杭州电厂	杭州江干化仙桥复昌南货店内
夏健	惠元	嘉善	2电机	浙江省保安处第一无线电队队长	杭州钱王祠保安处通讯队	洙泾西市
郑炳	允明	江苏仪徵	2电机	升学浙江工学院		
皇甫蘩	沼侯	桐庐	2电机			
郭维璠	理孚	杭县	2电机	长兴电力厂	长兴煤矿局	武昌戈甲营四十号
金述贤	元及	杭县	2电机	升学杭州之江文理学院		
潘振纶	言如	诸暨	2电机	杭州电厂工务员	杭州杭州电厂	杭州南星桥阮家埠养元诚号
赵懿涛	绍陶	东阳	2电机	升学浙大工学院		
何云书	景熙	诸暨	2电机			
贾百期	翀云	海宁	2电机	福州电厂电力课技士	福州福州电厂	
许儒杰	企豪	杭县	2电机			
张志因	果丞	杭县	2电机	杭州电厂工务员	杭州杭州电厂	杭州北大树巷八号
许以华	民仲	杭县	2电机	升学浙大工学院		
周象昌	关兴	萧山	2电机	杭州电厂稽查员	杭州杭州电厂	萧山戴村镇周永盛号转丁村

续 表

姓名	字	籍贯	班次科别	现在服务状况	最近通讯处	永远通讯处
王关增	观真	海盐	2电机	杭州电厂稽查员	杭州杭州电厂	海盐城内新桥南首金宅转
李烊	子赫	上虞	2电机	国军二十七师通信队副技师	杭州信余里十八号薛塘君转交	
徐銮	公荫	金华	2电机			
董秉璇	珏如	嘉兴	2电机	肄业浙江省警官学校		杭州藩司前公西廨十八号
袁振检	善复	桐庐	2电机	福州电厂外线课技士	福州福州电厂	
朱国栋		嘉兴	3电机	升学浙大工学院	杭州浙大工学院	嘉善西塘
汪业镕	陶盦	杭县	3电机	升学浙大工学院	杭州浙大工学院	杭州旧藩署东公廨十二号
王庚谟		於潜	3电机	杭州电厂工务员	杭州杭州电厂	於潜金万村药号转南山镇
沈沛元	雨湘	余姚	3电机	升学浙大工学院	杭州浙大工学院	余姚北城普文明书局转沈湾
吴沈钇	玉牟	嘉兴	3电机	升学浙大工学院	杭州浙大工学院	嘉善西塘
毛有伦	德如	临安	3电机	升学浙大工学院	杭州浙大工学院	临安西乡金头
阮炳贤	本煜	诸暨	3电机			
赵望	复初	嘉善	3电机	升学浙大工学院	杭州浙大工学院	嘉善西塘
马绣黼	家骏	桐庐	3电机	升学浙大工学院	杭州浙大工学院	桐庐窄溪
石维岩	尔瞻	杭县	3电机	福州电气公司技术部技士	福州福州电气公司	杭州菜市桥北河下三十五号
俞其型	冲如	新昌	3电机	升学浙大工学院	杭州浙大工学院	新昌俞德兴号
吴茂棠	荫南	桐庐	3电机	首都电厂事务员	首都首都电厂	桐庐荣春南货号转交
王颂睿		杭县	3电机	实业部中央工业试验所电机练习生	首都下浮桥中央工业试验所	杭州周宴文弄十一号
金奎章	惠灵	诸暨	3电机	保安处无线电讯第三队队长	杭州西湖钱王祠	临浦局寄大桥镇广和堂药号转
俞棫程	伯华	嵊县	3电机			
周尔逵	俊杰	诸暨	3电机	首都电厂事务员	首都首都电厂	诸暨街亭镇源兴号转周村

续　表

姓名	字	籍贯	班次科别	现在服务状况	最近通讯处	永远通讯处
计国瑞	烈伟	嘉兴	3电机	上海华洋电话公司实习	上海河南桥埮怡和里一二三号	嘉兴新丰镇
徐文浩		嘉兴	3电机	升学上海法政学院	上海法租界法政学院	嘉兴凤嗜桥
谢承嵩		江西南康	3电机	福州电气公司技术部技士	福州福州电气公司	杭州三桥址直街三十二号
赵椿荣	子虎	杭县	3电机	升学浙大工学院		
胡良炤		安徽歙县	3电机	在校补习		
汪寿	保鲁	江山	3电机			
张耀雯	子英		3电机			
王以仪		温岭	4电机	绍兴大明电气公司职员		温岭城内下水洞叶家
徐岩生		永康	4电机	首都电厂		永康城内许原盛号转
钮其如		绍兴	4电机	升学浙大工学院		绍兴陶堰天恩堂
王福民		绍兴	4电机	升学浙大工学院		绍兴城中宝幢巷二十二号
楼惟秋		义乌	4电机	升学浙大工学院		义乌城北孝友巷
李渭水		江西上饶	4电机	福州电厂		江西上饶西街协昌隆号
高凌		海宁	4电机	升学浙大工学院		杭州运司河下四十二号
吴克元		松阳	4电机	上海交通部国际无线电台		松阳城内源源纸号
王志桢		江苏无锡	4电机	福州电厂		杭州城站横骨牌弄十二号
施政		杭县	4电机	青岛海军工厂		杭州学士路十六号
钱启时		嵊县	4电机	升学浙大工学院		诸暨枫桥骆恒兴转古竹溪
楼惟熙		义乌	4电机	首都电厂		义乌城北孝友巷
姜琦		富阳	4电机	绍兴大明电灯公司		富阳中街增裕米店转四井庵
应培嘉		永康	4电机	福州电厂		杭州武林门北仓桥河下三五号
王钦三		新昌	4电机	温州普益电灯公司		杭州慈幼路二号

续　表

姓名	字	籍贯	班次科别	现在服务状况	最近通讯处	永远通讯处
张振威		杭县	4 电机	升学		杭州大学路花园弄九号
徐钦		富阳	4 电机	在校补读		富阳场口镇
张家仁	竟成	杭县	1 机械			
周经钟		广东琼山	1 机械	汕头市政府工务局技师	汕头市政府工务局	琼州琼山县演丰市德昌号
颜本乾	健斋	杭县	1 机械	总部上海军用电台报务员	上海西门蓬莱路军用电台	杭州十五奎巷茶秋弄六十九号
经明		兰溪	1 机械	浙江省土地局制图员		兰溪北门外樟树太祖巷
蔡甲朗	慰	诸暨	1 机械			诸暨陈蔡
钟敬善		绍兴	1 机械	江南造船厂制图	上海江南造船厂	绍兴吴融后汶桥
叶庄渭		衢县	1 机械	奉海路奉天站机车库	奉天车站机车库	衢县坊门街元和祥宝号转青盛
曹汝廷	子朝	金华	1 机械	杭县建设局课员无线电收音员	杭州杭县县政府建设局	金华广润布庄转下溪滩
谢玉珂	飞鹏	福建武平	1 机械	安徽全省度量衡检定所检定员	安徽钱牌楼度量衡检定所	镇江城内山门口七号转
蔡炳文		吴兴	1 机械	铸亚铁工厂设计部	上海南市斜土路铸亚厂	吴兴双林镇
孙功煦	乐一	海宁	1 机械	杭州市工务局第五科职员	杭州市政府工务局	硖石转庆云桥
柴绍武	越汉	萧山	1 机械	商务印书馆印刷所	上海宝山路商务印书馆	杭州章家桥得昌南货栈柴慕善转
钱荣渠		嵊县	1 机械	裕通绸厂准备管理	上海曹家渡裕通绸厂	嵊县石璜转山口交
蔡起猷		诸暨	1 机械			
吴隆绪	鸿甫	安徽庐江	1 机械	武昌第一沙厂保全科技师	湖北武昌第一纱厂	杭州学士路十号
蔡尔刚	仁三	兰溪	1 机械	永安三厂	上海永安三厂	兰溪裕通源庄转
平伯骣		萧山	2 机械	福州电厂		
顾彭年		海宁	2 机械			

续 表

姓名	字	籍贯	班次科别	现在服务状况	最近通讯处	永远通讯处
袁开先		嵊县	2机械	浙江省度量衡检定所检定员	杭州浙江省度量衡检定所	嵊县袁万祥号交
孙家毅		萧山	2机械	中国铁工厂绘图	吴淞中国铁工厂	萧山闻堰春生堂药号转燕兜村
陈秉衡		新昌	2机械	福州电厂机工厂技士	福州福州电厂	
汪瀛	涤之	绍兴	2机械	中国铁工厂制图	吴淞中国铁工厂	绍兴新桥河下三号
汪树滋	德新	兰溪	2机械	升学浙大工学院	杭州浙大工学院	兰溪北门养砚巷
尹才生		嵊县	2机械			
徐恺廷		海宁	3机械	实业部中央工业试验所练习	首都下浮桥中央工业试验所	硖石西南河南生记号转
杨济焕	养吾	诸暨	3机械	实业部中央工业试验所练习	首都水西门中央工业试验所	诸暨枫桥彙昌号交全堂
谢守昌		诸暨	3机械	实业部中央工业试验所练习	首都下浮桥中央工业试验所	诸暨枫桥彙泉号交
金以康	守真	诸暨	3机械			
徐永生		江苏江阴	3机械	实业部中央工业试验所练习	首都下浮桥中央工业试验所	江阴夏港义泰洽号
潘文国		绍兴	3机械	苏省农具制造所工务助理员	苏州胥门外农具制造所	绍兴皋埠杨福茂酒号
李承毅		杭县	3机械	苏省农具制造所制图	苏州胥门外农具制造所	杭州姚园寺巷三十二号
张声锵		东阳	3机械	杭州武林铁工厂		东阳十三都上甲横路
陈锡金		临安	3机械	上海寰球铁工厂管理员	上海小沙渡李家库寰球铁工厂	临安城里
陈悦堂		海宁	3机械	浙省公路局场务员	杭州西大街公路局修车厂	海宁长安镇
曹家齐	治平	江苏江阴	3机械	寰球铁工厂设计员	上海小沙渡路寰球铁工厂	杭州湖墅珠儿潭八十九号
袁庆琪		萧山	3机械	肄业度量衡检定员养成所	首都下浮桥全国度量衡局	临浦河镇袁和顺转
李文祥		东阳	3机械	寰球铁工厂管理员	上海小沙路寰球铁工厂	东阳古唎头
方兆锴		瑞安	3机械	升学	杭州龙翔桥六桂坊一号	瑞安南门外广昌鱼行

续 表

姓名	字	籍贯	班次科别	现在服务状况	最近通讯处	永远通讯处
胡济人	良良	富阳	3 机械	实业部中央工业试验所练习	首都下浮桥中央工业试验所	富阳万顺厚号转
田文宪		余杭	3 机械			
程训		遂昌	3 机械			
孙永庚		富阳	3 机械			
傅廷杰		衢县	3 机械			
金倬章		江苏武进	4 机械	升学浙大工学院		江苏常州庙桥镇
周上林		东阳	4 机械	福州电厂		东阳南乡防军镇包茂兴号转清塘交
何义贞		建德	4 机械			建德东关镇致中和转
裘警余		嵊县	4 机械	嵊县电灯公司		嵊县崇仁后沙园
王乃英		富阳	4 机械	杭州武林铁工厂		富阳大源镇
杨镇藩		萧山	4 机械	杭江铁路修机厂		萧山城内安弄
蒋本秋		富阳	4 机械	绍兴贫民习艺所		富阳大源镇恒昌升米号转
徐幼奎	光岩	江苏上海	1 染织	申新纱厂前纺部保全	上海宜昌路二号申新纱厂	上海虹口虬江桥泰纶号
蒋嘉瑄	其昌	东阳	1 染织	申新五厂粗纺部主任	上海华德路高廊桥申新五厂	东阳吴良转大理育生堂药号
陈翰鹏	万里	绍兴	1 染织			
周钟本	觉吾	诸暨	1 染织	庆丰纺织厂织部技士	无锡庆丰纺织厂	诸暨十四都
王震元	洽仁	兰溪	1 染织			
徐正	纪纶	乐清	1 染织		上海金神父路新新里一三六号	台州海门大荆白溪环山
高崇尧	让生	临安	1 染织			
郑宝晋	锡之	兰溪	1 染织	大丰纱厂	上海浑子湾大丰纱厂	兰溪焦宅
詹凤纪	德淳	诸暨	2 染织	杭州丝厂技术员	杭州湖墅杭州丝厂	诸暨尚三头
曹文发		上虞	2 染织	杭州丝厂技术员事务员	杭州湖墅杭州丝厂	杭州万安桥北河下八二号
王观呈	定生	新昌	2 染织			
骆正潮	松涛	义乌	2 染织	统益纱厂机械保全员	上海莫干山路统益纱厂	义乌廿三里金永和号

续 表

姓名	字	籍贯	班次科别	现在服务状况	最近通讯处	永远通讯处
汤海郎	燕麓	江苏溧阳	3 染织			
俞祖莘	隐耕	富阳	3 染织			
陆志成	惠群	富阳	3 染织	宝兴纱厂工务	上海闸北沪太路宝兴纱厂	富阳德心堂转陆家村
黄昌中	致甫	义乌	3 染织	宝兴纱厂工务	上海闸北沪太路宝兴纱厂	义乌尚经
张永孝	善生	萧山	3 染织			
夏驎瑞	少龠	杭县	3 染织	永安二厂粗纺科员	吴淞永安二厂	杭州宋高陶巷一号
杨家栋	茂斋	杭县	3 染织	永安二厂粗纺科员	吴淞永安二厂	
姚肇熙	敬甫	吴兴	3 染织	美亚绸厂实习	上海闸北共和坊路柳营桥美利绸厂	湖州右文里直街二十二号
朱金汤	保黎	绍兴	3 染织	永安三厂试验科	上海麦根路永安三厂	绍兴白洋村
胡丙生	子青	江苏吴县	3 染织	美生绸厂	上海瞿真人路日晖东路美生绸厂	
杨德仁	恕之	湖南长沙	3 染织	考试院书记	首都考试院	杭州性存路余庆北里五号
查济民		海盐	4 染织	上海达丰染织厂		袁花大生药号转
叶彦宗		杭县	4 染织	上海达丰染织厂		杭州清波门四条巷十三号
胡哲	武忠	兰溪	1 应化			
章则汶	瀚丞	绍兴	1 应化	通成纺织厂漂染课主任	戚墅堰通成纺织公司	杭州信余里二十九号
周寿年	鹤青	杭县	1 应化			
蔡润德	裕常	余姚	1 应化	吴兴建设局课员	湖州吴兴县政府建设局	余姚北城虞宦街
夏廷杰	俊甫	富阳	1 应化			富阳里山
王亚田		诸暨	2 应化	金陵兵工厂技术员	首都金陵兵工厂	诸暨枫桥同春堂
杨允中	执成	海盐	2 应化	纬成公司	嘉兴纬成公司	嘉兴钦城镇
薛塘	抑鸿	安徽全椒	2 应化	杭州自来水厂化验员		杭州新宫桥信余里十八号
吴景铨		诸暨	2 应化	升学浙大工学院	杭州浙大工学院	诸暨枫桥镇同源泰转交楼曹村

续 表

姓名	字	籍贯	班次科别	现在服务状况	最近通讯处	永远通讯处
余嘉道	锦城	余姚	2 应化	民生纱厂废花漂白部主任	上海周家桥民生纱厂	余姚东潭河沿余咏盛米号
胡齐贤	怡庭	建德	2 应化		杭州惠兴路廿八号	
胡凤初		江苏无锡	3 应化	杭州丝厂技术员	杭州武林门外杭州丝厂	无锡堰桥
梅元白		嘉兴	3 应化	实业部上海商品检验局牲畜处技术员	上海博物院路商品检验局	平湖西门仓衖东首
刘骥才	华堂	衢县	3 应化	衢广公司衢江段筹备委员兼工务处协助员		衢县五圣巷口
张震旦		仙居	3 应化	升学北京大学	上海卡德路寰球学生会	仙居砖墙巷
王洪禧	道行	仙居	3 应化	肄业杭州测丈人员养成所		仙居田市
毛森	蕴华	余杭	3 应化	实业部上海商品检验局化学技术员	上海博物院路十五号商品检验局	余杭城内
董桐昌	逸耕	萧山	3 应化			
傅廷贤	腾阴	衢县	3 应化			
管栋成	张兴	衢县	3 应化			
虞烈照		诸暨	1 土木	升学浙大工学院		诸暨阮家埠
楼敬祥		义乌	1 土木	升学中央陆地测量学校		义乌北门
乐俊诚		镇海	1 土木	嵊县初级中学数学教育		镇海小港葫芦村乐勇房交
宋华祝		温岭	1 土木	福州电厂		海门金清港雨伞庙叶萃亨号转
陈良勋		绍兴	1 土木	升学浙大工学院		绍兴下方桥下
许达衢		天台	1 土木	福州电厂		天台东门陈家壁君收转
邹元辉		平湖	1 土木	升学浙大工学院		平湖南门北增弄
陶承杏		绍兴	1 土木	升学浙大工学院		杭州学士路陶星记经租处
骆腾		杭县	1 土木	升学浙大工学院		杭州清波门四条巷十三号
汪櫲羲		杭县	1 土木			杭州运司河下四十八号

续 表

姓名	字	籍贯	班次科别	现在服务状况	最近通讯处	永远通讯处
张济寰		江苏青浦	1土木			江苏青浦小西门内
钟艺		杭县	1土木			临平德盛和米号转交
汪绳祖		杭县	1土木	就学首都总部交通处技术训练所电信班		杭州省党部本西间壁十九号
陆书田		富阳	1土木			富阳青云桥义生堂号
傅全信		诸暨	1土木			杭州江干杭诸公司转交晚浦
沈鸿章		嘉善	1土木	在院补习		嘉善大云寺
汤骥		诸暨	1土木			诸暨姚公埠景泰号转交
徐道鸣		绍兴	1土木	在院补习		绍兴棲凫直河老台门
朱绍基		绍兴	1土木			萧山临浦朱万兴号
陆健			4土木			杭州横广福路十二号
罗瑞贤			4土木			窄溪许家春和号交

前甲种工业毕业生

姓名	字	籍贯	班次科别	现在服务状况	最近通讯处	永远通讯处
周汉忠	荩臣	平湖	1电机	福州电厂工厂主任兼米粉厂技士	福州电气公司	嘉兴南门金明寺埭
杨开渠		诸暨	1电机	留学日本帝大农科	日本东京代代幡上原一二〇三仁庄	诸暨枫桥全堂
孙潮洲	企韩	杭县	1电机	见大学部		
沈昌培	志翔	桐乡	1电机	柯达公司	上海圆明园路廿四号柯达公司	
郑显庭	汝赓	汤溪	1电机	衢县城乡电话局长	衢县城乡电话局	汤溪罗埠郑仁和号交
郑轴轮	伯经	德清	1电机	浙江公路局杭平路养路所	海宁杭平路养路所	
陈培德	厚齐	丽水	1电机	泗安电厂主任兼杭州电厂工务员	杭州杭州电厂	丽水枣树荫陈正元
陈锦泉	子清	丽水	1电机	浙江省电话局工务员		丽水三坊口陈正元绸记
葛德铭	志毅	东阳	1电机	首都市政府技士	首都市筑路摊费审查委员会	东阳雅怀堂

续 表

姓名	字	籍贯	班次科别	现在服务状况	最近通讯处	永远通讯处
王庆树	乔梅	江山	1 电机	江山第四区区长	江山新塘边	江山硖口镇毛恒丰转交王家
赵裕汉	时念	诸暨	1 电机	故		
周士芳	芹伯	新登	1 电机	总司令开封行营服务		新登庆福布庄转炉头
姜琳		绍兴	1 电机			
徐寿康	松甫	金华	1 电机	戚墅堰电厂工务员	常州磨盘桥电厂办事处	金华郑庆泰转王路塘
彭会和	敏求	杭县	1 电机	豫丰纱厂发电部技师	河南郑州豫丰纱厂	
陈景涵	仲韩	东阳	2 电机	升学交通大学	上海交通大学	东阳南街
缪超凤	览辉	江苏溧阳	2 电机	交部无线通信大电台工程师	上海交通部无线大电台	
皇甫堃	友韩	江苏吴江	2 电机	故		
周森葵	子茂	东阳	2 电机			
胡存谦	盛仙	湖北武昌	2 电机	杭州市工务局	杭州市工务局	杭州车驾桥一号
潘京		安吉	2 电机			
陈秉良		嵊县	2 电机	见大学部		
张耀	伯刚	绍兴	2 电机	故		
杨家本	寒素	杭县	2 电机	留学日本		
华怡	养泉	江苏无锡	2 电机	沪杭铁路电务稽查	杭州闸口铁路机务处	苏州荡口华仁药堂
余瑞生	绍芝	江苏泰兴	2 电机	见大学部		
王岳生	崧甫	东阳	2 电机			
叶菁莪	蔚生	义乌	2 电机	小学教员		义乌佛堂陈怡兴转
臧寿衮	雁初	分水	2 电机	保安队无线电话队长		
于万岳	士衡	临海	2 电机	回浦中学教员	临海城内回浦中学	临海东乡大田转白筑交
孙炳文	虎臣	杭县	2 电机			
傅圣启	启群	浦江	3 电机	交通兵第二团材料主任	首都成贤街交通兵第二团	浦江金如恒号
张元训	廉甫	江苏常熟	3 电机	见大学部		
汪乾元	伟含	萧山	3 电机	浙江省电话局工务员	杭州建设厅电话局	萧山东门外
范裕宪	钦聿	安吉	3 电机	交通部无线电总台报	上海民国路五六五号	杭州大营前十五家园宝树里

续 表

姓名	字	籍贯	班次科别	现在服务状况	最近通讯处	永远通讯处
司汝衡	鉴平	江苏南通	3电机	自办碾米厂		南通唐闸司裕大米厂
吴式梓	时新	东阳	3电机	见大学部		
韦松年		东阳	3电机	建委会电气处技佐	首都西华门建设委员会	东阳小东门
王渭清		海宁	3电机	海宁县党部执行委员		浙路周王庙镇
周奉灊	奉瑞	嵊县	3电机			
陈廷纲		上虞	3电机	升学浙大工学院		杭州武林门外冰厂间壁
陈宜騄		海盐	3电机	贾家汪煤矿公司管理材料	江苏徐州贾家汪煤矿公司	嘉兴闸前街一五七号
许闳儒	志鹄	杭县	3电机	杭县建设局治虫专员	杭州杭县县政府	杭州万安桥东十七号
张彬伟	堃山	杭县	3电机	经商		杭州井字楼一号
罗锦嶂	峙玉	余杭	3电机	杭县政府巡回协助员	杭州县政府	余杭双溪
姚卓文	慕崇	吴兴	3电机	见大学部		
沈沛恩	溥周	余姚	3电机	总部交通兵第二团技士	首都成贤街交通兵第二团	余姚北城牌仙下下壩快船转沈湾
郭成骥	云衢	杭县	3电机	浙江省电话局工务员	杭州浙江省电话局	杭州箭道巷十三号
陈略	炳略	青田	3电机	国军五十二师参谋处	江西南昌五十二师司令部	青田船寮邮局转良川
张绅	志行	松阳	4电机	浙江省立自治专修学校	杭州马坡巷自治专校	
吴章黼	章甫	临海	4电机			
张振华	翕	云和	4电机	升学浙大工学院	杭州浙大工学院	
张惟渭	熊飞	嘉兴	4电机	无线电台报务员	上海西门蓬莱路总司令交通处二十八无线电台	嘉兴塘汇天锠号转
杨俊逸	俊佚	诸暨	4电机	大隆机器厂制造部主任	上海小沙渡大隆机器厂	诸暨枫桥全堂
寿彭	士毅	诸暨	4电机	浙江省长途电话局永嘉分局长	永嘉长途电话分局	
陈启瑞	发苏	湖南湘阴	4电机	前在浙江省工务局	浙江省党部任培谊转交	长沙西长街正兴号转
陈达斌		嵊县	4电机	杭州电厂机务科	杭州羊市街二十号	

续 表

姓名	字	籍贯	班次科别	现在服务状况	最近通讯处	永远通讯处
史元寿	太登	余姚	4 电机	肄业劳大	上海江湾劳动大学	余姚南城大黄桥史宅
朱淳镜	日绚	东阳	4 电机	首都无线电台报务员	首都估衣廊无线电台	东阳南街存仁堂转道院
金贤藻	图南	嘉兴	4 电机	亚洲电气公司副工程师	上海金神父路三五六号	嘉兴新丰镇
胡祖武	绳伯	吴兴	4 电机	浙省公路局车场调派员	杭州西大街公路局	菱湖东栅颐寿堂
徐延德	滋庵	德清	4 电机	交通银行行员	常熟交通银行	德清余不弄
王相如		嵊县	4 电机	总司令部交通处材料库库员	首都汉府街交通处材料库	嵊县华堂镇
曹舜臣	虞卿	吴县	4 电机	双林勤余学社教员兼中国航空协会吴兴分会会长	吴兴双林西北里四十八号	吴兴双林外庙兜昌盛酱园转交赵家兜
夏廷干	公辅	富阳	4 电机	浙大工学院机械实习助教	杭州浙大工学院	富阳里山
陈问韶	耕虞	嘉兴	4 电机	交通部国际电台报务员	上海仁记路沙逊房子	嘉兴杨湾十五号
梅士达	德孚	杭县	4 电机	五和精盐公司机械部主任	上海浦东张家浜南安里五和公司	杭州四条巷
孙毓琳	季札	吴兴	4 电机		首都中央大学刘风五君转	杭州华藏寺巷张衡丞君转
王为水	建岗	嵊县	4 电机	南京总司令部交通处无线电股股员	首都常府街交通处机械修造厂	嵊县东乡北庄镇
林佩珩		温岭	4 电机	金陵兵工厂技术员	首都金陵兵工厂	温岭北门头第一号收转
张振威	蘅丞	杭县	4 电机	升学		杭州华藏寺巷
楼观浙	波澜	永康	4 电机			永康古山镇邮转楼店
邹兆辰	改名世馨	嘉兴	4 电机	总部上海无线电台台长	上海老西门总部上海无线电台	嘉兴庄史镇
郑伦潮	伯游	黄岩	4 电机			
黄傅仁	锡堂	嵊县	4 电机			
王序宝	公瓒	平阳	1 机械	故		
张云瑞	闰材	嵊县	1 机械	萧山庆云丝厂	杭州红门局五十三号	

续 表

姓名	字	籍贯	班次科别	现在服务状况	最近通讯处	永远通讯处
蔡汝炘	煦庭	萧山	1机械	上海铸亚铁工厂采办营业二科	上海南市斜土路九一四号	杭州武林门中正桥河下四号
王承旦	镜吾	嵊县	1机械			
张融	梦燕	嵊县	1机械			
董世丰	延辉	嵊县	1机械		杭州南星桥拱三段车务办事处转	嵊县崇仁镇邮转湖上院独卜草舍
瞿弼	辅臣	萧山	1机械			萧山临浦大桥
张友才	信斋	德清	1机械	德清县立贫民习艺所所长	清溪东贫民习艺所	德清小南门外
许茹芳	知平	诸暨	1机械			
戚友群	元朋	余姚	2机械			余姚新浦沿戚祥丰号内
来壮潮	秋乘	萧山	2机械	武林铁工厂经理	杭州武林铁工厂	萧山城内汪家弄八号
胡钧	陶成	义乌	2机械	统益经纬公司	杭州太平桥西威乙巷	
陈世觉	悟皆	嵊县	2机械	中大工学院副教授	首都大石桥居安里三十号	百官转三界陈村
朱贤佐	彦度	镇海	2机械			
骆肇修		义乌	2机械	宗文中学数理教员	杭州皮市巷宗文中学	义乌二十三里转交清塘
鲁伯彦	揆轩	杭县	2机械	故		
周文学	公劭	长兴	2机械			
楼文熙	复民	杭县	2机械	国民政府参军处	首都国军参军处	
金振声	纯如	东阳	2机械			
吴志宜	梦侯	杭县	2机械	上海特别市土地局	上海土地局	
朱鸣	公生	永嘉	2机械			
黄师濂	竹侯	余姚	2机械			
陆善益	牧自	杭县	2机械	三友杭厂	杭州拱埠三友厂	
王臣益	伯谟	建德	2机械			
骆汝琛	伫清	义乌	2机械			
王荣林	苑卿	绍兴	3机械	寰球铁工厂厂长	上海小沙渡寰球铁工厂	杭州三元坊惠和泰扇庄
钱永经	子授	绍兴	3机械	西安兵工厂材料科长	陕西西安兵工厂	杭州陆官巷三十六号

续 表

姓名	字	籍贯	班次科别	现在服务状况	最近通讯处	永远通讯处
陈宝钦	世珍	余姚	3 机械	寰球铁工厂务部长兼技师	上海小沙渡寰球铁工厂	余姚浒山成章号转交
蔡宝藩	树屏	兰溪	3 机械			
郭屼	岩圃	兰溪	3 机械	寰球铁工厂	上海小沙渡寰球铁工厂	兰溪状元第巷
陆斌	益三	余姚	3 机械			
沈成城	越剑	余姚	3 机械		上海法界南阳桥兰馨里十四号	
张肇基	纪修	海宁	3 机械	故		
郭振武	鹤齐	临海	3 机械	通成纱厂	戚墅堰通成纱厂	
戴锡元	少咸	杭县	3 机械	浙大农学院庶务股主任	杭州笕桥农学院	杭州缸儿巷十九号
范湘	述陶	绍兴	3 机械			
吴士槐	直人	浦江	3 机械	中新九厂工程师	上海杨树浦申新九厂	浦江前吴
孙燕	翼庭	余姚	3 机械			
蔡绍敦	叔原	诸暨	3 机械	绍敦电气公司	上海福煦路一三七号绍敦公司	
董寿颐	寿颐	萧山	3 机械			
丁德培	森圭	杭县	3 机械	宣阳电气公司技术主任 浙江五金钢窕厂经理	杭州普安路浙江钢窕厂	杭州过军桥桥堍
张泽春	晖融	嵊县	3 机械	永安三厂工务稽查	上海麦根路永安三厂	百官蒋镇朱洽昌南货号转清水塘
姚澄清	寰镜	诸暨	3 机械			
斯侃	亦陶	诸暨	3 机械			
徐鸿	书雄	兰溪	3 机械			
蒋玉成	玉成	长兴	3 机械	故		
金恺	舜人	临海	3 机械			
陈肇基	翕如	东阳	3 机械			
朱永济	钦成	义乌	3 机械			
郎志恭	子公	兰溪	3 机械			

续 表

姓名	字	籍贯	班次科别	现在服务状况	最近通讯处	永远通讯处
杨伟标(改名伟)	副志	诸暨	4 机械	军政部秘书	首都军政部	杭州宿舟河下六十七号
钱宝泰	潭澄	杭县	4 机械			
史彝	继如	贵州贵阳	4 机械			
张铭新	文盘	鄞县	4 机械	潘海铁路车务处	辽宁大北边门外铁路公司车务处	鄞县鄞南横涨桥邮局转
施德	泽民	江苏吴江	4 机械	嘉兴纬成公司	嘉兴纬成公司	震泽严墓镇
周兆瑗	慕蘧	山东济宁	4 机械			
赵□	颐叔	杭县	4 机械	故		
顾炽	雍甄	萧山	4 机械	国民会议济南代表		
杨季忱	冀之	诸暨	4 机械			
黄福森	鹿山	浦江	4 机械	上海中华职业学校		
沈蕴山	乃珍	嵊县	4 机械	南京中央军校工兵大队		
胡梦岩	霖商	永康	4 机械			
蒋鼎	调生	金华	4 机械			
黄韩潜	叔潜	杭县	4 机械	故		
徐必成	颂龛	新登	4 机械	杭州省会公安局		
厉致祥	瑞伯	东阳	4 机械	华新纱厂保全部主任	天津河北小於庄华新公司	东阳巍山玉山尖山
熊儒堂	敦山	金华	4 机械	金区民国日报社编辑 金华商报馆主笔		金华马门熊日新店转
孙传渊	幼青	杭县	4 机械	沙市纱厂	上海虹口岳州路沙市纱厂	
王荣	公超	德清	4 机械			德清下舍
钱人俊	秀峰	杭县	4 机械			
华枅芳	梓材	兰溪	4 机械	杭州武林铁工厂		
李家鼐	幼衡	山东济宁	4 机械			
郭晋宗	友怀	诸暨	4 机械			
蒋佾	无庭	兰溪	4 机械	兰溪县党部监察委员	兰溪县党部	兰溪裕茂布庄转北乡水阁塘
沈沛霖	泽怀	余姚	5 机械	中央训练部编审科总干事	首都丁家桥中央党部	余姚沈湾村
林毓英	象贤	平湖	5 机械	故		

续 表

姓名	字	籍贯	班次科别	现在服务状况	最近通讯处	永远通讯处
邵诵熙	朗斋	余姚	5 机械	寰球铁工厂事务部长	上海小沙渡寰球铁工厂	余姚南城东泰门外
夏承发	赤侯	杭县	5 机械	劳大中学部委员	上海江湾劳大中学部	
朱瀔	企文	杭县	5 机械	四方机厂工务员兼第二工厂工程师	青岛四方村四方机厂	杭州旧藩署内七十五号
方秉寅	少和	安徽歙县	5 机械	通成纺织公司副厂长	戚墅堰通成纺织公司	杭州祖庙巷九号
王天轸	轼斋	仙居	5 机械	申新一厂保全部	上海周家桥申新一厂	台州大井头二号
胡家驄		桐庐	5 机械	桐庐平民习艺所所长		桐庐县胡大房交
余钟祥	鸾元	新登	5 机械	故		
朱秉权	乐齐	绍兴	5 机械	肇庆警察署长	广东肃庆警察署或上海康脑脱路一四四号	绍兴白洋村
孙世恒	懋傅	东阳	5 机械			
赵元涵	养真	乐清	5 机械	申新一厂	上海白利南路申新一厂	海门大荆大协昌号转中庄
黄洵儒	仪甫	永康	5 机械			
金达文	显章	上虞	5 机械			
唐家荣	剑心	广西灌阳	5 机械			
骆汝鸿	仪甫	永康	5 机械	申新九厂纺织工程师	上海曹家渡申新九厂	永康芝英转寮前
张崇道	平欧	临海	5 机械	故		
贝谦	友于	江苏吴县	5 机械	苏州长途电话工程师		苏州桃花坞
徐云青	啸舟	海盐	6 机械	浙江省水利局浙西水利工程队队长	杭州水利局	硖石转百步亭镇
汪家塛	撷腴	江苏吴县	6 机械	实业部中央工业试验所	首都下浮桥工业试验所	
金式斌	文生	吴兴	6 机械			
韩桢	维之	余杭	6 机械	上海武林铁工厂	上海保定路华兴坊武林厂	瓶窑韩隆昌
沈业勤	安甫	富阳	6 机械	绍敦电气公司	上海福煦绍敦公司	
高许培	志清	海宁	6 机械	巩县兵工厂机器厂主任	河南巩县兵工厂	硖石卢家湾

续 表

姓名	字	籍贯	班次科别	现在服务状况	最近通讯处	永远通讯处
赵钧		诸暨	6机械	永安纱厂技师	吴淞永安纱厂	
裘之敏	素颖	嵊县	6机械	嵊县仁吉茶厂会计主任		嵊县崇仁
吴杰	仲豪	永嘉	6机械			
俞馥	艺甫	嵊县	6机械	上海中央银行		
张学铭	子敬	上虞	6机械			
钱淦	信芳	嵊县	6机械			
钱栻	逸夫	嵊县	6机械	上海工部局电气厂工程师		
魏之藩	之藩	嵊县	6机械	南京市政府社会局		
谭其玉	麟伯	嘉兴	6机械	振泰纺织公司编纂	上海曹家渡振泰纺织公司	嘉兴北门内芝桥街
李元伟	莘材	嘉兴	6机械	嘉兴纬成公司	嘉兴纬成公司	嘉兴天宁寺街
顾恒	季平	德清	6机械	浙江教育厅技士	杭州东坡路大庆里一弄一号	德清县务前街俞宅转
谢继兆	少祥	天台	6机械			
刘斌	止戈	东阳	6机械	中华纺织工程公司协理	上海徐家汇路中华工程公司	
王乐欢	竹芗	永康	6机械	首都自来水工程处技术员	首都自来水工程处	永康清渭街邮局转柳墅
王振育	勗孚	黄岩	6机械	嘉兴建设局第一课课长	嘉兴县政府建设局	黄岩城内大井头毛正泰号转下村交
倪翊臣	鸿保	杭县	6机械			
蒋嘉暄		东阳	6机械			
徐恒寿	祝如	德清	7机械	见专门部		
杨炽孙	志逊	平阳	7机械			
方兆镐	子京	瑞安	7机械	巩县兵工厂工务处长	河南巩县兵工厂	南京闺奁营十号
张家昌	盛之	海盐	7机械	商务印书馆各种仪器审查及改良	上海闸北天通菴路锦裕坊十五号	海盐邑庙前张宅
严之骥	超骧	杭县	7机械			杭州五奎弄十九号
俞震西	芸亭	海盐	7机械	浙江省电话局工务员	杭州浙江省电话局工务科	硖石赵家汇陈恒茂油号转
温燮钧	理堂	江苏常熟	7机械	同济大学教授	吴淞同济大学	

续 表

姓名	字	籍贯	班次科别	现在服务状况	最近通讯处	永远通讯处
陈宽	季立	江苏常熟	7机械	勤德新厂	常熟大东门外庙前勤德厂	
朱圣铨	道衡	仙居	7机械			
吴杰	玉山	仙居	7机械	仙居崇正小学校长	仙居田市镇崇正学校	仙居田市转厚仁村
史企文	梦熊	象山	7机械	巩县兵工厂机械器技术员	河南巩县兵工厂	石浦新桥转横弓岙
劳人伟	靖华	龙游	7机械			
吴坦	旦平	江苏高邮	7机械	中央党部	首都中央党部	
黄祖森	鹿荪	余姚	7机械	汉口市工务局		
石文	篆周	海盐	7机械	浙江塘工局乍浦澹河工程事务所监工		
盛祖钧	宰初	嘉兴	7机械	交通大学机械学院讲师	上海徐家汇交通大学	嘉兴梧桐树街
过甫生	鲤庭	平湖	7机械	新仓电灯公司	平湖新仓电灯公司	
朱煊	曝轩	桐乡	7机械	杭州电厂验表员	杭州杭州电厂	屠甸市振昌碗号转晏城
萧家述	觉先	桐乡	7机械	新闻界	青岛太平路八号国民通讯社	嘉兴乌镇后街
田有秋	广成	永康	7机械			
潘鑫	克操	永康	7机械	武林铁工厂钢扣部兼制扣片部主任	杭州刀茅巷武林铁工厂	永康应信孚号转
徐建中	剑仙	义乌	7机械			
唐舜襄	文献	嵊县	7机械	久成五金机料公司经理	上海广东路二九号久成公司	
叶光显	同高	平湖	7机械	越安小学校长	平湖南门外越安小学	平湖南门
陈章旗	臧卢	义乌	8机械			
孙维嘉	新吾	江苏常熟	8机械	福州电气公司电力课主任技师正记制冰厂冷藏技师	福州电气公司	常熟虹桥森泉孙宅
颜振銮	金坡	吴兴	8机械	导准委员会助理工程师	首都复成桥导准委员会	湖州期堂巷
胡国桢	伯逊	绍兴	8机械			

续 表

姓名	字	籍贯	班次科别	现在服务状况	最近通讯处	永远通讯处
徐镳	景扬	永康	8机械			
莫善祥	详之	德清	8机械	见专门部		
陈增培	献珍	萧山	8机械			
张启华	子南	温岭	8机械	南京中央军官学校		
胡济川	芥舟	永康	8机械	外交部总务司	首都外交部	永康古山
金鹏飞	翼天	德清	8机械			
许彦儒	硕廷	杭县	8机械	上海龙华兵工厂枪弹厂		杭州万安桥东街一七号
蒋鋆	韵楼	富阳	8机械	济南京浦路修机厂		
孙家骅	开甫	杭县	8机械	上海年红广告公司		
陶镕	子钧	余杭	8机械	商务印书馆机械修理部	上海闸北商务印书馆	瓶窑黄湖张永庆转交
邵焌	慕雍	余杭	8机械	福州正记冰厂技师		余杭河下小街口
沈孝睿	少卿	绍兴	8机械	永安三厂	上海麦根路永安三厂	绍兴小皋埠西岸头厅里
吕再端	不糊	永康	8机械	永豫纱厂厂长	上海闸北小沙渡光复路永豫纱厂	
金祖统	震三	义乌	8机械			
周伟亮	心甫	杭县	8机械			
朱维续	继文	江苏宝山	8机械	上海市教育局		
褚裕德	改名毅成	余杭	9机械	实业部上海商品检验局棉花检验宁波分处技术员	宁波棉花检验分处	嘉兴北门外端平桥
朱殿春	殿春	平湖	9机械	苏州电气厂工务员	苏州九胜巷电气厂	杭州长官弄六号
施策	叔谋	平阳	9机械	纬成公司纺丝部部长	嘉兴纬成公司	杭州开元路二十五号
张兰舫	载馨	江苏无锡	9机械	上海热河路大新印刷		
王光曾	纪先	绍兴	9机械	浙省民政厅测丈队制图	杭州竹竿巷民政厅测丈队	绍兴蛏浦汇头文魁台门
祝元堃	文元	杭县	9机械			杭州安溪镇
郑伦	胥如	青田	9机械			
陶守咸	守咸	绍兴	9机械	辽宁砲绘图员	辽宁兵工厂砲厂	绍兴陶堰

续表

姓名	字	籍贯	班次科别	现在服务状况	最近通讯处	永远通讯处
叶纪成	纲宣	慈溪	9机械	津浦路局	首都浦口津浦路港务课	
周志刚	剑青	杭县	9机械	纬成公司纺丝部规划主任	嘉兴纬成公司	杭州雄镇楼十一号
梅述祖	则先	江苏江宁	9机械			
陶丕承	希明	江苏无锡	9机械	见专门部		
宋汝锦		余姚	9机械			
叶学周	文吾	江苏松江	9机械			
竺鑫铨	百徵	新昌	9机械	中华铁工厂管理	上海西门陆家浜中华厂	
何焕章	文甫	富阳	9机械	纬成丝厂制绵部主管	嘉兴纬成纺丝厂	富阳德心堂转谢家溪
周福康	寿芝	嘉兴	9机械	肄业浙江警官学校	杭州警官学校	嘉兴钟埭镇
胡兆虎	建寅	宁海	10机械	瑞安县政府建设科长	瑞安县政府	宁海黄壇
陈仁芳	子芳	嵊县	10机械			
杨汝新	子明	诸暨	10机械	大隆机器厂厂务副主任	上海大连湾路二号大隆机器厂	诸暨枫桥全堂
黄祖铎	金声	浦江	10机械	申新七厂织布部考工主任	上海杨树浦申新七厂	浦江岩头镇耘芳地
王之祥	志翔	嘉善	10机械	鄞县建设局职员	鄞县建设局	嘉善天凝庄福溪新村
张志竞		诸暨	10机械	辽宁东塔兵工厂新机关枪厂职员		诸暨枫桥瑞丰县转交
孔宪谟	云孙	杭县	10机械	明华赛璐珞厂	上海南市制造局路明华赛璐珞厂	
朱文湍		上虞	10机械	武林铁工厂制造部管理	杭州刀茅巷武林铁工厂	上虞东门外仁寿堂号转交
陈昌华		绍兴	10机械	见大学部		
许国光	文瑾	诸暨	10机械	故		
陶大文	士渊	绍兴	10机械	永安三厂	上海麦根路永安第三厂	绍兴陶堰东南湖怀幽堂
虞翼轸	叔臣	诸暨	10机械	兰溪建设局第二课长	兰溪建设局	诸暨阮家埠乾太昌号转
黄徵志	圭田	绍兴	10机械			

续 表

姓名	字	籍贯	班次科别	现在服务状况	最近通讯处	永远通讯处
赵让波	惠廉	诸暨	10 机械	武林铁工厂打样间主任	杭州刀茅巷武林铁工厂	诸暨姚公埠景泰号转
汤兆恒		诸暨	10 机械	见大学部		
竺莘学		嵊县	10 机械	金陵兵工厂机器厂技术员	首都金陵兵工厂工务处	嵊县市心街方春转范村交
张家润	一霖	江苏常熟	10 机械	申新一厂原动部主任	上海曹家渡浜北新裕里十五号	常熟梅里西街
张锡钧		杭县	10 机械			
章表毅		江苏江阴	11 机械	苏浙皖区统税局助理员	上海商务印书馆印刷所章表刚转	
郑熙	汝纯	江苏仪徵	11 机械	铁道部总务司	首都铁道部	杭州龙兴路公益里六号吴宅转
蒋倬云		诸暨	11 机械			
蒋足云		诸暨	11 机械	沪杭铁路车队长	闸口车站	
袁嘉	石平	新登	11 机械			新登三溪口邮局转下水碓袁家
潘炳天		诸暨	11 机械	见大学部		
沈钫	信芳	嘉兴	11 机械	吴县市乡长途电话交换所主任	苏州植园电话交换所	嘉兴新塍西栅
章启杰	继良	绍兴	11 机械			
马维轨		余姚	11 机械	军政部兵工署技术员	首都军政部兵工署	余姚二塘头
方巽山	岑楼	桐庐	11 机械	见大学部		
汪存诚	叔竞	海宁	11 机械	故		
杨荣奎	应鳌	江苏无锡	11 机械			
江克增	澄如	安徽歙县	11 机械	自营木板行经理	杭州湖墅江裕兴奂记木行	杭州湖墅娑桥十三号
李佑霖	右林	崇德	11 机械	崇德明秀小学教员		崇德洲钱李合顺米行
吕国运	竹心	永康	11 机械	浙省公路局工程员	乍浦大王庙杭平路工程处	永康唐先镇邮转太平
郭蔚	雨苍	诸暨	11 机械			
蒋双友	益三	义乌	11 机械			
陈瓘	真汉	丽水	11 机械	四川泸州兵工厂总工程师	泸州兵工厂	

续 表

姓名	字	籍贯	班次科别	现在服务状况	最近通讯处	永远通讯处
袁国良	达璋	江苏江阴	11机械	四川泸州兵工厂厂长	泸州兵工厂	
陆建豫	子和	江苏无锡	11机械	四川泸州兵工厂	泸州兵工厂	
陈谷祥		嵊县	11机械	上海武林铁工厂	上海虹口保定路华兴坊八号武林铁工厂	
楼澎	可望	诸暨	11机械	浙江省土地局	杭州竹竿巷土地局	
郭钟浣	瓢溪	诸暨	11机械	浙省民政厅测丈队制图员	杭州杭府前一〇一号	诸暨上江东
蒋尧赓	淡任	诸暨	11机械	申新五厂工场管理	上海华德路底申新五厂	
吴巨远	幼蔚	余杭	11机械			杭州太平桥七龙潭六号
陈恭保		杭县	11机械			
何仁涛	松轩	诸暨	11机械	武林铁工厂锻木铸工场管理	杭州刀茅巷武林铁工厂	临浦店口泰丰号转西何交
卢均浩	平之	诸暨	11机械			
余凤仪	仲轩	嵊县	11机械	上柏余氏农林场主任	杭州四宜亭一号	武康上柏马元兴号转交
于炳生		吴兴	11机械			
程廷倬	一士	杭县	11机械			
金健	启民	江苏武进	12机械	总司令部交通处科员	首都汉府街总部交通处材料库	常州庙桥
裘克绍	益尧	嵊县	12机械	交通兵铁道队上尉材料员	河南灵宝交通第二团铁道第二大队	嵊县山口
黄渭川	竹侯	余杭	12机械	大来铁工厂主任管理	杭州新桥大来铁工厂	余杭刘王弄四十五号
张灿	虎臣	富阳	12机械	永安三厂织布科科长	上海麦根路永安三厂	富阳小寺弄金孝泉转
陈曹型	子模	诸暨	12机械	浙江省保安处第三科少校科员	杭州梅花碑省政府保安处	临浦转岭口镇
陈杰	肃侯	崇德	12机械	寰球铁工厂设计部长	上海寰球铁工厂	斜桥转骑塘桥
吴志成	士慧	东阳	12机械	美亚绸厂技士	上海马浪路美亚绸厂	东阳吴良镇

续　表

姓名	字	籍贯	班次科别	现在服务状况	最近通讯处	永远通讯处
蒋敬彬	斐君	诸暨	12机械	大来铁工厂	杭州新桥大来铁工厂	
曹振铎	大铃	义乌	12机械	津浦铁路厂	山东津浦铁路厂	
杨泰	岱岩	杭县	12机械	见大学部		
姚镛泉	光予	海宁	12机械	申新七厂粗纺部保全	上海杨树浦申新七厂	长安公安街九十三号
吴福畴	锡九	绍兴	12机械	大隆铁工厂制品库主任	上海戈登路大隆铁工厂	绍兴南街大树下
沈方琳(改名潜)	佐刚	东阳	12机械	崇明县政府财政科科员	江苏崇明县政府	东阳巍山转上沈
任以彰	励忱	江苏宜兴	12机械			
汤修常		绍兴	12机械	申新四厂保全主任	汉口硚口申新纱厂	萧山临浦华明电池厂
钱章明	障民	嵊县	12机械	见大学部		
张瑞祥	天球	嘉兴	12机械	平阳无线电台工务员	平阳无线电台	嘉兴集街张锦斋号
潘光汉	颂武	杭县	12机械	江西公路处车务科科员	江西南昌公路处	杭州蔡官巷二十八号
求纪年	竹安	嵊县	12机械	大来铁工厂	杭州新桥大来铁工厂	嵊县甘霖镇天章染坊转求家嘞
张祥桢	雪樵	吴兴	12机械	杭州华盛绸厂		杭州下仓桥廿一号
鲁光泰	瞻	余姚	12机械	大来铁工厂	杭州新桥大来厂	
任邦又	维翰	湖南湖阴	13机械	故		
谢士箴	谷亭	嵊县	13机械			嵊县西街马工德号稚致
龚树春	养和	嘉兴	13机械	杭州电厂采办员	杭州杭州电厂	嘉兴南门大街四十七号
丁灏	梁叔	萧山	13机械	杭州电厂工务员	杭州杭州电厂	
陈洪思	树堂	富阳	13机械	故		
余巨川	仲良	绍兴	13机械	杭州市工务局工务员	杭州工务局	绍兴东浦西周溇
钱寿康	昌甫	诸暨	13机械	申新三厂考工主任	无锡西门外申新三厂	杭州南星桥转姚公埠送江藩
许德纪	葆真	德清	13机械	升学浙大工学院		杭州蒲场巷六十六号
鲁光浩		余姚	13机械	申新四厂布厂保全员	汉口硚口申新纱厂	上海梅白格路松柏里一六五号

续 表

姓名	字	籍贯	班次科别	现在服务状况	最近通讯处	永远通讯处
周万昇		嵊县	13 机械			嵊县化龙门林鹤堂转
金型	之范	嘉兴	13 机械	总部第二十八军用无线电台报务员	上海西门蓬莱路近泮坊总司令部第二十八无线电台	嘉兴凤喈桥转清地上
赵仁	闾如	富阳	13 机械	上海航空工厂考工课记工员	上海西虹桥路航空工厂	富阳灵桥转赵家村
高起焯	炳章	仙居	13 机械			仙居厦阁转下交
谢志尚	慕安	江苏吴江	13 机械	升学浙大工学院		
楼迪善		嵊县	13 机械	留学德国	杭州横河桥三友铁工厂转	嵊北蒋镇朱治昌转大岙村
徐邦甯	移山	上虞	13 机械	升学浙大工学院		
周駃高	公负	海盐	13 机械	申新五厂	上海华德路申新五厂	
任笑春	冠时	嵊县	13 机械	裕中纱厂细纺部长	芜湖裕中纱厂	嵊县崇仁恒丰元转柳岸
孙秉和	性温	江苏盐城	13 机械	绍兴大明电气公司技术员		江苏盐城湖垛左村
赵懿棻	绍闻	东阳	13 机械	江宁地方法院书记官	首都江宁地方法院	东阳巍山
周煜	怀萱	青田	13 机械	区党部监察委员自营商业	温州承流坊元石商店	青田鳌里
徐森卿	虞卿	诸暨	13 机械	大冶铁工厂	杭州刀茅巷大冶铁工厂	
吴毓光	美谦	东阳	13 机械	浙江保安队第七团准尉司书	杭州延龄路保安队第七团团部	东杨白坦镇
钟敬和		绍兴	13 机械	升学上海同济大学	上海吴淞同济大学	杭州水亭址十四号
张嘉禄	假乐	杭县	13 机械	故		
施舜臣		余姚	13 机械	绍兴大明电气公司技术员	杭州慈幼路三号	余姚马渚大成房
王鼎	剑平	德清	13 机械	德清救济院副院长		德清丰乐巷
袁家俊	汝礽	上虞	1 染织	义务办理地方事业		上虞小越
孙承义	慕陶	杭县	1 染织			杭州清波门花牌楼三十号

续 表

姓名	字	籍贯	班次科别	现在服务状况	最近通讯处	永远通讯处
刘钟翰	筱允	上虞	1染织	上海萤昌火柴公司经理		
丰惠恩	济泽	汤溪	1染织	得师绸厂经理	上海周家嘴路一二五号得师绸厂	
周学均	仲衡	杭县	1染织			
王士章	源焕	嵊县	1染织	申新九厂工程师	上海杨树浦申新九厂	嵊县华堂
黄名灿	名灿	嵊县	1染织			
章曜华	彧唐	於潜	1染织	办理地方公益		於潜麻车埠
王士杰	未三	杭县	1染织	浙江警官学校		
胡钟奇	仲因	上虞	1染织			
洪焕文	慕唐	绍兴	1染织			
魏毓钟	镜水	萧山	1染织			
黄昌熉	灿辰	萧山	1染织			
莫锡荣(改名清)	伯壎	萧山	1染织	飞虹小学总务主任	上海公共租界文监师路市立飞虹小学	萧山龛山转隆兴埠交九五桥七三号
竺庆瑞	炳章	上虞	1染织			
曹骥才	泳川	嘉兴	2机织	浙大工学院高中教员	杭州文龙巷十号	嘉兴芝桥街醋弄
周文通	公辙	长兴	2机织			
陈庆堂	承吉	富阳	2机织	本院染织科主任兼教员	杭州新民路一五九号	富阳县市心弄内
吕凤翥	启祥	永康	2机织	三余工业社董事兼总经理	上海华德路高郎东一四五五号	永康唐先转太平
林椿	懋修	黄岩	2机织	教育界	黄岩横街区育智小学转	黄岩新桥扶稚中学转
张元培	植甫	嘉善	2染色	浙大工学院染色工场管理兼助教	杭州东街路五百十五号	嘉善百岁坊
胡乃燮	理卿	义乌	2染色	德清教育局		义乌县城西门大街清之巷
祝三	振华	嵊县	2染色	故		
张彤(以字行)	丹崖	临安	2染色	诸暨县政府第一科科长	诸暨县政府	临安城内

续 表

姓名	字	籍贯	班次科别	现在服务状况	最近通讯处	永远通讯处
王仁昭	黻文	杭县	2 染色	交通银行出纳课办事员	苏州交通银行苏州马大籙巷三十三号邱宅	
邱用康	伯刚	黄岩	2 染色			
莫善继	济之	德清	3 机织	美亚织物试验所技师	上海贝勒路八〇〇美亚织物试验所	德清赵家弄
陈杰	之伟	余姚	3 机织	中央大学教授	上海老靶子路福生路德康里一弄二号	
诸惟淦	启明	绍兴	3 机织	永安纱厂保全科长	上海吴淞永安纱厂	绍兴漓渚
赖衍陈	挟沉	瑞安	3 机织			
虞凤书	季廉	德清	3 机织	故		
何正荣	春卉	义乌	3 机织	萧山建设局局长	萧山建设局	义乌廿三里邮转陶汀杭州葵巷经纬捻丝厂
章则泗	洙丞	绍兴	3 机织	上海社会局翻译大东书局编辑	上海市社会局	上海吕班路万宜坊六十四号,杭州信余里廿九号
张庆飏(改名庆扬)	拜庭	绍兴	3 机织	通成纺织公司漂染兼织物课长	戚墅堰通成纺织公司	绍兴孙端镇
严鸿渐	逵庄	上虞	3 机织	浙大工学院教务处课务主事	杭州浙大工学院	上海崧厦丰南货号转
孙庆慈	季和	绍兴	3 机织	故		
佘凤岐	检轩	嵊县	3 机织	富阳印花支局长		嵊县石璜镇周一大号转交下王
徐广源	溥源	德清	3 机织			
李文棠	道先	余姚	3 机织			
林国桢	维之	永康	3 机织	永安二厂捻线科兼西摇纱科班长	吴淞永安二厂	永康隆记庄
俞稽若	颂勋	诸暨	3 机织			
胡道宏	丙甫	绍兴	3 机织	故		
黄庭蓉	滋生	义乌	3 机织			
杨瑞	奎才	诸暨	3 染色	国立杭州艺专讲师	杭州西湖国立艺术专技	诸暨草塔义成号转十九都杨焕蒋坞

续 表

姓名	字	籍贯	班次科别	现在服务状况	最近通讯处	永远通讯处
吴与言	子耕	杭县	3 染色	嘉嘉女子中学教务员兼教员	嘉兴南门女子中学	杭州王浩巷一号
王树棠	仲清	吴兴	3 染色			
吴与仁	幼淳	杭县	3 染色			
吴乾康	载象	嵊县	3 染色	完全小学校长		百官三界吴同泰号转
杨景清	金培	诸暨	3 染色	故		
骆景山	仰之	义乌	4 机织	无锡庆丰纱厂		
刘德襄	戛鸣	上虞	4 机织	杭州贫民工厂厂长	杭州藩司前贫民工厂	杭州枝头巷十号
王源	佐泉	义乌	4 机织	无锡永泰丝厂研究筹备华新丝厂	无锡永泰丝厂	义乌佛堂
傅尚春	子景	义乌	4 机织			义乌华盛号
应万书	百城	永康	4 机织	杭州贫民工厂		
马兆骅	伯萃	德清	4 机织			德清小南门
杨耀南	璧辉	新昌	4 机织			嵊县镜岭镇转回山村
龚景川	愚溪	义乌	4 机织	上海		
周德鉴	日卿	新昌	4 机织			
陈墀	友侠	平阳	4 机织	三友社杭厂考工主任	杭州拱埠三友厂	平阳北港山门坎头
周尔寓	镐卿	杭县	4 机织	上海纬成公司大昌精炼厂		
王特璋	达人	嘉善	4 机织			
吕国贤	长庚	嵊县	4 机织			
田永清	镇波	永康	4 机织			
袁正镕	端甫	宁海	4 机织			
都锦生	鲁宾	杭县	4 机织	都锦生丝厂厂长	杭州艮山门都锦生厂	
王家本	运新	临海	4 机织			
赵崇实	芸圃	诸暨	4 染色	故		
周全照	明甫	诸暨	4 染色			
曹品英	叔刚	平阳	4 染色			
许荫庚	德俊	瑞安	4 染色			
丁炳旂	逵人	德清	4 染色			德清城内小南门街
周柏	新林	诸暨	4 染色			

续 表

姓名	字	籍贯	班次科别	现在服务状况	最近通讯处	永远通讯处
俞泽霖	雨皋	嵊县	4染色			
应德荣	敷秀	永康	4染色	上海大中华精炼公司		
周章端	□卿	永康	4染色			
徐竞	挺圣	诸暨	4染色	美艺染炼整理厂技正兼工场总管	上海法租界南鲁班路美艺炼厂	临浦阮家埠养元诚号交黄村
沈清钊	轼如	杭县	5机织	申新七厂纺废花部主任	上海杨浦路三十六号	杭州艮山六门外沙田里十六号
顾蔚文	秀斋	海宁	5机织	上海协丰绸厂经理	上海华德路鸿福里一六三号	硖石转黄湾永茂酒号
蔡经德	听涛	德清	5机织	上海大美公司	上海博物院路十五号	杭州大学路六十六号
周守一	恒甫	嵊县	5机织	新昌建设局长		
蔡鋆刚	子文	萧山	5机织	杭州经纬捻丝厂厂长	杭州葵巷经纬厂	新登县大街后河头二号蔡宅
朱公权	乐均	绍兴	5机织	永安三厂工程师	上海麦根路五十五号	绍兴白洋村
詹绍炳	焕然	诸暨	5机织	杭州悦成经纬厂厂长	杭州宿舟河下	诸暨姚公埠詹家岐
吴鼎汉	翊中	东阳	5机织			
詹荣庠	周彦	诸暨	5机织	故		
徐以柏	铭常	新昌	5机织	永安三厂	上海麦根路永安第三厂	新昌澄潭镇日昇号转寄东旺村
魏叔通	家骏	嵊县	5机织	故		
赵国梁	健伯	德清	5机织			
江世德	伯皋	兰溪	5机织	裕通绸厂管理	上海白利南路二十号裕通绸厂	兰溪黑虎巷
汪浚	馥泉	杭县	5机织			
詹启芳	企舫	诸暨	5机织			
寿乔年	仰高	诸暨	5机织	申新一厂保全部	上海周家桥申新一厂	诸暨牌镇永源酒号转理坞底
李嘉璋(改名汉卿)		诸暨	5机织	通成纺织厂保全课长	戚墅堰通成纺织公司	诸暨城内惠丰号转李村
吴文通	可权	绍兴	5机织			

续 表

姓名	字	籍贯	班次科别	现在服务状况	最近通讯处	永远通讯处
沈衔仁(改名泰)	文孙	杭县	5机织	锦云绸厂设计	上海兆丰路六六二号锦云厂	杭州柴木巷九号
王德恕	幼瑜	绍兴	5机织			
王永澄	晏清	诸暨	5机织			诸暨枫桥同春堂药号转择树下
王赞飏	商卿	新昌	5机织			
盛维善	宗元	临安	5机织			
周维桢	国生	萧山	5机织	永安二厂考工	上海吴淞永安二厂	
何汝昌	成一	临安	5机织			
商文诏	永南	淳安	5机织	淳安管理公款产委员 淳安港口小学校长	淳安区立港口小学	淳安港口万泰昌转里祥
蔡颂桓	达善	诸暨	5机织			
蔡宝成	师立	德清	5机织			
褚保时	乘哉	余杭	5机织			
陈可晖	吉飞	宁海	5机织	故		
朱兆蝠	蝠身	临安	5机织			
陈在明	柏林	诸暨	5染色	故		
徐益寿	介延	德清	5染色	前德清平民习艺所所长		德清赵家村
傅鼎元	铭九	东阳	5染色	三友社杭厂染整工场主任	杭州拱宸桥三友厂	东阳魏镇邮转西庠厦
虞自强	凤威	嘉兴	5染色			
何宝琦	紫玮	诸暨	5染色			
陈建棠	棣华	武康	6机织		上海博物院路十五号	大美公司转
沈佑周	春和	杭县	6机织	故		
张兆鹏	翔青	德清	6机织	上海南京路九华绸缎局转		
卢章耀	郁斋	诸暨	6机织	西湖艺术专科学校教员		
秦炳洙	宪周	嘉善	6机织	东陆织造厂经理	上海闸北虬江路民德路口东陆厂	嘉善西塘更新医院
娄尔泰	舒斋	绍兴	6机织			
冯毓溥	叔渊	德清	6机织	南京市工务局		

续　表

姓名	字	籍贯	班次科别	现在服务状况	最近通讯处	永远通讯处
陈懿成	德彝	象山	6机织			
虞鸿书	幼甫	德清	6机织	上海美生绸厂厂务总务主任	上海南市瞿真人路1304号	
倪梅青	梅村	富阳	6机织			
钱梦祥	伯熊	诸暨	6机织	嘉兴纬成公司职员		
朱继璧	瑶陔	杭县	6机织			杭州三桥西河下二十二号
陈琮	玉夫	永嘉	6机织	永安二厂粗纺科长	吴淞永安二厂	温州信和街二二六号周甘辛转
陈绍明		诸暨	6机织			
俞守信	式如	上虞	6机织			
徐国仁	迪臣	上虞	6机织	上虞贫民工厂厂长	上虞贫民工厂	上虞下官镇
朱茗斋		仙居	6机织			
黄先甲	蒲生	德清	6机织	邮局	上海北四川路狄思威路口邮局	
陆国梁	荫甫	绍兴	6机织	杭州豫丰泰绸庄职员	杭州头营巷十号	杭州头营巷豫丰泰绸庄转交
汤施仁	行法	诸暨	6机织			
于仕锦	果亭	兰溪	6机织	大陆绸厂经理	上海鲁班路星星里大陆绸厂	
陈简	志青	平阳	6机织	美生绸厂	上海瞿真人路日晖东路美生厂	
陶光周	一鸣	绍兴	6机织	纬成纺丝厂考工主任	嘉兴纬成纺丝厂	绍兴陶堰
柴德荣	灵赓	余姚	6机织			
金兆祥	子良	萧山	6机织			
蔡绍桢	国生	兰溪	6机织	都锦生驻沪分厂主任	上海闸北宝山路西首虬江路三元里都锦生丝织驻沪分厂	兰溪三坊牌楼里蔡大房
孙时	一飞	武康	6机织	统益合作社	上海赫德路八五号	
汤鼎铭	子元	诸暨	6机织			
何发春	志渊	义乌	6机织			
楼宗潭	秋泉	义乌	6机织			
姜克善	夫庆	天台	6染色	故		

续 表

姓名	字	籍贯	班次科别	现在服务状况	最近通讯处	永远通讯处
王竞时	觉今	临海	6染色			台州周形巷
周鼎	镇洛	嘉善	6染色			
蔡颂楷	世泽	诸暨	6染色	上海大中华精炼公司		
周象乾	强自	宜兴	6染色	前浙江教育厅书记		
葛世桐	翼然	嘉兴	7机织	杭州纬成公司		
徐公达	勋侯	上虞	7机织	故		
翁克仁	心甫	杭县	7机织			
孙锦文	则平	杭县	7机织	申新一厂保全部主任兼人事主任	上海周家桥申新一厂	杭县瓶窑丁永盛染坊转西庄
王祖章	文蔚	新昌	7机织	杭州庆春绸厂经理	杭州林司后同安弄三号	新昌儒岙镇南山村
胡昌纬	秋魂	临安	7机织			
管义衡	协民	江苏吴县	7机织	小学教员		苏州齐六下塘五八号
金绍康	怀甫	诸暨	7机织	永豫纱厂工务副主任	上海闸北光复路永豫纱厂	
黄如瑾	怀之	杭县	7机织	浙江省公路局萧绍段养路所工程员	绍兴北海畈	杭州饮马井巷十八号
吴江	潮声	临安	7机织			
黄斌	天鸣	安吉	7机织			
杨载宣	百涵	新昌	7机织			
王钰	金声	海盐	7机织	海盐款产委员会事务员		海盐寺西街
祝枚光	子乘	江山	7机织	丽新染织厂	无锡丽新染织厂	江山大溪滩交
徐国光	宝王	平湖	7机织	故		
张佑盛	继明	奉化	7机织			
许孙庆	梦梅	德清	7机织			
张谢濬	克明	嘉善	7机织			
宋启凡	松声	嵊县	7机织			上海广东路二九路久成公司转
姜宗禹	舜臣	江山	7机织			
祝增辉	子煜	江山	7机织			
夏国华	汉升	建德	7机织			

续 表

姓名	字	籍贯	班次科别	现在服务状况	最近通讯处	永远通讯处
陈宝鑅	让卿	嘉善	7 机织	杭县建设局第三课课长	杭州杭县建设局	嘉兴县西街一号
张祖尧	若愚	嵊县	7 机织			
方灿镕	陶卿	永康	7 机织	大生纺织厂工务员	启东大生纺织二厂	永康生生堂转
陈勋	赓虞	永嘉	7 机织			
斯公才	芝枫	诸暨	7 机织	申新九厂	上海申新九厂	诸暨陈蔡来记号转让泉
程纪载	洪基	永康	7 机织			
杨绍棠	济舟	龙游	7 机织	庆成缫织厂准备工场	杭州普安街庆成缫织厂	龙游东门大街方隆泰号转交
陆翰莘	尹耕	杭县	7 机织			
斯威	颂烈	诸暨	7 机织			
沈祥生	祥生	嵊县	7 机织	纬成公司领班	嘉兴纬成纺丝厂	嵊县浦口镇沈家坎
薛昌祺	镜明	海宁	7 机织			
吴维一	孝先	德清	7 机织	故		
曹亚箫	希何	瑞安	7 机织	故		
周振钧	乘钧	绍兴	7 机织	上海市政府工业试验所	上海霞飞路和合坊工业试验所	
章钜	铁民	德清	7 机织	德清教育局指导员兼讲习所讲师		德清务前街
沈乃熙	端轩	杭县	7 染色	绍敦电气公司	上海福煦路绍敦公司	
蔡经铭		德清	7 染色	浙大农学院	杭州笕桥农学院	
倪维熊	惟雄	嘉善	7 染色	鄞县建设局长		
王一德	子咸	江山	7 染色	丽新染织厂染整部副部长	无锡惠商桥新厂	江山周德昌号交塘下
毛文麟	秋霞	安吉	7 染色	上海复旦大学		
邢濯		嵊县	7 染色	三友社杭厂染整工场	杭州拱宸桥三友厂	嵊县西乡太平镇转沃基
徐圭	味生	奉化	7 染色			
孔宪尧	珩珊	萧山	8 机织	振泰丝厂	上海曹家渡振华纱厂	

续 表

姓名	字	籍贯	班次科别	现在服务状况	最近通讯处	永远通讯处
杨经荣	醉白	吴兴	8机织		杭州刀茅巷新开弄一号	
吴志浩	叔慈	江苏武进	8机织			
林森	虬甥	瑞安	8机织			
谢文祥	喆儒	杭县	8机织	安利绸厂	上海康脑脱路五七八号安利绸厂	
姚继贤	坚士	德清	8机织	上海经纬公司	上海塘山路保定路华兴坊	德清赵家弄
俞理	自明	崇德	8机织	故		
冯乃骐	达峰	吴兴	8机织			
董秉信	诚之	杭州	8机织	杭州省会公安局	杭州西公廨十八号	
吴延义	锐生	安徽宿县	8机织			
许子元	子元	临海	8机织			
李冠	一先	德清	8机织			
徐俊	梦蔚	富阳	8机织	大新染炼厂	上海法租界巨籁达路大新炼厂	
项守源	少安	德清	8机织	小学主任教员	吴兴善运初级小学	德清县西门外
张庆培		嘉兴	8机织			
沈汝椿	勉夫	德清	8机织			
钱士雄		嘉兴	8机织			
陈常尔	志恒	江苏吴县	8机织			
胡学训		诸暨	8机织	申新三厂保全科	无锡申新三厂	诸暨枫桥全堂
俞应赓	志道	富阳	8机织	上海同兴纱厂		
郭平		瑞安	8机织			台州海门吊桥头东首
陶国彦	叔为	临海	8染色			
朱寿椿	竺僧	绍兴	8染色			
李松高	尚志	永康	8染色	上海美艺染炼厂染色部技士	上海鲁班路美艺公司	杭州祖庙巷口李德隆号转
彭去疾	味辛	江苏溧阳	9染织	上海市教育局	上海西门大吉路教育局	上海英租界威海卫路宝如坊二七六号
严旒	瞻甫	永嘉	9染织	浦口铁路修理厂		
李琪	瑞山	崇德	9染织	故		

续 表

姓名	字	籍贯	班次科别	现在服务状况	最近通讯处	永远通讯处
孙宝瑞	玉麟	富阳	9染织	浙大工学院准备工场管理	杭州浙大工学院	杭州闸口振兴商轮公司转中埠分局
袁慰宸		杭县	9染织	国立杭州艺术专校讲师		杭州联桥小福清巷二号
蔡士魁	可南	杭县	9染织			
蔡其蓁	盛生	永康	9染织			
徐世钰		鄞县	9染织	崇德县政府建设科长	崇德县政府崇德太平街	杭州水亭址二号
周迪康	树堂	富阳	8染织	得师绸厂厂长	上海周家嘴路一二五号得师绸厂	
姚汉雄		嘉兴	9染织	嘉兴塘湾小学校长	嘉兴塘湾小学	嘉兴塘湾街姚源兴行转
许淑绥	剑秋	嘉兴	9染织	松江第一民众教育馆科学部主任	松江第一民众教馆	嘉兴新塍汲水桥
汪业钧	鸿芬	杭县	9染织	大美丝织公司	上海博物馆路十五号	
章春荣	志芳	上虞	9染织	区党部执委兼常委虞西第一小学校长	上虞崧厦德昌米行	上海崧厦章家村
赵璧	盈城	於潜	9染织	故		
钟治	恭寿	崇德	9染织	故		
赵震祺	叔威	嘉兴	9染织	杭州市公务局科员		
吴福骅	右乘	海盐	9染织	小学校长	海盐沈荡区立吴家滨	
钮增瑞	占魁	海宁	9染织	沪杭路闸口站职员		
李王烈	声电	乐清	9染织	保卫团秘书		乐清蒲岐北门
谷承钧	承志	永嘉	9染织	纬成公司纺丝工场考工主任	嘉兴纬成公司	温州大南门谢池巷
李倬	卓人	龙泉	9染织	龙泉贫民习艺所所长		龙泉县城内西街
盛国菜	竹荪	崇德	9染织	小学教员	崇德县立第四小学	周祖德肇昌桥
李光亚	慈生	嘉兴	10染织	国民政府整理内外债委员会	上海九江路〇字一号	吴江黎里北栅
盛承光	涵海	嘉兴	10染织	上海真茹国际电台		
方朝梁	肇良	嘉兴	10染织	浙江省长途电话局工程师	浙江省长途电话局	嘉兴北门外马库渭

续　表

姓名	字	籍贯	班次科别	现在服务状况	最近通讯处	永远通讯处
周连科	永清	江苏溧阳	10染织	大美绸厂	上海爱文义路张家宅大美厂	
田银江	嘉穗	绍兴	10染织	自办欢潭江南机织厂		绍兴临浦万成南货号转欢潭
田岱恩		绍兴	10染织	自办欢潭江南机织厂		绍兴临浦万成南货号转欢潭
楼益堂	寿龄	萧山	10染织			临浦楼家塔回春堂内
常廷芳	书鸿	杭县	10染织	留学法国		
马启元	惠扬	余姚	10染织	上海江西路六〇号会丰行		
王申炎	炼甫	武义	10染织			
章黻	锦熙	汤溪	10染织	永安二厂粗纺科科员	上海吴淞永安二厂	汤溪道济医院
黄化光	志谦	临海	10染织			
尉延龄	恒生	绍兴	10染织	永安二厂粗纺科科员	上海吴淞永安纺织二厂	绍兴平水岔路口开源米号
王会圣	明斋	德清	10染织	裕加分厂技士	嘉兴纬成公司	德清直街黄源茂布庄转内屋
童作哲	学文	昌化	10染织			
陶玉珂	琢如	嘉兴	10染织	浙大工学院手织工场管理	杭州浙大工学院	嘉兴东栅口
劳尔遥	起鹏	余姚	10染织		杭州冯山人巷七号	
徐念华	敏逊	德清	10染织	高淳财政局	江苏高淳财政局	德清祝家弄
朱毓炘	俊任	诸暨	10染织	友仁丝织厂	上海贝勒路北神父路友仁绸厂	
陈基复		平阳	10染织	山东省市政府科员		
沈学诚	笃初	德清	10染织			
王振家	起声	德清	10染织	纬成纺丝厂前纺科技士	嘉兴纬成公司	德清县东胡家弄
余克春	占元	遂安	10染织			遂安毛亨益转百亩坂三山
周显坦	履平	江山	10染织			
屠联权	载堃	崇德	10染织	县党部候补执行委员	崇德县党部	崇德北大街老义顺号转南滨头
王镇湘		湖南宝庆	11染织	邵阳循程学校教员	湖南邵阳循程学校	邵阳东正街恒升泰号

续 表

姓名	字	籍贯	班次科别	现在服务状况	最近通讯处	永远通讯处
黄承章	倍进	嵊县	11染织	美经经纬公司	上海马浪路八三〇号	
石祖福	聚五	诸暨	11染织	永安二厂清棉科主任	吴淞永安二厂	诸暨姚公埠转长澜
张堦文	质初	义乌	11染织	私人公馆书记	首都三道高井二十号	义乌苏溪邮局转鹤田
徐石麟	步陵	江苏丹徒	11染织			
张处中	叔权	绍兴	11染织	日本实业	日本大阪市外堺市吾妻桥通一丁目长崎纺织株式会社会堺工场内	绍兴老浒桥
孙汝霖	济航	江苏泰兴	11染织	教育界		泰兴庆云巷十七号
陈学渊	鉴堂	嘉兴	11染织	美亚织物试验所技士	上海贝勒路八〇〇号美亚织物试验所	嘉兴市心弄
王祖洪	卫瞻	嘉兴	11染织	嘉兴第七区区立小学校长		嘉兴栖王埭
周延清	玉泉	四川奉節	11染织			
过文炯	允明	江苏无锡	11染织			
何锡藩	九如	萧山	11染织	自营商业		临平茂昌祥布庄
吴道荣	尘影	杭县	11染织	杭州市立城区华藏寺小学正教员		杭州里横河桥高冠弄十九号
张翼云		四川巴县	11染织			
丁兆基	伯始	德清	11染织			
鲍德冠	南士	绍兴	11染织	升学上海复旦大学		
孙鋆	景饴	江苏吴江	11染织	上海申新第五厂		苏州养育巷二一六号
李宗沛		绍兴	11染织	绍兴贫民习艺所所长	绍兴南门贫民习艺所	绍兴城内覆盆桥一号
胡守身		嘉兴	11染织	纬成公司纺丝部□经工场	嘉兴纬成公司	盛泽镇恒永米行
李济瀛	静秋	湖南湘阴	11染织			
张锡纯	鲁眉	嵊县	11染织	故		
王秉恕	抱根	新登	11染织	新登县建设委员会委员		新登大街自造织袜厂
任开泰	襄孙	海盐	11染织	浙大工学院力织工场管理	杭州浙大工学院	海盐沈荡镇
袁绳武	智三	杭县	11染织	申新二厂前纺保全部	上海宜昌路申新二厂	杭州大学士牌楼益隆线庄转交

续 表

姓名	字	籍贯	班次科别	现在服务状况	最近通讯处	永远通讯处
何玉瑞	虞璇	诸暨	11染织			
许子亮		德清	11染织	浙江内河水警局顾问	杭州拱埠水上警察局	德清县东街
赵佩玱	奉初	诸暨	11染织			
韩任民		四川长寿	11染织	四川军界参谋		
王文俊		四川巴县	11染织			
陈瑛	子瑾	浦江	12染织			
徐同文	洽和	瑞安	12染织	故		
余守邦		慈溪	12染织	上海航业公会庶务	上海黄浦滩七号半航业公会	宁波慈溪北东山头锦堂学校转
郑瑞忠	玉祥	兰溪	12染织			
陈世洪	志庆	义乌	12染织	都锦生丝织厂技师兼意匠部主任	杭州艮山门外都锦生丝厂	金华拦路井恒茂转交
刘文超	卓群	瑞安	12染织	纬成公司精纺部主管	嘉兴纬成公司	瑞安塘下邮转穗丰
方景如	应槐	嘉善	12染织			嘉善西塘
蒋国荣	维嵩	诸暨	12染织	安徽省立四职分校染织科技师兼教员	蚌埠四职分校	诸暨姚公埠恒瑞昌转七里
钱兆麟	玉麒	嵊县	12染织	裕通绸厂工场主任	上海白利南路二号	嵊县石璜转三石
朱焕祖	旭初	嘉兴	12染织	浙大工学院文牍员	杭州浙大工学院	嘉兴濮院镇
周建缪	绍武	诸暨	12染织	湖州丽生绸厂		
周显行	吉斋	东阳	12染织	留学奥国	杭州小米巷九号	东阳巍山玉山马塘
吴德明		东阳	12染织	申新七厂布厂纬纱部	上海杨树浦申新七厂	东阳六石口转湖心塘
徐文忠	敬心	兰溪	12染织	申新七厂	上海杨树浦申新七厂	兰溪诸葛镇同和号
沈文	伯英	德清	12染织	德清教育局区教育员	德清县教育局	德清东衡里
周大甯		海宁	12染织	故		
钱皆安		武康	12染织	申新六厂工务处副主任	常州申新六厂	武康簰头
李鸿逵	克行	绍兴	12染织	都锦生丝织厂意匠部	杭州艮山门外都锦生丝厂	绍兴城内利济桥下胡至善衣庄李骏士先生收转
蒋锦佩	尚绸	诸暨	12染织	申新三厂准备科	无锡申新三厂	诸暨阮家埠乾泰昌转浒山

续 表

姓名	字	籍贯	班次科别	现在服务状况	最近通讯处	永远通讯处
秦埒	崇圭	绍兴	12染织	鲁丰纱厂保全部领班	济南鲁丰纱厂	济南城内府门前三十八号秦寓
孙源标	仲鉴	诸暨	12染织	故		
陈大铨	少澜	绍兴	13染织	绍兴平民工场		
孟安甫	怡臣	诸暨	13染织			诸暨宏豫烛栈转十二都聚兴交
陈普贵	浦桂	黄岩	13染织	黄岩益和织造厂经理		浙台海门横街镇坦田
吴存模	式甫	绍兴	13染织	绍兴县立敬敷小学教员	绍兴袍渎敬敷小学	绍兴西营王祥元号收转
王赫	尹瞻	兰溪	13染织	永安三厂	上海麦根路永安三厂	
杨钟颐	杰	诸暨	13染织			
周纶		乐清	13染织	立法院统计处	首都立法院	
杨幼宾	式嘉	海宁	13染织	绸厂职员	上海华德路□福里协丰绸厂	硖石转袁花
黄咏裳		嵊县	13染织	杭州电厂材料库	杭州杭州电厂	绍兴汤浦吴源茂行转唐里
傅仁祺	维民	绍兴	13染织			
蒋树东	挹同	瑞安	13染织	裕中纱厂前后纺保全部主任	芜湖裕中第一纱厂	瑞安东小街
戚实琳（改名兰言）	佩玉	诸暨	13染织			
詹荣培	赓廷	诸暨	13染织	永安三厂	上海麦根路永安三厂	
张文运	昌期	昌化	13染织	普益经纬公司工务主任	上海星加坡路十二号	昌化白牛桥德和盐栈转
郑惠然	洧竿	嵊县	13染织			
徐家修	雅清	德清	13染织	故		
赵备	霞轩	诸暨	13染织	申新五厂	上海华德路高郎桥申新五厂	诸暨草塔惠记号转
蔡霖	泽民	武康	13染织	永安三厂	上海麦根路永安三厂	
汪承鍌	治齐	吴兴	13染织		上海天津路集益里汪永亨路	
王汉章	汉章	镇海	13染织			

续 表

姓名	字	籍贯	班次科别	现在服务状况	最近通讯处	永远通讯处
沈瑞华	少霞	杭县	13 染织	大美厂	上海爱文义路张家宅大美厂	
章九如		德清	13 染织			
葛篆乾	天民	诸暨	1 应化	上海赛璐珞公司经理	上海鲁班路星星里	
任烺	炳卿	杭县	1 应化	湖墅第二小学教员	杭州拱埠大同街市立湖墅二小	杭州上扇子巷八号
赵崇光	丙甫	杭县	1 应化			
蒋一谦	益和	临海	1 应化			
周余庆	子常	绍兴	1 应化	上海赛璐珞公司	上海鲁班路星星里	
陈光烺	虎如	萧山	1 应化			
张邦墉	屹如	嘉善	1 应化			
朱毓泉	清甫	诸暨	1 应化			
程廷杰	万士	杭县	1 应化	杭州市立定海村小学校长	杭州清泰门外二堡塘上定海村初级小学	杭州社堂巷蔡家弄二号
孟□陈	奋程	定海	1 应化	嘉兴女子中学教员	嘉兴女子中学	杭州上羊市街卅七号
张开枢	青田	安徽合肥	1 应化			
陈讷	芝铭	萧山	1 应化			
徐乃銮	荫轩	杭县	1 应化	杭州造币厂庶务主任兼工务课辗春股主任		杭州普安街三十号
冯仁	乐山	诸暨	1 应化			
徐启堃	厚孚	江苏常熟	1 应化			常熟浒浦口南塘岸
胡日恭	敬甫	江山	1 应化	徐州中学教员兼图书馆主任	江苏徐州中学第一院	江山官溪
蒋濂	凤信	萧山	1 应化			
金民熙	皞然	杭县	1 应化	杭州饭庄协理	上海爱多亚路杭州饭庄	
王天荣	露恩	安吉	1 应化			
余廉明	子亮	富阳	1 应化	春城小学教员	富阳春城小小学	富阳龙王滩
高济	德华	杭县	1 应化			
郭友余	渭伦	嵊县	1 应化	巩县兵工厂砲弹厂技术员	河南巩县兵工厂	嵊县石佛
顾言	缄三	嘉善	1 应化	小学校高级级任		嘉善南门丰前街

续　表

姓名	字	籍贯	班次科别	现在服务状况	最近通讯处	永远通讯处
吴以履	馥孙	富阳	1应化	浙大工院药品管理员		
李瑾	仲瑜	临海	1应化	小学教员		临海涂镇大汾三分
曹秉钧	鉴平	德清	1应化	日新皂厂经理	德清新市镇日新皂厂	新市镇转日晖桥
罗鉴	子明	龙游	1应化			
朱方强	善祥	嘉善	1应化			
徐履坦	道平	嘉善	2应化	故		
吕师孙	棋甫	永康	2应化	永康县立初中事务主任兼数理化教员	永康县立中学	永康太平镇
丁崇	福润	嵊县	2应化	上海美艺练厂厂务总主任	上海鲁班路美艺染厂	嵊县三板桥头
顾赓禨	冠乐	嘉善	2应化	见专门部		
何钦	子久	富阳	2应化	陕西省度量衡检定所		
楼极	南辉	杭县	2应化	故		
何正蕙	樵父	义乌	2应化			
李怀鑫	选臣	嘉善	2应化	故		
曹步垣	云泉	嘉善	2应化	地方事业		嘉善城内曹文秀银楼
刘趋真	敩少	上虞	2应化			
余垂烈	镐承	遂安	2应化			
楼浩	延昌	余姚	2应化			
郭子俊	舜川	余姚	2应化	宁波华美医院老师	宁波美华医院	余姚下垫桥郭兆记房
张若乾	一生	松阳	3应化			
蔡普南	道轩	诸暨	3应化	信阳六师三团上尉副官	河南信阳第六师独立旅第三团团部	诸暨陈蔡转八石坂
傅肇智	慧甫	丽水	3应化	浙江省立助产学校文牍处书记	杭州里横河桥产助学校	丽水吉祥巷口
徐商	伯定	四川巴县	3应化			
章则汉	云丞	绍兴	3应化	三友实业社总厂印花部主任	上海杨树浦路引翔港三友厂	杭州信余里二十九号
傅育贤	迺超	诸暨	3应化			
汤兆裕		诸暨	3应化	见大学部		
葛篆谦	葛逊	诸暨	3应化			
张树江	甯生	安徽广德	3应化			

续　表

姓名	字	籍贯	班次科别	现在服务状况	最近通讯处	永远通讯处
殷彝	荣朝	淳安	3应化	雉山小学教员	淳安县立雉山小学	淳安章恒达号转
汤眙家		绍兴	3应化	留学日本工业大学	日本府下大冈山	绍兴东浦汤茂记
丁鹏龄	程远	上虞	3应化			
吴宽义	鉴明	嘉善	4应化	故		
王利棠	慕召	东阳	4应化			
朱乔年		海宁	4应化	纬成公司纺丝部精练工场管理	嘉兴纬成分厂	杭州大东门直街十九号
吴樾	廷干	於潜	4应化			
朱之光	川德	杭县	4应化	见大学部		
何永安	逸生	义乌	4应化			
冯敦谦	益士	江苏武进	4应化			
胡二瑗	贤博	嘉兴	4应化	见大学部		
黄达青	云程	於潜	4应化			
陈恺	天胜	平湖	4应化	区长	平湖第一区公所	平湖新仓
王勤昌	再明	嵊县	4应化	巩县兵工厂技术员	河南孝义镇巩县兵工厂	嵊县华堂镇大同号
王学敏	若愚	江苏江宁	4应化			
陈祖德	宗器	萧山	4应化			
王尚义		诸暨	5应化	故		
陈子良	志亮	杭县	5应化	浙大工学院教务员		杭州大马弄金鱼弄三号
熊佩珣	洁之	江苏高邮	5应化	升学浙省医药专门	杭州盐桥医药分校	高邮北门外熊宅
邱恺	伟庄	福建上杭	5应化	高淳财政局科员兼代会计科长	江苏高淳县财政局	
傅定		诸暨	5应化			
沈澄年	渐之	余姚	6应化	总部交通处技术教练所军事训练员无线电实习管理	首都昆卢寺技术教练所	余姚牌仙下下墒快船转沈湾
汪猷	君谋	杭县	6应化	升学金陵大学工业化学科	首都金陵大学	杭州皮市巷七十八号
马本忠	镜海	绍兴	6应化	杭江铁路管理局	杭州里西湖	
陈范	九畴	义乌	6应化	故		

续 表

姓名	字	籍贯	班次科别	现在服务状况	最近通讯处	永远通讯处
虞克懋	曼云	安徽合肥	6应化	济南小泾河工程局工务员		
张树德	树勋	杭县	6应化	新闻记者	杭州开元路四十八号	
陆福源	致祥	嘉善	6应化	民丰丝厂丝间部	无锡南门外民丰丝厂	嘉善西门内仓桥
陈钦亮	慕明	诸暨	6应化	永安三厂	上海麦根路永安三厂	
詹昭亨	昭亨	江西玉山	6应化	江山衢广汽车公司工程员	江山城内金鸿昌号	江山新塘边姜光益号转
姚守平	嘉生	嵊县	6应化			
谢文	建天	贵州贵阳	6应化			
张应咏		江西南昌	6应化			
傅志宏		杭县	6应化			

前工业讲习所毕业生

姓名	字	籍贯	科别	现在服务状况	最近通讯处	永远通讯处
王佐	建侯	杭县	染织	厚昌绸厂	上海极斯斐而路荣庆里厚昌绸厂	
金鉴	子祥	杭县	染织			
郭子藩	仲英	杭县	染织	上海兆丰路沪海绸厂		
陆大年	子张	海宁	染织	纬成公司纺丝部	嘉兴纬成公司	杭州小粉墙新廿九号
钱绩熙	伯熙	嵊县	染织	裕通绸厂厂长	上海白利南路裕通绸厂	
马蹶万	龙友	东阳	染织	统益经纬公司	杭州威乙巷	东阳怀鲁
汪钟玉	毓甫	安徽黟县	染织	故		
木钟奇	韫山	瑞安	染织	瓯纶染织厂会计纹样		瑞安莘塍交
黄秉寅	协甫	义乌	染织			
张思竭	宗源	嵊县	染织			
俞滨	君渭	杭县	机械			
孙慕乔	帙尘	嵊县	机械			
吕钟美	仲眉	新昌	机械	永豫纱厂工务主任	上海闸北小沙渡光复路永豫厂	
蒋清熙	岫青	德清	机械	故		

续　表

姓名	字	籍贯	科别	现在服务状况	最近通讯处	永远通讯处
姚源	诚伯	杭县	机械	杭州城站票房		
张承康	枕月	余姚	机械	会丰草帽行	上海江西路六〇〇号会丰行	
王继曾	省三	德清	机械			
石濂	访溪	杭县	染织			
陈复新	莼芳	东阳	染织			东阳巍山转上陈
方海观	云潮	东阳	染织	经商	东阳城西方仁丰酱园	东阳郭宅方义和酱园
郑志芳	晓绥	杭县	染织			
周佑卿	佑卿	德清	染织			
应畅	和堂	嵊县	染织			
高志望	渭臣	嵊县	机械			
范建勋	君铭	杭县	机械			

前工业学校甲种选科毕业生

姓名	号	籍贯	科别	现在服务状况	最近通讯处	永久通讯处
李宝华	辉春	广西南宁	染色			
杨志祥	少澂	江苏兴化	机织			
黄星球	我愚	广西南宁	机织		南宁石牌坊广西政委会教育处	南宁东门外新街头当阳坪二十六号
赵懿陛	廷璧	东阳	机织			
黄怀椿	瑾如	广西南宁	机织			
陶式珣	方东	江苏无锡	机织			
施为煜	蔚如	德清	机织	杭州庆成绸厂		
张树源	秋三	余杭	机织	余杭区教育员兼款产会常委区党部监委		余杭黄湖镇
虞毓麟		江苏无锡	机织			
许道行	仲远	杭县	机织			
叶元镜	鉴吾	开化	机织			

工学院附设艺徒班毕业生

姓名	籍贯	班次科别	服务状况	永久通信处
黄光焘	萧山	1 金工	杭州大冶铁工厂	浙江高等法院黄萝庄转
朱建藩	绍兴	1 金工	浙大工学院实习	杭州仙林桥直街廿八号
彭子信	江苏溧阳	1 力织	杭州庆成绸厂	江苏溧阳东门大街彭宅
于福堃	嘉兴	1 力织	上海美亚绸厂	嘉兴徐婆寺徐公盛米行转夜字圩于稚竹
胡嘉麟	嘉兴	1 力强	上海同昌协记纱厂	嘉兴集街菲溪桥西首八号

前初级工科毕业生

姓名	字	籍贯	班次科别	现在服务状况	最近通讯处	永远通讯处
钱梦庚		诸暨	1 金工	永安二厂清棉科员	吴淞永安二厂	
钱高恒		嵊县	1 金工			
陈善		嵊县	1 金工			嵊县甘霖镇李森和号转官屋基
蔡同		吴兴	1 金工	肄业浙大工学院高中	上海梅白格路道达里八十一号盐商公会	吴兴双林镇东栅油车弄蔡天锡堂
计宗圻		嘉兴	1 金工	寰球铁工厂管理		嘉兴新丰镇
王林生		江苏溧阳	1 金工	商店职员	溧阳大庆楼	溧阳谢婆园八号
王克俭		绍兴	1 纹工	肄业浙大工学院高中		
洪士祥	圣宝	杭县	1 纹工	启文丝织风景厂绘图	上海西门东陶沙场启文厂	杭州万安桥小营巷十五号
钱序葆		吴兴	1 手织	天章绸厂电织部管理	杭州林司后天章绸厂	吴兴南浔马家港藏书楼
许寅		杭县	1 手织	绍兴贫民习艺所		杭州后市街王街弄一号
贾贵卿		嵊县	1 手织	美经经纬公司技副	上海马浪路美经公司	
钱高星		嵊县	1 力织	美亚九厂技士	上海徐家汇路美亚九厂	
竺风云		嵊县	1 力织	裕厚绸厂厂长	上海华德路福鸿里裕厚绸厂	
竺邦运		新昌	1 力织			
陆大荣		嵊县	1 力织			
冯士达		杭县	2 金工	总部交通处机械修造厂无线电装配接线	首都三十四标机械修造厂	杭州清泰门外徐家埠三号

续 表

姓名	字	籍贯	班次科别	现在服务状况	最近通讯处	永远通讯处
施兴根		杭县	2 纹工	西湖博物馆绘图	杭州孤山博物馆	杭州良渚镇
何毓璜		德清	2 纹工			
胡钟瑞		永康	2 纹工			
韩承宝		绍兴	2 手织			绍兴下方桥小山南
楼绍技		义乌	2 力织	南新丝织公司力织部技士	上海徐家汇路南新公司	义乌廿三里人和旅馆转官端前
宋椒远		嵊县	2 力织			
叶季昌		嵊县	2 力织	美亚九厂技士	上海徐家汇路美亚九厂	
魏家仁		嵊县	2 力织			
涂继兴		杭县	3 金工			
张志国		杭县	3 金工	武林铁工厂绘图员	杭州刀茅巷武林铁工厂	杭州东街北大树巷八号
徐柏茂	志监	杭县	3 金工	首都总部交通处机械修造厂	首都三十四标机械修造厂	杭州清泰门外沈家桥
吴兴献		杭县	3 纹工			
周樟生		武义	3 手织			
林惠生		温岭	3 手织			
马正权		嵊县	3 力织			
王贤华		嵊县	3 力织	美亚九厂技士	上海徐家汇路美亚九厂	嵊县城中醉墨轩纸号转
俞建藩		杭县	3 力织	裕通绸厂准备管理	上海曹家渡白利南路裕通绸厂	杭州里横河桥二十三号
施志鑫		杭县	3 力织	浙大工学院准备工场职工	杭州浙大工学院	杭州万安桥桥下鸿福楼茶园
钱竹朋		嵊县	3 力织	升学	宁波江东民强中学	嵊县长乐镇
吴宝兴		嵊县	3 力织	胜亚厂准备工场技士	上海斜桥局门路胜亚厂	嵊县浦口转塘头溪
方琦		江苏溧阳	3 染色	上海美艺染练公司印染技士	上海卢家湾美艺公司	江苏溧阳北门古道院
骆骥时	励强	义乌	3 染色			
章恒泰		富阳	3 油脂	杭州市电话局接线生	杭州华光巷电话局	

前乙种工业及三年期工科毕业学生

姓名	号	科别	实习或讲习	籍贯	现在服务状况	最近通讯处	永久通讯处
倪克终	进益	手织	乙种1实	金华	故		
何菜	柏卿	手织	乙种1实	义乌	故		
赵馥初	启旭	手织	乙种1实	黄岩			
钱桐江	复华	手织	乙种1实	嵊县	美亚二厂厂长	上海闸北交通路美亚第二绸厂	嵊县华堂大同号
徐希圣	企周	手织	乙种1实	东阳			
吴复礼	仁三	手织	乙种1实	嘉兴			
王顺泰	子元	手织	乙种1实	嘉兴			
吴峻		手织	乙种1实	兰溪			
黄克宽		力织	乙种1实	义乌	故		
金光耀	虞卿	修机	乙种1实	义乌			
来秉琦	如梁	修机	乙种1实	萧山			
吴葆良		手织	乙种2实	嵊县			
董奎		手织	乙种2实	绍兴			
金绍振		手织	乙种2实	义乌	天章绸厂手织部管理	杭州林司后天章绸厂	义乌廿三里转下朱
金加金		手织	乙种2实	乐清			
蔡品三		力织	乙种2实	东阳	故		
李锦琳		意匠	乙种2实	东阳	东阳古甽头村委会常务委员	杭州大东门九十四号	东阳巍山镇转古甽头
张坚		意匠	乙种2实	杭县			
钱庚生		意匠	乙种2实	江苏无锡			
孟万鑫		修机	乙种2实	诸暨	杭州市报国寺军械局		
李沛泉		修机	乙种2实	杭县			
曹达		修机	乙种2实	杭县			
周召棠		修机	乙种3实	萧山			
王斌铨		修机	乙种3实	绍兴			
仲书全		修机	乙种3实	江苏武进	寰球铁工厂营业部长	上海小沙渡寰球铁工厂	常州东门外白家桥宏源泰号
何宋玉		修机	乙种3实	余姚	寰球铁工厂	上海小沙渡寰球铁工厂	

续 表

姓名	号	科别	实习或讲习	籍贯	现在服务状况	最近通讯处	永久通讯处
施德宗		修机	乙种 3 实	杭县			
柴恒裕		修机	乙种 3 实	上虞	工学院金工场职工	杭州金钗袋巷	
沈嘉生		修机	乙种 3 实	杭县			
孙松鹤		原动	乙种 3 实	定海			
唐贻春		铸工	乙种 3 实	嵊县			
杨廷纶		手织	乙种 3 实	嵊县	美亚绸厂技术处	上海马浪路美亚技术处	
贾学成	仲华	手织	乙种 3 实	嵊县	美亚第五厂厂务主任	上海南市斜工路美亚五厂	
许广诚		意匠	乙种 3 实	杭县			
张基	泉孙	捻丝	乙种 3 实	杭县			
童范	伯型	木工	乙种 4 实	余姚	上海中华铁工厂主任	上海西门陆家滨	
王锦春	志裴	铸工	乙种 4 实	德清			
江莲舫		手织	乙种 4 实	杭县	故		
龚礎兴	艮纬	手织	乙种 4 实	嵊县	美亚六厂厂长	上海南市斜土路美亚六厂	
马崇德		手织	乙种 4 实	嵊县	美亚三厂工务总营	上海少沙渡路乃美亚三厂	嵊县西乡长乐瑞昌号转小昆
郑忠进	伯挺	手织	乙种 4 实	嵊县	国华绸厂厂长	上海闸北东八路国华厂	
郑子仁	定镇	手织	乙种 4 实	黄岩			黄岩西城中巷夏宅
周庭祚		手织	乙种 4 实	黄岩			
虞宝书	叔求	意匠	乙种 4 实	德清	美亚七厂惠工员	上海瞿真人路美亚七厂	
孙金寿		捻丝	乙种 5 实	绍兴	美经经纬公司	上海西门斜桥马浪路	
高瑞兴		修机	乙种 5 实	绍兴			
朱炽		铸工	乙种 5 实	杭县			
俞晋	晓渔	手织	乙种 5 实	兰溪	时新绸厂厂长	上海威海卫路同孚路时新绸厂	兰溪游埠
何人骥		手织	乙种 5 实	诸暨			
马占禄		手织	乙种 5 实	嵊县	国华绸厂	上海闸北东八字路	

续　表

姓名	号	科别	实习或讲习	籍贯	现在服务状况	最近通讯处	永久通讯处
周云庆	星垣	手织	乙种5实	江苏宿迁			
徐伏安		手织	乙种5实	吴兴			
赵本梁	吟梅	手织	乙种5实	诸暨	美亚织绸厂职员	上海美亚十厂杭州庆春路毛儿弄二号	
丁宗兴	燮三	手织	乙种5实	嵊县	美亚绸厂技正	上海马浪路美亚绸厂技术处	
王逸骏	冠瑾	手织	乙种5实	嵊县	美丰绸厂厂长	上海杨树浦海州路	
诸维泱	洛瞻	手织	乙种5实	绍兴	久纶绸厂技士	上海横滨路东八字桥久纶绸厂	
林云仙		手织	乙种5实	武康	上海统一绸厂		
汪克万	立人	手织	乙种5实	江苏吴县			
许培发	同纶	意匠	乙种5实	兰溪			
钱承纶	子言	意匠	乙种5实	绍兴			
俞惠	济威	力织	乙种5实	兰溪	南阳绸厂	上海杨树浦三益里南阳绸厂	
龚经顺		捻丝	乙种5实	嵊县	美经经纬公司工务总管	上海马浪路八三〇号	嵊县仙姑弄
徐复心（又名承忠）	伯熊	手织	乙种5实	杭县	上海美亚八厂技士	上海闸北柳营美亚八厂	杭州麒麟街五号
葛林芳	春苑	手织	乙种6实	鄞县	美丰绸厂工场主任	上海杨树浦海州路美丰厂	
何彰武	崇誉	手织	乙种6实	诸暨	声旦绸厂工务主任	上海华德路跑狗场鸿福里	
潘元龄	鞠聆	手织	乙种6实	泰顺			
屠守忠	学镇	手织	乙种6实	嵊县	上海自新南路裕通主任	上海裕通绸厂工务绸厂	
黄杏村		手织	乙种6实	嵊县	丽康绸厂工务主任	上海南市局门路	
叶昌濬	次青	手织	乙种6实	杭县			
张堃毅		纹工	乙种6实	吴县	美章纹制社	上海贝勒路天祥里	
吴祥生		力织	乙种6实	吴兴	上海裕通绸厂工务部长		

续 表

姓名	号	科别	实习或讲习	籍贯	现在服务状况	最近通讯处	永久通讯处
赵保棠		捻丝	乙种6实	山西忻县	天章绸厂准备部主任	杭州林司后天章绸厂	山西忻县聚泰昌转
王士凯		捻丝	乙种6实	嵊县			
黄伯荃	维馨	手织	乙种7实	嵊县	元丰绸厂协理	上海南市瞿真人路	嵊县西部乡孔村
杨元捷	馨生	手织	乙种7实	江苏武进			
陆绪清	伯操	手织	乙种7实	嘉兴	上海美亚九厂惠工主任	上海徐家汇路美亚九厂	嘉兴徐家埭八号
谢启元		手织	乙种7实	绍兴	杭州云裳绸厂	杭州百岁坊巷	
郑侨	志远	手织	乙种7实	嵊县	上海美亚绸厂一厂工务总管	上海马浪路美亚一厂	
黄之慎	明镜	手织	乙种7实	嵊县	美亚二厂技正	上海闸北交通路美亚二厂	
薛执中	治平	手织	乙种7实	瑞安			
汪宝泉		手织	乙种7实	绍兴			
余荣培		纹工	乙种7实	杭县	天章绸厂手织部主任	杭州林司后天章绸厂	杭州上花牌楼底翁家弄一号
王庭骐		修机	乙种7实	东阳	故		
龚启洋	施通	手织	乙种8实	义乌	永豫纱厂杂务主任	上海小沙渡光复路永豫厂	
梁晋卿		手织	乙种8实	江苏无锡	天章绸厂工务部长	杭州林司后天章绸厂	无锡南西漳镇
窦德胜	士杰	手织	乙种8实	绍兴		上海华德绍鸿福里	绍兴东关复裕泰转
唐开甲		手织	乙种8实	杭县	实业部商品检验局	上海博物院路一五号二楼	
吴大烈		手织	乙种8实	杭县	故		
汪子安		纹工	乙种8实	安徽歙县			
赵聿道		纹工	乙种8实	富阳			
韩杏庭		纹工	乙种8实	绍兴	前吉生布厂		
沈鸿飞		力织	乙种8实	杭县			
黄朱伦	一民	修机	乙种8实	东阳	铸亚铁工厂技士	上海南布斜土路铸亚铁工厂	东阳南乡湖溪镇转黄大户
金明昶		修机	乙种8实	上虞			

续 表

姓名	号	科别	实习或讲习	籍贯	现在服务状况	最近通讯处	永久通讯处
周承镐		修机	乙种 9 实	嵊县			
钟连清		纹工	乙种 9 实	吴兴			
吴逢鹏		纹工	乙种 9 实	东阳			
孙长寿		纹工	乙种 9 实	绍兴			
朱兴燽		纹工	乙种 9 实	杭县			
胡绍经	自英	手织	乙种 9 实	余姚	美亚四厂技士	上海贝勒路美亚四厂	余姚彭桥天生药号转霍家渭
王士珍	韫斋	纹工	乙种 10 实	江苏淮安	美章纹制社	上海贝勒路天祥里美章纹制社	
蔡德阜	康甫	手织	乙种 10 实	诸暨	杭州公路局职员		
沈仁椿	永年	木工	乙种 1 实	余姚			
陆友璋		铸工	乙种 1 讲	余姚			
赵福康		力织	乙种 1 讲	兰溪	上海美亚七厂技士	上海瞿真人路美亚七厂	
黄宝和	纯龛	木工	乙种 2 讲	余姚			
吴伯翔	逸斋	铸工	乙种 2 讲	东阳			
黄汝清	镜心	锻工	乙种 2 讲	余姚			
施春山	伯方	意匠	乙种 2 讲	绍兴	杭州震旦织绸厂经理	杭州太平门刀茅巷	
梁雪钧		意匠	乙种 2 讲	绍兴	故		
周品湘		力织	乙种 2 讲	东阳	美亚四厂厂务主任	上海美亚四厂	东阳岘北周
童莘伯	志伊	力织	乙种 2 讲	嵊县	美亚绸厂副经理兼总技师	上海白来尼蒙马浪路八三〇号	嵊县北门仙姑弄
刘祖晨		力织	乙种 2 讲	嵊县	故		
王俊秀	清甫	手织	乙种 3 讲	山西忻县			
姜绍夔		手织	乙种 3 讲	天台	美亚六厂技士	上海南市斜土路东庙桥路美亚六厂	
沈葆良		纹工	乙种 3 讲	江苏上海			
赵廷琛	献卿	纹工	乙种 3 讲	山西忻县	蚕业工厂工作股主任	山西太原蚕业工厂	山西忻县新赵村

续 表

姓名	号	科别	实习或讲习	籍贯	现在服务状况	最近通讯处	永久通讯处
钱家兰		纹工	乙种3讲	嵊县	上海贝勒里天祥里美章纹制社社长		
焦克宽	得象	力织	乙种3讲	山西忻县	悦昌文记捻丝厂	杭州骆驼桥羊千街	山西忻县源益成转
米炳章	文蔚	力织	乙种3讲	山西忻县	第三方面军十六军上士		山西忻县北关得胜店转
索增熙	辑甫	染色	乙种3讲	山西忻县			
方益三		修机	乙种3讲	诸暨	浙江公路局萧绍段西兴站		
黄宗沅		手织	乙种4讲	瑞安			
蒋贤庭		修机	乙种5讲	诸暨	上海龙华警备司令部副官		
董庆芳		修机	乙种5讲	萧山	辽宁兵工铸造厂检查所领首	辽宁东塔兵工铸造厂	临浦河上店凤凰坞
王鹤龄	侣琴	力织	乙种5讲	临海	上海晶华绸厂厂长	上海闸北青云路同济路或杭州菜市桥北河下廿三号	黄岩西街何大顺转
沈吉生	诗观	纹工	乙种5讲	吴兴	湖州新新厂纹工	湖州南门潮音桥慈威寺前十号	湖州竹安巷沈宅转交
杨林泉		手织	乙种5讲	江苏溧阳	大成绸厂	上海兆丰路海勒厂光华化学工艺社内大成厂	
阮懋鸿	雁秋	修机	乙种6讲	余姚	纬成公司管理	嘉兴纬成公司	扬州东关街小草巷一号
庞祖培	德三	修机	乙种6讲	广西南宁			
何鸿勋		纹工	乙种6讲	诸暨			
周一峰	剑侠	手织	乙种6讲	溧县	创办汇丰绸厂	上海汇山路月华坊九号	嵊县南门外楼天兴鞋店转
沈鸿来	竹舫	手织	乙种6讲	崇德	震旦绸厂	杭州太平门刀茅巷	
沈书升	仲庸	手织	乙种6讲	嘉兴			
房光宇	仲堂	手织	乙种6讲	江苏溧阳	天章绸厂电织部长	杭州林司后天章绸厂	

续 表

姓名	号	科别	实习或讲习	籍贯	现在服务状况	最近通讯处	永久通讯处
庞善懿	学林	手织	乙种6讲	广西南宁	邕宁职业学校机织科主任兼教员	广西邕宁县立职业学校	邕宁城外亭子墟华记号转
魏嘉会		手织	乙种6讲	嵊县	上海美丰绸厂经理	上海杨树浦海州路	嵊县黄泽镇景仙堂号转官地
沈文甫	秉周	手织	乙种6讲	嵊县			
楼齐英	涟波	修机	乙种7讲	东阳			
王可绩	雪山	纹工	乙种7讲	江苏丹阳	丹阳建设局监工员	丹阳宗巷二十九号	丹阳宗巷福源槽坊间壁
朱宝镛（改名镛）	剑霞	纹工	乙种7讲	杭县	杭市城区七小童子军服务观成小学党义教师训育主任		杭州太平坊巷三十三号
蔡鼎晟	运昌	纹工	乙种7讲	安徽怀宁	上海小沙渡路达华工业厂		
赵泽春	圣如	纹工	乙种7讲	吴兴	明明绸厂经理青青织物公司经理茵文绸厂协理	上海虹口岳州路立中里廿二号明明绸厂	湖州月河漾二号
刘士渊	濬泉	纹工	乙种7讲	义乌	上海贝勒路天祥里美章纹制社		
金启承	嵩孙	纹工	乙种7讲	杭县	杭州基督教内地会书记	杭州马坡巷廿八号杨府	杭州清泰村华家桥三十号
黄去病（改名健侬）	怀霍	手织	乙种7讲	江苏无锡	恒丰染织厂经理	无锡学前恒丰厂	无锡南市桥巷黄宅
王寿颐	子期	手织	乙种7讲	诸暨			
应德馨	兰甫	手织	乙种7讲	永康			
姚华瑜	荣卿	手织	乙种7讲	永康			
杨成玠		修机	乙种8讲	诸暨			
黄兆英		修机	乙种8讲	嵊县	上海惠丰绸厂	上海南市普益习艺所内	
孙浩济	士霖	修机	乙种8讲	杭县			
黄明德	学勤	修机	乙种8讲	嵊县			
刘福康	伯强	修机	乙种8讲	瑞安	轮船司机	上海十六铺久和里三号瓯海商轮公司	瑞安东门外打锡巷

续 表

姓名	号	科别	实习或讲习	籍贯	现在服务状况	最近通讯处	永久通讯处
郎存玉	士珩	修机	乙种8讲	杭县			
吴兰庭	兆苏	修机	乙种8讲	东阳	航空修理厂中尉机械士	首都东厂街航空修理厂	东阳南街新厅
吴琳	禹闻	原动	乙种8讲	嘉兴			
杜英箕	晓风	铸工	乙种8讲	东阳		首都砲标中央军校高级班	
魏金潮	公信	纹工	乙种8讲	诸暨			
强国臣	南侠	纹工	乙种8讲	江苏无锡			
徐佑年	松涛	纹工	乙种8讲	德清			
何振昌	作圣	纹工	乙种8讲	诸暨			镇海北乡
楼齐宥	子熙	纹工	乙种8讲	临安			
张义福		纹工	乙种8讲	吴兴			
李士吉		纹工	乙种8讲	德清			杭州吉祥巷二三号
沈嘉荣	冠荣	纹工	乙种8讲	吴兴			
赵介乾	复斋	纹工	乙种8讲	诸暨			
殷福棠		纹工	乙种8讲	绍兴			
诸维濬	哲生	纹工	乙种8讲	绍兴	永安二厂粗纺科员	吴淞永安二厂	绍兴西营
严凤来		纹工	乙种8讲	绍兴			
钟凯	鹿苹	纹工	乙种8讲	崇德			
陈棣润	炎甫	纹工	乙种8讲	杭县	上海昆明路荆州路荆州里信大绸厂		
余龙士		纹工	乙种8讲	杭县	财政部总务司科员	首都铁汤池五号	杭州清波门花牌楼翁家弄一号
汪均		纹工	乙种8讲	绍兴			
赵汤林		纹工	乙种8讲	诸暨			
赵莲池		纹工	乙种8讲	江苏邳县			
周子安		纹工	乙种8讲	绍兴			
金宗炘	伯雅	手织	乙种8讲	永嘉			
陆克俭	朝贵	手织	乙种8讲	吴兴	上海美亚织物试验所		
宋启欐	长生	手织	乙种8讲	嵊县			

续 表

姓名	号	科别	实习或讲习	籍贯	现在服务状况	最近通讯处	永久通讯处
周长和	蜚声	手织	乙种8讲	永康	纱市纱厂	上海虹口岳州路纱市纱厂	
朱守法	普金	手织	乙种8讲	黄岩	杭州经纬捻丝厂		
陈佳生		手织	乙种8讲	上虞	美经经纬公司	上海马浪路美经公司	
李竹堂	观明	手织	乙种8讲	江苏兴化			
陈学良	梦熊	手织	乙种8讲	杭县			
张运经	吉祥	手织	乙种8讲	绍兴			
虞洪海	哲明	手织	乙种8讲	杭县	杭州市政府财政局职员		杭州性存路余庆里四号
王鸣瑞		力织	乙种8讲	黄岩	故		
徐志信		力织	乙种8讲	嵊县			
鲍惠德		染色	乙种8讲	杭县			
陈绍第		制革	乙种8讲	丽水			
包宇		修机	乙种9讲	余姚	余姚贫民工厂厂长		
金文光		修机	乙种9讲	青田			
楼祖高	海棠	修机	乙种9讲	萧山			
沈汝毅	有义	原动	乙种9讲	吴兴			
冯祖福		锻工	乙种9讲	诸暨			
张文新		木工	乙种9讲	杭县			
吴其寿	考年	纹工	乙种9讲	宁海	祥信昌机器厂经理兼营业部	上海爱多亚路马霍路口祥信昌机器厂	宁海杨柳树脚吴宅
许国昌	谷铮	纹工	乙种9讲	海盐			
蔡玖	达人	纹工	乙种9讲	德清	前虎林公司意匠		德清务前街
胡国华		纹工	乙种9讲	杭县	小学教员	杭州蔡官巷武氏小学	杭州西都司四十二号
祝绍印	九如	纹工	乙种9讲	杭县	蒙古各盟旗联合驻京办事处干事	首都铁汤池五号	杭州招宝堂包龙桥巷七号
钱士玉	高墀	纹工	乙种9讲	嵊县	美章纹制社	上海贝勒路新天祥里美章纹制社	
王炳麟	楼仙	纹工	乙种9讲	绍兴			

续 表

姓名	号	科别	实习或讲习	籍贯	现在服务状况	最近通讯处	永久通讯处
常宪章		手织	乙种9讲	江苏泰兴			
刘志强	素刚	手织	乙种9讲	瑞安	上海华德路鸿福里绸厂		
陈佐棠	荫华	手织	乙种9讲	武康	虎林公司印花	上海博物院路虎林公司	武康千秋桥南
丁家骊	仲翔	手织	乙种9讲	德清			
张履修	菊侬	手织	乙种9讲	绍兴	美生绸厂	上海瞿真人路日晖东路美生厂	
陈秉钧		力织	乙种9讲	嵊县	宝华绸厂	上海憶定盘路宝华厂	
张仲愚	忘年	力织	乙种9讲	嵊县	天衣绸厂	上海杨树浦近胜路天衣厂	
徐金生		力织	乙种9讲	杭县			
陈祖与	肖赐	捻丝	乙种9讲	吴兴			
邱宝才	日龙	捻丝	乙种9讲	吴兴	杭州统益经纬公司		
童晋康		捻丝	乙种9讲	慈溪			
叶友根		捻丝	乙种9讲	江苏上海			
周桐	伯琴	染色	乙种9讲	江苏溧阳			
王国华	志文	修机	乙种10讲	东阳	小学校级任		东阳藕田
徐麟延	林贤	纹工	乙种10讲	绍兴	自办绪延绸厂	杭州长庆街十五号绪延绸厂	绍兴昌安恒丰烛号收转
陈金华	景华	纹工	乙种10讲	孝丰	上海临江美术社主任	上海盆汤弄桥北泰安里三七七号	孝丰北街
邵祖荫	福桐	纹工	乙种10讲	江苏无锡	经纶绸庄副经理	无锡寺巷经纶绸庄	无锡城中东大街十四号
陈其祥	继海	纹工	乙种10讲	吴兴			
宋文杰	学濂	纹工	乙种10讲	江苏溧阳			
周榕村	庸村	纹工	乙种10讲	绍兴			
钱学宏	伯文	纹工	乙种10讲	杭县	上海武陵画舍		杭州上羊街湾井街四号

续 表

姓名	号	科别	实习或讲习	籍贯	现在服务状况	最近通讯处	永久通讯处
陈绍满	谦甫	纹工	乙种10讲	余姚	商		余姚浒山礼裕庄
宋岳高	苏阳	纹工	乙种10讲	江苏溧阳			
何鼎恒	明斋	纹工	乙种10讲	诸暨	创办华新绸厂		杭州东平路十四号
王允恭		纹工	乙种10讲	江苏松江			
陆友三		手织	乙种10讲	余姚			
叶钟瑾		手织	乙种10讲	余姚	上海通益合作社		
赵锡庭		手织	乙种10讲	嵊县			
叶涵	泽濡	力织	乙种10讲	瑞安	宝华绸厂	上海憶定盘路三号宝华厂	
丁仲煊	善长	力织	乙种10讲	嵊县	天章丝织厂力织科主任	杭州天章织厂	嵊县三板桥头赵家祠弄
尤家铨		力织	乙种10讲	宁海			
魏鑿	鑿身	力织	乙种10讲	嵊县	国华绸厂工务部部长	上海闸北八字桥横滨路	
袁寅	吾定	修机	三年期1	嵊县			
周载生	远涵	修机	三年期1	临海			临海东塍
詹晋葵		修机	三年期1	诸暨	上海赛璐珞厂		
陈望斗		纹工	三年期1	诸暨			
华禹谟	少卿	纹工	三年期1	宁海	区党部执行委员宁海中学教员缑东小学校长	宁海直属区党部	宁海城北春浪桥
钱毓芬		纹工	三年期1	桐乡			
钱曾润		纹工	三年期1	嵊县	美章纹制社	上海贝勒路新天祥里美章纹制社	
徐吉人		纹工	三年期1	宁海	都锦生丝织厂绘图	上海法租界杜神父路新天祥里五号	宁海万象春药号转一市
吴增翔	继权	纹工	三年期1	江苏吴江			震泽怀德堂
吴忠连		纹工	三年期1	杭县	杭州德余社绘图	杭州长庆街十七号	杭州周叶文弄九号
朱其年	繁生	纹工	三年期1	海宁			
郑桂芬		手织	三年期1	嵊县	天衣绸厂工务主任	上海杨树浦近胜路天衣厂	

续 表

姓名	号	科别	实习或讲习	籍贯	现在服务状况	最近通讯处	永久通讯处
杨华南	秋屏	手织	三年期1	新昌	区党部常委宏昌布厂经理	嵊县镜岭宏昌布厂	嵊县镜岭回山村
王汝丁	耀宗	手织	三年期1	永康			
竺继壕	景章	手织	三年期1	嵊县	裕厚绸厂	上海华德路鸿福里一七七号裕厚厂	
裘余行	子文	力织	三年期1	嵊县	胜旦绸厂	上海南市瞿真人路胜旦绸厂	嵊县崇仁上段生泰号转交
张克正	鹤皋	力织	三年期1	嵊县			嵊县北乡蒋镇王仁德药号转清水塘
张汉潜	维廉	力织	三年期1	嵊县			
宋保林		捻丝	三年期1	江苏溧阳	美利绸厂厂长	上海闸北共和新路美利绸厂	
赵渊		捻丝	三年期1	嵊县	德昌绸厂	上海虹口德昌绸厂	
金循矩		电机	三年期2	东阳	总部交通处二十二电台报务员	首都唱经楼卫巷十二号	东阳甽干镇
俞志艺		修机	三年期2	绍兴			
管海乔	量沧	修机	三年期2	瑞安	总部交通处机械修理造厂	首都三十四标机械修造厂	瑞安康宁里
郑祖麟		修机	三年期2	温岭			
黄维圆		修机	三年期2	余姚	美经经纬公司	上海马浪路美经公司	
沈经存	道腴	修机	三年期2	江苏盐城	浙省公路局站务员	绍兴柯桥汽车站	盐城安方庙十二号
王纶	富生	修机	三年期2	江苏溧阳			
屠天麟	玉书	原动	三年期2	嘉兴			
何瑞文	子佩	纹工	三年期2	义乌			
俞尚经		纹工	三年期2	崇德			
金桂森	伯琴	纹工	三年期2	江苏吴县			
胡邦汉	渭南	纹工	三年期2	崇德	都锦生丝织厂技师兼纹织部主任	杭州车驾桥直街五十号	长安转洲泉
商世昌	中裕	纹工	三年期2	桐乡	上海天章绸厂发行所		
吴骏烈	仲熙	纹工	三年期2	德清	恒大袒纸号经理	德清恒大袒纸号	德清县西街

续 表

姓名	号	科别	实习或讲习	籍贯	现在服务状况	最近通讯处	永久通讯处
王逸骐	冠瑜	纹工	三年期2	嵊县	美章纹制社	上海贝勒路新天祥里美章纹制社	
胡润清	仁俊	手织	三年期2	江苏溧阳			
宋如洋	海臣	手织	三年期2	绍兴			
傅德元	谢愁	手织	三年期2	诸暨			
俞鹤书		力织	三年期2	嵊县	美亚二厂技副	上海闸北交通路美亚二厂	
强庆官	吉民	力织	三年期2	江苏溧阳			
王洤	谔成	力织	三年期2	嵊县	小学教员	杭州横河桥三友铁工厂转	嵊北蒋镇转上王村
葛孝燮	惠轩	力织	三年期2	嵊县	上海美亚九厂		
狄庆	维根	力织	三年期2	江苏溧阳			
陈绍康	绍康	油脂	三年期2	丽水			
徐俊文	禹甸	油脂	三年期2	嵊县	小学教员	嵊县崇仁新咸泰转交	嵊县西前街张顺泰转雅基村
许锦茂	华章	油脂	三年期2	杭县			临平公源和米行
洪胜贵	学仙	制纸	三年期2	杭县	浙大工学院制纸工场职工	杭州浙大工学院	杭州五圣堂三角地二号
许浦田	云鹤	制纸	三年期2	诸暨			
朱槎	星符	修机	三年期3	杭县	永祥绸厂	上海西门斜桥局门路安乐里	杭州旧藩署七十五号
徐佐卿	振华	修机	三年期3	上虞			
李世瑞		修机	三年期3	嵊县			
陈德熙		纹工	三年期3	嘉兴			
杨锦昌	经才	纹工	三年期3	吴兴			
张竟成		手织	三年期3	浦江	美生绸厂	上海南市瞿真人路日晖东路美生绸厂	
金其中		手织	三年期3	宁海			
黄景熹	兆隆	手织	三年期3	余姚			
陈家襄		力织	三年期3	绍兴	天章绸厂电织部副主任	杭州林司后天章绸厂	绍兴樊江镇

续 表

姓名	号	科别	实习或讲习	籍贯	现在服务状况	最近通讯处	永久通讯处
俞旸汀		力织	三年期3	嵊县	上海重阳绸厂	上海戈登路武定路宝元里重阳绸厂	
沈贵三		力织	三年期3	嵊县			
徐复来	见心	染色	三年期3	杭县			
蔡骏发	锐	制纸	三年期3	诸暨			
黄允升	蔚然	修机	三年期4	东阳	部门交通兵团汽车队技正	首都三十四标交通兵第二团汽车队	东阳湖溪同仁堂转黄大户
吕声高	峻卿	修机	三年期4	义乌			
方云龙	剑琴	修机	三年期4	绍兴			
吴成咸		修机	三年期4	东阳			
王纲	伯伊	修机	三年期4	温岭			
金丽泉	志清	原动	三年期4	杭县			
沈迺鋆	仲坤	原动	三年期4	吴兴			
许孝椿		木工	三年期4	德清	大隆铁工厂	上海戈登路底大隆铁工厂	
曹祺		手织	三年期4	崇德	兴纶丝厂	上海闸北顾家湾兴纶丝厂	
潘金蕙	益华	力织	三年期4	东阳			东阳渌石口转裘家岭
郑元洵		力织	三年期4	嵊县	上海国华绸厂工场主任	上海闸北横浜路东八宇桥国华厂	
陈瀛仙		力织	三年期4	德清	上海经纬公司	上海虹口保定路华兴坊二弄上海经纬公司	
谢赓铎	懋尼	油脂	三年期4	绍兴			
陈美生		制革	三年期4	诸暨	美艺染练厂事务员	上海卢家湾美艺公司	绍兴偏门外谢家桥穗丰号转
葛篆丰		制革	三年期4	诸暨			
林虬	云从	修机	三年期5	温岭			
程大松		修机	三年期5	东阳	上海美亚六厂技士		
虞凤仪		修机	三年期5	东阳	东阳厦渠第二小学教员		东阳渌石口转水夏
叶洪卿		木工	三年期5	德清			

续 表

姓名	号	科别	实习或讲习	籍贯	现在服务状况	最近通讯处	永久通讯处
刘克奇		纹工	三年期5	杭县			
赵麟		纹工	三年期5	江苏丹徒			
吴玉昆		手织	三年期5	江苏兴化			
宋世安	之谦	力织	三年期5	嵊县	河南第六师十八旅三十四团二营营副官	河南郑州营园	嵊县甘霖宋义生号转甲秀坂
钱大英	水澄	力织	三年期5	嵊县			
袁文灏	一理	力织	三年期5	嵊县	久纶绸厂	上海闸北横浜路东八字桥久纶绸厂	
程如海	良和	力织	三年期5	江苏溧阳			
卢朱光	焕章	力织	三年期5	东阳			
李世俊		力织	三年期5	嵊县			
宋凤清	有仪	力织	三年期5	江苏无锡			
钟英		力织	三年期5	崇德			
金士洁		修理	三年期5	萧山	升学本院高中		
徐忠元	烈巨	修理	三年期6	杭县	省会公安局一区三分署司书	杭州一区三分署	杭州周叶闻弄九号
黄咏霓	赞伟	修理	三年期6	东阳	浙江高等法院承发史	杭州高等法院	东阳南乡后岑山同德堂转殿雅
张显听	朗松	修理	三年期6	温岭			
余学敏		木工	三年期6	杭县			
余凤梧		木工	三年期6	嵊县	杭州兴华建业公司经理	杭州四宜亭一号	
俞志伟	煜焘	木工	三年期6	绍兴			
魏伯康	洪宝	纹工	三年期6	新昌	故		
罗义仙	侠	纹工	三年期6	於潜	创办西湖美术织造厂	杭州里横河桥八号	於潜浪散
郑叔珊		手织	三年期6	嵊县	上海光华绸厂工务主任		
陈祖文		手织	三年期6	嵊县	纬丰绸厂	上海康脑脱路五七五号纬丰绸厂	

续　表

姓名	号	科别	实习或讲习	籍贯	现在服务状况	最近通讯处	永久通讯处
经鉴	康基	力织	三年期6	兰溪			
尹文选		力织	三年期6	嵊县		嵊县宝华堂转	嵊县象吉南货号转里坂
黄能熊		力织	三年期6	义乌			
陈德壬	道忠	力织	三年期6	瑞安	故		
董继欧		力织	三年期6	嵊县	浙江公路局绍萧段江边站站员		
竺士良	时梁	力织	三年期6	新昌	胜亚厂技正	上海斜桥局门路胜亚厂	嵊县后山转兰州
任廷钧	伯衡	力织	三年期6	嵊县	上海经纬公司		
周善镜	鉴龠	力织	三年期6	杭县	杭州介章丝织厂技术员		杭州里龙舌嘴三十九号
尹熙祥	正铨	制革	三年期6	嵊县	肄业浙省建设人员养成所	杭州里西湖前工业建设人员养成所	嵊县甘霖镇
张裔仲	孝春	金工	三年期7	嵊县	永安纱厂粗纺科班长	上海吴淞永安二厂	嵊县同胜栈

民国二十年十一月刊印

(五)农专同学录

农专校友录

(1921年7月)

职员录

姓氏	字	年龄	籍贯	职务	任职年月	履历	通讯处
周清	又山	四一	绍兴	校长兼农学教员	五年八月	北京大学农科毕业	绍兴东浦云集信记酒坊或杭州长明寺巷十七号
庄泽宬	受兹	三五	嘉兴	教务部长兼英文教员	五年八月	北京大学毕业	苏州阊门内梵门桥街七十四号或杭州上羊市街二百十二号

续 表

姓氏	字	年龄	籍贯	职务	任职年月	履历	通讯处
堵福诜	申甫	三八	绍兴	督察部长兼修身教员	七年七月	浙江高等学校毕业	杭州东清巷遥祥寺巷十五号或绍兴南门内和畅草堂
吴祖藩	方侯	二八	绍兴	督察部长兼数学教员	十年一月	北京高等师范学校数理化科毕业	绍兴柯桥转交桑渎村
陈敬衡	雄飞	三四	黄岩	化学教员	二年一月	北京高等实业学堂化学科毕业	杭州横大方伯二十三号或黄岩西门桥上街陈宅
杨靖辅	靖宇	三二	四川崇庆	林场主任林科主任兼林学教员	七年一月	日本鹿儿岛高等农业学校毕业	杭州铁线巷六号
李崇敏	虚谷	三六	海宁	兽医院主任兽医科主任兼兽医教员	八年八月	日本东京驹场农科大学实科毕业	杭州新市场迎紫路七十六号
高维魏	孟征	三四	杭县	农场主任农科主任兼农学教员	七年八月	日本东北帝国大学农科毕业	杭州双陈衙一号
方悌	仲友	三三	平阳	兽医学教员	六年八月	日本东北帝国大学畜产科毕业	杭州花牌楼二十六号或平阳金乡东门
中田醇	隆造	四三	日本	兽医学教员	七年十二月	日本东京驹场农科大学实科毕业	朝鲜京釜线鸟致院
张保寅	月舟	四八	杭县	蚕桑昆虫教员	二年一月	浙江蚕学馆毕业	杭县壩址桥西堍月舟蚕种制造场
刘刚	自强	二五	永嘉	兽医学教员	九年八月	日本麻布兽医畜产学校毕业	南昌僎家塘七号
徐礎	象芷	二六	江西九江	林学教员	十年三月	北京农业专门学校林科毕业	九江梅花庵四十八号
陶善松	谡人	三三	余姚	农学教员	六年一月	日本札幌农学校毕业	余姚临山西门
罗枢	中密	三五	杭县	兽医学教员	九年三月	浙江兽医养成所毕业	杭州四宜亭十四号
章毓兰	馥亭	三九	富阳	博物兽医学教员	六年八月	日本高等师范学校博物科毕业	江苏震泽西市王家街口龚宅收交
喻哲文	哲文	三五	黄岩	森林工学物理教员	七年一月	北京大学工科毕业	黄岩西乡仙浦喻
孙信	虹庼	三五	杭县	农林测量地质矿物教员	五年八月	北京大学工科毕业	杭州十五奎巷井衖二十一号或杭县临平镇
朱鸾	筱青	三一	富阳	农学植物图画教员	二年一月	浙江官立农业教员讲习所毕业	富阳东门头朱秋芦转交
孙从周	雅臣	三四	奉化	数学物理教员	二年一月	浙江高等学校正科毕业	奉化萧王庙永茂号转交

续 表

姓氏	字	年龄	籍贯	职务	任职年月	履历	通讯处
谢迺绩	印三	三九	绍兴	修身国文教员	四年八月	日本法政大学毕业	本校转浴气草堂或绍兴感凤乡长寿寺东
金荣衮	蓉庵	三八	绍兴	国文教员	五年八月	北京高等实业学堂机器科毕业	绍兴城外东浦马车溇
方谦	益均	三七	平阳	史地数学教员	五年八月	浙江高等学校正科毕业	平阳金乡东水门
林达	醒凡	三六	永嘉	外国文动物教员	二年八月	日本明治大学高等科毕业	杭州石板巷三十七号
张行简	稚鹤	三五	杭县	英文教员	五年八月	浙江高等学校正科毕业	杭县花市路三号或浙江教育厅
陈士干	心存	四四	黄岩	化学数学教员	五年八月	北京译学馆毕业	黄岩西门上赵
黄尚中	祖洲	三二	乐清	体操教员	二年一月	浙江两级师范学校体操专修科毕业	乐清虹桥转龙潭地方
顾希文	新渔	三〇	吴兴	校医兼生理教员	六年八月	上海中日医学校毕业	吴兴东门七枯树前
吴祉麟	锡纯	三〇	建德	日文教员	七年八月	日本早稻田大学理化科毕业	杭州上羊市街大狮子巷一号或严州南街
汤显	鹏起	三九	绍兴	拳术教员	九年四月	绍兴拳术社社长	绍兴城内白鹤衕宝月庵间壁
宁本淇	美东	四一	安徽休宁	文牍	六年一月	前广西融县承审员兼第一科科长	杭垣荐桥直街十三号
胡维和	节甫	五九	绍兴	庶务	六年十一月	龙山私立法校校外生	绍兴柯桥丁巷船直接
沈荣锦	荫松	三八	绍兴	会计	八年三月	曾充绍兴东合乡自治会议员	绍兴东浦庙桥下
蔡乃昌	冠德	三四	绍兴	书记	七年六月	龙山私立法校校外生	绍兴东浦马院桥万源台门
章杏生	孔壇	二三	富阳	助手	八年九月	本业,农科毕业	萧山临浦转河镇巽泰号转章村聚和号
戚有则	康平	三三	湖北荆门	助手	八年一月	前湖北陆军讲武堂毕业	湖北荆门县小南门
葛承武	露仙	三一	黄岩	助手	八年九月	速成师范毕业	黄岩西乡小澧岙
杨郁熙	佩辉	二七	临海	农场助理兼实习教员	六年八月	本校农科毕业	临海城内福初巷
叶筠	少卿	三四	杭县	农场管理	六年八月	曾充本省农事试验场庶务	上板儿巷新三号

续　表

姓氏	字	年龄	籍贯	职务	任职年月	履历	通讯处
徐家昌	寿卿	二六	杭县	林场管理兼实习教员	八年八月	本校林科毕业	杭城威乙巷二十号
俞荃芬	绥林	二二	富阳	助手	九年九月	本校林科毕业	富阳大源高德隆转大造坞
孙壥	伯友	二三	东阳	助手	十年一月	本校农科毕业	东阳城内上市头
蒋文祥	愤强	二二	诸暨	助手	九年九月	本校农科毕业	临浦隆盛南货号转山环
周铨元	士衡	三〇	诸暨	兽医院管理	九年九月	本校农科毕业	诸暨城内万豫茶食号转交

前任职员部

姓名	字	年龄	籍贯	职务	通信处
吴崡	庶晨	三七	奉化	校长	宁波全家湾奉化会馆转吴江泾
陈嵘	宗一	三三	安吉	校长	湖州晓墅镇现在南亭石牌楼第一农校
黄勋	赞尧		江苏崇明		已故
俞良谟	允嘉		奉化	农科主任	已故
张艺园	宏训		镇海	农学教员	已故
吴桓如	桓如	三九	江苏嘉定	林科主任	江阴南菁中学
郑畦	亦熙	三三	金华	林科主任	杭州笕桥农事试验场
袁锵金	葆仁	三六	天台	林学教员	天台栅门
楼鸿书	毅僧	三二	义乌	林政兼植物教员	苏溪赞记烟店收转
高汝楫	济川	三二	浦江	农学教员	浦江横街三和店转马墅市
罗光彩	明卿	三三	江西	林学教员	江西省农会
陈振椒	子蕃	四八	平阳	学监	平阳北港镇源来布庄
陆海望	水范	四〇	余姚	庶务部长兼农学教员	余姚二塘头陆源盛号转现在浙江农事试验场
刘子民	宝书	三二	湖南宝庆	农场主任兼农学教员	东乡范家山杨义华店转现在北京农业专门学校
汪和耕	普生	二六	嘉兴	林学教员	平湖西门鼎成泰号转现在严州森林学校
孙铭烜	君檠	二九	江苏崇明	林学教员	崇明城内兴贤街
许珏	子钦	四二	江苏	学监兼日文教员	
何绍韩	竞明	四〇	东阳	国文兼授植物教员	嵊县镜岭镇升泰号收转玉山乡华村
叶联芳	适今	四二	平阳	国文兼史地教员	平阳灵溪镇直接

续 表

姓名	字	年龄	籍贯	职务	通信处
魏友枋	仲车	五三	慈溪	国文教员	慈溪城内杨家巷
黄毓骥	龙孙	四〇	余姚	日文教员	杭州艮山门外原蚕种制造场
殷楁	露声	三二	江苏	舍监兼博物教员	南京第一中学
屠宝玑	斗三	三四	嘉兴	庶务长兼博物教员	慈怀里直接
吴震瀛	球籁	三二	奉化	物理教员	宁波全家湾奉化会馆转吴家埠渚溪学校转
孙洞环	郑瞻	三五	奉化	校医兼生理教员	奉化萧王庙永茂号转
陶泗原	培之	三八	江苏东苔	舍监兼法制教员	江苏如皋栟茶
陈奭棠	雪棠	三七	鄞县	舍监兼伦理教员	宁波全家湾同福春号转
柴秉方	京华	四一	帘海	舍监兼伦理教员	宁海县校转塘头镇
李傑	俊甫	三五	龙泉	植物教员	西街赵皆益酱园转
李学俊	景舜	三一	杭县	植物教员	万寿亭直接
陈忠汉	慕刘	三三	太平	算术教员	东城中司前直接
杨公燕	诒孙	二八	平阳	算术教员	江南镇张家堡
曹承宗	雁甫	二七	杭县	算术教员	艮山门内莫衙营
庄泽宏	企彦	三〇	嘉兴	算术教员	苏州梵门桥弄七四号
杨品鳣	闵秋	二九	东阳	修身教员	东阳傅鼎和号转
单砚田			直隶	拳术教员	浙江第二师范
阮邦瑶	玉峰	二五	绍兴	拳术教员	绍兴偏门外溇宫顺流亭盐店转
俞詠霓	笛阵	三一	东阳	舍监	东阳县城西街
吴兰孙	蓉舫	三〇	杭县	舍监	杭州新开弄九号
陈国惠	古遗	四四	绍兴	文牍员	城内开元庄转沅巷村
余象升	日如	三五	昌化	教务员	昌化河桥镇
徐琳	琴荪	三七	江苏	教务员	
吴荣堂	觉农	二六	上虞	教务员	上虞署前
林伟民	伟民	三二	安吉	庶务员	安吉晓墅镇
沈光熙	季和	二六	绍兴	算学教员	杭州清泰门直街一百三十九号或绍兴偏门外沈上堰
童深海	公显	二一	镇海	助手	镇海小南门横街头阜太号转
赵继元	黎正	二一	杭县	助手	杭县大马衙
汪海晏	河清	二一	崇德	助手	崇德茅桥埭二十六号

续 表

姓名	字	年龄	籍贯	职务	通信处
黄祖洛	幼新	三一	萧山	兽医院管理	萧山闻堰怡丰号
徐象隆	巍然	二六	新登	助手	新登西门外老大生栈转
庞镛	达甫	四〇	杭县	庶务员	
邵廉	伯文	二五	杭县	庶务员	三元坊巷
施铭丹	允武	二八	江苏	庶务员	
沈士埙	伯怡	三四	绍兴	庶务员	绍兴东浦沈长兴号
叶礼耕	藜亭	四九	慈溪	会计员	观海卫城隍街叶乾三房
徐养渠	树芬	三一	江苏	会计员	
张榆	荫唐	三八	绍兴	会计员	大善寺前张广丰号转
余瑞	雪珍	四二	绍县	会计员	绍县昌安门外松林
程植三	振民	三七	安徽婺源	书记员	婺源下溪头
方圣华	尧章	二四	余姚	书记员	北城化白染坊转交
赵启能	公凯	三〇	杭县	农场管理	杭州运司河下三六号
史惠竞	樊夫	三五	余姚	林场助理	东水闸大夫第
徐凤图	药芬	四八	江苏东台	实习助教	江苏如皋拼茶
缪恕	德哉	三五	江苏东台	实习助教	江苏如皋拼茶
陆荷生	公挺	二八	杭县	助教	大和巷
马钟英	公倩	二五	杭县	助教	旧藩署二门左首
杨耀文	鲁钦	二五	杭县	助教	江干兵马司杨茂兴行
蒋祖墉	兰平	二五	杭县	助教	城隍山四宜亭边
潘岳主	岳生	三六	安吉	助手	晓墅同华兴南货号
贾志驶	亦超	二三	浦江	助手	浦江白马桥永三和号转
支钟明	亦农	二三	嵊县	助手	嵊县城内西前街兆源亭转

毕业生部·丙辰第一次农学研究科毕业生

姓名	字	年岁	籍贯	住址	通信处	现在状况
吴荣堂	觉农	二六	上虞	城中署前	直接	省派留日制茶科练习生，现静冈牧刀原日本国立茶业试验场实习
杨兴芝	人瑞	二八	义乌	北乡柳村	城内陈大生号转	省立第三苗圃助理员
蒋步瀛	云波	二九	东阳	黄钱坂	直接	留学法国

续 表

姓名	字	年岁	籍贯	住址	通信处	现在状况
金尔成	汝玉	二七	东阳	泗庭芳	直接	芜湖安徽省立第二农校教员
沈光熙	季和	二七	绍兴	偏门外沈酿堰	直接	农商部经济调查浙江分会会员兼农事试验场技术员
雷铭丹	震青	三一	陕西朝邑	城内西街	顺天馆转	陕西省第一苗圃圃长
陈燏珍	莘儒	二三	萧山	城内十字街	直接	省立贫儿院教员
周汝沆	子瀣	二六	诸暨	小西乡藏绿坞	城内大街万豫茶号转交十四都前庄坂	北京专门农校毕业
杜一桂	士馨	二七	上虞	东乡杜村	源顺油烛号转交	未详
单纬章	菊亭	二九	奉化	西渭溪	亭下积善堂药材转交	芜湖安徽省立第二农校教员
林廷悦	公怿	二九	青田	山口乡	直接	处属乙种农校教员
周铨元	士衡	三〇	诸暨	小西乡藏绿坞	城内万豫茶食号转交	本校兽医院管理
卢炳晃	丽廷	二七	东阳	北门外亭塘	直接	未详
张孝先	舜臣	二七	余姚	云城乡	新塘下张瑞泉米号	省立农事试验场职员
胡时雍	醒黎	二七	兰溪	西乡厚仁胡	兰溪县立乙种农校	兰溪县农林视察员
陈秉楹	伯安	二八	富阳	剡源上官村	富阳城内行远楼号转寄上官村	余姚乙种农校教员
何详熊	慰宣	二三	萧山	临浦镇	临浦直街通源钱庄	未详
顾华孙	燕庭	二五	武义	城内上街	直接	北京农业专门学校毕业
赵启能	公恺	三一	杭县	城内连司河下三六号门牌	直接	南京高等师范学校农场管理
林宗逊	让士	二三	黄岩	八宝坦	八宝坦西林园直接	开设西林农场
范光华	灿如	三三	兰溪	西乡范宅	东门外乙种农校	兰溪县立乙种农校教员
徐莱书	渺倩	二七	诸暨	望反阳	诸暨东门内赵正兴钱铺	桐乡乙种农校教员
童书丹	右铭	三一	兰溪	西乡楼湖	东门外乙种农校	兰溪县立乙种农校校长
陈敬民	定之原字逸少	二八	黄岩	西城	西城桥上街陈宅	严州森林学校教员
徐松铨	嵩川	二六	仙居	城内南门	直接	未详
顾光祖	荣先	二七	嘉兴	嘉兴北门外	嘉兴塘湾街萃源祥咸鱼号转交	未详

续表

姓名	字	年岁	籍贯	住址	通信处	现在状况
张嗣恩	天择	二七	临海	红牌门	直接	省农会编辑兼农事试验场技术员
郑文彬	后君	二六	象山	横埠	石浦镇万年春药铺转交	昌石镇正谊高小学教员
阮有壬	仲林	二六	绍县	啸吟乡	绍县蕺山第一县立高小校或绍兴小金陈家台门	县立第一高小校教员教务主任兼县立女子师范学校博物教员又私立尚养男女二高小校教员
杨郁熙	彧羲	二七	临海	城内付福初巷	直接	浙江实业厅咨议本校教员
孙骏	逸卿	二五	鄞县	孙家山	奉化斗门桥孙家山	杭北林牧公司技术员
俞宝聪	石介	二七	桐庐	北乡緱岭村	胡大房转	未详
潘明法	公瑜	二七	余杭	旧市村	北乡潘板桥	乡农会正会长
蒋润	普贤	二七	寿昌	城内吉祥巷	直接	严州森林学校舍监
童尚麟	友梅	二五	绍县	延寿乡	萧山义顺杂货号转交	在本乡创办小学校
张聊甲						已故
周耀昌						已故
刘云朝						已故
王尧年						已故
陈鹏						已故
朱培栋						已故
余垂组						已故
王乐洲						已故

毕业生部·丁巳第一次森林学研究科毕业生

姓名	字	年岁	籍贯	住址	通信处	现在状况
陈应斌	仲文	二七	陕西临汉	雨金镇	陕西省立第二苗圃	圃长
雷世彬	蔚轩	二八	陕西郃县	城中	城内东街灵崇和堂	陕西第二苗圃技术员
张福仁	静甫	二四	安吉	城内东街	直接	留学日本
谢明远	定之	二七	瑞安	瑞安林垟	瑞安林垟镇	瑞安县立乙种农校校长
徐家昌	寿卿	二六	杭县	杭县	威乙巷二号	本校林场管理兼教员
金如海	我航	二四	杭县	城内	衢县城内集咸旅馆转交第二林场	浙江省立第二造林场管理员

续 表

姓名	字	年岁	籍贯	住址	通信处	现在状况
李宝銥	子帆	二四	上虞	驿亭镇	振丰酒米店转	自营林业
金倬鹏	寿山	二三	绍县	偏门内清凉桥	直接	创办农业公司
施泽	润生	二七	平阳	平阳北港江边	湖州白阜埠乾昌店转森森造林场	技务员
何宪文	焕然	三〇	陕西周至	铁连屯	亚柏镇同志学校转交	陕西第二苗圃技术员
张幼松	思善	二九	嘉善	大雄镇	嘉兴东门外永征油坊转长滨	未详
王春	逐初	二七	淳安	茶园镇	衢县城内集咸旅馆转交第二林场	浙江省立第二造林场事务员
杨伟文	章甫	二八	浦江	杨里	城内横街汪益生交潘宅江万春堂转	农事试验场助理员
梁尔嘉	绩庵	二六	杭县	西湖	西湖法相巷	未详
张若沅	芷香	二六	浦江	马安山	浦江白马桥邮转马安山广益堂交	未详
张福畴	九如	二三	安吉	城内东街	春元堂药材号内张宅	未详
陈浑						已过

毕业生部·戊午第二次农学科毕业生

姓名	字	年岁	籍贯	住址	通信处	现在状况
陈基陶	石民	二六	新昌	桂溪村	嵊县镜岭镇转桂溪	省派留日实习生东京国立西ケ原农事试验场实习
许以高	龙山	二六	海宁	诸桥镇	硖石转诸桥镇许复和号	海宁县立乙种农校校长
李行階	玉佩	二四	鄞县	李家塔	奉化江口镇王万星号转	鄞县县农会会长
陈寅图	淑农	二五	仙居	四都陈	仙居横溪镇邮局	未详
周应璜	友望	二五	嵊县	开元镇	开元镇大坟后	本校农产制造助手
孙汪度	子洪	二七	衢县	上墩	城内聚秀堂	衢县县立第一高等小学校教员
吴选	衡甫	二五	仙居	厚仁	田市镇转	临安县立乙种农校教员

续 表

姓名	字	年岁	籍贯	住址	通信处	现在状况
胡润琇	子香	二五	奉化	后胡	奉化江口镇精一斋转	云野林业公司职员
吴纯	保衡	二六	仙居	厚仁	田市镇转	经商
刘福穰	饶斋	二四	松阳	界头	遂昌转松阳界头	丽泽书院研究文学
陈邦定	正之	二八	衢县	姜家山	衢县水亭街鼎新米行转	未详
褚贤仁	赞卿	二五	海宁	庐湾	硖石转庐湾褚同寿药号	海宁县立乙种农校教员
何荃	椒钦	二八	义乌	桃汀	义乌廿三里镇何松盛号转	经营农业
何明枚	功甫	二三	象山	儒雅洋	象山林勇房转	未详
吴景贤	吴山	二二	嘉兴	平湖东门外庄浜	平湖东门外横街裕源仁布疋号	省立第一苗圃职员
周惠湛	子元	二五	东阳	横路村	东阳玉山尖山镇转	东阳农林视察员
马凤翔	子仪	二五	东阳	金川	东阳千祥转金川	汤溪乙种农校教员
徐玨	开琮	二六	江山	赵家	直接	未详
徐学尧	羲炎	二二	绍兴	东浦	东浦孙家溇高踏道	留日
徐陟	子墀	二四	江山	茅畈	江山硖口徐同丰纸行转	北京农业专门学校肄业
沈后乾	士垣	二三	绍县	东浦	东浦沈长兴号	浙江省立森林学校第三造林场管理员
何振韶	宣甫	二六	象山	儒雅洋	象山林勇房	未详

毕业生部·己未第三次农学科毕业生

姓名	字	年岁	籍贯	住址	通信处	现在状况
童深海	公显	二一	镇海	镇海横街头	镇海小南门横街头阜泰号转	镇海农林视察员
徐秋耕	伊野	二三	上虞	下营	上虞乾号酱园转	上虞乙种农校主任教员
张国诚	子岳	二三	上虞	五云桥	城中乾康号转	上虞乙种农校校长
章杏生	孔坛	二三	富阳	章村	临浦转河镇巽泰杂货号转章村聚和号	本校助手
汪芝盛	华卿	二六	奉化	汪家村	奉化萧王庙孙德生米号转	显承学校教员兼奉化县苗圃技术员

续 表

姓名	字	年岁	籍贯	住址	通信处	现在状况
贾志驶	亦超	二四	浦江	旌坞	浦江白马桥永三和号转	茂森公司管理员
徐思聪	叔听	二一	上虞	城内署前	上虞新街口同春染坊	上虞乙种农校教员
徐精忠	辅明	二三	龙游	西乡高敬	高敬高旂城饭铺转	龙游农林视察员
孙埙	伯友	二三	东阳	城内上市头	直接	本校助手
汪海晏	河清	二二	崇德	茅家埭	茅家埭二十六号	海宁乙种农校教员
徐懋亨	梦生	二〇	永康	卉川阔塘	永康八字厅转阔塘后	浙江法政学校肄业
都如松	耐寒	二三	海宁	袁花	硖石转袁花朝西埭	海宁乙种农校教员
黄金鉴	莘农	二三	上虞	城内	上虞成大灰栈	自营农业
钱中	端夫	二三	崇德	钱林溪	石湾查顺兴肉铺转	北京农业专门学校农场助理
葛积墉	毓卿	二三	奉化	萧王庙	萧王庙生康钱庄	自营农业
徐士治	莘夫	二二	天台	东乡塘园	县前宝昌南货号转	浙江专门法政学校肄业
支钟明	亦农	二三	嵊县	西乡支鉴路	城内西前街兆源号转	义乌乙种农校教员
赵继元	黎正	二一	杭县	上城	上城大马弄十二号	北京农业专门学校农场助理
钱士鉴	敏夫	二一	嘉善	干窑	干窑瑞昌药局	浙江省立农事试验场职员
沈渭	淇泉	二三	嘉善	干窑	直接	长兴县公署科员
徐象隆	巍然	二六	新登	古竹	西门外老大生栈转	新登农林视察员
姚元定	静安	二四	永康	叶花塘	县城十字街乾德堂转	未详
许奉璋	朝旭	二四	东阳	梅岘	金华南马转	留学法国
姚绍虞	歴耕	二四	萧山	临浦		留学法国

毕业生部·庚申第四次农学科毕业生

姓名	字	年岁	籍贯	住址	通信处	现在状况
林以盛	蔚如	二五	龙游	城内十字街	直接	汤溪乙种农校教员
方旭升	晓初	二五	汤溪	山峰	汤溪杨埠广泰森米行转交山峰	未详
汤仁	铭九	二五	昌化	汤家湾	直接汤第	昌化农林视察员

续　表

姓名	字	年岁	籍贯	住址	通信处	现在状况
章伟	稚仙	二四	诸暨	浣北江龙	诸暨东门外浮桥下公大裕木行转江龙	诸暨农林视察员
宣云龙	亦灵	二四	浦江	虬树坪	白马桥转	浦江农林视察员
胡封	仲秀	二四	汤溪	仓里	县内周益达南货转交仓里	留法
黄鸣皋	声闻	二四	平阳	北港镇	三门街天和堂药店转交	保定专门农业学校肄业
童致和	守祥	二三	龙游	湖镇	万一堂转鄺童交	留法
周颂	士亨	二三	奉化	周家东门	奉化大桥汪泰丰号转	未详
阎法康	雍熙	二三	奉化	现住嘉善干窑镇	直接	嘉善农事试验场病虫害科主任兼乙种农校教员
陆成章		二三	嘉善	东门	直接	未详
徐福林	冠南	二三	嘉善	陈庄镇	诚信堂药号转	嘉善乙种农校教员
蒋文祥	愤强	二三	诸暨	山环	临浦隆盛南货宝号转交山环	本校助手
厉慕鹗	芰农	二二	上虞	南乡南宝	上虞章家埠协和南货号转	闸口茶叶公司管理杭州西湖金沙港惠兴园艺公司
张松荫	息盦	二二	临安	大巷衖	直接	北京国立高等师范学校肄业
姚祖显	宇民	二二	临安	五柳桥	直接	临安乙种农校教员
叶芳	子荣	二一	遂昌	城内	直接	遂昌农林视察员
李熙亮	希亮	一九	仙居	管山	城内李益茂布号收	未详

毕业生部·庚申第二次林科毕业生

姓名	字	年龄	籍贯	住址	通信处	现在状况
许达	竞先	二五	平阳	泗乡	杭县留下镇沈宁寿南栈转交	泗安兴墅公司管理
谢显曾	立初	二三	余姚	第泗门	余姚第泗门人和二房内	
贝仕邦	国栋	二三	奉化	禽孝乡贝家	萧王庙镇同协康号转	奉化农林视察员

续 表

姓名	字	年龄	籍贯	住址	通信处	现在状况
俞德钟	灵甫	二三	新登	山亚俞宅	桐庐窄溪镇老元兴号转交	未详
范廷焕	梦林	二三	兰溪	街超范	兰溪游埠万源号转	未详
周斐	凤楼	二三	江山	周家	清湖镇周恒裕号转交	
魏锡荣	惜镕	二三	诸暨	红奕村	诸暨枫镇萧公茂酒号转交	浙江省立农事试验场职员
俞荃芬	绥林	二三	富阳	大造坞	大源高德隆转	本校助手
赵廷梁	耀南	二二	诸暨	沙塔	诸暨浮桥下公大裕木行转交	浙江省立森林学校第三造林场管理
童信长	茂松	二一	兰溪	东莞	兰溪游埠起源号	未详
戚兆熈	杏生	二〇	余姚	湖堤	余姚湖堤乡戚清记米号内交	未详
孟绍绪	伯翔	二一	诸暨	十二都	诸暨倪万隆转十二都聚和交	浙江省立农事试验场职员
吴淯业	达泉	二一	直隶	杭州枝头巷二十四号	诸暨倪万隆转十二都聚和交	浙江甲种森林学校林场管理兼教员

学生部·农科三年级

姓名	字	年岁	籍贯	住址	通信处
楼振铎	民警	二五	义乌	行者塘	城内陈怡生号转
唐启思	文钦	二四	建德	三都镇	东乡三都镇
邹煊	子瑶	二四	宣平	桃溪	桃溪邹恒泰号内交
潘振端	子直	二四	龙游	城内百岁坊	吕复兴栈直接
高美锐	峰山	二三	浦江	马野市	浦江横街三和店转
蔡清芬	炳麟	二三	萧山	城内	包家弄
吕檖	子嘉	二二	新昌	三山	现住临安城外杨德大转西墅村
蒋晟	钦尧	二二	临海	湧泉	城内闹市直街五号
金德成	达材	二一	义乌	蜜溪	北乡苏溪黄源昌号转
徐稼	希农	二一	浦江	嵩溪	诸暨白马桥邮局转
施国璋	畊莘	二一	桐乡	南日晖桥	硖石转南日晖桥施同昌号交
舒以泰	子亨	二一	缙云	舒洪庄	城内县前公仁堂药号转
黄本谷	贻孙	二一	广东	南海	杭州扇子巷八十二号
徐典章	则卿	二一	浦江	嵩溪	诸暨白马桥邮局转

续　表

姓名	字	年岁	籍贯	住址	通信处
毛颖	达人	二一	汤溪	安头	兰溪游埠同益号转
郎仁	济民	二一	崇德	石湾	郎万盛号交
郭湘鸿	鸿飞	二〇	瑞安	城内	城内四柏巷
王善师	周文	二〇	义乌	上崇山	江湾镇邮局转
徐元章	芾棠	一九	浦江	嵩溪	诸暨白马桥邮局转
张鼎新	汉衡	一九	吴兴	南浔	袁家弄
曹振荣	忌轻	一九	嘉善	城内	冬园
吴炳	慎德	一八	奉化	吴江泾	宁波横溪裘村镇转

学生部·农科二年级

姓名	字	年岁	籍贯	住址	通信处
杜炜	贻彤	二二	安吉	西乡杨家墩	梅溪镇大盛米行转
王文兴	振卿	二一	海盐	沈荡镇	王正记记米行
徐达权	宗道	二〇	龙游	东乡七都	湖镇泰来布号转七都交
张耀	辅翔	二〇	杭县	城内	上板儿巷二百三十二号
翁兆焕	公辅	二〇	余姚	方桥乡四进屋	余姚方桥宁远银楼转
吴国宾	秀山	二〇	龙游	东乡余村金	龙游城内朱和盛号转
程祖方	念曾	二〇	长兴	和年镇方家庄	和平镇祥丰号转方家庄
戴昌燕	笔秋	二〇	上海	哈同路民厚北里四百十八号	直接
陈贤业	洪畴	一九	鄞县	南乡走马塘	后塘街永泰打米厂陈华卿转
傅士元	子乾	一八	浦江	白马桥	白马桥傅久成号直接
杨学诗	似蕉	一八	嘉善	草里生	嘉善花园衖李元盛号转
张肇融	季良	一六	温州	永嘉	永强镇寺前街怡和照园
陶钧（原名器华）	玉辉	一八	平湖	新仓	新仓镇纶彰绸庄或陈高明号
陆维泱	瞻洛	一七	余姚	云漾乡	余姚北乡二塘头陆源盛米号转
戴文珪	季高	一七	嘉善	干窑镇	第二国民小学校转
袁修福	天佑	一七	新登	松溪镇	新登袁乾生号转
王大中	仲丞	一五	温州	瑞安	小沙堤四十七号门牌

学生部·农科一年级

姓名	字	年岁	籍贯	住址	通信处
李贤鼎		二三	平阳		
邢肇銮	慕韩	二三	金华	东震乡午塘头	城内莲花井恒丰号转交
尤景松		二一	江苏溧阳		溧阳栽埠镇周生堂交
丁本忠		二一	杭县		望仙桥直街九十一号
毛云翚	缵庭	二一	浦江	下大街	俞锦川转低坂毛义信号
张树藩	鹿笙	二一	平湖	新仓镇	平湖新仓水桥上进士第交
陈凯	岂凡	二〇	浦江	城内后街	陈普生转交
钱克刚		一九	江苏溧阳		江阳栽埠街大昌号转中方桥
徐振甲	蔚东	一九	武义	白溪	武义王储春号转交白溪
蔡佩芳	韦夫	一九	瑞安	铺后街	温州瑞安县铺后街蔡经魁第
李汉森	识琴	一九	仙居	下陈	仙居县朱怡和宝号转交
孙月升	敏哉	一九	诸暨	孙家溪	孙家溪后坂直埠大元堂号交
余畊	慕南	一九	昌化	河桥镇	永和材号转交
陈书兰	芝芳	一九	浦江	城内后街	陈普生转
汤德基	哲人	一九	福建将乐	南门大街	杭州城站全闽会馆交
朱圣祥	麟书	一九	桐乡	南门外	张恒诚油坊转绣花滨交
颜怡	尚义	一八	丽水	城内	直接
叶沅	声悟	一八	黄岩	城内西桥翰家里	直接
谢葆南	子雅	一八	武义	周岗	武义同盛泰转西区周岗交
李馨庭	德达	一八	缙云	舒洪镇	缙云直达舒洪镇义和森号内交
朱锡垂	憶萱	一七	桐乡	枞院镇	桐乡濮院大街元泰衣庄内
朱士方	瑞甫	一七	桐乡	翔后	石湾东市马源丰交
李承祜	灏	一六	安徽	官埠桥	桐城枞阳官埠桥李宏丰号交李公和木号
章守定	马标	一六	富阳	章村	同上章稷田
邵子傅	尚农	一六	余姚	菖蒲塘村	余姚南城万生堂药材转菖蒲塘交
李相任	若伊	一六	安徽桐城	濮阳镇	李公聚布号转交兰庄
王祖堂	润会	一六	嘉善	城内中和里	直接
陆费墉	辛孙	一六	桐乡	嘉兴	嘉兴梧桐树街
胡学文	郁斋	一五	安吉	古城	安吉梅溪镇胡锦茂号交

学生部·林科三年级

姓名	字	年龄	籍贯	住址	通信处
裘孝椿	梦森	二四	嵊县	崇仁镇	嵊县崇仁镇生泰号交
潘爻	连三	二四	昌化	清溪	昌化株柳镇同元昌号转
周灏	养之	二三	临安	周家头	临安五柳桥孙乾泰号转独山畈吴步洲先生转周家头
许廷佐	子襄	二一	松阳	城北	松阳城北永庆铺衖徐祠后
周祖燕	芑庭	二〇	云和	城内	云和城内西街古官衖交
盛鸿仪	稷民	二〇	临安	浪川村	临安震昌号转浪川村
陈寿荣	景山	二〇	永康	三十里坑阔塘后	永康城内林泰兴号转三十里坑
毛云	梦灿	一九		原籍皖，现住浙江安吉良朋亭	安吉梅溪镇汪昇记号转良朋亭

学生部·林科二年级

姓名	字	年龄	籍贯	住址	通信处
邵溥慈	惠群	二三	兰溪	西乡椒石	兰溪女埠镇春生堂药号转椒石
赵汝才		二二	兰溪	上里村	兰溪上乡洲钱瑞和昌号转交
朱黻	黼章	二二	安吉	尺五村	安吉递铺全昌南货号转
徐子瑾	世瑜	二一	上虞	管溪	乾号酱园号转
傅梦熊	佐周	二一	浦江	白马桥	诸暨白马桥永三和号转
王世望	卓成	二一	江山	赵家庄厚隆	江山城内周德昌南货号转
陆费珽	端孙	二一	嘉兴	桐乡	嘉兴梧桐树街
章桂森	企林	二一	汤溪	东乡泽口	汤溪罗埠胡丰泰号转泽口
方镜清		二一	金华	孝顺镇	金华孝顺镇黄大成号交
朱元恺		二一	义乌	畈田	金华低田市郑正顺号转畈田朱
王培兰		二〇	义乌	王莲塘	义乌佛堂镇朱洪泰转马目埠
郑政	惠民	二〇	临安	官荡头	临安城外杨德大布庄转
吴梁	汝楣	二〇	仙居	厚仁村	仙居西乡田市镇寿春堂转厚仁
楼绅书		一九	义乌	西乡桥头	上溪德生堂号转桥头
孟允明		一九	义乌		义乌城内直街阜亨号
鲍匡国	其光	一九	鄞县	鄞江桥	鄞县鄞江桥缪万椿号转

学生部·林科一年级

姓名	字	年龄	籍贯	住址	通信处
唐成文	惜春	二三	嵊县	东乡唐田	奉化亭下镇积善堂转交
王觉		二一	永嘉	永嘉上河乡陶湾	永嘉县上河乡瞿溪福寿堂药号转交
李志仁		二一	东阳	李宅	李宅镇(邮局直接)
严敬	慎卿	二一	江山	桂淤头乡	城内姜源茂
徐建初	立基	二一	江山	峡口乡	同春堂转交
高世铭		二〇	绍兴	绍兴陡亹	绍兴陡亹南市
李应清	九渊	二〇	浦江	城内后街	李庆丰直接
朱仁志	德种	二〇	江山	长台乡	长台乡朱正源号转
郑霖	雨庚	二〇	衢县	三山村	县西街利益水果行转
胡韶	赓虞	二〇	江山	官溪	直接
马本中		一九	嵊县	浦江镇	嵊县浦口马树记交
周葆元	珍珊	一九	浦江	城内大街	张恒泰转交周宅
潘承谓	伯谨	一九	安吉	下城村	安吉梅溪汪昇记转交下成村
朱公垣	藩五	一八	平阳	南港镇	温州平阳南港桥墩门洪礼兴号转交
毛应麐	仲章	一八	江山	城内慈桥亭	直接
成少荣	克尧	一六	湖北荆州	现住杭县	杭城三桥五柳巷第五号门牌

学生部·兽医科三年级

姓名	字	年龄	籍贯	住址	通信处
赵本性	志诚	二五	诸暨	诸暨西门里大道地	直接住址
方六品	二伊	二三	诸暨	诸暨汤家塾	诸暨赵家埠孙同兴米行转汤家塾方恒源号
何鹿鸣	燕宾	二三	兰溪	莲塘岗	兰溪永昌镇万春和米行转
唐荣祖	廉伯	二三	吴兰	西门县前街	直接
李光荣	金根	二二	兰溪	夏李	兰溪游埠源茂宝号转寄水亭信源宝号交
项廷萱	仰乔	二一	温州	永场	永嘉永场七甲地方
陈濬	哲庭	二一	东阳	杭县旗营	能翔里一街二号
吴保宗	海泉	二〇	嘉兴	棲凤	平湖西门外转冯顺兴酒店
陈孝廉	铁畊	二〇	临安	金岫岭	震源隆号(或天源号)转交西乡金岫岭汪家头狮子大门内交

续 表

姓名	字	年龄	籍贯	住址	通信处
王耀庚	逸卿	二〇	龙游	溪口镇	龙游溪口传教本堂转
李皋	鹤九	二〇	富阳	壶源珠玩	富阳场口镇同泰号转寄珠坑李家交
胡桂芳	子聊	二〇	永康	三十里坑龙川	永康八字墙转龙川
王茂	如松	一九	诸暨	诸暨沙塔王	诸暨赵家埠同丰号转沙塔王
周振权	善同	一九	绍兴	曾浦	绍兴东浦云集记酒坊
陆维沂		一八	余姚	二塘头	二塘头源盛顺记染坊转交
高宗岳	介三	一八	嘉兴	棲凤区	平湖西门朱天元堂转草堆里

学生部·兽医科二年级

姓名	字	年龄	籍贯	住址	通信处
黄振	翊兴	二三	温州	永嘉县会冒昌镇	温州小南门外公兴号转
赵启林	季诚	二二	杭县	杭州连司弊下	杭州连司河下三十六号
何景范	挺生	二一	东阳	东阳前鹤	东阳巍山转交
孔庆琦	履歆	二一	山东	衢县	衢县城内道贯巷口
胡绍文	碧秋	二一	兰溪	生塘胡	兰溪游埠宏泰号转
黄天锡	智生	二〇	温州	平阳北港	平阳北港凤卧湾直接
沈维金	达泉	一九	杭县	马市街	杭县马市街四百十五号
沈恩涛	子涛	一八	余杭	莲司河下	杭城莲司河下三十五号

学生部·兽医科一年级

姓名	字	年龄	籍贯	住址	通信处
马亦凡	上侯	二〇	东阳	南马镇安田	直接
寿秉仁	子厚	一九	诸暨	竹月湖	诸暨新合盛米行转交竹月湖
金泉	文渊	一九	青田	现住杭州 华藏寺巷二十二号	二都油竹雅岙金永茂宝号转
商世道	协通	一八	桐乡	南日挥桥	屠镇南日挥桥
王鹏	元冲	一八	青田	城内华藏寺巷	城内华藏寺巷二十二号门牌
章灿明	垂星	一七	富阳	章村	临浦公义号转寄河镇巽泰号转寄章村聚和号

学生部・预科甲班

姓名	字	年龄	籍贯	住址	通信处
余祖达	石泉	二一	昌化	西九庄	昌化河桥余义泰转西九庄
褚文炳	景峰	二一	嘉兴	棲凤埭	平湖西门益源南货号交田厝村
黄良士	直甫	二〇	长兴	和平镇	长兴和平镇仁和烟号转黄家湾
赵璧城		二〇	江苏松江	张堰	江苏松江张堰镇东杨胥王存心药材号交
汪志庭	毓堂	一九	金华	南华乡汪家	金华马头正泰茂号转
潘明	月晖	一九	新昌	东乡儒岙镇	新昌城内叉街口其昌南货号转
张寿朋		一九	杭县	留下庄	杭县留下镇沈宁寿转邬家湾
林金钊	泽兰	一九	象山	石浦鸡鸣	象山石浦张合记转交
胡开栻	学琦	一九	江山	官溪	江山官溪乡胡恒盛号转
张桂棠	子臣	一九	义乌	鹤田庄	义乌苏溪镇亨记转
何齐元	超群	一九	临海	临海城内新开巷二号	直接
姚士伟		一九	临安	五柳桥	直接
祝潮		一八	建德	马目埠	建德西门街巷口王宝泰转交马目埠
邢吉人	惠卿	一八	金华	午塘头	金华城内莲花井恒丰宝号转
郑维翰		一八	乐清		杭城林司后三十二号门牌
石宝珍	儒臣	一八	浦江	西门外	浦江城内益复生号转
楼人杰	俊卿	一八	义乌	西乡夏演	义乌上溪德生堂转交夏演
王祖洪		一八	嘉兴	嘉兴城外	平湖西门外元裕米行转西王埭
盛金根		一七	江苏松江	后岗	江苏松江后岗镇华同泰南货号转
俞廷翰	锡元	一七	诸暨	珠稼坞	临浦义号杂货店转大桥头转珠稼坞
赵昌庚		一七	仁和	湖州新市镇	湖州新市盐公堂
蒋元煦	枕戈	一七	长兴	合溪镇	长兴合溪镇合兴行
周凤雏	伏岐	一七	江山	清湖镇	江山清湖镇裕成酱园转
庄世彬		一七	奉化	忠义乡曹村	余杭北乡林牧公司
王乐安	曹银	一六	萧山	临浦镇	临浦灰街同和灰行
诸已	喻义	一六	孝丰	南乡统川庄	孝丰北街方秉性宅转
许世芳	伯蘅	一六	平阳	灵溪街	平阳南港灵溪街下街
李承昌		一六	金华	王垣	金华城内四牌楼朱吉生宝号转
许儒脩	少勤	一五	杭县		横河桥河下四十七号
李济仁		一五	绍兴	南门紫场衖	绍兴南门紫场衖冯宅台门

学生部·预科乙班

姓氏	字	年岁	籍贯	住址	通信处
杨铨	玉麟	二二	天台	南乡下杨庄	天台三角许顺兴新记转下杨庄
赵人和	伯谐	二一	富阳	赵家墩	富阳恒丰煙栈转赵家墩
郑若鲁		二一	武义	东乡下坑	直接
褚其勋	觉民	二〇	嘉兴	西王埭	平湖甘河街口同泰源茶叶号转马家桥
张钟珩	楚白	二〇	长兴	泗安镇塔掌村	长兴泗安镇李庆昌转
梁焕曾	则藩	二〇	新昌	南乡后岱山大坪村	嵊县转澄潭镇养元堂转大坪村
徐光辅		二〇	绍兴	潞富乡	萧山瓜沥镇信泰洽记酒号
张柏心	东武	二〇	海宁	长安	长安陈福泰转
周承籛	少彭	一九	海宁	城内放水桥	直接
王桂林	问客	一九	江山	仙霞乡	江山峡口泰记店转
叶健麒	常绿	一九	昌化	河桥镇	昌化河桥协济号
李赓棠		一九	平阳	南港灵溪	平阳南港灵溪王立大号转
包启煌	起熙	一八	镇海	杭县瓶窑	杭县瓶窑警察分析
蒋永清	学仁	一八	桐乡	南门外	桐乡华新号
何廷威	子仪	一八	义乌	何泮山	义乌振丰号转何泮山
俞苐		一八	临安	临安西门外	临安西门外周回春堂转俞琹台
王尔康	百强	一八	绍县	绍兴南街积水衖四号	直接
方翔远		一八	江苏吴县	杭州大狮子巷四号	洙州汉冶萍转运局收交
章斯玉	宝恩	一八	富阳	章村	临浦河镇转章村茂兴号
杨彬	叔文	一八	平阳	南港灵溪	平阳南港灵溪杨聚丰号转
陶震	郁雯	一八	宣平	桃溪西山下	宣平桃溪西山下陶恒昌宝号转
王盛清	壹鑫	一七	金华	雅里	金华城内莲花井恒丰号转
黄云胜	克夫	一七	瑞安	丽忝	温州大南门内王广源号转瑞安丽忝
吴虎德	贤淑	一五	遂安	珠水吴家村	直接
宋其英	育才	一七	江苏崇明	向化镇河角	直接
项颉		一七	永嘉	七甲	直接
丁文郁		一七	瓶窑		瓶窑丁永茂转
林瑞五		一七	平阳	下魁	平阳蒲门下魁
林搏五		一六	平阳	下魁	平阳蒲门下魁

续 表

姓氏	字	年岁	籍贯	住址	通信处
吴鸿仪	兰甫	一六	浦江	西乡前吴	浦江后街陈留余堂转西乡前吴
周振华		一六	绍兴	东浦	直接
杜大春		一六	东阳		东阳横店邮局韩下源
陈耿光	观扬	一五	黄岩	西乡小里岙苧厂	直接

曾在校肄业者·丙辰年农科第一次在校肄业未毕业各生姓氏录

姓氏	字	年岁	籍贯	住址	通信处
周日耀	少游	二五	奉化	城内东门外小路街	直接
许献骐	先齐	二四	余姚	北乡天元市	直接
庐书芬	仲芳	二四	余姚	云城乡	周巷蔡懋泰山货行转
沈宗瀚	海槎	二四	余姚	江口村	北城鹅行街全元庄转
吴荣华	春生	二四	义乌	西乡樊村	上溪镇张裕隆号转
傅梦良	知时	二四	义乌	北乡楂林	已故
蒋崇礼	锦云	二三	东阳	西乡平湖	南马吴义兴号转
黄统	合九	二三	乐清	虹桥龙泽	直接
陆廷镕	鼎年	二三	萧山	城内下街假发衖	直接
俞廷珍	世忠	二三	萧山	岩上	河镇傅宝兴纸行转
徐作楫	济舟	二三	龙游	北乡	龙游十字街泰来丝庄转泽随徐凤元转
周鼎元	善长	二三	武义	南乡石井头	武义壶校转
胡感和	闻如	二三	余姚	天香桥	余姚彭桥胡翕和药号转
谢楠寿	杞乡	二三	余姚	第泗门	同馨南货号转交
张铨	星槎	二三	嘉禾	新篁岭	西源盛米行转
徐乃宣	寿萱	二三	平湖	县西三条桥下塊	直接
俞钟福	章裕	二三	萧山	岩上	河镇傅宝兴纸行转
王庆禄	幸沧	二三	奉化	棲霞坑	亭下镇沈合义号转
胡太仓	淡山	二三	嘉善	杨庙镇	
谢祺寿	奕仙	二二	余姚	第泗门	祥丰余记米行转
楼森林	律和	二二	诸暨	城内	上大街宏裕烛栈转
鲍敦献	可庭	二二	兰溪	北乡源口	西门裕记水果行转
陆费煩		二二	嘉兴	城内北门混堂街	直接

续 表

姓氏	字	年岁	籍贯	住址	通信处
丁悦清	学时	二二	义乌	佛堂	丁吉记转
袁修祜	笃斋	二二	新城	拙溪	袁乾生药号转
程福铨	效文	二二	永康	城内	溪下街程信兴号转
戴克刚	柔之	二二	嘉禾	新篁镇	戴隆昌号交
季孟达	卓人	二二	宁海		
周天荣	叔雅	二二	海盐	城外	南塘街朝圣桥西首双榆村
吴家鼎	咏梅	二二	嘉禾	新篁镇	吴新沐先生转
章锡麟	鹤汀	二一	孝丰	城南师古桥	章海山先生转
张昌熙	缉庭	二一	奉化	大桥	大桥东岸方生祥转张刚房
袁仁本	逊耆	二一	奉化	禽孝乡慈林	奉化萧王庙镇锦昌号
吴世忠	景湘	二一	东阳	东北乡	
周次刚	心陶	二一	黄岩	南乡沙埠	南乡院桥施胥昌号转
李家骥	尹耕	二一	余姚	倪家路	第泗门遂昌京货店转
严敦厚	伯宽	二一	嘉禾	北门外壇衖	直接
叶□	和卿	二一	寿昌	南门桂花衖	寿昌城内李韵和先生转
田嘉荣	李樵	二〇	绍兴	天乐欢川	临浦山阴街万成南货栈转欢川有义堂
黄占甲	子能	二〇	湖北兴国	杭县望江门	演教寺前鸿吉酱园隔壁
朱公怀	庆坦	二〇	嘉善	东埏	太平桥东埏
沈诚	君成	二〇			
徐颂新	逸樵	一九	诸暨	小东乡黄坂桥	诸邑泰山堂药店转街亭九龄斋交
宋廷梁	毅侯	一九	淳安	星桥	城内胡咸春转
翁培雍	念孙	一九	慈溪	慈北鸣鹤场	鸣鹤乡翁村庭先生转
张祖琪	棣生	一九	海盐	城内寺桥南首	直接
吴世葵	锡清		东阳	东北乡	东北白坦学校金升高先生转
王景新			义乌		江湾作新学校王稷成先生转
刘良生			平湖		
王廷辅			余姚	太平衖	
沈文炘			平湖	东城外吕公桥	直接
夏秉熔	已故				

曾在校肄业者·丁巳年林科第一次未毕业生姓氏录

姓氏	字	年岁	籍贯	住址	通信处
俞岳	志坤	二七	绍兴	嘉会乡膏泽村	直接
宋隆涵	养吾	二六	遂安	城内东街	直接
廖玉清	金高	二五	龙游	北乡后徐	城内汪福泰号转交
庐合	士伟	二五	黄岩	南乡岩前	温岭县大溪街颐春堂转
沈荦	卓然	二五	绍兴	江干南星	绍兴嘉会乡直接
孙德星	雅哉	二五	遂安	城内东街悦来米行	直接
刘继汉	子乙	二五	陕西周至		周至高小学校转
钟镜湖	冰如	二四	嘉善	西门外	上塘恒德烟号转
蒋梦苏		二四	东阳	东乡大理	巍山镇转寄大理
杜启伦		二四	慈溪	北乡杜家桥	直接
孙颂仁	德星	二四	新登	古竹新殿边	新春和药号
宋复	敦行	二四	安吉	梅溪镇	直接
方诚		二四	平阳	金乡	城东门内直接
刘武	竹苞	二四	宁海		亭旁长刘长春号交
陈卓	秀峰	二四	乐清	西乡里岙	直接
程定一	静轩	二四	陕西蓝田		高小学校转
唐士汾	继杨	二四	嘉兴	新篁镇	南市章广昌转
常相时	机甫	二四	陕西富平		高等小学转
叶向荣	欣然	二三	龙游	北乡叶村	直接
陈茂修	修如	二三	永嘉	双门外轮船码头	直接
陈昭	厥明	二二	安徽合肥	宁海城内	宁海城内塘头孔宅交
徐以桐	东海	二二	平湖	城内后街	已故
黄馨	达成	二二	瑞安	嘉安乡	南门程常春转籐岙鹅头地方
苏绳武		二二	平阳	北港镇鹤汉	苏裕丰号转
王国英	启卿	二二	东阳	南乡上新屋	横店镇张泰和号转
许兆槐	植三	二二	瑞安	大沙堤	直接
毕杏江		二一	桐乡	屠镇	硖石屠镇宏泰药号转
唐畏	雅初	二一	嵊县	棠溪	上虞章镇谢怡和号转
吴贤炙	勋香	二一	遂安	果乡涉水吴家材	城东街裕泰隆号转交
黄拔桎		二〇	遂安	城内	南门黄正兴银店直接

曾在校肄业者·戊午年农科第二次未毕业生姓氏录

姓氏	字	年龄	籍贯	住址	通信处
沈锡泮	平白	二四	东阳	沉良	魏山镇转
毛维剑	庄笙	二四	余姚	双河林	东乡小桥镇存德堂药号转
朱大绅	敬良	二四	嘉兴	石佛寺	直接
吴志学	逊侯	二三	黄岩	东南乡	下塘角黄遐龄堂转交
陆昇	锦霞	二三	天台	东乡	寺前梅永贞老店转交
蒋世忠	如心	二二	东阳	黄钱坂	直接
王会晞	立身	二二	新昌	楼基村	嵊县转钱岭镇杨鼎和
张一军	惟治	二二	天台	城中文明巷内张氏宗祠前面	直接
何裕通	懦生	二二	萧山	浦南乡	河尚桥临浦镇通源钱庄转戴村同镇泰广货号转寄
毛维时	菊馨	二二	余姚	双河	已故
周肇文	渭澄	二二	东阳	玉山岭头	直接
楼齐云	骋之	二一	东阳	大山庄	巍山镇转交
许文台	允甫	二一	东阳	梅南	南马镇转交
应养贤	荣庆	二一	奉化	外应	大桥葛日昇转交外应冬房
邹同盗	质民	二一	嘉兴	东经外余贤镇	直接
许文濂	慕周	二一	嘉兴	城内陈家埭	直接
朱镳	锦扬	二〇	天台	城西	西门里元吉布庄
章恒益	梓琴	二〇	兰溪	女埠	章谦泰直接
陈裔舜	锡庆	二〇	绍县	城内新河衖钱宅	直接
余家禄	嘉乐	二〇	余姚	东乡潭河沿镇	吴泰丰南货号转
杨心存	孟养	二〇	余姚	上塘乡	开文公司转
陆培元	子惠	二〇	嘉兴	新丰镇	已故
周振武	善元	一九	绍兴	东浦	已故
江守澄	梦鹤	一九	东阳	玉山丁界	直接
吴祥骥	能一	一八	嘉兴	东门凤喈桥南市	直接
毛济美	凤笙		奉化		已故
王绛仙					
赵傅藻					

曾在校肄业者·已未年农科第三次未毕业生姓氏录

姓氏	字	年龄	籍贯	住址	通信处
楼鹏书	翼云	二一	义乌	后三湖	义乌苏溪镇乾泰号交
章庆瑚	子忠	二〇	富阳	白石山	临浦转河镇傅顺记纸行交
周鸿斌	也文	二〇	诸暨	十四都藏绿无坞	城内倪万隆转
沈廷爵		二〇	绍兴	南街柳桥头沈宅	直接
封又开		二〇	江山		
施德琪		二〇	绍兴	陶家堰	施永和烛栈内
陈守诚		二〇	河南		
施凤鸣		二〇	绍兴		
施圃如		二〇	杭县	城内	杭县文星巷第二号
洪以宽		一九	汤溪		
张开甲		二二	长兴	城内	城内西街嘉寿堂
宋裕光		一九	武义		
邵仲熙		一九	绍兴		

曾在校肄业者·庚申年农林班未毕业生姓氏录

姓氏	字	年岁	籍贯	住址	通信处
戚有则	康平	二六	湖北荆门	城内县置前	直接
王荩臣	德修	二六	龙游	中王	永大号转交北乡中王
金聘三	莘夫	二五	孝丰	西溪天锦庄	南门外周泰兴转交
周茂荣		二四	龙游	灵山	鼎丰号转交
高旭	日升	二三	孝丰	西溪高村	城内南门周茂兴转交
朱承学	薪傅	二三	江山	上台	直接
汪煦	春和	二〇	新登	棠埭	新登同春号转交
沈福奎	占先	一九	嘉善	大云寺	沈源南货号转
应忠全	荩臣	一九	诸暨	十二都	城内倪万隆转交住址
王瑞元	子群	一八	衢州	四眼井	城内南街直接
李又湖	幼芙	二九	绍兴	南通县南门	南通翰墨林书局
楼剑佩	侠飞	二二	嵊县	碑山村	城中西前街宏济堂转碑山
陈汝均	子平				已故
唐启虞	让三	二二	开化	城内南门	中街唐德润转
薛慧生	孟聪	二一	平阳	大街	陈大顺对门

续 表

姓氏	字	年岁	籍贯	住址	通信处
戴昌鸿	昂青	二一	杭县		上海爱文义路八百四十五号
斯清	铁血	二一	诸暨		诸暨杨鼎顺转殿口
孟祥和	迪庵	二一	诸暨	十二都	诸暨倪万隆转十二都聚兴
黄建中	醒樵	二一			已故

前农业教员讲习班姓氏录·教职员部

姓氏	字	年岁	籍贯	职务	住址
陆家鼎	定九		江苏崇明	前所长	崇明城内
任寿鹏	静甫	五〇	海盐	前所长	已故
金兆棪	仲苏	四〇	金华	前所长	金华府城内三牌坊
姚汉章	作霖	四〇	杭县	前所(校)长	杭县九曲巷内
叶芸	叔芸	四〇	黄岩	前校长	黄岩城内西街
吴崃	庶晨	三四	奉化	校长	宁波全家湾奉化会馆转吴江泾
木村卯三郎		三八	日本福岛县石城郡	前主科教员	日本
林鹏	德先	三八	瑞安	前主科教员	瑞安大屿
陶昌善	俊人		嘉禾	前主科教员	嘉禾
王泽南	伯山	三四	江苏江宁	前主科教员	南京车儿巷
吕荃	介丞	三〇	江苏江宁	前主科教员	南京评事街
屠师韩	篆丹	五〇	嘉禾	前主科教员	嘉禾
程绳植	乾初	三二	安徽婺源	前主科教员	
李德祥	炳南	三三	江苏如皋	前主科教员	
范连枢	高平	五一	上虞	主科教员	上虞城中
俞良谟	允嘉	三五	奉化	主科教员	奉化城中
陈敬衡	雄飞	三一	黄岩	主科教员	黄岩西城桥上街
张雄训	艺园	三一	镇海	主科教员	镇海北乡清水浦
胡濬泰	岳青	三五	慈溪	主科教员	慈溪观海衙
赵榕	友梧	三七	江苏山阳	主科助教员	
张保寅	月舟	四五	杭县	蚕桑教员	杭县艮山门外
陈耀	光甫	三一	上虞	兽医教员	上虞梁湖镇
任世桢	干卿	二九	海盐	前博物教员	杭县上兴忠巷

续 表

姓氏	字	年岁	籍贯	职务	住址
方会澧	洌泉	三二	义乌	前论理兼国文教员	义乌川塘方
胡麟阁	德铭		衢县	前体操教员	
陆钟麟	玉书	四一	淳安	前图书体操教员	杭县下羊市街
包敦善	蝶仙		吴兴	前图画教员	杭县东清巷
汪凤岐	吉孙	四〇	杭县	前官话教员	杭县上八街巷
洪百庚	镜西	四二	江苏山阳	算学兼物理教员	杭县太庙巷口
许顾空	纯翰	三二	杭县	国文兼教育学教授法教员	杭县大塔儿巷
孙祖烈	成伯	三八	余杭	英文教员	杭县凌木梳巷
沈慰宸	子良	三八	杭县	日文教员	杭县小庙巷口
俞澍铭	若泉	三二	黄岩	图画教员	黄岩鸟岩短洋
孙增大	庚三		富阳	伦理教员	
管望涛	线白	三九	黄岩	前教务员	黄岩路桥镇
方会澧	见前			前教务员	
褚德顺	幼觉	四〇	余杭	前舍监学员	杭县菜市桥东塊
金鑽先	绍希	三二	嘉禾	前监学员	上海小南门城内救火联合会后面
罗儒	虬伯	四四	黄岩	教务员	黄岩路桥镇
董康	晢香	四〇	杭县	文案兼庶务员	杭县柴木巷
林国谟	佐卿	四二	杭县	监学员	杭县珠冠巷
陈仁杰	静山	四一	杭县	检察员	杭县华藏寺巷
庞镛	达甫	四〇	杭县	会计员	杭县叶家弄
李勋	翰卿	四六	金华	前会计员	金华芙蓉乡螺巅信由城内三牌坊金转
张宗铎	祖良	四〇	安徽绩溪	书记员	杭县里仁坊巷
李智炘	南樵	三六	杭县	前书记员	杭县甘泽坊巷
包如贤	金琳	三九	上虞	校医	杭县下羊市街

前农业教员讲习班姓氏录·毕业生部

姓氏	字	年岁	籍贯	职务	住址
祝峻	竹严	三八	兰溪	严州建德南乡马目埠	严州沈济成药店转
卢行素	革非	三七	黄岩	黄岩鸟岩	直接
卢文藻	澄波	三三	乐清	蒲嶴坎头下	乐清虹桥应永生号转

续　表

姓氏	字	年岁	籍贯	职务	住址
范脩来	劼士	三三	太平	西乡虞嶴	直接
沈德均	叔平	三三	嘉善	嘉善杨庙镇	直接
施维藩	商霖	三三	永康	永康唐先庄	永康山川壇吕永达布店转
周太赉	济民	三三	东阳	东阳南乡清堂	东阳傅鼎和号转
童授袁	成一	三三	永康	永康唐上庄	永康童德和药店转
沈锵鸣	玉悬	三三	景宁	景宁一都鹤口	青田大埠头项瑞德转水南叶振邦转小溪岭枨陈恒泰转
程卓	一农	三二	平阳	平阳县城西区后垟	直接
宋崇德	宾周	三二	上虞	上虞潘家陡	上虞永裕油烛店转
陈方刚	伯瑜	三二	永嘉	永嘉县枬溪龙沙镇包嶴	永嘉县东门外周义源行转
王明徵	醒迷	三二	乐清	乐清柳市镇东皇社	直接
包震西	充甫	三二	东阳	东阳南乡防军	东阳傅鼎和号转
何杰	汉三	三一	义乌	义乌西乡东河	义乌城西陈天德仁记转
郑皋	咏仙	三一	临安	临安西竹林村	临安衣锦坊姚祖范转
孙耀东	旭斋	三一	永康	永康县城内	永康程泰隆号转
郭有容	凯雄	三一	东阳	东阳歌山	东阳傅鼎和号转
吴运鲲	冲远	三一	太平	太平牧士九分	牧士杏林春药店转九分
梁溥	气浩	三一	黄岩	黄岩药山	直接
丁晃	仲南	三一	义乌	义乌佛堂镇丁新南山	直接
楼子元	庆治	三一	萧山	每岑庄	临浦余大生药店转河口镇天福堂药店转
祝炯（原名永清）	雄欢	三〇	汤溪	汤溪西乡祝家店面	汤溪罗埠镇胡成泰南货栈转
杨品鳣	闵秋	三〇	东阳	东阳南城朝北厅前	东阳傅鼎和号转
沈廷哲	吉民	三〇	仙居	西乡横溪镇	直接
胡丰珏	宝臣	三〇	建德	梅城大南门赵家弄	直接
蒋镜明	丹湖	三〇	浦江	浦江沙城头	浦江城内紫荆药店转沙城头
徐浚	振农	三〇	德清	德清县东街	直接
蒋雄志	志远	三〇	临海	台州左营巷	直接
杨体彪	潄玉	二九	平阳	平阳北港新垟	直接
张绍良	偆薪	二九	东阳	东阳亭塘	直接
水鉴泱	镜如	二九	兰溪	兰溪水亭镇	兰溪县北街吉六药店转

续 表

姓氏	字	年岁	籍贯	职务	住址
徐思穉(原名毓瑜)	鸿文	二九	江山	江山县北乡莲塘	江山县城内庆仁堂药店转
周祖斌	晓桑	二九	诸暨	诸暨县后	直接
封保鹿	芝祥	二九	海宁	硖石斜桥镇	斜桥于大源药店转
丁昌寿	渭祥	二九	萧山	萧山戴村	临浦牛场头孙家道侧余绶卿君转戴村
屠谨礼	柏彩	二九	嵊县	嵊县江东村	嵊县城内西前街宏济堂药店转
朱绍勋	云启	二九	太平	太平温岭街朱二美布庄	直接
潘炳文	耀枢	二九	杭县	长庆街西首	直接
钟安国	平之	二九	诸暨	诸暨小东乡落加塔	诸暨中眼桥里蔡景仲君转
黄振华	箓生	二九	浦江	黄宅市新店	浦江东乡黄宅市恒一堂药店转
叶振邦	靖溪	二九	青田	青田水南	青田大埠头项瑞德转
叶荫深	芰庐	二八	孝丰	孝丰东乡山湖镇	孝丰城东汪永隆号转净玉乡山河镇治大号转
陈星台	钜川	二八	诸暨	诸暨北乡	巅口邮政分局转
陈雄图	百祥	二八	新昌	新昌城内东街双台门	直接
斯文焕	有章	二八	分水	分水设峰村	分水县城中永兴润南货栈转
陆荷生	公庭	二八	杭县	大和巷	直接
屠彬	鲁卿	二八	平阳	平阳南港灵溪浦尾	直接
吴由强	矫如	二七	诸暨	诸暨柯溪坞	诸暨城外同陞堂客栈转陈蔡春成堂转
蔡遐	蛰农	二七	瑞安	瑞安青泉乡周田	瑞安莘籐皆春医园转
陆洲	步瀛	二七	杭县	太庙巷	直接
张承祜	伯良	二七	山阴	昌安门外洋港村	昌安门外正记油坊转
张镐	西铭	二七	嘉禾	嘉栈新篁镇张源盛西号米行	直接
罗效水	公孟	二七	镇海	镇海北骆驼桥后罗第	直接
潘秉钺	志成	二七	於潜	於潜麻车埠	於潜顾天在药店转
尹兆堂	志尧	二七	金华	金华临江	金华城外黄乾昌昇转临江尹振盛号
胡汉龙	瑞云	二七	永康	永康库川庄	永康县山川壇元升栈转库川胡济源号
杨耀文	鲁钦	二七	杭县	江干杨茂兴行	直接

续 表

姓氏	字	年岁	籍贯	职务	住址
朱銮	少卿	二七	富阳	富阳赤松山下	富阳城中市心巷口余庆堂药店转赤松山下
俞之新	同甫	二七	奉化	奉化新三埭楼屋	直接
施德芬	馥生	二七	宁海	宁海城内鸡行口	宁海城内施协源号
钱士夔	梓荣	二七	杭县	章家桥道院巷	直接
金可铸	诚孚	二七	嘉禾	平湖城内大街三登桥西首	直接
金彭年	公颐	二七	山阴	杭县下华光巷	直接
王振燧	仲炎	二七	山阴	绍兴凤仪桥	直接
陈安宝	善夫	二七	黄岩	海门横街马院	海门路桥镇泰亨布店转
胡文衡	鉴甫	二七	永康	油仙乡库川	永康山川壇元升栈转库川胡济源
汪喜清	柳溪	二七	安庆怀宁	安庆高井头汪谦和钱店	直接
姚祖虞	啸农	二六	金华	金华县东乡载甸	金华县东关汪宏源号转载甸
王之言	玉弦	二六	桐庐	桐庐晦岩村	桐庐横村埠瑞裕仁药店转
曹承宗	燕甫	二六	杭县	木衙营朝南台门	直接
章毓郴	楚州	二六	金华	金华城东兰露井	直接
周赵新	翼农	二六	乐清	乐清望莱桥下	直接
傅廷良	治猷	二六	衢县	衢县东乡樟树镇	直接
姚天赋	楚青	二六	杭县	东太平巷	直接
唐锡春	子东	二六	新昌	新昌东乡真诏村	黄泽镇同春号转 真诏村恒大转
邵廉	伯文	二六	杭县	三元坊巷	直接
叶震东	岳崧	二六	安吉	安吉羊壩头	皖省桐城西乡青草塥 横街鄧仁泰米行转
张承恩	继良	二六	衢县	衢县南乡黄壇口	衢县城内城隍庙巷樟根转
朱祖荣	葆荪	二六	山阴	绍兴偏门清凉桥文武司	直接
姚源	左泉	二六	余杭	余杭城内育婴堂后面方井间壁	直接
蒋祖墉	兰平	二六	杭县	城隍山四宜亭边	直接
陈应沅	芷湘	二六	嘉禾	嘉禾城内梧桐树街	直接
蔡景仲	仰山	二六	诸暨	诸暨中眼桥里	直接

续 表

姓氏	字	年岁	籍贯	职务	住址
徐楚翘	壶岛	二六	诸暨	诸暨小东嵊王坂阳	诸暨城内泰山堂药店转街亭镇九龄斋药店转
严雅怀	肄三	二六	宁海	宁海西乡	宁海王和兴号转
蔡子英	少雄	二六	诸暨	杭县里龙舌嘴道院巷口	直接
应昌培	伯宜	二六	宁海	宁海东乡七市	宁海城内同蔚春药栈转
徐一亨	公达	二六	衢县	衢县瀫宁巷	直接
林祥鳌	立山	二六	宁海	宁海北乡方前	宁海城内益新衣庄转
屠世享	光狭	二六	嵊县	嵊县禹溪庄	嵊县北乡禹溪庄路廊丁厚全转
赵霖	和仲	二五	杭县	贯巷	直接
叶之桐	暻南	二五	慈溪	杭县丰乐桥震和堂药店	直接
裘馥棠	邦杰	二五	嵊县	嵊县崇仁镇	嵊县仁济堂药店转
马钟英	公倩	二五	杭县	四条巷	直接
王文俊	粹如	二五	昌化	昌化西区十都	昌化西区十都王协和南货栈
马国纶	济泰	二五	东阳	东阳北乡怀鲁镇	东阳傅鼎和转怀鲁马广顺转
叶朝阳	东岩	二五	武义	武义草马湖	武义春裕堂药店转或县农会
王吉曦	曙秋	二五	桐庐	桐庐晦岩镇	桐庐横村镇瑞格仁水果店转
项斯忠	国标	二五	青田	青田六上都滩头庄	青田金巷口陈宝三药店转
王宪济	若川	二四	黄岩	杭县斗富二桥	直接
周德铭	政善	二四	诸暨	江苏崐山朝阳门西仓桥	直接
黄兆玉	石负	二三	金华	金华大黄村	金华城中益生号转大黄村黄恒兴号内

《浙农杂志》第1期，民国十年七月